中华人民共和国税法

第Ⅵ卷

税收征管

上册

国家税务总局 ◎ 编

中国税务出版社

图书在版编目（CIP）数据

中华人民共和国税法．第Ⅵ卷，税收征管 ：上下 ／
国家税务总局编． -- 北京 ：中国税务出版社，2024．8（2024.11重印）．
ISBN 978－7－5678－1526－1

Ⅰ．D922．220．9

中国国家版本馆 CIP 数据核字第 20241C0H36 号

书　　名：中华人民共和国税法·第Ⅵ卷：税收征管（上下）
　　　　　ZHONGHUA RENMIN GONGHEGUO SHUIFA · DI VI JUAN：SHUISHOU ZHENGGUAN（SHANG XIA）
作　　者：国家税务总局　编
责任编辑：陈金艳　孙晓萍　董　淼
责任校对：姚浩晴
技术设计：林立志
出版发行：中国税务出版社
　　　　　北京市丰台区广安路 9 号国投财富广场 1 号楼 11 层
　　　　　邮政编码：100055
　　　　　网址：https://www. taxation. cn
　　　　　投稿：https://www. taxation. cn/qt/zztg
　　　　　发行中心电话：(010)83362083/85/86
　　　　　传真：(010)83362047/49
经　　销：各地新华书店
印　　刷：涿州市星河印刷有限公司
规　　格：787 毫米×1092 毫米　1/16
印　　张：76. 75
字　　数：1819000 字
版　　次：2024 年 8 月第 1 版　2024 年 11 月第 2 次印刷
书　　号：ISBN 978－7－5678－1526－1
定　　价：188. 00 元
全套定价：920. 00 元

出版说明

习近平总书记对税收工作高度重视，发表了一系列关于税收工作的重要论述，多次强调指出“深化税收制度改革”，“完善税收制度”，为税收改革发展提供了根本遵循。党的二十届三中全会围绕深化财税体制改革，从多方面作出部署。随着税制改革不断深入和税收事业高质量发展，我国税收法治建设不断加强、法治环境不断改善，特别是党的十八大以来，税收在国家治理中的基础性、支柱性、保障性作用日益凸显，党中央、国务院推出一系列重大税收改革，“营改增”、个人所得税改革、进一步深化税收征管改革等各项改革举措相继落地，形成了比较完备的税收法律制度体系，为全面推进依法治税提供了有力保障。

为帮助各级税务机关和税务干部、广大纳税人缴费人及社会各界人士更好地学习税法、使用税法、宣传税法、研究税法，进一步提高税务干部依法治税能力和水平，共促税法遵从，高质量推进中国式现代化税务实践，我们组织编辑了这套《中华人民共和国税法》分卷丛书，汇集了全国人大及其常委会、国务院、财政部、税务总局、海关总署及相关部门发布的现行有效的税收法律、行政法规、规章及规范性文件。

本丛书一套七卷，涵盖增值税、消费税等18个税种，社会保险费和非税收入，税收征管等税收法律制度全部内容。其中：第Ⅰ卷货物和劳务税，包括增值税、消费税、车辆购置税、关税和进出口税收；第Ⅱ卷所得税，包括企业所得税、个人所得税；第Ⅲ卷财产和行为税，包括房产税、城镇土地使用税、城市维护建设税、印花税、资源税、土地增值税、车船税、烟叶税、契税、耕地占用税、环境保护税和船舶吨税；第Ⅳ卷社会保险费和非税收入，包括现行社会保险费和中央级非税收入；第Ⅴ卷综合税收政策，包括涉及多个税种的制度文件，分行业税收政策、区域税收政策、专项税收政策、其他税收政策和涉税相关法律规定；第Ⅵ卷税收征管，包括登记申报、票证管理、税款征收、税务检查、纳税服务等。此外，设附卷文件清理，包括清理过程中发布的修改、失效、废止的文件，鉴于这些文件与现行有效文件具有一定关联性，单独整理汇集成册，以备查阅参考。

本丛书各卷收录的每个文件均设三级编码，即卷号－类别（税费种）－顺序号。各税种法律、行政法规及实施细则等综合性文件按照法律级次排列在前，其他文件（或分类文件）按发文时间排序。部分条款失效、废止、修改和政策调整的文件，文末以“注释”方式列明具体条款、依据及相关延续政策；部分篇幅过长的文件附件，以“编者略”的形式对其内容作了删略，删略内容可通过国家税务总局网站“政策法规库”或中国税务出版社网站“税收法规库”检索查找。本丛书所收录文件截止时间为2023年12月31日，具体执行中请关注税收政策的调整变化。

由于时间仓促，难免有不足和疏漏之处，诚挚欢迎读者将使用过程中的意见建议反馈给我们（邮箱：fgxxb@163.com），以便继续修订完善。

国家税务总局

2024年8月

目　　录

上　册

1　基本法律法规

2　登记申报

3 票证管理

4　税款征收

5　税务检查

（接转下册：6 纳税服务　7 其他）

1

基本法律法规

6 -1 -1

中华人民共和国税收征收管理法

1992 年 9 月 4 日第七届全国人民代表大会常务委员会第二十七次会议通过 同日中华人民共和国主席令第 60 号公布 1995 年 2 月 28 日第八届全国人民代表大会常务委员会第十二次会议第一次修正 同日中华人民共和国主席令第 42 号公布 2001 年 4 月 28 日第九届全国人民代表大会常务委员会第二十一次会议修订 同日中华人民共和国主席令第 49 号公布 2013 年 6 月 29 日第十二届全国人民代表大会常务委员会第三次会议第二次修正 同日中华人民共和国主席令第 5 号公布 2015 年 4 月 24 日第十二届全国人民代表大会常务委员会第十四次会议第三次修正 同日中华人民共和国主席令第 23 号公布

目　　录

第一章　总　　则

第一条　为了加强税收征收管理,规范税收征收和缴纳行为,保障国家税收收入,保护纳税人的合法权益,促进经济和社会发展,制定本法。

第二条　凡依法由税务机关征收的各种税收的征收管理,均适用本法。

第三条　税收的开征、停征以及减税、免税、退税、补税,依照法律的规定执行;法律授权国务院规定的,依照国务院制定的行政法规的规定执行。

任何机关、单位和个人不得违反法律、行政法规的规定,擅自作出税收开征、停征以及减税、免税、退税、补税和其他同税收法律、行政法规相抵触的决定。

第四条　法律、行政法规规定负有纳税义务的单位和个人为纳税人。

法律、行政法规规定负有代扣代缴、代收代缴税款义务的单位和个人为扣缴义务人。

纳税人、扣缴义务人必须依照法律、行政法规的规定缴纳税款、代扣代缴、代收代缴税款。

第五条 国务院税务主管部门主管全国税收征收管理工作。各地国家税务局和地方税务局应当按照国务院规定的税收征收管理范围分别进行征收管理。

地方各级人民政府应当依法加强对本行政区域内税收征收管理工作的领导或者协调，支持税务机关依法执行职务，依照法定税率计算税额，依法征收税款。

各有关部门和单位应当支持、协助税务机关依法执行职务。

税务机关依法执行职务，任何单位和个人不得阻挠。

第六条 国家有计划地用现代信息技术装备各级税务机关，加强税收征收管理信息系统的现代化建设，建立、健全税务机关与政府其他管理机关的信息共享制度。

纳税人、扣缴义务人和其他有关单位应当按照国家有关规定如实向税务机关提供与纳税和代扣代缴、代收代缴税款有关的信息。

第七条 税务机关应当广泛宣传税收法律、行政法规，普及纳税知识，无偿地为纳税人提供纳税咨询服务。

第八条 纳税人、扣缴义务人有权向税务机关了解国家税收法律、行政法规的规定以及与纳税程序有关的情况。

纳税人、扣缴义务人有权要求税务机关为纳税人、扣缴义务人的情况保密。税务机关应当依法为纳税人、扣缴义务人的情况保密。

纳税人依法享有申请减税、免税、退税的权利。

纳税人、扣缴义务人对税务机关所作出的决定，享有陈述权、申辩权；依法享有申请行政复议、提起行政诉讼、请求国家赔偿等权利。

纳税人、扣缴义务人有权控告和检举税务机关、税务人员的违法违纪行为。

第九条 税务机关应当加强队伍建设，提高税务人员的政治业务素质。

税务机关、税务人员必须秉公执法，忠于职守，清正廉洁，礼貌待人，文明服务，尊重和保护纳税人、扣缴义务人的权利，依法接受监督。

税务人员不得索贿受贿、徇私舞弊、玩忽职守、不征或者少征应征税款；不得滥用职权多征税款或者故意刁难纳税人和扣缴义务人。

第十条 各级税务机关应当建立、健全内部制约和监督管理制度。

上级税务机关应当对下级税务机关的执法活动依法进行监督。

各级税务机关应当对其工作人员执行法律、行政法规和廉洁自律准则的情况进行监督检查。

第十一条 税务机关负责征收、管理、稽查、行政复议的人员的职责应当明确，并相互分离、相互制约。

第十二条 税务人员征收税款和查处税收违法案件，与纳税人、扣缴义务人或者税收违法案件有利害关系的，应当回避。

第十三条 任何单位和个人都有权检举违反税收法律、行政法规的行为。收到检举的机关和负责查处的机关应当为检举人保密。税务机关应当按照规定对检举人给予奖励。

第十四条 本法所称税务机关是指各级税务局、税务分局、税务所和按照国务院规定设立的并向社会公告的税务机构。

第二章 税务管理

第一节 税务登记

第十五条 企业,企业在外地设立的分支机构和从事生产、经营的场所,个体工商户和从事生产、经营的事业单位(以下统称从事生产、经营的纳税人)自领取营业执照之日起三十日内,持有关证件,向税务机关申报办理税务登记。税务机关应当于收到申报的当日办理登记并发给税务登记证件。

工商行政管理机关应当将办理登记注册、核发营业执照的情况,定期向税务机关通报。

本条第一款规定以外的纳税人办理税务登记和扣缴义务人办理扣缴税款登记的范围和办法,由国务院规定。

第十六条 从事生产、经营的纳税人,税务登记内容发生变化的,自工商行政管理机关办理变更登记之日起三十日内或者在向工商行政管理机关申请办理注销登记之前,持有关证件向税务机关申报办理变更或者注销税务登记。

第十七条 从事生产、经营的纳税人应当按照国家有关规定,持税务登记证件,在银行或者其他金融机构开立基本存款帐户和其他存款帐户,并将其全部帐号向税务机关报告。

银行和其他金融机构应当在从事生产、经营的纳税人的帐户中登录税务登记证件号码,并在税务登记证件中登录从事生产、经营的纳税人的帐户帐号。

税务机关依法查询从事生产、经营的纳税人开立帐户的情况时,有关银行和其他金融机构应当予以协助。

第十八条 纳税人按照国务院税务主管部门的规定使用税务登记证件。税务登记证件不得转借、涂改、损毁、买卖或者伪造。

第二节 帐簿、凭证管理

第十九条 纳税人、扣缴义务人按照有关法律、行政法规和国务院财政、税务主管部门的规定设置帐簿,根据合法、有效凭证记帐,进行核算。

第二十条 从事生产、经营的纳税人的财务、会计制度或者财务、会计处理办法和会计核算软件,应当报送税务机关备案。

纳税人、扣缴义务人的财务、会计制度或者财务、会计处理办法与国务院或者国务院财政、税务主管部门有关税收的规定抵触的,依照国务院或者国务院财政、税务主管部门有关税收的规定计算应纳税款、代扣代缴和代收代缴税款。

第二十一条 税务机关是发票的主管机关,负责发票印制、领购、开具、取得、保管、缴销的管理和监督。

单位、个人在购销商品、提供或者接受经营服务以及从事其他经营活动中,应当按照规定开具、使用、取得发票。

发票的管理办法由国务院规定。

第二十二条 增值税专用发票由国务院税务主管部门指定的企业印制;其他发票,按照国务院税务主管部门的规定,分别由省、自治区、直辖市国家税务局、地方税务局指定企业印制。

未经前款规定的税务机关指定,不得印制发票。

第二十三条 国家根据税收征收管理的需要,积极推广使用税控装置。纳税人应当按照规定安装、使用税控装置,不得损毁或者擅自改动税控装置。

第二十四条 从事生产、经营的纳税人、扣缴义务人必须按照国务院财政、税务主管部门规定的保管期限保管帐簿、记帐凭证、完税凭证及其他有关资料。

帐簿、记帐凭证、完税凭证及其他有关资料不得伪造、变造或者擅自损毁。

第三节 纳税申报

第二十五条 纳税人必须依照法律、行政法规规定或者税务机关依照法律、行政法规的规定确定的申报期限、申报内容如实办理纳税申报,报送纳税申报表、财务会计报表以及税务机关根据实际需要要求纳税人报送的其他纳税资料。

扣缴义务人必须依照法律、行政法规规定或者税务机关依照法律、行政法规的规定确定的申报期限、申报内容如实报送代扣代缴、代收代缴税款报告表以及税务机关根据实际需要要求扣缴义务人报送的其他有关资料。

第二十六条 纳税人、扣缴义务人可以直接到税务机关办理纳税申报或者报送代扣代缴、代收代缴税款报告表,也可以按照规定采取邮寄、数据电文或者其他方式办理上述申报、报送事项。

第二十七条 纳税人、扣缴义务人不能按期办理纳税申报或者报送代扣代缴、代收代缴税款报告表的,经税务机关核准,可以延期申报。

经核准延期办理前款规定的申报、报送事项的,应当在纳税期内按照上期实际缴纳的税额或者税务机关核定的税额预缴税款,并在核准的延期内办理税款结算。

第三章 税款征收

第二十八条 税务机关依照法律、行政法规的规定征收税款,不得违反法律、行政法规的规定开征、停征、多征、少征、提前征收、延缓征收或者摊派税款。

农业税应纳税额按照法律、行政法规的规定核定。

第二十九条 除税务机关、税务人员以及经税务机关依照法律、行政法规委托的单位和人员外,任何单位和个人不得进行税款征收活动。

第三十条 扣缴义务人依照法律、行政法规的规定履行代扣、代收税款的义务。对法律、行政法规没有规定负有代扣、代收税款义务的单位和个人,税务机关不得要求其履行代扣、代收税款义务。

扣缴义务人依法履行代扣、代收税款义务时,纳税人不得拒绝。纳税人拒绝的,扣缴义务人应当及时报告税务机关处理。

税务机关按照规定付给扣缴义务人代扣、代收手续费。

第三十一条 纳税人、扣缴义务人按照法律、行政法规规定或者税务机关依照法律、行政法规的规定确定的期限,缴纳或者解缴税款。

纳税人因有特殊困难,不能按期缴纳税款的,经省、自治区、直辖市国家税务局、地方税务局批准，可以延期缴纳税款，但是最长不得超过三个月。

第三十二条 纳税人未按照规定期限缴纳税款的，扣缴义务人未按照规定期限解缴税款的，税务机关除责令限期缴纳外，从滞纳税款之日起，按日加收滞纳税款万分之五的滞纳金。

第三十三条 纳税人依照法律、行政法规的规定办理减税、免税。

地方各级人民政府、各级人民政府主管部门、单位和个人违反法律、行政法规规定，擅自作出的减税、免税决定无效，税务机关不得执行，并向上级税务机关报告。

第三十四条 税务机关征收税款时，必须给纳税人开具完税凭证。扣缴义务人代扣、代收税款时，纳税人要求扣缴义务人开具代扣、代收税款凭证的，扣缴义务人应当开具。

第三十五条 纳税人有下列情形之一的，税务机关有权核定其应纳税额：

（一）依照法律、行政法规的规定可以不设置帐簿的；

（二）依照法律、行政法规的规定应当设置帐簿但未设置的；

（三）擅自销毁帐簿或者拒不提供纳税资料的；

（四）虽设置帐簿，但帐目混乱或者成本资料、收入凭证、费用凭证残缺不全，难以查帐的；

（五）发生纳税义务，未按照规定的期限办理纳税申报，经税务机关责令限期申报，逾期仍不申报的；

（六）纳税人申报的计税依据明显偏低，又无正当理由的。

税务机关核定应纳税额的具体程序和方法由国务院税务主管部门规定。

第三十六条 企业或者外国企业在中国境内设立的从事生产、经营的机构、场所与其关联企业之间的业务往来，应当按照独立企业之间的业务往来收取或者支付价款、费用；不按照独立企业之间的业务往来收取或者支付价款、费用，而减少其应纳税的收入或者所得额的，税务机关有权进行合理调整。

第三十七条 对未按照规定办理税务登记的从事生产、经营的纳税人以及临时从事经营的纳税人，由税务机关核定其应纳税额，责令缴纳；不缴纳的，税务机关可以扣押其价值相当于应纳税款的商品、货物。扣押后缴纳应纳税款的，税务机关必须立即解除扣押，并归还所扣押的商品、货物；扣押后仍不缴纳应纳税款的，经县以上税务局（分局）局长批准，依法拍卖或者变卖所扣押的商品、货物，以拍卖或者变卖所得抵缴税款。

第三十八条 税务机关有根据认为从事生产、经营的纳税人有逃避纳税义务行为的，可以在规定的纳税期之前，责令限期缴纳应纳税款；在限期内发现纳税人有明显的转移、隐匿其应纳税的商品、货物以及其他财产或者应纳税的收入的迹象的，税务机关可以责成纳税人提供纳税担保。如果纳税人不能提供纳税担保，经县以上税务局（分局）局长批准，税务机关可以采取下列税收保全措施：

（一）书面通知纳税人开户银行或者其他金融机构冻结纳税人的金额相当于应纳税款的存款；

（二）扣押、查封纳税人的价值相当于应纳税款的商品、货物或者其他财产。

纳税人在前款规定的限期内缴纳税款的，税务机关必须立即解除税收保全措施；限期期满仍未缴纳税款的，经县以上税务局（分局）局长批准，税务机关可以书面通知纳税人开户银行或者其他金融机构从其冻结的存款中扣缴税款,或者依法拍卖或者变卖所扣押、查封的商品、货物或者其他财产,以拍卖或者变卖所得抵缴税款。

个人及其所扶养家属维持生活必需的住房和用品,不在税收保全措施的范围之内。

第三十九条 纳税人在限期内已缴纳税款,税务机关未立即解除税收保全措施,使纳税人的合法利益遭受损失的,税务机关应当承担赔偿责任。

第四十条 从事生产、经营的纳税人、扣缴义务人未按照规定的期限缴纳或者解缴税款,纳税担保人未按照规定的期限缴纳所担保的税款,由税务机关责令限期缴纳,逾期仍未缴纳的,经县以上税务局(分局)局长批准,税务机关可以采取下列强制执行措施:

(一)书面通知其开户银行或者其他金融机构从其存款中扣缴税款;

(二)扣押、查封、依法拍卖或者变卖其价值相当于应纳税款的商品、货物或者其他财产,以拍卖或者变卖所得抵缴税款。

税务机关采取强制执行措施时,对前款所列纳税人、扣缴义务人、纳税担保人未缴纳的滞纳金同时强制执行。

个人及其所扶养家属维持生活必需的住房和用品,不在强制执行措施的范围之内。

第四十一条 本法第三十七条、第三十八条、第四十条规定的采取税收保全措施、强制执行措施的权力,不得由法定的税务机关以外的单位和个人行使。

第四十二条 税务机关采取税收保全措施和强制执行措施必须依照法定权限和法定程序,不得查封、扣押纳税人个人及其所扶养家属维持生活必需的住房和用品。

第四十三条 税务机关滥用职权违法采取税收保全措施、强制执行措施,或者采取税收保全措施、强制执行措施不当,使纳税人、扣缴义务人或者纳税担保人的合法权益遭受损失的,应当依法承担赔偿责任。

第四十四条 欠缴税款的纳税人或者他的法定代表人需要出境的,应当在出境前向税务机关结清应纳税款、滞纳金或者提供担保。未结清税款、滞纳金,又不提供担保的,税务机关可以通知出境管理机关阻止其出境。

第四十五条 税务机关征收税款,税收优先于无担保债权,法律另有规定的除外;纳税人欠缴的税款发生在纳税人以其财产设定抵押、质押或者纳税人的财产被留置之前的,税收应当先于抵押权、质权、留置权执行。

纳税人欠缴税款,同时又被行政机关决定处以罚款、没收违法所得的,税收优先于罚款、没收违法所得。

税务机关应当对纳税人欠缴税款的情况定期予以公告。

第四十六条 纳税人有欠税情形而以其财产设定抵押、质押的,应当向抵押权人、质权人说明其欠税情况。抵押权人、质权人可以请求税务机关提供有关的欠税情况。

第四十七条 税务机关扣押商品、货物或者其他财产时,必须开付收据;查封商品、货物或者其他财产时,必须开付清单。

第四十八条 纳税人有合并、分立情形的,应当向税务机关报告,并依法缴清税款。纳税人合并时未缴清税款的,应当由合并后的纳税人继续履行未履行的纳税义务;纳税人分立时未缴清税款的,分立后的纳税人对未履行的纳税义务应当承担连带责任。

第四十九条 欠缴税款数额较大的纳税人在处分其不动产或者大额资产之前,应当向税务机关报告。

第五十条　欠缴税款的纳税人因怠于行使到期债权，或者放弃到期债权，或者无偿转让财产，或者以明显不合理的低价转让财产而受让人知道该情形，对国家税收造成损害的，税务机关可以依照合同法第七十三条、第七十四条的规定行使代位权、撤销权。

税务机关依照前款规定行使代位权、撤销权的，不免除欠缴税款的纳税人尚未履行的纳税义务和应承担的法律责任。

第五十一条　纳税人超过应纳税额缴纳的税款，税务机关发现后应当立即退还；纳税人自结算缴纳税款之日起三年内发现的，可以向税务机关要求退还多缴的税款并加算银行同期存款利息，税务机关及时查实后应当立即退还；涉及从国库中退库的，依照法律、行政法规有关国库管理的规定退还。

第五十二条　因税务机关的责任，致使纳税人、扣缴义务人未缴或者少缴税款的，税务机关在三年内可以要求纳税人、扣缴义务人补缴税款，但是不得加收滞纳金。

因纳税人、扣缴义务人计算错误等失误，未缴或者少缴税款的，税务机关在三年内可以追征税款、滞纳金；有特殊情况的，追征期可以延长到五年。

对偷税、抗税、骗税的，税务机关追征其未缴或者少缴的税款、滞纳金或者所骗取的税款，不受前款规定期限的限制。

第五十三条　国家税务局和地方税务局应当按照国家规定的税收征收管理范围和税款入库预算级次，将征收的税款缴入国库。

对审计机关、财政机关依法查出的税收违法行为，税务机关应当根据有关机关的决定、意见书，依法将应收的税款、滞纳金按照税款入库预算级次缴入国库，并将结果及时回复有关机关。

第四章　税务检查

第五十四条　税务机关有权进行下列税务检查：

（一）检查纳税人的帐簿、记帐凭证、报表和有关资料，检查扣缴义务人代扣代缴、代收代缴税款帐簿、记帐凭证和有关资料；

（二）到纳税人的生产、经营场所和货物存放地检查纳税人应纳税的商品、货物或者其他财产，检查扣缴义务人与代扣代缴、代收代缴税款有关的经营情况；

（三）责成纳税人、扣缴义务人提供与纳税或者代扣代缴、代收代缴税款有关的文件、证明材料和有关资料；

（四）询问纳税人、扣缴义务人与纳税或者代扣代缴、代收代缴税款有关的问题和情况；

（五）到车站、码头、机场、邮政企业及其分支机构检查纳税人托运、邮寄应纳税商品、货物或者其他财产的有关单据、凭证和有关资料；

（六）经县以上税务局（分局）局长批准，凭全国统一格式的检查存款帐户许可证明，查询从事生产、经营的纳税人、扣缴义务人在银行或者其他金融机构的存款帐户。税务机关在调查税收违法案件时，经设区的市、自治州以上税务局（分局）局长批准，可以查询案件涉嫌人员的储蓄存款。税务机关查询所获得的资料，不得用于税收以外的用途。

第五十五条　税务机关对从事生产、经营的纳税人以前纳税期的纳税情况依法进行税务检查时,发现纳税人有逃避纳税义务行为,并有明显的转移、隐匿其应纳税的商品、货物以及其他财产或者应纳税的收入的迹象的,可以按照本法规定的批准权限采取税收保全措施或者强制执行措施。

第五十六条 纳税人、扣缴义务人必须接受税务机关依法进行的税务检查,如实反映情况,提供有关资料,不得拒绝、隐瞒。

第五十七条 税务机关依法进行税务检查时,有权向有关单位和个人调查纳税人、扣缴义务人和其他当事人与纳税或者代扣代缴、代收代缴税款有关的情况,有关单位和个人有义务向税务机关如实提供有关资料及证明材料。

第五十八条 税务机关调查税务违法案件时,对与案件有关的情况和资料,可以记录、录音、录像、照相和复制。

第五十九条 税务机关派出的人员进行税务检查时,应当出示税务检查证和税务检查通知书,并有责任为被检查人保守秘密;未出示税务检查证和税务检查通知书的,被检查人有权拒绝检查。

第五章 法律责任

第六十条 纳税人有下列行为之一的,由税务机关责令限期改正,可以处二千元以下的罚款;情节严重的,处二千元以上一万元以下的罚款:

(一)未按照规定的期限申报办理税务登记、变更或者注销登记的;

(二)未按照规定设置、保管帐簿或者保管记帐凭证和有关资料的;

(三)未按照规定将财务、会计制度或者财务、会计处理办法和会计核算软件报送税务机关备查的;

(四)未按照规定将其全部银行帐号向税务机关报告的;

(五)未按照规定安装、使用税控装置,或者损毁或者擅自改动税控装置的。

纳税人不办理税务登记的,由税务机关责令限期改正;逾期不改正的,经税务机关提请,由工商行政管理机关吊销其营业执照。

纳税人未按照规定使用税务登记证件,或者转借、涂改、损毁、买卖、伪造税务登记证件的,处二千元以上一万元以下的罚款;情节严重的,处一万元以上五万元以下的罚款。

第六十一条 扣缴义务人未按照规定设置、保管代扣代缴、代收代缴税款帐簿或者保管代扣代缴、代收代缴税款记帐凭证及有关资料的,由税务机关责令限期改正,可以处二千元以下的罚款;情节严重的,处二千元以上五千元以下的罚款。

第六十二条 纳税人未按照规定的期限办理纳税申报和报送纳税资料的,或者扣缴义务人未按照规定的期限向税务机关报送代扣代缴、代收代缴税款报告表和有关资料的,由税务机关责令限期改正,可以处二千元以下的罚款;情节严重的,可以处二千元以上一万元以下的罚款。

第六十三条 纳税人伪造、变造、隐匿、擅自销毁帐簿、记帐凭证,或者在帐簿上多列支出或者不列、少列收入,或者经税务机关通知申报而拒不申报或者进行虚假的纳税申报,不缴或者少缴应纳税款的,是偷税。对纳税人偷税的,由税务机关追缴其不缴或者少缴的税款、滞纳金,并处不缴或者少缴的税款百分之五十以上五倍以下的罚款;构成犯罪的,依法追究刑事责任。

扣缴义务人采取前款所列手段，不缴或者少缴已扣、已收税款，由税务机关追缴其不缴或者少缴的税款、滞纳金，并处不缴或者少缴的税款百分之五十以上五倍以下的罚款；构成犯罪的，依法追究刑事责任。

第六十四条 纳税人、扣缴义务人编造虚假计税依据的，由税务机关责令限期改正，并处五万元以下的罚款。

纳税人不进行纳税申报，不缴或者少缴应纳税款的，由税务机关追缴其不缴或者少缴的税款、滞纳金，并处不缴或者少缴的税款百分之五十以上五倍以下的罚款。

第六十五条 纳税人欠缴应纳税款，采取转移或者隐匿财产的手段，妨碍税务机关追缴欠缴的税款的，由税务机关追缴欠缴的税款、滞纳金，并处欠缴税款百分之五十以上五倍以下的罚款；构成犯罪的，依法追究刑事责任。

第六十六条 以假报出口或者其他欺骗手段，骗取国家出口退税款的，由税务机关追缴其骗取的退税款，并处骗取税款一倍以上五倍以下的罚款；构成犯罪的，依法追究刑事责任。

对骗取国家出口退税款的，税务机关可以在规定期间内停止为其办理出口退税。

第六十七条 以暴力、威胁方法拒不缴纳税款的，是抗税，除由税务机关追缴其拒缴的税款、滞纳金外，依法追究刑事责任。情节轻微，未构成犯罪的，由税务机关追缴其拒缴的税款、滞纳金，并处拒缴税款一倍以上五倍以下的罚款。

第六十八条 纳税人、扣缴义务人在规定期限内不缴或者少缴应纳或者应解缴的税款，经税务机关责令限期缴纳，逾期仍未缴纳的，税务机关除依照本法第四十条的规定采取强制执行措施追缴其不缴或者少缴的税款外，可以处不缴或者少缴的税款百分之五十以上五倍以下的罚款。

第六十九条 扣缴义务人应扣未扣、应收而不收税款的，由税务机关向纳税人追缴税款，对扣缴义务人处应扣未扣、应收未收税款百分之五十以上三倍以下的罚款。

第七十条 纳税人、扣缴义务人逃避、拒绝或者以其他方式阻挠税务机关检查的，由税务机关责令改正，可以处一万元以下的罚款；情节严重的，处一万元以上五万元以下的罚款。

第七十一条 违反本法第二十二条规定，非法印制发票的，由税务机关销毁非法印制的发票，没收违法所得和作案工具，并处一万元以上五万元以下的罚款；构成犯罪的，依法追究刑事责任。

第七十二条 从事生产、经营的纳税人、扣缴义务人有本法规定的税收违法行为，拒不接受税务机关处理的，税务机关可以收缴其发票或者停止向其发售发票。

第七十三条 纳税人、扣缴义务人的开户银行或者其他金融机构拒绝接受税务机关依法检查纳税人、扣缴义务人存款帐户，或者拒绝执行税务机关作出的冻结存款或者扣缴税款的决定，或者在接到税务机关的书面通知后帮助纳税人、扣缴义务人转移存款，造成税款流失的，由税务机关处十万元以上五十万元以下的罚款，对直接负责的主管人员和其他直接责任人员处一千元以上一万元以下的罚款。

第七十四条 本法规定的行政处罚，罚款额在二千元以下的，可以由税务所决定。

第七十五条 税务机关和司法机关的涉税罚没收入,应当按照税款入库预算级次上缴国库。

第七十六条 税务机关违反规定擅自改变税收征收管理范围和税款入库预算级次的,责令限期改正,对直接负责的主管人员和其他直接责任人员依法给予降级或者撤职的行政处分。

第七十七条 纳税人、扣缴义务人有本法第六十三条、第六十五条、第六十六条、第六十七条、第七十一条规定的行为涉嫌犯罪的,税务机关应当依法移交司法机关追究刑事责任。

税务人员徇私舞弊,对依法应当移交司法机关追究刑事责任的不移交,情节严重的,依法追究刑事责任。

第七十八条 未经税务机关依法委托征收税款的,责令退还收取的财物,依法给予行政处分或者行政处罚;致使他人合法权益受到损失的,依法承担赔偿责任;构成犯罪的,依法追究刑事责任。

第七十九条 税务机关、税务人员查封、扣押纳税人个人及其所扶养家属维持生活必需的住房和用品的,责令退还,依法给予行政处分;构成犯罪的,依法追究刑事责任。

第八十条 税务人员与纳税人、扣缴义务人勾结,唆使或者协助纳税人、扣缴义务人有本法第六十三条、第六十五条、第六十六条规定的行为,构成犯罪的,依法追究刑事责任;尚不构成犯罪的,依法给予行政处分。

第八十一条 税务人员利用职务上的便利,收受或者索取纳税人、扣缴义务人财物或者谋取其他不正当利益,构成犯罪的,依法追究刑事责任;尚不构成犯罪的,依法给予行政处分。

第八十二条 税务人员徇私舞弊或者玩忽职守,不征或者少征应征税款,致使国家税收遭受重大损失,构成犯罪的,依法追究刑事责任;尚不构成犯罪的,依法给予行政处分。

税务人员滥用职权,故意刁难纳税人、扣缴义务人的,调离税收工作岗位,并依法给予行政处分。

税务人员对控告、检举税收违法违纪行为的纳税人、扣缴义务人以及其他检举人进行打击报复的,依法给予行政处分;构成犯罪的,依法追究刑事责任。

税务人员违反法律、行政法规的规定,故意高估或者低估农业税计税产量,致使多征或者少征税款,侵犯农民合法权益或者损害国家利益,构成犯罪的,依法追究刑事责任;尚不构成犯罪的,依法给予行政处分。

第八十三条 违反法律、行政法规的规定提前征收、延缓征收或者摊派税款的,由其上级机关或者行政监察机关责令改正,对直接负责的主管人员和其他直接责任人员依法给予行政处分。

第八十四条 违反法律、行政法规的规定,擅自作出税收的开征、停征或者减税、免税、退税、补税以及其他同税收法律、行政法规相抵触的决定的,除依照本法规定撤销其擅自作出的决定外,补征应征未征税款,退还不应征收而征收的税款,并由上级机关追究直接负责的主管人员和其他直接责任人员的行政责任;构成犯罪的,依法追究刑事责任。

第八十五条 税务人员在征收税款或者查处税收违法案件时,未按照本法规定进行回避的，对直接负责的主管人员和其他直接责任人员，依法给予行政处分。

第八十六条　违反税收法律、行政法规应当给予行政处罚的行为，在五年内未被发现的，不再给予行政处罚。

第八十七条　未按照本法规定为纳税人、扣缴义务人、检举人保密的，对直接负责的主管人员和其他直接责任人员，由所在单位或者有关单位依法给予行政处分。

第八十八条　纳税人、扣缴义务人、纳税担保人同税务机关在纳税上发生争议时，必须先依照税务机关的纳税决定缴纳或者解缴税款及滞纳金或者提供相应的担保，然后可以依法申请行政复议；对行政复议决定不服的，可以依法向人民法院起诉。

当事人对税务机关的处罚决定、强制执行措施或者税收保全措施不服的，可以依法申请行政复议，也可以依法向人民法院起诉。

当事人对税务机关的处罚决定逾期不申请行政复议也不向人民法院起诉、又不履行的，作出处罚决定的税务机关可以采取本法第四十条规定的强制执行措施，或者申请人民法院强制执行。

第六章　附　　则

第八十九条　纳税人、扣缴义务人可以委托税务代理人代为办理税务事宜。

第九十条　耕地占用税、契税、农业税、牧业税征收管理的具体办法，由国务院另行制定。

关税及海关代征税收的征收管理，依照法律、行政法规的有关规定执行。

第九十一条　中华人民共和国同外国缔结的有关税收的条约、协定同本法有不同规定的，依照条约、协定的规定办理。

第九十二条　本法施行前颁布的税收法律与本法有不同规定的，适用本法规定。

第九十三条　国务院根据本法制定实施细则。

第九十四条　本法自2001年5月1日起施行。

6－1－2

中华人民共和国税收征收管理法实施细则

2002年9月7日中华人民共和国国务院令第362号公布　2012年11月9日中华人民共和国国务院令第628号第一次修订　2013年7月18日中华人民共和国国务院令第638号第二次修订　2016年2月6日中华人民共和国国务院令第666号第三次修订

第一章　总　　则

第一条　根据《中华人民共和国税收征收管理法》（以下简称税收征管法）的规定，制定本细则。

第二条　凡依法由税务机关征收的各种税收的征收管理，均适用税收征管法及本细则;税收征管法及本细则没有规定的,依照其他有关税收法律、行政法规的规定执行。

第三条 任何部门、单位和个人作出的与税收法律、行政法规相抵触的决定一律无效,税务机关不得执行,并应当向上级税务机关报告。

纳税人应当依照税收法律、行政法规的规定履行纳税义务;其签订的合同、协议等与税收法律、行政法规相抵触的,一律无效。

第四条 国家税务总局负责制定全国税务系统信息化建设的总体规划、技术标准、技术方案与实施办法;各级税务机关应当按照国家税务总局的总体规划、技术标准、技术方案与实施办法,做好本地区税务系统信息化建设的具体工作。

地方各级人民政府应当积极支持税务系统信息化建设,并组织有关部门实现相关信息的共享。

第五条 税收征管法第八条所称为纳税人、扣缴义务人保密的情况,是指纳税人、扣缴义务人的商业秘密及个人隐私。纳税人、扣缴义务人的税收违法行为不属于保密范围。

第六条 国家税务总局应当制定税务人员行为准则和服务规范。

上级税务机关发现下级税务机关的税收违法行为,应当及时予以纠正;下级税务机关应当按照上级税务机关的决定及时改正。

下级税务机关发现上级税务机关的税收违法行为,应当向上级税务机关或者有关部门报告。

第七条 税务机关根据检举人的贡献大小给予相应的奖励,奖励所需资金列入税务部门年度预算,单项核定。奖励资金具体使用办法以及奖励标准,由国家税务总局会同财政部制定。

第八条 税务人员在核定应纳税额、调整税收定额、进行税务检查、实施税务行政处罚、办理税务行政复议时,与纳税人、扣缴义务人或者其法定代表人、直接责任人有下列关系之一的,应当回避:

(一)夫妻关系;

(二)直系血亲关系;

(三)三代以内旁系血亲关系;

(四)近姻亲关系;

(五)可能影响公正执法的其他利害关系。

第九条 税收征管法第十四条所称按照国务院规定设立的并向社会公告的税务机构,是指省以下税务局的稽查局。稽查局专司偷税、逃避追缴欠税、骗税、抗税案件的查处。

国家税务总局应当明确划分税务局和稽查局的职责,避免职责交叉。

第二章 税务登记

第十条 国家税务局、地方税务局对同一纳税人的税务登记应当采用同一代码,信息共享。

税务登记的具体办法由国家税务总局制定。

第十一条 各级工商行政管理机关应当向同级国家税务局和地方税务局定期通报办理开业、变更、注销登记以及吊销营业执照的情况。

通报的具体办法由国家税务总局和国家工商行政管理总局联合制定。

第十二条 从事生产、经营的纳税人应当自领取营业执照之日起30日内，向生产、经营地或者纳税义务发生地的主管税务机关申报办理税务登记，如实填写税务登记表，并按照税务机关的要求提供有关证件、资料。

前款规定以外的纳税人，除国家机关和个人外，应当自纳税义务发生之日起30日内，持有关证件向所在地的主管税务机关申报办理税务登记。

个人所得税的纳税人办理税务登记的办法由国务院另行规定。

税务登记证件的式样，由国家税务总局制定。

第十三条 扣缴义务人应当自扣缴义务发生之日起30日内，向所在地的主管税务机关申报办理扣缴税款登记，领取扣缴税款登记证件；税务机关对已办理税务登记的扣缴义务人，可以只在其税务登记证件上登记扣缴税款事项，不再发给扣缴税款登记证件。

第十四条 纳税人税务登记内容发生变化的，应当自工商行政管理机关或者其他机关办理变更登记之日起30日内，持有关证件向原税务登记机关申报办理变更税务登记。

纳税人税务登记内容发生变化，不需要到工商行政管理机关或者其他机关办理变更登记的，应当自发生变化之日起30日内，持有关证件向原税务登记机关申报办理变更税务登记。

第十五条 纳税人发生解散、破产、撤销以及其他情形，依法终止纳税义务的，应当在向工商行政管理机关或者其他机关办理注销登记前，持有关证件向原税务登记机关申报办理注销税务登记；按照规定不需要在工商行政管理机关或者其他机关办理注册登记的，应当自有关机关批准或者宣告终止之日起15日内，持有关证件向原税务登记机关申报办理注销税务登记。

纳税人因住所、经营地点变动，涉及改变税务登记机关的，应当在向工商行政管理机关或者其他机关申请办理变更或者注销登记前或者住所、经营地点变动前，向原税务登记机关申报办理注销税务登记，并在30日内向迁达地税务机关申报办理税务登记。

纳税人被工商行政管理机关吊销营业执照或者被其他机关予以撤销登记的，应当自营业执照被吊销或者被撤销登记之日起15日内，向原税务登记机关申报办理注销税务登记。

第十六条 纳税人在办理注销税务登记前，应当向税务机关结清应纳税款、滞纳金、罚款，缴销发票、税务登记证件和其他税务证件。

第十七条 从事生产、经营的纳税人应当自开立基本存款账户或者其他存款账户之日起15日内，向主管税务机关书面报告其全部账号；发生变化的，应当自变化之日起15日内，向主管税务机关书面报告。

第十八条 除按照规定不需要发给税务登记证件的外，纳税人办理下列事项时，必须持税务登记证件：

（一）开立银行账户；

（二）申请减税、免税、退税；

（三）申请办理延期申报、延期缴纳税款；

（四）领购发票；

（五）申请开具外出经营活动税收管理证明；

（六）办理停业、歇业；

（七）其他有关税务事项。

第十九条 税务机关对税务登记证件实行定期验证和换证制度。纳税人应当在规定的期限内持有关证件到主管税务机关办理验证或者换证手续。

第二十条 纳税人应当将税务登记证件正本在其生产、经营场所或者办公场所公开悬挂，接受税务机关检查。

纳税人遗失税务登记证件的，应当在15日内书面报告主管税务机关，并登报声明作废。

第二十一条 从事生产、经营的纳税人到外县（市）临时从事生产、经营活动的，应当持税务登记证副本和所在地税务机关填开的外出经营活动税收管理证明，向营业地税务机关报验登记，接受税务管理。

从事生产、经营的纳税人外出经营，在同一地累计超过180天的，应当在营业地办理税务登记手续。

第三章 账簿、凭证管理

第二十二条 从事生产、经营的纳税人应当自领取营业执照或者发生纳税义务之日起15日内，按照国家有关规定设置账簿。

前款所称账簿，是指总账、明细账、日记账以及其他辅助性账簿。总账、日记账应当采用订本式。

第二十三条 生产、经营规模小又确无建账能力的纳税人，可以聘请经批准从事会计代理记账业务的专业机构或者财会人员代为建账和办理账务。

第二十四条 从事生产、经营的纳税人应当自领取税务登记证件之日起15日内，将其财务、会计制度或者财务、会计处理办法报送主管税务机关备案。

纳税人使用计算机记账的，应当在使用前将会计电算化系统的会计核算软件、使用说明书及有关资料报送主管税务机关备案。

纳税人建立的会计电算化系统应当符合国家有关规定，并能正确、完整核算其收入或者所得。

第二十五条 扣缴义务人应当自税收法律、行政法规规定的扣缴义务发生之日起10日内，按照所代扣、代收的税种，分别设置代扣代缴、代收代缴税款账簿。

第二十六条 纳税人、扣缴义务人会计制度健全，能够通过计算机正确、完整计算其收入和所得或者代扣代缴、代收代缴税款情况的，其计算机输出的完整的书面会计记录，可视同会计账簿。

纳税人、扣缴义务人会计制度不健全，不能通过计算机正确、完整计算其收入和所得或者代扣代缴、代收代缴税款情况的，应当建立总账及与纳税或者代扣代缴、代收代缴税款有关的其他账簿。

第二十七条 账簿、会计凭证和报表，应当使用中文。民族自治地方可以同时使用当地通用的一种民族文字。外商投资企业和外国企业可以同时使用一种外国文字。

第二十八条 纳税人应当按照税务机关的要求安装、使用税控装置，并按照税务机关的规定报送有关数据和资料。

税控装置推广应用的管理办法由国家税务总局另行制定，报国务院批准后实施。

第二十九条　账簿、记账凭证、报表、完税凭证、发票、出口凭证以及其他有关涉税资料应当合法、真实、完整。

账簿、记账凭证、报表、完税凭证、发票、出口凭证以及其他有关涉税资料应当保存10年；但是，法律、行政法规另有规定的除外。

第四章　纳税申报

第三十条　税务机关应当建立、健全纳税人自行申报纳税制度。纳税人、扣缴义务人可以采取邮寄、数据电文方式办理纳税申报或者报送代扣代缴、代收代缴税款报告表。

数据电文方式，是指税务机关确定的电话语音、电子数据交换和网络传输等电子方式。

第三十一条　纳税人采取邮寄方式办理纳税申报的，应当使用统一的纳税申报专用信封，并以邮政部门收据作为申报凭据。邮寄申报以寄出的邮戳日期为实际申报日期。

纳税人采取电子方式办理纳税申报的，应当按照税务机关规定的期限和要求保存有关资料，并定期书面报送主管税务机关。

第三十二条　纳税人在纳税期内没有应纳税款的，也应当按照规定办理纳税申报。

纳税人享受减税、免税待遇的，在减税、免税期间应当按照规定办理纳税申报。

第三十三条　纳税人、扣缴义务人的纳税申报或者代扣代缴、代收代缴税款报告表的主要内容包括：税种、税目，应纳税项目或者应代扣代缴、代收代缴税款项目，计税依据，扣除项目及标准，适用税率或者单位税额，应退税项目及税额、应减免税项目及税额，应纳税额或者应代扣代缴、代收代缴税额，税款所属期限、延期缴纳税款、欠税、滞纳金等。

第三十四条　纳税人办理纳税申报时，应当如实填写纳税申报表，并根据不同的情况相应报送下列有关证件、资料：

（一）财务会计报表及其说明材料；

（二）与纳税有关的合同、协议书及凭证；

（三）税控装置的电子报税资料；

（四）外出经营活动税收管理证明和异地完税凭证；

（五）境内或者境外公证机构出具的有关证明文件；

（六）税务机关规定应当报送的其他有关证件、资料。

第三十五条　扣缴义务人办理代扣代缴、代收代缴税款报告时，应当如实填写代扣代缴、代收代缴税款报告表，并报送代扣代缴、代收代缴税款的合法凭证以及税务机关规定的其他有关证件、资料。

第三十六条　实行定期定额缴纳税款的纳税人，可以实行简易申报、简并征期等申报纳税方式。

第三十七条　纳税人、扣缴义务人按照规定的期限办理纳税申报或者报送代扣代缴、代收代缴税款报告表确有困难，需要延期的，应当在规定的期限内向税务机关提出书面延期申请，经税务机关核准，在核准的期限内办理。

纳税人、扣缴义务人因不可抗力，不能按期办理纳税申报或者报送代扣代缴、代收代缴税款报告表的，可以延期办理；但是，应当在不可抗力情形消除后立即向税务机关报告。税务机关应当查明事实,予以核准。

第五章　税款征收

第三十八条　税务机关应当加强对税款征收的管理,建立、健全责任制度。

税务机关根据保证国家税款及时足额入库、方便纳税人、降低税收成本的原则,确定税款征收的方式。

税务机关应当加强对纳税人出口退税的管理,具体管理办法由国家税务总局会同国务院有关部门制定。

第三十九条　税务机关应当将各种税收的税款、滞纳金、罚款,按照国家规定的预算科目和预算级次及时缴入国库,税务机关不得占压、挪用、截留,不得缴入国库以外或者国家规定的税款账户以外的任何账户。

已缴入国库的税款、滞纳金、罚款,任何单位和个人不得擅自变更预算科目和预算级次。

第四十条　税务机关应当根据方便、快捷、安全的原则,积极推广使用支票、银行卡、电子结算方式缴纳税款。

第四十一条　纳税人有下列情形之一的,属于税收征管法第三十一条所称特殊困难:

(一)因不可抗力,导致纳税人发生较大损失,正常生产经营活动受到较大影响的;

(二)当期货币资金在扣除应付职工工资、社会保险费后,不足以缴纳税款的。

计划单列市国家税务局、地方税务局可以参照税收征管法第三十一条第二款的批准权限,审批纳税人延期缴纳税款。

第四十二条　纳税人需要延期缴纳税款的,应当在缴纳税款期限届满前提出申请,并报送下列材料:申请延期缴纳税款报告,当期货币资金余额情况及所有银行存款账户的对账单,资产负债表,应付职工工资和社会保险费等税务机关要求提供的支出预算。

税务机关应当自收到申请延期缴纳税款报告之日起20日内作出批准或者不予批准的决定;不予批准的,从缴纳税款期限届满之日起加收滞纳金。

第四十三条　享受减税、免税优惠的纳税人,减税、免税期满,应当自期满次日起恢复纳税;减税、免税条件发生变化的,应当在纳税申报时向税务机关报告;不再符合减税、免税条件的,应当依法履行纳税义务;未依法纳税的,税务机关应当予以追缴。

第四十四条　税务机关根据有利于税收控管和方便纳税的原则,可以按照国家有关规定委托有关单位和人员代征零星分散和异地缴纳的税收,并发给委托代征证书。受托单位和人员按照代征证书的要求,以税务机关的名义依法征收税款,纳税人不得拒绝;纳税人拒绝的,受托代征单位和人员应当及时报告税务机关。

第四十五条　税收征管法第三十四条所称完税凭证,是指各种完税证、缴款书、印花税票、扣(收)税凭证以及其他完税证明。

未经税务机关指定,任何单位、个人不得印制完税凭证。完税凭证不得转借、倒卖、变造或者伪造。

完税凭证的式样及管理办法由国家税务总局制定。

第四十六条　税务机关收到税款后,应当向纳税人开具完税凭证。纳税人通过银行缴纳税款的，税务机关可以委托银行开具完税凭证。

第四十七条　纳税人有税收征管法第三十五条或者第三十七条所列情形之一的，税务机关有权采用下列任何一种方法核定其应纳税额：

（一）参照当地同类行业或者类似行业中经营规模和收入水平相近的纳税人的税负水平核定；

（二）按照营业收入或者成本加合理的费用和利润的方法核定；

（三）按照耗用的原材料、燃料、动力等推算或者测算核定；

（四）按照其他合理方法核定。

采用前款所列一种方法不足以正确核定应纳税额时，可以同时采用两种以上的方法核定。

纳税人对税务机关采取本条规定的方法核定的应纳税额有异议的，应当提供相关证据，经税务机关认定后，调整应纳税额。

第四十八条　税务机关负责纳税人纳税信誉等级评定工作。纳税人纳税信誉等级的评定办法由国家税务总局制定。

第四十九条　承包人或者承租人有独立的生产经营权，在财务上独立核算，并定期向发包人或者出租人上缴承包费或者租金的，承包人或者承租人应当就其生产、经营收入和所得纳税，并接受税务管理；但是，法律、行政法规另有规定的除外。

发包人或者出租人应当自发包或者出租之日起30日内将承包人或者承租人的有关情况向主管税务机关报告。发包人或者出租人不报告的，发包人或者出租人与承包人或者承租人承担纳税连带责任。

第五十条　纳税人有解散、撤销、破产情形的，在清算前应当向其主管税务机关报告；未结清税款的，由其主管税务机关参加清算。

第五十一条　税收征管法第三十六条所称关联企业，是指有下列关系之一的公司、企业和其他经济组织：

（一）在资金、经营、购销等方面，存在直接或者间接的拥有或者控制关系；

（二）直接或者间接地同为第三者所拥有或者控制；

（三）在利益上具有相关联的其他关系。

纳税人有义务就其与关联企业之间的业务往来，向当地税务机关提供有关的价格、费用标准等资料。具体办法由国家税务总局制定。

第五十二条　税收征管法第三十六条所称独立企业之间的业务往来，是指没有关联关系的企业之间按照公平成交价格和营业常规所进行的业务往来。

第五十三条　纳税人可以向主管税务机关提出与其关联企业之间业务往来的定价原则和计算方法，主管税务机关审核、批准后，与纳税人预先约定有关定价事项，监督纳税人执行。

第五十四条　纳税人与其关联企业之间的业务往来有下列情形之一的，税务机关可以调整其应纳税额：

（一）购销业务未按照独立企业之间的业务往来作价；

（二）融通资金所支付或者收取的利息超过或者低于没有关联关系的企业之间所能同

意的数额,或者利率超过或者低于同类业务的正常利率;

(三)提供劳务,未按照独立企业之间业务往来收取或者支付劳务费用;

(四)转让财产、提供财产使用权等业务往来,未按照独立企业之间业务往来作价或者收取、支付费用;

(五)未按照独立企业之间业务往来作价的其他情形。

第五十五条 纳税人有本细则第五十四条所列情形之一的,税务机关可以按照下列方法调整计税收入额或者所得额:

(一)按照独立企业之间进行的相同或者类似业务活动的价格;

(二)按照再销售给无关联关系的第三者的价格所应取得的收入和利润水平;

(三)按照成本加合理的费用和利润;

(四)按照其他合理的方法。

第五十六条 纳税人与其关联企业未按照独立企业之间的业务往来支付价款、费用的,税务机关自该业务往来发生的纳税年度起 3 年内进行调整;有特殊情况的,可以自该业务往来发生的纳税年度起 10 年内进行调整。

第五十七条 税收征管法第三十七条所称未按照规定办理税务登记从事生产、经营的纳税人,包括到外县(市)从事生产、经营而未向营业地税务机关报验登记的纳税人。

第五十八条 税务机关依照税收征管法第三十七条的规定,扣押纳税人商品、货物的,纳税人应当自扣押之日起 15 日内缴纳税款。

对扣押的鲜活、易腐烂变质或者易失效的商品、货物,税务机关根据被扣押物品的保质期,可以缩短前款规定的扣押期限。

第五十九条 税收征管法第三十八条、第四十条所称其他财产,包括纳税人的房地产、现金、有价证券等不动产和动产。

机动车辆、金银饰品、古玩字画、豪华住宅或者一处以外的住房不属于税收征管法第三十八条、第四十条、第四十二条所称个人及其所扶养家属维持生活必需的住房和用品。

税务机关对单价 5000 元以下的其他生活用品,不采取税收保全措施和强制执行措施。

第六十条 税收征管法第三十八条、第四十条、第四十二条所称个人所扶养家属,是指与纳税人共同居住生活的配偶、直系亲属以及无生活来源并由纳税人扶养的其他亲属。

第六十一条 税收征管法第三十八条、第八十八条所称担保,包括经税务机关认可的纳税保证人为纳税人提供的纳税保证,以及纳税人或者第三人以其未设置或者未全部设置担保物权的财产提供的担保。

纳税保证人,是指在中国境内具有纳税担保能力的自然人、法人或者其他经济组织。

法律、行政法规规定的没有担保资格的单位和个人,不得作为纳税担保人。

第六十二条 纳税担保人同意为纳税人提供纳税担保的,应当填写纳税担保书,写明担保对象、担保范围、担保期限和担保责任以及其他有关事项。担保书须经纳税人、纳税担保人签字盖章并经税务机关同意,方为有效。

纳税人或者第三人以其财产提供纳税担保的,应当填写财产清单,并写明财产价值以及其他有关事项。纳税担保财产清单须经纳税人、第三人签字盖章并经税务机关确认,方为有效。

第六十三条 税务机关执行扣押、查封商品、货物或者其他财产时，应当由两名以上税务人员执行，并通知被执行人。被执行人是自然人的，应当通知被执行人本人或者其成年家属到场；被执行人是法人或者其他组织的，应当通知其法定代表人或者主要负责人到场；拒不到场的，不影响执行。

第六十四条 税务机关执行税收征管法第三十七条、第三十八条、第四十条的规定，扣押、查封价值相当于应纳税款的商品、货物或者其他财产时，参照同类商品的市场价、出厂价或者评估价估算。

税务机关按照前款方法确定应扣押、查封的商品、货物或者其他财产的价值时，还应当包括滞纳金和拍卖、变卖所发生的费用。

第六十五条 对价值超过应纳税额且不可分割的商品、货物或者其他财产，税务机关在纳税人、扣缴义务人或者纳税担保人无其他可供强制执行的财产的情况下，可以整体扣押、查封、拍卖。

第六十六条 税务机关执行税收征管法第三十七条、第三十八条、第四十条的规定，实施扣押、查封时，对有产权证件的动产或者不动产，税务机关可以责令当事人将产权证件交税务机关保管，同时可以向有关机关发出协助执行通知书，有关机关在扣押、查封期间不再办理该动产或者不动产的过户手续。

第六十七条 对查封的商品、货物或者其他财产，税务机关可以指令被执行人负责保管，保管责任由被执行人承担。

继续使用被查封的财产不会减少其价值的，税务机关可以允许被执行人继续使用；因被执行人保管或者使用的过错造成的损失，由被执行人承担。

第六十八条 纳税人在税务机关采取税收保全措施后，按照税务机关规定的期限缴纳税款的，税务机关应当自收到税款或者银行转回的完税凭证之日起1日内解除税收保全。

第六十九条 税务机关将扣押、查封的商品、货物或者其他财产变价抵缴税款时，应当交由依法成立的拍卖机构拍卖；无法委托拍卖或者不适于拍卖的，可以交由当地商业企业代为销售，也可以责令纳税人限期处理；无法委托商业企业销售，纳税人也无法处理的，可以由税务机关变价处理，具体办法由国家税务总局规定。国家禁止自由买卖的商品，应当交由有关单位按照国家规定的价格收购。

拍卖或者变卖所得抵缴税款、滞纳金、罚款以及拍卖、变卖等费用后，剩余部分应当在3日内退还被执行人。

第七十条 税收征管法第三十九条、第四十三条所称损失，是指因税务机关的责任，使纳税人、扣缴义务人或者纳税担保人的合法利益遭受的直接损失。

第七十一条 税收征管法所称其他金融机构，是指信托投资公司、信用合作社、邮政储蓄机构以及经中国人民银行、中国证券监督管理委员会等批准设立的其他金融机构。

第七十二条 税收征管法所称存款，包括独资企业投资人、合伙企业合伙人、个体工商户的储蓄存款以及股东资金账户中的资金等。

第七十三条 从事生产、经营的纳税人、扣缴义务人未按照规定的期限缴纳或者解缴税款的，纳税担保人未按照规定的期限缴纳所担保的税款的，由税务机关发出限期缴纳税款通知书，责令缴纳或者解缴税款的最长期限不得超过15日。

第七十四条 欠缴税款的纳税人或者其法定代表人在出境前未按照规定结清应纳税款、滞纳金或者提供纳税担保的,税务机关可以通知出入境管理机关阻止其出境。阻止出境的具体办法,由国家税务总局会同公安部制定。

第七十五条 税收征管法第三十二条规定的加收滞纳金的起止时间,为法律、行政法规规定或者税务机关依照法律、行政法规的规定确定的税款缴纳期限届满次日起至纳税人、扣缴义务人实际缴纳或者解缴税款之日止。

第七十六条 县级以上各级税务机关应当将纳税人的欠税情况,在办税场所或者广播、电视、报纸、期刊、网络等新闻媒体上定期公告。

对纳税人欠缴税款的情况实行定期公告的办法,由国家税务总局制定。

第七十七条 税收征管法第四十九条所称欠缴税款数额较大,是指欠缴税款5万元以上。

第七十八条 税务机关发现纳税人多缴税款的,应当自发现之日起10日内办理退还手续;纳税人发现多缴税款,要求退还的,税务机关应当自接到纳税人退还申请之日起30日内查实并办理退还手续。

税收征管法第五十一条规定的加算银行同期存款利息的多缴税款退税,不包括依法预缴税款形成的结算退税、出口退税和各种减免退税。

退税利息按照税务机关办理退税手续当天中国人民银行规定的活期存款利率计算。

第七十九条 当纳税人既有应退税款又有欠缴税款的,税务机关可以将应退税款和利息先抵扣欠缴税款;抵扣后有余额的,退还纳税人。

第八十条 税收征管法第五十二条所称税务机关的责任,是指税务机关适用税收法律、行政法规不当或者执法行为违法。

第八十一条 税收征管法第五十二条所称纳税人、扣缴义务人计算错误等失误,是指非主观故意的计算公式运用错误以及明显的笔误。

第八十二条 税收征管法第五十二条所称特殊情况,是指纳税人或者扣缴义务人因计算错误等失误,未缴或者少缴、未扣或者少扣、未收或者少收税款,累计数额在10万元以上的。

第八十三条 税收征管法第五十二条规定的补缴和追征税款、滞纳金的期限,自纳税人、扣缴义务人应缴未缴或者少缴税款之日起计算。

第八十四条 审计机关、财政机关依法进行审计、检查时,对税务机关的税收违法行为作出的决定,税务机关应当执行;发现被审计、检查单位有税收违法行为的,向被审计、检查单位下达决定、意见书,责成被审计、检查单位向税务机关缴纳应当缴纳的税款、滞纳金。税务机关应当根据有关机关的决定、意见书,依照税收法律、行政法规的规定,将应收的税款、滞纳金按照国家规定的税收征收管理范围和税款入库预算级次缴入国库。

税务机关应当自收到审计机关、财政机关的决定、意见书之日起30日内将执行情况书面回复审计机关、财政机关。

有关机关不得将其履行职责过程中发现的税款、滞纳金自行征收入库或者以其他款项的名义自行处理、占压。

第六章 税务检查

第八十五条 税务机关应当建立科学的检查制度，统筹安排检查工作，严格控制对纳税人、扣缴义务人的检查次数。

税务机关应当制定合理的税务稽查工作规程，负责选案、检查、审理、执行的人员的职责应当明确，并相互分离、相互制约，规范选案程序和检查行为。

税务检查工作的具体办法，由国家税务总局制定。

第八十六条 税务机关行使税收征管法第五十四条第（一）项职权时，可以在纳税人、扣缴义务人的业务场所进行；必要时，经县以上税务局（分局）局长批准，可以将纳税人、扣缴义务人以前会计年度的账簿、记账凭证、报表和其他有关资料调回税务机关检查，但是税务机关必须向纳税人、扣缴义务人开付清单，并在3个月内完整退还；有特殊情况的，经设区的市、自治州以上税务局局长批准，税务机关可以将纳税人、扣缴义务人当年的账簿、记账凭证、报表和其他有关资料调回检查，但是税务机关必须在30日内退还。

第八十七条 税务机关行使税收征管法第五十四条第（六）项职权时，应当指定专人负责，凭全国统一格式的检查存款账户许可证明进行，并有责任为被检查人保守秘密。

检查存款账户许可证明，由国家税务总局制定。

税务机关查询的内容，包括纳税人存款账户余额和资金往来情况。

第八十八条 依照税收征管法第五十五条规定，税务机关采取税收保全措施的期限一般不得超过6个月；重大案件需要延长的，应当报国家税务总局批准。

第八十九条 税务机关和税务人员应当依照税收征管法及本细则的规定行使税务检查职权。

税务人员进行税务检查时，应当出示税务检查证和税务检查通知书；无税务检查证和税务检查通知书的，纳税人、扣缴义务人及其他当事人有权拒绝检查。税务机关对集贸市场及集中经营业户进行检查时，可以使用统一的税务检查通知书。

税务检查证和税务检查通知书的式样、使用和管理的具体办法，由国家税务总局制定。

第七章 法律责任

第九十条 纳税人未按照规定办理税务登记证件验证或者换证手续的，由税务机关责令限期改正，可以处2000元以下的罚款；情节严重的，处2000元以上1万元以下的罚款。

第九十一条 非法印制、转借、倒卖、变造或者伪造完税凭证的，由税务机关责令改正，处2000元以上1万元以下的罚款；情节严重的，处1万元以上5万元以下的罚款；构成犯罪的，依法追究刑事责任。

第九十二条 银行和其他金融机构未依照税收征管法的规定在从事生产、经营的纳税人的账户中登录税务登记证件号码，或者未按规定在税务登记证件中登录从事生产、经营的纳税人的账户账号的，由税务机关责令其限期改正，处2000元以上2万元以下的罚款；情节严重的，处2万元以上5万元以下的罚款。

第九十三条 为纳税人、扣缴义务人非法提供银行账户、发票、证明或者其他方便，导致未缴、少缴税款或者骗取国家出口退税款的，税务机关除没收其违法所得外，可以处未缴、少缴或者骗取的税款1倍以下的罚款。

第九十四条 纳税人拒绝代扣、代收税款的,扣缴义务人应当向税务机关报告,由税务机关直接向纳税人追缴税款、滞纳金;纳税人拒不缴纳的,依照税收征管法第六十八条的规定执行。

第九十五条 税务机关依照税收征管法第五十四条第(五)项的规定,到车站、码头、机场、邮政企业及其分支机构检查纳税人有关情况时,有关单位拒绝的,由税务机关责令改正,可以处1万元以下的罚款;情节严重的,处1万元以上5万元以下的罚款。

第九十六条 纳税人、扣缴义务人有下列情形之一的,依照税收征管法第七十条的规定处罚:

(一)提供虚假资料,不如实反映情况,或者拒绝提供有关资料的;

(二)拒绝或者阻止税务机关记录、录音、录像、照相和复制与案件有关的情况和资料的;

(三)在检查期间,纳税人、扣缴义务人转移、隐匿、销毁有关资料的;

(四)有不依法接受税务检查的其他情形的。

第九十七条 税务人员私分扣押、查封的商品、货物或者其他财产,情节严重,构成犯罪的,依法追究刑事责任;尚不构成犯罪的,依法给予行政处分。

第九十八条 税务代理人违反税收法律、行政法规,造成纳税人未缴或者少缴税款的,除由纳税人缴纳或者补缴应纳税款、滞纳金外,对税务代理人处纳税人未缴或者少缴税款50%以上3倍以下的罚款。

第九十九条 税务机关对纳税人、扣缴义务人及其他当事人处以罚款或者没收违法所得时,应当开付罚没凭证;未开付罚没凭证的,纳税人、扣缴义务人以及其他当事人有权拒绝给付。

第一百条 税收征管法第八十八条规定的纳税争议,是指纳税人、扣缴义务人、纳税担保人对税务机关确定纳税主体、征税对象、征税范围、减税、免税及退税、适用税率、计税依据、纳税环节、纳税期限、纳税地点以及税款征收方式等具体行政行为有异议而发生的争议。

第八章　文书送达

第一百零一条 税务机关送达税务文书,应当直接送交受送达人。

受送达人是公民的,应当由本人直接签收;本人不在的,交其同住成年家属签收。

受送达人是法人或者其他组织的,应当由法人的法定代表人、其他组织的主要负责人或者该法人、组织的财务负责人、负责收件的人签收。受送达人有代理人的,可以送交其代理人签收。

第一百零二条 送达税务文书应当有送达回证,并由受送达人或者本细则规定的其他签收人在送达回证上记明收到日期,签名或者盖章,即为送达。

第一百零三条 受送达人或者本细则规定的其他签收人拒绝签收税务文书的,送达人应当在送达回证上记明拒收理由和日期,并由送达人和见证人签名或者盖章,将税务文书留在受送达人处,即视为送达。

第一百零四条　直接送达税务文书有困难的,可以委托其他有关机关或者其他单位代为送达,或者邮寄送达。

第一百零五条　直接或者委托送达税务文书的,以签收人或者见证人在送达回证上的签收或者注明的收件日期为送达日期;邮寄送达的,以挂号函件回执上注明的收件日期为送达日期,并视为已送达。

第一百零六条　有下列情形之一的,税务机关可以公告送达税务文书,自公告之日起满30日,即视为送达:

(一)同一送达事项的受送达人众多;

(二)采用本章规定的其他送达方式无法送达。

第一百零七条　税务文书的格式由国家税务总局制定。本细则所称税务文书,包括:

(一)税务事项通知书;

(二)责令限期改正通知书;

(三)税收保全措施决定书;

(四)税收强制执行决定书;

(五)税务检查通知书;

(六)税务处理决定书;

(七)税务行政处罚决定书;

(八)行政复议决定书;

(九)其他税务文书。

第九章　附　　则

第一百零八条　税收征管法及本细则所称"以上"、"以下"、"日内"、"届满"均含本数。

第一百零九条　税收征管法及本细则所规定期限的最后一日是法定休假日的,以休假日期满的次日为期限的最后一日;在期限内有连续3日以上法定休假日的,按休假日天数顺延。

第一百一十条　税收征管法第三十条第三款规定的代扣、代收手续费,纳入预算管理,由税务机关依照法律、行政法规的规定付给扣缴义务人。

第一百一十一条　纳税人、扣缴义务人委托税务代理人代为办理税务事宜的办法,由国家税务总局规定。

第一百一十二条　耕地占用税、契税、农业税、牧业税的征收管理,按照国务院的有关规定执行。

第一百一十三条　本细则自2002年10月15日起施行。1993年8月4日国务院发布的《中华人民共和国税收征收管理法实施细则》同时废止。

6－1－3

中华人民共和国发票管理办法

1993年12月12日国务院批准1993年12月23日财政部令第6号发布 2010年12月20日中华人民共和国国务院令第587号第一次修订 2019年3月2日中华人民共和国国务院令第709号第二次修订 2023年7月20日中华人民共和国国务院令第764号第三次修订

第一章 总 则

第一条 为了加强发票管理和财务监督，保障国家税收收入，维护经济秩序，根据《中华人民共和国税收征收管理法》，制定本办法。

第二条 在中华人民共和国境内印制、领用、开具、取得、保管、缴销发票的单位和个人（以下称印制、使用发票的单位和个人），必须遵守本办法。

第三条 本办法所称发票，是指在购销商品、提供或者接受服务以及从事其他经营活动中，开具、收取的收付款凭证。

发票包括纸质发票和电子发票。电子发票与纸质发票具有同等法律效力。国家积极推广使用电子发票。

第四条 发票管理工作应当坚持和加强党的领导，为经济社会发展服务。

国务院税务主管部门统一负责全国的发票管理工作。省、自治区、直辖市税务机关依据职责做好本行政区域内的发票管理工作。

财政、审计、市场监督管理、公安等有关部门在各自的职责范围内，配合税务机关做好发票管理工作。

第五条 发票的种类、联次、内容、编码规则、数据标准、使用范围等具体管理办法由国务院税务主管部门规定。

第六条 对违反发票管理法规的行为，任何单位和个人可以举报。税务机关应当为检举人保密，并酌情给予奖励。

第二章 发票的印制

第七条 增值税专用发票由国务院税务主管部门确定的企业印制；其他发票，按照国务院税务主管部门的规定，由省、自治区、直辖市税务机关确定的企业印制。禁止私自印制、伪造、变造发票。

第八条 印制发票的企业应当具备下列条件：

（一）取得印刷经营许可证和营业执照；

（二）设备、技术水平能够满足印制发票的需要；

（三）有健全的财务制度和严格的质量监督、安全管理、保密制度。

税务机关应当按照政府采购有关规定确定印制发票的企业。

第九条 印制发票应当使用国务院税务主管部门确定的全国统一的发票防伪专用品。禁止非法制造发票防伪专用品。

第十条 发票应当套印全国统一发票监制章。全国统一发票监制章的式样和发票版面印刷的要求,由国务院税务主管部门规定。发票监制章由省、自治区、直辖市税务机关制作。禁止伪造发票监制章。

发票实行不定期换版制度。

第十一条 印制发票的企业按照税务机关的统一规定,建立发票印制管理制度和保管措施。

发票监制章和发票防伪专用品的使用和管理实行专人负责制度。

第十二条 印制发票的企业必须按照税务机关确定的式样和数量印制发票。

第十三条 发票应当使用中文印制。民族自治地方的发票,可以加印当地一种通用的民族文字。有实际需要的,也可以同时使用中外两种文字印制。

第十四条 各省、自治区、直辖市内的单位和个人使用的发票,除增值税专用发票外,应当在本省、自治区、直辖市内印制;确有必要到外省、自治区、直辖市印制的,应当由省、自治区、直辖市税务机关商印制地省、自治区、直辖市税务机关同意后确定印制发票的企业。

禁止在境外印制发票。

第三章 发票的领用

第十五条 需要领用发票的单位和个人,应当持设立登记证件或者税务登记证件,以及经办人身份证明,向主管税务机关办理发票领用手续。领用纸质发票的,还应当提供按照国务院税务主管部门规定式样制作的发票专用章的印模。主管税务机关根据领用单位和个人的经营范围、规模和风险等级,在5个工作日内确认领用发票的种类、数量以及领用方式。

单位和个人领用发票时,应当按照税务机关的规定报告发票使用情况,税务机关应当按照规定进行查验。

第十六条 需要临时使用发票的单位和个人,可以凭购销商品、提供或者接受服务以及从事其他经营活动的书面证明、经办人身份证明,直接向经营地税务机关申请代开发票。依照税收法律、行政法规规定应当缴纳税款的,税务机关应当先征收税款,再开具发票。税务机关根据发票管理的需要,可以按照国务院税务主管部门的规定委托其他单位代开发票。

禁止非法代开发票。

第十七条 临时到本省、自治区、直辖市以外从事经营活动的单位或者个人,应当凭所在地税务机关的证明,向经营地税务机关领用经营地的发票。

临时在本省、自治区、直辖市以内跨市、县从事经营活动领用发票的办法,由省、自治区、直辖市税务机关规定。

第四章 发票的开具和保管

第十八条 销售商品、提供服务以及从事其他经营活动的单位和个人,对外发生经营业务收取款项,收款方应当向付款方开具发票;特殊情况下,由付款方向收款方开具发票。

第十九条 所有单位和从事生产、经营活动的个人在购买商品、接受服务以及从事其他经营活动支付款项,应当向收款方取得发票。取得发票时,不得要求变更品名和金额。

第二十条 不符合规定的发票,不得作为财务报销凭证,任何单位和个人有权拒收。

第二十一条 开具发票应当按照规定的时限、顺序、栏目,全部联次一次性如实开具,开具纸质发票应当加盖发票专用章。

任何单位和个人不得有下列虚开发票行为:

(一)为他人、为自己开具与实际经营业务情况不符的发票;

(二)让他人为自己开具与实际经营业务情况不符的发票;

(三)介绍他人开具与实际经营业务情况不符的发票。

第二十二条 安装税控装置的单位和个人,应当按照规定使用税控装置开具发票,并按期向主管税务机关报送开具发票的数据。

使用非税控电子器具开具发票的,应当将非税控电子器具使用的软件程序说明资料报主管税务机关备案,并按照规定保存、报送开具发票的数据。

单位和个人开发电子发票信息系统自用或者为他人提供电子发票服务的,应当遵守国务院税务主管部门的规定。

第二十三条 任何单位和个人应当按照发票管理规定使用发票,不得有下列行为:

(一)转借、转让、介绍他人转让发票、发票监制章和发票防伪专用品;

(二)知道或者应当知道是私自印制、伪造、变造、非法取得或者废止的发票而受让、开具、存放、携带、邮寄、运输;

(三)拆本使用发票;

(四)扩大发票使用范围;

(五)以其他凭证代替发票使用;

(六)窃取、截留、篡改、出售、泄露发票数据。

税务机关应当提供查询发票真伪的便捷渠道。

第二十四条 除国务院税务主管部门规定的特殊情形外,纸质发票限于领用单位和个人在本省、自治区、直辖市内开具。

省、自治区、直辖市税务机关可以规定跨市、县开具纸质发票的办法。

第二十五条 除国务院税务主管部门规定的特殊情形外,任何单位和个人不得跨规定的使用区域携带、邮寄、运输空白发票。

禁止携带、邮寄或者运输空白发票出入境。

第二十六条 开具发票的单位和个人应当建立发票使用登记制度,配合税务机关进行身份验证,并定期向主管税务机关报告发票使用情况。

第二十七条 开具发票的单位和个人应当在办理变更或者注销税务登记的同时,办理发票的变更、缴销手续。

第二十八条 开具发票的单位和个人应当按照国家有关规定存放和保管发票,不得擅自损毁。已经开具的发票存根联,应当保存5年。

第五章　发票的检查

第二十九条　税务机关在发票管理中有权进行下列检查：

（一）检查印制、领用、开具、取得、保管和缴销发票的情况；

（二）调出发票查验；

（三）查阅、复制与发票有关的凭证、资料；

（四）向当事各方询问与发票有关的问题和情况；

（五）在查处发票案件时，对与案件有关的情况和资料，可以记录、录音、录像、照像和复制。

第三十条　印制、使用发票的单位和个人，必须接受税务机关依法检查，如实反映情况，提供有关资料，不得拒绝、隐瞒。

税务人员进行检查时，应当出示税务检查证。

第三十一条　税务机关需要将已开具的发票调出查验时，应当向被查验的单位和个人开具发票换票证。发票换票证与所调出查验的发票有同等的效力。被调出查验发票的单位和个人不得拒绝接受。

税务机关需要将空白发票调出查验时，应当开具收据；经查无问题的，应当及时返还。

第三十二条　单位和个人从中国境外取得的与纳税有关的发票或者凭证，税务机关在纳税审查时有疑义的，可以要求其提供境外公证机构或者注册会计师的确认证明，经税务机关审核认可后，方可作为记账核算的凭证。

第六章　罚　　则

第三十三条　违反本办法的规定，有下列情形之一的，由税务机关责令改正，可以处1万元以下的罚款；有违法所得的予以没收：

（一）应当开具而未开具发票，或者未按照规定的时限、顺序、栏目，全部联次一次性开具发票，或者未加盖发票专用章的；

（二）使用税控装置开具发票，未按期向主管税务机关报送开具发票的数据的；

（三）使用非税控电子器具开具发票，未将非税控电子器具使用的软件程序说明资料报主管税务机关备案，或者未按照规定保存、报送开具发票的数据的；

（四）拆本使用发票的；

（五）扩大发票使用范围的；

（六）以其他凭证代替发票使用的；

（七）跨规定区域开具发票的；

（八）未按照规定缴销发票的；

（九）未按照规定存放和保管发票的。

第三十四条　跨规定的使用区域携带、邮寄、运输空白发票，以及携带、邮寄或者运输空白发票出入境的，由税务机关责令改正，可以处1万元以下的罚款；情节严重的，处1万元以上3万元以下的罚款；有违法所得的予以没收。

丢失发票或者擅自损毁发票的，依照前款规定处罚。

第三十五条 违反本办法的规定虚开发票的，由税务机关没收违法所得；虚开金额在1万元以下的，可以并处5万元以下的罚款；虚开金额超过1万元的，并处5万元以上50万元以下的罚款；构成犯罪的，依法追究刑事责任。

非法代开发票的，依照前款规定处罚。

第三十六条 私自印制、伪造、变造发票，非法制造发票防伪专用品，伪造发票监制章，窃取、截留、篡改、出售、泄露发票数据的，由税务机关没收违法所得，没收、销毁作案工具和非法物品，并处1万元以上5万元以下的罚款；情节严重的，并处5万元以上50万元以下的罚款；构成犯罪的，依法追究刑事责任。

前款规定的处罚，《中华人民共和国税收征收管理法》有规定的，依照其规定执行。

第三十七条 有下列情形之一的，由税务机关处1万元以上5万元以下的罚款；情节严重的，处5万元以上50万元以下的罚款；有违法所得的予以没收：

（一）转借、转让、介绍他人转让发票、发票监制章和发票防伪专用品的；

（二）知道或者应当知道是私自印制、伪造、变造、非法取得或者废止的发票而受让、开具、存放、携带、邮寄、运输的。

第三十八条 对违反发票管理规定2次以上或者情节严重的单位和个人，税务机关可以向社会公告。

第三十九条 违反发票管理法规，导致其他单位或者个人未缴、少缴或者骗取税款的，由税务机关没收违法所得，可以并处未缴、少缴或者骗取的税款1倍以下的罚款。

第四十条 当事人对税务机关的处罚决定不服的，可以依法申请行政复议或者向人民法院提起行政诉讼。

第四十一条 税务人员利用职权之便，故意刁难印制、使用发票的单位和个人，或者有违反发票管理法规行为的，依照国家有关规定给予处分；构成犯罪的，依法追究刑事责任。

第七章 附 则

第四十二条 国务院税务主管部门可以根据有关行业特殊的经营方式和业务需求，会同国务院有关主管部门制定该行业的发票管理办法。

国务院税务主管部门可以根据增值税专用发票管理的特殊需要，制定增值税专用发票的具体管理办法。

第四十三条 本办法自发布之日起施行。财政部1986年发布的《全国发票管理暂行办法》和原国家税务局1991年发布的《关于对外商投资企业和外国企业发票管理的暂行规定》同时废止。

6－1－4

中华人民共和国发票管理办法实施细则

2011年2月14日国家税务总局令第25号公布　2014年12月27日国家税务总局令第37号第一次修正　2018年6月15日国家税务总局令第44号第二次修正　2019年7月24日国家税务总局令第48号第三次修正　2024年1月15日国家税务总局令第56号第四次修正

第一章　总　　则

第一条　根据《中华人民共和国发票管理办法》(以下简称《办法》)规定,制定本实施细则。

第二条　在全国范围内统一式样的发票,由国家税务总局确定。

在省、自治区、直辖市范围内统一式样的发票,由省、自治区、直辖市税务局(以下简称省税务局)确定。

第三条　《办法》第三条所称电子发票是指在购销商品、提供或者接受服务以及从事其他经营活动中,按照税务机关发票管理规定以数据电文形式开具、收取的收付款凭证。

电子发票与纸质发票的法律效力相同,任何单位和个人不得拒收。

第四条　税务机关建设电子发票服务平台,为用票单位和个人提供数字化等形态电子发票开具、交付、查验等服务。

第五条　税务机关应当按照法律、行政法规的规定,建立健全发票数据安全管理制度,保障发票数据安全。

单位和个人按照国家税务总局有关规定开展发票数据处理活动,依法承担发票数据安全保护义务,不得超过规定的数量存储发票数据,不得违反规定使用、非法出售或非法向他人提供发票数据。

第六条　纸质发票的基本联次包括存根联、发票联、记账联。存根联由收款方或开票方留存备查;发票联由付款方或受票方作为付款原始凭证;记账联由收款方或开票方作为记账原始凭证。

省以上税务机关可根据纸质发票管理情况以及纳税人经营业务需要,增减除发票联以外的其他联次,并确定其用途。

第七条　发票的基本内容包括:发票的名称、发票代码和号码、联次及用途、客户名称、开户银行及账号、商品名称或经营项目、计量单位、数量、单价、大小写金额、税率(征收率)、税额、开票人、开票日期、开票单位(个人)名称(章)等。

省以上税务机关可根据经济活动以及发票管理需要,确定发票的具体内容。

第八条　领用发票单位可以书面向税务机关要求使用印有本单位名称的发票,税务机关依据《办法》第十五条的规定,确认印有该单位名称发票的种类和数量。

第二章　发票的印制

第九条　税务机关根据政府采购合同和发票防伪用品管理要求对印制发票企业实施监督管理。

第十条　全国统一的纸质发票防伪措施由国家税务总局确定,省税务局可以根据需要增加本地区的纸质发票防伪措施,并向国家税务总局备案。

纸质发票防伪专用品应当按照规定专库保管,不得丢失。次品、废品应当在税务机关监督下集中销毁。

第十一条　全国统一发票监制章是税务机关管理发票的法定标志,其形状、规格、内容、印色由国家税务总局规定。

第十二条　全国范围内发票换版由国家税务总局确定;省、自治区、直辖市范围内发票换版由省税务局确定。

发票换版时,应当进行公告。

第十三条　监制发票的税务机关根据需要下达发票印制通知书,印制企业必须按照要求印制。

发票印制通知书应当载明印制发票企业名称、用票单位名称、发票名称、发票代码、种类、联次、规格、印色、印制数量、起止号码、交货时间、地点等内容。

第十四条　印制发票企业印制完毕的成品应当按照规定验收后专库保管,不得丢失。废品应当及时销毁。

第三章　发票的领用

第十五条　《办法》第十五条所称经办人身份证明是指经办人的居民身份证、护照或者其他能证明经办人身份的证件。

第十六条　《办法》第十五条所称发票专用章是指领用发票单位和个人在其开具纸质发票时加盖的有其名称、统一社会信用代码或者纳税人识别号、发票专用章字样的印章。

发票专用章式样由国家税务总局确定。

第十七条　税务机关对领用纸质发票单位和个人提供的发票专用章的印模应当留存备查。

第十八条　《办法》第十五条所称领用方式是指批量供应、交旧领新、验旧领新、额度确定等方式。

税务机关根据单位和个人的税收风险程度、纳税信用级别、实际经营情况确定或调整其领用发票的种类、数量、额度以及领用方式。

第十九条　《办法》第十五条所称发票使用情况是指发票领用存情况及相关开票数据。

第二十条　《办法》第十六条所称书面证明是指有关业务合同、协议或者税务机关认可的其他资料。

第二十一条　税务机关应当与受托代开发票的单位签订协议,明确代开发票的种类、对象、内容和相关责任等内容。

第四章 发票的开具和保管

第二十二条 《办法》第十八条所称特殊情况下，由付款方向收款方开具发票，是指下列情况：

(一)收购单位和扣缴义务人支付个人款项时；

(二)国家税务总局认为其他需要由付款方向收款方开具发票的。

第二十三条 向消费者个人零售小额商品或者提供零星服务的，是否可免予逐笔开具发票，由省税务局确定。

第二十四条 填开发票的单位和个人必须在发生经营业务确认营业收入时开具发票。未发生经营业务一律不准开具发票。

第二十五条 《办法》第十九条规定的不得变更金额，包括不得变更涉及金额计算的单价和数量。

第二十六条 开具纸质发票后，如发生销售退回、开票有误、应税服务中止等情形，需要作废发票的，应当收回原发票全部联次并注明“作废”字样后作废发票。

开具纸质发票后，如发生销售退回、开票有误、应税服务中止、销售折让等情形，需要开具红字发票的，应当收回原发票全部联次并注明“红冲”字样后开具红字发票。无法收回原发票全部联次的，应当取得对方有效证明后开具红字发票。

第二十七条 开具电子发票后，如发生销售退回、开票有误、应税服务中止、销售折让等情形的，应当按照规定开具红字发票。

第二十八条 单位和个人在开具发票时，应当填写项目齐全，内容真实。

开具纸质发票应当按照发票号码顺序填开，字迹清楚，全部联次一次打印，内容完全一致，并在发票联和抵扣联加盖发票专用章。

第二十九条 《办法》第二十一条所称与实际经营业务情况不符是指具有下列行为之一的：

(一)未购销商品、未提供或者接受服务、未从事其他经营活动，而开具或取得发票；

(二)有购销商品、提供或者接受服务、从事其他经营活动，但开具或取得的发票载明的购买方、销售方、商品名称或经营项目、金额等与实际情况不符。

第三十条 开具发票应当使用中文。民族自治地方可以同时使用当地通用的一种民族文字。

第三十一条 单位和个人向委托人提供发票领用、开具等服务，应当接受税务机关监管，所存储发票数据的最大数量应当符合税务机关的规定。

第三十二条 开发电子发票信息系统为他人提供发票数据查询、下载、存储、使用等涉税服务的，应当符合税务机关的数据标准和管理规定，并与委托人签订协议，不得超越授权范围使用发票数据。

第三十三条 《办法》第二十五条所称规定的使用区域是指国家税务总局和省税务局规定的区域。

第三十四条 《办法》第二十六条所称身份验证是指单位和个人在领用、开具、代开发票时，其经办人应当实名办税。

第三十五条 使用纸质发票的单位和个人应当妥善保管发票。发生发票丢失情形时，应当于发现丢失当日书面报告税务机关。

第五章 发票的检查

第三十六条 税务机关在发票检查中，可以对发票数据进行提取、调出、查阅、复制。

第三十七条 《办法》第三十一条所称发票换票证仅限于在本县（市）范围内使用。需要调出外县（市）的发票查验时，应当提请该县（市）税务机关调取发票。

第三十八条 用票单位和个人有权申请税务机关对发票的真伪进行鉴别。收到申请的税务机关应当受理并负责鉴别发票的真伪；鉴别有困难的，可以提请发票监制税务机关协助鉴别。

在伪造、变造现场以及买卖地、存放地查获的发票，由当地税务机关鉴别。

第六章 罚 则

第三十九条 税务机关对违反发票管理法规的行为依法进行处罚的，由县以上税务机关决定；罚款额在2000元以下的，可由税务所决定。

第四十条 《办法》第三十三条第六项规定以其他凭证代替发票使用的，包括：

（一）应当开具发票而未开具发票，以其他凭证代替发票使用；

（二）应当取得发票而未取得发票，以发票外的其他凭证或者自制凭证用于抵扣税款、出口退税、税前扣除和财务报销；

（三）取得不符合规定的发票，用于抵扣税款、出口退税、税前扣除和财务报销。

构成逃避缴纳税款、骗取出口退税、虚开发票的，按照《中华人民共和国税收征收管理法》《办法》相关规定执行。

第四十一条 《办法》第三十八条所称的公告是指，税务机关应当在办税场所或者广播、电视、报纸、期刊、网络等新闻媒体上公告纳税人发票违法的情况。公告内容包括：纳税人名称、统一社会信用代码或者纳税人识别号、经营地点、违反发票管理法规的具体情况。

第四十二条 对违反发票管理法规情节严重构成犯罪的，税务机关应当依法移送司法机关处理。

第七章 附 则

第四十三条 计划单列市税务局参照《办法》中省、自治区、直辖市税务局的职责做好发票管理工作。

第四十四条 本实施细则自2011年2月1日起施行。

6－1－5

国务院关于印发实施更大规模减税降费后调整中央与地方收入划分改革推进方案的通知

2019年9月26日 国发〔2019〕21号

各省、自治区、直辖市人民政府，国务院各部委、各直属机构：

现将《实施更大规模减税降费后调整中央与地方收入划分改革推进方案》印发给你们，请认真贯彻执行。

实施更大规模减税降费后调整中央与地方收入划分改革推进方案

为进一步理顺中央与地方财政分配关系，支持地方政府落实减税降费政策、缓解财政运行困难，按照党中央、国务院决策部署，现就实施更大规模减税降费后调整中央与地方收入划分改革制定如下方案。

一、基本原则

（一）保持现有财力格局总体稳定。调动中央与地方两个积极性，稳定分税制改革以来形成的中央与地方收入划分总体格局，巩固增值税“五五分享”等收入划分改革成果。

（二）建立更加均衡合理的分担机制。按照深化增值税改革、建立留抵退税制度的要求，在保持留抵退税中央与地方分担比例不变的基础上，合理调整优化地方间的分担办法。

（三）稳步推进健全地方税体系改革。适时调整完善地方税税制，培育壮大地方税税源，将部分条件成熟的中央税种作为地方收入，增强地方应对更大规模减税降费的能力。

二、主要改革措施

（一）保持增值税“五五分享”比例稳定。《国务院关于印发全面推开营改增试点后调整中央与地方增值税收入划分过渡方案的通知》（国发〔2016〕26号）确定的2～3年过渡期到期后，继续保持增值税收入划分“五五分享”比例不变，即中央分享增值税的50%、地方按税收缴纳地分享增值税的50%。进一步稳定社会预期，引导各地因地制宜发展优势产业，鼓励地方在经济发展中培育和拓展税源，增强地方财政“造血”功能，营造主动有为、竞相发展、实干兴业的环境。

（二）调整完善增值税留抵退税分担机制。建立增值税留抵退税长效机制，结合财政收入形势确定退税规模，并保持中央与地方“五五”分担比例不变。为缓解部分地区留抵退税压力，增值税留抵退税地方分担的部分（50%），由企业所在地全部负担（50%）调整为先负担15%，其余35%暂由企业所在地一并垫付，再由各地按上年增值税分享额占比均衡分担，垫付多于应分担的部分由中央财政按月向企业所在地省级财政调库。合理确定省以下退税分担机制,切实减轻基层财政压力。具体办法由财政部研究制定。

(三)后移消费税征收环节并稳步下划地方。按照健全地方税体系改革要求,在征管可控的前提下,将部分在生产(进口)环节征收的现行消费税品目逐步后移至批发或零售环节征收,拓展地方收入来源,引导地方改善消费环境。具体调整品目经充分论证,逐项报批后稳步实施。先对高档手表、贵重首饰和珠宝玉石等条件成熟的品目实施改革,再结合消费税立法对其他具备条件的品目实施改革试点。改革调整的存量部分核定基数,由地方上解中央,增量部分原则上将归属地方,确保中央与地方既有财力格局稳定。具体办法由财政部会同税务总局等部门研究制定。

三、工作要求

(一)加强组织领导。财政部要加强对中央与地方收入划分改革工作的组织协调,抓紧制定具体实施办法。各省级人民政府要结合本地实际,进一步建立健全中央与地方收入划分改革工作的协调机制,明确责任分工,强化协同配合,督促指导本级部门和辖区内市县全面贯彻落实。国务院有关部门要全力配合改革,协助做好对各地区各行业改革落实情况的跟踪监测。

(二)严肃财经纪律。财政部要会同有关部门认真审核、严格把关,防止一些地方人为干预税收、突击做基数。各地区要按本方案要求推进改革,严肃查处干预企业经营、操纵税源分布、地方市场保护等违规行为,防止为了短期和局部利益,搞违规政策洼地。各级税务机关要做好改革后税收征管工作,严厉打击虚开发票和偷逃骗税行为,坚决堵塞征管漏洞。

(三)推进配套改革。本方案确定的中央与地方收入划分改革措施到位后,各省、自治区、直辖市及计划单列市人民政府要结合本地实际,进一步改革和完善省以下财政管理体制,理顺省以下各级政府间收入划分关系,均衡省以下地区间财力,促进基本公共服务均等化。

实施更大规模减税降费是应对当前经济下行压力的关键之举,调整中央与地方收入划分改革是落实减税降费政策的重要保障。各地区各部门要更加紧密地团结在以习近平同志为核心的党中央周围,坚持以习近平新时代中国特色社会主义思想为指导,增强“四个意识”、坚定“四个自信”、做到“两个维护”,抓好本方案的贯彻实施工作,建立权责清晰、财力协调、区域均衡的中央与地方财政关系,为减税降费政策落实创造条件,确保让企业和人民群众有实实在在的获得感,为全面建成小康社会收官打下决定性基础,以优异成绩庆祝中华人民共和国成立70周年。

2

登记申报

6-2-1

国家税务总局 中国人民银行 财政部关于加强申报纳税工作有关问题的通知

1997年8月7日 国税发〔1997〕100号

为了贯彻《国务院办公厅转发国家税务总局深化税收征管改革方案的通知》（国办发〔1997〕1号），进一步做好申报纳税制度的改革工作，加强税收入库管理，现对有关问题明确如下：

一、建立新的申报纳税制度是税收征管改革的基础。申报纳税制度的改革，对于明确征纳双方的权利义务，简化工作程序，方便纳税人申报纳税，以及税收征管引入现代科学技术，提高工作效率，加大征管力度，确保税款及时足额入库，促进税务部门的廉政建设等方面都有着重要的意义。各地要按照《关于深化税收征管改革方案》（以下简称《方案》）的要求，结合本地实际，积极稳妥地制订出申报纳税制度改革的具体办法，分步实施，并注意总结经验，加强指导，不断改进，逐步规范统一。

二、各地应因地制宜做好税收征管改革工作。《方案》中规定的申报纳税的具体办法有四种，各地根据当地的实际情况，认真执行。在此之前，一些地方的税务部门在财政、国库等单位的配合下，摸索出了比较好的税收入库办法，可继续执行。各地财政、税务、国库部门在税收征管改革中，要加强调查研究，因势利导，使税收征管改革健康发展。

三、规范银行机构进驻办税服务场所。目前一些地区实行了《方案》里"在有条件的地方实行银行税务一体化管理，纳税人在银行开设税款预储账户，按期提前储入当期应纳税款，并在法定的申报纳税期内向税务机关报送纳税申报表和有关资料，由税务机关通知划款入库"的申报纳税办法。这一办法在督促纳税人及时缴税、简化纳税程序和加强银税合作方面，起到了较好的作用。但有的地方在实施中，有一些不恰当的做法，引起了纳税人和其他有关部门的反映，有必要加以规范。

（一）纳税人税款预储账户的设立，应按照中国人民银行《银行账户管理办法》的规定，办理开设"专用存款账户"的有关手续，经当地人民银行审核同意后开立账户。

（二）纳税人开设税款预储账户后，应在纳税期前2至3天将与应纳税款等额的款项转存税款预储账户，存入的时间和额度以保证及时足额纳税为准，税务、银行不得另外硬性规定。

（三）为纳税人办理税款预储账户的金融机构，在办理税款收纳业务中，必须按照有关规定，"于当日办理库款的报解、入库手续。如当日确实来不及的，最迟在次日上午办理"。各级国库要加强日常检查工作，"对延解积压收入的，处以每日万分之五的罚款"。

（四）各级税务部门均不得在任何金融机构开设税款过渡账户，税款一经实现，即应由经收的金融机构及时缴入国库。

（五）在本通知前已经进驻办税服务厅并能严格按照各项制度办理税款收纳的金融机构，需向当地人民银行国库部门补办审批手续，而且只能办理税款收纳业务；对还需进驻的金融机构，要报当地中国人民银行国库部门审批；未经审批的金融机构，不得进入办税服务厅。

四、税款的缴纳入库工作，涉及税务、财政、国库、银行几个部门，各部门要积极协调，紧密配合，共同做好这项工作。税务部门在进行申报纳税制度改革时，要兼顾其他有关部门的工作程序和现行规定，考虑下一步财税库计算机联网的要求，及时通告有关情况，征求有关部门的意见；财政、国库、银行应以有利于税收征管，有利于税款及时足额入库出发，积极支持申报纳税制度的改革。各地应采取联席会议等形式，多通气、多协调，加强合作，并注意总结工作中的经验，发现问题及时向国家税务总局、中国人民银行总行、财政部汇报。

6－2－2

国家税务总局　邮电部关于印发《邮寄纳税申报办法》的通知

1997年9月26日　国税发〔1997〕147号

（通知略）

邮寄纳税申报办法

为贯彻《国务院办公厅关于转发国家税务总局深化税收征管改革方案的通知》（国办发〔1997〕1号），不断深化税收征管改革，完善纳税申报制度，方便纳税人申报纳税，依据《中华人民共和国税收征收管理法》及其有关规定，以及邮电部颁布的《国内特快专递邮件处理规则》，制定本办法。

一、适用范围

凡实行查账征收方式的纳税人，经主管税务机关批准，均可采用本办法。

二、邮寄内容

邮寄申报的邮件内容包括纳税申报表、财务会计报表以及税务机关要求纳税人报送的其他纳税资料。

三、办理程序

（一）纳税人在法定的纳税申报期内，按税务机关规定的要求填写各类申报表和纳税资料后，使用统一规定的纳税申报特快专递专用信封，可以根据约定时间由邮政人员上门收寄，也可到指定的邮政部门办理交寄手续。

无论是邮政人员上门收寄，还是由纳税人到邮政部门办理交寄，邮政部门均应向纳税人开具收据。该收据作为邮寄申报的凭据，备以查核。

（二）邮政部门办理纳税申报特快专递邮件参照同城特快邮件方式交寄、封发处理，按照与税务机关约定的时限投递，保证传递服务质量。具体投递频次、时限由省、自治区、直辖市邮政、税务部门协商确定。业务量、业务收入统计按照同城特快业务现行规定办理。

（三）各基层税务机关要指定人员统一接收、处理邮政部门送达的纳税申报邮件。

四、邮资

纳税申报特快专递邮件实行按件收费，每件中准价为8元，各省、自治区、直辖市邮电管理局可根据各地实际情况，以中准价为基础上下浮动30%。价格确定后，须报经省物价主管部门备案。

邮件资费的收取方式及相关手续由各省、自治区、直辖市税务和邮政部门协商确定。

五、申报日期确认

邮寄纳税申报的具体日期以邮电部门收寄日戳日期为准。

六、专用信封

邮寄纳税申报专用信封，由各省、自治区、直辖市邮电管理局与同级税务机关共同指定印刷厂承印，并负责监制；由各地（市）、州、盟国家税务局、地方税务局按照邮电部、国家税务总局确定的式样（附后）印制；由纳税人向主管税务机关领购。

七、本办法由国家税务总局、邮电部负责解释；各省、自治区、直辖市国家税务局、地方税务局、邮电管理局可依据本办法制定具体的实施办法。

八、本办法自发布之日起生效。

注释：

条款修改。本文第一段中的“邮电部”修改为“国家邮政局”；第四条中“邮电管理局”修改为“邮政管理局”；第五条中“邮电部门”修改为“邮政部门”；第六条中“邮电管理局”修改为“邮政管理局”，“国家税务局、地方税务局”修改为“税务局”，“邮电部”修改为“国家邮政局”；第七条中“邮电部”修改为“国家邮政局”，“国家税务局、地方税务局”修改为“税务局”，“邮电管理局”修改为“邮政管理局”。参见：《国家税务总局关于修改部分税务部门规章的决定》（国家税务总局令第44号）。

条款废止。第一条“经主管税务机关批准”的内容废止。参见：《国家税务总局关于公布全文废止和部分条款废止的税务部门规章目录的决定》（国家税务总局令第40号）。

6－2－3

国家税务总局　国家工商行政管理局
关于税务师事务所体制改革中
登记注册有关问题的通知

1999年11月24日　国税发〔1999〕217号

为认真贯彻执行中央关于党政机关与所办经济实体彻底脱钩的规定，根据《中华人民共和国税收征收管理法》及其实施细则和工商行政管理法律、法规的有关规定，现对税务师事务所脱钩改制中登记注册的有关问题通知如下：

一、所有税务机关兴办或挂靠的税务代理机构，必须按照国家税务总局的要求，在编制、人员、财务、职能和名称5个方面与税务机关彻底脱钩，并实施改制。

二、实行脱钩改制的事务所，应按照国家税务总局关于《清理整顿税务代理行业实施方案》、《有限责任税务师事务所设立及审批暂行办法》和《合伙税务师事务所设立及审批暂行办法》的规定，向国家税务总局及其授权机构提出税务师事务所脱钩改制的申请。

三、国家税务总局及其授权机构对符合条件的，核发同意税务师事务所脱钩改制的批准文件。事务所在规定的期限内，持批准文件、税务师事务所脱钩改制方案以及财政部门或其授权单位对国有资产处置的认定文件（税务部门开办的，由其上一级税务机关认定）到工商行政管理机关办理变更登记手续。经税务师事务所申请，也可以将原事务所注销登记后，重新依法设立。

四、工商行政管理机关对改制为有限责任税务师事务所的，依照《公司登记管理条例》的规定办理，核发适用公司的《企业法人营业执照》，其名称的组成应依次为：行政区划 + 字号 + 税务师事务（所） + 有限责任公司；对改制为合伙税务师事务所的，依照《合伙企业登记管理办法》的规定办理，核发《合伙企业营业执照》，其名称的组成应依次为：行政区划 + 字号 + 合伙税务师事务所。

五、对新设立税务师事务所的登记注册，按照本通知的有关规定执行。

其他社会中介机构，未经国家税务总局及其授权机构批准，未经工商行政管理机关登记注册，一律不得从事税务代理业务。

附件：1. 国家税务总局关于印发《清理整顿税务代理行业实施方案》的通知（编者略）

2. 国家税务总局关于印发《有限责任税务师事务所设立及审批暂行办法》和《合伙税务师事务所设立及审批暂行办法》的通知（编者略）

6 - 2 - 4

国家税务总局关于禁止在推行电子申报过程中向纳税人收取或变相收取任何费用的通知

2002年8月16日　国税函〔2002〕749号

各省、自治区、直辖市和计划单列市国家税务局、地方税务局：

据了解，目前一些地区的税务机关在推行电子申报方式过程中，未能做好充分的宣传和引导工作，不遵循自愿和免费的原则，向纳税人收取或变相收取费用，为此，总局特重申如下：

一、各地税务机关在推行电子申报过程中，必须充分做好深入细致的宣传、引导和辅导工作，不得以任何手段或方式向纳税人强制推行电子申报。

二、在推行电子申报过程中，如确需税务代理的，必须坚持纳税人自愿的原则，不得强制推行税务代理。

三、各地税务机关在受理纳税人申报过程中，严格禁止直接向纳税人收取任何费用，也不得通过第三方如税务代理等中介机构变相向纳税人收取费用。

四、为避免类似的问题发生，各地税务机关要严格按照总局关于税务代理机构与税务机关脱钩的规定，检查与税务代理机构脱钩情况，并加强对税务代理机构的监督检查。

6－2－5

国家税务总局关于中国建银投资有限责任公司纳税申报地点问题的通知

2005年4月4日　国税发〔2005〕52号

各省、自治区、直辖市和计划单列市国家税务局、地方税务局，扬州税务进修学院，局内各单位：

经研究，现将中国建银投资有限责任公司（以下简称“建银投资公司”）纳税申报地点问题明确如下：

一、建银投资公司直接向北京市有关税务机关申报缴纳企业所得税，不另向其他各地税务机关申报。

二、建银投资公司直接向北京市有关主管税务机关集中申报缴纳营业税及附征的城市维护建设税、教育费附加，不另向其他各地税务机关申报。

三、建银投资公司在全国各地财产所涉及的房产税、城镇土地使用税、车船使用税、契税，由该公司的受托代理人向财产所在地主管税务机关申报缴纳。

特此通知。

注释：

条款废止。第三条中有关契税的规定自2021年9月1日起废止。参见：《国家税务总局关于契税纳税服务与征收管理若干事项的公告》（国家税务总局公告2021年第25号）。

条款废止。第一条废止。参见：《国家税务总局关于公布全文失效废止　部分条款失效废止的税收规范性文件目录的公告》（国家税务总局公告2011年第2号）。

6－2－6

国家税务总局关于完善税务登记管理若干问题的通知

2006 年 3 月 16 日　国税发〔2006〕37 号

各省、自治区、直辖市和计划单列市国家税务局、地方税务局：

为了规范税务登记，加强户籍管理，严格税源监控，结合 2006 年全面换发税务登记证工作，现将税务登记管理中有关问题进一步明确如下：

一、税务登记的范围及管理

按照税收征管法及其实施细则和税务登记管理办法的有关规定，除国家机关、个人（自然人）和无固定生产、经营场所的流动性农村小商贩外，纳税人都应当申报办理税务登记。国家机关所属事业单位有经营行为、取得应税收入、财产、所得的，也应当办理税务登记。

税务登记实行属地管理，纳税人应当到生产、经营所在地或者纳税义务发生地的主管税务机关申报办理税务登记。非独立核算的分支机构也应当按照规定分别向生产经营所在地税务机关办理税务登记。

二、纳税人识别号

单位纳税人识别号为 15 位码：行政区域码＋组织机构代码。其中的行政区域码为纳税人生产、经营地的行政区域码。对国家没有赋予行政区域码的各开发区，其行政区域码由省级国家税务局、地方税务局共同赋予第 5、6 位两位识别码。因税务机关调整管辖范围而使纳税人改变主管税务机关的，纳税人的纳税人识别号不变。企业分支机构也应当领取组织机构代码证书，按照规定编制纳税人识别号，办理税务登记。

个体工商户以及持回乡证、通行证、护照办理税务登记的纳税人，其纳税人识别号为身份证件号码加 2 位顺序码。已经取得组织机构代码的个体工商户的纳税人识别号为行政区域码加组织机构代码。

承包租赁经营的纳税人，应当以承包承租人的名义办理临时税务登记。个人承包租赁经营的，以承包承租人的身份证号码为基础加 2 位顺序码编制纳税人识别号；企业承包租赁经营的，以行政区域码加组织机构代码为纳税人识别号。

三、开户银行登录账号

按照税收征管法第十七条规定，从事生产、经营的纳税人应当持税务登记证副本开立账户，银行和其他金融机构应当在其税务登记证件副本中登录纳税人的账户、账号，纳税人再将其账户、账号书面报告税务机关。为了依法加强税收征管，落实税收征管法的规定，税务登记证换发后，纳税人及其开户银行应当按照规定履行义务，银行和其他金融机构在纳税人开户时在新的税务登记证副本中登录账号，手工填登的，应当盖章；纳税人应当自开立账户 15 日内将账号报告税务机关。未依法履行义务的，对纳税人按照税收征管法第六十条的规定处理；对纳税人的开户银行或其他金融机构按照税收征管法实施细则第九十二条的规定处理。

四、扣缴税款登记

按照税收征管法实施细则第十三条的规定，个人所得税扣缴义务人应当到所在地主管税务机关申报办理扣缴税款登记，领取扣缴税款登记证。对临时发生扣缴义务的扣缴义务人，不发扣缴税款登记证；对已办理税务登记的扣缴义务人，不发扣缴税款登记证，由税务机关在其税务登记证副本上登记扣缴税款事项。

扣缴义务人识别号按照扣缴义务人所在地行政区域码加组织机构代码编制。

五、临时税务登记证件的有效期限

承包租赁经营的，办理临时税务登记的期限为承包租赁期；

境外企业在中国境内承包建筑、安装、装配、勘探工程和提供劳务的，临时税务登记的期限为合同规定的承包期。

六、临时税务登记的管理

取得临时税务登记证的纳税人，可以凭临时税务登记证及副本按有关规定办理相关涉税事项。

税务机关应当加强对临时税务登记纳税人的管理。临时登记户领取营业执照的，应当自领取营业执照之日起30日内向税务机关申报转办为正式税务登记。对临时税务登记证件到期的纳税户，税务机关经审核后，应当继续办理临时税务登记。

对应领取而未领取工商营业执照临时经营的，不得办理临时税务登记，但必须照章征税，也不得向其出售发票；确需开具发票的，可以向税务机关申请，先缴税再由税务机关为其代开发票。

七、停复业登记管理

实行定期定额征收方式的个体工商户需要停业的，应当在停业前申报办理停业登记。

纳税人停业未按规定向主管税务机关申请停业登记的，应视为未停止生产经营；纳税人在批准的停业期间进行正常经营的，应按规定向主管税务机关办理纳税申报并缴纳税款。未按规定办理的，按照税收征管法的有关规定处理。

纳税人停业期满未按期复业又不申请延长停业的，税务机关应当视为已恢复生产经营，实施正常的税收管理。纳税人停业期满不向税务机关申报办理复业登记而复业的，主管税务机关经查实，责令限期改正，并按照税收征管法第六十条第一款的规定处理。

八、纳税人经营范围

纳税人应当在税务登记表中如实填写其经营范围；经有关部门批准的证件中没有具体列明经营范围的，纳税人应当按照实际经营情况填写。设立登记后，税务机关应当及时核实登记内容。纳税人经营范围变化后应当自发生变化之日起30日内向主管税务机关申报办理变更税务登记。

九、税务登记证件的管理

（一）临时税务登记转为税务登记的，税务机关收回临时税务登记证件，发放税务登记证件，纳税人补填税务登记表。

（二）税务登记证件丢失的，纳税人应登报声明作废；在丢失声明中应声明证件的发放日期。税务登记证件被税务机关宣布失效的，在失效公告中应公告证件的发证日期。

（三）补发税务登记证件的，应在税务登记证件中加盖“补发”戳记。

（四）纳税人在统一换发税务登记证件期限后仍未按照规定期限办理换证手续的，税务机关应当统一宣布其税务登记证件失效。

（五）税务机关应当根据纳税人条件要求纳税人亮证经营。

十、各省级国家税务局、地方税务局可以按照《税务登记管理办法》和本通知的规定制定具体的实施办法。

注释：

条款修改。根据《第十三届全国人民代表大会第一次会议关于国务院机构改革方案的决定》等有关规定，税收规范性文件规定的国税地税机关的职责和工作由新的税务机关承担。国家税务总局依据《税收规范性文件制定管理办法》（国家税务总局令第 41 号公布），对税收规范性文件进行了清理。参见：《国家税务总局关于修改部分税收规范性文件的公告》（国家税务总局公告 2018 年第 31 号）。

条款失效。第六条第三款失效。参见：《国家税务总局关于进一步完善税务登记管理有关问题的公告》（国家税务总局公告 2011 年第 21 号）。

6－2－7

国家税务总局关于换发税务登记证件的通知

2006 年 3 月 16 日　国税发〔2006〕38 号

各省、自治区、直辖市和计划单列市国家税务局、地方税务局：

为了进一步加强税源监控，夯实征管基础，堵塞税收漏洞，根据《中华人民共和国税收征收管理法》（以下简称税收征管法）及其实施细则和税务登记管理办法的规定，总局决定，2006 年在全国范围内开展换发税务登记证工作。现将有关事项通知如下：

一、换发税务登记证件的范围

（一）已经办理了税务登记的纳税人都应当更换新的税务登记证件。

（二）按照税务登记管理办法的规定应当办理而未办理税务登记的纳税人，应当到税务机关办理税务登记。

二、换发税务登记证件的种类及适用范围

税务登记证件分为税务登记证（正、副本）和临时税务登记证（正、副本）。

（一）下列纳税人核发税务登记证及副本：

1. 从事生产、经营并领取工商营业执照的纳税人；

2. 从事生产、经营虽未办理工商营业执照但经有关部门批准设立的纳税人。

（二）下列纳税人核发临时税务登记证及副本：

1. 从事生产、经营的纳税人领取临时工商营业执照的；

2. 有独立的生产经营权、在财务上独立核算并定期向发包人或者出租人上交承包费或租金的承包承租人;

3. 境外企业在中国境内承包建筑、安装、装配、勘探工程和提供劳务的。

三、联合办理税务登记的范围

为了降低纳税人成本、为纳税人提供更好的服务,这次税务登记换证各地要积极创造条件,尽可能实现国家税务局、地方税务局联合办理税务登记,为纳税人共同核发一个税务登记证。确有困难的地方,国家税务局、地方税务局仍分别办理税务登记。联合办理税务登记的具体要求按照《国家税务总局关于国家税务局与地方税务局联合办理税务登记有关问题的通知》(国税发〔2004〕57 号)的规定进行。

四、税务登记证件的内容、式样

税务登记证件正本主要内容包括:纳税人识别号(即税务登记证号码)、纳税人名称、地址、法定代表人(或负责人)、登记注册类型、经营范围、扣缴税款事项、发证税务机关(盖章)、发证日期等;副本还应包括开户银行及账号、有关资格认定、验证记录等栏目。

为了保证税务登记证件的规范和统一,税务登记证件式样由总局确定(式样标准见附件1)。本着节约的原则,本次统一换发税务登记证件只换发正本内芯和副本。纳税人可以继续沿用已有的正本外框,也可以选择到市场购买或者由税务机关提供正本外框。对新办税务登记的纳税人,核发包括外框的整套税务登记证件。正本外框的式样及制作,由省级税务机关确定。

五、税务登记证件的工本费

各地应当根据本次换证减少了工本费的情况,根据《国家物价局、财政部关于发布中央管理的税务系统行政事业性收费项目和标准的通知》(〔1992〕价费字 111 号),向当地物价部门报批新的收费标准。

对从事个体经营的下岗失业人员和高校毕业生办理税务登记的,按照《财政部、国家发展改革委关于从事个体经营的下岗失业人员和高校毕业生实行收费优惠政策的通知》(财综〔2006〕7 号)的要求,自 2006 年 1 月 1 日起至 2008 年 12 月 31 日,免交税务登记证工本费。各地对免交税务登记证工本费的情况要做好统计核算工作。

六、税务登记证件的印制

国税系统使用的税务登记证件由总局统一纳入集中采购招标印制。

地税系统使用的税务登记证件由省级地方税务局按照统一式样、参照总局的方式组织印制。

各地国家税务局、地方税务局联合办理税务登记的,国税系统使用的税务登记证件由总局统一印制。

七、新税务登记证件的启用时间

2006 年 8 月 1 日起全国统一开始换发、启用新税务登记证件;2007 年 1 月 1 日起旧税务登记证件不再有效。2006 年 8 月 1 日前,不能提前换发、启用新的税务登记证件。

2006 年 8 月 1 日起新办税务登记的纳税人核发新的税务登记证件。2006 年上半年新办税务登记的纳税人,8 月 1 日后也要换发新证,但不再另行收取工本费。

八、准备工作要求

（一）在税务登记证印制准备阶段，各地要按照文件规定的内容和要求，抓紧进行相关软件的修改，并做好软件升级的各项业务、技术准备工作。金税工程（综合征管软件）由总局统一修改、下发。

（二）换证开始前各地国家税务局、地方税务局对各项工作要协调一致，并对共管户基本信息进行比对，补充完善纳税人基本信息。各地要严格按照税务登记管理办法和完善税务登记管理若干问题的通知确定的原则编制纳税人识别号，以促进信息共享。

（三）换证开始时，即启用修改后的征管软件，在换证过程中对纳税人信息进行更新。

（四）税务机关应当于换发税务登记证件工作开始30日前，在办税服务厅及新闻媒体上发布《关于统一换发税务登记证件的公告》（公告文本见附件2），告知纳税人。

九、换发税务登记证件的程序

（一）纳税人应当在税务机关公告要求的期限内，持原税务登记证件到税务机关办理换证手续，填写《税务登记表》（见附件3）一式三份。没有实行联合办理税务登记的，纳税人应当分别到主管的国家税务局、地方税务局，填写《税务登记表》一式两份。

（二）主管税务机关对纳税人提交的有关资料审核无误的，应当依法换发新的税务登记证件；经审核发现纳税人提交的资料不全或者有误的，应当一次性告知，责成其补正后予以换发。

（三）应办而未办税务登记的纳税人，应当在税务机关公告的限期内，持税务登记管理办法规定的有关资料到税务机关办理税务登记。

（四）房屋、土地、车船信息登记：

1. 税务机关采取多种形式发放《房屋、土地、车船情况登记表》（附件3）。纳税人换证时应当携带房屋、土地和车船的有关证件（房屋所有权（产权）证书、土地证书、《机动车行驶证》、《船籍证书》）的复印件。

2. 税务机关应当对纳税人提交登记表的填写项目内容和证书复印件的完整性进行初审，然后再办理换发税务登记证。对确实在换发税务登记证时无法提交《房屋、土地、车船情况登记表》和证书复印件的纳税人，经税务人员核实后，可以先办理换证，并告知纳税人在30日内将填好的表和证书复印件交至办税大厅的办证窗口。

3. 实行联合办理换证的，要确定房屋、土地、车船登记信息的传递办法。地方税务局要主动与国家税务局联系，积极做好表和证书复印件的接收工作。国家税务局应当督促纳税人及时提交，整理、归集后移交地方税务局。

十、扣缴税款登记证的领发

（一）负有扣缴个人所得税义务的扣缴义务人应当自扣缴义务发生之日起30日内，向所在地主管税务机关申报办理扣缴税款登记，领取个人所得税扣缴税款登记证。对已办理税务登记的扣缴义务人，不发扣缴税款登记证，由税务机关在其税务登记证副本上登记扣缴税款事项。对临时发生扣缴义务的扣缴义务人，不发扣缴税款登记证。

（二）扣缴义务人应当在公告要求的期限内携带组织机构代码证书到税务机关办理扣缴税款登记证，填写扣缴税款登记表（式样见附件4），已向税务机关报送过有关内容的，可不再填表。

（三）扣缴义务人识别号按照扣缴义务人所在地行政区域码加组织机构代码编制。

（四）个人所得税扣缴税款登记证（式样内容见附件5）由省级地方税务局按照总局规定的式样内容，确定式样标准并组织印制。

十一、换发税务登记证件的时间安排

此次换发税务登记证工作分三个阶段进行：

第一阶段：4月1日～7月30日为准备宣传阶段：税务登记证件的制作及准备发放工作，相关软件的修改及各项准备工作应在此期间完成；

第二阶段：8月1日～11月30日为换证实施阶段；

第三阶段：12月1日～12月31日为验收总结阶段。

十二、换发税务登记证件的工作要求

（一）提高认识，加强领导

换发税务登记证件是加强税源管理的一项重要工作，对于进一步落实税收征管法及其实施细则和税务登记管理办法，推进依法治税、强化科学管理和精细化管理具有重要意义。各级税务机关特别是各级领导干部要充分认识这项工作的重要性，高度重视，周密安排，精心组织，加强领导，确保换发税务登记证工作平稳有序进行，圆满完成。

（二）宣传部署，协调配合

各地税务机关要采取多种形式，广泛利用报纸、网站等媒体，积极向纳税人宣传换证工作的必要性、意义以及换证工作的程序。在总局规定的时间安排基础上，根据本地情况充分准备，合理部署。在换证工作中，国家税务局、地方税务局要密切配合、协同工作，积极争取工商、银行、技术监督、统计等部门的支持与配合，提高工作效率，并优化服务，便利纳税人。

（三）规范管理，监控税源

在换证过程中，各级税务机关要认真贯彻落实税务登记管理办法和完善税务登记管理若干问题的通知的规定，规范、统一管理基础制度，按统一口径填登新修订的税务登记表，并按照新的要求适用不同类型的税务登记证件，严格按照统一的编码原则编制纳税人识别号，实现信息共享。

各级税务机关要以此次换发税务登记证工作为契机，充分利用质量技术监督部门的信息和经济普查资料，进一步摸清税源底数，清理漏管户，并对纳税人实施动态监控；同时要定期开展巡查，加强纳税人户籍的日常管理。

（四）信息反馈，总结经验

各级税务机关在换发税务登记证过程中要积极听取纳税人和社会各界的呼声，及时研究对策，提供方便快捷的服务，遇有重大情况要随时向总局报告；换证的每个阶段都要编发工作进展情况简报；换证工作结束时要将《换发税务登记证情况统计表》（见附件6）和换证工作总结于2006年12月31日前上报总局（征管司）。

附件：1. 税务登记证件式样、标准（编者略）

2. 关于统一换发税务登记证件的公告（编者略）

3. 税务登记表（式样）（编者略）

4. 扣缴税款登记表（式样）（编者略）

5. 个人所得税扣缴税款登记证(式样)(编者略)

6. 换发税务登记证情况统计表(编者略)

注释:

条款修改。根据《第十三届全国人民代表大会第一次会议关于国务院机构改革方案的决定》等有关规定,税收规范性文件规定的国税地税机关的职责和工作由新的税务机关承担。国家税务总局依据《税收规范性文件制定管理办法》(国家税务总局令第41号公布),对税收规范性文件进行了清理。参见:《国家税务总局关于修改部分税收规范性文件的公告》(国家税务总局公告2018年第31号)。

条款修改。本通知附列的"税务登记表"(适用临时税务登记纳税人)"类型"栏中,增加"未办理营业执照"和"异地非正常户"两种类型。参见:《国家税务总局办公厅关于修改税务登记表相关内容的通知》(国税办发〔2011〕47号)。

6-2-8

国家税务总局关于做好房屋土地车船信息登记工作的通知

2006年4月28日　国税函〔2006〕416号

各省、自治区、直辖市和计划单列市地方税务局:

为进一步加强税源监控,夯实征管基础,堵塞税收漏洞,总局下发了《国家税务总局关于换发税务登记证的通知》(国税发〔2006〕38号),从2006年8月1日起在全国范围内开展换发税务登记证(以下简称换证)工作。此次换证,增加了对纳税人房屋、土地、车船等有关情况进行登记的内容,为做好该项工作,现就有关事项通知如下:

一、充分认识房屋、土地、车船信息登记工作的重要意义

税务登记是税务机关对纳税人实施税务管理的首要环节,是取得税源信息的重要渠道。根据《中华人民共和国税收征收管理法》及其实施细则的有关规定,纳税人有义务在办理税务登记时如实填写税务登记表,并按照税务机关的要求提供有关的证明、资料。对纳税人的房产、土地、车船情况进行登记,不仅有利于税务机关全面掌握税源,减少因税源零星、分散给管理带来的难度,也有利于纳税人及时了解有关的纳税事项,更好地履行纳税义务。各级地方税务机关要充分认识这项工作的重要意义,抓住换证这一契机,认真做好房屋、土地、车船有关情况的登记工作,精心组织,狠抓落实,确保通过换证工作,切实摸清房产税(城市房地产税)、城镇土地使用税、车船使用税(车船使用牌照税)的总体税源及分布情况。

二、加强宣传和辅导,周密部署各项工作

将登记房屋、土地、车船的有关情况纳入税务登记管理是一项新的工作内容。各级地方税务机关要做好宣传工作,加大宣传力度,拓宽宣传渠道。要通过网络、电话、公告等多

种形式，事先告知纳税人在换证的同时要填报《房屋、土地、车船情况登记表》（以下简称登记表），并携带房屋、土地和车船有关证件的复印件；告知纳税人新办、变更税务登记以及登记表中的有关内容发生变化的，都需要填报登记表和提供有关证件的复印件。

各级地方税务机关要加强对此项工作的组织领导，通过多种渠道使纳税人能够方便地取得登记表，并通过各种形式对纳税人填表进行辅导，使纳税人了解登记表的内容、填报要求，完整准确地填报登记表。对登记表的发放、收集、审核、整理工作要进行周密部署，明确各个环节及相关部门的责任，对发现的问题要及时采取有效措施加以解决，确保房产、土地、车船信息登记工作的顺利进行。

三、加强部门间的协调配合，积极做好信息的沟通共享

对国税局、地税局联合办理税务登记和换证工作的，地方税务局要主动和国家税务局沟通，建立信息传递机制，协调好相关的工作，积极做好登记表和证书复印件的接收工作。地方税务局要做好内部的协调沟通，信息接收部门要认真对纳税人提交登记表的内容和复印件的完整性进行初审，并及时将房屋、土地、车船登记信息传递给税源管理部门；税源管理部门要对相关信息进行复审和比对，对情况不清的，要进行实地核查，确保登记的信息与实际情况相符。同时，各地要继续争取房屋、土地、公安等管理部门的支持配合，搞好信息的沟通和共享，充分利用有关部门的信息，核实房地产税收和车船税收的税源情况，查找漏征漏管的房地产和车船。

四、建立健全税源数据库，实行税源动态管理与监控

各级地方税务机关要充分利用所取得的房屋、土地、车船登记信息，运用计算机技术，根据本地区征管系统开发使用情况，建立并完善房产税（城市房地产税）、城镇土地使用税、车船使用税（车船使用牌照税）的税源数据库。通过新办或变更登记及加强房地产税收一体化、车辆税收“一条龙”管理等方式，结合房产、土地、公安等管理部门的信息，逐步构建税源监控平台，对房地产和车船的税源实行动态管理和监控。各地要进一步做好税源管理工作，把税收收入分析与纳税评估有机结合起来，对税源数据库信息、纳税申报、税款入库情况进行多角度、多层次的比对、分析，及时发现征管的薄弱环节，有针对性地采取措施，切实提高地方税征管的质量和水平。

各地要建立房屋、土地、车船有关信息数据的分级汇总上报制度。各省、自治区、直辖市和计划单列市地方税务局要在2007年1月底前将2006年度的房产税（城市房地产税）、城镇土地使用税、车船使用税（车船使用牌照税）的税源数据汇总（汇总表附后），以电子邮件的方式报送给总局地方税务司（邮件地址：zhangchaochinatax@126.com）。

附件：1. 年度房产税（城市房地产税）税源汇总表（编者略）

2. 年度城镇土地使用税税源汇总表（编者略）

3. 年度车船使用税（车船使用牌照税）税源汇总表（编者略）

6－2－9

国家税务总局关于变更税务登记证规格标准的通知

2006年5月26日　国税函〔2006〕491号

各省、自治区、直辖市和计划单列市国家税务局、地方税务局：

换发税务登记证工作将于2006年8月1日开始，按照节约资源、减少损失、尽量降低纳税人负担的要求，在这次换证工作中，除不更换正本外框外，总局决定副本套（封皮）也不更换，纳税人可继续使用原有的副本套（封皮）。对新办税务登记的纳税人核发包括正本外框和副本套（封皮）的整套税务登记证件。现对《国家税务总局关于换发税务登记证件的通知》（国税发〔2006〕38号）附件1《税务登记证件式样、标准》中的税务登记证副本的规格标准做如下部分变更：

一、纸质内芯

（一）为保证新纸质内芯能够插入旧副本套，其规格比原标准周边各减少1.5毫米；

（二）版面顺序进行调整，排上页号；

（三）订本式，线缝中间。

二、副本套（封皮）

（一）尺寸与原来一样；

（二）中间透明翻页由目前2张改为1张，翻页应对开口，与旧副本套一致，以便统一内芯的制作和插入。

各地方税务局接到本通知后，要按变更后的规格标准组织印制。国家税务局系统使用的副本套（封皮）仍由总局统一招标印制。目前，在保证2006年7月31日前新办税务登记的需要外，各地不得再加印旧版的税务登记证件。换证开始后，各地应首先将现有库存副本套（封皮）继续发放使用完，再启用新的副本套（封皮）。

各地要向物价部门报批分项的收费标准，对新办税务登记的纳税人收取整套税务登记证件工本费，对换发税务登记证的纳税人要区分是否换领正本外框和副本套（封皮）的情况收取工本费。

注释：

条款失效废止。“各地方税务局接到本通知后，要按变更后的规格标准组织印制。国家税务局系统使用的副本套（封皮）仍由总局统一招标印制。目前，在保证2006年7月31日前新办税务登记的需要外，各地不得再加印旧版的税务登记证件。换证开始后，各地应首先将现有库存副本套（封皮）继续发放使用完，再启用新的副本套（封皮）。各地要向物价部门报批分项的收费标准，对新办税务登记的纳税人收取整套税务登记证件工本费，对换发税务登记证的纳税人要区分是否换领正本外框和副本套（封皮）的情况收取工本费。”失效废止。参见:《国家税务总局关于公布全文失效废止和部分条款失效废止的税收规范性文件目录的公告》(国家税务总局公告2018年第33号)。

6-2-10

国家税务总局关于换发税务登记证件有关问题的补充通知

2006年7月13日　国税发〔2006〕104号

各省、自治区、直辖市和计划单列市国家税务局、地方税务局:

为确保2006年全面换发税务登记证件工作的顺利进行,现将有关问题补充通知如下:

一、分类疏导

各地税务机关可按照行业、规模、区域、纳税信用等标准,结合纳税人的意愿,将纳税人进行分类,分时分批次换证,减少纳税人等候时间,避免办税服务厅排队拥挤。

税务登记表格发放可提前开始,可以在纳税人到税务机关办理纳税申报和涉税事项时发放;有条件的地方,也可以通过网络、邮寄或者税收管理员下户等方式发放;国税局、地税局之间也可以相互代为发放。报送(收取)应在《国家税务总局关于换发税务登记证件的通知》(国税发〔2006〕38号)(以下简称关于换发税务登记证件的通知)规定的时间内进行。税务机关应当自收到有关表格和资料之日起30日内审核完毕,并为符合条件的纳税人换发税务登记证件。

税务登记证件可以分散打印、发放,也可以集中打印、分散发放。办税服务场所在集中领发证件时,可以适当增设换证窗口,方便纳税人领取。有条件的地方,可以设立快速通道,为边远地区和有特殊困难的纳税人提供方便快捷的服务。

二、编码原则

国税局、地税局赋予同一纳税人的识别号必须一致,不一致的,应按照《国家税务总局关于完善税务登记管理若干问题的通知》(国税发〔2006〕37号)的规定协商统一。

个体工商户的纳税人识别号为其个人身份证件号码加两位顺序码,即某个体工商户开办第一家经营单位时,其纳税人识别号为其身份证件号码,从开办第二家经营单位起,其纳税人识别号为其身份证件号码加两位后缀,以区分同一纳税人的不同经营单位。例如:“个人身份证件号码+01、02、……、99”。

税务登记证字号为:省(市)国(地)税字+纳税人识别号。如北京市某个体工商户开办的第二家经营单位的地税登记证为:京地税字12345678910123412301号。

三、业务处理

对未领取工商营业执照的纳税人及其分支机构,不得发放临时税务登记证件,但要按规定征税,并责成其先办理营业执照和组织机构代码,再办理税务登记。

对外来经营的纳税人(包括超过180天的),只办理报验登记,不再办理临时税务登记。

个人独资企业、一人有限公司,应按照单位纳税人办理税务登记,不得按个体工商户办理税务登记。

换发税务登记证件后，纳税人在银行开户时，开户银行必须按规定在税务登记证副本登录新的账号。对原有账号暂不作登录要求，但纳税人必须向税务机关报告。

四、外商投资企业和外国企业纳入本次换发税务登记证件的范围，填写统一的税务登记表，换发新的税务登记证件，证件式样与内资企业相同，具体工作按照关于换发税务登记证件的通知的有关规定执行。

五、印制准备

各地国税局所需税务登记证件由总局按照2005年底统计数据加今明两年预增数招标印制。各省国税局要及时向中标商说明各地市的登记证数量、种类、送达地点、联系人，到货后严格组织验收。由于变更需求等原因，集中印制的税务登记证件估计要到八月底才能到货，此前，各地国税局要做好分类疏导、税务登记表发放及收取、审核工作。

税务登记证件（正本和副本内芯）应当套印或者手工加盖发证税务机关的印章。国税系统可以及时与中标商协商，直接套印，也可以验收后再自行套印或加盖。副本内芯应在套印后沿中间缝合成订本式。地税系统可以在确定印制厂家时提出套印后缝订的需求。

六、工本费收取

税务登记证工本费应按规定收取。纳税人不需要税务登记证外框、副本封皮的，税务机关应按照扣除外框、副本封皮后的标准收取。2006年7月新办税务登记的，比照2006年上半年新办税务登记的规定不收工本费。

七、总结经验，注重实效

各地税务机关要按照关于换发税务登记证件的通知的要求，总结换证工作经验，除认真填写《换发税务登记证情况统计表》外，尤其要注意统计因为利用原有正本外框和副本封皮、简化业务流程、联合换证等而降低成本、减轻纳税人负担、方便纳税人的情况。发现重大问题要及时向上级税务机关报告。

注释：

条款修改。根据《第十三届全国人民代表大会第一次会议关于国务院机构改革方案的决定》等有关规定，税收规范性文件规定的国税地税机关的职责和工作由新的税务机关承担。国家税务总局依据《税收规范性文件制定管理办法》（国家税务总局令第41号公布），对税收规范性文件进行了清理。参见：《国家税务总局关于修改部分税收规范性文件的公告》（国家税务总局公告2018年第31号）。

6－2－11

国家税务总局关于简化纳税人向税务机关提供有关审验证件的通知

2007年2月1日 国税函〔2007〕149号

各省、自治区、直辖市和计划单列市国家税务局、地方税务局：

为减轻纳税人负担，提高办税效率，现就税务机关依法要求纳税人提供单位或个人有关审验证件的问题通知如下：

一、纳税人依法第一次向税务机关提供营业执照、组织机构代码证书、法定代表人的个人身份证件、税务登记证件时，纳税人应当提供证件的原件（原件副本具有同等效力，下同）和复印件。原件用于审验，复印件与原件核对无误，由经办人在复印件注明“经审验与原件相符”并签字后，留存税务机关备查。

二、税务机关对纳税人所提供的证件复印件载明的各项基础信息，要录入信息系统，存入“一户式”电子档案。纳税人以后办理涉税事项，按规定需要提供营业执照、组织机构代码证书、法定代表人的个人身份证件、税务登记证件时，税务机关只要求纳税人出示证件原件（或原件副本），经与信息系统中存储的纳税人电子信息查验无误后，即可退回纳税人，不要求纳税人重复提供证件的复印件。

三、证件内容发生变化的，纳税人应当申请变更，税务机关应当要求纳税人提供变更后的证件复印件，并对存入“一户式”电子档案的各项基础信息和纸质档案同时更新。

6－2－12

国家税务总局关于税务登记中企业登记注册类型有关问题的通知

2009年4月20日 国税办函〔2009〕198号

各省、自治区、直辖市和计划单列市国家税务局、地方税务局：

近期一些地方反映，工商行政管理部门办理营业执照时，采用了新的注册类型，造成企业工商营业执照注册类型与税务登记注册类型和税收核算统计企业类型划分不一致。现将有关问题明确如下：

税务登记中纳税人登记注册类型的划分，仍按照《税务登记管理办法》（国家税务总局令第7号）和《国家税务总局关于换发税务登记证件的通知》（国税发〔2006〕38号）的规定执行。

为了做好新的工商登记注册类型与现行的统计登记分类之间的衔接，国家统计局下发了《国家统计局办公室关于印发企业登记注册类型对照表的通知》（国统办字〔2008〕105

号),就如何将新的工商登记注册类型归类到现行的经济类型中予以了明确。现将文件转发你们,请在办理税务登记时遵照执行。

同时,请各地地方税务局相应修订综合征管信息系统。

附件:国家统计局办公室关于印发企业登记注册类型对照表的通知(编者略)

注释:

条款失效废止。本文“同时,请各地地方税务局相应修订综合征管信息系统。”的内容失效废止。参见:《国家税务总局关于公布全文失效废止和部分条款失效废止的税收规范性文件目录的公告》(国家税务总局公告2018年第33号)。

6-2-13

国家税务总局关于发布《网上纳税申报软件管理规范(试行)》的公告

2010年7月19日　国家税务总局公告2010年第3号

为加强网上纳税申报软件的管理,优化纳税服务,确保纳税人申报的电子涉税数据准确、完整、安全,国家税务总局制定了《网上纳税申报软件管理规范(试行)》现予公布,自2010年11月1日起施行。

国家税务总局还将制定《网上纳税申报软件业务标准》,并统一开展网上纳税申报软件的评测工作。评测合格的企业及软件产品,国家税务总局统一向社会公布,由纳税人选择使用。《网上纳税申报软件业务标准》及评测相关事项另行公告。

特此公告。

网上纳税申报软件管理规范(试行)

第一章　总　　则

第一条　为规范网上纳税(费)申报软件开发与服务,加强对软件开发与服务单位(以下简称开发服务商)的监管,确保纳税人申报的电子涉税数据准确、完整和安全,特制定《网上纳税申报软件管理规范》(以下简称管理规范)。

第二条　网上纳税申报软件分为低保型纳税申报软件、商品化纳税申报软件和纳税人自行开发纳税申报软件。

低保型纳税申报软件,是指税务机关免费为纳税人提供、符合相关规定、满足基本要求的纳税申报软件。

商品化纳税申报软件,是指市场上开发服务商根据相关规定开发的,纳税人自愿选用并享有配套服务的纳税申报软件。

纳税人自行开发纳税申报软件,是指纳税人自行研发符合相关规定的纳税申报软件。

第三条 根据国家法律法规和税收政策,国家税务总局制定和修订统一的网上纳税申报业务标准(以下简称业务标准),并及时向社会发布。

业务标准之外税(费)申报,由省税务机关依据业务标准增补相应的内容,并报国家税务总局备案后及时向社会发布。

第四条 低保型纳税申报软件,由国家税务总局组织开发和维护,免费提供给纳税人使用。商品化纳税申报软件和纳税人自行开发纳税申报软件,由开发服务商和自行开发纳税人自行组织开发和维护。

第五条 税务机关应对开发服务商服务质量进行约束和监督。

第二章 网上纳税申报软件评测

第六条 国家税务总局负责对开发服务商进行评测及监管。开发服务商应当具备以下条件:

(一)较强的综合实力:专职软件开发人员不少于30人,技术服务人员不少于50人。

(二)软件开发管理能力:软件能力成熟度(CMMI)达到3级以上。

(三)软件支持服务能力:拥有集软件升级维护保障、远程客户服务呼叫中心、本地化上门服务于一体的完善的支持服务体系。

(四)有参与税务信息化或国家大型信息化建设项目的经验。

第七条 网上纳税申报软件的具体评测由国家税务总局自行组织或委托、联合第三方测评机构实施。

第八条 国家税务总局定期发布评测公告,开发服务商根据公告向国家税务总局提出评测申请。

第九条 评测合格的网上纳税申报软件及开发服务商目录由国家税务总局向社会公布,各地税务机关必须在目录中选择使用,选定后由省税务机关上报国家税务总局备案。未通过评测的软件各级税务机关不得选用。

第十条 国家税务总局不定期对在用网上纳税申报软件进行抽检。

第三章 服务与权益保障

第十一条 纳税人选用商品化纳税申报软件,应当与开发服务商签订合同。开发服务商应当免费提供网上纳税申报软件,并提供按年和按次两种收费服务项目,由纳税人自愿选择服务项目,不服务不得收取费用。

第十二条 开发服务商应当公告服务项目和收费标准。开发服务商收费标准,应当随着推广规模的逐步扩大而逐年降低。

第十三条 开发服务商应当提供优质服务,其配套服务的主要内容应包括:咨询、软件升级维护、现场技术支持等。

第四章 数据传输质量与保密

第十四条 网上纳税申报软件,应当采用必要的安全认证措施,解决网上纳税申报的身份识别问题,各地税务机关不得强制纳税人有偿使用。

第十五条 开发服务商应保障其软件能按照税务机关的要求,及时、完整、准确地传输纳税申报电子数据。

第十六条 开发服务商必须遵守国家保密规定,保证纳税人电子申报数据安全,不得对纳税人的纳税申报电子数据有任何泄密行为。

第五章 日常运行维护

第十七条 低保型纳税申报软件,由国家税务总局负责督促选定的开发服务商进行软件升级,并及时公布。

第十八条 商品化纳税申报软件由开发服务商根据税务机关发布的业务标准及时升级,并提供给纳税人使用。

第十九条 自行开发的纳税申报软件的纳税人根据税务机关发布的业务标准及时升级。

第六章 法律责任

第二十条 凡开发服务商发生下列情形之一者,按管辖权限由相应的省税务机关责令限期整改。给纳税人造成损失的,由开发服务商按照合同协议承担赔偿责任。

(一)未按照国家税务总局规定的业务标准和补充说明,及时进行申报软件修改升级,给纳税人造成损失或经抽检不合格的;

(二)未按照合同协议规定的标准提供服务和收取服务费用的;

(三)纳税人投诉反映强烈,经核查属实并造成重大影响的;

(四)纳税人满意度达不到各地税务机关制定的具体标准的。

第二十一条 凡开发服务商发生下列情形之一者,按管辖权限由相应的省税务机关责令其退出网上纳税申报技术服务市场,并及时上报国家税务总局备案和向社会公布。给纳税人造成损失的,由开发服务商按照合同协议承担赔偿责任。

(一)网上纳税申报软件经评测不合格,一个月内修改后再次评测仍不合格的;

(二)将纳税人纳税申报电子数据向第三方泄露经核查属实的;

(三)限期整改仍不合格的。

第七章 附　　则

第二十二条 本管理规范由国家税务总局负责解释,于2010年11月1日起施行。

6－2－14

国家税务总局关于转发《财政部　国家发展改革委关于取消部分涉企行政事业性收费的通知》的通知

2011年2月17日　国税函〔2011〕97号

各省、自治区、直辖市和计划单列市国家税务局、地方税务局：

现将《财政部、国家发展改革委关于取消部分涉企行政事业性收费的通知》（财综〔2011〕9号）转发给你们，自2011年2月1日起，办理税务登记核发税务登记证时，不再收取工本费，请遵照执行。执行中如有问题，请及时向税务总局（征管科技司）反馈。

附件：《财政部　国家发展改革委关于取消部分涉企行政事业性收费的通知》（财综〔2011〕9号）

附件

财政部　国家发展改革委关于取消部分涉企行政事业性收费的通知

2011年1月30日　财综〔2011〕9号

国家档案局、司法部、教育部、公安部、国土资源部、住房城乡建设部、交通运输部、工业和信息化部、农业部、国家林业局、卫生部、文化部、海关部署、国家税务总局、国家工商行政管理总局，各省、自治区、直辖市财政厅（局）、发展改革委、物价局：

为加强涉企行政事业性收费管理，切实减轻企业和社会负担，根据国务院办公厅《关于制定治理和规范涉企收费措施意见的分工》和《财政部、国家发展改革委关于清理规范涉企行政事业性收费的通知》（财综〔2010〕32号）的要求，我们对全国性及中央部门和单位涉企行政事业性收费项目进行了全面清理，决定取消部分涉企行政事业性收费。现将有关问题通知如下：

一、自2011年2月1日起，在全国统一取消31项涉企行政事业性收费（具体项目见附件）。

二、上述行政事业性收费项目取消后，有关部门和单位依法履行行政管理职能所需相关经费，由同级财政预算予以保障。其中，财政补助事业单位的相关经费支出，通过部门预算予以安排；自收自支事业单位的相关经费支出，通过安排其上级行政主管部门项目支出予以解决。各级财政部门应按照上述要求，妥善安排有关部门和单位预算，确保其相关管理工作的正常运转。

三、有关执收部门和单位应按规定到原核发《收费许可证》的价格主管部门办理《收费许可证》注销手续,并到原核发财政票据的财政部门办理票据缴销手续。本通知生效前有关收费资金余额应严格按照财政部门原规定渠道全部上缴国库或财政专户。

四、各地区和有关部门及单位应严格执行本通知规定,对公布取消的涉企行政事业性收费项目,不得以任何理由拖延或拒绝执行,不得以其他名目变相继续收费。各级财政和价格主管部门要加强对落实本通知情况的监督检查,对不按规定取消收费项目的,要按规定给予处罚,并追究责任人员的行政责任。

附件:取消的涉企行政事业性收费项目(编者略)

6-2-15

国家税务总局关于发布《网上纳税申报软件业务标准》的公告

2011年3月4日　国家税务总局公告2011年第17号

为加强网上纳税申报软件的管理,优化为纳税人服务,确保纳税人申报的电子涉税数据准确、完整、安全,国家税务总局制定了《网上纳税申报软件业务标准》(具体标准文本从国家税务总局网站 www. chinatax. gov. cn 政策法规栏目中获取),现予以公布。

国家税务总局后续将依据此标准统一开展网上纳税申报软件的评测工作。评测合格的企业及软件产品,国家税务总局统一向社会公布,由纳税人选择使用。具体评测事项另行发布。

特此公告。

网上纳税申报软件业务标准

一、申报表表样(编者略)

二、网上纳税申报软件报表规范(编者略)

三、商品化网上纳税申报软件业务功能规范(编者略)

四、商品化网上纳税申报软件数据接口规范(编者略)

五、申报表 XML 文件(编者略)

六、申报表 XSD 文件(编者略)

6 -2 -16

国家税务总局关于进一步完善税务登记管理有关问题的公告

2011 年 3 月 21 日　国家税务总局公告 2011 年第 21 号

为进一步完善税务登记管理制度，规范税务登记管理，强化税源监控，现就有关问题公告如下：

一、无照户纳税人的管理

从事生产、经营的纳税人，应办而未办工商营业执照，或不需办理工商营业执照而需经有关部门批准设立但未经有关部门批准的（简称无照户纳税人），应当自纳税义务发生之日起 30 日内申报办理税务登记。税务机关对无照户纳税人核发临时税务登记证及副本，并限量供应发票。

无照户纳税人已领取营业执照或已经有关部门批准的，应当自领取营业执照或自有关部门批准设立之日起 30 日内，向税务机关申报办理税务登记，税务机关核发税务登记证及副本；已领取临时税务登记证及副本的，税务机关应当同时收回并做作废处理。

二、非正常户管理

严格非正常户认定管理。对经税务机关派员实地核查，查无下落的纳税人，如有欠税且有可以强制执行的财物的，税务机关应按照《税收征收管理法》第四十条的规定采取强制执行措施；纳税人无可以强制执行的财物或虽有可以强制执行的财物但经采取强制执行措施仍无法使其履行纳税义务的，方可认定为非正常户。

开展非正常户公告。税务机关应在非正常户认定的次月，在办税场所或者广播、电视、报纸、期刊、网络等媒体上公告非正常户。纳税人为企业或单位的，公告企业或单位的名称、纳税人识别号、法定代表人或负责人姓名、居民身份证或其他有效身份证件号码、经营地点；纳税人为个体工商户的，公告业户名称、业主姓名、纳税人识别号、居民身份证或其他有效身份证件号码、经营地点。

实施非正常户追踪管理。税务机关发现非正常户纳税人恢复正常生产经营的，应及时处理，并督促其到税务机关办理相关手续。对没有欠税且没有未缴销发票的纳税人，认定为非正常户超过两年的，税务机关可以注销其税务登记证件。

加强非正常户异地协作管理。税务机关要加强非正常户信息交换，形成对非正常户管理的工作合力。对非正常户纳税人的法定代表人或经营者申报办理新的税务登记的，税务机关核发临时税务登记证及副本，限量供应发票。税务机关发现纳税人的法定代表人或经营者在异地为非正常户的法定代表人或经营者的，应通知其回原税务机关办理相关涉税事宜。纳税人的法定代表人或经营者在原税务机关办结相关涉税事宜后，方可申报转办正式的税务登记。

三、《外出经营活动税收管理证明》的管理

纳税人到外县(市)临时从事生产经营活动的,应当在外出生产经营以前,按照外出经营活动所应缴纳的货物与劳务税税种向相应的县级以上(含本级)主管税务机关申请开具《外出经营活动税收管理证明》。外出经营活动应缴纳增值税的,向国税机关申请开具;外出经营活动应缴纳营业税的,向地税机关申请开具;外出经营活动为兼营行为的,可向国税或地税机关申请开具,税务机关不得拒绝。

税务机关应当按照《国家税务总局关于印发全国统一税收执法文书式样的通知》(国税发〔2005〕179号)规定的式样为纳税人开具《外出经营活动税收管理证明》,并加盖县以上(含本级)税务局(分局)印章。

纳税人应当于外出经营地开始前,持《外出经营活动税收管理证明》向外出经营地税务机关报验登记;自《外出经营活动税收管理证明》签发之日起30日内未办理报验登记的,所持证明作废,纳税人需要向税务机关重新申请开具。

纳税人税务登记地税务机关应当加强对外出经营纳税人的税收管理,定期通报《外出经营活动税收管理证明》开具情况。

四、本公告自公布之日起30日后施行。《国家税务总局关于完善税务登记管理若干问题的通知》(国税发〔2006〕37号)中的第六条第三款"对应领取而未领取工商营业执照临时经营的,不得办理临时税务登记,但必须照章征税,也不得向其出售发票;确需开具发票的,可以向税务机关申请,先缴税再由税务机关为其代开发票。"同时作废。

注释:

条款废止。第二条第一款自2020年3月1日起废止。参见:《国家税务总局关于税收征管若干事项的公告》(国家税务总局公告2019年第48号)。

条款失效废止。第三条失效废止。参见:《国家税务总局关于公布全文失效废止和部分条款失效废止的税收规范性文件目录的公告》(国家税务总局公告2018年第33号)。

6-2-17

国家税务总局办公厅关于修改税务登记表相关内容的通知

2011年4月22日　国税办发〔2011〕47号

各省、自治区、直辖市和计划单列市国家税务局、地方税务局:

根据《国家税务总局关于进一步完善税务登记管理有关问题的公告》(国家税务总局公告2011年第21号)的规定,为满足税务登记新增两种临时税务登记类型的需要,现对税务登记表的相关内容作如下修改:

在《国家税务总局关于换发税务登记证件的通知》(国税发〔2006〕38号)所附列的"税务登记表(适用临时税务登记纳税人)""类型"栏中,增加"未办理营业执照"和"异地非正常户”两种类型。

请各地税务机关及时调整相关的税收信息系统。

附件:税务登记表(适用临时税务登记纳税人)(编者略)

6-2-18

国家税务总局关于进一步规范涉税文书报表管理工作的通知

2014年4月9日 税总发〔2014〕50号

各省、自治区、直辖市和计划单列市国家税务局、地方税务局:

为贯彻落实《国家税务总局关于做好税务系统职能转变工作的通知》(税总发〔2013〕56号)精神,不断扩大第一批群众路线教育实践活动成果,切实推动税务机关转变职能,改进作风,减轻纳税人和基层税务机关负担,各地税务机关要在落实好税务总局取消简并涉税文书报表工作的基础上,进一步规范对自行印制涉税文书报表的管理。现将有关事项通知如下:

一、强化统筹领导

各地税务机关要按照“归口管理、全面清理;合法规范、精简适用;服务基层、服务税户”的原则,加强对自行印制涉税文书报表的全面梳理、优化简并。各级税务机关要成立规范涉税文书报表管理工作协调小组(以下简称协调小组),强化对涉税文书报表工作的统筹协调,按照税务总局有关要求,对所有涉税文书报表管理事项实行统一管理。

二、开展全面梳理

要结合“便民办税春风行动”,按照“三减轻”的要求,在充分听取基层和纳税人意见的基础上,对现行涉税文书报表进行一次“大清理”。优化、取消简并涉税文书报表,特别是取消简并纳税人填报使用类涉税文书报表。要按照既方便纳税人又有利于税收管理的原则,逐个进行分析评估,能取消的坚决取消,能合并的一律合并,能简化的尽量简化,能从信息系统中抽取的就不再麻烦纳税人,能信息共享的不再重复填报,切实减轻纳税人办税负担。重点清理三类文书报表:一是对不在行政审批目录、税收执法权力目录中的相关文书报表,以及文书报表来源文件已废止执行的相关文书报表,要马上取消;二是通过信息共享可以获得相关信息的文书报表,要改进业务流程,逐步取消;三是对于填报意义不大,取消简并之后有利于优化服务纳税人的文书报表,要视情况予以取消。对以上取消或简并的纳税人填报使用类涉税文书报表,于2014年4月30日前开始分批予以公布。

三、建立长效机制

一是建立涉税文书报表归口管理和统一编码制度。要确定涉税文书报表的归口管理部门,对涉税文书报表的合理性、科学性、规范性进行审核把关。未经归口管理部门审核的涉税文书报表不能印发,非统一编码的涉税文书报表不得使用。

二是建立自行印发涉税文书报表的报送备案制度。各省级税务机关新设立自行印制的涉税文书报表,在印发同时要报送税务总局涉税文书报表归口管理部门(征管科技司)。已经印发的涉税文书报表,要在全面梳理基础上,于 2014 年 6 月 30 日前报送税务总局备案。

三是做好涉税文书报表的顶层设计。要统一设计文书报表式样、填写标准和使用说明,并结合税收信息化进程,持续推进涉税文书报表科学化、规范化管理。

四、狠抓工作落实

一是提高认识。各地税务机关要切实提高对规范涉税文书报表管理工作重要性和必要性的认识,深刻认识到规范涉税文书报表管理工作是践行党的群众路线、落实"三个三"要求的重要举措,是积极推进职能转变、不断深化行政审批制度改革、落实两个减负的具体体现,是实现税收现代化、推进税务机关内部"节能减排"的基础性工作,也是"便民办税春风行动"的有效载体。要按照本通知要求对涉税文书报表开展全面梳理,建立长效机制,实行规范化管理。

二是做好督导。对于违反本通知要求,对涉税文书报表缺乏统筹管理,导致涉税文书报表管理混乱,增加基层和纳税人负担的,上级税务机关要坚决予以纠正并通报批评。

三是强化后续管理。要密切关注取消简并涉税文书报表事项的后续情况,深入调查取消简并涉税文书报表可能出现的新情况、新问题,及时研究,积极应对,加强后续管理。协调小组要充分发挥统筹协调的作用,降低因取消简并涉税文书报表带来的税收管理风险。

各地可以结合本地实际情况制定规范涉税文书报表管理的具体操作办法。对落实中存在的问题,及时报告税务总局。

6 -2 -19

国家税务总局关于发布取消简并涉税文书报表的公告

2014 年 4 月 11 日　国家税务总局公告 2014 年第 21 号

为扩大第一批群众路线教育实践活动成果,推动基层税务机关开展好第二批群众路线教育实践活动,同时认真落实好国务院转变职能、简政放权的要求,根据税务总局"便民办税春风行动"工作安排,决定对涉税文书报表进行规范,该保留的保留、该完善的完善、该取消的取消、该简并的简并。现将第一批取消的《税务登记验证申请表》等 15 个涉税文书报表予以发布。

本公告自 2014 年 5 月 1 日起施行。

特此公告。

附件:取消涉税文书报表式样(编者略)

6－2－20

国家税务总局关于发布第二批取消简并涉税文书报表的公告

2014 年 5 月 27 日　国家税务总局公告 2014 年第 30 号

为扩大第一批群众路线教育实践活动成果，推动基层税务机关深入开展好第二批群众路线教育实践活动，同时认真落实好国务院转变职能、简政放权的要求，根据税务总局“便民办税春风行动”工作安排，决定在第一批取消简并涉税文书报表的基础上，进一步取消《货物运输业自开票纳税人认定表》等 11 个涉税文书报表，现予以公布。

本公告自发布之日起 30 日后施行。

特此公告。

附件：第二批取消涉税文书报表式样（编者略）

6－2－21

国家税务总局关于推进工商营业执照、组织机构代码证和税务登记证“三证合一”改革的若干意见

2014 年 12 月 18 日　税总发〔2014〕152 号

各省、自治区、直辖市和计划单列市国家税务局、地方税务局：

根据《国务院关于促进市场公平竞争维护市场正常秩序的若干意见》（国发〔2014〕20 号，以下简称《意见》）的要求，现就税务部门推进税务登记证和工商营业执照、组织机构代码证“三证合一”改革工作提出以下意见。

一、基本思路

推进税务登记证和工商营业执照、组织机构代码证“三证合一”是落实国务院注册资本登记制度改革，便利市场主体，激发市场活力的重大举措，也是税务部门贯彻党中央和国务院转变职能、简政放权的工作要求。各级税务机关要提高对“三证合一”改革工作的认识，积极谋划，为改革提供动力，主动作为，不断探索登记制度便利化，切实方便市场主体，加强税源管控，降低征纳成本，提高税务行政管理效率，促进经济社会持续健康发展。

推进“三证合一”改革的基本思路是大力推进“三证联办”、积极探索“一证三码”、最终实现“一证一码”。“三证合一”的试点工作将由国务院有关部门部署进行。在正式推开“一证一码”之前，可以“三证联办”、“一证三码”等形式作为过渡。“三证联办”是现行法律框架内“三证合一”较好的实现形式。一窗受理、三证同发，实现工商营业执照、组织机构代

码证和税务登记证联合办理，简化办证程序，缩短办理时限，方便市场主体，降低社会成本和行政成本。“一证三码”是推进“三证合一”的重要形式。一个证照、三个代码，形式上更符合“三证合一”要求，方便市场主体，也有利于整合部门资源，提高部门间信息共享水平，加强部门间协作配合，统一对市场主体的事后监管。

二、主要形式

（一）“三证联办”

“三证联办”是指工商、质监、国税、地税部门实现工商营业执照、组织机构代码证和税务登记证“三证”联办同发。即由一个窗口单位归口受理申请表和申请资料，一次性采集信息，并共享至联合办证部门，限时反馈；各部门收到申请信息、材料后，按照职责分工，同时启动复查审办，准予登记的，一并制作“三证”，并反馈受理窗口；受理窗口一次性将“三证”发放申请人，部门间实现数据互换、档案共享、结果互认。

各地税务机关要按照现行各部门行政管理职责、证件式样、赋码规则，协调相关部门实现信息互联互通，实施“三证联办”。

（二）“一证三码”

“一证三码”是工商、质监、国税、地税部门的工商营业执照、组织机构代码证和税务登记证共同赋码，向市场主体发放包含“三证”功能三个代码的证照，简称“一证三码”。即由一个窗口单位归口受理申请表和申请资料，一次性采集信息，并共享至联合办证部门，限时反馈；各部门收到申请信息、材料后，按照职责分工，同时启动复查审办，准予登记的，分别按本部门赋码规则进行证照赋码，并反馈受理窗口；受理窗口制作“一证三码”的证照发放申请人，部门间实现数据互换、档案共享、结果互认。

三、工作要求

（一）提高认识，加强领导。“三证合一”是中央推进商事制度改革，便利市场主体，激发市场活力的重大举措，时间紧、任务重、要求高。各级税务机关要高度重视，深刻领会，切实提高对此项改革工作的认识，加强领导，认真落实。

（二）于法有据，稳步推进。“三证合一”改革要在法律法规框架内依法推进。当前，作为过渡各地税务机关要大力推进“三证联办”，积极探索“一证三码”试点工作，为实现“一证一码”改革创造条件。

（三）积极配合，规范流程。各地税务机关要积极配合牵头单位工作，努力攻坚克难，扎实推进改革。无论是“三证联办”还是“一证三码”，均要制定严格的流程规范，强化风险管控，确保安全高效，推进信息共享。

（四）加强宣传，及时反馈。要做好对纳税人的宣传工作，充分运用各种媒体，让广大纳税人了解、说明此项改革创新的意义和可以依其带来的便利。同时，要加强对此项改革信息与数据的统计分析，运用分析成果，及时指导和改进工作。此外，相关工作情况、问题及改进建议请及时报告国家税务总局（征管和科技发展司）。

6 -2 -22

国务院关于批转发展改革委等部门法人和其他组织统一社会信用代码制度建设总体方案的通知

2015 年 6 月 11 日　国发〔2015〕33 号

各省、自治区、直辖市人民政府,国务院各部委、各直属机构:

国务院同意发展改革委、中央编办、民政部、财政部、人民银行、税务总局、工商总局、质检总局制定的《法人和其他组织统一社会信用代码制度建设总体方案》,现转发给你们,请认真贯彻执行。

法人和其他组织统一社会信用代码制度建设总体方案

发展改革委　中央编办　民政部　财政部
人民银行　税务总局　工商总局　质检总局

按照《国务院机构改革和职能转变方案》和 2015 年《政府工作报告》要求,为理顺代码管理体制机制,建立覆盖全面、稳定且唯一的以组织机构代码为基础的法人和其他组织统一社会信用代码(以下简称统一代码)制度,提出本方案。

一、基本情况

(一)现有主要机构代码构成。

我国现有机构代码分为两类。一是"原始码",即由登记管理部门在法人和其他组织注册登记时发放的代码,主要包括工商部门的工商注册号、机构编制部门的机关及事业单位证书号、民政部门的社会组织登记证号等。二是"衍生码",即在法人和其他组织注册后,相关部门发放的管理码,如组织机构代码管理部门的组织机构代码、人民银行的机构信用代码、税务总局的纳税人识别号等。

1. 组织机构代码。

组织机构代码管理部门编制的组织机构代码共 9 位,包含本体代码(8 位)和校验码(1 位)两个部分。

2. 工商注册号。

工商部门编制的工商注册号共 15 位,包含首次登记管理机关代码(6 位)、顺序码(8 位)和校验码(1 位)三个部分。

3. 事业单位证书号。

机构编制部门编制的事业单位证书号共 12 位,包含举办单位类别(1 位)、核准登记的机关(6 位)、同一机关辖内不同事业单位(5 位)三个部分。

4. 社会组织登记证号。

民政部门编制的社会组织登记证号是汉字和阿拉伯数字的组合。

5. 机构信用代码。

人民银行编制的机构信用代码共 18 位,包含准入登记管理机构类别(1 位)、机构类别(2 位)、行政区划(6 位)、结算账户开户许可证核准号标识位(8 位)、校验码(1 位)五个部分。

6. 纳税人识别号。

税务部门对已申领组织机构代码的纳税人编制的纳税人识别号共 15 位,包含行政区划码(6 位)和组织机构代码(9 位)两个部分。

(二)现有机构代码存在的主要问题。

当前我国机构代码不统一,缺乏有效协调管理和信息共享工作机制,大多数代码仅应用于各部门内部管理,一些部门信息数据相互割裂封闭,存在信息孤岛问题。各类机构代码长度、含义、作用不同,有的部门如工商、民政、机构编制部门等,在法人和其他组织成立时赋码;有的部门如人民银行、税务部门等,在行使管理职能过程中再次赋码。法人和其他组织在设立和办理相关业务时,需到多个部门申请代码,有的还收取费用。多个代码共存现象较为普遍,影响了同一主体信息比对,增加了社会负担,降低了行政效率。

二、统一代码设计方案

(一)基本原则。

1. 兼容并蓄,降低成本。以当前基础较好、应用广泛的组织机构代码为基础,最大限度满足各部门管理需求,降低另建及改造成本,减轻社会负担。

2. 统一标准,分步实施。制定统一代码制度建设相关标准,确定代码位数和构成。设立过渡期,实现现有各类机构代码逐步向统一代码过渡。

3. 立足当前,着眼长远。以满足需求、便利管理为导向,制定适合当前各部门兼容使用的编码规则,为将来各部门之间信息共享和业务协同打好基础。

(二)统一代码构成。

从唯一、统一、共享、便民和低成本转换等角度综合考虑,统一代码设计为 18 位,由登记管理部门代码、机构类别代码、登记管理机关行政区划码、主体标识码(组织机构代码)、校验码五个部分组成(见附件)。为便于行业管理和社会识别,统一代码的第一、二、三部分体现了登记管理部门、机构类别和登记管理机关行政区划,兼容了当前各登记管理部门行之有效的有含义代码功能。为保证唯一性和稳定性,第四部分设计为主体标识码(组织机构代码),充分体现了以组织机构代码为基础建立法人和其他组织统一社会信用代码制度的要求。为防止出现错误,第五部分设计为校验码。

第一部分(第 1 位):登记管理部门代码,使用阿拉伯数字或英文字母表示。例如,机构编制、民政、工商三个登记管理部门分别使用 1、2、3 表示,其他登记管理部门可使用相应阿拉伯数字或英文字母表示。

第二部分(第 2 位):机构类别代码,使用阿拉伯数字或英文字母表示。登记管理部门根据管理职能,确定在本部门登记的机构类别编码。例如,机构编制部门可用 1 表示机关单位,2 表示事业单位,3 表示由中央编办直接管理机构编制的群众团体;民政部门可用 1 表示社会团体,2 表示民办非企业单位,3 表示基金会;工商部门可用 1 表示企业,2 表示个体工商户,3 表示农民专业合作社。

第三部分(第 3 ~ 8 位):登记管理机关行政区划码,使用阿拉伯数字表示。例如,国家用 100000,北京用 110000,注册登记时由系统自动生成,体现法人和其他组织注册登记及其登记管理机关所在地,既满足登记管理部门按地区管理需求,也便于社会对注册登记主体所在区域进行识别。(参照《中华人民共和国行政区划代码》[GB/T 2260—2007])

第四部分(第 9 ~ 17 位):主体标识码(组织机构代码),使用阿拉伯数字或英文字母表示。(参照《全国组织机构代码编制规则》[GB 11714—1997])

第五部分(第 18 位):校验码,使用阿拉伯数字或英文字母表示。

(三)统一代码的主要特性。

1. 唯一性。统一代码及其 9 位主体标识码(组织机构代码)在全国范围内是唯一的。一个主体只能拥有一个统一代码,一个统一代码只能赋予一个主体。主体注销后,该代码将被留存,保留回溯查询功能。例如,一个主体由事业单位改制为企业,按照法定程序,需依法注销该事业单位,再设立新企业。新设立企业是一个新主体,需赋予新的统一代码。

2. 兼容性。统一代码最大程度地兼容现有各类机构代码,既能体现无含义代码的稳定可靠,又能发挥有含义代码便于分类管理的作用,最大程度地减少改造成本。统一代码在第二、三部分设计了机构类别代码和登记管理机关行政区划码,与工商注册号、事业单位证书号、机构信用代码相应部分含义一致。第四部分主体标识码采用组织机构代码,保证了统一代码与组织机构代码有效衔接。

3. 稳定性。统一代码一经赋予,在其主体存续期间,主体信息即使发生任何变化,统一代码均保持不变。例如,法人和其他组织迁徙或变更法定代表人、经营范围等,均不改变其统一代码。

4. 全覆盖。统一代码制度实施后,对新设立的法人和其他组织,在注册登记时发放统一代码;对已设立的法人和其他组织,通过适当方式换发统一代码,实现对法人和其他组织全覆盖。

三、统一代码制度改革方案

按照党中央、国务院决策部署,机构代码制度改革的总目标是建立覆盖全面、稳定且唯一的统一代码制度,实现管理从多头到统一转变、资源从分散到统筹转变、流程从脱节到衔接转变,为转变政府职能、提升行政效能、减轻法人和其他组织负担奠定基础。

(一)明晰权责,加强协同。

国家标准化管理部门会同登记管理部门、组织机构代码管理部门负责制定统一代码国家标准。组织机构代码管理部门负责管理统一代码资源,建设和运行维护统一代码数据库,为各部门提供信息服务,加强统一代码赋码后的校核。登记管理部门负责在法人和其他组织注册登记时发放统一代码,并将基本登记信息及其变更情况及时提供给组织机构代码管理部门。组织机构代码管理部门会同登记管理部门建立统一代码重错码核查和信息共享机制,定期通报赋码和信息回传情况。

（二）源头赋码，全面覆盖。

对新设立的法人和其他组织，在注册登记时发放统一代码，标注在注册登记证（照）上。法人和其他组织由现行的注册登记代码、组织机构代码分别申领办理，改为一次申领办理，取得唯一统一代码；由现行自愿申领组织机构代码，改为源头赋统一代码，形成准入登记与赋码同步完成机制，确保统一代码覆盖所有法人和其他组织。

（三）预赋码段，回传信息。

统一代码中的9位主体标识码由组织机构代码管理部门先按5年需求（含存量），一次性向国家登记管理部门预赋足量、连续的组织机构代码码段，各级登记管理机关按规则在办理注册登记时向法人和其他组织实时赋统一代码，赋码后将统一代码及相关信息按规定期限回传统一代码数据库，及时向社会公开并与其他部门共享。信息回传周期采取分类管理方式，具备网络条件的登记管理机关回传周期为1个工作日，不具备网络条件的登记管理机关回传周期为7个或10个工作日，具体由登记管理部门与组织机构代码管理部门商定。各省（区、市）登记管理部门应向同级组织机构代码管理部门提供具备网络条件的各级登记管理机关名录并及时更新。统一代码制度实施后，每年对实施情况开展监测；5年后组织专家对赋码方式开展终期评估，根据实施情况和专家意见，建立赋码工作长效机制。

（四）平稳过渡，有序推进。

本方案实施后，各有关部门应尽快完成现有机构代码向统一代码过渡。短期内难以完成的部门可设立过渡期，在2017年底前完成。有特殊困难的个别领域，最迟不得晚于2020年底。在过渡期内，统一代码与现有各类机构代码并存，各登记管理部门尽快建立统一代码与旧注册登记码的映射关系，保证信息在全国统一信用信息共享交换平台等实现互联共享，同时对本方案实施前已设立的法人和其他组织换发统一代码，逐步完成存量代码和登记证（照）转换。未转换的旧登记证（照）在过渡期内可继续使用。过渡期结束后，组织机构代码证和登记管理部门的旧登记证（照）停止使用，全部改为使用登记管理部门发放、以统一代码为编码的新登记证（照）。

四、组织实施

建立由发展改革委牵头的协调机制，解决本方案实施中遇到的重大问题。本方案由登记管理部门会同组织机构代码管理部门按照不同领域分期分批实施。工商部门自2015年10月1日起实施，其他登记管理部门在2015年底前实施。本方案实施前，有关部门要做好制定统一代码标准、改造注册登记系统、预赋和分配码段等工作。推动制定法人和其他组织统一社会信用代码条例，形成实施统一代码的强制性国家标准。统一代码制度建设所需经费纳入同级政府预算。对新设立的法人和其他组织发放统一代码，以及对已设立的法人和其他组织换发统一代码，均不收取费用。地方各级人民政府和有关部门要加强对本方案的宣传解读和舆论引导。

附件：法人和其他组织统一社会信用代码构成

附件

法人和其他组织统一社会信用代码构成

代码序号	1	2	3	4	5	6	7	8	9	10	11	12	13	14	15	16	17	18
代码	X	X	X	X	X	X	X	X	X	X	X	X	X	X	X	X	X	X
说明	登记管理部门代码1位	机构类别代码1位	登记管理机关行政区划码6位						主体标识码(组织机构代码)9位									校验码1位

6 -2 -23

国务院办公厅关于加快推进“三证合一”登记制度改革的意见

2015年6月23日　国办发〔2015〕50号

各省、自治区、直辖市人民政府,国务院各部委、各直属机构:

为加快推进“三证合一”登记制度改革,经国务院同意,现提出如下意见。

一、充分认识推行“三证合一”登记制度改革的重要意义

“三证合一”登记制度是指将企业登记时依次申请,分别由工商行政管理部门核发工商营业执照、质量技术监督部门核发组织机构代码证、税务部门核发税务登记证,改为一次申请、由工商行政管理部门核发一个营业执照的登记制度。全面推行“三证合一”登记制度改革,是贯彻党的十八大和十八届二中、三中、四中全会精神,落实国务院决策部署,深化商事登记制度改革的重要举措。加快推进这一改革,可以进一步便利企业注册,持续推动形成大众创业、万众创新热潮。这是维护交易安全、消除监管盲区的有效途径,是推进简政放权、建设服务型政府的必然选择,对于提高国家治理体系和治理能力现代化水平,使市场在资源配置中起决定性作用和更好发挥政府作用,具有十分重要的意义。各地区、各部门要站在全局高度充分认识这一改革的重要意义,提高思想认识,加强协调配合,确保这一利国利民的改革举措顺利实施。

二、改革目标和基本原则

(一)改革目标。

通过“一窗受理、互联互通、信息共享”,将由工商行政管理、质量技术监督、税务三个部

门分别核发不同证照,改为由工商行政管理部门核发一个加载法人和其他组织统一社会信用代码的营业执照,即"一照一码"登记模式。

(二)基本原则。

1. 便捷高效。要按照程序简便、办照高效的要求,优化审批流程,创新服务方式,提高登记效率,方便企业准入。

2. 规范统一。要按照优化、整合、一体化的原则,科学制定"三证合一"登记流程,实行统一的"三证合一"登记程序和登记要求,规范登记条件、登记材料。

3. 统筹推进。大力推行一窗受理、一站式服务工作机制,将"三证合一"登记制度改革与全程电子化登记管理、企业法人国家信息资源库建设、企业信用信息公示系统建设、政务信息共享平台建设、统一社会信用代码制度建设等工作统筹考虑、协同推进。

三、改革步骤和基本要求

(一)改革步骤。

现阶段,已试行"一窗受理、并联审批、三证统发"登记模式改革和"一窗受理、并联审批、核发一照、一照三号"登记模式改革的省、自治区、直辖市可继续试点;支持上海、广东、天津、福建自贸试验区率先推行"一照一码"登记模式改革试点。各地区要积极推进"三证合一"登记制度改革各项工作,做好实施"一照一码"登记模式改革各项准备工作,待统一社会信用代码实施后,2015 年底前在全国全面推行"一照一码"登记模式。

(二)基本要求。

1. 统一申请条件和文书规范。要以方便企业办事、简化登记手续、降低行政成本为出发点,按照企业不重复填报登记申请文书内容和不重复提交登记材料的原则,依法梳理申请事项,统一明确申请条件,整合简化文书规范,实行"一套材料"和"一表登记"申请,并在"一窗受理"窗口公示申请条件和示范文本。

2. 规范申请登记审批流程。按照"三证合一"登记制度改革的新要求,整合优化申请、受理、审查、核准、公示、发照等程序,缩短登记审批时限。"一个窗口"统一受理企业申请并审核后,申请材料和审核信息在部门间共享,实现数据交换、档案互认。电子登记档案与纸质登记档案具有同等法律效力。各地区要结合本地区实际,制定简明易懂的"三证合一"登记办事指南,明确企业设立(开业)登记、变更登记、注销登记等各个环节的操作流程。

3. 优化登记管理服务方式。适应实行"三证合一"登记制度改革的需要,加快推进"一个窗口"对外统一受理模式,方便申请人办理。要坚持公开办理、限时办理、透明办理,坚持条件公开、流程公开、结果公开。除涉及国家秘密、商业秘密或个人隐私外,要及时公开登记企业的基础信息。各相关部门要切实履行对申请人的告知义务,及时提供咨询服务,强化内部督查和社会监督,提高登记审批效率。

4. 建立跨部门信息传递与数据共享的保障机制。要加大信息化投入,按照统一规范和标准,改造升级各相关业务信息管理系统,实现互联互通、信息共享。充分利用统一的信用信息共享交换平台,推动企业基础信息和相关信用信息在政府部门间广泛共享和有效应用。积极推进"三证合一"申请、受理、审查、核准、公示、发照等全程电子化登记管理,最终实现"三证合一"网上办理。

5. 实现改革成果共享应用。实行"三证合一"登记制度改革后,企业的组织机构代码证和税务登记证不再发放。企业原需要使用组织机构代码证、税务登记证办理相关事务的，一律改为使用"三证合一"后的营业执照办理。实行更多证照合一的，只要与本意见的原则和要求相一致，都可以先行先试。各地区、各部门、各单位都要予以认可和应用。

四、保障措施

（一）加强组织领导。县级以上地方各级人民政府要建立"三证合一"登记制度改革领导机制，切实加强组织领导和协调，落实工作责任，为顺利实施"三证合一"登记制度改革提供必要的人员、场所、设施和经费保障。要加强对"三证合一"登记制度改革的跟踪了解和检查指导，加大统筹和督查力度，及时协调解决改革中出现的重大问题。

（二）加强协同推进。"三证合一"登记制度改革涉及工商行政管理、质量技术监督、税务及其他相关职能部门，各地区、各部门要建立协同推进工作机制，加强信息化保障，形成工作合力。有序做好已登记企业（包括已试点"三证合一"登记制度改革的企业）原发证照换发工作，与统一社会信用代码的过渡期相衔接，变更换证不能收费。过渡期内，原发证照（包括各地探索试点的"一照三号"营业执照、"一照一号"营业执照）继续有效，过渡期结束后一律使用加载统一社会信用代码的营业执照，原发证照不再有效。强化法制保障，认真梳理"三证合一"登记制度改革涉及营业执照、组织机构代码证、税务登记证的法律、法规、规章及规范性文件，及时进行修订和完善，努力使"三证合一"涉及的各个环节衔接顺畅，保证"三证合一"登记制度改革顺利实施。

（三）加强宣传引导。要充分利用各种新闻媒介，加大对"三证合一"登记制度改革的宣传解读力度，及时解答和回应社会关注的热点问题，在全社会形成关心改革、支持改革、参与改革的良好氛围。

6－2－24

国家工商行政管理总局　国家税务总局
关于做好"三证合一"有关工作衔接的通知

2015 年 9 月 9 日　工商企注字〔2015〕147 号

各省、自治区、直辖市、计划单列市工商行政管理局（市场监督管理部门），国家税务局、地方税务局：

根据《国务院办公厅关于加快推进"三证合一"登记制度改革的意见》（国办发〔2015〕50 号）和《工商总局等六部门关于贯彻落实〈国务院办公厅关于加快推进"三证合一"登记制度改革的意见〉的通知》（工商企注字〔2015〕121 号）的要求，现就工商（市场监管）、税务部门协同推进"三证合一"登记制度改革，做好企业登记和税务管理衔接有关工作通知如下：

一、建立健全信息共享机制，确保衔接顺畅高效

企业登记机关核准企业、农民专业合作社（下统称企业）新设登记、变更登记（备案）后，应当将其基本登记信息、变更登记（备案）信息即时共享到省（自治区、直辖市、计划单列市，

下同,)级信息共享交换平台(以下简称交换平台)。

税务机关确认纳税人信息后,应当将该税务主管机关全称即时共享到交换平台。企业登记机关应当及时到交换平台获取税务主管机关信息,并建立与企业登记信息的关联关系。

税务主管机关办理完生产经营地、财务负责人、核算方式等事项变更或出具清税证明后,应当即时将上述事项的变更信息、清税信息共享到交换平台,企业登记机关应当及时到交换平台获取并更新相关变更信息、清税信息,并建立与企业登记信息的关联关系。

暂不具备联网实时共享信息条件的,企业登记机关、税务主管机关应当在共享信息产生之日起3个工作日内将信息共享到交换平台。

二、完善业务衔接流程,确保登记规范有序

自2015年10月1日起,已登记企业申请变更登记或者申请换发营业执照的,应当换发载有统一社会信用代码的营业执照。原营业执照、组织机构代码证、税务登记证由企业登记机关收缴、存档。原证件遗失的,申请人应当提交刊登遗失公告的报纸报样。

生产经营地、财务负责人、核算方式由企业登记机关在新设时采集。在税务管理过程中,上述信息发生变化的,由企业向税务主管机关申请变更。

已实行"三证合一、一照一码"登记模式的企业办理注销登记,申请人应持税务机关出具的《清税证明》(附件1),向企业登记机关申请办理注销登记。

过渡期内未换发"三证合一、一照一码"营业执照的企业申请注销,企业登记机关按照原规定办理。

三、强化宣传提升服务,确保改革落实到位

(一)优化服务

企业办理相关登记手续时,各级工商(市场监管)、税务部门要优化服务,切实履行告知义务,通过多种渠道主动提供详细办事指南,增设咨询窗口及导办人员,避免企业"多头跑"。

(二)加强培训

工商(市场监管)、税务部门应积极配合协作,及时对窗口人员开展"三证合一、一照一码"综合业务操作、登记材料提交、工作流程运转等培训,保障窗口人员熟悉流程、精通业务。

(三)加大宣传

利用各种媒体做好"三证合一、一照一码"登记制度改革政策的宣传解读,及时解答和回应社会关注问题。并通过印发宣传材料,加大改革宣传力度,在全社会形成理解改革、关心改革、支持改革的良好氛围。

(四)技术保障

在已开展工作基础上,各省市工商(市场监管)、税务部门要根据"三证合一"信息共享技术方案(附件2)要求,在2015年9月20日前搭建完成跨部门信息共享交换平台,改造各自业务系统,实现登记等信息的交换和数据共享。

附件:1. 清税证明(编者略)

2. "三证合一"工商税务信息共享技术方案(编者略)

6－2－25

国家税务总局关于落实“三证合一”登记制度改革的通知

2015 年 9 月 10 日　税总函〔2015〕482 号

各省、自治区、直辖市和计划单列市国家税务局、地方税务局，局内各单位：

根据《国务院办公厅关于加快推进“三证合一”登记制度改革的意见》（国办发〔2015〕50 号）、《工商总局等六部门关于贯彻落实〈国务院办公厅关于加快推进“三证合一”登记制度改革的意见〉的通知》（工商企注字〔2015〕121 号）及有关文件精神，现就税务部门落实“三证合一”登记制度改革有关具体工作通知如下，请认真贯彻执行。

一、切实落实好“三证合一”有关文件精神

全面推行“三证合一”登记制度改革是贯彻落实党的十八大和十八届二中、三中、四中全会精神以及国务院决策部署的重要举措，是推进简政放权、便利市场准入、鼓励投资创业、激发市场活力的重要途径。国务院、有关部门及税务总局陆续下发了一系列文件，对“三证合一”改革有关工作做出了详细部署并提出了明确要求。各级税务机关要站在全局的高度，充分认识“三证合一”改革的重要意义，顾全大局、主动作为，积极采取措施、攻坚克难，认真学习贯彻系列文件精神，加强部门间协作配合，优化各项工作流程，落实岗位工作职责，分解工作任务到人，确保“三证合一”改革顺利实施。

二、切实做好“三证合一”工作衔接

根据有关工作部署，2015 年 10 月 1 日要在全国全面推行“三证合一、一照一码”登记改革。各地税务机关要加强与有关部门的沟通协调，强化国税、地税之间的协作合作，做好各相关职能部门之间的分工配合，统筹做好改革前后的过渡衔接工作，确保现有登记模式向“三证合一、一照一码”登记模式平稳过渡。

新设立企业、农民专业合作社（以下统称“企业”）领取由工商行政管理部门核发加载法人和其他组织统一社会信用代码（以下称统一代码）的营业执照后，无需再次进行税务登记，不再领取税务登记证。企业办理涉税事宜时，在完成补充信息采集后，凭加载统一代码的营业执照可代替税务登记证使用。

除以上情形外，其他税务登记按照原有法律制度执行。

改革前核发的原税务登记证件在过渡期继续有效。

三、切实规范“三证合一”有关工作流程

工商登记“一个窗口”统一受理申请后，申请材料和登记信息在部门间共享，各部门数据互换、档案互认。各级税务机关要加强与登记机关沟通协调，确保登记信息采集准确、完整。

各省税务机关在交换平台获取“三证合一”企业登记信息后，依据企业住所（以统一代码为标识）按户分配至县（区）税务机关；县（区）税务机关确认分配有误的，将其退回至市（地）税务机关，由市（地）税务机关重新进行分配；省税务机关无法直接分配至县（区）税务机关的,将其分配至市(地)税务机关,由市(地)税务机关向县(区)税务机关进行分配。

对于工商登记已采集信息,税务机关不再重复采集;其他必要涉税基础信息,可在企业办理有关涉税事宜时,及时采集,陆续补齐。发生变化的,由企业直接向税务机关申报变更,税务机关及时更新税务系统中的企业信息。

已实行“三证合一、一照一码”登记模式的企业办理注销登记,须先向税务主管机关申报清税,填写《清税申报表》(附后)。企业可向国税、地税任何一方税务主管机关提出清税申报,税务机关受理后应将企业清税申报信息同时传递给另一方税务机关,国税、地税税务主管机关按照各自职责分别进行清税,限时办理。清税完毕后一方税务机关及时将本部门的清税结果信息反馈给受理税务机关,由受理税务机关根据国税、地税清税结果向纳税人统一出具《清税证明》,并将信息共享到交换平台。

税务机关应当分类处理纳税人清税申报,扩大即时办结范围。根据企业经营规模、税款征收方式、纳税信用等级指标进行风险分析,对风险等级低的当场办结清税手续;对于存在疑点情况的,企业也可以提供税务中介服务机构出具的鉴证报告。税务机关在核查、检查过程中发现涉嫌偷、逃、骗、抗税或虚开发票的,或者需要进行纳税调整等情形的,办理时限自然中止。在清税后,经举报等线索发现少报、少缴税款的,税务机关将相关信息传至登记机关,纳入“黑名单”管理。

过渡期间未换发“三证合一、一照一码”营业执照的企业申请注销,税务机关按照原规定办理。

四、切实发挥信息技术的支撑作用

“三证合一”离不开信息技术的支持。各级税务机关要加大信息化投入,按照统一规范和标准,改造升级相关信息系统,实现互联互通、信息共享。凡是能够通过网络解决的都要充分利用信息化优势,实现网络实时传输,提高办事效率;凡是能利用统一信用信息共享交换平台的,都要通过共享平台交换并应用企业基础信息和相关信用信息。

税务总局将完成统一推广的综合征管系统(国税)、增值税发票系统升级版、出口退税系统、金税三期核心征管软件等应用系统的改造工作。

各省税务机关要按照《国家税务总局办公厅关于落实国务院统一社会信用代码建设方案调整相关信息系统的通知》(税总办发〔2015〕160 号)要求,落实企业纳税人识别号与统一代码的衔接方案,配合有关单位,搭建省级信息共享交换平台,并改造自有税务应用类系统及网上办税等系统,实现与税务总局统一推广系统的对接。

五、切实提升纳税服务水平

优化纳税服务,营造良好的税收工作环境是“三证合一、一照一码”改革顺利实施的重要方面。各级税务机关要充分利用各种媒体做好“三证合一”登记制度改革政策的宣传解读,让广大纳税人了解“三证合一”改革的内容、意义,知晓“三证合一”改革带来的便利,在全社会形成理解改革、关心改革、支持改革的良好氛围。要积极编制“三证合一”办税指南、纳税辅导小册子、办税流程图等宣传材料,并放置于登记机关服务大厅,或在税务机关网站显著位置公布,方便取用和学习。要加强对税务干部的培训,让广大干部熟悉新设、变更以及注销登记等各环节的操作流程,精通改革内容和意义,同时,选派素质高、业务精的工作人员承担窗口受理工作,不断提升窗口服务质量。

六、切实狠抓督办落实

督查督办是抓落实的重要手段。各级税务机关要按照一级抓一级、层层抓落实的要求，加强对"三证合一、一照一码"改革的督导检查，及时发现和解决实施中遇到的重点难点问题。要落实"三证合一"改革的绩效考核工作，将"三证合一"改革工作列入2015年第四季度绩效考核，按照改革的时间表、路线图考评考核。税务总局也将适时组织开展"三证合一"改革专项督查，对工作开展不力造成严重后果的单位及个人尤其是领导干部进行问责，确保各项工作任务不折不扣地圆满完成。

为了各地相互借鉴经验，共同推进"三证合一"改革，税务总局将编发《税收征管工作动态（三证合一改革专辑）》，刊载各地改革进展情况。各地要及时将改革动态报税务总局（征管科技司）。同时，自2015年10月起，每月终了后5日内，各地要将"三证合一"改革相关工作推进情况、具体措施、取得成效、后续监控相关数据及工作中的困难、下一步工作计划报税务总局（征管科技司）。各单位要在报送材料后加注联系人信息（姓名、联系方式）。报送材料请上传至税务总局FTP（征管和科技司/制度处/三证合一目录下）。

附件：清税申报表（编者略）

6－2－26

国家税务总局关于修订纳税人识别号代码标准的公告

2015年9月25日　国家税务总局公告2015年第66号

根据《国务院关于批转发展改革委等部门法人和其他组织统一社会信用代码制度建设总体方案的通知》（国发〔2015〕33号），结合实施"三证合一、一照一码"改革的工作要求，国家税务总局决定修订纳税人识别号代码标准，现将有关事项公告如下：

一、已取得统一社会信用代码的法人和其他组织，其纳税人识别号使用18位的"统一社会信用代码"，编码规则按照相关国家标准执行。

二、未取得统一社会信用代码的个体工商户以及以居民身份证、回乡证、通行证、护照等有效身份证明办理税务登记的纳税人，其纳税人识别号由"身份证件号码"＋"2位顺序码"组成。

三、以统一社会信用代码、居民身份证、回乡证、通行证、护照等为有效身份证明的临时纳税的纳税人，其纳税人识别号由"L"＋"统一社会信用代码"或"L"＋"身份证件号码"组成，作为系统识别，不打在对外证照上。

四、对已设立但未取得统一社会信用代码的法人和其他组织，以及自然人等其他各类纳税人，其纳税人识别号的编码规则仍按照《国家税务总局关于发布纳税人识别号代码标准的通知》（税总发〔2013〕41号）规定执行。

五、本公告自2015年10月1日起施行。

特此公告。

6－2－27

国家税务总局关于修订财产行为税部分税种申报表的通知

2015年9月30日　税总发〔2015〕114号

各省、自治区、直辖市和计划单列市地方税务局，西藏、宁夏自治区国家税务局：

为加强财产行为税业务规范化和标准化建设，根据2014年以来全国财产行为税统一申报表工作开展情况，在总结部分地区有效做法和先进经验的基础上，遵循便利于纳税人、有利于征管以及适应税收信息管理现代化需求的原则，税务总局对财产行为税部分税种表单内容进行了补充和完善。本次修订涉及城镇土地使用税、房产税、契税、土地增值税和印花税，共19张表单。现将修订的主要内容通知如下：

一、房产税和城镇土地使用税表单修订内容

（一）补充完善减免税有关信息项。主要是：1. 为适应同一土地（房产）可能适用多项减免税政策的情况，税源明细表增加了减免税信息采集的行数，并增加了减免税明细申报表，同时删除了主表中“减免税性质”、“减免税面积（原值）”等信息项；2. 为方便纳税人填写，在已有“减免性质代码”的基础上，增加“减免项目名称”；3. 增加困难减免税的起止时间；4.《从租计征房产税税源明细表》中增加减免税有关信息项，同时删除“税率4%”选项。

（二）补充完善税源变更有关信息项。税源明细表中增加“变更类型”和“变更时间”，删除了“计税月份数”，同时纳税申报表中“计税月份数”修改为“所属期起”和“所属期止”，以准确记录纳税人变更信息的时点。

通过上述修改，强化了税源明细表的信息采集功能。纳税人在申报时仅需填报税源明细表，系统根据税源明细表信息自动计算生成纳税申报表和减免税明细申报表，进一步减轻了纳税人的填报负担。

二、契税和印花税表单修订内容

（一）对《权属转移对象、方式、用途逻辑关系对照表》和填表说明进行了完善。《权属转移对象、方式、用途逻辑关系对照表》中将“权属转移方式”中增加“土地使用权转让”一列；将第三行“土地使用权转让”修改为“土地使用权买卖”；删除土地权属转移方式中的“其他”一行。填表说明中对第9、12、13、17、18、19项进行了修改，并增加了第20、21项。需要说明的是，对于个人间的二手房权属转移，可按各地二手房交易综合申报表进行契税纳税申报，不需再填报《契税纳税申报表》。

（二）扩大《印花税纳税申报表》的适用范围，将印花税纳税申报表的名称由“印花税纳税申报表”修改为“印花税纳税申报（报告）表”。修订后的新表既适用于印花税普通申报，又适用于采用“自行购花、自行粘贴、自行划销”方式完成纳税义务的纳税人向主管税务机关报告完税情况。

三、土地增值税表单修订内容

(一)增加特殊情形专用表单。针对清算后尾盘销售、采用核定征收方式进行房地产开发清算、在建工程整体转让、转让旧房核定征收等四种特殊情形,分别设计专用表单。

(二)完善表单信息项。主要是:1.《土地增值税纳税申报表(一)》增加房产类型子目,将子目归到3个类型中,每一个子目对应一个房产类型。子目由各省自行设定,自行维护;2.《土地增值税纳税申报表(二)》增加合计列、总可售面积、已销售面积;3.《土地增值税纳税申报表(二)》增加减免税信息采集行数,以适应同一事项可能享受多项减免税政策的情况。

(三)对《土地增值税纳税申报表(三)》的适用范围进行了补充。在填表说明中明确,从事房地产开发的纳税人将开发产品转为自用、出租等用途且已达到主管税务机关旧房界定标准后,又将该旧房对外出售的,可适用本表。

现将修订后的表单印发给你单位,请认真做好落实工作。已经按照《国家税务总局关于印发〈全国县级税务机关纳税服务规范(1.0版)〉相关表证单书的通知》(税总发〔2014〕109号)要求,启用财产行为税统一申报表的地区,可根据本地情况适时修改完善系统,或结合金税三期上线安排,逐步启用本次下发的新表单。未启用财产行为税统一申报表的地区,请遵照新表单执行。各表单执行中的情况请及时反馈税务总局(财产和行为税司)。

联系人和电话:常新,(010)63417771

附件:城镇土地使用税、房产税、契税、土地增值税纳税申报表(修订版)(编者略)

6-2-28

国家税务总局关于合理简并纳税人申报缴税次数的公告

2016年2月1日　国家税务总局公告2016年第6号

为落实《深化国税、地税征管体制改革方案》关于创新纳税服务机制的要求,推进办税便利化改革,根据《中华人民共和国税收征收管理法》、《中华人民共和国增值税暂行条例》及其实施细则、《中华人民共和国消费税暂行条例》及其实施细则等有关税收法律法规的规定,现就合理简并纳税人申报缴税次数有关事项公告如下:

一、增值税小规模纳税人缴纳增值税、消费税、文化事业建设费,以及随增值税、消费税附征的城市维护建设税、教育费附加等税费,原则上实行按季申报。

纳税人要求不实行按季申报的,由主管税务机关根据其应纳税额大小核定纳税期限。

二、随增值税、消费税附征的城市维护建设税、教育费附加免于零申报。

三、符合条件的小型微利企业,实行按季度申报预缴企业所得税。

四、对于采取简易申报方式的定期定额户,在规定期限内通过财税库银电子缴税系统批量扣税或委托银行扣缴核定税款的,当期可不办理申报手续,实行以缴代报。

本公告自2016年4月1日起施行。

特此公告。

6－2－29

国家税务总局关于明确社会组织等纳税人使用统一社会信用代码及办理税务登记有关问题的通知

2016年3月15日　税总函〔2016〕121号

各省、自治区、直辖市和计划单列市国家税务局、地方税务局：

为进一步落实《国务院关于批转发展改革委等部门法人和其他组织统一社会信用代码制度建设总体方案的通知》（国发〔2015〕33号）关于建立覆盖全面、稳定且唯一的统一社会信用代码制度的要求，现就社会组织等未纳入"三证合一"登记制度改革的纳税人使用统一社会信用代码及办理税务登记有关事宜通知如下：

一、对于2016年1月1日以后在机构编制、民政部门登记设立并取得统一社会信用代码的纳税人，以18位统一社会信用代码为其纳税人识别号，按照现行规定办理税务登记，发放税务登记证件。对已在机构编制、民政部门登记设立并办理税务登记的纳税人，税务部门应积极配合登记机关逐步完成存量代码的转换工作，实现法人及其他组织统一社会信用代码在税务部门的全覆盖。

二、税务部门与民政部门之间能够建立省级统一的信用信息共享交换平台、政务信息平台、部门间数据接口（以下统称信息共享平台）并实现登记信息实时传递的，可以参照企业、农民专业合作社"三证合一、一照一码"的做法，对已取得统一社会信用代码的社会组织纳税人进行"三证合一"登记模式改革试点，由民政部门受理申请，只发放标注统一社会信用代码的社会组织（社会团体、基金会、民办非企业单位）法人登记证，赋予其税务登记证的全部功能，不再另行发放税务登记证件。

三、与民政部门共同开展"三证合一"登记制度改革试点的税务机关，应加强与当地民政部门的协调配合，明晰职责，统筹做好改革试点前后的过渡衔接工作。要以依法行政、方便纳税人、降低行政成本为原则，共享登记信息，统一登记条件，规范登记流程和登记申请文书材料。要认真梳理有关信息需求，尽可能在登记环节采集信息。对暂时不能在登记环节采集的信息，应在办理涉税事宜环节补充采集，以确保信息完整准确。要切实做好后续监管工作，确保改革试点稳步推进。

各地执行中如有问题和建议，请及时向国家税务总局（征管和科技发展司）反馈。

6－2－30

国家税务总局关于完善关联申报和同期资料管理有关事项的公告

2016年6月29日 国家税务总局公告2016年第42号

为进一步完善关联申报和同期资料管理，根据《中华人民共和国企业所得税法》（以下简称企业所得税法）及其实施条例、《中华人民共和国税收征收管理法》（以下简称税收征管法）及其实施细则的有关规定，现就有关问题公告如下：

一、实行查账征收的居民企业和在中国境内设立机构、场所并据实申报缴纳企业所得税的非居民企业向税务机关报送年度企业所得税纳税申报表时，应当就其与关联方之间的业务往来进行关联申报，附送《中华人民共和国企业年度关联业务往来报告表（2016年版）》。

二、企业与其他企业、组织或者个人具有下列关系之一的，构成本公告所称关联关系：

（一）一方直接或者间接持有另一方的股份总和达到25%以上；双方直接或者间接同为第三方所持有的股份达到25%以上。

如果一方通过中间方对另一方间接持有股份，只要其对中间方持股比例达到25%以上，则其对另一方的持股比例按照中间方对另一方的持股比例计算。

两个以上具有夫妻、直系血亲、兄弟姐妹以及其他抚养、赡养关系的自然人共同持股同一企业，在判定关联关系时持股比例合并计算。

（二）双方存在持股关系或者同为第三方持股，虽持股比例未达到本条第（一）项规定，但双方之间借贷资金总额占任一方实收资本比例达到50%以上，或者一方全部借贷资金总额的10%以上由另一方担保（与独立金融机构之间的借贷或者担保除外）。

借贷资金总额占实收资本比例＝年度加权平均借贷资金/年度加权平均实收资本，其中：

年度加权平均借贷资金＝i笔借入或者贷出资金账面金额×i笔借入或者贷出资金年度实际占用天数/365

年度加权平均实收资本＝i笔实收资本账面金额×i笔实收资本年度实际占用天数/365

（三）双方存在持股关系或者同为第三方持股，虽持股比例未达到本条第（一）项规定，但一方的生产经营活动必须由另一方提供专利权、非专利技术、商标权、著作权等特许权才能正常进行。

（四）双方存在持股关系或者同为第三方持股，虽持股比例未达到本条第（一）项规定，但一方的购买、销售、接受劳务、提供劳务等经营活动由另一方控制。

上述控制是指一方有权决定另一方的财务和经营政策，并能据以从另一方的经营活动中获取利益。

（五）一方半数以上董事或者半数以上高级管理人员（包括上市公司董事会秘书、经理、副经理、财务负责人和公司章程规定的其他人员）由另一方任命或者委派，或者同时担任另一方的董事或者高级管理人员；或者双方各自半数以上董事或者半数以上高级管理人员同为第三方任命或者委派。

（六）具有夫妻、直系血亲、兄弟姐妹以及其他抚养、赡养关系的两个自然人分别与双方具有本条第（一）至（五）项关系之一。

（七）双方在实质上具有其他共同利益。

除本条第（二）项规定外，上述关联关系年度内发生变化的，关联关系按照实际存续期间认定。

三、仅因国家持股或者由国有资产管理部门委派董事、高级管理人员而存在本公告第二条第（一）至（五）项关系的，不构成本公告所称关联关系。

四、关联交易主要包括：

（一）有形资产使用权或者所有权的转让。有形资产包括商品、产品、房屋建筑物、交通工具、机器设备、工具器具等。

（二）金融资产的转让。金融资产包括应收账款、应收票据、其他应收款项、股权投资、债权投资和衍生金融工具形成的资产等。

（三）无形资产使用权或者所有权的转让。无形资产包括专利权、非专利技术、商业秘密、商标权、品牌、客户名单、销售渠道、特许经营权、政府许可、著作权等。

（四）资金融通。资金包括各类长短期借贷资金（含集团资金池）、担保费、各类应计息预付款和延期收付款等。

（五）劳务交易。劳务包括市场调查、营销策划、代理、设计、咨询、行政管理、技术服务、合约研发、维修、法律服务、财务管理、审计、招聘、培训、集中采购等。

五、存在下列情形之一的居民企业，应当在报送年度关联业务往来报告表时，填报国别报告：

（一）该居民企业为跨国企业集团的最终控股企业，且其上一会计年度合并财务报表中的各类收入金额合计超过55亿元。

最终控股企业是指能够合并其所属跨国企业集团所有成员实体财务报表的，且不能被其他企业纳入合并财务报表的企业。

成员实体应当包括：

1. 实际已被纳入跨国企业集团合并财务报表的任一实体。

2. 跨国企业集团持有该实体股权且按公开证券市场交易要求应被纳入但实际未被纳入跨国企业集团合并财务报表的任一实体。

3. 仅由于业务规模或者重要性程度而未被纳入跨国企业集团合并财务报表的任一实体。

4. 独立核算并编制财务报表的常设机构。

（二）该居民企业被跨国企业集团指定为国别报告的报送企业。

国别报告主要披露最终控股企业所属跨国企业集团所有成员实体的全球所得、税收和业务活动的国别分布情况。

六、最终控股企业为中国居民企业的跨国企业集团，其信息涉及国家安全的，可以按照国家有关规定，豁免填报部分或者全部国别报告。

七、税务机关可以按照我国对外签订的协定、协议或者安排实施国别报告的信息交换。

八、企业虽不属于本公告第五条规定填报国别报告的范围，但其所属跨国企业集团按照其他国家有关规定应当准备国别报告，且符合下列条件之一的，税务机关可以在实施特别纳税调查时要求企业提供国别报告：

（一）跨国企业集团未向任何国家提供国别报告。

（二）虽然跨国企业集团已向其他国家提供国别报告，但我国与该国尚未建立国别报告信息交换机制。

（三）虽然跨国企业集团已向其他国家提供国别报告，且我国与该国已建立国别报告信息交换机制，但国别报告实际未成功交换至我国。

九、企业在规定期限内报送年度关联业务往来报告表确有困难，需要延期的，应当按照税收征管法及其实施细则的有关规定办理。

十、企业应当依据企业所得税法实施条例第一百一十四条的规定，按纳税年度准备并按税务机关要求提供其关联交易的同期资料。

同期资料包括主体文档、本地文档和特殊事项文档。

十一、符合下列条件之一的企业，应当准备主体文档：

（一）年度发生跨境关联交易，且合并该企业财务报表的最终控股企业所属企业集团已准备主体文档。

（二）年度关联交易总额超过10亿元。

十二、主体文档主要披露最终控股企业所属企业集团的全球业务整体情况，包括以下内容：

（一）组织架构

以图表形式说明企业集团的全球组织架构、股权结构和所有成员实体的地理分布。成员实体是指企业集团内任一营运实体，包括公司制企业、合伙企业和常设机构等。

（二）企业集团业务

1. 企业集团业务描述，包括利润的重要价值贡献因素。

2. 企业集团营业收入前五位以及占营业收入超过5%的产品或者劳务的供应链及其主要市场地域分布情况。供应链情况可以采用图表形式进行说明。

3. 企业集团除研发外的重要关联劳务及简要说明，说明内容包括主要劳务提供方提供劳务的胜任能力、分配劳务成本以及确定关联劳务价格的转让定价政策。

4. 企业集团内各成员实体主要价值贡献分析，包括执行的关键功能、承担的重大风险、以及使用的重要资产。

5. 企业集团会计年度内发生的业务重组，产业结构调整，集团内企业功能、风险或者资产的转移。

6. 企业集团会计年度内发生的企业法律形式改变、债务重组、股权收购、资产收购、合并、分立等。

（三）无形资产

1. 企业集团开发、应用无形资产及确定无形资产所有权归属的整体战略，包括主要研发机构所在地和研发管理活动发生地及其主要功能、风险、资产和人员情况。

2. 企业集团对转让定价安排有显著影响的无形资产或者无形资产组合，以及对应的无形资产所有权人。

3. 企业集团内各成员实体与其关联方的无形资产重要协议清单，重要协议包括成本分摊协议、主要研发服务协议和许可协议等。

4. 企业集团内与研发活动及无形资产相关的转让定价政策。

5. 企业集团会计年度内重要无形资产所有权和使用权关联转让情况，包括转让涉及的企业、国家以及转让价格等。

（四）融资活动

1. 企业集团内部各关联方之间的融资安排以及与非关联方的主要融资安排。

2. 企业集团内提供集中融资功能的成员实体情况，包括其注册地和实际管理机构所在地。

3. 企业集团内部各关联方之间融资安排的总体转让定价政策。

（五）财务与税务状况

1. 企业集团最近一个会计年度的合并财务报表。

2. 企业集团内各成员实体签订的单边预约定价安排、双边预约定价安排以及涉及国家之间所得分配的其他税收裁定的清单及简要说明。

3. 报送国别报告的企业名称及其所在地。

十三、年度关联交易金额符合下列条件之一的企业，应当准备本地文档：

（一）有形资产所有权转让金额（来料加工业务按照年度进出口报关价格计算）超过2亿元。

（二）金融资产转让金额超过1亿元。

（三）无形资产所有权转让金额超过1亿元。

（四）其他关联交易金额合计超过4000万元。

十四、本地文档主要披露企业关联交易的详细信息，包括以下内容：

（一）企业概况

1. 组织结构，包括企业各职能部门的设置、职责范围和雇员数量等。

2. 管理架构，包括企业各级管理层的汇报对象以及汇报对象主要办公所在地等。

3. 业务描述，包括企业所属行业的发展概况、产业政策、行业限制等影响企业和行业的主要经济和法律问题，主要竞争者等。

4. 经营策略，包括企业各部门、各环节的业务流程，运营模式，价值贡献因素等。

5. 财务数据，包括企业不同类型业务及产品的收入、成本、费用及利润。

6. 涉及本企业或者对本企业产生影响的重组或者无形资产转让情况，以及对本企业的影响分析。

（二）关联关系

1. 关联方信息，包括直接或者间接拥有企业股权的关联方，以及与企业发生交易的关联方，内容涵盖关联方名称、法定代表人、高级管理人员的构成情况、注册地址、实际经营地址，以及关联个人的姓名、国籍、居住地等情况。

2. 上述关联方适用的具有所得税性质的税种、税率及相应可享受的税收优惠。

3. 本会计年度内,企业关联关系的变化情况。

(三)关联交易

1. 关联交易概况

(1)关联交易描述和明细,包括关联交易相关合同或者协议副本及其执行情况的说明,交易标的的特性,关联交易的类型、参与方、时间、金额、结算货币、交易条件、贸易形式,以及关联交易与非关联交易业务的异同等。

(2)关联交易流程,包括关联交易的信息流、物流和资金流,与非关联交易业务流程的异同。

(3)功能风险描述,包括企业及其关联方在各类关联交易中执行的功能、承担的风险和使用的资产。

(4)交易定价影响要素,包括关联交易涉及的无形资产及其影响,成本节约、市场溢价等地域特殊因素。地域特殊因素应从劳动力成本、环境成本、市场规模、市场竞争程度、消费者购买力、商品或者劳务的可替代性、政府管制等方面进行分析。

(5)关联交易数据,包括各关联方、各类关联交易涉及的交易金额。分别披露关联交易和非关联交易的收入、成本、费用和利润,不能直接归集的,按照合理比例划分,并说明该划分比例的依据。

2. 价值链分析

(1)企业集团内业务流、物流和资金流,包括商品、劳务或者其他交易标的从设计、开发、生产制造、营销、销售、交货、结算、消费、售后服务、循环利用等各环节及其参与方。

(2)上述各环节参与方最近会计年度的财务报表。

(3)地域特殊因素对企业创造价值贡献的计量及其归属。

(4)企业集团利润在全球价值链条中的分配原则和分配结果。

3. 对外投资

(1)对外投资基本信息,包括对外投资项目的投资地区、金额、主营业务及战略规划。

(2)对外投资项目概况,包括对外投资项目的股权架构、组织结构,高级管理人员的雇佣方式,项目决策权限的归属。

(3)对外投资项目数据,包括对外投资项目的营运数据。

4. 关联股权转让

(1)股权转让概况,包括转让背景、参与方、时间、价格、支付方式,以及影响股权转让的其他因素。

(2)股权转让标的的相关信息,包括股权转让标的所在地,出让方获取该股权的时间、方式和成本,股权转让收益等信息。

(3)尽职调查报告或者资产评估报告等与股权转让相关的其他信息。

5. 关联劳务

(1)关联劳务概况,包括劳务提供方和接受方,劳务的具体内容、特性、开展方式、定价原则、支付形式,以及劳务发生后各方受益情况等。

(2)劳务成本费用的归集方法、项目、金额、分配标准、计算过程及结果等。

(3)企业及其所属企业集团与非关联方存在相同或者类似劳务交易的,还应当详细说明关联劳务与非关联劳务在定价原则和交易结果上的异同。

6. 与企业关联交易直接相关的,中国以外其他国家税务主管当局签订的预约定价安排和作出的其他税收裁定。

(四)可比性分析

1. 可比性分析考虑的因素,包括交易资产或者劳务特性,交易各方功能、风险和资产,合同条款,经济环境,经营策略等。

2. 可比企业执行的功能、承担的风险以及使用的资产等相关信息。

3. 可比对象搜索方法、信息来源、选择条件及理由。

4. 所选取的内部或者外部可比非受控交易信息和可比企业的财务信息。

5. 可比数据的差异调整及理由。

(五)转让定价方法的选择和使用

1. 被测试方的选择及理由。

2. 转让定价方法的选用及理由,无论选择何种转让定价方法,均须说明企业对集团整体利润或者剩余利润所做的贡献。

3. 确定可比非关联交易价格或者利润的过程中所做的假设和判断。

4. 运用合理的转让定价方法和可比性分析结果,确定可比非关联交易价格或者利润。

5. 其他支持所选用转让定价方法的资料。

6. 关联交易定价是否符合独立交易原则的分析及结论。

十五、特殊事项文档包括成本分摊协议特殊事项文档和资本弱化特殊事项文档。

企业签订或者执行成本分摊协议的,应当准备成本分摊协议特殊事项文档。

企业关联债资比例超过标准比例需要说明符合独立交易原则的,应当准备资本弱化特殊事项文档。

十六、成本分摊协议特殊事项文档包括以下内容:

(一)成本分摊协议副本。

(二)各参与方之间达成的为实施成本分摊协议的其他协议。

(三)非参与方使用协议成果的情况、支付的金额和形式,以及支付金额在参与方之间的分配方式。

(四)本年度成本分摊协议的参与方加入或者退出的情况,包括加入或者退出的参与方名称、所在国家和关联关系,加入支付或者退出补偿的金额及形式。

(五)成本分摊协议的变更或者终止情况,包括变更或者终止的原因、对已形成协议成果的处理或者分配。

(六)本年度按照成本分摊协议发生的成本总额及构成情况。

(七)本年度各参与方成本分摊的情况,包括成本支付的金额、形式和对象,作出或者接受补偿支付的金额、形式和对象。

(八)本年度协议预期收益与实际收益的比较以及由此作出的调整。

(九)预期收益的计算,包括计量参数的选取、计算方法和改变理由。

十七、资本弱化特殊事项文档包括以下内容:

（一）企业偿债能力和举债能力分析。

（二）企业集团举债能力及融资结构情况分析。

（三）企业注册资本等权益投资的变动情况说明。

（四）关联债权投资的性质、目的及取得时的市场状况。

（五）关联债权投资的货币种类、金额、利率、期限及融资条件。

（六）非关联方是否能够并且愿意接受上述融资条件、融资金额及利率。

（七）企业为取得债权性投资而提供的抵押品情况及条件。

（八）担保人状况及担保条件。

（九）同类同期贷款的利率情况及融资条件。

（十）可转换公司债券的转换条件。

（十一）其他能够证明符合独立交易原则的资料。

十八、企业执行预约定价安排的，可以不准备预约定价安排涉及关联交易的本地文档和特殊事项文档，且关联交易金额不计入本公告第十三条规定的关联交易金额范围。

企业仅与境内关联方发生关联交易的，可以不准备主体文档、本地文档和特殊事项文档。

十九、主体文档应当在企业集团最终控股企业会计年度终了之日起12个月内准备完毕；本地文档和特殊事项文档应当在关联交易发生年度次年6月30日之前准备完毕。同期资料应当自税务机关要求之日起30日内提供。

二十、企业因不可抗力无法按期提供同期资料的，应当在不可抗力消除后30日内提供同期资料。

二十一、同期资料应当使用中文，并标明引用信息资料的出处来源。

二十二、同期资料应当加盖企业印章，并由法定代表人或者法定代表人授权的代表签章。

二十三、企业合并、分立的，应当由合并、分立后的企业保存同期资料。

二十四、同期资料应当自税务机关要求的准备完毕之日起保存10年。

二十五、企业依照有关规定进行关联申报、提供同期资料及有关资料的，税务机关实施特别纳税调查补征税款时，可以依据企业所得税法实施条例第一百二十二条的规定，按照税款所属纳税年度中国人民银行公布的与补税期间同期的人民币贷款基准利率加收利息。

二十六、涉及港澳台地区的，参照本公告相关规定处理。

二十七、本公告适用于2016年及以后的会计年度。《特别纳税调整实施办法（试行）》（国税发〔2009〕2号文件印发）第二章、第三章、第七十四条和第八十九条、《中华人民共和国企业年度关联业务往来报告表》（国税发〔2008〕114号文件印发）同时废止。

特此公告。

附件：1. 中华人民共和国企业年度关联业务往来报告表（2016年版）（编者略）

2.《中华人民共和国企业年度关联业务往来报告表（2016年版）》填报说明（编者略）

6－2－31

国务院办公厅关于加快推进“五证合一、一照一码”登记制度改革的通知

2016年6月30日　国办发〔2016〕53号

各省、自治区、直辖市人民政府，国务院各部委、各直属机构：

在全面实施工商营业执照、组织机构代码证、税务登记证“三证合一”登记制度改革的基础上，再整合社会保险登记证和统计登记证，实现“五证合一、一照一码”，是继续深化商事制度改革、优化营商环境、推动大众创业万众创新的重要举措。为加快推进这项改革，经国务院同意，现就有关事项通知如下：

一、总体要求

贯彻落实国务院关于深化简政放权、放管结合、优化服务改革的部署要求，统筹协调推进，精心组织实施，从2016年10月1日起正式实施“五证合一、一照一码”，在更大范围、更深层次实现信息共享和业务协同，巩固和扩大“三证合一”登记制度改革成果，进一步为企业开办和成长提供便利化服务，降低创业准入的制度性成本，优化营商环境，激发企业活力，推进大众创业、万众创新，促进就业增加和经济社会持续健康发展。

推进“五证合一、一照一码”登记制度改革的指导原则是：

——标准统一规范。建立健全并严格执行企业登记、数据交换等方面的标准，确保全流程无缝对接、流畅运转、公开公正。

——信息共享互认。强化相关部门间信息互联互通，实现企业基础信息的高效采集、有效归集和充分运用，以“数据网上行”让“企业少跑路”。

——流程简化优化。简化整合办事环节，强化部门协同联动，加快业务流程再造，务求程序上简约、管理上精细、时限上明确。

——服务便捷高效。拓展服务渠道，创新服务方式，推行全程电子化登记管理和线上线下一体化运行，让企业办事更方便、更快捷、更有效率。

二、主要任务

（一）完善一站式服务工作机制。以“三证合一”工作机制及技术方案为基础，按照“五证合一、一照一码”登记制度改革的要求加以完善。全面实行“一套材料、一表登记、一窗受理”的工作模式，申请人办理企业注册登记时只需填写“一张表格”，向“一个窗口”提交“一套材料”。登记部门直接核发加载统一社会信用代码的营业执照，相关信息在全国企业信用信息公示系统公示，并归集至全国信用信息共享平台。企业不再另行办理社会保险登记证和统计登记证。积极推进“五证合一”申请、受理、审查、核准、发照、公示等全程电子化登记管理，加快实现“五证合一”网上办理。

（二）推进部门间信息共享互认。制定统一的信息标准和传输方案，改造升级各相关业务信息系统和共享平台，健全信息共享机制，做好数据的导入、整理和转换工作，确保数据

信息落地到工作窗口，并在各相关部门业务系统有效融合使用。登记机关将企业基本登记信息及变更、注销等信息及时传输至信息共享平台；暂不具备联网共享条件的，登记机关限时提供上述信息。对企业登记信息无法满足社会保险和统计工作需要的，社会保险经办机构和统计机构在各自开展业务工作时补充采集。社会保险经办机构在用人单位为其职工办理社会保险登记后，统计机构在完成统计调查任务后，要及时依法将涉及企业的相关基础信息反馈至信息共享平台。健全部门间信息查询、核实制度。

（三）做好登记模式转换衔接工作。已按照“三证合一”登记模式领取加载统一社会信用代码营业执照的企业，不需要重新申请办理“五证合一”登记，由登记机关将相关登记信息发送至社会保险经办机构、统计机构等单位。企业原证照有效期满、申请变更登记或者申请换发营业执照的，登记机关换发加载统一社会信用代码的营业执照。取消社会保险登记证和统计登记证的定期验证和换证制度，改为企业按规定自行向工商部门报送年度报告并向社会公示，年度报告要通过全国企业信用信息公示系统向社会保险经办机构、统计机构等单位开放共享。没有发放和已经取消统计登记证的地方通过与统计机构信息共享的方式做好衔接。

（四）推动“五证合一、一照一码”营业执照广泛应用。改革后，原要求企业使用社会保险登记证和统计登记证办理相关业务的，一律改为使用营业执照办理，各级政府部门、企事业单位及中介机构等均要予以认可，不得要求企业提供其他身份证明材料，各行业主管部门要加强指导和督促。积极推进电子营业执照的应用。

（五）加强办事窗口能力建设。围绕“五证合一、一照一码”登记制度改革涉及的法律法规、技术标准、业务流程、文书规范、信息传输等，系统加强业务培训，使办事窗口工作人员准确把握改革要求，熟练掌握业务流程和工作规范，提高服务效率。加快办事窗口服务标准化、规范化建设，突出问题导向，进一步完善窗口服务功能，真正实现一个窗口对外、一站式办结。加强办事窗口人员力量和绩效考核。健全行政相对人评议评价制度，不断提升窗口服务能力。

三、工作措施

（一）加强组织领导。各有关部门和地方各级政府要高度重视，按照任务分工和进度安排，把改革工作做扎实、做到位。主要领导要亲自抓，及时协调解决改革中遇到的问题。“三证合一”登记制度改革中落实不到位、衔接不顺畅等问题，要在推进“五证合一、一照一码”登记制度改革中认真研究、一并解决。工商、人力资源社会保障、统计、机构编制、发展改革、法制等部门要各负其责、协同配合，确保改革顺利推进。对改革涉及的法律、法规、规章及规范性文件，及时按程序修订和完善。

（二）加强督促检查。相关部门要组织联合督导，有针对性地对改革进展情况进行监督检查。国务院适时组织专项督查。畅通社会监督渠道。对工作积极主动、成效明显的予以表扬和激励，对落实不力、延误改革进程的要严肃问责。

（三）加强宣传引导。相关部门要对改革政策进行全面准确解读，对行之有效的经验做法加以推广，对相关热点难点问题及时解答和回应，让企业和社会公众充分了解改革政策，形成推动改革落地见效的良好氛围。

各地区、各部门在改革推进过程中遇到的新情况新问题，要及时报告国务院。

6-2-32

国家税务总局关于优化《外出经营活动税收管理证明》相关制度和办理程序的意见

2016年7月6日　税总发〔2016〕106号

各省、自治区、直辖市和计划单列市国家税务局、地方税务局：

为切实做好税源管理工作，减轻基层税务机关和纳税人的办税负担，提高税收征管效率，现就优化《外出经营活动税收管理证明》（见附件1，以下简称《外管证》）相关制度和办理程序提出如下意见：

一、正确认识《外管证》在当前税收管理中的意义

外出经营税收管理是现行税收征管的一项基本制度，是税收征管法实施细则和增值税暂行条例规定的法定事项。《外管证》作为纳税人主管税务机关与经营地税务机关管理权限界定和管理职责衔接的依据与纽带，对维持现行税收属地入库原则、防止漏征漏管和重复征收具有重要作用，是税务机关传统且行之有效的管理手段，当前情况下仍须坚持，但应结合税收信息化建设与国税、地税合作水平的提升，创新管理制度，优化办理程序，减轻纳税人和基层税务机关负担。其存废问题需根据相关法律法规制度和征管体制机制改革情况，综合评估论证后统筹考虑。

二、创新《外管证》管理制度

（一）改进《外管证》开具范围界定。纳税人跨省税务机关管辖区域（以下简称跨省）经营的，应按本规定开具《外管证》；纳税人在省税务机关管辖区域内跨县（市）经营的，是否开具《外管证》由省税务机关自行确定。

（二）探索外出经营税收管理信息化。省税务机关管辖区域内跨县（市）经营需要开具《外管证》的，税务机关应积极推进网上办税服务厅建设，受理纳税人的网上申请，为其开具电子《外管证》；通过网络及时向经营地税务机关推送相关信息。在此前提下，探索取消电子《外管证》纸质打印和经营地报验登记。

（三）延长建筑安装行业纳税人《外管证》有效期限。《外管证》有效期限一般不超过180天，但建筑安装行业纳税人项目合同期限超过180天的，按照合同期限确定有效期限。

三、优化《外管证》办理程序

（一）《外管证》的开具

1.“一地一证”。从事生产、经营的纳税人跨省从事生产、经营活动的，应当在外出生产经营之前，到机构所在地主管税务机关开具《外管证》。税务机关按照“一地一证”的原则，发放《外管证》。

2. 简化资料报送。一般情况下，纳税人办理《外管证》时只需提供税务登记证件副本或者加盖纳税人印章的副本首页复印件（实行实名办税的纳税人，可不提供上述证件）；从事

建筑安装的纳税人另需提供外出经营合同(原件或复印件,没有合同或合同内容不全的,提供外出经营活动情况说明)。

3. 即时办理。纳税人提交资料齐全、符合法定形式的,税务机关应即时开具《外管证》(可使用业务专用章)。

(二)《外管证》的报验登记

1. 纳税人应当自《外管证》签发之日起30日内,持《外管证》向经营地税务机关报验登记,并接受经营地税务机关的管理。纳税人以《外管证》上注明的纳税人识别号,在经营地税务机关办理税务事项。

2. 报验登记时应提供《外管证》,建筑安装行业纳税人另需提供外出经营合同复印件或外出经营活动情况说明。

3. 营改增之前地税机关开具的《外管证》仍在有效期限内的,国税机关应予以受理,进行报验登记。

(三)《外管证》的核销

1. 纳税人外出经营活动结束,应当向经营地税务机关填报《外出经营活动情况申报表》(见附件2),并结清税款。

2. 经营地税务机关核对资料,发现纳税人存在欠缴税款、多缴(包括预缴、应退未退)税款等未办结事项的,及时制发《税务事项通知书》,通知纳税人办理。纳税人不存在未办结事项的,经营地税务机关核销报验登记,在《外管证》上签署意见(可使用业务专用章)。

四、其他事项

异地不动产转让和租赁业务不适用外出经营活动税收管理相关制度规定。

附件:1. 外出经营活动税收管理证明(编者略)

2. 外出经营活动情况申报表(编者略)

6-2-33

工商总局等四部门关于实施个体工商户营业执照和税务登记证"两证整合"的意见

2016年8月29日　工商个字〔2016〕167号

各省、自治区、直辖市及计划单列市工商行政管理局(市场监督管理部门),国家税务局、地方税务局,发展改革委,法制办:

为进一步深化商事制度改革,加快推进"三证合一"登记制度改革向个体工商户延伸,实施个体工商户营业执照和税务登记证"两证整合",经国务院同意,现提出如下意见。

一、充分认识实施个体工商户"两证整合"登记制度改革的重要意义

个体工商户是我国公民从事经营活动的一个重要主体形式,我国个体经济在推动经济发展、增加财政收入、促进就业创业、维护社会稳定等方面发挥着重要作用。"两证整合"登记制度是指将个体工商户登记时依次申请,分别由工商行政管理部门核发营业执照、税务

部门核发税务登记证，改为一次申请、由工商行政管理部门核发一个营业执照的登记制度。全面推行“两证整合”登记制度改革，是贯彻党的十八大和十八届三中、四中、五中全会精神，落实国务院决策部署，深化商事制度改革的重要举措。加快推进这一改革，有利于建立程序更为便利、内容更为完善、流程更为优化、资源更为集约的市场准入新模式，简化个体工商户登记注册程序，便利公民从事个体经营，促进个体私营经济健康发展，有力推动大众创业、万众创新。加快推进这一改革，能够有效推动工商、税务等部门实现信息共享，提升公共服务和行政管理效能，对于推进简政放权、建设服务型政府，提高国家治理体系和治理能力现代化水平，具有十分重要的意义。各地要站在全局高度充分认识这一改革的重要意义，提高思想认识，加强协调配合，确保这一利国利民的改革举措顺利实施。

二、改革目标和基本原则

（一）改革目标。

通过个体工商户“两证整合”，实现公民只需填写“一张表”，向“一个窗口”提交“一套材料”即可办理个体工商户工商及税务登记，将由工商行政管理、税务部门分别核发的营业执照和税务登记证，改为由工商行政管理部门核发一个加载法人和其他组织统一社会信用代码（以下简称统一社会信用代码）的营业执照（附件1）。同时，实现工商、税务部门的个体工商户数据信息实时共享。

（二）基本原则。

1. 便捷高效。按照程序简便、办照高效的要求，优化审批流程，创新服务方式，提高登记效率，方便个体工商户登记。

2. 规范统一。按照优化、整合、一体化的原则，科学制定“两证整合”登记流程，实行统一的“两证整合”登记程序和登记要求，规范登记条件、登记材料。

3. 统筹推进。大力推行一窗受理、一站式服务工作机制，将“两证整合”登记制度改革与全程电子化登记管理、企业信用信息公示系统建设、信用信息共享平台建设等工作统筹考虑、协同推进。

三、改革的主要内容

（一）全面实施个体工商户营业执照和税务登记证整合。根据相关法律法规和国家标准，建立统一登记流程、统一编码和赋码规则等，全面实行个体工商户“两证整合”登记模式。通过“一窗受理、互联互通、信息共享”，由工商行政管理部门核发加载统一社会信用代码的营业执照，该营业执照具有原营业执照和税务登记证的功能，税务部门不再发放税务登记证。工商行政管理部门赋码后，将统一社会信用代码和相关信息按规定期限回传统一代码数据库。

（二）统一登记条件，规范登记流程。按照“保留必需、合并同类、优化简化”的原则，整合优化申请、受理、审查、核准、发照、公示等程序，缩短登记审批时限。实行统一的登记条件、登记文书格式规范（附件2）。申请人办理个体工商户注册登记时只需填写“一张表”，向“一个窗口”提交“一套材料”即可。工商行政管理部门受理申请并核准后，向个体工商户核发加载统一社会信用代码的营业执照，在国家企业信用信息公示系统进行公示，并与税务部门共享申请材料和审核信息，实现实时数据交换、档案互认。个体工商户的电子登记档案与纸质登记档案具有同等法律效力。

税务机关在个体工商户办理涉税事宜时，确认统一社会信用代码等相关信息，进行税务管理。

（三）优化登记管理服务方式。个体工商户登记要做到公开办理、限时办理、透明办理，条件公开、流程公开、结果公开。除涉及国家秘密、商业秘密或个人隐私外，要及时公开个体工商户的基础信息。各地要结合本地区实际，制定简明易懂的"两证整合"登记办事指南，严格按照《个体工商户登记业务流程》（附件3）的规定办理个体工商户开业登记、变更登记、注销登记。工商部门要切实履行对申请人的告知义务，包括告知相关涉税事宜，及时提供咨询服务，强化内部督查和社会监督，提高登记效率。

（四）改造升级系统，实现信息共享。各地要依托已有的"三证合一"信息共享交换平台，以省（计划单列市）为单位，建立工作机制，确定工作职责，落实责任人员，严格操作规程，切实按照《个体工商户"两证整合"工商税务信息共享技术方案》（附件4）实施信息交换和共享。工商、税务部门按有关要求将个体工商户相关登记信息实时传输至信息共享交换平台。要强化信息化保障，改造、升级各自信息化业务系统，确保个体工商户"两证整合"改革的顺利进行。

（五）建立部门信息传递与数据共享的保障机制。要充分利用全国信用信息共享平台，推动个体工商户基础信息和相关信用信息在政府部门间广泛共享和有效应用。积极推进"两证整合"申请、受理、审查、核准、发照、公示等全程电子化登记管理，最终实现"两证整合"网上办理。

（六）积极统筹推进，确保平稳实施。确定黑龙江、上海、福建、湖北省（市）为试点地区。4个试点地区自2016年10月1日起实施个体工商户"两证整合"，工商行政管理部门向新开业个体工商户发放加载统一社会信用代码的营业执照。其他27个省（自治区、直辖市）及5个计划单列市自2016年12月1日起实施个体工商户"两证整合"。

对2016年12月1日前成立的个体工商户申请办理变更登记或换照的，换发加载统一社会信用代码的营业执照。暂未取得加载统一社会信用代码营业执照的个体工商户，其营业执照和税务登记证继续有效。各地可以鼓励个体工商户主动换领加载统一社会信用代码的营业执照，可以先行赋予统一社会信用代码并建立与原管理代码的映射关系。但是，要充分尊重广大个体经营者的意愿，不得组织对"两证整合"前登记的个体工商户强制换照，对于因实行强制换照而引发群体性事件的，要追究相关人员的责任，严肃处理。

已领取加载统一社会信用代码营业执照且在税务机关办理涉税事项的个体工商户申请注销登记，应当向登记机关提交税务机关出具的《清税证明》。

（七）清理相关法规文件，推动改革成果广泛认可和应用。各地要及时梳理与"两证整合"登记模式相冲突的相关文件，尽快在制度框架内依法及时进行修订和完善，确保改革在法治轨道内运行。"两证整合"改革后，加载统一社会信用代码的营业执照具备原工商营业执照和原税务登记证的效力，各级政府部门、企事业单位及中介机构等均要予以认可，各行业主管部门要加强指导和督促，做好代码转换以及部门间信息系统衔接。

四、工作要求

（一）加强组织领导。工商、税务、发展改革和法制部门要积极推动县级以上地方各级人民政府强化统筹，建立健全政府主导、相关部门参与的工作协调机制，加强对"两证整合"

登记制度改革工作的领导，协调解决改革中出现的重大问题，做好人、财、物、网络、技术等的保障。

（二）加强工作落实。工商、税务、发展改革部门要加强协调配合，各司其职，倒排时间表，制定详细工作方案和应急预案，做好法规文件的清理、信息系统升级改造等工作。要做好基础数据采集工作，提高数据质量，确保数据准确、完整；对于申请变更登记和主动申请换照的，要做好换照前后工作的延续和衔接，确保改革举措顺利平稳开展，各项工作落实到位。

（三）加强协同推进。各地要把促进个体经济发展同实施“两证整合”改革结合起来，清理、取消限制个体经济发展的政策制度，制订、出台促进个体经济发展的政策措施。建立协同推进工作机制，加强信息化保障，形成工作合力。要积极构建公平的市场秩序和良好的营商环境，研究、探索对个人网商等新型市场主体依法登记问题，稳妥推进个人网商登记工作，实现线上线下统一登记、一致监管、公平纳税。

（四）加强业务培训。“两证整合”登记制度改革涉及面广、改革内容多、实施操作比较复杂，工商、税务部门要围绕“两证整合”登记制度改革涉及的法律法规、技术标准、业务流程、文书规范、信息传输等开展专门的业务培训，切实提高相关工作人员的思想认识和业务水平。要特别加强办事窗口能力建设，使窗口工作人员准确把握改革要求，熟练掌握业务流程和工作规范，提高服务效率和质量。

（五）加强宣传引导。要充分利用各种新闻媒介，加大对个体工商户“两证整合”登记制度改革的宣传解读力度，及时解答和回应社会关注的热点问题，使社会各界充分知晓改革、支持改革，自觉应用改革成果。

（六）加强督促检查。各地工商、税务、发展改革部门要制定督促检查工作计划，按照责任单位、时间节点和工作要求，做好跟踪督查。要严肃工作纪律，对实施改革工作协调配合不力，造成工作脱节、延误改革进程的单位和个人进行通报批评，加大问责和考核力度。

黑龙江、上海、福建、湖北四个试点地区要密切关注试点过程，将试点过程中遇到的问题和情况及时报告工商总局、税务总局、国家发展改革委、国务院法制办。全面实施个体工商户“两证整合”后，各地区对在改革推进过程中遇到的新情况新问题也要及时报告。

附件：1. 《个体工商户营业执照》样式（编者略）

2. 个体工商户登记文书格式规范（编者略）

3. 个体工商户登记业务流程（编者略）

4. 个体工商户“两证整合”工商税务信息共享技术方案（编者略）

6-2-34

国家税务总局关于做好境外非政府组织代表机构税务登记办理有关工作的通知

2017年1月19日 税总函〔2017〕34号

各省、自治区、直辖市和计划单列市国家税务局、地方税务局：

为进一步落实《中华人民共和国境外非政府组织境内活动管理法》关于境外非政府组织机构凭登记证书依法办理税务登记的要求，现就境外非政府组织机构办理税务登记有关事宜通知如下：

一、对于2017年1月1日以后在公安部门登记设立的境外非政府组织机构，以18位统一社会信用代码为纳税人识别号，按照现行规定办理税务登记，发放税务登记证件。对已在民政等部门登记设立并已办理税务登记，但未取得统一社会信用代码的境外非政府组织机构，税务部门应积极配合公安、民政等部门逐步完成存量代码的转换工作。对于持民政等部门颁发的登记证书到税务部门办理涉税事项的纳税人，要提醒及时到公安部门领取新的登记证书。

二、税务部门在为纳税人办理税务登记时，可以通过境外非政府组织网上办事服务平台（http://www.ngo.gov.cn）查询纳税人的设立登记信息。税务部门要加强与当地公安部门的协调配合，积极创造条件，采取有效措施，建立信息交换传递和数据共享机制，充分利用信息化优势，减少纳税人重复报送资料，提高办事效率，降低行政成本。

三、国税局、地税局要加强协作，任何一方均可为纳税人办理税务登记。受理登记申请的税务机关通过国税局、地税局的信息共享渠道，及时将登记信息传递至另一方，确保双方征管基础信息一致，避免纳税人"多头跑"。

各地执行中如有问题和建议，请及时向税务总局（征管科技司）反馈。

联系人：税务总局征管科技司 王涛，电话：010-63417883。

6-2-35

国家税务总局关于跨省经营企业涉税事项全国通办的通知

2017年9月7日 税总发〔2017〕102号

各省、自治区、直辖市和计划单列市国家税务局、地方税务局：

为落实《深化国税、地税征管体制改革方案》和《国务院关于强化实施创新驱动发展战略进一步推行大众创业万众创新深入发展的意见》（国发〔2017〕37号）关于"推进跨省经营企业部分涉税事项全国通办"的要求，按照《国家税务总局关于进一步深化税务系统"放管服”改革　优化税收环境的若干意见》(税总发〔2017〕101 号)的工作安排,为方便纳税人办税,税务总局决定对跨省经营企业部分涉税事项实行全国通办,现将有关事项通知如下:

一、总体目标

坚持税收预算级次和收入归属不变的原则,在纳税人主管税务机关不改变的前提下,为跨省经营企业提供更加便捷的办税服务,2017 年底基本实现跨省经营企业部分涉税事项全国通办。

二、通办范围

全国通办是指跨省(自治区、直辖市、计划单列市)经营企业,可以根据办税需要就近选择税务机关申请办理异地涉税事项。全国通办的涉税事项范围确定为 4 类 15 项(具体事项见附件):

1. 涉税信息报告类。具体包括存款账户账号报告、财务会计制度及核算软件备案报告。

2. 申报纳税办理类。具体包括欠税人处置不动产或大额资产报告、纳税人合并分立情况报告、发包出租情况报告、企业年金职业年金扣缴报告。

3. 优惠备案办理类。具体包括增值税优惠备案、消费税优惠备案、企业所得税优惠备案(根据税法规定由总机构统一备案的企业所得税优惠备案事项除外)、印花税优惠备案、车船税优惠备案、城市维护建设税优惠备案、教育费附加优惠备案。

4. 证明办理类。具体包括完税证明开具、开具个人所得税完税证明。

三、通办方式

全国通办涉税事项采取“异地受理,内部流转,属地办理,办结反馈”的方式办理。纳税人按规定提供资料及委托授权书向受理税务机关提出申请,由受理税务机关接收资料后,传递到属地税务机关办理,纳税人可以选择申请邮寄或主管税务机关领取办理结果(具体操作流程另行制定)。

四、工作要求

全国通办是落实国务院“放管服”改革要求、优化营商环境的举措,各地税务机关务必高度重视,按照职责分工,紧扣时间节点,加强协调沟通,对全国通办经办人员培训到位。各级税务机关要加大宣传力度,通过网站、办税服务厅等渠道主动公开全国通办的涉税事项和办理方式,便于纳税人自主选择,确保 2017 年 12 月 31 日前实现全国通办。

附件:跨省经营企业涉税事项全国通办目录

附件

跨省经营企业涉税事项全国通办目录

事项类别	事项名称
一、涉税事项报告	1. 存款账户账号报告
	2. 财务会计制度及核算软件备案报告
二、申报纳税	3. 欠税人处置不动产或大额资产报告
	4. 纳税人合并分立情况报告
	5. 发包、出租情况报告
	6. 企业年金、职业年金扣缴报告
三、优惠办理	7. 增值税优惠备案
	8. 消费税优惠备案
	9. 企业所得税优惠备案
	10. 车船税优惠备案
	11. 印花税优惠备案
	12. 城市维护建设税优惠备案
	13. 教育费附加优惠备案
四、证明办理	14. 完税证明开具
	15. 开具个人所得税完税证明

注:1. 依法应当进行处理的涉税违法行为涉及的办税事项,不纳入通办范围。
2. 根据税法规定由总机构统一备案的企业所得税优惠备案事项,不纳入通办范围。
3. 税收优惠中涉及地方政府减免权限的事项,不纳入通办范围。

6-2-36

国家税务总局关于创新跨区域涉税事项报验管理制度的通知

2017年9月15日 税总发〔2017〕103号

各省、自治区、直辖市和计划单列市国家税务局、地方税务局:

根据《国家税务总局关于进一步深化税务系统“放管服”改革 优化税收环境的若干意见》(税总发〔2017〕101号)要求,切实减轻纳税人办税负担,提高税收征管效率,现就创新跨区域涉税事项报验管理制度,优化办理流程等有关事项通知如下:

一、外出经营活动税收管理的更名与创新

(一)将“外出经营活动税收管理”更名为“跨区域涉税事项报验管理”。外出经营活动税收管理作为现行税收征管的一项基本制度,是税收征管法实施细则和增值税暂行条例规定的法定事项,也是落实现行财政分配体制、解决跨区域经营纳税人的税收收入及征管职责在机构所在地与经营地之间划分问题的管理方式,对维持税收属地入库原则、防止漏征漏管和重复征收具有重要作用。按照该项制度的管理实质,将其更名为“跨区域涉税事项报验管理”。

（二）纳税人跨区域经营前不再开具相关证明，改为填报《跨区域涉税事项报告表》。纳税人跨省（自治区、直辖市和计划单列市）临时从事生产经营活动的，不再开具《外出经营活动税收管理证明》，改向机构所在地的国税机关填报《跨区域涉税事项报告表》（附件1）。纳税人在省（自治区、直辖市和计划单列市）内跨县（市）临时从事生产经营活动的，是否实施跨区域涉税事项报验管理由各省（自治区、直辖市和计划单列市）税务机关自行确定。

（三）取消跨区域涉税事项报验管理的固定有效期。税务机关不再按照180天设置报验管理的固定有效期，改按跨区域经营合同执行期限作为有效期限。合同延期的，纳税人可向经营地或机构所在地的国税机关办理报验管理有效期限延期手续。

（四）实行跨区域涉税事项报验管理信息电子化。跨区域报验管理事项的报告、报验、延期、反馈等信息，通过信息系统在机构所在地和经营地的国税机关之间传递，机构所在地的国税机关、地税机关之间，经营地的国税机关、地税机关之间均要实时共享相关信息。

二、跨区域涉税事项报告、报验及反馈

（一）《跨区域涉税事项报告表》填报

具备网上办税条件的，纳税人可通过网上办税系统，自主填报《跨区域涉税事项报告表》。不具备网上办税条件的，纳税人向主管税务机关（办税服务厅）填报《跨区域涉税事项报告表》，并出示加载统一社会信用代码的营业执照副本（未换照的出示税务登记证副本），或加盖纳税人公章的副本复印件（以下统称"税务登记证件"）；已实行实名办税的纳税人只需填报《跨区域涉税事项报告表》。

（二）跨区域涉税事项报验

跨区域涉税事项由纳税人首次在经营地办理涉税事宜时，向经营地的国税机关报验。纳税人报验跨区域涉税事项时，应当出示税务登记证件。

（三）跨区域涉税事项信息反馈

纳税人跨区域经营活动结束后，应当结清经营地的国税机关、地税机关的应纳税款以及其他涉税事项，向经营地的国税机关填报《经营地涉税事项反馈表》（附件2）。

经营地的国税机关核对《经营地涉税事项反馈表》后，将相关信息推送经营地的地税机关核对（2个工作日内完成核对并回复，实行联合办税的即时回复），地税机关同意办结的，经营地的国税机关应当及时将相关信息反馈给机构所在地的国税机关。纳税人不需要另行向机构所在地的税务机关反馈。

（四）跨区域涉税事项反馈信息的处理

机构所在地的国税机关要设置专岗，负责接收经营地的国税机关反馈信息，及时以适当方式告知纳税人，并适时对纳税人已抵减税款、在经营地已预缴税款和应预缴税款进行分析、比对，发现疑点的，及时推送至风险管理部门或者稽查部门组织应对。

三、落实工作要求

（一）各级税务机关要高度重视，充分认识跨区域涉税事项报验管理的重要意义。该项制度创新是落实国务院"放管服"改革要求的重要举措，是转变税收管理理念和管理方式的重要内容。该项工作的顺利推进，既有利于提高纳税人的办税便利化程度，也有利于促进经营地和机构所在地国税机关、地税机关协同开展事中事后管理。

（二）各地税务机关要主动向当地政府汇报，向政府有关部门做好宣传解释工作，配合做好相关新旧制度的衔接。各地税务机关之间要加强沟通联系和协同配合，形成工作合力，采取切实有效措施解决工作中出现的问题，确保优化流程、精简资料等措施落到实处、取得实效，让纳税人真正享受到改革的红利。

（三）各地税务机关要建立分管局领导为责任人、各部门分工协作的工作机制。信息化管理部门要按照新制度要求，优化和完善网上办税系统，保障跨区域涉税事项报验在线办理，顺畅运行。纳税服务部门要做好办税服务厅人员培训，并充分利用办税服务厅宣传栏、12366 纳税服务热线、税务机关门户网站等渠道开展对纳税人的宣传辅导工作；其他部门要依照自身职责做好相关配合工作。

（四）税务总局已于 2017 年上半年在京津冀、长江经济带试点相关管理制度，其他省税务机关可以借鉴试点地区的经验做法，进一步优化工作方案、细化工作措施，确保跨区域涉税事项报验管理工作的顺利推进。

本规定自 2017 年 9 月 30 日起试行，10 月 30 日起正式实施。2017 年 10 月 30 日前已办理《外出经营活动税收管理证明》业务的仍按照《国家税务总局关于优化〈外出经营活动税收管理证明〉相关制度和办理程序的意见》（税总发〔2016〕106 号）执行。

附件：1. 跨区域涉税事项报告表（编者略）

　　　2. 经营地涉税事项反馈表（编者略）

6－2－37

国家税务总局关于进一步推进“多证合一”工商共享信息运用工作的通知

2017 年 9 月 15 日　税总函〔2017〕402 号

各省、自治区、直辖市和计划单列市国家税务局、地方税务局：

根据《国家税务总局关于进一步深化税务系统“放管服”改革　优化税收环境的若干意见》（税总发〔2017〕101 号）要求，进一步巩固商事登记制度改革成果，切实减轻纳税人和基层税务人员负担，现就进一步推进“多证合一”工商共享信息运用有关事项通知如下。

一、加强与工商部门的信息共享协作

（一）配合工商部门加强共享信息源头管理。各地税务机关要主动加强与工商部门的沟通，及时向工商部门通报工商共享信息的质量问题，积极协调工商部门增加相关信息录入校验规则，扩大登记信息共享范围，以满足税务机关工作需要。

（二）提升信息传输质量。各地税务机关要结合当地实际，优化工商、税务信息共享方式方法，加强技术支撑，畅通信息共享渠道，提升信息共享频率。对信息传输中出现的失真、遗漏问题，要与相关部门共同核实，查找原因，及时解决。

（三）建立对账核实机制。各地税务机关要健全并落实与工商部门之间的信息共享对账机制，加大对共享信息的核实力度，定期进行数据质量比对分析，及时解决信息共享不全、不准的问题，不断提高工商共享信息质量。

二、优化登记信息补充采集

（一）开展“多证合一”登记信息确认。新设立登记的企业和农民专业合作社（以下统称“企业”）首次办理涉税事宜时，税务机关依据工商部门共享的登记信息制作《“多证合一”登记信息确认表》（详见附件），提醒纳税人对其中不全的信息进行补充，对不准的信息进行更正，对需要更新的信息进行补正。

（二）优化纳税人信息采集环节。《纳税人首次办税补充信息表》中的部分信息由金税三期核心征管系统（以下简称“征管系统”）自动生成，部分信息合并至实名办税、财务会计制度备案等环节采集。对首次办理涉税事宜的新设立登记企业，税务机关不再要求其填报《纳税人首次办税补充信息表》。

三、做好存量户换发加载统一社会信用代码营业执照（以下简称“换照”）的税务衔接

（一）实现工商部门换照信息自动传递。金税三期外部信息交换系统自动将纳税人在工商部门的换照信息传递至征管系统，各地税务机关通过征管系统相关模块，及时为纳税人办理相关涉税业务。

（二）提前引导纳税人办理换照涉税事宜。根据商事登记制度改革相关文件要求，企业要在2017年底前完成换照，税务机关需要将纳税人识别号由原15位税务登记号变更为18位统一社会信用代码。各地税务机关要早计划、早安排，合理引导纳税人分批办理，做好纳税服务，避免因纳税人识别号变更涉及的税控系统、实时缴税协议等业务处理导致办税服务厅拥堵。

四、工作要求

（一）高度重视。强化“多证合一”工商共享信息运用，是推进商事登记制度改革，便利市场主体，激发市场活力的重要前提。各地税务机关要高度重视，切实提高相关工作的积极性、主动性和创造性，实现信息“多跑路”，纳税人“少跑腿”，保障各项改革措施落地。

（二）加强领导。各地税务机关分管领导要亲自安排部署、组织推动，明确部门职责，做好政策宣传、业务培训、系统改造、岗责设置等相关工作。国税局、地税局要加强沟通联系和协调配合，共同推进。

（三）跟踪问效。各地税务机关要细化工作方案，明确责任主体，综合运用督察督办、绩效管理等方法，确保工作落到实处、取得实效。

本通知自2017年11月1日施行。税务总局之前发布的文件与本通知规定不一致的，依照本通知规定执行。

附件：“多证合一”登记信息确认表（编者略）

6－2－38

国家税务总局关于取消一批涉税事项和报送资料的通知

2017年9月15日 税总函〔2017〕403号

各省、自治区、直辖市和计划单列市国家税务局、地方税务局：

为了深入贯彻落实党中央、国务院关于深化“简政放权、放管结合、优化服务”改革的要求，进一步减轻纳税人和基层税务机关负担，改善营商环境，根据《国家税务总局关于进一步深化税务系统“放管服”改革 优化税收环境的若干意见》（税总发〔2017〕101号）的有关要求，税务总局近期在编制《全国税收征管规范（2.0版）》过程中开展了涉税事项和报送资料的清理工作，形成了第一批取消事项和资料清单（详见附件）。现将有关事项通知如下：

一、业务事项取消原则

各地税务机关应当基于业务合理性，以还权还责于纳税人、信息互联互通、数据共享为前提，逐步取消有关事项。

二、报送资料取消原则

（一）相关证照、批准文书等信息能够通过政府信息共享获取的，只需要纳税人提供上述材料的名称、文号、编码等信息供查询验证，不再提交材料原件或复印件。相关证照、批准文书等信息无法获取的，除了本通知明确取消报送的资料外，纳税人需要按照政策规定提交相关材料作为归档资料，提交资料的复印件上应当有纳税人签章的与原件一致声明。

（二）对各地税务机关已纳人实名办税的业务，办税人、代理人提供本人身份证件原件供当场查验，身份证件复印件可不再报送，税务登记证件原件、复印件可不再要求报送。

三、有关要求

各地税务机关应当按照附件要求执行，对于已经取得的共享信息种类应当及时对外告知，不得在办理涉税事项过程中要求纳税人报送额外资料。各地税务机关根据需要自行制定的报送资料规则，应当一并随同清理。

国家税务总局后续将针对各地落实情况开展督导工作。各地对于执行中发现的问题，请及时报告国家税务总局（征管和科技发展司）。

附件：1. 第一批取消事项清单

2. 第一批取消资料清单（编者略）

附件 1

第一批取消事项清单

序号	业务事项名称	备注
1	税务登记验证	
2	税务登记换证	
3	非居民企业认定	税务机关内部完成,不再要求纳税人依申请办理

6－2－39

国家税务总局关于明确跨区域涉税事项报验管理相关问题的公告

2018 年 7 月 4 日　国家税务总局公告 2018 年第 38 号

为了适应国税地税征管体制改革需要,现就新税务机构挂牌后跨区域涉税事项报验管理有关事项公告如下:

一、纳税人跨省(自治区、直辖市和计划单列市)临时从事生产经营活动的,向机构所在地的税务机关填报《跨区域涉税事项报告表》(附件 1)。

二、纳税人跨区域经营合同延期的,可以向经营地或机构所在地的税务机关办理报验管理有效期限延期手续。

三、跨区域报验管理事项的报告、报验、延期、反馈等信息,通过信息系统在机构所在地和经营地的税务机关之间传递,实时共享。

四、纳税人首次在经营地办理涉税事宜时,向经营地的税务机关报验跨区域涉税事项。

五、纳税人跨区域经营活动结束后,应当结清经营地税务机关的应纳税款以及其他涉税事项,向经营地的税务机关填报《经营地涉税事项反馈表》(附件 2)。

经营地的税务机关核对《经营地涉税事项反馈表》后,及时将相关信息反馈给机构所在地的税务机关。纳税人不需要另行向机构所在地的税务机关反馈。

六、机构所在地的税务机关要设置专岗,负责接收经营地的税务机关反馈信息,及时以适当方式告知纳税人,并适时对纳税人已抵减税款、在经营地已预缴税款和应预缴税款进行分析、比对,发现疑点的,及时推送至风险管理部门或者稽查部门组织应对。

七、本公告自 2018 年 7 月 5 日起施行。国税机构和地税机构合并前,上述事项仍按照《国家税务总局关于创新跨区域涉税事项报验管理制度的通知》(税总发〔2017〕103 号)的规定执行。

特此公告。

附件:1. 跨区域涉税事项报告表(编者略)

2. 经营地涉税事项反馈表(编者略)

6-2-40

国家税务总局关于进一步优化办理企业税务注销程序的通知

2018年9月18日 税总发〔2018〕149号

国家税务总局各省、自治区、直辖市和计划单列市税务局，国家税务总局驻各地特派员办事处：

为深入贯彻落实党中央、国务院关于优化营商环境、深化“放管服”改革要求，进一步优化办理企业税务注销程序，现就有关事项通知如下：

一、实行清税证明免办服务

对向市场监管部门申请简易注销的纳税人，符合下列情形之一的，可免予到税务机关办理清税证明，直接向市场监管部门申请办理注销登记。

（一）未办理过涉税事宜的；

（二）办理过涉税事宜但未领用发票、无欠税（滞纳金）及罚款的。

二、优化税务注销即办服务

对向市场监管部门申请一般注销的纳税人，税务机关在为其办理税务注销时，进一步落实限时办结规定。对未处于税务检查状态、无欠税（滞纳金）及罚款、已缴销增值税专用发票及税控专用设备，且符合下列情形之一的纳税人，优化即时办结服务，采取“承诺制”容缺办理，即：纳税人在办理税务注销时，若资料不齐，可在其作出承诺后，税务机关即时出具清税文书。

（一）纳税信用级别为A级和B级的纳税人；

（二）控股母公司纳税信用级别为A级的M级纳税人；

（三）省级人民政府引进人才或经省级以上行业协会等机构认定的行业领军人才等创办的企业；

（四）未纳入纳税信用级别评价的定期定额个体工商户；

（五）未达到增值税纳税起征点的纳税人。

纳税人应按承诺的时限补齐资料并办结相关事项。若未履行承诺的，税务机关将对其法定代表人、财务负责人纳入纳税信用D级管理。

三、简化税务注销办理的资料和流程

（一）简化资料。对已实行实名办税的纳税人，免予提供税务登记证件和个人身份证件。

（二）开设专门窗口。在办税服务厅设置注销业务专门服务窗口，并根据情况及时增加专门服务窗口数量。

（三）提供“套餐式”服务。整合税务注销前置事项，实行“一窗受理、内部流转、限时办结、窗口出件”的“套餐式”服务模式。

(四)强化“首问责任制”和“一次性告知”。纳税人到办税服务厅办理税务注销时,首次接待的税务人员应负责问清情况,区分事项和复杂程度,分类出具需要办理的事项告知书,并做好沟通和辅导工作。

(五)优化内部工作流程和岗责分配。对纳税人办理注销业务涉及多事项的,要创新工作方式,简并优化流程、岗责,实现联动、限时处理。

四、工作要求

(一)提高认识,迅速落实

进一步优化办理企业税务注销程序,是积极落实党中央、国务院关于优化营商环境、深化“放管服”改革要求的重要举措。各级税务机关要提高认识,深刻领会其重要意义。同时,也应清醒认识到,税务注销是税收征收管理的最后一个环节,事关国家税收安全。尤其是在当前虚开增值税发票等涉税违法案件高发的态势下,应防止不法分子钻制度空子、造成税收流失。

各级税务机关应由主要领导负总责,结合实际抓紧制定实施方案,细化措施办法,明确责任分工,强力协调推进,确保通知要求能够迅速有序落地。

(二)加强培训,广泛宣传

各级税务机关应加强对工作人员,尤其是一线办税人员的专项业务培训,确保相关人员全面了解改革的具体措施,熟练掌握工作流程和办理要求。

各级税务机关要切实加强对纳税人的宣传辅导,通过税务网站、纳税人学堂、办税服务厅等多渠道、多角度开展解读和宣传辅导,回应纳税人和社会关切,确保纳税人享受改革红利。

(三)跟踪问效,强化督导

各级税务机关应采取多种形式,对基层改革落实情况进行督察。要及时总结创新经验或提出合理化建议,并及时上报税务总局。

税务总局将对各地税务机关改革措施落实情况进行督察督导,对纳税人实际办税感受进行走访调研、组织明察暗访,并将结果纳入绩效考评。对工作落实不力、纳税人反映强烈的问题,一经核实,将依法依规追究相关领导及人员的责任。

本通知自2018年10月1日起执行。

6-2-41

国家税务总局关于自然人纳税人识别号有关事项的公告

2018年12月17日　国家税务总局公告2018年第59号

根据新修改的《中华人民共和国个人所得税法》,为便利纳税人办理涉税业务,现就自然人纳税人识别号有关事项公告如下:

一、自然人纳税人识别号,是自然人纳税人办理各类涉税事项的唯一代码标识。

二、有中国公民身份号码的，以其中国公民身份号码作为纳税人识别号；没有中国公民身份号码的，由税务机关赋予其纳税人识别号。

三、纳税人首次办理涉税事项时，应当向税务机关或者扣缴义务人出示有效身份证件，并报送相关基础信息。

四、税务机关应当在赋予自然人纳税人识别号后告知或者通过扣缴义务人告知纳税人其纳税人识别号，并为自然人纳税人查询本人纳税人识别号提供便利。

五、自然人纳税人办理纳税申报、税款缴纳、申请退税、开具完税凭证、纳税查询等涉税事项时应当向税务机关或扣缴义务人提供纳税人识别号。

六、本公告所称"有效身份证件"，是指：

（一）纳税人为中国公民且持有有效《中华人民共和国居民身份证》（以下简称"居民身份证"）的，为居民身份证。

（二）纳税人为华侨且没有居民身份证的，为有效的《中华人民共和国护照》和华侨身份证明。

（三）纳税人为港澳居民的，为有效的《港澳居民来往内地通行证》或《中华人民共和国港澳居民居住证》。

（四）纳税人为台湾居民的，为有效的《台湾居民来往大陆通行证》或《中华人民共和国台湾居民居住证》。

（五）纳税人为持有有效《中华人民共和国外国人永久居留身份证》（以下简称永久居留证）的外籍个人的，为永久居留证和外国护照；未持有永久居留证但持有有效《中华人民共和国外国人工作许可证》（以下简称工作许可证）的，为工作许可证和外国护照；其他外籍个人，为有效的外国护照。

本公告自2019年1月1日起施行。

特此公告。

6－2－42

国家税务总局关于深化"放管服"改革更大力度推进优化税务注销办理程序工作的通知

2019年5月9日　税总发〔2019〕64号

国家税务总局各省、自治区、直辖市和计划单列市税务局，国家税务总局驻各地特派员办事处，局内各单位：

为进一步优化税务执法方式，改善税收营商环境，根据《全国税务系统深化"放管服"改革五年工作方案（2018年—2022年）》（税总发〔2018〕199号），在落实《国家税务总局关于进一步优化办理企业税务注销程序的通知》（税总发〔2018〕149号，以下简称《通知》）要求的基础上，现就更大力度推进优化税务注销办理程序有关事项通知如下：

一、进一步扩大即办范围

（一）符合《通知》第一条第一项规定情形，即未办理过涉税事宜的纳税人，主动到税务机关办理清税的，税务机关可根据纳税人提供的营业执照即时出具清税文书。

（二）符合《通知》第一条第二项规定情形，即办理过涉税事宜但未领用发票、无欠税（滞纳金）及罚款的纳税人，主动到税务机关办理清税，资料齐全的，税务机关即时出具清税文书；资料不齐的，可采取"承诺制"容缺办理，在其作出承诺后，即时出具清税文书。

（三）经人民法院裁定宣告破产的纳税人，持人民法院终结破产程序裁定书向税务机关申请税务注销的，税务机关即时出具清税文书，按照有关规定核销"死欠"。

二、进一步简化税务注销前业务办理流程

（一）处于非正常状态纳税人在办理税务注销前，需先解除非正常状态，补办纳税申报手续。符合以下情形的，税务机关可打印相应税种和相关附加的《批量零申报确认表》（见附件），经纳税人确认后，进行批量处理：

1. 非正常状态期间增值税、消费税和相关附加需补办的申报均为零申报的；

2. 非正常状态期间企业所得税月（季）度预缴需补办的申报均为零申报，且不存在弥补前期亏损情况的。

（二）纳税人办理税务注销前，无需向税务机关提出终止"委托扣款协议书"申请。税务机关办结税务注销后，委托扣款协议自动终止。

三、进一步减少证件、资料报送

对已实行实名办税的纳税人，免予提供以下证件、资料：

（一）《税务登记证》正（副）本、《临时税务登记证》正（副）本和《发票领用簿》；

（二）市场监督管理部门吊销营业执照决定原件（复印件）；

（三）上级主管部门批复文件或董事会决议原件（复印件）；

（四）项目完工证明、验收证明等相关文件原件（复印件）。

更大力度推进优化税务注销办理程序，是进一步贯彻落实党中央、国务院关于深化"放管服"改革、优化营商环境要求的重要举措。各地税务机关要高度重视，抓好落实，并严格按照法律、行政法规规定的程序和本通知要求办理相关事项。

本通知自2019年7月1日起执行。

附件：批量零申报确认表（编者略）

6－2－43

国家税务总局关于城镇土地使用税等“六税一费”优惠事项资料留存备查的公告

2019年5月28日　国家税务总局公告2019年第21号

为贯彻落实党中央、国务院关于优化税务执法方式、深化"放管服"改革、改善营商环境的决策部署，切实减轻纳税人、缴费人（以下统称纳税人）负担，税务总局决定，对城镇土地使用税、房产税、耕地占用税、车船税、印花税、城市维护建设税、教育费附加（以下简称“六税一费”）享受优惠有关资料实行留存备查管理方式。现就有关事项公告如下：

一、纳税人享受“六税一费”优惠实行“自行判别、申报享受、有关资料留存备查”办理方式，申报时无须再向税务机关提供有关资料。纳税人根据具体政策规定自行判断是否符合优惠条件，符合条件的，纳税人申报享受税收优惠，并将有关资料留存备查。

二、纳税人对“六税一费”优惠事项留存备查资料的真实性、合法性承担法律责任。

三、各级税务机关根据国家税收法律、法规、规章、规范性文件等规定开展“六税一费”减免税后续管理。对不应当享受减免税的，依法追缴已享受的减免税款，并予以相应处理。

四、城镇土地使用税、房产税困难减免税不适用上述规定，仍按照现行规定办理。

五、本公告自发布之日起施行。《印花税管理规程（试行）》（国家税务总局公告 2016 年第 77 号发布，国家税务总局公告 2018 年第 31 号修改）第二十二条、第二十三条，《耕地占用税管理规程（试行）》（国家税务总局公告 2016 年第 2 号发布，国家税务总局公告 2018 年第 31 号修改）第四十一条、四十二条、四十三条，《车船税管理规程（试行）》（国家税务总局公告 2015 年第 83 号发布，国家税务总局公告 2018 年第 31 号修改）第二十三条第三项相应废止。

特此公告。

6 -2 -44

税务登记管理办法

2003 年 12 月 17 日国家税务总局令第 7 号公布　2014 年 12 月 27 日国家税务总局令第 36 号第一次修正　2018 年 6 月 15 日国家税务总局令第 44 号第二次修正　2019 年 7 月 24 日国家税务总局令第 48 号第三次修正

第一章　总　　则

第一条　为了规范税务登记管理，加强税源监控，根据《中华人民共和国税收征收管理法》（以下简称《税收征管法》）以及《中华人民共和国税收征收管理法实施细则》（以下简称《实施细则》）的规定，制定本办法。

第二条　企业，企业在外地设立的分支机构和从事生产、经营的场所，个体工商户和从事生产、经营的事业单位，均应当按照《税收征管法》及《实施细则》和本办法的规定办理税务登记。

前款规定以外的纳税人，除国家机关、个人和无固定生产、经营场所的流动性农村小商贩外，也应当按照《税收征管法》及《实施细则》和本办法的规定办理税务登记。

根据税收法律、行政法规的规定负有扣缴税款义务的扣缴义务人（国家机关除外），应当按照《税收征管法》及《实施细则》和本办法的规定办理扣缴税款登记。

第三条 县以上(含本级,下同)税务局(分局)是税务登记的主管税务机关,负责税务登记的设立登记、变更登记、注销登记和税务登记证验证、换证以及非正常户处理、报验登记等有关事项。

第四条 税务登记证件包括税务登记证及其副本、临时税务登记证及其副本。

扣缴税款登记证件包括扣缴税款登记证及其副本。

第五条 县以上税务局(分局)按照国务院规定的税收征收管理范围,实施属地管理。有条件的城市,可以按照"各区分散受理、全市集中处理"的原则办理税务登记。

第六条 税务局(分局)执行统一纳税人识别号。纳税人识别号由省、自治区、直辖市和计划单列市税务局按照纳税人识别号代码行业标准联合编制,统一下发各地执行。

已领取组织机构代码的纳税人,其纳税人识别号共15位,由纳税人登记所在地6位行政区划码+9位组织机构代码组成。以业主身份证件为有效身份证明的组织,即未取得组织机构代码证书的个体工商户以及持回乡证、通行证、护照办理税务登记的纳税人,其纳税人识别号由身份证件号码+2位顺序码组成。

纳税人识别号具有唯一性。

第七条 纳税人办理下列事项时,必须提供税务登记证件:

(一)开立银行账户;

(二)领购发票。

纳税人办理其他税务事项时,应当出示税务登记证件,经税务机关核准相关信息后办理手续。

第二章 设立登记

第八条 企业,企业在外地设立的分支机构和从事生产、经营的场所,个体工商户和从事生产、经营的事业单位(以下统称从事生产、经营的纳税人),向生产、经营所在地税务机关申报办理税务登记:

(一)从事生产、经营的纳税人领取工商营业执照的,应当自领取工商营业执照之日起30日内申报办理税务登记,税务机关发放税务登记证及副本;

(二)从事生产、经营的纳税人未办理工商营业执照但经有关部门批准设立的,应当自有关部门批准设立之日起30日内申报办理税务登记,税务机关发放税务登记证及副本;

(三)从事生产、经营的纳税人未办理工商营业执照也未经有关部门批准设立的,应当自纳税义务发生之日起30日内申报办理税务登记,税务机关发放临时税务登记证及副本;

(四)有独立的生产经营权、在财务上独立核算并定期向发包人或者出租人上交承包费或租金的承包承租人,应当自承包承租合同签订之日起30日内,向其承包承租业务发生地税务机关申报办理税务登记,税务机关发放临时税务登记证及副本;

(五)境外企业在中国境内承包建筑、安装、装配、勘探工程和提供劳务的,应当自项目合同或协议签订之日起30日内,向项目所在地税务机关申报办理税务登记,税务机关发放临时税务登记证及副本。

第九条 本办法第八条规定以外的其他纳税人,除国家机关、个人和无固定生产、经营场所的流动性农村小商贩外,均应当自纳税义务发生之日起30日内,向纳税义务发生地税务机关申报办理税务登记,税务机关发放税务登记证及副本。

第十条 税务机关对纳税人税务登记地点发生争议的,由其共同的上级税务机关指定管辖。

第十一条 纳税人在申报办理税务登记时,应当根据不同情况向税务机关如实提供以下证件和资料:

(一)工商营业执照或其他核准执业证件;

(二)有关合同、章程、协议书;

(三)组织机构统一代码证书;

(四)法定代表人或负责人或业主的居民身份证、护照或者其他合法证件。

其他需要提供的有关证件、资料,由省、自治区、直辖市税务机关确定。

第十二条 纳税人在申报办理税务登记时,应当如实填写税务登记表。

税务登记表的主要内容包括:

(一)单位名称、法定代表人或者业主姓名及其居民身份证、护照或者其他合法证件的号码;

(二)住所、经营地点;

(三)登记类型;

(四)核算方式;

(五)生产经营方式;

(六)生产经营范围;

(七)注册资金(资本)、投资总额;

(八)生产经营期限;

(九)财务负责人、联系电话;

(十)国家税务总局确定的其他有关事项。

第十三条 纳税人提交的证件和资料齐全且税务登记表的填写内容符合规定的,税务机关应当日办理并发放税务登记证件。纳税人提交的证件和资料不齐全或税务登记表的填写内容不符合规定的,税务机关应当场通知其补正或重新填报。

第十四条 税务登记证件的主要内容包括:纳税人名称、税务登记代码、法定代表人或负责人、生产经营地址、登记类型、核算方式、生产经营范围(主营、兼营)、发证日期、证件有效期等。

第十五条 已办理税务登记的扣缴义务人应当自扣缴义务发生之日起30日内,向税务登记地税务机关申报办理扣缴税款登记。税务机关在其税务登记证件上登记扣缴税款事项,税务机关不再发放扣缴税款登记证件。

根据税收法律、行政法规的规定可不办理税务登记的扣缴义务人,应当自扣缴义务发生之日起30日内,向机构所在地税务机关申报办理扣缴税款登记。税务机关发放扣缴税款登记证件。

第三章 变更登记

第十六条 纳税人税务登记内容发生变化的,应当向原税务登记机关申报办理变更税务登记。

第十七条 纳税人已在工商行政管理机关办理变更登记的，应当自工商行政管理机关变更登记之日起30日内，向原税务登记机关如实提供下列证件、资料，申报办理变更税务登记：

（一）工商登记变更表；

（二）纳税人变更登记内容的有关证明文件；

（三）税务机关发放的原税务登记证件（登记证正、副本和登记表等）；

（四）其他有关资料。

第十八条 纳税人按照规定不需要在工商行政管理机关办理变更登记，或者其变更登记的内容与工商登记内容无关的，应当自税务登记内容实际发生变化之日起30日内，或者自有关机关批准或者宣布变更之日起30日内，持下列证件到原税务登记机关申报办理变更税务登记：

（一）纳税人变更登记内容的有关证明文件；

（二）税务机关发放的原税务登记证件（登记证正、副本和税务登记表等）；

（三）其他有关资料。

第十九条 纳税人提交的有关变更登记的证件、资料齐全的，应如实填写税务登记变更表，符合规定的，税务机关应当日办理；不符合规定的，税务机关应通知其补正。

第二十条 税务机关应当于受理当日办理变更税务登记。纳税人税务登记表和税务登记证中的内容都发生变更的，税务机关按变更后的内容重新发放税务登记证件；纳税人税务登记表的内容发生变更而税务登记证中的内容未发生变更的，税务机关不重新发放税务登记证件。

第四章　停业、复业登记

第二十一条 实行定期定额征收方式的个体工商户需要停业的，应当在停业前向税务机关申报办理停业登记。纳税人的停业期限不得超过一年。

第二十二条 纳税人在申报办理停业登记时，应如实填写停业复业报告书，说明停业理由、停业期限、停业前的纳税情况和发票的领、用、存情况，并结清应纳税款、滞纳金、罚款。税务机关应收存其税务登记证件及副本、发票领购簿、未使用完的发票和其他税务证件。

第二十三条 纳税人在停业期间发生纳税义务的，应当按照税收法律、行政法规的规定申报缴纳税款。

第二十四条 纳税人应当于恢复生产经营之前，向税务机关申报办理复业登记，如实填写《停业复业报告书》，领回并启用税务登记证件、发票领购簿及其停业前领购的发票。

第二十五条 纳税人停业期满不能及时恢复生产经营的，应当在停业期满前到税务机关办理延长停业登记，并如实填写《停业复业报告书》。

第五章　注销登记

第二十六条 纳税人发生解散、破产、撤销以及其他情形，依法终止纳税义务的，应当在向工商行政管理机关或者其他机关办理注销登记前,持有关证件和资料向原税务登记机关申报办理注销税务登记;按规定不需要在工商行政管理机关或者其他机关办理注册登记的,应当自有关机关批准或者宣告终止之日起 15 日内,持有关证件和资料向原税务登记机关申报办理注销税务登记。

纳税人被工商行政管理机关吊销营业执照或者被其他机关予以撤销登记的,应当自营业执照被吊销或者被撤销登记之日起 15 日内,向原税务登记机关申报办理注销税务登记。

第二十七条 纳税人因住所、经营地点变动,涉及改变税务登记机关的,应当在向工商行政管理机关或者其他机关申请办理变更、注销登记前,或者住所、经营地点变动前,持有关证件和资料,向原税务登记机关申报办理注销税务登记,并自注销税务登记之日起 30 日内向迁达地税务机关申报办理税务登记。

第二十八条 境外企业在中国境内承包建筑、安装、装配、勘探工程和提供劳务的,应当在项目完工、离开中国前 15 日内,持有关证件和资料,向原税务登记机关申报办理注销税务登记。

第二十九条 纳税人办理注销税务登记前,应当向税务机关提交相关证明文件和资料,结清应纳税款、多退(免)税款、滞纳金和罚款,缴销发票、税务登记证件和其他税务证件,经税务机关核准后,办理注销税务登记手续。

第六章 外出经营报验登记

第三十条 纳税人到外县(市)临时从事生产经营活动的,应当在外出生产经营以前,持税务登记证到主管税务机关开具《外出经营活动税收管理证明》(以下简称《外管证》)。

第三十一条 税务机关按照一地一证的原则,发放《外管证》,《外管证》的有效期限一般为 30 日,最长不得超过 180 天。

第三十二条 纳税人应当在《外管证》注明地进行生产经营前向当地税务机关报验登记,并提交下列证件、资料:

(一)税务登记证件副本;

(二)《外管证》。

纳税人在《外管证》注明地销售货物的,除提交以上证件、资料外,应如实填写《外出经营货物报验单》,申报查验货物。

第三十三条 纳税人外出经营活动结束,应当向经营地税务机关填报《外出经营活动情况申报表》,并结清税款、缴销发票。

第三十四条 纳税人应当在《外管证》有效期届满后 10 日内,持《外管证》回原税务登记地税务机关办理《外管证》缴销手续。

第七章 证照管理

第三十五条 税务机关应当加强税务登记证件的管理,采取实地调查、上门验证等方法进行税务登记证件的管理。

第三十六条 税务登记证式样改变,需统一换发税务登记证的,由国家税务总局确定。

第三十七条 纳税人、扣缴义务人遗失税务登记证件的,应当自遗失税务登记证件之日起15日内，书面报告主管税务机关，如实填写《税务登记证件遗失报告表》，并将纳税人的名称、税务登记证件名称、税务登记证件号码、税务登记证件有效期、发证机关名称在税务机关认可的报刊上作遗失声明，凭报刊上刊登的遗失声明到主管税务机关补办税务登记证件。

第八章　非正常户处理

第三十八条　已办理税务登记的纳税人未按照规定的期限申报纳税，在税务机关责令其限期改正后，逾期不改正的，税务机关应当派员实地检查，查无下落并且无法强制其履行纳税义务的，由检查人员制作非正常户认定书，存入纳税人档案，税务机关暂停其税务登记证件、发票领购簿和发票的使用。

第三十九条　纳税人被列入非正常户超过三个月的，税务机关可以宣布其税务登记证件失效，其应纳税款的追征仍按《税收征管法》及其《实施细则》的规定执行。

第九章　法律责任

第四十条　纳税人不办理税务登记的，税务机关应当自发现之日起3日内责令其限期改正；逾期不改正的，依照《税收征管法》第六十条第一款的规定处罚。

第四十一条　纳税人通过提供虚假的证明资料等手段，骗取税务登记证的，处2000元以下的罚款；情节严重的，处2000元以上10000元以下的罚款。纳税人涉嫌其他违法行为的，按有关法律、行政法规的规定处理。

第四十二条　扣缴义务人未按照规定办理扣缴税款登记的，税务机关应当自发现之日起3日内责令其限期改正，并可处以1000元以下的罚款。

第四十三条　纳税人、扣缴义务人违反本办法规定，拒不接受税务机关处理的，税务机关可以收缴其发票或者停止向其发售发票。

第四十四条　税务人员徇私舞弊或者玩忽职守，违反本办法规定为纳税人办理税务登记相关手续，或者滥用职权，故意刁难纳税人、扣缴义务人的，调离工作岗位，并依法给予行政处分。

第十章　附　　则

第四十五条　本办法涉及的标识、戳记和文书式样，由国家税务总局确定。

第四十六条　本办法由国家税务总局负责解释。各省、自治区、直辖市和计划单列市税务局可根据本办法制定具体的实施办法。

第四十七条　本办法自2004年2月1日起施行。

6－2－45

国家税务总局关于印发《开展税务证明事项告知承诺制试点工作方案》的通知

2019 年 8 月 25 日　税总函〔2019〕266 号

国家税务总局河北、江苏、浙江省和大连、厦门市税务局：

税务总局制定了《开展税务证明事项告知承诺制试点工作方案》，现印发给你们，请认真贯彻执行。试点过程中的问题和困难请及时报告税务总局（政策法规司）。

附件：税务证明事项告知承诺制试点范围

开展税务证明事项告知承诺制试点工作方案

为深入贯彻落实党中央、国务院关于持续开展“减证便民”行动的决策部署，进一步优化税务执法方式，改善税收营商环境，根据《国务院办公厅关于做好证明事项清理工作的通知》（国办发〔2018〕47 号）、《国家税务总局关于实施便民办税缴费十条新举措的通知》（税总函〔2019〕223 号）要求，参照《司法部关于印发开展证明事项告知承诺制试点工作方案的通知》（司发通〔2019〕54 号，以下简称《通知》）的有关规定，现就开展税务证明事项告知承诺制试点工作制定以下方案。

一、总体要求

以习近平新时代中国特色社会主义思想为指导，深入贯彻落实党的十九大和十九届二中、三中全会精神，坚持以人民为中心的发展思想，创新管理服务方式，围绕依申请办理的税务事项，积极开展税务证明事项告知承诺制试点，切实减少事前证明材料报送，加强事中事后公正监管，着力打造法治化、便利化税收营商环境，不断增强纳税人的获得感和满意度。

二、工作目标

选取有代表性的税务证明事项进行告知承诺制试点，推动形成标准公开、规则公平、预期合理、各负其责、信用监管的治理模式，进一步从制度层面解决办事难、办事慢、多头跑、来回跑等问题。通过试点，探索形成可复制、可推广的证明事项告知承诺标准和规范。

三、试点范围

根据试点需要和有关单位工作基础，确定在国家税务总局河北、江苏、浙江、大连、厦门等 5 个省（市）税务局对部分税务证明事项开展试点；试点省（市）税务局根据实际情况，确定部分税务机关为试点实施单位，具体开展试点工作（见附件）。

试点省（市）税务局确定的试点实施单位，同时被地方人民政府确定为试点单位的，要加强与地方人民政府试点牵头部门的沟通协调，做好工作衔接。

四、试点任务

本方案所指税务证明，是指公民、法人和其他组织在依法向税务机关申请办理行政许可、行政确认、税收减免等事项时，提供的需要由行政机关或其他机构出具的、用以描述客观事实或表明符合特定条件的有关材料。本方案所指税务证明事项告知承诺制，是指税务机关在办理有关事项时，以书面（含电子文本）形式将法律法规中规定的证明义务和证明内容一次性告知申请人，申请人书面承诺已经符合告知的条件、标准、要求，愿意承担不实承诺的法律责任，税务机关不再索要有关证明而依据书面（含电子文本）承诺办理相关事项。

对于纳入试点范围的税务证明事项，申请人可自主选择是否采用告知承诺替代证明。非申请人代为承诺的，要有申请人的特别授权。申请人纳税信用级别为D级的，不适用告知承诺制。申请人不愿承诺或无法承诺的，应当提交法律法规要求的证明。

试点实施单位要按照本方案要求，重点做好以下工作：

（一）公布试点事项清单。试点实施单位及所在省（市）税务局通过门户网站、办税服务厅等渠道公布纳入告知承诺制试点范围的税务证明事项清单。清单内容包括证明名称、证明用途、设定依据、索要单位、开具单位、告知承诺适用对象、承诺方式、事中事后核查方式、试点实施单位等。

（二）规范告知承诺工作流程。试点实施单位要科学编制税务证明事项告知承诺工作规程，修改完善办税指南。对实行告知承诺的税务证明事项，按照内容完备、逻辑清晰、通俗易懂的要求，制作告知承诺书格式文本。书面告知的内容应包括办税事项的名称、设定证明的依据、证明的内容、承诺的方式、虚假承诺的责任等。书面承诺的内容应包括申请人已知晓告知事项、已符合相关条件、愿意承担虚假承诺的责任以及承诺意思表示真实等。告知承诺书格式文本要在试点实施单位及所在省（市）税务局办税服务厅、门户网站上公示，方便申请人索取或下载。

（三）加强事中事后核查。试点实施单位要针对试点税务证明事项的特点，分类确定核查办法，明确核查时间、核查标准、核查方式等。试点实施单位要认真贯彻落实《国务院关于在线政务服务的若干规定》，梳理试点工作中需进行核查的信息需求，通过全国一体化在线政务服务平台、国家数据共享交换平台、全国信用信息共享平台、政府部门内部核查和部门间行政协助等方式，对申请人的承诺内容予以核实。确需进行现场检查的，要优化工作程序、加强业务协同，避免随意检查，防止增加纳税人负担。

（四）探索失信惩戒模式。对试点中发现申请人故意隐瞒真实情况、提供虚假承诺办理有关事项的，要依法处理处罚，按规定记入纳税信用，且不得再对该申请人适用告知承诺。要加大失信联合惩戒力度，加强跨部门联动响应，完善“一处失信、处处受限”的联合惩戒机制。

（五）强化风险防范措施。试点实施单位对社会关注的事项等，探索建立告知承诺书公示制度，鼓励申请人主动公开接受社会监督。同时，要梳理工作环节重大风险，制定防控措施。

五、工作步骤

（一）做好试点准备。2019年9月10日前，试点实施单位要做好公开试点事项目录、对试点事项逐项制定告知承诺书格式文本、编制告知承诺工作规程、修改完善办事指南等工作，细化任务措施，明确时间节点，试点省（市）税务局要加强对试点准备工作的指导和服务，并将具体实施举措汇总，通过 FTP 报送税务总局。

（二）组织开展试点。试点时间为 2019 年 9 月至 11 月，试点实施单位要积极有序推进试点工作，确保完成试点任务，取得工作实效。

（三）总结经验做法。2019 年 12 月 20 日前，试点省（市）税务局对试点工作情况、主要做法和成效、存在的问题和建议等进行总结，通过 FTP 报送税务总局（政策法规司）。

六、组织实施

（一）加强组织领导。试点省（市）税务局和试点实施单位要充分认识试点工作的重要意义，结合“不忘初心、牢记使命”主题教育，聚焦“为民服务解难题”，坚持目标导向、问题导向、效果导向，强化组织领导，明确任务分工，落实工作责任，确保试点质量。

（二）注重务实创新。试点实施单位要把握试点工作方向，结合试点任务和自身实际，针对突出问题集中力量攻关，深入推进证明事项告知承诺标准化规范化，创新事中事后监管措施和风险防范措施，广泛收集人民群众和市场主体对试点工作及成效的评价意见，持续改进工作，提升纳税人满意度和获得感，努力形成可复制可推广的典型经验。

（三）做好总结评估。试点省（市）税务局要及时上报试点工作进展以及有关制度建设、工作机制、工作规范、标准、指南、典型案例等成果资料。税务总局将认真研究试点工作中的新情况、新问题，定期交流、通报试点进展情况，对试点工作进行总结评估，研究提出在税务系统全面推广试点经验的意见。

附件

税务证明事项告知承诺制试点范围

序号	证明名称	证明用途	试点实施单位
1	熊猫普制金币销售相关证书	“中国熊猫普制金币授权经销商”或金融机构办理销售熊猫普制金币免征增值税时，需提供“中国熊猫普制金币授权经销商”相关资格证书或中国银行业监督管理委员会批准其开办个人黄金买卖业务的相关批件材料。	国家税务总局大连市税务局 国家税务总局厦门市税务局 国家税务总局连云港市税务局
2	肥料登记证	纳税人办理生产销售和批发、零售有机肥产品免征增值税时，需提供在有效期内的肥料登记证。	国家税务总局厦门市税务局
3	产品质量检测报告	纳税人办理生产、委托加工节能环保涂料或节能环保电池免征消费税时，需提供省级以上质量技术监督部门认定的检测机构出具的产品检测报告。	国家税务总局厦门市税务局
4	城市公交企业和公共汽电车辆认定表	城市公交企业办理免征车辆购置税时，需提供所在地县级以上（含县级）交通运输主管部门出具的公共汽电车辆认定表。	国家税务总局石家庄市税务局 国家税务总局秦皇岛市税务局 国家税务总局承德市双滦区税务局 国家税务总局围场满族蒙古族自治县税务局 国家税务总局宽城满族自治县税务局 国家税务总局唐山市丰南区税务局 国家税务总局唐山市曹妃甸区税务局 国家税务总局滦州市税务局

续表

序号	证明名称	证明用途	试点实施单位
5	个人身份证明	纳税人办理个人转让5年以上唯一住房免征个人所得税时，需提供双方当事人居民身份证或其他证明身份的合法证件。	国家税务总局大连市税务局
6	家庭唯一生活用房证明	纳税人办理个人转让5年以上唯一住房免征个人所得税时，需提供家庭唯一生活用房证明材料。	国家税务总局大连市税务局 国家税务总局连云港市税务局 国家税务总局金华市税务局
7	家庭住房情况证明	纳税人办理个人购买住房按规定减免契税时，需提供购房所在地房地产主管部门出具的纳税人家庭住房情况书面查询结果。	国家税务总局厦门市税务局 国家税务总局苏州市税务局第二税务分局 国家税务总局苏州市姑苏区税务局 国家税务总局金华市税务局 国家税务总局大连市税务局第三税务分局
8	家庭成员信息证明	首次购买90平方米以下改造安置住房的棚户区被征收人，在办理减按1%征收契税时，需提供身份证、户口簿、结婚证（已结婚的）等家庭成员信息证明。	国家税务总局台州市税务局
9	夫妻间变更房产、土地权属相关材料	夫妻之间变更房屋、土地权属或共有份额办理免征契税时，需提供房产证，土地、房屋权属变更、过户文书等夫妻间变更房屋、土地权属相关材料。	国家税务总局大连市税务局第三税务分局
10	购买公有住房或集资建房证明	纳税人办理城镇职工按规定第一次购买公有住房免征契税时，需提供购买公有住房或集资建房的证明。	国家税务总局金华市税务局
11	房屋产权证、土地使用权证明	11.1 税务行政相对人享受契税政策申请退还多缴税款时，需提供房屋产权证件。	国家税务总局苏州市税务局（市区） 国家税务总局扬州市税务局（市区）
		11.2 企事业单位、社会团体以及其他组织转让旧房作为保障性住房且增值率不超过20%，办理免征土地增值税备案时，需提供房屋产权证、土地使用权证明。	国家税务总局厦门市翔安区税务局 国家税务总局厦门市海沧区税务局
12	随军家属身份证明	从事个体经营的随军家属按规定免征增值税、个人所得税，需提供师以上政治机关出具的可以表明随军家属身份的证明。	国家税务总局大连市税务局 国家税务总局石家庄市税务局 国家税务总局秦皇岛市税务局 国家税务总局承德市双滦区税务局 国家税务总局围场满族蒙古族自治县税务局 国家税务总局宽城满族自治县税务局 国家税务总局唐山市丰南区税务局 国家税务总局唐山市曹妃甸区税务局 国家税务总局滦州市税务局
13	安置随军家属就业证明	安置随军家属就业而新开办的企业按规定免征增值税，需提供军（含）以上政治和后勤机关出具的证明。	国家税务总局大连市税务局
14	税务登记证件	14.1 纳税人办理一般纳税人登记时，需提供税务登记证件。	国家税务总局厦门市税务局 国家税务总局苏州市税务局 国家税务总局连云港市税务局
		14.2 跨省经营汇总纳税企业总、分机构备案信息发生变化的，在向所在地主管税务机关备案时，需提供税务登记证副本。	国家税务总局连云港市税务局

6 –2 –46

国家税务总局关于进一步简化企业开办涉税事项办理程序压缩办理时间的通知

2019 年 12 月 3 日　税总发〔2019〕126 号

国家税务总局各省、自治区、直辖市和计划单列市税务局，国家税务总局驻各地特派员办事处：

为深入贯彻党的十九届四中全会精神，落实《优化营商环境条例》有关要求，深化税收领域“放管服”改革，持续优化税收营商环境，现就进一步简化企业开办涉税事项办理程序、压缩办理时间有关问题通知如下：

一、目标要求及工作原则

（一）目标要求

2020 年 6 月底前，企业开办涉税事项办理全部实现一套资料、一窗受理、一次提交、一次办结。进一步压缩企业开办首次办税时申领增值税发票时间，有条件的地区可以压缩至 1 个工作日内。

（二）工作原则

便利高效。减事项、减表单、减资料、减流程、减操作，推动将企业开办事项由部门间“串联”办理转变为“并联”办理；运用信息化手段提升办理效率，方便纳税人办税。个体工商户、农民合作社参照适用。

分类办理。根据新办企业实际需求，分类办理企业开办涉税事项。新办企业需要申领发票的，可按照优化后程序办理，暂不申领发票的，企业在办理涉税事项时确认登记信息即可。

资料容缺。企业开办过程中资料不全，但不直接影响事项办理的，税务机关可为企业先行办理开办事项，纳税人后续补充报送。

风险可控。在优化企业开办流程、压缩办理时间的同时，通过对办税人员进行实名信息采集验证，对新办企业进行用票风险“体检”等方式开展事中事后监管，加强对虚假注册、虚开发票等违法行为的风险防控。

二、具体措施

（一）减事项

规范企业开办涉税事项。新开办企业时，纳税人依申请办理的事项包括登记信息确认、发票票种核定、增值税一般纳税人登记、增值税专用发票最高开票限额审批、增值税税控系统专用设备初始发行（含税务 UKey 发放）、发票领用等 6 个事项；税务机关依职权办理的事项为主管税务机关及科所分配、税（费）种认定等 2 个事项。

除上述事项之外，各地不得擅自增加其他事项作为企业开办事项。

（二）减表单

推行企业开办"一表集成"。企业开办首次申领发票涉及相关事项所需填写、确认的《增值税一般纳税人登记表》《纳税人领用发票票种核定表》《税务行政许可申请表》《增值税专用发票最高开票限额申请单》等集成至《新办纳税人涉税事项综合申请表》（详见附件1），由纳税人一次填报和确认，实现企业开办"一表集成"。

（三）减资料

进一步减少报送资料。市场监管部门已经采集办税人员实名信息的纳税人，税务机关可通过信息共享获取实名信息的，无需重复采集。企业办税人员已实名的，可不再提交营业执照原件或复印件。

实行"容缺式"办理。企业通过优化后的程序现场办理开办涉税事项，若暂时无法提供企业印章，符合以下条件的，税务机关予以容缺办理：由其法定代表人办理时，已实名采集认证并承诺后续补齐的；由办税人员办理时，办税人员已实名采集认证，经法定代表人线上实名采集认证、授予办税人员办税权限的，或者提供法定代表人授权委托书的（详见附件2）。企业30日内未补充提供印章的，税务机关将其行为纳入信用记录，对其实施风险管理并严格办理发票领用。

（四）减流程

简并线下办理流程。金税三期系统新增"企业开办（优化版）"功能，将企业开办首次办税涉及的系统功能、流程进行整合，实现税务人员在一个模块操作完成各相关事项的操作。

优化网上办理体验。各地通过改造电子税务局等系统，将企业开办涉税事项实行一套资料、一次提交、一次采集、一次办结。在电子税务局中设置操作指引提示，为新办企业提供相应的提示引导服务。

（五）减操作

探索智能化办税。探索运用信息化的手段，辅助实现主管税务机关及科所分配、税（费）种认定，通过建立指标体系，实现发票用量的自动核准，减少纳税人、税务干部的人工操作步骤。

后续事项同步办理。"财务会计制度及核算软件备案报告""存款账户账号报告""银税三方（委托）划缴协议"等后续事项，企业可在电子税务局自行办理，或在办税服务厅再次办理涉税事项时办理。如企业在开办时申请一并办理的，税务机关可同时予以办理。

三、工作要求

（一）结合实际落实。各省税务机关要按照本通知要求，结合本地实际研究完善措施，确保简化企业开办涉税事项办理流程、压缩办理时间各项要求落到实处。要加强宣传辅导，做好企业开办涉税业务办理的提示提醒，并及时研究解决工作中遇到的问题。

（二）加强信息共享。各地税务机关要主动作为，进一步加强与市场监管部门信息共享和联合监管，提高信息共享频次，健全信息对账和异常信息现场处理机制，保证登记信息共享的及时性、准确性、完整性。要积极配合当地政府部门实现企业开办事项网上办理，根据职责分工做好衔接，确保企业开办涉税事项办理顺畅。

（三）强化技术支撑。各地税务机关做好本地电子税务局、自助办税终端、发票寄递平台、短信平台等信息系统的改造，抓好与金税三期系统、增值税发票管理系统、政府政务一体化平台的衔接、整合工作，实现全程线上办理。

（四）做到无缝衔接。企业开办事项提供线上申请线下办理的，应加强衔接，避免出现线上受理，线下不能及时处理的情形。各地税务机关根据本地实际情况，在风险可控基础上，尽可能实现增值税税控系统专用设备网上购买或税务 UKey 网上发放，并提供便利化初始发行方式，纳税人在线上提出申请后，主管税务机关应及时响应并通过在办税服务厅、自助办税终端发行，邮寄或安排税控服务单位上门安装等方式，实现从申请到领用的无缝衔接。

附件：1. 新办纳税人涉税事项综合申请表

2. 授权委托书

3. 企业开办涉税事项办理参考流程

附件 1

新办纳税人涉税事项综合申请表

<table>
<tr><td rowspan="3">基本信息</td><td>纳税人名称</td><td colspan="2"></td><td>统一社会信用代码</td><td></td></tr>
<tr><td>经办人</td><td colspan="2"></td><td>身份证件类型</td><td></td></tr>
<tr><td>证件号码</td><td colspan="2"></td><td>联系电话</td><td></td></tr>
<tr><td rowspan="5">增值税一般纳税人资格登记</td><td colspan="5">是否登记为增值税一般纳税人：是□；否□（无需填写以下一般纳税人资格登记信息）</td></tr>
<tr><td>纳税人类别：</td><td colspan="4">企业□　个体工商户□　农民合作社□　其他□
（请选择一个项目并在□内打“√”）</td></tr>
<tr><td>主营业务类别：</td><td colspan="4">工业□　商业□　服务业□　其他□
（请选择一个项目并在□内打“√”）</td></tr>
<tr><td>会计核算健全：</td><td colspan="4">是□　（请选择一个项目并在□内打“√”）</td></tr>
<tr><td colspan="2">一般纳税人资格生效之日：</td><td colspan="3">当月 1 日□　次月 1 日□
（请选择一个项目并在□内打“√”）</td></tr>
<tr><td rowspan="9">首次办税申领发票</td><td>发票种类名称</td><td colspan="2">单份发票最高开票限额</td><td>每月最高领票数量</td><td>领票方式</td></tr>
<tr><td></td><td colspan="2"></td><td></td><td></td></tr>
<tr><td></td><td colspan="2"></td><td></td><td></td></tr>
<tr><td></td><td colspan="2"></td><td></td><td></td></tr>
<tr><td>领票人</td><td>联系电话</td><td colspan="2">身份证件类型</td><td>身份证件号码</td></tr>
<tr><td></td><td></td><td colspan="2"></td><td></td></tr>
<tr><td></td><td></td><td colspan="2"></td><td></td></tr>
<tr><td colspan="2">税务行政许可申请事项：</td><td colspan="3">增值税专用发票（增值税税控系统）最高开票限额审批</td></tr>
<tr><td colspan="2">增值税专用发票（增值税税控系统）最高开票限额申请</td><td colspan="3">一千元□　一万元□　十万元□
（请选择一个项目并在□内打“√”）</td></tr>
<tr><td colspan="6">纳税人声明：能够提供准确税务资料，上述各项内容真实、可靠、完整。如有虚假，愿意承担相关法律责任。
经办人：　代理人：　纳税人（印章）：
年　月　日</td></tr>
</table>

填表说明：

1. 本表适用于新办企业，新办个体工商户、农民合作社可参照适用；

2. 表单一式一份，由税务机关留存。

附件2

授权委托书

（参考格式）

国家税务总局________________税务局：

兹授权___________（身份证件类型：________、证件号码：____________________）为我单位____________（统一社会信用代码：________________）办税人员。由于尚未取得单位印章，申请委托其到税务机关容缺办理____________涉税事项，并承诺30日内补盖印章。若逾期仍未补齐，本人及本单位愿意按照税收法律法规、相关制度规定接受处理。

特此授权。

法定代表人（负责人、业主）签名：　　　　联系方式：

（身份证复印件附后）

受托人签名：　　　　联系方式：

年　月　日

附件3

企业开办涉税事项办理参考流程

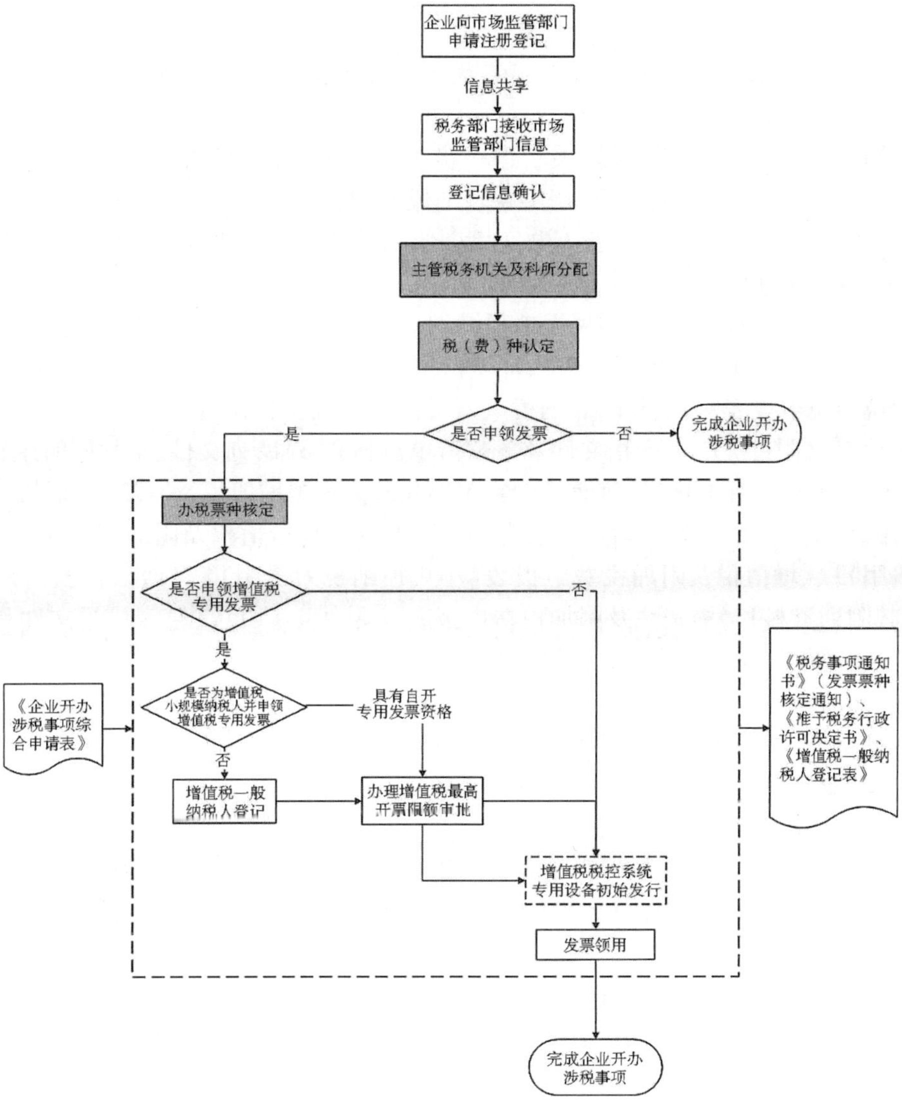

6－2－47

国家税务总局关于简并税费申报有关事项的公告

2021年4月12日　国家税务总局公告2021年第9号

为贯彻落实中办、国办印发的《关于进一步深化税收征管改革的意见》，深入推进税务领域“放管服”改革，优化营商环境，切实减轻纳税人、缴费人申报负担，根据《国家税务总局关于开展2021年“我为纳税人缴费人办实事暨便民办税春风行动”的意见》（税总发〔2021〕14号），现将简并税费申报有关事项公告如下：

一、自2021年6月1日起，纳税人申报缴纳城镇土地使用税、房产税、车船税、印花税、耕地占用税、资源税、土地增值税、契税、环境保护税、烟叶税中一个或多个税种时，使用《财产和行为税纳税申报表》（附件1）。纳税人新增税源或税源变化时，需先填报《财产和行为税税源明细表》（附件2）。《废止文件及条款清单》（附件3）所列文件、条款同时废止。

二、自2021年5月1日起，海南、陕西、大连和厦门开展增值税、消费税分别与城市维护建设税、教育费附加、地方教育附加申报表整合试点，启用《增值税及附加税费申报表（一般纳税人适用）》、《增值税及附加税费申报表（小规模纳税人适用）》、《增值税及附加税费预缴表》及其附列资料和《消费税及附加税费申报表》（附件4－10），《暂停执行文件和条款清单》（附件11）所列文件、条款同时暂停执行。

特此公告。

附件：1. 财产和行为税纳税申报表（编者略）

2. 财产和行为税税源明细表（编者略）

3. 废止文件及条款清单

4.《增值税及附加税费申报表（一般纳税人适用）》及其附列资料（编者略）

5.《增值税及附加税费申报表（一般纳税人适用）》及其附列资料填写说明（编者略）

6.《增值税及附加税费申报表（小规模纳税人适用）》及其附列资料（编者略）

7.《增值税及附加税费申报表（小规模纳税人适用）》及其附列资料填写说明（编者略）

8.《增值税及附加税费预缴表》及其附列资料（编者略）

9.《增值税及附加税费预缴表》及其附列资料填写说明（编者略）

10. 消费税及附加税费申报表（编者略）

11. 暂停执行文件和条款清单（编者略）

附件3

废止文件及条款清单

1.《国家税务总局关于发布〈环境保护税纳税申报表〉的公告》(2018年第7号)

2.《国家税务总局关于发布〈烟叶税纳税申报表〉的公告》(2018年第39号)

3.《国家税务总局关于增值税小规模纳税人地方税种和相关附加减征政策有关征管问题的公告》(2019年第5号)附件5、附件6

4.《国家税务总局关于耕地占用税征收管理有关事项的公告》(2019年第30号)附件

5.《国家税务总局关于修订城镇土地使用税和房产税申报表单的公告》(2019年第32号)

6.《国家税务总局关于资源税征收管理若干问题的公告》(2020年第14号)附件

注释:

条款废止。附件2中《印花税税源明细表》的规定废止。参见:《国家税务总局关于实施〈中华人民共和国印花税法〉等有关事项的公告》(国家税务总局公告2022年第14号)。

条款失效。附件1中《财产和行为税减免税明细申报附表》已修订。参见:《国家税务总局关于进一步实施小微企业"六税两费"减免政策有关征管问题的公告》(国家税务总局公告2022年第3号)。

条款废止。附件2中的《契税税源明细表》自2021年9月1日起废止。参见:《国家税务总局关于契税纳税服务与征收管理若干事项的公告》(国家税务总局公告2021年第25号)。

条款废止。附件4至附件11自2021年8月1日起废止。参见:《国家税务总局关于增值税 消费税与附加税费申报表整合有关事项的公告》(国家税务总局公告2021年第20号)。

6-2-48

国家税务总局 国家外汇管理局关于服务贸易等项目对外支付税务备案有关问题的补充公告

2021年6月29日 国家税务总局 国家外汇管理局公告2021年第19号

为深入贯彻落实中办、国办印发的《关于进一步深化税收征管改革的意见》,促进深化"放管服"改革,打造市场化法治化国际化营商环境,促进贸易投资自由化便利化,切实为群众办实事,现对《国家税务总局 国家外汇管理局关于服务贸易等项目对外支付税务备案有关问题的公告》(国家税务总局 国家外汇管理局公告2013年第40号发布,国家税务总

局公告 2018 年第 31 号修改)补充公告如下:

一、境内机构和个人(以下称备案人)对同一笔合同需要多次对外支付的,仅需在首次付汇前办理税务备案。

二、下列事项无需办理税务备案:

(一)外国投资者以境内直接投资合法所得在境内再投资;

(二)财政预算内机关、事业单位、社会团体非贸易非经营性付汇业务。

三、备案人可以通过以下方式获取和填报《服务贸易等项目对外支付税务备案表》(以下简称《备案表》):

(一)通过电子税务局等在线方式填报;

(二)从各省、自治区、直辖市和计划单列市税务局官方网站下载并填报;

(三)在主管税务机关办税服务厅领取并填报。

四、备案人选择在电子税务局等在线方式办理备案的,应完整、如实填写《备案表》并提交相关资料。备案人完成备案后,可凭《备案表》编号和验证码,按照外汇管理相关规定,到银行办理付汇手续。

五、备案人选择在办税服务厅办理备案的,对于提交资料齐全、《备案表》填写完整的,主管税务机关无需当场进行纳税事项审核,应在系统录入《备案表》信息、生成《备案表》编号和验证码。备案人可凭《备案表》编号和验证码,按照外汇管理相关规定,到银行办理付汇手续。

六、本公告自发布之日起施行。《国家税务总局　国家外汇管理局关于服务贸易等项目对外支付税务备案有关问题的公告》(国家税务总局　国家外汇管理局公告 2013 年第 40 号发布,国家税务总局公告 2018 年第 31 号修改)第一条第二款、第二条第二款、第五条、第六条、第七条、第八条、第十条和附件 2 同时废止。

特此公告。

6 -2 -49

市场监管总局　国家税务总局关于进一步完善简易注销登记便捷中小微企业市场退出的通知

2021 年 7 月 30 日　国市监注发〔2021〕45 号

各省、自治区、直辖市和新疆生产建设兵团市场监管局(厅、委),国家税务总局各省、自治区、直辖市和计划单列市税务局,国家税务总局驻各地特派员办事处:

近年来,市场监管总局、税务总局积极推行企业简易注销登记改革试点改革工作,极大地便利了未开业或无债权债务市场主体退出市场。为落实国务院部署和《政府工作报告》要求,实行中小微企业、个体工商户简易注销登记,持续深化商事制度改革,畅通市场主体退出渠道,提高市场主体活跃度,现就有关事项通知如下:

一、拓展简易注销登记适用范围

在《关于全面推进企业简易注销登记改革的指导意见》（工商企注字〔2016〕253 号，以下简称《指导意见》）、《关于加强信息共享和联合监管的通知》（工商企注字〔2018〕11 号）基础上，将简易注销登记的适用范围拓展至未发生债权债务或已将债权债务清偿完结的市场主体（上市股份有限公司除外，下同）。市场主体在申请简易注销登记时，不应存在未结清清偿费用、职工工资、社会保险费用、法定补偿金、应缴纳税款（滞纳金、罚款）等债权债务。全体投资人书面承诺对上述情况的真实性承担法律责任。

税务部门通过信息共享获取市场监管部门推送的拟申请简易注销登记信息后，应按照规定的程序和要求，查询税务信息系统核实相关涉税情况，对经查询系统显示为以下情形的纳税人，税务部门不提出异议：一是未办理过涉税事宜的纳税人，二是办理过涉税事宜但没领用过发票（含代开发票）、没有欠税和没有其他未办结事项的纳税人，三是查询时已办结缴销发票、结清应纳税款等清税手续的纳税人。

二、实施个体工商户简易注销登记

营业执照和税务登记证“两证整合”改革实施后设立登记的个体工商户通过简易程序办理注销登记的，无需提交承诺书，也无需公示。个体工商户在提交简易注销登记申请后，市场监管部门应当在 1 个工作日内将个体工商户拟申请简易注销登记的相关信息通过省级统一的信用信息共享交换平台、政务信息平台、部门间的数据接口（统称信息共享交换平台）推送给同级税务等部门，税务等部门于 10 天（自然日，下同）内反馈是否同意简易注销。对于税务等部门无异议的，市场监管部门应当及时办理简易注销登记。税务部门不提异议的情形与本通知第一条相关规定一致。

三、压缩简易注销登记公示时间

将简易注销登记的公示时间由 45 天压缩为 20 天，公示期届满后，市场主体可直接向市场监管部门申请办理简易注销登记。市场主体应当在公示期届满之日起 20 天内向市场监管部门申请，可根据实际情况申请适当延长，最长不超过 30 天。市场主体在公示后，不得从事与注销无关的生产经营活动。

四、建立简易注销登记容错机制

市场主体申请简易注销登记的，经市场监管部门审查存在“被列入企业经营异常名录”、“存在股权（投资权益）被冻结、出质或动产抵押等情形”、“企业所属的非法人分支机构未办注销登记的”等不适用简易注销登记程序的，无需撤销简易注销公示，待异常状态消失后可再次依程序公示申请简易注销登记。对于承诺书文字、形式填写不规范的，市场监管部门在市场主体补正后予以受理其简易注销申请，无需重新公示。

五、优化注销平台功能流程

允许市场主体通过注销平台进行简易注销登记，对符合条件的市场主体实行简易注销登记全程网办。市场主体填报简易注销信息后，平台自动生成《全体投资人承诺书》，除机关、事业法人、外国投资人等特殊情形外，全体投资人实名认证并进行电子签名。市场主体可以通过邮寄方式交回营业执照，对于营业执照丢失的，可通过国家企业信用信息公示系统免费发布营业执照作废声明。

各地市场监管部门、税务部门要按照简易注销技术方案，做好系统开发升级。同时，加强部门协同监管，市场主体在简易注销登记中隐瞒真实情况、弄虚作假的，市场监管部门可以依法作出撤销注销登记等处理，在恢复企业主体资格的同时将该企业列入严重违法失信名单，并通过国家企业信用信息公示系统公示，防止市场主体利用简易注销登记恶意逃避法律责任。在推进改革过程中，各地市场监管部门、税务部门要注意收集简易注销登记中遇到的新情况、新问题，及时向市场监管总局和税务总局报告。

6－2－50

中华人民共和国市场主体登记管理条例实施细则

2022年3月1日　国家市场监督管理总局令第52号

第一章　总　　则

第一条　根据《中华人民共和国市场主体登记管理条例》（以下简称《条例》）等有关法律法规，制定本实施细则。

第二条　市场主体登记管理应当遵循依法合规、规范统一、公开透明、便捷高效的原则。

第三条　国家市场监督管理总局主管全国市场主体统一登记管理工作，制定市场主体登记管理的制度措施，推进登记全程电子化，规范登记行为，指导地方登记机关依法有序开展登记管理工作。

县级以上地方市场监督管理部门主管本辖区市场主体登记管理工作，加强对辖区内市场主体登记管理工作的统筹指导和监督管理，提升登记管理水平。

县级市场监督管理部门的派出机构可以依法承担个体工商户等市场主体的登记管理职责。

各级登记机关依法履行登记管理职责，执行全国统一的登记管理政策文件和规范要求，使用统一的登记材料、文书格式，以及省级统一的市场主体登记管理系统，优化登记办理流程，推行网上办理等便捷方式，健全数据安全管理制度，提供规范化、标准化登记管理服务。

第四条　省级以上人民政府或者其授权的国有资产监督管理机构履行出资人职责的公司，以及该公司投资设立并持有50%以上股权或者股份的公司的登记管理由省级登记机关负责；股份有限公司的登记管理由地市级以上地方登记机关负责。

除前款规定的情形外，省级市场监督管理部门依法对本辖区登记管辖作出统一规定；上级登记机关在特定情形下，可以依法将部分市场主体登记管理工作交由下级登记机关承担，或者承担下级登记机关的部分登记管理工作。

外商投资企业登记管理由国家市场监督管理总局或者其授权的地方市场监督管理部门负责。

第五条 国家市场监督管理总局应当加强信息化建设，统一登记管理业务规范、数据标准和平台服务接口，归集全国市场主体登记管理信息。

省级市场监督管理部门主管本辖区登记管理信息化建设，建立统一的市场主体登记管理系统，归集市场主体登记管理信息，规范市场主体登记注册流程，提升政务服务水平，强化部门间信息共享和业务协同，提升市场主体登记管理便利化程度。

第二章 登记事项

第六条 市场主体应当按照类型依法登记下列事项：

（一）公司：名称、类型、经营范围、住所、注册资本、法定代表人姓名、有限责任公司股东或者股份有限公司发起人姓名或者名称。

（二）非公司企业法人：名称、类型、经营范围、住所、出资额、法定代表人姓名、出资人（主管部门）名称。

（三）个人独资企业：名称、类型、经营范围、住所、出资额、投资人姓名及居所。

（四）合伙企业：名称、类型、经营范围、主要经营场所、出资额、执行事务合伙人名称或者姓名，合伙人名称或者姓名、住所、承担责任方式。执行事务合伙人是法人或者其他组织的，登记事项还应当包括其委派的代表姓名。

（五）农民专业合作社（联合社）：名称、类型、经营范围、住所、出资额、法定代表人姓名。

（六）分支机构：名称、类型、经营范围、经营场所、负责人姓名。

（七）个体工商户：组成形式、经营范围、经营场所，经营者姓名、住所。个体工商户使用名称的，登记事项还应当包括名称。

（八）法律、行政法规规定的其他事项。

第七条 市场主体应当按照类型依法备案下列事项：

（一）公司：章程、经营期限、有限责任公司股东或者股份有限公司发起人认缴的出资数额、董事、监事、高级管理人员、登记联络员、外商投资公司法律文件送达接受人。

（二）非公司企业法人：章程、经营期限、登记联络员。

（三）个人独资企业：登记联络员。

（四）合伙企业：合伙协议、合伙期限、合伙人认缴或者实际缴付的出资数额、缴付期限和出资方式、登记联络员、外商投资合伙企业法律文件送达接受人。

（五）农民专业合作社（联合社）：章程、成员、登记联络员。

（六）分支机构：登记联络员。

（七）个体工商户：家庭参加经营的家庭成员姓名、登记联络员。

（八）公司、合伙企业等市场主体受益所有人相关信息。

（九）法律、行政法规规定的其他事项。

上述备案事项由登记机关在设立登记时一并进行信息采集。

受益所有人信息管理制度由中国人民银行会同国家市场监督管理总局另行制定。

第八条 市场主体名称由申请人依法自主申报。

第九条 申请人应当依法申请登记下列市场主体类型：

（一）有限责任公司、股份有限公司；

（二）全民所有制企业、集体所有制企业、联营企业；

（三）个人独资企业；

（四）普通合伙（含特殊普通合伙）企业、有限合伙企业；

（五）农民专业合作社、农民专业合作社联合社；

（六）个人经营的个体工商户、家庭经营的个体工商户。

分支机构应当按所属市场主体类型注明分公司或者相应的分支机构。

第十条　申请人应当根据市场主体类型依法向其住所（主要经营场所、经营场所）所在地具有登记管辖权的登记机关办理登记。

第十一条　申请人申请登记市场主体法定代表人、执行事务合伙人（含委派代表），应当符合章程或者协议约定。

合伙协议未约定或者全体合伙人未决定委托执行事务合伙人的，除有限合伙人外，申请人应当将其他合伙人均登记为执行事务合伙人。

第十二条　申请人应当按照国家市场监督管理总局发布的经营范围规范目录，根据市场主体主要行业或者经营特征自主选择一般经营项目和许可经营项目，申请办理经营范围登记。

第十三条　申请人申请登记的市场主体注册资本（出资额）应当符合章程或者协议约定。

市场主体注册资本（出资额）以人民币表示。外商投资企业的注册资本（出资额）可以用可自由兑换的货币表示。

依法以境内公司股权或者债权出资的，应当权属清楚、权能完整，依法可以评估、转让，符合公司章程规定。

第三章　登记规范

第十四条　申请人可以自行或者指定代表人、委托代理人办理市场主体登记、备案事项。

第十五条　申请人应当在申请材料上签名或者盖章。

申请人可以通过全国统一电子营业执照系统等电子签名工具和途径进行电子签名或者电子签章。符合法律规定的可靠电子签名、电子签章与手写签名或者盖章具有同等法律效力。

第十六条　在办理登记、备案事项时，申请人应当配合登记机关通过实名认证系统，采用人脸识别等方式对下列人员进行实名验证：

（一）法定代表人、执行事务合伙人（含委派代表）、负责人；

（二）有限责任公司股东、股份有限公司发起人、公司董事、监事及高级管理人员；

（三）个人独资企业投资人、合伙企业合伙人、农民专业合作社（联合社）成员、个体工商户经营者；

（四）市场主体登记联络员、外商投资企业法律文件送达接受人；

（五）指定的代表人或者委托代理人。

因特殊原因，当事人无法通过实名认证系统核验身份信息的，可以提交经依法公证的自然人身份证明文件，或者由本人持身份证件到现场办理。

第十七条 办理市场主体登记、备案事项，申请人可以到登记机关现场提交申请，也可以通过市场主体登记注册系统提出申请。

申请人对申请材料的真实性、合法性、有效性负责。

办理市场主体登记、备案事项，应当遵守法律法规，诚实守信，不得利用市场主体登记，牟取非法利益，扰乱市场秩序，危害国家安全、社会公共利益。

第十八条 申请材料齐全、符合法定形式的，登记机关予以确认，并当场登记，出具登记通知书，及时制发营业执照。

不予当场登记的，登记机关应当向申请人出具接收申请材料凭证，并在3个工作日内对申请材料进行审查；情形复杂的，经登记机关负责人批准，可以延长3个工作日，并书面告知申请人。

申请材料不齐全或者不符合法定形式的，登记机关应当将申请材料退还申请人，并一次性告知申请人需要补正的材料。申请人补正后，应当重新提交申请材料。

不属于市场主体登记范畴或者不属于本登记机关登记管辖范围的事项，登记机关应当告知申请人向有关行政机关申请。

第十九条 市场主体登记申请不符合法律、行政法规或者国务院决定规定，或者可能危害国家安全、社会公共利益的，登记机关不予登记，并出具不予登记通知书。

利害关系人就市场主体申请材料的真实性、合法性、有效性或者其他有关实体权利提起诉讼或者仲裁，对登记机关依法登记造成影响的，申请人应当在诉讼或者仲裁终结后，向登记机关申请办理登记。

第二十条 市场主体法定代表人依法受到任职资格限制的，在申请办理其他变更登记时，应当依法及时申请办理法定代表人变更登记。

市场主体因通过登记的住所（主要经营场所、经营场所）无法取得联系被列入经营异常名录的，在申请办理其他变更登记时，应当依法及时申请办理住所（主要经营场所、经营场所）变更登记。

第二十一条 公司或者农民专业合作社（联合社）合并、分立的，可以通过国家企业信用信息公示系统公告，公告期45日，应当于公告期届满后申请办理登记。

非公司企业法人合并、分立的，应当经出资人（主管部门）批准，自批准之日起30日内申请办理登记。

市场主体设立分支机构的，应当自决定作出之日起30日内向分支机构所在地登记机关申请办理登记。

第二十二条 法律、行政法规或者国务院决定规定市场主体申请登记、备案事项前需要审批的，在办理登记、备案时，应当在有效期内提交有关批准文件或者许可证书。有关批准文件或者许可证书未规定有效期限，自批准之日起超过90日的，申请人应当报审批机关确认其效力或者另行报批。

市场主体设立后，前款规定批准文件或者许可证书内容有变化、被吊销、撤销或者有效期届满的，应当自批准文件、许可证书重新批准之日或者被吊销、撤销、有效期届满之日起30日内申请办理变更登记或者注销登记。

第二十三条 市场主体营业执照应当载明名称、法定代表人(执行事务合伙人、个人独资企业投资人、经营者或者负责人)姓名、类型(组成形式)、注册资本(出资额)、住所(主要经营场所、经营场所)、经营范围、登记机关、成立日期、统一社会信用代码。

电子营业执照与纸质营业执照具有同等法律效力,市场主体可以凭电子营业执照开展经营活动。

市场主体在办理涉及营业执照记载事项变更登记或者申请注销登记时,需要在提交申请时一并缴回纸质营业执照正、副本。对于市场主体营业执照拒不缴回或者无法缴回的,登记机关在完成变更登记或者注销登记后,通过国家企业信用信息公示系统公告营业执照作废。

第二十四条 外国投资者在中国境内设立外商投资企业,其主体资格文件或者自然人身份证明应当经所在国家公证机关公证并经中国驻该国使(领)馆认证。中国与有关国家缔结或者共同参加的国际条约对认证另有规定的除外。

香港特别行政区、澳门特别行政区和台湾地区投资者的主体资格文件或者自然人身份证明应当按照专项规定或者协议,依法提供当地公证机构的公证文件。按照国家有关规定,无需提供公证文件的除外。

第四章 设立登记

第二十五条 申请办理设立登记,应当提交下列材料:

(一)申请书;

(二)申请人主体资格文件或者自然人身份证明;

(三)住所(主要经营场所、经营场所)相关文件;

(四)公司、非公司企业法人、农民专业合作社(联合社)章程或者合伙企业合伙协议。

第二十六条 申请办理公司设立登记,还应当提交法定代表人、董事、监事和高级管理人员的任职文件和自然人身份证明。

除前款规定的材料外,募集设立股份有限公司还应当提交依法设立的验资机构出具的验资证明;公开发行股票的,还应当提交国务院证券监督管理机构的核准或者注册文件。涉及发起人首次出资属于非货币财产的,还应当提交已办理财产权转移手续的证明文件。

第二十七条 申请设立非公司企业法人,还应当提交法定代表人的任职文件和自然人身份证明。

第二十八条 申请设立合伙企业,还应当提交下列材料:

(一)法律、行政法规规定设立特殊的普通合伙企业需要提交合伙人的职业资格文件的,提交相应材料;

(二)全体合伙人决定委托执行事务合伙人的,应当提交全体合伙人的委托书和执行事务合伙人的主体资格文件或者自然人身份证明。执行事务合伙人是法人或者其他组织的,还应当提交其委派代表的委托书和自然人身份证明。

第二十九条 申请设立农民专业合作社(联合社),还应当提交下列材料:

(一)全体设立人签名或者盖章的设立大会纪要;

(二)法定代表人、理事的任职文件和自然人身份证明;

（三）成员名册和出资清单，以及成员主体资格文件或者自然人身份证明。

第三十条　申请办理分支机构设立登记，还应当提交负责人的任职文件和自然人身份证明。

第五章　变更登记

第三十一条　市场主体变更登记事项，应当自作出变更决议、决定或者法定变更事项发生之日起30日内申请办理变更登记。

市场主体登记事项变更涉及分支机构登记事项变更的，应当自市场主体登记事项变更登记之日起30日内申请办理分支机构变更登记。

第三十二条　申请办理变更登记，应当提交申请书，并根据市场主体类型及具体变更事项分别提交下列材料：

（一）公司变更事项涉及章程修改的，应当提交修改后的章程或者章程修正案；需要对修改章程作出决议决定的，还应当提交相关决议决定；

（二）合伙企业应当提交全体合伙人或者合伙协议约定的人员签署的变更决定书；变更事项涉及修改合伙协议的，应当提交由全体合伙人签署或者合伙协议约定的人员签署修改或者补充的合伙协议；

（三）农民专业合作社（联合社）应当提交成员大会或者成员代表大会作出的变更决议；变更事项涉及章程修改的应当提交修改后的章程或者章程修正案。

第三十三条　市场主体更换法定代表人、执行事务合伙人（含委派代表）、负责人的变更登记申请由新任法定代表人、执行事务合伙人（含委派代表）、负责人签署。

第三十四条　市场主体变更名称，可以自主申报名称并在保留期届满前申请变更登记，也可以直接申请变更登记。

第三十五条　市场主体变更住所（主要经营场所、经营场所），应当在迁入新住所（主要经营场所、经营场所）前向迁入地登记机关申请变更登记，并提交新的住所（主要经营场所、经营场所）使用相关文件。

第三十六条　市场主体变更注册资本或者出资额的，应当办理变更登记。

公司增加注册资本，有限责任公司股东认缴新增资本的出资和股份有限公司的股东认购新股的，应当按照设立时缴纳出资和缴纳股款的规定执行。股份有限公司以公开发行新股方式或者上市公司以非公开发行新股方式增加注册资本，还应当提交国务院证券监督管理机构的核准或者注册文件。

公司减少注册资本，可以通过国家企业信用信息公示系统公告，公告期45日，应当于公告期届满后申请变更登记。法律、行政法规或者国务院决定对公司注册资本有最低限额规定的，减少后的注册资本应当不少于最低限额。

外商投资企业注册资本（出资额）币种发生变更，应当向登记机关申请变更登记。

第三十七条　公司变更类型，应当按照拟变更公司类型的设立条件，在规定的期限内申请变更登记，并提交有关材料。

非公司企业法人申请改制为公司，应当按照拟变更的公司类型设立条件，在规定期限内申请变更登记，并提交有关材料。

个体工商户申请转变为企业组织形式，应当按照拟变更的企业类型设立条件申请登记。

第三十八条 个体工商户变更经营者，应当在办理注销登记后，由新的经营者重新申请办理登记。双方经营者同时申请办理的，登记机关可以合并办理。

第三十九条 市场主体变更备案事项的，应当按照《条例》第二十九条规定办理备案。

农民专业合作社因成员发生变更，农民成员低于法定比例的，应当自事由发生之日起6个月内采取吸收新的农民成员入社等方式使农民成员达到法定比例。农民专业合作社联合社成员退社，成员数低于联合社设立法定条件的，应当自事由发生之日起6个月内采取吸收新的成员入社等方式使农民专业合作社联合社成员达到法定条件。

第六章　歇　　业

第四十条 因自然灾害、事故灾难、公共卫生事件、社会安全事件等原因造成经营困难的，市场主体可以自主决定在一定时期内歇业。法律、行政法规另有规定的除外。

第四十一条 市场主体决定歇业，应当在歇业前向登记机关办理备案。登记机关通过国家企业信用信息公示系统向社会公示歇业期限、法律文书送达地址等信息。

以法律文书送达地址代替住所（主要经营场所、经营场所）的，应当提交法律文书送达地址确认书。

市场主体延长歇业期限，应当于期限届满前30日内按规定办理。

第四十二条 市场主体办理歇业备案后，自主决定开展或者已实际开展经营活动的，应当于30日内在国家企业信用信息公示系统上公示终止歇业。

市场主体恢复营业时，登记、备案事项发生变化的，应当及时办理变更登记或者备案。以法律文书送达地址代替住所（主要经营场所、经营场所）的，应当及时办理住所（主要经营场所、经营场所）变更登记。

市场主体备案的歇业期限届满，或者累计歇业满3年，视为自动恢复经营，决定不再经营的，应当及时办理注销登记。

第四十三条 歇业期间，市场主体以法律文书送达地址代替原登记的住所（主要经营场所、经营场所）的，不改变歇业市场主体的登记管辖。

第七章　注销登记

第四十四条 市场主体因解散、被宣告破产或者其他法定事由需要终止的，应当依法向登记机关申请注销登记。依法需要清算的，应当自清算结束之日起30日内申请注销登记。依法不需要清算的，应当自决定作出之日起30日内申请注销登记。市场主体申请注销后，不得从事与注销无关的生产经营活动。自登记机关予以注销登记之日起，市场主体终止。

第四十五条 市场主体注销登记前依法应当清算的，清算组应当自成立之日起10日内将清算组成员、清算组负责人名单通过国家企业信用信息公示系统公告。清算组可以通过国家企业信用信息公示系统发布债权人公告。

第四十六条 申请办理注销登记，应当提交下列材料：

（一）申请书；

（二）依法作出解散、注销的决议或者决定，或者被行政机关吊销营业执照、责令关闭、撤销的文件；

（三）清算报告、负责清理债权债务的文件或者清理债务完结的证明；

（四）税务部门出具的清税证明。

除前款规定外，人民法院指定清算人、破产管理人进行清算的，应当提交人民法院指定证明；合伙企业分支机构申请注销登记，还应当提交全体合伙人签署的注销分支机构决定书。

个体工商户申请注销登记的，无需提交第二项、第三项材料；因合并、分立而申请市场主体注销登记的，无需提交第三项材料。

第四十七条　申请办理简易注销登记，应当提交申请书和全体投资人承诺书。

第四十八条　有下列情形之一的，市场主体不得申请办理简易注销登记：

（一）在经营异常名录或者市场监督管理严重违法失信名单中的；

（二）存在股权（财产份额）被冻结、出质或者动产抵押，或者对其他市场主体存在投资的；

（三）正在被立案调查或者采取行政强制措施，正在诉讼或者仲裁程序中的；

（四）被吊销营业执照、责令关闭、撤销的；

（五）受到罚款等行政处罚尚未执行完毕的；

（六）不符合《条例》第三十三条规定的其他情形。

第四十九条　申请办理简易注销登记，市场主体应当将承诺书及注销登记申请通过国家企业信用信息公示系统公示，公示期为 20 日。

在公示期内无相关部门、债权人及其他利害关系人提出异议的，市场主体可以于公示期届满之日起 20 日内向登记机关申请注销登记。

第八章　撤销登记

第五十条　对涉嫌提交虚假材料或者采取其他欺诈手段隐瞒重要事实取得市场主体登记的行为，登记机关可以根据当事人申请或者依职权主动进行调查。

第五十一条　受虚假登记影响的自然人、法人和其他组织，可以向登记机关提出撤销市场主体登记申请。涉嫌冒用自然人身份的虚假登记，被冒用人应当配合登记机关通过线上或者线下途径核验身份信息。

涉嫌虚假登记市场主体的登记机关发生变更的，由现登记机关负责处理撤销登记，原登记机关应当协助进行调查。

第五十二条　登记机关收到申请后，应当在 3 个工作日内作出是否受理的决定，并书面通知申请人。

有下列情形之一的，登记机关可以不予受理：

（一）涉嫌冒用自然人身份的虚假登记，被冒用人未能通过身份信息核验的；

（二）涉嫌虚假登记的市场主体已注销的，申请撤销注销登记的除外；

（三）其他依法不予受理的情形。

第五十三条 登记机关受理申请后，应当于3个月内完成调查，并及时作出撤销或者不予撤销市场主体登记的决定。情形复杂的，经登记机关负责人批准，可以延长3个月。

在调查期间，相关市场主体和人员无法联系或者拒不配合的，登记机关可以将涉嫌虚假登记市场主体的登记时间、登记事项，以及登记机关联系方式等信息通过国家企业信用信息公示系统向社会公示，公示期45日。相关市场主体及其利害关系人在公示期内没有提出异议的，登记机关可以撤销市场主体登记。

第五十四条 有下列情形之一的，经当事人或者其他利害关系人申请，登记机关可以中止调查：

（一）有证据证明与涉嫌虚假登记相关的民事权利存在争议的；

（二）涉嫌虚假登记的市场主体正在诉讼或者仲裁程序中的；

（三）登记机关收到有关部门出具的书面意见，证明涉嫌虚假登记的市场主体或者其法定代表人、负责人存在违法案件尚未结案，或者尚未履行相关法定义务的。

第五十五条 有下列情形之一的，登记机关可以不予撤销市场主体登记：

（一）撤销市场主体登记可能对社会公共利益造成重大损害；

（二）撤销市场主体登记后无法恢复到登记前的状态；

（三）法律、行政法规规定的其他情形。

第五十六条 登记机关作出撤销登记决定后，应当通过国家企业信用信息公示系统向社会公示。

第五十七条 同一登记包含多个登记事项，其中部分登记事项被认定为虚假，撤销虚假的登记事项不影响市场主体存续的，登记机关可以仅撤销虚假的登记事项。

第五十八条 撤销市场主体备案事项的，参照本章规定执行。

第九章 档案管理

第五十九条 登记机关应当负责建立市场主体登记管理档案，对在登记、备案过程中形成的具有保存价值的文件依法分类，有序收集管理，推动档案电子化、影像化，提供市场主体登记管理档案查询服务。

第六十条 申请查询市场主体登记管理档案，应当按照下列要求提交材料：

（一）公安机关、国家安全机关、检察机关、审判机关、纪检监察机关、审计机关等国家机关进行查询，应当出具本部门公函及查询人员的有效证件；

（二）市场主体查询自身登记管理档案，应当出具授权委托书及查询人员的有效证件；

（三）律师查询与承办法律事务有关市场主体登记管理档案，应当出具执业证书、律师事务所证明以及相关承诺书。

除前款规定情形外，省级以上市场监督管理部门可以结合工作实际，依法对档案查询范围以及提交材料作出规定。

第六十一条 登记管理档案查询内容涉及国家秘密、商业秘密、个人信息的，应当按照有关法律法规规定办理。

第六十二条 市场主体发生住所（主要经营场所、经营场所）迁移的，登记机关应当于3个月内将所有登记管理档案移交迁入地登记机关管理。档案迁出、迁入应当记录备案。

第十章 监督管理

第六十三条 市场主体应当于每年1月1日至6月30日，通过国家企业信用信息公示系统报送上一年度年度报告，并向社会公示。

个体工商户可以通过纸质方式报送年度报告，并自主选择年度报告内容是否向社会公示。

歇业的市场主体应当按时公示年度报告。

第六十四条 市场主体应当将营业执照（含电子营业执照）置于住所（主要经营场所、经营场所）的醒目位置。

从事电子商务经营的市场主体应当在其首页显著位置持续公示营业执照信息或者其链接标识。

营业执照记载的信息发生变更时，市场主体应当于15日内完成对应信息的更新公示。市场主体被吊销营业执照的，登记机关应当将吊销情况标注于电子营业执照中。

第六十五条 登记机关应当对登记注册、行政许可、日常监管、行政执法中的相关信息进行归集，根据市场主体的信用风险状况实施分级分类监管，并强化信用风险分类结果的综合应用。

第六十六条 登记机关应当随机抽取检查对象、随机选派执法检查人员，对市场主体的登记备案事项、公示信息情况等进行抽查，并将抽查检查结果通过国家企业信用信息公示系统向社会公示。必要时可以委托会计师事务所、税务师事务所、律师事务所等专业机构开展审计、验资、咨询等相关工作，依法使用其他政府部门作出的检查、核查结果或者专业机构作出的专业结论。

第六十七条 市场主体被撤销设立登记、吊销营业执照、责令关闭，6个月内未办理清算组公告或者未申请注销登记的，登记机关可以在国家企业信用信息公示系统上对其作出特别标注并予以公示。

第十一章 法律责任

第六十八条 未经设立登记从事一般经营活动的，由登记机关责令改正，没收违法所得；拒不改正的，处1万元以上10万元以下的罚款；情节严重的，依法责令关闭停业，并处10万元以上50万元以下的罚款。

第六十九条 未经设立登记从事许可经营活动或者未依法取得许可从事经营活动的，由法律、法规或者国务院决定规定的部门予以查处；法律、法规或者国务院决定没有规定或者规定不明确的，由省、自治区、直辖市人民政府确定的部门予以查处。

第七十条 市场主体未按照法律、行政法规规定的期限公示或者报送年度报告的，由登记机关列入经营异常名录，可以处1万元以下的罚款。

第七十一条 提交虚假材料或者采取其他欺诈手段隐瞒重要事实取得市场主体登记的，由登记机关依法责令改正，没收违法所得，并处5万元以上20万元以下的罚款；情节严重的，处20万元以上100万元以下的罚款，吊销营业执照。

明知或者应当知道申请人提交虚假材料或者采取其他欺诈手段隐瞒重要事实进行市

场主体登记,仍接受委托代为办理,或者协助其进行虚假登记的,由登记机关没收违法所得,处10万元以下的罚款。

虚假市场主体登记的直接责任人自市场主体登记被撤销之日起3年内不得再次申请市场主体登记。登记机关应当通过国家企业信用信息公示系统予以公示。

第七十二条 市场主体未按规定办理变更登记的,由登记机关责令改正;拒不改正的,处1万元以上10万元以下的罚款;情节严重的,吊销营业执照。

第七十三条 市场主体未按规定办理备案的,由登记机关责令改正;拒不改正的,处5万元以下的罚款。

依法应当办理受益所有人信息备案的市场主体,未办理备案的,按照前款规定处理。

第七十四条 市场主体未按照本实施细则第四十二条规定公示终止歇业的,由登记机关责令改正;拒不改正的,处3万元以下的罚款。

第七十五条 市场主体未按规定将营业执照置于住所(主要经营场所、经营场所)醒目位置的,由登记机关责令改正;拒不改正的,处3万元以下的罚款。

电子商务经营者未在首页显著位置持续公示营业执照信息或者相关链接标识的,由登记机关依照《中华人民共和国电子商务法》处罚。

市场主体伪造、涂改、出租、出借、转让营业执照的,由登记机关没收违法所得,处10万元以下的罚款;情节严重的,处10万元以上50万元以下的罚款,吊销营业执照。

第七十六条 利用市场主体登记,牟取非法利益,扰乱市场秩序,危害国家安全、社会公共利益的,法律、行政法规有规定的,依照其规定;法律、行政法规没有规定的,由登记机关处10万元以下的罚款。

第七十七条 违反本实施细则规定,登记机关确定罚款幅度时,应当综合考虑市场主体的类型、规模、违法情节等因素。

情节轻微并及时改正,没有造成危害后果的,依法不予行政处罚。初次违法且危害后果轻微并及时改正的,可以不予行政处罚。当事人有证据足以证明没有主观过错的,不予行政处罚。

第十二章 附 则

第七十八条 本实施细则所指申请人,包括设立登记时的申请人、依法设立后的市场主体。

第七十九条 人民法院办理案件需要登记机关协助执行的,登记机关应当按照人民法院的生效法律文书和协助执行通知书,在法定职责范围内办理协助执行事项。

第八十条 国家市场监督管理总局根据法律、行政法规、国务院决定及本实施细则,制定登记注册前置审批目录、登记材料和文书格式。

第八十一条 法律、行政法规或者国务院决定对登记管理另有规定的,从其规定。

第八十二条 本实施细则自公布之日起施行。1988年11月3日原国家工商行政管理局令第1号公布的《中华人民共和国企业法人登记管理条例施行细则》,2000年1月13日原国家工商行政管理局令第94号公布的《个人独资企业登记管理办法》,2011年9月30日原国家工商行政管理总局令第56号公布的《个体工商户登记管理办法》,2014年2月

20 日原国家工商行政管理总局令第 64 号公布的《公司注册资本登记管理规定》,2015 年 8 月 27 日原国家工商行政管理总局令第 76 号公布的《企业经营范围登记管理规定》同时废止。

6 -2 -51

国家税务总局关于简化办理市场主体歇业和注销环节涉税事项的公告

2022 年 6 月 14 日　国家税务总局公告 2022 年第 12 号

为深入贯彻党中央、国务院关于优化营商环境的决策部署,落实《中华人民共和国市场主体登记管理条例》(国务院令第 746 号,以下简称《条例》),现对简化办理市场主体歇业、注销环节涉税事项公告如下:

一、简化市场主体歇业环节的税收报告和纳税申报

(一)市场主体因自然灾害、事故灾难、公共卫生事件、社会安全事件等原因造成经营困难,按照《条例》第三十条规定办理歇业的,不需要另行向税务机关报告。

(二)歇业状态的市场主体依法应履行纳税义务、扣缴义务的,可按如下方式简并所得税申报,且当年度内不再变更。

1. 设立不具有法人资格分支机构的企业,按月申报预缴企业所得税的,其总机构办理歇业后,总机构及其所有分支机构可自下一季度起调整为按季预缴申报;仅分支机构办理歇业的,总机构及其所有分支机构不调整预缴申报期限。

2. 未设立不具有法人资格分支机构的企业,按月申报预缴企业所得税的,办理歇业后,可自下一季度起调整为按季预缴申报。

3. 按月申报预缴经营所得个人所得税的市场主体办理歇业后,可自下一季度起调整为按季预缴申报。

(三)歇业状态的市场主体可以选择按次申报缴纳资源税(不含水资源税)。

二、非正常户歇业期间的纳税申报

被税务机关认定为非正常户的市场主体,在解除非正常状态之前,歇业期间不适用上述简化纳税申报方式。

三、简化市场主体注销环节的清税文书办理

(一)营业执照和税务登记证"两证整合"改革实施后设立登记的个体工商户,向市场监管部门申请简易注销,符合下列条件之一的,可免于到税务机关办理清税证明:

1. 未办理过涉税事宜的;

2. 办理过涉税事宜但没有领用、没有申请代开过发票,且没有欠税和没有其他未办结事项的。

(二)经人民法院裁定强制清算的市场主体,持人民法院终结强制清算程序的裁定向税务机关申请开具清税文书的,税务机关即时开具。

四、规范纳税服务和税务管理

税务机关要为市场主体享受歇业政策、办理注销涉税事宜提供便利服务，按照有关法律法规及制度规定做好税务管理、风险防控工作。

本公告自2022年7月14日起施行。

特此公告。

6－2－52

国家税务总局关于部分税务事项实行容缺办理和进一步精简涉税费资料报送的公告

2022年12月20日　国家税务总局公告2022年第26号

为深入贯彻党中央、国务院关于深化“放管服”改革、优化营商环境的决策部署，认真落实中办、国办印发的《关于进一步深化税收征管改革的意见》，切实减轻纳税人缴费人办税缴费负担，税务总局决定对部分税务事项实行容缺办理，进一步精简涉税费资料报送。现就有关事项公告如下：

一、税务事项容缺办理

（一）容缺办理事项

符合容缺办理情形的纳税人，可以选择《容缺办理涉税费事项及容缺资料清单》（附件1）所列的一项或多项税费业务事项，按照可容缺资料范围进行容缺办理。

容缺办理的纳税人签署《容缺办理承诺书》（附件2），书面承诺知晓容缺办理的相关要求，愿意承担容缺办理的相关责任。对符合容缺办理情形的纳税人，税务机关以书面形式（含电子文本）一次性告知纳税人需要补正的资料及具体补正形式、补正时限和未履行承诺的法律责任（附件3），并按照规定程序办理业务事项。

（二）容缺办理资料补正

纳税人可选择采取现场提交、邮政寄递或税务机关认可的其他方式补正容缺办理资料，补正时限为20个工作日。采取现场提交的，补正时间为资料提交时间；采取邮政寄递方式的，补正时间为资料寄出时间；采取其他方式的，补正时间以税务机关收到资料时间为准。

纳税人应履行容缺办理承诺，承担未履行承诺的相关责任。纳税人未按承诺时限补正资料的，相关记录将按规定纳入纳税信用评价。

（三）不适用容缺办理的情形

重大税收违法失信案件当事人不适用容缺办理。相关当事人已履行相关法定义务，经实施检查的税务机关确认的，在公布期届满后可以适用容缺办理。

超出补正时限未提交容缺办理补正资料的纳税人，不得再次适用容缺办理。

二、精简涉税费资料报送

（一）取消报送的涉税费资料

纳税人办理《取消报送涉税费资料清单》（附件4）所列的税费业务事项，不再向税务机关报送《取消报送涉税费资料清单》明确取消报送的相关资料。

（二）改为留存备查的涉税费资料

纳税人办理《改留存备查涉税费资料清单》（附件5）所列的税费业务事项，不再向税务机关报送《改留存备查涉税费资料清单》明确改留存备查的相关资料，改由纳税人完整保存留存备查。纳税人对留存备查资料的真实性和合法性承担法律责任。

本公告自2023年2月1日起施行，《废止的文件条款目录》（附件6）中列明的条款同时废止。

特此公告。

附件：1. 容缺办理涉税费事项及容缺资料清单
2. 容缺办理承诺书
3. 税务事项通知书（容缺办理补正通知）
4. 取消报送涉税费资料清单
5. 改留存备查涉税费资料清单
6. 废止的文件条款目录

附件1

容缺办理涉税费事项及容缺资料清单

序号	业务事项	可容缺资料
1	存款账户账号报告	账户、账号开立证明复印件
2	水资源税税源信息报告	《取水许可证》复印件
		《年取用水计划审批表》复印件
3	非居民企业企业所得税预缴申报	工程作业（劳务）决算（结算）报告或其他说明材料
		参与工程作业或劳务项目外籍人员姓名、国籍、出入境时间、在华工作时间、地点、内容、报酬标准、支付方式、相关费用等情况的书面报告
		财务会计报告或财务情况说明
4	居民个人取得综合所得个人所得税预扣预缴申报	公司股权激励人员名单
5	车辆购置税申报	《二手车销售统一发票》复印件
6	矿区使用费申报	油（气）田的产量资料
		油（气）田的产量、分配量、销售量资料
7	境内机构和个人发包工程作业或劳务项目备案	合同中文译本
		非居民对有关事项的书面说明
8	服务贸易等项目对外支付税务备案	合同（协议）或相关交易凭证复印件

附件 2

容缺办理承诺书

国家税务总局____________税务局：

纳税人名称：____________ 纳税人识别号：____________

经办人姓名：____________ 联系方式：____________

证件名称：____________ 证件号码：____________

被委托人（委托办理填写）：____________

被委托人姓名：____________ 联系方式：____________

证件名称：____________ 证件号码：____________

容缺办理事项：____________，承诺：

一、在____年___月___日前，按要求提交需要补齐补正的下列资料：

（一）

（二）

…

二、所作承诺意思表示真实；

三、已经知晓本承诺书税务机关告知事项；

四、愿意承担不实承诺的法律责任。

承诺人或授权委托人（需授权委托书）：____________

年 月 日

附件 3

____________税务局
税务事项通知书

容办通〔 〕 号

____________：（纳税人识别号：____________）

____年___月___日，办理____________，基本条件具备，主要材料齐全且符合法定形式，但非主要材料暂有缺失或存在瑕疵，按照《____________》的有关规定，税务机关先予办理并进行审核，纳税人应当在承诺时限内补齐补正以下材料：

1. ____________

2. ____________

请将上述（纸质/电子文本）材料在____年___月___日前，以（现场提交/邮政寄递/其他方式：____________）的方式补齐补正。采取现场提交的，补正时间以提交时间为准；采取邮政寄递方式的，补正时间以寄出时间为准；采取其他方式的，补正时间以税务机关收到时间为准。纳税人未在书面承诺时限内履行承诺的，自行承担不实承诺产生的后果。税务机关暂停提供各类容缺办理服务，相关记录将按规定纳入纳税信用评价。纳税人履行承诺后，税务机关恢复提供对其的各类容缺办理服务。

特此通知。

税务机关(印章)
年 月 日

附件4

取消报送涉税费资料清单

序号	业务事项	取消报送资料
1	纳税人放弃免(减)税权声明	税务登记证副本
2	红字增值税专用发票开具及作废	税务登记证副本
3	增值税税控系统专用设备初始发行	《税务事项通知书》(发票票种核定通知)或《准予税务行政许可决定书》
4	增值税税控系统专用设备变更发行	《税务事项通知书》(发票票种核定通知)或《准予税务行政许可决定书》或《准予变更税务行政许可决定书》
5	消费税及附加税费申报	外购应税消费品增值税专用发票抵扣联复印件及销货清单复印件
		《代扣代收税款凭证》复印件
6	税收统计调查数据采集	A06312《成品油消费税涉税信息采集表》
		《企业集团税收调查表》
		《企业集团成员单位税收调查表》
7	软件产品增值税即征即退进项分摊方式资料报送与信息采集	税务登记证副本
8	建筑业项目报告	中标通知书等建筑业工程项目证书复印件
		写明工程施工地点、工程总造价、参建单位、联系人、联系电话等的书面材料

附件5

改留存备查涉税费资料清单

序号	业务事项	改留存备查资料
1	增值税及附加税费一般纳税人申报	已开具的农产品收购凭证存根联或报查联
		纳税人提供应税服务，在确定应税服务销售额时，按照有关规定从取得的全部价款和价外费用中扣除价款的合法凭证及其清单
		符合抵扣条件且在本期申报抵扣的中华人民共和国税收缴款凭证及其清单，书面合同、付款证明和境外单位的对账单或者发票
		符合抵扣条件且在本期申报抵扣的《海关进口增值税专用缴款书》、购进农产品取得的普通发票的复印件
		符合抵扣条件且在本期申报抵扣的防伪税控"增值税专用发票"、税控"机动车销售统一发票"的抵扣联
2	原油天然气增值税申报	销售价格、销售费用、销售去向等明细资料

续表

序号	业务事项	改留存备查资料
3	居民企业(查账征收)企业所得税月(季)度申报	建筑企业总机构直接管理的跨地区经营项目部就地预缴税款的完税证明
4	居民企业(查账征收)企业所得税年度申报	与境外所得相关的完税证明或纳税凭证(原件或复印件)
		境外分支机构所得依照中国境内企业所得税法及实施条例的规定计算的应纳税额的计算过程及说明资料
		集团组织架构图
		被投资公司章程复印件
		境外企业有权决定利润分配的机构作出的决定书等
		项目合同复印件等
		企业在其直接或间接控制的外国企业的参股比例等情况的证明复印件
		间接抵免税额或者饶让抵免税额的计算过程
		由本企业直接或间接控制的外国企业的财务会计资料
		企业申请及有关情况说明
		来源国(地区)政府机关核发的具有纳税性质的凭证和证明复印件
		符合企业所得税法第二十四条条件的有关股权证明的文件或凭证复印件
5	外贸综合服务企业代办退税申报核准	代办退税专用发票(抵扣联)
6	税收减免核准	自然灾害损失证明材料(适用于其他地区地震受灾减免个人所得税)
		自然灾害损失证明材料(适用于其他自然灾害受灾减免个人所得税)

附件6

废止的文件条款目录

序号	标题	文号	废止内容
1	国家税务总局关于修订《增值税专用发票使用规定》的通知	国税发〔2006〕156号	第六条中的"一般纳税人领购专用设备后,凭《最高开票限额申请表》、《发票领购簿》到主管税务机关办理初始发行。"
2	国家税务总局关于印发《调整和完善消费税政策征收管理规定》的通知	国税发〔2006〕49号	第二条第三项第1目、第2目
3	国家税务总局关于全面推开营业税改征增值税试点后增值税纳税申报有关事项的公告	国家税务总局公告2016年第13号	第二条第二项第2目、第3目、第4目、第5目、第6目
4	国家税务总局关于中外合作开采石油资源缴纳增值税有关问题的通知	国税发〔1994〕114号	第六条中的"在办理纳税申报时,应同时附送本次原油、天然气的销售价格、销售费用、销售去向等明细资料。"
5	国家税务总局关于跨地区经营建筑企业所得税征收管理问题的通知	国税函〔2010〕156号	第七条

续表

序号	标题	文号	废止内容
6	国家税务总局关于发布《企业境外所得税收抵免操作指南》的公告	国家税务总局公告2010年第1号	附件《企业境外所得税收抵免操作指南》第九条第30项第(1)点
			附件《企业境外所得税收抵免操作指南》第九条第30项第(2)点①中“境外分支机构所得依照中国境内企业所得税法及实施条例的规定计算的应纳税额的计算过程及说明资料”;第(2)点②;第(2)点③中“项目合同复印件等”
			附件《企业境外所得税收抵免操作指南》第九条第30项第(3)点②、③、④
			附件《企业境外所得税收抵免操作指南》第九条第30项第(4)点①、②
7	国家税务总局关于调整完善外贸综合服务企业办理出口货物退(免)税有关事项的公告	国家税务总局公告2017年第35号	第八条中“代办退税专用发票(抵扣联)”
8	国家税务总局《消费税涉税信息采集和应用管理办法(试行)》的通知	国税函〔2012〕207号	附件4

6－2－53

国家税务总局关于优化若干税收征管服务事项的通知

2022年12月29日　税总征科发〔2022〕87号

国家税务总局各省、自治区、直辖市和计划单列市税务局,国家税务总局驻各地特派员办事处,局内各单位:

为贯彻落实中办、国办印发的《关于进一步深化税收征管改革的意见》,结合落实中央巡视整改,进一步深化税务系统“放管服”改革,规范基础税收征管工作,优化变更登记、跨省迁移等环节税费服务,现就有关事项通知如下:

一、简化变更登记操作流程

(一)自动变更登记信息。自2023年4月1日起,纳税人在市场监管部门依法办理变更登记后,无需向税务机关报告登记变更信息;各省、自治区、直辖市和计划单列市税务机关(以下简称各省税务机关)根据市场监管部门共享的变更登记信息,在金税三期核心征管系统(以下简称核心征管系统)自动同步变更登记信息(附件1)。处于非正常、非正常户注销等状态的纳税人变更登记信息的,核心征管系统在其恢复正常状态时自动变更。

(二)自动提示推送服务。对纳税人办理变更登记所涉及的提示提醒事项,税务机关通过电子税务局精准推送提醒纳税人;涉及的后续管理事项,核心征管系统自动向税务人员推送待办消息提醒。

（三）做好存量登记信息变更工作。2023 年 4 月 1 日之前已在市场监管部门办理变更登记、尚未在税务部门变更登记信息的纳税人，由各省税务机关根据市场监管部门共享信息分类分批完成登记信息变更工作。

二、优化跨省迁移税费服务流程

（一）优化迁出流程。纳税人跨省迁移的，在市场监管部门办结住所变更登记后，向迁出地主管税务机关填报《跨省（市）迁移涉税事项报告表》（附件 2）。对未处于税务检查状态，已缴销发票和税控设备，已结清税（费）款、滞纳金及罚款，以及不存在其他未办结涉税事项的纳税人，税务机关出具《跨省（市）迁移税收征管信息确认表》（附件 3），告知纳税人在迁入地承继、延续享受的相关资质权益等信息，以及在规定时限内履行纳税申报义务。经纳税人确认后，税务机关即时办结迁出手续，有关信息推送至迁入地税务机关。

（二）优化迁入流程。迁入地主管税务机关应当在接收到纳税人信息后的一个工作日内完成主管税务科所分配、税（费）种认定并提醒纳税人在迁入地按规定期限进行纳税申报。

（三）明确有关事项。纳税人下列信息在迁入地承继：纳税人基础登记、财务会计制度备案、办税人员实名采集、增值税一般纳税人登记、增值税发票票种核定、增值税专用发票最高开票限额、增值税即征即退资格、出口退（免）税备案、已产生的纳税信用评价等信息。

纳税人迁移前预缴税款，可在迁入地继续按规定抵缴；企业所得税、个人所得税尚未弥补的亏损，可在迁入地继续按规定弥补；尚未抵扣的增值税进项税额，可在迁入地继续按规定抵扣，无需申请开具《增值税一般纳税人迁移进项税额转移单》。

迁移前后业务的办理可参照《跨省（市）迁移相关事项办理指引》（附件 4）。

三、优化税源管理职责

各省税务机关根据本地税源特点优化分级管理职责，提升税收风险分析、重点领域重点群体税收风险管理等复杂事项管理层级，压实市、县税务机关日常管理责任。已提升至省、市税务机关管理的复杂涉税事项，原则上不再推送下级税务机关处理。

四、加强与市场监管部门的登记业务协同

各省税务机关根据市场监管部门共享的注销登记、吊销营业执照、撤销设立登记等信息，在核心征管系统自动进行数据标识。

对已在市场监管部门办理注销，未在税务部门办理清税且处于正常状态的纳税人，主管税务机关应通知其及时办理税务注销，逾期不办理的，可提请市场监管部门依法处理。

对已在市场监管部门办理注销，但在核心征管系统 2019 年 5 月 1 日前已被列为非正常户注销状态的纳税人，主管税务机关可直接进行税务注销。

本通知自 2023 年 4 月 1 日起执行，执行中遇有重大问题的，及时向税务总局（征管科技司）报告。

附件：1. 市场主体自动同步变更登记信息数据项
2. 跨省（市）迁移涉税事项报告表
3. 跨省（市）迁移税收征管信息确认表
4. 跨省（市）迁移相关事项办理指引

附件 1

市场主体自动同步变更登记信息数据项

序号	市场监管部门信息	对应税务部门信息	税务部门具体数据项
1	名称	名称	纳税人名称
2	主体类型	登记注册类型	市监市场主体类型
3			登记注册类型
4	经营期限	经营期限	生产经营期限止
5	住所或者主要经营场所	注册地址	注册地址
6			注册地邮政编码
7			注册地联系电话
8			住所所在行政区划
9	经营范围	经营范围	经营范围
10	法定代表人、执行事务合伙人或者负责人	法定代表人（负责人）	法定代表人（负责人）姓名
11			法定代表人（负责人）身份证件种类
12			法定代表人（负责人）身份证件号码
13			法定代表人（负责人）固定电话
14			法定代表人（负责人）移动电话
15			法定代表人（负责人）电子邮箱
16	注册资本或者出资额	注册资本或者投资总额	注册资本
17			注册资本币种
18			注册资本币种金额
19			投资总额
20			投资总额币种
21			投资总额币种金额
22	投资方信息	投资方信息	投资方名称
23			投资比例（%）
24			投资方证件种类
25			投资方证件号码
26			国家或地区代码
27			地址
28			投资方主体类型
29			投资有效期起
30			投资有效期止
31	其他信息	行业	市监登记行业
32			国标行业

备注：

1. “市监市场主体类型”为核心征管系统新增数据项，按市场监管部门共享的主体类型信息直接同步变更；“登记注册类型”按《市场监管总局 税务总局关于加强信息共享业务协同的通知》（国市监注〔2018〕196 号）规定，根据市场监管部门共享的主体类型对照转换变更。

2. “市监登记行业”为核心征管系统新增数据项，按市场监管部门共享的行业信息直接同步变更；“国标行业”为核心征管系统原有数据项，新办纳税人“国标行业”与“市监登记行业”一致，后续主管税务机关可根据纳税人主营业务等情况，结合市场监管部门共享的行业、经营范围等变更信息，进行变更调整。

附件2

跨省（市）迁移涉税事项报告表

国家税务总局　　　　　税务局：

我单位（　　　　　　　　　）纳税人识别号（社会信用代码）（　　　　　　　　　）由于住所、主要经营场所变化，从______省（自治区/市）______市（地区/盟/自治州）______县（自治县/旗/自治旗/市/区）__________乡（民族乡/镇/街道）________________，变更到______省（自治区/市）______市（地区/盟/自治州）______县（自治县/旗/自治旗/市/区）乡（民族乡/镇/街道）________________，属于跨省（市）迁移，需要变更主管税务机关。

我单位声明：此涉税事项报告是真实、可靠、完整的，并且已在市场监管部门办结住所变更登记；未处于税务检查状态；已结清税（费）款、滞纳金及罚款；已缴销发票和税控设备；不存在其他未办结涉税事项。

办税人员：
证件号码：
联系方式

申请单位（签章）
年　月　日

附件3

跨省（市）迁移税收征管信息确认表

我单位（　　　　）纳税人识别号（社会信用代码）（　　　　　　　），现确认下列信息无误，并提请迁出地税务机关推送至迁入地税务机关。我（单位）承诺将按法律法规规定，在迁入当期纳税申报期限届满前至迁入地履行纳税申报义务。

一、跨省（市）迁移信息

迁出地注册地址	
迁出地主管税务机关	
迁入地注册地址	
申请日期	

二、跨省（市）迁移涉税信息

1. 基础登记信息

迁出地开业（设立）日期：________________________________

登记注册类型：________________________________

国标行业（主）：________________________________

总分机构类型代码：________________________________

2. 有效的税(费)种认定信息

征收项目	认定有效期起	征收品目	纳税期限	税率或单位税额	征收率
增值税					
企业所得税					
个人所得税					

3. 有效的发票票种核定信息

发票种类代码	发票种类名称	单份发票最高开票限额	每月最高购票数量(月最高开票限额)	离线开票时限	离线开票累计限额

4. 税费申报信息

(1)预缴税费信息

征收项目	预缴税额
增值税	
企业所得税	
个人所得税	
消费税	

(2)迁移前尚未弥补的企业所得税累计亏损:____________

(3)迁移前尚未弥补的经营所得个人所得税累计亏损:____________

(4)迁移前未抵扣增值税进项留抵税额:____________

(5)文化事业建设费缴费信息报告:

□属于/□不属于

(6)出口退(免)税备案:

□属于/□不属于

(7)增值税即征即退资格信息:

增值税即征即退类型	有效期起	有效期止

5. 身份资质信息

(1)纳税信用评价信息:

评价年度	纳税信用评价信息

(2)增值税一般纳税人资格:

增值税一般纳税人资格	有效期起	有效期止

6. 其他事项

(1)财务会计制度及核算软件备案信息:

财务、会计制度名称	有限期起	有限期止

(2)登记户归类管理信息:

类别代码	类别名称	生效日期	失效日期

三、经办人信息

经办人姓名		联系方式	

纳税人(签章)　　　　　　　　　　　　税务机关(印章)

年　月　日　　　　　　　　　　　　年　月　日

附件4

跨省(市)迁移相关事项办理指引

一、迁移前事项办理指引

(一)纳税人申请迁移前,应当已在市场监管部门办结住所变更登记,结清税(费)款、滞纳金及罚款,缴销发票和税控设备,并且未处于税务检查状态,不存在其他未办结涉税事项。符合条件的,税务机关即时办结迁出手续;若不符合条件,税务机关出具《税务事项通知书》(补正通知),纳税人可一次性获知原因及需补正的内容。

(二)在增值税申报期内迁移的,纳税人需要在迁出地办结当期增值税申报。

(三)在企业所得税预缴申报期内迁移的,纳税人需要在迁出地办结当期预缴申报;在企业所得税汇算清缴期内迁移的,需在迁出地办结上一年度汇算清缴。涉及退(补)税的,由迁出地主管税务机关办理。

(四)在个人所得税申报期内迁移的,纳税人需在迁出地办结当期扣缴申报及经营所得预缴申报。在个人所得税经营所得汇算清缴期内迁移的,需在迁出地办结上一年度汇算清缴。涉及(补)税的,由迁出地主管税务机关办理。

(五)出口企业申请跨省(市)迁移的,应按照出口退(免)税备案撤回的流程办理出口退(免)税清算。清算完成后,税务机关将迁移纳税人出口退(免)税备案信息的撤回状态设置为“迁出”。

二、迁移后事项办理指引

（一）纳税人应在迁移当期纳税申报期限届满前，依法履行纳税申报义务，向迁入地主管税务机关报告存款账户账号，签订银税三方（委托）划缴协议。

（二）总、分机构发生跨省（市）迁移的，应在迁移后变更企业所得税汇总纳税信息备案。

（三）纳税人在判断销售额是否超出小规模纳税人标准时，对迁移前后的销售额应连续计算。纳税人销售额超过小规模纳税人标准后，应按规定及时办理一般纳税人登记。

（四）纳税人在迁出地尚未勾选抵扣的增值税专用发票、海关进口增值税专用缴款书信息可在迁入地勾选抵扣，纳税人在迁出地已开具但尚未申报的增值税发票信息应在迁入地申报。

（五）符合增值税留抵退税条件的迁移纳税人，按规定向迁入地主管税务机关申请办理。纳税人在迁出地已办理完毕的留抵退税业务，迁移后发生缴回的，由迁入地主管税务机关进行处理。

（六）纳税人在迁入地办理迁移年度企业所得税、个人所得税经营所得汇算清缴时产生的退（补）税，由迁入地主管税务机关办理入库、退库。

（七）纳税人在迁出地已申报出口退（免）税的业务，迁移后需办理退（补）税等事项的，由迁出地税务机关继续办理。纳税人在迁移前已发生的出口业务尚未申报办理出口退（免）税的，由迁入地税务机关受理并按规定办理出口退（免）税事项。

迁出前已暂扣的出口退（免）税税款，后续需要解除的，在迁出地税务机关解除暂扣出口退（免）税税款，继续办理出口退（免）税核准和退库；已申报退税的出口报关单发生退运，由迁出地税务机关开具《出口货物退运已补税（未）退税证明》；纳税人在迁移前开具的出口退税证明，由迁出地税务机关办理出口退税证明作废和出口退税证明补打。

迁移纳税人在迁入地首次申报出口退（免）税的，按新备案出口企业进行管理，开展首次申报实地核查。

对于纳税人在迁出地已申报出口退（免）税的业务，涉及需要追回已出口退（免）税税款的，由迁出地税务机关追回已出口退（免）税税款。

（八）除以上情形外，纳税人在迁出地已入库的税款，迁移后申请退税的，由迁出地主管税务机关办理退税退库。

纳税人更正迁移前纳税申报涉及退（补）税的，由迁出地主管税务机关办理。

（九）纳税人按规定需要进行纳税信用补评、复评和修复的，向迁入地主管税务机关申请。

6－2－54

国家税务总局办公厅关于明确2024年度申报纳税期限的通知

2023年12月21日　税总办征科函〔2023〕244号

国家税务总局各省、自治区、直辖市和计划单列市税务局，国家税务总局驻各地特派员办事处：

根据《中华人民共和国税收征收管理法实施细则》第一百零九条规定，结合《国务院办公厅关于2024年部分节假日安排的通知》（国办发明电〔2023〕7号）要求，现将实行每月或者每季度期满后15日内申报纳税的各税种2024年度具体申报纳税期限明确如下：

一、1月、3月、7月、8月、11月申报纳税期限分别截至当月15日。

二、2月10日至17日放假8天，申报纳税期限顺延至2月23日。

三、4月4日至6日放假3天，申报纳税期限顺延至4月18日。

四、5月1日至5日放假5天，申报纳税期限顺延至5月22日。

五、6月8日至10日放假3天，申报纳税期限顺延至6月19日。

六、9月15日至17日放假3天，申报纳税期限顺延至9月18日。

七、10月1日至7日放假7天，申报纳税期限顺延至10月24日。

八、12月15日为星期日，申报纳税期限顺延至12月16日。

各地遇到特殊情况需要调整申报纳税期限的，应当提前上报国家税务总局（征管和科技发展司）备案。

3

票证管理

6－3－1

国家税务总局关于统一编印1995年增值税专用发票代码的通知

1995年1月14日 国税函发〔1995〕18号

为了加强对增值税专用发票的使用管理，有利于增值税专用发票计算机交叉稽核工作，从1995年起，将专用发票上的地区简称、制版年度、批次、版本的语言文字、几联发票、发票的金额版本号等改用10位代码表示。

具体表示方法：

第1-4位代表各地市

（以上代码参见附件）

第5-6两位代表制版年度

第7位代表批次

（分别用1、2、3、4……表示）

第8位代表版本的语言文字

（分别用1、2、3、4代表中文、中英文、藏汉文、维汉文）

第9位代表几联发票

（分别用4、7表示四联、七联）

第10位代表发票的金额版本号

（分别用1、2、3、4表示万元版、十万元版、百万元版、千万元版，用"0"表示电脑发票）

例："1301951141"其中：一至四位"1301"表示河北省石家庄市，五、六两位"95"表示1995年版，第七位的"1"表示第一批，第八位的"1"表示中文，第九位的"4"表示四联，第十位的"1"表示万元版。

附件：《各省、自治区、直辖市，各计划单列市地区代码》（编者略）

6－3－2

国家税务总局关于固定业户临时外出经营有关增值税专用发票管理问题的通知

1995年5月16日 国税发〔1995〕87号

为了强化对增值税专用发票（以下简称专用发票）的管理，堵塞漏洞，根据全国增值税工作会议讨论意见，现将固定业户临时到外地经营有关专用发票使用管理的问题通知如下：

固定业户（指增值税一般纳税人）临时到外省、市销售货物的，必须向经营地税务机关出示“外出经营活动税收管理证明”回原地纳税,需要向购货方开具专用发票的,亦回原地补开。对未持“外出经营活动税收管理证明”的,经营地税务机关按6%的征收率征税。对擅自携票外出,在经营地开具专用发票的,经营地主管税务机关根据发票管理的有关规定予以处罚并将其携带的专用发票逐联注明“违章使用作废”字样。

本规定自1995年7月1日起执行,此前有关规定同时废止。

注释:

条款修改。本文“经营地税务机关按6%的征收率征税”修改为“经营地税务机关按3%的征收率征税”。参见:《国家税务总局关于简并增值税征收率有关问题的公告》(国家税务总局公告2014年第36号)。

6－3－3

全国人民代表大会常务委员会关于惩治虚开、伪造和非法出售增值税专用发票犯罪的决定

1995年10月30日第八届全国人民代表大会常务委员会第十六次会议通过　同日中华人民共和国主席令第57号公布

为了惩治虚开、伪造和非法出售增值税专用发票和其他发票进行偷税、骗税等犯罪活动,保障国家税收,特作如下决定:

一、虚开增值税专用发票的,处三年以下有期徒刑或者拘役,并处二万元以上二十万元以下罚金;虚开的税款数额巨大或者有其他严重情节的,处三年以上十年以下有期徒刑,并处五万元以上五十万元以下罚金;虚开的税款数额特别巨大或者有其他特别严重情节的,处十年以上有期徒刑或者无期徒刑,并处没收财产。

有前款行为骗取国家税款,数额特别巨大、情节特别严重、给国家利益造成特别重大损失的,处无期徒刑或者死刑,并处没收财产。

虚开增值税专用发票的犯罪集团的首要分子,分别依照前两款的规定从重处罚。

虚开增值税专用发票是指有为他人虚开、为自己虚开、让他人为自己虚开、介绍他人虚开增值税专用发票行为之一的。

二、伪造或者出售伪造的增值税专用发票的,处三年以下有期徒刑或者拘役,并处二万元以上二十万元以下罚金;数量较大或者有其他严重情节的,处三年以上十年以下有期徒刑,并处五万元以上五十万元以下罚金;数量巨大或者有其他特别严重情节的,处十年以上有期徒刑或者无期徒刑,并处没收财产。

伪造并出售伪造的增值税专用发票,数量特别巨大、情节特别严重、严重破坏经济秩序的,处无期徒刑或者死刑,并处没收财产。

伪造、出售伪造的增值税专用发票的犯罪集团的首要分子,分别依照前两款的规定从

重处罚。

三、非法出售增值税专用发票的，处三年以下有期徒刑或者拘役，并处二万元以上二十万元以下罚金；数量较大的，处三年以上十年以下有期徒刑，并处五万元以上五十万元以下罚金；数量巨大的，处十年以上有期徒刑或者无期徒刑，并处没收财产。

四、非法购买增值税专用发票或者伪造的增值税专用发票的，处五年以下有期徒刑、拘役，并处或者单处二万元以上二十万元以下罚金。

购买增值税专用发票或者伪造的增值税专用发票又虚开或者出售的，分别依照第一条、第二条、第三条的规定处罚。

五、虚开用于骗取出口退税、抵扣税款的其他发票的，依照本决定第一条的规定处罚。

虚开用于骗取出口退税、抵扣税款的其他发票是指有为他人虚开、为自己虚开、让他人为自己虚开、介绍他人虚开用于骗取出口退税、抵扣税款的其他发票行为之一的。

六、伪造、擅自制造或者出售伪造、擅自制造的可以用于骗取出口退税、抵扣税款的其他发票的，处三年以下有期徒刑或者拘役，并处二万元以上二十万元以下罚金；数量巨大的，处三年以上七年以下有期徒刑，并处五万元以上五十万元以下罚金；数量特别巨大的，处七年以上有期徒刑，并处没收财产。

伪造、擅自制造或者出售伪造、擅自制造的前款规定以外的其他发票的，比照刑法以第一百二十四条的规定处罚。

非法出售可以用于骗取出口退税、抵扣税款的其他发票的，依照第一款的规定处罚。

非法出售前款规定以外的其他发票的，比照刑法第一百二十四条的规定处罚。

七、盗窃增值税专用发票或者其他发票的，依照刑法关于盗窃罪的规定处罚。

使用欺骗手段骗取增值税专用发票或者其他发票的，依照刑法关于诈骗罪的规定处罚。

八、税务机关或者其他国家机关的工作人员有下列情形之一的，依照本决定的有关规定从重处罚。

（一）与犯罪分子相勾结，实施本决定规定的犯罪的；

（二）明知是虚开的发票，予以退税或者抵扣税款的；

（三）明知犯罪分子实施本决定规定的犯罪，而提供其他帮助的。

九、税务机关的工作人员违反法律、行政法规的规定，在发售发票、抵扣税款、出口退税工作中玩忽职守，致使国家利益遭受重大损失的，处五年以下有期徒刑或者拘役；致使国家利益遭受特别重大损失的，处五年以上有期徒刑。

十、单位犯本决定第一条、第二条、第三条、第四条、第五条、第六条、第七条第二款规定之罪的，对单位判处罚金，并对直接负责的主管人员和其他直接责任人员依照各该条的规定追究刑事责任。

十一、有本决定第二条、第三条、第四条第一款、第六条规定的行为，情节显著轻微，尚不构成犯罪的，由公安机关处十五日以下拘留、五千元以下罚款。

十二、对追缴犯本决定规定之罪的犯罪分子的非法抵扣和骗取的税款，由税务机关上缴国库，其他的违法所得和供犯罪使用的财物一律没收。

供本决定规定的犯罪所使用的发票和伪造的发票一律没收。

十三、本决定自公布之日起施行。

6－3－4

国家税务总局关于填开增值税专用发票有关问题的通知

1996年9月18日　国税发〔1996〕166号

前一时期，各地不断提出一些填开增值税专用发票（以下简称专用发票）方面的问题，要求总局予以明确。现根据全国增值税工作会议的讨论意见，作如下补充规定：

一、关于超面额开具专用发票问题

超面额开具专用发票，是指纳税人在专用发票“金额栏”逐行或合计行填写的销售额超过了该栏的最高金额单位。凡超面额开具专用发票的，属于未按规定开具专用发票的行为，购货方取得这种专用发票一律不得作为扣税凭证。

二、关于价格换算出现误差的处理方法

纳税人以含税单价销售货物或应税劳务的，应换算成不含税单价填开专用发票，如果换算使单价、销售额和税额等项目发生尾数误差的，应按以下方法计算填开：

（一）销售额计算公式如下：

销售额＝含税总收入÷（1＋税率或征收率）

（二）税额计算公式如下：

税额＝含税总收入－销售额

（三）不含税单价计算公式如下：

不含税单价＝销售额÷数量

按照上述方法计算开具的专用发票，如果票面“货物数量×不含税单价＝销售额”这一逻辑关系存在少量尾数误差，属于正常现象，可以作为购货方的扣税凭证。

注释：

条款失效或废止。第一条失效或废止。参见：《国家税务总局关于发布已失效或废止的税收规范性文件目录的通知》（国税发〔2006〕62号）。

6－3－5

国家税务总局转发《最高人民法院关于适用〈全国人民代表大会常务委员会关于惩治虚开、伪造和非法出售增值税专用发票犯罪的决定〉的若干问题的解释》的通知

1996年11月15日　国税发〔1996〕210号

（通知略）

最高人民法院关于适用《全国人民代表大会常务委员会关于惩治虚开、伪造和非法出售增值税专用发票犯罪的决定》的若干问题的解释

（最高人民法院审判委员会第446次会议讨论通过）

为正确执行《全国人民代表大会常务委员会关于惩治虚开、伪造和非法出售增值税专用发票犯罪的决定》（以下简称《决定》），依法惩治虚开、伪造和非法出售增值税专用发票和其他发票犯罪，现就适用《决定》的若干具体问题解释如下：

一、根据《决定》第一条规定，虚开增值税专用发票的，构成虚开增值税专用发票罪。

具有下列行为之一的，属于"虚开增值税专用发票"：（1）没有货物购销或者没有提供或接受应税劳务而为他人、为自己、让他人为自己、介绍他人开具增值税专用发票；（2）有货物购销或者提供或接受了应税劳务但为他人、为自己、让他人为自己、介绍他人开具数量或者金额不实的增值税专用发票；（3）进行了实际经营活动，但让他人为自己代开增值税专用发票。

虚开税款数额1万元以上的或者虚开增值税专用发票致使国家税款被骗取5000元以上的，应当依法定罪处罚。

虚开税款数额10万元以上的，属于"虚开的税款数额较大"；具有下列情形之一的，属于"有其他严重情节"：（1）因虚开增值税专用发票致使国家税款被骗取5万元以上的；（2）具有其他严重情节的。

虚开税款数额50万元以上的，属于"虚开的税款数额巨大"；具有下列情形之一的，属于"有其他特别严重情节"：（1）因虚开增值税专用发票致使国家税款被骗取30万元以上的；（2）虚开的税款数额接近巨大并有其他严重情节的；（3）具有其他特别严重情节的。

利用虚开的增值税专用发票实际抵扣税款或者骗取出口退税100万元以上的，属于"骗取国家税款数额特别巨大"；造成国家税款损失50万元以上并且在侦查终结前仍无法

追回的，属于"给国家利益造成特别重大损失"。利用虚开的增值税专用发票骗取国家税款数额特别巨大、给国家利益造成特别重大损失，为"情节特别严重"的基本内容。

虚开增值税专用发票犯罪分子与骗取税款犯罪分子均应当对虚开的税款数额和实际骗取的国家税款数额承担刑事责任。

利用虚开的增值税专用发票抵扣税款或者骗取出口退税的，应当依照《决定》第一条的规定定罪处罚；以其他手段骗取国家税款的，仍应依照《全国人民代表大会常务委员会关于惩治偷税、抗税犯罪的补充规定》的有关规定定罪处罚。

二、根据《决定》第二条规定，伪造或者出售伪造的增值税专用发票的，构成伪造、出售伪造的增值税专用发票罪。

伪造或者出售伪造的增值税专用发票25份以上或者票面额（百元版以每份100元，千元版以每份1000元，万元版以每份1万元计算，以此类推。下同）累计10万元以上的应当依法定罪处罚。

伪造或者出售伪造的增值税专用发票100份以上或者票面额累计50万元以上的，属于"数量较大"；具有下列情形之一的，属于"有其他严重情节"：(1)违法所得数额在1万元以上的；(2)伪造并出售伪造的增值税专用发票60份以上或者票面额累计30万元以上的；(3)造成严重后果或者具有其他严重情节的。

伪造或者出售伪造的增值税专用发票500份以上或者票面额累计250万元以上的，属于"数量巨大"；具有下列情形之一的，属于"有其他特别严重情节"：(1)违法所得数额在5万元以上的；(2)伪造并出售伪造的增值税专用发票300份以上或者票面额累计200万元以上的；(3)伪造或者出售伪造的增值税专用发票接近"数量巨大"并有其他严重情节的；(4)造成特别严重后果或者具有其他特别严重情节的。

伪造并出售伪造的增值税专用发票1000份以上或者票面额累计1000万元以上的，属于"伪造并出售伪造的增值税专用发票数量特别巨大"；具有下列情形之一的，属于"情节特别严重"：(1)违法所得数额在5万元以上的；(2)因伪造、出售伪造的增值税专用发票致使国家税款被骗取100万元以上的；(3)给国家税款造成实际损失50万元以上的；(4)具有其他特别严重情节的。对于伪造并出售伪造的增值税专用发票数量达到特别巨大，又具有特别严重情节，严重破坏经济秩序的，应当依照《决定》第二条第二款的规定处罚。

伪造并出售同一宗增值税专用发票的，数量或者票面额不重复计算。

变造增值税专用发票的，按照伪造增值税专用发票行为处理。

三、根据《决定》第三条规定，非法出售增值税专用发票的，构成非法出售增值税专用发票罪。

非法出售增值税专用发票案件的定罪量刑数量标准按照本解释第二条第二、三、四款的规定执行。

四、根据《决定》第四条规定，非法购买增值税专用发票或者购买伪造的增值税专用发票的，构成非法购买增值税专用发票、伪造的增值税专用发票罪。

非法购买增值税专用发票或者购买伪造的增值税专用发票25份以上或者票面额累计10万元以上的，应当依法定罪处罚。

非法购买真、伪两种增值税专用发票的，数量累计计算，不实行数罪并罚。

五、根据《决定》第五条规定,虚开用于骗取出口退税、抵扣税款的其他发票的,构成虚开专用发票罪,依照《决定》第一条的规定处罚。

"用于骗取出口退税、抵扣税款的其他发票"是指可以用于申请出口退税、抵扣税款的非增值税专用发票,如运输发票、废旧物品收购发票、农业产品收购发票等。

六、根据《决定》第六条规定,伪造、擅自制造或者出售伪造、擅自制造的可以用于骗取出口退税、抵扣税款的其他发票的,构成非法制造专用发票罪或出售非法制造的专用发票罪。

伪造、擅自制造或者出售伪造、擅自制造的可以用于骗取出口退税、抵扣税款的其他发票50份以上的,应当依法定罪处罚;伪造、擅自制造或者出售伪造、擅自制造的可以用于骗取出口退税、抵扣税款的其他发票200份以上的,属于"数量巨大";伪造、擅自制造或者出售伪造、擅自制造的可以用于骗取出口退税、抵扣税款的其他发票1000份以上的,属于"数量特别巨大"。

七、盗窃增值税专用发票或者可以用于骗取出口退税、抵扣税款的其他发票25份以上,或者其他发票50份以上的;诈骗增值税专用发票或者可以用于骗取出口退税、抵扣税款的其他发票50份以上,或者其他发票100份以上的,依照刑法第一百五十一条的规定处罚。

盗窃增值税专用发票或者可以用于骗取出口退税、抵扣税款的其他发票250份以上,或者其他发票500份以上的;诈骗增值税专用发票或者可以用于骗取出口退税、抵扣税款的其他发票500份以上,或者其他发票1000份以上的,依照刑法第一百五十二条的规定处罚。

盗窃增值税专用发票或者其他发票情节特别严重的,依照《全国人民代表大会常务委员会关于严惩严重破坏经济的罪犯的决定》第一条第(一)项的规定处罚。

盗窃、诈骗增值税专用发票或者其他发票后,又实施《决定》规定的虚开、出售等犯罪的,按照其中的重罪定罪处罚,不实行数罪并罚。

6-3-6

国家税务总局　中国人民银行关于明确"扣缴税款通知书"有效期限的批复

1997年1月10日　国税函发〔1997〕11号

四川省国家税务局、地方税务局,中国人民银行四川省分行:

你们《关于明确"扣缴税款通知书有效日期"的请示》(川人行国〔1996〕37号)收悉。经研究,批复如下:

一、"扣缴税款通知书"的有效日期为《国家税务总局关于印发全国统一税务文书式样的通知》(国税发〔1993〕109号)附表12"扣缴税款通知书"中所载明的限定扣缴时间。

二、纳税人开户银行在此期限内无法实现扣缴税款的,应当书面通知税务机关,并说明原因;税务机关可以依法采取其他强制执行措施,也可通知开户银行继续实施扣缴税款措施。

三、纳税人应缴税款已经实现入库的，税务机关应当通知开户银行，撤销扣缴税款通知。

以上，请遵照执行。

6－3－7

国家税务总局关于纳税人取得虚开的增值税专用发票处理问题的通知

1997年8月8日　国税发〔1997〕134号

最近，一些地区国家税务局询问，对纳税人取得虚开的增值税专用发票（以下简称专用发票）如何处理。经研究，现明确如下：

一、受票方利用他人虚开的专用发票，向税务机关申报抵扣税款进行偷税的，应当依照《中华人民共和国税收征收管理法》及有关规定追缴税款，处以偷税数额五倍以下的罚款；进项税金大于销项税金的，还应当调减其留抵的进项税额。利用虚开的专用发票进行骗取出口退税的，应当依法追缴税款，处以骗税数额五倍以下的罚款。

二、在货物交易中，购货方从销售方取得第三方开具的专用发票，或者从销货地以外的地区取得专用发票，向税务机关申报抵扣税款或者申请出口退税的，应当按偷税、骗取出口退税处理，依照《中华人民共和国税收征收管理法》及有关规定追缴税款，处以偷税、骗税数额五倍以下的罚款。

三、纳税人以上述第一条、第二条所列的方式取得专用发票未申报抵扣税款，或者未申请出口退税的，应当依照《中华人民共和国发票管理办法》及有关规定，按所取得专用发票的份数，分别处以1万元以下的罚款；但知道或者应当知道取得的是虚开的专用发票，或者让他人为自己提供虚开的专用发票的，应当从重处罚。

四、利用虚开的专用发票进行偷税、骗税，构成犯罪的，税务机关依法进行追缴税款等行政处理，并移送司法机关追究刑事责任。

6－3－8

建设部　国家质量技术监督局
国家税务总局关于逐步推广使用
出租汽车税控计价器的通知

1998年4月21日　建城〔1998〕86号

近年来，出租汽车行业得到迅速发展，方便了市民出行，促进了经济发展。由于出租汽车都是单车运营，给行业管理和税收管理都带来很大的难度。为了规范出租汽车行业管理,加强税收监控,保障乘客的合法权益,提高服务水平,决定在大中城市出租汽车行业逐步推广使用税控计价器。现就有关问题通知如下:

一、税控计价器是具有可靠存储和显示运营数据并可自动打印发票的计价器。税控计价器的技术标准除必须符合国家出租汽车计价器统一标准外,还应具有税控和自动打印发票的功能。

二、安装使用税控计价器的出租汽车承运人,每次载客结束时,必须打印发票并交给乘客。严禁私自拆装、改动税控计价器。

三、出租汽车必须使用由税务机关监制的出租汽车专用发票(以下简称专用发票)。专用发票为单联式。主要内容包括:车号、乘车日期、上下车时间、里程、单价、等候时间、金额、监督电话等。专用发票名称为"××市出租汽车专用发票"。采用普通发票统一防伪措施套印全国统一发票监制章和发票号码。在发票下方套印当地客运管理部门发票专用章。专用发票是出租汽车使用的合法凭证,严禁私印、伪造、倒卖。

四、出租汽车承运单位或个人必须按照客运管理和税务部门的规定,按期报送运营数据并办理纳税事宜。

五、对不按规定使用税控计价器和打印发票的,由客运管理、技术监督、税务部门分别按照《城市出租汽车管理办法》、《中华人民共和国计量法》和《中华人民共和国发票管理办法》及其实施细则的有关规定进行处罚。

六、税控计价器的机型由当地的技术监督、客运管理、税务部门共同确定。

七、税控计价器的新产品定型、样机试验、制造、销售、使用及周期检定和修理必须按照《中华人民共和国计量法》及有关规定执行。

八、实施可采取先试点后逐步推广的步骤,具体的实施办法由当地客运管理、技术监督、税务部门共同制定。

九、推广使用税控计价器是加强出租汽车行业管理,提高服务质量,维护乘客合法权益,保障国家税收的有力措施。各地建设行政主管(客运管理)、技术监督和税务部门要密切配合,采取切实有效措施,制定完善各项管理制度,共同做好推广使用税控计价器的工作。

6-3-9

国家税务总局　国家质量技术监督局关于推行使用出租汽车税控计价器有关问题的通知

1998年10月19日　国税发〔1998〕164号

近几年来,为了加强对出租汽车行业的税收管理,堵塞税收漏洞,各地陆续开始推行使用具有税控能力的出租车计价器(以下简称税控计价器)。为了对计价器的税控功能和推行中的一些问题进行必要的规范,现就有关问题明确如下:

一、税控计价器具有可靠存储、显示和采集运营数据并自动打印发票的功能。税控计价器税控功能的技术条件由国家税务总局制定。

二、本通知下发后，各出租汽车计价器生产厂家应当按照国家统一的出租汽车计价器技术标准和税控技术条件研制和生产税控计价器。从2000年1月1日起不得再生产和销售非税控计价器。

三、税控计价器的新产品定型、样机实验、制造、销售、使用及周期检定和修理必须按照《中华人民共和国计量法》及有关规定执行。

四、出租汽车承运人必须按照规定安装和使用税控计价器，严禁私自拆装、改动；必须按照税务机关的规定和税控计价器记录的数据进行纳税申报；必须使用税务机关统一印制的发票，每次载客结束时，必须将发票交给乘客。

五、税控计价器的推行，可采取分步和逐步更换的方式。具体实施办法和管理措施由当地政府确定的出租汽车管理部门和技术监督、税务部门共同制定，并报当地政府批准后执行。

六、对不按照规定使用税控计价器的，由出租汽车管理、技术监督和税务部门分别按照有关规定进行处罚。

七、为了减轻出租汽车承运人的负担，应严格控制税控计价器的销售价格，不得乱加价，乱涨价。

八、推行使用出租汽车税控计价器是通过运用现代化科学技术手段加强出租汽车行业管理，提高服务质量，堵塞税收漏洞的有效措施，各级税务机关、技术监督部门要充分认识推行此项工作重要意义，积极与出租汽车管理、公安和工商部门搞好配合，促进推行工作的顺利开展。

6－3－10

国家发展计划委员会　国家税务总局 国家工商行政管理局　国家粮食储备局 关于粮食销售发票使用和管理 有关问题的通知

1998年11月26日　计粮办〔1998〕2432号

为加强对粮食购销活动的监督管理，维护粮食正常流通秩序，推进粮食流通体制改革的顺利进行，根据《国务院关于印发当前推进粮食流通体制改革意见的通知》（国发〔1998〕35号）要求，现就粮食销售发票使用和管理的有关问题通知如下：

一、具有增值税一般纳税人资格的粮食经营（不包括免征增值税的企业）、加工企业销售粮食时，一律使用“七联增值税专用发票”，其中第五联为随货同行联（承运联）。上述粮食经营、加工企业在开具发票时，必须在第五联加盖“随货同行联（承运联）”印章，并要加注“销货地点”。“随货同行联（承运联）”印章由开票单位按照统一样式刻制（印章式样附后）。

二、从事粮食经营、加工业务的非增值税一般纳税人(包括免征增值税的企业)销售粮食时,一律使用由税务机关统一印制的带有随货同行联(承运联)的“粮食销售统一发票”。“粮食销售统一发票”由省级税务机关统一设计、印制。“粮食销售统一发票”中要设立“销货地点”一栏,开票单位必须如实填写。

三、跨县(市)运销小麦、玉米和稻谷,必须持有国有粮食收储企业或县以上粮食交易市场带有随货同行联(承运联)的增值税专用发票或粮食销售统一发票;跨县(市)运销成品粮,必须持有粮食加工企业或县以上粮食交易市场带有随货同行联(承运联)的增值税专用发票或粮食销售统一发票。凡不能出具带有随货同行联(承运联)的增值税专用发票或粮食销售统一发票的,一律视为非法贩运。

四、国有企业、农垦企业和司法系统农场跨县(市)运销本企业直属单位生产的粮食,比照上述规定执行。

五、各地工商行政管理部门要采取措施,加强监管巡查,加大执法力度,加强对跨县(市)运销的原粮和成品粮的检查。对非法贩运粮食的,由工商行政管理部门依据《粮食收购条例》处罚;对一票多用、重复使用带有随货同行联(承运联)的增值税专用发票或粮食销售统一发票的,由工商行政管理部门依据《投机倒把行政处罚暂行条例》严厉惩处;对私印、伪造和非法买卖带有随货同行联(承运联)的增值税专用发票或粮食销售统一发票的,由税务机关按照税收有关法律法规严厉惩处;触犯刑律的,要移交司法机关追究刑事责任。

六、各级工商行政管理、粮食、税务等有关部门要严格执行国家粮食流通体制改革有关政策,积极支持和保护正常的粮食流通,严禁借机上路设卡,搞地区封锁,乱收费、乱罚款。对违法违纪的单位和个人,要严肃处理。

七、上述规定自1999年1月1日开始执行。带有随货同行联(承运联)的增值税专用发票或粮食销售统一发票从1999年1月1日正式启用,同时旧版的粮食销售普通发票停止使用。

附:关于刻制“随货同行联(承运联)”印章的说明(编者略)

6-3-11

国家税务总局　国家质量技术监督局关于加油机安装税控装置和生产使用税控加油机有关问题的通知

1999年6月4日　国税发〔1999〕110号

改革开放以来,随着我国经济建设和交通运输事业的迅速发展,加油站遍布全国城乡,成品油销售量逐年增加。由于加油站经营方式和进货渠道复杂,许多加油站财务制度不健全,致使成品油的销售数量和金额无法准确掌握,造成国家税款大量流失。为了加强加油站的税收管理,堵塞税收漏洞,打击成品油流通领域的违法活动,维护消费者的合法权益,同时配合国家实施道路和车辆收费改革,做好成品油市场的清理整顿工作,根据《国务院办公厅转发国家经贸委等部门关于清理整顿小炼油厂和规范原油成品油流通秩序意见的通知》(国办发〔1999〕38 号)的有关规定,国家税务总局和国家质量技术监督局决定对全国现有加油站加油机安装税控装置,并组织生产和使用税控加油机。现将有关问题通知如下:

一、加油站加油机的改造和使用

(一)为保证加油站加油机记录的数据准确、安全、可靠,必须对现有加油机进行改造,即安装税控装置。本通知下发后,经清理整顿合格的加油站必须按照本通知的规定以及国家有关税控装置安装要求,对现有加油机安装税控装置。新设立的加油站必须使用税控加油机,需要更新的加油机必须用税控加油机来取代。

(二)国家税务总局成立加油机税控功能(专家)认定小组,依据国家税务总局制定的《加油机税控功能技术条件》,对取得国家防爆产品鉴定合格证和制造计量器具许可证的税控装置进行税控功能的鉴定,颁发《税控功能合格证书》。未经国家计量、防爆和税控功能鉴定合格的产品,各地不得选用。

(三)改造后的加油机,必须经税务机关或税务机关委托的单位进行税控初始化和质量技术监督部门组织计量检定合格后,方可投入使用。税控初始化软件系统由国家税务总局设计,并下发各地国家税务局。各税控装置和税控加油机生产企业必须按照规定设置统一的税控初始化接口。《税控初始化接口的统一标准》和实施办法,国家税务总局将另行下文明确。

(四)安装税控的组织工作由国家税务总局和国家质量技术监督局共同负责。

(五)安装人员的培训、机器安装及售后服务由税控装置生产企业或其代理商负责。税控装置的购置费用可在所得税前扣除,但达到固定资产标准的,应按规定提取折旧,分期扣除。

二、税控加油机的生产和使用

(一)税控加油机税控技术方案由国家税务总局和国家质量技术监督局共同制定,国家质量技术监督局将在《税控燃油加油机鉴定大纲》中予以公布。

(二)依据《税控燃油加油机鉴定大纲》和《税控初始化接口的统一标准》的有关要求,新研制、生产的税控加油机在通过国家税务总局的税控功能检测并取得《税控功能合格证书》后,由税控加油机生产企业按照《制造、修理计量器具许可证监督管理办法》的要求,向国家质量技术监督局提出申请。国家质量技术监督局组织定型鉴定、样机试验,依据《税控加油机制造许可证考核规范》对申请单位进行考核,审核合格的颁发《制造计量器具许可证》,允许其生产、销售。

(三)新安装的税控加油机必须经税务机关或税务机关委托的单位进行税控初始化和质量技术监督部门组织计量检定合格后,方可投入使用。

(四)自本通知下发之日起,在国内不得再生产和进口非税控加油机;2000 年 1 月 1 日以后,不得再销售非税控加油机。因特殊需要生产非税控加油机的,须报经国家税务总局批准,并取得质量技术监督部门颁发的《制造计量器具许可证》。

三、税控加油机和加油站的管理

(一)税控加油机属强检计量器具,要依据《中华人民共和国强制检定的工作计量器具检定管理办法》进行强制检定管理,严格实施出厂检定、安装后首次检定和周期检定。严禁破坏或擅自改动、拆卸加油机及其税控装置。

（二）各地质量技术监督部门要依据《中华人民共和国计量法》加强对税控加油机的日常监督管理，定期组织对税控加油机的计量执法检查活动，打击计量违法行为。

（三）加油站必须按照税控装置或税控加油机记录的数据及主管税务机关的规定采用纸质或电子方式进行纳税申报。

（四）加油站在销售成品油时，必须按照规定使用由税务机关统一印制的加油站成品油销售发票或增值税专用发票，并逐步使用与税控装置和税控加油机相连接的税控收款机或计算机开具发票。

（五）各地税务机关要加强对加油站的日常监督检查。加油站要按照税务机关的规定建立健全财务会计制度，报送有关经营资料。

四、违反规定的处罚

（一）凡加装税控装置后的加油机或新安装的税控加油机未实施计量强制检定的，由质量技术监督部门对加油机实施查封，依照《中华人民共和国计量法实施细则》第四十六条给予处罚。

（二）加油站销售的成品油，其实际量与销售结算量不符，给用户或消费者造成损失的，由质量技术监督部门按照《商品量计量违法行为处罚规定》进行处罚。

（三）凡破坏或擅自改动、拆卸加油机和税控加油机的，质量技术监督部门依据《中华人民共和国计量法》的有关规定进行处罚。

（四）凡未按本通知的规定加装税控装置或使用税控加油机的，以及未进行税控初始化的加油机，由税务机关对加油机实施查封，停止其使用。

（五）凡破坏或擅自改动、拆卸税控装置的，以及未经税务机关批准，使用非税控方式销售成品油的，根据《中华人民共和国行政处罚法》的处罚授权规定，税务机关可处以 10000 元以下罚款。

（六）凡采取本条第三、四、五款所列违反规定的行为造成加油站成品油销售数据不实，并以此进行纳税申报的，按偷税处理。

（七）对有本条上述行为，经处罚后仍不改正的，可提请工商行政管理部门取消其经营资格。

五、安装工作的实施步骤

根据国务院清理整顿原油成品油流通秩序的总体部署，安装工作分三个阶段：第一个阶段为准备阶段，主要是作好加油站有关情况的调查摸底，制定实施方案和工作部署，安装工作的宣传动员及人员培训。第二阶段为安装阶段，组织有关技术人员对经清理整顿合格的加油站在用加油机安装税控装置。第三阶段为组织验收和总结阶段，安装工作结束后，税务和质量技术监督部门要组织人员对安装工作进行审查验收，并进行总结。各地安装工作到 2000 年 10 月底前结束，三个阶段的具体时间划分，根据本地区清理整顿原油成品油流通秩序的部署确定。安装工作的总结和加油机安装税控装置统计表（附后）于 2000 年 12 月底前分别上报国家税务总局和国家质量技术监督局。

推行使用税控加油机是清理整顿成品油市场秩序的重要措施，同时也是金税工程主要内容之一。各级税务、质量技术监督部门一定要充分认识推行使用税控加油机的重要意义，加强组织领导，根据当地政府清理整顿成品油市场秩序的统一部署，采取有力措施，密切配合，相互支持，共同做好此项工作。

附件：加油机安装税控装置统计表（编者略）

注释：

条款修改。根据《第十三届全国人民代表大会第一次会议关于国务院机构改革方案的决定》等有关规定，税收规范性文件规定的国税地税机关的职责和工作由新的税务机关承担。国家税务总局依据《税收规范性文件制定管理办法》（国家税务总局令第41号公布），对税收规范性文件进行了清理。参见：《国家税务总局关于修改部分税收规范性文件的公告》（国家税务总局公告2018年第31号）。

6－3－12

国家税务总局关于国有粮食购销企业开具粮食销售发票有关问题的通知

1999年7月19日　国税明电〔1999〕10号

财政部、国家税务总局《关于粮食企业增值税征免问题的通知》（财税字〔1999〕198号）规定对属于一般纳税人的生产、经营单位从国有粮食购销企业购进的免税粮食，可依据购销企业开具的销售发票注明的销售额按13%的扣除率计算抵扣进项税额。为了保证粮食增值税政策的正确执行，现将国有粮食购销企业销售发票使用的有关问题通知如下：

一、享受免税优惠的国有粮食购销企业可继续使用增值税专用发票。

二、自1999年8月1日起，凡国有粮食购销企业销售粮食，暂一律开具增值税专用发票。

三、国有粮食购销企业开具增值税专用发票时，应当比照非免税货物开具增值税专用发票，企业记账销售额为“价税合计”数。

四、属于一般纳税人的生产、经营单位从国有粮食购销企业购进的免税粮食，可依照国有粮食购销企业开具的增值税专用发票注明的税额抵扣进项税额。

6－3－13

国家税务总局关于印发《增值税防伪税控系统管理办法》的通知

1999年12月1日　国税发〔1999〕221号

（通知略）

增值税防伪税控系统管理办法

第一章 总 则

第一条 为保证增值税防伪税控系统(以下简称防伪税控系统)的顺利推行和正常运转,防范利用增值税专用发票(以下简称专用发票)偷骗税的不法行为,进一步加强增值税征收管理,特制定本办法。

第二条 防伪税控系统是运用数字密码和电子信息存储技术,强化专用发票的防伪功能,实现对增值税一般纳税人税源监控的计算机管理系统。

第三条 防伪税控系统的推广应用由国家税务总局(以下简称总局)统一领导,省级以下税务机关逐级组织实施。

第四条 各级税务机关增值税业务管理部门(以下简称业务部门)负责防伪税控系统推行应用的组织及日常管理工作,计算机技术管理部门(以下简称技术部门)提供技术支持。

第二章 认定登记

第五条 主管税务机关根据防伪税控系统推行计划确定纳入防伪税控系统管理的企业(以下简称防伪税控企业),下达《增值税防伪税控系统使用通知书》(附件1)。

第六条 防伪税控企业应于《增值税防伪税控系统使用通知书》规定的时间内,向主管税务机关填报《防伪税控企业认定登记表》(附件2)。主管税务机关应认真审核防伪税控企业提供的有关资料和填写的登记事项,确认无误后签署审批意见。

《防伪税控企业认定登记表》一式三联。第一联防伪税控企业留存;第二联税务机关认定登记部门留存;第三联为防伪税控企业办理系统发行的凭证。

第七条 防伪税控企业认定登记事项发生变化,应到主管税务机关办理变更认定登记手续。

第八条 防伪税控企业发生下列情形,应到主管税务机关办理注销认定登记,同时由主管税务机关收缴金税卡和IC卡(以下简称两卡)。

(一)依法注销税务登记,终止纳税义务;

(二)被取消一般纳税人资格;

(三)减少分开票机。

第三章 系统发行

第九条 防伪税控系统发行实行分级管理。

总局负责发行省级税务发行子系统以及省局直属征收分局认证报税子系统、企业发行子系统和发票发售子系统;

省级税务机关负责发行地级税务发行子系统以及地级直属征收分局认证报税子系统、企业发行子系统和发票发售子系统;

地级税务机关负责发行县级认证报税子系统、企业发行子系统和发票发售子系统；

地级税务机关经省级税务机关批准，可发行县级所属征收单位认证报税子系统、企业发行子系统和发票发售子系统。

第十条 防伪税控企业办理认定登记后，由主管税务机关负责向其发行开票子系统。

第十一条 防伪税控企业发生本办法第七条情形的，应同时办理变更发行。

第四章 发放发售

第十二条 防伪税控系统专用设备（以下简称专用设备）包括：金税卡、IC卡、读卡器、延伸板及相关软件等。防伪税控系统税务专用设备由总局统一配备并逐级发放；企业专用设备由防伪税控系统技术服务单位（以下简称服务单位）实施发售管理。

第十三条 主管税务机关需要增配专用设备的，应填制《防伪税控系统专用设备需求表》（附件3）报上级税务机关核发。

第十四条 地级以上税务机关接收和发放专用设备，应严格交接制度，分别填写《防伪税控系统专用设备入库单》（附件4）和《防伪税控系统专用设备出库单》（附件5），及时登记《防伪税控系统专用设备收、发、存台账》（附件6）。

各级税务机关对库存专用设备实行按月盘存制度，登记《防伪税控系统专用设备盘存表》（附件7）。

第十五条 服务单位凭主管税务机关下达的《增值税防伪税控系统使用通知书》向防伪税控企业发售专用设备。

第十六条 服务单位应参照本办法第十四条的规定，加强企业专业设备的仓储发售管理，认真记录收发存情况。对库存专用设备实行按月盘点制度，登记《防伪税控系统专用设备盘存表》（同附件7），并报同级税务机关备案。

第五章 购票开票

第十七条 防伪税控企业凭税控IC卡向主管税务机关领购电脑版专用发票。主管税务机关核对企业出示的相关资料与税控IC卡记录内容，确认无误后，按照专用发票发售管理规定，通过企业发票发售子系统发售专用发票，并将专用发票的起始号码及发售时间登录在税控IC卡内。

第十八条 新纳入防伪税控系统的企业，在系统启用后十日内将启用前尚未使用完的专用发票（包括误填作废的专用发票）报主管税务机关缴销。

第十九条 防伪税控企业必须使用防伪税控系统开具专用发票，不得以其他方式开具手工版或电脑版专用发票。

第二十条 防伪税控企业应按照《增值税专用发票使用规定》开具专用发票，打印压线或错格的，应作废重开。

第六章 认证报税

第二十一条 防伪税控企业应在纳税申报期限内将抄有申报所属月份纳税信息的IC卡和备份数据软盘向主管税务机关报税。

第二十二条 防伪税控企业和未纳入防伪税控系统管理的企业取得的防伪税控系统开具的专用发票抵扣联,应据增值税有关扣税规定核算当期进项税额,如期申报纳税,属于扣税范围的,应于纳税申报时或纳税申报前报主管税务机关认证。

第二十三条 主管税务机关应在企业申报月份内完成企业申报所属月份的防伪税控专用发票抵扣联的认证。对因褶皱、揉搓等无法认证的加盖"无法认证"戳记,认证不符的加盖"认证不符"戳记,属于利用丢失被盗金税卡开具的加盖"丢失被盗"戳记。认证完毕后,应将认证相符和无法认证的专用发票抵扣联退还企业,并同时向企业下达《认证结果通知书》(附件8)。对认证不符和确认为丢失、被盗金税卡开具的专用发票应及时组织查处。

认证戳记式样由各省级税务机关统一制定。

第二十四条 防伪税控企业应将税务机关认证相符的专用发票抵扣联连同《认证结果通知书》和认证清单一起按月装订成册备查。

第二十五条 经税务机关认证确定为"无法认证"、"认证不符"以及"丢失被盗"的专用发票,防伪税控企业如已申报扣税的,应调减当月进项税额。

第二十六条 报税子系统采集的专用发票存根联数据和认证子系统采集的专用发票抵扣联数据应按规定传递到增值税计算机稽核系统。

第二十七条 防伪税控企业金税卡需要维修或更换时,其存储的数据,必须通过磁盘保存并列印出清单。税务机关应核查金税卡内尚未申报的数据和软盘中专用发票开具的明细信息,生成专用发票存根联数据传递到增值税计算机稽核系统;企业计算机主机损坏不能抄录开票明细信息的,税务机关应对企业开具的专用发票存根联通过防伪税控认证子系统进行认证,产生专用发票存根联数据传递到增值税计算机稽核系统。

第七章 技术服务

第二十八条 防伪税控系统研制生产单位应按照总局制定的推行计划组织专用设备的生产,确保产品质量。严格保密、交接等各项制度。两卡等关键设备在出厂时要进行统一编号,标贴国家密码管理委员会办公室核发的"商密产品认证标识"。

第二十九条 各地税务机关技术部门应做好税务机关内部防伪税控系统的技术支持和日常维护工作。

第三十条 系统研制生产单位应在各地建立服务单位,负责防伪税控系统的安装调试、操作培训、维护服务和企业用防伪税控系统专用设备的销售。

第三十一条 税务机关应与当地服务单位签订协议,明确工作程序、业务规范和双方的权利义务等事项。

第三十二条 服务单位在向防伪税控企业发售专用设备时,应和企业签订系统维护合同,按照税务机关的有关要求明确服务标准和违约责任等事项,并报当地税务机关备案。

第三十三条 防伪税控系统使用过程中出现的技术问题,税务机关、服务单位应填制《防伪税控系统故障登记表》(附件9),分别逐级上报总局和系统研制生产单位,重大问题及时上报。

第八章 安全措施

第三十四条 税务机关用两卡应由专人使用保管,使用或保管场所应有安全保障措施。发生丢失、被盗的,应立即报公安机关侦破追缴,并报上级税务机关进行系统处理。

第三十五条 按照密码安全性的要求,总局适时统一布置更换系统密钥,部分地区由于两卡丢失被盗等原因需要更换密钥的,由上一级税务机关决定。

第三十六条 有关防伪税控系统管理的表、账、册及税务文书等资料保存期为五年。

第三十七条 防伪税控企业应采取有效措施保障开票设备的安全,对税控 IC 卡和专用发票应分开专柜保管。

第三十八条 任何单位和个人未经总局批准不得擅自改动防伪税控系统软、硬件。

第三十九条 服务单位和防伪税控企业专用设备发生丢失被盗的,应迅速报告公安机关和主管税务机关。各级税务机关按月汇总上报《丢失、被盗金税卡情况表》(附件 10)。总局建立丢失被盗金税卡数据库下发各地录入认证子系统。

第四十条 税务机关或企业损坏的两卡以及按本办法第八条规定收缴的两卡,由省级税务机关统一登记造册并集中销毁。

第九章　监督检查

第四十一条 税务机关应定期检查服务单位的两卡收发存和技术服务情况。督促服务单位严格两卡发售工作程序,落实安全措施。严格履行服务协议,不断改进服务工作。

第四十二条 防伪税控企业逾期未报税,经催报仍不报的,主管税务机关应立即进行实地查处。

第四十三条 防伪税控企业未按规定使用保管专用设备,发生下列情形之一的,视同未按规定使用和保管专用发票处罚:

(一)因保管不善或擅自拆装专用设备造成系统不能正常运行;

(二)携带系统外出开具专用发票。

第四十四条 各级税务机关应定期检查系统发行情况,地级以上税务机关对下一级税务机关的检查按年进行,地级对县级税务机关的检查按季进行。

第十章　附　　则

第四十五条 本办法由国家税务总局负责解释。各地可根据本办法制定具体实施细则。

第四十六条 本办法自 2000 年 1 月 1 日起施行。

附件:1. 增值税防伪税控系统使用通知书(编者略)

2. 防伪税控企业认定登记表(编者略)

3. 防伪税控系统专用设备需求表(编者略)

4. 防伪税控系统专用设备入库单(编者略)

5. 防伪税控系统专用设备出库单(编者略)

6. 防伪税控系统________(专用设备)收、发、存台账(编者略)

7. 增值税防伪税控专用设备盘存表(编者略)

8. 认证结果通知书(编者略)

9. 防伪税控系统故障登记表(编者略)

10. 丢失、被盗金税卡情况表(编者略)

注释:

条款修改。附件1《增值税防伪税控系统使用通知书》中“国家税务局”修改为“税务局”;附件8《认证结果通知书》中“国家税务局(盖章)”修改为“税务局(盖章)”。参见:《国家税务总局关于修改部分税务部门规章的决定》(国家税务总局令第44号)。

条款失效或废止。第二条、第六条失效或废止。参见:《国家税务总局关于发布已失效或废止的税收规范性文件目录的通知》(国税发〔2006〕62号)。

政策调整。本文在“认定登记”(第二章)中规定:防伪税控企业应于《增值税防伪税控系统使用通知书》规定的时间内,向主管税务机关提出填报《防伪税控企业认定登记表》,经主管税务机关审核无误后予以审批。根据国务院有关文件精神,对此项审核制度予以取消。参见:《国家税务总局关于取消防伪税控企业资格认定的通知》(国税函〔2004〕823号)。

6-3-14

国务院办公厅转发国家税务总局关于全面推广应用增值税防伪税控系统意见的通知

2000年2月12日 国办发〔2000〕12号

国家税务总局《关于全面推广应用增值税防伪税控系统的意见》已经国务院同意,现转发给你们,请认真贯彻执行。

关于全面推广应用增值税防伪税控系统的意见

(国家税务总局 2000年1月26日)

增值税防伪税控系统(以下简称:税控系统)是运用数字密码和电子存储技术,强化增值税专用发票防伪功能,实现对增值税一般纳税人税源监控的计算机管理系统,也是国家“金税工程”的重要组成部分。自1994年在部分地区和行业进行税控系统应用试点以来,取得了初步成效。为了进一步加强增值税管理,保障国家税收,防范和严厉打击各种偷、骗增值税等违法犯罪活动,经与有关部门共同研究,现提出如下意见:

一、在2002年年底以前,将税控系统覆盖到所有的增值税一般纳税人。有关企业要按照税务机关的要求及时安装使用税控系统,凡逾期不安装使用的,税务机关停止向其发售增值税专用发票,并收缴其库存未用的增值税专用发票。

二、纳入税控系统管理的企业，必须通过该系统开具增值税专用发票；对使用非税控系统开具增值税专用发票的，税务机关要按照《中华人民共和国发票管理办法》的有关规定进行处罚；对破坏、擅自改动、拆卸税控系统进行偷税的，要依法予以严惩。

三、有关企业取得税控系统开具的增值税专用发票，属于扣税范围的，应按税务机关规定的时限申报认证；凡逾期未申报认证的，一律不得作为扣税凭证，已经抵扣税款的，由税务机关如数追缴，并按《中华人民共和国税收征收管理法》的有关规定进行处罚；凡认证不符的，不得作为扣税凭证，税务机关要查明原因，依法处理。

四、适当减轻企业使用税控系统的经济负担。税控系统专用和通用设备的购置费用准予在企业成本中列支，同时可凭购货发票（增值税专用发票）所注明的增值税税额，计入该企业当期的增值税进项税额。具体办法由国务院有关部门另行制定。

五、税控系统专用设备和技术维护实行国家统一定价，具体标准由国家计委制定。

六、税控系统生产研制单位要确保技术安全和专用设备的质量，做好日常技术维护工作。各级税务机关要对税控系统的销售和售后服务进行严格监督，但自身不得直接或间接从事与其相关的商业性经营活动。

注释：

条款废止。第三条中"凡逾期未申报认证的，一律不得作为扣税凭证，已经抵扣税款的，由税务机关如数追缴，并按《中华人民共和国税收征收管理法》的有关规定进行处罚"规定废止。参见：《国家税务总局关于废止逾期增值税扣税凭证一律不得抵扣规定的公告》（国家税务总局公告2011年第49号）。

6－3－15

国家税务总局关于《国家税务总局关于纳税人取得虚开的增值税专用发票处理问题的通知》的补充通知

2000年11月6日　国税发〔2000〕182号

为了严格贯彻执行《国家税务总局关于纳税人取得虚开的增值税专用发票处理问题的通知》（国税发〔1997〕134号，以下简称134号文件），严厉打击虚开增值税专用发票活动，保护纳税人的合法权益，现对有关问题进一步明确如下：

有下列情形之一的，无论购货方（受票方）与销售方是否进行了实际的交易，增值税专用发票所注明的数量、金额与实际交易是否相符，购货方向税务机关申请抵扣进项税款或者出口退税的，对其均应按偷税或者骗取出口退税处理。

一、购货方取得的增值税专用发票所注明的销售方名称、印章与其进行实际交易的销售方不符的，即134号文件第二条规定的"购货方从销售方取得第三方开具的专用发票"的情况。

二、购货方取得的增值税专用发票为销售方所在省(自治区、直辖市和计划单列市)以外地区的,即134号文件第二条规定的"从销货地以外的地区取得专用发票"的情况。

三、其他有证据表明购货方明知取得的增值税专用发票系销售方以非法手段获得的,即134号文件第一条规定的"受票方利用他人虚开的专用发票,向税务机关申报抵扣税款进行偷税"的情况。

6-3-16

国家税务总局关于纳税人善意取得虚开的增值税专用发票处理问题的通知

2000年11月16日 国税发〔2000〕187号

近接一些地区反映,在购货方(受票方)不知道取得的增值税专用发票(以下简称专用发票)是销售方虚开的情况下,对购货方应当如何处理的问题不够明确。经研究,现明确如下:

购货方与销售方存在真实的交易,销售方使用的是其所在省(自治区、直辖市和计划单列市)的专用发票,专用发票注明的销售方名称、印章、货物数量、金额及税额等全部内容与实际相符,且没有证据表明购货方知道销售方提供的专用发票是以非法手段获得的,对购货方不以偷税或者骗取出口退税论处。但应按有关规定不予抵扣进项税款或者不予出口退税;购货方已经抵扣的进项税款或者取得的出口退税,应依法追缴。

购货方能够重新从销售方取得防伪税控系统开出的合法、有效专用发票的,或者取得手工开出的合法、有效专用发票且取得了销售方所在地税务机关已经或者正在依法对销售方虚开专用发票行为进行查处证明的,购货方所在地税务机关应依法准予抵扣进项税款或者出口退税。

如有证据表明购货方在进项税款得到抵扣、或者获得出口退税前知道该专用发票是销售方以非法手段获得的,对购货方应按《国家税务总局关于纳税人取得虚开的增值税专用发票处理问题的通知》(国税发〔1997〕134号)和《国家税务总局关于〈国家税务总局关于纳税人取得虚开的增值税专用发票处理问题的通知〉的补充通知》(国税发〔2000〕182号)的规定处理。

本通知自印发之日起执行。

6-3-17

国家税务总局关于印发《国家税务总局关于推行增值税防伪税控系统的通告》的通知

2000年11月21日　国税发〔2000〕191号

（通知略）

国家税务总局关于推行增值税防伪税控系统的通告

推行增值税防伪税控系统（以下简称税控系统），是加强增值税管理，保障国家税收，防范和严厉打击各种偷、骗增值税等违法犯罪活动的重要手段，是国家实现税收信息化管理实施金税工程的重要组成部分。根据《国务院办公厅转发国家税务总局关于全面推广应用增值税防伪税控系统意见的通知》（国办发〔2000〕12号）精神，特通告如下：

一、凡经税务机关认定，取得增值税一般纳税人资格的企业（以下简称企业）必须按照当地税务机关的统一要求，在2002年年底以前逐步纳入税控系统管理。具体步骤是：

（一）2002年1月1日起，企业必须通过税控系统开具销售额在万元以上的增值税专用发票（以下简称专用发票），同时全国统一废止手写万元版专用发票。自2002年4月1日起手写万元版专用发票不得作为增值税扣税凭证。

（二）2003年1月1日起，所有企业必须通过税控系统开具专用发票，同时全国统一废止手写版专用发票。自2003年4月1日起，手写版专用发票一律不得作为增值税的扣税凭证。

二、纳入税控系统管理的企业，必须通过该系统开具专用发票；对使用非税控系统开具专用发票的，税务机关要按照《中华人民共和国发票管理办法》的有关规定进行处罚；对破坏、擅自改动、拆卸税控系统进行偷税的，要依法予以严惩。

三、企业取得税控系统开具的专用发票，属于扣税范围的，应于纳税申报时或纳税申报前到税务机关申报认证；凡逾期未申报认证的，一律不得作为扣税凭证，已经抵扣税款的，由税务机关如数追缴，并按《中华人民共和国税收征收管理法》的有关规定进行处罚；凡认证不符的，不得作为扣税凭证，并由税务机关查明原因后依法处理。

四、自2000年1月1日起，企业购置税控系统专用设备和通用设备发生的费用，准予在当期计算缴纳所得税前一次性列支；同时可凭购货所取得的专用发票所注明的税额从增值税销项税额中抵扣。

税控系统专用设备包括税控金税卡、税控IC卡和读卡器；通用设备包括用于税控系统开具专用发票的计算机和打印机。

五、自2000年9月1日起,税控系统专用设备和技术维护价格执行标准如下:

(一)企业税控金税卡零售价格为1303元,税控IC卡为79元,小读卡器定为173元。此价格为最终到户安装价格。

(二)各技术维护单位对税控系统专用设备日常技术维护的价格标准为每年每户450元,安装使用当年按实际技术维护月数计收。并可根据各地的实际情况,在10%的浮动幅度内制定具体价格。

六、各级税务机关对税控系统的销售和售后服务要进行严格监督,但不得直接或间接从事与税控系统相关的商业性经营活动,对为纳税人提供的有关税控系统的技术维护工作不得收取任何费用。税控系统省级服务单位和省内服务网络应由航天金穗高技术有限公司负责建立和管理(西藏除外)。

注释:

条款失效或废止。第一条、第三条失效或废止。参见:《国家税务总局关于发布已失效或废止的税收规范性文件目录的通知》(国税发〔2006〕62号)。

6-3-18

国家税务总局关于政府储备食用植物油销售业务开具增值税专用发票问题的通知

2002年6月10日 国税函〔2002〕531号

各省、自治区、直辖市和计划单列市国家税务局:

为支持中央储备食用植物油的正常运作,现就政府储备食用植物油销售业务开具增值税专用发票问题通知如下:

自2002年6月1日起,对中国储备粮总公司及各分公司所属的政府储备食用植物油承储企业,按照国家指令计划销售的政府储备食用植物油,可比照国家税务总局《关于国有粮食购销企业开具粮食销售发票有关问题的通知》(国税明电〔1999〕10号)及国家税务总局《关于加强国有粮食购销企业增值税管理有关问题的通知》(国税函〔1999〕560号)的有关规定执行,允许其开具增值税专用发票并纳入增值税防伪税控系统管理。

6－3－19

国家税务总局关于增值税一般纳税人取得防伪税控系统开具的增值税专用发票进项税额抵扣问题的通知

2003年2月14日　国税发〔2003〕17号

各省、自治区、直辖市和计划单列市国家税务局：

为贯彻《国务院办公厅转发国家税务总局关于全面推广应用增值税防伪税控系统意见的通知》（国办发〔2000〕12号）的要求，根据国家税务总局《增值税防伪税控系统管理办法》和现行增值税进项税额抵扣政策的规定，现就增值税一般纳税人取得防伪税控系统开具的增值税专用发票进项税额抵扣问题规定如下：

一、增值税一般纳税人申请抵扣的防伪税控系统开具的增值税专用发票，必须自该专用发票开具之日起90日内到税务机关认证，否则不予抵扣进项税额。

二、增值税一般纳税人认证通过的防伪税控系统开具的增值税专用发票，应在认证通过的当月按照增值税有关规定核算当期进项税额并申报抵扣，否则不予抵扣进项税额。

三、增值税一般纳税人取得防伪税控系统开具的增值税专用发票，其专用发票所列明的购进货物或应税劳务的进项税额抵扣时限，不再执行《国家税务总局关于加强增值税征收管理工作的通知》（国税发〔1995〕15号）中第二条有关进项税额申报抵扣时限的规定。

四、增值税一般纳税人申请抵扣2003年3月1日前防伪税控系统开具的增值税专用发票，应于2003年9月1日前按照本通知的规定报主管税务机关认证，否则不予抵扣进项税额。

五、增值税一般纳税人违反本通知第一条、第二条和第四条规定抵扣进项税额的，税务机关按照《中华人民共和国税收征收管理法》的有关规定予以处罚。

六、本通知自2003年3月1日起执行。

各级税务机关应做好本通知的宣传工作，采取各种方式及时通告纳税人，使纳税人及时了解和准确执行增值税新的进项税额抵扣政策。

注释：

条款废止。第二条自2020年3月1日起废止。参见：《国家税务总局关于取消增值税扣税凭证认证确认期限等增值税征管问题的公告》（国家税务总局公告2019年第45号）。

条款废止。第一条废止。参见：1.《国家税务总局关于公布全文失效废止　部分条款失效废止的税收规范性文件目录的公告》（国家税务总局公告2011年第2号）。2.《国家税务总局关于调整增值税扣税凭证抵扣期限有关问题的通知》（国税函〔2009〕617号）。

6－3－20

国家税务总局关于进一步明确推行防伪税控系统和金税工程二期完善与拓展有关工作的通知

2003 年 2 月 14 日　国税函〔2003〕139 号

各省、自治区、直辖市和计划单列市国家税务局：

《国家税务总局关于正式恢复推行防伪税控系统和对金税工程二期进行完善与拓展有关工作的通知》(国税发明电〔2002〕52 号)对正式恢复推行防伪税控系统和完善与拓展金税工程二期的有关工作进行了部署,现对有关问题进一步明确如下：

一、2003 年 7 月 1 日起,增值税一般纳税人必须通过防伪税控系统开具专用发票,同时全国统一废止增值税一般纳税人所用的手写版专用发票。2003 年 10 月 1 日起,增值税一般纳税人所用的手写版专用发票一律不得作为增值税的扣税凭证。

税务部门为小规模纳税人代开的手写版专用发票,可继续使用。

二、从事集中开票服务业务的社会中介机构,其所需防伪税控开票系统共享设备(以下简称共享设备),必须在国家税务总局指定的生产厂家范围内选购。目前暂定以下厂家为供应商：航天信息股份有限公司、宁波金禾电子信息公司、杭州广翔计算机软件有限公司。没有社会中介机构提供集中开票服务的地区,由税务部门为小型企业进行集中开票,所需共享设备由国家税务总局集中采购配发。

对于采纳集中开票方式的纳税人,不得收取防伪税控培训费,对其收取的防伪税控专用设备维护费也应大幅度降低收费标准。防伪税控服务单位可以向社会中介机构收取培训费,社会中介机构可以向纳税人收取专用发票开票费。总局正在会同有关部门研究制定上述培训费、开票费、维护费的收费标准,在统一标准公布前,可暂由各省、自治区、直辖市和计划单列市国税局自行确定开票费标准,并与航天信息股份有限公司设在各省的分公司商定社会中介机构培训费和对纳税人收取的维护费的标准。

三、金税工程二期完善与拓展的各项具体工作的时间进度安排如下：

(一)关于完善工作

专用发票抵扣联信息企业采集方式税务端软件,5 月 1 日至 6 月 30 日安装调试,7 月 1 日起全国推行。

网络版防伪税控税务端软件,3 月 1 日至 4 月 30 日进行培训,5 月 1 日至 6 月 30 日安装调试,7 月 1 日起全国推行。

因防伪税控发行系统和发售系统分开而需配备发售系统专用设备的工作,于 3 月底完成。

红字专用发票稽核软件,5 月 1 日至 6 月 30 日安装调试,7 月 1 日起全国推行。

完善涉嫌违规发票查处流程有关软件及监控台软件,7 月份安装调试,8 月 1 日起全国推行。

（二）关于拓展工作

发票内部管理系统、增值税一般纳税人认定系统、增值税纳税评估系统、成品油零售环节增值税管理系统等4个软件，于4月1日至5月15日进行培训，5月1日至6月30日安装调试，7月1日起全国推行。

另外，根据金税工程二期完善与拓展工作的时间进度，各地要及时将红字专用发票稽核业务需求以及新拓展软件的业务需求和接口业务需求书面移交稽查局，从而使协查系统同步做好各项工作。

（三）为保证时间进度，总局计划培训地市一级的师资，对地市级以下税务部门有关人员的培训，由各省、自治区、直辖市和计划单列市国税局负责。关于总局举行培训的时间，防伪税控系统网络版、企业采集增值税抵扣联电子信息税务端软件的培训工作预计在3月进行，其他软件的培训在4月份进行。

四、要认真做好金税工程二期完善和拓展的环境准备工作。按照总局一体化要求，所有金税工程二期完善与拓展系统均采用三层体系结构，数据统一集中到地市，数据库服务器使用金税工程现有稽核协查数据库服务器，每个省局和每个地市新增加一台PC服务器安装Weblogic应用服务器软件。PC服务器硬件及相应的操作系统和应用服务器软件由总局统一采购配备，计划在今年4月份到货安装。在推行完善和拓展软件之前，各地要及时改进和完善网络以及客户端微机等系统环境条件，以满足实际运行中的需要。此部分由各地自行解决；推行增值税专用发票抵扣联信息网上认证系统，要求各地充分利用省一级的互联网WEB网站，不满足要求的要尽快扩容，没有的要尽快建设，在4月底前完成。金税工程二期完善与拓展后，将增加一些新的操作岗位，这些岗位都要配备相应的微机，由各地自行解决，按照每个子系统的推行时间和要求配备。请各地在今年预算中预留一部分资金用于金税工程二期拓展。

五、各地技术部门在继续做好以上技术支持工作的基础上要做好以下工作：

（一）及时解决运行故障。发生重大问题，要及时填写重大问题报告，统一报总局技术支持中心。

（二）金税工程二期统一软件的版本维护。软件的升级必须按照总局的统一部署进行，没有总局的许可，各地不得擅自升级软件，以免造成软件版本不一致，影响系统的正常运行。

（三）确保网络畅通。金税工程二期完善和拓展后，应用系统将全部上网运行，各地一定要确保网络畅通，遇到问题必须立即解决。

（四）继续做好数据处理工作。今年，新推行的应用系统比较多，数据库的管理工作将更繁重，数据库的维护、备份等任务十分重要；有关应用系统全部进行网络化运行后，系统管理员的作用将更加突出，各级税务机关务必做好数据处理工作，确保整个系统安全运行。

六、要进一步加强协查机构和队伍建设。各地要尽快解决好机构和人员问题，各省局稽查部门内部要设置专门的协查机构，配备适当数量人员，地市级局的稽查部门内部也酌情考虑成立专门的协查机构，配备适当数量的专门协查人员，并要保持协查专业岗位工作人员的相对稳定。

七、要认真搞好廉政建设。金税工程建设，将不可避免地涉及到一些财、物的分配，将涉及到与防伪税控开票子系统服务单位的合作，将涉及到纳税人购买通用设备等问题，对此，各级税务机关和广大税务干部要认真遵守总局制定的有关廉政纪律，严格执行总局的有关廉政制度。

6-3-21

国家税务总局关于印发《国家税务总局关于推广应用增值税防伪税控主机共享服务系统有关问题的通告》的通知

2003年6月2日　国税函〔2003〕588号

（通知略）

国家税务总局关于推广应用增值税防伪税控主机共享服务系统有关问题的通告

为解决部分经营规模较小的增值税一般纳税人（以下简称纳税人）购置、使用防伪税控开票子系统存在的实际困难，国家税务总局决定推广应用增值税防伪税控主机共享服务系统，由税务机关或税务代理机构为纳税人提供集中开具增值税专用发票的服务（以下简称集中开票方式），现将有关问题通告如下：

一、集中开票方式由纳税人自愿选择，税务机关不得强制。

二、集中开票方式由税务代理机构提供开票服务，其收取的开票费用每张发票最高不超过5元；税务代理机构未能覆盖的地区，由税务机关无偿为纳税人提供开票服务。

三、采用集中开票方式的纳税人只购买金税卡（1303元）、IC卡（105元），不需购买读卡器（173元）。

四、采用集中开票方式开具增值税专用发票的，其最高限额为十万元（不含十万元）。

五、采用集中开票方式的纳税人，须按照《增值税防伪税控系统管理办法》办理防伪税控开票子系统的发行、增值税专用发票的领购、抄税报税和专用设备的缴销等业务；并自行保管增值税专用发票和税控IC卡，不得委托任何单位和个人代管。

六、采用集中开票方式的纳税人，不需缴纳防伪税控开票子系统的培训费，防伪税控专用设备维护费问题另行通知。

6 -3 -22

国家税务总局关于印发《增值税防伪税控主机共享服务系统管理暂行办法》的通知

2003 年 6 月 16 日　国税发〔2003〕67 号

各省、自治区、直辖市和计划单列市国家税务局：

为解决部分经营规模较小的一般纳税人使用防伪税控开票系统存在的实际困难，总局决定由税务机关和税务代理机构使用增值税防伪税控主机共享服务系统为其开具增值税专用发票（以下简称集中开票方式）。为规范税务代理机构和税务机关使用增值税防伪税控主机共享服务系统为增值税一般纳税人开具增值税专用发票提供服务的管理，总局制定了《增值税防伪税控主机共享服务系统管理暂行办法》，现印发给你们。2003 年 2 月 18 日印发的《国家税务总局关于印发〈增值税防伪税控主机共享服务系统管理暂行办法〉的通知》（国税发〔2003〕18 号）即行废止。

为做好增值税防伪税控主机共享服务系统推广工作，现将有关问题明确如下：

一、推广使用增值税防伪税控主机共享服务系统开具增值税专用发票，不仅有利于税务机关加强对经营规模较小的一般纳税人的管理，而且有利于这些企业节省开支。因此，各级税务机关应做好宣传介绍工作，引导和鼓励小型企业选择这种开票方式。

二、是否采用集中开票方式遵循自愿原则，由纳税人自愿选择，税务机关不得强制要求纳税人使用此种开票方式。

三、采用集中开票方式的纳税人只购买金税卡（1303 元）、IC 卡（105 元），不需单独购买读卡器（173 元）。

四、从事集中开票服务业务的税务机关和税务代理机构所需的共享系统设备，由国家税务总局集中统一采购。

五、税务代理机构收取的开票费用，每张发票最高不超过 5 元。

六、对于采用集中开票方式的纳税人，不得向其收取防伪税控开票子系统的培训费，防伪税控专用设备维护费问题另行通知。

七、税务机关和税务代理机构必须严格按照《增值税防伪税控主机共享服务系统管理暂行办法》的规定，为纳税人开具增值税专用发票。

附件：增值税防伪税控主机共享服务系统管理暂行办法

附件

增值税防伪税控主机共享服务系统管理暂行办法

第一条　为规范社会中介机构（以下简称中介机构）和税务机关使用增值税防伪税控

主机共享服务系统(以下简称共享系统)为增值税一般纳税人(以下简称纳税人)开具增值税专用发票(以下简称专用发票)提供服务的管理,保证共享系统正常运行,特制定本办法。

第二条 共享系统是指能够为多户纳税人利用防伪税控系统开具专用发票提供服务(以下简称开票服务)的计算机应用系统。

第三条 共享系统必须符合国家税务总局制定的业务和技术规范,经国家税务总局组织测评合格后方可推广使用。

第四条 纳税人使用共享系统开具专用发票的具体范围,由省级税务机关确定。

第五条 纳税人使用共享系统开具专用发票的最高开票限额为十万元(不含十万元)。

第六条 纳税人自愿选择使用共享系统开具专用发票。纳税人申请使用共享系统开具专用发票的,应报主管税务机关批准。纳税人停止使用共享系统开具专用发票的,应提前1个月向主管税务机关提出申请,办妥有关手续后便可退出。

第七条 中介机构自愿为纳税人提供开票服务,没有中介机构提供开票服务的县(市、区),由税务机关无偿为纳税人提供开票服务。

第八条 为纳税人提供开票服务的中介机构,须向省级注册税务师管理机构提出资格确认申请;经确认取得资格的,报经地市级税务机关增值税管理部门审批后,方可提供开票服务。地市级税务机关增值税管理部门须将审批通过的中介机构报省级税务机关增值税管理部门和省级注册税务师管理机构备案。

第九条 中介机构为纳税人提供开票服务的管理,由注册税务师管理机构负责。

第十条 中介机构为纳税人提供开票服务必须按国家物价管理部门规定的收费标准收取费用,但每张发票最高不超过5元。

第十一条 中介机构提供开票服务必须与纳税人签订服务协议,明确双方责任。中介机构应有以下责任:

(一)妥善保管纳税人的防伪税控专用设备;

(二)定期备份有关开票数据;

(三)为纳税人开票信息保密;

(四)纳税人未按规定抄报税的,应及时通知纳税人抄报税;

(五)与防伪税控系统技术服务单位及共享系统供应商签订服务协议,以保证共享系统正常运行。

第十二条 中介机构和税务机关要严格按照纳税人提供的《增值税专用发票开票信息录入委托单》(样式附后)录入开票信息。已开具专用发票的《增值税专用发票开票信息录入委托单》由中介机构和税务机关按专用发票的保管年限保存。

第十三条 因管理或使用不善导致纳税人专用设备丢失被盗、损毁的,中介机构或税务机关应负责赔偿,并恢复所丢失数据。

第十四条 纳税人应按照《增值税防伪税控系统管理办法》办理防伪税控开票系统的发行、专用发票的领购、抄税报税和专用设备的缴销等业务。

第十五条 纳税人必须自行保管增值税专用发票和税控IC卡,不得委托任何单位和个人代管。

第十六条 中介机构在提供开票服务中发生下列情形的,由其所在地县(市、区)税务机关上报地市级税务机关增值税管理部门按以下规定处理。

（一）发生下列情形之一者，责令其限期改正，逾期不改正的，取消其开票服务资格。

1. 未按规定程序操作使用共享系统的；

2. 未按规定及时进行数据备份的；

3. 未按规定采取安全保管措施的；

4. 未及时排除故障，影响纳税人开具专用发票的；

5. 为纳税人代管专用发票和税控 IC 卡的；

6. 擅自将纳税人有关开票数据及资料提供给其他单位和个人的。

（二）发生下列情形之一者，取消其开票服务资格。

1. 采取虚假手段取得的开票服务资格的；

2. 与纳税人勾结或盗用纳税人税控 IC 卡、开票密码虚开专用发票的。

第十七条 各省、自治区、直辖市和计划单列市税务机关依据本办法，制定具体管理办法。

第十八条 本办法由国家税务总局负责解释。

第十九条 本办法自 2003 年 6 月 1 日起施行。

注释：

条款废止。第五条自 2015 年 4 月 1 日起废止。参见：《国家税务总局关于全面推行增值税发票系统升级版有关问题的公告》（国家税务总局公告 2015 年第 19 号）。

6－3－23

国家税务总局关于印发《增值税专用发票抵扣联信息企业采集方式管理规定》的通知

2003 年 6 月 19 日 国税发〔2003〕71 号

各省、自治区、直辖市和计划单列市国家税务局：

为保证金税工程的顺利运行，规范增值税专用发票抵扣联信息企业采集方式软件的使用和管理，总局制定了《增值税专用发票抵扣联信息企业采集方式管理规定》，现印发给你们。

请遵照执行。

增值税专用发票抵扣联信息企业采集方式管理规定

第一条 为保证金税工程的顺利运行，规范采用增值税专用发票抵扣联信息企业采集方式的认证工作,特制定本规定。

第二条 增值税专用发票抵扣联信息企业采集方式是指由增值税一般纳税人(以下简称纳税人)采集抵扣联的明文和密文信息形成电子数据,通过网络或磁盘报送税务机关,由税务机关认证的一种专用发票认证方式。

第三条 采用增值税专用发票抵扣联信息企业采集方式应坚持纳税人自愿的原则。

第四条 纳税人必须使用经国家税务总局组织测评合格的增值税专用发票抵扣联信息企业采集方式软件。

第五条 增值税专用发票抵扣联信息企业采集方式的推行由各省、自治区、直辖市和计划单列市国家税务局增值税业务主管部门负责。

第六条 纳税人采用增值税专用发票抵扣联信息企业采集方式,必须提出书面申请,报经主管税务机关批准。

第七条 采用增值税专用发票抵扣联信息企业采集方式的纳税人,对取得需报税务机关认证的增值税专用发票抵扣联,应通过自动扫描识别生成电子数据,如遇特殊情况,可持防伪税控抵扣联原件到税务机关认证。

第八条 纳税人将通过自动扫描识别生成的抵扣联电子数据,在每月月底前,一次或分次报送税务机关认证。

第九条 纳税人将专用发票抵扣联电子信息报送税务机关认证未通过的,可将抵扣联原件报税务机关认证。

第十条 每次认证结束后,税务机关应及时将最终认证结果以电子数据的形式反馈给纳税人。

第十一条 纳税人丢失未认证的防伪税控抵扣联,不得使用专用发票抵扣联信息企业采集方式认证。

第十二条 纳税人发生下列情形之一的,税务机关取消其抵扣联信息企业采集方式的使用资格。

(一)注销税务登记;

(二)纳税人要求采用其他认证方式;

(三)被取消增值税一般纳税人资格。

第十三条 本规定由国家税务总局负责解释。

第十四条 本规定自2003年6月1日起施行。

注释:

条款修改。根据《第十三届全国人民代表大会第一次会议关于国务院机构改革方案的决定》等有关规定,税收规范性文件规定的国税地税机关的职责和工作由新的税务机关承担。国家税务总局依据《税收规范性文件制定管理办法》(国家税务总局令第41号公布),对税收规范性文件进行了清理。参见:《国家税务总局关于修改部分税收规范性文件的公告》(国家税务总局公告2018年第31号)。

6－3－24

国家税务总局关于认真做好增值税专用发票发售、填开管理等有关问题的通知

2003年7月2日　国税函〔2003〕785号

各省、自治区、直辖市和计划单列市国家税务局：

近期，增值税专用发票计算机稽核系统中的“属于作废发票”指标出现异常，严重影响金税工程运行质量。所谓“属于作废发票”，是指销货方已经按“作废”处理而购货方又用于抵扣进项税额的增值税专用发票（以下简称专用发票）。经调查分析，在“属于作废发票”中，有一部分确实属于纳税人违反规定利用作废专用发票申报抵扣进项税额，但也有一部分是由于税务机关或纳税人操作失误形成的。为了进一步加强专用发票管理，提高金税工程运行质量，总局要求各地税务机关和纳税人严格执行增值税专用发票管理规定和金税工程操作规程，并认真做好相关信息的录入工作，防止错误信息进入金税工程。现将有关要求和规定明确如下：

一、税务机关专用发票管理部门在运用防伪税控发售系统进行发票入库管理或向纳税人发售专用发票时，要认真录入发票代码、号码，并与纸质专用发票进行仔细核对，确保发票代码、号码电子信息与纸质发票的代码、号码完全一致。

二、纳税人在运用防伪税控系统开具专用发票时，应认真检查系统中的电子发票代码、号码与纸质发票是否一致。如发现税务机关错填电子发票代码、号码的，应持纸质专用发票和税控IC卡到税务机关办理退回手续。

三、对税务机关错误录入代码或号码后又被纳税人开具的专用发票，按以下办法处理：

（一）纳税人当月发现上述问题的，应按照专用发票使用管理的有关规定，对纸质专用发票和防伪税控发票系统中专用发票电子信息同时进行作废，并及时报主管税务机关。纳税人在以后月份发现的，应按有关规定开具负数专用发票。

（二）主管税务机关按照有关规定追究有关人员责任，同时将有关情况，如发生原因、主管税务机关名称、编号、纳税人名称、纳税人识别号、发票代码号码（包括错误的和正确的）、发生时间、责任人以及处理意见或请求等，逐级上报至总局。

（三）对涉及发票数量多，影响面较大的，总局将按规定程序对“全国作废发票数据库”进行修正。

四、在未收回专用发票抵扣联及发票联，或虽已收回专用发票抵扣联及发票联但购货方已将专用发票抵扣联报送税务机关认证的情况下，销货方一律不得作废已开具的专用发票。

五、从2003年7月开始，总局将对各地增值税专用发票计算机稽核系统因操作失误而形成的“属于作废发票”进行考核，按月公布考核结果。对问题严重地区将组织力量进行抽

查并通报批评。

六、各级税务机关应将本通知中涉及纳税人的事项在办税服务厅公告，并认真做好对纳税人利用防伪税控开票子系统开具专用发票的辅导工作。

6－3－25

国家税务总局关于使用增值税专用发票认证信息审核出口退税的紧急通知

2004年1月21日　国税函〔2004〕133号

各省、自治区、直辖市和计划单列市国家税务局：

为进一步加强出口退税管理，提高出口退税工作效率，根据《国家税务总局关于使用增值税专用发票电子信息审核出口退税有关事项的通知》（国税函〔2003〕995号）和《国家税务总局关于出口货物专用税票电子信息审核有关问题的通知》（国税函〔2003〕1392号）文件规定，经研究，国家税务总局决定对外贸企业2004年1月1日以后报关出口的货物（以出口货物报关单〈出口退税专用联〉上注明的出口日期为准，下同）使用增值税专用发票认证信息审核办理出口退税。现将有关事项通知如下：

一、对外贸企业2004年1月1日以后报关出口的货物，外贸企业向其主管退税机关申报办理退税时，须按2004年新版出口退税电子申报系统录入以增值税专用发票（或普通发票）内容为主的进货凭证数据，不再录入增值税“税收（出口货物专用）缴款书”或“出口货物完税分割单”（以下简称增值税专用税票）的内容，但对国税函〔2003〕1392号文件第二条规定的出口货物仍需录入增值税专用税票号码。

二、对外贸企业2004年1月1日以后报关出口的货物，退税机关在审核退税时，凡外贸企业提供2003年8月1日（以开票日期为准）以后增值税防伪税控系统开具的增值税专用发票，必须通过2004年新版出口退税审核系统审核。审核无误的方可按现行出口退税规定退税；凡外贸企业提供2003年8月1日（以开票日期为准）以前开具的增值税专用发票或普通发票，仍按国税函〔2003〕1392号文件第二条的规定审核办理退税。

三、对机电产品中标企业2004年1月1日（以开票日期为准）以后申报退税时，提供的是增值税防伪税控系统开具的增值税专用发票，退税机关必须通过2004年新版出口退税审核系统与该增值税专用发票认证信息进行电子对审，对审无误的方可按现行出口退税规定退税；提供的是非增值税防伪税控系统开具的增值税专用发票，退税机关仍应对该企业申报的增值税专用税票与总局下发的电子信息进行审核，审核无误，方可按现行规定办理退税。

四、退税机关使用增值税专用发票认证信息审核办理外贸企业（包括机电产品中标企业，下同）退税后三个月内，将该笔退税的增值税专用发票认证信息与按国税函〔2003〕995号文件有关规定取得的总局下传增值税专用发票稽核、协查信息进行比对，比对不符的按下列规定处理：

（一）凡属于国税函〔2003〕995 号文件第四条第一款规定协查有误发票信息或增值税专用发票认证信息与稽核、协查信息中相符发票、协查无误发票信息比对不符的，一律追回该笔出口货物已退税款。

（二）凡属于国税函〔2003〕995 号文件第四条第二款规定，应立即暂停办理该外贸企业退税业务，并按该条款的规定进行处理。

五、对下列外贸企业，退税机关在审核出口退税时按以下规定处理：

（一）对于 2004 年 1 月 1 日以后取得进出口经营权的外贸企业，退税机关自审核该企业申报第一笔出口退税业务的一年内，在按本通知第二、三条规定使用增值税专用发票认证信息电子对审通过后，暂不办理退税，必须按本通知第四条规定将增值税专用发票稽核、协查信息与认证信息比对通过后，方可办理退税。

（二）对于按本通知二、三条规定使用增值税专用发票认证信息电子对审通过后，仍对外贸企业出口货物有疑问的，可暂不办理退税，待按本通知第四条规定将增值税专用发票稽核、协查信息与认证信息比对通过后，办理退税。

六、增值税专用发票认证信息传递办法

（一）总局提供了《增值税专用发票认证信息导出与传递技术方案》（附件），各地应根据该方案，结合本地区出口退税审核、审批的管理模式，确定增值税专用发票认证信息传递办法，并于 2004 年 2 月 5 日前将本地区确定的增值税专用发票认证信息传递办法上报总局（信息中心）。

（二）各地制定的增值税专用发票认证信息传递办法必须符合以下原则：

1. 增值税专用发票认证信息传递工作由各级国税局信息中心牵头负责，退税、流转税、征管部门予以配合，必须建立税务系统内部增值税专用发票认证发票信息传递的规则，建立岗位责任制和过错追究制度。

2. 自 2004 年 1 月起，各级国税局信息中心必须及时将增值税专用发票认证信息传递给外贸企业的主管退税机关，具体办法由各地自定但必须确保能够及时办理退税。

七、外贸企业申报应退消费税出口货物，退税机关仍按现行出口退税规定办理退税。

八、2004 年开始使用增值税专用发票认证信息审核出口退税是出口退税管理的一项重要改革，各地应高度重视，认真抓好落实工作。同时，总局也将组成督查组对各地开展此项工作情况进行督查。

附件：《增值税专用发票认证信息导出与传递技术方案》（编者略）

注释：

条款修改。根据《第十三届全国人民代表大会第一次会议关于国务院机构改革方案的决定》等有关规定，税收规范性文件规定的国税地税机关的职责和工作由新的税务机关承担。国家税务总局依据《税收规范性文件制定管理办法》（国家税务总局令第 41 号公布），对税收规范性文件进行了清理。参见：《国家税务总局关于修改部分税收规范性文件的公告》（国家税务总局公告 2018 年第 31 号）。

条款失效或废止。第六条第一项"总局提供了《增值税专用发票认证信息导出与传递技术方案》附件），各地应根据该方案，结合本地区出口退税审核、审批的管理模式，确定增值税专用发票认证信息传递办法,并于2004年2月5日前将本地区确定的增值税专用发票认证信息传递办法上报总局(信息中心)”、附件《增值税专用发票认证信息导出与传递技术方案》失效或废止。参见:《国家税务总局关于发布已失效或废止的税收规范性文件目录的通知》(国税发〔2006〕62号)。

条款失效。本文规定的网络版防伪税控认证系统认证信息导出和传递方案停止执行。参见:《国家税务总局关于升级增值税专用发票认证系统与出口退税审核系统数据接口等有关工作的通知》(国税函〔2004〕381号)。

6-3-26

国家税务总局关于统一全国普通发票分类代码和发票号码的通知

2004年4月28日　国税函〔2004〕521号

各省、自治区、直辖市和计划单列市国家税务局、地方税务局:

为了加强和规范普通发票的统一管理,做好推广应用税控收款机的准备工作,便于全国普通发票统一识别和查询,决定统一全国普通发票分类代码和发票号码。现将有关事项通知如下:

一、统一全国普通发票分类代码和发票号码

(一)普通发票分类代码编制规则

普通发票分类代码(以下简称分类代码)为12位阿拉伯数字。从左至右排列:

第1位为国家税务局、地方税务局代码,1为国家税务局,2为地方税务局,0为总局。

第2、3、4、5位为地区代码(地、市级),以全国行政区域统一代码为准,总局为0000。

第6、7位为年份代码(例如2004年以04表示)。

第8位为统一的行业代码,其中,国税行业划分:1. 工业、2. 商业、3. 加工修理修配业、4. 收购业、5. 水电业、6. 其他;地税行业划分:1. 交通运输业、2. 建筑业、3. 金融保险业、4. 邮电通信业、5. 文化体育业、6. 娱乐业、7. 服务业、8. 转让无形资产、9. 销售不动产、0. 表示其他。

第9、10、11、12位为细化的发票种类代码,按照保证每份发票编码惟一的原则,由省、自治区、直辖市和计划单列市国家税务局、地方税务局自行编制。

(二)发票号码(即发票顺序码)编制规则

普通发票号码为8位阿拉伯数字。如发票号码资源不够用,在设计时应考虑与分类代码结合,即在分类代码的第9、10、11、12位中设置1位为批次代码。

企业冠名发票,可在第9、10、11、12位分类代码中设置1位单独表示,或者直接在发票号码中以给每个企业分配一段号码的方式进行编制。

(三)印制位置和规格

分类代码和发票号码统一印制在发票右上角:第一排分类代码,第二排发票号码。

发票号码采用号码机印刷的，号码机采用哥特字体。手工票、定额票、电脑票（平推打印）号码机的规格为：字高 3.34mm，字宽 1.86mm，字笔道 0.34mm，字间距 0.99mm，号码总长 21.81mm。卷式发票号码机规格为：字高 3mm，字宽 1.66mm，字笔道 0.32mm，字间距 1.19mm，号码总长 21.61mm（见附件）。发票号码采用喷墨方式印刷的，按照号码机印刷的规格喷印。

分类代码印制规格应与发票号码一致。

二、统一代码和发票号码的执行时间

为了保证新旧分类代码、发票号码使用的顺利衔接，全国统一分类代码、发票号码启用时间为 2004 年 7 月 1 日，旧分类代码、发票号码截止使用时间为 2004 年 12 月 31 日（总局另有规定的除外）。各地可在总局规定的交替期内确定具体启用和截止时间，并报总局备案。

三、工作要求

（一）抓紧确定编码方案。各地必须按照总局统一的编码规则，编制普通发票的分类代码和发票号码。各地所确定的分类代码、发票号码编制方案，报总局征管司、信息中心备案。

（二）发票印制相对集中。配合统一普通发票分类代码和发票号码的实施，普通发票应集中到地、市级印制，有条件的地区及重要票种应集中在省一级印制。

（三）抓住契机开展发票查询。各地要充分利用统一普通发票分类代码和发票号码的有利时机，按照税务系统信息化规划"两级处理"的要求，积极创造条件，依托现有综合征管信息系统，逐步建立普通发票电话、网上查询系统。

（四）狠抓落实及时反馈。各地要充分认识统一普通发票分类代码和发票号码对实现发票管理规范化和信息化的重要意义，认真抓好更换分类代码和发票号码的各项准备工作，按要求逐项落实，并及时反馈有关情况、问题和建议，以利不断完善这项工作。

附件：号码机字体规格图样（编者略）

注释：

条款修改。根据《第十三届全国人民代表大会第一次会议关于国务院机构改革方案的决定》等有关规定，税收规范性文件规定的国税地税机关的职责和工作由新的税务机关承担。国家税务总局依据《税收规范性文件制定管理办法》（国家税务总局令第 41 号公布），对税收规范性文件进行了清理。参见：《国家税务总局关于修改部分税收规范性文件的公告》（国家税务总局公告 2018 年第 31 号）。

6－3－27

国家税务总局　财政部　信息产业部　国家质量监督检验检疫总局关于推广应用税控收款机加强税源监控的通知

2004年4月29日　国税发〔2004〕44号

各省、自治区、直辖市和计划单列市人民政府，国务院各部委、各直属机构：

随着我国经济发展和改革开放的不断深入，国家税收收入稳定增长，国家财力不断壮大，为国民经济持续、快速发展和社会进步提供了有力的保障。但是，在税收领域，依法纳税意识淡薄，偷税逃税现象依然比较严重；尤其是对财务核算不健全的纳税人，税务机关难以实施有效监控。这种现状不但严重扰乱正常的经济秩序，而且导致国家税收大量流失。为了进一步加强税源监控，堵塞税收漏洞，减少税收流失，根据《中华人民共和国税收征收管理法》第二十三条的规定，经国务院同意，决定在适用的行业推行使用税控收款机。现将有关问题明确如下：

一、推行使用的范围和方法

（一）凡从事商业零售业、饮食业、娱乐业、服务业、交通运输业等适合使用税控收款机系列机具行业，具有一定规模和固定经营场所的纳税人（以下简称用户），必须按照本通知的规定购置使用税控收款机。具体推行适用行业及"具有一定规模和固定经营场所"的标准，由各省、自治区、直辖市和计划单列市人民政府确定。

（二）税控收款机的推广应用，采取统一标准、生产许可、政府推广、分步覆盖的原则实施。各地可根据本地区实际情况，精心组织，统筹规划，力争经济发达地区3年左右、其他地区5年左右，基本普及使用税控收款机。

二、生产和市场准入

（一）国家对税控收款机生产实行工业产品许可证制度，并在《实施工业产品生产许可证制度的产品目录》中增列税控收款机。国家质检总局会同信息产业部依据生产许可证管理的有关法律法规，制定《税控收款机产品生产许可证实施细则》（以下简称《实施细则》）。税控收款机生产企业（以下简称生产企业）的生产设备、检测设备以及管理体系必须符合《实施细则》的要求，其产品必须符合税控收款机产品国家标准（GB 18240）的要求。

（二）提出申请生产许可的生产企业必须具备以下资质条件：

1. 具有合法的营业执照；

2. 注册资金必须在3000万元以上（含3000万元）；

3. 具备自主研发、规模生产能力和可靠的销售服务网络；

4. 具备合理的专业人员构成，具有良好的经营业绩和管理水平。

信息产业部会同国家税务总局对提出申请的税控收款机生产企业进行资质审查。

（三）通过资质审查的企业向国家质检部门提出生产许可的申请，国家质检部门依据

《实施细则》的有关规定,进行生产条件审查、产品质量检验,对符合条件的企业颁发证书。获得税控收款机生产许可证的企业名单由国家质检总局定期公布。

(四)税控收款机实施产品序列号管理,并按一机一号进行设置和标识。具体管理办法由信息产业部会同国家税务总局制定。

(五)税控收款机产品标牌应标明生产企业名称、产品型号、生产许可证和产品序列等标记及出厂日期等内容。

三、销售及售后服务

(一)凡通过资质审查并取得税控收款机生产许可证的企业,可参加各省、自治区、直辖市和计划单列市政府组织的产品选型招标。中标的生产企业的数量应不少于5家,不多于10家。具体招标方法,由各省、自治区、直辖市和计划单列市人民政府根据《中华人民共和国招标投标法》及其有关规定确定。各省、市的招标结果应当公告并上报国家税务总局备案。

(二)企业产品的销售可采取自销或代理销售的方式。用户可在中标的生产企业中自行选择与经营业务相适应的品牌和机型;跨区域经营的用户可在一地集中购置,并向购置地主管税务机关申请购置证明,送达用户分支机构所在地主管税务机关备案;也可以由其分支机构就地购置。

(三)生产企业或代理商应依据《中华人民共和国产品质量法》的有关规定,在投标文件中对其销售的产品和售后服务做出明确的承诺及应承担的相关责任。

(四)生产企业或代理商的售后服务必须符合如下要求:

1. 生产企业或代理商应在其销售税控收款机的地区设立售后服务网点,负责机器的安装、培训、维修等售后服务工作。

2. 生产企业应对售后技术服务人员进行专业培训,核发《税控收款机安装维修服务证》,并将售后服务网点和人员情况报送当地税务机关备案。

3. 税控收款机发生故障时,售后服务网点应在接到用户通知后24小时以内完成维修。

4. 售后技术服务人员在进行安装、维修时,应填写《税控收款机档案手册》和《税控收款机维修记录表》,准确记录税控收款机的安装、维修、故障原因和零部件更换等情况,并由用户和售后技术服务人员签字,以备税务机关检查。

四、使用管理

(一)凡符合本通知第一条(一)项范围内确定的用户,应按规定购置、使用税控收款机。

(二)对本通知下发前在用的收款机和非标准的税控收款机,首先应向当地主管税务机关进行备案,有条件的可以进行税控功能的改造;不易实施改造的,可采取逐步更换的方式加以解决。

(三)税控收款机使用前,由主管税务机关使用国家税务总局下发的《税控收款机管理系统》实施税控初始化。

(四)用户在经营过程中,不论以现金或非现金方式收取款项时(开具增值税专用发票的除外),都必须通过税控收款机如实录入经营数据,开具由税务机关统一印制的税控收款机发票(以下简称税控发票)。严禁损毁或者擅自改动税控收款机。

(五)税控发票的式样、规格、联次、鉴别方法及使用规定,由国家税务总局确定。

（六）用户应当按期向主管税务机关报送税控收款机记录的经营数据及相关资料。

（七）用户发生税控收款机丢失、被盗等情形时，应当立即向税务机关报告，并按规定重新购置税控收款机，以保证在经营活动中正常使用。

（八）有下列情形之一，造成用户申报的计税依据明显偏低，又无正当理由的，主管税务机关有权核定其应纳税额：

1. 未按规定使用税控收款机的；

2. 不如实录入销售或经营数据的；

3. 发生税控收款机丢失、被盗的；

4. 擅自拆卸、改动和破坏税控收款机的。

（九）当税控收款机发生故障时，用户应当立即通知售后服务网点维修。在机器维修期间，应使用《经营收入临时登记簿》，逐笔登记经营收入。机器修复后，应将维修期间的经营收入汇总录入税控收款机。

（十）用户应在变更、注销税务登记的同时，办理税控收款机变更、注销手续。

五、优惠政策

税控收款机的购置费用由纳税人承担。国家将对税控收款机的购置使用者给予适当的税收优惠，以鼓励纳税人使用税控收款机。

国家根据税控收款机推广应用工作需要，对索取发票的消费者实行发票有奖办法，所需奖励资金列入财政预算。

以上两项具体政策和办法，由财政部会同国家税务总局制定。

六、职责分工和监督检查

（一）各级税务部门负责税控收款机推广使用工作。

（二）质检部门负责税控收款机的生产许可、产品质量的监督检查工作。

（三）信息产业部门负责税控收款机生产企业资质审查管理及产品序列号的发放、监督管理工作。

（四）税控收款机的生产、销售、售后服务及使用单位或个人，应接受税务、质检、信息产业等有关部门依法进行的检查，如实反映情况，提供有关资料，不得拒绝、隐瞒。

七、推行工作的要求

（一）加强组织领导。各级政府要组成由税务、质检、信息产业、财政等部门参加的推广应用税控收款机工作领导小组，负责制定出本地区的具体的实施方案，协调、指导、监督本地区的推行工作。

（二）广泛开展宣传。推广应用税控收款机是利用现代科技手段加强税收征收管理，强化税源监控，保障国家财政收入的重要举措。同时，推行税控收款机又是一项复杂的工程，不仅涉及到国家的利益，也涉及到纳税人的利益。要充分利用各种宣传媒体，广泛深入地宣传税控收款机推行应用的重要意义，取得社会各界和广大用户的理解、支持与配合。

（三）密切部门协作。税务、质检、信息产业、财政等部门在推广应用工作中，要按照本通知的规定明确分工，加强协调，密切配合，及时相互通报情况，及时研究推行工作中的各种问题，特别是对于在用非税控机器的改造，应根据不同的情况采取不同方式妥善加以解决。

（四）加强反馈与监督。各地的实施方案及推行工作情况，应定期上报国务院有关部门。在税控收款机推广应用过程中，各有关部门应加强对本部门人员的教育和执法监督工作，各级监察部门也要同时加强监察，对滥用职权、徇私舞弊、违法乱纪者，要严格依法追究其相关责任。

6－3－28

国家税务总局关于取消为纳税人提供增值税专用发票开票服务的中介机构资格审批后有关问题的通知

2004年6月25日　国税函〔2004〕822号

各省、自治区、直辖市和计划单列市国家税务局：

根据《国务院关于第三批取消和调整行政审批的决定》（国发〔2004〕16号）文件精神，对《国家税务总局关于印发〈增值税防伪税控主机共享服务系统管理暂行办法〉的通知》（国税发〔2003〕67号）中规定的“为纳税人提供增值税专用发票开票服务的中介机构资格审批，由地市级注册税务师管理机构报同级税务机关增值税管理部门审批”予以取消。取消审批后，税务机关要进一步做好无偿为纳税人提供开票服务工作，同时对中介机构提供的开票服务要进行监督管理，督促其严格遵照《增值税防伪税控主机共享服务系统管理暂行办法》的有关规定，对违规操作的要依照有关规定处理；对涉嫌虚开发票等违法犯罪活动的要依法处理。

6－3－29

国家税务总局关于取消防伪税控企业资格认定的通知

2004年6月25日　国税函〔2004〕823号

各省、自治区、直辖市和计划单列市国家税务局：

为加强增值税防伪税控系统的推行和应用管理，国家税务总局1999年下发了《增值税防伪税控系统管理办法》（国税发〔1999〕221号），其中在“认定登记”（第二章）中规定：防伪税控企业应于《增值税防伪税控系统使用通知书》规定的时间内，向主管税务机关提出填报《防伪税控企业认定登记表》，经主管税务机关审核无误后予以审批。根据国务院有关文件精神，经研究，对此项审核制度予以取消。凡经认定为一般纳税人的企业均可以使用增值税防伪税控系统，而且必须通过防伪税控系统来开具增值税专用发票。

6－3－30

国家税务总局关于取消小规模企业销售货物或应税劳务由税务所代开增值税专用发票审批后有关问题的通知

2004年7月14日 国税函〔2004〕895号

各省、自治区、直辖市和计划单列市国家税务局：

根据《国务院关于第三批取消和调整行政审批的决定》（国办发〔2004〕16号）文件精神，对《国家税务总局关于由税务所为小规模企业代开增值税专用发票的通知》（国税发〔1994〕58号）中"凡能够认真履行纳税义务的小规模企业，经县（市）税务局批准，其销售货物或应税劳务可由税务所代开"予以取消。取消审批后，各地税务机关要严格执行《国家税务总局关于加强税务机关代开增值税专用发票管理的通知》（国税发〔2004〕68号）中的有关规定，按照文件要求认真做好数据采集、上传和比对审核工作。为进一步加强代开增值税专用发票管理，现就有关事项明确如下：

一、主管税务机关为小规模纳税人（包括小规模纳税人中的企业、企业性单位及其他小规模纳税人，下同）代开专用发票，应在专用发票"单价"栏和"金额"栏分别填写不含增值税税额的单价和销售额；"税率"栏填写增值税征收率4%（商业）或6%（其他）；"税额"栏填写按销售额依照征收率计算的增值税税额。增值税一般纳税人取得由税务机关代开的专用发票后，应以专用发票上填写的税额为进项税额。

二、主管税务机关为小规模纳税人代开专用发票时，按代开的专用发票上注明的税额即时征收增值税。

三、主管税务机关为小规模纳税人代开专用发票后，发生退票的，可比照增值税一般纳税人开具专用发票后作废或开具红字发票的有关规定处理。由销售方到税务机关办理，对于重新开票的，应同时进行新开票税额与原开票税额的清算，多退少补；对无需重新开票的，退还其已征的税款。

注释：

条款修改。自2009年1月1日起，第一条"增值税征收率4%（商业）或6%（其他）"修改为"增值税征收率3%"。参见：《国家税务总局关于修改若干增值税规范性文件引用法规规章条款依据的通知》（国税发〔2009〕10号）。

6－3－31

国家税务总局关于做好建立收支凭证粘贴簿和进货销货登记簿工作有关问题的通知

2004年8月20日　国税函〔2004〕984号

各省、自治区、直辖市和计划单列市国家税务局、地方税务局：

《中华人民共和国税收征收管理法实施细则》(以下简称《实施细则》)第二十三条关于“生产、经营规模小又确无建账能力的纳税人,可以聘请经批准从事会计代理记账业务的专业机构或者经税务机关认可的财会人员代为建账和办理账务;聘请上述机构或者人员有实际困难的,经县以上税务机关批准,可以按照税务机关的规定,建立收支凭证粘贴簿、进货销货登记簿或者使用税控装置”的规定,已经国务院确认为税务行政许可项目。为了便于各级税务机关做好此项工作,现就有关问题通知如下:

一、实施许可的纳税人范围界定

《实施细则》第二十三条所称的“生产、经营规模小又确无建账能力和聘请上述机构或者人员有实际困难的纳税人”是指经营额在一定标准以下,且无专职或兼职会计人员的纳税人。为有效兼顾地域间纳税人生产经营规模的不同情况,便于基层税务机关提高管理效率,对纳税人经营额的具体划分标准和有实际困难的判定,由县以上税务机关确定。

二、收支凭证粘贴簿和进货销货登记簿的管理

获得许可的纳税人,必须按照税务机关的规定及时、自行建立收支凭证粘贴簿和进货销货登记簿,做到凭证粘贴有序、齐全完整,记载及时准确。有关凭证和进货、销货必须逐日粘贴或登记,按月进行统计汇总。纳税人必须妥善保管收支凭证粘贴簿和进货销货登记簿。税务机关应加强对纳税人建立收支凭证粘贴簿和进货销货登记簿工作的指导,并参考纳税人收支凭证粘贴簿和进货销货登记簿中所记载的情况,科学核定纳税人的应纳税经营额或收益额。收支凭证粘贴簿和进货销货登记簿的式样和具体管理要求由县以上税务机关确定。

三、纳税人使用税控装置的问题按照国家税务总局有关文件规定执行。

四、本通知所称“县以上”均包括县级。

6－3－32

国家税务总局关于印发《税控收款机推广应用实施意见》的通知

2004年8月24日　国税发〔2004〕110号

各省、自治区、直辖市和计划单列市国家税务局、地方税务局:

为了税控收款机推广应用工作的顺利进行，切实加强税源管理，根据《国家税务总局、财政部、信息产业部、国家质量监督检验检疫总局关于推广应用税控收款机加强税源监控的通知》（国税发〔2004〕44 号）的有关规定，总局制定了《税控收款机推广应用实施意见》，现印发给你们，请结合实际，认真贯彻落实。

附件：税控收款机推广应用实施意见

附件

税控收款机推广应用实施意见

根据《国家税务总局、财政部、信息产业部、国家质量监督检验检疫总局关于推广应用税控收款机加强税源监控的通知》（国税发〔2004〕44 号，以下简称《通知》）规定，税控收款机推广应用工作由各级税务部门负责。为了贯彻落实《通知》精神，切实组织好税控收款机推广应用工作，制定实施意见如下。

一、准确把握税控收款机推广应用的实施原则

《通知》明确，“税控收款机的推广应用，采取统一标准、生产许可、政府推广、分步覆盖的原则实施”。各级税务部门务必对此准确把握，深刻理解。“统一标准”是指税控收款机应当按照国家的统一标准进行生产。税控收款机（包括税控装置）国家标准（GB 18240）作为系列标准，到目前为止，已发布并生效的有标准一：机器规范；标准二：IC 卡规范；标准三：税控器规范；其他几个标准有的正在进行符合性验证，有的正在研究编制。“生产许可”是指企业必须按照规定的程序和要求，通过资质审查、获取生产许可证，才能获得市场准入的资格；“政府推广”是指税控收款机的推广应用，并非一般的商品普及，而是带有强制性的政府行为，必须要由政府统一组织对取得生产许可证的品牌进行选型招标，以防无序竞争，确保推行的力度和效果；“分步覆盖”是基于我国国情，考虑地区、行业差异以及以往应用电子收款机及其他管理系统的程度不同等实际情况，积极、稳妥地分行业、分类型逐步推行，除了由国家统一规定的行业按要求统一推行应用外，其他行业推广应用的具体范围和方式可由各省、自治区、直辖市和计划单列市自行确定。

总之，上述实施原则充分体现了总局提出的“标准化、市场化、行政监督”的工作思路，只要企业有实力、有技术，就可以依据标准进行研发，其成果只要通过国家有关部门资质审查和权威机构的检测并取得生产许可证，就可参加地方政府统一组织的选型招标，中标的就可直接面向纳税人由其自行选购。政府及各职能部门在整个过程中的职责就是“定标准、当裁判”，以切实转变政府职能，摆脱行政审批，维持竞争秩序，加强市场监管。

二、明确推广应用范围，合理确定优先次序

（一）《通知》规定，“凡从事商业零售、饮食业、娱乐业、服务业、交通运输业等适合使用税控收款机系列机具行业，并具有一定规模和固定经营场所的纳税人（以下简称用户），必须按照本通知的规定购置使用税控收款机”。购置使用税控收款机的用户应符合“具有一定经营规模和固定经营场所”的条件。由于各地经济发展状况不同，“具有一定经营规模和固定经营场所”用户的具体标准，由各省、自治区、直辖市和计划单列市国家税务局、地方税

务局提出，报本级人民政府根据本地实际情况确定。

（二）增值税纳税人使用税控收款机的界限划分。从事商业零售的增值税一般纳税人按规定使用防伪税控系统开具增值税专用发票，使用税控收款机开具普通发票。商业零售企业以外的所有增值税一般纳税人均通过防伪税控系统开具增值税专用发票和普通发票。增值税小规模纳税人使用税控收款机开具普通发票；其需要开具增值税专用发票的，由税务机关使用防伪税控系统代开。

（三）国务院信息化工作办公室、财政部、国家税务总局、中国人民银行《关于同意在北京市、上海市、成都市、长春市开展金融税控收款机共享试点的批复》（国信办〔2003〕13号，以下简称《批复》）批准的金融税控收款机共享试点城市，金融税控收款机推行的范围、用户标准及时间，由四个城市按照《批复》的规定实施。

（四）凡是使用POS系统、MIS系统进行企业管理、财务管理的大型零售商场、超市、大卖场以及大型连锁快餐业，鉴于其核算相对健全，而且系统建设投资成本偏高，不宜全部更换成税控收款机，况且税控收款机也无法替代进行企业管理、财务管理，因此，待国家相关标准出台后再实施税控改造。

（五）《通知》下发后，原由地方自行决定推广使用的非国家标准的税控收款机一律不得再行推广。《通知》下发前，已经推广使用的税控收款机必须清理并分年登记造册，报总局备案，凡是能够满足总局统一研制开发的《税控收款机管理系统》的数据采集要求、运行安全可靠的，可以继续使用，以免造成浪费，增加纳税人负担。待使用周期届满时，再分批更换为符合国家标准的税控收款机。

三、分清推广职责，加强协作配合

为了避免在推行工作中的职责交叉，进而带来纳税人重复购置机具，明确推广工作分工为：凡是缴纳增值税的纳税人，其购置税控收款机的推广使用工作由国家税务局负责；凡是缴纳营业税的纳税人，其购置税控收款机的推广使用工作由地方税务局负责。

既缴纳增值税又缴纳营业税的纳税人，按规定分别核算且分不同收款柜台的，应当分别购置税控收款机；在同一柜台需要同时处理涉及增值税和营业税收款业务的，以主营业务确定税控收款机配置机型和管理机关。

国家税务局、地方税务局工作中要紧密配合，加强协作，尤其是对既缴纳增值税又缴纳营业税的纳税人，要准确划清其所从事的业务范围，认定主营业务，避免重复购置，确保推广工作顺利进行。

四、推广应用的方法与步骤

根据推广应用工作的需要，力争大中城市和经济发达地区符合条件的用户在3年左右、小城镇和欠发达地区在5年左右基本普及税控收款机。推广应用应根据不同地区、不同行业、不同规模、不同类型用户的特点，注意策略和方法，采取先易后难、先经济发达地区，后经济欠发达地区，逐步推行。

推广工作大体分为以下三个阶段：

（一）准备阶段（2004年10月底前）

各省、自治区、直辖市及计划单列市国家税务局、地方税务局应对本地区用户的经营情况做好充分的调查研究，以此为基础，就推行的行业、用户标准、方法步骤、招标选型、使用管理、优惠政策、在用机器的改造等问题，联合制定本地区的实施方案，报当地政府批准后实施。同时，充分利用报刊、电视、广播等媒体，广泛宣传税控收款机推广使用的重要意义，以获得社会各界及用户的理解与支持，为推广应用工作创造一个良好的社会氛围。在国家质检总局公布第一批获得税控收款机生产许可证企业名单后，各地即可开始实施选型招标工作。

（二）试点阶段（2004 年 11 ~12 月底）

在全面推广前，各省、自治区、直辖市和计划单列市可选择 1 ~2 个地区作为试点。试点的重点工作不仅要关注范围的确定、用户和机器的选择、维修服务以及推行方式等，更要注重纳税申报与数据采集以及应用于管理的可操作性试验，以发现问题，总结经验，为全面推行创造条件。对前期已经试点、条件比较成熟的地区，也可不再试点，直接进入推广阶段。

（三）推广阶段（2005 年 1 月开始）

试点顺利完成且各项准备工作就绪，即可进入推广阶段。

每个阶段的具体时间和方法，由各地根据本地实际情况确定。鉴于推广应用工作涉及多部门、多环节协作，是一项较为复杂的系统工程，启动时间若有调整，总局将及时通知各地。

五、抓住关键环节，落实推行工作

（一）选型招标

1. 按照《通知》的规定，凡通过资质审查并取得税控收款机生产许可证的企业（以国家质检总局的公告为准），均可参加各省、自治区、直辖市和计划单列市政府组织的选型招标，中标后方能进入市场销售。因此，税控收款机选型招标应当实行“公开招标”方式进行。选型招标工作由省、自治区、直辖市和计划单列市统一组织，不得层层下放。招标结果应当在所辖行政区域内公告，并上报国家税务总局备案。禁止选用没有通过资质审查并未获得税控收款机生产许可证的产品。

2. 税控收款机的选型招标文件的内容应当包括机器的功能、性能、质量、价格及其售后服务等要素在内，招标条款中不得提出违反国家标准的技术要求。销售价格应当按照中标企业的报价确定；参加招投标的企业，在投标文件中必须有明确的售后服务承诺和承担相关责任的条款；其中保修年限和维护费用的收取标准及方式应当在招标文件中统一要求，投标文件必须作出响应。

中标企业的企业、产品型号、销售价格、售后服务承诺和承担的相关责任、保修年限和维护费用的收取标准及方式等，均应随招标结果一并向社会公告。

3. 中标的生产企业数量应严格控制在 5 至 10 家范围内。招标活动可根据国家质检总局公告的名单的次数分批进行招标，但第一次中标的数量不得少于 5 家，以后分批增招中标与第一次中标的总和不得超过 10 家。

4. 各地的招标工作应严格按照《中华人民共和国招标投标法》以及《国务院关于进一步规范招标活动的若干意见》（国办发〔2004〕56 号）的有关规定实施。为了规范各地招标工作，总局制定了《税控收款机产品选型招标范本》供各地在选型招标中参照使用。各地税务机关可在总局通信服务器 d:/ineptpub/ftproot/centre/征管司目录中下载范本文稿。

（二）销售与购置

1. 企业产品的销售方式由生产企业自行确定，可采取自销或代理销售的方式。需要销售代理的代理商由生产企业自行确定,同时向当地税务机关备案。税务机关不得以任何方式为生产企业推荐、指定代理商。

2. 用户有权在所有中标的企业产品中自行选购与其经营业务相适应的品牌和机型,税务机关不得采取任何手段指定品牌和机型,不得强制用户选购某种产品。

3. 跨区域经营的用户需要集中购置的,可向购置地主管税务机关申请购置证明,送达用户分支机构所在地主管税务机关备案;也可以由其分支机构就地购置。

4. 所有中标的生产企业应当在用户购置税控收款机前,做好产品性能介绍以及如何使用机器的免费培训,以便用户了解产品、选择产品。税务机关应当对此加强督促。用户购置税控收款机后,生产企业或由其确定的售后服务单位,要按事先公告的服务承诺,向用户提供安装、调试、培训、维修等各项服务。

(三)注册登记

按照《通知》和省、自治区、直辖市及计划单列市政府的规定应当使用税控收款机的用户购置机具后,应当立即到当地主管税务机关进行税控收款机的注册登记。新开业的用户,应当在办理税务登记的同时购置机具,并完成税控收款机的注册登记。在专业市场内,由于用户比较集中,可采取由市场主办单位集中管理,统一购置(分别摊销)使用税控收款机。何种专业市场采用集中购机开票,由各省、自治区、直辖市和计划单列市税务机关确定。

(四)税控初始化

税务机关根据用户填写的《税控收款机注册登记表》,通过用户购置税控收款机随机配置的"税控卡"和"用户卡",使用总局统一研制开发的《税控收款机管理系统》对用户使用的税控收款机进行税控初始化,设定税收管理、发票管理以及机器管理的有关信息和程序。税务机关在使用《税控收款机管理系统》时,要与综合征管软件做好衔接,直接从中调用用户的基本信息。

税控收款机税控初始化和《税控收款机管理系统》的应用与操作,以及税控收款机变更、注销等问题,总局将另行下文,并将专门组织培训。

(五)发票管理

1. 税控发票的印制。税控收款机开具的税控发票是一种新式的机打发票。税控发票应当载明的基本内容包括:付款方名称、付款方代码(非抵扣发票可不设此栏)、收款方名称、收款方代码、项目、开票金额、开票日期、发票分类代码、发票号码、税控码等,属于代开发票的还应包括代开单位名称、代码等内容。总局将对税控发票的基本式样、规格、联次以及印制、使用问题另行规定。各地要按照总局规定的税控发票的基本要求设计票样,在保证税控发票基本内容和基本格式的前提下,尽可能地满足适用行业的特点以及用户使用需求,同时,必须按照总局全国发票统一编码规则,编制发票分类代码和发票号码印制税控发票。

2. 税控发票购票管理。税务机关在向用户提供税控发票时,要严格按照税控发票写卡规定、程序和授权进行操作。发票发售除首次购票外,要严格实行验旧售新制度。用户每次购买新票时,要携带用户卡,税务机关发票发售岗位不仅要查验用户卡中记录的已开票份数与所售出票份数之间的领、用、存逻辑关系,而且要查验用户卡中记录所开发票是否已在纳税申报同时报送数据并清零,两项查验无误即可发售新票,否则,不予发售新票,并应要求纳税人补正,同时将有关情况及时告之相关部门,采取措施监督检查。为了保证用户在机器出现故障时有票可用,可根据管理需要提供少量定额发票,或由税务机关代开。

3. 税控发票的真伪辨别。税控发票采用了密码技术,每份发票都打印有税控码。消费者和税务人员可通过特服电话(12366)、互联网及税务机关的《税控收款机管理系统》准确地查询和辨别税控发票的真伪。

(六)在用收款机的改造

妥善解决好在用收款机的改造问题,减少用户的损失,是推广应用的过程需要解决的重点和难点问题,务必慎重处理。《通知》规定,"对本通知下发前在用的收款机和非国家标准的税控收款机,首先应当向当地主管税务机关进行备案,有条件的可以进行税控功能的改造。不易实施改造的,可采取逐步更换的方式加以解决"。为此,在对在用收款机进行备案登记的前提下,应按以下四项要求加以改造并检验:一是能够准确、完整记录开票数据并做到记录不可更改;二是能够通过总局开发的《税控收款机管理系统》的初始化;三是能够为《税控收款机管理系统》所采集接收;四是所开发票凡涉及付款方抵扣的必须具有抵扣功能,包括具备抵扣数据项目、数据能够在抵扣方认证。凡是符合要求的可继续使用;凡是达不到上述要求的,税务机关应当对机具生产企业和软件开发企业提出修改要求,限期修改,经检验检测合乎要求的,在为用户升级后允许继续使用。修改后经检验检测仍不能达到要求的,应当淘汰更换为符合国家标准的机具。与原非国标税控收款机配套使用的库存空白发票,只要印制的项目内容与总局规定税控发票应当载明的基本内容相符的,可以继续使用;否则作报废处理。

六、依法处理违章违纪

(一)纳税人未按照规定安装、使用税控收款机,或者损毁或者擅自改动税控装置的,依照《征管法》第六十条处罚。因未按照规定安装、使用税控收款机导致不缴或者少缴税款的,依照《征管法》的有关规定处理。

(二)纳税人未按照规定开具税控发票的,依照《发票管理办法》及其实施细则的规定处理。

(三)税务机关、税务人员违反本规定,为生产企业推荐、指定代理商,或者为税控收款机用户指定品牌和机型,或者强制用户选购某种产品,滥用职权,徇私舞弊,从中谋取不正当利益,依法给予行政处分;构成犯罪的,依法追究刑事责任。

七、加强税源监控,强化申报审核

推广应用税控收款机的目的在于加强税源监控,税源监控的关键在于完整、准确、及时、可靠地采集和应用数据。为此,在推广应用过程中,要按照"一窗式"原则管理,重点抓住以下环节的工作:

(一)建立健全机制,监督发票开具。要监督用户必须完整录入每笔经营数据,并逐笔打印税控发票。除了税务机关的日常监督检查外,要按《通知》要求,建立健全"发票有奖"制度,奖金来源列入预算,同时,辅之以"发票查询"和"发票举报奖励"制度,以充分调动广大消费者依法主动索取发票的积极性,形成激励机制,督促纳税人依法开具发票,如实记录经营数据。

（二）强化申报审核，实行票表比对。凡是安装、使用税控收款机的纳税人，必须于每月办理增值税、营业税纳税申报时，随同向主管税务机关递交纳税申报表及相关资料，递交记录有税控收款机开票数据的用户卡。受理纳税申报岗位不仅要对纳税申报表及相关资料进行逻辑审核，而且要对纳税申报表填报的经营收入数据与纳税人用户卡记录的开票金额进行比对，纳税申报的经营收入大于或者等于用户卡记录的开票金额，即可开票征税，并可对用户卡清零解锁（发票发售岗位据此允许其重新启用税控收款机开票，并发售新的空白发票）；纳税申报的经营收入小于用户卡记录的开票金额的，则为申报异常。凡属异常申报，由办税服务厅设置的异常申报岗位负责处理，纳税人能够说明原因现场纠错的，现场补正；不能说明原因现场补正的，要及时移送税源管理部门约谈、核查（发票发售岗位相应暂停其重新启用税控收款机开票，停售新的空白发票。在此期间，纳税人发生经营业务需要开具发票的，由税务机关代开）。同时，办税服务厅要设置总复核岗位，负责对所有窗口的操作进行复核，以加强监控。

实行定期定额征收方式的纳税人，若其税控收款机记录数据大于核定定额的，应当按照税控收款机记录数据据实征税，并将税控收款机记录数据作为下期核定定额的依据，及时评估调整其定额；若其税控收款机记录数据小于核定定额的，按照核定定额征税。

（三）利用信息资源，开展评估分析。税务机关要充分利用从税控收款机收集到的数据，与申报纳税数据、相关行业经济指标结合起来，定期开展纳税评估、分析，不仅要对同一纳税人历史同期的申报、纳税状况进行纵向比较，而且要与其行业相同、规模相当的业户同期的申报、纳税状况进行横向比较，测算纳税人实际纳税与应纳税额之间的差距，评估纳税申报的真实性，增强管理的针对性，进而促进纳税人逐步提高财务核算水平，依法如实申报纳税。凡发现有异常情况的，税务机关应在调查中，使用税务管理卡及时调取用户机器中的详细记录进行核查，发现有偷逃税嫌疑的，依照税收法律、法规及其相关规定进行处理。

现已在用的非国标税控收款机也要按照上述要求逐项落实，切实加强和促进税源管理，提高征管的质量与效率。

八、加强领导，密切协作

（一）提高认识，加强领导。推广使用税控收款机是加强税收征管，强化税源监控，提高征管质量与效率的一项重要措施，各级税务机关特别是领导干部要充分认识这项工作的重要性和必要性，把推广应用工作作为整顿和规范市场经济秩序的重要内容抓紧抓好。同时还要充分认识到，总局提出这次税控收款机推广应用采取“标准化、市场化、行政监督”的工作思路本身，也是总结历史经验教训，力图摒弃行政审批弊端，切实转变政府职能。因此，务必杜绝任何暗箱操作，坚持“公平、公正、公开”原则，维护有序竞争。推广使用税控收款机是一项涉及面广、难度大，带有强制性的工作，各级国家税务局、地方税务局要紧紧依靠地方政府，积极参与由政府领导挂帅的税控收款机推广工作领导小组，密切与财政、信息产业、质检等部门的配合协作，按照《通知》明确的分工，协同推进此项工作。

（二）从实际出发稳步推行。各级国家税务局、地方税务局要精诚协作，在充分协商的基础上，制定出切实可行的推广应用实施方案，力求符合当地行业用户使用的可能及特点，同时也要考虑到税务机关实施推行工作、监督管理与其他税收工作的有效衔接和人力、物力的合理安排。推广应用工作中，要注意研究税控收款机推行中的难点问题，摸清、摸透用户的经营情况，既要注意解决共性问题，又要注意解决个性问题，切忌工作简单化。

（三）加强服务和市场监管。各级税务机关要与有关部门密切配合，加强税控收款机售后服务的监督管理，定期检查其服务质量和维修记录，督促生产商和代理商完善服务，及时解决用户机器使用中出现的问题，保证用户的正常经营使用，方便用户开票和数据申报。

注释：

条款修改。根据《第十三届全国人民代表大会第一次会议关于国务院机构改革方案的决定》等有关规定，税收规范性文件规定的国税地税机关的职责和工作由新的税务机关承担。国家税务总局依据《税收规范性文件制定管理办法》（国家税务总局令第41号公布），对税收规范性文件进行了清理。参见：《国家税务总局关于修改部分税收规范性文件的公告》（国家税务总局公告2018年第31号）。

6-3-33

国家税务总局关于增值税专用发票和其他抵扣凭证审核检查有关问题的通知

2004年9月20日　国税发〔2004〕119号

各省、自治区、直辖市和计划单列市国家税务局、地方税务局：

自2003年10月起，海关代征进口增值税专用缴款书、废旧物资发票、货物运输业发票、税务机关为小规模纳税人代开增值税专用发票（以下简称其他抵扣凭证）已经实现了"人工采集、网络传输、电脑比对"。但是，目前稽核比对结果相符率偏低，异常率偏高，在稽核比对中增值税专用发票也存在一些问题。目前，增值税专用发票稽核比对中发现属于比对不符、缺联、作废、失控的由稽查部门负责协查，其他抵扣凭证稽核比对中发现异常的有关审核检查问题总局尚未明确。

为强化对增值税专用发票和其他抵扣凭证的管理，并保证各级稽查部门能够集中精力查处大案要案，按照全国征管工作会议精神，总局决定对增值税专用发票和其他抵扣凭证稽核比对中发现异常票的审核检查制度及其工作分工进行调整和明确，现就有关问题通知如下：

一、关于造成稽核比对中发现异常的增值税专用发票和其他抵扣凭证的类型问题

造成稽核比对中发现异常的增值税专用发票和其他抵扣凭证的类型：一类是技术性错误，如录入错误、已申报但漏采集、漏传递、错报为失控或作废发票等；二类是涉及发票的一般性违规行为，需要进行补税、加收滞纳金和罚款，但不需要立案查处；三类是涉嫌偷骗税，需要立案查处。

二、关于管理部门的确认问题

管理部门是指管户的税务局、税务分局、税务所及负责税源管理的内设机构（含海关代

征进口增值税专用缴款书入库地国税机关所属计统部门，下同）。

三、关于增值税专用发票审核检查工作分工问题

（一）管理部门与稽查部门的职责划分

1. 管理部门负责对稽核比对中发现异常增值税专用发票进行审核检查。

管理部门对属于第一、二类问题的增值税专用发票审核检查时可下户检查，并可按税法规定进行处理。

管理部门负责将属于第三类问题的增值税专用发票填列《发票审核检查移交清单》（见附件）经主管领导签字后连同相关材料移交稽查部门查处。

2. 稽查部门负责对管理部门移送的属于第三类问题的增值税专用发票按《税务稽查工作规程》规定的立案标准进行审核，对符合立案标准的要立案查处，并按税法规定进行处理。

（二）增值税专用发票信息的传递

1. 总局、省局以及地市级国税稽查部门通过现有协查网络将需要审核检查的增值税专用发票发到开票方所在地稽查部门，稽查部门负责接收并移交同级或对应的管理部门。

由省（自治区、直辖市、计划单列市，下同）、地（市，下同）、县（区，下同）税务机关局领导确定一个业务部门负责审核检查结果的汇总工作。

2. 管理部门将审核检查后认为需跨省、地、县（简称异地，下同）协查的增值税专用发票送交本地同级或对应国税局所属稽查部门，按现行有关协查规定形成内部生成数据，由稽查部门发起协查。

（三）反馈审核检查结果

1. 稽查部门要将管理部门移送的第三类和异地增值税专用发票协查结果反馈管理部门，管理部门将所有一、二、三类增值税专用发票审核检查结果送局领导确定的业务部门进行汇总。稽查部门和管理部门报送审核检查结果的时间由省级税务机关确定。

2. 稽查部门要将管理部门移送的第三类案件单独登记台账，并在结案后上报总局稽查局。

（四）审核检查情况的上报

省级国家税务局确定负责汇总的业务部门于每月14日前上报总局上月增值税专用发票审核检查情况（一式八份），省级以下税务机关上报时间按照稽核比对规程规定时间办理。

审核检查结果电子文档以FTP方式上传总局（130.9.1.101）服务器，各省以本省用户名、口令登录该服务器后，进入“/ysfp/upload/*******/”目录下（其中“*******”代表本省7位税务机关代码），将文件写入该目录。电子文件命名规则如下：

增值税专用发票：fk_zzzp_七位税务机关代码上报月份（格式：YYYYMM）.zip

四、关于其他抵扣凭证审核检查工作分工问题

（一）管理部门与稽查部门的职责划分

按本通知第三条第一款规定办理。

（二）其他抵扣凭证信息的传递

1. 由总局信息中心将比对异常的其他抵扣凭证电子信息放在总局内网上

(130.9.1.101),省级国家税务局、地方税务局信息中心下载后比照总局办法逐级提供给所辖各级税务机关信息中心。

由省、地、县级税务机关局领导指定一个业务部门负责其他抵扣凭证信息的接收、清分、分送和审核检查结果的汇总工作。

2. 管理部门审核检查后认为需异地审核检查的其他抵扣凭证,由稽查部门负责按照受托方所在地清分、分送到异地稽查部门,再由异地稽查部门按照管户范围清分、分送受托方管理部门,审核检查结果形成书面和电子文档。

3. 需本县及县以下地方税务机关协查的货物运输业发票的传递按本款第二项规定办理。

(三)反馈审核检查结果

按本通知第三条第三款规定办理。

(四)审核检查情况的上报

省级国家税务局确定的业务部门于每月 14 日前上报总局上月其他抵扣凭证审核检查情况(共 8 份),省级以下国家税务机关上报时间由省级国家税务局确定。

省级地方税务局确定的业务部门于每月 14 日前上报总局上月货物运输业发票审核检查情况(共 8 份),省级以下地方税务机关上报时间由省级地方税务局确定。

审核检查结果电子文档以 FTP 方式上传总局(130.9.1.101)服务器,各省以本省用户名、口令登录该服务器后,进入"/ysfp/upload/ ******* /"目录下(其中" ******* "代表本省 7 位税务机关代码),将文件写入该目录。电子文件命名规则如下:

1. 货物运输业发票:fk.ysfp_七位税务机关代码_上报月份(格式:YYYYMM).zip

2. 废旧物资发票:fk-fjwz_七位税务机关代码_上报月份(格式:YYYYMM).zip

3. 代开增值税专用发票:fk_dkzz_七位税务机关代码_上报月份(格式:YYYYMM).zip

4. 海关代征进口增值税专用缴款书:fk_hgws_七位税务机关代码_上报月份(格式:YYYYMM).zip

五、为保证管理部门对第一、二类发票审核检查工作的顺利进行,应为管理部门相关人员配发税务检查证,对需要下户检查的或经检查需要下达税务处理决定书、税务处罚决定书的,管理部门须提请局领导签发并以税务局的名义下达有关文书。

六、按照本通知规定的增值税专用发票和其他抵扣凭证审核检查分工,总局将开发、完善相关的协查软件,实行网上处理和传输。在协查软件完善、配备前,负责清分、分送审核检查增值税专用发票和其他抵扣凭证的部门可采取网络、软盘、人工等方式传递、清分、分送,保证此项工作顺利进行。

七、各级税务机关要高度重视增值税专用发票和其他抵扣凭证审核检查和处理工作。要统筹安排对增值税专用发票和其他抵扣凭证的核查工作,两者除传输办法不同外(因现有设备关系),其他都是一样的,应由同一管理部门与稽查局协调处理。加强国地税机关的协调配合,增强责任心,加大对此项工作的考核力度。对于比对异常情况,要依法及时处理。属于技术性差错,要督促改进,避免重错。需要补税和处罚的,要及时补缴并处罚。对于涉嫌偷骗税的问题,稽查局要及时查处。各地稽查部门、管理部门和相关业务部门要按本通知规定的信息传递方式和职责分工接收、清分、分送、反馈、汇总审核检查信息。各级稽查部门和管理部门应认真履行职责,不得应移交不移交或拒绝接受移交。

八、各级稽查部门要按本通知要求,完成稽核系统中涉嫌偷骗税的第三类问题的查处工作,并不断加强对各类发票协查和查处情况的总结和相关数据的统计分析,进一步提高协查质量,严厉打击各种增值税涉税违法活动。

九、各级税务机关应建立和完善相关制度,保证增值税专用发票和其他抵扣凭证审核检查工作的质量和效率。

十、省级国家税务局、地方税务局于9月30日前将本单位负责汇总的业务部门名单(一式八份)上报总局。

十一、本通知自2004年9月15日起执行。

6-3-34

国家税务总局关于印发《税务机关代开增值税专用发票管理办法(试行)》的通知

2004年12月22日　国税发〔2004〕153号

各省、自治区、直辖市和计划单列市国家税务局,扬州税务进修学院,局内各单位:

为加强税务机关代开增值税专用发票的管理工作,总局制定了《税务机关代开增值税专用发票管理办法(试行)》,现印发给你们,请遵照执行。

附件:《税务机关代开增值税专用发票管理办法(试行)》

附件

《税务机关代开增值税专用发票管理办法(试行)》

第一条　为了进一步加强税务机关为增值税纳税人代开增值税专用发票(以下简称专用发票)管理,防范不法分子利用代开专用发票进行偷骗税活动,优化税收服务,特制定本办法。

第二条　本办法所称代开专用发票是指主管税务机关为所辖范围内的增值税纳税人代开专用发票,其他单位和个人不得代开。

第三条　主管税务机关应设立代开专用发票岗位和税款征收岗位,并分别确定专人负责代开专用发票和税款征收工作。

第四条　代开专用发票统一使用增值税防伪税控代开票系统开具。非防伪税控代开票系统开具的代开专用发票不得作为增值税进项税额抵扣凭证。

增值税防伪税控代开票系统由防伪税控企业发行岗位按规定发行。

第五条　本办法所称增值税纳税人是指已办理税务登记的小规模纳税人(包括个体经

营者)以及国家税务总局确定的其他可予代开增值税专用发票的纳税人。

第六条 增值税纳税人发生增值税应税行为、需要开具专用发票时,可向其主管税务机关申请代开。

第七条 增值税纳税人申请代开专用发票时,应填写《代开增值税专用发票缴纳税款申报单》(式样见附件,以下简称《申报单》),连同税务登记证副本,到主管税务机关税款征收岗位按专用发票上注明的税额全额申报缴纳税款,同时缴纳专用发票工本费。

第八条 税款征收岗位接到《申报单》后,应对以下事项进行审核:

(一)是否属于本税务机关管辖的增值税纳税人;

(二)《申报单》上增值税征收率填写、税额计算是否正确。

审核无误后,税款征收岗位应通过防伪税控代开票征收子系统录入《申报单》的相关信息,按照《申报单》上注明的税额征收税款,开具税收完税凭证,同时收取专用发票工本费,按照规定开具有关票证,将有关征税电子信息及时传递给代开发票岗位。

在防伪税控代开票征税子系统未使用前暂传递纸质凭证。

税务机关可采取税银联网划款、银行卡(POS 机)划款或现金收取三种方式征收税款。

第九条 增值税纳税人缴纳税款后,凭《申报单》和税收完税凭证及税务登记证副本,到代开专用发票岗位申请代开专用发票。

代开发票岗位确认税款征收岗位传来的征税电子信息与《申报单》和税收完税凭证上的金额、税额相符后,按照《申报单》、完税凭证和专用发票一一对应即“一单一证一票”原则,为增值税纳税人代开专用发票。

在防伪税控代开票征税子系统未使用前,代开票岗位凭《申报单》和税收完税凭证代开发票。

第十条 代开发票岗位应按下列要求填写专用发票的有关项目:

1. “单价”栏和“金额”栏分别填写不含增值税税额的单价和销售额;

2. “税率”栏填写增值税征收率;

3. 销货单位栏填写代开税务机关的统一代码和代开税务机关名称;

4. 销方开户银行及账号栏内填写税收完税凭证号码;

5. 备注栏内注明增值税纳税人的名称和纳税人识别号。

其他项目按照专用发票填开的有关规定填写。

第十一条 增值税纳税人应在代开专用发票的备注栏上,加盖本单位的财务专用章或发票专用章。

第十二条 代开专用发票遇有填写错误、销货退回或销售折让等情形的,按照专用发票有关规定处理。

税务机关代开专用发票时填写有误的,应及时在防伪税控代开票系统中作废,重新开具。代开专用发票后发生退票的,税务机关应按照增值税一般纳税人作废或开具负数专用发票的有关规定进行处理。对需要重新开票的,税务机关应同时进行新开票税额与原开票税额的清算,多退少补;对无需重新开票的,按有关规定退还增值税纳税人已缴的税款或抵顶下期正常申报税款。

第十三条 为增值税纳税人代开的专用发票应统一使用六联专用发票,第五联代开发票岗位留存,以备发票的扫描补录,第六联交税款征收岗位,用于代开发票税额与征收税款的定期核对,其他联次交增值税纳税人。

第十四条 代开专用发票岗位领用专用发票,经发票管理部门负责人批准后,到专用发票发售窗口领取专用发票,并将相应发票的电子信息读入防伪税控代开票系统。

第十五条 代开专用发票岗位应在每月纳税申报期的第一个工作日,将上月所开具的代开专用发票数据抄取、传递到防伪税控报税系统。代开专用发票的金税卡等专用设备发生故障的,税务机关应使用留存的专用发票第五联进行扫描补录。

第十六条 代开发票岗位应妥善保管代开专用发票数据,及时备份。

第十七条 税务机关应按月对代开专用发票进行汇总统计,对代开专用发票数据通过增值税计算机稽核系统比对后属于滞留、缺联、失控、作废、红字缺联等情况,应及时分析,查明原因,按规定处理,确保代开专用发票存根联数据采集的完整性和准确性。

第十八条 代开专用发票各岗位人员应严格执行本办法及有关规定。对违反规定的,追究有关人员的责任。

第十九条 各省、自治区、直辖市和计划单列市国家税务局可根据实际在本办法基础上制定实施细则。

第二十条 本办法自2005年1月1日起实施,凡与本办法相抵触的规定同时停止执行。

注释:

条款修改。根据《第十三届全国人民代表大会第一次会议关于国务院机构改革方案的决定》等有关规定,税收规范性文件规定的国税地税机关的职责和工作由新的税务机关承担。国家税务总局依据《税收规范性文件制定管理办法》(国家税务总局令第41号公布),对税收规范性文件进行了清理。参见:《国家税务总局关于修改部分税收规范性文件的公告》(国家税务总局公告2018年第31号)。

6－3－35

国家税务总局关于加强税务机关代开增值税专用发票管理问题的通知

2004年12月22日　国税函〔2004〕1404号

各省、自治区、直辖市和计划单列市国家税务局:

为落实《国家税务总局关于印发〈税务机关代开增值税专用发票管理办法(试行)〉的通知》(国税发〔2004〕153号)的要求,做好税务机关代开增值税专用发票工作,现将有关事项通知如下:

一、从2005年1月1日起,凡税务机关代开增值税专用发票必须通过防伪税控系统开具,通过防伪税控报税子系统采集代开增值税专用发票开具信息,不再填报《代开发票开具清单》,同时停止使用非防伪税控系统为纳税人代开增值税专用发票(包括手写版增值税专用发票和计算机开具不带密码的电脑版增值税专用发票)。

二、增值税一般纳税人取得的税务机关用非防伪税控系统代开的增值税专用发票,应当在2005年3月份纳税申报期结束以前向主管税务机关申报抵扣,并填报《代开发票抵扣清单》,逾期不得抵扣进项税额。

增值税一般纳税人取得的税务机关通过防伪税控系统代开的增值税专用发票,通过防伪税控认证子系统采集抵扣联信息,不再填报《代开发票抵扣清单》,其认证、申报抵扣期限的有关规定按照《国家税务总局关于增值税一般纳税人取得防伪税控系统开具的增值税专用发票进项税额抵扣问题的通知》(国税发〔2003〕17号)文件规定执行,并按照现行防伪税控增值税专用发票比对内容进行"一窗式"比对。

三、税务机关必须在一个窗口设置征收岗位和代开发票岗位。

四、对实行定期定额征收方法的纳税人正常申报时,按以下方法进行清算:

(一)每月开票金额大于应征增值税税额的,以开票金额数为依据征收税款,并作为下一年度核定定期定额的依据。

(二)每月开票金额小于应征增值税税额的,按应征增值税税额数征收税款。

五、在防伪税控代开票征收子系统未投入运行前,要加强对手工传递凭证的监控工作,要设置审核监控岗位专门负责核对开票税额、收款数额和入库税款是否一致。

六、税务机关要加强对认证通过的代开增值税专用发票和纳税人申报表进行比对。对票表比对异常的要查清原因,依照有关规定分别进行处理。要对小规模纳税人申报的应纳税销售额进行审核,其当期申报的应纳税销售额不得小于税务机关为其代开的增值税专用发票上所注明的金额。

七、各级税务机关要高度重视代开增值税专用发票工作,对《税务机关代开增值税专用发票管理办法(试行)》和本通知执行过程中出现的问题,要及时报告国家税务总局。

6-3-36

国家税务总局关于增值税专用发票和其他抵扣凭证审核检查有关问题的补充通知

2005年1月10日 国税发〔2005〕6号

各省、自治区、直辖市和计划单列市国家税务局、地方税务局,局内各单位:

为了强化对增值税专用发票和其他抵扣凭证(以下简称增值税抵扣凭证)的管理,2004年9月20日总局下发了《国家税务总局关于增值税专用发票和其他抵扣凭证审核检查有关问题的通知》(国税发〔2004〕119号),对增值税抵扣凭证审核检查的有关问题予以明确。为了解决当前各地在开展审核检查中存在的问题,提高增值税抵扣凭证稽核比对相符率,进一步规范审核检查工作,切实加强增值税征管,现就增值税抵扣凭证审核检查的有关问题补充通知如下：

一、关于增值税专用发票审核检查

增值税专用发票审核检查工作中，管理部门与稽查部门的职责划分、专用发票信息的传递、反馈审核检查结果和审核检查情况的上报，按照国税发〔2004〕119 号文件的有关规定执行。

二、关于避免多头审核检查

对增值税专用发票和其他抵扣凭证的审核检查工作是税源管理的重要内容，应由管户的税务局、税务分局、税务所内设的一个管理部门负责，避免同一税务局、税务分局、税务所多个内设管理部门对同一纳税人进行多头审核检查。各级税务机关应指定管理部门负责审核检查工作。

三、关于审核检查工作的重点

负责审核检查的管理部门在对上级下发全部比对异常增值税抵扣凭证进行全面审核检查的基础上，应重点对海关代征进口增值税专用缴款书、废旧物资发票、货物运输业发票、税务机关为小规模纳税人代开增值税专用发票（以下简称其他抵扣凭证）中的“金额不符票”和“缺联票”进行严格审核检查。对缺联的增值税抵扣凭证进行审核检查时，不仅要核对企业留存的发票与申报的清单是否相符，而且要与前两个月申报的清单核对，防止重复申报抵扣，经核对后留存发票盖销（戳记样式见附件）。同时，要注意同纳税人的有关购销合同、账务处理、资金往来、入库实物等结合起来进行检查，必须做到每票都查，查清原因，毫无遗漏。

四、关于比对异常的增值税抵扣凭证的处理

（一）对辅导期新办商贸企业一般纳税人按照国税发明电〔2004〕37 号文件的规定实行“先比对后抵扣”。主管国税机关对比对结果为“相符”的增值税抵扣凭证可允许其申报抵扣，对比对结果异常的增值税抵扣凭证应进行审核检查。审核检查结果为国税发〔2004〕119 号文件中规定的第一类技术性错误原因造成比对异常的，经过技术处理后允许其申报抵扣；审核检查结果为国税发〔2004〕119 号文件中规定的第二类问题的，不允许其申报抵扣，由管理部门依有关规定进行处理；审核检查结果为国税发〔2004〕119 号文件中规定的第三类问题的，不允许申报抵扣，移交稽查部门立案查处。

（二）对新办商贸企业以外的一般纳税人比对异常的增值税专用发票按现行规定处理；比对异常的其他抵扣凭证，必须先进行审核检查，再依有关规定分别进行处理。审核检查结果为国税发〔2004〕119 号文件中规定的第一类技术性错误原因造成的比对异常的，经过技术处理后允许其抵扣；审核检查结果为国税发〔2004〕119 号文件中规定的第二类问题的，管理部门再依有关规定分别进行补税、加收滞纳金、罚款；审核检查结果为国税发〔2004〕119 号文中第三类问题的，移交稽查部门立案查处。

五、关于审核检查流程和方法

（一）抵扣方主管国税机关的审核检查

对比对“不符”、“缺联”、“属于作废”的增值税专用发票和比对“不符”、“缺联”和“重号”的其他抵扣凭证，由抵扣方主管国税机关管理部门进行审核检查。

1. 如果经抵扣方主管国税机关审核检查，即可查明“不符”、“缺联”、“属于作废”、“重号”原因，而不需再由开票方主管税务机关（海关代征进口增值税专用缴款书为海关代征进口增值税专用缴款书入库地国税机关所属计统部门，下同）继续审核检查的，按照国税发〔2004〕119号文件规定的不同情况依有关规定分别进行处理。

2. 如果属于抵扣联采集录入等技术性错误的其他抵扣凭证，进行修改后经人工比对两联相符，将“比对相符”的信息汇总上报；进行修改后经人工比对两联仍不符的，将修改后的信息交开票方主管税务机关管理部门继续审核检查。

3. 如果需由开票方主管税务机关继续审核检查的，交由开票方主管税务机关管理部门继续审核检查。

（二）开票方主管税务机关管理部门对抵扣方主管国税机关转来信息的审核检查

1. 如果不属于存根联（包括海关代征进口增值税专用缴款书第五联，下同）采集录入等技术性错误，将结果反馈抵扣方主管国税机关。

2. 如果属于存根联采集录入等技术性错误的其他抵扣凭证，进行修改后经人工比对两联相符的，或进行修改后两联仍不符的，将信息反馈抵扣方主管国税机关；如果属于误操作等原因的增值税专用发票，将信息反馈抵扣方主管国税机关。税务机关误操作的还应出具书面证明。

3. 对由于开票方原因造成比对异常的，由开票方主管税务机关管理部门按照国税发〔2004〕119号文件规定的不同情况依有关规定分别进行处理。

（三）抵扣方主管国税机关对开票方主管税务机关已经审核检查的增值税抵扣凭证，根据其返回的审核检查结果确定比对异常原因，按照国税发〔2004〕119号文件规定的不同情况依有关规定分别进行处理。在排除税务机关技术、误操作等原因造成的稽核比对异常发票后，如需进一步检查的，由抵扣方主管国税机关稽查部门继续检查。

六、规范填制海关代征进口增值税专用缴款书抵扣清单

目前通过审核检查发现纳税人填制海关代征进口增值税专用缴款书（以下简称缴款书）抵扣清单和税务机关填制缴款书第五联清单信息不规范是造成缴款书比对异常的主要原因。为提高缴款书比对相符率，对缴款书有关问题说明如下：

（一）缴款书号码的编制原则

目前，海关H2000通关系统与H883通关系统并行，预计H883通关系统将于2005年退出实际运行。

缴款书号码在H883通关系统中共有19位，各位的含义是：号码前6位（包括括号）代表进口报关的年份和月份；第7到15位数字为报关单编号；第16个字符为征税标志，其中“—”为正常征税标志，“/”为补税标志，“#”为退税标志，“D”为删除标志，“@”为违规补滞纳金标志；第17位字母为税种标志，其中“A”为关税标志，“L”为增值税标志，“Y”为消费税标志，“I”为特别关税标志；第18、19位数字为报关单所产生的专用缴款书顺序号。如：缴款书号码为“（0407）024114793—L02”，纳税人填制抵扣清单时，缴款书号码应包括括号及括号内四位数字和“—”在内的19位均需填写，应填写为“（0407）024114793—L02”。

缴款书号码在H2000通关系统中共有22位，各位的含义是：号码前4位为各海关代码；第5至8位为年份；第9位为进出口标志，其中“1”为进口标志，“0”为出口标志；第10至18位为报关单编号；第19位为征税标志（含义同H883系统），第20位为税种标志（含义

同H883系统)；第21位至22位为报关单所产生的专用缴款书顺序号(含义同H883通关系统)。如:缴款书号码为"020720041074517694—L02"，纳税人填制抵扣清单时(包括"—"在内)的22位均需填写，应填写为"020720041074517694—L02"。H2000通关系统开具的缴款书中号码上一行打印的四位日期如:"(0311)"不属于缴款书号码，不应当填写。

(二)关于海关口岸代码

纳税人在填制缴款书抵扣清单和税务机关填制缴款书第五联清单信息时，一律在清单"进口口岸"栏填"征税口岸代码"。H2000通关系统开具的缴款书号码前4位即为海关征税口岸代码，如:缴款书号码为"020720041074517694—L02"，"0207"即为海关征税口岸代码；H883通关系统开具的缴款书号码需根据缴款书左上方打印的海关口岸名称或缴款书上加盖的海关口岸名称戳记对照本通知所附海关总署提供的《海关关区代码表》(见附件)正确填写。国税机关要辅导纳税人正确录入海关征税口岸代码，并做好清单的审核工作。

(三)关于开票日期

纳税人在填制抵扣清单时，应填写缴款书上打印的"填发日期"所列内容，不应填写纳税人"实际申报日期"。

(四)关于抵扣方纳税人识别号

负责进口货物或委托进口货物申报业务的单位和个人应当在进口报关单上准确填写实际抵扣方纳税人识别号(15位)，不得遗漏或错填。缴款书备注栏中"国标代码"即为实际抵扣方纳税人识别号(15位)。

七、关于货物运输业发票有关问题

(一)各级国税机关、地税机关从2005年1月起按照本通知规定的货物运输业发票审核检查方法对总局下发的所有比对异常的货物运输业发票进行审核检查。

(二)各级地方税务局必须按国税函〔2004〕557号和国税函〔2004〕1033号文规定的时间提供新版货物运输业发票供纳税人使用，并停止使用旧版货物运输业发票。

(三)由于省级地方税务局已实现与总局联网，地方税务局采集的货物运输业发票信息一律由省级地方税务局直接上传国家税务总局。地方税务局系统中省级以下未实现联网的，哪一级断开，暂时传给同级国家税务局，由国家税务局传输给上一级国家税务局，并由接收数据的国家税务局送同级地方税务局，直到送达省级地方税务局。

(四)按照国税发〔2004〕119号文规定的信息反馈要求，地方税务局要将货物运输业发票审核检查结果通过地税稽查部门反馈给抵扣方国税机关对应的国税稽查部门。

(五)负责比对异常的货物运输业发票传递部门，按国税发〔2004〕119号和国税发明电〔2004〕59号文件执行。

八、各级国家税务局、地方税务局要增强责任心，加强对纳税人的辅导，采取有效措施，尽可能减少录入错误、传输遗漏等问题，切实提高比对相符率。

九、其他抵扣凭证数据的上传由各级国家税务局、地方税务局信息部门负责。

十、各级国家税务局从2005年1月起按照本通知规定的增值税专用发票审核检查方法对总局下发的比对异常的增值税专用发票进行审核检查。

十一、各级国家税务局必须在每月征期后第一个工作日17:00前完成失控发票采集工作。

十二、省级国家税务局、地方税务局确定负责汇总工作的业务部门必须于每月14日(遇法定节假日顺延,下同)按有关规定的要求向国家税务总局上报上月增值税专用发票和其他抵扣凭证审核检查情况,总局将对每月14日17:00时止不向总局上报情况的地区进行通报批评。

(一)省级国家税务局上报材料为:

其他抵扣凭证审核检查情况报告(包括统计表)

增值税专用发票审核检查情况报告(包括统计表)

(二)省级地方税务局上报材料为:

货物运输业发票审核检查情况报告(包括统计表)

(三)省级国家税务局、地方税务局上报材料上传路径为:

1. 省级国家税务局上报增值税专用发票审核检查情况和其他抵扣凭证审核检查情况仍按照国税发〔2004〕119号文件规定的路径。

省级国家税务局上报统计表方式:以FTP方式登录130.9.1.101地址,下载"国税—发票审核检查情况统计表模版",用户名:fktjb,口令:123456,内有工作表,按要求填写后以原格式上报。

2. 省级地方税务局上报货物运输业审核检查情况仍按照国税发〔2004〕119号文件规定的路径。

省级地方税务局上报统计表方式:以FTP方式登录130.9.1.101地址,下载"地税—发票审核检查情况统计表模版",用户名:fktjb,口令:123456,内有工作表,按要求填写后以原格式上报。

十三、凡与本通知规定不符的,一律按本通知规定执行。

附件:1. 海关关区代码表(编者略)

2. 增值税专用发票审核检查情况汇总表(编者略)

3. 增值税专用发票审核检查结果统计表(编者略)

4. 凭证审核检查情况汇总统计表(编者略)

5. 凭证审核检查结果统计表(编者略)

6. 审核检查戳记2005年1月10日(编者略)

6-3-37

国家税务总局关于国家税务局为小规模纳税人代开发票及税款征收有关问题的通知

2005年2月28日 国税发〔2005〕18号

各省、自治区、直辖市和计划单列市国家税务局、地方税务局:

为加强税收征管,优化纳税服务,针对一些地方反映的问题,现对国家税务局为增值税

小规模纳税人(以下简称纳税人)代开发票征收增值税时,如何与地税局协作加强有关地方税费征收问题通知如下:

一、经国、地税局协商,可由国税局为地税局代征有关税费。纳税人销售货物或应税劳务,按现行规定需由主管国税局为其代开普通发票或增值税专用发票(以下简称发票)的,主管国税局应当在代开发票并征收增值税(除销售免税货物外)的同时,代地税局征收城市维护建设税和教育费附加。

二、经协商,不实行代征方式的,则国、地税要加强信息沟通。国税局应定期将小规模纳税人缴纳增值税情况,包括国税为其代开发票情况通报给地税局,地税局用于加强对有关地方税费的征收管理。

三、实行国税代征方式的,为保证此项工作顺利进行,国税系统应在其征管软件上加列征收城市维护建设税和教育费附加的功能,总局综合征管软件总局负责修改,各地开发的征管软件由各地自行修改。在软件修改前,暂用人工方式进行操作。

四、主管国税局为纳税人代开的发票作废或销货退回按现行规定开具红字发票时,由主管国税局退还或在下期抵缴已征收的增值税,由主管地税局退还已征收的城市维护建设税和教育费附加或者委托主管国税局在下期抵缴已征收的城市维护建设税和教育费附加,具体退税办法按《国家税务总局、中国人民银行、财政部关于现金退税问题的紧急通知》(国税发〔2004〕47号)执行。

五、主管国税局应当将代征的地方预算收入按照国家规定的预算科目和预算级次及时缴入国库。

六、国税局代地税局征收城市维护建设税和教育费附加,使用国税系统征收票据,并由主管国税局负责有关收入对账、核算和汇总上拨工作。

各级国税局应在"应征类"和"入库类"科目下增设"城市维护建设税"和"教育费附加"明细科目。

七、主管国税局应按月将代征地方税款入库信息,及时传送主管地税局。具体信息交换方式由各省级国税局和地税局协商确定。

八、各省级国税局和地税局应按照《中华人民共和国税收征收管理法》的有关规定签定代征协议,并分别通知所属税务机关执行。

6-3-38

国家税务总局关于明确普通发票分类代码中年份代码含义的通知

2005年3月18日　国税函〔2005〕218号

各省、自治区、直辖市和计划单列市国家税务局、地方税务局:

为了加强和规范普通发票的统一管理,便于全国普通发票的统一识别和查询,全国税务机关从2005年1月1日起推行了统一的全国普通发票分类代码和发票号码。此后,部分

纳税人和相关单位对分类代码中第6、7位年份代码的指代意义提出疑问,为避免使用中出现解释歧义,特明确如下:

一、普通发票分类代码中的第6、7位年份代码,是指发票的印刷年份,并非发票的使用年份,可以跨年度使用。但各地普通发票的印制数量也应严格控制在一年以内,防止过多冗余,避免造成损失。

二、发票代码和发票号码的印制颜色可根据印刷设备的情况,由各省、自治区、直辖市和计划单列市国家税务局、地方税务局确定。

三、各省、自治区、直辖市和计划单列市国家税务局应将年份代码和机动车销售统一发票的有关规定和含义通告当地公安交管部门。如有问题应及时做好协调和解释工作。

注释:

条款修改。根据《第十三届全国人民代表大会第一次会议关于国务院机构改革方案的决定》等有关规定,税收规范性文件规定的国税地税机关的职责和工作由新的税务机关承担。国家税务总局依据《税收规范性文件制定管理办法》(国家税务总局令第41号公布),对税收规范性文件进行了清理。参见:《国家税务总局关于修改部分税收规范性文件的公告》(国家税务总局公告2018年第31号)。

6-3-39

国家税务总局关于严格执行统一发票代码和发票号码的通知

2005年3月21日　国税函〔2005〕224号

各省、自治区、直辖市和计划单列市国家税务局、地方税务局:

据反映,有极少数地区税务机关仍使用旧版发票代码和发票号码,导致一些纳税人和消费者取得的发票不能按规定入账,影响了企业的正常经营。为此,特就有关问题重申如下:

一、各地要严格执行《国家税务总局关于统一全国普通发票分类代码和发票号码的通知》(国税函〔2004〕521号)的规定,从2005年1月1日起,按照统一的发票代码和发票号码印制普通发票。

二、各地税务机关要认真检查本地区执行统一发票代码和发票号码的落实情况。目前仍在使用旧版普通发票代码和发票号码的税务机关必须立即停止使用,迅速加以纠正,尽可能减少消费者和生产企业的损失。

三、对本通知下发后继续使用旧版发票代码和发票号码的,总局将予以通报,直至追究有关领导和直接责任人员的责任。

6-3-40

财政部　国家税务总局关于税务机关代开增值税专用发票的出口货物不再实行增值税税收专用缴款书管理的通知

2005年3月22日　财税〔2005〕43号

各省、自治区、直辖市、计划单列市财政厅(局)、国家税务局,新疆生产建设兵团财务局:

《国家税务总局关于印发〈税务机关代开增值税专用发票管理办法(试行)〉的通知》(国税发〔2004〕153号)和《国家税务总局关于加强税务机关代开增值税专用发票管理问题的通知》(国税函〔2004〕1404号)规定,从2005年1月1日起,税务机关代开增值税专用发票纳入增值税防伪税控系统管理。为提高出口退税工作效率,简化出口退税办理手续,经研究决定,对税务机关利用增值税防伪税控系统代开增值税专用发票的出口货物不再实行增值税"税收(出口货物专用)缴款书"或"出口货物完税分割单"(以下简称增值税专用税票)管理。具体通知如下:

一、2005年1月1日以后报关出口货物(以出口报关单《出口退税专用联》上注明的出口日期为准),凡税务机关利用增值税防伪税控系统代开增值税专用发票(指国税发〔2004〕153号第二条规定所述代开专用发票,下同)在2005年1月1日以后开具的,出口企业在申请办理出口退税时,免予提供增值税专用税票。

二、利用外国政府贷款和国际金融组织贷款采用国际招标国内中标的机电产品,以及外商投资企业采购的国产设备,凡税务机关利用增值税防伪税控系统代开增值税专用发票并在2005年1月1日以后开具的,中标企业、外商投资企业在申请退税时,免予提供增值税专用税票。

三、对出口企业2005年1月1日以前出口货物,凡规定需要开具增值税专用税票的,各级税务机关应按规定及时给予开具,不得以任何理由拒绝供货企业开具增值税专用税票的要求。

四、出口企业取得的税务机关代开增值税专用发票,应按照增值税专用发票认证管理的有关规定办理认证手续。未认证或认证不符的,不得申请办理出口退税。

五、税务机关受理本通知第一条规定的出口货物出口退税申报后,应按照《国家税务总局关于出口货物退(免)管理有关问题的通知》(国税发〔2004〕64号)第六条规定,使用增值税专用发票相关电子信息审核出口退税。各级税务机关的信息部门和退税部门应加强协作,切实做好税务机关代开增值税专用发票电子信息的传输和接收工作。

特此通知。

6－3－41

国家税务总局关于加强货运发票等数据汇总上传工作的通知

2005年4月4日　国税函〔2005〕274号

各省、自治区、直辖市和计划单列市国家税务局、地方税务局：

为加强货物运输发票、海关进口增值税专用缴款书、废旧物资收购凭证、代开增值税专用发票（以下简称“四票”）的数据采集和稽核比对管理工作，国家税务总局曾多次发文（见国税发〔2003〕121号、国税函〔2004〕695号、国税发〔2004〕68号、国税发明电〔2004〕35号文）要求各地严格按照规定时间将“四票”数据上传总局，但由于种种原因每月均有部分省市的数据不能及时上传，造成总局“四票”数据稽核比对结果不能按时下发，给各地异常票审核检查工作带来不利影响。为保证该项工作正常进行，现将“四票”数据上报时间和有关要求再次明确如下：

一、每月20日前必须将当月征期采集的海关进口增值税专用缴款书第一联、第五联清单数据，废旧物资发票销项、进项清单数据上传总局。

二、每月23日前必须将当月征期采集的货物运输发票销项、进项清单数据上传总局。

三、代开增值税专用发票从2005年1月开始纳入增值税防伪税控系统管理。从2005年4月征期开始，原手工采集的代开发票销项、进项清单数据不再通过FTP上报总局。

各地要高度重视，认真组织落实，总局将不定期对数据上传情况进行通报。

6－3－42

国家税务总局关于税控发票印制使用管理有关问题的通知

2005年4月18日　国税发〔2005〕65号

各省、自治区、直辖市和计划单列市国家税务局、地方税务局：

为了贯彻落实《国家税务总局、财政部、信息产业部、国家质量监督检验检疫总局关于推广应用税控收款机加强税源监控的通知》（国税发〔2004〕44号，以下简称《通知》）的有关规定，规范税控收款机所用发票（以下简称税控发票）的印制、使用和管理，现将有关问题明确如下：

一、税控发票的运用范围

税控发票是指通过税控收款机系列产品打印，并带有税控码等要素内容的发票。税控发票适用于税控收款机系列产品，包括税控收款机、税控器、税控打印机（税控开票机）和金融税控收款机。

二、税控发票的名称、种类和规格

（一）税控发票的名称

税控发票按地区加行业确定，例如"××省（市）商业零售发票"、"××省（市）服务业发票"等。

（二）税控发票的种类

税控发票分为：卷式发票和平推式发票。

1. 卷式发票是指按卷筒式方法进行分装的发票。卷式发票又分为定长和不定长两种。

2. 平推式发票是指按平张连续方式装订的发票。平推式发票按设计权限又分两种，即：由总局确定全国统一式样的发票和由省级税务机关确定式样的发票。

（三）定长、不定长发票的规格

1. 定长发票的规格为：宽度分别为57mm、76mm、82mm三种；长度分别为127mm、152mm、177mm三种。即可组合为以下九种规格：

（1）57mm×127mm；（2）57mm×152mm；（3）57mm×177mm；

（4）76mm×127mm；（5）76mm×152mm（票样附后）；

（6）76mm×177mm；（7）82mm×127mm；

（8）82mm×152mm；（9）82mm×177mm。

具体采用哪种规格，由省、自治区、直辖市和计划单列市税务局（以下简称省级税务局）根据实际需要在上述规格中选定。

2. 不定长发票规格为：宽度分别为57mm、76mm、82mm三种；长度按打印内容多少确定。

三、卷式发票的内容

（一）卷式发票印制内容和要求

1. 印制的基本内容包括：发票名称、发票监制章、发票联、发票代码、发票号码（印刷号）、机打号码、机器编号、收款单位及其税号、开票日期、收款员、付款单位（两行间距）、项目、数量、单价、金额、小写合计、大写合计、税控码、印制单位。

需要增加其他民族文字、英文对照以及"兑奖区"的，由省级税务局确定。

2. 税控发票的黑标尺寸为10mm×6mm；套印位置在发票右上角，黑标的上沿与监制章的下沿对齐；税控发票监制章下沿到发票代码的垂直距离为5mm。

3. 不定长发票每间隔60.96mm套印一个发票监制章；两个发票监制章中间套印一个"发票联"；发票监制章的颜色为浅红色；"发票联"颜色为浅棕色。"存根联"是否套印发票监制章及其字样、颜色由省级税务局确定。

4. 有条件的地区，卷式发票可印制卷号。每卷印制相同的一个卷号，印在发票右侧；卷号应不少于8位。

（二）卷式发票打印内容和要求

1. 定长发票打印内容对应空白票面预先印制的项目内容进行"填充式"打印。机打号码必须与预先印制在空白票面上的发票号码相一致。当开票项目较多，在一张发票上打印不下时，机器自动再打印一份发票，每张发票分别汇总计价。

不定长发票打印的内容，除"发票监制章"、"发票联"和"印刷单位"字样，全部由机器打印。

2. 发生退货时,应在退货的小写金额前加负号“-”,在大写金额的第一个字前加“退”字。

3. 当需要查阅税控发票的电子存根时,可使用普通打印纸打印发票电子存根,同时打印出“电子存根”字样。

4. 对于金融税控收款机打印的税控发票,银行卡刷卡业务的内容,应打印在小写合计上方的空白位置。银行卡刷卡业务的内容包括:卡号/有效期、刷卡金额、新参考号、签名、备注等内容。

(三)平推式发票印制和打印的内容,除总局统一规定的式样外,比照卷式发票的基本要求及行业特点,由省级税务机关确定。

(四)税控发票的其他要求

1. 税控收款机打印机分为针打和喷墨两种,针打可一次性打印一联或两联;喷墨打印需一次分联打印。

2. 卷式定长发票每卷100份,不定长发票长度与定长发票长度相同。定长发票开头与结尾留出两份发票长度的空白;不定长发票结尾30公分边沿必须印有红色标记。

3. 平推式发票的打印软件除总局有统一规定外,由省级税务局统一组织开发。

四、税控发票的联次和要求

(一)卷式发票基本联次为一联,即“发票联”,也可为两联,即第一联为“发票联”,第二联为“存根联”或“记账联”。每卷发票按号码打印完毕后,可打印本卷发票汇总,具体由省级税务局确定。

(二)纳税人发票使用数据量过大,且用户后台管理系统能可靠保存发票明细数据的(保存期5年),经税务机关核准,可使用一联式税控发票(即发票联),并由用户保存“存根联”和发票明细数据,确保税务机关能够完整、准确、及时、可靠地进行核查。税控发票为两联时,用户必须妥善保管“存根联”,以备税务机关核查。

(三)平推式发票的联次由省级税务局按实际需要确定。

五、税控发票的印制和防伪措施

税控发票由省级税务局统一组织印制。税控发票采用密码防伪,故在印制环节不再采用原规定的水印纸和荧光油墨的防伪措施。

定额发票的防伪措施,在总局尚未规定之前,省级税务局可根据本省的需要,确定防伪措施,并报总局备案。

六、税控发票报送数据的内容

(一)税控发票报送数据包括发票汇总数据和发票明细数据。除总局规定必须报送发票明细数据的行业外,具体何种发票需报送发票汇总数据或者发票明细数据,或既要报送发票汇总数据又要报送发票明细数据,由省级税务机关确定。凡按规定只报送发票汇总数据的纳税人,必须保存发票存根联并可靠存储发票明细电子数据。

(二)发票汇总数据包括单卷发票使用汇总数据、指定时间段内发票使用汇总数据和日交易数据。

单卷发票使用汇总数据的内容包括:发票代码、起止号码、正常发票份数、正常发票开票金额、废票份数、退票份数、退票金额及发票开票时间段。

指定时间段内发票使用汇总数据包括:正常发票份数、正常发票开票金额、废票份数、退票份数、退票金额。指定时间段内发票使用汇总数据应当等于该时间段的日交易数据之和。

日交易数据包括:正常发票份数、退票份数、废票份数、按税种税目分类统计的正常发票的累计金额和退票累计金额。

(三)发票明细数据包括:每张税控发票打印的全部内容。具体报送发票明细时间,待国标修改确定后再予明确。

(四)对需要抵扣和特殊控制的行业和发票,如交通运输业发票、机动车销售发票、建筑安装业发票、房产业发票的印制、使用和管理,以及使用何种税控器具实施控管,总局将另行规定。

七、税控发票盖章

税控发票必须加盖开票单位的发票专用章或财务印章。

经税务机关批准印制的企业冠名发票,可以在印制发票时,将企业发票专用章(浅色)套印在税控发票右下方。

八、税控发票的鉴别和查询

税控发票采取密码加密技术。税控收款机系列产品可在税控发票上打印出××位税控码,并可通过税控收款机管理系统,以电话查询、网上查询等方式辨别发票真伪。

附件:1. 税控卷式发票票样　76mm×152mm(见纸质文件)(编者略)

2. 税控收款机名词解释及相关注释

附件2

税控收款机名词解释及相关注释

税控收款机:是指具有税控功能,能够保证经营数据的正确生成、可靠存储和安全传递,实现税务机关的管理和数据核查等要求的电子收款机。

税控器:是指在计算机等电子设备的配合下实现税控功能,能够保证经营数据的正确生成、可靠存储和安全传输,满足税务机关的管理和数据核查等要求的电子装置。

税控打印机:是指在计算机等电子设备(宿主)的配合下实现税控功能的,能够保证经营数据的正确生成、可靠存储和安全传输,满足税务机关的管理和数据核查等要求的打印机。

金融税控收款机:是指具有银行卡受理和税控功能的电子收款机。

税控卡:是指用于控制税控收款机税控数据,鉴别税控收款机身份,并与用户卡、税务管理卡互相认证;存储用户信息并确保税控数据不被篡改;生成发票税控码并对传递的税控数据进行电子签名。

用户卡:是指用于在税控收款机与税控收款及管理系统之间进行数据安全传递。在规定日期内,纳税人通过用户卡和税控卡完成相应的安全认证后采集税控收款机中的申报数据、发票使用数据等,传送到税务机关的税控收款机管理系统。税务机关通过用户卡将有关信息传回税控收款机和税控卡。

税务管理卡:是指用于采集税控收款机中的税控数据,以供核查纳税人向税务机关传递的税控数据与税控收款机中的税控数据是否一致;用于授权修改税控收款机的系统。

税控收款机管理系统:是指税务机关对税控收款机进行初始化以及对税控数据进行管理的系统。

数据存储:税控收款机应安全可靠的存储税控数据。

税控存储器应采用非易失性存储器,其容量至少应满足存储5年的日交易数据。

发票存储器的容量不得小于1MB(原则上应滚动存储不少于2个月的发票打印数据)。

税控收款机至少应在发票存储器中滚动存储300卷发票的单卷发票使用汇总数据。

发票打印:税控收款机应具有定位色标识别功能。在一份发票上不能打印完成本次所有交易项内容时,可分多份打印,但每份发票内容应是完整的(应有该发票的大写合计金额和税控码)。

税控码:一般不带抵扣功能和需要特殊控制的发票打印的税控码是指由税控卡根据发票上的有关数据生成,以十进制数字打印在发票上的数码(20位加密数码)。带抵扣功能和需要特殊控制的发票打印的税控码位数和形式总局将另行规定。

发票顺序号的设定:

税控收款机中,发票顺序号由发票装卷时输入本卷发票印制的起始号码和终止号码来设定。

税控要求:

税控收款机应具有单张发票开票金额、开票累计金额及退票累计金额的限额管理功能,限额由税务机关在发行税控卡时设定,可通过用户卡修改。当超过设定限额时应提示用户。

税控收款机应具有发票开具期限的管理功能,当税控收款机的时钟日期超过设定的开票截止日期时,不应打印发票。

锁机状态:税控收款机在授权期限内未按时申报数据或累积的开票级金额超过设定值时,机器自动进入锁定的状态。锁机状态出现前应有提示,在该状态下,机器不应打印发票。

(以上解释和注释摘自税控收款机国家标准GB—18240)

6-3-43

国家税务总局关于增值税抵扣凭证审核检查有关问题的批复

2005年5月24日　国税函〔2005〕495号

北京市国家税务局:

你局《关于增值税抵扣凭证审核检查有关问题的请示》(京国税发〔2005〕107号)收悉。

经研究,批复如下:

一、关于管理部门审核检查后对纳税人作出处理的操作规程问题

总局正在研究制定《增值税抵扣凭证审核检查操作规程》,将统一规定具体操作规程、税务文书等。有关部门还将根据操作规程修改综合征管软件。

目前,管理部门审核检查中确定属于第二类一般性违规问题的处理属于管理部门的日常工作职责范围,相关的补税、加收滞纳金以及罚款可使用《税收缴款书》。在处理过程中,管理部门需要使用的其他文书,如《税务处理决定书》、《税务行政处罚决定书》等相关文书,已经包括在即将下发的税收执法文书样本中。

二、关于海关进口增值税专用缴款书

对管理部门(包括入库地计统部门)与稽查局之间移交的有关材料、程序、手续、职责划分等具体问题按《国家税务总局关于增值税专用发票和其他抵扣凭证审核检查有关问题的通知》(国税发〔2004〕119 号)、《国家税务总局关于增值税专用发票和其他抵扣凭证审核检查有关问题的补充通知》(国税发〔2005〕6 号)和《国家税务总局稽查局关于增值税专用发票和其他抵扣凭证异地审查检查及协查流程的通知》(稽便函〔2005〕34 号)规定执行。

为方便国税机关对海关进出口增值税专用缴款书的审核检查工作,总局正在统计各地海关对应税务机关名称、地址等信息,供各级税务机关使用。

注释:

条款修改。根据《第十三届全国人民代表大会第一次会议关于国务院机构改革方案的决定》等有关规定,税收规范性文件规定的国税地税机关的职责和工作由新的税务机关承担。国家税务总局依据《税收规范性文件制定管理办法》(国家税务总局令第 41 号公布),对税收规范性文件进行了清理。参见:《国家税务总局关于修改部分税收规范性文件的公告》(国家税务总局公告 2018 年第 31 号)。

6 -3 -44

国家税务总局关于统一二手车销售发票式样问题的通知

2005 年 7 月 5 日　国税函〔2005〕693 号

各省、自治区、直辖市和计划单列市国家税务局:

随着我国经济发展和改革开放的不断深入,机动车销售市场日趋活跃,二手车交易也快速增长。为了适应二手车交易方式变化和强化税收征收管理的需要,总局决定统一二手车销售发票的式样。现就有关问题明确如下:

一、二手车经销企业、经纪机构和拍卖企业,在销售、中介和拍卖二手车收取款项时,必须开具《二手车销售统一发票》(以下简称《二手车发票》)。

二、《二手车发票》由以下用票人开具:

(一)从事二手车交易的市场,包括二手车经纪机构和消费者个人之间二手车交易需要开具发票的,由二手车交易市场统一开具。

(二)从事二手车交易活动的经销企业,包括从事二手车交易的汽车生产和销售企业。

(三)从事二手车拍卖活动的拍卖公司。

三、《二手车发票》采用压感纸,由各省、自治区、直辖市和计划单列市国家税务局严格按照票样统一印制。

四、《二手车发票》为一式五联计算机票。计算机票第一联为发票联,印色为棕色;第二联为转移登记联(公安车辆管理部门留存),印色为蓝色;第三联为出入库联,印色为紫色;第四联为记账联,印色为红色;第五联为存根联,印色为黑色。规格为241mm×178mm(票样附后)。

五、《二手车发票》由二手车交易市场、经销企业和拍卖企业开具的,存根联、记账联、入库联由开票方留存;发票联、转移登记联由购车方记账和交公安交管部门办理过户手续。

六、二手车交易市场或二手车拍卖公司在办理过户手续过程中需要收取过户手续费,以及二手车鉴定评估机构收取评估费的,应另外由其开具地方税务局监制的服务业发票;而《二手车发票》价款中不应包括过户手续费和评估费。

七、《二手车发票》从2005年10月1日开始启用,各地旧版发票同时停止使用。各地国税局应将《二手车发票》票样送公安机关备案。各地地税局印制的涉及二手车交易的服务业发票按上述时间同时启用。

八、《二手车发票》的开票软件暂由各省、自治区、直辖市和计划单列市国税局统一开发,并无偿提供给用户使用。在未使用税控收款机前,可不打印机打代码、机打号码、机器编号和税控码。

附件:《二手车销售统一发票》式样(编者略)

注释:

条款修改。根据《第十三届全国人民代表大会第一次会议关于国务院机构改革方案的决定》等有关规定,税收规范性文件规定的国税地税机关的职责和工作由新的税务机关承担。国家税务总局依据《税收规范性文件制定管理办法》(国家税务总局令第41号公布),对税收规范性文件进行了清理。参见:《国家税务总局关于修改部分税收规范性文件的公告》(国家税务总局公告2018年第31号)。

条款废止。第六条、第八条、第七条中的“各地地税局印制的涉及二手车交易的服务业发票按上述时间同时启用”自2018年4月1日起废止。参见:《国家税务总局关于增值税发票管理若干事项的公告》(国家税务总局公告2017年第45号)。

6-3-45

国家税务总局关于印发《税控收款机管理系统业务操作规程》的通知

2005年8月2日　国税发〔2005〕126号

各省、自治区、直辖市和计划单列市国家税务局、地方税务局：

现将《税控收款机管理系统业务操作规程》印发给你们，请认真贯彻执行。

税控收款机管理系统业务操作规程

为了做好税控收款机推广应用工作，总局组织开发了税控收款机管理系统。根据税收征管职责分工，对照税控收款机管理系统软件操作内容，制定业务操作规程如下：

一、税控收款机管理系统的安装及初始化代码设置工作流程

（一）系统安装

技术部门根据本单位征管数据集中的情况，安装部署税控收款机管理系统。国税系统必须以省级集中方式部署；地税系统尽量采用省级集中方式部署，网络条件差的区县可采用单机版。

（二）初始化代码设置

在已推行综合征管软件的单位，税务机构代码设置、发票代码设置、街道乡镇代码设置、用户设置、征收代码设置、征收品目设置、登记注册类型代码设置、行业代码设置等应从综合征管软件中导入，确保与综合征管软件中有关代码设置保持一致；凡自行开发的征管软件具备数据连接条件的，也可以由征管系统通过数据接口传递有关初始化代码信息；不具备上述条件的单位，以上代码可在税控收款机管理系统中录入。

税务机关代码，应按照总局税务机关代码规范在税务机关代码信息分类与代码管理系统（http//130.9.1.91）中上报的代码设置。

二、税控收款机用户注册登记管理工作流程

（一）用户注册登记工作流程

根据有关规定，税控收款机推广应用采取“统一标准、生产许可、政府推广、分步覆盖”的原则。各省级政府和计划单列市政府统一组织选型招标，用户（纳税人）在中标产品范围内自行选购品牌和机型，由特定的单位和人员按照规定程序进行安装和初始化。

1. 税务机关制定推行计划，下达有关通知

（1）税务机关各税源管理部门根据税控收款机推行计划和实施方案，确定本辖区应使用税控收款机的纳税人，填写《应使用税控收款机纳税人名单》（附表一），报局领导审批。

（2）各税源管理部门根据局领导审批的《应使用税控收款机纳税人名单》下达《税控收

款机使用通知书》(附表二),并发放《税控收款机用户注册登记表》(附表三)给相关纳税人。同时向纳税人发放《税控收款机用户最高开票限额审批表》(附表四)和《纳税人领购发票票种核定申请审批表》。

2. 纳税人购买税控收款机

(1)纳税人在收到《税控收款机使用通知书》后,应按税务机关要求,在中标产品范围内,自行选购与其经营业务相适应的税控机型。

(2)税控收款机售后服务单位对纳税人进行使用操作的培训,并负责安装调试好机器,在《税控收款机用户注册登记表》中填写有关内容。一机多用户时还应登记子用户情况。机器安装人员在填写登记表时应认真核对"机器编号"和"用户卡编号",保证填写正确。

3. 重新进行票种核定和对税控收款机用户最高开票限额进行确认

纳税人使用税控收款机,必须进行发票票种核定,使用税控发票。同时,税务机关须对税控收款机用户的最高开票限额(单张开票最高限额、退票累计金额限额、发票累计金额限额)和数据报送方式、数据报送类型、数据报送期限、数据报送有效期进行审批确认。因此需要进行税控收款机用户最高开票限额审批(第一次最高开票限额审批与票种核定同时进行,以后如需变更则单独进行申请审批)。

(1)票种核定流程:

①纳税人到主管税务机关办税服务厅文书受理岗位提出,申请领取并填写《纳税人领购发票票种核定申请审批表》,同时出示和提交下列证件、资料:

a.《税务登记证》(副本);

b. 经办人身份证明(居民身份证、护照)及复印件;

c. 财务专用章或发票专用章印模;

d.《纳税人领购发票票种核定申请审批表》;

e. 主管税务机关要求报送的其他资料、证件。

②办税服务厅文书受理岗位将纳税人提交的上述资料移送税源管理部门进行审核。

③税源管理部门进行审核后,对符合条件的,转交发票综合管理岗审查。

④发票综合管理岗审查后,转交主管局长审批。

⑤主管局长进行审批。

⑥办税服务厅发票发售缴销岗位将核批的发票名称、种类、购票数量、购票方式等内容打印在《发票领购簿》上,登记《发票领购簿》号码,送达纳税人。

对新办纳税登记的纳税人,应先办理税务登记和发票行政审批事项,再办理税控发票票种核定事项。

(2)税控收款机用户最高开票限额确认流程:

①纳税人到主管税务机关办税服务厅文书受理岗位提出申请领取并填写《税控收款机用户最高开票限额审批表》,同时出示和提交下列证件、资料:

a.《税务登记证》(副本);

b. 经办人身份证明(居民身份证、护照)及复印件;

c.《税控收款机用户最高开票限额审批表》;

d. 主管税务机关要求报送的其他资料、证件。

②办税服务厅文书受理岗位将纳税人提交的上述资料移送税源管理部门进行审核。

③税源管理部门进行审核后，对符合条件的，转交发票综合管理岗审查。

④发票综合管理岗审查后，转交主管局长审批。

⑤主管局长进行审批。

⑥将审批结果送达纳税人。

对于发票开票金额限额的设定应按以下原则确定：

开票累计金额限额≤单张开票最高限额×发票最高持有量（份）；

退票累计金额限额≤开票累计金额限额的50%。

因税控纸质发票无版别限制，故税控发票开票金额限额的设定作用等同于原手工发票版别设定，它由税务机关管理人员根据管理需要结合纳税评估来设定控制，其设定原则应充分考虑纳税人的开票需求，可对单张开票最高限额适当从宽，开票累计金额限额一般不超过纳税人月最高销售（营业）收入的一倍，退票累计金额限额一般不超过开票累计金额限额的50%。

4. 纳税人办理以上事项后进行注册登记，并由税务机关实施税控初始化

（1）纳税人在办理以上事项后应携带《税务登记证》副本、填写完整的《税控收款机用户注册登记表》、经批准的《税控收款机用户最高开票限额审批表》和《纳税人领购发票票种核定申请审批表》、购置的税控收款机用户卡和税控卡、税务机关要求的其他资料（如领票用的发票购领簿等）到主管税务机关注册登记并实施税控初始化，只有经过初始化并写入购票信息后税控收款机才能正常使用。

（2）税务机关税控收款机注册登记管理岗收到纳税人的上述资料后，应进行审核，资料不全、项目填写不完整的，以及“机器编号”和“用户卡”填写错误的，退还纳税人补充更正，审核无误的则在《税控收款机管理系统》中登记录入相关信息，并通过对税控卡和用户卡的初始化信息写卡，完成对税控收款机的初始化操作。

软件操作：在税控收款机管理系统中，注册登记岗进入用户注册登记菜单，输入纳税人识别号，如已和征管软件进行接口，则自动调出已导入的税务登记信息、税种登记信息、票种核定信息，并对其他信息（包括最高开票限额、税控机税控卡用户卡信息、子用户信息）进行手工补录；如未和征管软件进行接口，则需手工录入以上所有信息。录入所有信息后，进行初始化信息写卡操作，系统将有关信息（包括税务登记信息、税种税目信息、发票核准信息、税控收款机税控卡信息、用户卡信息、子用户信息）写入税控卡和用户卡。

完成初始化操作后，纳税人还应继续办理购票手续。

（二）注册登记变更工作流程

1. 基础信息变更

税控收款机用户基础信息（税务登记、税种登记、票种核定等内容）变更后，应在规定的时限内向税务机关提交变更信息申请，按税务机关要求附报相关资料。税务机关办税服务厅受理变更信息申请，按规定程序审批后，在征管软件中对相关信息进行变更，并通过数据接口将变更后的信息导入税控收款机后台管理系统；未实现数据接口的，应当将变更信息分别录入征管软件和税控收款机后台管理系统。

属于应写卡项目的变更信息，在税控收款机后台管理系统中对税控卡和用户卡进行写

卡操作。

2. 税控收款机安装信息变更

用户的税控收款机安装信息变更时(包括税控机、卡、子用户增加或减少等),用户应向税务机关提出申请并报送有关证明,再次领取《税控收款机用户注册登记表》,交安装人员重新填写变更的税控机卡信息后,再报送税务机关。办税服务厅受理后进行审核录入,并在税控收款机后台管理系统中对税控卡和用户卡进行写卡操作。

(三)税控收款机、税控卡、用户卡丢失(被盗)、损毁管理工作流程

用户的税控收款机、税控卡、用户卡中任一项发生丢失(被盗)、损毁等情况时,都须在24小时内向税务机关办税服务厅提交《税控收款机、税控卡、用户卡丢失(被盗)、损毁报告》(附表五)。税务机关税源管理部门应进行核实并按规定进行处罚,同时转办税服务厅税控收款机注册登记管理岗位录入丢失(被盗)、损毁情况。

对于用户卡丢失(被盗)、损毁的,纳税人应购买新的用户卡并由税务机关发行后使用;对于税控卡丢失(被盗)、损毁的,先由税务机关使用税务管理卡读取纳税人未抄报的经营收入,再对纳税人购买的新税控卡进行发行;对于收款机主机或主机与税控卡、用户卡一起丢失(被盗)、损毁的,税务机关应先对纳税人未抄报的经营收入进行核定,再对纳税人重新购置的税控收款机、税控卡、用户卡进行登记发行。对发生纳税人在领回用户卡及发票途中将用户卡丢失的,在办理补卡的同时,重新录入已领购的发票信息。

对发生税控收款机、税控卡、用户卡丢失(被盗)的,在按上述程序办理完毕后,税控收款机注册登记岗位应当将丢失(被盗)有关信息列入黑名单。对发票发生丢失(被盗)的,在办理丢失(被盗)发票有关报失手续的同时,将丢失(被盗)发票的号码列入黑名单。

(四)税控收款机流失管理工作流程

出现税控收款机用户失踪、发票流失等情况时,税务机关税源管理部门核实后填写《税控收款机、税控卡、用户卡流失登记表》(附表六),转税控收款机注册登记管理岗位录入相关信息,完成税控收款机、税控卡、用户卡流失登记,并将有关信息列入黑名单。

(五)税控收款机注销管理工作流程

税控收款机用户按照规定不再使用税控收款机或税控收款机使用年限到期需要更新时,应填写《税控收款机注销登记表》(附表七)。税务机关税源管理部门对该用户的税控发票缴销、税控数据报送、税款清算等情况进行核实并签署意见。对于税控发票已缴销、税控数据已报送、税款已结清的用户,由税控收款机注册登记管理岗位进行税控收款机注销登记,同时注销IC卡(税控卡、用户卡)上的发行信息。

(六)税控收款机用户注销税务登记工作流程

税控收款机用户办理注销税务登记时,税务机关应先完成税控收款机注销管理工作流程,再办理税务登记注销手续。

三、购票写卡管理与发票购领缴销工作流程

(一)发票发售及写卡工作流程

1. 纳税人到税务机关办税服务厅,出示和提供以下证件、资料,申请领购发票:

(1)《税务登记证》(副本);

(2)纳税人填写的《发票领购申请表》;

(3)《发票领购簿》；

(4)税控收款机用户卡；

(5)购票人员身份证件。

2. 办税服务厅发票发售缴销岗审核纳税人填写的《发票领购申请表》，符合条件的(即手续完备，购票类别和票种核定一致，新购票量与在用票量之和不超过最高持票量等)，在征管软件中发售发票，并通过数据接口将购票信息导入税控收款机后台管理系统，由管理系统写入用户卡；未实现数据接口的，先在征管软件中发售(或手工发售)，然后将发售信息录入税控收款机后台管理系统再写入用户卡。不符合条件的，将《发票领购申请表》退还纳税人，不得发售发票。

(二)月中购买发票工作流程

纳税人月中需购买发票，凡不超过纳税人票种核定最高用量的，用户卡上发票相关数据继续累加，系统不做清零解锁。但是，新购发票数量及未报验发票之和超过纳税人票种核定最高用量的，必须先缴销原已开未报验发票或按程序重新进行纳税人票种核定(增加发票最高持有量)，然后再办理新的发票领购手续。

(三)发票使用情况报验(发票缴销)工作流程

税控发票实行电子缴销(查验发票使用情况电子信息)，不需查验纸质发票存根联。

纳税人申请领购发票或在发票使用期限届满前，应向主管税务机关发票发售缴销岗位领取和填写《纳税人发票使用情况报验申请表》，同时提交以下资料：

1.《税务登记证》(副本)；

2. 已存储发票使用信息的用户卡；

3. 单卷发票使用汇总表；

4. 作废发票和开具退票的依据；

5. 主管税务机关要求报送的其他相关资料。

主管税务机关发票发售缴销岗应在税控收款机管理系统中读取用户卡中的发票使用数据，并与《纳税人发票使用情况报验申请表》及单卷发票使用汇总表核对无误后，在征管软件中发票验旧模块中进行登记录入，或通过数据接口将发票使用信息从税控收款机管理系统导入征管软件中；如发现违章行为，按税务违法、违章工作程序进行违章处理。

四、税控数据接收处理工作流程

(一)税控数据接收流程

纳税人在税务机关指定数据报送时间内(即每月征收期)，使用用户卡在税控收款机中抄报上月开票情况。税务机关办税服务厅申报征收岗受理纳税提交的用户卡(或存储开票信息的其他存储介质，也可通过点对点或网络传输开票信息)，通过税控收款机管理系统读取用户卡的税控数据(即税控发票开具信息，根据不同税种、税目和税率分别采集)，并通过数据接口传输到征管软件，以实行票表比对。

(二)票表比对流程

申报征收岗在征管软件中进行票表比对。在纳税申报环节，根据增值税、营业税纳税申报表等征收信息与税控收款机开票信息之间的逻辑关系进行审核对比，并对审核情况进行处理。具体流程包括：纳税申报表数据和税控收款机开票数据采集；增值税、营业税纳税申报数据与同期税控收款机开票数据比对;票表比对结果的处理。

对票表比对相符的,受理其纳税申报资料,并对用户卡进行清零解锁(回写监控信息:将发票累计开具额清零,延长开票截止日期,防止机器锁死)。

对票表比对不符的,不得进行清零解锁操作,并转交异常情况处理岗处理。异常情况处理岗对发生异常情况进行分类处理。属于技术原因造成票表比对不符的,由技术部门进行处理;属于纳税人填报错误造成票表比对不符的,将纳税资料退纳税人修改后重新申报;除上述两种原因外造成票表比对不符的,由异常情况处理岗先受理纳税人纳税申报,再交复核岗。复核岗审核后,移交税源管理部门(或纳税评估部门)进行处理,对需要立案查处的,移交稽查部门进行处理。对有问题的纳税户,税源管理部门审查后做出限量发售(即在供应量不变的情况下,由按月一次发售改为分次发售)发票的决定,通知发票发售岗位采取限量发售多次供应的方式发售发票;再通知纳税申报岗位对税控收款机用户卡进行清零解锁操作。纳税人继续办理购票手续。(票表比对具体管理办法由总局另行规定)

征管软件未实现票表比对功能的地区可实行手工比对。

五、税务管理卡的使用工作流程

税务管理卡的使用管理由各税源管理部门和稽查部门分别管理。

(一)税务管理卡入库登记工作流程

各级税务机关的税源管理部门和稽查部门从上级部门取得已灌装发行的税务管理卡后,由税务管理卡管理岗录入税务管理卡号信息,进行税务管理卡入库登记,并负责保管好税务管理卡实物。

(二)税务管理卡发放工作流程

税源管理部门或税务稽查部门由于工作需要(下户实施税控明细数据检查和为用户修正税控收款机时钟)而需使用税务管理卡时,由申请部门填写《税务管理卡领用申请表》(附表八),经局领导批准后,由税务管理卡管理岗登记录入申请内容,发放税务管理卡。

(三)税务管理卡数据接收工作流程

税源管理部门或税务稽查部门检查人员使用税务管理卡,对指定纳税人的税控收款机修正时钟或取得明细数据后,将卡交税务管理卡管理岗,通过税控收款机管理系统读取明细数据。

(四)税务管理卡回收工作流程

税源管理部门或税务稽查部门申请的税务管理卡使用完毕后,应将税务管理卡交还税务管理卡管理岗,进行回收登记,清除卡内申请信息,以备下次使用。

(五)税务管理卡注销登记工作流程

税务管理卡发生丢失、损毁、被盗而不能继续使用的,由有关责任人员提出税务管理卡注销申请,税源管理部门或稽查部门的税务管理卡管理岗进行注销登记。

附表:1. 应使用税控收款机纳税人名单(编者略)

2. 税控收款机使用通知书(编者略)

3. 税控收款机用户注册登记表(编者略)

4. 税控收款机用户最高开票限额审批表(编者略)

5. 税控收款机、税控卡、用户卡丢失(被盗)、损毁报告(编者略)

6. 税控收款机、税控卡、用户卡流失登记表(编者略)
7. 税控收款机注销登记表(编者略)
8. 税务管理卡领用申请表(编者略)

注释:

条款修改。根据《第十三届全国人民代表大会第一次会议关于国务院机构改革方案的决定》等有关规定,税收规范性文件规定的国税地税机关的职责和工作由新的税务机关承担。国家税务总局依据《税收规范性文件制定管理办法》(国家税务总局令第41号公布),对税收规范性文件进行了清理。参见:《国家税务总局关于修改部分税收规范性文件的公告》(国家税务总局公告2018年第31号)。

6-3-46

国家税务总局关于增值税一般纳税人取得的账外经营部分防伪税控增值税专用发票进项税额抵扣问题的批复

2005年8月3日　国税函〔2005〕763号

北京市国家税务局:

你局《关于增值税一般纳税人采用账外经营手段进行偷税涉及增值税进项税额抵扣问题的请示》(京国税发〔2005〕187号)收悉,批复如下:

根据《国家税务总局关于增值税一般纳税人取得防伪税控系统开具的增值税专用发票进项税额抵扣问题的通知》(国税发〔2003〕17号)规定,自2003年3月1日起,增值税一般纳税人(以下简称"纳税人")申请抵扣防伪税控系统开具的增值税专用发票(以下简称"防伪税控专用发票"),必须自该防伪税控专用发票开具之日起90日内到税务机关认证,纳税人申请抵扣2003年3月1日前的防伪税控专用发票,应于2003年9月1日前报主管税务机关认证,纳税人认证通过的防伪税控专用发票,应在认证通过的当月按照增值税有关规定核算当期进项税额并申报抵扣,否则不予抵扣进项税额。

鉴于纳税人采用账外经营手段进行偷税,其取得的账外经营部分防伪税控专用发票,未按上述规定的时限进行认证,或者未在认证通过的当月按照增值税有关规定核算当期进项税额并申报抵扣,因此,不得抵扣其账外经营部分的销项税额。

注释:

条款废止。第二段废止。参见:《国家税务总局关于公布全文失效废止　部分条款失效废止的税收规范性文件目录的公告》(国家税务总局公告2011年第2号)。

6－3－47

国家税务总局关于加强免征增值税货物专用发票管理的通知

2005年8月8日　国税函〔2005〕780号

各省、自治区、直辖市和计划单列市国家税务局：

为加强免征增值税货物专用发票的管理，现就有关问题通知如下：

一、增值税一般纳税人（以下简称“一般纳税人”）销售免税货物，一律不得开具专用发票（国有粮食购销企业销售免税粮食除外）。如违反规定开具专用发票的，则对其开具的销售额依照增值税适用税率全额征收增值税，不得抵扣进项税额，并按照《中华人民共和国发票管理办法》及其实施细则的有关规定予以处罚。

二、一般纳税人销售的货物，由先征后返或即征即退改为免征增值税后，如果其销售的货物全部为免征增值税的，税务机关应收缴其结存的专用发票，并不得再对其发售专用发票。税务机关工作人员违反规定为其发售专用发票的，应按照有关规定予以严肃处理。

6－3－48

国家税务总局关于加强增值税一般纳税人开具普通发票管理，实施“一机多票”制有关问题的通知

2005年8月18日　国税发明电〔2005〕35号

各省、自治区、直辖市和计划单列市国家税务局：

为加强增值税一般纳税人（以下简称“一般纳税人”）税基监控，总局决定将一般纳税人（不含商业零售，下同）使用的普通发票纳入增值税防伪税控系统开具和管理，即一般纳税人可以使用一套增值税防伪税控开票系统同时可以开具增值税专用发票、增值税普通发票和废旧物资发票等（此种开票方式简称“一机多票”）。为配合“一机多票”的实施，需要重新加载防伪税控税务端金税卡和升级税务端网络版系统。目前，“一机多票”税务端网络版系统已在北京市西城区完成了实地测试，在江苏省完成了试运行工作，原计划在8月10～25日完成全国税务端网络版系统升级工作。企业端开票系统在北京、山东已选择部分企业进行了试运行，计划从10月份开始在全国每个省选择一个地市陆续推行。

因即将推行的税控收款机企业端IC卡电子信息需要使用防伪税控系统税务端读卡器读取到税控收款机税务端系统中，这样，也需要加载防伪税控税务端金税卡。据此，总局决定将以上两次加载工作合并实施，从而需要推迟防伪税控“一机多票”税务端网络版系统升

级工作，现将有关事项通知如下：

一、关于税务端网络版系统升级的时间安排

（一）8 月 26 日前完成软件开发、测试等工作。

（二）8 月 26 日 ~9 月 10 日，完成试运行工作。

（三）9 月 11 日 ~5 日，完成税务端网络版系统全国的升级工作，升级内容包括税务端金税卡的加载和网络版软件的升级两部分。

二、关于试运行地区“一机多票”开票系统试运行的有关问题

（一）自 8 月 10 日起，北京市西城区，山东省淄博市、东营市和烟台市选择部分企业进行“一机多票”开票系统试运行。目前，虽然税务端网络版系统升级计划有所调整，但“一机多票”开票系统试运行工作仍按原计划进行。

（二）为避免因税务端网络版系统升级工作推迟后，试运行企业开具的增值税专用发票（以下简称专用发票）不能认证抵扣的问题，试运行企业在 8 月份和 9 月份开具专用发票时，要在抵扣联的备注栏上加盖刻有“试点地区国税机关名称”和“增值税‘一机多票’开票方式试点企业”字样的印章（试点地区国税机关为：北京市西城区国税局、山东省淄博市国税局、山东省东营市国税局、山东省烟台市国税局），以便于各地税务机关确认。印章由试运行地区税务机关统一刻制，免费发放试运行企业。

（三）各地税务机关认证岗位人员在受理专用发票认证时，对于认证过程中出现“密文有误”提示时，要认真核实发票所属地区和印章情况，如果是上述地区 8 月份和 9 月份开具的专用发票，则不保存数据。企业可先行申报抵扣，专用发票抵扣联暂时由主管税务机关保存并做好相关记录，待 9 月 25 日防伪税控税务端网络版系统升级完成后统一进行认证，届时根据认证结果再进行相应处理。

认证岗位人员应同时将记录信息告知比对异常处理岗位人员，在征期中进行“一窗式”票表比对时，比对异常处理岗位人员核实比对异常情况如属于上述原因造成的，可按解除异常处理。

6 -3 -49

国家税务总局关于税控收款机税控 IC 卡灌装、初始化及异常处理工作流程的公告

2005 年 8 月 31 日　国家税务总局公告 2005 年第 2 号

根据国家税务总局、财政部、信息产业部、国家质量监督检验检疫总局 2005 年 7 月 19 日联合召开的税控收款机推广应用电视电话会议的精神，为确保税控收款机项目的顺利推行，现将税控收款机推广过程中税控 IC 卡灌装、初始化及异常处理工作流程的有关事宜，公告如下：

一、税控收款机税控 IC 卡灌装、初始化正常使用流程

(一)税控 IC 卡提供商将税控 IC 卡销售给税控机具生产企业前,应按税控收款机国家标准(GB 18240)的要求将税控 IC 卡编号(以下简称:卡号)写入税控 IC 卡内,并印刷在税控 IC 卡表面。卡号应向相关管理部门申请。

(二)税控机具生产企业从税控 IC 卡提供商购买税控卡和用户卡并送灌装机构进行密钥及税控专用算法的灌装。在灌装前,灌装机构将对税控卡和用户卡进行质量检查,不合格的产品退回。灌装过程中,由灌装机构人为原因造成的卡片损坏和丢失由灌装机构负责。(具体灌装要求见附件 2:《税控 IC 卡灌装程序》)

(三)税控机具(包括税控收款机和税控器)生产企业在税控机具生产过程中应按税控收款机国家标准(GB 18240)的要求将机器编号写入税控机具税控存储器内,并把机器编号印在产品铭牌、机身标牌等位置。同时,应提供多张可以方便贴在税控卡上的机器编号及其对应条形码的贴条。机器编号应向相关管理部门申请。

(四)税控机具生产企业或服务商应将税控机具和经过灌装的税控卡作为整体进入市场销售给纳税人。用户卡可在税控机具税控卡的包装箱之外另行包装,由税控机具生产企业或服务商在销售时根据用户的需求进行配置。

(五)纳税人从中标的税控机具生产企业购买税控机具及配套使用税控卡和用户卡,并持税控卡、用户卡和税控机具机器编号到税务机关进行卡片初始化操作,并由税务机关将机器编号贴条贴在初始化后的税控卡上。由于税务端系统软件、读卡器或者网络等原因致使不能初始化卡片的,税务机关负责解决。其余问题根据相关服务条款由税控机具生产企业或服务商解决。

(六)纳税人使用经税务机关初始化后的税控卡和用户卡对税控机具进行初始化操作。

(七)纳税人到税务机关购买发票时必须携带用户卡,税务机关将其所购纸质发票的电子信息写入用户卡,纳税人应将用户卡上发票电子信息分发到税控机具和税控卡上。

(八)纳税人到税务机关报送数据时必须携带用户卡,税务机关接收用户卡报送数据并进行"一窗式"比对和清零解锁等处理,并将监控数据写入用户卡,纳税人应将用户卡上监控数据回送到税控机具和税控卡上。

具体流程图见附件 1:《税控收款机税控 IC 卡灌装、初始化及正常使用工作流程图》。

二、异常处理工作流程

(一)纳税人使用初始化后的税控卡和用户卡对税控机具进行初始化操作,初始化操作不成功的,由税控机具生产企业或服务商根据相关服务条款提供支持。如属税控卡或用户卡初始化数据有误,税控机具生产企业或服务商应出具相关材料并报告税务机关,由税务机关核实并作相应处理。

(二)纳税人使用税控机具不能正常开具发票,不能正常生成报税数据,根据相关服务条款由税控机具生产企业或服务商解决。

(三)纳税人持用户卡到税务机关报送数据和购买发票时,如属用户卡原因不能正常读/写卡,根据相关服务条款由税控机具生产企业或服务商解决。如属税务端系统软件、读卡器或者网络等原因,税务机关负责解决。

(四)纳税人不能在税控机具上实现用户卡监控管理数据回送或发票分发的,由税控机

具生产企业或服务商根据相关服务条款提供支持，如属用户卡写入数据有误，税控机具生产企业或服务商应出具相关材料并报告税务机关，由税务机关核实并作相应处理。

（五）税控卡损毁处理流程

1. 在税控机具初始化之后，税控机具不能正常使用，税控机具生产企业或服务商判断为税控卡损坏不可修复，纳税人需要补税控卡，税控机具生产企业或服务商应出具《税控卡损坏证明》。纳税人应携带税控机具、损毁税控卡、《税控卡损坏证明》、用户卡、该机剩余发票及其他基本材料向税务机关申请补卡。税务机关受理纳税人的补卡申请，核实批准后，税务机关用税务管理卡读取税控机具内的发票明细数据，进行发票缴销及数据申报等相关业务处理，作废损毁的税控卡并出具《允许新购税控卡证明》。在税务机关采用税务管理卡读取发票明细数据之前，税控机具生产企业必须保证税控机具存储器内数据的安全。税控机具生产企业或服务商根据《允许新购税控卡证明》销售新税控卡给纳税人。纳税人持新税控卡、机器编号及原用户卡到税务机关办理新税控卡的初始化业务。之后，纳税人使用新税控卡和原用户卡再次对原税控机具进行初始化，此过程中税控机具生产企业必须保证税控机具存储器内数据与税控卡和用户卡内数据的一致性、完整性和正确性。其间发生的费用问题，根据相关服务条款由税控机具生产企业或服务商与纳税人协商解决。

2. 在税控机具初始化之前，税控卡损毁，税控机具生产企业或服务商判断为税控卡损坏不可修复，纳税人需要补税控卡，税控机具生产企业或服务商应出具《税控卡损坏证明》、《税控机具未初始化证明》，纳税人携带税控机具、《税控卡损坏证明》、《税控机具未初始化证明》、用户卡及其他基本材料向税务机关申请补卡。经税务机关核实批准后，办理相关业务并作废损毁的税控卡，并由税务机关出具《允许新购税控卡证明》。税控机具生产企业或服务商依据纳税人提交的《允许新购税控卡证明》销售新税控卡给纳税人。纳税人持新税控卡、机器编号、用户卡及其他基本材料到税务机关进行新税控卡初始化。之后，纳税人使用新税控卡和原用户卡对原税控机具进行初始化，此过程中税控机具生产企业必须保证税控机具存储器内数据与税控卡和用户卡内数据的一致性、完整性和正确性。其间发生的费用问题，根据相关服务条款由税控机具生产企业或服务商与纳税人协商解决。

（六）税控卡丢失处理流程

1. 在税控机具使用过程中，若税控卡丢失，需要进行补卡时，纳税人需携带税控机具、用户卡、该机剩余发票及其他基本材料向税务机关申请补卡。经税务机关核实批准后，税务机关用税务管理卡读取税控机具内的发票明细数据，进行发票缴销及数据申报等相关业务处理，作废丢失的税控卡并出具《允许新购税控卡证明》。在税务机关采用税务管理卡读取发票明细数据之前，税控机具生产企业必须保证税控机具存储器内数据的安全。税控机具生产企业或服务商根据《允许新购税控卡证明》销售新税控卡给纳税人。纳税人持新税控卡、机器编号及用户卡到税务机关办理新税控卡的初始化业务。之后，纳税人使用新税控卡和原用户卡再次对原税控机具进行初始化，此过程中税控机具生产企业必须保证税控机具存储器内数据与税控卡和用户卡内数据的一致性、完整性和正确性。

2. 在税控机具初始化之前，若税控卡丢失，纳税人需要进行补卡时，税控机具生产企业或服务商应出具《税控机具未初始化证明》，纳税人携带税控机具、《税控机具未初始化证明》、用户卡及其他基本材料向税务机关申请补卡。经税务机关核实批准后，办理相关业务并作废丢失的税控卡,并由税务机关出具《允许新购税控卡证明》,税控机具生产企业或服务商依据纳税人提交的《允许新购税控卡证明》销售新税控卡给纳税人。纳税人持新税控卡、机器编号及用户卡到税务机关进行新税控卡初始化。之后,纳税人使用新税控卡和原用户卡对原税控机具进行初始化,此过程中税控机具生产企业必须保证税控机具存储器内数据与税控卡和用户卡内数据的一致性、完整性和正确性。

(七)税控卡注销处理流程。纳税人注销税控卡,应携带税控机具、税控卡、用户卡、剩余发票及其他相关材料向税务机关申请注销。经税务机关核实批准,注销税控卡。注销时,税务机关应用税务管理卡读取税控机具内的发票明细数据,进行发票缴销及数据申报等相关业务处理。税控机具必须保证其存储器内数据的安全。如果该税控机具将来再次投入使用,按新购税控机具的管理流程执行。

(八)税控卡 PIN 码锁死处理流程。如果税控机具不能正常使用,税控机具生产企业或服务商判断为税控卡 PIN 码锁死问题,应出具税控卡 PIN 码锁死证明。纳税人持税控卡、税控卡 PIN 码锁死证明及其他基本资料到当地税务机关,由税务机关解锁,如果解锁不成功,纳税人应补办新税控卡。处理流程与税控卡损毁处理流程相同。

(九)用户卡丢失损毁处理流程。因用户卡损坏、丢失,纳税人需要补办用户卡时,应从税控机具生产企业或服务商处购买合格用户卡,携带新用户卡、未分发的纸质发票及税务登记证等相关证件,到税务机关办理补卡手续并缴销未分发的发票。税务机关通过系统对原用户卡作丢失损毁处理并对新用户卡进行初始化。如果原用户卡的发票信息已全部分发,则不必缴销纸质发票,直接补卡。其间发生的费用问题,根据相关服务条款由税控机具生产企业或服务商与纳税人协商解决。

(十)税控卡、用户卡丢失损毁处理流程。按照上述流程,先处理税控卡,再处理用户卡。

(十一)若税控机具损坏,则该机具使用的税控卡按税控卡损毁处理。

特此公告。

附件:1. 税控收款机税控 IC 卡灌装、初始化及正常使用工作流程图(编者略)

2. 税控 IC 卡灌装程序(编者略)

6 -3 -50

国家税务总局关于进一步加强货物运输业发票审核检查工作的通知

2005 年 9 月 1 日　国税函〔2005〕860 号

各省、自治区、直辖市和计划单列市国家税务局、地方税务局:

自 2005 年 1 月《国家税务总局关于增值税专用发票和其他抵扣凭证审核检查有关问题的补充通知》(国税发〔2005〕6 号)下发以来,各级税务机关按照总局要求,精心组织、协调配合,做了大量艰苦细致的工作,取得一定成绩。但从近期查处的虚开发票案件看,信息采集质量不高,审核检查不到位,协查运转不顺畅等问题仍然存在。利用虚假货物运输发票骗抵税款问题时有发生。为此,各地必须进一步提高货物运输业发票信息采集质量,不断加强货物运输业发票的审核检查工作,现将有关问题通知如下:

一、地税征收机关必须对所有开具的货物运输业发票依法征税,并认真核对纳税人填报的清单,同时要将征税以后的货物运输业发票存根联数据形成的清单完整、准确上传。国税征收机关必须对纳税人填报的清单进行认真核对,并将清单信息完整、准确上传。

省级国家税务局、地方税务局必须按规定的时限将采集的货物运输业发票抵扣联、存根联数据上报总局,以确保总局及时进行稽核比对。对未按时上传数据、影响全国稽核比对的地区,总局将予以通报批评。

二、对今年以来比对异常的货物运输业发票,各地税务机关要集中时间、集中力量进行审核检查,不仅要查票面信息与采集的清单电子信息,还要查有关的账务处理、资金往来情况,确保每票必查,查深查细,查出结果。

三、比对异常的货物运输业发票先由抵扣方主管国税机关进行审核检查,经审核检查后,仍不能查清原因的,及时向开票方主管地税机关传递信息,发函核查。具体的信息传递办法按《国家税务总局关于增值税专用发票和其他抵扣凭证审核检查有关问题的通知》(国税发〔2004〕119号)执行。

地税机关在收到国税机关转来的需要审核检查的货物运输业发票后,对属于本税务机关管辖范围的,应及时进行审核检查,并将审核检查结果反馈国税机关;对不属于本税务机关管辖范围的,应及时转交其主管地税机关,由主管地税机关进行审核检查,并将审核检查结果反馈国税机关;对无法确定主管地税机关的,应及时退回委托审核检查的国税机关。

四、对国税机关、地税机关不认真核对纳税人填报的清单并及时准确上传、不进行审核检查、不按审核检查结果进行相应处理、不按规定传递、反馈有关信息的,以及地税机关不按本通知第一条的规定依法征税的(如不按规定税率征收、漏征税款等),按执法责任制的有关规定追究有关单位和人员的责任。

五、各省级国税机关、地税机关必须严格按照《国家税务总局关于增值税专用发票和其他抵扣凭证审核检查有关问题的通知》(国税发〔2004〕119号)文件规定的上报时限和上报路径,及时向总局上报审核检查结果。

六、2005年1~6月总局下发的货物运输业发票缺联票数据存在问题,总局将重新下发这部分缺联票数据,请各地到130.9.1.101服务器的目录下("/data/download/补2005年1月~6月货运缺联票/")获取新的缺联发票数据。各地下载数据后,要与前期总局下发的缺联票数据进行核对,对未进行审核检查的缺联票要抓紧组织审核检查。

6 -3 -51

国家税务总局关于加强增值税专用发票管理有关问题的通知

2005 年 9 月 12 日　国税发〔2005〕150 号

各省、自治区、直辖市和计划单列市国家税务局：

近据部分地区反映，一些增值税一般纳税人（以下简称一般纳税人）利用与小规模纳税人交易不需要开具增值税专用发票（以下简称专用发票）的机会，转手开具给第三方一般纳税人用于骗税的现象较为突出。为防范此种虚开专用发票行为，堵塞利用虚假专用发票骗取抵扣增值税和出口退税的漏洞，现就有关问题通知如下：

一、税务机关要加强对小规模纳税人的管理。对小规模纳税人进行全面清查，凡年应税销售额超过小规模纳税人标准的，税务机关应当按规定认定其一般纳税人资格。对符合一般纳税人条件而不申请办理一般纳税人认定手续的纳税人，应按销售额依照增值税税率计算应纳税额，不得抵扣进项税额，也不得使用专用发票。凡违反规定对超过小规模纳税人标准不认定为一般纳税人的，要追究经办人和审批人的责任。

二、税务机关要认真做好一般纳税人的认定工作。对一般纳税人资格认定要按照现行有关规定严格审核，但对达到一般纳税人认定条件的纳税人应当督促其申请认定一般纳税人资格。凡纳税人向税务机关提出一般纳税人资格认定申请的，主管税务机关应当及时进行案头审核、约谈和实地核查工作，对符合认定条件的要及时予以认定，不得以任何理由拖延，也不得无理由不予认定。

三、税务机关应加强一般纳税人专用发票的管理工作

（一）应加强一般纳税人增值税专用发票的使用管理，要求纳税人严格按照《增值税专用发票使用规定》及有关规定开具专用发票。

（二）对申报异常的一般纳税人要重点审核其取得的专用发票或销货清单注明的货物品名与其经营范围或生产耗用原料是否相符。要根据纳税人的购销合同、银行结算凭据等有关资料审核实际交易方与专用发票开具方是否一致。

对违反《增值税专用发票使用规定》的，应当按照有关规定进行处理；有涉嫌为第三方开票、涉嫌骗取进项税额抵扣和出口退税的，应移交稽查部门实施稽查。

四、税务机关在办理专用发票认证时，应认真审核专用发票的内容，对密文有误、认证不符（不包括纳税人识别号认证不符和发票代码号码认证不符）和重复认证的发票，应当即扣留，并移交稽查部门实施稽查。

五、税务机关应加强纳税评估工作，重点对以现金支付货款、赊欠货款、委托其他单位或个人支付货款抵扣增值税进项税额的一般纳税人进行纳税评估，必要时可进行实地核查。凡发现纳税人购进的货物与其实际经营业务不符、长期未付款或委托他人付款金额较大且无正当理由、以及购销货物或提供应税劳务未签订购销合同（零星购销业务除外）的，

应转交稽查部门实施稽查。

请遵照执行。

注释：

条款失效或废止。第一条、第二条、第五条失效或废止。参见：《国家税务总局关于发布已失效或废止有关增值税规范性文件清单的通知》（国税发〔2009〕7号）。

6－3－52

国家税务总局　铁道部关于规范铁路客运餐车发票使用管理的通知

2005年12月6日　国税发〔2005〕198号

各省、自治区、直辖市和计划单列市国家税务局、地方税务局，铁道部各铁路局、青藏铁路公司，集装箱、特货、行包公司：

为规范铁路运输发票的使用和管理，强化税源监控，根据《中华人民共和国发票管理办法》及其实施细则和其他有关税收法律、法规的规定，国家税务总局、铁道部决定，在铁道部所属铁路客运餐车上统一使用由税务机关监制的铁路客运餐车定额发票（以下简称铁路餐车发票），现就有关问题明确如下：

一、铁路餐车发票是指铁道部所属铁路运输企业在客运列车上提供餐饮服务收取款项时开具的收付款凭证。

二、铁路餐车发票为单张两联式，即存根联和发票联平行设置，左侧为存根联，右侧为发票联。定额发票的面额为壹元、贰元、伍元、拾元、伍拾元和壹佰元（发票式样附后）。

三、为了保证铁路餐车发票在全国范围内的使用和识别，铁路餐车发票采用65克干式复写纸印制，票面背涂为浅绿色，并印有“铁路专用”字样，规格为150mm×70mm。铁路餐车发票由各省、自治区、直辖市地方税务局负责统一印制。由各铁路局（含青藏铁路公司，下同）向其纳税所在地的省、自治区、直辖市地方税务局领购，可在其铁路局客运列车上跨省使用。

四、铁路餐车发票从2006年3月1日启用，各铁路运输企业及其所属单位原领取的税务发票，可延期使用到2006年6月30日。未使用完的旧发票应进行清理，登记造册，并于2006年7月31日前向当地税务部门办理缴销手续。

五、铁路部门各用票单位要按规定配备专职人员负责发票的领购、开具、保管、缴销工作，季度和年度终了15日之内必须向当地省级税务机关报送发票领、用、存报表。

六、铁路餐车发票不得超范围使用，倒买倒卖，对违反发票管理法规的行为，各级税务机关应严格依照《中华人民共和国税收征收管理法》和《中华人民共和国发票管理办法》及其实施细则进行处理。

七、各省、自治区、直辖市地方税务局、铁路局、集装箱、特货、行包公司可根据本通知的规定,加强协作,密切配合,并结合当地实际情况制定具体的铁路餐车发票和铁路运输主营业务以外的其他业务发票的使用管理办法,并利用各种媒体广泛宣传,告知社会,接受消费者的监督。

当铁路部门的发票使用涉及到两个以上省市管辖业务交叉时,铁路部门应与相关的省级税务机关协商解决。

附件:铁路客运餐车定额发票票样(编者略)

注释:

条款失效或废止。第四条失效或废止。参见:《国家税务总局关于发布已失效或废止的税收规范性文件目录(第二批)的通知》(国税发〔2008〕8号)。

6-3-53

关于《中华人民共和国刑法》有关出口退税、抵扣税款的其他发票规定的解释

2005年12月29日　第十届全国人民代表大会常务委员会第十九次会议通过

全国人民代表大会常务委员会根据司法实践中遇到的情况,讨论了刑法规定的“出口退税、抵扣税款的其他发票”的含义问题,解释如下:

刑法规定的“出口退税、抵扣税款的其他发票”,是指除增值税专用发票以外的,具有出口退税、抵扣税款功能的收付款凭证或者完税凭证。

现予公告。

6-3-54

国家税务总局关于使用计算机开具单联式发票有关问题的批复

2006年2月23日　国税函〔2006〕210号

云南省国家税务局:

你局《关于纳税人使用单联式发票问题的请示》(云国税发〔2006〕45号)收悉。经研究,批复如下:

根据《中华人民共和国发票管理办法实施细则》第四条的规定,发票的基本联次为三联。随着计算机技术和电子商务的快速发展,实行网上申报、电子申报,以及使用税控收款机的纳税人不断增多,电子资料和凭证使用的范围也逐渐扩大。

为方便纳税人降低纳税成本,当纳税人提出需要使用单联发票时,凡纳税人能满足以

下四项条件的,可比照《国家税务总局关于税控发票印制使用管理有关问题的通知》(国税发〔2005〕65号)第四条第二款的规定使用单联发票:(1)纳税记录良好;(2)企业财务管理规范;(3)保证发票电子存根可靠存储5年以上;(4)可按期(月或季)向主管税务机关报送发票电子存根数据。

6－3－55

国家税务总局　中国民用航空总局关于试行民航电子客票报销凭证有关问题的通知

2006年3月15日　国税发〔2006〕39号

各省、自治区、直辖市和计划单列市地方税务局,民航各地区管理局,各运输航空公司,中国民航信息网络股份有限公司:

随着我国民用航空运输业的快速发展,航空运输电子客票的使用数量也在迅速增长。为适应我国航空运输电子客票的发展需求,与国际民用航空运输通行方式接轨。根据《中华人民共和国发票管理办法》的有关规定,现就航空运输电子客票报销凭证有关问题通知如下:

一、航空运输电子客票暂使用《航空运输电子客票行程单》(以下简称《行程单》)作为旅客购买电子客票的付款凭证或报销凭证,同时具备提示旅客行程的作用。《行程单》采用一人一票,不作为机场办理乘机手续和安全检查的必要凭证使用。

二、《行程单》自2006年6月1日起试行,试行期为二年。试行期间,《行程单》纳入税务机关发票管理,由国家税务总局监制。原各航空公司自行设计使用的电子客票报销凭证即时废止。现行的民航纸质客票继续使用,并按原管理使用方式执行。

三、《行程单》的式样由国家税务总局会同中国民用航空总局确定(式样附后)。《行程单》为单联机打发票,规格为238mm×106.6mm。票面内容包括:航空运输电子客票行程单、国家税务总局监制、印刷序号、旅客姓名、有效身份证件号码、签注、航程、承运人、航班号、座位等级、日期、时间、客票生效日期、有效截止日期、免费行李、备注、票价、机场建设费、燃油附加费、其他税费、合计、电子客票号码、验证码、连续客票、保险费、销售单位代号、填开单位(盖章)、填开日期、查询网址。《行程单》暂不套印发票监制章。开票软件由中国民用航空总局统一开发并下发各开票点使用。《行程单》的领购方式、发票号码、防伪措施暂由中国民用航空总局确定并报国家税务总局备案。

四、《行程单》采用全国集中印制。各航空公司、民航地区管理局于每年4月和11月底,向中国民用航空总局上报半年《行程单》印制计划,中国民用航空总局将各用票单位印制计划进行汇总审核报经国家税务总局批准后,下达各印制厂家印制。如需临时增印,需报中国民用航空总局和国家税务总局审批。各航空公司要将每年《行程单》用票数量及发放明细表在次年1月31日前报所在地主管税务机关备案。

领购、发放《行程单》的具体办法由民航总局制定。

五、旅客发生退票或其他客票变更导致票价金额与原客票不符时，若已打印《行程单》，要将原行程单退回，方能为其办理有关手续。

六、各航空公司及发售单位要按照《中华人民共和国发票管理办法》和《民用航空运输凭证印制管理规定》（民航总局126号令）的有关规定保管、开具《行程单》。民航总局负责指定有关单位向社会提供电子客票报销凭证的查询和真伪识别服务。民航有关部门和发售单位应可靠存储《行程单》电子存根信息，按照税务机关的要求提供民用航空运输业务相关数据，具体方式另行研究确定。

附件：航空运输电子客票行程单（编者略）

6－3－56

国家税务总局关于加强普通发票集中印制管理的通知

2006年5月8日　国税函〔2006〕431号

各省、自治区、直辖市和计划单列市国家税务局、地方税务局，扬州税务进修学院：

近年来，各地为了提高普通发票印制质量，降低印制成本，加强了对印制发票企业的监督管理，按照总局的要求，逐步减少发票印制企业的数量，并对主要票种进行了集中印制。但是，印制发票的企业数量过多，印制发票的质量参差不齐，规章制度不健全，企业管理混乱，发票用品丢失、被盗现象时有发生等问题依然存在。为了加强和规范普通发票的印制管理，提高发票的印制质量，保障发票用品的安全，总局要求各地进一步落实普通发票实行省级税务机关集中印制、统一管理制度。现将有关问题通知如下：

一、税务机关管辖的所有普通发票，除总局有特殊规定者外，一律由各省、自治区、直辖市和计划单列市国家税务局、地方税务局实施集中统一印制，实行政府采购管理。

二、各省、自治区、直辖市和计划单列市国家税务局、地方税务局可根据本地区普通发票的印制量确定印制企业的数量。即印制量在一亿份以下的省市不超过3家，印制量在一亿份以上省市的不超过6家。印制企业的印制资格应通过招标的方式加以确定，并颁发发票准印证。招标工作要严格按照《中华人民共和国政府采购法》的规定执行。请各地于2007年4月1日前将通过招标确定的印制企业名称、主要印刷设备及数量情况报总局（征收管理司、集中采购中心）备案。对现有印制企业未到合同期限的，可在合同期满后再进行招标。

三、为了适应普通发票集中统一管理，便于发票查询，普通发票应当套印省级或地市级税务机关发票监制章。

四、各地应当根据《国家税务总局关于统一全国普通发票分类代码和发票号码的通知》（国税函〔2004〕521号）的规定，进行科学分类，简并普通发票种类。严格审批印有企业名称的发票。

五、各地应当根据发票管理法规的规定，完善普通发票印制管理制度，发票管理部门、政府采购管理部门应按各自的职责，加强印制企业的日常管理和定期监督检查，不断提高发票印制质量。印制企业要按照规定建立健全普通发票和防伪品印制、保管、运输等项管理制度。对不按规定建立健全普通发票印制管理制度，或因管理不严造成重大损失，以及发生丢失、被盗发票成品及防伪用品的印制企业，一律终止合同执行，追究违约责任，取消其印制资格。

六、各级税务机关在实施集中印制的过程中，要加强干部队伍的廉政教育，认真学习贯彻《国家税务总局关于开展税务系统治理商业贿赂专项工作的通知》（国税发〔2006〕47号）精神，严格按照《中华人民共和国政府采购法》、《政府采购货物和服务招标投标管理办法》的规定组织好印制企业的招标工作。

附件：发票印制企业情况表（编者略）

注释：

条款修改。根据《第十三届全国人民代表大会第一次会议关于国务院机构改革方案的决定》等有关规定，税收规范性文件规定的国税地税机关的职责和工作由新的税务机关承担。国家税务总局依据《税收规范性文件制定管理办法》（国家税务总局令第41号公布），对税收规范性文件进行了清理。参见：《国家税务总局关于修改部分税收规范性文件的公告》（国家税务总局公告2018年第31号）。

6－3－57

国家税务总局关于使用新版公路、内河货物运输业统一发票有关问题的通知

2006年5月16日　国税发〔2006〕67号

各省、自治区、直辖市和计划单列市地方税务局：

为了加强公路、内河货物运输行业的税收管理，适应使用税控器具开具发票的需要，总局决定从2006年8月1日起，统一使用新版《公路、内河货物运输业统一发票》（以下简称《货运发票》）。现将有关问题明确如下：

一、凡在中华人民共和国境内提供公路、内河货物运输劳务的单位和个人，在结算运输劳务费用、收取运费时，必须开具《货运发票》。

《货运发票》按使用对象不同分为《公路、内河货物运输业统一发票》（以下简称自开发票）和《公路、内河货物运输业统一发票（代开）》（以下简称代开发票）两种。自开发票由自开票纳税人领购和开具；代开发票由代开单位领购和开具。代开发票由税务机关代开或者由税务机关指定的单位代开。纳税人需要代开发票时，应当到税务机关及其指定的单位办理代开发票事宜。

二、鉴于联运货物运输业务与公路、内河货物运输业务内容基本相同，为了便于统一管理，方便纳税人对发票的使用，凡从事货物运输业联运业务的纳税人可领购、使用《货运发票》。

三、《货运发票》由各省、自治区、直辖市和计划单列市地方税务局指定1个定点印制企业统一印制。《货运发票》采用干式复写纸（抵扣联52克，发票联、记账联45克），背涂为蓝色。

四、《货运发票》为一式四联的计算机发票（见附件），第一联为发票联，印色为棕色；第二联为抵扣联，印色为绿色；第三联为记账联，印色为红色；第四联为存根联，印色为黑色。发票规格为241mm×177mm。发票分类代码和发票号码按全国统一的编码规则印制；发票分类代码和发票号码（发票联）印色为黑色。

各地的票样（一式三份）报总局批准后方可投入使用。

五、开具《货运发票》的要求

（一）《货运发票》必须采用计算机和税控器具开具，手写无效。开票软件由总局统一开发，免费供纳税人使用。税控器具及开票软件使用的具体规定由总局另行通知。

（二）填开《货运发票》时，需要录入的信息除发票代码和发票号码（一次录入）外，其他内容包括：开票日期、收货人及纳税人识别号、发货人及纳税人识别号、承运人及纳税人识别号、主管税务机关及代码、运输项目及金额、其他项目及金额、代开单位及代码（或代开税务机关及代码）、扣缴税额、税率、完税凭证（或缴款书）号码、开票人。在录入上述信息后，税控器具按规定程序自动生成并打印的信息包括：机打代码、机打号码、机器编号、税控码、运费小计、其他费用小计、合计（大写、小写）。录入和打印时应保证机打代码、机打号码与印刷的发票代码、发票号码相一致。

（三）为了保证在稽核比对时正确区分收货人、发货人中实际受票方（抵扣方、运费扣除方），在填开《货运发票》时应首先确认实际受票方，并在纳税人识别号前打印“+”号标记。“+”号与纳税人识别号之间不留空格。在填开收货人及纳税人识别号、发货人及纳税人识别号、承运人及纳税人识别号、主管税务机关及代码、代开单位及代码（或代开税务机关及代码）栏目时应分两行分别填开。

（四）有关项目的逻辑关系：运费小计=运费项目各项费用相加之和；其他费用小计=其他项目各项费用相加之和；合计=运费小计+其他费用小计；扣缴税额=合计×税率。税率按法律、法规规定的税率填开。

（五）《货运发票》应如实一次性填开，运费和其他费用要分别注明。“运输项目及金额”栏填开内容包括：货物名称、数量（重量）、单位运价、计费里程及金额等；“其他项目及金额”栏内容包括：装卸费（搬运费）、仓储费、保险费及其他项目和费用。备注栏可填写起运地、到达地和车（船）号等内容。

（六）开具《货运发票》时应在发票联左下角加盖财务印章或发票专用章或代开发票专用章；抵扣联一律不加盖印章。

（七）税控器具根据自开票纳税人和代开单位录入的有关开票信息和设定的参数，自动打印出×××位的税控码；税控码通过税控收款机管理系统可以还原成设定参数的打印信息。打印信息不完整及打印信息与还原信息不符的，为无效发票，国税机关在审核进项税额时不予抵扣。

设定参数包括：发票代码、发票号码、开票日期、承运人纳税人识别号、主管税务机关代码、收货人纳税人识别号或发货人纳税人识别号（即有“＋”号标记的一方代码）、代开单位代码（或代开税务机关代码）、运费小计、扣缴税额。其中，自开发票7个参数（不包括上述代开单位代码或代开税务机关代码、扣缴税额等两个参数），代开发票9个参数。

（八）在填开和打印时发现有误的，可即时作废，并在废票全部联次监制章部位做剪口处理，在领购新票时交主管税务机关查验。

在已填开《货运发票》且开票数据已报送主管税务机关后需要开具红字发票的，应按红字发票开具规定进行处理，在价税合计的大写金额第一字前加“负数”字，在小写金额前加“－”号。在开具红字发票前，收回已开出《货运发票》的发票联和抵扣联，全部联次监制章部位做剪口处理。

六、自开票纳税人和代开单位应建立严格的发票领、用、存制度。各地方税务局应严格《货运发票》的管理，限量供应，验旧购新，定期检查。

七、自开票纳税人和代开单位不按规定使用税控器具和开具《货运发票》的，税务机关应严格按照《中华人民共和国税收征收管理法》及其实施细则和《中华人民共和国发票管理办法》的有关规定进行处罚。

八、旧版《货运发票》和《全国联运行业货运统一发票》自2006年8月1日起停止使用。《国家税务总局关于使用公路、内河货物运输业统一发票有关问题的通知》（国税函〔2004〕557号）、《国家税务总局关于印发新版〈全国联运行业货运统一发票〉式样的通知》（国税函〔2004〕1033号）同时废止。

为了保证使用税控器具开具《货运发票》工作的顺利实施，总局将于2006年7月在部分地区先行试点，有关试点的问题另行通知。

附件：《公路、内河货物运输业统一发票》、《公路、内河货物运输业统一发票》（代开）票样（编者略）

注释：

条款废止。第五条第八项自2007年9月1日起废止。参见：《国家税务总局关于新版公路、内河货物运输业统一发票有关使用问题的通知》（国税发〔2007〕101号）。

6－3－58

国家税务总局关于印发《国家税务总局关于推行增值税防伪税控一机多票系统的公告》的通知

2006年5月19日　国税发〔2006〕79号

各省、自治区、直辖市和计划单列市国家税务局：

现将《国家税务总局关于推行增值税防伪税控一机多票系统的公告》(以下简称《公告》)印发给你们,请做好《公告》的印制工作,并将《公告》张贴于所有办税服务厅。

国家税务总局关于推行增值税防伪税控一机多票系统的公告

根据《中华人民共和国税收征收管理法》第二十三条的规定并经国务院同意,2004 年 4 月国家税务总局、财政部、信息产业部、国家质量监督检验检疫总局联合发布《关于推广应用税控收款机加强税源监控的通知》(国税发〔2004〕44 号),规定凡具有一定规模和固定经营场所的纳税人,都要购置使用税控收款机。为了加强增值税普通发票的税源监控,同时不增加纳税人负担,国家税务总局决定将增值税一般纳税人(以下简称一般纳税人)开具的增值税普通发票纳入增值税防伪税控系统管理,统一推行防伪税控一机多票系统(以下简称一机多票系统)。现就有关事项公告如下:

一、推行一机多票系统能够使纳税人的开票工作更加方便

推行一机多票系统,就是将纳税人目前使用的防伪税控开票系统升级为一机多票系统,纳税人不需另外购置税控收款机,便可通过同一套设备(包括计算机、打印机等通用设备及金税卡和税控 IC 卡等专用设备)既能开具增值税专用发票,又能开具增值税普通发票,并可利用同一套计算机系统、相同的操作方法进行增值税专用发票和增值税普通发票的领购、开具、抄报税等项工作,避免了因税控装置(即防伪税控开票系统和税控收款机)的重复配置带来的培训、操作和管理等方面的麻烦。另外,根据广大纳税人多年来使用防伪税控开票系统的反映以及为适应公民身份证号码位数增加的变化需要,一机多票系统在购票、开票、统计、管理等方面新增或改进了二十多项功能,更加符合纳税人经营管理的需要。无论是增值税专用发票,还是增值税普通发票,纳税人的开票操作都更为便捷。利用此次推行一机多票系统的机会,防伪税控系统服务单位将对纳税人的计算机、金税卡、IC 卡和开票软件免费进行一次检查和维护。

二、推行一机多票系统绝大部分纳税人不需增加新的设备费用支出

这次推行一机多票系统绝大部分纳税人不需要添置新的设备,少数纳税人因部分设备不能满足新系统要求而需要更换,具体可分以下三种情况:

(一)凡月开具专用发票和普通发票量在 630 份以下、使用 Windows 版开票系统的纳税人(含使用主机共享系统纳税人,这类企业约占推行总户数的 87.2%),因不需要更换任何设备而不需要承担任何费用。

(二)凡月开具专用发票和普通发票量在 630 份以上 1350 份以下、使用 Windows 版开票系统的纳税人(这类企业约占推行总户数的 0.6%),由于开票量超出了原来 32K 税控 IC 卡的存储量,此类纳税人可以有两种选择:其一,按国家规定价格向防伪税控服务单位购置 64K 税控 IC 卡。其二,仍使用原 32K 税控 IC 卡,但每月要两次到税务机关报税。

(三)使用 DOS 版开票系统的纳税人(这类企业约占推行总户数的 12.2%),需要将 2K 容量的税控 IC 卡统一更换成 64K 税控 IC 卡。如果计算机能够满足 Windows98 系统运行需

要,则可以直接升级,不需要更换金税卡和计算机;如果计算机不能够满足 Windows98 系统运行需要,则需要更换计算机,有的还需要更换金税卡。

为了减轻纳税人负担,国家近期将进一步下调税控 IC 卡、金税卡的销售价格(调价前的价格分别为:税控 IC 卡 105 元/张、金税卡 1303 元/块),待国家物价部门正式批准后执行。各地税务机关和防伪税控服务单位应向纳税人公示税控 IC 卡和金税卡的销售价格。对于推行一机多票系统而需要更换税控 IC 卡、金税卡的纳税人,航天信息股份有限公司决定在国家新确定销售价格的基础上再给予一定幅度的优惠。

纳税人因推行一机多票系统而购置税控 IC 卡、金税卡以及计算机等设备的费用,可按《国务院办公厅转发国家税务总局关于全面推广应用增值税防伪税控系统意见的通知》(国办发〔2000〕12 号)的规定在成本中列支,同时可凭购货发票(增值税专用发票)所注明的增值税税额,计入当期的增值税进项税额。

三、推行一机多票系统纳税人不需支付培训费用

一机多票系统培训工作需要场地、设备、师资和资料等方面的费用,其中场地、设备及培训资料费用由税务机关负担,师资等劳务费用由防伪税控系统服务单位负担,纳税人不需支付培训费用。各级税务机关要严格按照国家税务总局不向纳税人收取一机多票系统培训费用的规定,组织做好培训工作,同时欢迎广大纳税人进行监督。

特此公告。

6 - 3 - 59

国家税务总局关于使用新版机动车销售统一发票有关问题的通知

2006 年 5 月 22 日　国税函〔2006〕479 号

各省、自治区、直辖市和计划单列市国家税务局、地方税务局,扬州税务进修学院:

为了进一步加强机动车辆税收征收管理,适应使用税控器具开具发票的需要,总局决定从 2006 年 8 月 1 日起,统一使用新版《机动车销售统一发票》。现就有关问题明确如下:

一、凡从事机动车零售业务的单位和个人,从 2006 年 8 月 1 日起,在销售机动车(不包括销售旧机动车)收取款项时,必须开具税务机关统一印制的新版《机动车销售统一发票》(以下简称《机动车发票》),并在发票联加盖财务专用章或发票专用章,抵扣联和报税联不得加盖印章。

二、《机动车发票》为电脑六联式发票。即第一联发票联(购货单位付款凭证),第二联抵扣联(购货单位扣税凭证),第三联报税联(车购税征收单位留存),第四联注册登记联(车辆登记单位留存),第五联记账联(销货单位记账凭证),第六联存根联(销货单位留存)。第一联印色为棕色,第二联印色为绿色,第三联印色为紫色,第四联印色为蓝色,第五联印色为红色,第六联印色为黑色。发票代码、发票号码印色为黑色。《机动车发票》规格为 241mm × 177mm(票样附后)。当购货单位不是增值税一般纳税人时,第二联抵扣联由销

货单位留存。

三、《机动车发票》的有关内容及含义是："机打代码"应与"发票代码"一致，"机打号码"应与"发票号码"一致；"机器编号"指税控器具的编号；"税控码"指由税控器具根据票面相关参数生成打印的密码；"身份证号码"指购车人身份证号码；"组织机构代码"指由质检（技术监督）部门颁发的企业、事业单位和社会团体统一代码；"进口证明书号"指海关货物进口证明书号码；"商检单号"指商检局进口机动车车辆随车检验单号码；"车辆识别代号"指表示机动车身份识别的统一代码（即"VIN"）；"价税合计"指含税（含增值税）车价；"纳税人识别号、账号、地址、开户银行"指销货单位所属信息；"增值税税率或征收率"指税收法律、法规规定的增值税税率或征收率；"增值税税额"指按照增值税税率或征收率计算出的税额，供按规定符合进项抵扣条件的增值税一般纳税人抵扣税款时使用；"不含税价"指不含增值税的车价，供税务机关计算进项抵扣税额和车辆购置税时使用，保留2位小数；"主管税务机关及代码"指销货单位主管税务机关及代码；"吨位"指货车核定载质量；"限乘人数"指轿车和货车限定的乘座人数。

增值税税额和不含税价计算公式：

增值税税额＝价税合计－不含税价

不含税价＝价税合计÷（1＋增值税税率或征收率）

四、《机动车发票》税控码加密参数共10项：即开票日期、机打代码、机打号码、身份证号码/组织机构代码、车辆识别代号、价税合计、纳税人识别号、主管税务机关代码、增值税税率/征收率、增值税税额。

五、《机动车发票》开具要求

（一）《机动车发票》应使用计算机和税控器具开具。在尚未使用税控器具前，可暂使用计算机开具，填开时，暂不填写机打代码、机打号码、机器编号和税控码内容。

（二）《机动车发票》开票软件由国家税务总局统一开发，免费供机动车销售单位使用。税控器具及开票软件使用的具体规定由总局另行通知。

（三）"机打代码"、"机打号码"、"机器编号"在纳税人输入发票代码和发票号码后由开票软件自动生成；"增值税税额"和"不含税价"在选定增值税税率及征收率后由开票软件自动生成；"增值税税率及征收率"由纳税人按照税务机关的规定填开。

（四）如发生退货的，应在价税合计的大写金额第一字前加"负数"字，在小写金额前加"－"号。

（五）《机动车发票》税控码及10项加密参数填开的内容要保证打印在相关栏目正中，不得压格或出格。在开票过程中，发现有误的，可即时作废，并在废票全部联次监制章部位做剪口处理。

（六）如购货单位在办理车辆登记和缴纳车辆购置税手续前丢失《机动车发票》的，应先按照《国家税务总局关于消费者丢失机动车销售发票处理问题的批复》（国税函〔2006〕227号）规定的程序办理补开《机动车发票》的手续，再按已丢失发票存根联的信息开红字发票。

六、为了保证《机动车发票》相关数据采集认证的准确性，《机动车发票》采用干式复写纸（其中报税联、抵扣联需采用52克，发票联、注册登记联、记账联45克），由各省、自治区、直辖市和计划单列市国家税务局指定1家定点企业印制；发票代码、发票号码应严格按照全国统一的编码规则编印。各地的《机动车发票》票样(一式三份)要报总局审查批准后方可投入使用,并送同级公安和工商行政管理机关备案。

七、旧版《机动车发票》从2006年8月1日起停止使用;《国家税务总局关于统一机动车销售发票式样的通知》(国税发〔1998〕203号)同时废止。

附件:机动车销售统一发票(票样)(编者略)

注释:

条款废止。第五条自2021年5月1日起废止。参见:《国家税务总局 工业和信息化部 公安部关于发布〈机动车发票使用办法〉的公告》(国家税务总局 工业和信息化部 公安部公告2020年第23号)。

条款修改。根据《第十三届全国人民代表大会第一次会议关于国务院机构改革方案的决定》等有关规定,税收规范性文件规定的国税地税机关的职责和工作由新的税务机关承担。国家税务总局依据《税收规范性文件制定管理办法》(国家税务总局令第41号公布),对税收规范性文件进行了清理。参见:《国家税务总局关于修改部分税收规范性文件的公告》(国家税务总局公告2018年第31号)。

6-3-60

国家税务总局关于推行增值税防伪税控一机多票系统的通知

2006年6月5日　国税发〔2006〕78号

各省、自治区、直辖市和计划单列市国家税务局:

为加强增值税管理,堵塞税收漏洞,总局决定将增值税一般纳税人开具的普通发票纳入增值税防伪税控系统管理,自2006年6月中旬开始统一推行增值税防伪税控一机多票系统(以下简称一机多票系统),具体推行范围、推行步骤等见《增值税防伪税控一机多票系统推行方案》(附后,以下简称《推行方案》)。

一机多票系统推行工作任务繁重,各地税务机关要严格按照《国家税务总局关于增值税防伪税控一机多票系统有关情况的通报》(国税函〔2006〕517号)中的有关要求,积极组织,认真部署,确保《推行方案》的顺利实施。

附件:增值税防伪税控一机多票系统推行方案

附件

增值税防伪税控一机多票系统推行方案

一、推行范围

(一)原则上已经使用防伪税控开票系统的企业全部推行一机多票系统;

(二)商业零售企业、经销水、电、气、暖的企业可自行决定是否使用一机多票系统;

(三)新认定的增值税一般纳税人直接推行一机多票系统(不纳入推行范围的除外)。

二、推行实施的软硬件要求

(一)软件要求

1. 税务端

防伪税控税务端网络版 V4.35(小版本号为 4.35.03)。

2. 企业端

对于使用原 Windows 版、原 DOS 版开票系统的企业升级为一机多票开票系统软件,版本号为6.10(小版本号为6.10.16.18);对于新纳入防伪税控的企业直接安装一机多票开票系统软件 6.10 版本。

3. 接口补丁

总局将对一机多票系统与金税工程(综合征管软件)衔接的发票发售一体化、一窗式比对、清零解锁等接口进行试运行后统一下发升级。有特殊需求的单位在取得接口标准后自行解决相关问题。

(二)硬件要求

1. 税务端

防伪税控税务端网络版省级资源集中统一规划。

2. 企业端

企业端专用设备:对于使用原 Windows 版的企业,对其开票金税卡进行重新加载,原 32K 税控 IC 卡解锁后仍可沿用;对于使用原 DOS 版开票系统的企业,对其开票金税卡进行重新加载,同时原 2K 税控 IC 卡需要更换为大容量 IC 卡;对于新纳入防伪税控的企业直接安装使用支持一机多票的开票金税卡与 IC 卡。

三、推行步骤

推行工作分三个阶段进行:

第一阶段:推行月开具专用发票和普通发票量在 630 份以下 Windows 版企业(全国约 143 万户)。

第二阶段:推行月开具专用发票量和普通发票量在 630 份以上的 Windows 版企业(全国约 1 万户)企业。这部分企业既可以更换成 64K 容量的 IC 卡,也可以不换卡而多次抄报税,具体方式由企业自行选择。

第三阶段:再推行 Dos 版企业(全国约 22 万户)。

各地要按照上述推行范围和推行步骤,以保证各项工作顺利推进为前提,结合当地实际制定具体推行方案,请各地于 6 月 20 日前将推行计划上报总局流转税管理司。

四、职责分工

(一)推行工作由流转税管理部门牵头,具体负责推行的组织工作和业务管理工作;

(二)信息中心负责做好推行工作所涉及税务系统内部的技术支持工作;

(三)航天信息公司负责提供培训师资、金税卡加载、软件升级以及纳税人端技术支持和服务工作。

五、培训工作

培训工作由税务机关负责组织,航天信息公司和各地服务单位负责提供培训师资,对使用 Windows 版开票系统企业的培训不收取费用。

基层税务机关应提前通知纳税人参加升级培训。

(一)培训内容:系统新增功能、特点、操作方法、注意事项等内容,具体内容见《增值税防伪税控一机多票系统培训提纲》(附件 1);

(二)培训师资:航天信息公司负责培训各地市服务单位的培训师资,由各地市服务单位的培训师资向纳税人进行培训。

六、实施工作

各基层税务机关负责组织实施工作。工作项目包括:

(一)编制本地区具体推行计划

按照总局的推行步骤,将推行工作细化到每一户企业和每一个工作日。

1. 根据本地升级设备和工作人员的实际情况均匀地安排进度,防止企业在升级现场长时间排队等候。

2. 企业户数较多的地区,可以向航天信息公司增购相关专用设备。

(二)做好推行防伪税控一机多票系统的宣传工作,争取当地政府和纳税人的理解和支持,营造良好的推行氛围。

(三)事前告知纳税人

税务机关应事先书面告知纳税人升级加载一机多票系统的具体事项(可在企业培训时发放),具体内容包括升级加载的时间、地点,纳税人需要准备的资料以及注意事项等。通知模版见附件 2。

(四)加载升级

1. 成立工作组。由于这项工作持续时间较长,涉及的部门和岗位也较多,因此要成立专门工作组,由单位"一把手"亲自挂帅,统一协调指挥;明确加载升级现场的负责人,负责统一调度;明确各部门和岗位分工制度,防止相互推诿。

2. 结合当地实际情况设立加载升级的场地,其中发行、发售、报税等可以在原岗位完成,也可以安置在金税卡加载现场。

3. 向纳税人提供升级流程图,明确工作流程、岗位、地点和注意事项,确保升级工作有序进行。升级流程图的模版见附件 3。

4. 实行加载升级工作交接单制度。为分清责任、杜绝差错,实行加载升级工作交接单制度,按照工作流程明确企业、服务单位、税务机关各岗位的职责,记载工作完成情况。加载升级工作交接单模版见附件 4。

5. 加强安全管理。包括:

(1)加载安全:执行加载操作前应采取防止突然断电的保护措施,如:使用UPS电源保护器等,避免加载过程中突然断电,造成金税卡永久性损坏。

(2)数据安全:包括报税信息、购票信息、发行信息的完整性和准确性,要防止报税数据丢失,防止购票信息、发行信息发生错误,保证金税工程的运行质量。

(3)系统安全:要严格按照《增值税防伪税控系统管理办法》的要求管理和使用发行、发售和报税系统。

(4)财产安全:做好加载升级现场的防火、防盗等防护工作。

七、监督指导工作

建立推广实施中的报告制度(包括进展情况、存在问题及解决建议等)。总局将随时掌握各地推行情况,并进行督查。各省级税务机关要经常性地检查指导下级税务机关推行工作进度,总结和推广好的经验,发现问题要及时妥善解决。

附:1. 增值税防伪税控一机多票系统培训提纲(编者略)

2. 关于增值税防伪税控一机多票系统升级有关事项的通知(编者略)

3. 增值税防伪税控开票系统升级流程图及说明(编者略)

4. 增值税防伪税控开票系统升级工作交接单(编者略)

注释:

条款废止。第一条第二项自2015年1月1日起废止。参见:《国家税务总局关于推行增值税发票系统升级版有关问题的公告》(国家税务总局公告2014年第73号)。

6-3-61

国家税务总局关于销售摩托车增值税小规模纳税人开具机动车销售统一发票有关问题的通知

2006年7月13日 国税函〔2006〕681号

各省、自治区、直辖市和计划单列市国家税务局:

根据《国家税务总局关于使用新版机动车销售统一发票有关问题的通知》(国税函〔2006〕479号)的规定,凡从事机动车零售业务的纳税人(包括销售摩托车)收取款项时,都必须开具新式电脑版机动车销售统一发票。但是,目前仍有部分销售摩托车的增值税小规模纳税人未配备电脑及打印设备,无法开具新版机动车销售统一发票。现将有关问题通知如下:

一、凡不具备电脑开票条件的增值税小规模纳税人销售摩托车,其所需发票由主管税务机关代开。

二、税务机关在为销售摩托车的增值税小规模纳税人代开机动车销售统一发票时,应在发票联加盖税务机关代开发票专用章。

三、税务机关代开机动车销售统一发票的软件由总局统一开发,并下发各地使用。

6－3－62

国家税务总局　中国人民银行关于调整电子缴税付款凭证的通知

2006年7月21日　银发〔2006〕265号

中国人民银行上海总部,各分行、营业管理部、省会(首府)城市中心支行,副省级城市中心支行,各省、自治区、直辖市和计划单列市国家税务局、地方税务局,各政策性银行,国有商业银行,股份制商业银行,外资银行:

根据横向联网电子缴税试运行情况和税收征管业务需要,中国人民银行和国家税务总局决定对银行(信用社)电子缴税付款凭证(样式见附件)进行调整。现就有关事项通知如下:

一、调整的内容

(一)新增“纳税人全称”、“纳税人识别号”和“税票号码”要素内容;

(二)将“付款人名称”修改为“付款人全称”;

(三)将“打印日期”修改为“打印时间”,具体格式为“年月日时分”;

(四)将凭证用纸尺寸修改为“14.85公分×21公分”。

二、凭证使用

(一)调整后的凭证自本文印发之日起启用,现行凭证仍可继续延用3个月。

(二)调整后的凭证原则上只打印一次。如遇遗失等特殊情况,付款人需要重新开具付款证明时,经收银行(信用社)应核实付款人的书面申请和付款人相关身份证明材料后,向付款人出具加盖银行收讫章的电子缴税付款凭证。

(三)调整后的凭证不允许分页打印,每份付款凭证最多可打印14个税(费)种。各级税务部门应将发出的每条电子缴款书信息包含的税(费)种控制在14个以内。

三、其他事项

(一)凭证内框文字字体和字号为宋体五号;

(二)凭证内框尺寸为“11公分×18公分”;

(三)其他未尽事宜,请各经收银行(信用社)根据相关规定自行确定。

请中国人民银行上海总部,各分行、营业管理部、省会(首府)城市中心支行,副省级城市中心支行及时将本通知转发至辖区内商业银行、城乡信用社。

附件:××××银行(信用社)电子缴税付款凭证(样式)(编者略)

6－3－63

国家税务总局关于《机动车销售统一发票》注册登记联加盖开票单位印章问题的通知

2006年8月28日 国税函〔2006〕813号

各省、自治区、直辖市和计划单列市国家税务局：

根据《国家税务总局关于使用新版机动车销售统一发票有关问题的通知》（国税函〔2006〕479号）的有关规定，在开具《机动车销售统一发票》时应在发票联加盖财务专用章或发票专用章，抵扣联和报税联不得加盖印章，对于是否在注册登记联加盖开票单位印章的问题未做明确规定。经与公安部协商，决定从2006年10月1日起，《机动车销售统一发票》注册登记联一律加盖开票单位印章。

6－3－64

信息产业部 国家税务总局关于印发《税控收款机产品序列号管理办法》的通知

2006年9月1日 信部联产〔2006〕616号

各省、自治区、直辖市和计划单列市及新疆生产建设兵团信息产业主管部门、国家税务局、地方税务局、有关企业：

根据《中华人民共和国税收征收管理法》、《国家税务总局、财政部、信息产业部、国家质量监督检验检疫总局关于推广应用税控收款机加强税源监控的通知》、《税控收款机生产企业资质管理办法》及其他法律、行政法规和部门规章的规定，为了保证我国税控收款机推广应用工作的顺利实施，落实对税控收款机产品实施序列号管理的要求，信息产业部会同国家税务总局制定了《税控收款机产品序列号管理办法》，现印发给你们，请认真贯彻执行。

附件：1. 税控收款机产品序列号申请材料（编者略）

2. 税控收款机产品序列号管理办法

附件2

税控收款机产品序列号管理办法

第一章　总　　则

第一条　为了保证我国税控收款机推广应用工作的顺利实施，落实对税控收款机产品实施序列号管理的要求，根据《中华人民共和国税收征收管理法》、《国家税务总局、财政部、信息产业部、国家质量监督检验检疫总局关于推广应用税控收款机加强税源监控的通知》、《税控收款机生产企业资质管理办法》及其他法律、行政法规和部门规章的规定，制定本办法。

第二条　本办法所称税控收款机产品序列号，是指按照国家标准《GB 18240.6 设备编码规则》，对税控收款机产品所设置的管理编码。

第三条　本办法适用于税控收款机产品序列号的申请、受理、核准和监督管理。

第四条　中华人民共和国信息产业部（以下简称“信息产业部”）负责税控收款机产品序列号的分配、监督管理以及相关政策措施的制定。

根据工作需要，信息产业部可以委托相应的机构承担税控收款机产品序列号受理工作，并委托其建立和管理序列号管理信息系统。

第五条　经信息产业部分配的税控收款机产品序列号是产品唯一的、始终不变的法定代码。

第二章　申请与核准

第六条　企业获得税控收款机产品生产企业资质证书、税控收款机产品生产许可证，并在税控收款机产品选型招标中标后，可以向信息产业部申请税控收款机产品序列号。

第七条　企业申请税控收款机产品序列号，应当提交下列材料，并保证材料齐全、真实：

（一）税控收款机产品序列号申请表；

（二）税控收款机产品生产许可证复印件；

（三）税控收款机产品选型中标文件复印件；

（四）已经分配序列号的使用及产品销售情况。

第八条　信息产业部根据企业申请，确定生产企业编码、产品类型编码，核批产品序列号号段。

第九条　税控收款机产品序列号应按规定格式标识在：

（一）税控收款机产品存储器内；

（二）税控收款机产品包装箱；

（三）税控收款机产品机壳；

（四）税控收款机产品《保修卡》；

（五）税控 IC 卡卡面。

第十条 税控收款机产品序列号应按照一机一号进行设置和标识。产品序列号应连续、惟一、正确,标识应清晰、牢固、便于查验。

第十一条 申请企业将本办法第七条要求的文件,以电子邮件、传真、邮寄、办公场所提交等方式送交信息产业部。以电子邮件、传真方式提供申请文件的应在随后7日内以邮政特快专递(EMS)或到受理现场将申请文件送交信息产业部。

第十二条 企业提交的材料齐全、符合法定形式的,信息产业部应当在12个工作日内核准分配相应的序列号,并书面通知申请企业;材料不齐全、不符合法定形式的,信息产业部应当在12个工作日内将不予分配的理由书面通知申请企业。

第三章 监督和管理

第十三条 生产企业在获得产品序列号后应按规定使用和标识,不得转借或自行变更产品序列号,不得使用已被注销的产品序列号。

第十四条 没有序列号的税控收款机产品不得销售和使用。

第十五条 生产企业应在每季度前15日内向信息产业部报送上季度序列号的使用及产品销售情况。

第十六条 如发现下列情况之一,信息产业部将取消已分配的序列号或不再分配新的序列号,被取消序列号的产品不得在市场上销售:

(一)不按照规定使用和标识产品序列号;

(二)不按规定报送序列号使用及产品销售情况;

(三)已停止税控收款机产品生产超过一年;

(四)生产企业有严重违法行为。

第十七条 信息产业部对不再使用的税控收款机产品的序列号予以注销。

第十八条 为做好市场监督管理工作,保证税控收款机产品序列号管理信息系统中的信息全面、准确,信息产业部和国家税务总局建立信息交流沟通机制,相互提供税控收款机产品序列号分配和使用情况的有关信息。

第十九条 信息产业部、国家税务总局公布不按规定使用和标识产品序列号的生产企业名单。

第四章 附 则

第二十条 本办法由信息产业部负责解释。

第二十一条 本办法自印发之日起施行。

6-3-65

国家税务总局关于修订《增值税专用发票使用规定》的通知

2006年10月17日　国税发〔2006〕156号

各省、自治区、直辖市和计划单列市国家税务局：

为适应增值税专用发票管理需要，规范增值税专用发票使用，进一步加强增值税征收管理，在广泛征求意见的基础上，国家税务总局对现行的《增值税专用发票使用规定》进行了修订。现将修订后的《增值税专用发票使用规定》印发给你们，自2007年1月1日起施行。

各级税务机关应做好宣传工作，加强对税务人员和纳税人的培训，确保新规定贯彻执行到位。执行中如有问题，请及时报告总局（流转税管理司）。

附件：1. 最高开票限额申请表（编者略）
2. 销售货物或者提供应税劳务清单（编者略）
3. 开具红字增值税专用发票申请单（编者略）
4. 开具红字增值税专用发票通知单（编者略）
5. 丢失增值税专用发票已报税证明单（编者略）

增值税专用发票使用规定

第一条　为加强增值税征收管理，规范增值税专用发票（以下简称专用发票）使用行为，根据《中华人民共和国增值税暂行条例》及其实施细则和《中华人民共和国税收征收管理法》及其实施细则，制定本规定。

第二条　专用发票，是增值税一般纳税人（以下简称一般纳税人）销售货物或者提供应税劳务开具的发票，是购买方支付增值税额并可按照增值税有关规定据以抵扣增值税进项税额的凭证。

第三条　一般纳税人应通过增值税防伪税控系统（以下简称防伪税控系统）使用专用发票。使用，包括领购、开具、缴销、认证纸质专用发票及其相应的数据电文。

本规定所称防伪税控系统，是指经国务院同意推行的，使用专用设备和通用设备、运用数字密码和电子存储技术管理专用发票的计算机管理系统。

本规定所称专用设备，是指金税卡、IC卡、读卡器和其他设备。

本规定所称通用设备，是指计算机、打印机、扫描器具和其他设备。

第四条　专用发票由基本联次或者基本联次附加其他联次构成，基本联次为三联：发票联、抵扣联和记账联。发票联，作为购买方核算采购成本和增值税进项税额的记账凭证；

抵扣联,作为购买方报送主管税务机关认证和留存备查的凭证;记账联,作为销售方核算销售收入和增值税销项税额的记账凭证。其他联次用途,由一般纳税人自行确定。

第五条 专用发票实行最高开票限额管理。最高开票限额,是指单份专用发票开具的销售额合计数不得达到的上限额度。

最高开票限额由一般纳税人申请,税务机关依法审批。最高开票限额为十万元及以下的,由区县级税务机关审批;最高开票限额为一百万元的,由地市级税务机关审批;最高开票限额为一千万元及以上的,由省级税务机关审批。防伪税控系统的具体发行工作由区县级税务机关负责。

税务机关审批最高开票限额应进行实地核查。批准使用最高开票限额为十万元及以下的,由区县级税务机关派人实地核查;批准使用最高开票限额为一百万元的,由地市级税务机关派人实地核查;批准使用最高开票限额为一千万元及以上的,由地市级税务机关派人实地核查后将核查资料报省级税务机关审核。

一般纳税人申请最高开票限额时,需填报《最高开票限额申请表》(附件1)。

第六条 一般纳税人领购专用设备后,凭《最高开票限额申请表》、《发票领购簿》到主管税务机关办理初始发行。

本规定所称初始发行,是指主管税务机关将一般纳税人的下列信息载入空白金税卡和IC卡的行为。

(一)企业名称;

(二)税务登记代码;

(三)开票限额;

(四)购票限量;

(五)购票人员姓名、密码;

(六)开票机数量;

(七)国家税务总局规定的其他信息。

一般纳税人发生上列第一、三、四、五、六、七项信息变化,应向主管税务机关申请变更发行;发生第二项信息变化,应向主管税务机关申请注销发行。

第七条 一般纳税人凭《发票领购簿》、IC卡和经办人身份证明领购专用发票。

第八条 一般纳税人有下列情形之一的,不得领购开具专用发票:

(一)会计核算不健全,不能向税务机关准确提供增值税销项税额、进项税额、应纳税额数据及其他有关增值税税务资料的。

上列其他有关增值税税务资料的内容,由省、自治区、直辖市和计划单列市国家税务局确定。

(二)有《税收征管法》规定的税收违法行为,拒不接受税务机关处理的。

(三)有下列行为之一,经税务机关责令限期改正而仍未改正的:

1. 虚开增值税专用发票;

2. 私自印制专用发票;

3. 向税务机关以外的单位和个人买取专用发票;

4. 借用他人专用发票;

5. 未按本规定第十一条开具专用发票;

6. 未按规定保管专用发票和专用设备;

7. 未按规定申请办理防伪税控系统变更发行;

8. 未按规定接受税务机关检查。

有上列情形的,如已领购专用发票,主管税务机关应暂扣其结存的专用发票和IC卡。

第九条 有下列情形之一的,为本规定第八条所称未按规定保管专用发票和专用设备:

(一)未设专人保管专用发票和专用设备;

(二)未按税务机关要求存放专用发票和专用设备;

(三)未将认证相符的专用发票抵扣联、《认证结果通知书》和《认证结果清单》装订成册;

(四)未经税务机关查验,擅自销毁专用发票基本联次。

第十条 一般纳税人销售货物或者提供应税劳务,应向购买方开具专用发票。

商业企业一般纳税人零售的烟、酒、食品、服装、鞋帽(不包括劳保专用部分)、化妆品等消费品不得开具专用发票。

增值税小规模纳税人(以下简称小规模纳税人)需要开具专用发票的,可向主管税务机关申请代开。

销售免税货物不得开具专用发票,法律、法规及国家税务总局另有规定的除外。

第十一条 专用发票应按下列要求开具:

(一)项目齐全,与实际交易相符;

(二)字迹清楚,不得压线、错格;

(三)发票联和抵扣联加盖财务专用章或者发票专用章;

(四)按照增值税纳税义务的发生时间开具。

对不符合上列要求的专用发票,购买方有权拒收。

第十二条 一般纳税人销售货物或者提供应税劳务可汇总开具专用发票。汇总开具专用发票的,同时使用防伪税控系统开具《销售货物或者提供应税劳务清单》(附件2),并加盖财务专用章或者发票专用章。

第十三条 一般纳税人在开具专用发票当月,发生销货退回、开票有误等情形,收到退回的发票联、抵扣联符合作废条件的,按作废处理;开具时发现有误的,可即时作废。

作废专用发票须在防伪税控系统中将相应的数据电文按“作废”处理,在纸质专用发票(含未打印的专用发票)各联次上注明“作废”字样,全联次留存。

第十四条 一般纳税人取得专用发票后,发生销货退回、开票有误等情形但不符合作废条件的,或者因销货部分退回及发生销售折让的,购买方应向主管税务机关填报《开具红字增值税专用发票申请单》(以下简称《申请单》,附件3)。

《申请单》所对应的蓝字专用发票应经税务机关认证。

经认证结果为“认证相符”并且已经抵扣增值税进项税额的,一般纳税人在填报《申请单》时不填写相对应的蓝字专用发票信息。

经认证结果为“纳税人识别号认证不符”、“专用发票代码、号码认证不符”的,一般纳税人在填报《申请单》时应填写相对应的蓝字专用发票信息。

第十五条 《申请单》一式两联：第一联由购买方留存；第二联由购买方主管税务机关留存。

《申请单》应加盖一般纳税人财务专用章。

第十六条 主管税务机关对一般纳税人填报的《申请单》进行审核后，出具《开具红字增值税专用发票通知单》（以下简称《通知单》，附件4）。《通知单》应与《申请单》一一对应。

第十七条 《通知单》一式三联：第一联由购买方主管税务机关留存；第二联由购买方送交销售方留存；第三联由购买方留存。

《通知单》应加盖主管税务机关印章。

《通知单》应按月依次装订成册，并比照专用发票保管规定管理。

第十八条 购买方必须暂依《通知单》所列增值税税额从当期进项税额中转出，未抵扣增值税进项税额的可列入当期进项税额，待取得销售方开具的红字专用发票后，与留存的《通知单》一并作为记账凭证。属于本规定第十四条第四款所列情形的，不作进项税额转出。

第十九条 销售方凭购买方提供的《通知单》开具红字专用发票，在防伪税控系统中以销项负数开具。

红字专用发票应与《通知单》一一对应。

第二十条 同时具有下列情形的，为本规定所称作废条件：

（一）收到退回的发票联、抵扣联时间未超过销售方开票当月；

（二）销售方未抄税并且未记账；

（三）购买方未认证或者认证结果为"纳税人识别号认证不符"、"专用发票代码、号码认证不符"。

本规定所称抄税，是报税前用IC卡或者IC卡和软盘抄取开票数据电文。

第二十一条 一般纳税人开具专用发票应在增值税纳税申报期内向主管税务机关报税，在申报所属月份内可分次向主管税务机关报税。

本规定所称报税，是纳税人持IC卡或者IC卡和软盘向税务机关报送开票数据电文。

第二十二条 因IC卡、软盘质量等问题无法报税的，应更换IC卡、软盘。

因硬盘损坏、更换金税卡等原因不能正常报税的，应提供已开具未向税务机关报税的专用发票记账联原件或者复印件，由主管税务机关补采开票数据。

第二十三条 一般纳税人注销税务登记或者转为小规模纳税人，应将专用设备和结存未用的纸质专用发票送交主管税务机关。

主管税务机关应缴销其专用发票，并按有关安全管理的要求处理专用设备。

第二十四条 本规定第二十三条所称专用发票的缴销，是指主管税务机关在纸质专用发票监制章处按"V"字剪角作废，同时作废相应的专用发票数据电文。

被缴销的纸质专用发票应退还纳税人。

第二十五条 用于抵扣增值税进项税额的专用发票应经税务机关认证相符（国家税务总局另有规定的除外）。认证相符的专用发票应作为购买方的记账凭证，不得退还销售方。

本规定所称认证，是税务机关通过防伪税控系统对专用发票所列数据的识别、确认。

本规定所称认证相符，是指纳税人识别号无误，专用发票所列密文解译后与明文一致。

第二十六条 经认证，有下列情形之一的，不得作为增值税进项税额的抵扣凭证，税务机关退还原件，购买方可要求销售方重新开具专用发票。

（一）无法认证。

本规定所称无法认证，是指专用发票所列密文或者明文不能辨认，无法产生认证结果。

（二）纳税人识别号认证不符。

本规定所称纳税人识别号认证不符，是指专用发票所列购买方纳税人识别号有误。

（三）专用发票代码、号码认证不符。

本规定所称专用发票代码、号码认证不符，是指专用发票所列密文解译后与明文的代码或者号码不一致。

第二十七条 经认证，有下列情形之一的，暂不得作为增值税进项税额的抵扣凭证，税务机关扣留原件，查明原因，分别情况进行处理。

（一）重复认证。

本规定所称重复认证，是指已经认证相符的同一张专用发票再次认证。

（二）密文有误。

本规定所称密文有误，是指专用发票所列密文无法解译。

（三）认证不符。

本规定所称认证不符，是指纳税人识别号有误，或者专用发票所列密文解译后与明文不一致。

本项所称认证不符不含第二十六条第二项、第三项所列情形。

（四）列为失控专用发票。

本规定所称列为失控专用发票，是指认证时的专用发票已被登记为失控专用发票。

第二十八条 一般纳税人丢失已开具专用发票的发票联和抵扣联，如果丢失前已认证相符的，购买方凭销售方提供的相应专用发票记账联复印件及销售方所在地主管税务机关出具的《丢失增值税专用发票已报税证明单》（附件5），经购买方主管税务机关审核同意后，可作为增值税进项税额的抵扣凭证；如果丢失前未认证的，购买方凭销售方提供的相应专用发票记账联复印件到主管税务机关进行认证，认证相符的凭该专用发票记账联复印件及销售方所在地主管税务机关出具的《丢失增值税专用发票已报税证明单》，经购买方主管税务机关审核同意后，可作为增值税进项税额的抵扣凭证。

一般纳税人丢失已开具专用发票的抵扣联，如果丢失前已认证相符的，可使用专用发票发票联复印件留存备查；如果丢失前未认证的，可使用专用发票发票联到主管税务机关认证，专用发票发票联复印件留存备查。

一般纳税人丢失已开具专用发票的发票联，可将专用发票抵扣联作为记账凭证，专用发票抵扣联复印件留存备查。

第二十九条 专用发票抵扣联无法认证的，可使用专用发票发票联到主管税务机关认证。专用发票发票联复印件留存备查。

第三十条 本规定自2007年1月1日施行，《国家税务总局关于印发〈增值税专用发票使用规定〉的通知》（国税发〔1993〕150号）、《国家税务总局关于增值税专用发票使用问题的补充通知》(国税发〔1994〕56 号)、《国家税务总局关于由税务所为小规模企业代开增值税专用发票的通知》(国税发〔1994〕58 号)、《国家税务总局关于印发〈关于商业零售企业开具增值税专用发票的通告〉的通知》(国税发〔1994〕81 号)、《国家税务总局关于修改〈国家税务总局关于严格控制增值税专用发票使用范围的通知〉的通知》(国税发〔2000〕75 号)、《国家税务总局关于加强防伪税控开票系统最高开票限额管理的通知》(国税发明电〔2001〕57 号)、《国家税务总局关于增值税一般纳税人丢失防伪税控系统开具的增值税专用发票有关税务处理问题的通知》(国税发〔2002〕10 号)、《国家税务总局关于进一步加强防伪税控开票系统最高开票限额管理的通知》(国税发明电〔2002〕33 号)同时废止。以前有关政策规定与本规定不一致的,以本规定为准。

注释:

条款废止。第六条中的"一般纳税人领购专用设备后,凭《最高开票限额申请表》、《发票领购簿》到主管税务机关办理初始发行。"自 2023 年 2 月 1 日起废止。参见:《国家税务总局关于部分税务事项实行容缺办理和进一步精简涉税费资料报送的公告》(国家税务总局公告 2022 年第 26 号)。

条款修改。根据《第十三届全国人民代表大会第一次会议关于国务院机构改革方案的决定》等有关规定,税收规范性文件规定的国税地税机关的职责和工作由新的税务机关承担。国家税务总局依据《税收规范性文件制定管理办法》(国家税务总局令第 41 号公布),对税收规范性文件进行了清理。参见:《国家税务总局关于修改部分税收规范性文件的公告》(国家税务总局公告 2018 年第 31 号)。

政策调整。"申请开具红字增值税专用发票审核"取消。参见:《国务院关于取消和调整一批行政审批项目等事项的决定》(国发〔2015〕11 号)。

条款废止。第十四条至第十九条自 2015 年 1 月 1 日起废止。参见:《国家税务总局关于推行增值税发票系统升级版有关问题的公告》(国家税务总局公告 2014 年第 73 号)。

条款废止。第二十八条自 2014 年 5 月 1 日起废止。参见:《国家税务总局关于简化增值税发票领用和使用程序有关问题的公告》(国家税务总局公告 2014 年第 19 号)。

条款废止。第五条自 2013 年 8 月 1 日起废止。参见:《国家税务总局关于在全国开展营业税改征增值税试点有关征收管理问题的公告》(国家税务总局公告 2013 年第 39 号)。

6 -3 -66

国家税务总局关于金税工程增值税征管信息系统发现的涉嫌违规增值税专用发票处理问题的通知

2006 年 10 月 30 日　国税函〔2006〕969 号

各省、自治区、直辖市和计划单列市国家税务局:

今年总局下发的《国家税务总局关于发布已失效或废止的税收规范性文件目录的通知》(国税发〔2006〕62号)将《国家税务总局关于金税工程发现的涉嫌违规增值税专用发票处理问题的通知》(国税函〔2001〕730号,以下简称730号文)第一条、第二条废止。各地反映730号文的有关内容废止后,对金税工程增值税征管信息系统发现的涉嫌违规增值税专用发票(以下简称发票)处理缺乏依据,要求总局予以明确。经研究,现将金税工程增值税征管信息系统发现的涉嫌违规发票处理的有关问题重新明确如下:

一、关于防伪税控认证系统发现涉嫌违规发票的处理

目前,防伪税控认证系统发现涉嫌违规发票分"无法认证"、"认证不符"、"密文有误"、"重复认证"、"认证时失控"、"认证后失控"和"纳税人识别号认证不符(发票所列购买方纳税人识别号与申报认证企业的纳税人识别号不符)"等类型。

(一)属于"无法认证"、"纳税人识别号认证不符"和"认证不符"中的"发票代码号码认证不符(密文与明文相比较,发票代码或号码不符)"的发票,不得作为增值税进项税额的抵扣凭证。税务机关应将发票原件退还企业,企业可要求销售方重新开具。

(二)属于"重复认证"、"密文有误"和"认证不符(不包括发票代码号码认证不符)"、"认证时失控"和"认证后失控"的发票,暂不得作为增值税进项税额的抵扣凭证,税务机关扣留原件,移送稽查部门作为案源进行查处。经税务机关检查确认属于税务机关责任以及技术性错误造成的,允许作为增值税进项税额的抵扣凭证;不属于税务机关责任以及技术性错误造成的,不得作为增值税进项税额的抵扣凭证。属于税务机关责任的,由税务机关误操作的相关部门核实后,区县级税务机关出具书面证明;属于技术性错误的,由税务机关技术主管部门核实后,区县级税务机关出具书面证明。

二、关于增值税专用发票稽核系统发现涉嫌违规发票的处理

目前,增值税专用发票稽核系统发现涉嫌违规发票分"比对不符"、"缺联"和"作废"等类型。

凡属于上述涉嫌违规的发票,暂不得作为增值税进项税额的抵扣凭证,由管理部门按照审核检查的有关规定进行核查,并按有关规定进行处理。经税务机关检查确认属于税务机关责任以及技术性错误造成的,允许作为增值税进项税额的抵扣凭证;不属于税务机关责任以及技术性错误造成的,不得作为增值税进项税额的抵扣凭证。属于税务机关责任的,由税务机关误操作的相关部门核实后,区县级税务机关出具书面证明;属于技术性错误的,由税务机关技术主管部门核实后,区县级税务机关出具书面证明。

三、本通知自2006年5月1日起执行。

注释:

条款废止。第一条第二项和第二条自2020年2月1日起废止。参见:《国家税务总局关于异常增值税扣税凭证管理等有关事项的公告》(国家税务总局公告2019年第38号)。

6－3－67

国家税务总局关于全国范围内推行公路、内河货物运输业发票税控系统有关工作的通知

2006年11月6日　国税发〔2006〕163号

各省、自治区、直辖市和计划单列市国家税务局、地方税务局：

自2006年7月起，河南省、湖南省和青岛市国税和地税系统按照总局的统一工作安排，开展了公路、内河货物运输业发票税控系统（以下简称货运发票税控系统）试点工作，目前试点情况良好。根据试点情况，总局决定，自2006年11月1日起在河南省、湖南省和青岛市三个试点省市（以下简称试点省市）全面推行货运发票税控系统，其他省市自2006年11月起开始推行货运发票税控系统，全国2007年1月1日起全部使用货运发票税控系统。现将推行工作有关要求和事项通知如下：

一、推行工作时间要求

自2006年11月1日起，试点省（市）全面推行货运发票税控系统，在试点省（市）范围内全部启用货运发票税控系统开具带税控码的新版《公路、内河货物运输业统一发票》（以下简称新版货运发票），取消不带税控码的旧版《公路、内河货物运输业统一发票》（以下简称旧版货运发票）。试点省（市）2006年11月1日以后开具的旧版货运发票不再作为增值税的抵扣凭证。

自2006年11月起，除试点地区外的其他省（市）开始推行货运发票税控系统，在2006年11月至12月内完成货运发票税控系统的推行。2007年1月1日（含）以后全国范围内停止使用旧版货运发票，全部启用新版货运发票。2007年1月1日（含）以后旧版货运发票不再作为增值税的抵扣凭证。

新版和旧版货运发票的抵扣时限仍按现行规定执行。

二、推行准备工作要求

（一）运行环境准备

1. 各地应按照《国家税务总局关于做好运输发票税控系统运行环境等准备工作的通知》（国税发〔2006〕85号）的要求，准备好全面推广的运行环境，做好货运发票税控系统与征管系统的接口衔接工作。尚未与税控盘产品供货商谈妥税控盘/传输盘采购事宜的地税机关，应尽快启动相关工作，确保开票软件用户（包括：自开票纳税人、代开中介机构和代开税务机关）能如期购置到税控盘/传输盘，不得因税控盘采购影响整体推行进度。

2. 货运发票税控系统安装部署

总局已于10月份、11月份开始按照10月20日视频会议的要求分四批对全国国税、地税系统税务端后台和开票软件（税务机关代开版）进行安装。在安装货运发票税控系统期间，国税、地税同时部署，以保证地税的工作为主，同时兼顾国税的安装实施。系统开发商

分成10个工作组同时到各地进行安装。安装工作原则上于11月底结束。但是,考虑到一些具体情况,少数地区可能会有延迟,但必须在12月31日前完成。

请各单位务必做好系统安装准备工作。

(二)票证准备工作

各省地税机关应按照《国家税务总局关于使用新版公路、内河货物运输业统一发票有关问题的通知》(国税发〔2006〕67号)的有关要求,采用统一的纸张和规格印制新版货运发票,严格按照验旧购新制度发售发票,保证在推行工作开始前准备好适量新版货运发票并发售给自开票纳税人和代开票单位。

各省地税机关要按照《国家税务总局关于统一部分税收票证尺寸标准的通知》(国税函〔2006〕421号)的要求,根据基层征收单位的用票类别,抓紧临时加印一部分税收票证并及时分送至基层征收单位,保证代开单位能够顺利开具税收票证。

(三)中介机构和税务机关在代开新版货运发票时,必须严格按照"先缴税、后开票"的要求执行。

(四)培训准备工作

各省税务机关应根据总局举办的视频培训和省局师资集中培训内容,参照总局下发的相关培训材料,提前部署和开展本省范围内对税务系统内部和对纳税人的培训工作,保证货运发票税控系统的顺利推行。需要在省局搭建后台培训系统的省(市),应准备好所需环境,提请开发单位帮助搭建,培训用税控盘和传输盘由各省税务机关商税控盘供应厂商解决。请各省税务机关登陆总局技术支持网站(网址:http://130.9.1.248)从"知识库/软件库/货运发票税控系统"路径下载供培训用的公路、内河货物运输发票税控系统。

三、有关业务规程

(一)国税机关

1. 关于货运发票数据采集和交叉稽核要求

(1)数据采集

自2006年11月1日起,货运发票税控系统推行到位的地区,增值税一般纳税人取得的新版货运发票,必须通过货运发票税控系统认证采集数据,认证相符的新版货运发票方可作为增值税进项税额的抵扣凭证;取得的其他运输发票仍通过现有清单方式采集数据。货运发票税控系统未推行到位的地区,仍通过现有清单方式采集运输发票数据。

各地国税机关要采取切实有效的措施,加强对纳税人的宣传辅导,确保运输发票采集数据的及时性、准确性和完整性。特别要注意在既有扫描认证方式又有清单方式采集运输发票数据的过渡期内,不仅要保证所有的运输发票数据采集的完整性,还要避免重复采集数据,造成重号发票。

(2)数据传输

每月23日前(节假日不顺延)各省级国税局负责将货运发票税控系统认证采集的数据和下级上传的清单数据汇总,并将汇总数据通过FTP上传到总局。

(3)交叉稽核

总局每月对全国货运发票信息进行一级稽核比对,并将当月稽核结果下发。

总局稽核比对结果分为"比对相符"、"比对不符"、"缺联"和"抵扣联重号"四种类型,其中比对不符又分为:金额不符、受票人识别号不符、承运人识别号不符、承运人受票人双方识别号不符和开票日期不符五种类型。

总局每月将当月比对结果发票信息下发至各省税务机关,省局逐级将数据下发至区县税务机关。

(4)审核检查

异常发票审核检查的数据传递、职责划分、检查结果上报方法仍按现行规定执行。

2. 货运发票增值税"一窗式"票表比对要求:

(1)货运发票税控系统推广地区

一般纳税人申报抵扣通过认证采集的新版货运发票,不填写在《增值税运输发票抵扣清单》中,以免造成重复采集;申报抵扣其他运输发票,仍按照《国家税务总局关于印发〈增值税一般纳税人纳税申报"一窗式"管理操作规程〉的通知》(国税发〔2005〕61 号)的要求,填写《增值税运输发票抵扣清单》,随同其他申报资料向主管税务机关进行申报。

非辅导期一般纳税人运输发票票表比对时,《增值税纳税申报表附列资料(表二)》中第8栏"运费发票"的"金额"项数据,应小于或等于《增值税运输发票抵扣清单》中"合计"栏"允许计算抵扣的运费金额"项数据加上当期认证采集的货运发票"运费小计"项数据之和。

辅导期一般纳税人货运发票票表比对时,《增值税纳税申报表附列资料(表二)》中第8栏"运费发票"的"金额"项数据,应小于或等于《增值税运输发票抵扣清单》中"铁路运输、航空运输、管道运输、海洋运输"栏"允许计算抵扣的运费金额"项数据加上当期稽核系统比对相符和协查后允许抵扣的运费发票金额数据之和。

(2)货运发票税控系统尚未推行的地区

一般纳税人申报抵扣的所有运输发票,均填写《增值税运输发票抵扣清单》,随同其他申报资料向主管税务机关进行申报。

对目前尚未推行货运发票税控系统的地区,一般纳税人货运发票票表比对的有关要求,仍按照国税发〔2005〕61 号文件的规定执行。

(二)地税机关

1. 通过货运发票税控系统开具的货运发票,地税机关的有关业务规程请见附件《公路、内河货运业发票税控系统营业税"票表比对"及货运发票稽核比对管理操作规程》(试行)。

2. 不带税控码旧版货运发票的管理仍按照原有关规定执行。

四、推行工作领导组织要求

货运发票税控系统是金税工程(三期)的重要组成部分,是加强公路、内河货物运输业营业税征收管理,强化增值税抵扣凭证管理,堵塞税收征管漏洞的一项重要措施。各省税务机关要高度重视,精心组织,成立由主管局领导负责、相关部门为成员的推行工作领导小组,全面负责推行的组织和协调工作。应根据总局下发的《公路、内河货物运输发票税控系统推广实施方案》的要求,结合本地区实际情况,研究制定本省推行工作的具体实施方案。要积极开展宣传工作,确保推广工作的顺利进行。

请各省税务机关登陆总局技术支持网站(网址:http://130.9.1.248),从"知识库/软件库/货运发票税控系统"路径下载《公路、内河货物运输发票税控系统推广实施方案》。

五、其他事项

(一)制定岗责体系

货运发票税控系统推行到位的地区,应根据有关业务操作流程设置相应岗位并制定岗责体系,严格落实执法责任制要求,保障货运发票税控系统的顺利运行以及有关业务流程的操作。

(二)推行期间的技术支持

1. 总局技术支持。系统全面推行初期1个月,总局将安排开发单位2~3名技术人员现场支持,帮助各单位开展推广相关工作。总局将通过总局应用系统支持网站(http://130.9.1.248)提供货运发票税控系统网上支持,通过总局运维技术支持热线4008112366,对税务机关内部提供货运发票税控系统后台和开票软件(税务机关代开版)的远程技术支持。总局信息中心百望呼叫分中心已开通,已开始向货运发票税控系统开票软件(企业自开版和中介机构代开版)用户提供远程技术支持,服务电话为:010-62466669。

2. 省税务机关运维支持。各单位应指派专人负责货运发票税控系统的运行维护工作,责任人应掌握并能熟练使用开票软件和后台系统,解决简单的常见的操作问题。对于税务端软件的问题,省税务机关责任人应尽可能先行收集、过滤、整理并向总局呼叫中心报告。各地税务机关负责对纳税人进行开票软件的操作培训和辅导。

附件:公路、内河货运业发票税控系统营业税“票表比对”及货运发票稽核比对管理操作规程(试行)

附件

公路、内河货运业发票税控系统营业税“票表比对”及货运发票稽核比对管理操作规程(试行)

第一章 概　　述

第一条 为加强对公路、内河货物运输业营业税纳税人的征收管理,规范纳税申报“票表比对”和公路、内河货运发票稽核比对操作规程,提高工作效率,根据《中华人民共和国税收征收管理法》和《中华人民共和国营业税暂行条例》等有关税收法律、法规规定,制定本操作规程。

第二条 本规程适用于使用公路、内河货物运输发票税控系统(以下简称货运发票税控系统)开具《公路、内河货物运输业统一发票》的所有公路、内河货物运输业自开票营业税纳税人(以下简称“纳税人”)和代开票单位(包括代开票中介机构和代开票税务机关,下同)。

使用货运发票税控系统开具的带税控码的新版《公路、内河货物运输业统一发票》简称为新版货运发票,不使用货运发票税控系统开具的不带税控码的《公路、内河货物运输业统一发票》简称为旧版货运发票。新版货运发票和旧版货运发票统称为货运发票。

第三条 本规程是税务机关以货运发票税控系统为手段,以信息化为依托,通过营业税“票表比对”和货运发票稽核比对等工作，加强对纳税人开具货运发票、纳税申报等管理的操作规程。

营业税“票表比对”是指税务机关在推行货运发票税控系统的基础上，在受理营业税纳税申报环节，采集货运发票信息，将采集的货运发票信息和纳税申报信息进行比对的工作。

营业税“票表比对”工作的基本流程包括：纳税申报受理，货运发票信息采集，发票信息与纳税申报信息的比对，比对结果处理等工作。

货运发票稽核比对是指税务机关利用计算机网络，将采集的货运发票抵扣联与存根联信息进行上传，由总局进行一级稽核比对后，将比对结果逐级清分，由基层税务机关对比对异常发票进行审核检查并处理的管理工作。

第二章 岗位职责

第四条 地市级以上（含地市级，下同）税务机关负责以下工作：对本地区营业税“票表比对”工作和货运发票稽核比对工作的指导和监督等工作。

地市级以上税务机关应设置发票信息传递岗位，负责本地区发票信息的传递、稽核比对异常发票信息的接收和清分，审核检查结果的传递等工作。

第五条 区县级税务机关负责营业税“票表比对”和货运发票稽核比对工作的组织实施。

区县级税务机关应设置申报征收岗位、票表比对异常情况处理岗位、复核岗位、发票信息传递岗位和异常发票审核检查岗位，具体负责营业税“票表比对”和货运发票稽核比对工作的实施。

申报征收岗位的主要负责营业税“票表比对”工作，具体包括受理纳税申报，采集货运发票信息，发票信息与申报信息的比对等工作。

票表比对异常情况处理岗位主要负责对“票表比对”异常情况的核实及结果处理等工作。

复核岗位主要负责“票表比对”结果处理的复核以及向纳税评估部门的转办等工作。

发票信息传递岗位主要负责本地区发票信息的上传、稽核比对异常发票信息的接收，审核检查结果的传递等工作。

异常发票审核检查岗位主要负责对接收的稽核比对异常发票进行审核检查并记录检查结果等工作。

第三章 纳税申报“票表比对”规程

第一节 票表比对

第六条 纳税人办理营业税纳税申报时，应向税务机关提交下列资料：

（一）《营业税纳税申报表》及《交通运输业营业税纳税申报表》；

（二）记录当月开具新版货运发票信息的税控盘（或税控传输盘）；

（三）取得的联合运输方开具的货运发票抵扣联；

（四）主管税务机关要求报送的其他资料。

第七条 申报征收岗位人员在受理纳税人纳税申报时,应读取纳税人报送的税控盘(或税控传输盘)开票信息,并进行“票表比对”工作,即将税控盘(或税控传输盘)开票信息、货运发票抵扣联信息分别与纳税人报送的营业税纳税申报表有关信息进行以下比对:

(一)附表《交通运输业营业税纳税申报表》“应税项目”中“公路运输——货运”与“水路运输——货运”对应的“应税收入”栏次金额的合计数,应大于或等于同一税款所属期内纳税人开具的货运发票存根联的“合计”金额总计数;

(二)附表《交通运输业营业税纳税申报表》“应税项目”中“公路运输——货运”与“水路运输——货运”对应的“应税减除项目金额”的“小计”栏次金额的合计数,应小于或等于同一税款所属期内纳税人取得的货运发票抵扣联的“合计”金额总计数。

第二节 比对结果处理

第八条 申报征收岗位根据“票表比对”结果分下列情况处理:

(一)“票表比对”相符的,受理其纳税申报资料并对税控盘返写监控数据;

(二)“票表比对”不符的,立即移交票表比对异常情况处理岗位。

第九条 票表比对异常情况处理岗位人员应对“票表比对”异常信息核实异常原因,并区别不同情况进行处理:

(一)属于技术原因造成“票表比对”结果异常的,应受理其申报资料,并及时通知货运发票税控系统技术部门进行维护;

(二)属于申报数据填报错误造成比对结果异常的,将申报资料退纳税人修改后重新申报;

(三)除上述两种原因外,比对结果异常的,应受理纳税申报资料,但对税控盘不予返写监控数据,通知发票发售部门暂时停止售票,同时填写《营业税“票表比对”异常转办单》(见附件,下同)转复核岗位。

第十条 复核岗位根据《营业税“票表比对”异常转办单》所列内容进行复核,审核无误的在《营业税“票表比对”异常转办单》上签署转办意见转交纳税评估部门处理。

第十一条 纳税评估部门接收《营业税“票表比对”异常转办单》后,应采取案头分析、约谈举证、实地调查等方式进行核实。经核实不具有偷税等违法嫌疑、无需立案查处的,可以解除异常,在《营业税“票表比对”异常转办单》上签署“解除异常,同意对税控盘返写监控数据”意见后移交复核岗位;经核实后发现确有偷税等违法嫌疑仍不能解除异常的,需要移交稽查部门查处,在《营业税“票表比对”异常转办单》上签署“移送稽查”意见后,移交稽查部门。

在上述纳税评估部门进行核实和稽查部门作出行政处理(处罚)决定前的过程中,如纳税人确需领购发票,纳税评估部门报经主管局领导批准后可以通知发票发售部门采取限制供票量、减少供票次数的措施,并按照中途购票进行处理;同时通知异常情况处理岗位对税控盘返写监控数据。

第十二条 稽查部门接到《营业税“票表比对”异常转办单》后,实施税务稽查。经查处可以解除异常的,在《营业税“票表比对”异常转办单》上签署“解除异常,同意对税控盘返写监控数据”意见后转交纳税评估部门,纳税评估部门再转交复核岗位。

第十三条 复核岗位接到纳税评估部门转来的注有“解除异常,同意对税控盘返写监控数据”结果的《营业税“票表比对”异常转办单》后,通知票表比对异常情况处理岗位对纳税人税控盘返写监控数据,同时通知发票发售部门解禁发票供应。

第四章 货运发票信息的稽核比对

第一节 货运发票信息采集

第十四条 税务机关应采集纳税人和代开票单位(包括代开票中介机构和代开票税务机关)开具的新版货运发票信息。其中,代开票中介机构应于每月征期内持税控盘(或税控传输盘)和软盘到税务机关进行抄报税,税务机关应采集其所有的代开货运发票信息。

第十五条 新版货运发票开票信息采集的内容:

(一)自开货运发票采集信息包括:发票号码、发票代码、受票方纳税人识别号、承运方纳税人识别号、承运方主管税务机关代码、开票日期、运费小计;

(二)代开货运发票采集信息包括:发票号码、发票代码、受票方纳税人识别号、承运方纳税人识别号、承运方主管税务机关代码、开票日期、运费小计、代开单位代码、扣缴税额。

第十六条 新版货运发票信息通过读取开票单位(包括自开票纳税人、代开票中介机构和代开票地税机关)的税控盘采集。有关采集要求与旧版货运发票相同。

第十七条 征收机关应于每月 14 日前(含当日,下同。若遇法定休假日的情况,比照征管法实施细则顺延规定的天数)完成采集货运发票存根联数据以及对未申报企业及时催报等工作。

第十八条 采集的新版货运发票和旧版货运发票信息应分别统计汇总。

第二节 货运发票信息传递

第十九条 各级税务机关应设置发票信息传递岗位,负责本地区发票信息传递等工作。

第二十条 区县级税务机关应于每月 20 日前确认本级上传的货运发票存根联信息。

地市级税务机关应于每月 22 日前确认本级上传的货运发票存根联信息。省级地税机关应于每月 23 日前确认并上传本地区货运发票存根联信息至总局。

第三节 货运发票的审核检查

第二十一条 总局对各省上报的所有货运发票信息进行比对,并于每月月底前将比对结果清分并下发至各省。

第二十二条 比对异常的新版货运发票的审核检查、检查结果反馈等工作的有关要求与旧版货运发票的有关工作要求一致。

第二十三条 货运发票审核检查的统计分析工作应区分新版货运发票和旧版货运发票,有关工作要求与旧版货运发票相同。

附件:营业税“票表比对”异常转办单(编者略)

6－3－68

国家税务总局关于旧版货运发票抵扣增值税进项税额有关问题的通知

2006年12月11日　国税函〔2006〕1187号

各省、自治区、直辖市和计划单列市国家税务局、地方税务局：

自2007年1月1日起，公路、内河货物运输业发票税控系统将在全国全面推行，现将纳税人取得的不带税控码的旧版《公路、内河货物运输业统一发票》（以下简称旧版货运发票）抵扣增值税进项税额有关问题通知如下：

一、纳税人取得的2006年12月31日以前开具的旧版货运发票可以在自发票开具日90天后的第一个纳税申报期结束以前申报抵扣，超过90天的不得抵扣。

自2007年4月1日起，纳税人取得的旧版货运发票，一律不得作为增值税进项税额的抵扣凭证。

二、纳税人取得的2007年1月1日以后开具的旧版货运发票一律不得作为增值税进项税额的抵扣凭证。

本通知自发布之日起执行。此前规定与本通知不一致的，以本通知为准。

6－3－69

国家税务总局关于公路、内河货物运输业统一发票增值税抵扣有关问题的公告

2006年12月14日　国家税务总局公告2006年第2号

为进一步加强公路、内河货物运输业发票（以下简称货运发票）管理，国家税务总局下发的《关于全国范围内推行公路、内河货物运输业发票税控系统有关工作的通知》（国税发〔2006〕163号）规定，自2007年1月1日起，全国将使用税控系统开具货运发票。为做好新旧货运发票增值税抵扣的衔接，现将有关事项公告如下：

一、自2007年1月1日起，增值税一般纳税人购进或销售货物，取得的作为增值税扣税凭证的货运发票，必须是通过货运发票税控系统开具的新版货运发票。

纳税人取得的2007年1月1日以后开具的旧版货运发票，不再作为增值税扣税凭证抵扣进项税额。

二、纳税人取得的2006年12月31日以前开具的旧版货运发票暂继续作为增值税扣税凭证，纳税人应在开具之日起90天后的第一个纳税申报期结束以前申报抵扣进项税额。

自2007年4月1日起，旧版货运发票一律不得作为增值税扣税凭证抵扣进项税额。

特此公告。

6－3－70

国家税务总局关于加强公路、内河货物运输业统一发票和机动车销售统一发票印制管理有关问题的通知

2006年12月27日　国税函〔2006〕1268号

各省、自治区、直辖市和计划单列市国家税务局、地方税务局：

根据对各地报税务总局备案的货运发票和机动车发票票样分析，结合货运发票税控系统试点的情况，目前货运发票和机动车发票的印制和使用中仍存在一些问题，如部分地区税务机关在印制发票时擅自改变字体、字号；字间距不符合标准；发票代码、发票号码数字与汉字未对齐或数字上下未对齐；发票开具时随意涂改；纳税人保管不善，发票发生皱折等，影响了数据采集和认证的准确性，给纳税人的正常抵扣带来困难。为了配合货运发票税控系统在全国推广应用，同时做好机动车销售统一发票税控系统推行的准备工作，现就货运发票和机动车发票的印制和使用管理的有关要求通知如下：

一、各地税务机关应进一步提高认识，严格按照新版货运发票和机动车发票有关文件规定及税务总局下发的票样进行印制，切实保证印制质量，保障货运发票和机动车发票税控系统的顺利实施。

二、发票号码和发票代码的印刷误差应控制在规定的范围内（见附件“发票代码、发票号码印刷误差要求及示意图”）。

三、货运发票和机动车发票的联次内容及顺序应按照税务总局文件的规定印制，抵扣联和报税联必须采用52克干式复写纸。

四、各地税务机关应进一步规范纳税人发票开具和保管行为，指导纳税人做好发票的开具和保管工作。货运发票和机动车发票的各项打印内容不能打印出格，票面不能手工涂改；如发生开具错误，应按废票处理。受票方对已开具的发票应妥善保管，不得折叠、挤压。机动车购货单位如为增值税一般纳税人，则“身份证号码/组织机构代码”一栏内应填写纳税人识别号。

五、纳税人在开票过程中，如出现使用的电脑中国家标准字库无法打印汉字的现象，可以手工填写，但需在手工填写的汉字上加盖开票单位财务专用章或发票专用章（指发票联、注册登记联），代开发票加盖税务机关代开发票专用章。

各地税务机关接到本通知后，要尽快组织检查本地区内已印制完毕的货运发票和机动车发票，凡不符合规定的货运发票，一律收回；不符合规定的机动车发票，在推行机动车发票税控系统前使用完毕或收回。

附件：发票代码、发票号码印刷误差要求及示意图（编者略）

6－3－71

国家税务总局关于纳税人折扣折让行为开具红字增值税专用发票问题的通知

2006年12月29日　国税函〔2006〕1279号

各省、自治区、直辖市和计划单列市国家税务局：

近接部分地区询问，因市场价格下降等原因，纳税人发生的销售折扣或折让行为应如何开具红字增值税专用发票。经研究，明确如下：

纳税人销售货物并向购买方开具增值税专用发票后，由于购货方在一定时期内累计购买货物达到一定数量，或者由于市场价格下降等原因，销货方给予购货方相应的价格优惠或补偿等折扣、折让行为，销货方可按现行《增值税专用发票使用规定》的有关规定开具红字增值税专用发票。

6－3－72

国家税务总局关于部分地区公路、内河货物运输业发票扫描认证有关问题的紧急通知

2007年2月8日　国税函〔2007〕169号

辽宁、浙江、福建、山东、广东省国家税务局，大连、宁波、厦门、青岛、深圳市国家税务局：

目前计划单列市与所在省其他地区之间相互通过公路、内河货物运输业发票税控系统（以下简称货运发票税控系统）开具的公路、内河货物运输业发票（包括自开票和代开票，以下简称货运发票），不能正常通过系统认证，造成部分纳税人2007年1月份取得的货运发票不能按期作为扣税凭证抵扣增值税进项税额。现将有关问题通知如下：

一、计划单列市与所在省其他地区因上述问题无法正常通过系统认证的货运发票，待总局2007年2月初下发货运发票税控系统认证子系统补丁程序后，重新进行扫描认证，认证相符的发票方可作为增值税进项税额的抵扣凭证。

二、计划单列市与所在省其他地区要加强征前审核，严格按照《国家税务总局关于全国范围内推行公路、内河货物运输业发票税控系统有关工作的通知》（国税发〔2006〕163号）规定执行。增值税一般纳税人取得货运发票税控系统开具的货运发票必须在规定期限内通过货运发票税控系统认证子系统采集数据，不再以《增值税运输发票抵扣清单》的方式采集。

三、各级税务机关应做好纳税辅导工作，执行中如有问题，请及时报告总局（流转税管理司）。

6－3－73

国家税务总局关于认定外商投资货物运输企业为自开票纳税人的通知

2007年2月15日 国税函〔2007〕223号

各省、自治区、直辖市和计划单列市国家税务局、地方税务局：

总局下发的《国家税务总局关于外商投资货物运输企业征免城市维护建设税和教育费附加问题的批复》（国税函〔2005〕881号）已明确，现行城市维护建设税和教育费附加不适用于外商投资货物运输企业。鉴于今年起将对货物运输企业全面推广使用货运发票税控系统，为规范执法、优化系统运行、方便税收征管，经研究，决定自2007年1月1日起，统一将外商投资货物运输企业认定为自开票纳税人，其他税收事项仍按照《国家税务总局关于加强货物运输业税收征收管理的通知》（国税发〔2003〕121号）和《国家税务总局关于货物运输业若干税收问题的通知》（国税发〔2004〕88号）的有关规定执行。

6－3－74

国家税务总局关于加强防伪税控一机多票系统开具增值税普通发票管理有关问题的通知

2007年5月21日 国税函〔2007〕507号

各省、自治区、直辖市和计划单列市国家税务局：

按照税务总局的统一部署，2006年底全国增值税防伪税控一机多票系统（以下简称一机多票系统）已全部推行到位。但据部分地区反映，目前一些属于一机多票系统推行范围的纳税人（不含商业零售，以下简称一机多票企业）仍然不通过一机多票系统开具增值税普通发票（以下简称普通发票），影响了增值税“以票控税”的效果。为加强防伪税控一机多票系统开具增值税普通发票管理工作，现将有关问题通知如下：

一、在2007年6月30日前，各地税务机关要尽快对一机多票企业普通发票的领购、开具和库存情况进行全面检查清理。企业存有非一机多票系统使用的普通发票，必须进行收缴。

二、各地税务机关必须通过防伪税控发售子系统向一机多票企业发售普通发票，不得利用其他方式发售普通发票，也不得批准纳税人使用自印发票。凡应收缴普通发票而未收缴或擅自向企业发售非一机多票系统使用的普通发票的，要按违规违纪行为追究有关人员的责任。

三、一机多票企业销售增值税应税货物和劳务，符合《国家税务总局关于修订〈增值税专用发票使用规定〉的通知》（国税发〔2006〕156号）规定开具增值税专用发票条件的，可以开具增值税专用发票；不符合规定条件的，只能开具普通发票。

四、一机多票企业销售增值税应税货物（不包括出口货物）和劳务需要开具普通发票的，应通过一机多票系统开具。对2007年7月1日以后仍然利用其他方式开具普通发票的一机多票企业，主管税务机关应按发票管理的有关规定进行处罚，涉嫌偷税的要依法进行查处。

五、要切实加强增值税申报纳税"一窗式"管理，在审核时务必注意"表票比对"。要加强企业纳税评估，及时发现和处理企业隐瞒销售、虚抵进项等问题，加强税源监控。

六、各地税务机关在2007年7月10日前要将检查清理情况（包括检查户数、违规户数、收缴发票数量以及纠正情况等）书面报告税务总局流转税管理司。

6－3－75

国家税务总局关于下放增值税专用发票最高开票限额审批权限的通知

2007年8月28日　国税函〔2007〕918号

各省、自治区、直辖市和计划单列市国家税务局：

自2001年10月份起，税务总局先后下发了一些加强增值税专用发票（以下简称专用发票）最高开票限额管理的规定，增值税各项管理工作不断加强。为了在加强管理的同时，提高工作效率，优化纳税服务，经研究，税务总局决定下放专用发票最高开票限额审批权限。现将有关问题通知如下：

一、自2007年9月1日起，原省、地市税务机关的增值税一般纳税人专用发票最高开票限额审批权限下放至区县税务机关。地市税务机关对此项工作要进行监督检查。

二、区县税务机关对纳税人申请的专用发票最高开票限额要严格审核，根据企业生产经营和产品销售的实际情况进行审批，既要控制发票数量以利于加强管理，又要保证纳税人生产经营的正常需要。

三、区县税务机关应结合本地实际情况，从加强发票管理和方便纳税人的要求出发，采取有效措施，合理简化程序、办理专用发票最高开票限额审批手续。

四、专用发票最高开票限额审批权限下放和手续简化后，各地税务机关要严格按照"以票控税、网络比对、税源监控、综合管理"的要求，落实各项管理措施，通过纳税申报"一窗式"管理、发票交叉稽核、异常发票检查以及纳税评估等日常管理手段，切实加强征管，做好增值税管理工作。

注释：

条款废止。第二条自2014年5月1日起废止。参见：《国家税务总局关于简化增值税发票领用和使用程序有关问题的公告》（国家税务总局公告2014年第19号）。

6 -3 -76

国家税务总局关于税控收款机序列号管理有关问题的通知

2007 年 10 月 24 日　国税函〔2007〕1049 号

各省、自治区、直辖市和计划单列市国家税务局、地方税务局：

为保证税控收款机项目的顺利推行，结合湖南、北京、上海、吉林等地的推行情况，现将税控收款机序列号管理的有关事项通知如下：

一、序列号管理方式

按照《国家税务总局、财政部、信息产业部、国家质量监督检验检疫总局关于推广应用税控收款机加强税源监控的通知》（国税发〔2004〕44 号）、《信息产业部、国家税务总局关于印发〈税控收款机产品序列号管理办法〉的通知》（信部联产〔2006〕616 号）的有关规定，税控收款机采用序列号管理方式，序列号由信息产业部发放。

根据序列号管理的相关要求，为了保证安全，税务总局在税控收款机管理系统中对税控收款机序列号进行了相应管理。税控收款机序列号经税务总局发行系统初始化后方可正常使用，非法的税控机具序列号无法在税控收款机管理系统中使用。

二、序列号信息的报送

为保证各地顺利推行税控收款机，已完成招标的省、市税务机关应及时通知在本地区中标的税控收款机生产企业提前申请获得合法的税控收款机序列号，并向税务总局正式报送有关序列号资料，便于税务总局开展序列号相关初始化工作。

第一次报送序列号时，税控收款机生产企业应附上其中标通知书（复印件）。

6 -3 -77

国家税务总局关于加强普通发票防伪专用品管理的通知

2007 年 10 月 30 日　国税函〔2007〕1057 号

各省、自治区、直辖市和计划单列市国家税务局、地方税务局：

最近，有的税务机关在税务稽查中，发现了使用全国统一普通发票防伪品制售的假发票。这种假发票的出现，影响了正常的发票管理秩序，给国家税收造成损失。普通发票防伪品的管理是发票管理的重要环节。各地税务机关、防伪品生产厂家、普通发票承印厂家要高度重视普通发票防伪品的管理，从源头上加强控管，杜绝防伪品的流失，维持正常的税收秩序。为此，现就有关要求重申如下：

一、建立健全严格的防伪品管理制度

各地税务机关要建立健全严格的普通发票防伪品管理制度；要督促普通发票防伪品定点生产厂家和普通发票承印厂家制定并严格遵守防伪品生产、运输、仓储、印制、保管等各项规定，特别是加强生产车间、仓库、运输等环节的防盗安全措施，防止内外勾结，将责任和措施落实到每个环节、岗位和具体人员。

二、严格防伪品生产计划和销售的管理

防伪品生产厂家要严格按照规定做好防伪品订货计划的确认和发货工作。要单独建立防伪品的订货、发放台账。订货要凭省税务机关出具的订货通知单加以确认，并按订货通知单中注明的数量、时间、供货单位及地点发货。发票承印厂家和原纸再加工企业，不得私自订购防伪品。

三、对防伪品生产厂家和发票承印厂家实施专项检查

（一）各地税务机关要对防伪品生产厂家和普通发票承印厂家进行一次防伪品的全面清查，重点检查防伪品的生产（包括残次品的处置）、订货、发货、加工、印制、仓储、运输、防火、防盗情况。

（二）税务总局定点的防伪品生产厂家江苏省镇江大东纸业有限公司、湖南省城步南山纸业有限责任公司、江苏海门市复写纸厂、北京中标国安防伪技术公司、天津戈德思创防伪技术有限公司由其所在地省（市）国家税务局实施检查。各省定点的防伪品再加工厂家由定点省税务机关进行检查。

（三）检查工作应在2008年1月31日前结束。具体实施时间由各省税务机关根据工作情况自行安排。在检查过程中，发现安全隐患和其他问题的，要及时采取措施，进行整改。对违反规定的，要依据《中华人民共和国发票管理办法》的规定进行处理；情节严重的，要取消其定点资格。发现重大问题要及时向税务总局汇报。检查情况于2008年2月15日前报税务总局（征管司）。

6-3-78

国家税务总局关于普通发票行政审批取消和调整后有关税收管理问题的通知

2008年1月29日　国税发〔2008〕15号

各省、自治区、直辖市和计划单列市国家税务局、地方税务局：

根据《国务院关于第四批取消和调整行政审批项目的决定》（国发〔2007〕33号）规定，普通发票的5类行政审批项目将予以取消，即取消“发票领购资格审核”、“建立收支粘贴簿、进销货登记簿或者使用税控装置审批”、“拆本使用发票审批”、“使用计算机开具发票审批”和“跨规定的使用区域携带、邮寄、运输空白发票的审批”。现就行政审批项目取消后有关普通发票管理问题明确如下：

一、普通发票领购审核问题

普通发票领购行政审批事项取消后，纳税人领购普通发票的审核将作为税务机关一项日常发票管理工作。纳税人办理了税务登记后，即具有领购普通发票的资格，不需办理行政审批事项。纳税人可根据经营需要向主管税务机关提出领购普通发票申请。主管税务机关接到申请后，应根据纳税人生产经营等情况，确认纳税人使用发票的种类、联次、版面金额，以及购票数量。确认期限为5个工作日，确认完毕，通知纳税人办理领购发票事宜。

二、建立收支粘贴簿、进销货登记簿或者使用税控装置问题

建立收支粘贴簿、进销货登记簿或者使用税控装置行政审批事项取消后，对生产、经营规模小又确无建账能力的纳税人，建立收支粘贴簿、进销货登记簿或者使用税控装置的确认按下列规定实施：

（一）按照《个体工商户税收定期定额征收管理办法》（国家税务总局令第16号）和《个体工商户建账管理暂行办法》（国家税务总局令第17号）的规定，所有达到建账标准的个体工商户，均应按照规定建立账簿。达不到建账标准而实行定期定额征收方式征收税款的个体工商户，均应建立收支凭证粘贴簿、进销货登记簿。

（二）税控装置的安装使用属于行政强制行为，凡在推广使用范围内的纳税人必须按照规定安装和使用税控装置。纳税人安装使用税控装置的确认程序按照《国家税务总局关于印发〈税控收款机管理系统业务操作规程〉的通知》（国税发〔2005〕126号）的规定执行。

三、拆本使用发票问题

拆本使用发票行政审批事项取消后，拆本使用发票按禁止行为进行管理。

四、使用计算机开具发票问题

使用计算机开具发票行政审批事项取消后，纳税人使用计算机发票，按一般普通发票领购手续办理。税务机关有统一开票软件的，按统一软件开具发票；没有统一软件的，由纳税人自行开发，其相关开票软件需报主管税务机关备案。

五、跨规定的使用区域携带、邮寄、运输空白发票的问题

跨规定的使用区域携带、邮寄、运输空白发票的行政审批事项取消后，跨规定的使用区域携带、邮寄、运输发票按禁止行为实施管理。

（一）在本省、自治区、直辖市和计划单列市印制和使用的发票，需要携带、邮寄、运输发票的，不得跨越本辖区范围。按规定需要到外省印制发票的，在携带、邮寄、运输发票时，应持有本省税务机关商印制地税务机关信函，以备检查。

（二）需要跨省、自治区、直辖市和计划单列市开具、携带、邮寄、运输发票的范围，由国家税务总局确定。

6－3－79

国家税务总局关于印发《增值税专用发票审核检查操作规程(试行)》的通知

2008年3月26日　国税发〔2008〕33号

各省、自治区、直辖市和计划单列市国家税务局:

为进一步加强增值税专用发票管理,规范异常增值税专用发票审核检查工作,税务总局制定了《增值税专用发票审核检查操作规程(试行)》,现印发给你们,自2008年4月1日起施行。各级税务机关要及时做好规程培训工作,确保规程贯彻执行到位。执行中如有问题,请及时报告税务总局(流转税管理司)。

附件:1. 审核检查工作底稿(编者略)

2. 增值税抵扣凭证委托审核检查函(编者略)

3. 增值税抵扣凭证审核检查回复函(编者略)

4. 增值税抵扣凭证审核检查移交清单(编者略)

增值税专用发票审核检查操作规程(试行)

第一条　为规范增值税专用发票审核检查工作,提高增值税专用发票审核检查工作质量和效率,制定本规程。

第二条　本规程所称增值税专用发票审核检查,是指各级税务机关按照规定的程序和方法,运用"增值税专用发票审核检查子系统"(以下简称核查子系统),对增值税专用发票稽核比对结果属于异常的增值税专用发票进行核对、检查和处理的日常管理工作。

第三条　审核检查的增值税专用发票,是指全国增值税专用发票稽核系统产生稽核比对结果为"不符"、"缺联"、"属于作废"的增值税专用发票。

第四条　增值税专用发票审核检查工作,由各级税务机关的流转税管理部门负责组织,稽查局和信息中心配合,税务机关管理部门(指管户的税务局、税务分局、税务所及负责税源管理的内设机构)具体实施。

第五条　国家税务总局流转税管理部门设置审核检查管理岗,每月6日前(含当日,遇法定节假日比照征管法实施细则有关规定顺延,下同)统计下列报表:

(一)《全国审核检查情况汇总统计表》;

(二)《分地区审核检查情况汇总统计表》;

(三)《全国审核检查结果统计表》;

(四)《分地区审核检查结果统计表》;

(五)《分地区审核检查税务处理情况统计表》。

第六条 省税务机关流转税管理部门设置审核检查管理岗，每月5日前统计并上报下列报表：

(一)《本级审核检查情况汇总统计表》；

(二)《分地区审核检查情况汇总统计表》；

(三)《本级审核检查结果统计表》；

(四)《分地区审核检查结果统计表》；

(五)《分地区审核检查税务处理情况统计表》。

第七条 地市税务机关流转税管理部门设置审核检查管理岗，按月查询下列统计报表，分析本地审核检查工作进度和质量情况：

(一)《本级审核检查情况汇总统计表》；

(二)《分地区审核检查情况汇总统计表》；

(三)《本级审核检查结果统计表》；

(四)《分地区审核检查结果统计表》；

(五)《分地区审核检查税务处理情况统计表》。

第八条 区县税务机关流转税管理部门设置审核检查管理岗，负责以下工作：

(一)将核查子系统无法自动分发的异常专用发票信息分捡到指定的税务机关管理部门；

(二)按月查询下列统计报表，对税务机关管理部门的审核检查工作进行监控和督促：

1.《本级审核检查情况汇总统计表》；

2.《分地区审核检查情况汇总统计表》；

3.《本级审核检查结果统计表》；

4.《分地区审核检查结果统计表》；

5.《分地区审核检查税务处理情况统计表》。

第九条 税务机关管理部门设置审核检查岗和审核检查综合岗。

(一)审核检查岗负责以下工作：

1. 收到核查任务后，打印《审核检查工作底稿》(见附件1)；

2. 对异常增值税专用发票进行审核检查，填写《审核检查工作底稿》，根据审核检查情况提出核查处理意见；

3. 将《审核检查工作底稿》提交部门领导和区县主管局长审批；

4. 经区县主管局长审批，将审核检查结果、税务处理意见及接收异地核查的回复信息录入核查子系统，对需异地核查的在核查子系统中发起委托异地核查；

5. 将审核检查结果、回复异地核查信息、委托异地核查函及税务处理结果提交审核检查综合岗进行复核；

6. 审核检查资料整理归档。

(二)审核检查综合岗负责以下工作：

1. 将审核检查任务分派到审核检查岗；

2. 对审核检查岗录入的审核检查结果、税务处理结果、委托异地核查信息、回复异地核查信息进行复核；

3. 发出《增值税抵扣凭证委托审核检查函》(见附件2)及《增值税抵扣凭证审核检查回复函》(见附件3)。

第十条 省税务机关信息中心设置核查子系统技术维护岗,负责下列工作:

(一)核查子系统的系统维护和技术支持;

(二)保障核查子系统正常运行的技术环境,及时解决网络和设备故障;

(三)对审核检查结果中的技术问题进行确认;

(四)系统代码维护。

第十一条 地市、区县税务机关信息中心设置核查子系统技术维护岗,负责下列工作:

(一)对审核检查结果中的技术问题进行确认;

(二)系统代码维护。

第十二条 审核检查岗接收核查任务后,按下列要求进行审核检查:

(一)核查抵扣凭证原件;

(二)查看有关购销合同、账务处理、资金往来、货物情况等;

(三)根据工作需要可进行实地核查,实地核查必须两人以上;

(四)填写《审核检查工作底稿》。

第十三条 经审核检查,对不同类型异常抵扣凭证分别进行处置:

(一)"不符"发票

1. 抵扣联票面信息与抵扣联电子信息相符的,传递给销售方主管税务机关审核检查;

2. 抵扣联票面信息与抵扣联电子信息不相符、与存根联电子信息相符的,按本规程第十七条和第十八条规定进行处理;

3. 抵扣联票面信息与抵扣联、存根联电子信息均不相符的,根据抵扣联票面信息修改抵扣联电子信息,传递给销售方主管税务机关审核检查。

(二)"缺联"发票

1. 抵扣联票面信息与抵扣联电子信息相符的,传递给销售方主管税务机关审核检查;

2. 抵扣联的票面信息与抵扣联电子信息不相符的,根据抵扣联票面信息修改抵扣联电子信息,传递给销售方主管税务机关审核检查。

(三)"属于作废"发票

1. 纳税人未申报抵扣的,按本规程第十七条和第十八条规定进行处理;

2. 纳税人已申报抵扣,传递给销售方主管税务机关审核检查。

第十四条 经审核检查,对接收的异地《增值税抵扣凭证委托审核检查函》中增值税专用发票按照以下类型回复委托方税务机关:

(一)辖区内无此纳税人的,按照"辖区内无此纳税人"录入核查子系统;

(二)辖区内有此纳税人的,分别按照"无相应存根联"、"虚开发票"、"存抵不相符"、"该票未申报"、"企业漏采集"、"企业误作废"、"税务机关漏传递"、"税务机关发票发售错误"和"其他"等录入核查子系统。

第十五条 税务机关管理部门应按下列时限完成审核检查工作。

(一)对不需要委托异地核查的异常增值税专用发票,应当在30日内完成审核检查并录入处理结果。

（二）需要委托异地核查的异常增值税专用发票，应当在30日内发出《增值税抵扣凭证委托审核检查函》并根据回复情况15日内录入处理结果。

（三）对接收的异地《增值税抵扣凭证委托审核检查函》，应当在30日内完成审核检查并向委托方税务机关发出《增值税抵扣凭证审核检查回复函》。

第十六条　税务机关管理部门应依照有关档案管理规定，将审核检查工作中形成的《审核检查工作底稿》及有关资料及时归档。

第十七条　异常增值税专用发票的审核检查结果分为以下类型：

（一）企业问题

1. 操作问题

操作问题包括：销售方已申报但漏采集；购买方已认证但未申报抵扣；购买方票面信息采集错误；其他操作问题。

2. 一般性违规问题

一般性违规包括：销售方违规作废；购买方未按规定取得；购买方未按规定抵扣；其他违规。

3. 涉嫌偷骗税问题

涉嫌偷骗税问题包括：涉嫌偷税、逃避追缴欠税、骗取出口退税、抗税以及其他需要立案查处的税收违法行为；涉嫌增值税专用发票和其他发票违法犯罪行为；需要进行全面系统的税务检查的。

（二）税务机关操作问题或技术问题。

第十八条　经区县主管局长批准，税务机关管理部门对审核检查结果分别进行处理：

（一）属于"企业操作问题"和"税务机关操作问题或技术问题"，符合税法规定抵扣条件的，允许其抵扣增值税进项税额；

（二）属于企业问题中"一般性违规问题"的，依据现行规定处理；

（三）属于企业问题中"涉嫌偷骗税"的，不需要对企业做出税务处理，将《增值税抵扣凭证审核检查移交清单》（见附件4）及相关资料移交稽查部门查处。

对于走逃企业或者非正常户的异常发票，经过审核检查确能证明涉嫌偷骗税行为的，移交稽查部门查处。

第十九条　稽查部门应当在自接收涉嫌偷骗税有关资料之日起1个月内立案检查。

第二十条　各级税务机关应将异常增值税专用发票审核检查工作纳入税收工作考核范围，定期对以下指标进行考核：

（一）审核检查完成率 = 本期完成审核检查发票数/本期应完成审核检查发票数 × 100%

其中：本期完成审核检查发票数 = 按期完成审核检查发票数 + 逾期完成审核检查发票数

本期应完成审核检查发票数 = 本期按期应完成审核检查发票数 + 前期逾期未完成审核检查发票数

（二）审核检查按期完成率 = 按期完成审核检查发票数/按期应完成审核检查发票数 × 100%

(三)异地核查回复率 = 本期回复异地核查发票数/本期应回复异地核查发票数 × 100%

其中:本期回复异地核查发票数 = 按期回复异地核查发票数 + 逾期回复异地核查发票数

本期应回复异地核查发票数 = 本期按期应回复异地核查发票数 + 前期逾期未回复异地核查发票数

(四)异地核查按期回复率 = 按期完成异地核查发票数/按期应完成异地核查凭证数 × 100%

第二十一条 本规程由国家税务总局负责解释。各地可根据实际,制定具体实施办法。

6 - 3 - 80

国家税务总局关于开展打击制售假发票和非法代开发票专项整治行动有关问题的通知

2008 年 4 月 21 日 国税发〔2008〕40 号

各省、自治区、直辖市和计划单列市国家税务局、地方税务局:

2008 年 1 月 24 日,公安部、国家税务总局联合印发了《关于开展打击制售假发票和非法代开发票专项整治行动的通知》(国税发〔2008〕12 号,以下简称通知),为认真贯彻落实通知精神,进一步明确各级税务机关打击制售假发票和非法代开发票专项整治行动的工作要求、工作措施,现将有关事项通知如下:

一、高度重视,加强领导

各地税务机关要进一步增强打击制售假发票和非法代开发票整治工作的责任感和紧迫感,认真贯彻国务院领导的指示和两部局的通知精神,高度重视这次专项整治行动,切实加强组织领导,主要领导要亲自抓,分管领导要具体抓,稽查局要有专人负责,抓紧抓实,务求实效。要争取党委政府的支持和相关部门的配合,经常向当地党委、政府请示汇报,以取得重视和支持,确保专项整治行动的顺利进行,力求取得更大的成效。

二、密切配合,综合治理

各地国税、地税机关要按照通知的要求,积极与公安机关进行协调沟通,迅速统一部署专项整治行动,成立由公安机关牵头,国税、地税机关参与的联合领导小组,下设联合办公室,研究制订专项整治工作计划和实施方案,随时了解掌握、上报专项整治行动进展情况和相关案例,协调工作中遇到的问题与困难。专项整治工作中,国税、地税机关领导都要主动协调好各相关方面,经常督促检查本系统对专项整治工作计划和实施方案的落实情况,及时解决好工作中的困难和问题。发现案源,公安、税务机关要及时互相通报、移送,联合行动,步调一致,充分发挥领导小组的协调指挥作用。同时,要加强与其他相关部门的沟通和协作,取得相关部门的密切配合与支持,努力建立起各部门齐抓共管,打防、宣传教育相结合的综合治理机制。

三、集中力量,突出重点

各级税务机关要积极会同公安机关组织专门力量,找准目标,精心布局,集中力量,严加整治。这次专项整治行动的工作重点是端掉一批制售假发票的窝点和网络,打掉一批犯罪团伙。要以目前手机和网络上的涉税违法信息作为第一案源,安排专人负责收集手机涉税违法短信息,搜索互联网上发布的涉税违法信息,并以此为突破口,主动出击。办案过程中,可以采取购买假发票或非法代开的真发票的方式,顺藤摸瓜,追根溯源,争取打掉一批团伙,端掉一批窝点。要针对发票违法犯罪形势比较严峻的重点地区和重点对象进行督办,争取在短时间内摧毁更多的窝点和团伙。要对车站、码头等发票的集散地,集中力量进行整治,力求有突破性进展。整治不合法发票的买方市场,是专项整治行动的重要方面,对于不符合规定的发票和其他凭证,包括虚假发票和非法代开发票,均不得用以税前扣除、出口退税、抵扣税款。

四、重视宣传,营造氛围

各级税务机关要特别重视宣传教育,采取多种方式和途径运用正反两方面典型案例进行宣传,以扩大专项整治行动的社会效果,营造良好的舆论氛围。要向广大纳税人和公民宣传发票相关知识,增强依法取得、使用发票的自觉性,提高识别假发票的能力,警示使用虚假发票的后果;要选择一些典型案例,以案释法,加大对发票违法犯罪案件的曝光力度,使专项整治行动产生更大的社会效果。特别要注意收集专项整治行动的音像资料。对于群众检举制售假发票窝点,查实后要按规定给予奖励。

五、认真总结,按时上报

各级税务机关在专项整治行动中要严格执行工作报告制度,按照两部局通知的要求,按时上报具体工作计划和实施方案;每月 7 日前向国家税务总局上报工作进展情况,并有案例和数据资料,国税、地税要联合填报《打击制售假发票和非法代开发票工作情况表》(见附件 1);重要事项和重大案件要随时报告,国家税务总局将加强对重大案件的督办。专项整治行动查处的案件要快办快结,认真总结专项整治情况,对发现的问题要提出改进意见,专项整治行动结束后,按时上报工作总结。

附件:打击制售假发票和非法代开发票工作情况表(编者略)

注释:

条款修改。根据《第十三届全国人民代表大会第一次会议关于国务院机构改革方案的决定》等有关规定,税收规范性文件规定的国税地税机关的职责和工作由新的税务机关承担。国家税务总局依据《税收规范性文件制定管理办法》(国家税务总局令第 41 号公布),对税收规范性文件进行了清理。参见:《国家税务总局关于修改部分税收规范性文件的公告》(国家税务总局公告 2018 年第 31 号)。

6-3-81

国家税务总局　中国民用航空局关于印发《航空运输电子客票行程单管理办法(暂行)》的通知

2008年5月19日　国税发〔2008〕54号

各省、自治区、直辖市和计划单列市地方税务局,民航各地区管理局,公共航空运输企业,中国民航信息网络股份有限公司,中国民用航空局清算中心:

为了加强民用航空运输电子客票行程单的管理,建立起既有利于税务管理,又适应行业特点的管理模式,根据《中华人民共和国发票管理办法》(以下简称《发票管理办法》)和《国家税务总局、中国民用航空总局关于试行民航电子客票报销凭证有关问题的通知》(国税发〔2006〕39号)的有关规定,国家税务总局、中国民用航空局制定了《航空运输电子客票行程单管理办法(暂行)》。现印发给你们,并就有关问题明确如下:

一、《航空运输电子客票行程单》(以下简称《行程单》)纳入发票管理范围,由国家税务总局负责统一管理,套印国家税务总局发票监制章。经国家税务总局授权,中国民用航空局负责全国《行程单》的日常管理工作。

二、民航各地区管理局及其派出机构负责所辖地区的公共航空运输企业、航空运输销售代理企业《行程单》的领购、发放、开具、保管和缴销等环节的监督检查。民航各地区管理局及其派出机构在查处《行程单》案件时,可提请辖区相关主管税务机关共同参与检查。对违反《发票管理办法》的行为,应提请辖区内相关主管税务机关进行处理。相关主管税务机关应按《发票管理办法》的规定对违法行为进行查处。

各省、自治区、直辖市和计划单列市地方税务局可依据本通知的规定,根据实施检查或案件发生的区域确定相关的主管税务机关。

税务机关接到消费者举报涉及纳税人伪造、虚开《行程单》的案件,可直接受理。税务机关在实施税务检查或受理消费者举报时发现有伪造、虚开《行程单》等违法行为的,按《税收征收管理法》、《发票管理办法》的规定进行处罚。

三、《航空运输电子客票行程单管理办法(暂行)》中"在中华人民共和国境内印制、领购、发放、开具、保管、回收和缴销《行程单》的单位"是指:中国民用航空局授权的《行程单》发放单位、发放单位设立的《行程单》发放仓库、中国民用航空局授权的《行程单》信息系统运行维护单位、公共航空运输企业、航空运输销售代理企业、《行程单》印制企业。

四、《行程单》打印系统由中国民用航空局授权中国民航信息网络股份有限公司开发,公共航空运输企业也可自行开发本公司《行程单》打印系统,经中国民用航空局审验合格后使用。开发单位负责系统运行维护与技术支持,提供查验《行程单》真伪的网站、热线电话或短信等服务。

五、《行程单》的发放由中国民用航空局清算中心通过信息管理系统统一管理。

六、为提高《行程单》的防伪性能，便于广大旅客识别真伪，有效遏制伪造《行程单》的违法行为，《行程单》使用防伪纸印制。防伪纸采用“SW”和“MH”组合字样的水印图案。新版《行程单》自2008年7月1日起启用，旧版《行程单》使用至2008年8月31日。2008年7月1日至8月31日，各公共航空运输企业和航空运输销售代理企业开具的《行程单》，可并行使用新、旧两种版本；2008年9月1日起，一律开具新版《行程单》。

自助售票机设备采用热敏纸打印的《行程单》维持原纸张不变。

航空运输电子客票行程单管理办法（暂行）

第一章 总 则

第一条 为加强中国民用航空运输电子客票行程单管理，促进中国民用航空运输业的健康发展，根据《中华人民共和国发票管理办法》（以下简称《发票管理办法》）及其他有关规定，结合中国民用航空运输管理的实际，制定本办法。

第二条 在中华人民共和国境内印制、领购、发放、开具、保管、回收和缴销航空运输电子客票行程单（以下简称《行程单》）的单位和个人，必须遵守本办法。

第三条 本办法所称《行程单》，作为旅客购买电子客票的付款凭证或报销凭证，同时具备提示旅客行程的作用。

第四条 《行程单》采用一人一票制，不作为机场办理乘机手续和安全检查的必要凭证使用。

第五条 《行程单》纳入税务发票管理范围。中国民用航空局经国家税务总局授权，负责全国《行程单》的印制、领购、发放、开具、保管和缴销等管理工作。

第六条 民航各地区管理局及其派出机构负责本地区《行程单》的领购、发放、开具、保管和缴销等环节的监督检查，并受理消费者投诉。民航各地区管理局辖区内相关主管税务机关负责对违反《发票管理办法》的行为进行核查和处理。

第二章 《行程单》的印制

第七条 《行程单》的式样、内容及防伪措施由国家税务总局和中国民用航空局共同确定，套印国家税务总局发票监制章。

第八条 《行程单》印制企业由中国民用航空局根据国家税务总局批准的数量确定。确定后的印制企业，报国家税务总局备案。

第九条 中国民用航空局于每年4月和11月底，统一编制《行程单》半年印制计划，报国家税务总局批准后，向印制企业下达《行程单》印制计划。

第十条 印制企业应严格按照印制计划和印制要求印制《行程单》。公共航空运输企业和发放单位如需增印，须提前60天提出申请，并报中国民用航空局和国家税务总局审批后实施。

第十一条 《行程单》使用防伪纸印制。《行程单》防伪纸由国家税务总局确定的企业生产。

第十二条 《行程单》印制企业根据下达的印制计划向国家税务总局报送防伪纸订货申请单(一式三联),经国家税务总局审核批准后,一联退印制厂家,一联交防伪纸生产企业。印制企业凭批准的防伪纸订货申请单向防伪纸生产企业订货。

第三章 《行程单》的领购和发放

第十三条 《行程单》由中国民用航空局确定的单位负责发放、回收、缴销和组织鉴定工作,同时负责向相关管理机构提供《行程单》使用情况的相关资料。

第十四条 公共航空运输企业和航空运输销售代理企业应使用统一的《行程单》管理信息系统,按计划向中国民用航空局授权的《行程单》发放单位申请领购《行程单》。

第十五条 印制企业按照批准的数量和号段印制《行程单》,并将《行程单》运送到公共航空运输企业和中国民用航空局授权的《行程单》发放单位。

公共航空运输企业所属营业部向公共航空运输企业提出领用申请,由公共航空运输企业审批后对其进行实物派发和号段匹配。

公共航空运输企业营业部下属的销售机构向营业部提出领用申请,营业部批准后对其进行实物派发和号段匹配。

第十六条 中国民用航空局授权的《行程单》发放单位应定期将《行程单》配送至发放单位设立的《行程单》发放仓库,并保证其一定的周转库存数量。航空运输销售代理企业向中国民用航空局授权的《行程单》发放单位提出领购申请,发放单位审核通过后,向航空运输销售代理企业及其所在地的发放单位设立的《行程单》发放仓库下达领购信息,航空运输销售代理企业凭发放单位的领购信息和领购凭证到发放仓库领购《行程单》。

如航空运输销售代理企业所在地没有发放单位设立的《行程单》发放仓库,由发放单位负责配送。

第十七条 公共航空运输企业领购的《行程单》只在本企业范围内使用,禁止发放给航空运输销售代理企业使用。

第四章 《行程单》的开具和保管

第十八条 公共航空运输企业和航空运输销售代理企业在旅客购票时,应使用统一的打印软件开具《行程单》,不得手写或使用其他软件套打;打印项目、内容应与电子客票销售数据内容一致,不得重复打印,并应告知旅客《行程单》的验真途径。《行程单》遗失不补。严禁虚开、伪造、倒卖《行程单》。

第十九条 《行程单》打印错误或打印失败时,应在《行程单》打印软件中进行作废操作。空白《行程单》发生毁损、丢失,公共航空运输企业、航空运输销售代理企业和印制企业应于事故发生当日报告中国民用航空局授权的《行程单》发放单位,并在媒体公告声明作废;发放单位在《行程单》管理信息系统中对毁损、丢失的空白《行程单》进行报废处理。

第二十条 任何单位和个人不得转让、转借《行程单》,不得擅自扩大《行程单》的使用范围。

第二十一条 旅客发生退票或其他变更导致票价金额与原客票不符时,若已打印《行程单》，应将原《行程单》收回，方能为其办理有关手续。

第二十二条 《行程单》打印系统由中国民用航空局授权信息系统运行维护单位统一开发并由其负责系统运行维护与技术支持，提供查验《行程单》真伪的网站、热线电话、短信和彩信等服务。

第二十三条 印制、使用《行程单》的单位，应严格保管《行程单》，保证《行程单》的存放安全，不得擅自销毁。

第五章 《行程单》的缴销

第二十四条 中国民用航空局授权的《行程单》发放单位负责作废《行程单》的回收工作，定期对作废《行程单》进行缴销；负责《行程单》发放、打印和作废数据的汇总统计，并按期向中国民用航空局和国家税务总局报送相关数据。

第二十五条 公共航空运输企业和航空运输销售代理企业应在每年3月份将作废的《行程单》分别上交公共航空运输企业总部和发放单位设立的《行程单》发放仓库。发放单位应于每年4月份到公共航空运输企业总部和发放仓库进行现场缴销，并将缴销情况分别报中国民用航空局和国家税务总局。

第二十六条 《行程单》电子数据由中国民用航空局授权的发放单位妥善保管5年，期满后报中国民用航空局和国家税务总局批准后清除。

第六章 《行程单》的监督检查

第二十七条 中国民用航空局负责组织实施《行程单》的印制、领购、发放、开具、保管和缴销的日常监督检查工作，并将检查情况报国家税务总局备案。必要时，国家税务总局可根据《行程单》各个环节的管理情况依法进行监督检查。

第二十八条 民航各地区管理局及其派出机构对所辖地区的公共航空运输企业和航空运输销售代理企业《行程单》的领购、发放、开具、保管、缴销情况进行检查，并有权向当事各方询问与《行程单》有关的问题和情况。

在查处《行程单》案件时，民航各地区管理局及其派出机构可提请辖区相关主管税务机关共同参与检查。税务机关在对纳税人实施税务检查时可对其开具、取得《行程单》的情况进行检查。税务机关接到消费者举报涉及纳税人伪造、虚开《行程单》的案件，可直接受理。

第二十九条 税务机关在查处《行程单》案件时，可依据《发票管理办法》对与案件有关的情况和资料，采取记录、录音、录像、照相和复制等措施。

第三十条 使用《行程单》的公共航空运输企业和航空运输销售代理企业必须接受民航各地区管理局及其派出机构和相关主管税务机关的检查，如实反映情况，提供有关资料，不得拒绝和隐瞒。

第三十一条 不符合规定的《行程单》，不得作为会计核算的原始凭证，任何单位和个人有权拒收，并向开票单位所属民航地区管理局及其派出机构或所辖地区相关主管税务机关举报。

第七章 法律责任

第三十二条 民航各地区管理局及其派出机构在检查中，发现《行程单》领购、发放、开具、保管和缴销过程中有违反《发票管理办法》的行为，应提请辖区内相关主管税务机关进行处理。相关主管税务机关应对违法行为进行核查，并按《发票管理办法》的规定进行处罚。税务机关在实施税务检查或受理消费者举报时发现有伪造、虚开《行程单》等违法行为的，按《税收征收管理法》、《发票管理办法》的规定进行处罚，构成犯罪的，依法追究刑事责任。

第三十三条 航空运输销售代理企业发生违反《发票管理办法》或本办法行为的，由中国民用航空局或民航各地区管理局责令其停业整顿；情节特别严重的，责成相关行业协会取消其销售代理资格。

第八章 附 则

第三十四条 中国民用航空局和民航各地区管理局及其派出机构、中国民用航空局授权的《行程单》信息系统运行维护单位、中国民用航空局授权的《行程单》发放单位、发放单位设立的《行程单》发放仓库、公共航空运输企业、航空运输销售代理企业、印制企业应根据《发票管理办法》和本办法的规定，结合具体情况，制定《行程单》管理实施细则和相关管理制度，并报国家税务总局和中国民用航空局备案。

第三十五条 本办法由国家税务总局和中国民用航空局负责解释。

第三十六条 本办法自发布之日起施行。

附件：《航空运输电子客票行程单》票样（编者略）

注释：

条款修改。根据《第十三届全国人民代表大会第一次会议关于国务院机构改革方案的决定》等有关规定，税收规范性文件规定的国税地税机关的职责和工作由新的税务机关承担。国家税务总局依据《税收规范性文件制定管理办法》（国家税务总局令第 41 号公布），对税收规范性文件进行了清理。参见：《国家税务总局关于修改部分税收规范性文件的公告》（国家税务总局公告 2018 年第 31 号）。

6－3－82

国家税务总局关于招商银行代售航空运输电子客票行程单使用发票问题的通知

2008 年 6 月 30 日 国税函〔2008〕634 号

各省、自治区、直辖市和计划单列市地方税务局：

根据《国家税务总局、中国民用航空局关于印发〈航空运输电子客票行程单〉管理办法（暂行）的通知》（国税发〔2008〕54 号）的规定，2008 年 7 月 1 日启用新版《航空运输电子客票行程单》（以下简称《行程单》），由中国民用航空局采用《行程单》发放系统向用票单位发售,其中向销售代理人发售的部分,由招商银行各地区支行代中国民用航空局发售。现就招商银行代售《行程单》使用发票问题明确如下:

一、招商银行各地区支行向销售代理人发售《行程单》收取款项时,应当开具《银行代收费业务专用发票》。

二、招商银行各地区支行凭中国民用航空局清算中心与招商银行股份有限公司签署的《委托代售空白航空运输电子客票行程单协议》复印件(加盖中国民用航空局清算中心印章),向所在地主管税务机关领购《银行代收费业务专用发票》。

三、各省、自治区、直辖市和计划单列市地方税务局应按照《国家税务总局、中国人民银行关于银行代收费业务使用税务发票有关问题的通知》(国税发〔2007〕108 号)的规定,在 2008 年 9 月 1 日前做好《银行代收费业务专用发票》的印制、发售和相关管理工作,保证银行代收费业务的正常开展。2008 年 9 月 1 日前,未完成《银行代收费业务专用发票》印制工作的地区,招商银行在办理《行程单》发售业务时,暂开具银行收款凭证,待《银行代收费业务专用发票》投入使用后再换开正式发票。

6 -3 -83

国家税务总局关于进一步加强普通发票管理工作的通知

2008 年 7 月 22 日　国税发〔2008〕80 号

各省、自治区、直辖市和计划单列市国家税务局、地方税务局:

为了巩固打击制售假发票和非法代开发票专项整治行动所取得的成果,现就进一步依法加强普通发票管理、建立发票管理长效机制有关问题通知如下:

一、统一思想,提高认识

目前,制售假发票和非法代开发票违法犯罪活动十分猖獗,应开不开、虚开发票等违法行为时有发生,不仅严重侵蚀国家税基,为其他经济犯罪提供便利,而且败坏社会道德,成为经济活动中的一个顽疾。各级税务机关要充分认识制售假发票和非法代开发票等违法行为的严重危害性,要像公安机关严厉打击毒品犯罪一样,进一步加大对制售假发票和非法代开发票违法行为的整治力度,继续保持严厉打击的高压态势。同时,要采取有效措施,通过实施"机具开票,逐笔开具;有奖发票,鼓励索票;查询辨伪,防堵假票;票表比对,以票控税"的管理模式,切实加强普通发票的日常管理,着力构建发票管理长效机制,有效遏制制售假发票和非法代开发票行为的蔓延,维护国家正常的经济秩序。

二、加强集中印制,完善防伪措施

(一)落实集中印制制度。严格按照《国家税务总局关于加强普通发票集中印制管理的通知》(国税函〔2006〕431 号)要求,抓紧完成印制企业的招标工作,严格控制印刷企业数量,尽快实现按省集中印制普通发票,切实提高普通发票的印制质量和安全保障,合理控制发票印制成本。贯彻集中统一的原则,除企业冠名发票外,要科学合理地简并规范通用发票票种。

（二）加强防伪专用品管理。严格按照《国家税务总局关于加强普通发票防伪专用品管理的通知》（国税函〔2007〕1057号）要求，加强对发票防伪专用品使用的管理，完善并落实管理责任制。凡达不到防伪专用品使用管理要求的企业，一律取消其印制资格。年内对发票承印厂进行一次全面清查，重点检查发票防伪专用品购、存、用以及印制等环节安全措施的落实情况。

（三）改进和完善发票防伪措施。要在全国统一防伪措施基础上，分行业研究其特征，有针对性地增加地区性防伪措施；有条件的地区可以在发票上印制条码或密码，提高发票防伪性能，方便企业和消费者查询辨伪。各地对增加或变更的公众防伪措施应及时公开，并报税务总局备案。税务总局将适时在税务总局网站公布各地普通发票票样和公众防伪措施及查询方式，以方便各地税务机关和纳税人查询辨伪。

（四）做好冠名发票印制工作。为了提高和维护纳税人自身信誉度，减少串票现象的发生，根据《中华人民共和国发票管理办法实施细则》的有关规定，符合条件的纳税人都可以申请印制、使用冠名发票，主管税务机关要及时审批，优化服务，规范管理。

三、严格发票发售，防止发生骗购

（一）确保发票申领者身份合法。在办理税务登记时，要充分利用工商行政管理部门的注册登记信息查询系统，以及公安部门的公民身份信息查询系统，做好税务登记法定代表人身份核对工作，防止不法分子利用假身份、假证件注册登记，骗购发票。

（二）分类进行发票初始核定。要根据分类管理的要求，在核定纳税人适用的票种、版别、数量前，分行业、分项目、分规模对纳税人进行相关调查测算，并以此作为依据，在纳税人申请领购发票时，结合其经营行业、经营项目、经营规模，对其申请领购的发票票种、版别、数量认真进行核对和确认。

（三）合理控制发票发售数量。对初次申请领购发票或者一年内有违章记录的纳税人，其领购发票的数量应控制在1个月使用量范围内；使用发票比较规范且无发票违章记录的纳税人，可适当放宽，但最多不得超过3个月的使用量；企业冠名发票的审批印制数量控制在不超过1年使用量范围内；对定期定额户应供应小面额发票，并及时根据使用情况调整供应量和纳税定额。

（四）规范定额发票的供应。对不在税控收款机推行范围内或开票量及开票金额较小，又不适合使用机具开票的纳税人可提供定额发票。定额发票的供票数量根据纳税人经营额、纳税额确定。

四、规范发票开具，严格代开管理

（一）加强对纳税人开票管理。要认真落实《中华人民共和国发票管理办法》的规定，收款方在收取款项时，应如实填开发票，不得以任何理由拒开发票，不得开具与实际内容不符的发票，不得开具假发票、作废发票或非法为他人代开发票；付款方不得要求开具与实际内容不符的发票，不得接受他人非法代开的发票。税务机关的工作人员要告之纳税人不按规定开具和取得发票的法律责任。

（二）加快实行机具开票、逐笔开具制度。凡已推行税控收款机的地区和行业，要全面推行税控机具开票，纳税人要按规定期限向主管税务机关报送相关数据；使用机具开票的电子数据,必须妥善保存,做到不丢失、不更改,确保所存储的每一张发票电子存根数据与付款方取得的发票联数据一致。发票电子存根数据视同纸质发票存根保存。要积极创造条件,逐步取消手工开票。

(三)规范代开发票行为。对临时需要税务机关代开发票的纳税人,应告知其代开发票的范围、需提交的证明资料、办理程序和手续,并及时受理,认真审核、照章征税后为其办理代开事宜。

五、加快税控机具推广,配套推行有奖发票

(一)加快推广进程。推广应用税控收款机是加强税源监控的重要手段,是遏制制售假发票和非法代开发票的有力措施。各地税务机关要根据《国家税务总局、财政部、信息产业部、国家质量监督检验检疫总局关于推广应用税控收款机加强税源监控的通知》(国税发〔2004〕44 号,以下简称《通知》)和《国家税务总局关于税控收款机推广应用的实施意见》(国税发〔2004〕110 号)等有关规定,加快税控收款机推广应用工作。已经开展推广应用的地区,要及时总结经验,继续扩大推行范围,完善各项制度和措施,充分利用税控收款机数据做好"票表比对"和税源监控工作;已实施招标尚未推广的地区,要尽快组织试点工作,完善实施方案,落实好纳税人购买税控设备的各项优惠政策,分期、分批、分行业组织好税控收款机推广应用;目前尚未实施招标的地区要提高认识,切实转变观念,克服畏难情绪,抓紧完成税控收款机选型招标工作。

(二)建立有奖发票和举报奖励制度。凡已推广应用税控收款机地区的国家税务局,应按照《通知》的要求,报经税务总局向财政部申请有奖发票资金,适时开展"有奖发票"和"发票举报有奖"活动;地方税务局可参照有奖发票的有关规定,积极申请地方财政支持。要通过开展"有奖发票"和"发票举报有奖"活动,鼓励消费者主动索要发票,积极检举发票违法行为,促使纳税人依法开具、使用发票。

六、严格缴销管理,防止发票流失

(一)严格执行验旧购新制度。凡使用税控收款机开具发票的纳税人,税务机关要按规定通过税控管理后台对其报送的开票电子数据进行采集认证,即"验旧",验旧通过的,准予"购新";凡使用手工开票及未实行电子数据报送的纳税人,税务机关要定期核验发票使用情况,并将纳税人使用发票的开具情况、经营情况与纳税情况进行分析比对,发现问题及时处理并相应调整供票量。对重点纳税人要实施当期"验旧购新"和"票表比对"。有条件的地区可对重点纳税人或重点行业的纳税人开票信息进行数据采集和认证,进行相关数据的比对、分析,及时发现异常情况并采取措施纠正,涉嫌偷逃骗税的移送稽查部门查处。

(二)及时处理丢失或被盗发票。当发生发票丢失或被盗时,税务机关应要求纳税人按规定及时刊登公告,声明作废,并列入丢失或被盗发票数据库。一旦发现有开具作废发票者,一律依法从重处罚。

七、建立查询系统,倡导维权辨伪

(一)建立发票辨伪查询系统。要充分利用现有资源和技术手段,建立健全发票管理和查询系统,收集发票印制、领购、开具、缴销、丢失、被盗、作废信息,并通过专用系统进行分析和评估。要充分利用 12366 纳税服务热线、税务网站以及短信平台,为纳税人和消费者提供辨别真伪的信息查询服务,建立普通发票信息监控平台。

（二）倡导纳税人维权辨伪。要通过各种公共媒体和宣传工具，普及相关法律知识、发票防伪知识以及识别发票真伪的方法，不断提高广大用票单位和个人依法使用发票的自觉性，鼓励广大消费者主动索取发票，维护其自身合法权益，维护正常的税收秩序，促进社会诚信建设。

八、加强日常监督，打击不法活动

（一）深入开展重点打击行动。会同公安部门重点整治一些不法分子利用手机短信、互联网、传真、邮递等交易方式销售假发票和非法代开发票活动，严厉打击专门发送发票违法信息和专门代开发票的团伙，集中治理在街头巷尾、车站码头等公共场所兜售假发票的行为，加大对印制假发票窝点的打击力度，加强对重点案件和重点地区工作督导，确保专项整治行动取得更大成效。要将此项工作作为今后税务稽查监管工作的一项重要内容，将发票检查列为税务检查的重要内容之一，持之以恒，常抓不懈，逐步建立起整治制售假发票和非法代开发票工作的长效机制。凡涉嫌偷逃骗税和虚开发票、非法代开发票的，一律移送稽查部门查处。

（二）落实管理和处罚规定。在日常检查中发现纳税人使用不符合规定发票特别是没有填开付款方全称的发票，不得允许纳税人用于税前扣除、抵扣税款、出口退税和财务报销。对应开不开发票、虚开发票、制售假发票、非法代开发票，以及非法取得发票等违法行为，应严格按照《中华人民共和国发票管理办法》的规定处罚；有偷逃骗税行为的，依照《中华人民共和国税收征收管理法》的有关规定处罚；情节严重触犯刑律的，移送司法机关依法处理。

（三）将发票使用情况与纳税信用等级评定挂钩。凡有发票违法行为的，应作为对其纳税信用等级降级处理的依据，并记录在失信信息数据库中，供社会查询。

各级税务机关要紧密依靠当地党委和政府的支持，深入开展好打击制售假发票和非法代开发票专项整治行动，将发票管理工作列入税收征管工作的重要议事日程，实行归口管理，统一协调，完善相关制度，健全工作机制，有效整合资源，狠抓任务落实，切实提高发票管理工作的质量和效率。

注释：

条款修改。根据《第十三届全国人民代表大会第一次会议关于国务院机构改革方案的决定》等有关规定，税收规范性文件规定的国税地税机关的职责和工作由新的税务机关承担。国家税务总局依据《税收规范性文件制定管理办法》（国家税务总局令第41号公布），对税收规范性文件进行了清理。参见：《国家税务总局关于修改部分税收规范性文件的公告》（国家税务总局公告2018年第31号）。

6-3-84

国家税务总局关于红字增值税专用发票通知单管理系统推行工作的通知

2008年8月25日 国税函〔2008〕761号

各省、自治区、直辖市和计划单列市国家税务局：

为了加强增值税的征收管理，堵塞漏洞，税务总局决定全面推广应用红字增值税专用发票通知单管理系统（以下简称红字发票通知单管理系统），现将有关工作通知如下：

一、系统培训

（一）税务端培训工作

税务总局负责组织对各省师资班培训工作。各省负责本省相关岗位人员的培训，培训工作于2008年9月30日前完成。具体培训安排如下：

1. 2008年9月中下旬税务总局组织完成全国各省师资人员的培训，时间、地点和参加人员另行通知。

2. 2008年9月30日前各省负责组织完成本省具体操作岗位人员的培训。

（二）企业端培训工作

2008年10月1日～11月30日各地应完成对防伪税控企业的培训。

对于已经升级为一机多票系统的企业，培训采用免费、集中方式，由各主管税务机关负责提供培训场所，并做好宣传和组织工作，各地服务单位免费提供培训师资。培训内容包括税务人员对红字增值税专用发票相关业务政策规定的宣讲，以及服务单位人员对开票系统升级和操作事项的介绍。

对于尚未升级为一机多票系统的企业，还应由服务单位进行一机多票开票系统的培训，具体培训方案参照《国家税务总局关于推行增值税防伪税控一机多票系统的通知》（国税发〔2006〕78号）。

二、系统升级

（一）税务端升级工作

2008年9月30日前税务总局组织相关软件开发单位完成各省、自治区、直辖市和计划单列市国税局税务端相关系统的升级工作，具体安排另行通知。

（二）企业端升级工作

各地应在2008年10月1日～11月30日完成企业端开票系统的升级工作，对于不同版本的开票系统，升级方法有所不同，具体方法如下：

1. 对于已经升级为一机多票系统的企业，原则上由企业使用升级光盘自行完成软件升级工作。升级光盘在企业参加培训时免费发放，在升级不成功或系统异常情况下，由各地服务单位提供免费上门升级服务。

2. 对于尚未升级为一机多票系统的企业，升级方案参照国税发〔2006〕78号文件要求。

3. 主机共享系统企业需要进行上层软件升级,升级工作由服务单位上门完成。

4. 税务机关代开增值税专用发票系统需要进行金税卡底层加载和上层软件升级,由税务机关协助服务单位共同完成。

三、系统运行

2008 年 10 月 1 日起,全国国税系统必须使用红字发票通知单管理系统开具《开具红字增值税专用发票通知单》(以下简称《通知单》),停止使用原方式开具《通知单》。企业必须在 2008 年 11 月 30 日前完成开票系统的升级工作,已经升级的企业自升级之日起使用新的开票系统开具红字增值税专用发票。

四、有关要求

(一)2008 年 10 月 1 日起,各主管税务机关应指定相关岗位人员通过升级后的增值税防伪税控税务端系统开具、管理《通知单》。对《通知单》在开具校验、报税核销中发现的异常信息,应由相关岗位人员及时转审核检查岗位进行核查处理。

(二)根据红字发票通知单管理系统试运行的实际情况,税务总局对《开具红字增值税专用发票申请单》和《通知单》表单进行了修改,新表单格式见附件。2008 年 10 月 1 日起,对新申请开具红字增值税专用发票的企业统一启用新表单。

(三)经认证属于无法认证的增值税专用发票,认证岗位人员必须在认证子系统中确认并保存无法认证的结果。

(四)在企业申报时,申报征收岗位人员应严格审核已开具红字增值税专用发票是否取得有效的《通知单》,对未取得有效《通知单》的,应及时转审核检查岗位,由审核检查岗位人员按照相关规定进行核查处理。

(五)企业开票系统升级后,对其取得的按原方式开具的《通知单》,必须在 2008 年 11 月 30 日之前开具红字增值税专用发票,2008 年 12 月 1 日之后不得再作为开具红字增值税专用发票的依据。对于按原方式开具的《通知单》在开具红字增值税专用发票时,须按 16 位编码规则录入《通知单》编号,编码规则为:1234569911 +6 位原方式开具的《通知单》编号(原方式开具的《通知单》编号若超过 6 位,则取其后 6 位;若不足 6 位,则在原编号前补 0)。

(六)此次升级工作涉及面广,时间紧迫,各地税务机关要高度重视,认真组织落实,要运用各种方式做好对纳税人的宣传辅导工作,并监督各地服务单位免费将光盘发放给所有企业,不得借此次升级强行收取各种费用或搭售设备。

各地实施中如有问题请与税务总局呼叫中心(400 -811 -2366)联系。

附件:1. 开具红字增值税专用发票申请单(编者略)

2. 开具红字增值税专用发票通知单(编者略)

6－3－85

国家税务总局关于普通发票真伪鉴定问题的通知

2008 年 11 月 21 日　国税函〔2008〕948 号

各省、自治区、直辖市和计划单列市国家税务局、地方税务局：

近一段时间，有税务机关反映，在实施打击制售假发票和非法代开发票专项整治行动中，需要对查获的假发票进行真伪鉴定。根据《中华人民共和国发票管理办法实施细则》第三十四条的规定："发票真伪由税务机关鉴定"，执行中一般都是由发票监制税务机关负责发票真伪的鉴定。为了更好地开展相关工作，现就有关问题明确如下：

一、普通发票的真伪鉴定由鉴定受理税务机关负责；受理税务机关鉴定有困难的，可以提请发票监制税务机关协助鉴定。

二、在伪造、变造现场查获的假发票，由当地税务机关负责鉴定。

6－3－86

国家税务总局关于销货方已经申报并缴纳税款的失控增值税专用发票办理出口退税问题的批复

2008 年 12 月 8 日　国税函〔2008〕1009 号

深圳市国家税务局：

你局《关于销货方已经申报并缴纳税款的失控增值税专用发票能否办理出口退税问题的请示》（深国税发〔2008〕124 号）收悉，批复如下：

外贸企业取得《国家税务总局关于失控增值税专用发票处理的批复》（国税函〔2008〕607 号）文件规定的失控增值税专用发票，销售方已申报并缴纳税款的，可由销售方主管税务机关出具书面证明，并通过协查系统回复外贸企业主管税务机关。该失控发票可作为外贸企业申请办理出口退税的凭证，主管税务机关审核退税时可不比对该失控发票的电子信息。

6－3－87

国家税务总局关于推行机动车销售统一发票税控系统有关工作的紧急通知

2008年12月15日　国税发〔2008〕117号

各省、自治区、直辖市和计划单列市国家税务局：

根据修订的《中华人民共和国增值税暂行条例》，增值税一般纳税人购进固定资产的进项税额可以从销项税额中抵扣。为做好机动车的增值税抵扣工作，税务总局决定在全国范围内推行机动车销售统一发票税控系统（以下简称税控系统）。现将有关事项通知如下：

一、自2009年1月1日起，增值税一般纳税人从事机动车（应征消费税的机动车和旧机动车除外）零售业务必须使用税控系统开具机动车销售统一发票。

二、使用税控系统开具机动车销售统一发票的企业（以下称机动车零售企业），应购买税务总局验证通过的税控盘，经税务机关初始化后安装使用。

三、机动车零售企业向增值税一般纳税人销售机动车的，机动车销售统一发票"身份证号码/组织机构代码"栏统一填写购买方纳税人识别号，向其他企业或个人销售机动车的，仍按照《国家税务总局关于使用新版机动车销售统一发票有关问题的通知》（国税函〔2006〕479号）规定填写。

四、机动车零售企业应在每月增值税纳税申报期内，向主管税务机关报送上月机动车销售统一发票的开具数据。

五、自2009年1月1日起，增值税一般纳税人购买机动车取得的税控系统开具的机动车销售统一发票，属于扣税范围的，应自该发票开具之日起90日内到税务机关认证，认证通过的可按增值税专用发票作为增值税进项税额的扣税凭证。

六、税控系统开具的机动车销售统一发票的认证、稽核比对和异常发票的审核检查工作比照增值税专用发票有关规定执行。涉嫌偷骗税并达到立案标准的，连同相关证据材料按第三类问题登记台账后移送稽查局查处。

七、推行准备工作包括税务端运行环境准备、企业端运行环境准备、税控系统安装、培训准备和技术支持等五个方面，具体要求如下：

（一）税务端运行环境准备

税控系统税务端后台管理系统以省级集中方式部署，与货运发票税控管理系统共用所有软、硬件资源，无需另外部署软、硬件环境。

（二）企业端运行环境准备

税控系统企业端开票软件继续使用已有机动车开票软件运行环境。企业在开票前须购买税控盘，根据需要自愿购买传输盘，并前往所属税务机关进行初始化。

为确保税控系统推行工作进度，各省国税局应尽快组织税控盘/传输盘产品相关工作，确保企业能如期购置税控盘/传输盘。（税控盘/传输盘厂商信息详见附件）

考虑到税控系统推行工作时间紧迫，并且各省地税局已推行了货运发票税控系统税控盘/传输盘，各省国税局可建议本地机动车零售企业使用与货运企业同一厂商的税控盘产品。

（三）税控系统安装

税控系统税务端和企业端软件补丁将于近日正式发布。软件发布时间、安装事宜另文通知。

（四）培训准备工作

为保证税控系统的顺利推行，税务总局将于近日组织全国各级国税局的技术、业务人员举办后台管理系统和开票软件的视频培训，具体培训时间、要求另文通知。

各省国税局应做好对企业开票软件的培训和辅导。

（五）技术支持

1. 各省税务机关应按照税务总局税务信息化运行维护体系建设的管理制度和相关规定开展本系统的运行维护支持服务工作。系统使用中如遇问题，应按照相关运维流程报税务总局呼叫中心（服务电话：4008112366）和税务总局金税工程运行维护网站（网址：http://130.9.1.248）提请技术支持。

2. 税务总局将通过百望呼叫中心（服务电话 010－62466669）向纳税人免费提供机动车销售统一发票开票软件的远程技术支持服务。

3. 各厂商对税控盘/传输盘的售后支持服务，原则上参照货运发票税控系统税控盘/传输盘的要求执行。

附件：税务总局验证通过的税控盘/传输盘厂商清单（编者略）

注释：

条款修改。根据《第十三届全国人民代表大会第一次会议关于国务院机构改革方案的决定》等有关规定，税收规范性文件规定的国税地税机关的职责和工作由新的税务机关承担。国家税务总局依据《税收规范性文件制定管理办法》（国家税务总局令第 41 号公布），对税收规范性文件进行了清理。参见：《国家税务总局关于修改部分税收规范性文件的公告》（国家税务总局公告 2018 年第 31 号）。

条款废止。第五条废止。参见：1.《国家税务总局关于公布全文失效废止　部分条款失效废止的税收规范性文件目录的公告》（国家税务总局公告 2011 年第 2 号）。2.《国家税务总局关于调整增值税扣税凭证抵扣期限有关问题的通知》（国税函〔2009〕617 号）。

6－3－88

国家税务总局关于转发《国家发展改革委关于降低增值税专用发票和防伪税控系统技术维护价格的通知》的通知

2009年6月20日　国税函〔2009〕343号

各省、自治区、直辖市和计划单列市国家税务局：

为减轻增值税一般纳税人的经济负担，国家发展和改革委员会对增值税专用发票和防伪税控系统技术维护价格进行了重新核定，下发了《国家发展改革委关于降低增值税专用发票和防伪税控系统技术维护价格的通知》（发改价格〔2009〕1607号），现转发给你们，并就防止防伪税控技术服务工作中强行销售通用设备和违规收费问题通知如下：

一、主管税务机关必须向每一户新纳入防伪税控系统管理的纳税人提供《安装使用增值税防伪税控开票系统有关事项告知书》（见附件），告知纳税人需要购买的专用设备、通用设备以及收取技术维护费的情况及依据，同时告知纳税人如纳税人提供的计算机不能通过验机的，可向服务单位索取列明验机情形及具体检测不通过原因的书面验机报告。纳税人对验机结果有异议的，可向主管税务机关申请重新检测。

二、各省国家税务局要在地市或者区县税务机关成立由增值税管理、纳税服务、技术等部门组成的联合工作机构，负责处理纳税人申请重新检测计算机的问题。在进行重新检测时，要通知服务单位相关人员到场。经过重新检测，属于纳税人计算机问题，不能正常安装使用防伪税控开票系统的，应告知纳税人自行更换计算机；属于技术服务人员弄虚作假的，应立即进行纠正，并督促服务单位对相关责任人员进行严肃处理。

三、各地税务机关要做好防伪税控技术服务收费的监督工作。服务单位应向纳税人提供必要的操作培训和技术维护，并按照国家价格主管部门规定的项目和收费标准进行收费。未经价格主管部门批准，服务单位不得以任何名义向纳税人收取防伪税控系统技术服务的费用（如培训费、证书费和换证费等）；未经省、自治区、直辖市价格主管部门批准，服务单位不得自行上浮技术维护价格。

四、各地税务机关要密切注意纳税人对技术服务工作的意见，妥善处理纳税人的投诉。发现服务单位向纳税人强行销售通用设备、违规收取费用或者未按规定提供技术服务的，要立即通知服务单位纠正，服务单位拒绝纠正的，要及时书面报告税务总局（货物和劳务税司）。

附件：安装使用增值税防伪税控开票系统有关事项告知书（编者略）

国家发展改革委关于降低增值税专用发票和防伪税控系统技术维护价格的通知

2009 年 6 月 23 日 发改价格〔2009〕1607 号

各省、自治区、直辖市发展改革委、物价局，中国人民银行、中国航天科工集团公司：

为减轻增值税纳税企业经济负担，决定降低增值税专用发票和增值税防伪税控系统技术维护价格。现将有关事项通知如下：

一、将中国印钞造币总公司印制的增值税专用电脑三联票、电脑六联票销售价格分别由每份 0.7 元和 1.1 元降低为 0.55 元和 0.9 元（含税，下同）；电脑二联、五联普通发票价格维持每份 0.35 元和 0.7 元不变。

上述价格是指中国印钞造币总公司将发票送达各省、自治区、直辖市国家税务局发票保管仓库时的结算价格。税务机关在发售增值税发票过程中，不得加收任何费用。

二、将增值税防伪税控系统专用设备技术维护中准价格由每户每年 450 元降低为 370 元。各省、自治区、直辖市价格主管部门可根据本地情况，在上下 10% 的浮动幅度内制定具体价格，报我委备案。

三、各省、自治区、直辖市价格主管部门要对本地区定价管理的发票和税控系统技术服务成本费用情况进行全面调查，并在此基础上，适当降低价格，切实减轻企业负担。

四、上述规定自 2009 年 7 月 1 日起执行。

注释：

条款修改。根据《第十三届全国人民代表大会第一次会议关于国务院机构改革方案的决定》等有关规定，税收规范性文件规定的国税地税机关的职责和工作由新的税务机关承担。国家税务总局依据《税收规范性文件制定管理办法》（国家税务总局令第 41 号公布），对税收规范性文件进行了清理。参见：《国家税务总局关于修改部分税收规范性文件的公告》（国家税务总局公告 2018 年第 31 号）。

6 - 3 - 89

国家税务总局关于印发《全国普通发票简并票种统一式样工作实施方案》的通知

2009 年 9 月 30 日 国税发〔2009〕142 号

各省、自治区、直辖市和计划单列市国家税务局、地方税务局：

为加强和规范普通发票管理，适应税收信息化发展的要求，根据“简并票种、统一式样、建立平台、网络开具"的工作思路,税务总局制定了《全国普通发票简并票种统一式样工作实施方案》,现印发给你们,请结合实际认真贯彻落实。

附件:普通发票票样(编者略)

全国普通发票简并票种统一式样工作实施方案

为进一步加强和规范普通发票管理,建立发票管理长效机制,适应税收信息化管理需要,根据"简并票种、统一式样、建立平台、网络开具"的工作思路,现就全国普通发票(不包括增值税普通发票)简并票种统一式样工作制定如下实施方案。

一、普通发票简并票种统一式样的必要性

近年来,各地税务机关按照税务总局简并票种统一式样的要求,做了大量的工作,取得了显著的成绩,但是目前各地普通发票仍然存在种类繁多、式样各异、规格不一、防伪措施各不相同的问题。这种票种繁多、各省各异的状况,不利于税务机关规范管理、不利于纳税人方便使用、不便于公众辨别真伪,不仅增加了纳税人的经营成本,而且降低了税务机关管理效率,已经成为当前实现税务系统普通发票管理信息化的主要瓶颈。因此,必须尽快简并票种、统一式样。

(一)简并票种统一式样,是强化税源监控的需要

"以票控税"是税收征管工作的重要内容,其主要作用就是控制税源、稳固税基。要发挥"以票控税"的作用,必须管好普通发票。从目前各地普通发票管理情况来看,普通发票票种过多,手工票占据比例较大。这种状况,从税源监控角度看,一是增加了税务机关发票管理难度,无法有效提高税源监控的质量和水平;二是使虚开发票有了生存空间,致使发票税源监控的作用受到削弱,税收流失难以控制。要充分发挥发票在税源监控中的作用,首先要从发票设计和开具方式着手,通过"简并发票种类,强化机打票使用,压缩手工发票,合理使用定额发票,解决信息采集"等手段,实现发票管理水平质的飞跃,这是建立发票管理长效机制的必由之路。

(二)简并票种统一式样,是优化纳税服务的需要

目前普通发票票种繁多,导致纳税人在使用发票过程中产生诸多不便:一是纳税人要向税务机关申请领购多种发票,不方便纳税人使用,增加了纳税人经营成本;二是税务机关在发售、缴销验旧发票过程中,由于票种过多,降低了税务机关办税效率,延长了纳税人的办税时间。因此,清理、简并发票票种、统一发票式样,是税务机关坚持"以人为本",落实"两个减负",适应经济发展,提高社会满意度,优化纳税服务的重要体现。

(三)简并票种统一式样,是提高普通发票管理信息化应用水平的需要

全面提高税源监控的质量,实现发票管理信息化,首先要解决发票印制、发售、开具、取得、缴销各个环节数据采集问题,进而通过发票数据的分析和应用,为税源监控提供大量有效的信息。目前,发票式样各异以及手工发票的大量存在,制约了税务机关对纳税人发票开具信息的有效采集、比对和分析。通过简并票种、压缩手工发票,能有效地适应机打发票的使用和网络在线开票的推广,为全面提高普通发票管理水平和数据应用水平实现由"以

票控税”转为“信息管税”奠定基础。

二、简并票种统一式样工作的指导思想和基本原则

(一)指导思想

这次简并票种统一式样的指导思想是:以科学发展观为指导,按照“简并票种、统一式样、建立平台、网络开具”的总体思路,科学设置票种,合理设计式样,在对现有票种和式样进行大幅度简并和优化的基础上,通过扩大机打发票使用范围,大力压缩手工发票,建立普通发票开具和信息采集、查询平台,全面提升普通发票管理的规范化和信息化水平,逐步实现税务机关从“以票控税”向“信息管税”的转变,进一步强化税源监控,提高纳税服务水平。

(二)基本原则

1. 精简票种,统一式样。通过科学设置票种和设计式样,将现有票种大幅度精简、压缩、合并;根据发票纸张的通用尺寸,合理设计若干标准规格的式样。

2. 强化机打,压缩手工。在票种设置和实施方案方面,积极推广、扩大机打票使用范围(包括税控发票),限制和压缩手工票使用范围,条件成熟时取消手工票。

3. 简化票面,方便适用。简化和统一票面印制要求,最大限度地提高发票的通用性和适用性,满足不同纳税人和税务机关的开具需求。

三、简并方案的基本内容

票种设置按照发票的填开方式,将发票简并为通用机打发票、通用手工发票和通用定额发票三大类。发票名称为“××省××税务局通用机打发票”、“××省××税务局通用手工发票”、“××省××税务局通用定额发票”。各省、自治区、直辖市和计划单列市国家税务局、地方税务局可根据本地实际情况,在通用发票中选择本地使用的票种和规格。

(一)通用机打发票

通用机打发票分为平推式发票和卷式发票。

平推式发票按规格分为:210mm × 297mm;241mm × 177.8mm;210mm × 139.7mm;190mm ×101.6mm;82mm ×101.6mm(过路过桥发票)共5种规格(式样见附件)。票面为镂空设计。除“发票名称”、“发票联”、“发票代码”、“发票号码”、“开票日期”、“行业类别”印制内容外,其他内容全部通过打印软件进行控制和打印。“行业类别”打印发票开具的所属行业,如“工业”、“商业”、“收购业”、“餐饮业”、“娱乐业”、“保险业”、“税务机关代开”、“银行代开”等。税务总局统一的式样,开票软件和打印内容由总局开发、规定;省局统一的式样,开票软件和打印内容由省局开发、规定。打印内容应满足发票的基本要素和数据采集的要求,打印软件应有开具限额控制。机打发票基本联次为三联,即存根联、发票联、记账联。各地可根据实际情况增减联次。

国家税务总局对已颁布的全国统一式样的普通发票,将按照简并票种统一式样的原则,统一使用通用机打发票,并逐一重新明确规格和要求。除国税系统使用的税务机关代开普通发票由国家税务总局对综合征管软件进行调整外,其他发票的开票软件可由各地税务机关或行业主管部门(协会)、用票单位自行开发。例如保险业专用发票(包括寿险发票)、银行业代收费专用发票、国际货物运输代理业专用发票、报关代理业专用发票等。

卷式发票按规格分为:发票宽度为57mm、76mm、82mm、44mm(出租汽车发票)共4种,

发票长度可根据需要确定(式样略)。发票印制内容(不包括机打号码、机器编号、税控码)、联次可参照税控卷式发票执行。税控卷式发票规格和打印内容不变。

(二)通用手工发票

手工发票分为千元版和百元版2种,规格为190mm×105mm(式样见附件)。手工发票基本联次为三联,即存根联、发票联、记账联。

(三)通用定额发票

定额发票按人民币等值以元为单位,划分为壹元、贰元、伍元、拾元、贰拾元、伍拾元、壹佰元,共7种面额,规格为175mm×70mm。有奖发票规格为213mm×77mm(式样见附件)。定额发票联次为并列二联,即存根联和发票联;有奖发票为并列三联,即存根联、发票联、兑奖联。通用定额发票的用纸和底纹由各省税务机关确定。

(四)印有单位名称的发票

印有单位名称的发票可按两种方式处理:一是由用票单位选择一种通用机打发票,并通过软件程序控制打印单位名称(或标识),平推式发票打印在发票票头左侧,卷式发票打印在发票票头下方;二是选择一种通用机打发票,平推式发票可在发票票头左侧加印单位名称(或标识),卷式发票在发票票头下方加印单位名称(或标识)。

(五)暂时保留的票种

考虑到目前有些全国统一使用的票种暂不宜取消,决定保留"航空运输电子客票行程单"、"机动车销售统一发票"、"二手车销售统一发票"、"公路内河货物运输业统一发票"、"建筑业统一发票"、"不动产销售统一发票"、换票证。

通用发票无法涵盖的公园门票,可继续保留。因特殊原因,在一段时间内还需继续保留的发票,各省要严格控制,并报国家税务总局备案。

四、相关配套措施

(一)大力推广机具开票

为了适应简并票种和数据采集的需要,各地要进一步扩大机打发票的使用范围,对经营额较大,或通过计算机实施企业管理的纳税人,应引导其使用机打发票。但要注意尽量减少纳税人负担,考虑纳税人技术设备(包括软件)适应的可能,同时应注意与税控收款机推广应用工作的衔接。有条件的地区可以在建筑安装、房地产、农产品收购、机动车销售等行业开展"网上在线开具发票"试点,提高开票信息采集和应用能力,努力提高发票管理的信息化水平。

(二)严格控制手工发票

各地要结合本地实际,严格控制手工发票的开具限额和使用范围。手工发票的限额应严格控制在百元版和千元版。要根据经济发展的形势,逐步缩小手工发票使用量或取消手工发票。在这次简并票种过程中,有条件的地区可以不设置手工发票。

(三)合理使用定额发票

各地要按照《国家税务总局关于进一步加强普通发票管理工作的通知》(国税发〔2008〕80号)要求,将定额发票的使用对象限定于在税控收款机和网上开具发票使用范围外,开票量及开票金额较小,或者不适合使用机具开票的纳税人。各地可以根据本地实际情况,选择是否设置定额发票。

（四）进一步规范冠名发票

各地在实施简并票种统一式样方案时，要认真做好印有单位名称发票的换版工作，及时向冠名发票单位宣传解读简并票种统一式样方案的内容和要求。要严格按照本方案的要求，尽可能使用统一式样的机打发票。用票单位应根据通用发票打印要求，及时修改打印软件。凡在全国范围内使用统一式样和统一打印软件的行业或单位，由国家税务总局下文明确。凡采用通用机打发票并使用软件程序控制打印单位名称或标识的，不属于冠名发票行政审批管理范围，按一般发票领购手续办理。

（五）规范普通发票防伪措施

普通发票的防伪措施分为面向公众的公众防伪措施和面向发票鉴定人员的特殊防伪措施。考虑到目前防伪技术的发展现状，税务总局这次暂不统一全国防伪措施。除"机动车销售统一发票"、"公路内河货物运输业统一发票"、"航空运输电子客票行程单"继续使用原规定纸张外，其他发票的防伪措施由各省自行确定，并报国家税务总局备案。原发票监制章和发票号码使用的统一红色荧光防伪油墨于2010年1月1日停止使用。

为了便于各地税务机关和纳税人查询识别，在发票背面应印明本地区的防伪措施，以及识别和查询方式。税务总局将在税务总局网站上公布各地发票公众防伪措施。

（六）普通发票代码编制

普通发票代码的编制规则是：前7位（从左至右）设置规则不变，第8位至12位，除原第8位"机动车销售统一发票"、"二手车销售统一发票"、"公路内河货运统一发票"编码保持不变外，其他代码编制由省税务机关确定。

五、实施步骤

（一）准备阶段（2009年底前）

各级税务机关抓紧研究制定普通发票简并票种统一式样实施方案、相关开票软件和征管软件的修改，以及配套准备工作。充分利用广播、电视、报刊等宣传媒介和宣传工具，广泛宣传普通发票票种简并统一式样的重要意义，以及简并统一后普通发票的特点，提高广大纳税人对普通发票简并统一的认知度。

（二）实施和过渡阶段（2010年）

各级税务机关结合本地区实际，组织实施简并统一方案，做好新版普通发票的印制和发售工作。在过渡阶段，新旧版普通发票可同时使用，换版的具体时间由各省根据实际情况确定。

（三）完成阶段（2011年1月）

2011年1月1日起，全国统一使用新版普通发票，各地废止的旧版普通发票停止使用。

六、工作要求

（一）统一思想，加强领导

在全国范围内实施普通发票简并票种统一式样是建国以来范围最大、影响最深的一次普通发票改革措施。各级税务机关要充分认识这项工作的重要意义，把这项工作作为当前税收征管的一项重要工作来抓。要按照国家税务总局的统一部署，加强领导，落实到位，认真做好普通发票票种简并统一工作，确保普通发票换版工作的顺利实施。

（二）统筹安排，制定方案

各级税务机关要认真制定普通发票简并票种统一式样实施方案，采取有效措施，明确工作目标，细化工作步骤。在具体实施工作中，要控制好新旧版普通发票的印制和使用衔接工作，尽可能减少因换版所造成的发票损失。要结合简并票种统一式样工作，抓好税务机关征管软件和纳税人开票软件的修改工作。要注意全面了解普通发票换版的进展情况，及时解决换版中存在的问题。

（三）加强宣传，优化服务

普通发票简并统一工作涉及每个纳税人的切身利益和税务机关的发票管理业务，各级税务机关要通过简并统一工作的实施，切实减轻纳税人发票使用成本。要加强使用新票的宣传培训，使所有纳税人都能了解和掌握使用新票的意义和具体使用方法，使纳税人确实感受到普通发票简并统一工作带来的便利。

（四）加强协作，密切配合

普通发票简并统一工作要求高、难度大，既涉及税务机关各业务和技术部门，又涉及全体纳税人。各地应加强国地税部门之间、税务机关与纳税人之间以及税务机关内部各部门的沟通协作，建立互动协作机制，确保简并统一工作落实到位。

各省应于2011年3月1日前将贯彻实施本方案的工作情况专题报告国家税务总局（征管和科技司）。

注释：

条款修改。根据《第十三届全国人民代表大会第一次会议关于国务院机构改革方案的决定》等有关规定，税收规范性文件规定的国税地税机关的职责和工作由新的税务机关承担。国家税务总局依据《税收规范性文件制定管理办法》（国家税务总局令第41号公布），对税收规范性文件进行了清理。参见：《国家税务总局关于修改部分税收规范性文件的公告》（国家税务总局公告2018年第31号）。

6－3－90

国家税务总局关于全国统一式样发票衔接问题的通知

2009年11月23日　国税函〔2009〕648号

各省、自治区、直辖市和计划单列市国家税务局、地方税务局：

根据《国家税务总局关于印发〈全国普通发票简并票种统一式样工作实施方案〉的通知》（国税发〔2009〕142号）的有关规定，现就保险业专用发票、保险中介服务统一发票、国际货物运输代理业专用发票、国际航空旅客运输专用发票、国际海运业运输专用发票、国际海运业船舶代理专用发票、铁路客运餐车定额发票、银行代收费业务专用发票、报关代理业专用发票和中国太平洋人寿保险股份有限公司、中国人寿保险股份有限公司等7家人寿保

险冠名发票与全国统一式样发票的票种如何衔接问题,明确如下:

一、需要暂时保留的票种

根据《全国普通发票简并票种统一式样工作实施方案》(以下简称《实施方案》)的规定,为了保证现行税制和特殊行业的管理需要,在原有统一式样的票种中暂时保留7种,即发票换票证、机动车销售统一发票、二手车销售统一发票、公路、内河货物运输统一发票(自开、代开)、建筑业统一发票(自开、代开)、销售不动产统一发票(自开、代开)、航空运输电子客票行程单。

二、需要简并的票种和启用的新版发票规格

根据《实施方案》的规定,除上述暂时保留的票种外,其他票种予以取消,统一使用通用发票。

(一)税务机关代开发票,按照《实施方案》有关规定采用通用机打平推式发票,规格为210mm×139.7mm。

(二)保险业发票(包括保险中介服务发票),采用通用机打平推式发票,规格为241mm×177.8mm。人寿保险冠名发票采用通用机打平推式发票,规格为210mm×297mm或241mm×177.8mm。

(三)国际货物运输代理业、国际海运船舶代理业和国际海运业发票,采用通用机打平推式发票,规格为241mm×177.8mm。

(四)国际航空旅客运输专用发票,并入航空运输电子客票行程单实施管理。

(五)铁路客运餐车发票,采用通用定额发票。

(六)银行代收费业务发票,采用通用机打平推式发票或卷式发票,平推发票规格为210mm×139.7mm;卷式发票规格为76mm×177mm。

(七)报关代理业发票,采用通用机打平推式发票,规格为241mm×177.8mm。

保险业、国际货物运输代理业、国际海运船舶代理业和国际海运业、铁路客运餐车、国际航空旅客运输、银行代收费业务使用通用发票的具体事项,待与保监会、商务部、交通部、铁道部、中国人民银行、民航局协商后明确。

三、其他事项

(一)本通知明确应统一使用通用发票的纳税人,除使用本通知规定的规格外,如需要其他规格的通用发票,可向主管税务机关申请领购。

(二)本通知明确简并取消的票种可使用到2010年12月31日,2011年1月1日起,使用新版统一通用发票。

(三)各地税务机关应按照《实施方案》和本通知的规定,抓紧组织实施兼并票种统一式样工作,保证纳税人按时使用新版通用发票。

6－3－91

国家税务总局关于严格执行税收票款管理制度的通知

2010年7月8日　国税发〔2010〕67号

各省、自治区、直辖市和计划单列市国家税务局、地方税务局：

近年来，一些地区因管理不善，相继发生多起税务干部挪用税款案件。为严防税收票款发生损失，保证税款及时、足额缴入国库，现将有关规定重申并要求如下：

一、各级税务机关必须严格按照国家税务总局税收票证管理制度的要求，明确税收票证管理的职责，对税收票证的使用范围、领发、保管、填用、结报、缴销、盘点、核算和检查等各环节进行严格管理，特别是在征收现金税款和票款结报环节，必须严格执行开票与收款分开、会计（管账）与出纳（管钱）分开的原则。征收单位和代征单位每次向会计结报票款时，税收会计必须对账与票、票与款进行全面核对，保证账票、票款相一致。

二、各级税务机关、代征单位征收的各项税款，必须及时足额缴入国库，不得积压、挪用和截留。当地设有国库经收处的，所征税款和结报的税款必须于当日划解入库，当日不能划解的，最迟于次日划解入库；当地未设国库经收处和代征税款的，应按“限期限额”规定结报并汇解入库。税收会计在结报票款时发现问题的，要及时查明原因并向领导报告。

三、各级税务机关应当加强对税收票证特别是现金税款的管理，认真落实票证检查制度。各县、区税务机关收入规划核算部门应定期（至少每季）对税收票证管理、票款结报和现金税款的缴库工作进行一次认真的检查。对于因管理不严、执行不力造成票款损失的，上级税务机关应严肃追究主管税务机关领导和相关责任人的责任。

6－3－92

国家税务总局关于做好增值税防伪税控开票系统升级工作的通知

2010年11月29日　国税函〔2010〕585号

各省、自治区、直辖市和计划单列市国家税务局：

2010年6月底前，各地对2009年应税销售额超过标准的个体工商户进行了一般纳税人资格认定，这部分个体工商户一般纳税人的税务登记代码为其身份证号码加两位顺序码（17位或者20位）。目前，全国大部分一般纳税人使用的6.13版本增值税防伪税控开票系统在开具增值税专用发票和增值税普通发票时，尚不支持购买方税务登记代码为17位的情形，为了不影响纳税人正常开票，税务总局决定将防伪税控开票系统统一升级为6.15版本，现将有关事项通知如下：

一、本次防伪税控开票系统升级较为简单，不涉及金税卡底层，只需升级防伪税控开票系统上层软件，原则上由纳税人自行完成软件升级工作，纳税人可以到办税服务大厅申报征收窗口免费领取升级光盘或者从网上下载升级软件。在升级不成功或系统异常情况下，由各地防伪税控服务单位提供免费上门升级服务。

二、各地税务机关要做好宣传工作，在办税服务大厅张贴告示，说明软件升级原因、升级软件获取方式（包括具体的网络地址）和升级注意事项等。

三、各地防伪税控服务单位须在2010年11月30日前，将升级光盘送达每个办税服务大厅的申报征收窗口。升级期间，防伪税控服务单位要在每个办税服务大厅设立服务咨询台，配备技术人员负责升级工作的宣传、解释和辅导。

四、在2010年12月份申报期内，申报征收岗位人员在受理报税时应告知纳税人及时进行防伪税控开票系统升级。对于使用光盘进行升级的，应将升级光盘免费发放给纳税人；对于上网下载升级软件进行升级的，应告知纳税人下载升级软件的具体网络地址。

五、防伪税控主机共享系统的升级工作由防伪税控服务单位上门免费进行。

六、各地税务机关应认真检查防伪税控税务机关代开票系统是否已经升级为6.15版本，未升级的尽快组织升级，升级方法详见《国家税务总局办公厅关于增值税防伪税控系统（13号补丁）功能升级的通知》（国税办发〔2010〕71号）。

七、此次升级工作涉及面广，时间紧迫，各地税务机关要高度重视，认真组织落实，并监督各地防伪税控服务单位做好升级的相关服务工作，不得借此次升级强行收取各种费用或者搭售设备。

6－3－93

国家税务总局关于发票专用章式样有关问题的公告

2011年1月21日　国家税务总局公告2011年第7号

根据《中华人民共和国发票管理办法》（根据2010年12月20日《国务院关于修改〈中华人民共和国发票管理办法〉的决定》修订）的规定，现就发票专用章的式样公告如下：

一、发票专用章式样

发票专用章的形状为椭圆形，长轴为40mm、短轴为30mm、边宽1mm，印色为红色。

发票专用章中央刊纳税人识别号；外刊纳税人名称，自左而右环行，如名称字数过多，可使用规范化简称；下刊“发票专用章”字样。使用多枚发票专用章的纳税人，应在每枚发票专用章正下方刊顺序编码，如“（1）、（2）……”字样。

发票专用章所刊汉字，应当使用简化字，字体为仿宋体；“发票专用章”字样字高4.6mm、字宽3mm；纳税人名称字高4.2mm、字宽根据名称字数确定；纳税人识别号数字为Arial体，数字字高为3.7mm，字宽1.3mm。

二、发票专用章启用时间

发票专用章自 2011 年 2 月 1 日起启用。旧式发票专用章可以使用至 2011 年 12 月 31 日。

本公告发布之前印制的套印旧式发票专用章的发票,可继续使用。

附件:《发票专用章》样章

附件

《发票专用章》样章

发票专用章

发票专用章尺寸规定:

一、形状为椭圆形,尺寸为 40×30(mm);

二、边宽 1mm;

三、中间为税号,18 位阿拉伯数字字高 3.7mm,字宽 1.3mm,18 位阿拉伯数字总宽度 26mm(字体为 Arial);

四、税号上方环排中文文字高为 4.2mm,环排角度(夹角)210~260 度,字与边线内侧的距离 0.5mm(字体为仿宋体);

五、税号下横排“发票专用章”文字字高 4.6mm,字宽 3mm,延章中心线到下横排字顶端距离 4.2mm(字体为仿宋体);

六、发票专用章下横排号码字高 2.2mm,字宽 1.7mm,延章中心线到下横排号码顶端距离 10mm(字体为 Arial),不需编号时可省去此横排号码。

6-3-94

国家税务总局关于增值税普通发票印制公开招标后有关问题的通知

2011 年 2 月 21 日　国税函〔2011〕100 号

各省、自治区、直辖市和计划单列市国家税务局:

2010 年国家税务总局对增值税普通发票印制实行公开招标,2012 年底前印制采购招标工作已完成，确定了新的供应商。为保证增值税普通发票印制公开招标后增值税普通发票发放、验收等管理工作的顺利衔接，现将有关事项通知如下：

一、增值税普通发票印制公开招标后，新的印制厂商对供应区域进行了划分。

厦门安妮股份有限公司生产供应区域：上海、浙江、宁波、江苏、安徽、江西、福建、厦门、广东、深圳、海南、云南、广西、贵州；

北京至美数码防伪印务有限公司生产供应区域：北京、天津、山西、河北、内蒙古、黑龙江、吉林、辽宁、大连、山东、青岛、陕西、新疆、宁夏、甘肃、青海；

武汉新文票据印刷有限公司生产供应区域：河南、湖南、湖北、西藏、四川、重庆。

二、增值税普通发票印制公开招标后，发票的防伪措施发生了变化，应用的防伪措施分为：

一线防伪措施：监制章专用红发红荧光油墨防伪、定制专用号码防伪、税徽无色荧光油墨防伪、微缩文字防伪；

二线防伪措施：数字解锁版纹防伪、二维码数据防伪、自用暗记防伪；

三线防伪措施：DNA 微量元素油墨防伪。

其中一线防伪措施属于大众防伪措施（详见附件），可对外公开。各地税务机关要认真做好宣传辅导工作，通过各种宣传媒介向纳税人广泛宣传防伪鉴别方法。

三、各地税务机关应继续强化增值税普通发票管理，与印制厂商确定运输和交货地点后，要加强验收入库环节的检查，严格执行增值税普通发票内部管理的相关规定，确保增值税普通发票的质量和安全。

四、各地税务机关要对纳税人使用增值税普通发票的情况进行跟踪，重点了解增值税普通发票在使用过程中是否存在质量问题，如发现使用过程中出现质量问题，及时将情况逐级上报至税务总局。

附件：增值税普通发票一线防伪措施（编者略）

6－3－95

国家税务总局关于增值税防伪税控系统汉字防伪项目试运行有关问题的通知

2011 年 3 月 23 日　国税发〔2011〕44 号

各省、自治区、直辖市和计划单列市国家税务局：

为进一步加强增值税专用发票管理，有效防范不法分子篡改企业名称、货物名称等汉字信息虚开增值税专用发票的犯罪活动，税务总局组织研发了增值税防伪税控系统汉字防伪项目。经研究，决定在全国推行之前选择部分地区开展试运行工作，现将有关事项通知如下：

一、增值税防伪税控系统汉字防伪项目是在不改变现有防伪税控系统密码体系前提下，采用数字密码和二维码技术，利用存储更多信息量的二维码替代原来的 84 位和 108 位字符密文,在加密发票七要素信息的基础上实现了对购买方企业名称、销售方企业名称、货物名称、单位和数量等信息的加密、报税采集和解密认证功能。汉字防伪项目试运行以后,增值税专用发票将同时存在二维码、84 位字符和 108 位字符三种密文形式(具体票样见附件)。

二、试运行地区、范围和推行步骤

本次试运行选择在上海、陕西和深圳三地从事黄金经销、成品油经销以及享受增值税税收优惠政策并使用防伪税控开票系统的增值税一般纳税人中进行。按照黄金经销企业、成品油经销企业以及享受增值税税收优惠政策的企业的顺序分步推行。

三、系统升级

(一)税务端升级工作

汉字防伪功能实现以后,税务机关在受理报税和认证时都增加了发票上的企业名称、货物名称等汉字信息采集,初步测算每张发票报税信息的存储空间约为原来的 4 倍,认证信息的存储空间约为原来的 2.5 倍。为确保防伪税控系统的正常运行,各地税务机关应根据票量估算存储空间需求,并做好相应准备。

全国防伪税控系统税务端升级工作的具体安排将另行通知。

(二)纳税人端升级工作

试运行地区应在 2011 年 5 月 1 日 ~2011 年 7 月底前完成纳税人端防伪税控开票系统的升级工作,具体方法如下:

1. 对于纳税人使用的金税卡,需要到主管税务机关进行变更发行。

2. 对于纳税人使用的防伪税控开票系统,需要升级到 V7.00。

3. 对于使用非 AI3 型金税卡以及使用 AI3 型金税卡未使用网上抄报税的纳税人,需要配备报税盘。报税盘由航天信息公司免费提供;对于使用 AI3 型金税卡并使用网上抄报税的纳税人,不需要配备报税盘。

(三)各省国税机关应组织本地区选用的网上认证软件厂商及时修改网上认证软件,并为纳税人进行升级。

四、汉字防伪项目推行以后,纳税人不得通过防伪税控开票系统汇总开具增值税专用发票;开具的增值税专用发票和增值税普通发票的密文均为二维码形式,每张增值税专用发票和增值税普通发票最多填列七行商品。

五、为保证增值税专用发票和增值税普通发票二维码密文的正常打印,纳税人打印增值税发票时必须使用 24 针针式票据打印机,若试运行纳税人使用 9 针打印机的,需要更换为 24 针针式票据打印机,费用由纳税人自行负担。

六、对于未使用网上抄报税的纳税人,需要携带 IC 卡和报税盘到办税服务大厅进行报税。

对于使用网上抄报税的纳税人,可以通过网络进行报税。当出现网络故障或其他技术问题无法进行网上报税的,可以采取软盘报税或存根联补录报税,或者由防伪税控服务单位提供报税盘协助纳税人完成抄报税。

七、对于使用网上认证方式认证增值税专用发票的纳税人,在网上认证软件升级以前取得的二维码密文增值税专用发票须到办税服务大厅申报征收窗口进行认证。对于未使用扫描仪而是采取手工录入方式进行网上认证的纳税人，取得的二维码密文增值税专用发票须到办税服务大厅申报征收窗口进行认证。

八、由于申报征收岗位人员无法对二维码密文的增值税专用发票进行人工干预，对于二维码密文无法解密的，可以进行多次认证。对于多次认证后二维码密文仍然无法解密的增值税专用发票，申报征收岗位人员必须在认证子系统中确认并保存无法认证的结果；购买方可依据“无法认证”向主管税务机关填报《开具红字增值税专用发票申请单》。

九、试运行初期，各地税务机关可以根据本地实际情况采取在办税服务大厅设立专门用于认证二维码密文增值税专用发票的窗口等措施解决试运行工作中可能带来的认证发票排队问题。

十、此次试运行工作任务艰巨，意义重大，试运行地区税务机关要高度重视，认真组织实施，要做好相关岗位税务人员的宣传、辅导和培训工作，要做好纳税人的宣传、解释和推行工作，要做好试运行情况的跟踪、记录和总结工作，要监督防伪税控服务单位做好试运行的相关服务工作，不得借此次试运行强行收取各种费用或者强制销售通用设备。

附件：防伪税控系统开具的增值税专用发票票样（编者略）

6－3－96

国家税务总局关于进一步加强商业预付卡税收管理的通知

2011年7月28日　国税函〔2011〕413号

各省、自治区、直辖市和计划单列市国家税务局、地方税务局：

为了认真贯彻《国务院办公厅转发人民银行、监察部等部门关于规范商业预付卡管理意见的通知》（国办发〔2011〕25号）精神，加强发票管理，堵塞征管漏洞，防范腐败风险，现就进一步加强商业预付卡税收管理工作通知如下：

一、加强商业预付卡的发票管理

（一）加强发票的日常管理，严格执行《国家税务总局关于进一步加强普通发票管理工作的通知》（国税发〔2008〕80号）文件相关规定，实施“机具开票，逐笔开具；有奖发票，鼓励索票；查询辨伪，防堵假票；票表比对，以票控税”的管理模式，切实加强普通发票的日常管理，有效遏止制售假发票和非法代开发票行为的蔓延，维护国家正常的经济秩序。

（二）积极推广使用网络开票系统开具发票。努力扩大网络发票试点范围，逐步实行网络发票制度，及时掌握开票单位和个人的发票领用存情况、生产经营情况，把运用信息技术监控发票管理各环节，作为从制度上堵塞发票管理漏洞的发展方向，着力构建发票管理长效机制。

（三）加强对商业预付卡发票开具情况的监督，严格要求发卡人和销货方如实开具发票，一旦发现开具虚假发票的情况，要依法对开票方进行处理，确保商业预付卡发票开具的真实性。

二、严格购卡单位税前扣除凭证的审核管理

（一）坚决依法查处商业预付卡购卡单位在税前扣除与生产经营无关的支出等行为，加强税前扣除凭证的审核和管理，虚假发票不得作为税前扣除的凭据；对与生产经营无关的支出，不管是否开具发票，均不得予以税前扣除。

（二）加强商业预付卡购卡单位所得税的纳税评估工作，通过纳税评估，审核企业税前扣除的费用是否与生产经营活动有关，发现费用扣除数额异常的，要通过约谈等方式予以核实。

三、强化对商业预付卡发购卡企业的税收稽查

（一）结合全国打击发票违法犯罪活动工作，加强对商业预付卡发卡单位和购卡单位的税务检查，将商业预付卡发卡单位未按照规定开具发票、开具假发票或虚假发票的行为、购卡单位税前扣除与生产经营无关的支出和使用虚假发票的行为列入重点检查项目，依法查处各类涉税违法行为。

（二）进一步核查日常检查中发现的虚假发票，凡虚假发票，一律不得用于税前扣除、抵扣税款、办理出口退税和财务报销。

四、加强监督、防治腐败

各地税务机关要抓紧落实工作要求，加强与人民银行、监察、商务等部门的配合，对商业预付卡的发行、销售、使用过程中涉税事项进行监督，适时开展专项检查，对涉及偷漏税款的行为要加大处罚力度，严禁为违法行为开绿灯；同时，严禁公职人员特别是领导干部在公务活动中收受任何形式的商业预付卡，凡收受商业预付卡又不按规定及时上交的，以收受同等数额的现金论处，对涉嫌受贿的，依法严肃查处，从源头上防止利用商业预付卡偷漏税款、行贿受贿等行为。

6－3－97

国家税务总局关于启用货物运输业增值税专用发票的公告

2011年12月15日　国家税务总局公告2011年第74号

2012年1月1日起，将在部分地区和行业开展深化增值税制度改革试点，逐步将营业税改征增值税。为保障改革试点的顺利实施，税务总局决定启用货物运输业增值税专用发票。现将有关事项公告如下：

一、货物运输业增值税专用发票，是增值税一般纳税人提供货物运输服务（暂不包括铁路运输服务）开具的专用发票，其法律效力、基本用途、基本使用规定及安全管理要求等与现有增值税专用发票一致。

二、货物运输业增值税专用发票的联次和用途

货物运输业增值税专用发票分为三联票和六联票，第一联：记账联，承运人记账凭证；第二联：抵扣联，受票方扣税凭证；第三联：发票联，受票方记账凭证；第四联至第六联由发

票使用单位自行安排使用。

三、货物运输业增值税专用发票纸张、式样、内容及防伪措施

（一）使用专用的无碳复写纸。

（二）发票规格为240mm×178mm。

（三）发票各联次颜色与现有增值税专用发票相同，各联次的颜色依次为黑、绿、棕、红、灰和紫色。

（四）发票内容包括：发票代码、发票号码、开票日期、承运人及纳税人识别号、实际受票方及纳税人识别号、收货人及纳税人识别号、发货人及纳税人识别号、密码区、起运地、经由、到达地、费用项目及金额、运输货物信息、合计金额、税率、税额、机器编号、价税合计（大写）、小写、车种车号、车船吨位、主管税务机关及代码、备注、收款人、复核人、开票人、承运人（章）。

（五）发票代码为10位，编码原则：第1—4位代表省、自治区、直辖市和计划单列市，第5—6位代表制版年度，第7位代表批次（分别用1、2、3、4表示四个季度），第8位代表票种（7代表货物运输业增值税专用发票），第9位代表发票联次（分别用3和6表示三联和六联），第10位代表发票金额版本号（目前统一用“0”表示电脑发票）。

发票号码为8位，按年度、分批次编制。

（六）货物运输业增值税专用发票的防伪措施与现有增值税专用发票相同。

四、货物运输业增值税专用发票的发售价格与增值税专用发票的发售价格一致。

五、本公告自2012年1月1日起施行。

特此公告。

附件：货物运输业增值税专用发票票样（编者略）

6－3－98

国家税务总局关于销毁燃油税专用凭证的通知

2011年12月26日　国税函〔2011〕737号

各省、自治区、直辖市和计划单列市国家税务局：

2001年，为准备燃油税政策的出台，国家税务总局统一印制并下拨到各地一批燃油税专用凭证（以下简称凭证）。鉴于成品油税费价格改革已于2009年出台，且将原来拟开征的燃油税合并在现行的消费税中征收，加之该批凭证已经保管多年，耗损严重，已经失去了使用价值。为此，税务总局决定，对2001年印制的该批凭证予以销毁。

6 -3 -99

国家税务总局关于免收小型微型企业发票工本费有关问题的通知

2011 年 12 月 31 日　国税函〔2011〕759 号

各省、自治区、直辖市和计划单列市国家税务局、地方税务局：

为切实减轻小型微型企业负担，促进小型微型企业健康发展，财政部、发展改革委联合下发了《关于免征小型微型企业部分行政事业性收费的通知》（财综〔2011〕104 号），请各地税务机关认真贯彻执行。结合税务系统实际，提出如下要求：

一、各地税务机关要按照工业和信息化部、国家统计局、发展改革委和财政部联合下发的《关于印发中小企业划型标准规定的通知》（工信部联企业〔2011〕300 号）的有关规定，在小型微型企业领购发票时免收发票工本费。为便于执行，税务总局已对统一推广的综合征管软件进行维护，实现了对小型微型企业进行统计标识的功能；未使用税务总局统一推广的综合征管软件的税务机关，也应在自用的征管软件中做好相应工作。

二、各地税务机关要进一步加强发票管理工作，主管税务机关应根据领购单位和个人的经营范围和规模，确认纳税人发票使用量，并切实加强发票使用的辅导和管理，遏制非法代开、虚开发票等违法行为。

三、免收小型微型企业发票工本费后，国税系统所需经费将由中央财政统一解决；地税系统所需经费由地方财政解决。各省国税局在年度终了后 90 日内，将上年度本地区免收小型微型企业工本费的数量、种类、金额，分别报税务总局征管科技司、货物劳务税司，经审核后转财务司进行清算；财务司在安排下年度经费预算时予以考虑。

6 -3 -100

财政部　国家税务总局关于增值税税控系统专用设备和技术维护费用抵减增值税税额有关政策的通知

2012 年 2 月 7 日　财税〔2012〕15 号

各省、自治区、直辖市、计划单列市财政厅（局）、国家税务局，新疆生产建设兵团财务局：

为减轻纳税人负担，经国务院批准，自 2011 年 12 月 1 日起，增值税纳税人购买增值税税控系统专用设备支付的费用以及缴纳的技术维护费（以下称二项费用）可在增值税应纳税额中全额抵减。现将有关政策通知如下：

一、增值税纳税人 2011 年 12 月 1 日（含，下同）以后初次购买增值税税控系统专用设备(包括分开票机)支付的费用,可凭购买增值税税控系统专用设备取得的增值税专用发票,在增值税应纳税额中全额抵减(抵减额为价税合计额),不足抵减的可结转下期继续抵减。增值税纳税人非初次购买增值税税控系统专用设备支付的费用,由其自行负担,不得在增值税应纳税额中抵减。

增值税税控系统包括:增值税防伪税控系统、货物运输业增值税专用发票税控系统、机动车销售统一发票税控系统和公路、内河货物运输业发票税控系统。

增值税防伪税控系统的专用设备包括金税卡、IC卡、读卡器或金税盘和报税盘;货物运输业增值税专用发票税控系统专用设备包括税控盘和报税盘;机动车销售统一发票税控系统和公路、内河货物运输业发票税控系统专用设备包括税控盘和传输盘。

二、增值税纳税人2011年12月1日以后缴纳的技术维护费(不含补缴的2011年11月30日以前的技术维护费),可凭技术维护服务单位开具的技术维护费发票,在增值税应纳税额中全额抵减,不足抵减的可结转下期继续抵减。技术维护费按照价格主管部门核定的标准执行。

三、增值税一般纳税人支付的两项费用在增值税应纳税额中全额抵减的,其增值税专用发票不作为增值税抵扣凭证,其进项税额不得从销项税额中抵扣。

四、纳税人购买的增值税税控系统专用设备自购买之日起3年内因质量问题无法正常使用的,由专用设备供应商负责免费维修,无法维修的免费更换。

五、纳税人在填写纳税申报表时,对可在增值税应纳税额中全额抵减的增值税税控系统专用设备费用以及技术维护费,应按以下要求填报:

增值税一般纳税人将抵减金额填入《增值税纳税申报表(适用于增值税一般纳税人)》第23栏"应纳税额减征额"。当本期减征额小于或等于第19栏"应纳税额"与第21栏"简易征收办法计算的应纳税额"之和时,按本期减征额实际填写;当本期减征额大于第19栏"应纳税额"与第21栏"简易征收办法计算的应纳税额"之和时,按本期第19栏与第21栏之和填写,本期减征额不足抵减部分结转下期继续抵减。

小规模纳税人将抵减金额填入《增值税纳税申报表(适用于小规模纳税人)》第11栏"本期应纳税额减征额"。当本期减征额小于或等于第10栏"本期应纳税额"时,按本期减征额实际填写;当本期减征额大于第10栏"本期应纳税额"时,按本期第10栏填写,本期减征额不足抵减部分结转下期继续抵减。

六、主管税务机关要加强纳税申报环节的审核,对于纳税人申报抵减税款的,应重点审核其是否重复抵减以及抵减金额是否正确。

七、税务机关要加强对纳税人的宣传辅导,确保该项政策措施落实到位。

6-3-101

国家税务总局关于外贸企业使用增值税专用发票办理出口退税有关问题的公告

2012年6月1日　国家税务总局公告2012年第22号

为明确外贸企业使用经税务机关审核允许纳税人抵扣其进项税额的增值税专用发票如何办理出口退税问题，现将有关事项公告如下：

一、外贸企业可使用经税务机关审核允许纳税人抵扣其进项税额的增值税专用发票作为出口退税申报凭证向主管税务机关申报出口退税。

二、外贸企业办理出口退税提供经税务机关审核允许纳税人抵扣其进项税额的增值税专用发票，分别按以下对应要求申报并提供相应资料：

（一）《国家税务总局关于修订〈增值税专用发票使用规定〉的通知》（国税发〔2006〕156号）第二十八条规定的允许抵扣的丢失抵扣联的已开具增值税专用发票

1. 外贸企业丢失已开具增值税专用发票发票联和抵扣联的，在增值税专用发票认证相符后，可凭增值税专用发票记账联复印件及销售方所在地主管税务机关出具的《丢失增值税专用发票已报税证明单》，经购买方主管税务机关审核同意后，向主管出口退税的税务机关申报出口退税。

2. 外贸企业丢失已开具增值税专用发票抵扣联的，在增值税专用发票认证相符后，可凭增值税专用发票发票联复印件向主管出口退税的税务机关申报出口退税。

（二）《国家税务总局关于失控增值税专用发票处理的批复》（国税函〔2008〕607号）规定的允许抵扣的按非正常户登记失控增值税专用发票（以下简称失控增值税专用发票）

外贸企业取得的失控增值税专用发票，销售方已申报并缴纳税款的，可由销售方主管税务机关出具书面证明，并通过协查系统回复购买方主管税务机关。外贸企业可凭增值税专用发票向主管出口退税的税务机关申报出口退税。

（三）《国家税务总局关于印发〈增值税专用发票审核检查操作规程（试行）〉的通知》（国税发〔2008〕33号）第十八条第一款规定的允许抵扣的稽核比对结果属于异常的增值税专用发票

外贸企业可凭增值税专用发票向主管出口退税的税务机关申报出口退税。

（四）《国家税务总局关于逾期增值税扣税凭证抵扣问题的公告》（国家税务总局公告2011年第50号）规定的允许抵扣的增值税专用发票

外贸企业可凭增值税专用发票（原件丢失的，可凭增值税专用发票复印件）向主管出口退税的税务机关申报出口退税。

三、对外贸企业在申报出口退税时提供上述经税务机关审核允许纳税人抵扣其进项税额的增值税专用发票的，各地税务机关审核时要认真审核增值税专用发票并核对税务机关内部允许抵扣资料，在出口退税审核系统中比对增值税专用发票稽核比对信息、审核检查信息和协查信息，在增值税专用发票信息比对无误的情况下，按现行出口退税规定办理出口退税。

四、本公告自2012年6月1日起施行。本公告施行前外贸企业取得的经税务机关审核允许纳税人抵扣其进项税额的增值税专用发票申报办理出口退税的，按照本公告规定和现行出口退税规定办理出口退税事宜。

特此公告。

注释：

条款废止。第二条第二项自2020年2月1日起废止。参见：《国家税务总局关于异常增值税扣税凭证管理等有关事项的公告》（国家税务总局公告2019年第38号）。

6－3－102

国家税务总局关于纳税人虚开增值税专用发票征补税款问题的公告

2012年7月9日　国家税务总局公告2012年第33号

现将纳税人虚开增值税专用发票征补税款问题公告如下：

纳税人虚开增值税专用发票，未就其虚开金额申报并缴纳增值税的，应按照其虚开金额补缴增值税；已就其虚开金额申报并缴纳增值税的，不再按照其虚开金额补缴增值税。税务机关对纳税人虚开增值税专用发票的行为，应按《中华人民共和国税收征收管理法》及《中华人民共和国发票管理办法》的有关规定给予处罚。纳税人取得虚开的增值税专用发票，不得作为增值税合法有效的扣税凭证抵扣其进项税额。

本公告自2012年8月1日起施行。纳税人发生本公告规定事项，此前已处理的不再调整；此前未处理的按本公告规定执行。《国家税务总局关于加强增值税征收管理若干问题的通知》（国税发〔1995〕192号）第二条和《国家税务总局对代开、虚开增值税专用发票征补税款问题的批复》（国税函发〔1995〕415号）同时废止。

特此公告。

6－3－103

国家税务总局　中国民用航空局关于国际客票使用《航空运输电子客票行程单》有关问题的通知

2012年8月30日　国税发〔2012〕83号

各省、自治区、直辖市和计划单列市地方税务局，民航各地区管理局，公共航空运输企业，航空运输销售代理企业，中国民航信息网络股份有限公司，中国民用航空局清算中心：

为加强和规范普通发票管理，适应税收信息化发展的要求，根据《国家税务总局关于印发〈全国普通发票简并票种统一式样工作实施方案〉的通知》（国税发〔2009〕142号）有关规定，经研究，国际客票将使用《航空运输电子客票行程单》（以下简称《行程单》），公共航空运输企业和航空运输销售代理企业销售国际航空客票时，应当按照规定开具《行程单》作为报销凭证。现就有关事项通知如下：

一、《行程单》作为我国境内注册的公共航空运输企业和航空运输销售代理企业销售国际电子客票的付款凭证或报销凭证，兼有行程提示的作用。

二、国际航空客票销售部门在境内销售国际航空客票时，应通过中国民用航空局许可的机票分销系统，按照实收金额使用统一的打印软件向旅客开具《行程单》，国际航空客票销售部门之间不得转让、代打《行程单》。

三、国际航空客票销售部门向旅客出售的国际航空客票超过四段航程时，每四段打印一张《行程单》，在每一张《行程单》上显示连续客票情况，但仅在第一张上显示实收总价，旅客报销时需持所有连续客票《行程单》共同作为报销凭证。

四、《行程单》同时作为国内、国际客票的报销凭证，其印制、领购、发放、保管、缴销以及监督检查等工作按照《航空运输电子客票行程单管理办法（暂行）》（国税发〔2008〕54号）相关规定执行。

五、《行程单》严禁携带出境使用。国内具备国际航线运营资质的公共航空运输企业的境外派出机构在出售国际航空客票时，应遵循所在国的法律制度向旅客出具付款凭证。

六、《行程单》打印软件由中国民用航空局授权的单位组织开发，并由其负责系统的运行维护和技术支持，提供网站验真服务。

七、《行程单》作为国际客票报销凭证自2013年1月1日起全面使用，届时《国际航空旅客运输专用发票》停止开具，主管税务机关应当做好《国际航空旅客运输专用发票》缴销工作。

6－3－104

国家税务总局 财政部关于冠名发票印制费结算问题的通知

2013年5月13日 税总发〔2013〕53号

各省、自治区、直辖市和计划单列市国家税务局、地方税务局、财政厅（局）：

为贯彻落实财政部、发展改革委联合下发《关于公布取消和免征部分行政事业性收费的通知》（财综〔2012〕97号）取消税务发票工本费的规定，各地税务机关按照《国家税务总局关于取消发票工本费有关问题的通知》（国税函〔2012〕608号）的要求，自2013年1月1日起全面取消税务发票工本费。但个别税务机关和用票单位对冠名发票印制费用结算问题存在异议，现就冠名发票印制费用结算有关事项通知如下：

依据《中华人民共和国发票管理办法实施细则》第五条规定，有固定生产经营场所、财务和发票管理制度健全的纳税人如果发票使用量较大或统一发票式样不能满足经营活动需要的，可以向省以上税务机关申请印有本单位名称的发票，即申请使用冠名发票。使用冠名发票的单位必须按照税务机关批准的式样和数量，到发票印制企业印制发票，印制费用由用票单位与发票印制企业直接结算，并按规定取得印制费用发票。

6－3－105

国家税务总局关于实施《税收票证管理办法》若干问题的公告

2013年6月24日 国家税务总局公告2013年第34号

《税收票证管理办法》（国家税务总局令第28号，以下简称《办法》）已经于2013年2月25日公布，自2014年1月1日起施行。现就《办法》实施的有关问题公告如下：

一、关于未纳入《办法》的几种相关凭证的使用

税务机关按照《税务代保管资金账户管理办法》（国税发〔2005〕181号）、《国家税务总局、财政部、中国人民银行关于税务代保管资金账户管理有关问题的通知》（国税发〔2007〕12号）收取税务代保管资金时使用的《税务代保管资金专用收据》及“税务代保管资金专用章”、按照《中华人民共和国行政处罚法》当场收缴罚款时使用的财政部门统一制发的罚款收据（以下简称当场处罚罚款收据）、按照《中华人民共和国车辆购置税暂行条例》和《车辆购置税征收管理办法》（国家税务总局令第15号）开具的《车辆购置税完税证明》及“车购税征税专用章”，继续执行原有规定。

税务机关应当将《税务代保管资金专用收据》、当场处罚罚款收据、《车辆购置税完税证明》纳入税收票证核算范围，并且参照《办法》的规定，对《税务代保管资金专用收据》及当

场处罚罚款收据按照视同现金管理的税收票证进行管理。

纳税人通过横向联网电子缴税系统缴纳税款后，银行为纳税人打印的《电子缴税付款凭证》和纳税人通过税务机关网上开票系统自行开具的《电子缴款凭证》，不属于税收票证的范畴，但是，经银行确认并加盖收讫章的《电子缴税付款凭证》、与银行对账单核对无误的《电子缴款凭证》可以作为纳税人的记账核算凭证。

二、关于几种税收票证的使用管理

（一）数据电文税收票证的使用管理

《办法》第三条第二款所称数据电文税收票证，不包括存储在税收征管系统中纸质税收票证的电子信息。

（二）《出口货物完税分割单》的使用管理

已经取得购进货物的《税收缴款书（出口货物劳务专用）》或《出口货物完税分割单》的企业将购进货物再销售给其他出口企业时，应当由销货企业凭已完税的原购进货物的《税收缴款书（出口货物劳务专用）》第二联（收据乙）或已完税的原购进货物的《出口货物完税分割单》第一联，到所在地的县（区）级国家税务局申请开具《出口货物完税分割单》。税务机关开具《出口货物完税分割单》时，必须先收回原《税收缴款书（出口货物劳务专用）》第二联（收据乙）或原《出口货物完税分割单》第一联。

（三）税收完税证明的使用管理

1. 税收完税证明分为表格式和文书式两种。按照《办法》第十七条第一款第（一）项、第（二）项、第（三）项以及国家税务总局明确规定的其他情形开具的税收完税证明为表格式；按照《办法》第十七条第一款第（四）项规定开具的税收完税证明为文书式，文书式税收完税证明不得作为纳税人的记账或抵扣凭证。

2.《办法》第十三条第（三）项、第十七条第一款第（二）项所称扣缴义务人已经向纳税人开具的税法规定或国家税务总局认可的记载完税情况的其他凭证，是指记载车船税完税情况的交强险保单、记载储蓄存款利息所得税完税情况的利息清单等税法或国家税务总局认可的能够作为已完税情况证明的凭证。

3.《办法》第十七条第一款第（四）项所称“对纳税人特定期间完税情况出具证明”，是指税务机关为纳税人连续期间的纳税情况汇总开具完税证明的情形。税务机关按照《办法》第十七条第一款第（四）项开具完税证明时，必须确保纳税人缴、退税信息全面、准确、完整，具体开具办法由各省税务机关确定。

4. 扣缴义务人未按规定为纳税人开具税收票证的，税务机关核实税款缴纳情况后，应当为纳税人开具税收完税证明（表格式）。

（四）《印花税票销售凭证》的使用管理

税务机关、代售人销售印花税票应当同时开具《印花税票销售凭证》；税务机关印花税票销售人员、代售人向税收票证管理人员办理票款结报缴销时，应当持《印花税票销售凭证》一并办理。

三、关于税收票款的结报缴销

（一）税务机关税收票证开具人员、扣缴义务人、代征代售人按照《办法》第三十八条第二款的规定办理税收票款结报缴销手续时，应当填制《税收票款结报缴销单》，连同所收取的税款或税款汇总缴库的相关凭证(《税收缴款书(银行经收专用)》或税收完税证明(表格式)),向税收票证管理人员办理税款的结算和税收票证的结报缴销,核对无误的,双方互相签章并登记《税收票证结报缴销手册》;代征代售人和扣缴义务人还应当报送代征、代扣税款报告表,用于对代征代售、代扣代收税款的核算及手续费的支付管理。

(二)有条件的地区,税务机关应当积极引导代征代售人和扣缴义务人报送代征代售、代扣代收税款电子明细清单,列明纳税人名称、税种、税目、税款所属期、税额、已开具税收票证字号等。

四、关于新税收票证式样的启用时间

自 2014 年 1 月 1 日起,各地税务机关统一启用由国家税务总局根据《办法》制发的新税收票证式样,国家税务总局根据 1998 年国家税务总局发布的《税收票证管理办法》制发的税收票证式样、根据《国家税务总局关于电子缴税完税凭证有关问题的通知》(国税发〔2002〕155 号)制发的税收电子转账专用完税证式样、根据《国家税务总局关于进一步做好个人所得税完税凭证开具工作的通知》(国税发〔2010〕63 号)制发的个人所得税完税证明式样、根据《国家税务总局关于印发〈契税纳税申报表、契税完税证〉式样的通知》(国税发〔1997〕177 号)制发的契税完税证式样同时废止。

本公告自 2014 年 1 月 1 日起施行。

特此公告。

注释:

条款废止。第一条中"按照《中华人民共和国车辆购置税暂行条例》和《车辆购置税征收管理办法》(国家税务总局令第 33 号公布,国家税务总局令第 38 号修改)开具的《车辆购置税完税证明》"废止。参见:《国家税务总局关于公布全文和部分条款失效废止的税务规范性文件目录的公告》(国家税务总局公告 2022 年第 24 号)。

条款修改。根据《第十三届全国人民代表大会第一次会议关于国务院机构改革方案的决定》等有关规定,税收规范性文件规定的国税地税机关的职责和工作由新的税务机关承担。国家税务总局依据《税收规范性文件制定管理办法》(国家税务总局令第 41 号公布),对税收规范性文件进行了清理。参见:《国家税务总局关于修改部分税收规范性文件的公告》(国家税务总局公告 2018 年第 31 号)。

6 - 3 - 106

国家税务总局关于二手车经销企业发票使用有关问题的公告

2013 年 10 月 9 日　国家税务总局公告 2013 年第 60 号

为进一步加强二手车经销企业的发票管理,现对二手车经销企业发票使用有关问题公告如下:

一、二手车经销企业从事二手车交易业务，由二手车经销企业开具《二手车销售统一发票》。

二、二手车经销企业从事二手车代购代销的经纪业务，由二手车交易市场统一开具《二手车销售统一发票》。

特此公告。

6－3－107

国家税务总局关于简化增值税发票领用和使用程序有关问题的公告

2014年3月24日　国家税务总局公告2014年第19号

为切实转变税务机关工作职能，进一步优化纳税服务，提高办税效率，国家税务总局开展了“便民办税春风行动”，全面全程提速办税，给诚信守法的纳税人提供更多的办税便利，现将简化增值税发票领用和使用程序有关问题公告如下：

一、简化纳税人领用增值税发票手续

取消增值税发票（包括增值税专用发票、货物运输业增值税专用发票、增值税普通发票和机动车销售统一发票，下同）手工验旧。税务机关应用增值税一般纳税人（以下简称一般纳税人）发票税控系统报税数据，通过信息化手段实现增值税发票验旧工作。

二、简化专用发票审批手续

一般纳税人申请专用发票（包括增值税专用发票和货物运输业增值税专用发票，下同）最高开票限额不超过十万元的，主管税务机关不需事前进行实地查验。各省国税机关可在此基础上适当扩大不需事前实地查验的范围，实地查验的范围和方法由各省国税机关确定。

三、简化丢失专用发票的处理流程

一般纳税人丢失已开具专用发票的发票联和抵扣联，如果丢失前已认证相符的，购买方可凭销售方提供的相应专用发票记账联复印件及销售方主管税务机关出具的《丢失增值税专用发票已报税证明单》或《丢失货物运输业增值税专用发票已报税证明单》（附件1、2，以下统称《证明单》），作为增值税进项税额的抵扣凭证；如果丢失前未认证的，购买方凭销售方提供的相应专用发票记账联复印件进行认证，认证相符的可凭专用发票记账联复印件及销售方主管税务机关出具的《证明单》，作为增值税进项税额的抵扣凭证。专用发票记账联复印件和《证明单》留存备查。

一般纳税人丢失已开具专用发票的抵扣联，如果丢失前已认证相符的，可使用专用发票发票联复印件留存备查；如果丢失前未认证的，可使用专用发票发票联认证，专用发票发票联复印件留存备查。

一般纳税人丢失已开具专用发票的发票联，可将专用发票抵扣联作为记账凭证，专用发票抵扣联复印件留存备查。

四、简化红字专用发票办理手续

一般纳税人开具专用发票后，发生销货退回或销售折让，按照规定开具红字专用发票后，不再将该笔业务的相应记账凭证复印件报送主管税务机关备案。

五、实行分类分级规范化管理

对增值税发票实行分类分级规范化管理，提高工作效率，减少办税环节。

（一）以下纳税人可一次领取不超过3个月的增值税发票用量，纳税人需要调整增值税发票用量，手续齐全的，按照纳税人需要即时办理：

1. 纳税信用等级评定为A类的纳税人；

2. 地市国税局确定的纳税信用好、税收风险等级低的其他类型纳税人。

（二）上述纳税人2年内有涉税违法行为、移交司法机关处理记录，或者正在接受税务机关立案稽查的，不适用本条第（一）项规定。

（三）辅导期一般纳税人专用发票限量限额管理工作，按照《增值税一般纳税人纳税辅导期管理办法》有关规定执行。

六、建立高效联动的风险防控机制

税务机关在做好纳税服务，提高办税效率的同时，充分利用信息化手段，建立高效联动的风险防控机制，科学设立风险防控指标，加强日常评估及后续监控管理，提升后续监控的及时性和针对性，跟踪分析纳税人发票使用及纳税申报情况。对纳税人发票使用异常且无正当理由的，税务机关可重新核定发票限额及领用数量。

本公告自2014年5月1日起施行。《国家税务总局关于修订〈增值税专用发票使用规定〉的通知》（国税发〔2006〕156号）第二十八条、《国家税务总局关于修订增值税专用发票使用规定的补充通知》（国税发〔2007〕18号）第一条第（五）项、《国家税务总局关于下放增值税专用发票最高开票限额审批权限的通知》（国税函〔2007〕918号）第二条、《国家税务总局关于在全国开展营业税改征增值税试点有关征收管理问题的公告》（国家税务总局公告2013年第39号）第五条第（四）项同时废止。

特此公告。

附件：1. 丢失增值税专用发票已报税证明单（编者略）

2. 丢失货物运输业增值税专用发票已报税证明单（编者略）

注释：

条款废止。第三条废止。参见：《国家税务总局关于增值税发票综合服务平台等事项的公告》（国家税务总局公告2020年第1号）。

条款修改。根据《第十三届全国人民代表大会第一次会议关于国务院机构改革方案的决定》等有关规定，税收规范性文件规定的国税地税机关的职责和工作由新的税务机关承担。国家税务总局依据《税收规范性文件制定管理办法》（国家税务总局令第41号公布），对税收规范性文件进行了清理。参见：《国家税务总局关于修改部分税收规范性文件的公告》（国家税务总局公告2018年第31号）。

6－3－108

国家税务总局关于调整机动车销售统一发票票面内容的公告

2014年5月16日　国家税务总局公告2014年第27号

为进一步加强机动车车辆税收征收管理，做好增值税一般纳税人购进机动车的抵扣增值税进项税额有关工作，提高机动车销售统一发票数据采集、认证的准确性，税务总局决定对机动车销售统一发票的票面内容做出调整，现将有关事项公告如下：

一、机动车销售统一发票票面调整内容及填用

（一）将原“身份证号码/组织机构代码”栏调整为“纳税人识别号”；“纳税人识别号”栏内打印购买方纳税人识别号，如购买方需要抵扣增值税税款，该栏必须填写，其他情况可为空。

（二）将原“购货单位（人）”栏调整为“购买方名称及身份证号码/组织机构代码”栏；“身份证号码/组织机构代码”应换行打印在“购买方名称”的下方。

（三）增加“完税凭证号码”栏；“完税凭证号码”栏内打印代开机动车销售统一发票时对应开具的增值税完税证号码，自开机动车销售统一发票时此栏为空。

（四）纳税人销售免征增值税的机动车，通过机动车销售统一发票税控系统开具时应在机动车销售统一发票“增值税税率或征收率”栏选填“0”，机动车销售统一发票“增值税税率或征收率”栏自动打印显示“＊＊＊”，“增值税税额”栏自动打印显示“＊＊＊＊＊＊”；机动车销售统一发票票面“不含税价”栏和“价税合计”栏填写金额相等。

（五）根据纳税人开票需要，增加“厂牌型号”栏宽度、压缩“车辆类型”栏宽度，并相应调整“购买方名称及身份证号码/组织机构代码”、“吨位”栏宽度，机动车销售统一发票联次、规格及票面所有栏次高度不变（新版机动车销售统一发票票样见附件）。

二、本公告新版机动车销售统一发票自2014年7月1日起启用，2015年1月1日起旧版机动车销售统一发票停止使用。

特此公告。

附件：新版机动车销售统一发票票样（编者略）

注释：

条款废止。第一条第一项和第二项自2021年5月1日起废止。参见：《国家税务总局　工业和信息化部　公安部关于发布〈机动车发票使用办法〉的公告》（国家税务总局　工业和信息化部　公安部公告2020年第23号）。

6-3-109

国家税务总局关于国家电网公司购买分布式光伏发电项目电力产品发票开具等有关问题的公告

2014年6月3日 国家税务总局公告2014年第32号

为配合国家能源发展战略，促进光伏产业健康发展，现将国家电网公司所属企业购买分布式光伏发电项目电力产品发票开具及税款征收有关问题公告如下：

一、国家电网公司所属企业从分布式光伏发电项目发电户处购买电力产品，可由国家电网公司所属企业开具普通发票。

国家电网公司所属企业应将发电户名称（姓名）、地址（住址）、联系方式、结算时间、结算金额等信息进行详细登记，以备税务机关查验。

二、光伏发电项目发电户销售电力产品，按照税法规定应缴纳增值税的，可由国家电网公司所属企业按照增值税简易计税办法计算并代征增值税税款，同时开具普通发票；按照税法规定可享受免征增值税政策的，可由国家电网公司所属企业直接开具普通发票。

根据《财政部、国家税务总局关于光伏发电增值税政策的通知》（财税〔2013〕66号），自2013年10月1日至2015年12月31日，国家电网公司所属企业应按发电户销售电力产品应纳税额的50%代征增值税税款。

主管税务机关应当与国家电网公司所属企业签订《委托代征协议书》，明确委托代征相关事宜。

三、本公告所称发电户，为《中华人民共和国增值税暂行条例》及实施细则规定的"其他个人和不经常发生应税行为的非企业性单位"。

四、本公告自2014年7月1日起执行。此前发生未处理的，按本公告规定执行。

特此公告。

6-3-110

国家税务总局关于纳税人对外开具增值税专用发票有关问题的公告

2014年7月2日 国家税务总局公告2014年第39号

现将纳税人对外开具增值税专用发票有关问题公告如下：

纳税人通过虚增增值税进项税额偷逃税款，但对外开具增值税专用发票同时符合以下情形的，不属于对外虚开增值税专用发票：

一、纳税人向受票方纳税人销售了货物，或者提供了增值税应税劳务、应税服务；

二、纳税人向受票方纳税人收取了所销售货物、所提供应税劳务或者应税服务的款项，或者取得了索取销售款项的凭据；

三、纳税人按规定向受票方纳税人开具的增值税专用发票相关内容，与所销售货物、所提供应税劳务或者应税服务相符，且该增值税专用发票是纳税人合法取得、并以自己名义开具的。

受票方纳税人取得的符合上述情形的增值税专用发票，可以作为增值税扣税凭证抵扣进项税额。

本公告自2014年8月1日起施行。此前未处理的事项，按照本公告规定执行。

特此公告。

6－3－111

国家税务总局关于启用新版增值税发票有关问题的公告

2014年7月8日　国家税务总局公告2014年第43号

为进一步规范增值税发票管理，满足营业税改征增值税工作需要，税务总局决定对增值税专用发票（以下简称专用发票）和增值税普通发票（以下简称普通发票）进行改版，同时提升专用发票和货物运输业增值税专用发票（以下简称货运专票）防伪技术水平。现将启用新版增值税发票有关问题公告如下：

一、发票代码的调整

发票代码第8位代表发票种类，货运专票由“7”调整为“2”，普通发票由“6”调整为“3”。

二、发票内容的调整

（一）调整专用发票部分栏次内容，将“销货单位”栏和“购货单位”栏分别改为“销售方”和“购买方”，“货物或应税劳务名称”栏改为“货物或应税劳务、服务名称”，票尾的“销货单位：（章）”改为“销售方：（章）”。专用发票联次用途也相应调整，将第一联“记账联：销货方计账凭证”改为“记账联：销售方记账凭证”，第二联抵扣联用途“购货方扣税凭证”改为“购买方扣税凭证”，第三联发票联用途“购货方计账凭证”改为“购买方记账凭证”。调整后的专用发票票样见附件1。

（二）调整普通发票部分栏次内容，将“销货单位”栏和“购货单位”栏分别改为“销售方”和“购买方”，“货物或应税劳务名称”栏改为“货物或应税劳务、服务名称”，票尾的“销货单位：（章）”改为“销售方：（章）”。发票联次用途也相应调整，将第一联“记账联：销货方计账凭证”改为“记账联：销售方记账凭证”，第二联发票联用途“购货方计账凭证”改为“购买方记账凭证”。调整后的普通发票票样见附件2。

三、提升专用发票和货运专票防伪技术水平

取消发票监制章和双杠线微缩文字防伪特征。在保留部分防伪特征基础上，增加光角变色圆环纤维等防伪特征。

四、其他有关问题

自2014年8月1日起启用新版专用发票、货运专票和普通发票，老版专用发票、货运专票和普通发票暂继续使用。

特此公告。

附件：1. 增值税专用发票票样（编者略）

2. 增值税普通发票票样（编者略）

3. 增值税专用发票和货物运输业增值税专用发票部分防伪措施（编者略）

注释：

条款废止。第三条和附件3废止。参见：《国家税务总局关于调整增值税专用发票防伪措施有关事项的公告》（国家税务总局公告2019年第9号）。

条款废止。第一条自2018年1月1日起废止。参见：《国家税务总局关于增值税普通发票管理有关事项的公告》（国家税务总局公告2017年第44号）。

6－3－112

国家税务总局关于停止发售金税卡IC卡等税控专用设备有关问题的公告

2014年7月9日　国家税务总局公告2014年第44号

随着营业税改征增值税试点工作在全国逐步展开，金税盘、税控盘等增值税防伪税控专用设备的使用更加广泛，性能日趋成熟。税务总局决定，全面推行金税盘、报税盘，停止发售金税卡、IC卡等税控专用设备，现将有关事项公告如下：

自2014年8月1日起，增值税防伪税控系统服务单位只允许发售金税盘、报税盘，停止发售金税卡、IC卡等税控专用设备。

原使用金税卡、IC卡的纳税人可以继续使用金税卡、IC卡等税控专用设备。

本公告自2014年8月1日起施行。

特此公告。

6－3－113

国家税务总局关于增值税税控系统打通整合试运行期间红字货物运输业增值税专用发票开具有关问题的通知

2014年9月25日　税总函〔2014〕468号

各省、自治区、直辖市和计划单列市国家税务局：

为落实国务院进一步深化行政审批制度改革的要求，提高办税效率，国家税务总局拟取消申请开具红字增值税专用发票的审核。为做好相关准备工作，正在试运行的税控系统打通整合软件中增加了《开具红字货物运输业增值税专用发票信息表》功能。现将系统试运行期间红字货物运输业增值税专用发票开具有关问题通知如下：

系统试运行期间，实际受票方或承运人申请开具红字货物运输业增值税专用发票的，主管税务机关通过增值税税控系统出具《开具红字货物运输业增值税专用发票信息表》，不再出具《开具红字货物运输业增值税专用发票通知单》。

附件：开具红字货物运输业增值税专用发票信息表（编者略）

6－3－114

国家税务总局关于推行增值税发票系统升级版有关问题的公告

2014年12月29日　国家税务总局公告2014年第73号

为适应税收现代化建设需要，着眼于税制改革的长远规划，满足增值税一体化管理要求，切实减轻基层税务机关和纳税人负担，税务总局对现行增值税发票系统进行了整合升级，并在部分地区试运行取得成功。税务总局决定自2015年1月1日起在全国范围推行增值税发票系统升级版，现将有关问题公告如下：

一、推行范围

2015年1月1日起新认定的增值税一般纳税人（以下简称一般纳税人）和新办的小规模纳税人。

二、发票使用

（一）一般纳税人销售货物、提供应税劳务和应税服务开具增值税专用发票、货物运输业增值税专用发票和增值税普通发票。

（二）小规模纳税人销售货物、提供应税劳务和应税服务开具增值税普通发票。

（三）一般纳税人和小规模纳税人从事机动车（旧机动车除外）零售业务开具机动车销

售统一发票。

（四）通用定额发票、客运发票和二手车销售统一发票继续使用。

三、系统使用

增值税发票系统升级版是对增值税防伪税控系统、货物运输业增值税专用发票税控系统、稽核系统以及税务数字证书系统等进行整合升级完善。实现纳税人经过税务数字证书安全认证、加密开具的发票数据，通过互联网实时上传税务机关，生成增值税发票电子底账，作为纳税申报、发票数据查验以及税源管理、数据分析利用的依据。

（一）增值税发票系统升级版纳税人端税控设备包括金税盘和税控盘（以下统称专用设备）。专用设备均可开具增值税专用发票、货物运输业增值税专用发票、增值税普通发票和机动车销售统一发票。

新认定的一般纳税人和新办小规模纳税人自愿选择使用金税盘或税控盘。

除本公告第二条第四项规定的发票，新认定的一般纳税人和新办小规模纳税人发生增值税业务对外开具发票应当使用专用设备开具。

（二）纳税人应在互联网连接状态下在线使用增值税发票系统升级版开具发票。增值税发票系统升级版可自动上传已开具的发票明细数据。

（三）纳税人因网络故障等原因无法在线开票的，在税务机关设定的离线开票时限和离线开具发票总金额范围内仍可开票，超限将无法开具发票。纳税人开具发票次月仍未连通网络上传已开具发票明细数据的，也将无法开具发票。纳税人需连通网络上传发票后方可开票，若仍无法连通网络的需携带专用设备到税务机关进行征期报税或非征期报税后方可开票。

纳税人已开具未上传的增值税发票为离线发票。离线开票时限是指自第一份离线发票开具时间起开始计算可离线开具的最长时限。离线开票总金额是指可开具离线发票的累计不含税总金额，离线开票总金额按不同票种分别计算。

纳税人离线开票时限和离线开票总金额的设定标准及方法由各省、自治区、直辖市和计划单列市国家税务局确定。

（四）按照有关规定不使用网络办税或不具备网络条件的特定纳税人，以离线方式开具发票，不受离线开票时限和离线开具发票总金额限制。特定纳税人的相关信息由主管税务机关在综合征管系统中设定，并同步至增值税发票系统升级版。

（五）纳税人应在纳税申报期内将上月开具发票汇总情况通过增值税发票系统升级版进行网络报税。

特定纳税人不使用网络报税，需携带专用设备和相关资料到税务机关进行报税。

（六）一般纳税人发票认证、稽核比对、纳税申报等涉税事项仍按照现行规定执行。

四、红字发票开具

（一）一般纳税人开具增值税专用发票或货物运输业增值税专用发票（以下统称专用发票）后，发生销货退回、开票有误、应税服务中止以及发票抵扣联、发票联均无法认证等情形但不符合作废条件，或者因销货部分退回及发生销售折让，需要开具红字专用发票的，暂按以下方法处理：

1. 专用发票已交付购买方的，购买方可在增值税发票系统升级版中填开并上传《开具红字增值税专用发票信息表》或《开具红字货物运输业增值税专用发票信息表》（以下统称

《信息表》,详见附件1、附件2)。《信息表》所对应的蓝字专用发票应经税务机关认证(所购货物或服务不属于增值税扣税项目范围的除外)。经认证结果为“认证相符”并且已经抵扣增值税进项税额的,购买方在填开《信息表》时不填写相对应的蓝字专用发票信息,应暂依《信息表》所列增值税税额从当期进项税额中转出;未抵扣增值税进项税额的可列入当期进项税额,待取得销售方开具的红字专用发票后,与《信息表》一并作为记账凭证;经认证结果为“无法认证”、“纳税人识别号认证不符”、“专用发票代码、号码认证不符”,以及所购货物或服务不属于增值税扣税项目范围的,购买方不列入进项税额,不作进项税额转出,填开《信息表》时应填写相对应的蓝字专用发票信息。

专用发票尚未交付购买方或者购买方拒收的,销售方应于专用发票认证期限内在增值税发票系统升级版中填开并上传《信息表》。

2. 主管税务机关通过网络接收纳税人上传的《信息表》,系统自动校验通过后,生成带有“红字发票信息表编号”的《信息表》,并将信息同步至纳税人端系统中。

3. 销售方凭税务机关系统校验通过的《信息表》开具红字专用发票,在增值税发票系统升级版中以销项负数开具。红字专用发票应与《信息表》一一对应。

4. 纳税人也可凭《信息表》电子信息或纸质资料到税务机关对《信息表》内容进行系统校验。

5. 已使用增值税税控系统的一般纳税人,在纳入升级版之前暂可继续使用《开具红字增值税专用发票申请单》。

(二)税务机关为小规模纳税人代开专用发票需要开具红字专用发票的,按照一般纳税人开具红字专用发票的方法处理。

(三)纳税人需要开具红字增值税普通发票的,可以在所对应的蓝字发票金额范围内开具多份红字发票。红字机动车销售统一发票需与原蓝字机动车销售统一发票一一对应。

五、其他事宜

本公告自2015年1月1日起施行,《国家税务总局关于修订〈增值税专用发票使用规定〉的通知》(国税发〔2006〕156号)第十四条、第十五条、第十六条、第十七条、第十八条、第十九条、《国家税务总局关于推行增值税防伪税控一机多票系统的通知》(国税发〔2006〕78号)第一条第二项、《国家税务总局关于修订增值税专用发票使用规定的补充通知》(国税发〔2007〕18号)、《国家税务总局关于增值税防伪税控一机多票系统开具普通发票有关问题的公告》(国家税务总局公告2011年第15号)、《国家税务总局关于在全国开展营业税改征增值税试点有关税收征收管理问题的公告》(国家税务总局公告2013年第39号)第四条第四项、《国家税务总局关于增值税发票系统升级版试运行工作有关问题的通知》(税总函〔2014〕522号)同时废止。

特此公告。

附件:1. 开具红字增值税专用发票信息表(编者略)

2. 开具红字货物运输业增值税专用发票信息表(编者略)

注释:

条款修改。根据《第十三届全国人民代表大会第一次会议关于国务院机构改革方案的决定》等有关规定,税收规范性文件规定的国税地税机关的职责和工作由新的税务机关承担。国家税务总局依据《税收规范性文件制定管理办法》(国家税务总局令第41号公布),对税收规范性文件进行了清理。参见:《国家税务总局关于修改部分税收规范性文件的公告》(国家税务总局公告2018年第31号)。

条款废止。第四条、附件1、附件2自2016年8月1日起废止。参见:《国家税务总局关于红字增值税发票开具有关问题的公告》(国家税务总局公告2016年第47号)。

6-3-115

国家税务总局关于推行增值税发票系统升级版工作有关问题的通知

2014年12月29日　税总发〔2014〕156号

各省、自治区、直辖市和计划单列市国家税务局:

为适应税收现代化建设需要,着眼于税制改革的长远规划,满足增值税一体化管理要求,切实减轻基层税务机关和纳税人负担,税务总局对现行增值税发票系统进行了整合升级,并在部分地区试运行取得成功。税务总局决定自2015年1月1日起,在全国范围开展推行增值税发票系统升级版工作,现将有关问题通知如下:

一、为保障增值税发票系统升级版的正常使用,税务总局制定了《增值税发票系统升级版操作办法(试行)》(附件1),适用于各级国税机关及使用增值税发票系统升级版的纳税人。

二、为保障系统推行进度及纳税人正常使用,各省国税机关应根据本地推行进度情况,按季度向税务总局(货物和劳务税司)上报本省推行计划。税务总局向税控装置供应商通报各省推行计划,供应商在保障供应前提下可按照市场化原则安排生产计划,向税务总局(电子税务中心)提出税控装置初始化需求,税控装置供应商将初始化后的数量报各省信息技术部门。

各级国税机关对税控装置一体化发行开展的税控装置初始化、发行等管理工作,适用《增值税发票系统升级版税控装置一体化发行工作规程(试行)》(附件2)。

三、除通用定额发票、客运发票和二手车销售统一发票,新认定的一般纳税人和新办小规模纳税人发生增值税业务对外开具发票一律使用金税盘或税控盘开具。

四、各地要高度重视升级版推行工作,将推行工作做好做实,积极稳妥地制定符合本地区实际情况的推行方案,实现服务单位的有序竞争。各省国税局要成立领导小组,主要领导亲自抓,加强部门协作配合,形成工作合力。增值税管理部门负责系统推行工作的组织协调,做好对服务单位的监督管理工作;技术管理部门负责税控装置初始化、发行,升级版各应用系统的开发完善和技术管理等工作,保障增值税发票系统升级版安全平稳运行。税务总局统一组织省级师资培训,各地区应认真做好税务人员培训工作。

五、推行工作涉及广大纳税人,国税机关要做好系统推行组织工作,加强纳税服务和宣传辅导,组织服务单位做好对纳税人开票系统的安装调试及操作培训工作。

六、各地国税机关应按照《国家税务总局电子税务管理中心关于增值税发票系统升级版部署环境准备的通知》(税总电税便函〔2014〕256 号)要求,做好增值税发票系统升级版所需设备环境准备工作。

七、各地国税机关应于 2015 年 1 月 1 日起组织纳税人发行金税盘或税控盘,升级安装开票系统。各地国税机关应密切监控系统运行情况,发现问题及时处理并上报税务总局(货物和劳务税司、电子税务管理中心)。

附件:1. 增值税发票系统升级版操作办法(试行)

2. 增值税发票系统升级版税控装置一体化发行工作规程(试行)

附件 1

增值税发票系统升级版操作办法(试行)

一、为适应税收现代化建设需要,着眼于税制改革的长远规划,满足增值税一体化管理要求,切实减轻基层税务机关和纳税人负担,保证增值税发票系统升级版的顺利推行和正常运转,进一步加强增值税征收管理,根据《中华人民共和国发票管理办法》及其实施细则和《增值税专用发票使用规定》等制定本办法。

二、增值税发票系统升级版是对增值税防伪税控系统、货物运输业增值税专用发票税控系统、稽核系统以及税务数字证书系统等进行整合升级完善。实现纳税人经过税务数字证书安全认证、加密开具的发票数据,通过互联网实时上传税务机关,生成增值税发票电子底账,作为纳税申报、发票数据查验以及税源管理、数据分析利用的依据。

三、增值税一般纳税人使用增值税发票系统升级版开具增值税专用发票、货物运输业增值税专用发票、增值税普通发票和机动车销售统一发票(以下统称增值税发票)。

小规模纳税人使用增值税发票系统升级版开具增值税普通发票和机动车销售统一发票。

四、新认定的增值税一般纳税人和新开业的小规模纳税人自愿选择使用金税盘或税控盘。

五、纳税人在领购或更换金税盘或税控盘后,主管税务机关依据综合征管软件同步的税务登记信息、资格认定信息、税种税目认定信息、票种核定信息、离线开票时限、离线开票总金额等信息对专用设备进行发行。

对综合征管软件同步不成功或信息不完整的,主管税务机关需在增值税发票系统中进行手工补录信息后发行金税盘或税控盘。

纳税人已开具未上传的增值税发票为离线发票。离线开票时限是指自第一份离线发票开具时间起开始计算可离线开具的最长时限。离线开票总金额是指可开具离线发票的累计不含税总金额,离线开票总金额按不同票种分别计算。

六、按照有关规定不使用网络办税或不具备网络条件的特定纳税人,以离线方式开具发票,不受离线开票时限和离线开具发票总金额限制。特定纳税人的相关信息由主管税务机关在综合征管系统中设定,并同步至增值税发票系统升级版。

七、纳税人名称、开票限额、购票限量、开票机数量等事项发生变更的,纳税人应到主管税务机关办理变更发行。纳税人识别号发生变化的,纳税人应到主管税务机关办理注销发行。

八、纳税人更换金税盘或税控盘的,需携带增值税发票及专用设备到主管税务机关办理变更发行操作。

九、纳税人可根据确认的发票种类,持金税盘或税控盘(特定纳税人可持报税盘)及相关资料到税务机关领取增值税发票。

十、税务机关可通过综合征管软件对增值税发票进行一体化发售。

十一、纳税人发生注销或票种变更的,需在增值税发票系统升级版中对未开具的发票进行退回或作废操作,并携带增值税发票、专用设备及相关资料到主管税务机关办理发票退回或缴销手续。

十二、纳税人应在互联网连接状态下在线使用增值税发票系统升级版开具发票。增值税发票系统升级版可自动上传已开具的发票明细数据。

十三、纳税人因网络故障等原因无法在线开票的,在税务机关设定的离线开票时限和离线开具发票总金额范围内仍可开票,超限将无法开具发票。纳税人开具发票次月仍未连通网络上传已开具发票明细数据的,也将无法开具发票。纳税人需连通网络上传发票后方可开票,若仍无法连通网络的需携带专用设备到税务机关进行征期报税或非征期报税后方可开票。

十四、纳税人应在纳税申报期内将上月开具发票汇总情况通过增值税发票系统升级版网络报税。

特定纳税人不使用网络报税,可携带报税盘和相关资料到税务机关进行报税。

十五、纳税人可在增值税发票系统升级版中填开、上传《开具红字增值税专用发票信息表》或《开具红字货物运输业增值税专用发票信息表》(以下简称《信息表》)。税务机关通过网络接收纳税人上传的《信息表》系统自动校验通过后,出具带有"红字发票信息表编号"的《信息表》,并通过网络将信息同步至纳税人端系统中。纳税人凭税务机关系统校验通过的《信息表》开具红字专用发票,在增值税发票系统中以销项负数开具。

纳税人也可凭《信息表》电子信息或纸质资料到税务机关对《信息表》内容进行系统校验。

十六、纳税人需要开具红字增值税普通发票的,可以在所对应的蓝字发票金额范围内开具多份红字发票。红字机动车销售统一发票需与原蓝字机动车销售统一发票一一对应。

十七、增值税一般纳税人发票认证、稽核比对、纳税申报等涉税事项仍按照现行规定执行。

十八、纳税人上传的开票数据生成增值税发票电子底账,税务机关可通过增值税发票系统升级版进行发票全票面信息查询、数据分析利用等工作。

十九、本办法由国家税务总局(货物和劳务税司)负责解释。各地可根据本办法制定具体实施细则。

二十、本办法自 2015 年 1 月 1 日起试行。

附件2

增值税发票系统升级版税控装置一体化发行工作规程(试行)

第一章　总　　则

第一条　为满足增值税发票系统升级版运行需要,加强税控装置发行和税务数字证书管理,发挥岗位职能,更好地为纳税人服务,根据《金税工程技术管理部门岗位职责及管理办法(试行)》(国税发〔2001〕45号)规定,制定本规程。

第二条　本规程所称税控装置是指纳税人使用的可加载税务数字证书的金税盘、税控盘。

第三条　本规程所称税控装置一体化发行是指在发行税控装置时,一并写入税务数字证书的操作流程。

第四条　本规程适用于各级国税机关,围绕税控装置一体化发行开展的税控装置初始化、发行等管理工作。

第二章　税控装置初始化

第五条　税控装置在发行前须在税务总局税控装置灌装中心进行初始化。

第六条　税务总局根据税控装置供应商提出的初始化需求,向灌装中心下达初始化灌装任务。

第七条　税控装置供应商对初始化后的税控装置情况报各省级信息技术部门,进行严格管理。

第八条　各省级信息技术部门应对初始化后的税控装置进行登记、销毁等跟踪管理。

第三章　税务数字证书发行

第九条　税务数字证书发行是指通过税务数字证书系统逐级下发操作员证书,并向税控装置写入税务数字证书的过程。

第十条　操作员证书实行分级授权管理。省级国税机关信息技术部门负责向地市级信息技术部门发放操作员证书;地市级国税机关信息技术部门负责向区县级信息技术部门发放操作员证书。操作员证书用于对税务数字证书系统的管理,以USBkey介质的形式发放给各级税务机关。

第十一条　区县级国税机关信息技术部门向税控装置发行岗发放操作员证书。税控装置发行岗负责向纳税人发行税务数字证书。

第四章　税控装置发行及管理

第十二条　税控装置发行是指通过税控系统对纳税人首次使用的税控装置写入密钥和授权信息的操作流程。

第十三条　信息技术部门税控装置发行岗应严格按照综合征管软件中的相关征管信

息或相关文书、资料发行税控装置。

第十四条 税控装置管理是指除税控装置发行和税务数字证书发行外的其他操作过程,包括税控装置注销、更换、变更授权等操作,以及对税控装置内的税务数字证书解锁、更新、重签、注销等操作。

第十五条 涉及税控装置变更、注销、非正常注销等重要管理工作时,信息技术部门税控装置发行岗应按照综合征管软件中的相关征管信息或相关文书、资料进行操作。

第五章 其 他

第十六条 未推行增值税发票系统升级版的,按照原操作流程执行。

第十七条 本规程下发后,各级税务机关要按照本规程要求,在确保信息安全的前提下,采取有效措施,方便纳税人税控装置的发行及管理维护。

第十八条 本规程由国家税务总局(电子税务管理中心)负责解释。

第十九条 本规程自下发之日起执行。

6-3-116

国家税务总局关于全面推行增值税发票系统升级版有关问题的公告

2015 年 3 月 30 日 国家税务总局公告 2015 年第 19 号

为适应税收现代化建设需要,满足增值税一体化管理要求,切实减轻基层税务机关和纳税人负担,税务总局自 2015 年 1 月 1 日起对新认定的增值税一般纳税人(以下简称一般纳税人)和新办小规模纳税人推行了增值税发票系统升级版,目前系统运行稳定,纳税人反映良好。税务总局决定自 2015 年 4 月 1 日起在全国范围分步全面推行增值税发票系统升级版,现将有关问题公告如下:

一、推行范围

目前尚未使用增值税发票系统升级版的增值税纳税人。推行工作按照先一般纳税人和起征点以上小规模纳税人,后起征点以下小规模纳税人和使用税控收款机纳税人的顺序进行,具体推行方案由各省国税局根据本地区的实际情况制定。

二、发票使用

(一)一般纳税人销售货物、提供应税劳务和应税服务开具增值税专用发票、货物运输业增值税专用发票和增值税普通发票。

(二)小规模纳税人销售货物、提供应税劳务和应税服务开具增值税普通发票。

税务机关为小规模纳税人代开增值税专用发票和货物运输业增值税专用发票,按照《国家税务总局关于印发〈税务机关代开增值税专用发票管理办法(试行)〉的通知》(国税发〔2004〕153 号)和《国家税务总局关于在全国开展营业税改征增值税试点有关征收管理问题的公告》(国家税务总局公告 2013 年第 39 号)有关规定执行。

（三）一般纳税人和小规模纳税人从事机动车（旧机动车除外）零售业务开具机动车销售统一发票。

（四）通用定额发票、客运发票和二手车销售统一发票继续使用。

（五）纳税人使用增值税普通发票开具收购发票，系统在发票左上角自动打印“收购”字样。

三、系统使用

增值税发票系统升级版是对增值税防伪税控系统、货物运输业增值税专用发票税控系统、稽核系统以及税务数字证书系统等进行整合升级完善。实现纳税人经过税务数字证书安全认证、加密开具的发票数据，通过互联网实时上传税务机关，生成增值税发票电子底账，作为纳税申报、发票数据查验以及税源管理、数据分析利用的依据。

（一）增值税发票系统升级版纳税人端税控设备包括金税盘和税控盘（以下统称专用设备）。专用设备均可开具增值税专用发票、货物运输业增值税专用发票、增值税普通发票和机动车销售统一发票。

除本公告第二条第四项规定的发票，一般纳税人和小规模纳税人发生增值税业务对外开具发票应当使用专用设备开具。

（二）纳税人应在互联网连接状态下在线使用增值税发票系统升级版开具发票。增值税发票系统升级版可自动上传已开具的发票明细数据。

（三）纳税人因网络故障等原因无法在线开票的，在税务机关设定的离线开票时限和离线开具发票总金额范围内仍可开票，超限将无法开具发票。纳税人开具发票次月仍未连通网络上传已开具发票明细数据的，也将无法开具发票。纳税人需连通网络上传发票数据后方可开票，若仍无法连通网络的需携带专用设备到税务机关进行征期报税或非征期报税后方可开票。

纳税人已开具未上传的增值税发票为离线发票。离线开票时限是指自第一份离线发票开具时间起开始计算可离线开具的最长时限。离线开票总金额是指可开具离线发票的累计不含税总金额，离线开票总金额按不同票种分别计算。

纳税人离线开票时限和离线开票总金额的设定标准及方法由各省、自治区、直辖市和计划单列市国家税务局确定。

（四）按照有关规定不使用网络办税或不具备网络条件的特定纳税人，以离线方式开具发票，不受离线开票时限和离线开具发票总金额限制。特定纳税人的相关信息由主管税务机关在综合征管系统中设定，并同步至增值税发票系统升级版。

（五）纳税人应在纳税申报期内将上月开具发票汇总情况通过增值税发票系统升级版进行网络报税。

特定纳税人不使用网络报税，需携带专用设备和相关资料到税务机关进行报税。

除特定纳税人外，使用增值税发票系统升级版的纳税人，不再需要到税务机关进行报税，原使用的网上报税方式停止使用。

（六）一般纳税人发票认证、稽核比对、纳税申报等涉税事项仍按照现行规定执行。

（七）一般纳税人和小规模纳税人自愿选择使用增值税税控主机共享服务系统开具增值税发票，任何税务机关和税务人员不得强制纳税人使用。

四、纳税人置换专用设备

纳税人原使用的增值税税控系统金税盘(卡)、税控盘,需置换为增值税发票系统升级版专用设备。增值税发票系统升级版服务单位按照优惠价格(报税盘价格)对原金税盘(卡)、税控盘进行置换。

五、红字发票开具

(一)一般纳税人开具增值税专用发票或货物运输业增值税专用发票(以下统称专用发票)后,发生销货退回、开票有误、应税服务中止以及发票抵扣联、发票联均无法认证等情形但不符合作废条件,或者因销货部分退回及发生销售折让,需要开具红字专用发票的,暂按以下方法处理:

1. 专用发票已交付购买方的,购买方可在增值税发票系统升级版中填开并上传《开具红字增值税专用发票信息表》或《开具红字货物运输业增值税专用发票信息表》(以下统称《信息表》,详见附件1、附件2)。《信息表》所对应的蓝字专用发票应经税务机关认证(所购货物或服务不属于增值税扣税项目范围的除外)。经认证结果为"认证相符"并且已经抵扣增值税进项税额的,购买方在填开《信息表》时不填写相对应的蓝字专用发票信息,应暂依《信息表》所列增值税税额从当期进项税额中转出,未抵扣增值税进项税额的可列入当期进项税额,待取得销售方开具的红字专用发票后,与《信息表》一并作为记账凭证;经认证结果为"无法认证"、"纳税人识别号认证不符"、"专用发票代码、号码认证不符",以及所购货物或服务不属于增值税扣税项目范围的,购买方不列入进项税额,不作进项税额转出,填开《信息表》时应填写相对应的蓝字专用发票信息。

专用发票尚未交付购买方或者购买方拒收的,销售方应于专用发票认证期限内在增值税发票系统升级版中填开并上传《信息表》。

2. 主管税务机关通过网络接收纳税人上传的《信息表》,系统自动校验通过后,生成带有"红字发票信息表编号"的《信息表》,并将信息同步至纳税人端系统中。

3. 销售方凭税务机关系统校验通过的《信息表》开具红字专用发票,在增值税发票系统升级版中以销项负数开具。红字专用发票应与《信息表》一一对应。

4. 纳税人也可凭《信息表》电子信息或纸质资料到税务机关对《信息表》内容进行系统校验。

5. 已使用增值税税控系统的一般纳税人,在纳入升级版之前暂可继续使用《开具红字增值税专用发票申请单》。

(二)税务机关为小规模纳税人代开专用发票需要开具红字专用发票的,按照一般纳税人开具红字专用发票的方法处理。

(三)纳税人需要开具红字增值税普通发票的,可以在所对应的蓝字发票金额范围内开具多份红字发票。红字机动车销售统一发票需与原蓝字机动车销售统一发票一一对应。

六、其他事宜

本公告自2015年4月1日起施行,《国家税务总局关于印发〈增值税防伪税控主机共享服务系统管理暂行办法〉的通知》(国税发〔2003〕67号)第五条同时废止。

特此公告。

附件:1. 开具红字增值税专用发票信息表(编者略)

2. 开具红字货物运输业增值税专用发票信息表(编者略)

注释:

条款修改。根据《第十三届全国人民代表大会第一次会议关于国务院机构改革方案的决定》等有关规定,税收规范性文件规定的国税地税机关的职责和工作由新的税务机关承担。国家税务总局依据《税收规范性文件制定管理办法》(国家税务总局令第41号公布),对税收规范性文件进行了清理。参见:《国家税务总局关于修改部分税收规范性文件的公告》(国家税务总局公告2018年第31号)。

条款废止。第五条、附件1、附件2自2016年8月1日起废止。参见:《国家税务总局关于红字增值税发票开具有关问题的公告》(国家税务总局公告2016年第47号)。

6-3-117

国家税务总局关于全面推行增值税发票系统升级版工作有关问题的通知

2015年3月30日　税总发〔2015〕42号

各省、自治区、直辖市和计划单列市国家税务局:

为适应税收现代化建设需要,满足增值税一体化管理要求,切实减轻基层税务机关和纳税人负担,税务总局自2015年1月1日起对新认定的增值税一般纳税人和新办小规模纳税人推行了增值税发票系统升级版,目前系统运行稳定,纳税人反映良好。税务总局决定自2015年4月1日起在全国范围分步全面开展增值税发票系统升级版推行工作,现将有关问题通知如下:

一、目前尚未使用增值税发票系统升级版的增值税纳税人全面推行。各省国税局可根据本地区的实际情况制定本地区推行方案,按照先增值税一般纳税人和起征点以上小规模纳税人,后起征点以下小规模纳税人和使用税控收款机纳税人的顺序,分步开展推行工作,2015年年底前完成尚未使用增值税发票系统升级版的增值税纳税人的推行工作。

二、为保障增值税发票系统升级版的正常使用,税务总局制定了《增值税发票系统升级版操作办法(试行)》(附件1),适用于各级国税机关及使用增值税发票系统升级版的纳税人。

三、为保障系统推行进度及纳税人正常使用,各省国税机关应根据本地推行进度情况,按季度向税务总局(货物和劳务税司)上报本省推行计划。税务总局向税控装置供应商通报各省推行计划,供应商在保障供应前提下可按照市场化原则安排生产计划,向税务总局(电子税务中心)提出税控装置初始化需求,税控装置供应商将初始化后的数量报各省信息技术部门。

各级国税机关对税控装置一体化发行开展的税控装置初始化、发行等管理工作,适用《增值税发票系统升级版税控装置一体化发行工作规程(试行)》(附件2)。

四、除通用定额发票、客运发票和二手车销售统一发票,增值税一般纳税人和小规模纳税人发生增值税业务对外开具发票一律使用金税盘或税控盘开具。

五、增值税发票系统升级版服务单位按照优惠价格(报税盘价格)对原金税盘(卡)、税控盘进行置换。

六、税务总局正在着手制定税控收款机和电子发票技术改造方案,以这两种方式开具发票的纳税人,推行增值税发票系统升级版的有关事项另行通知。

七、增值税发票系统升级版已实现网络报税功能,除按照有关规定不使用网络办税或不具备网络条件的特定纳税人外,使用增值税发票系统升级版的纳税人,不再需要到税务机关进行报税,原使用的网上报税方式停止使用。

八、原使用税控收款机、网络发票的纳税人,使用增值税发票系统升级版后,仍可由具备服务能力的原税控收款机、网络发票的服务单位继续服务,但不得再收取税控收款机、网络发票的服务费用,技术维护费应按照《国家发展改革委关于完善增值税税控系统收费政策的通知》(发改价格〔2012〕2155 号)规定的标准收取。

九、各省国税局可根据本地区实际情况和工作需要,集体研究,在纪检监察部门的监督下,选择设立第三方服务单位进行增值税税控系统维护服务。

十、原使用增值税防伪税控系统和货物运输业增值税专用发票税控系统的纳税人置换为升级版的工作中,要按照打破原有固化的服务格局、形成有序竞争机制、提高服务质量的原则,合理确定好增值税发票系统升级版服务单位的服务范围。

十一、各地要高度重视升级版推行工作,将推行工作做好做实,积极稳妥地制定符合本地区实际情况的推行方案,实现服务单位的有序竞争。各省国税局要成立领导小组,主要领导亲自抓,加强部门协作配合,形成工作合力。增值税管理部门负责系统推行工作的组织协调,做好对服务单位的监督管理工作;技术管理部门负责税控装置初始化、发行,升级版各应用系统的开发完善和技术管理等工作,保障增值税发票系统升级版安全平稳运行。各地区应认真做好税务人员培训工作。

十二、推行工作涉及广大纳税人,国税机关要做好系统推行组织工作,加强纳税服务和宣传辅导,组织服务单位做好对纳税人开票系统的安装调试及操作培训工作。

十三、各地国税机关应按照《国家税务总局电子税务管理中心关于增值税发票系统升级版部署环境准备的通知》(税总电税便函〔2014〕256 号)要求,做好增值税发票系统升级版所需设备环境准备工作。

十四、各地国税机关应密切监控系统运行情况,发现问题及时处理并上报税务总局(货物和劳务税司、电子税务管理中心)。

附件:1. 增值税发票系统升级版操作办法

2. 增值税发票系统升级版税控装置一体化发行工作规程(试行)

附件1

增值税发票系统升级版操作办法

一、为适应税收现代化建设需要，着眼于税制改革的长远规划，满足增值税一体化管理要求，切实减轻基层税务机关和纳税人负担，保证增值税发票系统升级版的顺利推行和正常运转，进一步加强增值税征收管理，根据《中华人民共和国发票管理办法》及其实施细则和《增值税专用发票使用规定》等制定本办法。

二、增值税发票系统升级版是对增值税防伪税控系统、货物运输业增值税专用发票税控系统、稽核系统以及税务数字证书系统等进行整合升级完善。实现纳税人经过税务数字证书安全认证、加密开具的发票数据，通过互联网实时上传税务机关，生成增值税发票电子底账，作为纳税申报、发票数据查验以及税源管理、数据分析利用的依据。

三、增值税一般纳税人使用增值税发票系统升级版开具增值税专用发票、货物运输业增值税专用发票、增值税普通发票和机动车销售统一发票（以下统称增值税发票）。

小规模纳税人使用增值税发票系统升级版开具增值税普通发票和机动车销售统一发票。

四、纳税人在领购或更换金税盘或税控盘后，主管税务机关依据综合征管软件同步的税务登记信息、资格认定信息、税种税目认定信息、票种核定信息、离线开票时限、离线开票总金额等信息对专用设备进行发行。

对综合征管软件同步不成功或信息不完整的，主管税务机关需在增值税发票系统中进行手工补录信息后发行金税盘或税控盘。

纳税人已开具未上传的增值税发票为离线发票。离线开票时限是指自第一份离线发票开具时间起开始计算可离线开具的最长时限。离线开票总金额是指可开具离线发票的累计不含税总金额，离线开票总金额按不同票种分别计算。

五、按照有关规定不使用网络办税或不具备网络条件的特定纳税人，以离线方式开具发票，不受离线开票时限和离线开具发票总金额限制。特定纳税人的相关信息由主管税务机关在综合征管系统中设定，并同步至增值税发票系统升级版。

六、纳税人名称、开票限额、购票限量、开票机数量等事项发生变更的，纳税人应到主管税务机关办理变更发行。纳税人识别号发生变化的，纳税人应到主管税务机关办理注销发行。

七、纳税人更换金税盘或税控盘的，需携带增值税发票及专用设备到主管税务机关办理变更发行操作。

八、纳税人可根据确认的发票种类，持金税盘或税控盘（特定纳税人可持报税盘）及相关资料到税务机关领取增值税发票。

九、税务机关可通过综合征管软件对增值税发票进行一体化发售。

十、纳税人发生注销或票种变更的，需在增值税发票系统升级版中对未开具的发票进行退回或作废操作，并携带增值税发票、专用设备及相关资料到主管税务机关办理发票退回或缴销手续。

十一、纳税人应在互联网连接状态下在线使用增值税发票系统升级版开具发票。增值税发票系统升级版可自动上传已开具的发票明细数据。

十二、纳税人因网络故障等原因无法在线开票的，在税务机关设定的离线开票时限和离线开具发票总金额范围内仍可开票，超限将无法开具发票。纳税人开具发票次月仍未连通网络上传已开具发票明细数据的，也将无法开具发票。纳税人需连通网络上传发票后方可开票，若仍无法连通网络的需携带专用设备到税务机关进行征期报税或非征期报税后方可开票。

十三、纳税人应在纳税申报期内将上月开具发票汇总情况通过增值税发票系统升级版网络报税。

特定纳税人不使用网络报税，可携带报税盘和相关资料到税务机关进行报税。

十四、纳税人可在增值税发票系统升级版中填开、上传《开具红字增值税专用发票信息表》或《开具红字货物运输业增值税专用发票信息表》（以下简称《信息表》）。税务机关通过网络接收纳税人上传的《信息表》系统自动校验通过后，出具带有“红字发票信息表编号”的《信息表》，并通过网络将信息同步至纳税人端系统中。纳税人凭税务机关系统校验通过的《信息表》开具红字专用发票，在增值税发票系统中以销项负数开具。

纳税人也可凭《信息表》电子信息或纸质资料到税务机关对《信息表》内容进行系统校验。

十五、纳税人需要开具红字增值税普通发票的，可以在所对应的蓝字发票金额范围内开具多份红字发票。红字机动车销售统一发票需与原蓝字机动车销售统一发票一一对应。

十六、增值税一般纳税人发票认证、稽核比对、纳税申报等涉税事项仍按照现行规定执行。

十七、纳税人上传的开票数据生成增值税发票电子底账，税务机关可通过增值税发票系统升级版进行发票全票面信息查询、数据分析利用等工作。

十八、本办法由国家税务总局（货物和劳务税司）负责解释。各地可根据本办法制定具体实施细则。

十九、本办法自下发之日起执行。

附件2

增值税发票系统升级版税控装置一体化发行工作规程（试行）

第一章　总　　则

第一条　为满足增值税发票系统升级版运行需要，加强税控装置发行和税务数字证书管理，发挥岗位职能，更好地为纳税人服务，根据《金税工程技术管理部门岗位职责及管理办法（试行）》（国税发〔2001〕45号）规定，制定本规程。

第二条　本规程所称税控装置是指纳税人使用的可加载税务数字证书的金税盘、税控盘。

第三条 本规程所称税控装置一体化发行是指在发行税控装置时,一并写入税务数字证书的操作流程。

第四条 本规程适用于各级国税机关,围绕税控装置一体化发行开展的税控装置初始化、发行等管理工作。

第二章 税控装置初始化

第五条 税控装置在发行前须在税务总局税控装置灌装中心进行初始化。

第六条 税务总局根据税控装置供应商提出的初始化需求,向灌装中心下达初始化灌装任务。

第七条 税控装置供应商对初始化后的税控装置情况报各省级信息技术部门,进行严格管理。

第八条 各省级信息技术部门应对初始化后的税控装置进行登记、销毁等跟踪管理。

第三章 税务数字证书发行

第九条 税务数字证书发行是指通过税务数字证书系统逐级下发操作员证书,并向税控装置写入税务数字证书的过程。

第十条 操作员证书实行分级授权管理。省级国税机关信息技术部门负责向地市级信息技术部门发放操作员证书;地市级国税机关信息技术部门负责向区县级信息技术部门发放操作员证书。操作员证书用于对税务数字证书系统的管理,以USBkey介质的形式发放给各级税务机关。

第十一条 区县级国税机关信息技术部门向税控装置发行岗发放操作员证书。税控装置发行岗负责向纳税人发行税务数字证书。

第四章 税控装置发行及管理

第十二条 税控装置发行是指通过税控系统对纳税人首次使用的税控装置写入密钥和授权信息的操作流程。

第十三条 信息技术部门税控装置发行岗应严格按照综合征管软件中的相关征管信息或相关文书、资料发行税控装置。

第十四条 税控装置管理是指除税控装置发行和税务数字证书发行外的其他操作过程,包括税控装置注销、更换、变更授权等操作,以及对税控装置内的税务数字证书解锁、更新、重签、注销等操作。

第十五条 涉及税控装置变更、注销、非正常注销等重要管理工作时,信息技术部门税控装置发行岗应按照综合征管软件中的相关征管信息或相关文书、资料进行操作。

第五章 其　他

第十六条 未推行增值税发票系统升级版的,按照原操作流程执行。

第十七条 本规程下发后,各级税务机关要按照本规程要求,在确保信息安全的前提下，采取有效措施，方便纳税人税控装置的发行及管理维护。

第十八条　本规程由国家税务总局（电子税务管理中心）负责解释。

第十九条　本规程自下发之日起执行。

6－3－118

国家税务总局关于再次明确不得将不达增值税起征点的小规模纳税人纳入增值税发票系统升级版推行范围的通知

2015年4月14日　税总函〔2015〕199号

各省、自治区、直辖市和计划单列市国家税务局：

税务总局自2015年4月1日起在全国范围分步全面推行增值税发票系统升级版。为保障系统推行工作平稳有序，现将有关问题通知如下：

一、各地国税机关在增值税发票系统升级版的推行工作中，对于不达增值税起征点的小规模纳税人，目前不得纳入增值税发票系统升级版推行范围。

二、各地国税机关在增值税发票系统升级版推行工作中要切实加强对服务单位的管理，对服务单位发生搭售设备和软件等损害纳税人利益的行为要采取必要措施严肃处理。

三、增值税起征点以下的存量小规模纳税人，可暂继续使用现有方式开具发票。

各地国税机关在增值税发票系统升级版的推行工作中，要认真做好对纳税人的宣传解释工作，加强为小规模纳税人代开发票等纳税服务工作，保障系统推行工作平稳有序。

6－3－119

国家税务总局关于开展增值税发票系统升级版电子发票试运行工作有关问题的通知

2015年7月9日　税总函〔2015〕373号

北京市、上海市、浙江省、深圳市国家税务局：

为进一步适应经济社会发展和税收现代化建设需要，税务总局开发了增值税发票系统升级版电子发票系统，同时研究制定了与各地已推行的电子发票系统衔接改造方案，决定自2015年8月1日起在北京、上海、浙江和深圳开展增值税发票系统升级版电子发票试运行工作，现将有关问题通知如下：

一、试运行有关内容

（一）本通知所称增值税发票系统升级版电子发票，是指通过增值税发票系统升级版开具的电子增值税普通发票，票样见附件1。

（二）试点地区已使用电子发票的增值税纳税人（以下称试点纳税人），应于2015年8月1日前完成相关系统衔接改造，8月1日起应使用增值税发票系统升级版开具电子发票，其他开具电子发票的系统同时停止使用。

（三）电子增值税普通发票的发票代码为12位，发票号码为8位。试点地区省国税局可确定本地区电子增值税普通发票的发票代码、发票号码编码规则，并报税务总局备案。

二、试运行工作要求

（一）试运行工作意义重大，试点地区国税机关要高度重视，精心组织，积极稳妥地制定符合本地区实际情况的试运行方案。

（二）试点地区国税机关要做好试点纳税人的宣传辅导工作，督促试点纳税人按时完成相关系统的衔接改造等工作。

（三）试点地区国税机关要加强部门协作配合，形成工作合力。增值税管理部门负责试运行的组织实施，技术管理部门负责升级版与电子发票系统的对接（技术方案见附件2）以及技术支持保障等工作。

（四）试点地区国税机关应于7月20日前完成税务端系统升级工作，密切监控系统试运行情况，发现问题及时处理并上报税务总局（货物和劳务税司、电子税务管理中心）。

（五）试点地区国税机关应于8月20日前将试运行工作总结上报税务总局（货物和劳务税司、电子税务管理中心）。

（六）试运行工作结束后，税务总局将尽快启动全国增值税发票系统升级版电子发票推行工作。

附件：1. 北京电子增值税普通发票票样（编者略）

2. 增值税发票系统升级版与电子发票对接技术方案（编者略）

6－3－120

国家税务总局关于印发《增值税税控系统服务单位监督管理办法》的通知

2015年10月9日　税总发〔2015〕118号

各省、自治区、直辖市和计划单列市国家税务局：

为进一步加强税务机关对增值税税控系统服务单位的监督管理，不断优化对增值税纳税人的开票服务，在广泛征求意见的基础上，国家税务总局制定了新的《增值税税控系统服务单位监督管理办法》（以下简称监督管理办法），现印发给你们，并就有关事项通知如下：

一、纳税人可自愿选择使用航天信息股份有限公司（以下简称航天信息）或国家信息安全工程技术研究中心（以下简称国家信息安全中心）生产的增值税税控系统专用设备。

二、纳税人可自愿选择具备服务资格的维护服务单位（以下简称服务单位）进行服务。服务单位对航天信息或国家信息安全中心生产的专用设备均可以进行维护服务。

三、服务单位开展的增值税税控系统操作培训应遵循使用单位自愿的原则，严禁收费培训，严禁强行培训，严禁强行搭售通用设备、软件或其他商品。

四、税务机关应做好专用设备销售价格和技术维护价格的收费标准、增值税税控系统通用设备基本配置标准等相关事项的公示工作，以便接受纳税人监督。

五、各地要高度重视纳税人对服务单位的投诉举报工作。各级税务机关应设立并通过各种有效方式向社会公布投诉举报电话，及时处理增值税税控系统使用单位对服务单位的投诉举报。省国税局负责对投诉举报及处理情况进行跟踪管理，按月汇总相关情况，随服务质量调查情况一并上报国家税务总局。

六、税务机关应向需使用增值税税控系统的每一位纳税人发放《增值税税控系统安装使用告知书》(附件1，以下简称《使用告知书》)，告知纳税人有关政策规定和享有的权利。服务单位应凭《使用告知书》向纳税人销售专用设备，提供售后服务，严禁向未持有《使用告知书》的纳税人发售专用设备。

七、税务机关和税务工作人员严禁直接或间接从事税控系统相关的商业性经营活动，严禁向纳税人推销任何商品。

八、各级税务机关应高度重视服务单位监督管理工作，严格落实监督管理办法，认真履行监督管理职责。对于工作失职渎职、服务单位违规行为频发的地区，将按有关规定追究相关单位或人员的责任。对服务单位监管不力、问题频出的地区，税务总局将进行通报批评并要求限期整改。

附件：1. 增值税税控系统安装使用告知书(编者略)
2. 增值税税控系统通用设备基本配置标准(编者略)
3. 增值税税控系统安装单(编者略)
4. 增值税税控系统服务质量调查表(编者略)
5. 增值税税控系统服务质量投诉举报处理情况记录表(编者略)

增值税税控系统服务单位监督管理办法

第一章 总 则

第一条 为保障增值税税控系统的正常运行，加强对服务单位的监督，根据《中华人民共和国税收征收管理法》及《国务院办公厅转发国家税务总局关于全面推广应用增值税防伪税控系统意见的通知》(国办发〔2000〕12号)有关规定，制定本办法。

第二条 本办法中的增值税税控系统，是指国家税务总局组织开发的，运用数字密码和电子存储技术，强化增值税发票管理，实现对增值税纳税人税源监控的增值税管理系统。

第三条 本办法中的服务单位，是指从事增值税税控系统专用设备(以下简称专用设备)销售以及为使用增值税税控系统的增值税纳税人(以下简称使用单位)提供增值税税控系统维护服务的企业或事业单位。

本办法中的专用设备，是指按照税务机关发票管理要求，能够保证涉税数据的正确生成、可靠存储和安全传递,经税务机关发行后方可与增值税税控系统配套使用的特定设备。

第四条 服务单位应当依据本办法的规定,为使用单位提供优质、高效、便捷的服务,保障使用单位能够正确使用增值税税控系统。

第五条 税务机关应依据本办法对服务单位专用设备的质量、供应、增值税税控系统操作培训以及系统安装、调试和维护等服务工作及投诉举报处理等情况进行监督管理。

第二章 监督管理内容

第六条 航天信息股份有限公司(以下简称航天信息)和国家信息安全工程技术研究中心(以下简称国家信息安全中心)要切实做好专用设备生产工作,保障专用设备的产品质量,对税务机关同意设立的所有服务单位提供相关技术培训和技术支持,保障专用设备及时供应。

航天信息和国家信息安全中心对其设立的服务单位制定统一的服务规范和内部监管办法,切实做好对设立的服务单位的监督管理工作。对其设立的服务单位评比考核须综合参考省国税局对本省服务单位监督管理意见,考评结果、服务单位建设情况及监督管理情况应报送国家税务总局。航天信息和国家信息安全中心与问题频发的服务单位承担连带责任。

第七条 省以下(含本级,下同)服务单位的设立、更换应商省国税局同意。

原则上地市均应设立服务单位。对于按地市设立服务单位有困难的地区,经省国税局同意可不按地市设立服务单位。

第八条 省国税局设立、更换第三方服务单位需报国家税务总局备案。

第九条 省服务单位保障本地区专用设备的及时供应,依据统一的服务规范和内部监管办法对设立的下级服务单位进行监督管理。对设立的下级服务单位评比考核须综合参考当地国税局对本地服务单位监督管理意见,考评结果、服务单位建设情况及监督管理情况应报送省国税局。省服务单位与问题频发的下设服务单位承担连带责任。

省服务单位应建立投诉举报处理机制,设立并公布统一的投诉举报电话,及时处理使用单位的投诉举报,并按月汇总报省国税局。

第十条 市以下(含本级,下同)服务单位按下列要求负责本地区专用设备的销售:

(一)根据增值税管理及使用单位的需要,保障专用设备及时供应。

(二)根据税务机关的《增值税税控系统安装使用告知书》(附件1),按照国家价格主管部门确定的价格标准销售专用设备,并通过增值税税控系统单独开具增值税发票,不得以任何借口提高专用设备销售价格和拒绝销售专用设备。

(三)不得以任何理由向使用单位强行销售计算机、打印机等通用设备、软件、其他商品或服务。使用单位自愿向服务单位购买通用设备、软件、其他商品或服务的,应进行书面确认。

第十一条 市以下服务单位按下列要求负责本地区使用单位增值税税控系统的培训:

(一)市服务单位应建立固定的培训场所,配备必要的培训用计算机、打印机、专用设备等培训设施和专业的培训师资,按照统一的培训内容开展培训工作,确保使用单位能够熟练使用专用设备及通过增值税税控系统开具发票。

(二)服务单位应在培训教室的显著位置悬挂《国家发展改革委关于完善增值税税控系统收费政策的通知》(发改价格〔2012〕2155号)、《财政部、国家税务总局关于增值税税控系统专用设备和技术维护费用抵减增值税税额有关政策的通知》(财税〔2012〕15号)、《增值税税控系统通用设备基本配置标准》(附件2)等展板。

(三)服务单位应向使用单位免费提供增值税税控系统操作培训,不得增加其他任何收费培训内容。

(四)培训应遵循使用单位自愿的原则。服务单位不得以培训作为销售、安装专用设备的前提条件。

第十二条 市以下服务单位按下列要求负责本地区使用单位增值税税控系统日常服务:

(一)使用单位向服务单位提出安装要求后,服务单位应在3个工作日内(含本数,下同)完成使用单位增值税税控系统的安装、调试,并填写《增值税税控系统安装单》(附件3)。

(二)服务单位应配备足够数量的服务人员,设立并公布统一的服务热线电话,及时向使用单位提供维护服务,保障增值税税控系统正常使用。对于通过电话或网络等方式不能解决的问题,应在24小时内做出响应,现场排除故障不得超过2个工作日。

第十三条 市以下服务单位按下列要求收取本地区使用单位增值税税控系统技术维护费:

(一)服务单位应与使用单位签订技术维护合同,合同中应明确具体的服务标准、服务时限和违约责任等事项。使用单位拒绝签订的除外。

(二)服务单位应按照国家价格主管部门确定的标准按年收取技术维护费,不得一次性收取1年以上的技术维护费。

第三章 监督管理方法

第十四条 不定期抽查。省国税局应对本地区服务单位的专用设备销售、培训、收费及日常服务等情况进行不定期抽查,并将抽查情况上报国家税务总局。

第十五条 问卷调查。市国税局应每年组织开展服务质量调查,抽取部分使用单位调查了解服务情况,根据使用单位的反映对服务单位的工作质量进行评价。调查可以采取电话调查、网络调查和实地调查等方式。调查时应通过《增值税税控系统服务质量调查表》(附件4,以下简称《服务质量调查表》)记录调查结果。

调查比例不得低于本辖区上年末使用单位总数的2%或不少于50户(含,下同)。

市国税局应于每年3月底前将调查情况汇总上报省国税局,省国税局应于每年4月10日前将调查情况汇总上报国家税务总局。

第十六条 投诉举报处理。各级税务机关应设立并公布统一的投诉举报电话,及时处理使用单位的投诉举报,建立投诉举报受理、处置、反馈制度。对使用单位的投诉举报处理情况应登记《增值税税控系统服务质量投诉举报处理情况记录表》(附件5,以下简称《投诉举报处理情况记录表》),按月汇总上报省国税局。省国税局对省以下税务机关投诉举报电话的设立公布及受理投诉举报情况进行跟踪管理。

受理投诉举报来源包括网络、信函、电话以及现场等形式。

（一）税务机关受理投诉举报后应及时自行组织或委托下级税务机关进行核实。

对于经核实投诉举报情况属实、服务单位违反有关规定的，属于有效投诉举报。对于无法核实或经调查投诉举报情况不实的，属于无效投诉举报。

（二）对于有效投诉举报问题得到解决的，由税务机关受理部门进行电话回访，听取使用单位的意见；对于有效投诉举报问题无法得到解决的，由税务机关受理部门向上一级税务机关报告，由上一级税务机关责成同级服务单位解决。

（三）税务机关应将投诉举报处理的过程和结果记入《投诉举报处理情况记录表》。

第十七条 联系制度。省国税局及市国税局每年至少与本地区服务单位召开一次联系会议。服务单位将服务情况及存在的问题，向税务机关报告。税务机关向服务单位通报调查及投诉举报情况，研究提高服务质量的措施。

第十八条 税务机关对不定期抽查、问卷调查、受理投诉举报以及日常管理中使用单位反映的情况进行汇总统计，作为对服务单位监督考核的依据。

第四章 违约责任

第十九条 服务单位发生下列情形之一的，主管税务机关应对服务单位进行约谈并要求其立即纠正：

（一）未按规定销售专用设备、安装专用设备、提供培训、提供维护服务，影响使用单位增值税税控系统正常使用的；

（二）未按本办法第二章有关规定履行服务单位职责的；

（三）未按规定处理投诉举报的；

（四）税务机关接到有效投诉举报，但一年内有效投诉举报率不超过1%的；

有效投诉举报率＝有效投诉举报户数/使用单位户数×100%

（五）税务机关对服务单位的调查结果不满意率在5%以上未超过10%的。

不满意率＝不满意使用单位户数/调查的使用单位总户数×100%

“不满意使用单位户数”是指在《服务质量调查表》中综合评价“不满意”的户数。

第二十条 服务单位发生下列情形之一的，省国税局责令相关服务单位进行整改，并停止其在规定地区半年内接受新用户的资格，同时向国家税务总局报告：

（一）发生本办法第十九条第（一）、（二）、（三）、（四）项情形之一，未纠正的；

（二）向使用单位强行销售计算机、打印机等通用设备、软件、其他商品或服务的；

（三）违反市场公平竞争原则，进行虚假宣传，恶意诋毁竞争对手的；

（四）对接到的投诉举报没有及时处理，影响使用单位正常经营，造成严重后果的；

（五）税务机关对服务单位的调查结果不满意率超过10%的；

（六）一年内有效投诉举报率在1%以上未超过5%或有效投诉举报在10户以上未超过30户的。

第二十一条 服务单位发生下列情形之一的，属于航天信息和国家信息安全中心授权的服务单位，省国税局应上报国家税务总局并建议授权单位终止其服务资格；属于省国税局批准成立的服务单位，省国税局终止其服务资格：

(一)以税务机关的名义进行有偿更换设备、升级软件及强行销售其他商品或服务的;

(二)未按本办法第二章有关规定发售专用设备,影响使用单位增值税税控系统正常使用,造成严重后果的;

(三)拒绝接受税务机关依据本办法进行监督管理的;

(四)由于违反法律和法规行为,造成无法正常为使用单位提供服务的;

(五)违反市场公平竞争原则,进行恶意竞争,造成严重后果的;

(六)一年内税务机关接到的有效投诉举报率超过5%或有效投诉举报超过30户的。

第二十二条 服务单位对税务机关做出的处罚决定不服的,可以向同级税务机关或上级税务机关申诉。

第五章 附 则

第二十三条 本办法由国家税务总局解释。

第二十四条 本办法自2015年11月1日起施行,《国家税务总局关于修订〈增值税防伪税控开票系统服务监督管理办法〉的通知》(国税发〔2011〕132号)同时废止。

6-3-121

国家税务总局关于推行通过增值税电子发票系统开具的增值税电子普通发票有关问题的公告

2015年11月26日 国家税务总局公告2015年第84号

为进一步适应经济社会发展和税收现代化建设需要,税务总局在增值税发票系统升级版基础上,组织开发了增值税电子发票系统,经过前期试点,系统运行平稳,具备了全国推行的条件。为了满足纳税人开具增值税电子普通发票的需求,现将有关问题公告如下:

一、推行通过增值税电子发票系统开具的增值税电子普通发票,对降低纳税人经营成本,节约社会资源,方便消费者保存使用发票,营造健康公平的税收环境有着重要作用。

二、通过增值税电子发票系统开具的增值税电子普通发票票样见附件1。

三、增值税电子普通发票的开票方和受票方需要纸质发票的,可以自行打印增值税电子普通发票的版式文件,其法律效力、基本用途、基本使用规定等与税务机关监制的增值税普通发票相同。

四、增值税电子普通发票的发票代码为12位,编码规则:第1位为0,第2—5位代表省、自治区、直辖市和计划单列市,第6—7位代表年度,第8—10位代表批次,第11—12位代表票种(11代表增值税电子普通发票)。发票号码为8位,按年度、分批次编制。

五、除北京市、上海市、浙江省、深圳市外,其他地区已使用电子发票的增值税纳税人,应于2015年12月31日前完成相关系统对接技术改造,2016年1月1日起使用增值税电子发票系统开具增值税电子普通发票,其他开具电子发票的系统同时停止使用。有关系统技术方案见附件2。

六、各地税务机关要做好纳税人的宣传组织工作,重点做好开票量较大的行业如电商、电信、快递、公用事业等行业增值税电子发票推行工作。

七、本公告自2015年12月1日起施行。

特此公告。

附件:1. ××增值税电子普通发票(票样)(编者略)

2. 增值税电子发票系统技术方案(编者略)

注释:

条款失效。附件1增值税电子普通发票票样中的发票监制章调整。参见:《国家税务总局关于增值税电子普通发票使用有关事项的公告》(国家税务总局公告2018年第41号)。

条款修改。根据《第十三届全国人民代表大会第一次会议关于国务院机构改革方案的决定》等有关规定,税收规范性文件规定的国税地税机关的职责和工作由新的税务机关承担。国家税务总局依据《税收规范性文件制定管理办法》(国家税务总局令第41号公布),对税收规范性文件进行了清理。参见:《国家税务总局关于修改部分税收规范性文件的公告》(国家税务总局公告2018年第31号)。

6-3-122

国家税务总局关于停止使用货物运输业增值税专用发票有关问题的公告

2015年12月31日　国家税务总局公告2015年第99号

为规范增值税发票管理,方便纳税人发票使用,税务总局决定停止使用货物运输业增值税专用发票(以下简称货运专票),现将有关问题公告如下:

一、增值税一般纳税人提供货物运输服务,使用增值税专用发票和增值税普通发票,开具发票时应将起运地、到达地、车种车号以及运输货物信息等内容填写在发票备注栏中,如内容较多可另附清单。

二、为避免浪费,方便纳税人发票使用衔接,货运专票最迟可使用至2016年6月30日,7月1日起停止使用。

三、铁路运输企业受托代征的印花税款信息,可填写在发票备注栏中。中国铁路总公司及其所属运输企业(含分支机构)提供货物运输服务,可自2015年11月1日起使用增值税专用发票和增值税普通发票,所开具的铁路货票、运费杂费收据可作为发票清单使用。

四、除本公告第三条外,其他规定自2016年1月1日起施行,《国家税务总局关于铁路运输和邮政业营业税改征增值税发票及税控系统使用问题的公告》(国家税务总局公告2013年第76号)第一条第一项、第二条、第三条同时废止。

特此公告。

6 -3 -123

国家税务总局关于纳税人销售其取得的不动产办理产权过户手续使用的增值税发票联次问题的通知

2016年5月2日 税总函〔2016〕190号

各省、自治区、直辖市和计划单列市国家税务局、地方税务局：

近接部分地区反映，需要明确营改增后纳税人销售其取得的不动产，办理产权过户手续使用的增值税发票联次问题。经研究，现将有关问题通知如下：

纳税人销售其取得的不动产，自行开具或者税务机关代开增值税发票时，使用六联增值税专用发票或者五联增值税普通发票。纳税人办理产权过户手续需要使用发票的，可以使用增值税专用发票第六联或者增值税普通发票第三联。

6 -3 -124

国家税务总局关于进一步加强营改增后国税、地税发票管理衔接工作的通知

2016年5月3日 税总函〔2016〕192号

各省、自治区、直辖市和计划单列市国家税务局、地方税务局：

据反映，目前仍有个别地税机关印制发票并准备向纳税人提供。对此，税务总局已责令进行调查。为确保全面推开营改增试点后新旧税制平稳转换，做好国税，地税机关发票管理工作的顺利衔接，现将有关问题通知如下：

一、关于地税存量发票的管理问题

根据《国家税务总局关于全面推开营业税改征增值税试点有关税收征收管理事项的公告》（国家税务总局公告2016年第23号）以及《国家税务总局关于明确营改增试点若干征管问题的公告》（国家税务总局公告2016年第26号）的规定，2016年5月1日起，地税机关不再向试点纳税人发放发票。各地地税机关不得再印制发票，已印制尚未发放的发票，应做好登记、造册、封存、销毁等工作，并将销毁发票的种类、代码、号码等信息通报国税机关。

二、关于地税机关已发放发票的使用期限问题

2016年4月30日之前纳税人已领取地税机关印制的发票以及印有本单位名单的发票，可使用至2016年6月30日。国家税务总局公告2016年第23号第三条第（七）项所称“特殊情况”是指享受免征增值税政策的纳税人（如医院、博物馆等）使用的印有本单位名称

的发票。

三、关于地税机关已发放发票的缴销问题

国税、地税机关应该共同做好地税已发放发票情况的清分核对工作。

纳税人已开具发票的验票及空白发票的缴销工作,由主管国税机关负责办理,地税机关应积极做好协同配合工作。

初次在国税机关领用发票的纳税人,须缴销地税机关已发放的发票后,方可领用;凡在国税机关已领用发票的纳税人,地税机关发放的发票一律缴销。

四、关于有奖发票的衔接问题

实行有奖发票的地区,国税、地税机关要积极向当地政府汇报,已发放的有奖发票要予以兑现,确保平稳过渡。要按照当地政府的要求,做好下一步有奖发票的相关工作。

五、关于地税机关已发放发票的风险监控工作

各地税务机关应加强已发放地税发票的管理,采取措施堵塞漏洞,重点做好地税机关已发放发票与税款信息的核对工作。对逾期未缴销地税发票的纳税人,应通知其尽快办理缴销手续,未按期缴销的可按《中华人民共和国发票管理办法》有关规定予以处罚。

各省税务机关应对本通知相关工作的落实情况进行督导。税务总局将适时开展督导检查。

本通知涉及纳税人的事项,由各省税务机关根据实际情况进行公告。

6 –3 –125

国家税务总局关于优化完善增值税发票查询平台功能有关事项的公告

2016 年 5 月 27 日　国家税务总局公告 2016 年第 32 号

自 2016 年 3 月 1 日起,税务总局对部分增值税一般纳税人(以下简称纳税人)取消了增值税发票扫描认证,纳税人可登录本省增值税发票查询平台,查询、选择、确认用于申报抵扣或者出口退税的增值税发票信息。为进一步优化纳税服务,更好地便利纳税人,税务总局对增值税发票查询平台相关功能进行了优化完善,现将有关事项公告如下:

一、延长确认发票信息时限。将纳税人确认当月用于抵扣税款或者出口退税的增值税发票信息的最后时限,由当月最后 1 日延长至次月纳税申报期结束前 2 日。

二、优化系统功能。增值税发票查询平台优化完善了系统登陆、查询和信息下载等功能,纳税人可在本省增值税发票查询平台下载相关功能说明。

本公告自发布之日起施行。

特此公告。

注释：

条款废止。第一条自2016年9月1日起废止。参见:《国家税务总局关于优化完善增值税发票选择确认平台功能及系统维护有关事项的公告》(国家税务总局公告2016年第57号)。

6-3-126

国家税务总局关于加强增值税税控系统管理有关问题的通知

2016年7月19日 税总函〔2016〕368号

各省、自治区、直辖市和计划单列市国家税务局：

为进一步加强增值税税控系统管理，提高办税效率，提升纳税人对税控服务满意度，现将有关问题通知如下：

一、集团总部采取集中购买税控一体化解决方案的纳税人，其所需的税控专用设备可以直接向航天信息股份有限公司或国家信息安全工程技术研究中心，以及上述两家单位授权的销售单位(以下简称销售单位)购买。销售单位应保障税控专用设备的质量和如数供应，不得以任何理由推诿、拖延或者拒绝纳税人购买税控专用设备的要求。

各地税务机关要及时为纳税人或其书面委托的单位办理税控专用设备发行，不限定只为本省范围购买的税控专用设备进行发行。各地税务机关要进一步简化税控专用设备发行流程，提高办税效率。

二、纳税人购买税控专用设备后，销售单位不得向纳税人指定增值税税控系统维护服务单位(以下简称服务单位)，不得强迫纳税人接受服务。纳税人可在所在区域范围内具备服务资格的服务单位间自行选择。

纳税人向服务单位提出安装要求后，服务单位应在3个工作日内完成纳税人增值税税控系统的安装、调试，不得以任何理由推诿、拖延或拒绝。

承担集团总部集中购买税控一体化解决方案的单位，应为纳税人做好增值税税控系统的维护服务，可以自建服务体系，并接受当地税务机关的监督管理，也可委托具备服务资格的服务单位提供服务，并承担相关责任。

三、严禁销售单位及服务单位借销售税控专用设备或维护服务之机违规搭售设备、软件、其他商品，或收取规定之外的各种名目的费用。《国家税务总局关于发布增值税发票税控开票软件数据接口规范的公告》(国家税务总局公告2016年第25号)，已对纳税人使用的增值税发票税控开票软件相关数据接口规范予以发布，供纳税人免费使用，任何单位和个人不得向使用增值税税控系统的纳税人收取任何名义的开票软件接口费用。

四、各地税务机关要加强对销售单位、服务单位的监督管理，及时回应纳税人投诉，对存在问题的销售单位、服务单位责令其立即纠正，并限期整改。对违反规定的，按照《增值税税控系统服务单位监督管理办法》有关规定严肃处理。

6-3-127

国家税务总局关于红字增值税发票开具有关问题的公告

2016年7月20日　国家税务总局公告2016年第47号

为进一步规范纳税人开具增值税发票管理,现将红字发票开具有关问题公告如下:

一、增值税一般纳税人开具增值税专用发票(以下简称"专用发票")后,发生销货退回、开票有误、应税服务中止等情形但不符合发票作废条件,或者因销货部分退回及发生销售折让,需要开具红字专用发票的,按以下方法处理:

(一)购买方取得专用发票已用于申报抵扣的,购买方可在增值税发票管理新系统(以下简称"新系统")中填开并上传《开具红字增值税专用发票信息表》(以下简称《信息表》,详见附件),在填开《信息表》时不填写相对应的蓝字专用发票信息,应暂依《信息表》所列增值税税额从当期进项税额中转出,待取得销售方开具的红字专用发票后,与《信息表》一并作为记账凭证。

购买方取得专用发票未用于申报抵扣、但发票联或抵扣联无法退回的,购买方填开《信息表》时应填写相对应的蓝字专用发票信息。

销售方开具专用发票尚未交付购买方,以及购买方未用于申报抵扣并将发票联及抵扣联退回的,销售方可在新系统中填开并上传《信息表》。销售方填开《信息表》时应填写相对应的蓝字专用发票信息。

(二)主管税务机关通过网络接收纳税人上传的《信息表》,系统自动校验通过后,生成带有"红字发票信息表编号"的《信息表》,并将信息同步至纳税人端系统中。

(三)销售方凭税务机关系统校验通过的《信息表》开具红字专用发票,在新系统中以销项负数开具。红字专用发票应与《信息表》一一对应。

(四)纳税人也可凭《信息表》电子信息或纸质资料到税务机关对《信息表》内容进行系统校验。

二、税务机关为小规模纳税人代开专用发票,需要开具红字专用发票的,按照一般纳税人开具红字专用发票的方法处理。

三、纳税人需要开具红字增值税普通发票的,可以在所对应的蓝字发票金额范围内开具多份红字发票。红字机动车销售统一发票需与原蓝字机动车销售统一发票一一对应。

四、按照《国家税务总局关于纳税人认定或登记为一般纳税人前进项税额抵扣问题的公告》(国家税务总局公告2015年第59号)的规定,需要开具红字专用发票的,按照本公告规定执行。

五、本公告自2016年8月1日起施行,《国家税务总局关于推行增值税发票系统升级版有关问题的公告》(国家税务总局公告2014年第73号)第四条、附件1、附件2和《国家税务总局关于全面推行增值税发票系统升级版有关问题的公告》(国家税务总局公告2015年第

19号)第五条、附件1、附件2同时废止。此前未处理的事项,按照本公告规定执行。

特此公告。

附件:开具红字增值税专用发票信息表(编者略)

6－3－128

国家税务总局关于优化完善增值税发票选择确认平台功能及系统维护有关事项的公告

2016年8月29日　国家税务总局公告2016年第57号

为进一步优化纳税服务,现将优化完善增值税发票选择确认平台(原增值税发票查询平台)功能及系统维护有关事项公告如下:

一、纳税人每日可登录本省增值税发票选择确认平台,查询、选择、确认用于申报抵扣或者出口退税的增值税发票信息。

二、增值税发票选择确认平台纳税人端系统维护工作,由增值税税控系统服务单位负责。

三、本公告自2016年9月1日起施行,《国家税务总局关于优化完善增值税发票查询平台功能有关事项的公告》(国家税务总局公告2016年第32号)第一条同时废止。

特此公告。

6－3－129

国家税务总局关于纳税人申请代开增值税发票办理流程的公告

2016年8月31日　国家税务总局公告2016年第59号

现将纳税人代开发票(纳税人销售取得的不动产和其他个人出租不动产由地税机关代开增值税发票业务除外)办理流程公告如下:

一、办理流程

(一)在地税局委托国税局代征税费的办税服务厅,纳税人按照以下次序办理:

1. 在国税局办税服务厅指定窗口:

(1)提交《代开增值税发票缴纳税款申报单》(见附件);

(2)自然人申请代开发票,提交身份证件及复印件;

其他纳税人申请代开发票,提交加载统一社会信用代码的营业执照(或税务登记证或组织机构代码证)、经办人身份证件及复印件。

2. 在同一窗口申报缴纳增值税等有关税费。

3. 在同一窗口领取发票。

（二）在国税地税合作、共建的办税服务厅，纳税人按照以下次序办理：

1. 在办税服务厅国税指定窗口：

（1）提交《代开增值税发票缴纳税款申报单》；

（2）自然人申请代开发票，提交身份证件及复印件；

其他纳税人申请代开发票，提交加载统一社会信用代码的营业执照（或税务登记证或组织机构代码证）、经办人身份证件及复印件。

2. 在同一窗口缴纳增值税。

3. 到地税指定窗口申报缴纳有关税费。

4. 到国税指定窗口凭相关缴纳税费证明领取发票。

二、各省税务机关应在本公告规定的基础上，结合本地实际，制定更为细化、更有明确指向和可操作的纳税人申请代开发票办理流程公告，切实将简化优化办税流程落到实处。

三、纳税人销售取得的不动产和其他个人出租不动产代开增值税发票业务所需资料，仍然按照《国家税务总局关于加强和规范税务机关代开普通发票工作的通知》（国税函〔2004〕1024号）第二条第（五）项执行。

本公告自2016年11月15日起施行。

特此公告。

附件：代开增值税发票缴纳税款申报单（编者略）

注释：

条款失效废止。第三条失效废止。参见：《国家税务总局关于公布全文和部分条款失效废止的税务规范性文件目录的公告》（国家税务总局公告2021年第22号）。

条款修改。根据《第十三届全国人民代表大会第一次会议关于国务院机构改革方案的决定》等有关规定，税收规范性文件规定的国税地税机关的职责和工作由新的税务机关承担。国家税务总局依据《税收规范性文件制定管理办法》（国家税务总局令第41号公布），对税收规范性文件进行了清理。参见：《国家税务总局关于修改部分税收规范性文件的公告》（国家税务总局公告2018年第31号）。

6－3－130

国家税务总局关于调整增值税普通发票防伪措施有关事项的公告

2016年11月2日　国家税务总局公告2016年第68号

税务总局决定调整增值税普通发票防伪措施，自2016年第四季度起印制的增值税普通发票采用新的防伪措施。现将有关事项公告如下：

调整后的增值税普通发票的防伪措施为灰变红防伪油墨(详见附件)。增值税普通发票各联次颜色:第一联为蓝色,第二联为棕色,第三联为绿色,第四联为紫色,第五联为粉红色。

税务机关库存和纳税人尚未使用的增值税普通发票可以继续使用。

本公告自发布之日起实施。

特此公告。

附件:增值税普通发票防伪措施的说明(编者略)

6 -3 -131

国家税务总局关于按照纳税信用等级对增值税发票使用实行分类管理有关事项的公告

2016 年 11 月 17 日　国家税务总局公告 2016 年第 71 号

为进一步优化纳税服务,提高办税效率,税务总局决定按照纳税信用等级对增值税发票使用实行分类管理,现将有关事项公告如下:

一、简并发票领用次数

纳税信用 A 级的纳税人可一次领取不超过 3 个月的增值税发票用量,纳税信用 B 级的纳税人可一次领取不超过 2 个月的增值税发票用量。以上两类纳税人生产经营情况发生变化,需要调整增值税发票用量,手续齐全的,按照规定即时办理。

二、扩大取消增值税发票认证的纳税人范围

将取消增值税发票认证的纳税人范围由纳税信用 A 级、B 级的增值税一般纳税人扩大到纳税信用 C 级的增值税一般纳税人。

对 2016 年 5 月 1 日新纳入营改增试点、尚未进行纳税信用评级的增值税一般纳税人,2017 年 4 月 30 日前不需进行增值税发票认证,登录本省增值税发票选择确认平台,查询、选择、确认用于申报抵扣或者出口退税的增值税发票信息,未查询到对应发票信息的,可进行扫描认证。

本公告自 2016 年 12 月 1 日起实施。

特此公告。

注释:

条款废止。第二条自 2019 年 3 月 1 日起废止。参见:《国家税务总局关于扩大小规模纳税人自行开具增值税专用发票试点范围等事项的公告》(国家税务总局公告 2019 年第 8 号)。

6－3－132

国家税务总局关于走逃(失联)企业开具增值税专用发票认定处理有关问题的公告

2016年12月1日　国家税务总局公告2016年第76号

为进一步加强增值税专用发票管理,有效防范税收风险,根据《中华人民共和国增值税暂行条例》有关规定,现将走逃(失联)企业开具增值税专用发票认定处理的有关问题公告如下:

一、走逃(失联)企业的判定

走逃(失联)企业,是指不履行税收义务并脱离税务机关监管的企业。

根据税务登记管理有关规定,税务机关通过实地调查、电话查询、涉税事项办理核查以及其他征管手段,仍对企业和企业相关人员查无下落的,或虽然可以联系到企业代理记账、报税人员等,但其并不知情也不能联系到企业实际控制人的,可以判定该企业为走逃(失联)企业。

二、走逃(失联)企业开具增值税专用发票的处理

(一)走逃(失联)企业存续经营期间发生下列情形之一的,所对应属期开具的增值税专用发票列入异常增值税扣税凭证(以下简称"异常凭证")范围。

1. 商贸企业购进、销售货物名称严重背离的;生产企业无实际生产加工能力且无委托加工,或生产能耗与销售情况严重不符,或购进货物并不能直接生产其销售的货物且无委托加工的。

2. 直接走逃失踪不纳税申报,或虽然申报但通过填列增值税纳税申报表相关栏次,规避税务机关审核比对,进行虚假申报的。

(二)增值税一般纳税人取得异常凭证,尚未申报抵扣或申报出口退税的,暂不允许抵扣或办理退税;已经申报抵扣的,一律先作进项税额转出;已经办理出口退税的,税务机关可按照异常凭证所涉及的退税额对该企业其他已审核通过的应退税款暂缓办理出口退税,无其他应退税款或应退税款小于涉及退税额的,可由出口企业提供差额部分的担保。经核实,符合现行增值税进项税额抵扣或出口退税相关规定的,企业可继续申报抵扣,或解除担保并继续办理出口退税。

(三)异常凭证由开具方主管税务机关推送至接受方所在地税务机关进行处理,具体操作规程另行明确。

本公告自发布之日起施行。

特此公告。

注释：

条款废止。第二条第二项自2020年2月1日起废止。参见：《国家税务总局关于异常增值税扣税凭证管理等有关事项的公告》（国家税务总局公告2019年第38号）。

6－3－133

国家税务总局关于启用增值税普通发票（卷票）有关事项的公告

2016年12月13日　国家税务总局公告2016年第82号

为了满足纳税人发票使用需要，税务总局决定自2017年1月1日起启用增值税普通发票（卷票），现将有关事项公告如下：

一、增值税普通发票（卷票）规格、联次及防伪措施

增值税普通发票（卷票）分为两种规格：57mm×177.8mm、76mm×177.8mm，均为单联。增值税普通发票（卷票）的防伪措施为光变油墨防伪（详见附件1）。

二、增值税普通发票（卷票）代码及号码

增值税普通发票（卷票）的发票代码为12位，编码规则：第1位为0，第2—5位代表省、自治区、直辖市和计划单列市，第6—7位代表年度，第8—10位代表批次，第11—12位代表票种和规格，其中06代表57mm×177.8mm增值税普通发票（卷票）、07代表76mm×177.8mm增值税普通发票（卷票）。

增值税普通发票（卷票）的发票号码为8位，按年度、分批次编制。

三、增值税普通发票（卷票）内容

增值税普通发票（卷票）的基本内容包括：发票名称、发票监制章、发票联、税徽、发票代码、发票号码、机打号码、机器编号、销售方名称及纳税人识别号、开票日期、收款员、购买方名称及纳税人识别号、项目、单价、数量、金额、合计金额（小写）、合计金额（大写）、校验码、二维码码区等。增值税普通发票（卷票）票样见附件2。

四、其他事项

（一）增值税普通发票（卷票）由纳税人自愿选择使用，重点在生活性服务业纳税人中推广使用。

（二）增值税普通发票（卷票）的真伪鉴别按照《中华人民共和国发票管理办法实施细则》第三十三条有关规定执行。

本公告自2017年1月1日起实施。

特此公告。

附件：1. 增值税普通发票（卷票）防伪措施的说明（编者略）

2. 增值税普通发票（卷票）票样（编者略）

6-3-134

国家税务总局关于启用全国增值税发票查验平台的公告

2016年12月23日　国家税务总局公告2016年第87号

为进一步优化纳税服务,加强发票管理,税务总局依托增值税发票管理新系统(以下简称“新系统”)开发了增值税发票查验平台。经过前期试点,系统运行平稳,税务总局决定启用全国增值税发票查验平台。现将有关事项公告如下:

取得增值税发票的单位和个人可登录全国增值税发票查验平台(https://inv-veri.chinatax.gov.cn),对新系统开具的增值税专用发票、增值税普通发票、机动车销售统一发票和增值税电子普通发票的发票信息进行查验。单位和个人通过网页浏览器首次登录平台时,应下载安装根证书文件,查看平台提供的发票查验操作说明。

各级税务机关要通过多种渠道做好增值税发票查验工作的宣传辅导,采取有效措施,保证增值税发票查验工作的顺利实施。

本公告自2017年1月1日起实施。

特此公告。

6-3-135

国家税务总局关于进一步做好增值税电子普通发票推行工作的指导意见

2017年3月21日　税总发〔2017〕31号

各省、自治区、直辖市和计划单列市国家税务局:

为适应经济社会发展和税收现代化建设需要,满足纳税人使用增值税电子普通发票的需求,自2015年12月1日起税务总局推行了通过增值税发票管理新系统(以下简称“新系统”)开具的增值税电子普通发票。为进一步做好增值税电子普通发票推行工作,现提出以下意见:

一、高度重视电子发票推行工作

推行通过新系统开具的增值税电子普通发票,对降低纳税人经营成本,节约社会资源,方便纳税人发票使用,营造健康公平的税收环境起到了重要作用。各地国税机关要高度重视电子发票推行工作,精心组织,扎实推进,满足纳税人开具使用电子发票的合理需求。

二、坚持问题导向,重点行业重点推行

各地国税机关要认真总结前期推行增值税电子普通发票的情况,做好分析评估工作,坚持问题导向原则,重点在电商、电信、金融、快递、公用事业等有特殊需求的纳税人中推行使用电子发票。

三、规范电子发票服务平台建设

电子发票服务平台以纳税人自建为主,也可由第三方建设提供服务平台。电子发票服务平台应免费提供电子发票版式文件的生成、打印、查询和交付等基础服务。

税务总局负责统一制定电子发票服务平台的技术标准和管理制度,建设对服务平台进行监督管理的税务监管平台。电子发票服务平台必须遵循统一的技术标准和管理制度。平台建设的技术方案和管理方案应报国税机关备案。

四、做好纳税人的宣传辅导工作

各地国税机关要利用多种渠道,切实做好纳税人的宣传辅导工作。增值税电子普通发票的开票方和受票方需要纸质发票的,可以自行打印增值税电子普通发票的版式文件,其法律效力、基本用途、基本使用规定等与税务机关监制的增值税普通发票相同。购买方向开具增值税电子普通发票的纳税人当场索取纸质普通发票的,纳税人应当免费提供电子发票版式文件打印服务。对于拒绝提供免费打印服务或者纸质发票的,主管国税务机关应当及时予以纠正。

五、规范电子发票编码规则及发票赋码流程

各地国税机关应严格按照《国家税务总局关于推行通过增值税电子发票系统开具的增值税电子普通发票有关问题的公告》(国家税务总局公告2015年第84号)规定的发票编码规则编制增值税电子普通发票的发票代码,通过金税三期核心征管系统将电子发票的号段同步至新系统,通过新系统最终赋予纳税人。

六、简化税控专用设备发行流程

各地国税机关要进一步简化税控专用设备发行流程,及时为使用电子发票的纳税人或其书面委托的单位办理税控专用设备发行,提高办税效率。

七、加强对服务单位的监督管理

各地国税机关应严格按照税务总局对纳税人税控装置安装服务提出的工作要求,加强对服务单位的监督管理,督促其提高服务水平和服务质量。税务机关及税务干部要严格执行廉政规定,不得违反纪律参与、干预、引导纳税人选择服务单位。税务机关要及时处理回应纳税人投诉,对存在问题的服务单位责令其立即纠正,并限期整改。

税控专用设备销售单位应保障税控专用设备的及时供应,不得以任何理由推诿、拖延或者拒绝使用电子发票的纳税人购买税控专用设备的要求。

八、落实主体责任,加强部门协作配合

各地国税机关要将推行工作做实做细,加强部门协作配合,形成工作合力。按照新系统推行到哪里、主体责任就要落实到哪里的原则,货物劳务税部门要落实好发票管理、系统推行中的主体责任,实行专人专岗、责任到人。征管科技、电子税务等部门要加强协作配合,共同保障推行工作平稳顺利。

6－3－136

国家税务总局关于使用印有本单位名称的增值税普通发票(卷票)有关问题的公告

2017 年 4 月 14 日　国家税务总局公告 2017 年第 9 号

为进一步规范增值税发票管理,优化纳税服务,保障全面推开营业税改征增值税试点工作顺利实施,现将使用印有本单位名称的增值税普通发票(卷票)有关问题公告如下:

一、纳税人可按照《中华人民共和国发票管理办法》及其实施细则要求,书面向国税机关要求使用印有本单位名称的增值税普通发票(卷票),国税机关按规定确认印有该单位名称发票的种类和数量。纳税人通过增值税发票管理新系统开具印有本单位名称的增值税普通发票(卷票)。

二、印有本单位名称的增值税普通发票(卷票),由税务总局统一招标采购的增值税普通发票(卷票)中标厂商印制,其式样、规格、联次和防伪措施等与原有增值税普通发票(卷票)一致,并加印企业发票专用章。

三、印有本单位名称的增值税普通发票(卷票)发票代码及号码按照《国家税务总局关于启用增值税普通发票(卷票)有关事项的公告》(国家税务总局公告 2016 年第 82 号)规定的编码规则编制。发票代码的第 8—10 位代表批次,由省国税机关在 501—999 范围内统一编制。

四、使用印有本单位名称的增值税普通发票(卷票)的企业,按照《国家税务总局　财政部关于冠名发票印制费结算问题的通知》(税总发〔2013〕53 号)规定,与发票印制企业直接结算印制费用。

本公告自 2017 年 7 月 1 日起施行。

特此公告。

注释:

条款修改。根据《第十三届全国人民代表大会第一次会议关于国务院机构改革方案的决定》等有关规定,税收规范性文件规定的国税地税机关的职责和工作由新的税务机关承担。国家税务总局依据《税收规范性文件制定管理办法》(国家税务总局令第 41 号公布),对税收规范性文件进行了清理。参见:《国家税务总局关于修改部分税收规范性文件的公告》(国家税务总局公告 2018 年第 31 号)。

6－3－137

国家税务总局关于增值税发票开具有关问题的公告

2017年5月19日　国家税务总局公告2017年第16号

为进一步加强增值税发票管理，保障全面推开营业税改征增值税试点工作顺利实施，保护纳税人合法权益，营造健康公平的税收环境，现将增值税发票开具有关问题公告如下：

一、自2017年7月1日起，购买方为企业的，索取增值税普通发票时，应向销售方提供纳税人识别号或统一社会信用代码；销售方为其开具增值税普通发票时，应在“购买方纳税人识别号”栏填写购买方的纳税人识别号或统一社会信用代码。不符合规定的发票，不得作为税收凭证。

本公告所称企业，包括公司、非公司制企业法人、企业分支机构、个人独资企业、合伙企业和其他企业。

二、销售方开具增值税发票时，发票内容应按照实际销售情况如实开具，不得根据购买方要求填开与实际交易不符的内容。销售方开具发票时，通过销售平台系统与增值税发票税控系统后台对接，导入相关信息开票的，系统导入的开票数据内容应与实际交易相符，如不相符应及时修改完善销售平台系统。

特此公告。

6－3－138

国家税务总局关于做好增值税电子普通发票推行所需税控设备管理工作的通知

2017年6月21日　税总函〔2017〕232号

各省、自治区、直辖市和计划单列市国家税务局：

为全面落实《国家税务总局关于进一步做好增值税电子普通发票推行工作的指导意见》（税总发〔2017〕31号），进一步加强对增值税税控系统服务单位（以下简称“服务单位”）的监督管理，积极推进增值税电子普通发票所需税控设备管理工作，现将有关事宜通知如下：

一、推行增值税电子普通发票所需的税控服务器和税控盘组等设备（以下简称“其他税控设备”）的发售、S/N号录入、发行、安装、调试、技术支持等相关事项按照增值税税控专用设备的相关规定进行管理。各地税务机关应在3个工作日内为纳税人或其书面委托的电子发票服务商办理税控专用设备和其他税控设备的录入、发行等事宜，不得限定是否本省购买等附加条件，不得以任何理由推诿、拖延或拒绝。纳税人或其书面委托的电子发票服务商可以直接向服务单位总部购买税控专用设备和其他税控设备，无需经其他单位确认。服务单位不得以任何理由推诿、拖延或者拒绝向纳税人或其书面委托的电子发票服务商发售税控专用设备和其他税控设备。

二、主管国税机关应建立增值税电子普通发票税控设备监督管理工作制度，设立“增值税电子普通发票税控设备监督管理工作台账”，参照《增值税税控系统安装使用告知书》、《增值税税控系统技术服务协议》、《增值税税控系统安装单》等文书（复印件留存备查）准确记录相关时间。通过对税控专用设备和其他税控设备申请领购时间、领购完毕时间、录入完毕时间、发行完毕时间的及时记录，进行全流程监控管理，保障纳税人及时开具增值税电子普通发票。

三、各级国税机关要加强对服务单位的监督管理，严格按照《国家税务总局关于印发〈增值税税控系统服务单位监督管理办法〉的通知》（税总发〔2015〕118 号，以下简称“监管办法”）的规定落实税控专用设备和其他税控设备发售的具体要求，督促服务单位在接到申请后 3 ~5 个工作日内向纳税人或其书面委托的电子发票服务商发售税控专用设备和其他税控设备。如发现未按时发售、安装、调试等问题可依据监管办法第四章“违约责任”相关条款进行处罚，视情形严重程度可暂停其服务资格 1 ~3 个月。

四、税务总局将对各省国税局服务单位监督管理工作情况进行不定期抽查，对监管不力的单位将进行通报批评。2017 年 9 月 30 日前，请各省国税局将本通知的落实情况通过 FTP 指定目录（FTP:/center/货物和劳务税司/税控稽核处/电子发票税控管理工作）上报税务总局（货物和劳务税司）。

6 -3 -139

国家税务总局办公厅关于全面推行财政票据电子化管理系统的通知

2017 年 9 月 30 日　税总办发〔2017〕125 号

各省、自治区、直辖市和计划单列市国家税务局，税务干部进修学院：

根据财政部办公厅《关于进一步加强中央单位财政票据核销管理的通知》（财办综〔2017〕77 号）要求，2018 年 1 月 1 日起在国税系统（含税务干部进修学院，下同）全面开展财政票据电子化改革，统一部署、安装运行财政票据电子化管理系统，全面实施财政票据电子化管理，启用机打财政票据，停用手工财政票据。现将有关事项通知如下：

一、全面推行财政票据电子化管理系统

（一）报送信息

各单位于 2017 年 10 月 31 日前将以下资料报送税务总局（财务管理司）：

1. 完整填写并加盖单位公章的《财政票据电子化管理单位基础信息表》。

2. 在空白A4纸上加盖单位开具财政票据使用的印章(收费专用章或财务专用章)。

(二)安装系统

《财政票据电子化管理单位基础信息表》经财政部审核通过后,各单位于2017年12月31日前完成财政票据电子化管理系统安装,2018年1月1日起使用财政部制发的安全认证设备登录该系统开具机打财政票据。

(三)申领票据

各单位预估2018年度《中央非税收入统一票据》和《中央行政事业单位资金往来结算票据》机打票据需求,汇总填写《国家税务局系统中央行政事业单位财政票据领用申请表》,于2017年10月31日前上报税务总局(财务管理司)。

(四)开展培训

税务总局邀请财政部票据监管中心开展财政票据电子化管理系统实务培训,具体时间另行通知。各单位经办人员务必认真自学《财政部财政票据电子化管理系统单位端操作手册》(可在"FTP://E:/local(供各省下载使用)/财务管理司/国库集中支付处"目录下载)。如在软件使用过程中有疑问,由各省国税局财务部门汇总相关问题,统一向财政部软件运维人员反映。

二、清理未核销的手工票据

(一)清理核销范围

从2018年1月1日起已领用的手工票据停止使用。已使用尚未核销以及未使用的空白《中央非税收入统一票据》、《中央行政事业单位资金往来结算票据》和《公益事业捐赠统一票据》手工票据按财政部要求予以清理核销。

(二)清理核销方式

此次清理采取自清自查和重点检查相结合的方式。

各单位认真开展本单位财政票据清理自查工作,将票据存根按票据种类分类整理,按号段顺序码放整齐备查,完整填写《中央单位财政票据核销表》,于2018年3月31日前将《中央单位财政票据核销表》逐级报送至各省国税局财务部门。如有票据遗失情况,由各省国税局、税务干部进修学院在《中国税务报》刊登遗失声明,并将有关情况通过税务总局(财务管理司)报财政部票据监管中心备案。

自清自查结束后,各省国税局、税务干部进修学院财务部门尽快与当地财政厅(局)票据监管机构联系,协商重点检查与核销方案。

附件:1. 财政票据电子化管理单位基础信息表(编者略)

2. 国家税务局系统中央行政事业单位财政票据领用申请表(编者略)

3. 中央单位财政票据核销表(编者略)

6-3-140

国家税务总局关于纳税人销售国家临时存储粮食发票开具有关问题的批复

2017年10月9日　税总函〔2017〕422号

内蒙古自治区国家税务局：

你局《关于中储粮总公司明确临储粮拍卖增值税发票开具有关事宜的请示》（内国税发〔2017〕71号）收悉。由于部分国家临储粮的拍卖成交价格低于库存成本，承担国家临储粮任务并直接承贷贷款的非中储粮直属企业，实际收到的货款小于库存成本，无法根据《国家税务总局关于纳税人销售国家临时存储粮食发票开具有关问题的批复》（税总函〔2015〕448号）的规定，按库存成本金额给中储粮直属企业开具增值税发票。鉴于以上情况，现就纳税人销售国家临储粮（含大豆，下同）增值税发票开具有关问题批复如下：

一、对于低于库存成本销售的国家临储粮，非中储粮直属企业应按照成交金额向中储粮直属企业开具增值税发票；对于高于（或等于）库存成本销售的国家临储粮，非中储粮直属企业应按照库存成本金额向中储粮直属企业开具增值税发票。

二、中储粮直属企业应按照国家临储粮的成交金额向购买方开具增值税发票。

此前已发生未处理的，按本批复规定执行。自本批复发布之日起，《国家税务总局关于纳税人销售国家临时存储粮食发票开具有关问题的批复》（税总函〔2015〕448号）同时废止。

特此批复。

6-3-141

国家税务总局关于增值税普通发票管理有关事项的公告

2017年12月5日　国家税务总局公告2017年第44号

为进一步规范增值税发票管理，优化纳税服务，满足纳税人发票使用需要，现将增值税发票管理有关事项公告如下：

一、调整增值税普通发票（折叠票）发票代码

增值税普通发票（折叠票）的发票代码调整为12位，编码规则：第1位为0，第2—5位代表省、自治区、直辖市和计划单列市，第6—7位代表年度，第8—10位代表批次，第11—12位代表票种和联次，其中04代表二联增值税普通发票（折叠票）、05代表五联增值税普

通发票(折叠票)。

税务机关库存和纳税人尚未使用的发票代码为10位的增值税普通发票(折叠票)可以继续使用。

二、印有本单位名称的增值税普通发票(折叠票)

(一)纳税人可按照《中华人民共和国发票管理办法》及其实施细则规定,书面向国税机关要求使用印有本单位名称的增值税普通发票(折叠票),国税机关按规定确认印有该单位名称发票的种类和数量。纳税人通过增值税发票管理新系统开具印有本单位名称的增值税普通发票(折叠票)。

(二)印有本单位名称的增值税普通发票(折叠票),由税务总局统一招标采购的增值税普通发票(折叠票)中标厂商印制,其式样、规格、联次和防伪措施等与税务机关统一印制的增值税普通发票(折叠票)一致,并加印企业发票专用章。

(三)印有本单位名称的增值税普通发票(折叠票)的发票代码按照本公告第一条规定的编码规则编制。发票代码的第8—10位代表批次,由省国税机关在501—999范围内统一编制。

(四)使用印有本单位名称的增值税普通发票(折叠票)的企业,按照《国家税务总局 财政部关于冠名发票印制费结算问题的通知》(税总发〔2013〕53号)规定,与发票印制企业直接结算印制费用。

本公告自2018年1月1日起施行,《国家税务总局关于启用增值税普通发票有关问题的通知》(国税发明电〔2005〕34号)第一条第二款、《国家税务总局关于启用新版增值税发票有关问题的公告》(国家税务总局公告2014年第43号)第一条同时废止。

特此公告。

注释:

条款修改。根据《第十三届全国人民代表大会第一次会议关于国务院机构改革方案的决定》等有关规定,税收规范性文件规定的国税地税机关的职责和工作由新的税务机关承担。国家税务总局依据《税收规范性文件制定管理办法》(国家税务总局令第41号公布),对税收规范性文件进行了清理。参见:《国家税务总局关于修改部分税收规范性文件的公告》(国家税务总局公告2018年第31号)。

6-3-142

国家税务总局关于增值税发票管理若干事项的公告

2017年12月18日　国家税务总局公告2017年第45号

为了贯彻落实党中央、国务院关于优化营商环境和推进"放管服"改革的系列部署,提升增值税发票服务水平,营造更加规范公平的税收环境,现将增值税发票管理若干事项公告如下：

一、推行商品和服务税收分类编码简称

自2018年1月1日起，纳税人通过增值税发票管理新系统开具增值税发票（包括：增值税专用发票、增值税普通发票、增值税电子普通发票）时，商品和服务税收分类编码对应的简称会自动显示并打印在发票票面“货物或应税劳务、服务名称”或“项目”栏次中。包含简称的《商品和服务税收分类编码表》见附件。

二、扩大增值税小规模纳税人自行开具增值税专用发票试点范围

自2018年2月1日起，月销售额超过3万元（或季销售额超过9万元）的工业以及信息传输、软件和信息技术服务业增值税小规模纳税人（以下简称试点纳税人）发生增值税应税行为，需要开具增值税专用发票的，可以通过增值税发票管理新系统自行开具。

试点纳税人销售其取得的不动产，需要开具增值税专用发票的，应当按照有关规定向地税机关申请代开。

试点纳税人应当在规定的纳税申报期内将所开具的增值税专用发票所涉及的税款，向主管税务机关申报缴纳。在填写增值税纳税申报表时，应当将当期开具增值税专用发票的销售额，按照3%和5%的征收率，分别填写在《增值税纳税申报表》（小规模纳税人适用）第2栏和第5栏“税务机关代开的增值税专用发票不含税销售额”的“本期数”相应栏次中。

三、将二手车销售统一发票纳入增值税发票管理新系统

自2018年4月1日起，二手车交易市场、二手车经销企业、经纪机构和拍卖企业应当通过增值税发票管理新系统开具二手车销售统一发票。

二手车销售统一发票“车价合计”栏次仅注明车辆价款。二手车交易市场、二手车经销企业、经纪机构和拍卖企业在办理过户手续过程中收取的其他费用，应当单独开具增值税发票。

通过增值税发票管理新系统开具的二手车销售统一发票与现行二手车销售统一发票票样保持一致。发票代码编码规则调整为：第1位为0，第2—5位代表省、自治区、直辖市和计划单列市，第6—7位代表年度，第8—10位代表批次，第11—12位为17。发票号码为8位，按年度、分批次编制。

单位和个人可以登录全国增值税发票查验平台（https://inv-veri.chinatax.gov.cn），对增值税发票管理新系统开具的二手车销售统一发票信息进行查验。

《国家税务总局关于全面推开营业税改征增值税试点有关税收征收管理事项的公告》（国家税务总局公告2016年第23号）的附件《商品和服务税收分类与编码（试行）》自2018年1月1日起废止。《国家税务总局关于统一二手车销售发票式样问题的通知》（国税函〔2005〕693号）第六条、第八条、第七条中的“各地地税局印制的涉及二手车交易的服务业发票按上述时间同时启用”自2018年4月1日起废止。

特此公告。

附件：商品和服务税收分类编码表（编者略）

注释：

条款废止。第二条自2019年3月1日起废止。参见：《国家税务总局关于扩大小规模

纳税人自行开具增值税专用发票试点范围等事项的公告》(国家税务总局公告2019年第8号)。

条款修改。根据《第十三届全国人民代表大会第一次会议关于国务院机构改革方案的决定》等有关规定,税收规范性文件规定的国税地税机关的职责和工作由新的税务机关承担。国家税务总局依据《税收规范性文件制定管理办法》(国家税务总局令第41号公布),对税收规范性文件进行了清理。参见:《国家税务总局关于修改部分税收规范性文件的公告》(国家税务总局公告2018年第31号)。

6－3－143

国家税务总局关于水资源费改税后城镇公共供水企业增值税发票开具问题的公告

2017年12月25日　国家税务总局公告2017年第47号

根据《财政部　税务总局　水利部关于印发〈扩大水资源税改革试点实施办法〉的通知》(财税〔2017〕80号)有关规定,现对城镇公共供水企业开具增值税普通发票问题,公告如下:

原对城镇公共供水用水户在基本水价(自来水价格)外征收水资源费的试点省份,在水资源费改税试点期间,按照不增加城镇公共供水企业负担的原则,城镇公共供水企业缴纳的水资源税所对应的水费收入,不计征增值税,按"不征税自来水"项目开具增值税普通发票。

本公告自2017年12月1日起施行。

特此公告。

6－3－144

国家税务总局关于发布《货物运输业小规模纳税人申请代开增值税专用发票管理办法》的公告

2017年12月29日　国家税务总局公告2017年第55号

为贯彻落实《国家税务总局关于进一步深化税务系统"放管服"改革　优化税收环境的若干意见》(税总发〔2017〕101号)的精神,国家税务总局制定了《货物运输业小规模纳税人申请代开增值税专用发票管理办法》,现予以发布。

特此公告。

附件:货物运输业代开增值税专用发票缴纳税款申报单(编者略)

货物运输业小规模纳税人申请代开增值税专用发票管理办法

第一条 为进一步优化纳税服务,简化办税流程,方便货物运输业小规模纳税人代开增值税专用发票,根据《中华人民共和国税收征收管理法》及其实施细则、《中华人民共和国发票管理办法》及其实施细则等规定,制定本办法。

第二条 同时具备以下条件的增值税纳税人(以下简称纳税人)适用本办法:

(一)在中华人民共和国境内(以下简称境内)提供公路或内河货物运输服务,并办理了工商登记和税务登记。

(二)提供公路货物运输服务的,取得《中华人民共和国道路运输经营许可证》和《中华人民共和国道路运输证》;提供内河货物运输服务的,取得《中华人民共和国水路运输经营许可证》和《中华人民共和国水路运输证》。

(三)在税务登记地主管税务机关(以下简称主管税务机关)按增值税小规模纳税人管理。

第三条 纳税人在境内提供公路或内河货物运输服务,需要开具增值税专用发票的,可在税务登记地、货物起运地、货物到达地或运输业务承揽地(含互联网物流平台所在地)中任何一地,就近向国税机关(以下称代开单位)申请代开增值税专用发票。

第四条 纳税人应将营运资质和营运机动车、船舶信息向主管税务机关进行备案。

第五条 完成上述备案后,纳税人可向代开单位申请代开增值税专用发票,并向代开单位提供以下资料:

(一)《货物运输业代开增值税专用发票缴纳税款申报单》(以下简称《申报单》,见附件)。

(二)加载统一社会信用代码的营业执照(或税务登记证或组织机构代码证)复印件。

(三)经办人身份证件及复印件。

第六条 纳税人申请代开增值税专用发票时,应按机动车号牌或船舶登记号码分别填写《申报单》,挂车应单独填写《申报单》。《申报单》中填写的运输工具相关信息,必须与其向主管税务机关备案的信息一致。

第七条 纳税人对申请代开增值税专用发票时提交资料的真实性和合法性承担责任。

第八条 代开单位对纳税人提交资料的完整性和一致性进行核对。资料不符合要求的,应一次性告知纳税人补正资料;符合要求的,按规定代开增值税专用发票。

第九条 纳税人申请代开增值税专用发票时,应按照所代开增值税专用发票上注明的税额向代开单位全额缴纳增值税。

第十条 纳税人代开专用发票后,如发生服务中止、折让、开票有误等情形,需要作废增值税专用发票、开具增值税红字专用发票、重新代开增值税专用发票、办理退税等事宜的,应由原代开单位按照现行规定予以受理。

第十一条 纳税人在非税务登记地申请代开增值税专用发票,不改变主管税务机关对其实施税收管理。

第十二条　纳税人应按照主管税务机关核定的纳税期限，按期计算增值税应纳税额，抵减其申请代开增值税专用发票缴纳的增值税后，向主管税务机关申报缴纳增值税。

第十三条　纳税人代开增值税专用发票对应的销售额，一并计入该纳税人月（季、年）度销售额，作为主管税务机关对其实施税收管理的标准和依据。

第十四条　增值税发票管理新系统定期将纳税人异地代开发票、税款缴纳等数据信息清分至主管税务机关。主管税务机关应加强数据比对分析，对纳税人申请代开增值税专用发票金额明显超出其实际运输能力的，主管税务机关可暂停其在非税务登记地代开增值税专用发票并及时约谈纳税人。经约谈排除疑点的，纳税人可继续在非税务登记地申请代开增值税专用发票。

第十五条　各省、自治区、直辖市和计划单列市国家税务局可根据本办法制定具体实施办法。

第十六条　本办法未明确事项，按现行增值税专用发票使用规定及税务机关代开增值税专用发票有关规定执行。

第十七条　本办法自2018年1月1日起施行。《国家税务总局关于在全国开展营业税改征增值税试点有关征收管理问题的公告》（国家税务总局公告2013年第39号）第一条第（一）项和附件1同时废止。

注释：

条款修改。第二条修改为："第二条　同时具备以下条件的增值税纳税人（以下简称纳税人）适用本办法：（一）在中华人民共和国境内（以下简称境内）提供公路或内河货物运输服务，并办理了税务登记（包括临时税务登记）。（二）提供公路货物运输服务的（以4.5吨及以下普通货运车辆从事普通道路货物运输经营的除外），取得《中华人民共和国道路运输经营许可证》和《中华人民共和国道路运输证》；提供内河货物运输服务的，取得《国内水路运输经营许可证》和《船舶营业运输证》。（三）在税务登记地主管税务机关按增值税小规模纳税人管理。"参见：《国家税务总局关于取消增值税扣税凭证认证确认期限等增值税征管问题的公告》（国家税务总局公告2019年第45号）。

条款废止。第二条第二项自2019年10月1日起废止。参见：《国家税务总局关于国内旅客运输服务进项税抵扣等增值税征管问题的公告》（国家税务总局公告2019年第31号）。

条款修改。根据《第十三届全国人民代表大会第一次会议关于国务院机构改革方案的决定》等有关规定，税收规范性文件规定的国税地税机关的职责和工作由新的税务机关承担。国家税务总局依据《税收规范性文件制定管理办法》（国家税务总局令第41号公布），对税收规范性文件进行了清理。参见：《国家税务总局关于修改部分税收规范性文件的公告》（国家税务总局公告2018年第31号）。

6－3－145

国家税务总局关于新办纳税人首次申领增值税发票有关事项的公告

2018年6月11日 国家税务总局公告2018年第29号

为了进一步深化税务系统"放管服"改革,优化税收营商环境,方便新办纳税人首次申领增值税发票,按照国务院关于进一步压缩企业开办时间的要求,税务总局决定压缩新办纳税人首次申领增值税发票时间。现将有关事项公告如下:

一、同时满足下列条件的新办纳税人首次申领增值税发票,主管税务机关应当自受理申请之日起2个工作日内办结,有条件的主管税务机关当日办结:

(一)纳税人的办税人员、法定代表人已经进行实名信息采集和验证(需要采集、验证法定代表人实名信息的纳税人范围由各省税务机关确定);

(二)纳税人有开具增值税发票需求,主动申领发票;

(三)纳税人按照规定办理税控设备发行等事项。

二、新办纳税人首次申领增值税发票主要包括发票票种核定、增值税专用发票(增值税税控系统)最高开票限额审批、增值税税控系统专用设备初始发行、发票领用等涉税事项。

三、税务机关为符合本公告第一条规定的首次申领增值税发票的新办纳税人办理发票票种核定,增值税专用发票最高开票限额不超过10万元,每月最高领用数量不超过25份;增值税普通发票最高开票限额不超过10万元,每月最高领用数量不超过50份。各省税务机关可以在此范围内结合纳税人税收风险程度,自行确定新办纳税人首次申领增值税发票票种核定标准。

四、各省税务机关要根据本地区的实际情况,进一步明确新办纳税人首次申领增值税发票的办理时限、办理方式和办理流程,尽可能实现税控设备网上购买,并做好压缩新办纳税人首次申领增值税发票时间相关政策的宣传解释工作,确保符合条件的新办纳税人及时、顺利地领用增值税发票。

除新疆、青海、西藏以外的地区,本公告自2018年8月1日起施行;新疆、青海、西藏地区自2018年10月1日起施行。

特此公告。

6-3-146

网络发票管理办法

2013年2月25日国家税务总局令第30号公布
2018年6月15日国家税务总局令第44号修正

第一条 为加强普通发票管理,保障国家税收收入,规范网络发票的开具和使用,根据《中华人民共和国发票管理办法》规定,制定本办法。

第二条 在中华人民共和国境内使用网络发票管理系统开具发票的单位和个人办理网络发票管理系统的开户登记、网上领取发票手续、在线开具、传输、查验和缴销等事项,适用本办法。

第三条 本办法所称网络发票是指符合国家税务总局统一标准并通过国家税务总局及省、自治区、直辖市税务局公布的网络发票管理系统开具的发票。

国家积极推广使用网络发票管理系统开具发票。

第四条 税务机关应加强网络发票的管理,确保网络发票的安全、唯一、便利,并提供便捷的网络发票信息查询渠道;应通过应用网络发票数据分析,提高信息管税水平。

第五条 税务机关应根据开具发票的单位和个人的经营情况,核定其在线开具网络发票的种类、行业类别、开票限额等内容。

开具发票的单位和个人需要变更网络发票核定内容的,可向税务机关提出书面申请,经税务机关确认,予以变更。

第六条 开具发票的单位和个人开具网络发票应登录网络发票管理系统,如实完整填写发票的相关内容及数据,确认保存后打印发票。

开具发票的单位和个人在线开具的网络发票,经系统自动保存数据后即完成开票信息的确认、查验。

第七条 单位和个人取得网络发票时,应及时查询验证网络发票信息的真实性、完整性,对不符合规定的发票,不得作为财务报销凭证,任何单位和个人有权拒收。

第八条 开具发票的单位和个人需要开具红字发票的,必须收回原网络发票全部联次或取得受票方出具的有效证明,通过网络发票管理系统开具金额为负数的红字网络发票。

第九条 开具发票的单位和个人作废开具的网络发票,应收回原网络发票全部联次,注明"作废",并在网络发票管理系统中进行发票作废处理。

第十条 开具发票的单位和个人应当在办理变更或者注销税务登记的同时,办理网络发票管理系统的用户变更、注销手续并缴销空白发票。

第十一条 税务机关根据发票管理的需要,可以按照国家税务总局的规定委托其他单位通过网络发票管理系统代开网络发票。

税务机关应当与受托代开发票的单位签订协议,明确代开网络发票的种类、对象、内容和相关责任等内容。

第十二条 开具发票的单位和个人必须如实在线开具网络发票,不得利用网络发票进行转借、转让、虚开发票及其他违法活动。

第十三条 开具发票的单位和个人在网络出现故障，无法在线开具发票时，可离线开具发票。

开具发票后，不得改动开票信息，并于48小时内上传开票信息。

第十四条 开具发票的单位和个人违反本办法规定的，按照《中华人民共和国发票管理办法》有关规定处理。

第十五条 省以上税务机关在确保网络发票电子信息正确生成、可靠存储、查询验证、安全唯一等条件的情况下，可以试行电子发票。

第十六条 本办法自2013年4月1日起施行。

6-3-147

国家税务总局关于增值税电子普通发票使用有关事项的公告

2018年7月23日　国家税务总局公告2018年第41号

为了保障国税地税征管体制改革工作顺利推进，确保改革前后增值税电子普通发票有序衔接、平稳过渡，现将增值税电子普通发票使用有关事项公告如下：

一、新税务机构挂牌后，国家税务总局各省、自治区、直辖市和计划单列市税务局[以下简称“各省（区、市）税务局”]将启用新的发票监制章。增值税电子普通发票（含收费公路通行费增值税电子普通发票，下同）版式文件上的发票监制章，相应修改为各省（区、市）税务局新启用的发票监制章。

二、新启用的发票监制章形状为椭圆型，长轴为3厘米，短轴为2厘米，边宽为0.1厘米，内环加刻一细线，上环刻制“全国统一发票监制章”字样，中间刻制“国家税务总局”字样，下环刻制“××省（区、市）税务局”字样，下环字样例如：“江苏省税务局”、“上海市税务局”、“内蒙古自治区税务局”、“新疆维吾尔自治区税务局”。字体为楷体7磅，印色为大红色。新启用的发票监制章样式见附件。

三、纳税人自建电子发票服务平台和第三方电子发票服务平台，应当于2018年12月31日前完成升级工作。电子发票服务平台升级后，生成的增值税电子普通发票版式文件使用各省（区、市）税务局新启用的发票监制章。电子发票服务平台升级前，生成的增值税电子普通发票版式文件可以继续使用原各省、自治区、直辖市和计划单列市国家税务局的发票监制章。

四、各省（区、市）税务局要利用多种渠道，切实做好增值税电子普通发票使用有关事项的宣传解释工作。要多措并举、扎实推进，将相关政策规定及时、准确告知自建电子发票服务平台的纳税人和第三方电子发票服务平台运营商，并督促其按时完成电子发票服务平台升级工作。

五、《国家税务总局关于推行通过增值税电子发票系统开具的增值税电子普通发票有关问题的公告》(国家税务总局公告 2015 年第 84 号发布,国家税务总局公告 2018 年第 31 号修改)附件 1 增值税电子普通发票票样中的发票监制章按照本公告规定调整。

本公告自发布之日起施行。

特此公告。

附件:发票监制章样式(编者略)

6 -3 -148

国家税务总局关于扩大小规模纳税人自行开具增值税专用发票试点范围等事项的公告

2019 年 2 月 3 日　国家税务总局公告 2019 年第 8 号

为了贯彻落实党中央、国务院决策部署,进一步优化营商环境,支持民营经济和小微企业发展,便利纳税人开具和使用增值税发票,现决定扩大小规模纳税人自行开具增值税专用发票试点范围、扩大取消增值税发票认证的纳税人范围。有关事项公告如下:

一、扩大小规模纳税人自行开具增值税专用发票试点范围。将小规模纳税人自行开具增值税专用发票试点范围由住宿业,鉴证咨询业,建筑业,工业,信息传输、软件和信息技术服务业,扩大至租赁和商务服务业,科学研究和技术服务业,居民服务、修理和其他服务业。上述 8 个行业小规模纳税人(以下称“试点纳税人”)发生增值税应税行为,需要开具增值税专用发票的,可以自愿使用增值税发票管理系统自行开具。

试点纳税人销售其取得的不动产,需要开具增值税专用发票的,应当按照有关规定向税务机关申请代开。

试点纳税人应当就开具增值税专用发票的销售额计算增值税应纳税额,并在规定的纳税申报期内向主管税务机关申报缴纳。在填写增值税纳税申报表时,应当将当期开具增值税专用发票的销售额,按照 3% 和 5% 的征收率,分别填写在《增值税纳税申报表》(小规模纳税人适用)第 2 栏和第 5 栏“税务机关代开的增值税专用发票不含税销售额”的“本期数”相应栏次中。

二、扩大取消增值税发票认证的纳税人范围。将取消增值税发票认证的纳税人范围扩大至全部一般纳税人。一般纳税人取得增值税发票(包括增值税专用发票、机动车销售统一发票、收费公路通行费增值税电子普通发票,下同)后,可以自愿使用增值税发票选择确认平台查询、选择用于申报抵扣、出口退税或者代办退税的增值税发票信息。

增值税发票选择确认平台的登录地址由国家税务总局各省、自治区、直辖市和计划单列市税务局确定并公布。

三、本公告自 2019 年 3 月 1 日起施行。《国家税务总局关于纳税信用 A 级纳税人取消增值税发票认证有关问题的公告》(国家税务总局公告 2016 年第 7 号发布,国家税务总局公告 2018 年第 31 号修改)、《国家税务总局关于全面推开营业税改征增值税试点有关税收征收管理事项的公告》(国家税务总局公告2016年第23号发布,国家税务总局公告2018年第31号修改)第五条、《国家税务总局关于在境外提供建筑服务等有关问题的公告》(国家税务总局公告2016年第69号发布,国家税务总局公告2018年第31号修改)第十条、《国家税务总局关于按照纳税信用等级对增值税发票使用实行分类管理有关事项的公告》(国家税务总局公告2016年第71号)第二条、《国家税务总局关于开展鉴证咨询业增值税小规模纳税人自开增值税专用发票试点工作有关事项的公告》(国家税务总局公告2017年第4号发布,国家税务总局公告2018年第31号修改)、《国家税务总局关于进一步明确营改增有关征管问题的公告》(国家税务总局公告2017年第11号发布,国家税务总局公告2018年第31号修改)第九条、《国家税务总局关于增值税发票管理若干事项的公告》(国家税务总局公告2017年第45号发布,国家税务总局公告2018年第31号修改)第二条、《国家税务总局关于纳税信用评价有关事项的公告》(国家税务总局公告2018年第8号)第四条第一项同时废止。

特此公告。

注释:

条款废止。第一条自2020年2月1日起废止。参见:《国家税务总局关于增值税发票管理等有关事项的公告》(国家税务总局公告2019年第33号)。

6-3-149

国家税务总局关于调整增值税专用发票防伪措施有关事项的公告

2019年2月3日　国家税务总局公告2019年第9号

为加强和改进增值税专用发票管理,税务总局决定调整增值税专用发票防伪措施,自2019年第一季度起增值税专用发票按照调整后的防伪措施印制。现将有关事项公告如下:

取消光角变色圆环纤维、造纸防伪线等防伪措施,继续保留防伪油墨颜色擦可变、专用异型号码、复合信息防伪等防伪措施。调整后的增值税专用发票部分防伪措施见附件。

税务机关库存和纳税人尚未使用的增值税专用发票可以继续使用。

本公告自发布之日起施行。《国家税务总局关于启用新版增值税发票有关问题的公告》(国家税务总局公告2014年第43号)第三条和附件3同时废止。

特此公告。

附件:增值税专用发票部分防伪措施的说明(编者略)

6－3－150

国家税务总局关于进一步做好纳税人增值税发票领用等工作的通知

2019年2月26日　税总函〔2019〕64号

国家税务总局各省、自治区、直辖市和计划单列市税务局，国家税务总局驻各地特派员办事处：

为了贯彻落实党中央、国务院关于支持民营经济发展的决策部署，深化税务系统"放管服"改革，优化税收营商环境，进一步做好纳税人增值税发票（以下简称"发票"）领用等工作，现就有关事项通知如下：

一、合理满足纳税人发票使用需求

各级税务机关不得简单按照纳税人所有制性质、所处行业、所在区域等因素，对纳税人领用发票进行不合理限制。要根据纳税人税收风险程度、纳税信用级别和实际经营情况，合理确定发票领用数量和最高开票限额，及时做好发票发放工作，保障纳税人正常生产经营。纳税人因实际经营情况发生变化提出增加发票领用数量和最高开票限额，经依法依规审核未发现异常的，主管税务机关要及时为纳税人办理"增版""增量"。对纳税人增值税异常扣税凭证要依法依规进行认定和处理，除存在购销严重背离、虚假纳税申报、税务约谈两次无故不到等涉嫌虚开发票的情形外，不得限制纳税人开具发票。对于已经由税务机关按照政策规定和流程解除非正常户的纳税人，主管税务机关应当在2个工作日内恢复其税控系统开票功能，保障纳税人正常开具发票。

二、积极推进发票领用分类分级管理

对于税收风险程度较低的纳税人，按需供应发票；对于税收风险程度中等的纳税人，正常供应发票，加强事中事后监管；对于税收风险程度较高的纳税人，严格控制其发票领用数量和最高开票限额，并加强事中事后监管。国家税务总局各省、自治区、直辖市和计划单列市税务局（以下简称"各省区市税务局"）应积极探索依托信息技术手段，通过科学设置预警监控指标，有效识别纳税人税收风险程度，并且据此开展发票领用分类分级管理工作。

对于纳税信用A级的纳税人，按需供应发票，可以一次领取不超过3个月的发票用量。纳税信用B级的纳税人可以一次领取不超过2个月的发票用量。以上两类纳税人生产经营情况发生变化需要调整发票用量的，按照规定及时办理。

三、提示提醒纳税人发票使用风险

纳税人在办理实名认证时，主管税务机关应及时对其法定代表人（业主、负责人）进行税法宣传，提示发票使用中存在的涉税风险，提醒发票违法违规需要承担的法律责任。税务总局结合部分地区相关工作经验，编制了《发票使用风险提示提醒样例》（详见附件），各级税务机关可以以此为参考，创新开展相关工作。

四、全面推行发票网上申领

进一步扩大发票网上申领适用范围，已经实现办税人员实名信息采集和验证的纳税人，可以自愿选择使用网上申领方式领用发票。在全面推行发票网上申领的同时，各级税务机关要注重做好发票领用风险防控和发票物流配送衔接，确保发票网上申领简便易用、风险可控、安全可靠。

五、及时解决纳税人反映的问题

对于纳税人提出的发票领用问题和相关诉求，各级税务机关要严格落实首问责任制，及时进行回应和处理。对于纳税人的投诉和举报，各级税务机关要予以高度重视，及时开展核查处理。

六、有序做好发票库存管理

各级税务机关要科学编制发票印制计划，既要保证纳税人使用需要，又要避免库存过多增加管理成本。要密切监控发票库存情况，主动做好辖区内发票的入库、调拨、发放等工作。要加强与发票印制单位的沟通协调，确保已经下达印制计划的发票保质、保量、按期配送到位。

七、运用内控平台规范发票管理服务行为

各级税务机关要按照增值税发票管理风险内部控制制度的相关要求做好内部控制工作，及早防范风险、化解风险。注重防控在发票领用中设置不合理限制、刁难纳税人等发票服务方面的内部管理风险，优化业务流程，完善管理软件内控功能，充分利用税务系统内部控制监督平台等科技手段加强监控，不断规范发票管理服务行为。

八、持续开展政策宣传和操作辅导

各级税务机关要利用办税服务厅、税务网站、微信微博等渠道，主动开展政策宣传，引导纳税人快速办理发票领用手续，规范纳税人发票开具行为。要督促税控服务单位做好对纳税人的培训辅导，通过现场培训、在线培训等形式，帮助纳税人熟练掌握税控系统领票和开票操作，不断提高纳税人领票和开票效率。

各省区市税务局可以在现行政策框架下，结合本地实际情况，进一步创新发票服务和管理举措，为纳税人领用发票提供更多便利。

附件：发票使用风险提示提醒样例

附件

发票使用风险提示提醒样例

尊敬的法定代表人（业主、负责人）：

您正在进行实名办税身份认证，实名认证后，将可以办理发票领用等涉税事项，也将承担相关法律责任。为了防止不法分子骗取、冒用、盗用您的身份信息，将您作为企业的法定代表人（业主、负责人），从事虚开发票等违法活动，现将发票使用有关风险提示提醒如下：

如果您作为法定代表人（业主、负责人）的企业虚开增值税专用发票或者虚开用于骗取出口退税、抵扣税款的其他发票，按照《中华人民共和国刑法》第二百零五条规定，对单位判处罚金,并对其直接负责的主管人员和其他直接责任人员,处三年以下有期徒刑或者拘役;虚开的税款数额较大或者有其他严重情节的,处三年以上十年以下有期徒刑;虚开的税款数额巨大或者有其他特别严重情节的,处十年以上有期徒刑或者无期徒刑。

如果您作为法定代表人(业主、负责人)的企业虚开《中华人民共和国刑法》第二百零五条规定以外的其他发票,情节严重的,对单位判处罚金,并对其直接负责的主管人员和其他直接责任人员,处二年以下有期徒刑、拘役或者管制;情节特别严重的,处二年以上七年以下有期徒刑。

如果您作为法定代表人(业主、负责人)的企业虚开发票并符合相关条件,税务部门将向社会公布并会同相关部门采取联合惩戒和管理措施。

注:

1. 各地税务机关可以根据实际需要,依据相关法律法规制度,调整相关内容。
2. 各地已经施行的发票使用风险提示提醒、宣传举措,可以继续沿用。

6－3－151

国家税务总局关于稀土企业等汉字防伪项目企业开具增值税发票有关问题的公告

2019年3月18日 国家税务总局公告2019年第13号

为了适应稀土行业发展和税收信息化建设需要,现将稀土企业等纳入增值税汉字防伪项目管理企业开具增值税发票有关问题公告如下:

一、自2019年6月1日起,停用增值税防伪税控系统汉字防伪项目。

二、从事稀土产品生产、商贸流通的增值税纳税人(以下简称“稀土企业”)销售稀土产品或提供稀土应税劳务、服务的,应当通过升级后的增值税发票管理系统开具稀土专用发票;销售非稀土产品或提供非稀土应税劳务、服务的,不得开具稀土专用发票。

(一)本公告所称稀土产品包括稀土矿产品、稀土冶炼分离产品、稀土金属及合金、稀土产品加工费。《稀土产品目录》详见附件。

(二)稀土专用发票开具不得使用增值税发票管理系统“销售货物或者提供应税劳务、服务清单”填开功能。稀土专用发票“货物或应税劳务、服务名称”栏应当通过增值税发票管理系统中的稀土产品目录选择,“单位”栏选择“公斤”或“吨”,“数量”栏按照折氧化物计量填写。增值税发票管理系统在发票左上角自动打印“XT”字样。

(三)稀土企业销售稀土矿产品、稀土冶炼分离产品、稀土金属及合金,提供稀土加工应税劳务、服务的,应当按照《稀土产品目录》的分类分别开具发票。

三、稀土企业需要开具稀土专用发票的,由主管税务机关开通增值税发票管理系统中的稀土专用发票开具功能,开票软件应当于2019年6月1日前完成升级,税控设备和增值税发票可以继续使用。

四、除稀土企业外，其他纳入增值税防伪税控系统汉字防伪项目管理企业使用的开票软件应当于2019年6月1日前升级为增值税发票管理系统，税控设备和增值税发票可以继续使用。

五、各地税务机关要做好本公告涉及企业的系统升级工作，确保相关企业通过系统顺利开具发票。各地税控服务单位要做好系统升级的技术支持服务，保障系统正常运行。

六、《国家税务总局关于将稀土企业开具的发票纳入增值税防伪税控系统汉字防伪项目管理有关问题的公告》(国家税务总局公告2012年第17号)自2019年6月1日起废止。

特此公告。

附件：稀土产品目录(编者略)

6－3－152

国家税务总局关于发布《企业自建和第三方电子发票服务平台建设标准规范》的通知

2019年7月22日　税总发〔2019〕84号

国家税务总局各省、自治区、直辖市和计划单列市税务局，国家税务总局驻各地特派员办事处：

为深入贯彻落实党中央、国务院深化“放管服”改革决策部署，进一步优化税务执法方式，健全税务监管体系，改善税收营商环境，打造形成开放包容、良性竞争的增值税发票服务生态体系，国家税务总局根据“不忘初心、牢记使命”主题教育边学边查边改的部署要求，制定了《企业自建和第三方电子发票服务平台建设标准规范》，明确了电子发票服务平台的业务功能及服务、技术、安全、运维、等保测评等要求，规定了54个电子发票服务平台数据交换信息项说明，以指导公共服务、企业自建、第三方、电商、中介等机构电子发票服务平台的整体规划、设计、开发。现按照税务行业标准管理规定予以发布，自2019年6月30日起实施，请遵照执行。

各地在执行过程中如遇到问题，请及时反馈到国家税务总局(征管和科技发展司)。

附件：企业自建和第三方电子发票服务平台建设标准规范(编者略)

6－3－153

税收票证管理办法

2013 年 2 月 25 日国家税务总局令第 28 号公布
2019 年 7 月 24 日国家税务总局令第 48 号修正

第一章　总　　则

第一条　为了规范税收票证管理工作，保证国家税收收入的安全完整，维护纳税人合法权益，适应税收信息化发展需要，根据《中华人民共和国税收征收管理法》及其实施细则等法律法规，制定本办法。

第二条　税务机关、税务人员、纳税人、扣缴义务人、代征代售人和税收票证印制企业在中华人民共和国境内印制、使用、管理税收票证，适用本办法。

第三条　本办法所称税收票证，是指税务机关、扣缴义务人依照法律法规，代征代售人按照委托协议，征收税款、基金、费、滞纳金、罚没款等各项收入（以下统称税款）的过程中，开具的收款、退款和缴库凭证。税收票证是纳税人实际缴纳税款或者收取退还税款的法定证明。

税收票证包括纸质形式和数据电文形式。数据电文税收票证是指通过横向联网电子缴税系统办理税款的征收缴库、退库时，向银行、国库发送的电子缴款、退款信息。

第四条　国家积极推广以横向联网电子缴税系统为依托的数据电文税收票证的使用工作。

第五条　税务机关、代征代售人征收税款时应当开具税收票证。通过横向联网电子缴税系统完成税款的缴纳或者退还后，纳税人需要纸质税收票证的，税务机关应当开具。

扣缴义务人代扣代收税款时，纳税人要求扣缴义务人开具税收票证的，扣缴义务人应当开具。

第六条　税收票证的基本要素包括：税收票证号码、征收单位名称、开具日期、纳税人名称、纳税人识别号、税种（费、基金、罚没款）、金额、所属时期等。

第七条　纸质税收票证的基本联次包括收据联、存根联、报查联。收据联交纳税人作完税凭证；存根联由税务机关、扣缴义务人、代征代售人留存；报查联由税务机关做会计凭证或备查。

省、自治区、直辖市和计划单列市（以下简称省）税务机关可以根据税收票证管理情况，确定除收据联以外的税收票证启用联次。

第八条　国家税务总局统一负责全国的税收票证管理工作。其职责包括：

（一）设计和确定税收票证的种类、适用范围、联次、内容、式样及规格；

（二）设计和确定税收票证专用章戳的种类、适用范围、式样及规格；

（三）印制、保管、发运需要全国统一印制的税收票证，刻制需要全国统一制发的税收票证专用章戳；

（四）确定税收票证管理的机构、岗位和职责；

（五）组织、指导和推广税收票证信息化工作；

（六）组织全国税收票证检查工作；

（七）其他全国性的税收票证管理工作。

第九条 省以下税务机关应当依照本办法做好本行政区域内的税收票证管理工作。其职责包括：

（一）负责本级权限范围内的税收票证印制、领发、保管、开具、作废、结报缴销、停用、交回、损失核销、移交、核算、归档、审核、检查、销毁等工作；

（二）指导和监督下级税务机关、扣缴义务人、代征代售人、自行填开税收票证的纳税人税收票证管理工作；

（三）组织、指导、具体实施税收票证信息化工作；

（四）组织税收票证检查工作；

（五）其他税收票证管理工作。

第十条 扣缴义务人和代征代售人在代扣代缴、代收代缴、代征税款以及代售印花税票过程中应当做好税收票证的管理工作。其职责包括：

（一）妥善保管从税务机关领取的税收票证，并按照税务机关要求建立、报送和保管税收票证账簿及有关资料；

（二）为纳税人开具并交付税收票证；

（三）按时解缴税款、结报缴销税收票证；

（四）其他税收票证管理工作。

第十一条 各级税务机关的收入规划核算部门主管税收票证管理工作。

国家税务总局收入规划核算司设立主管税收票证管理工作的机构；省、市（不含县级市，下同）、县税务机关收入规划核算部门应当设置税收票证管理岗位并配备专职税收票证管理人员；直接向税务机关税收票证开具人员、扣缴义务人、代征代售人、自行填开税收票证的纳税人发放税收票证并办理结报缴销等工作的征收分局、税务所、办税服务厅等机构（以下简称基层税务机关）应当设置税收票证管理岗位，由税收会计负责税收票证管理工作。税收票证管理岗位和税收票证开具（含印花税票销售）岗位应当分设，不得一人多岗。

扣缴义务人、代征代售人、自行填开税收票证的纳税人应当由专人负责税收票证管理工作。

第二章　种类和适用范围

第十二条 税收票证包括税收缴款书、税收收入退还书、税收完税证明、出口货物劳务专用税收票证、印花税专用税收票证以及国家税务总局规定的其他税收票证。

第十三条 税收缴款书是纳税人据以缴纳税款，税务机关、扣缴义务人以及代征代售人据以征收、汇总税款的税收票证。具体包括：

（一）《税收缴款书（银行经收专用）》。由纳税人、税务机关、扣缴义务人、代征代售人向银行传递，通过银行划缴税款（出口货物劳务增值税、消费税除外）到国库时使用的纸质税收票证。其适用范围是：

1. 纳税人自行填开或税务机关开具,纳税人据以在银行柜面办理缴税(转账或现金),由银行将税款缴入国库;

2. 税务机关收取现金税款、扣缴义务人扣缴税款、代征代售人代征税款后开具,据以在银行柜面办理税款汇总缴入国库;

3. 税务机关开具,据以办理"待缴库税款"账户款项缴入国库。

(二)《税收缴款书(税务收现专用)》。纳税人以现金、刷卡(未通过横向联网电子缴税系统)方式向税务机关缴纳税款时,由税务机关开具并交付纳税人的纸质税收票证。代征人代征税款时,也应开具本缴款书并交付纳税人。为方便流动性零散税收的征收管理,本缴款书可以在票面印有固定金额,具体面额种类由各省税务机关确定,但是,单种面额不得超过一百元。

(三)《税收缴款书(代扣代收专用)》。扣缴义务人依法履行税款代扣代缴、代收代缴义务时开具并交付纳税人的纸质税收票证。扣缴义务人代扣代收税款后,已经向纳税人开具了税法规定或国家税务总局认可的记载完税情况的其他凭证的,可不再开具本缴款书。

(四)《税收电子缴款书》。税务机关将纳税人、扣缴义务人、代征代售人的电子缴款信息通过横向联网电子缴税系统发送给银行,银行据以划缴税款到国库时,由税收征管系统生成的数据电文形式的税收票证。

第十四条 税收收入退还书是税务机关依法为纳税人从国库办理退税时使用的税收票证。具体包括:

(一)《税收收入退还书》。税务机关向国库传递,依法为纳税人从国库办理退税时使用的纸质税收票证。

(二)《税收收入电子退还书》。税务机关通过横向联网电子缴税系统依法为纳税人从国库办理退税时,由税收征管系统生成的数据电文形式的税收票证。

税收收入退还书应当由县以上税务机关税收会计开具并向国库传递或发送。

第十五条 出口货物劳务专用税收票证是由税务机关开具,专门用于纳税人缴纳出口货物劳务增值税、消费税或者证明该纳税人再销售给其他出口企业的货物已缴纳增值税、消费税的纸质税收票证。具体包括:

(一)《税收缴款书(出口货物劳务专用)》。由税务机关开具,专门用于纳税人缴纳出口货物劳务增值税、消费税时使用的纸质税收票证。纳税人以银行经收方式,税务收现方式,或者通过横向联网电子缴税系统缴纳出口货物劳务增值税、消费税时,均使用本缴款书。纳税人缴纳随出口货物劳务增值税、消费税附征的其他税款时,税务机关应当根据缴款方式,使用其他种类的缴款书,不得使用本缴款书。

(二)《出口货物完税分割单》。已经缴纳出口货物增值税、消费税的纳税人将购进货物再销售给其他出口企业时,为证明所售货物完税情况,便于其他出口企业办理出口退税,到税务机关换开的纸质税收票证。

第十六条 印花税专用税收票证是税务机关或印花税票代售人在征收印花税时向纳税人交付、开具的纸质税收票证。具体包括:

(一)印花税票。印有固定金额,专门用于征收印花税的有价证券。纳税人缴纳印花税,可以购买印花税票贴花缴纳,也可以开具税收缴款书缴纳。采用开具税收缴款书缴纳的,应当将纸质税收缴款书或税收完税证明粘贴在应税凭证上,或者由税务机关在应税凭证上加盖印花税收讫专用章。

(二)《印花税票销售凭证》。税务机关和印花税票代售人销售印花税票时一并开具的专供购买方报销的纸质凭证。

第十七条 税收完税证明是税务机关为证明纳税人已经缴纳税款或者已经退还纳税人税款而开具的纸质税收票证。其适用范围是:

(一)纳税人、扣缴义务人、代征代售人通过横向联网电子缴税系统划缴税款到国库(经收处)后或收到从国库退还的税款后,当场或事后需要取得税收票证的;

(二)扣缴义务人代扣代收税款后,已经向纳税人开具税法规定或国家税务总局认可的记载完税情况的其他凭证,纳税人需要换开正式完税凭证的;

(三)纳税人遗失已完税的各种税收票证(《出口货物完税分割单》、印花税票和《印花税票销售凭证》除外),需要重新开具的;

(四)对纳税人特定期间完税情况出具证明的;

(五)国家税务总局规定的其他需要为纳税人开具完税凭证情形。

税务机关在确保纳税人缴、退税信息全面、准确、完整的条件下,可以开展前款第四项规定的税收完税证明开具工作,具体开具办法由各省税务机关确定。

第十八条 税收票证专用章戳是指税务机关印制税收票证和征、退税款时使用的各种专用章戳,具体包括:

(一)税收票证监制章。套印在税收票证上,用以表明税收票证制定单位和税收票证印制合法性的一种章戳。

(二)征税专用章。税务机关办理税款征收业务,开具税收缴款书、税收完税证明、《印花税销售凭证》等征收凭证时使用的征收业务专用公章。

(三)退库专用章。税务机关办理税款退库业务,开具《税收收入退还书》等退库凭证时使用的,在国库预留印鉴的退库业务专用公章。

(四)印花税收讫专用章。以开具税收缴款书代替贴花缴纳印花税时,加盖在应税凭证上,用以证明应税凭证已完税的专用章戳。

(五)国家税务总局规定的其他税收票证专用章戳。

第十九条 《税收缴款书(税务收现专用)》、《税收缴款书(代扣代收专用)》、《税收缴款书(出口货物劳务专用)》、《出口货物完税分割单》、印花税票和税收完税证明应当视同现金进行严格管理。

第二十条 税收票证应当按规定的适用范围填开,不得混用。

第二十一条 国家税务总局增设或简并税收票证及税收票证专用章戳种类,应当及时向社会公告。

第三章 设计和印制

第二十二条 税收票证及税收票证专用章戳按照税收征收管理和国家预算管理的基本要求设计,具体式样另行制发。

第二十三条 税收票证实行分级印制管理。

《税收缴款书(出口货物劳务专用)》、《出口货物完税分割单》、印花税票以及其他需要全国统一印制的税收票证由国家税务总局确定的企业印制;其他税收票证,按照国家税务总局规定的式样和要求,由各省税务机关确定的企业集中统一印制。

禁止私自印制、倒卖、变造、伪造税收票证。

第二十四条 印制税收票证的企业应当具备下列条件:

(一)取得印刷经营许可证和营业执照;

(二)设备、技术水平能够满足印制税收票证的需要;

(三)有健全的财务制度和严格的质量监督、安全管理、保密制度;

(四)有安全、良好的保管场地和设施。

印制税收票证的企业应当按照税务机关提供的式样、数量等要求印制税收票证,建立税收票证印制管理制度。

税收票证印制合同终止后,税收票证的印制企业应当将有关资料交还委托印制的税务机关,不得保留或提供给其他单位及个人。

第二十五条 税收票证应当套印税收票证监制章。

税收票证监制章由国家税务总局统一制发各省税务机关。

第二十六条 除税收票证监制章外,其他税收票证专用章戳的具体刻制权限由各省税务机关确定。刻制的税收票证专用章戳应当在市以上税务机关留底归档。

第二十七条 税收票证应当使用中文印制。民族自治地方的税收票证,可以加印当地一种通用的民族文字。

第二十八条 负责税收票证印制的税务机关应当对印制完成的税收票证质量、数量进行查验。查验无误的,办理税收票证的印制入库手续;查验不合格的,对不合格税收票证监督销毁。

第四章 使 用

第二十九条 上、下级税务机关之间,税务机关税收票证开具人员、扣缴义务人、代征代售人、自行填开税收票证的纳税人与税收票证管理人员之间,应当建立税收票证及税收票证专用章戳的领发登记制度,办理领发手续,共同清点、确认领发种类、数量和号码。

税收票证的运输应当确保安全、保密。

数据电文税收票证由税收征管系统自动生成税收票证号码,分配给税收票证开具人员,视同发放。数据电文税收票证不得重复发放、重复开具。

第三十条 税收票证管理人员向税务机关税收票证开具人员、扣缴义务人和代征代售人发放视同现金管理的税收票证时,应当拆包发放,并且一般不得超过一个月的用量。

视同现金管理的税收票证未按照本办法第三十九条规定办理结报的,不得继续发放同一种类的税收票证。

其他种类的税收票证,应当根据领用人的具体使用情况,适度发放。

第三十一条 税务机关、扣缴义务人、代征代售人、自行填开税收票证的纳税人应当妥善保管纸质税收票证及税收票证专用章戳。县以上税务机关应当设置具备安全条件的税收票证专用库房;基层税务机关、扣缴义务人、代征代售人和自行填开税收票证的纳税人应当配备税收票证保险专用箱柜。确有必要外出征收税款的,税收票证及税收票证专用章戳应当随身携带,严防丢失。

第三十二条 税务机关对结存的税收票证应当定期进行盘点,发现结存税收票证实物与账簿记录数量不符的,应当及时查明原因并报告上级或所属税务机关。

第三十三条 税收收入退还书开具人员不得同时从事退库专用章保管或《税收收入电子退还书》复核授权工作。印花税票销售人员不得同时从事印花税收讫专用章保管工作。外出征收税款的,税收票证开具人员不得同时从事现金收款工作。

第三十四条 税收票证应当分纳税人开具;同一份税收票证上,税种(费、基金、罚没款)、税目、预算科目、预算级次、所属时期不同的,应当分行填列。

第三十五条 税收票证栏目内容应当填写齐全、清晰、真实、规范,不得漏填、简写、省略、涂改、挖补、编造;多联式税收票证应当一次全份开具。

第三十六条 因开具错误作废的纸质税收票证,应当在各联注明"作废"字样、作废原因和重新开具的税收票证字轨及号码。《税收缴款书(税务收现专用)》、《税收缴款书(代扣代收专用)》、税收完税证明应当全份保存;其他税收票证的纳税人所持联次或银行流转联次无法收回的,应当注明原因,并将纳税人出具的情况说明或银行文书代替相关联次一并保存。开具作废的税收票证应当按期与已填用的税收票证一起办理结报缴销手续,不得自行销毁。

税务机关开具税收票证后,纳税人向银行办理缴税前丢失的,税务机关参照前款规定处理。

数据电文税收票证作废的,应当在税收征管系统中予以标识;已经作废的数据电文税收票证号码不得再次使用。

第三十七条 纸质税收票证各联次各种章戳应当加盖齐全。

章戳不得套印,国家税务总局另有规定的除外。

第三十八条 税务机关税收票证开具人员、扣缴义务人、代征代售人、自行填开税收票证的纳税人与税收票证管理人员之间,基层税务机关与上级或所属税务机关之间,应当办理税收票款结报缴销手续。

税务机关税收票证开具人员、扣缴义务人、代征代售人向税收票证管理人员结报缴销视同现金管理的税收票证时,应当将已开具税收票证的存根联、报查联等联次,连同作废税收票证、需交回的税收票证及未开具的税收票证(含未销售印花税票)一并办理结报缴销手续;已开具税收票证只设一联的,税收票证管理人员应当查验其开具情况的电子记录。

其他各种税收票证结报缴销手续的具体要求,由各省税务机关确定。

第三十九条 税收票款应当按照规定的时限办理结报缴销。税务机关税收票证开具人员、代征代售人开具税收票证(含销售印花税票)收取现金税款时,办理结报缴销手续的时限要求是:

(一)当地设有国库经收处的,应于收取税款的当日或次日办理税收票款的结报缴销;

(二)当地未设国库经收处和代征代售人收取现金税款的,由各省税务机关确定办理税收票款结报缴销的期限和额度,并以期限或额度条件先满足之日为准。

扣缴义务人代扣代收税款的,应按税法规定的税款解缴期限一并办理结报缴销。

其他各种税收票证的结报缴销时限、基层税务机关向上级或所属税务机关缴销税收票证的时限，由各省税务机关确定。

第四十条　领发、开具税收票证时，发现多出、短少、污损、残破、错号、印刷字迹不清及联数不全等印制质量不合格情况的，应当查明字轨、号码、数量，清点登记，妥善保管。

全包、全本印制质量不合格的，按照本办法第五十一条规定销毁；全份印制质量不合格的，按开具作废处理。

第四十一条　由于税收政策变动或式样改变等原因，国家税务总局规定停用的税收票证及税收票证专用章戳，应由县以上税务机关集中清理，核对字轨、号码和数量，造册登记，按照本办法第五十一条规定销毁。

第四十二条　未开具税收票证（含未销售印花税票）发生毁损或丢失、被盗、被抢等损失的，受损单位应当及时组织清点核查，并由各级税务机关按照权限进行损失核销审批。《税收缴款书（出口货物劳务专用）》、《出口货物完税分割单》、印花税票发生损失的，由省税务机关审批核销；《税收缴款书（税务收现专用）》、《税收缴款书（代扣代收专用）》、税收完税证明发生损失的，由市税务机关审批核销；其他各种税收票证发生损失的，由县税务机关审批核销。

毁损残票和追回的税收票证按照本办法第五十一条规定销毁。

第四十三条　视同现金管理的未开具税收票证（含未销售印花税票）丢失、被盗、被抢的，受损税务机关应当查明损失税收票证的字轨、号码和数量，立即向当地公安机关报案并报告上级或所属税务机关；经查不能追回的税收票证，除印花税票外，应当及时在办税场所和广播、电视、报纸、期刊、网络等新闻媒体上公告作废。

受损单位为扣缴义务人、代征代售人或税收票证印制企业的，扣缴义务人、代征代售人或税收票证印制企业应当立即报告基层税务机关或委托印制的税务机关，由税务机关按前款规定办理。

对丢失印花税票和印有固定金额的《税收缴款书（税务收现专用）》负有责任的相关人员，税务机关应当要求其按照面额赔偿；对丢失其他视同现金管理的税收票证负有责任的相关人员，税务机关应当要求其适当赔偿。

第四十四条　税收票证专用章戳丢失、被盗、被抢的，受损税务机关应当立即向当地公安机关报案并逐级报告刻制税收票证专用章戳的税务机关；退库专用章丢失、被盗、被抢的，应当同时通知国库部门。重新刻制的税收票证专用章戳应当及时办理留底归档或预留印鉴手续。

毁损和损失追回的税收票证专用章戳按照本办法第五十一条规定销毁。

第四十五条　由于印制质量不合格、停用、毁损、损失追回、领发错误，或者扣缴义务人和代征代售人终止税款征收业务、纳税人停止自行填开税收票证等原因，税收票证及税收票证专用章戳需要交回的，税收票证管理人员应当清点、核对字轨、号码和数量，及时上交至发放或有权销毁税收票证及税收票证专用章戳的税务机关。

第四十六条　纳税人遗失已完税税收票证需要税务机关另行提供的，如税款经核实确已缴纳入库或从国库退还，税务机关应当开具税收完税证明或提供原完税税收票证复印件。

第五章 监督管理

第四十七条 税务机关税收票证开具人员、税收票证管理人员工作变动离岗前,应当办理税收票证、税收票证专用章戳、账簿以及其他税收票证资料的移交。移交时应当有专人监交,监交人、移交人、接管人三方共同签章,票清离岗。

第四十八条 税务机关应当按税收票证种类、领用单位设置税收票证账簿,对各种税收票证的印制、领发、用存、作废、结报缴销、停用、损失、销毁的数量、号码进行及时登记和核算,定期结账。

第四十九条 基层税务机关的税收票证管理人员应当按日对已结报缴销税收票证的完整性、准确性和税收票证管理的规范性进行审核;基层税务机关的上级或所属税务机关税收票证管理人员对基层税务机关缴销的税收票证,应当定期进行复审。

第五十条 税务机关应当及时对已经开具、作废的税收票证、账簿以及其他税收票证资料进行归档保存。

纸质税收票证、账簿以及其他税收票证资料,应当整理装订成册,保存期限五年;作为会计凭证的纸质税收票证保存期限十五年。

数据电文税收票证、账簿以及其他税收票证资料,应当通过光盘等介质进行存储,确保数据电文税收票证信息的安全、完整,保存时间和具体办法另行制定。

第五十一条 未填用的《税收缴款书(出口货物劳务专用)》、《出口货物完税分割单》、印花税票需要销毁的,应当由两人以上共同清点,编制销毁清册,逐级上缴省税务机关销毁;未填用的《税收缴款书(税务收现专用)》、《税收缴款书(代扣代收专用)》、税收完税证明需要销毁的,应当由两人以上共同清点,编制销毁清册,报经市税务机关批准,指派专人到县税务机关复核并监督销毁;其他各种税收票证、账簿和税收票证资料需要销毁的,由税收票证主管人员清点并编制销毁清册,报经县或市税务机关批准,由两人以上监督销毁;税收票证专用章戳需要销毁的,由刻制税收票证专用章戳的税务机关销毁。

第五十二条 税务机关应当定期对本级及下级税务机关、税收票证印制企业、扣缴义务人、代征代售人、自行填开税收票证的纳税人税收票证及税收票证专用章戳管理工作进行检查。

第五十三条 税务机关工作人员违反本办法的,应当根据情节轻重,给予批评教育、责令做出检查、诫勉谈话或调整工作岗位处理;构成违纪的,依照《中华人民共和国公务员法》、《行政机关公务员处分条例》等法律法规给予处分;涉嫌犯罪的,移送司法机关。

第五十四条 扣缴义务人未按照本办法及有关规定保管、报送代扣代缴、代收代缴税收票证及有关资料的,按照《中华人民共和国税收征收管理法》及相关规定进行处理。

扣缴义务人未按照本办法开具税收票证的,可以根据情节轻重,处以一千元以下的罚款。

第五十五条 税务机关与代征代售人、税收票证印制企业签订代征代售合同、税收票证印制合同时,应当就违反本办法及相关规定的责任进行约定,并按约定及其他有关规定追究责任;涉嫌犯罪的,移送司法机关。

第五十六条 自行填开税收票证的纳税人违反本办法及相关规定的,税务机关应当停止其税收票证的领用和自行填开,并限期缴销全部税收票证;情节严重的,可以处以一千元以下的罚款。

第五十七条　非法印制、转借、倒卖、变造或者伪造税收票证的,依照《中华人民共和国税收征收管理法实施细则》的规定进行处理;伪造、变造、买卖、盗窃、抢夺、毁灭税收票证专用章戳的,移送司法机关。

第六章　附　　则

第五十八条　各级政府部门委托税务机关征收的各种基金、费可以使用税收票证。

第五十九条　本办法第六条、第七条、第二十五条、第三十六条、第三十七条、第四十六条所称税收票证,不包括印花税票。

第六十条　本办法所称银行,是指经收预算收入的银行、信用社。

第六十一条　各省税务机关应当根据本办法制定具体规定,并报国家税务总局备案。

第六十二条　本办法自2014年1月1日起施行。1998年3月10日国家税务总局发布的《税收票证管理办法》(国税发〔1998〕32号)同时废止。

6－3－154

国家税务总局关于增值税发票管理等有关事项的公告

2019年10月9日　国家税务总局公告2019年第33号

现将增值税发票管理等有关事项公告如下:

一、符合《财政部　税务总局关于明确生活性服务业增值税加计抵减政策的公告》(财政部　税务总局公告2019年第87号)规定的生活性服务业纳税人,应在年度首次确认适用15%加计抵减政策时,通过电子税务局(或前往办税服务厅)提交《适用15%加计抵减政策的声明》(见附件)。

二、增值税一般纳税人取得海关进口增值税专用缴款书(以下简称“海关缴款书”)后如需申报抵扣或出口退税,按以下方式处理:

(一)增值税一般纳税人取得仅注明一个缴款单位信息的海关缴款书,应当登录本省(区、市)增值税发票选择确认平台(以下简称“选择确认平台”)查询、选择用于申报抵扣或出口退税的海关缴款书信息。通过选择确认平台查询到的海关缴款书信息与实际情况不一致或未查询到对应信息的,应当上传海关缴款书信息,经系统稽核比对相符后,纳税人登录选择确认平台查询、选择用于申报抵扣或出口退税的海关缴款书信息。

(二)增值税一般纳税人取得注明两个缴款单位信息的海关缴款书,应当上传海关缴款书信息,经系统稽核比对相符后,纳税人登录选择确认平台查询、选择用于申报抵扣或出口退税的海关缴款书信息。

三、稽核比对结果为不符、缺联、重号、滞留的异常海关缴款书按以下方式处理:

（一）对于稽核比对结果为不符、缺联的海关缴款书，纳税人应当持海关缴款书原件向主管税务机关申请数据修改或核对。属于纳税人数据采集错误的，数据修改后再次进行稽核比对；不属于数据采集错误的，纳税人可向主管税务机关申请数据核对，主管税务机关会同海关进行核查。经核查，海关缴款书票面信息与纳税人实际进口货物业务一致的，纳税人登录选择确认平台查询、选择用于申报抵扣或出口退税的海关缴款书信息。

（二）对于稽核比对结果为重号的海关缴款书，纳税人可向主管税务机关申请核查。经核查，海关缴款书票面信息与纳税人实际进口货物业务一致的，纳税人登录选择确认平台查询、选择用于申报抵扣或出口退税的海关缴款书信息。

（三）对于稽核比对结果为滞留的海关缴款书，可继续参与稽核比对，纳税人不需申请数据核对。

四、增值税一般纳税人取得的 2017 年 7 月 1 日及以后开具的海关缴款书，应当自开具之日起 360 日内通过选择确认平台进行选择确认或申请稽核比对。

五、增值税小规模纳税人（其他个人除外）发生增值税应税行为，需要开具增值税专用发票的，可以自愿使用增值税发票管理系统自行开具。选择自行开具增值税专用发票的小规模纳税人，税务机关不再为其代开增值税专用发票。

增值税小规模纳税人应当就开具增值税专用发票的销售额计算增值税应纳税额，并在规定的纳税申报期内向主管税务机关申报缴纳。在填写增值税纳税申报表时，应当将当期开具增值税专用发票的销售额，按照 3% 和 5% 的征收率，分别填写在《增值税纳税申报表》（小规模纳税人适用）第 2 栏和第 5 栏“税务机关代开的增值税专用发票不含税销售额”的“本期数”相应栏次中。

六、本公告第一条自 2019 年 10 月 1 日起施行，本公告第二条至第五条自 2020 年 2 月 1 日起施行。《国家税务总局　海关总署关于实行海关进口增值税专用缴款书“先比对后抵扣”管理办法有关问题的公告》（国家税务总局　海关总署公告 2013 年第 31 号）第二条和第六条、《国家税务总局关于扩大小规模纳税人自行开具增值税专用发票试点范围等事项的公告》（国家税务总局公告 2019 年第 8 号）第一条自 2020 年 2 月 1 日起废止。

特此公告。

附件：适用 15% 加计抵减政策的声明（编者略）

注释：

条款废止。第一条及附件《适用 15% 加计抵减政策的声明》自 2023 年 1 月 1 日起废止。参见：《国家税务总局关于增值税小规模纳税人减免增值税等政策有关征管事项的公告》（国家税务总局公告 2023 年第 1 号）。

条款废止。第四条自 2020 年 3 月 1 日起废止。参见：《国家税务总局关于取消增值税扣税凭证认证确认期限等增值税征管问题的公告》（国家税务总局公告 2019 年第45 号）。

6－3－155

国家税务总局关于开展网络平台道路货物运输企业代开增值税专用发票试点工作的通知

2019年12月31日　税总函〔2019〕405号

国家税务总局各省、自治区、直辖市和计划单列市税务局，国家税务总局驻各地特派员办事处：

为进一步优化纳税服务，提高货物运输业小规模纳税人使用增值税专用发票的便利性，根据《中华人民共和国税收征收管理法》及其实施细则、《中华人民共和国发票管理办法》及其实施细则、《交通运输部　国家税务总局关于印发〈网络平台道路货物运输经营管理暂行办法〉的通知》（交运规〔2019〕12号）等规定，税务总局决定在全国范围内开展网络平台道路货物运输企业代开增值税专用发票试点工作。现将有关事项通知如下：

一、试点内容

经国家税务总局各省、自治区、直辖市和计划单列市税务局（以下称各省税务局）批准，纳入试点的网络平台道路货物运输企业（以下称试点企业）可以为同时符合以下条件的货物运输业小规模纳税人（以下称会员）代开增值税专用发票，并代办相关涉税事项。

（一）在中华人民共和国境内提供公路货物运输服务，取得《中华人民共和国道路运输经营许可证》和《中华人民共和国道路运输证》。以4.5吨及以下普通货运车辆从事普通道路货物运输经营的，无须取得《中华人民共和国道路运输经营许可证》和《中华人民共和国道路运输证》。

（二）以自己的名义对外经营，并办理了税务登记（包括临时税务登记）。

（三）未做增值税专用发票票种核定。

（四）注册为该平台会员。

二、试点企业的条件

试点企业应当同时符合以下条件：

（一）按照《交通运输部　国家税务总局关于印发〈网络平台道路货物运输经营管理暂行办法〉的通知》（交运规〔2019〕12号）规定，取得经营范围中注明“网络货运”的《道路运输经营许可证》。

（二）具备与开展业务相适应的相关线上服务能力，包括信息数据交互及处理能力，物流信息全程跟踪、记录、存储、分析能力，实现交易、运输、结算等各环节全过程透明化动态管理，对实际承运驾驶员和车辆的运输轨迹实时展示，并记录含有时间和地理位置信息的实时运输轨迹数据。

（三）与省级交通运输主管部门建立的网络货运信息监测系统实现有效对接，按照要求完成数据上传。

（四）对会员相关资质进行审查，保证提供运输服务的实际承运车辆具备合法有效的营运证，驾驶员具有合法有效的从业资格证。

试点企业代开增值税专用发票不得收取任何费用，否则将取消其试点企业资格。

三、专用发票的开具

试点企业按照以下规定为会员代开增值税专用发票：

（一）仅限于为会员通过本平台承揽的货物运输服务代开增值税专用发票。

（二）应与会员签订委托代开增值税专用发票协议。协议范本由各省税务局制定。

（三）使用自有增值税发票税控开票软件，按照3%的征收率代开增值税专用发票，并在发票备注栏注明会员的纳税人名称、纳税人识别号、起运地、到达地、车种车号以及运输货物信息。如内容较多可另附清单。

（四）代开增值税专用发票的相关栏次内容，应与会员通过本平台承揽的运输服务，以及本平台记录的物流信息保持一致。平台记录的交易、资金、物流等相关信息应统一存储，以备核查。

（五）试点企业接受会员提供的货物运输服务，不得为会员代开专用发票。试点企业可以按照《货物运输业小规模纳税人申请代开增值税专用发票管理办法》（国家税务总局公告2017年第55号发布）的相关规定，代会员向试点企业主管税务机关申请代开专用发票。

四、涉税事项的办理

（一）试点企业代开增值税专用发票应当缴纳的增值税，由试点企业按月代会员向试点企业主管税务机关申报缴纳，并将完税凭证转交给会员。

（二）试点企业办理增值税纳税申报时，代开增值税专用发票对应的收入不属于试点企业的增值税应税收入，无须申报。试点企业应按月将代开增值税专用发票和代缴税款情况向主管税务机关报备，具体报备的有关事项由各省税务局确定。

（三）会员应按照其主管税务机关核定的纳税期限，按规定计算增值税应纳税额，抵减已由试点企业代为缴纳的增值税后，向主管税务机关申报纳税。

五、工作要求

（一）各地税务机关应高度重视网络平台道路货物运输企业代开专用发票试点工作，总结前期开展互联网物流平台企业代开专用发票试点工作的经验，严格按照税务总局部署落实好相关工作。

（二）各省税务局负责组织实施网络平台道路货物运输企业代开专用发票试点工作，按照纳税人自愿的原则确定试点企业。开展试点工作需要纳税人周知的其他事项，由各省税务局负责办理。

（三）各地税务机关应积极推动试点工作开展，加强试点企业的管理，分析试点企业运行数据。发现试点企业虚构业务、虚开发票等违法违规行为的，应立即取消其试点资格并依法处理。

（四）各地税务机关应与当地道路货运行业主管部门对接，充分利用和挖掘内外部大数据资源，深入开展物流行业经济分析和税收风险管理工作，及时总结试点经验，提升试点成效。试点过程中发现的情况和问题，请及时上报国家税务总局（货物和劳务税司）。

本通知自2020年1月1日起施行。《国家税务总局关于开展互联网物流平台企业代开增值税专用发票试点工作的通知》(税总函〔2017〕579号)同时废止。

6-3-156

国家税务总局关于增值税发票综合服务平台等事项的公告

2020年1月8日　国家税务总局公告2020年第1号

为贯彻落实党中央、国务院决策部署,进一步优化税收营商环境,深化税务系统“放管服”改革,便利纳税人开具和使用增值税发票,现将有关事项公告如下:

一、税务总局将增值税发票选择确认平台升级为增值税发票综合服务平台,为纳税人提供发票用途确认、风险提示、信息下载等服务。纳税人取得增值税专用发票、机动车销售统一发票、收费公路通行费增值税电子普通发票后,如需用于申报抵扣增值税进项税额或申请出口退税、代办退税,应当登录增值税发票综合服务平台确认发票用途。增值税发票综合服务平台登录地址由国家税务总局各省(自治区、直辖市和计划单列市)税务局(以下简称“各省税务局”)确定并公布。

纳税人应当按照发票用途确认结果申报抵扣增值税进项税额或申请出口退税、代办退税。纳税人已经申报抵扣的发票,如改用于出口退税或代办退税,应当向主管税务机关提出申请,由主管税务机关核实情况并调整用途。纳税人已经确认用途为申请出口退税或代办退税的发票,如改用于申报抵扣,应当向主管税务机关提出申请,经主管税务机关核实该发票尚未申报出口退税,并将发票电子信息回退后,由纳税人调整用途。

二、纳税人通过增值税电子发票公共服务平台开具的增值税电子普通发票(票样见附件),属于税务机关监制的发票,采用电子签名代替发票专用章,其法律效力、基本用途、基本使用规定等与增值税普通发票相同。

增值税电子普通发票版式文件格式为OFD格式。单位和个人可以登录全国增值税发票查验平台(https://inv-veri.chinatax.gov.cn)下载增值税电子发票版式文件阅读器查阅增值税电子普通发票。

三、纳税人办理增值税普通发票、增值税电子普通发票、收费公路通行费增值税电子普通发票、机动车销售统一发票、二手车销售统一发票票种核定事项,除税务机关按规定确定的高风险等情形外,主管税务机关应当即时办结。

四、纳税人同时丢失已开具增值税专用发票或机动车销售统一发票的发票联和抵扣联,可凭加盖销售方发票专用章的相应发票记账联复印件,作为增值税进项税额的抵扣凭证、退税凭证或记账凭证。

纳税人丢失已开具增值税专用发票或机动车销售统一发票的抵扣联,可凭相应发票的发票联复印件,作为增值税进项税额的抵扣凭证或退税凭证;纳税人丢失已开具增值税专用发票或机动车销售统一发票的发票联,可凭相应发票的抵扣联复印件,作为记账凭证。

五、本公告自发布之日起施行。《国家税务总局关于简化增值税发票领用和使用程序有关问题的公告》(2014 年第 19 号,国家税务总局公告 2018 年第 31 号修改)第三条同时废止。

特此公告。

附件:通过增值税电子发票公共服务平台开具的增值税电子普通发票票样(编者略)

6－3－157

交通运输部　财政部　国家税务总局 国家档案局关于收费公路通行费电子票据开具汇总等有关事项的公告

2020 年 4 月 27 日　交通运输部　财政部
国家税务总局　国家档案局公告 2020 年第 24 号

为进一步规范收费公路通行费电子票据开具,便利 ETC 客户和受票单位电子票据财务处理,推进物流业降本增效,现将收费公路通行费电子票据开具汇总等有关事项公告如下:

一、通行费电子票据开具对象

通行费电子票据的开具对象为办理 ETC 卡的客户。ETC 卡的具体办理流程和相关要求,请咨询各省(区、市)ETC 客户服务机构。未办理 ETC 卡的客户,仍按原有方式在收费站现场交纳车辆通行费和获取票据。

二、通行费电子票据分类

(一)收费公路通行费增值税电子普通发票(以下简称通行费电子发票)。通行费电子发票包括左上角标识“通行费”字样且税率栏次显示适用税率或征收率的通行费电子发票(以下简称征税发票)以及左上角无“通行费”字样,且税率栏次显示“不征税”的通行费电子发票(以下简称不征税发票)。客户通行经营性收费公路,由经营管理者开具征税发票,可按规定用于增值税进项抵扣;客户采取充值方式预存通行费,可由 ETC 客户服务机构开具不征税发票,不可用于增值税进项抵扣。

(二)收费公路通行费财政票据(电子)(以下简称通行费财政电子票据)。客户通行政府还贷公路,由经营管理者开具财政部门统一监制的通行费财政电子票据。通行费财政电子票据先行选择部分地区进行试点。试点期间,非试点地区暂时开具不征税发票。试点完成后,在全国范围内全面实行通行费财政电子票据。

通行费电子发票、通行费财政电子票据统称为通行费电子票据。针对收费公路分段建设、经营管理者多元等特性,为便利通行费电子票据财务处理,根据客户需求,通行费电子票据服务平台(以下简称服务平台)可按一次或多次行程为单位,在汇总通行费电子发票和通行费财政电子票据信息基础上,统一生成收费公路通行费电子票据汇总单(以下简称电子汇总单),作为已开具通行费电子票据的汇总信息证明材料。电子汇总单的汇总信息发生变更的,应重新开具电子汇总单,原电子汇总单自动作废失效,电子汇总单可通过服务平台查询。

三、通行费电子票据编码规则

（一）通行费电子发票编码规则。

通行费电子发票的发票代码为12位，编码规则：第1位为0，第2～5位代表省、自治区、直辖市和计划单列市，第6～7位代表年度，第8～10位代表批次，第11～12位为12。发票号码为8位，按年度、分批次编制。通行费电子发票票样见附件1。

（二）通行费财政电子票据编码规则。

通行费财政电子票据的票据代码为8位，编码规则：第1～2位代表通行费财政电子票据监管机构行政区划编码，第3～4位代表通行费财政电子票据分类编码，第5～6位代表通行费财政电子票据种类编码，第7～8位代表通行费财政电子票据年度编码。票据号码为10位，采用顺序号，用于反映通行费财政电子票据赋码顺序。通行费财政电子票据票样见附件2。

（三）电子汇总单编码规则。

电子汇总单的单号为16位，编码规则：第1～2位为ETC用户所属发行机构的省份编码，第3～6位代表年度，第7～8位代表月份，第9～16位采用顺序号。电子汇总单式样见附件3。

四、通行费电子票据开具流程

（一）服务平台账户注册。客户登录服务平台网站 www. txffp. com 或“票根”APP，凭手机号码、手机验证码免费注册，并按要求设置购买方信息。客户如需变更购买方信息，应当于发生充值或通行交易前变更，确保开票信息真实准确。

（二）绑定客户ETC卡。客户登录服务平台，填写ETC卡办理时的预留信息（开户人名称、证件类型、证件号码、手机号码等），经校验无误后，完成ETC卡绑定。

（三）票据和汇总单开具。客户登录服务平台，选取需要开具票据的充值或通行交易记录，申请生成通行费电子发票、通行费财政电子票据和电子汇总单（充值交易无电子汇总单）。其中，电子汇总单可按用户需求汇总多笔通行交易信息，包括对应的行程信息、通行费电子发票和通行费财政电子票据信息、交易金额合计等。电子汇总单与其汇总的通行费电子发票、通行费财政电子票据通过编码相互进行绑定，可通过服务平台查询关联性。服务平台免费向客户提供通行费电子发票、通行费财政电子票据、电子汇总单查询、预览、下载、转发等服务。

五、通行费电子票据开具规定

（一）ETC后付费客户索取通行费电子票据的，通过经营性公路的部分，在服务平台取得由经营管理者开具的征税发票；通过政府还贷公路的部分，在服务平台取得由经营管理者开具的通行费财政电子票据。

（二）ETC预付费客户可以自行选择在充值后索取不征税发票或待实际发生通行交易后索取通行费电子票据。

客户在充值后索取不征税发票的，在服务平台取得由ETC客户服务机构全额开具的不征税发票；实际发生通行交易后，ETC客户服务机构和收费公路经营管理者均不再向其开具通行费电子票据。

客户在充值后未索取不征税发票，在实际发生通行交易后索取电子票据的，参照本条第（一）项 ETC 后付费客户执行。

（三）客户使用 ETC 卡通行收费公路并交纳通行费的，可以在实际发生通行交易后第 7 个自然日起，登录服务平台，选择相应通行记录取得通行费电子票据和电子汇总单；ETC 预付费客户可以在充值后实时登录服务平台，选择相应充值记录取得不征税发票。

（四）服务平台应当将通行费电子票据、电子汇总单以及对应的通行明细记录归档备查。

六、通行费电子票据其他规定

（一）通行费电子票据作为电子会计凭证具有与纸质会计凭证同等法律效力，是单位财务收支和会计核算的原始凭证，在满足相关条件基础上，单位可以仅使用通行费电子票据进行报销入账归档，不再打印纸质件。具体报销入账和归档管理按照《财政部　国家档案局关于规范电子会计凭证报销入账归档的通知》（财会〔2020〕6 号）执行。

（二）收费公路通行费增值税进项抵扣事项按照现行增值税政策有关规定执行。增值税一般纳税人申报抵扣的通行费电子发票进项税额，在纳税申报时应当填写在《增值税纳税申报表附列资料（二）》（本期进项税额明细）中“认证相符的增值税专用发票”相关栏次中。

（三）纳税人取得通行费电子发票后，应当登录增值税发票综合服务平台确认发票用途。税务总局通过增值税发票综合服务平台为纳税人提供通行费电子发票批量选择确认服务。

（四）单位和个人可以登录全国增值税发票查验平台（https://inv-veri.chinatax.gov.cn），对通行费电子发票信息进行查验。单位和个人可以登录全国财政电子票据查验平台（http://pjcy.mof.gov.cn），对通行费财政电子票据信息进行查验。

七、业务咨询

使用 ETC 卡交纳的通行费，以及 ETC 卡充值费开具通行费电子票据，不再开具纸质票据。客户可以拨打热线电话进行业务咨询与投诉。通行费电子发票的开票问题可拨打发票服务平台热线 95022；各省（区、市）ETC 客户服务机构热线电话可以登录发票服务平台查询；通行费电子发票的查验和抵扣等税务问题可拨打纳税服务热线 12366。

本公告自 2020 年 5 月 6 日起施行。《交通运输部　国家税务总局关于收费公路通行费增值税电子普通发票开具等有关事项的公告》（交通运输部公告 2020 年第 17 号）同时废止。

附件：1. 收费公路通行费增值税电子普通发票票样（编者略）

2. 收费公路通行费财政票据（电子）票样（编者略）

3. 收费公路通行费电子票据汇总单示例（编者略）

6－3－158

财政票据管理办法

2012年10月22日财政部令第70号公布
2020年12月3日财政部令第104号修改

第一章　总　　则

第一条　为了规范财政票据行为，加强政府非税收入征收管理和单位财务监督，维护国家财经秩序，保护公民、法人和其他组织的合法权益，根据国家有关规定，制定本办法。

第二条　财政票据的监（印）制、领用、发放、使用、保管、核销、销毁及监督检查等活动，适用本办法。

第三条　本办法所称财政票据，是指由财政部门监（印）制、发放、管理，国家机关、事业单位、具有公共管理或者公共服务职能的社会团体及其他组织（以下统称"行政事业单位"）依法收取政府非税收入或者从事非营利性活动收取财物时，向公民、法人和其他组织开具的凭证。

财政票据是财务收支和会计核算的原始凭证，包括电子和纸质两种形式。财政电子票据和纸质票据具有同等法律效力，是财会监督、审计监督等的重要依据。

第四条　财政部门是财政票据的主管部门。

财政部负责全国财政票据管理工作，承担中央单位财政票据的监（印）制、发放、核销、销毁和监督检查等工作，指导地方财政票据管理工作。

省、自治区、直辖市人民政府财政部门，新疆生产建设兵团财政局（以下简称省级财政部门）负责本行政区域财政票据的监（印）制、发放、核销、销毁和监督检查等工作，指导下级财政部门财政票据管理工作。

省级以下财政部门负责本行政区域财政票据的申领、发放、核销、销毁和监督检查等工作。

第五条　财政部门应当积极推进财政电子票据管理改革，以数字信息代替纸质文件、以电子签名代替手工签章，依托计算机和信息网络技术开具、存储、传输和接收财政电子票据，实现电子开票、自动核销、全程跟踪、源头控制。

第六条　财政部门通过有关票据公共服务平台提供财政电子票据真伪查验服务。

第二章　财政票据的种类、适用范围和内容

第七条　财政票据的种类和适用范围如下：

（一）非税收入类票据

1. 非税收入通用票据，是指行政事业单位依法收取政府非税收入时开具的通用凭证。

2. 非税收入一般缴款书，是指实施政府非税收入收缴管理制度改革的行政事业单位收缴政府非税收入时开具的通用凭证。

（二）结算类票据

资金往来结算票据，是指行政事业单位在发生暂收、代收和单位内部资金往来结算时开具的凭证。

（三）其他财政票据

1. 公益事业捐赠票据，是指国家机关、公益性事业单位、公益性社会团体和其他公益性组织依法接受公益性捐赠时开具的凭证。

2. 医疗收费票据，是指非营利医疗卫生机构从事医疗服务取得医疗收入时开具的凭证。

3. 社会团体会费票据，是指依法成立的社会团体向会员收取会费时开具的凭证。

4. 其他应当由财政部门管理的票据。

第八条 财政票据应当包括票据名称、票据编码、票据监制章、项目、标准、数量、金额、交款人、开票日期、开票单位、开票人、复核人等内容。

第九条 纸质票据一般包括存根联、收据联、记账联。存根联由开票方留存，收据联由支付方收执，记账联由开票方留做记账凭证。

非税收入一般缴款书一般设置五联，包括回单联、借方凭证、贷方凭证、收据联、存根联。回单联退执收单位，借方凭证和贷方凭证分别由缴款人、收款人开户银行留存，收据联由缴款人收执，存根联由执收单位留存。

第三章　财政票据的监（印）制

第十条 财政票据由省级以上财政部门按照管理权限分别监（印）制。

第十一条 财政票据实行全国统一的式样、编码规则和电子票据数据标准，由财政部负责制定。

电子票据数据标准包括数据要素、数据结构、数据格式和防伪方法等内容。各级财政部门应当按照统一的财政电子票据数据标准，生成、传输、存储和查验财政电子票据。

第十二条 省级以上财政部门应当按照国家政府采购有关规定确定承印财政票据的企业，并与其签订印制合同。

财政票据印制企业应当按照印制合同和财政部规定的式样印制票据。

禁止私自印制、伪造、变造财政票据。

第十三条 财政票据应当套印全国统一式样的财政票据监制章。财政票据监制章的形状、规格和印色由财政部统一规定。

禁止伪造、变造财政票据监制章，禁止在非财政票据上套印财政票据监制章。

第十四条 财政票据应当使用中文监（印）制。民族自治地方的财政票据，可以加印一种当地通用的民族文字。有实际需要的，可以同时使用中外两种文字监（印）制。

第十五条 财政票据印制企业应当建立票据印制管理制度和保管措施，对财政票据式样模板、财政票据监制章印模等的使用和管理实行专人负责，不得将承印的财政票据委托其他企业印制，不得向委托印制票据的财政部门以外的其他单位或者个人提供财政票据。

第十六条 印制合同终止后，财政票据印制企业应当将印制票据所需用品、资料交还委托印制票据的财政部门，不得自行保留或者提供给其他单位或者个人。

第十七条 禁止在境外印制财政票据。

第四章 财政票据的领用与发放

第十八条 省级以下财政部门应当根据本地区用票需求,按照财政管理体制向上一级财政部门报送用票计划,申领财政票据。上级财政部门经审核后发放财政票据。

第十九条 财政票据实行凭证领用、分次限量、核旧领新制度。

领用财政票据,一般按照财务隶属关系向同级财政部门申请。

第二十条 财政部门及其工作人员应当为申领单位提供便利,一次性告知领用财政票据的相关程序、材料、要求及依据等内容。

第二十一条 首次领用财政票据,应当按照规定程序办理《财政票据领用证》。

办理《财政票据领用证》,应当提交申请函,填写《财政票据领用证申请表》,并且按要求提供与票据种类相关的可核验信息,并对提供信息的真实性承担法律责任。

第二十二条 受理申请的财政部门应当对申请单位提交的材料进行审核,对符合条件的单位,核发《财政票据领用证》,并发放财政票据。

《财政票据领用证》应当包括单位基本信息、领用票据名称和项目名称、领用票据记录、检查核销票据记录、检查核销结果记录等项目。

第二十三条 再次领用财政票据,应当出示《财政票据领用证》,提供前次票据使用情况,包括票据的种类、册(份)数、起止号码、使用份数、作废份数、收取金额及票据存根等内容。受理申请的财政部门审核后,发放财政票据。

第二十四条 领用未列入《财政票据领用证》内的财政票据,应当向原核发领用证的财政部门提出申请,并依照本办法规定提交相应材料。受理申请的财政部门审核后,应当在《财政票据领用证》上补充新增财政票据的相关信息,并发放财政票据。

第二十五条 财政票据一次领用的数量一般不超过本单位六个月的使用量。

第五章 财政票据的使用与保管

第二十六条 财政票据使用单位应当指定专人负责管理财政票据,建立票据使用登记制度,设置票据管理台账,按照规定向财政部门报送票据使用情况。

第二十七条 财政票据使用单位开具电子票据,应当确保电子票据及其元数据自形成起完整无缺、来源可靠,未被非法更改,传输过程中发生的形式变化不得影响财政电子票据内容的真实、完整。

第二十八条 财政票据应当按照规定填写,做到字迹清楚、内容完整真实、印章齐全、各联次内容和金额一致。填写错误的,应当另行填写。

因填写错误等原因而作废的纸质票据,应当加盖作废戳记或者注明"作废"字样,并完整保存各联次,不得擅自销毁。

第二十九条 填写财政票据应当统一使用中文。财政票据以两种文字监(印)制的,可以同时使用另一种文字填写。

第三十条 财政票据使用单位不得转让、出借、代开、买卖、擅自销毁、涂改财政票据;不得串用财政票据,不得将财政票据与其他票据互相替代。

第三十一条 省级财政部门监(印)制的财政票据应当在本行政区域内发放使用,但派驻外地的单位在派驻地使用的情形除外。

第三十二条 财政票据应当按照规定使用。不按规定使用的,付款单位和个人有权拒付款项,财务部门不得报销。

第三十三条 财政票据使用单位和付款单位应当准确、完整、有效接收和读取财政电子票据,并按照会计信息化和会计档案等有关管理要求归档入账。

第三十四条 纸质票据使用完毕,使用单位应当按照要求填写相关资料,按顺序清理纸质票据存根、装订成册、妥善保管。

纸质票据存根的保存期限一般为5年。保存期满需要销毁的,报经原核发票据的财政部门查验后销毁。保存期未满、但有特殊情况需要提前销毁的,应当报原核发票据的财政部门批准。

第三十五条 尚未使用但应予作废销毁的财政票据,使用单位应当登记造册,报原核发票据的财政部门核准、销毁。

第三十六条 财政票据使用单位发生合并、分立、撤销、职权变更,或者收费项目被依法取消或者名称变更的,应当自变动之日起15日内,向原核发票据的财政部门办理《财政票据领用证》的变更或者注销手续;对已使用财政票据的存根和尚未使用的财政票据应当分别登记造册,报财政部门核准、销毁。

第三十七条 财政票据或者《财政票据领用证》灭失的,财政票据使用单位应当查明原因,及时以书面形式报告原核发票据的财政部门,并自发现之日起3日内登报声明作废。

第三十八条 财政部门、财政票据印制企业、财政票据使用单位应当设置财政票据专用仓库或者专柜,指定专人负责保管,确保财政票据安全。

第六章 监督检查及罚则

第三十九条 财政部门应当建立健全财政票据监督检查制度,对财政票据监(印)制、使用、管理等情况进行检查。

第四十条 财政部门实施监督检查,应当按照规定程序和要求进行,不得滥用职权、徇私舞弊,不得向被检查单位收取费用。

第四十一条 财政票据使用单位和财政票据印制企业应当自觉接受财政部门的监督检查,如实反映情况,提供有关资料,不得隐瞒、弄虚作假或者拒绝、阻挠。

第四十二条 单位和个人违反本办法规定,有下列行为之一的,由县级以上财政部门责令改正并给予警告;对非经营活动中的违法行为,处以1000元以下罚款;对经营活动中的违法行为,有违法所得的,处以违法所得金额3倍以下不超过30000元的罚款,没有违法所得的,处以10000元以下罚款;构成犯罪的,依法追究刑事责任:

(一)违反规定印制财政票据;

(二)转让、出借、串用、代开财政票据;

(三)伪造、变造、买卖、擅自销毁财政票据;

(四)提供虚假信息骗取和冒领财政票据;

(五)伪造、使用伪造的财政票据监制章;

（六）未按规定使用财政票据监制章；

（七）在境外印制财政票据；

（八）其他违反财政票据管理规定的行为。

单位和个人违反本办法规定，对涉及财政收入的财政票据有本条第一款所列行为之一的，依照《财政违法行为处罚处分条例》第十六条的规定予以处理、处罚。

第四十三条 财政部门、行政事业单位工作人员违反本办法规定，在工作中徇私舞弊、玩忽职守、滥用职权的，依法给予处分；构成犯罪的，依法追究刑事责任。

第四十四条 单位和个人对处理、处罚决定不服的，可以依法申请行政复议或者提起行政诉讼。

国家工作人员对处分不服的，可以依照有关规定申请复审复核或者提出申诉。

第七章 附 则

第四十五条 中国人民解放军和中国人民武装警察部队适用《军队票据管理规定》。

第四十六条 省级财政部门可以依据本办法，结合本地区实际情况制定具体实施办法，报财政部备案。

第四十七条 本办法自2013年1月1日起施行。1998年9月21日财政部发布的《行政事业性收费和政府性基金票据管理规定》（财综字〔1998〕104号）同时废止。

6-3-159

国家税务总局关于在新办纳税人中实行增值税专用发票电子化有关事项的公告

2020年12月20日 国家税务总局公告2020年第22号

为全面落实《优化营商环境条例》，深化税收领域“放管服”改革，加大推广使用电子发票的力度，国家税务总局决定在前期宁波、石家庄和杭州等3个地区试点的基础上，在全国新设立登记的纳税人（以下简称“新办纳税人”）中实行增值税专用发票电子化（以下简称“专票电子化”）。现将有关事项公告如下：

一、自2020年12月21日起，在天津、河北、上海、江苏、浙江、安徽、广东、重庆、四川、宁波和深圳等11个地区的新办纳税人中实行专票电子化，受票方范围为全国。其中，宁波、石家庄和杭州等3个地区已试点纳税人开具增值税电子专用发票（以下简称“电子专票”）的受票方范围扩至全国。

自2021年1月21日起，在北京、山西、内蒙古、辽宁、吉林、黑龙江、福建、江西、山东、河南、湖北、湖南、广西、海南、贵州、云南、西藏、陕西、甘肃、青海、宁夏、新疆、大连、厦门和青岛等25个地区的新办纳税人中实行专票电子化，受票方范围为全国。

实行专票电子化的新办纳税人具体范围由国家税务总局各省、自治区、直辖市和计划单列市税务局（以下简称“各省税务局”）确定。

二、电子专票由各省税务局监制，采用电子签名代替发票专用章，属于增值税专用发票，其法律效力、基本用途、基本使用规定等与增值税纸质专用发票（以下简称“纸质专票”）相同。电子专票票样见附件。

三、电子专票的发票代码为12位，编码规则：第1位为0，第2—5位代表省、自治区、直辖市和计划单列市，第6—7位代表年度，第8—10位代表批次，第11—12位为13。发票号码为8位，按年度、分批次编制。

四、自各地专票电子化实行之日起，本地区需要开具增值税纸质普通发票、增值税电子普通发票（以下简称“电子普票”）、纸质专票、电子专票、纸质机动车销售统一发票和纸质二手车销售统一发票的新办纳税人，统一领取税务UKey开具发票。税务机关向新办纳税人免费发放税务UKey，并依托增值税电子发票公共服务平台，为纳税人提供免费的电子专票开具服务。

五、税务机关按照电子专票和纸质专票的合计数，为纳税人核定增值税专用发票领用数量。电子专票和纸质专票的增值税专用发票（增值税税控系统）最高开票限额应当相同。

六、纳税人开具增值税专用发票时，既可以开具电子专票，也可以开具纸质专票。受票方索取纸质专票的，开票方应当开具纸质专票。

七、纳税人开具电子专票后，发生销货退回、开票有误、应税服务中止、销售折让等情形，需要开具红字电子专票的，按照以下规定执行：

（一）购买方已将电子专票用于申报抵扣的，由购买方在增值税发票管理系统（以下简称“发票管理系统”）中填开并上传《开具红字增值税专用发票信息表》（以下简称《信息表》），填开《信息表》时不填写相对应的蓝字电子专票信息。

购买方未将电子专票用于申报抵扣的，由销售方在发票管理系统中填开并上传《信息表》，填开《信息表》时应填写相对应的蓝字电子专票信息。

（二）税务机关通过网络接收纳税人上传的《信息表》，系统自动校验通过后，生成带有“红字发票信息表编号”的《信息表》，并将信息同步至纳税人端系统中。

（三）销售方凭税务机关系统校验通过的《信息表》开具红字电子专票，在发票管理系统中以销项负数开具。红字电子专票应与《信息表》一一对应。

（四）购买方已将电子专票用于申报抵扣的，应当暂依《信息表》所列增值税税额从当期进项税额中转出，待取得销售方开具的红字电子专票后，与《信息表》一并作为记账凭证。

八、受票方取得电子专票用于申报抵扣增值税进项税额或申请出口退税、代办退税的，应当登录增值税发票综合服务平台确认发票用途，登录地址由各省税务局确定并公布。

九、单位和个人可以通过全国增值税发票查验平台（https://inv-veri.chinatax.gov.cn）对电子专票信息进行查验；可以通过全国增值税发票查验平台下载增值税电子发票版式文件阅读器，查阅电子专票并验证电子签名有效性。

十、纳税人以电子发票（含电子专票和电子普票）报销入账归档的，按照《财政部　国家档案局关于规范电子会计凭证报销入账归档的通知》（财会〔2020〕6号）的规定执行。

十一、本公告自2020年12月21日起施行。

特此公告。

附件：增值税电子专用发票（票样）（编者略）

6 -3 -160

国家税务总局 工业和信息化部 公安部关于发布《机动车发票使用办法》的公告

2020年12月28日 国家税务总局
工业和信息化部 公安部公告2020年第23号

为深入贯彻落实国务院“放管服”改革要求，规范机动车行业发票使用行为，营造公平公正有序的营商环境，国家税务总局、工业和信息化部、公安部联合制定了《机动车发票使用办法》，现予以发布，自2021年5月1日起试行，2021年7月1日起正式施行。

特此公告。

附件：机动车销售统一发票票样（编者略）

机动车发票使用办法

第一条 为了加强机动车发票管理和服务，规范机动车发票使用行为，根据《中华人民共和国税收征收管理法》及其实施细则、《中华人民共和国发票管理办法》及其实施细则，制定本办法。

第二条 本办法所称机动车发票是指销售机动车（不包括二手车）的单位和个人（以下简称“销售方”）通过增值税发票管理系统开票软件中机动车发票开具模块所开具的增值税专用发票和机动车销售统一发票（包括纸质发票、电子发票）。增值税发票管理系统开票软件自动在增值税专用发票左上角打印“机动车”字样。

机动车发票均应通过增值税发票管理系统开票软件在线开具。按照有关规定不使用网络办税或不具备网络条件的特定纳税人，可以离线开具机动车发票。

第三条 开通机动车发票开具模块的销售方分为机动车生产企业、机动车授权经销企业、其他机动车贸易商三种类型。

机动车生产企业包括国内机动车生产企业及进口机动车生产企业驻我国办事机构或总授权代理机构；机动车授权经销企业是指经机动车生产企业授权，且同时具备整车销售、零配件销售、售后维修服务等经营业务的机动车经销企业；其他机动车贸易商，是指除上述两类企业以外的机动车销售单位和个人。

对于已开通机动车发票开具模块的销售方，税务机关可以根据其实际生产经营情况调整划分类型。

第四条 主管税务机关对机动车发票实行分类分级规范管理，提升办税效率，加强后续服务和监管。

（一）对使用机动车发票开具模块的销售方，需要调整机动车发票用量的，可以按需要即时办理。对于同时存在其他经营业务申领发票的，仍应按现行有关规定执行。

（二）对经税务总局、省税务局大数据分析发现的税收风险程度较高的纳税人，严格控制其发票领用数量和最高开票限额，并加强事中事后监管。

第五条 主管税务机关可以结合销售方取得机动车的相关凭据判断其经营规模，并动态调整机动车发票领用数量。

取得机动车的相关凭据包括：

（一）增值税专用发票；

（二）海关进口增值税专用缴款书；

（三）货物进口证明书；

（四）机动车整车出厂合格证；

（五）法院判决书、裁定书、调解书，以及仲裁裁决书、调解书，公证债权文书；

（六）国家税务总局规定的其他凭证。

第六条 销售方应当按照销售符合国家机动车管理部门车辆参数、安全等技术指标规定的车辆所取得的全部价款如实开具机动车发票。

向消费者销售机动车，销售方应当开具机动车销售统一发票；其他销售机动车行为，销售方应当开具增值税专用发票。

第七条 销售方使用机动车发票开具模块时，应遵循以下规则：

（一）国内机动车生产企业销售本企业生产的机动车、进口机动车生产企业驻我国办事机构或总授权代理机构和从事机动车进口的其他机动车贸易商销售本企业进口的机动车，应通过增值税发票管理系统和机动车合格证管理系统，依据车辆识别代号/车架号将机动车发票开具信息与国产机动车合格证电子信息或车辆电子信息（以下统称"车辆电子信息"）进行关联匹配。

（二）销售方购进机动车直接对外销售，应当通过机动车发票开具模块获取购进机动车的车辆识别代号/车架号等信息后，方可开具对应的机动车发票。

第八条 销售机动车开具增值税专用发票时，应遵循以下规则：

（一）正确选择机动车的商品和服务税收分类编码。

（二）增值税专用发票"规格型号"栏应填写机动车车辆识别代号/车架号，"单位"栏应选择"辆"，"单价"栏应填写对应机动车的不含增值税价格。汇总开具增值税专用发票，应通过机动车发票开具模块开具《销售货物或应税劳务、服务清单》，其中的规格型号、单位、单价等栏次也应按照上述增值税专用发票的填写要求填开。国内机动车生产企业若不能按上述规定填写"规格型号"栏的，应当在增值税专用发票（包括《销售货物或应税劳务、服务清单》）上，将相同车辆配置序列号、相同单价的机动车，按照同一行次汇总填列的规则开具发票。

（三）销售方销售机动车开具增值税专用发票后，发生销货退回、开票有误、销售折让等情形，应当凭增值税发票管理系统校验通过的《开具红字增值税专用发票信息表》开具红字增值税专用发票。发生销货退回、开票有误的，在"规格型号"栏填写机动车车辆识别代号/车架号；发生销售折让的，"规格型号"栏不填写机动车车辆识别代号/车架号。

第九条 销售机动车开具机动车销售统一发票时,应遵循以下规则:

(一)按照"一车一票"原则开具机动车销售统一发票,即一辆机动车只能开具一张机动车销售统一发票,一张机动车销售统一发票只能填写一辆机动车的车辆识别代号/车架号。

(二)机动车销售统一发票的"纳税人识别号/统一社会信用代码/身份证明号码"栏,销售方根据消费者实际情况填写。如消费者需要抵扣增值税,则该栏必须填写消费者的统一社会信用代码或纳税人识别号,如消费者为个人则应填写个人身份证明号码。

(三)开具纸质机动车销售统一发票后,如发生销货退回或开具有误的,销售方应开具红字发票,红字发票内容应与原蓝字发票一一对应,并按以下流程操作:

1. 销售方开具红字发票时,应当收回消费者所持有的机动车销售统一发票全部联次。如消费者已办理车辆购置税纳税申报的,不需退回报税联;如消费者已办理机动车注册登记的,不需退回注册登记联;如消费者为增值税一般纳税人且已抵扣增值税的,不需退回抵扣联。

2. 消费者已经办理机动车注册登记的,销售方应当留存公安机关出具的机动车注销证明复印件;如消费者无法取得机动车注销证明,销售方应留存机动车生产企业或者机动车经销企业出具的退车证明或者相关情况说明。

(四)消费者丢失机动车销售统一发票,无法办理车辆购置税纳税申报或者机动车注册登记的,应向销售方申请重新开具机动车销售统一发票;销售方核对消费者相关信息后,先开具红字发票,再重新开具与原蓝字发票存根联内容一致的机动车销售统一发票。

(五)机动车销售统一发票打印内容出现压线或者出格的,若内容清晰完整,无需退还重新开具。

第十条 已办理车辆购置税纳税申报的机动车,不得更改车辆电子信息;未办理车辆购置税纳税申报的机动车,可以按照机动车出厂合格证相关管理规定修改车辆电子信息,但销售方所开具的机动车销售统一发票内容应与修改后的车辆电子信息一致。

第十一条 税务部门与工信部门应加强对车辆电子信息的管理。省税务机关应当将机动车销售统一发票电子信息实时传输至同级公安机关,公安机关应当将机动车登记核查信息反馈税务部门。

第十二条 销售方未按规定开具机动车发票的,按照《中华人民共和国税收征收管理法》《中华人民共和国发票管理办法》等法律法规的规定处理。

第十三条 本办法自2021年5月1日起试行,2021年7月1日起正式施行。自本办法试行之日起制造的机动车,销售方应按本办法规定开具机动车发票。制造日期按照国产机动车的制造日期或者进口机动车的进口日期确定。

第十四条 《国家税务总局关于消费者丢失机动车销售发票处理问题的批复》(国税函〔2006〕227号)、《国家税务总局关于使用新版机动车销售统一发票有关问题的通知》(国税函〔2006〕479号)第五条、《国家税务总局关于机动车电子信息采集和最低计税价格核定有关事项的公告》(2013年第36号)、《国家税务总局关于调整机动车销售统一发票票面内容的公告》(2014年第27号)第一条第一项和第二项,自本办法试行之日起废止。

6－3－161

国家税务总局关于调整增值税纸质专用发票防伪措施有关事项的公告

2022年12月15日　国家税务总局公告2022年第25号

税务总局决定调整增值税纸质专用发票防伪措施,自2022年第三季度起增值税纸质专用发票按照调整后的防伪措施印制。现将有关事项公告如下:

取消专用异型号码、复合信息防伪等防伪措施,继续保留防伪油墨颜色擦可变等防伪措施。防伪油墨颜色擦可变的防伪效果和鉴别方法见《国家税务总局关于调整增值税专用发票防伪措施有关事项的公告》(2019年第9号)附件。

税务机关库存和纳税人尚未使用的增值税纸质专用发票可以继续使用。

特此公告。

4

税款征收

6－4－1

国家税务总局关于海洋石油税收征管范围问题的通知

1996 年 4 月 25 日 国税发〔1996〕57 号

各地国家税务局、地方税务局税收征管范围按照《国务院办公厅转发国家税务总局关于调整国家税务局、地方税务局税收征管范围意见的通知》（国办发〔1996〕4 号）调整后，考虑到对外合作开采石油税制的特殊性，并有专门机构负责税收征收管理，经研究决定，海洋石油税务系统的税收征管范围目前仍维持不变，即：中国海洋石油总公司及其所属地区公司和专业公司（包括下属公司），与我国合作开采海洋石油的外国公司，专为开采海洋石油承包海上生产、生活服务项目的外国公司或企业，专为海洋石油开采工程作业的中国海洋石油总公司和外商合资经营的公司或企业的各项税收，由海洋石油税务管理局天津、上海、广州、湛江分局和深圳征收处负责统一征收管理。这些公司或企业，机构不设在海洋石油税务分局所在地的，其有关税收的征收管理工作，由就近的海洋石油税务分局负责办理。

6－4－2

财政部 国家税务总局关于明确对查补税款不得享受先征后退政策的批复

1998 年 5 月 12 日 财税字〔1998〕80 号

财政部驻陕西省财政监察专员办事处：

你办报来的《关于对查补税款是否享受“先征后返”优惠政策的请示报告》（财驻陕监字（98）第 87 号）收悉。经研究，明确如下：

为严肃财经法纪，对于税务机关、财政监察专员办事机构、审计机关等执法机关根据税法有关规定查补的增值税等各项税款，必须全部收缴入库，均不得执行由财政和税务机关给予返还的优惠政策。

6-4-3

国家税务总局关于加强加油站税收征管有关问题的通知

1998年6月26日　国税发〔1998〕100号

近年来,我国交通运输事业发展迅速,随着机动车的大量增加,各地加油站遍布城乡,成品油零售和批发业务越来越大。然而,由于加油站分布地域广,经营单位和个人情况复杂,许多加油站财务会计制度不健全,加之大量的现金交易,致使税务机关无法准确核实成品油的进销数量及金额,因而造成税款的大量流失。为加强加油站税收征管,确保1998年税收增收任务的完成,并为即将开征的燃油税作好准备,现将有关问题通知如下:

一、从文到之日起,各地税务机关对各加油站一律取消定期定额方式征收税款,改按纳税人自行申报,税务机关查账或核定征收。具体控管办法(如油罐、加油机加铅封)由各地根据实际情况确定。

二、把对加油站的清理整顿列入1998年清理漏征漏管户的重点,通过清理整顿,摸清底数,准确掌握税源。

三、总局成立税控加油机(专家)认定小组,依据《加油机税控功能技术条件》(附后)负责对各省、自治区、直辖市和计划单列市税务机关推荐,并持有国家计量、防爆、电子产品鉴定合格证书的税控装置进行税控功能的鉴定,颁发税控功能合格证书。未经国家计量、防爆、电子和税控功能鉴定合格的产品各地不得选用。

四、积极做好对新设立的加油站配置税控装置和对现有加油站进行税控功能改造的各项准备工作,有条件的地区,要按照本文第三条要求,对取得鉴定的税控装置产品可做好定点生产、建立销售和维修网络等工作,并可着手进行配置和改造。

五、加强对加油站的税收征管工作,限期对加油机加装税控装置,此项工作涉及面广,难度大,技术性强,各地税务机关要积极争取当地政府的支持,加强与有关部门的配合,并将推行过程中的情况和问题及时上报。

附件:加油机税控功能技术条件(编者略)

6-4-4

国家税务总局 中国农业发展银行关于粮棉收储企业应纳税款如何及时划转入库问题的通知

1998年12月15日 国税发〔1998〕222号

根据国务院关于进一步深化粮食流通体制改革的决定，农业发展银行对粮食收储企业采取新的信贷管理措施，实行粮棉油收购资金封闭运行以来，一些地区反映，基层农业发展银行与税务部门在企业缴纳税款问题上理解不一，个别地方已影响企业当期实现税款的缴纳。为了保障粮棉收储企业应纳税款的及时入库，现将有关税款缴纳入库问题明确如下：

粮棉收储企业销售粮棉油的货款回到企业当地农业发展银行"基本存款账户"后，农业发展银行首先应当保障支付企业当期实现的应纳税款，具体可采取按企业每次销售回笼货款的3%预提，转入"企业财务资金专户"存储，在税务机关规定的纳税期限内，由当地企业主管税务机关将企业当期应纳税款以函件的形式向当地农业发展银行发出通知，当地农业发展银行据此通知企业及时办理税款入库手续。对粮棉收储企业以前年度欠缴的税款，在贷款封闭运行期间，可视企业的经营状况，由基层税务部门与农业发展银行共同协商，逐步清理。

税收是维持国民经济运行和国家宏观调控的重要手段，各级税务部门和农业发展银行要通力合作，密切配合，严格区分资金性质，按照"税、贷、货、利"的顺序和原则，统筹安排好企业的资金，既要及时收贷收息，又要遵守国家税法，确保企业应缴税款及时足额地解入国库。

6-4-5

财政部 国家税务总局 中国人民银行关于纳税人多缴税款及应付利息办理退库的通知

2001年12月14日 财预字〔2001〕502号

各省、自治区、直辖市、计划单列市财政厅（局）、国家税务局、地方税务局，中国人民银行各分行、营业管理部、省会（首府）城市中心支行，深圳、大连、青岛、宁波、厦门市中心支行：

为认真贯彻执行新修订的《中华人民共和国税收征收管理法》（以下简称新征管法），做好纳税人多缴税款和应付利息的退付工作，现就有关事项通知如下：

一、自新征管法实施之日起，凡纳税人申请退付多缴税款，各级税务机关应根据多缴税款数额和开具“收入退还书”当日中国人民银行规定的活期存款利率计算利息,随同多缴的税款一并办理退付手续。计息时间从纳税人结算缴纳税款之日起至税务机关开具“收入退还书”之日止。

二、税务机关对纳税人的退付申请及所附多缴税款的入库凭证(缴款书)进行审核后,开具“收入退还书”。纳税人持“收入退还书”到当地国库就地办理退库。

纳税人多缴税款及应付利息由国库直接退付申请人银行账户。如以现金缴税需退付现金时,由征收机关在“收入退还书”上加盖“退付现金”戳记,纳税人再持身份证和原缴款书复印件到指定国库办理退付手续,指定国库将款项划至原经收银行,纳税人从原经收银行领取退付的现金。

三、纳税人多缴税款及应付利息,统一采用冲减正税入库科目的办法,由正税入库收入中退付。

6－4－6

国家税务总局　财政部　中国人民银行关于纳税人多缴税款退付利息的范围及退库程序的批复

2002年6月24日　国税函〔2002〕566号

上海市国家税务局:

你局《关于请明确纳税人多缴税款应付利息的范围和程序的请示》(沪国税计〔2002〕11号)收悉。经研究,现批复如下:

一、《税收征管法》第五十一条规定的应加算银行同期存款利息的多缴税款退税范围,《国家税务总局关于贯彻实施〈中华人民共和国税收征管法〉有关问题的通知》(国税发〔2001〕54号)已明确为:不包括依法预缴税款所造成的结算退税、享受税收优惠政策而产生的出口退税和各种减免退税。

二、当纳税人既有应退税款又有欠缴税款时,税务机关应先将欠缴税款及滞纳金从应退税款及应付利息中抵扣,抵扣后尚有应退税款的,按抵扣后的余额办理退税。

三、小额税款退税的应付利息需退付现金的,税务机关应视同小额税款退税办理。

四、为加强预算收入的管理,对多缴税款退税及应付利息,应由税务机关开具“收入退还书”并送国库办理退库。

6－4－7

国家税务总局关于大力开展个体工商户建账和强化查账征收工作的通知

2002年8月16日　国税发〔2002〕104号

各省、自治区、直辖市和计划单列市国家税务局、地方税务局：

自1997年在全国范围内推行个体工商户（以下简称业户）建账工作以来，各级税务机关认真贯彻《国务院关于批转国家税务总局强化查账征收工作意见的通知》（国发〔1997〕12号）和国家税务总局印发的《个体工商户建账管理暂行办法》，加强个体税收征管，规范业户经营行为，取得了一定的成绩。但是，部分地区由于对此项工作认识不足，重视不够，措施不力，没有达到建账工作的进度要求。为此，提出以下要求：

一、加强组织领导，继续深化建账工作

国务院领导曾多次批示，要加强税收征管，改变业户无账经营状态。这是各级税务机关的重要任务，也是个体税收征管走向规范化、法制化的必由之路。各级税务机关要充分认识业户实行建账是市场经济发展的需要，是依法治税的需要，也是个体经济自身发展的需要。特别是我国加入WTO后，加强规范管理，促进业户合法经营、平等竞争，就显得更为重要。各级税务机关要深刻理解业户建账工作的重要意义，提高认识，重新审视以往的建账工作，在总结经验的基础上，巩固已经取得的成果，认真分析存在的问题，纠正“重定额轻建账”等不利于建账工作的片面认识。要抽调精通会计核算、财务管理的人员，充实个体税收征管机构，要培训个体税收征管人员，提高业务素质，增强查账能力，不断适应个体税收征管工作的需要，保证推行业户建账工作的顺利进行。

二、讲方法重实效，尽快达到进度要求

各级税务机关要进一步强化业户建账工作，全面贯彻《国务院关于批转国家税务总局强化查账征收工作意见的通知》（国发〔1997〕12号）和国家税务总局印发的《个体工商户建账管理暂行办法》，坚持“强化建账，统筹规划，积极稳妥，全面推进”的原则，进一步完善具体实施方案，讲究方法，注重实效，把建账工作落到实处。

凡按照规定达到建账规模的业户必须设置会计账簿，凭合法有效的凭证，如实记载经营事项，正确核算盈亏。业户具备建、记账能力可由其自行建、记账，不具备建、记账能力可以由社会中介机构代理建、记账。各级税务机关在推行建账工作中，要突出重点，抓住关键环节，总局把集贸市场和个体经营大户列为今年重点建账对象，各地还可以在此基础上选择其他重点建账对象。在实际工作中要注重六个方面的结合：一是要坚持重点建账和全面建账相结合；二是坚持分步实施和整体规划相结合；三是要坚持建账工作与集贸市场专项整治相结合；四是坚持查账征收与定期定额征收相结合；五是业户自行申报与加强税务稽查相结合；六是表彰诚信纳税与打击税收违法犯罪相结合，力争使业户建账工作在短时期内有一个新的突破。

三、多种措施并举,引导促进建账工作

税务机关要真正掌握业户实际经营情况,抓住建账工作的关键,使业户不能由于实行定期定额征收方式而少缴税款,不仅在建账方面要下工夫,还需要多种征管措施相配合,狠抓落实。督促业户建账、真实记账,从而提高业户建、记账水平,使此项工作取得较好的成效。

(一)在业户中广泛推行使用税控收款机。使用税控收款机可采用两种形式:一是使用统一税控收款机。这种形式适用于封闭的集贸市场,市场内要设置收银台,市场开办方要承担管理的责任,负责统一收银和购置税控收款机。二是业户自用税控收款机。这种形式适用于集贸市场外所有业户和市场内经营规模较大的业户,业户自行收银和自行购置税控收款机。各省、自治区、直辖市税务机关可根据当地情况确定具体适用形式。凡使用税控收款机的业户,其所有经营交易必须经过税控收款机逐笔开票,逐笔结算,不得机外结算,不得损毁和改动税控装置。各级税务机关要加快税控收款机的推广工作,先在集贸市场和部分行业进行试点,取得经验,全面推广。要加强税控收款机的管理,加大监督力度,鼓励消费者举报未按规定使用税控收款机的业户,对机外结算和擅自改动税控装置,隐瞒经营收入,造成税款流失的行为,依照有关法律、行政法规处理。

(二)积极开展有奖发票的活动。在开展此项活动的过程中,应注意研究消费者心理,采取形式活泼、趣味性强的方法,增强公众参与意识。通过有奖发票,使消费者逐步养成购物索票的习惯,促使业户销售货物都要开具发票。对不按照规定使用发票的业户要严格依法处罚。

对集贸市场使用信誉卡的现象要采取相应措施加以规范。各级税务机关要加强对信誉卡的管理,将其视为纳税资料,监督和检查印制、使用、库存情况。业户在向消费者开具信誉卡的同时必须开具发票,并要按税务机关规定的期限申报信誉卡开具的金额和使用情况。

(三)强化调整定额工作。各级税务机关要依照税收法律、行政法规的规定,如实核定业户定额,并增加调整定额次数,使业户的实际税收负担与法定税率达到相同水平。对应建账未建账和建假账的业户,要按照同行业、同规模最高纳税额核定其应纳税款。各级税务机关要严厉打击利用定期定额征收方式进行的各种税收违法犯罪行为,加大处罚力度,对涉嫌犯罪的必须移送司法机关处理。使业户利用定期定额征收方式侵犯国家利益的行为不能得逞,切实解决业户偏向按定额纳税而抵触建账的问题。各省级税务机关要加强定额的宏观控制和计划管理,对个体税收要实行计划单列,提高个体税收收入增长幅度,促使个体税收征管工作迈上一个新的台阶。

(四)加强税务检查,以查促建,以查促管。对应建账未建账的业户,要严密监控其经营变化情况,加大检查力度,以检查促使业户建账;对已建账的业户要边检查、边辅导,在检查中逐步完善建账工作,以检查促进管理。通过检查:一是发现业户建、记账方面存在的问题,予以纠正和处理;二是及时了解在建账过程中存在的问题,积累工作经验;三是对建账户起到监督作用,增强业户自觉建账和如实记账的意识。

6－4－8

国家税务总局关于应退税款抵扣欠缴税款有关问题的通知

2002年11月28日　国税发〔2002〕150号

各省、自治区、直辖市和计划单列市国家税务局、地方税务局：

根据新颁布实施的《中华人民共和国税收征收管理法》及其实施细则的有关规定，现将应退税款抵扣欠缴税款的有关问题明确如下：

一、可以抵扣的应退税款为2001年5月1日后征收并已经确认应退的下列各项税金：(一)减免(包括“先征后退”)应退税款；(二)依法预缴税款形成的汇算和结算应退税款；(三)误收应退税款、滞纳金、罚款及没收非法所得(简称罚没款，以下同)；(四)其他应退税款、滞纳金和罚没款；(五)误收和其他应退税款的应退息。

二、可以抵扣的欠缴税款为2001年5月1日后发生的下列各项欠缴税金：(一)欠税；(二)欠税应缴未缴的滞纳金；(三)税务机关作出行政处罚决定，纳税人逾期不申请行政复议、不提起行政诉讼，又不履行的应缴未缴税收罚没款；纳税人要求抵扣应退税金的应缴未缴罚没款。

三、国家税务局与地方税务局分别征退的税款、滞纳金和罚没款，相互之间不得抵扣；由税务机关征退的农业税及教育费附加、社保费、文化事业建设费等非税收入不得与税收收入相互抵扣。

抵扣欠缴税款时，应按欠缴税款的发生时间逐笔抵扣，先发生的先抵扣。

四、关于抵扣凭证的使用及抵扣金额的确定

(一)当纳税人既有应退税款又有欠缴税款需要抵扣的，应由县或县以上税务机关填开《应退税款抵扣欠缴税款通知书》(式样见附件1)通知纳税人，并根据实际抵扣金额开具完税凭证。

(二)确定实际抵扣金额时，按填开《应退税款抵扣欠缴税款通知书》的日期作为计算应退税款的应付利息的截止期，计算应付利息金额及应退税款总额；按填开《应退税款抵扣欠缴税款通知书》的日期作为计算欠缴税款的滞纳金的截止期，计算应缴未缴滞纳金金额及欠缴税款总额。若应退总额大于欠缴总额，按欠缴总额确定实际抵扣金额；若应退总额小于欠缴总额，按应退总额确定实际抵扣金额。

五、关于抵扣业务的税收会计账务处理

(一)当抵扣的应退税款和欠缴税款属于同一款、项级预算科目时，税收会计以《应退税款抵扣欠缴税款通知书》作抵扣业务的账务处理。由于目前应缴未缴滞纳金在账外核算，应先根据实际抵扣的滞纳金，借记“待征”类科目，贷记“应征”类科目；再根据实际抵扣的税款、滞纳金及罚没款，借记“多缴税金”、“提退税金”或“减免税金”科目，贷记“待征”类科目。

（二）当抵扣的应退税款和欠缴税款属于不同款、项级预算科目时，应视同退税进行管理，并按以下方法办理：

1. 在实际抵扣时，应由县或县以上税务机关的计会部门根据《应退税款抵扣欠缴税款通知书》填开一式三联《调库通知书》（具体式样由各地参照科目更正通知书商当地国库制定）。第一联税务机关留存备查；第二、第三联送国库审核后，第二联由国库作调库凭证；第三联由国库签章后随收入日期表退送税务机关，作为税务机关入库税金调账的会计凭证。

2. 税收会计以《应退税款抵扣欠缴税款通知书》和《调库通知书》作抵扣业务的账务处理（实务举例见附件2）：

（1）根据实际抵扣的滞纳金，借记"待征"类科目，贷记"应征"类科目；

（2）根据实际抵扣的欠税、应缴未缴滞纳金、应缴未缴罚没款所对应的入库科目和级次借记"入库"类科目，同时根据抵扣的应退税款、应退滞纳金、应退罚没款及应付利息所对应的退库科目和级次贷记"入库"类科目；

（3）按照实际抵扣的税款、滞纳金、罚没款，借记"多缴税金"、"提退税金"或"减免税金"科目，贷记"待征"类科目。

附件：1. 应退税款抵扣欠缴税款通知书（编者略）

2. 实务举例（编者略）

注释：

条款修改。根据《第十三届全国人民代表大会第一次会议关于国务院机构改革方案的决定》等有关规定，税收规范性文件规定的国税地税机关的职责和工作由新的税务机关承担。国家税务总局依据《税收规范性文件制定管理办法》（国家税务总局令第41号公布），对税收规范性文件进行了清理。参见：《国家税务总局关于修改部分税收规范性文件的公告》（国家税务总局公告2018年第31号）。

6－4－9

财政部关于三峡电站税收分配有关问题的通知

2003年1月10日　财预〔2003〕7号

重庆市财政局：

经商国家税务总局、国务院三峡工程建设委员会办公室，并报国务院领导批准，现将三峡电站税收分配有关问题通知如下：

一、关于税收分配的范围问题。三峡电站发电后，其增值税及与之相关的城市维护建设税和教育费附加纳入湖北省与重庆市的税收分配范围。其他地方税，包括营业税、资源税、房产税、车船使用税、印花税、城镇土地使用税、土地增值税等按照企业属地原则，归属湖北省。

二、关于税收分配的比例问题。增值税及城市维护建设税和教育费附加按三峡工程综合淹没实物(含坝区)的比例,即湖北省15.67%,重庆市84.33%分配。其中增值税按现行财政体制规定,75%作为中央收入,25%作为地方收入。

三、关于税收征管问题。按现行税收征管法规定,三峡电站的各项税收由湖北省税务部门负责征收。其中,增值税、城市维护建设税和教育费附加(均为全额)按湖北省15.67%、重庆市84.33%的比例进行分配。然后再由两省市按财政体制规定解缴入库。具体操作办法由国家税务总局另行发文。

四、关于资金使用问题。三峡电站投产后缴纳的税款依法留给地方的部分作为地方财力,由地方政府统筹安排,用于支持三峡库区建设和生态环境保护。

上述三峡电站税收分配办法执行期限至2009年。执行期间,如财政体制、税收征管体制等发生变化,中央财政将根据具体情况再行研究。

6-4-10

国家税务总局关于开展代扣代收代征税款手续费清理整顿工作的通知

2004年1月29日　国税函〔2004〕144号

各省、自治区、直辖市和计划单列市国家税务局:

代扣代收和代征手续费(以下简称双代手续费)自2002年纳入预算管理以来,国家税务局系统认真执行《财政部　国家税务总局　中国人民银行关于代扣代收和代征税款手续费纳入预算管理的通知》(财预〔2001〕523号)、《国家税务总局关于代征代扣税款会计核算问题的通知》(国税发〔2002〕49号)和《国家税务总局关于印发〈国家税务局系统代扣代收代征手续费专项经费管理(暂行)办法〉的通知》(国税发〔2002〕65号)的规定,发挥了扣缴义务人和代征人的作用,对税务部门组织税收收入,提高征管效率,方便纳税人起到了很好的作用。但在执行中也发现存在以下几方面的问题:一是搞虚假代征,不按规定签订代征协议或签订虚假协议;二是虚报虚列代征税款;三是超比例计算支付手续费;四是虚报虚列手续费支出;五是截留、挪用手续费。这些做法严重违反了国家的法律法规和财经纪律,损害了税务部门的形象,在社会上造成了不良影响。为了规范和加强双代手续费管理,严肃法律法规和财经纪律,总局决定在国家税务局系统全面开展双代手续费清理整顿工作,现将有关事项通知如下:

一、清理整顿的范围和内容

各级税务机关要依据《财政部　国家税务总局　中国人民银行关于代扣代收和代征税款手续费纳入预算管理的通知》(财预〔2001〕523号)、《国家税务总局关于代征代扣税款会计核算问题的通知》(国税发〔2002〕49号)和《国家税务总局关于印发〈国家税务局系统代扣代收代征手续费专项经费管理(暂行)办法〉的通知》(国税发〔2002〕65号),对2002年1月1日至2003年12月30日期间的双代手续费管理情况进行全面彻底地清理整顿。清理整顿的内容包括：

（一）有无不签订代征协议（无委托）代征或不按规定签订代征协议代征及签订虚假代征协议，把税务部门正常征收的税款划为代征税款和虚报虚列代征税款的问题。

（二）有无超比例计算支付双代手续费问题。

（三）有无直接由国库退库，提取双代手续费问题。

（四）有无代征单位给税务部门返还双代手续费问题。

（五）有无截留、挪用双代手续费问题。

（六）有无虚报虚列双代手续费支出问题。

二、清理整顿的步骤

清理整顿工作分为自查自纠、复查和重点检查3个阶段。自查自纠阶段和复查阶段从2004年1月15日至3月31日，重点检查阶段从4月10日至4月30日。

（一）自查自纠阶段。各省国税局应制定具体清理整顿工作方案，对下布置本省自查自纠工作。各相关部门应按照双代手续费的有关文件规定各负其责进行自查。对自查出的下列问题应坚决纠正：一是属于正常代征的税款，已支付手续费，但没签订代征协议或代征协议不完善的，应立即补齐相关手续；二是虚假代征和虚报虚列代征税款取得的手续费，已支付代征人的，应追回或扣回，税务部门留用的应作冲账处理；三是接受代征单位返还的手续费，应作冲账处理；四是违规超比例计算支付的双代手续费，已支付代征人的，应追回或扣回，税务部门留用的，应作冲账处理；五是2002年1月1日以后直接由国库提取的手续费，应立即作退库处理；六是截留、挪用双代手续费弥补经费不足的，应作调账处理；七是虚列虚报双代手续费支出，应作收回支出处理。

（二）复查阶段。自查自纠工作完成后，省国税局应根据本省情况开展复查。复查工作完成后，各单位应填报《虚假代扣代收代征情况表》及说明和《违规取得、支付、使用双代手续费情况表》及说明，并逐级汇总上报，纸质表由上级留存备查。省国税局应于2004年3月31日前以正式文件将汇总纸质表一式五份（不含说明表）及数据软盘一份报送总局（财务管理司）。

（三）重点检查阶段。总局组织人员对各省双代手续费清理整顿工作情况进行重点检查，有关事项另行通知。

三、工作要求

（一）提高思想认识，加强组织领导。各级税务机关特别是单位主要负责人，要认真学习双代手续费纳入预算管理的有关规定，深刻认识规范双代手续费管理的重要性，认真组织清理整顿工作，对当前双代手续费管理存在的问题举一反三，全面、彻底清理，不留死角，不走过场，不弄虚作假。

（二）查出的问题应立即纠正。对本次清理整顿自查发现的问题，应限期整改和纠正。清理整顿工作中如发生阻挠、干扰以及不配合或有错不纠、包庇掩盖问题的情况，监察部门应对有关人员做出处理。

（三）清理整顿工作结束后，要把职责落实到各部门。今后各单位要认真总结经验和教训，明确各部门的工作职责，加强内部控制和监督。各相关部门应切实负起双代手续费管理责任，法规部门主要负责代征范围、代征依据是否符合法律、法规及有关政策规定。征管部门主要负责签订的代征协议以及双代手续费支付比例是否合规。计统部门主要负责对代征代扣税款结报单中所列入库税款情况，以及对双代手续费计算比例进行确认。财务部门主要负责双代手续费的支付手续是否完备，列支是否合规。审计部门在每年1月15日前，对上年双代手续费收支情况进行审验，主要检查有无截留、挪用双代手续费，有无虚报虚列双代手续费支出，有无收取双代手续费返还等。监察部门负责对严重违规并对社会造成恶劣影响的责任人做出处理。

（四）加大处罚力度。双代手续费清理整顿工作结束后，再发现违规违纪问题，监察部门必须严格执行有关规定，给予单位主要负责人和有关责任人以党纪、政纪处理。

附件：1. 虚假代扣代收代征情况表（编者略）

2. 虚假代扣代收代征情况说明（编者略）

3. 违规和手续不全收取、支付、使用双代手续费情况表（编者略）

4. 违规和手续不全收取、支付、使用双代手续费情况说明（编者略）

6－4－11

国家税务总局　中国人民银行　财政部
关于现金退税问题的紧急通知

2004年4月29日　国税发〔2004〕47号

各省、自治区、直辖市和计划单列市国家税务局、地方税务局、财政厅（局），中国人民银行各分行、营业管理部、省会（首府）城市中心支行，深圳、大连、青岛、宁波、厦门市中心支行：

近期接到一些地区反映，个体工商户和个人纳税人需要现金退税的，难以办理。经研究，现将有关现金退税问题的规定重申并明确如下：

一、自2003年9月1日起，《人民币银行结算账户管理办法》已在全国实施。为保证税款安全和最大限度地减少现金退税数量，对于需要办理退付税款（含应退利息，以下同）的个体工商户和个人，各地应积极鼓励其开立银行结算账户，通过结算账户办理税款的退付。对于个体工商户和个人开户银行根据税务机关开具的税收缴款书或发送的电子信息从纳税人储蓄账户或银行卡账户划缴税款的，发生退税时，原则上应将税款直接退到纳税人原缴款账户。

二、对确需现金退税的，税务机关应在审核批准后的3个工作日内，分纳税人逐笔填开《税收收入退还书》，在备注栏加注“退付现金”字样，并注明原完税凭证号码和纳税人有效身份证明号码后，送当地国库办理退税。

税务机关应在开具《税收收入退还书》的同时，书面通知纳税人到指定银行领取退税款。书面通知应包括领取退税的纳税人名称、退税金额、办理退库时《税收收入退还书》的字号、取款的银行名称和地址等内容，并应在通知中注明“纳税人在收到书面通知的5个工作日后即可到取款银行领取退税款”、“到银行领取退税，须持本通知、原完税凭证复印件和有效的身份证明”等告知事项。

各级财政部门、国库和税务机关应当本着方便纳税人的原则与当地金融机构协商确定指定银行。各级国库要监督办理现金退税的银行,按规定及时将现金退付纳税人。

三、为严密退税手续,办理个体工商户和个人退税时,各地税务机关除向国库签发《税收收入退还书》外,还必须附送有关退税审批件和原完税凭证复印件。

各级财政部门、税务机关和国库应从加强纳税服务,保护纳税人合法权益的高度,加强配合,做好现金退税工作,确保应退税款及时如数退给纳税人。现金退税中出现的问题,各地要及时向上级部门反映。

6－4－12

国家税务总局关于进一步加强欠税管理工作的通知

2004年6月7日　国税发〔2004〕66号

各省、自治区、直辖市和计划单列市国家税务局、地方税务局:

近年来,各地税务部门认真贯彻落实中央领导关于清缴欠税的重要指示,欠税管理取得了明显效果,但由于欠税成因复杂,欠税现象在一些地区仍是一个比较突出的问题。为切实加强征纳双方的税款征缴责任,严格控制新欠和加大欠税追缴力度,现将加强欠税控管工作的要求通知如下:

一、加强申报审核,及时堵塞漏洞

(一)严格纳税申报制度。按照税收规定如期真实进行纳税申报是纳税人的责任,对于违反纳税申报规定的,税务机关应依法予以追究。税务机关不得授意纳税人虚假申报或变通虚假申报,不得故意接受虚假申报。

(二)建立健全申报审核方法。要利用纳税人生产经营和纳税的历史数据、"一户式"资料的勾稽关系、行业税负标准等信息,采取"人机结合"的办法,及时进行纵向、横向的逻辑审核,提出异常警示,把好纳税申报关卡,督促纳税人不断提高纳税申报质量。

(三)及时核实情况。对于不按期申报、申报资料异常、申报不缴税或少缴税的纳税人,税务机关应责任到人,采用各种方法,进一步摸清原因,以利及时发现问题,采取防范措施。对于容易变更经营场所的增值税一般纳税人(尤其是商贸企业),如有申报缴税异常现象,必须立即进行实地核查,发现失踪逃逸的,要随即查明领开增值税专用发票情况,上报总局,同时通报当地公安机关。

二、实行催缴制度,建立欠税档案

(一)催缴制度化。申报期结束后,税务机关应及时反映逾期未纳税情况,用格式化的形式书面通知纳税人进行催缴。告知内容应包括本期未缴税金、累计欠税余额和加收滞纳金的规定。

(二)严格执行会计核算和报表上报制度。税务机关必须对申报、纳税情况如实核算,全面反映应征、解缴、欠税等税收资金分布状态,不得违规设账外账,更不得人为做账。报表数据应出自于会计账簿,不得虚报、瞒报。上级税务机关要加强报表分析,督促下级税务机关应征尽征。

(三)建立欠税人报告制度。凡纳税人没有缴清欠税的,应定期向主管税务机关报告其生产经营、资金往来、债权债务、投资和欠税原因、清欠计划等情况,报告间隔期由各地依据欠税程度确定,但最长不得超过三个月。欠税人有合并、分立、撤销、破产和处置大额资产行为的,应要求纳税人随时向主管税务机关报告。税务机关应通知欠税人以规定格式报告,税务机关据此建立欠税档案,实现对每个欠税人的动态监控。

三、坚持依法控管,加大清缴力度

(一)严格执行缓缴审批制度。纳税人申请税款缓缴,主管税务机关要对其缓缴原因进行核实把关,确实符合条件的,再上报省级税务局审批。对于经常申请税款缓缴的纳税人,税务机关应从严把握。缓缴期满后纳税人仍没有缴税的,税务机关应及时转为欠税处理。

(二)坚持以欠抵退的办法。凡纳税人既有应退税款又有欠税的,一律先将欠税和滞纳金抵顶应退税款和应退利息,抵顶后还有应退余额的才予以办理退税。以欠税抵顶退税具体操作办法,已在《国家税务总局关于应退税款抵扣欠缴税款有关问题的通知》(国税发〔2002〕150号)中明确。

(三)依法加收滞纳金。对2001年5月1日新修订的征管法实施后发生的欠税,税务机关应按照征管法的有关规定核算和加收滞纳金。纳税人缴纳欠税时,必须以配比的办法同时清缴税金和相应的滞纳金,不得将欠税和滞纳金分离处理。

(四)与纳税信用评定挂钩。税务机关要严格按照《国家税务总局纳税信用等级评定管理试行办法》(国税发〔2003〕92号)的规定,认真审核欠税人的纳税信用等级评定条件,切实按照有关评定标准确定纳税信用等级,真正发挥纳税信用评定管理工作促进纳税人依法纳税的作用。

(五)加强欠税检查。对长期欠税的纳税人,税务机关应将其列入监控重点,明确专人负责,经常下户了解情况,提出解决方案,最大限度避免"死欠"。

(六)实行欠税公告。对于2001年5月1日以后发生的欠税,税务机关应依照征管法的规定予以公告。公告的内容应包括纳税人和法定代表人名称、分税种的欠税数额和所欠税款的所属期。在实施欠税公告前,税务机关应事先告知欠税人,督促欠税人主动清缴欠税。

(七)实行以票控欠。对于业务正常但经常欠税的纳税人,税务机关应控制发票售量,督促其足额纳税。对于有逃税嫌疑的欠税人,税务机关应采用代开发票的办法,严格控制其开票量。

(八)依法采取强制措施。对于一些生产状况不错、货款回收正常,但恶意拖欠税款的纳税人,税务机关应积极与纳税人开户银行联系,掌握资金往来情况,从其存款账户中扣缴欠税。对隐匿资金往来情况的,税务机关可进一步采取提请法院行使代位权、查封、扣押、拍卖和阻止法人代表出境等强制措施。

(九)参与企业清偿债务。欠税人申请破产,税务机关应代表国家行使债权人权利,参与清算,按照法定偿债程序将税款征缴入库。欠税人有合并、分立等变更行为的,税务机关应依法认定欠税的归属。

请各地税务机关按照科学化、精细化的管理要求,制定和完善具体操作办法、工作流程,明确管理职责,做好“人机结合”,切实加强欠税管理,进一步提高税收征管质量和效率。

注释:

条款废止。第三条第三项自2020年3月1日起废止。参见:《国家税务总局关于税收征管若干事项的公告》(国家税务总局公告2019年第48号)。

6-4-13

国家税务总局　信息产业部关于调整集成电路设计企业及产品认定机构和集成电路设计企业及产品认定管理方式的通知

2004年6月30日　国税发〔2004〕92号

各省、自治区、直辖市和计划单列市国家税务局、地方税务局,信息产业主管部门:

《国务院关于第三批取消和调整行政审批项目的决定》(国发〔2004〕16号)取消了国家税务总局对集成电路设计企业及产品认定机构(以下简称认定机构)审批和集成电路设计企业及产品认定审批等两项审批。为加强后续管理,保证征管质量与效率,现将有关问题通知如下:

一、改变认定机构管理方式,对集成电路设计企业及产品认定机构的审核批准,统一由信息产业部进行,并由信息产业部按照规定开展对认定机构的监管、受理申诉等工作。信息产业部将批准执业的认定机构名单同时抄送国家税务总局,国家税务总局将名单转发各级税务机关。

二、改变集成电路设计企业及产品认定管理方式,纳税人向认定机构提出认定申请,认定机构将认定意见报信息产业部,由信息产业部审核后发文批准并抄送国家税务总局。纳税人凭信息产业部的集成电路设计企业及产品认定文件以及税务机关要求出具的其他有关材料等,向主管税务机关申请办理减免税手续,经审核确认无误后给予办理。

三、认定机构应按月将集成电路设计企业及产品认定意见通报给纳税人主管税务机关。

本通知自2004年7月1日起执行。

6－4－14

国家税务总局关于延期缴纳税款有关问题的通知

2004年12月22日 国税函〔2004〕1406号

各省、自治区、直辖市和计划单列市国家税务局、地方税务局，扬州税务进修学院，局内各单位：

为进一步加强延期缴纳税款的审批管理，维护国家的税收权益，现对有关问题明确如下：

《中华人民共和国税收征收管理法实施细则》第四十一条规定纳税人“当期货币资金在扣除应付职工工资、社会保险费后，不足以缴纳税款的”，经批准可延期缴纳税款。此条规定中的“当期货币资金”是指纳税人申请延期缴纳税款之日的资金余额，其中不含国家法律和行政法规明确规定企业不可动用的资金；“应付职工工资”是指当期计提数。

6－4－15

纳税担保试行办法

2005年5月24日 国家税务总局令第11号

第一章 总 则

第一条 为规范纳税担保行为，保障国家税收收入，保护纳税人和其他当事人的合法权益，根据《中华人民共和国税收征收管理法》（以下简称《税收征管法》）及其实施细则和其他法律、法规的规定，制定本办法。

第二条 本办法所称纳税担保，是指经税务机关同意或确认，纳税人或其他自然人、法人、经济组织以保证、抵押、质押的方式，为纳税人应当缴纳的税款及滞纳金提供担保的行为。

纳税担保人包括以保证方式为纳税人提供纳税担保的纳税保证人和其他以未设置或者未全部设置担保物权的财产为纳税人提供纳税担保的第三人。

第三条 纳税人有下列情况之一的，适用纳税担保：

（一）税务机关有根据认为从事生产、经营的纳税人有逃避纳税义务行为，在规定的纳税期之前经责令其限期缴纳应纳税款，在限期内发现纳税人有明显的转移、隐匿其应纳税的商品、货物以及其他财产或者应纳税收入的迹象，责成纳税人提供纳税担保的；

（二）欠缴税款、滞纳金的纳税人或者其法定代表人需要出境的；

（三）纳税人同税务机关在纳税上发生争议而未缴清税款，需要申请行政复议的；

（四）税收法律、行政法规规定可以提供纳税担保的其他情形。

第四条 扣缴义务人按照《税收征管法》第八十八条规定需要提供纳税担保的，适用本办法的规定。

纳税担保人按照《税收征管法》第八十八条规定需要提供纳税担保的，应当按照本办法规定的抵押、质押方式，以其财产提供纳税担保；纳税担保人已经以其财产为纳税人向税务机关提供担保的，不再需要提供新的担保。

第五条 纳税担保范围包括税款、滞纳金和实现税款、滞纳金的费用。费用包括抵押、质押登记费用，质押保管费用，以及保管、拍卖、变卖担保财产等相关费用支出。

用于纳税担保的财产、权利的价值不得低于应当缴纳的税款、滞纳金，并考虑相关的费用。纳税担保的财产价值不足以抵缴税款、滞纳金的，税务机关应当向提供担保的纳税人或纳税担保人继续追缴。

第六条 用于纳税担保的财产、权利的价格估算，除法律、行政法规另有规定外，由税务机关按照税收征管法实施细则第六十四条规定的方式，参照同类商品的市场价、出厂价或者评估价估算。

第二章 纳税保证

第七条 纳税保证，是指纳税保证人向税务机关保证，当纳税人未按照税收法律、行政法规规定或者税务机关确定的期限缴清税款、滞纳金时，由纳税保证人按照约定履行缴纳税款及滞纳金的行为。税务机关认可的，保证成立；税务机关不认可的，保证不成立。

本办法所称纳税保证为连带责任保证，纳税人和纳税保证人对所担保的税款及滞纳金承担连带责任。当纳税人在税收法律、行政法规或税务机关确定的期限届满未缴清税款及滞纳金的，税务机关即可要求纳税保证人在其担保范围内承担保证责任，缴纳担保的税款及滞纳金。

第八条 纳税保证人，是指在中国境内具有纳税担保能力的自然人、法人或者其他经济组织。法人或其他经济组织财务报表资产净值超过需要担保的税额及滞纳金 2 倍以上的，自然人、法人或其他经济组织所拥有或者依法可以处分的未设置担保的财产的价值超过需要担保的税额及滞纳金的，为具有纳税担保能力。

第九条 国家机关，学校、幼儿园、医院等事业单位，社会团体不得作为纳税保证人。

企业法人的职能部门不得为纳税保证人。企业法人的分支机构有法人书面授权的，可以在授权范围内提供纳税担保。

有以下情形之一的，不得作为纳税保证人：

（一）有偷税、抗税、骗税、逃避追缴欠税行为被税务机关、司法机关追究过法律责任未满 2 年的；

（二）因有税收违法行为正在被税务机关立案处理或涉嫌刑事犯罪被司法机关立案侦查的；

（三）纳税信誉等级被评为 C 级以下的；

（四）在主管税务机关所在地的市（地、州）没有住所的自然人或税务登记不在本市（地、州）的企业；

(五)无民事行为能力或限制民事行为能力的自然人;

(六)与纳税人存在担保关联关系的;

(七)有欠税行为的。

第十条 纳税保证人同意为纳税人提供纳税担保的,应当填写纳税担保书。纳税担保书应当包括以下内容:

(一)纳税人应缴纳的税款及滞纳金数额、所属期间、税种、税目名称;

(二)纳税人应当履行缴纳税款及滞纳金的期限;

(三)保证担保范围及担保责任;

(四)保证期间和履行保证责任的期限;

(五)保证人的存款账号或者开户银行及其账号;

(六)税务机关认为需要说明的其他事项。

第十一条 纳税担保书须经纳税人、纳税保证人签字盖章并经税务机关签字盖章同意方为有效。

纳税担保从税务机关在纳税担保书签字盖章之日起生效。

第十二条 保证期间为纳税人应缴纳税款期限届满之日起60日,即税务机关自纳税人应缴纳税款的期限届满之日起60日内有权要求纳税保证人承担保证责任,缴纳税款、滞纳金。

履行保证责任的期限为15日,即纳税保证人应当自收到税务机关的纳税通知书之日起15日内履行保证责任,缴纳税款及滞纳金。

纳税保证期间内税务机关未通知纳税保证人缴纳税款及滞纳金以承担担保责任的,纳税保证人免除担保责任。

第十三条 纳税人在规定的期限届满未缴清税款及滞纳金,税务机关在保证期限内书面通知纳税保证人的,纳税保证人应按照纳税担保书约定的范围,自收到纳税通知书之日起15日内缴纳税款及滞纳金,履行担保责任。

纳税保证人未按照规定的履行保证责任的期限缴纳税款及滞纳金的,由税务机关发出责令限期缴纳通知书,责令纳税保证人在限期15日内缴纳;逾期仍未缴纳的,经县以上税务局(分局)局长批准,对纳税保证人采取强制执行措施,通知其开户银行或其他金融机构从其存款中扣缴所担保的纳税人应缴纳的税款、滞纳金,或扣押、查封、拍卖、变卖其价值相当于所担保的纳税人应缴纳的税款、滞纳金的商品、货物或者其他财产,以拍卖、变卖所得抵缴担保的税款、滞纳金。

第三章 纳税抵押

第十四条 纳税抵押,是指纳税人或纳税担保人不转移对本办法第十五条所列财产的占有,将该财产作为税款及滞纳金的担保。纳税人逾期未缴清税款及滞纳金的,税务机关有权依法处置该财产以抵缴税款及滞纳金。

前款规定的纳税人或者纳税担保人为抵押人,税务机关为抵押权人,提供担保的财产为抵押物。

第十五条 下列财产可以抵押:

（一）抵押人所有的房屋和其他地上定着物；

（二）抵押人所有的机器、交通运输工具和其他财产；

（三）抵押人依法有权处分的国有的房屋和其他地上定着物；

（四）抵押人依法有权处分的国有的机器、交通运输工具和其他财产；

（五）经设区的市、自治州以上税务机关确认的其他可以抵押的合法财产。

第十六条 以依法取得的国有土地上的房屋抵押的，该房屋占用范围内的国有土地使用权同时抵押。

以乡（镇）、村企业的厂房等建筑物抵押的，其占用范围内的土地使用权同时抵押。

第十七条 下列财产不得抵押：

（一）土地所有权；

（二）土地使用权，但本办法第十六条规定的除外；

（三）学校、幼儿园、医院等以公益为目的的事业单位、社会团体、民办非企业单位的教育设施、医疗卫生设施和其他社会公益设施；

（四）所有权、使用权不明或者有争议的财产；

（五）依法被查封、扣押、监管的财产；

（六）依法定程序确认为违法、违章的建筑物；

（七）法律、行政法规规定禁止流通的财产或者不可转让的财产；

（八）经设区的市、自治州以上税务机关确认的其他不予抵押的财产。

第十八条 学校、幼儿园、医院等以公益为目的的事业单位、社会团体，可以其教育设施、医疗卫生设施和其他社会公益设施以外的财产为其应缴纳的税款及滞纳金提供抵押。

第十九条 纳税人提供抵押担保的，应当填写纳税担保书和纳税担保财产清单。纳税担保书应当包括以下内容：

（一）担保的纳税人应缴纳的税款及滞纳金数额、所属期间、税种名称、税目；

（二）纳税人履行应缴纳税款及滞纳金的期限；

（三）抵押物的名称、数量、质量、状况、所在地、所有权权属或者使用权权属；

（四）抵押担保的范围及担保责任；

（五）税务机关认为需要说明的其他事项。

纳税担保财产清单应当写明财产价值以及相关事项。纳税担保书和纳税担保财产清单须经纳税人签字盖章并经税务机关确认。

第二十条 纳税抵押财产应当办理抵押物登记。纳税抵押自抵押物登记之日起生效。纳税人应向税务机关提供由以下部门出具的抵押登记的证明及其复印件（以下简称证明材料）：

（一）以城市房地产或者乡（镇）、村企业的厂房等建筑物抵押的，提供县级以上地方人民政府规定部门出具的证明材料；

（二）以船舶、车辆抵押的，提供运输工具的登记部门出具的证明材料；

（三）以企业的设备和其他动产抵押的，提供财产所在地的工商行政管理部门出具的证明材料或者纳税人所在地的公证部门出具的证明材料。

第二十一条 抵押期间，经税务机关同意，纳税人可以转让已办理登记的抵押物，并告知受让人转让物已经抵押的情况。

纳税人转让抵押物所得的价款,应当向税务机关提前缴纳所担保的税款、滞纳金。超过部分,归纳税人所有,不足部分由纳税人缴纳或提供相应的担保。

第二十二条 在抵押物灭失、毁损或者被征用的情况下,税务机关应该就该抵押物的保险金、赔偿金或者补偿金要求优先受偿,抵缴税款、滞纳金。

抵押物灭失、毁损或者被征用的情况下,抵押权所担保的纳税义务履行期未满的,税务机关可以要求将保险金、赔偿金或补偿金等作为担保财产。

第二十三条 纳税人在规定的期限内未缴清税款、滞纳金的,税务机关应当依法拍卖、变卖抵押物,变价抵缴税款、滞纳金。

第二十四条 纳税担保人以其财产为纳税人提供纳税抵押担保的,按照纳税人提供抵押担保的规定执行;纳税担保书和纳税担保财产清单须经纳税人、纳税担保人签字盖章并经税务机关确认。

纳税人在规定的期限届满未缴清税款、滞纳金的,税务机关应当在期限届满之日起15日内书面通知纳税担保人自收到纳税通知书之日起15日内缴纳担保的税款、滞纳金。

纳税担保人未按照前款规定的期限缴纳所担保的税款、滞纳金的,由税务机关责令限期在15日内缴纳;逾期仍未缴纳的,经县以上税务局(分局)局长批准,税务机关依法拍卖、变卖抵押物,抵缴税款、滞纳金。

第四章 纳税质押

第二十五条 纳税质押,是指经税务机关同意,纳税人或纳税担保人将其动产或权利凭证移交税务机关占有,将该动产或权利凭证作为税款及滞纳金的担保。纳税人逾期未缴清税款及滞纳金的,税务机关有权依法处置该动产或权利凭证以抵缴税款及滞纳金。纳税质押分为动产质押和权利质押。

动产质押包括现金以及其他除不动产以外的财产提供的质押。

汇票、支票、本票、债券、存款单等权利凭证可以质押。

对于实际价值波动很大的动产或权利凭证,经设区的市、自治州以上税务机关确认,税务机关可以不接受其作为纳税质押。

第二十六条 纳税人提供质押担保的,应当填写纳税担保书和纳税担保财产清单并签字盖章。纳税担保书应当包括以下内容:

(一)担保的税款及滞纳金数额、所属期间、税种名称、税目;

(二)纳税人履行应缴纳税款、滞纳金的期限;

(三)质物的名称、数量、质量、价值、状况、移交前所在地、所有权权属或者使用权权属;

(四)质押担保的范围及担保责任;

(五)纳税担保财产价值;

(六)税务机关认为需要说明的其他事项。

纳税担保财产清单应当写明财产价值及相关事项。

纳税质押自纳税担保书和纳税担保财产清单经税务机关确认和质物移交之日起生效。

第二十七条 以汇票、支票、本票、公司债券出质的,税务机关应当与纳税人背书清单记载“质押”字样。以存款单出质的,应由签发的金融机构核押。

第二十八条 以载明兑现或者提货日期的汇票、支票、本票、债券、存款单出质的,汇票、支票、本票、债券、存款单兑现日期先于纳税义务履行期或者担保期的,税务机关与纳税人约定将兑现的价款用于缴纳或者抵缴所担保的税款及滞纳金。

第二十九条 纳税人在规定的期限内缴清税款及滞纳金的,税务机关应当自纳税人缴清税款及滞纳金之日起3个工作日内返还质物,解除质押关系。

纳税人在规定的期限内未缴清税款、滞纳金的,税务机关应当依法拍卖、变卖质物,抵缴税款、滞纳金。

第三十条 纳税担保人以其动产或财产权利为纳税人提供纳税质押担保的,按照纳税人提供质押担保的规定执行;纳税担保书和纳税担保财产清单须经纳税人、纳税担保人签字盖章并经税务机关确认。

纳税人在规定的期限内缴清税款、滞纳金的,税务机关应当在3个工作日内将质物返还给纳税担保人,解除质押关系。

纳税人在规定的期限内未缴清税款、滞纳金的,税务机关应当在期限届满之日起15日内书面通知纳税担保人自收到纳税通知书之日起15日内缴纳担保的税款、滞纳金。

纳税担保人未按照前款规定的期限缴纳所担保的税款、滞纳金,由税务机关责令限期在15日内缴纳;缴清税款、滞纳金的,税务机关自纳税担保人缴清税款及滞纳金之日起3个工作日内返还质物、解除质押关系;逾期仍未缴纳的,经县以上税务局(分局)局长批准,税务机关依法拍卖、变卖质物,抵缴税款、滞纳金。

第五章　法律责任

第三十一条 纳税人、纳税担保人采取欺骗、隐瞒等手段提供担保的,由税务机关处以1000元以下的罚款;属于经营行为的,处以10000元以下的罚款。

非法为纳税人、纳税担保人实施虚假纳税担保提供方便的,由税务机关处以1000元以下的罚款。

第三十二条 纳税人采取欺骗、隐瞒等手段提供担保,造成应缴税款损失的,由税务机关按照《税收征管法》第六十八条规定处以未缴、少缴税款50%以上5倍以下的罚款。

第三十三条 税务机关负有妥善保管质物的义务。因保管不善致使质物灭失或者毁损,或未经纳税人同意擅自使用、出租、处分质物而给纳税人造成损失的,税务机关应当对直接损失承担赔偿责任。

纳税义务期限届满或担保期间,纳税人或者纳税担保人请求税务机关及时行使权利,而税务机关怠于行使权利致使质物价格下跌造成损失的,税务机关应当对直接损失承担赔偿责任。

第三十四条 税务机关工作人员有下列情形之一的,根据情节轻重给予行政处分:

(一)违反本办法规定,对符合担保条件的纳税担保,不予同意或故意刁难的;

(二)违反本办法规定,对不符合担保条件的纳税担保,予以批准,致使国家税款及滞纳金遭受损失的;

(三)私分、挪用、占用、擅自处分担保财物的;

(四)其他违法情形。

第六章 附 则

第三十五条 纳税担保文书由国家税务总局统一制定。

第三十六条 本办法自2005年7月1日起施行。

附件:1. 责成提供纳税担保通知书

2. 纳税担保财产清单

3. 纳税担保书

4. 解除纳税担保通知书

附件1

________税务局(稽查局)

责成提供纳税担保通知书

税担〔 〕 号

____________________:

根据《中华人民共和国税收征收管理法》第三十八条第一款规定,限你(单位)于________年____月____日前向我局提供金额为(大写)____________(¥:________)的纳税担保,逾期不能提供纳税担保,将依法采取税收保全措施。

如对上述具体行政行为不服,可自本通知书送达之日起六十日内依法向____________________申请行政复议或者向人民法院起诉。

税务机关(章)

年 月 日

使 用 说 明

1. 本通知书依据《中华人民共和国税收征收管理法》第三十八条第一款、《中华人民共和国行政复议法》第九条设置。

2. 适用范围:税务机关在责成纳税人提供纳税担保时使用。

3. "向____________"横线处填写有权受理行政复议申请的上一级税务机关的具体名称。

4. 本通知书与《税务文书送达回证》一并使用。

5. 文书字轨设为"担",稽查局使用设为"稽担"。

6. 本通知书为A4竖式,一式二份,一份送纳税人,一份装入卷宗。

附件2

纳税担保财产清单

<table>
<tr><td colspan="2">纳税人名称</td><td colspan="2"></td><td>纳税人识别号</td><td colspan="2"></td></tr>
<tr><td colspan="2">纳税担保人名称</td><td colspan="2"></td><td>纳税担保人地址</td><td colspan="2"></td></tr>
<tr><td colspan="2">纳税担保人证件种类</td><td colspan="2"></td><td>纳税担保人证件号码</td><td colspan="2"></td></tr>
<tr><td colspan="2">应纳税款</td><td colspan="2"></td><td>附担保财产证明的份数</td><td colspan="2"></td></tr>
<tr><td colspan="2">担保财产名称</td><td>担保财产权属</td><td>规格</td><td>数量</td><td>单价</td><td>金额</td></tr>
<tr><td rowspan="4">不动产</td><td></td><td></td><td></td><td></td><td></td><td></td></tr>
<tr><td></td><td></td><td></td><td></td><td></td><td></td></tr>
<tr><td></td><td></td><td></td><td></td><td></td><td></td></tr>
<tr><td></td><td></td><td></td><td></td><td></td><td></td></tr>
<tr><td colspan="2">不动产合计</td><td colspan="4">（人民币大写）________________</td><td></td></tr>
<tr><td rowspan="8">动产</td><td></td><td></td><td></td><td></td><td></td><td></td></tr>
<tr><td></td><td></td><td></td><td></td><td></td><td></td></tr>
<tr><td></td><td></td><td></td><td></td><td></td><td></td></tr>
<tr><td></td><td></td><td></td><td></td><td></td><td></td></tr>
<tr><td></td><td></td><td></td><td></td><td></td><td></td></tr>
<tr><td></td><td></td><td></td><td></td><td></td><td></td></tr>
<tr><td></td><td></td><td></td><td></td><td></td><td></td></tr>
<tr><td></td><td></td><td></td><td></td><td></td><td></td></tr>
<tr><td colspan="2">动产合计</td><td colspan="4">（人民币大写）________________</td><td></td></tr>
<tr><td colspan="2">担保财产总价值</td><td colspan="4">（人民币大写）________________</td><td></td></tr>
<tr><td colspan="2">担保期限及担保责任</td><td colspan="5">担保纳税人于________年____月____日前缴清应纳税款及滞纳金，逾期不缴或少缴的，税务机关依法拍卖或变卖担保财产，以拍卖或变卖所得抵缴税款及滞纳金。</td></tr>
<tr><td colspan="2">纳税人签字：

（章）
年　月　日</td><td colspan="3">纳税担保人签字：

（章）
年　月　日</td><td colspan="2">税务机关经办人签字：

税务机关（章）
年　月　日</td></tr>
</table>

使 用 说 明

1. 本清单依据《中华人民共和国税收征收管理法》第三十八条、第四十四条、第八十八条,《中华人民共和国税收征收管理法实施细则》第六十一条、第六十二条第二款设置。

2. 适用范围:纳税人或者第三人以其所拥有的未设置或者未全部设置担保物权的财产提供纳税担保时使用。

3. 纳税人以其自有财产提供纳税担保的,本清单为担保文书;第三人以其所拥有的未设置或者未全部设置担保物权的财产提供纳税担保的,本清单为《纳税担保书》附件。

4. 第三人是指以财产为纳税人提供纳税担保的自然人、法人或者其他经济组织。本清单中的"纳税担保人"含《中华人民共和国税收征收管理法实施细则》第六十一条、第六十二条所称的第三人。

5. 本清单中的"附担保财产证明的份数"栏,填写所附担保财产证明的影印件数。担保财产证明,是公证机构、金融机构、国有资产管理机关、其他行政管理机关及司法机关出具或发放的证明财产权属关系的法律文件、文书和凭证,担保财产证明应能证明该财产确系纳税人或者纳税担保人所有,并未设置或者未全部设置担保物权。

6. 本清单中的"纳税人签字"栏,纳税人是法人或其他组织的,由法定代表人或主要负责人签字;是自然人的,由自然人签字。

7. 纳税人或者纳税担保人以自己拥有的未设置或者未全部设置担保的财产作为纳税担保时,其价值按以下方法计算:

(1)商品、货物按当地当日市场最低价格计算;

(2)金银首饰等贵重物品按照国家专营机构公布的收购价格计算;

(3)不动产按照当地财产评估机构评估的价值计算。

具体计算方法依据相关法律、行政法规和国家税务总局规定执行。

8. 纳税人或者纳税担保人提供纳税担保财产的价值,应相当于应纳税款的财产价值。

9. 本清单为 A4 竖式,一式三份,一份由纳税人留存,一份送纳税担保人,一份装入卷宗。

附件3

纳 税 担 保 书

编号：

<table>
<tr><td rowspan="2">纳 税 人</td><td>名 称</td><td colspan="2"></td><td>纳税人识别号</td><td></td></tr>
<tr><td>地 址</td><td colspan="4"></td></tr>
<tr><td rowspan="3">纳 税
担 保 人</td><td>名 称</td><td colspan="2"></td><td>登记注册类型</td><td></td></tr>
<tr><td>地 址</td><td colspan="2"></td><td>电 话 号 码</td><td></td></tr>
<tr><td>开户银行及账号</td><td colspan="4"></td></tr>
<tr><td>担保形式</td><td colspan="5"></td></tr>
<tr><td>担保范围</td><td colspan="5">税款、滞纳金金额(大写)____________元以及实现税款、滞纳金入库的费用，滞纳金起算时间为________年____月____日。</td></tr>
<tr><td>担保期限
和担保责任</td><td colspan="5">纳税人于________年____月____日前未缴清应纳税款的，由纳税担保人自收到税务机关纳税通知之日起15日内缴纳税款、滞纳金。
纳税人以自己财产担保的，于________年____月____日前未缴清应纳税款的，税务机关对担保财产采取税收强制执行措施。</td></tr>
<tr><td rowspan="6">担
保
财
产</td><td colspan="2">用于纳税担保的财产名称及数量</td><td colspan="3"></td></tr>
<tr><td colspan="2">附：用于担保的财产证明及份数</td><td colspan="3"></td></tr>
<tr><td colspan="2">不动产价值(估价)</td><td colspan="2">(人民币大写)____________</td><td>小写￥__________</td></tr>
<tr><td colspan="2">动产价值(估价)</td><td colspan="2">(人民币大写)____________</td><td>小写￥__________</td></tr>
<tr><td colspan="2">其他财产价值</td><td colspan="2">(人民币大写)____________</td><td>小写￥__________</td></tr>
<tr><td colspan="2">担保财产总价值(估价)</td><td colspan="2">(人民币大写)____________</td><td>小写￥__________</td></tr>
<tr><td colspan="2">纳税担保人签字：
证件名称：
证件号码：
纳税担保人(章)
年 月 日</td><td colspan="2">纳税人签字：
纳税人(章)
年 月 日</td><td colspan="2">税务机关经办人签字：
税务机关(章)
年 月 日</td></tr>
</table>

使 用 说 明

1. 本担保书依据《中华人民共和国税收征收管理法》第三十八条、第四十四条、第八十八条和《中华人民共和国税收征收管理法实施细则》第六十一条、第六十二条第一款设置。

2. 适用范围：纳税担保人以信用、财产提供纳税担保时使用。

3. 本担保书中担保人是指在中国境内具有纳税担保能力的自然人、法人或者其他经济组织。法律、行政法规规定的没有担保资格的单位和个人，不得作为纳税担保人。

4. 担保形式填写担保人以何种方式提供担保。包括信用担保、动产担保或者不动产担保等。

5. 用于担保的财产证明是指公证机构、金融机构、国有资产管理机关、其他行政管理机关及司法机关出具或发放的证明财产权属关系的法律文件、文书和凭证。

6. 担保责任包括：(1)担保人担保纳税人在担保期限内履行纳税义务；(2)被担保纳税人超过担保期限未履行纳税义务的，由担保人承担缴纳所担保税款的义务。

7. 本担保书为A4竖式，一式三份，经纳税人、纳税担保人、税务机关三方签字盖章后，各留存一份。

附件 4

________税务局(稽查局)

解除纳税担保通知书

税解担〔　　〕　号

______________________:

鉴于____________________在限期内缴纳了应纳税款,根据《中华人民共和国税收征收管理法》第三十八条第二款及《中华人民共和国税收征收管理法实施细则》第六十八条规定,决定解除你(单位)提供的纳税担保。

请于________年____月____日前____________,前来办理解除纳税担保手续。

(由纳税担保人提供纳税担保的,应当同时由纳税人抄送纳税担保人)

税务机关(章)
年　月　日

使 用 说 明

1. 本通知书依据《中华人民共和国税收征收管理法》第三十八条第二款、《中华人民共和国税收征收管理法实施细则》第六十八条设置。

2. 适用范围:在纳税人、扣缴义务人、纳税担保人提供纳税担保后又缴纳了应纳税款时使用。

3. 本通知书抬头填写纳税人、扣缴义务人的具体名称。

4. "持____________,前来办理解除纳税担保手续"横线处应根据以下情况分别填写:

(1)对于经税务机关认可的纳税保证人为纳税人提供纳税保证的,应填写《纳税担保书》;

(2)对于纳税人以其所拥有的未设置或者未全部设置担保物权的财产提供纳税担保的,应填写《纳税担保财产清单》;

(3)对于由纳税担保人以其所拥有的未设置或者未全部设置担保物权的财产提供纳税担保的,应填写《纳税担保书》及《纳税担保财产清单》。

5. 纳税人如期缴纳了应纳税款,但滞纳金数额明确又未缴纳的,填写"(滞纳金未缴的,请于____________年______月______日前缴清滞纳金。)"部分的内容。

6. 由纳税担保人提供纳税担保的,应当同时抄送纳税担保人。

7. 本通知书与《税务文书送达回证》一并使用。

8. 文书字轨设为"解担",稽查局使用设为"稽解担"。

9. 本通知书为 A4 竖式,一式三份,一份送担保纳税人,一份送纳税担保人,一份装入卷宗。

6－4－16

抵税财物拍卖、变卖试行办法

2005年5月24日　国家税务总局令第12号

第一章　总　　则

第一条　为规范税收强制执行中抵税财物的拍卖、变卖行为，保障国家税收收入，保护纳税人合法权益，根据《中华人民共和国税收征收管理法》及其实施细则和有关法律法规规定，制定本办法。

第二条　税务机关拍卖、变卖抵税财物，以拍卖、变卖所得抵缴税款、滞纳金的行为，适用本办法。

拍卖是指税务机关将抵税财物依法委托拍卖机构，以公开竞价的形式，将特定财物转让给最高应价者的买卖方式。

变卖是指税务机关将抵税财物委托商业企业代为销售、责令纳税人限期处理或由税务机关变价处理的买卖方式。

抵税财物，是指被税务机关依法实施税收强制执行而扣押、查封或者按照规定应强制执行的已设置纳税担保物权的商品、货物、其他财产或者财产权利。

被执行人是指从事生产经营的纳税人、扣缴义务人或者纳税担保人等税务行政相对人。

第三条　拍卖或者变卖抵税财物应依法进行，并遵循公开、公正、公平、效率的原则。

第四条　有下列情形之一的，税务机关依法进行拍卖、变卖：

（一）采取税收保全措施后，限期期满仍未缴纳税款的；

（二）设置纳税担保后，限期期满仍未缴纳所担保的税款的；

（三）逾期不按规定履行税务处理决定的；

（四）逾期不按规定履行复议决定的；

（五）逾期不按规定履行税务行政处罚决定的；

（六）其他经责令限期缴纳，逾期仍未缴纳税款的。

对前款（三）至（六）项情形进行强制执行时，在拍卖、变卖之前（或同时）进行扣押、查封，办理扣押、查封手续。

第五条　税务机关按照拍卖优先的原则确定抵税财物拍卖、变卖的顺序：

（一）委托依法成立的拍卖机构拍卖；

（二）无法委托拍卖或者不适于拍卖的，可以委托当地商业企业代为销售，或者责令被执行人限期处理；

（三）无法委托商业企业销售，被执行人也无法处理的，由税务机关变价处理。

国家禁止自由买卖的商品、货物、其他财产，应当交由有关单位按照国家规定的价格收购。

第六条 税务机关拍卖变卖抵税财物时按下列程序进行：

（一）制作拍卖（变卖）抵税财物决定书，经县以上税务局（分局）局长批准后，对被执行人下达拍卖（变卖）抵税财物决定书。

依照法律法规规定需要经过审批才能转让的物品或财产权利，在拍卖、变卖前，应当依法办理审批手续。

（二）查实需要拍卖或者变卖的商品、货物或者其他财产。在拍卖或者变卖前，应当审查所扣押商品、货物、财产专用收据和所查封商品、货物、财产清单，查实被执行人与抵税财物的权利关系，核对盘点需要拍卖或者变卖的商品、货物或者其他财产是否与收据或清单一致。

（三）按照本办法规定的顺序和程序，委托拍卖、变卖，填写拍卖（变卖）财产清单，与拍卖机构签订委托拍卖合同，与受委托的商业企业签订委托变卖合同，对被执行人下达税务事项通知书，并按规定结算价款。

（四）以拍卖、变卖所得支付应由被执行人依法承担的扣押、查封、保管以及拍卖、变卖过程中的费用。

（五）拍卖、变卖所得支付有关费用后抵缴未缴的税款、滞纳金，并按规定抵缴罚款。

（六）拍卖、变卖所得支付扣押、查封、保管、拍卖、变卖等费用并抵缴税款、滞纳金后，剩余部分应当在 3 个工作日内退还被执行人。

（七）税务机关应当通知被执行人将拍卖、变卖全部收入计入当期销售收入额并在当期申报缴纳各种应纳税款。

拍卖、变卖所得不足抵缴税款、滞纳金的，税务机关应当继续追缴。

第七条 拍卖、变卖抵税财物，由县以上税务局（分局）组织进行。变卖鲜活、易腐烂变质或者易失效的商品、货物时，经县以上税务局（分局）局长批准，可由县以下税务机关进行。

第八条 拍卖、变卖抵税财物进行时，应当通知被执行人到场；被执行人未到场的，不影响执行。

第九条 税务机关及其工作人员不得参与被拍卖或者变卖商品、货物或者其他财产的竞买或收购，也不得委托他人为其竞买或收购。

第二章 拍 卖

第十条 拍卖由财产所在地的省、自治区、直辖市的人民政府和设区的市的人民政府指定的拍卖机构进行拍卖。

第十一条 抵税财物除有市场价或其价格依照通常方法可以确定的外，应当委托依法设立并具有相应资质的评估鉴定机构进行质量鉴定和价格评估，并将鉴定、评估结果通知被执行人。

拍卖抵税财物应当确定保留价，由税务机关与被执行人协商确定，协商不成的，由税务机关参照市场价、出厂价或者评估价确定。

第十二条 委托拍卖的文物，在拍卖前，应当经文物行政管理部门依法鉴定、许可。

第十三条 被执行人应当向税务机关说明商品、货物或其他财产的瑕疵，税务机关应当向拍卖机构说明拍卖标的的来源和了解到的瑕疵。

第十四条 拍卖机构接受委托后，未经委托拍卖的税务机关同意，不得委托其他拍卖机构拍卖。

第十五条 税务机关应当在作出拍卖决定后10日内委托拍卖。

第十六条 税务机关应当向拍卖机构提供下列材料：

（一）税务机关单位证明及委托拍卖的授权委托书；

（二）拍卖（变卖）抵税财物决定书；

（三）拍卖（变卖）财产清单；

（四）抵税财物质量鉴定与价格评估结果；

（五）与拍卖活动有关的其他资料。

第十七条 税务机关应当与拍卖机构签订书面委托拍卖合同。委托拍卖合同应载明以下内容：

（一）税务机关及拍卖机构的名称、住所、法定代表人姓名；

（二）拍卖标的的名称、规格、数量、质量、存放地或者坐落地、新旧程度或者使用年限等；

（三）拍卖的时间、地点，拍卖标的交付或转移的时间、方式，拍卖公告的方式及其费用的承担；

（四）拍卖价款结算方式及价款给付期限；

（五）佣金标准及其支付的方式、期限；

（六）违约责任；

（七）双方约定的其他事项。

第十八条 拍卖一次流拍后，税务机关经与被执行人协商同意，可以将抵税财物进行变卖；被执行人不同意变卖的，应当进行第二次拍卖。不动产和文物应当进行第二次拍卖。

第二次拍卖仍然流拍的，税务机关应当将抵税财物进行变卖，以抵缴税款、滞纳金或罚款。

经过流拍再次拍卖的，保留价应当不低于前次拍卖保留价的2/3。

第十九条 税务机关可以自行办理委托拍卖手续，也可以由其上级税务机关代为办理拍卖手续。

第三章 变 卖

第二十条 下列抵税财物为无法委托拍卖或者不适于拍卖，可以交由当地商业企业代为销售或责令被执行人限期处理，进行变卖：

（一）鲜活、易腐烂变质或者易失效的商品、货物；

（二）经拍卖程序一次或二次流拍的抵税财物；

（三）拍卖机构不接受拍卖的抵税财物。

第二十一条 变卖抵税财物的价格，应当参照同类商品的市场价、出厂价遵循公平、合理、合法的原则确定。税务机关应当与被执行人协商是否需要请评估机构进行价格评估，被执行人认为需要的，税务机关应当委托评估机构进行评估，按照评估价确定变卖价格。

对有政府定价的商品、货物或者其他财产，由政府价格主管部门，按照定价权限和范围确定价格。对实行政府指导价的商品、货物或者其他财产，按照定价权限和范围规定的基准价及其浮动幅度确定。

经拍卖流拍的抵税财物，其变卖价格应当不低于最后一次拍卖保留价的2/3。

第二十二条　委托商业企业变卖的，受委托的商业企业要经县以上税务机关确认，并与商业企业签订委托变卖合同，按本办法第二十一条规定的核价方式约定变卖价格。委托变卖合同应载明下列内容：

（一）税务机关及商业企业的名称、地址、法定代表人姓名；

（二）变卖商品、货物或其他财产的名称、规格、数量、质量、存放地或坐落地、新旧程度或使用年限等；

（三）变卖商品、货物或其他财产的时间、地点及其费用的承担；

（四）变卖价款结算方式及价款给付期限；

（五）违约责任；

（六）双方约定的其他事项。

第二十三条　抵税财物委托商业企业代为销售15日后，无法实现销售的，税务机关应当第二次核定价格，由商业企业继续销售，第二次核定的价格应当不低于首次核定价格的2/3。

第二十四条　无法委托商业企业销售，被执行人也无法处理的，税务机关应当进行变价处理。

有下列情形之一的，属于无法委托商业企业代为销售：

（一）税务机关与两家（含两家）以上商业企业联系协商，不能达成委托销售的；

（二）经税务机关在新闻媒体上征求代售单位，自征求公告发出之日起10日内无应征单位或个人，或应征之后未达成代售协议的；

（三）已达成代售协议的商业企业在经第二次核定价格15日内仍无法售出税务机关委托代售的商品、货物或其他财产的。

被执行人无法处理，包括拒绝处理、逾期不处理等情形。

第二十五条　税务机关变价处理时，按照本办法第二十一条规定的原则以不低于前两种变卖方式定价的2/3确定价格。

税务机关实施变卖前，应当在办税服务厅、税务机关网站或当地新闻媒体上公告，说明变卖财物的名称、规格、数量、质量、新旧程度或使用年限、变卖价格、变卖时间等事项；登出公告10日后实施变卖。

税务机关实施变卖10日后仍没有实现变卖的，税务机关可以重新核定价格，再次发布变卖公告，组织变卖。再次核定的价格不得低于首次定价的2/3。

经过二次定价变卖仍未实现变卖的，以市场可接受的价格进行变卖。

第四章　税款的实现和费用的支付

第二十六条　以拍卖、变卖收入抵缴未缴的税款、滞纳金和支付相关费用时按照下列顺序进行：

（一）拍卖、变卖费用。由被执行人承担拍卖变卖所发生的费用，包括扣押、查封活动中和拍卖或者变卖活动中发生的依法应由被执行人承担的费用，具体为：保管费、仓储费、运杂费、评估费、鉴定费、拍卖公告费、支付给变卖企业的手续费以及其他依法应由被执行人承担的费用。

拍卖物品的买受人未按照约定领受拍卖物品的，由买受人支付自应领受拍卖财物之日起的保管费用。

（二）未缴的税款、滞纳金。

（三）罚款。下列情况可以用拍卖、变卖收入抵缴罚款：

1. 被执行人主动用拍卖、变卖收入抵缴罚款的；

2. 对价值超过应纳税额且不可分割的商品、货物或者其他财产进行整体扣押、查封、拍卖，以拍卖收入抵缴未缴的税款、滞纳金时，连同罚款一并抵缴；

3. 从事生产经营的被执行人对税务机关的处罚决定逾期不申请行政复议也不向人民法院起诉、又不履行的，作出处罚决定的税务机关可以强制执行，抵缴罚款。

第二十七条 拍卖或者变卖实现后，税务机关在结算并收取价款后3个工作日内，办理税款、滞纳金或者罚款的入库手续。

第二十八条 拍卖或者变卖收入抵缴税款、滞纳金、罚款后有余额的，税务机关应当自办理入库手续之日起3个工作日内退还被执行人，并通知被执行人将拍卖、变卖全部收入记入当期销售收入额并在当期申报缴纳各种税款。

第二十九条 拍卖变卖结束后，税务机关制作拍卖、变卖结果通知书，拍卖、变卖扣押、查封的商品、货物、财产清单一式两份，一份税务机关留存，一份交被执行人。

第三十条 被执行人在拍卖、变卖成交前缴清了税款、滞纳金的，税务机关应当终止拍卖或者变卖活动，税务机关将商品、货物或其他财产退还被执行人，扣押、查封、保管以及拍卖或者变卖已经产生的费用由被执行人承担。

被执行人拒不承担上述相关费用的，继续进行拍卖或者变卖，以拍卖、变卖收入扣除被执行人应承担的扣押、查封、保管、拍卖或者变卖费用后，剩余部分税务机关在3个工作日内返还被执行人。

第三十一条 对抵税财物经鉴定、评估为不能或不适于进行拍卖、变卖的，税务机关应当终止拍卖、变卖，并将抵税财物返还被执行人。

对抵税财物经拍卖、变卖程序而无法完成拍卖、变卖实现变价抵税的，税务机关应当将抵税财物返还被执行人。

抵税财物无法或不能返还被执行人的，税务机关应当经专门鉴定机构或公证部门鉴定或公证，报废抵税财物。

被执行人应缴纳的税款、滞纳金和应支付的费用，由税务机关采取其他措施继续追缴。

第五章　法律责任

第三十二条 拍卖、变卖过程中，严禁向被执行人摊派、索取任何不合法费用。税务人员在拍卖、变卖过程中，向被执行人摊派、索取不合法费用的，依法给予行政处分；税务机关及其工作人员参与被拍卖或者变卖商品、货物或者其他财产的竞买或收购，或者委托他人竞买或收购,依法给予行政处分。

第三十三条　税务人员有不依法对抵税财物进行拍卖或者变卖,或者擅自将应该拍卖的改为变卖的,在变卖过程中擅自将应该委托商业企业变卖、责令被执行人自行处理的由税务机关直接变价处理的行为,依法给予行政处分;给被执行人造成损失的,由批准拍卖或者变卖的税务机关赔偿其直接损失。

税务机关可向直接责任人追偿部分或全部直接损失。对有故意或重大过失的责任人员依法给予行政处分。

第三十四条　因税务机关违法对扣押、查封的商品、货物或者其他财产造成损失的,由造成损失的税务机关负责赔偿直接损失,并可向直接责任人追偿部分或全部直接损失。

第三十五条　受税务机关委托的拍卖机构或商业企业违反拍卖合同或变卖合同的约定进行拍卖或变卖的,依照合同的约定承担违约责任;合同无约定的,依照法律的规定承担违约责任;其行为构成违法的,依法承担法律责任。

第三十六条　抵税财物在被查封、扣押前,已经设置担保物权而被执行人隐瞒的,或者有瑕疵、质量问题而被执行人隐瞒的,由被执行人承担扣押、查封、拍卖、变卖活动产生的费用,并依法承担法律责任。

第六章　附　　则

第三十七条　税务机关追缴从事生产经营的纳税人骗取国家出口退税的,适用本办法规定。

第三十八条　税收强制执行拍卖、变卖文书由国家税务总局统一制定。

第三十九条　本办法自2005年7月1日起施行。

附件:1. 拍卖/变卖抵税财物决定书(编者略)

2. 拍卖/变卖结果通知书(编者略)

3. 拍卖/变卖商品、货物或者其他财产清单(编者略)

4. 返还商品、货物或者其他财产通知书(编者略)

5. 返还商品、货物或者其他财产清单(编者略)

6－4－17

国家税务总局关于欠税追缴期限有关问题的批复

2005年8月16日　国税函〔2005〕813号

湖北省国家税务局:

你局《关于明确欠税追缴期限的请示》(鄂国税发〔2005〕82号)收悉。经研究,批复如下:

按照《中华人民共和国税收征收管理法》(以下简称税收征管法)和其他税收法律、法规的规定,纳税人有依法缴纳税款的义务。纳税人欠缴税款的,税务机关应当依法追征,直至收缴入库,任何单位和个人不得豁免。税务机关追缴税款没有追征期的限制。

税收征管法第五十二条有关追征期限的规定,是指因税务机关或纳税人的责任造成未缴或少缴税款在一定期限内未发现的,超过此期限不再追征。纳税人已申报或税务机关已查处的欠缴税款,税务机关不受该条追征期规定的限制,应当依法无限期追缴税款。

6 -4 -18

国家税务总局关于加强税务机关代收费项目管理的通知

2005 年 9 月 28 日　国税发〔2005〕160 号

各省、自治区、直辖市和计划单列市国家税务局、地方税务局:

据纳税人反映,部分税务机关将代有关部门收取的各项基金和收费(以下统称代收费)与税收"捆绑式"征收,损害了税务机关的形象。为规范税务机关代收费管理,保护纳税人合法权益,现就有关问题通知如下:

一、加强税收宣传,争取各方支持

各级税务机关要加大力度、制定措施,采取多种形式宣传税收法律法规及有关政策,普及税收知识,同时对代收费的有关规定进行宣传,使广大纳税人、缴费单位认识到税、费的区别以及不同的征收方式,消除误解。通过宣传争取社会各界的理解和支持,营造良好的外部环境,促进各项工作顺利进行。

二、明确权利义务,依法征收管理

各级税务机关要认真贯彻执行财政部、国家发展改革委员会《关于发布〈行政事业性收费项目审批管理暂行办法〉的通知》(财综〔2004〕100 号)的有关规定,明确权利义务,依法开展工作。税务机关只能代收法律法规设定、国务院及有关部门和省级政府依照有关规定和批准权限设定的收费项目。其他收费项目,税务机关不得代收。发现以费挤税甚至变相"税改费"的情况,要坚决予以制止,坚持依法治税。

税务机关应当按照规定的收费对象、范围和标准做好代收费工作。在执行过程中,收费项目依法改变的,有关部门应当及时通知税务机关,以便税务机关相应调整,规范征收。

各地税务机关在代收费工作中要厉行节约,努力降低收费成本。代收费所需必要的经费开支,要通过正常渠道解决,不得额外收费。

税务机关应建立健全财务管理制度,严禁代收费与税款、滞纳金及罚款"捆绑式"征收。代收费不得与税款、滞纳金及罚款混合核算,不得与税务机关的行政经费混合核算。代收费应使用专用的收费收据,不得使用税收完税凭证。税务机关应当按照规定及时将代收费收入缴入相应账户,不得隐瞒、截留、占压、坐支和挪用。严禁超越职权,扩大《中华人民共和国税收征收管理法》的适用范围。

各级税务机关要正确处理依法行政与方便纳税人的关系,本着依法办事、节约成本、便利征收、税费分开的原则,确定规范、合理的代收费操作运转程序。充分利用现有条件,合理安排收费力量,办税服务厅可以实行两统两分,即窗口外纳税人与缴费人统一排队、统一申报缴纳;窗口内税务机关对税、费分别开票、分别运转。

各级税务机关接到本通知后,应对本单位的代收费项目进行一次清理,对不符合规定的做法应立即纠正。

6－4－19

国家税务总局关于开立税务代保管资金账户有关问题的紧急通知

2006年8月11日　国税函〔2006〕755号

各省、自治区、直辖市和计划单列市国家税务局、地方税务局:

为规范税务代保管资金管理,2005年11月,国家税务总局、财政部、中国人民银行下发了《关于印发〈税务代保管资金账户管理办法〉的通知》(国税发〔2005〕181号),要求纳税保证金、发票保证金、纳税担保金等税务机关保管款应当纳入税务代保管资金账户管理。现将开立税务代保管资金账户有关问题通知如下:

一、经国家税务总局公开招标,税务代保管资金账户银行代理项目由中国农业银行和中信银行中标。各地接到本通知后,应按照国税发〔2005〕181号文件有关要求,及时办理税务代保管资金账户的开户业务。

二、国税局系统的税务代保管资金账户由省级国家税务局计统部门统一向财政部驻当地财政监察专员办事处办理申请及报批手续;地税局系统的税务代保管资金账户由县级以上(含县级)地方税务局计统部门向同级地方财政部门申请办理开户相关手续。

三、各地开立和使用税务代保管资金账户,应当按照国家税务总局集中采购中心与中标银行签订的《国家税务总局税务代保管资金代理银行项目合同》有关规定支付费用。具体是:基本结算费用执行《国家计委、中国人民银行关于进一步规范银行结算业务收费的通知》(计价费〔1996〕184号,见附件1)、《国家计委、中国人民银行关于制定电子汇划收费标准的通知》(计价格〔2001〕791号,见附件2);对公账户管理费、网上银行工本费、网上银行年服务费几项免费。

四、各地开立税务代保管资金账户后,要加强管理,严格按照《税务代保管资金账户管理办法》第八条规定的项目存储和结算资金,不得通过税务代保管资金账户收纳、缴库其他款项。

五、上级税务机关应对所属税务机关税务代保管资金账户加强日常查询和监控,并定期对账户的开立、使用情况进行检查。

关于税务代保管资金账户开通网上银行、上报会计报表等问题,总局将另行规定。

附件:1. 国家计委、中国人民银行关于进一步规范银行结算业务收费的通知(编者略)

2. 国家计委、中国人民银行关于制定电子汇划收费标准的通知(编者略)

6－4－20

国家税务总局关于印发个体工商户税收定期定额征收管理文书的通知

2006年12月14日　国税函〔2006〕1199号

各省、自治区、直辖市和计划单列市国家税务局、地方税务局：

为贯彻落实《个体工商户税收定期定额管理办法》（国家税务总局令第16号），现将个体工商户税收定期定额管理中使用的税收执法文书和有关报表式样印发给你们，自2007年1月1日起执行。

附件：1. 个体工商户定额信息采集表（编者略）

2. 定期定额个体工商户________________税纳税分月汇总申报表（编者略）

3. 个体工商户定额核定汇总审批表（编者略）

4. 个体工商户定额核定审批表（编者略）

5. 核定定额通知书（代替国税发〔2005〕179号文中的《核定（调整）定额通知书》）（编者略）

6. 不予变更纳税定额通知书（编者略）

7. 未达起征点通知书（编者略）

注释：

条款废止。附件4至附件7自2022年11月1日起废止。参见：《国家税务总局关于优化纳税人延期缴纳税款等税务事项管理方式的公告》（国家税务总局公告2022年第20号）。

条款废止。附件1中的《个体工商户定额信息采集表（适用于营业税纳税人）》自2016年10月1日起废止。参见：《国家税务总局关于修订个体工商户税收定期定额征收管理文书的公告》（国家税务总局公告2016年第56号）。

6－4－21

国家税务总局关于个体工商户定期定额征收管理有关问题的通知

2006年12月21日　国税发〔2006〕183号

各省、自治区、直辖市和计划单列市国家税务局、地方税务局：

国家税务总局令第16号发布的《个体工商户税收定期定额征收管理办法》（以下简称《办法》）将于2007年1月1日开始施行。为了有利于征纳双方准确理解和全面贯彻落实《办法》，现将有关问题明确如下：

一、《办法》第二条所称的“经营数量”，是指从量计征的货物数量。

二、对虽设置账簿，但账目混乱或成本资料、收入凭证、费用凭证残缺不全，难以查账的个体工商户，税务机关可以实行定期定额征收。

三、个人所得税附征率应当按照法律、行政法规的规定和当地实际情况，分地域、行业进行换算。

个人所得税可以按照换算后的附征率，依据增值税、消费税、营业税的计税依据实行附征。

四、核定定额的有关问题

（一）定期定额户应当自行申报经营情况，对未按照规定期限自行申报的，税务机关可以不经过自行申报程序，按照《办法》第七条规定的方法核定其定额。

（二）税务机关核定定额可以到定期定额户生产、经营场所，对其自行申报的内容进行核实。

（三）运用个体工商户定额核定管理系统的，在采集有关数据时，应当由两名以上税务人员参加。

（四）税务机关不得委托其他单位核定定额。

五、新开业的个体工商户，在未接到税务机关送达的《核定定额通知书》前，应当按月向税务机关办理纳税申报，并缴纳税款。

六、对未达到起征点定期定额户的管理

（一）税务机关应当按照核定程序核定其定额。对未达起征点的定期定额户，税务机关应当送达《未达起征点通知书》。

（二）未达到起征点的定期定额户月实际经营额达到起征点，应当在纳税期限内办理纳税申报手续，并缴纳税款。

（三）未达到起征点的定期定额户连续三个月达到起征点，应当向税务机关申报，提请重新核定定额。税务机关应当按照《办法》有关规定重新核定定额，并下达《核定定额通知书》。

七、定期定额户委托银行或其他金融机构划缴税款的，其账户内存款数额，应当足以缴纳当期税款。为保证税款及时入库，其存款入账的时间不得影响银行或其他金融机构在纳税期限内将其税款划缴入库。

八、定期定额户在定额执行期结束后，应当将该期每月实际发生经营额、所得额向税务机关申报（以下简称分月汇总申报），申报额超过定额的，税务机关按照申报额所应缴纳的税款减去已缴纳税款的差额补缴税款。

九、《办法》第二十条“……或者当期发生的经营额、所得额超过定额一定幅度……”中的“当期”，是指定额执行期内所有纳税期。

十、滞纳金的有关问题

（一）定期定额户在定额执行期届满分月汇总申报时，月申报额高于定额又低于省税务机关规定申报幅度的应纳税款，在规定的期限内申报纳税不加收滞纳金。

（二）对实行简并征期的定期定额户，其按照定额所应缴纳的税款在规定的期限内申报纳税不加收滞纳金。

十一、实行简并征期的定期定额户,在简并征期结束后应当办理分月汇总申报。

十二、定期定额户的经营额、所得额连续纳税期超过或低于定额一定幅度的,应当提请税务机关重新核定定额。具体幅度由省税务机关确定。

十三、定期定额户注销税务登记,应当向税务机关进行分月汇总申报并缴清税款。其停业是否分月汇总申报由主管税务机关确定。

注释:

条款废止。第六条第一项"税务机关应当按照核定程序核定其定额。对未达起征点的定期定额户,税务机关应当送达《未达起征点通知书》"自2022年11月1日起废止。参见:《国家税务总局关于优化纳税人延期缴纳税款等税务事项管理方式的公告》(国家税务总局公告2022年第20号)。

6-4-22

财政部关于印发《财政监察专员办事处对国家税务局代扣代收代征税款手续费审核暂行办法》的通知

2007年1月10日　财监〔2007〕1号

财政部驻各省、自治区、直辖市、计划单列市财政监察专员办事处:

为加强对财政部驻各地财政监察专员办事处(以下简称专员办)开展国家税务局代扣代收代征税款手续费审核工作的指导,规范专员办的审核行为,财政部制定了《财政监察专员办事处对国家税务局代扣代收代征税款手续费审核暂行办法》。现印发给你们,请遵照执行。执行中如有问题,请及时向我部反映。

附件:财政监察专员办事处对国家税务局代扣代收代征税款手续费审核暂行办法

附件

财政监察专员办事处对国家税务局代扣代收代征税款手续费审核暂行办法

第一条　为规范财政部驻各地财政监察专员办事处(以下简称专员办)对国家税务局代扣代收代征(以下简称"三代")税款手续费的审核工作,加强专员办和国家税务局之间的协调配合,根据《财政检查工作办法》(财政部令第32号)、《财政部、国家税务总局、中国人民银行关于进一步加强代扣代收代征税款手续费管理的通知》(财行〔2005〕365号)等文件规定,制定本办法。

第二条　本办法所指"三代"税款手续费,是指国家税务局系统按照财行〔2005〕365号文件规定由中央财政预算安排的应支付给“三代”单位或个人的专项经费。

第三条　专员办对“三代”税款手续费的审核，是指专员办在省级（含计划单列市，下同）国家税务局统计汇总并审查把关的基础上，对国家税务局认定的“三代”单位资格、“三代”税款手续费计算依据、上级拨入支出金额及结余等情况的真实性、合规性的审核监督。审核方式包括非现场审核和实地审核。

第四条　专员办在实施审核监督时，应当依照规定的职责权限，严格履行审核程序，开展重点核查验证。

第五条　专员办与省级国家税务局之间应建立相互协调配合的工作机制。通过联席会议等工作制度，及时沟通“三代”税款手续费管理和审核中的有关情况，通报审核发现的问题，研究完善管理的制度措施等。

第六条　省级国家税务局应当在每年1月15日前，向当地专员办书面报送“三代”税款手续费审核材料（以下简称送审材料），送审材料主要包括：

（一）上一年度省级国家税务局系统涉及“三代”税款手续费的预算报表，国家税务总局涉及“三代”税款手续费的预算批复文件，省级国家税务局向下一级国家税务局预算分配下达文件；

（二）上一年度省级国家税务局系统“三代”税款手续费支出情况；

（三）年度决算与年度预算相比，有关“三代”税款手续费资金结余或出现缺口的原因说明。

第七条　专员办在收到“三代”手续费送审材料2个工作日内，应向省级国家税务局出具回执（见附1），对送审材料符合第六条规定的，应予以受理；对不符合规定或材料不齐全的，应当明确指出并退回送审材料，要求其补充后再行报送。

第八条　专员办应在正式受理“三代”手续费送审材料后10个工作日内，完成审核工作，出具审核意见书（见附2）。

第九条　为保证审核时限和审核质量，专员办在受理省级国家税务局送审材料之前或审核过程中，要选择部分县（市）级国家税务局开展实地核查。专员办实地核查的县（市）一般应不少于3个。

在实地核查中，被核查的县（市）级国家税务局应当提供以下材料：

（一）上一年度涉及“三代”税款手续费的预算编制和决算报表；

（二）“三代”税款手续费会计账簿；

（三）代征协议及登记台账；

（四）代征代扣税款明细月报表；

（五）代征代扣税款结报单；

（六）代扣代收和代征税款手续费支付凭证；

（七）其他有关资料。

第十条　专员办在实地核查中，要重点核查以下内容：

（一）执行规定签订“三代”税款代征协议以及按代征协议支付代征税款手续费的情况；

（二）“三代”税款手续费收支会计核算情况；

（三）“三代”税款手续费支出的真实性情况；

(四)"三代"税款手续费计提比例情况;

(五)受托代征税款单位或个人的资格审定情况;

(六)其他情况。

第十一条 专员办在审核过程中发现问题,出现定性及处理依据不确定或与省级国家税务局有分歧而不能在规定的工作日内结束审核的,应及时向财政部、国家税务总局报告。

第十二条 专员办内部要建立审核工作三级复核制度,主管处经办人负责具体审核;主管处负责人对经办人的审核依据和审核结论进行复审,并对初审中提出的问题进行界定、确认;办领导对主管处复审意见进行终审。

第十三条 专员办在出具的审核意见书中须签署下列之一的审核意见:

(一)经审核,未发现违规问题;

(二)经审核,发现××元手续费存在违规问题(具体描述)。

第十四条 专员办向省级国家税务局出具审核意见书的同时,应抄报财政部(行政政法司、监督检查局),国家税务总局(财务司)。

专员办对在审核过程中发现的违法违规问题,应根据《财政违法行为处罚处分条例》(国务院令第427号)等规定,提出处理处罚建议上报财政部和国家税务总局。

第十五条 专员办要建立健全审核工作日常监督机制:

(一)建立"三代"税款手续费管理政策和收支数据审核资料信息库;

(二)调查反映国家税务局系统在"三代"税款手续费管理中需关注的问题;

(三)对国家税务局系统管理和拨付"三代"税款手续费情况进行不定期检查;

(四)追踪国家税务局系统对"三代"税款手续费违规问题纠正和整改意见的落实情况。

第十六条 财政部对专员办的审核工作进行监督和考核。对专员办及其工作人员违反本办法规定的工作程序、不认真履行职责,甚至以权谋私、失职、渎职的,按《中华人民共和国公务员法》的规定予以处理。

第十七条 本办法自发布之日起试行。

附:1. 回执(编者略)

2. 审核意见书(编者略)

6-4-23

国家税务总局 财政部 中国人民银行关于税务代保管资金账户管理有关问题的通知

2007年3月20日 国税发〔2007〕12号

各省、自治区、直辖市和计划单列市国家税务局、地方税务局、财政厅(局),财政部驻各省、自治区、直辖市、计划单列市财政监察专员办事处,中国人民银行上海总部,各分行、营业管理部、省会(首府)城市中心支行,大连、青岛、宁波、厦门、深圳市中心支行:

2006 年 8 月以来，各地税务机关按照《国家税务总局、财政部、中国人民银行关于印发〈税务代保管资金账户管理办法〉的通知》（国税发〔2005〕181 号）和《国家税务总局关于开立税务代保管资金账户有关问题的紧急通知》（国税函〔2006〕755 号）有关规定，陆续在中国农业银行或中信银行开立税务代保管资金账户。为进一步加强税务代保管资金账户查询和监控，规范账户管理，现就有关问题通知如下：

一、关于开通税务代保管资金账户查询功能的问题

（一）税务代保管资金账户的开户银行应提供公用（或专用）网上银行系统，根据其与开立税务代保管资金专用存款账户的税务机关的协议，为税务代保管资金专用存款账户开通相应的账户查询功能，实现上级税务机关对所属税务机关税务代保管资金账户的实时查询，监督其资金收纳、支付情况，包括资金的发生日期、收入金额、支出金额、余额以及资金收入种类、付出种类等明细情况。

中国农业银行总行和中信银行总行根据国家税务总局提供的全国税务机关机构代码确定各级查询权限，在网上银行后台系统设置和维护账户信息、操作员信息、权限信息，并根据查询权限向税务机关统一发放税务代保管资金账户查询证书。

（二）中国农业银行总行和中信银行总行应分别为国家税务总局、财政部开通税务代保管资金账户的查询功能，国家税务总局、财政部对各级税务机关税务代保管资金账户的开立和使用等情况可进行实时查询和监控。

二、关于税务代保管资金账户的查询监控问题

（一）上级税务机关应当利用账户查询功能，加强对所属税务机关税务代保管资金账户的监督和检查。开通查询功能的税务机关，应设置专岗、确定人员，定期（间隔时间最长为一个月）登录开户银行网上银行系统的税务代保管资金账户查询系统，全面查询（打印）、监控所属税务机关代保管资金账户的金额和种类等使用情况，查询种类包括实时查询、按期查询、分地区查询等。

（二）各税收会计核算单位应当按期向上一级税务机关编报《税务代保管资金明细月报表》，以月度为报表期，以年度为决算期，按照税务代保管资金的内容详细反映税务代保管资金收支变动情况。《税务代保管资金明细月报表》的表式、填报口径等按照《国家税务总局关于印发 2007 年税收会计统计报表制度的通知》（国税函〔2006〕1201 号）中有关规定执行。上级税务机关应加强对查询信息和《税务代保管资金明细月报表》有关信息的比对、审核。

（三）上级税务机关通过查询发现所属税务机关税务代保管资金账户的收纳、支付等情况异常的，应立即查找原因，掌握具体情况，必要时应通过调取原始凭证、实地检查等方式，及时发现和解决问题。

（四）上级税务机关应当定期对所属税务机关开立和使用税务代保管资金账户的情况进行实地检查，省市税务机关和地市税务机关每年至少要分别组织一次抽查，总共抽查面不得低于 30%。为避免对所属税务机关重复检查，省市税务机关与地市税务机关要加强信息沟通，合理确定检查单位。账户检查内容主要包括税务机关是否合法、规范、准确地使用税务代保管资金账户，是否发生《税务代保管资金账户管理办法》第三十条、第三十一条、第三十二条、第三十三条、第三十四条列举的各类行为或其他违规行为。

（五）各级税务机关对在账户查询监控中发现的问题，要限期整改，并及时向上级税务机关书面报告。对发现擅自开立税务代保管资金账户，利用税务代保管资金账户延压、截留国家税款，贪污、挪用税务代保管资金等重大问题的，必须逐级上报至国家税务总局（计划统计司）。

各县市税务机关应将税务机关名称及代码、税务代保管资金账户的开户银行网点名称、账户名称、账号、上级税务机关名称及代码等情况，于2007年4月20日前逐级上报至国家税务总局（计划统计司）。请各地按照统一表式上报。表式下载及上报地址：FTP：/centre/计统司/会计处/银行账户。

三、关于税务代保管资金票证管理问题

（一）关于《税务代保管资金专用收据》

税务机关收取税务代保管资金时，应当按要求填开《中华人民共和国税务代保管资金专用收据》（以下简称《专用收据》）。《专用收据》一式三联，第一联（存根联），税务机关留存，白纸黑油墨；第二联（收据联），税务机关盖章后交缴款人留存，白纸红油墨；第三联（记账联），税务机关作为会计凭证，白纸蓝油墨。《专用收据》第二联（收据联）的抬头中央套印税收票证监制章。

《专用收据》的字号编制方法、机构区别标记均按《国家税务总局关于核发税收票证统一式样的通知》（国税发〔1998〕77号）有关规定执行。票证式样、边沿尺寸及内部栏次尺寸见附件。

《专用收据》"类别"栏的填写内容应当与《税务代保管资金收入报告单》中的"款项类别"一致（《税务代保管资金收入报告单》"款项类别"包括：纳税保证金、发票保证金、纳税担保金、税收保全款、拍卖变卖款、其他），不得超范围使用；"备注"栏应注明"现金"或"转账"等缴款方式。

《专用收据》视同现金类税收票证管理，由省级税务机关统一印制发放。各地必须按照本通知所附纸质票样的边沿尺寸、内部栏次尺寸等印制。

启用《专用收据》后，停止使用《中华人民共和国纳税保证金收据》，并由省市或地市税务机关集中销毁库存的《中华人民共和国纳税保证金收据》。

（二）关于税务代保管资金专用章

税务代保管资金专用章，是税务机关办理税务代保管资金收取、支付和管理业务时使用，并在税务机关代保管资金账户开户银行预留印鉴的税务代保管资金业务专用公章。税务机关填开《税务代保管资金专用收据》时，在税务机关盖章处加盖本章。办理账户资金支付时，在支付票据上加盖本章。税务代保管资金专用章只能用于税务代保管资金的收纳和支付，不得作为他用，也不得以税务机关的机关公章、征税专用章等其他章戳代替本章。

税务代保管资金专用章的形状为圆形，边沿直径为30mm，边沿刻一道粗圈，其宽度为1mm。字体为宋体。刻制内容和刻章方法如下：

税务代保管资金专用章环边位置刻征收机关名称"××省（市、区）××市（地、州、盟）××县（市、区、旗）国家税务局（或地方税务局）"或"××省（市、区）××市（地、州、盟）国家税务局（或地方税务局）××分局"字样。征收机关名称字数多的，可适当简化，简化方法请参考国税发〔1998〕77号文件规定的"征税专用章"和"退库专用章"的刻制方法。"税务代保管资金专用章”字样分两行刻制，中央位置刻“税务代保管资金”字样，中央下一行位置刻“专用章”字样，并分散居中。

税务代保管资金专用章由直接负责税款征收并开立税务代保管资金账户的县市以上（含县市）税务机关刻制使用，并将专用章底样报省市税务机关备案。

（三）关于税款缴库凭证

对于税务代保管资金账户中经确认属于税款的资金，税务机关应于确认之日起 3 个工作日内，分税种、分纳税人填制《税收通用缴款书》，将税款解缴国库。《税收通用缴款书》中，缴款单位（人）代码为纳税人识别号，缴款单位（人）全称栏按“开立账户的税务征收机关的全称（纳税人全称）”填写，开户银行为对应开立“税务代保管资金”账户的银行网点名称，账号为“税务代保管资金”账户账号，税务机关盖章栏应加盖“征税专用章”，缴款书第二联（付款凭证）的缴款单位（人）盖章栏加盖“税务代保管资金专用章”。税收会计将国库返回的《税收通用缴款书》第四联（回执）复印件及《税务代保管资金申请支付审批单》等作为账户资金缴纳税款的原始凭证。

当地税务、国库、商业银行已实现横向联网电子缴税的，可通过电子缴税系统实施税款划缴。

（四）关于资金支付时收款方开具的收款凭证

税务机关从税务代保管资金中向纳税人支付款项时，如纳税人已开立银行结算账户的，通过转账方式支付，纳税人应开具收款收据，收款经办人签章；纳税人未开立银行结算账户的，通过现金支付，纳税人应出具收条，收款经办人签章。税收会计将有关收据与《税务代保管资金申请支付审批单》一并作为账户资金支付的原始凭证。

四、关于税务代保管资金账户利息缴库和结算费用的支付问题

各地税务机关应当按照《税务代保管资金账户管理办法》第十四条和第十五条有关规定，办理税务代保管资金账户资金利息缴库以及向开户银行支付结算费用等事宜。税务机关应根据银行返回的利息入账通知单记账，借记“保管款——银行存款”，贷记“暂收款——其他”；年终，税务机关填制从财政部门领取的一般缴款书，将利息余额以“其他利息收入”科目（2007 年科目编码 103070599）一次缴入国库，并根据国库返回的一般缴款书（回执）记账，借记“暂收款——其他”，贷记“保管款——银行存款”。税务代保管资金账户有关业务发生的费用应在税务机关财务部门列支，不得直接从税务代保管资金账户支付。

五、关于清理以前年度的代保管资金转入账户问题

对于按照《国家税务总局关于加强发票保证金管理的通知》（国税函〔2006〕735 号）规定，清理检查以前年度收取的发票保证金后，发生纳税人已按期缴销发票但无法找到纳税人情形的，应将发票保证金存入税务代保管资金账户。税务机关应当分纳税人填制《税务代保管资金收入报告单》（以下简称《报告单》），由原具体受理税务代保管资金具体行政行为的税务部门在《报告单》交款事由栏对资金来源、有关清理转入情况等进行说明。经税务机关主要负责人批准后，将《报告单》转入计统部门。税务机关计统部门根据《报告单》填制银行进账单，并以银行进账回执联或收账通知单和《报告单》作为原始凭证，分纳税人进行会计账务处理，待纳税人申请退还时，从该账户办理退款。税务机关清理以前年度发生的纳税保证金、纳税担保金、税收保全款、拍卖变卖款等项目的代保管资金需要转入账户的，

也按相同方式予以办理。

各单位在执行本通知过程中发现的问题，请及时报告。

6－4－24

国家税务总局关于延期申报预缴税款滞纳金问题的批复

2007年7月10日　国税函〔2007〕753号

深圳市国家税务局：

你局《关于延期申报是否加收滞纳金问题的请示》（深国税发〔2007〕92号）收悉。对于纳税人经税务机关批准延期申报，并在核准的延期内办理税款结算，因预缴税款小于实际应纳税额所产生的补税是否应当加收滞纳金的问题，经研究，批复如下：

一、《中华人民共和国税收征收管理法》（以下简称税收征管法）第二十七条规定，纳税人不能按期办理纳税申报的，经税务机关核准，可以延期申报，但要在纳税期内按照上期实际缴纳的税额或者税务机关核定的税额预缴税款，并在核准的延期内办理税款结算。预缴税款之后，按照规定期限办理税款结算的，不适用税收征管法第三十二条关于纳税人未按期缴纳税款而被加收滞纳金的规定。

二、经核准预缴税款之后按照规定办理税款结算而补缴税款的各种情形，均不适用加收滞纳金的规定。在办理税款结算之前，预缴的税额可能大于或小于应纳税额。当预缴税额大于应纳税额时，税务机关结算退税但不向纳税人计退利息；当预缴税额小于应纳税额时，税务机关在纳税人结算补税时不加收滞纳金。

三、当纳税人本期应纳税额远远大于比照上期税额的预缴税款时，延期申报则可能成为纳税人拖延缴纳税款的手段，造成国家税款被占用。为防止此类问题发生，税务机关在审核延期申报时，要结合纳税人本期经营情况来确定预缴税额，对于经营情况变动大的，应合理核定预缴税额，以维护国家税收权益，并保护真正需要延期申报的纳税人的权利。

6－4－25

国家税务总局关于扣缴义务人应扣未扣应收不收税款处以罚款使用收入科目和级次的批复

2007年7月12日　国税函〔2007〕760号

广东省地方税务局：

你局《关于对扣缴义务人应扣未扣、应收而不收税款行为处以罚款使用收入科目及级

次问题的请示》(粤地税发〔2007〕141号)收悉。经研究,批复如下:

根据《财政部关于税务部门罚没收入预算管理有关问题的通知》(财预字〔1999〕517号)、《国家税务总局关于严格执行税收罚款入库制度的通知》(国税发〔1999〕128号)、《国家税务总局关于调整查补税金会计核算事项的通知》(国税函〔2004〕485号)有关规定,税务机关按照《税收征管法》第六十九条规定,对扣缴义务人处以应扣未扣、应收不收税款一定比例或倍数的罚款,应当随应扣未扣、应收不收税款相应税种的滞纳金罚款收入科目和级次入库。

6-4-26

国家税务总局关于税库银横向联网电子缴税有关问题的通知

2008年2月3日　国税函〔2008〕143号

各省、自治区、直辖市和计划单列市国家税务局、地方税务局:

近日,有纳税人反映部分地区税务机关在推行税库银横向联网电子缴税系统中,禁止纳税人采取其他方式缴纳税款,强制要求纳税人与银行、税务签订委托电子划款协议,加入联网电子缴税系统。现就有关问题明确如下:

根据《中华人民共和国税收征收管理法》的规定,纳税人可以选择现金缴税、缴款书转账缴税、信用卡缴税、联网电子缴税等各种方式缴纳税款,税务机关不得强制纳税人采用某种方式缴纳税款。税务机关可以从方便纳税人缴税、降低税收成本出发,积极推行税库银横向联网电子缴税系统,但必须遵循纳税人自愿原则,不得强制推行。

6-4-27

国家税务总局　财政部关于严禁违规开立税款过渡账户的紧急通知

2008年4月24日　国税发〔2008〕42号

各省、自治区、直辖市和计划单列市国家税务局、地方税务局、财政厅(局),财政部驻各省自治区、直辖市、计划单列市财政监察专员办事处:

严格规范账户管理、禁止违规开立税款过渡账户,是确保国家预算收入及时、准确缴入国家金库,维护国家预算收入安全、完整的基本要求,也是从源头上预防和治理腐败的一项重要措施。近年来,各地税务机关按照财政部、国家税务总局、中国人民银行的要求,相继对税款过渡账户进行了清理,取消了一批违规开设的税款过渡户,取得了一定成效。但最近审计部门、财政部门在审计、检查中发现,部分税务机关仍然存在违规开立税款过渡账户和要求纳税人开立"税款预储账户"缴税问题。为切实整顿此类问题,加强预算收入管理,现就有关问题重申并明确如下：

一、严格执行有关规定，严禁违规开立任何税款过渡账户。《中华人民共和国国家金库条例实施细则》第十五条规定：各征收机关对自收汇缴的税款和其他预算收入，应于当日入库；不得将税款和其他预算收入存入征收机关的经费账户，也不得存入储蓄账户和其他账户。《中华人民共和国预算法实施条例》第三十五条规定：各级财政、税务、海关等预算收入征收部门，必须依照有关法律、行政法规和财政部的有关规定，积极组织预算收入，按照财政管理体制的规定及时将预算收入缴入中央国库和地方国库；未经财政部批准，不得将预算收入存入在国库外设立的过渡性账户。《中华人民共和国税收征收管理法实施细则》第三十九条规定：税务机关应当将各种税收的税款、滞纳金、罚款，按照国家规定的预算科目和预算级次及时缴入国库，税务机关不得占压、挪用、截留，不得缴入国库以外或者国家规定的税款账户以外的任何账户。2003 年 8 月印发的《国家税务总局关于撤销"税务稽查收入"等账户问题的通知》（国税函〔2003〕928 号）明确规定：税务机关要求纳税人在指定银行开设的"税款预储账户"2 年后必须全部撤户。

各地税务机关必须严格依照上述有关规定，及时将预算收入缴入中央国库和地方国库，未经财政部批准不得以任何理由在金融机构开设过渡账户存储税款，不得将税款存放在个人储蓄账户和单位经费账户，不得利用各类税款过渡账户调节收入进度，不得通过设立税款过渡账户获取利息弥补经费，不得要求纳税人在指定商业银行开立专门用于缴税的"税款预储账户"。

对于违规开立的税款过渡账户问题，国家税务总局将于近期在全国税务系统开展一次全面的清查清理工作，凡清查出的违规税款过渡账户，都要立即撤销。

二、进一步加强对车辆购置税账户、税务代保管资金账户的管理。各地税务机关必须严格按照《国家税务总局关于车辆购置税征缴有关问题的通知》（国税函〔2007〕787 号）、《国家税务总局、财政部、中国人民银行关于印发〈税务代保管资金账户管理办法〉的通知》（国税发〔2005〕181 号）文件的规定，在有关银行开立车辆购置税账户和税务代保管资金账户，并按规定的程序和要求严格账户资金的管理，严防利用账户延压、截留、贪污、挪用账户资金等各类违法违纪行为。车辆购置税账户、税务代保管资金账户的开立、变更、撤销以及资金收付、核算管理等，在税务机关内部应统一由计统部门负责。

三、严格规范待缴库税款的缴纳。对于异地缴纳税款、从第三方账户缴纳税款等，要严格按照《中国人民银行、财政部、国家税务总局关于印发〈待缴库税款收缴管理办法〉的通知》（银发〔2005〕387 号）有关规定，一律通过国库在"国库待结算款项"（代理国库在"待结算财政款项"）科目下统一设置的"待缴库税款"专户办理缴库。

对于纳税人税款先汇入"待缴库税款"专户后再收到申报表的，如果所汇款税种单一且纳税人名称确定的，税务机关应根据汇款金额及时办理缴库；如果一笔汇款涉及两个或两个税种以上的，或纳税人名称不能确定的，税务机关应于收到申报表当日或次日及时办理缴库。

外籍纳税人采用国外汇款方式缴纳税款的具体办法，将另行规定。

四、进一步加强账户审批管理。各级财政部门不得违规批准税务机关开立税款过渡账户，不得批准预算单位开立"税款预储账户"，要严格按照账户管理有关规定，加强对同级税务机关和预算单位开立账户的审批管理，做好对有关账户的监督和检查，发现问题及时纠正。

6－4－28

财政部关于跨省区水电项目税收分配的指导意见

2008 年 6 月 12 日　财预〔2008〕84 号

各省、自治区、直辖市财政厅（局）：

为保障水电建设的顺利进行，妥善处理地区间利益分配关系，促进经济社会协调发展，根据国务院批准的《财政部关于龙滩水电站税收分配问题的请示》（财预〔2007〕471 号）中明确的有关原则，以及现行财政管理体制的有关规定，现就处理跨省区水电项目税收分配问题提出如下意见：

一、主要原则

跨省区水电项目是指淹没区域和坝址跨越两个或两个以上省（包括省、自治区、直辖市，下同）的水电项目。处理跨省区水电站税收分配问题，应遵循以下原则：一是以地区间平等协商为主，经协商难以达成一致意见的，经有关省申请，由财政部参照本意见研究办理；二是兼顾各省区在项目建设和运营阶段做出的贡献，适当考虑项目建成后坝址所在省为项目维护运转承担的公共支出成本；三是为企业创造良好的经营环境，妥善处理地区间财政利益，避免增加企业负担，保障水电项目平稳运行；四是坚持以人为本，帮助解决移民安置等重点和难点问题，促进库区经济社会稳定协调发展。

二、纳入分配范围的主要收入项目

根据现行财政管理体制，将以下税收纳入跨省区分配范围：水电项目发电环节产生的增值税、企业所得税以及随增值税附征的城市维护建设税和教育费附加收入。其中，增值税为地方分成部分，企业所得税指纳税地点为坝址所在省缴纳的企业所得税地方分成部分。

三、收入分配比例的确定

对纳入跨省区分配范围的税收，按照因素法测算省区间分配比例。

（一）对坝址不跨省区的水电项目，按照移民人口（含坝区）淹没土地（含坝区）面积和坝址所在地为项目维护运转承担的公共支出成本三个因素测算，权重分别为 49.5%、40.5% 和 10%。

（二）对坝址跨省区的水电项目，按照移民人口（含坝区）和淹没土地（含坝区）面积两个因素测算，权重分别为 55% 和 45%。

上述因素中，移民人口和淹没土地面积按照国家批复的项目施工企业补偿投资中有关数据确定。由于各类土地对群众生产生活的影响程度不同，核定淹没土地面积时将耕地、林地与其他类型土地按 1:0.5:0.2 的系数折算为当量面积。

在本意见印发前,已经达成税收分配协议或已有明确分配办法的跨省区水电项目,继续按原有分配协议和办法的规定办理。省级人民政府可参照本意见制订省以下跨市(地、州)、县(市、区)水电项目税收分配办法。

以上意见,请遵照执行。

6-4-29

国家税务总局关于税收优先权包括滞纳金问题的批复

2008年12月31日　国税函〔2008〕1084号

广东省国家税务局:

你局《关于税收优先权是否包括滞纳金的请示》(粤国税发〔2008〕225号)收悉。现批复如下:

按照《中华人民共和国税收征收管理法》的立法精神,税款滞纳金与罚款两者在征收和缴纳时顺序不同,税款滞纳金在征缴时视同税款管理,税收强制执行、出境清税、税款追征、复议前置条件等相关条款都明确规定滞纳金随税款同时缴纳。税收优先权等情形也适用这一法律精神,《税收征管法》第四十五条规定的税收优先权执行时包括税款及其滞纳金。

6-4-30

国家税务总局关于未申报税款追缴期限问题的批复

2009年6月15日　国税函〔2009〕326号

新疆维吾尔自治区地方税务局:

你局《关于明确未申报税款追缴期限的请示》(新地税发〔2009〕156号)收悉。经研究,批复如下:

税收征管法第五十二条规定:对偷税、抗税、骗税的,税务机关可以无限期追征其未缴或者少缴的税款、滞纳金或者所骗取的税款。税收征管法第六十四条第二款规定的纳税人不进行纳税申报造成不缴或少缴应纳税款的情形不属于偷税、抗税、骗税,其追征期按照税收征管法第五十二条规定的精神,一般为三年,特殊情况可以延长至五年。

6－4－31

国家税务总局关于推行纳税人网上开具缴款凭证有关工作的通知

2009年11月17日 国税函〔2009〕637号

各省、自治区、直辖市和计划单列市国家税务局、地方税务局：

为进一步优化纳税服务，提高税款征缴效率，国家税务总局决定在全国范围内推行纳税人网上开具缴款凭证工作。现就有关问题通知如下：

一、充分认识纳税人网上开具缴款凭证工作的重要意义

纳税人网上开具缴款凭证，是充分利用信息化条件，结合横向联网电子缴税、个人所得税全员全额申报等工作，对电子缴税开票方式的完善和制度创新。推行网上开具缴款凭证工作，能够使纳税人通过互联网系统自行在计算机终端打印缴款凭证，实现网上申报、缴税、开票“一条龙”服务，最大程度地方便纳税人完成缴税义务。推行网上开具缴款凭证工作，有利于完善纳税服务、减少纳税人办税时间和费用、有效维护纳税人的知情权、真正实现纳税人足不出户完成纳税义务，有利于税务机关缓解办税大厅压力、优化资源配置、节约征税成本、提高办税效率，是税务机关提升纳税服务水平，提高征缴效率，实现税务机关和纳税人“双赢”的重要举措。各级税务机关应当高度重视，认真组织，积极推进此项工作的开展。

二、网上开具缴款凭证的工作内容

（一）工作前提

具备以下两项条件之一的地区，均可实施纳税人网上开具缴款凭证工作：

1. 已实施推广税务、国库、商业银行横向联网电子缴税，且横向联网系统的运行安全、可靠、稳定，能保证电子税票数据准确完整。

2. 个人所得税扣缴义务人能按期向税务机关申报个人所得税明细信息，申报数据准确。

（二）基本流程

以省辖市或省级税务机关为单位，在互联网网站建立网上开具缴款凭证平台（以下简称网上开票平台），按日将纳税人缴税信息和个人所得税代扣代缴明细申报缴税信息从税收征管系统导出，经整理转换为可开具缴款凭证信息后，存入网上开票平台数据库。税务机关也可以将网上开具缴款凭证功能纳入电子申报系统，由商业银行将电子缴税扣款成功的税票信息上传到税务机关电子申报网站，供纳税人下载打印。

纳税人通过税务机关互联网网站或到办税服务厅申请网上开票登录密钥后，按权限登录税务机关互联网网站，查询缴款情况，打印缴款凭证。

（三）系统功能

主要包括纳税人缴款情况查询及缴款凭证的下载和打印、税务人员查询、密码修改或重置等。

（四）服务范围

开票对象包括所有电子缴税的纳税人（缴款人）、扣缴义务人以及个人所得税明细申报的自然人。

业务范围包括已缴纳的各项收入，即：企业和事业单位、机关和社会团体、个体户和个人缴纳的税款、基金、费等，包括扣缴义务人代扣代缴的个人所得税明细税款，以及个人从多处取得收入自行申报缴纳的个人所得税税款。

网上开票系统应提供至少半年至一年的纳税人缴款数据供纳税人查询和打印，具体时期由各地自行决定。

（五）缴款凭证式样和用途

1. 凭证式样

网上开具的电子缴款凭证基本要素包括：凭证编号、系统税票号、打印日期、税务征收机关、纳税人识别号、纳税人全称、银行账号、税（费）种名称、税（品）目名称、所属时期、实缴金额、缴款日期等。其中，凭证编号指所打印的电子缴款凭证的编号；系统税票号为缴款信息在税务征管系统中的税票号码，是该信息在税务征管系统中的唯一性标志；银行账号指纳税人缴款银行账号；缴款日期指商业银行扣款日期或纳税人、扣缴义务人缴纳、解缴现金日期；代扣代缴个人所得税的，备注栏填写扣缴义务人名称或税务登记证号码。

电子缴款凭证上应包含省辖市或省级税务机关电子缴款专用章图像（即电子章）。章戳大小、形状、颜色、内容等由各地自行决定。

本凭证可按纳税人每次缴款记录开具明细缴款信息，可一票多税。

电子缴款凭证参考式样如下，各地可根据当地实际情况对此凭证的基本要素、式样等进行适当调整。

电子缴款凭证

国

（凭证编号）

打印日期：＊＊＊＊年＊＊月＊＊日

<table>
<tr><td>纳税人识别号</td><td colspan="3"></td><td colspan="1">税务征收机关</td><td colspan="3"></td></tr>
<tr><td>纳税人全称</td><td colspan="3"></td><td>银行账号</td><td colspan="3"></td></tr>
<tr><td>系统税票号</td><td>税（费）种</td><td>税（品）目</td><td>所属时期</td><td>实缴金额</td><td>缴款日期</td><td>备　注</td></tr>
<tr><td></td><td></td><td></td><td></td><td></td><td></td><td></td></tr>
<tr><td></td><td></td><td></td><td></td><td></td><td></td><td></td></tr>
<tr><td></td><td></td><td></td><td></td><td></td><td></td><td></td></tr>
<tr><td>金额合计</td><td colspan="4">（大写）</td><td colspan="2">¥</td></tr>
<tr><td colspan="3">本缴款凭证仅作为纳税人记账核算凭证使用，电子缴税的，需与银行对账单电子划缴记录核对一致方有效。纳税人如需汇总开具正式完税证明，请凭税务登记证或身份证明到主管税务机关开具。

税务机关（电子章）</td><td colspan="4"></td></tr>
</table>

2. 凭证用途

纳税人网上开具的电子缴款凭证，在与银行对账单核对无误后，纳税人可将其作为记账核算凭证。

纳税人取得网上开具的缴款凭证后，如需汇总开具正式完税证明，可凭税务登记证或身份证明到主管税务机关开具；纳税人如涉及办理退税的，可到主管税务机关开具税收转账专用完税证，按有关规定办理退税审批手续。

三、工作要求

（一）高度重视，加强领导。网上开具缴款凭证工作既是优化税款征缴流程、提高税款征缴效率的重要措施，也是税务系统加强纳税服务的一项重点工作。各地要统一思想，高度重视，明确部门职责，落实负责人员，在各项条件具备的情况下，积极主动地推进工作开展。

（二）周密部署，分步实施。各地要在认真分析工作的基础上，积极稳妥地推行纳税人网上开具缴款凭证工作。已经实现电子缴税的单位（包括使用全国 TIPS 横向联网电子缴税系统和使用当地横向联网电子缴税系统的），要在2009年年底前拟订具体的工作实施计划并报总局备案（上报网址：FTP：//centre/收入规划核算司/会计处/网上开具缴款凭证工作实施计划），2010年上半年选取部分单位进行试点，并尽快在全省推行；尚未实现电子缴税的单位，要积极创造实施横向联网电子缴税的条件，条件一旦具备，要尽快开展网上开具缴款凭证工作。2010年税务总局将适时对各地推进网上开具缴款凭证工作情况进行总结。

（三）认真组织，广泛宣传。各地要认真拟定推行工作方案，做好业务需求编写和软件开发工作，加强组织培训，制定详细的应急预案。要采取多种形式，认真做好对纳税人的宣传和操作指导，为顺利推行纳税人网上开具缴款凭证工作创造良好的氛围和条件。

（四）积极沟通，注意协调。各地税务机关规划核算、纳税服务、征管科技、信息中心等部门要密切配合，齐心协力，切实推进此项工作开展。要加强与当地国库、商业银行的沟通与协作，取得相关部门的支持。各地在实施推广过程中遇到的困难和问题，要及时向税务总局反映。

（五）加强保障，确保安全。各地要根据国家信息安全有关规定和税务总局有关要求做好网上开具缴款凭证业务的安全保障工作，加强数据安全保护，强化身份管理和访问控制措施，并做好信息安全风险评估工作。

附件：1. 上海国税局、地税局网上开具缴款凭证业务流程介绍（编者略）

2. 江苏、浙江地税网上开具缴款凭证业务流程介绍（编者略）

6－4－32

国家税务总局关于严格执行税款退库办理制度的通知

2011年1月12日 国税函〔2011〕19号

各省、自治区、直辖市和计划单列市国家税务局、地方税务局：

为进一步规范税款退库工作，保证税款资金安全，现就税款退库办理有关规定重申并要求如下：

一、办理税款退库属于税收会计业务范围，各级税务机关收入规划核算部门是办理税款退库的专职业务部门，负责办理出口退税、减免退税、汇算结算退税、误收退税等各项税款的退库业务。

各级税务机关要进一步强化内部制约机制，退税审批部门和退库办理部门必须严格分开，不得由一个部门既进行退税审批，又办理具体退库手续。

二、收入规划核算部门要严格按照各项法律法规和财经纪律办理税款退库手续，确保税款资金安全。税务机关必须依据纳税人或扣缴义务人填报的退税申请书方可办理退税；《税收收入退还书》开具人员和退库专用国库预留印鉴保管人员必须分开（电子退库情况下，应增设复核岗位，电子收入退还书开具岗位和复核岗位必须分开，电子收入退还书开具后必须经由复核人员复核授权后才能发送）；税收会计必须把退税申请书与退税审批件、收入退还书一起装订；使用电子收入退还书的，必须把电子收入退还书与相应的退税申请书、退税审批件信息相关联；要按期、准确上报相关会统报表，及时、全面地反映退库情况。

三、对于符合条件的应退税款，税务机关应按照税收法律法规规定，及时为纳税人办理退税。税务机关发现纳税人多缴税款的，应当自发现之日起10日内办理退还手续；纳税人发现多缴税款，要求退还的，税务机关应当自接到纳税人退还申请之日起30日内查实并办理退还手续。

四、收入规划核算部门要发挥退库办理工作的会计监督职能。要根据退税审批部门转来的退税审批件和纳税人的退税申请书，复核退税原因、退税依据、原完税情况、预算科目、预算级次、退税金额、退税收款账户等退库凭证项目内容，开具《税收收入退还书》发送当地国库办理退库。对于发现退库资料缺失、退库项目不合规定等问题的，应退回审批部门或报告上级领导。

五、各级税务机关要认真落实税收会计检查制度。要根据收入退库制度的有关规定，检查《税收收入退还书》是否按规定填开，有无违规退库行为。对于因制度执行不力造成税款损失的，上级税务机关应严肃追究主管税务机关领导和相关责任人的责任。

6－4－33

国家税务总局　中国人民银行关于横向联网系统银行卡刷卡缴税业务有关问题的通知

2011年6月30日　国税发〔2011〕69号

各省、自治区、直辖市和计划单列市国家税务局、地方税务局，中国人民银行上海总部，各分行、营业管理部、省会（首府）城市中心支行，大连、青岛、宁波、厦门、深圳市中心支行，各国有商业银行，股份制商业银行，外资银行，中国邮政储蓄银行，中国银联股份有限公司：

为方便纳税人，提高征缴效率，在财税库银横向联网系统银行端查询缴税业务的基础上，各地应积极实施推广税务机关办税服务厅银行卡刷卡缴税业务。现就有关问题通知如下：

一、税务机关办税服务厅银行卡刷卡缴税业务是银行端查询缴税业务的一种重要形式，是通过在税务机关办税服务厅布设POS机实现纳税人缴税的方式。根据POS机布设机构的不同，分为商业银行布设POS机实现刷卡缴税和中国银联股份有限公司（以下简称银联）布设POS机实现刷卡缴税两种模式。

（一）税务机关办税服务厅银行卡刷卡缴税的业务流程为：

1. 纳税人完成纳税申报后，税收征管信息系统自动产生银行端查询缴税凭证序号（即应征凭证序号）提供给纳税人。

2. 纳税人在税务机关办税服务厅POS机上刷银行卡，选择缴税并输入银行端查询缴税凭证序号、纳税人识别号、征收机关代码，或者通过POS机和税收征管信息系统的连接串口自动读入银行端查询缴税凭证序号、纳税人识别号、征收机关代码，POS机布设机构据此向国库信息处理系统（简称TIPS）发起银行端查询缴税信息。

3. TIPS将银行端查询缴税信息发送税务机关，税务机关确认后生成电子税票信息发送TIPS，TIPS将电子税票信息发送给POS机布设机构。

4. POS机布设机构将电子税票信息通过POS机反馈给纳税人，纳税人核对确认后，输入银行卡密码办理缴税。

5. POS机布设机构将纳税人付款缴税指令转换成银行卡交易信息，发送至发卡银行。

6. 发卡银行划款后，将划款结果返回给POS机布设机构；POS机布设机构通过POS机提示纳税人缴税成功，并打印POS机缴税回单。同时POS机布设机构将划款结果转换成电子税票划款回执，通过TIPS发送至税务机关，税收征管信息系统作税款上解。

7. 纳税人在POS机缴税回单上签字后交税务机关征收人员。

8. 税务机关征收人员收到POS机缴税回单并核对无误后，根据纳税人需要打印《税收电子转账专用完税证》，交给纳税人作为完税证明。

9. POS机布设机构向国库办理资金划缴。

10. 国库收到POS机布设机构划缴的资金后办理入库。

11. 税务机关根据国库返回的税款入库报表和电子税票入库流水信息，在税收征管系统作税款入库销号。

（二）由银联在税务机关办税服务厅布设 POS 机的，银联按照人民银行有关规定将银行卡所划税款在当前工作日划缴国库。在银联无法实现当日划缴资金的情况下，银联可根据清算国库发起的日间对账结果和 TIPS 发起的日切对账结果按照对账批次，于缴税业务发生的下一工作日 12:00 前，通过大额支付系统将税款划转至人民银行清算国库，并在附言中注明对账日期、对账批次以及缴税业务的总笔数。

由商业银行在税务机关办税服务厅布设 POS 机的，其国库资金划缴流程由当地省级人民银行与布设 POS 机的省级商业银行协商确定，但不得迟于下一工作日 12:00。

二、通过 POS 机和税收征管信息系统的连接串口自动读入相关信息的，税务机关在信息系统业务实现过程中，应进行合理的信息安全规划与安全管控，通过信息安全防护手段保障系统安全，并在正式开展业务前进行风险评估和等级保护测评，以及时发现和处置存在的安全风险。

三、各商业银行、中国银联股份有限公司应根据有关业务流程和接口规范，做好与 TIPS、税收征管信息系统等相关系统的接口软件开发工作，规范开展刷卡缴税业务。

四、中国人民银行各分行、营业管理部、省会（首府）城市中心支行、大连、青岛、宁波、厦门、深圳市中心支行将本通知转发至辖区内各城市商业银行、农村商业银行和城市信用社、农村信用社。

6-4-34

国家税务总局转发《国家发展改革委关于治理和规范企业纳税环节相关收费问题的通知》的通知

2011年7月11日　国税函〔2011〕382号

各省、自治区、直辖市和计划单列市国家税务局：

为规范涉税项目收费管理，减轻纳税人负担，国家发展和改革委员会下发了《国家发展改革委关于治理和规范企业纳税环节相关收费问题的通知》（发改价格〔2011〕432号）文件，取消了增值税防伪税控系统培训费和新疆地区网点建设费，现转发给你们，并就有关问题通知如下：

一、从2011年4月1日起，各地增值税防伪税控系统服务单位不得收取增值税防伪税控系统培训费，新疆地区不得收取网点建设费；对于4月1日以后已经收取的增值税防伪税控系统培训费和新疆地区网点建设费，一律无条件退还纳税人。

二、各地增值税防伪税控系统服务单位必须免费向初始用户提供必要的增值税防伪税控系统使用培训，不得巧立名目收取培训、辅导等相关费用。

三、各地税务机关应将国家规定有关增值税防伪税控系统的收费项目和依据明确告知每一户一般纳税人。要切实履行对增值税防伪税控系统服务单位的监管职责，严格监督服务单位执行有关规定、做好服务工作，尤其是不得强制销售、搭售计算机、打印机、扫描仪等通用设备及其他软件或商品。

附件：《国家发展改革委关于治理和规范企业纳税环节相关收费问题的通知》（发改价格〔2011〕432 号）

附件

国家发展改革委关于治理和规范企业纳税环节相关收费问题的通知

2011 年 3 月 1 日 发改价格〔2011〕432 号

各省、自治区、直辖市发展改革委、物价局：

为贯彻落实国务院关于治理和规范涉企收费的意见，进一步减轻企业负担，经商国家税务总局，现就企业纳税环节有关收费问题通知如下：

一、取消增值税防伪税控系统培训费。禁止增值税防伪税控系统专用设备生产或服务单位向初始用户收取培训费、证书费、换证费等相关收费，增值税防伪税控系统专用设备的供货单位向初始用户提供必要的设备使用培训，所需费用应由供货单位承担，在经营成本中列支。

二、取消增值税防伪税控系统网点建设费。为支持新疆企业发展，取消新疆地区技术服务单位向用户收取的网点建设费。

三、规范税务系统电子政务平台收费。各级税务机关及其事业单位，以及其他组织利用税务电子政务平台向社会提供公共服务过程中，需引入第三方电子认证服务的，不得以任何形式参与电子认证服务经营或收取费用，不得采取强制或变相强制的方式要求企业或个人购买第三方电子认证服务。

各省、自治区、直辖市价格主管部门要按照经国务院批准，财政部和我委下发的《关于规范电子政务平台收费管理的通知》（财综函〔2011〕14 号）精神，会同有关部门对本地区提供电子纳税服务过程中涉及的各类服务费、认证费和维护费进行清理和规范，不符合规定的一律取消。清理规范有关情况及时上报我委。

四、严禁企业纳税环节违规收费行为。有关技术服务单位在提供服务时，要与用户签署服务合同，严格履行合同中约定的职责和服务内容，否则不得收取费用；未经企业要求上门提供具体技术维护服务的，不得强制服务强行收费；供货和技术服务单位不得以任何理由，向用户强行推销、搭售扫描仪、计算机、打印机等通用设备，否则以乱收费查处。

五、从严核定税务发票工本费标准。各省、自治区、直辖市价格主管部门要对本地区核定的税务发票使用和成本情况进行一次全面调查，按照补偿成本原则，从严核定税务发票工本费，切实降低偏高的收费标准。

六、上述规定自 2011 年 4 月 1 日起执行。

6－4－35

国家税务总局关于1元以下应纳税额和滞纳金处理问题的公告

2012年6月14日　国家税务总局公告2012年第25号

为了提高征收效率，降低征收成本和纳税人负担，现将1元以下应纳税额和滞纳金处理问题公告如下：

主管税务机关开具的缴税凭证上的应纳税额和滞纳金为1元以下的，应纳税额和滞纳金为零。

本公告自2012年8月1日起施行。

特此公告。

6－4－36

国家税务总局关于发布《委托代征管理办法》的公告

2013年5月10日　国家税务总局公告2013年第24号

根据《中华人民共和国税收征收管理法》及实施细则和《中华人民共和国发票管理办法》的规定，现将国家税务总局制定的《委托代征管理办法》予以发布，自2013年7月1日起施行。特此公告。

委托代征管理办法

第一章　总　　则

第一条　为加强税收委托代征管理，规范委托代征行为，降低征纳成本，根据《中华人民共和国税收征收管理法》《中华人民共和国税收征收管理法实施细则》《合同法》及《中华人民共和国发票管理办法》的有关规定，制定本办法。

第二条　本办法所称委托代征，是指税务机关根据《中华人民共和国税收征收管理法实施细则》有利于税收控管和方便纳税的要求，按照双方自愿、简便征收、强化管理、依法委托的原则和国家有关规定，委托有关单位和人员代征零星、分散和异地缴纳的税收的行为。

第三条　本办法所称税务机关，是指县以上（含本级）税务局。

本办法所称代征人，是指依法接受税务机关委托、行使代征税款权利并承担《委托代征协议书》规定义务的单位或人员。

第二章 委托代征的范围和条件

第四条 委托代征范围由税务机关根据《中华人民共和国税收征收管理法实施细则》关于加强税收控管、方便纳税的规定，结合当地税源管理的实际情况确定。税务机关不得将法律、行政法规已确定的代扣代缴、代收代缴税收，委托他人代征。

第五条 税务机关确定的代征人，应当与纳税人有下列关系之一：

（一）与纳税人有管理关系；

（二）与纳税人有经济业务往来；

（三）与纳税人有地缘关系；

（四）有利于税收控管和方便纳税人的其他关系。

第六条 代征人为行政、事业、企业单位及其他社会组织的，应当同时具备下列条件：

（一）有固定的工作场所；

（二）内部管理制度规范，财务制度健全；

（三）有熟悉相关税收法律、法规的工作人员，能依法履行税收代征工作；

（四）税务机关根据委托代征事项和税收管理要求确定的其他条件。

第七条 代征税款人员，应当同时具备下列条件：

（一）具备中国国籍，遵纪守法，无严重违法行为及犯罪记录，具有完全民事行为能力；

（二）具备与完成代征税款工作要求相适应的税收业务知识和操作技能；

（三）税务机关根据委托代征管理要求确定的其他条件。

第八条 税务机关可以与代征人签订代开发票书面协议并委托代征人代开普通发票。代开发票书面协议的主要内容应当包括代开的普通发票种类、对象、内容和相关责任。

代开发票书面协议由各省、自治区、直辖市和计划单列市自行制定。

第九条 代征人不得将其受托代征税款事项再行委托其他单位、组织或人员办理。

第三章 委托代征协议的生效和终止

第十条 税务机关应当与代征人签订《委托代征协议书》，明确委托代征相关事宜。《委托代征协议书》包括以下内容：

（一）税务机关和代征人的名称、联系电话，代征人为行政、事业、企业单位及其他社会组织的，应包括法定代表人或负责人姓名、居民身份证号码和地址；代征人为自然人的，应包括姓名、居民身份证号码和户口所在地、现居住地址；

（二）委托代征范围和期限；

（三）委托代征的税种及附加、计税依据及税率；

（四）票、款结报缴销期限和额度；

（五）税务机关和代征人双方的权利、义务和责任；

（六）代征手续费标准；

（七）违约责任；

（八）其他有关事项。

代征人为行政、事业、企业单位及其他社会组织的,《委托代征协议书》自双方的法定代表人或法定代理人签字并加盖公章后生效;代征人为自然人的,《委托代征协议书》自代征人及税务机关的法定代表人签字并加盖税务机关公章后生效。

第十一条 《委托代征协议书》签订后,税务机关应当向代征人发放《委托代征证书》,并在广播、电视、报纸、期刊、网络等新闻媒体或者代征范围内纳税人相对集中的场所,公告代征人的委托代征资格和《委托代征协议书》中的以下内容:

(一)税务机关和代征人的名称、联系电话,代征人为行政、事业、企业单位及其他社会组织的,应包括法定代表人或负责人姓名和地址;代征人为自然人的,应包括姓名、户口所在地、现居住地址;

(二)委托代征的范围和期限;

(三)委托代征的税种及附加、计税依据及税率;

(四)税务机关确定的其他需要公告的事项。

第十二条 《委托代征协议书》有效期最长不得超过3年。有效期满需要继续委托代征的,应当重新签订《委托代征协议书》。

《委托代征协议书》签订后,税务机关应当向代征人提供受托代征税款所需的税收票证、报表。

第十三条 有下列情形之一的,税务机关可以向代征人发出《终止委托代征协议通知书》,提前终止委托代征协议:

(一)因国家税收法律、行政法规、规章等规定发生重大变化,需要终止协议的;

(二)税务机关被撤销主体资格的;

(三)因代征人发生合并、分立、解散、破产、撤销或者因不可抗力发生等情形,需要终止协议的;

(四)代征人有弄虚作假、故意不履行义务、严重违反税收法律法规的行为,或者有其他严重违反协议的行为;

(五)税务机关认为需要终止协议的其他情形。

第十四条 终止委托代征协议的,代征人应自委托代征协议终止之日起5个工作日内,向税务机关结清代征税款,缴销代征业务所需的税收票证和发票;税务机关应当收回《委托代征证书》,结清代征手续费。

第十五条 代征人在委托代征协议期限届满之前提出终止协议的,应当提前20个工作日向税务机关申请,经税务机关确认后按照本办法第十四条的规定办理相关手续。

第十六条 税务机关应当自委托代征协议终止之日起10个工作日内,在广播、电视、报纸、期刊、网络等新闻媒体或者代征范围内纳税人相对集中的场所,公告代征人委托代征资格终止和本办法第十一条规定需要公告的《委托代征协议书》主要内容。

第四章 委托代征管理职责

第十七条 税收委托代征工作中,税务机关应当监督、管理、检查委托代征业务,履行以下职责:

(一)审查代征人资格,确定、登记代征人的相关信息;

（二）填制、发放、收回、缴销《委托代征证书》；

（三）确定委托代征的具体范围、税种及附加、计税依据、税率等；

（四）核定和调整代征人代征的个体工商户定额，并通知纳税人和代征人执行；

（五）定期核查代征人的管户信息，了解代征户籍变化情

（六）采集委托代征的征收信息、纳税人欠税信息、税收票证管理情况等信息；

（七）辅导和培训代征人；

（八）在有关规定确定的代征手续费比率范围内，按照手续费与代征人征收成本相匹配的原则，确定具体支付标准，办理手续费支付手续；

（九）督促代征人按时解缴代征税款，并对代征情况进行定期检查；

（十）其他管理职责。

第十八条 税收委托代征工作中，代征人应当履行以下职责：

（一）根据税务机关确定的代征范围、核定税额或计税依据、税率代征税款，并按规定及时解缴入库；

（二）按照税务机关有关规定领取、保管、开具、结报缴销税收票证、发票，确保税收票证和发票安全；

（三）代征税款时，向纳税人开具税收票证；

（四）建立代征税款账簿，逐户登记代征税种税目、税款金额及税款所属期等内容；

（五）在税款解缴期内向税务机关报送《代征代扣税款结报单》，以及受托代征税款的纳税人当期已纳税、逾期未纳税、管户变化等相关情况；

（六）对拒绝代征人依法代征税款的纳税人，自其拒绝之时起 24 小时内报告税务机关；

（七）在代征税款工作中获知纳税人商业秘密和个人隐私的，应当依法为纳税人保密。

第十九条 代征人不得对纳税人实施税款核定、税收保全和税收强制执行措施，不得对纳税人进行行政处罚。

第二十条 代征人应根据《委托代征协议书》的规定向税务机关申请代征税款手续费，不得从代征税款中直接扣取代征税款手续费。

第五章 法律责任

第二十一条 代征人在《委托代征协议书》授权范围内的代征税款行为引起纳税人的争议或法律纠纷的，由税务机关解决并承担相应法律责任；税务机关拥有事后向代征人追究法律责任的权利。

第二十二条 因代征人责任未征或少征税款的，税务机关应向纳税人追缴税款，并可按《委托代征协议书》的约定向代征人按日加收未征少征税款万分之五的违约金，但代征人将纳税人拒绝缴纳等情况自纳税人拒绝之时起 24 小时内报告税务机关的除外。代征人违规多征税款的，由税务机关承担相应的法律责任，并责令代征人立即退还，税款已入库的，由税务机关按规定办理退库手续；代征人违规多征税款致使纳税人合法权益受到损失的，由税务机关赔偿，税务机关拥有事后向代征人追偿的权利。

代征人违规多征税款而多取得代征手续费的，应当及时退回。

第二十三条 代征人造成印有固定金额的税收票证损失的，应当按照票面金额赔偿，

未按规定领取、保管、开具、结报缴销税收票证的，税务机关应当根据情节轻重，适当扣减代征手续费。

第二十四条 代征人未按规定期限解缴税款的，由税务机关责令限期解缴，并可从税款滞纳之日起按日加收未解缴税款万分之五的违约金。

第二十五条 税务机关工作人员玩忽职守，不按照规定对代征人履行管理职责，给委托代征工作造成损害的，按规定追究相关人员的责任。

第二十六条 违反《委托代征协议书》其他有关规定的，按照协议约定处理。

第二十七条 纳税人对委托代征行为不服，可依法申请税务行政复议。

第六章 附 则

第二十八条 各省、自治区、直辖市和计划单列市税务机关根据本地实际情况制定具体实施办法。

第二十九条 税务机关可以比照本办法的规定，对代售印花税票者进行管理。

第三十条 本办法自2013年7月1日起施行。

附件：1. 委托代征协议书(编者略)

2. 委托代征协议书使用说明(编者略)

3. 终止委托代征协议通知书(编者略)

4. 委托代征证书(编者略)

6－4－37

国家税务总局 国家外汇管理局 关于服务贸易等项目对外支付 税务备案有关问题的公告

2013年7月9日 国家税务总局 国家外汇管理局公告2013年第40号

为便利对外支付和加强跨境税源管理，现就服务贸易等项目对外支付税务备案有关问题公告如下：

一、境内机构和个人向境外单笔支付等值5万美元以上(不含等值5万美元，下同)下列外汇资金，除本公告第三条规定的情形外，均应向所在地主管国税机关进行税务备案，主管税务机关仅为地税机关的，应向所在地同级国税机关备案：

(一)境外机构或个人从境内获得的包括运输、旅游、通信、建筑安装及劳务承包、保险服务、金融服务、计算机和信息服务、专有权利使用和特许、体育文化和娱乐服务、其他商业服务、政府服务等服务贸易收入；

(二)境外个人在境内的工作报酬，境外机构或个人从境内获得的股息、红利、利润、直接债务利息、担保费以及非资本转移的捐赠、赔偿、税收、偶然性所得等收益和经常转移收入；

（三）境外机构或个人从境内获得的融资租赁租金、不动产的转让收入、股权转让所得以及外国投资者其他合法所得。

外国投资者以境内直接投资合法所得在境内再投资单笔5万美元以上的，应按照本规定进行税务备案。

二、境内机构和个人（以下称备案人）在办理对外支付税务备案时，应向主管国税机关提交加盖公章的合同（协议）或相关交易凭证复印件（外文文本应同时附送中文译本），并填报《服务贸易等项目对外支付税务备案表》（一式三份，以下简称《备案表》，见附件1）。

同一笔合同需要多次对外支付的，备案人须在每次付汇前办理税务备案手续，但只需在首次付汇备案时提交合同（协议）或相关交易凭证复印件。

三、境内机构和个人对外支付下列外汇资金，无需办理和提交《备案表》：

（一）境内机构在境外发生的差旅、会议、商品展销等各项费用；

（二）境内机构在境外代表机构的办公经费，以及境内机构在境外承包工程的工程款；

（三）境内机构发生在境外的进出口贸易佣金、保险费、赔偿款；

（四）进口贸易项下境外机构获得的国际运输费用；

（五）保险项下保费、保险金等相关费用；

（六）从事运输或远洋渔业的境内机构在境外发生的修理、油料、港杂等各项费用；

（七）境内旅行社从事出境旅游业务的团费以及代订、代办的住宿、交通等相关费用；

（八）亚洲开发银行和世界银行集团下属的国际金融公司从我国取得的所得或收入，包括投资合营企业分得的利润和转让股份所得、在华财产（含房产）出租或转让收入以及贷款给我国境内机构取得的利息；

（九）外国政府和国际金融组织向我国提供的外国政府（转）贷款（含外国政府混合（转）贷款）和国际金融组织贷款项下的利息。本项所称国际金融组织是指国际货币基金组织、世界银行集团、国际开发协会、国际农业发展基金组织、欧洲投资银行等；

（十）外汇指定银行或财务公司自身对外融资如境外借款、境外同业拆借、海外代付以及其他债务等项下的利息；

（十一）我国省级以上国家机关对外无偿捐赠援助资金；

（十二）境内证券公司或登记结算公司向境外机构或境外个人支付其依法获得的股息、红利、利息收入及有价证券卖出所得收益；

（十三）境内个人境外留学、旅游、探亲等因私用汇；

（十四）境内机构和个人办理服务贸易、收益和经常转移项下退汇；

（十五）国家规定的其他情形。

四、境外个人办理服务贸易、收益和经常转移项下对外支付，应按照个人外汇管理的相关规定办理。

五、备案人可通过以下方法获取《备案表》：

（一）在主管国税机关办税服务厅窗口领取；

（二）从主管国税机关官方网站下载。

六、备案人提交的资料齐全、《备案表》填写完整的，主管国税机关无须当场进行纳税事项审核，应编制《备案表》流水号，在《备案表》上盖章，1份当场退还备案人，1份留存，1份于次月10日前以邮寄或其他方式传递给备案人主管地税机关。

《备案表》流水号具体格式为：年份（2位）+税务机关代码（6位）+顺序号（6位）。“年份”指公历年度后两位数字，“顺序号”为本年度的自然顺序号。

七、备案人完成税务备案手续后，持主管国税机关盖章的《备案表》，按照外汇管理的规定，到外汇指定银行办理付汇审核手续。

八、主管国税机关或地税机关应自收到《备案表》后15个工作日内，对备案人提交的《备案表》及所附资料进行审查，并可要求备案人进一步提供相关资料。审查的内容包括：

（一）备案信息与实际支付项目是否一致；

（二）对外支付项目是否已按规定缴纳各项税款；

（三）申请享受减免税待遇的，是否符合相关税收法律法规和税收协定（安排）的规定。

九、主管税务机关审查发现对外支付项目未按规定缴纳税款的，应书面告知纳税人或扣缴义务人履行申报纳税或源泉扣缴义务，依法追缴税款，按照税收法律法规的有关规定实施处罚。

十、主管国税机关、地税机关应加强对外支付税务备案事项的管理，及时统计对外支付备案情况及税收征管情况，填写《服务贸易等项目对外支付税务备案情况年度统计表》（见附件2），并于次年1月31日前层报税务总局（国际税务司）。

十一、各级税务部门、外汇管理部门应当密切配合，加强信息交换工作。执行过程中如发现问题，应及时向上级部门反馈。

十二、本公告自2013年9月1日起施行。《国家税务总局、国家外汇管理局关于加强外国公司船舶运输收入税收管理及国际海运业对外支付管理的通知》（国税发〔2001〕139号）、《国家税务总局、国家外汇管理局关于加强外国公司船舶运输收入税收管理及国际海运业对外支付管理的补充通知》（国税发〔2002〕107号）、《国家税务总局、国家外汇管理局关于境内机构及个人对外支付技术转让费不再提交营业税税务凭证的通知》（国税发〔2005〕28号）、《国家外汇管理局、国家税务总局关于服务贸易等项目对外支付提交税务证明有关问题的通知》（汇发〔2008〕64号）、《国家税务总局关于印发〈服务贸易等项目对外支付出具税务证明管理办法〉的通知》（国税发〔2008〕122号）、《国家外汇管理局关于转发国家税务总局服务贸易等项目对外支付出具税务证明管理办法的通知》（汇发〔2009〕1号）、《国家外汇管理局、国家税务总局关于进一步明确服务贸易等项目对外支付提交税务证明有关问题的通知》（汇发〔2009〕52号）和《国家税务总局关于修改〈服务贸易等项目对外支付出具税务证明申请表〉的公告》（国家税务总局公告2012年第54号）同时废止。

特此公告。

附件：1. 服务贸易等项目对外支付备案情况年度统计表（编者略）

2. 服务贸易等项目对外支付税务备案表（编者略）

注释：

条款废止。第一条第二款、第二条第二款、第五条、第六条、第七条、第八条、第十条和附件2废止。参见：《国家税务总局　国家外汇管理局关于服务贸易等项目对外支付税务备案有关问题的补充公告》（国家税务总局　国家外汇管理局公告2021年第19号）。

条款修改。根据《第十三届全国人民代表大会第一次会议关于国务院机构改革方案的决定》等有关规定,税收规范性文件规定的国税地税机关的职责和工作由新的税务机关承担。国家税务总局依据《税收规范性文件制定管理办法》(国家税务总局令第41号公布),对税收规范性文件进行了清理。参见:《国家税务总局关于修改部分税收规范性文件的公告》(国家税务总局公告2018年第31号)。

6-4-38

国家税务总局关于应退税款抵扣欠缴税款有关问题的公告

2013年9月16日 国家税务总局公告2013年第54号

近期地方反映,对于《中华人民共和国税收征收管理法实施细则》第79条关于应退税款抵扣欠缴税款(以下简称以退抵欠)的规定是否属于强制执行措施有不同理解。为了全面准确贯彻强制执行措施和以退抵欠的规定,根据《中华人民共和国税收征收管理法》(以下简称税收征管法)及其实施细则的有关规定,现将应退税款抵扣欠缴税款有关问题公告如下:

税收征管法第40条规定,税收强制执行措施是指对经税务机关责令限期缴纳税款逾期仍不缴纳的情形,税务机关采取书面通知其开户银行或者其他金融机构从其存款中扣缴税款;扣押、查封、依法拍卖或者变卖其价值相当于应纳税款的商品、货物或者其他财产,以拍卖或者变卖所得抵缴税款的行为。

以退抵欠是税务机关计算确定纳税人应纳税义务的一项税款结算制度,不涉及从存款中扣缴税款和扣押、查封、拍卖、变卖强制行为。以退抵欠确定后有余额的退还纳税人;不足部分,责令纳税人继续缴纳。以退抵欠之后纳税人仍有欠税,经责令缴纳仍不缴纳的,税务机关采取强制执行措施,为行政强制执行。以退抵欠不属于行政强制执行。

特此公告。

6-4-39

国家税务总局 中国人民银行关于规范横向联网系统银行卡缴税业务的通知

2014年6月11日 税总发〔2014〕73号

各省、自治区、直辖市和计划单列市国家税务局、地方税务局,中国人民银行上海总部,各分行、营业管理部、省会(首府)城市中心支行,大连、青岛、宁波、厦门、深圳市中心支行:

根据《国家税务总局、中国人民银行关于横向联网系统银行卡刷卡缴税业务有关问题的通知》(国税发〔2011〕69号)的要求,各地应积极协调配合,在办税服务厅推广安全规范的银行卡缴税业务。现将有关事项通知如下:

一、安全规范的银行卡缴税业务是财税库银横向联网电子缴税系统银行端查询缴税业务的一种重要形式,是通过在税务机关办税服务厅布设符合国家及行业金融领域相关标准的POS机具(含PSAM芯片),采用税务身份认证手段,在POS机具与税收征管系统间传递电子数据,为纳税人提供通用、安全、便捷和实时的电子缴税方式。

二、税务机关在信息系统业务实现过程中,要积极推广安全规范的银行卡缴税业务。未与税务专网连接的POS机具,可继续保留手工操作方式开展业务。已与税务专网连接,但不符合安全规范的POS机具,要抓紧进行改造。

三、各商业银行、中国银联股份有限公司应根据有关业务流程、通用电子缴税客户端软件POS机通讯接口规范(见附件)、国家及行业金融领域相关标准,做好与税收征管信息系统等相关系统的接口开发工作,配合税务机关开展安全规范的银行卡缴税业务。

四、中国人民银行各分行、营业管理部、省会(首府)城市中心支行、大连、青岛、宁波、厦门、深圳市中心支行应将本通知转发至辖区内各城市商业银行、农村商业银行和城市信用社、农村信用社。

附件:通用电子缴税客户端软件POS机通讯接口规范(编者略)

6-4-40

国家税务总局关于做好组织税收收入工作的通知

2014年6月20日　税总发〔2014〕78号

各省、自治区、直辖市和计划单列市国家税务局、地方税务局,局内各单位:

为进一步依法做好组织税收收入工作,切实提高收入增长质量,确保圆满完成税收收入任务,现就有关问题通知如下:

一、依法组织税收收入。严格落实组织收入原则,坚持依法征税,坚决不收"过头税",坚决纠正采取空转、违规调库等手段虚增收入的行为,坚决纠正招商引税等转引税款的行为,坚决防止突击收税的行为。根据经济发展、政策调整等因素,科学分析研判税收收入形势,制定组织税收收入预案,牢牢把握组织收入工作主动权。

二、加强征管堵漏增收。不动声色依靠打击违法增收、堵塞漏洞增收、科技管理增收,增强税收征管主观努力程度,提高征管质量和效率。推进信息管税,加强税收风险分析监控,查找征管风险点,采取有效措施予以应对。逐项梳理征管薄弱环节,研究提出针对性措施。加强各税种管理。加大土地增值税清算力度,加强企业所得税预缴和汇算清缴管理,推进反避税工作,进一步提高税收征管水平。围绕打击骗取出口退税、营改增试点行业虚开发票、发票违法等重点内容,进一步加强税务稽查,规范税收秩序,防止税收流失。

三、认真落实税收政策。认真贯彻国务院关于对政策措施落实情况开展全面督查的要求和税务总局关于开展自查的部署，进一步加强税收政策宣传和解读，全面梳理政策落实情况，认真执行扩大小型微利企业所得税减半征收范围、支持创业就业、加快出口退税进度支持外贸增长等税收政策，进一步加大落实力度，确保取得实效。

6－4－41

国家税务总局关于加强国家税务局、地方税务局互相委托代征税收的通知

2015年12月28日　税总发〔2015〕155号

各省、自治区、直辖市和计划单列市国家税务局、地方税务局：

近年来，各地国家税务局、地方税务局（以下简称国税、地税）就互相委托代征税款等合作征税工作进行了大量有益的探索，纳税人满意度、税法遵从度和税收征管质效得到了同步提升，社会各界反响良好。随着中办、国办印发的《深化国税、地税征管体制改革方案》的颁布，对国税、地税进一步理清职责、推进合作、优化服务、强化征管提出了新的更高的要求，国税、地税合作空间将更加广阔，合作需求也更为迫切。为此，现就加强国税、地税互相委托代征税收工作通知如下：

一、代征依据

根据《中华人民共和国税收征收管理法》及其实施细则、《中华人民共和国合同法》、《中华人民共和国发票管理办法》、《国家税务总局关于发布〈委托代征管理办法〉的公告》（国家税务总局公告2013年第24号）的规定，开展国税、地税互相委托代征税收工作。

二、主要内容

（一）代征范围

各地国税、地税机关根据委托代征相关规定，按照有利于方便纳税、降低征收成本的原则，结合当地税源、征管资源配置及信息化建设实际情况，在双方自愿的基础上，重点针对下列情形确定具体代征税费的种类和管理范围：

1. 税源相对分散但计征简便的；
2. 执法风险较小，便于管理的；
3. 与受托方主体税种紧密相连的；
4. 有利于提升纳税人满意度的。

（二）职责分工

县级以上（含本级）国税、地税机关是国税、地税委托代征税收工作的实施主体，负责按规定签订书面协议，依法履行相关责任，承担相关义务。委托方税务机关应当在其管辖范围内以适当形式公开委托代征税款相关事宜。

省国税、地税机关提出本辖区国税、地税委托代征工作范围的统一指导意见，进行管理监督，为工作开展提供必要的信息化支持。

（三）票据使用

国税、地税互相委托代征税收，可使用委托方税务机关票据；如经双方协商一致，也可以使用受托方税务机关票据。使用委托方税务机关票据的，由委托方税务机关负责收入对账和会计核算等工作，受托方税务机关应当建立代征税款备查账，逐笔、序时、分项目登记代征税款；使用受托方税务机关票据的，由受托方税务机关负责收入对账和会计核算等工作。

（四）责任界定

受托方税务机关应当按照委托代征协议依法征收税款，履行协议确定的管理职责，为纳税人提供优质服务，按规定期限及时、足额解缴税款。

委托方税务机关应当加强对税款收缴、结报和税源变动等信息的核对，对受托方协议履行和为纳税人服务情况进行监督，确保代征税款及时、足额入库，纳税人满意度得到有效提升。发生退库等特殊事项，由委托方负责处理，受托方配合。

纳税人拒绝接受委托代征税款的，受托方税务机关应当及时报告委托方税务机关，由委托方税务机关依据税收征管法及其实施细则相关规定处理。

三、工作要求

（一）统一思想，提高认识

各地国税、地税机关要充分认识到加强互相委托代征税收工作是落实中央《深化国税、地税征管体制改革方案》的重大举措，是加强国税、地税合作的重要内容，是发挥国税、地税各自优势推动服务深度融合的具体体现。要立足当地实际，紧密结合国税、地税征管体制改革的需求，解放思想，更新理念，积极探索互相委托代征税收工作的新思路，创新互相委托代征的新途径，不断优化整合征管资源，更好地方便纳税人。

（二）统筹协调，周密安排

各地国税、地税机关要统筹协调，积极争取当地政府和相关部门的支持配合，为国税、地税互相委托代征税收工作营造良好的外部环境。要主动沟通，积极行动，结合本地实际及时分析税源状况和征管税种的关联性、办税服务厅资源等情况，确定互相委托代征范围，根据需要调整信息系统、调配征管资源、规范代征工作，确保工作实效。

（三）强化培训，稳步推进

各地国税、地税机关要加强对税务干部代征业务的培训，特别是政策的学习、工作流程的把握、软件的操作应用。要强化信息共享和信息系统融合，做好必要的应急预案，防止因相关工作不到位而出现负面舆情。

此前相关规定与本通知不符的，以本通知为准。执行中如遇问题，请及时向税务总局（征管科技司）反馈。

6 - 4 - 42

国家税务总局关于规范国税机关代开发票环节征收地方税费工作的通知

2016年8月15日　税总发〔2016〕127号

各省、自治区、直辖市和计划单列市国家税务局、地方税务局：

为贯彻落实《深化国税、地税征管体制改革方案》（以下简称《方案》）要求，进一步加强地方税费的管理，根据《中华人民共和国税收征收管理法》及其实施细则、《中华人民共和国发票管理办法》和《国家税务总局关于发布〈委托代征管理办法〉的公告》（国家税务总局公告2013年第24号）的有关规定，现对规范国税机关为纳税人代开发票环节征收地方税费工作，提出如下要求：

一、基本原则

代开发票应当缴纳税款的，税务机关应严格执行先征收税款、再代开发票的有关规定。

二、征收方式

地税机关直接征收。对已实现国税、地税办税服务厅互设窗口，或者国税与地税共建办税服务厅、共驻政务服务中心等合作办税模式的地区，地税机关应在办税服务厅设置专职岗位，负责征收国税机关代开发票环节涉及的地方税费。

委托国税机关代征。对暂未实现上述国税、地税合作办税模式的地区，地税机关应委托国税机关在代开发票环节代征地方税费。

三、具体事项

（一）代征范围

委托国税机关代征的，国税机关应当在代开发票环节征收增值税，并同时按规定代征城市维护建设税、教育费附加、地方教育附加、个人所得税（有扣缴义务人的除外）以及跨地区经营建筑企业项目部的企业所得税。

有条件的地区，经省国税机关、地税机关协商，国税机关在代开发票环节可为地税机关代征资源税、印花税及其他非税收入，代征范围需及时向社会公告。

（二）票证使用及税款退库

委托国税机关代征的，国税机关、地税机关应在《委托代征协议书》中明确税款解缴、税收票证使用等事项。

国税机关为纳税人代开发票，如果发生作废或者销货退回需开具红字发票等情形涉及税款退库的，国税机关、地税机关应按照有关规定为纳税人做好税款退库事宜。

（三）情况反馈

纳税人拒绝接受国税机关代征税款的，国税机关应当及时告知委托方地税机关，由地税机关根据法律、法规的规定予以处理。

四、工作要求

（一）统一思想，提高认识

加强代开发票环节征收地方税费工作是满足营改增地税机关征管范围调整以及地税发票停止使用后加强税源管理、保障地方税费应收尽收的重要手段，是落实《方案》，推动国税机关与地税机关深度合作的重要内容。各地税务机关要充分认识其现实意义，积极争取当地党委、政府支持和相关部门的配合，不断优化整合征管资源，立足当地实际确保代开发票环节征收地方税费工作落到实处。

（二）加强合作，统筹协调

各省国税机关、地税机关要协同配合，制定本辖区委托代征工作的管理办法，指导基层税务机关签订《委托代征协议书》，做好宣传解释、督导检查工作，制定应急预案，并就委托代征的具体范围联合向社会公告。要建立定期工作沟通协调机制，及时研究解决新出现的问题，及时总结创新做法、先进经验并加以推广。

（三）信息支撑，减轻负担

各省税务机关要按照提高征管效率、节约行政资源、方便纳税人办税的原则，利用信息化手段，有效简化环节，解决纳税人“多头跑、跑多次”的问题，切实减轻纳税人的办税负担。

请各省税务机关于2016年10月31日之前，将对本通知的贯彻落实情况书面报告税务总局（征管科技司）。

6－4－43

国家税务总局关于完善预约定价安排管理有关事项的公告

2016年10月11日　国家税务总局公告2016年第64号

为进一步完善预约定价安排管理，执行我国政府对外签署的避免双重征税协定、协议或者安排（以下简称“税收协定”），根据《中华人民共和国企业所得税法》（以下简称“企业所得税法”）及其实施条例、《中华人民共和国税收征收管理法》（以下简称“税收征管法”）及其实施细则的有关规定，现就有关事项公告如下：

一、企业可以与税务机关就其未来年度关联交易的定价原则和计算方法达成预约定价安排。

二、预约定价安排的谈签与执行经过预备会谈、谈签意向、分析评估、正式申请、协商签署和监控执行6个阶段。预约定价安排包括单边、双边和多边3种类型。

三、预约定价安排适用于主管税务机关向企业送达接收其谈签意向的《税务事项通知书》之日所属纳税年度起3至5个年度的关联交易。

企业以前年度的关联交易与预约定价安排适用年度相同或者类似的，经企业申请，税务机关可以将预约定价安排确定的定价原则和计算方法追溯适用于以前年度该关联交易的评估和调整。追溯期最长为10年。

预约定价安排的谈签不影响税务机关对企业不适用预约定价安排的年度及关联交易的特别纳税调查调整和监控管理。

四、预约定价安排一般适用于主管税务机关向企业送达接收其谈签意向的《税务事项通知书》之日所属纳税年度前3个年度每年度发生的关联交易金额4000万元人民币以上的企业。

五、企业有谈签预约定价安排意向的,应当向税务机关书面提出预备会谈申请。税务机关可以与企业开展预备会谈。

(一)企业申请单边预约定价安排的,应当向主管税务机关书面提出预备会谈申请,提交《预约定价安排预备会谈申请书》(附件1)。主管税务机关组织与企业开展预备会谈。

企业申请双边或者多边预约定价安排的,应当同时向国家税务总局和主管税务机关书面提出预备会谈申请,提交《预约定价安排预备会谈申请书》。国家税务总局统一组织与企业开展预备会谈。

(二)预备会谈期间,企业应当就以下内容作出简要说明:

1. 预约定价安排的适用年度;

2. 预约定价安排涉及的关联方及关联交易;

3. 企业及其所属企业集团的组织结构和管理架构;

4. 企业最近3至5个年度生产经营情况、同期资料等;

5. 预约定价安排涉及各关联方功能和风险的说明,包括功能和风险划分所依据的机构、人员、费用、资产等;

6. 市场情况的说明,包括行业发展趋势和竞争环境等;

7. 是否存在成本节约、市场溢价等地域特殊优势;

8. 预约定价安排是否追溯适用以前年度;

9. 其他需要说明的情况。

企业申请双边或者多边预约定价安排的,说明内容还应当包括:

1. 向税收协定缔约对方税务主管当局提出预约定价安排申请的情况;

2. 预约定价安排涉及的关联方最近3至5个年度生产经营情况及关联交易情况;

3. 是否涉及国际重复征税及其说明。

(三)预备会谈期间,企业应当按照税务机关的要求补充资料。

六、税务机关和企业在预备会谈期间达成一致意见的,主管税务机关向企业送达同意其提交谈签意向的《税务事项通知书》。企业收到《税务事项通知书》后向税务机关提出谈签意向。

(一)企业申请单边预约定价安排的,应当向主管税务机关提交《预约定价安排谈签意向书》(附件2),并附送单边预约定价安排申请草案。

企业申请双边或者多边预约定价安排的,应当同时向国家税务总局和主管税务机关提交《预约定价安排谈签意向书》,并附送双边或者多边预约定价安排申请草案。

(二)单边预约定价安排申请草案应当包括以下内容:

1. 预约定价安排的适用年度;

2. 预约定价安排涉及的关联方及关联交易;

3. 企业及其所属企业集团的组织结构和管理架构；

4. 企业最近3至5个年度生产经营情况、财务会计报告、审计报告、同期资料等；

5. 预约定价安排涉及各关联方功能和风险的说明，包括功能和风险划分所依据的机构、人员、费用、资产等；

6. 预约定价安排使用的定价原则和计算方法，以及支持这一定价原则和计算方法的功能风险分析、可比性分析和假设条件等；

7. 价值链或者供应链分析，以及对成本节约、市场溢价等地域特殊优势的考虑；

8. 市场情况的说明，包括行业发展趋势和竞争环境等；

9. 预约定价安排适用期间的年度经营规模、经营效益预测以及经营规划等；

10. 预约定价安排是否追溯适用以前年度；

11. 对预约定价安排有影响的境内、外行业相关法律、法规；

12. 企业关于不存在本条第（三）项所列举情形的说明；

13. 其他需要说明的情况。

双边或者多边预约定价安排申请草案还应当包括：

1. 向税收协定缔约对方税务主管当局提出预约定价安排申请的情况；

2. 预约定价安排涉及的关联方最近3至5个年度生产经营情况及关联交易情况；

3. 是否涉及国际重复征税及其说明。

（三）有下列情形之一的，税务机关可以拒绝企业提交谈签意向：

1. 税务机关已经对企业实施特别纳税调整立案调查或者其他涉税案件调查，且尚未结案的；

2. 未按照有关规定填报年度关联业务往来报告表；

3. 未按照有关规定准备、保存和提供同期资料；

4. 预备会谈阶段税务机关和企业无法达成一致意见。

七、企业提交谈签意向后，税务机关应当分析预约定价安排申请草案内容，评估其是否符合独立交易原则。根据分析评估的具体情况可以要求企业补充提供有关资料。

税务机关可以从以下方面进行分析评估：

（一）功能和风险状况。分析评估企业与其关联方之间在供货、生产、运输、销售等各环节以及在研究、开发无形资产等方面各自作出的贡献、执行的功能以及在存货、信贷、外汇、市场等方面承担的风险。

（二）可比交易信息。分析评估企业提供的可比交易信息，对存在的实质性差异进行调整。

（三）关联交易数据。分析评估预约定价安排涉及的关联交易的收入、成本、费用和利润是否单独核算或者按照合理比例划分。

（四）定价原则和计算方法。分析评估企业在预约定价安排中采用的定价原则和计算方法。如申请追溯适用以前年度的，应当作出说明。

（五）价值链分析和贡献分析。评估企业对价值链或者供应链的分析是否完整、清晰，是否充分考虑成本节约、市场溢价等地域特殊优势，是否充分考虑本地企业对价值创造的贡献等。

（六）交易价格或者利润水平。根据上述分析评估结果，确定符合独立交易原则的价格或者利润水平。

（七）假设条件。分析评估影响行业利润水平和企业生产经营的因素及程度，合理确定预约定价安排适用的假设条件。

八、分析评估阶段，税务机关可以与企业就预约定价安排申请草案进行讨论。税务机关可以进行功能和风险实地访谈。税务机关认为预约定价安排申请草案不符合独立交易原则的，企业应当与税务机关协商，并进行调整；税务机关认为预约定价安排申请草案符合独立交易原则的，主管税务机关向企业送达同意其提交正式申请的《税务事项通知书》，企业收到通知后，可以向税务机关提交《预约定价安排正式申请书》（附件3），并附送预约定价安排正式申请报告。

（一）企业申请单边预约定价安排的，应当向主管税务机关提交上述资料。企业申请双边或者多边预约定价安排的，应当同时向国家税务总局和主管税务机关提交上述资料，并按照有关规定提交启动特别纳税调整相互协商程序的申请。

（二）有下列情形之一的，税务机关可以拒绝企业提交正式申请：

1. 预约定价安排申请草案拟采用的定价原则和计算方法不合理，且企业拒绝协商调整；

2. 企业拒不提供有关资料或者提供的资料不符合税务机关要求，且不按时补正或者更正；

3. 企业拒不配合税务机关进行功能和风险实地访谈；

4. 其他不适合谈签预约定价安排的情况。

九、税务机关应当在分析评估的基础上形成协商方案，并据此开展协商工作。

（一）主管税务机关与企业开展单边预约定价安排协商，协商达成一致的，拟定单边预约定价安排文本（参照文本见附件4）。

国家税务总局与税收协定缔约对方税务主管当局开展双边或者多边预约定价安排协商，协商达成一致的，拟定双边或者多边预约定价安排文本。

（二）预约定价安排文本可以包括以下内容：

1. 企业及其关联方名称、地址等基本信息；

2. 预约定价安排涉及的关联交易及适用年度；

3. 预约定价安排选用的定价原则和计算方法，以及可比价格或者可比利润水平等；

4. 与转让定价方法运用和计算基础相关的术语定义；

5. 假设条件及假设条件变动通知义务；

6. 企业年度报告义务；

7. 预约定价安排的效力；

8. 预约定价安排的续签；

9. 预约定价安排的生效、修订和终止；

10. 争议的解决；

11. 文件资料等信息的保密义务；

12. 单边预约定价安排的信息交换；

13. 附则。

（三）主管税务机关与企业就单边预约定价安排文本达成一致后，双方的法定代表人或者法定代表人授权的代表签署单边预约定价安排。

国家税务总局与税收协定缔约对方税务主管当局就双边或者多边预约定价安排文本达成一致后，双方或者多方税务主管当局授权的代表签署双边或者多边预约定价安排。国家税务总局应当将预约定价安排转发主管税务机关。主管税务机关应当向企业送达《税务事项通知书》，附送预约定价安排，并做好执行工作。

（四）预约定价安排涉及适用年度或者追溯年度补（退）税款的，税务机关应当按照纳税年度计算应补征或者退还的税款，并向企业送达《预约定价安排补（退）税款通知书》（附件5）。

十、税务机关应当监控预约定价安排的执行情况。

（一）预约定价安排执行期间，企业应当完整保存与预约定价安排有关的文件和资料，包括账簿和有关记录等，不得丢失、销毁和转移。

企业应当在纳税年度终了后6个月内，向主管税务机关报送执行预约定价安排情况的纸质版和电子版年度报告，主管税务机关将电子版年度报告报送国家税务总局；涉及双边或者多边预约定价安排的，企业应当向主管税务机关报送执行预约定价安排情况的纸质版和电子版年度报告，同时将电子版年度报告报送国家税务总局。

年度报告应当说明报告期内企业经营情况以及执行预约定价安排的情况。需要修订、终止预约定价安排，或者有未决问题或者预计将要发生问题的，应当作出说明。

（二）预约定价安排执行期间，主管税务机关应当每年监控企业执行预约定价安排的情况。监控内容主要包括：企业是否遵守预约定价安排条款及要求；年度报告是否反映企业的实际经营情况；预约定价安排所描述的假设条件是否仍然有效等。

（三）预约定价安排执行期间，企业发生影响预约定价安排的实质性变化，应当在发生变化之日起30日内书面报告主管税务机关，详细说明该变化对执行预约定价安排的影响，并附送相关资料。由于非主观原因而无法按期报告的，可以延期报告，但延长期限不得超过30日。

税务机关应当在收到企业书面报告后，分析企业实质性变化情况，根据实质性变化对预约定价安排的影响程度，修订或者终止预约定价安排。签署的预约定价安排终止执行的，税务机关可以和企业按照本公告规定的程序和要求，重新谈签预约定价安排。

（四）国家税务局和地方税务局与企业共同签署的预约定价安排，在执行期间，企业应当分别向国家税务局和地方税务局报送年度报告和实质性变化报告。国家税务局和地方税务局应当对企业执行预约定价安排的情况，实施联合监控。

十一、预约定价安排执行期满后自动失效。企业申请续签的，应当在预约定价安排执行期满之日前90日内向税务机关提出续签申请，报送《预约定价安排续签申请书》（附件6），并提供执行现行预约定价安排情况的报告，现行预约定价安排所述事实和经营环境是否发生实质性变化的说明材料以及续签预约定价安排年度的预测情况等相关资料。

十二、预约定价安排采用四分位法确定价格或者利润水平，在预约定价安排执行期间，如果企业当年实际经营结果在四分位区间之外，税务机关可以将实际经营结果调整到四分位区间中位值。预约定价安排执行期满,企业各年度经营结果的加权平均值低于区间中位值,且未调整至中位值的,税务机关不再受理续签申请。

双边或者多边预约定价安排执行期间存在上述问题的,主管税务机关应当及时将有关情况层报国家税务总局。

十三、预约定价安排执行期间,主管税务机关与企业发生分歧的,双方应当进行协商。协商不能解决的,可以报上一级税务机关协调;涉及双边或者多边预约定价安排的,必须层报国家税务总局协调。对上一级税务机关或者国家税务总局的决定,下一级税务机关应当予以执行。企业仍不能接受的,可以终止预约定价安排的执行。

十四、在预约定价安排签署前,税务机关和企业均可暂停、终止预约定价安排程序。税务机关发现企业或者其关联方故意不提供与谈签预约定价安排有关的必要资料,或者提供虚假、不完整资料,或者存在其他不配合的情形,使预约定价安排难以达成一致的,可以暂停、终止预约定价安排程序。涉及双边或者多边预约定价安排的,经税收协定缔约各方税务主管当局协商,可以暂停、终止预约定价安排程序。税务机关暂停、终止预约定价安排程序的,应当向企业送达《税务事项通知书》,并说明原因;企业暂停、终止预约定价安排程序的,应当向税务机关提交书面说明。

十五、没有按照规定的权限和程序签署预约定价安排,或者税务机关发现企业隐瞒事实的,应当认定预约定价安排自始无效,并向企业送达《税务事项通知书》,说明原因;发现企业拒不执行预约定价安排或者存在违反预约定价安排的其他情况,可以视情况进行处理,直至终止预约定价安排。

十六、有下列情形之一的,税务机关可以优先受理企业提交的申请:

(一)企业关联申报和同期资料完备合理,披露充分;

(二)企业纳税信用级别为 A 级;

(三)税务机关曾经对企业实施特别纳税调查调整,并已经结案;

(四)签署的预约定价安排执行期满,企业申请续签,且预约定价安排所述事实和经营环境没有发生实质性变化;

(五)企业提交的申请材料齐备,对价值链或者供应链的分析完整、清晰,充分考虑成本节约、市场溢价等地域特殊因素,拟采用的定价原则和计算方法合理;

(六)企业积极配合税务机关开展预约定价安排谈签工作;

(七)申请双边或者多边预约定价安排的,所涉及的税收协定缔约对方税务主管当局有较强的谈签意愿,对预约定价安排的重视程度较高;

(八)其他有利于预约定价安排谈签的因素。

十七、预约定价安排同时涉及两个或者两个以上省、自治区、直辖市和计划单列市税务机关的,或者同时涉及国家税务局和地方税务局的,由国家税务总局统一组织协调。

企业申请上述单边预约定价安排的,应当同时向国家税务总局及其指定的税务机关提出谈签预约定价安排的相关申请。国家税务总局可以与企业统一签署单边预约定价安排,或者指定税务机关与企业统一签署单边预约定价安排,也可以由各主管税务机关与企业分别签署单边预约定价安排。

十八、单边预约定价安排涉及一个省、自治区、直辖市和计划单列市内两个或者两个以上主管税务机关,且仅涉及国家税务局或者地方税务局的,由省、自治区、直辖市和计划单列市相应税务机关统一组织协调。

十九、税务机关与企业在预约定价安排谈签过程中取得的所有信息资料,双方均负有保密义务。除依法应当向有关部门提供信息的情况外,未经纳税人同意,税务机关不得以任何方式泄露预约定价安排相关信息。

税务机关与企业不能达成预约定价安排的,税务机关在协商过程中所取得的有关企业的提议、推理、观念和判断等非事实性信息,不得用于对该预约定价安排涉及关联交易的特别纳税调查调整。

二十、除涉及国家安全的信息以外,国家税务总局可以按照对外缔结的国际公约、协定、协议等有关规定,与其他国家(地区)税务主管当局就2016年4月1日以后签署的单边预约定价安排文本实施信息交换。企业应当在签署单边预约定价安排时提供其最终控股公司、上一级直接控股公司及单边预约定价安排涉及的境外关联方所在国家(地区)的名单。

二十一、本公告所称主管税务机关是指负责特别纳税调整事项的税务机关。

二十二、本公告自2016年12月1日起施行。《特别纳税调整实施办法(试行)》(国税发〔2009〕2号文件印发)第六章同时废止。本公告施行前税务机关未接受正式申请的预约定价安排,适用本公告的规定。

特此公告。

附件:1. 预约定价安排预备会谈申请书(编者略)
2. 预约定价安排谈签意向书(编者略)
3. 预约定价安排正式申请书(编者略)
4. 单边预约定价安排(参照文本)(编者略)
5. 预约定价安排补(退)税款通知书(编者略)
6. 预约定价安排续签申请书(编者略)

注释:

条款修改。根据《第十三届全国人民代表大会第一次会议关于国务院机构改革方案的决定》等有关规定,税收规范性文件规定的国税地税机关的职责和工作由新的税务机关承担。国家税务总局依据《税收规范性文件制定管理办法》(国家税务总局令第41号公布),对税收规范性文件进行了清理。参见:《国家税务总局关于修改部分税收规范性文件的公告》(国家税务总局公告2018年第31号)。

6－4－44

国家税务总局关于明确同期资料主体文档提供及管理有关事项的公告

2018年4月4日　国家税务总局公告2018年第14号

为进一步深化“放管服”改革，优化税收环境，简化办税程序，减轻纳税人负担，现就落实《国家税务总局关于完善关联申报和同期资料管理有关事项的公告》（国家税务总局公告2016年第42号）关于同期资料准备及提供要求的有关事项公告如下：

一、依照规定需要准备主体文档的企业集团，如果集团内企业分属两个以上税务机关管辖，可以选择任一企业主管税务机关主动提供主体文档。集团内其他企业被主管税务机关要求提供主体文档时，在向主管税务机关书面报告集团主动提供主体文档情况后，可免于提供。

本公告所称“主动提供”是指在税务机关实施特别纳税调查前企业提供主体文档的情形。如果集团内一家企业被税务机关实施特别纳税调查并已按主管税务机关要求提供主体文档，集团内其他企业不能免于提供主体文档，但集团仍然可以选择其他任一企业适用前款规定。

二、收到企业主动提供主体文档的主管税务机关应区分以下情况进行处理：

（一）企业集团内各企业均属一个省、自治区、直辖市、计划单列市税务机关管辖的，收到主体文档的主管税务机关需层报至省税务机关，由省税务机关负责主体文档管理，统一组织协调，按需求提供给集团内各企业主管税务机关使用。

（二）企业集团内各企业分属两个或者两个以上省、自治区、直辖市、计划单列市税务机关管辖的，收到主体文档的主管税务机关需层报至国家税务总局，由国家税务总局负责主体文档管理，统一组织协调，按需求提供给集团内各企业主管税务机关使用。

三、本公告自2018年5月20日起施行。

特此公告。

6－4－45

欠税公告办法（试行）

2004年10月10日国家税务总局令第9号公布
2018年6月15日国家税务总局令第44号修正

第一条　为了规范税务机关的欠税公告行为，督促纳税人自觉缴纳欠税，防止新的欠税的发生，保证国家税款的及时足额入库，根据《中华人民共和国税收征收管理法》（以下简称《税收征管法》）及其实施细则的规定，制定本办法。

第二条 本办法所称公告机关为县以上(含县)税务局。

第三条 本办法所称欠税是指纳税人超过税收法律、行政法规规定的期限或者纳税人超过税务机关依照税收法律、行政法规规定确定的纳税期限(以下简称税款缴纳期限)未缴纳的税款,包括:

(一)办理纳税申报后,纳税人未在税款缴纳期限内缴纳的税款;

(二)经批准延期缴纳的税款期限已满,纳税人未在税款缴纳期限内缴纳的税款;

(三)税务检查已查定纳税人的应补税额,纳税人未在税款缴纳期限内缴纳的税款;

(四)税务机关根据《税收征管法》第二十七条、第三十五条核定纳税人的应纳税额,纳税人未在税款缴纳期限内缴纳的税款;

(五)纳税人的其他未在税款缴纳期限内缴纳的税款。

税务机关对前款规定的欠税数额应当及时核实。

本办法公告的欠税不包括滞纳金和罚款。

第四条 公告机关应当按期在办税场所或者广播、电视、报纸、期刊、网络等新闻媒体上公告纳税人的欠缴税款情况。

(一)企业或单位欠税的,每季公告一次;

(二)个体工商户和其他个人欠税的,每半年公告一次;

(三)走逃、失踪的纳税户以及其他经税务机关查无下落的非正常户欠税的,随时公告。

第五条 欠税公告内容如下:

(一)企业或单位欠税的,公告企业或单位的名称、纳税人识别号、法定代表人或负责人姓名、居民身份证或其他有效身份证件号码、经营地点、欠税税种、欠税余额和当期新发生的欠税金额;

(二)个体工商户欠税的,公告业户名称、业主姓名、纳税人识别号、居民身份证或其他有效身份证件号码、经营地点、欠税税种、欠税余额和当期新发生的欠税金额;

(三)个人(不含个体工商户)欠税的,公告其姓名、居民身份证或其他有效身份证件号码、欠税税种、欠税余额和当期新发生的欠税金额。

第六条 企业、单位纳税人欠缴税款200万元以下(不含200万元),个体工商户和其他个人欠缴税款10万元以下(不含10万元)的,由县级税务局(分局)在办税服务厅公告。

企业、单位纳税人欠缴税款200万元以上(含200万元),个体工商户和其他个人欠缴税款10万元以上(含10万元)的,由地(市)级税务局(分局)公告。

对走逃、失踪的纳税户以及其他经税务机关查无下落的纳税人欠税的,由各省、自治区、直辖市和计划单列市税务局公告。

第七条 对按本办法规定需要由上级公告机关公告的纳税人欠税信息,下级公告机关应及时上报。具体的时间和要求由各省、自治区、直辖市和计划单列市税务局确定。

第八条 公告机关在欠税公告前,应当深入细致地对纳税人欠税情况进行确认,重点要就欠税统计清单数据与纳税人分户台账记载数据、账簿记载书面数据与信息系统记录电子数据逐一进行核对,确保公告数据的真实、准确。

第九条 欠税一经确定,公告机关应当以正式文书的形式签发公告决定,向社会公告。

欠税公告的数额实行欠税余额和新增欠税相结合的办法,对纳税人的以下欠税,税务机关可不公告：

(一)已宣告破产，经法定清算后，依法注销其法人资格的企业欠税；

(二)被责令撤销、关闭，经法定清算后，被依法注销或吊销其法人资格的企业欠税；

(三)已经连续停止生产经营一年(按日历日期计算)以上的企业欠税；

(四)失踪两年以上的纳税人的欠税。

公告决定应当列为税收征管资料档案，妥善保存。

第十条 公告机关公告纳税人欠税情况不得超出本办法规定的范围，并应依照《税收征管法》及其实施细则的规定对纳税人的有关情况进行保密。

第十一条 欠税发生后，除依照本办法公告外，税务机关应当依法催缴并严格按日计算加收滞纳金，直至采取税收保全、税收强制执行措施清缴欠税。任何单位和个人不得以欠税公告代替税收保全、税收强制执行等法定措施的实施，干扰清缴欠税。各级公告机关应指定部门负责欠税公告工作，并明确其他有关职能部门的相关责任，加强欠税管理。

第十二条 公告机关应公告不公告或者应上报不上报，给国家税款造成损失的，上级税务机关除责令其改正外，应按《中华人民共和国公务员法》规定，对直接责任人员予以处理。

第十三条 扣缴义务人、纳税担保人的欠税公告参照本办法的规定执行。

第十四条 各省、自治区、直辖市和计划单列市税务局可以根据本办法制定具体实施细则。

第十五条 本办法由国家税务总局负责解释。

第十六条 本办法自2005年1月1日起施行。

6-4-46

个体工商户税收定期定额征收管理办法

2006年8月30日国家税务总局令第16号公布
2018年6月15日国家税务总局令第44号修正

第一条 为规范和加强个体工商户税收定期定额征收(以下简称定期定额征收)管理，公平税负，保护个体工商户合法权益，促进个体经济的健康发展，根据《中华人民共和国税收征收管理法》及其实施细则，制定本办法。

第二条 本办法所称个体工商户税收定期定额征收，是指税务机关依照法律、行政法规及本办法的规定，对个体工商户在一定经营地点、一定经营时期、一定经营范围内的应纳税经营额(包括经营数量)或所得额(以下简称定额)进行核定，并以此为计税依据，确定其应纳税额的一种征收方式。

第三条 本办法适用于经主管税务机关认定和县以上税务机关(含县级，下同)批准的生产、经营规模小，达不到《个体工商户建账管理暂行办法》规定设置账簿标准的个体工商户(以下简称定期定额户)的税收征收管理。

第四条 主管税务机关应当将定期定额户进行分类，在年度内按行业、区域选择一定数量并具有代表性的定期定额户，对其经营、所得情况进行典型调查，做出调查分析，填制有关表格。

典型调查户数应当占该行业、区域总户数的5%以上。具体比例由省税务机关确定。

第五条 定额执行期的具体期限由省税务机关确定，但最长不得超过一年。

定额执行期是指税务机关核定后执行的第一个纳税期至最后一个纳税期。

第六条 税务机关应当根据定期定额户的经营规模、经营区域、经营内容、行业特点、管理水平等因素核定定额，可以采用下列一种或两种以上的方法核定：

（一）按照耗用的原材料、燃料、动力等推算或者测算核定；

（二）按照成本加合理的费用和利润的方法核定；

（三）按照盘点库存情况推算或者测算核定；

（四）按照发票和相关凭据核定；

（五）按照银行经营账户资金往来情况测算核定；

（六）参照同类行业或类似行业中同规模、同区域纳税人的生产、经营情况核定；

（七）按照其他合理方法核定。

税务机关应当运用现代信息技术手段核定定额，增强核定工作的规范性和合理性。

第七条 税务机关核定定额程序：

（一）自行申报。定期定额户要按照税务机关规定的申报期限、申报内容向主管税务机关申报，填写有关申报文书。申报内容应包括经营行业、营业面积、雇佣人数和每月经营额、所得额以及税务机关需要的其他申报项目。

本项所称经营额、所得额为预估数。

（二）核定定额。主管税务机关根据定期定额户自行申报情况，参考典型调查结果，采取本办法第六条规定的核定方法核定定额，并计算应纳税额。

（三）定额公示。主管税务机关应当将核定定额的初步结果进行公示，公示期限为五个工作日。

公示地点、范围、形式应当按照便于定期定额户及社会各界了解、监督的原则，由主管税务机关确定。

（四）上级核准。主管税务机关根据公示意见结果修改定额，并将核定情况报经县以上税务机关审核批准后，填制《核定定额通知书》。

（五）下达定额。将《核定定额通知书》送达定期定额户执行。

（六）公布定额。主管税务机关将最终确定的定额和应纳税额情况在原公示范围内进行公布。

第八条 定期定额户应当建立收支凭证粘贴簿、进销货登记簿，完整保存有关纳税资料，并接受税务机关的检查。

第九条 依照法律、行政法规的规定，定期定额户负有纳税申报义务。

实行简易申报的定期定额户，应当在税务机关规定的期限内按照法律、行政法规规定缴清应纳税款，当期（指纳税期，下同）可以不办理申报手续。

第十条 采用数据电文申报、邮寄申报、简易申报等方式的，经税务机关认可后方可执行。经确定的纳税申报方式在定额执行期内不予更改。

第十一条　定期定额户可以委托经税务机关认定的银行或其他金融机构办理税款划缴。

凡委托银行或其他金融机构办理税款划缴的定期定额户，应当向税务机关书面报告开户银行及账号。其账户内存款应当足以按期缴纳当期税款。其存款余额低于当期应纳税款，致使当期税款不能按期入库的，税务机关按逾期缴纳税款处理；对实行简易申报的，按逾期办理纳税申报和逾期缴纳税款处理。

第十二条　定期定额户发生下列情形，应当向税务机关办理相关纳税事宜：

（一）定额与发票开具金额或税控收款机记录数据比对后，超过定额的经营额、所得额所应缴纳的税款；

（二）在税务机关核定定额的经营地点以外从事经营活动所应缴纳的税款。

第十三条　税务机关可以根据保证国家税款及时足额入库、方便纳税人、降低税收成本的原则，采用简化的税款征收方式，具体方式由省税务机关确定。

第十四条　县以上税务机关可以根据当地实际情况，依法委托有关单位代征税款。税务机关与代征单位必须签订委托代征协议，明确双方的权利、义务和应当承担的责任，并向代征单位颁发委托代征证书。

第十五条　定期定额户经营地点偏远、缴纳税款数额较小，或者税务机关征收税款有困难的，税务机关可以按照法律、行政法规的规定简并征期。但简并征期最长不得超过一个定额执行期。

简并征期的税款征收时间为最后一个纳税期。

第十六条　通过银行或其他金融机构划缴税款的，其完税凭证可以到税务机关领取，或到税务机关委托的银行或其他金融机构领取；税务机关也可以根据当地实际情况采取邮寄送达，或委托有关单位送达。

第十七条　定期定额户在定额执行期结束后，应当以该期每月实际发生的经营额、所得额向税务机关申报，申报额超过定额的，按申报额缴纳税款；申报额低于定额的，按定额缴纳税款。具体申报期限由省税务机关确定。

定期定额户当期发生的经营额、所得额超过定额一定幅度的，应当在法律、行政法规规定的申报期限内向税务机关进行申报并缴清税款。具体幅度由省税务机关确定。

第十八条　定期定额户的经营额、所得额连续纳税期超过或低于税务机关核定的定额，应当提请税务机关重新核定定额，税务机关应当根据本办法规定的核定方法和程序重新核定定额。具体期限由省税务机关确定。

第十九条　经税务机关检查发现定期定额户在以前定额执行期发生的经营额、所得额超过定额，或者当期发生的经营额、所得额超过定额一定幅度而未向税务机关进行纳税申报及结清应纳税款的，税务机关应当追缴税款、加收滞纳金，并按照法律、行政法规规定予以处理。其经营额、所得额连续纳税期超过定额，税务机关应当按照本办法第十八条的规定重新核定其定额。

第二十条　定期定额户发生停业的，应当在停业前向税务机关书面提出停业报告；提前恢复经营的，应当在恢复经营前向税务机关书面提出复业报告；需延长停业时间的，应当在停业期满前向税务机关提出书面的延长停业报告。

第二十一条 税务机关停止定期定额户实行定期定额征收方式,应当书面通知定期定额户。

第二十二条 定期定额户对税务机关核定的定额有争议的,可以在接到《核定定额通知书》之日起30日内向主管税务机关提出重新核定定额申请,并提供足以说明其生产、经营真实情况的证据,主管税务机关应当自接到申请之日起30日内书面答复。

定期定额户也可以按照法律、行政法规的规定直接向上一级税务机关申请行政复议;对行政复议决定不服的,可以依法向人民法院提起行政诉讼。

定期定额户在未接到重新核定定额通知、行政复议决定书或人民法院判决书前,仍按原定额缴纳税款。

第二十三条 税务机关应当严格执行核定定额程序,遵守回避制度。税务人员个人不得擅自确定或更改定额。

税务人员徇私舞弊或者玩忽职守,致使国家税收遭受重大损失,构成犯罪的,依法追究刑事责任;尚不构成犯罪的,依法给予行政处分。

第二十四条 对违反本办法规定的行为,按照《中华人民共和国税收征收管理法》及其实施细则有关规定处理。

第二十五条 个人独资企业的税款征收管理比照本办法执行。

第二十六条 各省、自治区、直辖市税务局根据本办法制定具体实施办法,并报国家税务总局备案。

第二十七条 本办法自2007年1月1日起施行。1997年6月19日国家税务总局发布的《个体工商户定期定额管理暂行办法》同时废止。

6－4－47

个体工商户建账管理暂行办法

2006年12月15日国家税务总局令第17号公布
2018年6月15日国家税务总局令第44号修正

第一条 为了规范和加强个体工商户税收征收管理,促进个体工商户加强经济核算,根据《中华人民共和国税收征收管理法》(以下简称税收征管法)及其实施细则和《国务院关于批转国家税务总局加强个体私营经济税收征管强化查账征收工作意见的通知》,制定本办法。

第二条 凡从事生产、经营并有固定生产、经营场所的个体工商户,都应当按照法律、行政法规和本办法的规定设置、使用和保管账簿及凭证,并根据合法、有效凭证记账核算。

税务机关应同时采取有效措施,巩固已有建账成果,积极引导个体工商户建立健全账簿,正确进行核算,如实申报纳税。

第三条 符合下列情形之一的个体工商户,应当设置复式账:

(一)注册资金在20万元以上的。

(二)销售增值税应税劳务的纳税人或营业税纳税人月销售(营业)额在40000元以上;

从事货物生产的增值税纳税人月销售额在60000元以上;从事货物批发或零售的增值税纳税人月销售额在80000元以上的。

(三)省税务机关确定应设置复式账的其他情形。

第四条 符合下列情形之一的个体工商户,应当设置简易账,并积极创造条件设置复式账:

(一)注册资金在10万元以上20万元以下的。

(二)销售增值税应税劳务的纳税人或营业税纳税人月销售(营业)额在15000元至40000元;从事货物生产的增值税纳税人月销售额在30000元至60000元;从事货物批发或零售的增值税纳税人月销售额在40000元至80000元的。

(三)省税务机关确定应当设置简易账的其他情形。

第五条 上述所称纳税人月销售额或月营业额,是指个体工商户上一个纳税年度月平均销售额或营业额;新办的个体工商户为业户预估的当年度经营期月平均销售额或营业额。

第六条 达不到上述建账标准的个体工商户,经县以上税务机关批准,可按照税收征管法的规定,建立收支凭证粘贴簿、进货销货登记簿或者使用税控装置。

第七条 达到建账标准的个体工商户,应当根据自身生产、经营情况和本办法规定的设置账簿条件,对照选择设置复式账或简易账,并报主管税务机关备案。账簿方式一经确定,在一个纳税年度内不得进行变更。

第八条 达到建账标准的个体工商户,应当自领取营业执照或者发生纳税义务之日起15日内,按照法律、行政法规和本办法的有关规定设置账簿并办理账务,不得伪造、变造或者擅自损毁账簿、记账凭证、完税凭证和其他有关资料。

第九条 设置复式账的个体工商户应按《个体工商户会计制度(试行)》的规定设置总分类账、明细分类账、日记账等,进行财务会计核算,如实记载财务收支情况。成本、费用列支和其他财务核算规定按照《个体工商户个人所得税计税办法(试行)》执行。

设置简易账的个体工商户应当设置经营收入账、经营费用账、商品(材料)购进账、库存商品(材料)盘点表和利润表,以收支方式记录、反映生产、经营情况并进行简易会计核算。

第十条 复式账簿中现金日记账,银行存款日记账和总分类账必须使用订本式,其他账簿可以根据业务的实际发生情况选用活页账簿。简易账簿均应采用订本式。

账簿和凭证应当按照发生的时间顺序填写,装订或者粘贴。

建账户对各种账簿、记账凭证、报表、完税凭证和其他有关涉税资料应当保存10年。

第十一条 设置复式账的个体工商户在办理纳税申报时,应当按照规定向当地主管税务机关报送财务会计报表和有关纳税资料。月度会计报表应当于月份终了后10日内报出,年度会计报表应当在年度终了后30日内报出。

第十二条 个体工商户可以聘请经批准从事会计代理记账业务的专业机构或者具备资质的财会人员代为建账和办理账务。

第十三条 按照税务机关规定的要求使用税控收款机的个体工商户,其税控收款机输出的完整的书面记录,可以视同经营收入账。

第十四条 税务机关对建账户采用查账征收方式征收税款。建账初期,也可以采用查账征收与定期定额征收相结合的方式征收税款。

第十五条 依照本办法规定应当设置账簿的个体工商户，具有税收征管法第三十五条第一款第二项至第六项情形之一的，税务机关有权根据税收征管法实施细则第四十七条规定的方法核定其应纳税额。

第十六条 依照本办法规定应当设置账簿的个体工商户违反有关法律、行政法规和本办法关于账簿设置、使用和保管规定的，由税务机关按照税收征管法的有关规定进行处理。

第十七条 个体工商户建账工作中所涉及的有关账簿、凭证、表格，按照有关规定办理。

第十八条 本办法所称"以上"均含本数。

第十九条 各省、自治区、直辖市和计划单列市税务局可根据本办法制定具体实施办法，并报国家税务总局备案。

第二十条 本办法自2007年1月1日起施行。1997年6月19日国家税务总局发布的《个体工商户建账管理暂行办法》同时废止。

6－4－48

国家税务总局关于明确《税收完税证明》（文书式）开具管理有关事项的通知

2018年12月5日 税总函〔2018〕628号

国家税务总局各省、自治区、直辖市和计划单列市税务局：

为进一步规范税收票证管理，服务经济社会发展，依据《税收票证管理办法》（国家税务总局令第28号），税务总局决定自2019年1月1日起，对《税收完税证明》（文书式，下同）的开具进行调整。现将有关事项通知如下：

一、自2019年1月1日起，《税收完税证明》不再作为税收票证管理，不再套印"国家税务总局税收票证监制章"，加盖的税务机关印章由"征税专用章"调整为"业务专用章"。具体式样见附件。

二、除本通知第三条规定外，纳税人就特定期间完税情况申请开具证明的，税务机关为其提供开具《税收完税证明》的服务。

三、个人所得税纳税人就税款所属期为2019年1月1日（含）以后缴（退）税情况申请开具证明的，税务机关依据《国家税务总局关于将个人所得税〈税收完税证明〉（文书式）调整为〈纳税记录〉有关事项的公告》（国家税务总局公告2018年第55号）为其开具个人所得税《纳税记录》，不再开具《税收完税证明》。

四、各地税务机关要做好调整后的《税收完税证明》网上开具工作。网上开具的式样与办税服务厅开具的一致，加印电子形式的业务专用章。

五、调整后的《税收完税证明》的开具内容、开具方式和管理办法由各省税务机关确定。

六、调整完善《税收完税证明》的开具管理，是税务总局进一步深化"放管服"改革，优化税收营商环境的一项重要决策。各地要高度重视，周密部署，充分运用原有文书式《税收完税证明》的信息系统和管理经验，抓紧系统升级、流程优化和宣传咨询等相关工作，确保2019年1月1日顺利实施。

七、本通知自2019年1月1日起执行。《国家税务总局办公厅关于推行网上开具税收完税证明工作的通知》（税总办发〔2017〕162号）相关规定与本通知不一致的，按本通知规定执行。

附件：调整后的《税收完税证明》（文书式）式样（编者略）

6－4－49

国家税务总局关于开具《无欠税证明》有关事项的公告

2019年12月6日　国家税务总局公告2019年第47号

为深入贯彻党的十九届四中全会精神，持续推进税收领域"放管服"改革，积极回应市场主体需求，切实服务和便利纳税人，国家税务总局决定向纳税人提供《无欠税证明》开具服务，现将有关事项公告如下：

一、《无欠税证明》是指税务机关依纳税人申请，根据税收征管信息系统所记载的信息，为纳税人开具的表明其不存在欠税情形的证明。

二、本公告所称"不存在欠税情形"，是指纳税人在税收征管信息系统中，不存在应申报未申报记录且无下列应缴未缴的税款：

（一）办理纳税申报后，纳税人未在税款缴纳期限内缴纳的税款；

（二）经批准延期缴纳的税款期限已满，纳税人未在税款缴纳期限内缴纳的税款；

（三）税务机关检查已查定纳税人的应补税额，纳税人未缴纳的税款；

（四）税务机关根据《中华人民共和国税收征收管理法》第二十七条、第三十五条核定纳税人的应纳税额，纳税人未在税款缴纳期限内缴纳的税款；

（五）纳税人的其他未在税款缴纳期限内缴纳的税款。

三、纳税人因境外投标、企业上市等需要，确需开具《无欠税证明》的，可以向主管税务机关申请办理。

四、已实行实名办税的纳税人到主管税务机关申请开具《无欠税证明》的，办税人员持有效身份证件直接申请开具，无需提供登记证照副本或税务登记证副本。

未办理实名办税的纳税人到主管税务机关申请开具《无欠税证明》的，区分以下情况提供相关有效证件：

（一）单位纳税人和个体工商户，提供市场监管部门或其他登记机关发放的登记证照副本或税务登记证副本，以及经办人有效身份证件；

（二）自然人纳税人，提供本人有效身份证件；委托他人代为申请开具的，还需一并提供委托书、委托人及受托人有效身份证件。

五、对申请开具《无欠税证明》的纳税人,证件齐全的,主管税务机关应当受理其申请。经查询税收征管信息系统,符合开具条件的,主管税务机关应当即时开具《无欠税证明》;不符合开具条件的,不予开具并向纳税人告知未办结涉税事宜。

六、纳税人办结相关涉税事宜后,符合开具条件的,主管税务机关应当即时开具《无欠税证明》。

七、本公告自2020年3月1日起施行。

特此公告。

附件:无欠税证明

附件

无欠税证明

×税　无欠税证〔0000〕00号

纳税人名称:　　　　　　　　　　,纳税人识别号:　　　　　　　　,

有效证件类型:　　　　　　　　　,有效证件号码:　　　　　　　　,

截至　　　年　月　日,在税收征管信息系统未发现有欠税情形。

特此证明。

国家税务总局××××税务局

(盖业务专用章)

年　月　日

注:①此证明根据税务机关税收征管信息系统记载信息出具。

②总公司开具的《无欠税证明》一并关联其下属分公司的欠税情形。

③自然人开具的《无欠税证明》一并关联其名下个体工商户和登记注册类型为私营独资企业的欠税情形。

6－4－50

国家税务总局关于进一步实施小微企业“六税两费”减免政策有关征管问题的公告

2022年3月4日　国家税务总局公告2022年第3号

为贯彻落实党中央、国务院关于持续推进减税降费的决策部署,进一步支持小微企业发展,根据《财政部　税务总局关于进一步实施小微企业“六税两费”减免政策的公告》(2022年第10号),现就资源税、城市维护建设税、房产税、城镇土地使用税、印花税(不含证券交易印花税)、耕地占用税和教育费附加、地方教育附加(以下简称“六税两费”)减免政策有关征管问题公告如下:

一、关于小型微利企业“六税两费”减免政策的适用

(一)适用“六税两费”减免政策的小型微利企业的判定以企业所得税年度汇算清缴(以下简称汇算清缴)结果为准。登记为增值税一般纳税人的企业,按规定办理汇算清缴后确定是小型微利企业的,除本条第(二)项规定外,可自办理汇算清缴当年的7月1日至次年6月30日申报享受“六税两费”减免优惠;2022年1月1日至6月30日期间,纳税人依据2021年办理2020年度汇算清缴的结果确定是否按照小型微利企业申报享受“六税两费”减免优惠。

(二)登记为增值税一般纳税人的新设立企业,从事国家非限制和禁止行业,且同时符合申报期上月末从业人数不超过300人、资产总额不超过5000万元两项条件的,按规定办理首次汇算清缴申报前,可按照小型微利企业申报享受“六税两费”减免优惠。

登记为增值税一般纳税人的新设立企业,从事国家非限制和禁止行业,且同时符合设立时从业人数不超过300人、资产总额不超过5000万元两项条件的,设立当月依照有关规定按次申报有关“六税两费”时,可申报享受“六税两费”减免优惠。

按规定办理首次汇算清缴后确定不属于小型微利企业的一般纳税人,自办理汇算清缴的次月1日至次年6月30日,不得再申报享受“六税两费”减免优惠;按次申报的,自首次办理汇算清缴确定不属于小型微利企业之日起至次年6月30日,不得再申报享受“六税两费”减免优惠。

新设立企业按规定办理首次汇算清缴后,按规定申报当月及之前的“六税两费”的,依据首次汇算清缴结果确定是否可申报享受减免优惠。

新设立企业按规定办理首次汇算清缴申报前,已按规定申报缴纳“六税两费”的,不再根据首次汇算清缴结果进行更正。

(三)登记为增值税一般纳税人的小型微利企业、新设立企业,逾期办理或更正汇算清缴申报的,应当依据逾期办理或更正申报的结果,按照本条第(一)项、第(二)项规定的“六税两费”减免税期间申报享受减免优惠,并应当对“六税两费”申报进行相应更正。

二、关于增值税小规模纳税人转为一般纳税人时“六税两费”减免政策的适用

增值税小规模纳税人按规定登记为一般纳税人的,自一般纳税人生效之日起不再按照增值税小规模纳税人适用“六税两费”减免政策。增值税年应税销售额超过小规模纳税人标准应当登记为一般纳税人而未登记,经税务机关通知,逾期仍不办理登记的,自逾期次月起不再按照增值税小规模纳税人申报享受“六税两费”减免优惠。

上述纳税人如果符合本公告第一条规定的小型微利企业和新设立企业的情形,或登记为个体工商户,仍可申报享受“六税两费”减免优惠。

三、关于申报表的修订

修订《财产和行为税减免税明细申报附表》《〈增值税及附加税费申报表(一般纳税人适用)〉附列资料(五)》《〈增值税及附加税费预缴表〉附列资料》《〈消费税及附加税费申报

表〉附表6(消费税附加税费计算表)》,增加增值税小规模纳税人、小型微利企业、个体工商户减免优惠申报有关数据项目,相应修改有关填表说明(具体见附件)。

四、关于"六税两费"减免优惠的办理方式

纳税人自行申报享受减免优惠,不需额外提交资料。

五、关于纳税人未及时申报享受"六税两费"减免优惠的处理方式

纳税人符合条件但未及时申报享受"六税两费"减免优惠的,可依法申请抵减以后纳税期的应纳税费款或者申请退还。

六、其他

(一)本公告执行期限为2022年1月1日至2024年12月31日。《国家税务总局关于增值税小规模纳税人地方税种和相关附加减征政策有关征管问题的公告》(2019年第5号)自2022年1月1日起废止。

(二)2021年新设立企业,登记为增值税一般纳税人的,小型微利企业的判定按照本公告第一条第(二)项、第(三)项执行。

(三)2024年办理2023年度汇算清缴后确定是小型微利企业的,纳税人申报享受"六税两费"减免优惠的日期截止到2024年12月31日。

(四)本公告修订的表单自各省(自治区、直辖市)人民政府确定减征比例的规定公布当日正式启用。各地启用本公告修订的表单后,不再使用《国家税务总局关于简并税费申报有关事项的公告》(2021年第9号)中的《财产和行为税减免税明细申报附表》和《国家税务总局关于增值税 消费税与附加税费申报表整合有关事项的公告》(2021年第20号)中的《〈增值税及附加税费申报表(一般纳税人适用)〉附列资料(五)》《〈增值税及附加税费预缴表〉附列资料》《〈消费税及附加税费申报表〉附表6(消费税附加税费计算表)》。

特此公告。

附件:1. 财产和行为税减免税明细申报附表

2.《增值税及附加税费申报表(一般纳税人适用)》附列资料(五)

3.《增值税及附加税费预缴表》附列资料

4.《消费税及附加税费申报表》附表6(消费税附加税费计算表)

附件1

财产和行为税减免税明细申报附表

纳税人识别号(统一社会信用代码):□□□□□□□□□□□□□□□□□□□□□□

纳税人名称:

金额单位:人民币元(列至角分)

<table>
<tr><td rowspan="3">本期是否适用小微企业"六税两费"减免政策</td><td rowspan="3">□是 □否</td><td rowspan="2">减免政策适用主体</td><td>增值税小规模纳税人:□是 □否</td></tr>
<tr><td>增值税一般纳税人:□个体工商户 □小型微利企业</td></tr>
<tr><td>适用减免政策起止时间</td><td>年 月至 年 月</td></tr>
<tr><td colspan="2">合计减免税额</td><td colspan="2"></td></tr>
</table>

续表

城镇土地使用税					
序号	土地编号	税款所属期起	税款所属期止	减免性质代码和项目名称	减免税额
1					
2					
小计	—			—	
房产税					
序号	房产编号	税款所属期起	税款所属期止	减免性质代码和项目名称	减免税额
1					
2					
小计	—			—	
车船税					
序号	车辆识别代码/船舶识别码	税款所属期起	税款所属期止	减免性质代码和项目名称	减免税额
1					
2					
小计				—	
印花税					
序号	税目	税款所属期起	税款所属期止	减免性质代码和项目名称	减免税额
1					
2					
小计	—			—	

资源税						
序号	税目	子目	税款所属期起	税款所属期止	减免性质代码和项目名称	减免税额
1						
2						
小计	—	—			—	

耕地占用税					
序号	税源编号	税款所属期起	税款所属期止	减免性质代码和项目名称	减免税额
1					
2					
小计	—			—	
契　税					
序号	税源编号	税款所属期起	税款所属期止	减免性质代码和项目名称	减免税额
1					
2					
小计	—			—	

续表

土地增值税

序号	项目编号	税款所属期起	税款所属期止	减免性质代码和项目名称	减免税额
1					
2					
小计	—			—	

环境保护税

序号	税源编号	污染物类别	污染物名称	税款所属期起	税款所属期止	减免性质代码和项目名称	减免税额
1							
2							
小计	—	—	—			—	

声明：此表是根据国家税收法律法规及相关规定填写的，本人（单位）对填报内容（及附带资料）的真实性、可靠性、完整性负责。

纳税人（签章）：　　年　月　日

经办人： 经办人身份证号： 代理机构签章： 代理机构统一社会信用代码：	受理人： 受理税务机关（章）： 受理日期：　　年　月　日

填写说明：

1. 本表为《财产和行为税纳税申报表》的附表，适用于申报城镇土地使用税、房产税、契税、耕地占用税、土地增值税、印花税、车船税、环境保护税、资源税的减免税。

2. 纳税人识别号（统一社会信用代码）：填写税务机关核发的纳税人识别号或有关部门核发的统一社会信用代码。纳税人名称：填写营业执照、税务登记证等证件载明的纳税人名称。

3. 本期是否适用小微企业"六税两费"减免政策：纳税人在税款所属期内适用增值税小规模纳税人、个体工商户、小型微利企业减免政策的，勾选"是"；否则，勾选"否"。

4. 减免政策适用主体：适用小微企业"六税两费"减免政策的，填写本项。纳税人是增值税小规模纳税人的，在"增值税小规模纳税人"处勾选"是"，无需勾选"增值税一般纳税人：□个体工商户　□小型微利企业"；纳税人是增值税一般纳税人的，据类型勾选"个体工商户"或"小型微利企业"。登记为增值税一般纳税人的新设立企业，从事国家非限制和禁止行业，且同时符合设立时从业人数不超过300人、资产总额不超过5000万元两项条件的，勾选"小型微利企业"。

5. 适用减免政策起止时间：填写适用减免政策的起止月份，不得超出当期申报的税款所属期限。

6. 税款所属期起：指纳税人申报相应税种所属期的起始时间，具体到年、月、日。

7. 税款所属期止：指纳税人申报相应税种所属期的终止时间，具体到年、月、日。

8. 减免性质代码和项目名称：按照税务机关最新制发的减免税政策代码表中最细项减免项目名称填写。

9. 减免税额：减免税项目对应的减免税金额。

附件2

《增值税及附加税费申报表(一般纳税人适用)》附列资料(五)

(附加税费情况表)

税(费)款所属时间：　　年　月　日至　　年　月　日

纳税人名称:(公章)　　　　　　　　　　　　金额单位:元(列至角分)

<table>
<tr><td colspan="5">本期是否适用小微企业“六税两费”减免政策</td><td colspan="2">□是　□否</td><td colspan="3">减免政策适用主体</td><td colspan="5">□个体工商户　□小型微利企业</td></tr>
<tr><td colspan="5"></td><td colspan="2"></td><td colspan="3">适用减免政策起止时间</td><td colspan="5">年　月至　　年　月</td></tr>
<tr><td colspan="2" rowspan="3">税(费)种</td><td colspan="3">计税(费)依据</td><td rowspan="2">税(费)率(%)</td><td rowspan="2">本期应纳税(费)额</td><td colspan="2">本期减免税(费)额</td><td colspan="2">小微企业“六税两费”减免政策</td><td colspan="2">试点建设培育产教融合型企业</td><td rowspan="2">本期已缴税(费)额</td><td rowspan="2">本期应补(退)税(费)额</td></tr>
<tr><td>增值税税额</td><td>增值税免抵税额</td><td>留抵退税本期扣除额</td><td>减免性质代码</td><td>减免税(费)额</td><td>减征比例(%)</td><td>减征额</td><td>减免性质代码</td><td>本期抵免金额</td></tr>
<tr><td>1</td><td>2</td><td>3</td><td>4</td><td>5=(1+2-3)×4</td><td>6</td><td>7</td><td>8</td><td>9=(5-7)×8</td><td>10</td><td>11</td><td>12</td><td>13=5-7-9-11-12</td></tr>
<tr><td>城市维护建设税</td><td>1</td><td></td><td></td><td></td><td></td><td></td><td></td><td></td><td></td><td></td><td>—</td><td>—</td><td></td><td></td></tr>
<tr><td>教育费附加</td><td>2</td><td></td><td></td><td></td><td></td><td></td><td></td><td></td><td></td><td></td><td></td><td></td><td></td><td></td></tr>
<tr><td>地方教育附加</td><td>3</td><td></td><td></td><td></td><td></td><td></td><td></td><td></td><td></td><td></td><td></td><td></td><td></td><td></td></tr>
<tr><td>合计</td><td>4</td><td>—</td><td>—</td><td>—</td><td>—</td><td></td><td></td><td></td><td>—</td><td></td><td>—</td><td></td><td></td><td></td></tr>
<tr><td colspan="4" rowspan="3">本期是否适用试点建设培育产教融合型企业抵免政策</td><td rowspan="3">□是
□否</td><td colspan="5">当期新增投资额</td><td>5</td><td colspan="4"></td></tr>
<tr><td colspan="5">上期留抵可抵免金额</td><td>6</td><td colspan="4"></td></tr>
<tr><td colspan="5">结转下期可抵免金额</td><td>7</td><td colspan="4"></td></tr>
<tr><td colspan="5" rowspan="3">可用于扣除的增值税留抵退税额使用情况</td><td colspan="5">当期新增可用于扣除的留抵退税额</td><td>8</td><td colspan="4"></td></tr>
<tr><td colspan="5">上期结存可用于扣除的留抵退税额</td><td>9</td><td colspan="4"></td></tr>
<tr><td colspan="5">结转下期可用于扣除的留抵退税额</td><td>10</td><td colspan="4"></td></tr>
</table>

填写说明：

1.“税（费）款所属时间”：指纳税人申报的附加税费应纳税（费）额的所属时间，应填写具体的起止年、月、日。

2.“纳税人名称”：填写纳税人名称全称。

3.“本期是否适用小微企业‘六税两费’减免政策”：纳税人在税款所属期内适用个体工商户、小型微利企业减免政策的，勾选“是”；否则，勾选“否”。

4.“减免政策适用主体”：适用小微企业“六税两费”减免政策的，填写本项。纳税人是个体工商户的，在“□个体工商户”处勾选；纳税人是小型微利企业的，在“□小型微利企业”处勾选。登记为增值税一般纳税人的新设立企业，从事国家非限制和禁止行业，且同时符合设立时从业人数不超过300人、资产总额不超过5000万元两项条件的，勾选“小型微利企业”。

5.“适用减免政策起止时间”：填写适用减免政策的起止月份，不得超出当期申报的税款所属期限。

6.“本期是否适用试点建设培育产教融合型企业抵免政策”：符合《财政部关于调整部分政府性基金有关政策的通知》（财税〔2019〕46号）规定的试点建设培育产教融合型企业，选择“是”；否则，选择“否”。

7. 第5行“当期新增投资额”：填写试点建设培育产教融合型企业当期新增投资额减去股权转让、撤回投资等金额后的投资净额，该数值可为负数。

8. 第6行“上期留抵可抵免金额”：填写上期的“结转下期可抵免金额”。

9. 第7行“结转下期可抵免金额”：填写本期抵免应缴教育费附加、地方教育附加后允许结转下期抵免部分。

10. 第8行“当期新增可用于扣除的留抵退税额”：填写本期经税务机关批准的上期留抵税额退税额。本栏等于《附列资料二》第22栏“上期留抵税额退税”。

11. 第9行“上期结存可用于扣除的留抵退税额”：填写上期的“结转下期可用于扣除的留抵退税额”。

12. 第10行“结转下期可用于扣除的留抵退税额”：填写本期扣除后剩余的增值税留抵退税额，结转下期可用于扣除的留抵退税额 = 当期新增可用于扣除的留抵退税额 + 上期结存可用于扣除的留抵退税额 − 留抵退税本期扣除额。

13. 第1列“增值税税额”：填写主表增值税本期应补（退）税额。

14. 第2列“增值税免抵税额”：填写上期经税务机关核准的增值税免抵税额。

15. 第3列“留抵退税本期扣除额”：填写本期因增值税留抵退税扣除的计税依据。当第8行与第9行之和大于第1行第1列与第1行第2列之和时，第3列第1至3行分别按对应行第1列与第2列之和填写。当第8行与第9行之和（大于0）小于或等于第1行第1列与第1行第2列之和时，第3列第1至3行分别按第8行与第9行之和对应填写。当第8行与第9行之和（小于等于0）小于或等于第1行第1列与第1行第2列之和时，第3列第1至3行均填写0。

16. 第4列“税（费）率”：填写适用税（费）率。

17. 第5列“本期应纳税（费）额”：填写本期按适用的税（费）率计算缴纳的应纳税（费）额。计算公式为：本期应纳税（费）额 =（增值税税额 + 增值税免抵税额 − 留抵退税本期扣除额）× 税（费）率。

18. 第6列“减免性质代码”：按《减免税政策代码目录》中附加税费适用的减免性质代码填写，增值税小规模纳税人、小型微利企业和个体工商户“六税两费”减免政策优惠不填写，试点建设培育产教融合型企业抵免不填写。有减免税（费）情况的必填。

19. 第7列“减免税（费）额”：填写本期减免的税（费）额。

20. 第8列“减征比例（%）”：填写当地省级政府根据《……》（财税〔2022〕××号）确定的减征比例填写。

21. 第9列“减征额”：填写纳税人本期享受小微企业“六税两费”减征政策减征额。计算公式为：小微企业“六税两费”减征额 =（本期应纳税（费）额 − 本期减免税（费）额）× 减征比例。

22. 第10列“减免性质代码”：符合《财政部关于调整部分政府性基金有关政策的通知》（财税〔2019〕46号）规定的试点建设培育产教融合型企业分别填写教育费附加产教融合试点减免性质代码61101402、地方教育附加产教融合试点减免性质代码99101401。不适用建设培育产教融合型企业抵免政策的则为空。

23. 第11列“本期抵免金额”：填写试点建设培育产教融合型企业本期抵免的教育费附加、地方教育附加金额。

24. 第12列“本期已缴税（费）额”：填写本期应纳税（费）额中已经缴纳的部分。该列不包括本期预缴应补（退）税费情况。

25. 第13列“本期应补（退）税（费）额”：该列次与主表第39至41栏对应相等。计算公式为：本期应补（退）税（费）额 = 本期应纳税（费）额 − 本期减免税（费）额 − 试点建设培育产教融合型企业本期抵免金额 − 本期已缴税（费）额。

附件 3

《增值税及附加税费预缴表》附列资料

（附加税费情况表）

税（费）款所属时间：　　年　月　日至　　年　月　日

纳税人名称：（公章）　　　　　　　　　　　　　　　　金额单位：元（列至角分）

<table>
<tr><td colspan="4" rowspan="3">本期是否适用小微企业“六税两费”减免政策</td><td colspan="2" rowspan="3">□是　□否</td><td colspan="2" rowspan="2">减免政策适用主体</td><td colspan="3">增值税小规模纳税人：□是　□否</td></tr>
<tr><td colspan="3">增值税一般纳税人：□个体工商户　□小型微利企业</td></tr>
<tr><td colspan="2">适用减免政策起止时间</td><td colspan="3">年　月至　年　月</td></tr>
<tr><td rowspan="3">税（费）种</td><td>计税（费）依据</td><td rowspan="2">税（费）率（%）</td><td rowspan="2">本期应纳税（费）额</td><td colspan="2">本期减免税（费）额</td><td colspan="4">小微企业“六税两费”减征政策</td><td rowspan="2">本期实际预缴税（费）额</td></tr>
<tr><td>增值税预缴税额</td><td>减免性质代码</td><td>减免税（费）额</td><td colspan="2">减征比例（%）</td><td colspan="2">减征额</td></tr>
<tr><td>1</td><td>2</td><td>3 = 1 × 2</td><td>4</td><td>5</td><td colspan="2">6</td><td colspan="2">7 = (3 - 5) × 6</td><td>8 = 3 - 5 - 7</td></tr>
<tr><td>城市维护建设税</td><td></td><td></td><td></td><td></td><td></td><td></td><td></td><td></td><td></td><td></td></tr>
<tr><td>教育费附加</td><td></td><td></td><td></td><td></td><td></td><td></td><td></td><td></td><td></td><td></td></tr>
<tr><td>地方教育附加</td><td></td><td></td><td></td><td></td><td></td><td></td><td></td><td></td><td></td><td></td></tr>
<tr><td>合计</td><td>—</td><td>—</td><td></td><td>—</td><td></td><td>—</td><td></td><td>—</td><td></td><td></td></tr>
</table>

填写说明：

1.“税（费）款所属时间”：指纳税人申报的附加税（费）应纳税（费）额的所属时间，应填写具体的起止年、月、日。

2.“纳税人名称”：填写纳税人名称全称。

3.“本期是否适用小微企业‘六税两费’减免政策”：纳税人在税款所属期内适用增值税小规模纳税人、个体工商户、小型微利企业减免政策的，勾选“是”；否则，勾选“否”。

4.“减免政策适用主体”：适用小微企业“六税两费”减免政策的，填写本项。纳税人是增值税小规模纳税人的，在“增值税小规模纳税人”处勾选“是”，无需勾选“增值税一般纳税人：□个体工商户 □小型微利企业”；纳税人是增值税一般纳税人的，据类型勾选“个体工商户”或“小型微利企业”。登记为增值税一般纳税人的新设立企业，从事国家非限制和禁止行业，且同时符合设立时从业人数不超过300人、资产总额不超过5000万元两项条件的，勾选“小型微利企业”。

5.“适用减免政策起止时间”：填写适用减免政策的起止月份，不得超出当期申报的税款所属期限。

6. 第1列“增值税预缴税额”：填写纳税人按规定应预缴增值税税额。该栏次等于主表增值税本期合计预征税额（主表第6行第4栏）。

7. 第2列“税（费）率”：填写相应税（费）的税（费）率。

8. 第3列“本期应纳税（费）额”：填写本期按适用税（费）率计算缴纳的应纳税（费）额。本期应纳税（费）额＝增值税预缴税额×税（费）率。

9. 第4列“减免性质代码”：按《减免税政策代码目录》中附加税费适用的减免性质代码填写，增值税小规模纳税人、小型微利企业和个体工商户“六税两费”减免政策优惠不填写。有减免税（费）情况的必填。

10. 第5列“减免税（费）额”：填写本期减免的税（费）额。

11. 第6列“减征比例（%）”：填写当地省级政府根据《……》（财税〔2022〕××号）确定的比例。

12. 第7列“减征额”：填写纳税人本期享受小微企业“六税两费”减免政策减征额。小微企业“六税两费”减征额＝（本期应纳税（费）额－本期减免税（费）额）×减征比例。

13. 第8列“本期实际预缴税（费）额”：反映纳税人本期应预缴税（费）情况。本期实际预缴税（费）额＝本期应纳税（费）额－本期减免税（费）额－小微企业“六税两费”减免政策减征额。

附件 4

《消费税及附加税费申报表》附表 6

（消费税附加税费计算表）

金额单位：元（列至角分）

本期是否适用小微企业“六税两费”减免政策				□是　□否	减免政策适用主体		增值税小规模纳税人：□是　□否		
							增值税一般纳税人：□个体工商户　□小型微利企业		
					适用减免政策起止时间		年　月至　年　月		
税（费）种	计税（费）依据	税（费）率（%）	本期应纳税（费）额	本期减免税（费）额		小微企业“六税两费”减征政策		本期已缴税（费）额	本期应补（退）税（费）额
	消费税税额			减免性质代码	减免税（费）额	减征比例（%）	减征额		
	1	2	3 = 1 × 2	4	5	6	7 = (3 − 5) × 6	8	9 = 3 − 5 − 7 − 8
城市维护建设税									
教育费附加									
地方教育附加									
合计	—	—		—		—			

填写说明：

1. 本表由消费税纳税人填报。

2. 本期是否适用小微企业“六税两费”减免政策：纳税人在税款所属期内适用增值税小规模纳税人、个体工商户、小型微利企业减免政策的，勾选“是”；否则，勾选“否”。“减免政策适用主体”：适用小微企业“六税两费”减免政策的，填写本项。纳税人是增值税小规模纳税人的，在“增值税小规模纳税人”处勾选“是”，无需勾选“增值税一般纳税人：□个体工商户　□小型微利企业”；纳税人是增值税一般纳税人的，据类型勾选“个体工商户”或“小型微利企业”。登记为增值税一般纳税人的新设立企业，从事国家非限制和禁止行业，且同时符合设立时从业人数不超过300人、资产总额不超过5000万元两项条件的，勾选“小型微利企业”。“适用减免政策起止时间”：填写适用减免政策的起止月份，不得超出当期申报的税款所属期限。

3. 本表第1栏“消费税税额”：填写主表“本期应补（退）税额”栏数值。

4. 本表第2栏“税（费）率”：填写相应税（费）的税（费）率。

5. 本表第3栏“本期应纳税（费）额”：填写本期按适用的税（费）率计算缴纳的应纳税（费）额。计算公式为：本期应纳税（费）额＝消费税税额×税（费）率

6. 本表第4栏“减免性质代码”：按《减免税政策代码目录》中附加税费适用的减免性质代码填写，增值税小规模纳税人、小型微利企业和个体工商户“六税两费”减免政策优惠不填写。有减免税（费）情况的必填。

7. 本表第5栏“减免税（费）额”：填写本期减免的税（费）额。

8. 本表第6栏“减征比例（%）”：填写当地省级政府根据《……》（财税〔2022〕××号）确定的比例。

9. 本表第7栏“减征额”：填写纳税人本期享受小微企业“六税两费”减免政策减征额。小微企业“六税两费”减征额＝（本期应纳税（费）额－本期减免税（费）额）×减征比例。

10. 本表第8栏“本期已缴税（费）额”：填写本期应纳税（费）额中已经缴纳的部分。

11. 本表第9栏“本期应补（退）税（费）额”：计算公式为：本期应补（退）税（费）额＝本期应纳税（费）额－减免税（费）额－小微企业“六税两费”减免政策减征额－本期已缴税（费）额。

12. 本表为A4横式，所有数字小数点后保留两位。一式二份，一份纳税人留存，一份税务机关留存。

6－4－51

国家税务总局关于优化纳税人延期缴纳税款等税务事项管理方式的公告

2022年9月28日　国家税务总局公告2022年第20号

为落实《国务院办公厅关于全面实行行政许可事项清单管理的通知》（国办发〔2022〕2号）要求，进一步优化税收营商环境，深入开展“我为纳税人缴费人办实事暨便民办税春风行动”，根据《国家税务总局关于全面实行税务行政许可事项清单管理的公告》（2022年第19号），税务总局决定进一步简化优化“对纳税人延期缴纳税款的核准”“对纳税人延期申报的核准”“对纳税人变更纳税定额的核准”“对采取实际利润额预缴以外的其他企业所得税预缴方式的核定”“确定发票印制企业”5个事项的办理程序。现就有关事项公告如下：

一、“对纳税人延期缴纳税款的核准”“对纳税人延期申报的核准”“对纳税人变更纳税定额的核准”“对采取实际利润额预缴以外的其他企业所得税预缴方式的核定”4个事项按照行政征收相关事项管理，依据《中华人民共和国税收征收管理法》及其实施细则、《中华人民共和国企业所得税法》及其实施条例等相关法律、行政法规规定实施，同时简化办理程序。

（一）简化受理环节。将受理环节由5个工作日压缩至2个工作日。税务机关接收申请材料，当场或者在2个工作日内进行核对。材料齐全、符合法定形式的，自收到申请材料之日起即为受理；材料不齐全、不符合法定形式的，一次性告知需要补正的全部内容。将“对纳税人延期缴纳税款的核准”事项的受理机关由省税务机关调整为主管税务机关，取消代办转报环节。

（二）简并办理程序。将办理程序由“申请、受理、审查、决定”调整为“申请、受理、核准（核定）”。

1.“对纳税人延期缴纳税款的核准”，税务机关收到纳税人延期缴纳税款申请后，对其提供的生产经营和货币资金情况进行核实，情况属实且符合法定条件的，通知纳税人延期缴纳税款。对该事项不再实行重大执法决定法制审核。

2.“对纳税人延期申报的核准”，税务机关收到纳税人、扣缴义务人延期申报申请后，对其反映的困难或者不可抗力情况进行核实，情况属实且符合法定条件的，通知纳税人、扣缴义务人延期申报。

3.“对纳税人变更纳税定额的核准”，税务机关收到纳税人对已核定应纳税额的异议申请后，按照《个体工商户税收定期定额征收管理办法》（国家税务总局令第16号公布，第44号修改）规定的核定程序重新核定定额并通知纳税人。

4.“对采取实际利润额预缴以外的其他企业所得税预缴方式的核定”，税务机关收到纳税人企业所得税预缴方式核定申请后，对其反映的困难情况进行核实，情况属实且符合法定条件的，核定预缴方式并通知纳税人。

（三）减少材料报送。对已实名办税纳税人、扣缴义务人的经办人、代理人，免于提供个人身份证件。

（四）实行全程网办。税务机关依托电子税务局支持事项全程网上办理。经申请人同意，可以采用电子送达方式送达税务文书。

在符合法律、行政法规规定的前提下，各省税务机关可以进一步采取承诺容缺、压缩办结时限等措施优化事项办理程序。

二、将“企业印制发票审批”名称调整为“确定发票印制企业”，按照政府采购事项管理，依据《中华人民共和国税收征收管理法》及其实施细则、《中华人民共和国发票管理办法》及其实施细则、《中华人民共和国政府采购法》及其实施条例等法律、行政法规、规章规定实施。

本公告自2022年11月1日起施行，《国家税务总局关于个体工商户定期定额征收管理有关问题的通知》（国税发〔2006〕183号）第六条第一项“税务机关应当按照核定程序核定其定额。对未达起征点的定期定额户，税务机关应当送达《未达起征点通知书》”，《国家税务总局关于印发个体工商户税收定期定额征收管理文书的通知》（国税函〔2006〕1199号）附件4、附件5、附件6、附件7同时废止。

特此公告。

附件：1.“对纳税人延期缴纳税款的核准”等事项实施规定

2. 税务文书样式

附件1

“对纳税人延期缴纳税款的核准”等事项实施规定

一、对纳税人延期缴纳税款的核准实施规定

（一）事项名称

对纳税人延期缴纳税款的核准

（二）实施机关

国家税务总局各省、自治区、直辖市和计划单列市税务局

（三）设定依据

1.《中华人民共和国税收征收管理法》第三十一条第二款：纳税人因有特殊困难，不能按期缴纳税款的，经省、自治区、直辖市国家税务局、地方税务局批准，可以延期缴纳税款，但是最长不得超过三个月。

2.《中华人民共和国税收征收管理法实施细则》第四十一条：纳税人有下列情形之一的，属于税收征管法第三十一条所称特殊困难：

（一）因不可抗力，导致纳税人发生较大损失，正常生产经营活动受到较大影响的；

（二）当期货币资金在扣除应付职工工资、社会保险费后，不足以缴纳税款的。

计划单列市国家税务局、地方税务局可以参照税收征管法第三十一条第二款的批准权限，审批纳税人延期缴纳税款。

3.《中华人民共和国税收征收管理法实施细则》第四十二条第一款：纳税人需要延期缴纳税款的，应当在缴纳税款期限届满前提出申请，并报送下列材料：申请延期缴纳税款报告，当期货币资金余额情况及所有银行存款账户的对账单，资产负债表，应付职工工资和社会保险费等税务机关要求提供的支出预算。

（四）实施条件

纳税人有下列情形之一，不能按期缴纳税款的，经税务机关批准，可以延期缴纳税款：

1. 因不可抗力，导致纳税人发生较大损失，正常生产经营活动受到较大影响的；

2. 当期货币资金在扣除应付职工工资、社会保险费后，不足以缴纳税款的。

（五）提交材料

1. 延期缴纳税款申请表；

2. 经办人身份证件；

3. 代理委托书；

4. 代理人身份证件；

5. 所有银行存款账户的对账单。

（申请人通过办税窗口申请的，提供经办人、代理人身份证件原件，税务机关查验后退回；通过电子税务局等网上办税途径申请的，提供经办人、代理人身份证件原件电子照片或者扫描件。对已实名办税纳税人的经办人、代理人，免于提供个人身份证件。）

（六）申请时限

缴纳税款期限届满前。

（七）实施程序

1. 受理

申请人通过办税窗口、电子税务局等途径向主管税务机关提交申请材料。申请人可以委托代理人提出申请，税务机关不得拒绝受理。

主管税务机关收到申请材料后，当场或者在 2 个工作日内进行核对。材料齐全、符合法定形式的，自收到申请材料之日起即为受理；材料不齐全、不符合法定形式的，制作《税务事项通知书（补正通知）》一次性告知需要补正的全部内容。

2. 核实

主管税务机关对延期缴纳税款申请材料进行核实，应当以书面核实为原则；根据法定条件和程序，需要进行实地核实的，应当指派两名以上税务人员核实。

申请人、利害关系人有权进行陈述和申辩，税务机关应当认真听取申请人、利害关系人的意见，对其提出的事实、理由和证据应当进行复核；申请人、利害关系人提出的事实、理由或者证据成立的，应当采纳，有关过程应当予以记录。主管税务机关将核实情况和处理意见直报省税务机关。

3. 通知

（1）符合法定条件的，省税务机关出具加盖本税务机关印章或者税收业务专用章的《延期缴纳税款通知书》。

（2）不符合法定条件的，省税务机关出具加盖本税务机关印章或者税收业务专用章的《不予延期缴纳税款通知书》，并应当说明理由，告知申请人享有申请行政复议或者提起行政诉讼的权利。

省税务机关可以直接或者委托主管税务机关将上述文书送交申请人。

（八）办结时限

本事项法定办结时限为 20 日，税务机关应当自受理之日起 20 日内办结。20 日的最后一日是法定休假日的，以休假日期满的次日为期限的最后一日；在期限内有连续 3 日以上法定休假日的，按休假日天数顺延。

有条件的税务机关在 10 个工作日内办结。

（九）监管规则

纳税人未按照核准的期限缴纳税款，由税务机关责令限期缴纳，逾期仍未缴纳的，经县以上税务局（分局）局长批准，税务机关可以依照《中华人民共和国税收征收管理法》第四十条的规定采取强制执行措施追缴其不缴或者少缴的税款及滞纳金，并可以依法处以罚款。

二、对纳税人延期申报的核准实施规定

（一）事项名称

对纳税人延期申报的核准

（二）实施机关

主管税务机关

（三）设定依据

1.《中华人民共和国税收征收管理法》第二十七条第一款：纳税人、扣缴义务人不能按期办理纳税申报或者报送代扣代缴、代收代缴税款报告表的，经税务机关核准，可以延期申报。

2.《中华人民共和国税收征收管理法实施细则》第三十七条:纳税人、扣缴义务人按照规定的期限办理纳税申报或者报送代扣代缴、代收代缴税款报告表确有困难,需要延期的,应当在规定的期限内向税务机关提出书面延期申请,经税务机关核准,在核准的期限内办理。

纳税人、扣缴义务人因不可抗力,不能按期办理纳税申报或者报送代扣代缴、代收代缴税款报告表的,可以延期办理;但是,应当在不可抗力情形消除后立即向税务机关报告。税务机关应当查明事实,予以核准。

(四)实施条件

纳税人、扣缴义务人有下列情形之一的,经税务机关核准,可以延期申报:

1. 因不可抗力,不能按期办理纳税申报或者报送代扣代缴、代收代缴税款报告表的,可以延期办理。但应当在不可抗力情形消除后立即向税务机关报告;

2. 因其他原因,按照规定的期限办理纳税申报或者报送代扣代缴、代收代缴税款报告表确有困难,需要延期的。

(五)提交材料

1. 延期申报申请表;

2. 经办人身份证件;

3. 代理委托书;

4. 代理人身份证件。

(申请人通过办税窗口申请的,提供经办人、代理人身份证件原件,税务机关查验后退回;通过电子税务局等网上办税途径申请的,提供经办人、代理人身份证件原件电子照片或者扫描件。对已实名办税纳税人、扣缴义务人的经办人、代理人,免于提供个人身份证件。)

(六)申请时限

1. 因不可抗力,不能按期办理纳税申报或者报送代扣代缴、代收代缴税款报告表的,应当在不可抗力情形消除后立即向税务机关报告;

2. 因其他原因,按照规定的期限办理纳税申报或者报送代扣代缴、代收代缴税款报告表确有困难,需要延期的,在申报期限内申请。

(七)实施程序

1. 受理

申请人通过办税窗口、电子税务局等途径向主管税务机关提交申请材料。申请人可以委托代理人提出申请,税务机关不得拒绝受理。

主管税务机关收到申请材料后,当场或者在2个工作日内进行核对。材料齐全、符合法定形式的,自收到申请材料之日起即为受理;材料不齐全、不符合法定形式的,制作《税务事项通知书(补正通知)》一次性告知需要补正的全部内容。

2. 核实

主管税务机关对延期申报申请材料进行核实,应当以书面核实为原则;根据法定条件和程序,需要进行实地核实的,应当指派两名以上税务人员核实。

申请人、利害关系人有权进行陈述和申辩,税务机关应当认真听取申请人、利害关系人的意见，对其提出的事实、理由和证据应当进行复核；申请人、利害关系人提出的事实、理由或者证据成立的，应当采纳，有关过程应当予以记录。

3. 通知

（1）符合法定条件的，主管税务机关出具加盖本税务机关印章或者税收业务专用章的《延期申报通知书》，同时根据《中华人民共和国税收征收管理法》第二十七条第二款规定确定预缴税额，一并通知申请人。

（2）不符合法定条件的，主管税务机关出具加盖本税务机关印章或者税收业务专用章的《不予延期申报通知书》，并应当说明理由，告知申请人享有申请行政复议或者提起行政诉讼的权利。

（八）办结时限

本事项办结时限为10个工作日，税务机关应当自受理之日起10个工作日内办结。10个工作日内不能办结的，经本税务机关负责人批准，可以延长5个工作日，并应当将延长期限的理由告知申请人。

（九）监管规则

纳税人未按照核准的期限办理纳税申报和报送纳税资料的，或者扣缴义务人未按照核准的期限向税务机关报送代扣代缴、代收代缴税款报告表和有关资料的，由税务机关责令限期改正，可以依据《中华人民共和国税收征收管理法》规定予以处罚。

三、对纳税人变更纳税定额的核准实施规定

（一）事项名称

对纳税人变更纳税定额的核准

（二）实施机关

主管税务机关

（三）设定依据

《中华人民共和国税收征收管理法实施细则》第四十七条第三款：纳税人对税务机关采取本条规定的方法核定的应纳税额有异议的，应当提供相关证据，经税务机关认定后，调整应纳税额。

（四）实施条件

申请人对税务机关采取以下方法核定的应纳税额有异议的，应当提供相关证据，经税务机关认定后，调整应纳税额：

1. 参照当地同类行业或者类似行业中经营规模和收入水平相近的纳税人的税负水平核定；

2. 按照营业收入或者成本加合理的费用和利润的方法核定；

3. 按照耗用的原材料、燃料、动力等推算或者测算核定；

4. 按照其他合理的方法核定。

（五）提交材料

（1）个体工商户定额核定表；

（2）经办人身份证件；

（3）申请变更纳税定额的相关证明材料；

(4)代理委托书;

(5)代理人身份证件。

(申请人通过办税窗口申请的,提供经办人、代理人身份证件原件,税务机关查验后退回;通过电子税务局等网上办税途径申请的,提供经办人、代理人身份证件原件电子照片或者扫描件。对已实名办税纳税人的经办人、代理人,免于提供个人身份证件。)

(六)提交材料时限

无

(七)实施程序

1. 受理

税务机关接收纳税人对已核定应纳税额提交的异议材料,当场或者在2个工作日内进行核对。材料齐全、符合法定形式的,自收到异议材料之日起即为受理;材料不齐全、不符合法定形式的,制作《税务事项通知书(补正通知)》一次性告知需要补正的全部内容。

2. 核定和通知

按照《个体工商户税收定期定额征收管理办法》(国家税务总局令第16号公布,第44号修改)规定的核定程序重新核定定额并通知纳税人。其中,予以变更核定定额的,出具《核定定额通知书》;不予变更核定定额的,出具《不予变更纳税定额通知书》,并应当说明理由,告知纳税人享有申请行政复议或者提起行政诉讼的权利。

(八)办结时限

本事项办结时限为15个工作日(含公示时间),税务机关应当自受理之日起15个工作日内办结。15个工作日内不能办结的,经本税务机关负责人批准,可以延长5个工作日,并应当将延长期限的理由告知纳税人。

(九)监管规则

1. 主管税务机关应当将定期定额户进行分类,在年度内按行业、区域选择一定数量并具有代表性的定期定额户,对其经营、所得情况进行典型调查;

2. 经税务机关检查发现定期定额户在以前定额执行期发生的经营额、所得额超过定额,或者当期发生的经营额、所得额超过定额一定幅度而未向税务机关进行纳税申报及结清应纳税款的,税务机关应当追缴税款、加收滞纳金,并按照法律、行政法规规定予以处理。其经营额、所得额连续纳税期超过定额,税务机关应当按照《个体工商户税收定期定额征收管理办法》(国家税务总局令第16号公布,第44号修改)第十八条的规定重新核定其定额。

四、对采取实际利润额预缴以外的其他企业所得税预缴方式的核定实施规定

(一)事项名称

对采取实际利润额预缴以外的其他企业所得税预缴方式的核定

(二)实施机关

主管税务机关

(三)设定依据

《中华人民共和国企业所得税法实施条例》第一百二十七条:企业所得税分月或者分季预缴,由税务机关具体核定。

企业根据企业所得税法第五十四条规定分月或者分季预缴企业所得税时,应当按照月

度或者季度的实际利润额预缴；按照月度或者季度的实际利润额预缴有困难的，可以按照上一纳税年度应纳税所得额的月度或者季度平均额预缴，或者按照经税务机关认可的其他方法预缴。预缴方法一经确定，该纳税年度内不得随意变更。

（四）实施条件

按照月度或者季度的实际利润额预缴有困难的企业，可以提出申请。

（五）提交材料

1. 企业所得税预缴方式（实际利润额以外）核定申请表；

2. 经办人身份证件；

3. 代理委托书；

4. 代理人身份证件；

5. 按照月度或者季度的实际利润额预缴确有困难的证明材料。

（申请人通过办税窗口申请的，提供经办人、代理人身份证件原件，税务机关查验后退回；通过电子税务局等网上办税途径申请的，提供经办人、代理人身份证件原件电子照片或者扫描件。对已实名办税纳税人的经办人、代理人，免于提供个人身份证件。）

（六）申请时限

按月度预缴企业所得税的申请人应当于每年 1 月 31 日前提出申请；按季度预缴企业所得税的申请人应当于每年 3 月 31 日前提出申请。

（七）实施程序

1. 受理

申请人通过办税窗口、电子税务局等途径向主管税务机关提交申请材料。申请人可以委托代理人提出申请，税务机关不得拒绝受理。

主管税务机关收到申请材料后，当场或者在 2 个工作日内进行核对。材料齐全、符合法定形式的，自收到申请材料之日起即为受理；材料不齐全、不符合法定形式的，制作《税务事项通知书（补正通知）》一次性告知需要补正的全部内容。

2. 核实

主管税务机关对企业所得税预缴方式申请材料进行核实，应当以书面核实为原则；根据法定条件和程序，需要进行实地核实的，应当指派两名以上税务人员核实。

申请人、利害关系人有权进行陈述和申辩，税务机关应当认真听取申请人、利害关系人的意见，对其提出的事实、理由和证据应当进行复核；申请人、利害关系人提出的事实、理由或者证据成立的，应当采纳，有关过程应当予以记录。

3. 通知

（1）符合法定条件的，主管税务机关出具加盖本税务机关印章或者税收业务专用章的《企业所得税预缴方式（实际利润额以外）核定通知书》。

（2）不符合法定条件的，主管税务机关出具加盖本税务机关印章或者税收业务专用章的《不予核定企业所得税预缴方式（实际利润额以外）通知书》，并应当说明理由，告知申请人享有申请行政复议或者提起行政诉讼的权利。

（八）办结时限

本事项办结时限为 10 个工作日，税务机关应当自受理之日起 10 个工作日内办结。10

个工作日内不能办结的，经本税务机关负责人批准，可以延长5个工作日，并应当将延长期限的理由告知申请人。

（九）监管规则

对采取实际利润额预缴以外的其他企业所得税预缴方式的企业预缴情况进行事后核查，发现其未按规定预缴造成少缴税款的，按规定追缴税款并加收滞纳金。

五、确定发票印制企业实施规定

（一）事项名称

确定发票印制企业

（二）实施机关

增值税专用发票印制企业由国家税务总局确定；其他发票印制企业由国家税务总局各省、自治区、直辖市税务局确定。

（三）设定依据

1.《中华人民共和国税收征收管理法》第二十二条：增值税专用发票由国务院税务主管部门指定的企业印制；其他发票，按照国务院税务主管部门的规定，分别由省、自治区、直辖市国家税务局、地方税务局指定企业印制。

未经前款规定的税务机关指定，不得印制发票。

2.《中华人民共和国发票管理办法》第七条：增值税专用发票由国务院税务主管部门确定的企业印制；其他发票，按照国务院税务主管部门的规定，由省、自治区、直辖市税务机关确定的企业印制。禁止私自印制、伪造、变造发票。

（四）实施条件

印制发票的企业应当具备下列条件：

1. 取得印刷经营许可证和营业执照；

2. 设备、技术水平能够满足印制发票的需要；

3. 有健全的财务制度和严格的质量监督、安全管理、保密制度。

（五）提交材料

1. 印刷经营许可证或者其他印刷品印制许可证；

2. 生产设备、生产流程及安全管理制度；

3. 生产工艺及产品检验制度；

4. 保存、运输及交付相关制度；

5. 参加政府采购按规定需提供的其他材料。

（六）提交材料时限

按照政府采购程序确定。

（七）实施程序

税务机关应当严格按照政府采购程序组织实施采购，确定采购结果，并与发票印制企业签订采购合同。

（八）办结时限

按照政府采购程序确定。

（九）监管规则

1. 根据政府采购合同（含招标采购文件、投标或者响应文件）确定的要求进行到货验收，确保印制企业交付的发票满足使用要求，验收结果作为付款和退还履约保证金的依据；

2. 对出厂后的发票产品进行抽查检测，发现不合格产品的，按照采购合同中的违约条款进行处理。

附件 2

税务文书样式

文书样式之一：

延期缴纳税款申请表

申请日期：　　年　月　日

<table>
<tr><td rowspan="4">申请人</td><td colspan="2">申请人名称</td><td colspan="4"></td></tr>
<tr><td colspan="2">统一社会信用代码
（纳税人识别号）</td><td colspan="4"></td></tr>
<tr><td colspan="2">地址及邮政编码</td><td colspan="4"></td></tr>
<tr><td>经办人</td><td></td><td>身份证件号码</td><td></td><td>联系电话</td><td></td></tr>
<tr><td rowspan="2">代理人</td><td>代理机构名称</td><td></td><td>统一社会信用代码
（纳税人识别号）</td><td colspan="3"></td></tr>
<tr><td>代理人员姓名</td><td></td><td>身份证件号码</td><td></td><td>联系电话</td><td></td></tr>
<tr><td>提交材料</td><td colspan="6">除提供经办人身份证件（□）外，应提供以下相应材料：
<table>
<tr><td rowspan="3">申请延期缴纳税款情况</td><td>税种</td><td>税款所属时期</td><td>应纳税额</td><td>申请延期缴纳税额</td><td>申请延期缴纳期限</td></tr>
<tr><td></td><td></td><td></td><td></td><td></td></tr>
<tr><td></td><td></td><td></td><td></td><td></td></tr>
<tr><td colspan="3">当期货币资金余额
（纳税人申请延期缴纳税款之日的资金余额，其中不含国家法律和行政法规明确规定企业不可动用的资金）</td><td colspan="3">人民币（大写）　　　　　　¥</td></tr>
<tr><td colspan="2">当期应付职工工资支出预算</td><td></td><td colspan="2">当期社会保险费支出预算</td><td></td></tr>
<tr><td colspan="2">人员工资支出情况</td><td></td><td colspan="2">社会保险费支出情况</td><td></td></tr>
<tr><td colspan="2">申请理由
（可另附页，如存在国家法律和行政法规明确规定企业不可动用的资金，可在本部分说明有关情况。）</td><td colspan="4"></td></tr>
<tr><td colspan="2">申请人承诺</td><td colspan="4"></td></tr>
</table>
（因不可抗力，导致纳税人发生较大损失，正常生产经营活动受到较大影响的，须在“申请理由”栏次中对不可抗力情况进行说明，并在“申请人承诺”栏次填写：“以上情况属实，特此承诺。”）
□所有银行存款账户的对账单
委托代理人提出申请的，还应当提供代理委托书（□）、代理人身份证件（□）。</td></tr>
</table>

受理回执

本机关于______年____月____日收到你(单位)上述申请材料,经核对,

□予以受理。该事项办结时限为____个工作日。办理结果将通过□受理窗口　□邮寄方式　□电子送达方式发放,如有提前,将电话通知。

你(单位)可通过____________________途径查询办理进程。

□不予受理。原因:该事项不属于本机关职权范围,请你(单位)向＿(有关行政机关)＿申请。

税务机关

(加盖税务机关印章或者税收业务专用章)

年　月　日

受理回执签收人(签字或者盖章):

____年__月__日

(本文书一式两份,申请人和税务机关各留存一份)

文书样式之二:

延期缴纳税款通知书

(　　)税延缴字〔　〕(　)号

____________(申请人):(纳税人识别号:　　　　　　　)

你(单位)于______年____月____日提出的延期缴纳税款申请,主管税务机关于______年____月____日受理。

经审查,根据《中华人民共和国税收征收管理法》第三十一条第二款的规定,你(单位)可以延期缴纳税款。具体如下:

税种	税款所属时期	延期缴纳税额	延期缴纳期限

税务机关

(加盖税务机关印章或者税收业务专用章)

年　月　日

签收栏
签收人: 年　月　日

文书样式之三：

不予延期缴纳税款通知书

(　　)税延缴不准字〔　〕(　)号

____________(申请人)：(纳税人识别号：　　　　　　　　)

你(单位)于______年____月____日提出的延期缴纳税款申请，主管税务机关于______年____月____日受理。

经审查，你(单位)提出的延期缴纳税款申请____(不予核准的依据和理由)____，因此不予延期缴纳税款。

如你(单位)不服，请于收到本通知之日起六十日内向____(行政复议机关名称)____申请行政复议，或者在六个月内向____________人民法院提起诉讼。

税务机关

(加盖税务机关印章或者税收业务专用章)

年　月　日

签收栏
签收人： 年　月　日

文书样式之四：

延期申报申请表

申请日期：　　年　月　日

<table>
<tr><td rowspan="4">申请人</td><td colspan="2">申请人名称</td><td colspan="4"></td></tr>
<tr><td colspan="2">统一社会信用代码
（纳税人识别号）</td><td colspan="4"></td></tr>
<tr><td colspan="2">地址及邮政编码</td><td colspan="4"></td></tr>
<tr><td>经办人</td><td></td><td>身份证件号码</td><td></td><td>联系电话</td><td></td></tr>
<tr><td rowspan="2">代理人</td><td>代理机构名称</td><td></td><td>统一社会信用代码
（纳税人识别号）</td><td colspan="3"></td></tr>
<tr><td>代理人员姓名</td><td></td><td>身份证件号码</td><td></td><td>联系电话</td><td></td></tr>
<tr><td rowspan="2">提交材料</td><td colspan="6">除提供经办人身份证件（□）外，应提供以下相应材料：
<table>
<tr><td rowspan="3">申请延期情况</td><td>税种</td><td>税款所属时期</td><td>规定申报期限</td><td>申请延期申报的期限</td></tr>
<tr><td></td><td></td><td></td><td></td></tr>
<tr><td></td><td></td><td></td><td></td></tr>
<tr><td colspan="2">申请理由
（可另附页）</td><td colspan="3"></td></tr>
</table>
</td></tr>
<tr><td colspan="6">委托代理人提出申请的，还应当提供代理委托书（□）、代理人身份证件（□）。</td></tr>
</table>

受理回执

本机关于______年____月____日收到你（单位）上述申请材料，经核对，

□予以受理。该事项办结时限为____个工作日。办理结果将通过□受理窗口　□邮寄方式　□电子送达方式发放，如有提前，将电话通知。

你（单位）可通过____________________途径查询办理进程。

□不予受理。原因：该事项不属于本机关职权范围，请你（单位）向＿（有关行政机关）＿申请。

税务机关

（加盖税务机关印章或者税收业务专用章）

年　月　日

受理回执签收人（签字或者盖章）：

____年__月__日

（本文书一式两份，申请人和税务机关各留存一份）

文书样式之五：

延期申报通知书

(　　)税延申字〔　〕(　)号

______(申请人)：(纳税人识别号：　　　　　　)

你(单位)于______年____月____日提出的延期申报申请，本机关于______年____月____日受理。

经审查，根据《中华人民共和国税收征收管理法》第二十七条第一款的规定，你(单位)可以延期申报。具体如下：

税种	税目	税款所属时期	延期申报期限

税务机关

(加盖税务机关印章或者税收业务专用章)

年　月　日

签收栏
签收人： 年　月　日

文书样式之六：

不予延期申报通知书

（　　）税延申不准字〔　〕（　）号

____________（申请人）：（纳税人识别号：　　　　　　　　）

你（单位）于______年____月____日提出的延期申报申请，本机关于______年____月____日受理。

经审查，你（单位）提出的延期申报申请____（不予核准的依据和理由）____，因此不予延期申报。

如你（单位）不服，请于收到本通知之日起六十日内向____（行政复议机关名称）____申请行政复议，或者在六个月内向____________人民法院提起诉讼。

税务机关

（加盖税务机关印章或者税收业务专用章）

年　月　日

签收栏
签收人：
年　月　日

文书样式之七：

个体工商户定额核定表

纳税人名称：

<table>
<tr><td>纳税人识别号</td><td colspan="2"></td><td>业主姓名</td><td></td></tr>
<tr><td>核定期限</td><td colspan="4">年 月 日至 年 月 日</td></tr>
<tr><td rowspan="5">业主自报</td><td>征收项目</td><td>月应纳税经营额</td><td>税率</td><td>月应纳税额</td></tr>
<tr><td></td><td></td><td></td><td></td></tr>
<tr><td></td><td></td><td></td><td></td></tr>
<tr><td></td><td></td><td></td><td></td></tr>
<tr><td colspan="3">合计</td><td></td></tr>
<tr><td colspan="5">以下内容由税务机关填写</td></tr>
<tr><td>定额比对</td><td colspan="2">上期定额</td><td colspan="2">上期月均开具发票应税金额</td></tr>
<tr><td></td><td></td><td></td><td></td><td></td></tr>
<tr><td rowspan="5">主管税务机关核定</td><td>征收项目</td><td>月应纳税经营额</td><td>税率</td><td>月应纳税额</td></tr>
<tr><td></td><td></td><td></td><td></td></tr>
<tr><td></td><td></td><td></td><td></td></tr>
<tr><td></td><td></td><td></td><td></td></tr>
<tr><td colspan="3">合计</td><td></td></tr>
<tr><td>管理环节意见</td><td colspan="4">经办人： 负责人： （签章） 年 月 日</td></tr>
<tr><td>主管税务机关意见</td><td colspan="4">负责人： （签章） 年 月 日</td></tr>
<tr><td>县（市）级税务机关意见</td><td colspan="4">负责人： （签章） 年 月 日</td></tr>
</table>

填表时间. 年 月 日

注：本表一式三份，一份纳税人留存、主管税务机关和县（市）级税务机关各留存一份。

受理回执

本机关于______年____月____日收到你（单位）上述申请材料，经核对，

□予以受理。该事项办结时限为____个工作日。办理结果将通过□受理窗口 □邮寄方式 □电子送达方式发放，如有提前，将电话通知。

你（单位）可通过___________途径查询办理进程。

□不予受理。原因:该事项不属于本机关职权范围,请你(单位)向____(有关行政机关)____申请。

税务机关
(加盖税务机关印章或者税收业务专用章)
年 月 日

受理回执签收人(签字或者盖章):

____年__月__日

(本文书一式两份,申请人和税务机关各留存一份)

文书样式之八:

核定定额通知书

(　　)税核〔　〕(　)号

____________(申请人):(纳税人识别号:　　　　　　　　)

根据《中华人民共和国税收征收管理法》《中华人民共和国税收征收管理法实施细则》以及相关规定,经审核你户月应纳税额为____元(分税种税额见下表)。请按规定的期限申报缴纳应纳税款。本通知自______年____月____日起至______年____月____日止执行。

应纳税额明细表

税种	应纳税经营额	税率(征收率)	税额(元)
税额合计(大写):			

税务机关
(加盖税务机关印章或者税收业务专用章)
年 月 日

告知事项:

1. 你(单位)如发生下列情形,应当在法律、行政法规规定的申报期限内,向税务机关办理申报纳税:

(1)定额与发票开具金额或者税控系统记录数据比对后,超过定额的经营额、所得额所应缴纳的税款;

(2)在税务机关核定定额的经营地点以外从事经营活动所应缴纳的税款;

(3)核定经营额未达到起征点而实际经营额达到起征点;

(4)月应纳税经营额超过税务机关核定定额百分之____。

2. 定期定额户应当在定额执行期满后____日内,以该期每月实际发生的经营额、所得额向主管税务机关进行汇总申报。

3. 不按规定的期限进行申报或者缴纳应纳税款的,税务机关将依法予以处理。

签收栏
签收人： 年　月　日

文书样式之九：

不予变更纳税定额通知书

(　　)税不变字〔　〕(　)号

____________(申请人)：

你(单位)于______年____月____日提交的《个体工商户定额核定表》收悉。

经核实，原核定定额符合实际，因此不予变更，特此通知。

如你(单位)不服，请于收到本通知之日起六十日内向____(行政复议机关名称)____申请行政复议，或者在六个月内向____________人民法院提起诉讼。

税务机关
(加盖税务机关印章或者税收业务专用章)
年　月　日

签收栏
签收人： 年　月　日

文书样式之十：

企业所得税预缴方式（实际利润额以外）核定申请表

申请日期：　　年　月　日

<table>
<tr><td rowspan="4">申请人</td><td colspan="2">申请人名称</td><td colspan="4"></td></tr>
<tr><td colspan="2">统一社会信用代码
（纳税人识别号）</td><td colspan="4"></td></tr>
<tr><td colspan="2">地址及邮政编码</td><td colspan="4"></td></tr>
<tr><td>经办人</td><td></td><td>身份证件号码</td><td></td><td>联系电话</td><td></td></tr>
<tr><td rowspan="2">代理人</td><td>代理机构名称</td><td></td><td>统一社会信用代码
（纳税人识别号）</td><td colspan="3"></td></tr>
<tr><td>代理人员姓名</td><td></td><td>身份证件号码</td><td></td><td>联系电话</td><td></td></tr>
<tr><td>申请
预缴
方式</td><td colspan="3">□按照上一纳税年度应纳税所得额平均额预缴</td><td colspan="3">□按照其他方法预缴</td></tr>
<tr><td>提交
材料</td><td colspan="6">除提供经办人身份证件（□）外，应根据申请事项提供以下相应材料：
□按照月度或者季度的实际利润额预缴确有困难的证明材料
委托代理人提出申请的，还应当提供代理委托书（□）、代理人身份证件（□）。</td></tr>
</table>

受理回执

本机关于______年____月____日收到你（单位）上述申请材料，经核对，

□予以受理。该事项办结时限为____个工作日。办理结果将通过□受理窗口　□邮寄方式　□电子送达方式发放，如有提前，将电话通知。

你（单位）可通过__________________途径查询办理进程。

□不予受理。原因：该事项不属于本机关职权范围，请你（单位）向___（有关行政机关）___申请。

税务机关

（加盖税务机关印章或者税收业务专用章）

年　月　日

受理回执签收人（签字或者盖章）：

____年__月__日

（本文书一式两份，申请人和税务机关各留存一份）

文书样式之十一：

企业所得税预缴方式(实际利润额以外)核定通知书

(　　)税企预核字〔　〕(　)号

______(申请人)：

你(单位)于______年____月____日提出的企业所得税预缴方式核定申请,本机关于______年____月____日受理。

经审查,根据《中华人民共和国企业所得税法实施条例》第一百二十七条的规定,认可你(单位)______年度采取实际利润额预缴以外的其他企业所得税预缴方式(□按照上一纳税年度应纳税所得额平均额预缴;□按照经税务机关认可的其他方法预缴)预缴企业所得税。

税务机关
(加盖税务机关印章或者税收业务专用章)
年　月　日

签收栏
签收人： 年　月　日

文书样式之十二：

不予核定企业所得税预缴方式（实际利润额以外）通知书

（　　）税企预不核字〔　〕（　）号

＿＿＿＿＿（申请人）：

你（单位）于＿＿＿年＿＿月＿＿日提出的企业所得税预缴方式核定申请，本机关于＿＿＿年＿＿月＿＿日受理。

经审查，你（单位）提出的核定申请＿（不予核定的依据和理由）＿，因此不予核定。

如你（单位）不服，请于收到本通知之日起六十日内向＿（行政复议机关名称）＿申请行政复议，或者在六个月内向＿＿＿＿＿人民法院提起诉讼。

税务机关

（加盖税务机关印章或者税收业务专用章）

年　月　日

签收栏
签收人： 年　月　日

文书样式之十三：

税务事项通知书(补正通知)

( )税补字〔 〕( )号

______(申请人)：

你(单位)于______年____月____日提出的__________申请收悉。

经审查,需要补正下列材料：

1. ______________________________；
2. ______________________________；
3. ______________________________。

请你(单位)补正后再向本机关提出申请。

税务机关

(加盖税务机关印章或者税收业务专用章)

年 月 日

签收栏
签收人： 年 月 日

文书样式之十四：

税务事项通知书(延期通知)

(　　)税延字〔　〕(　)号

______(申请人)：

你(单位)于______年____月____日提出的____________申请，本机关已经于______年____月____日受理。

由于____(延长期限的理由)____，现将税务机关办结日期延长____个工作日，于______年____月____日前反馈。

税务机关

(加盖税务机关印章或者税收业务专用章)

年　月　日

签收栏
签收人： 年　月　日

6－4－52

国家税务总局　财政部　中国人民银行
关于进一步加强代扣代收代征税款
手续费管理的通知

2023年9月24日　税总财务发〔2023〕48号

国家税务总局各省、自治区、直辖市、计划单列市税务局，各省、自治区、直辖市、计划单列市财政厅(局)，中国人民银行各省、自治区、直辖市、计划单列市分行：

为进一步规范和加强代扣代缴、代收代缴和委托代征(以下简称“三代”)税款手续费的管理，根据《中华人民共和国预算法》和《中华人民共和国税收征收管理法》及其他有关法律、行政法规的规定，就进一步加强“三代”税款手续费管理通知如下：

一、“三代”范围

(一)代扣代缴是指税收法律、行政法规已经明确规定负有扣缴义务的单位和个人在支付款项时，代税务机关从支付给负有纳税义务的单位和个人的收入中扣留并向税务机关解缴的行为。

（二）代收代缴是指税收法律、行政法规已经明确规定负有扣缴义务的单位和个人在收取款项时，代税务机关向负有纳税义务的单位和个人收取并向税务机关缴纳的行为。

（三）委托代征是指税务机关根据《中华人民共和国税收征收管理法》及其实施细则关于有利于税收控管和方便纳税的要求，按照双方自愿、简便征收、强化管理、依法委托的原则和国家有关规定，委托有关单位和人员代征零星、分散和异地缴纳的税收的行为。

二、"三代"管理

税务机关应严格按照《中华人民共和国税收征收管理法》及其实施细则有关规定开展"三代"工作。税务机关应按照法律、行政法规，以及国家税务总局有关规定确定"三代"单位或个人，不得自行扩大"三代"范围和提高"三代"税款手续费支付比例。

（一）税务机关应依据国家税务总局有关规定，对负有代扣代缴、代收代缴的扣缴义务人办理登记。

对法律、行政法规没有规定负有代扣代缴、代收代缴税款义务的单位和个人，税务机关不得要求履行代扣代缴、代收代缴税款义务。

（二）税务机关应严格按照法律、行政法规，以及国家税务总局委托代征相关规定确定委托代征范围，不得将法律、行政法规已确定的代扣代缴、代收代缴税款，委托他人代征。

（三）对于需按比例支付"三代"税款手续费的，税务机关在确定"三代"单位或个人的手续费比例时，应从降低税收成本的角度，充分考虑"三代"单位或个人的业务量、工作成本等因素，确定合理的手续费支付比例，可根据需要在相应规定的支付比例范围内设置手续费支付限额。

三、"三代"税款手续费支付比例和限额

（一）法律、行政法规规定的代扣代缴税款，税务机关按不超过代扣税款的0.5%支付手续费，且支付给单个扣缴义务人年度最高限额70万元，超过限额部分不予支付。对于法律、行政法规明确规定手续费比例的，按规定比例执行。

（二）法律、行政法规规定的代收代缴车辆车船税，税务机关按不超过代收税款的1%支付手续费。

（三）法律、行政法规规定的代收代缴证券交易印花税，税务机关按不超过代收税款的0.03%支付手续费，且支付给单个扣缴义务人年度最高限额500万元，超过限额部分不予支付。

（四）法律、行政法规规定的代收代缴其他税款，税务机关按不超过代收税款的1%支付手续费。其中，法律、行政法规规定的代收代缴委托加工消费税，委托受托双方存在关联关系的，不得支付代收手续费。关联关系依据《企业所得税法》及其实施条例等有关规定确定。

（五）税务机关委托交通运输部门海事管理机构代征船舶车船税，税务机关按不超过代征税款的5%支付手续费。

（六）税务机关委托代征人代征车辆购置税，税务机关按每辆车支付15元手续费。

（七）税务机关委托代征人代征农贸市场、专业市场等税收，税务机关按不超过代征税款的5%支付手续费。

（八）税务机关委托代征人代征其他零星分散、异地缴纳的税收，税务机关按不超过代征税款的1%支付手续费。

四、“三代”税款手续费管理

（一）预算管理

1. “三代”税款手续费纳入预算管理，由财政通过预算支出统一安排。法律、行政法规另有规定的，按法律、行政法规的规定执行。

2. 各级税务机关应按照部门预算编制的有关程序和要求，编报“三代”税款手续费预算。教育费附加、地方教育附加的手续费预算，按代扣、代收、代征所划缴正税的手续费比例编制。

3. 代扣、代收扣缴义务人和代征人应于每年3月31日前，向税务机关提交上一年度“三代”税款手续费申请相关资料，因“三代”单位或个人自身原因，未及时提交申请的，视为自动放弃上一年度“三代”税款手续费。各级税务机关应严格审核“三代”税款手续费申请情况，当年部门预算批复后，各级税务机关应及时支付“三代”税款手续费。

4. 代扣、代收扣缴义务人和代征人在年度内扣缴义务终止或代征关系终止的，应在终止后3个月内向税务机关提交手续费申请资料，由税务机关办理手续费清算。

5. “三代”税款手续费当年预算不足部分，在下年预算中弥补；结转部分，留待下年继续使用；结余部分，按规定上缴财政。

6. 各级税务机关应强化“三代”税款手续费预算绩效管理，科学设置绩效目标，完善绩效评价方法，提高绩效评价质量，加强绩效评价结果应用。

（二）核算管理

1. 各级税务机关应按照行政事业单位会计核算有关管理规定，及时、全面、完整核算“三代”税款手续费。

2. 各级税务机关应根据部门决算编报和审核有关要求，真实、准确、全面、及时编报“三代”税款手续费决算，并做好决算审核相关工作。

（三）支付管理

1. 税务机关应按照国库集中支付制度和本通知规定支付“三代”税款手续费。

2. 税务机关对单位和个人未按照法律、行政法规或者委托代征协议规定履行代扣、代收、代征义务的，不得支付“三代”税款手续费。

3. 税务机关之间委托代征税款，不得支付手续费。

（四）监督管理

1. 税务、财政部门及其工作人员在“三代”税款手续费管理中，存在违反本通知规定，以及其他滥用职权、玩忽职守、徇私舞弊等违法违纪行为的，依法追究相关责任；构成犯罪的，依法追究刑事责任。

2. 各级税务机关应加强对“三代”税款手续费使用和管理情况的检查、审计，并接受财政、审计部门的监督检查。

3. 除法律、行政法规另有规定外，各级税务机关均不得从税款中直接提取手续费或办理退库，各级国库不得办理“三代”税款手续费退库。

本通知自2023年10月1日起执行。《财政部　税务总局　人民银行关于进一步加强代扣代收代征税款手续费管理的通知》（财行〔2019〕11号）同时废止。

5 税务检查

6－5－1

国家税务总局关于下发《税务稽查工作报告制度》的通知

1994年10月22日　国税发〔1994〕227号

各省、自治区、直辖市国家税务局、地方税务局，各计划单列市国家税务局、地方税务局：

现将《税务稽查工作报告制度》下发给你们，并就有关事项通知如下：

一、各地税务机关务必确定专人负责此项工作，严格按照工作报告制度的要求，真实、准确、及时地上报有关资料。国家税务总局将对工作报告制度的执行情况，定期进行评比。

二、各省、自治区、直辖市税务机关应当按照工作报告制度的要求，每半年至少向国家税务总局报送两个案例；计划单列市税务机关每半年至少报送一个案例。

三、计划单列市税务机关的表一、表二、表三不统计在省级国家税务局和地方税务局汇总表内，但统计表和案例在上报国家税务总局时应当同时报送省级国家税务局和地方税务局备案。

四、今年1月～9月稽查机构和工作情况，各地请按附表要求，于11月30日前上报国家税务总局征收管理司。

请各地严格按照本通知及工作报告制度执行，执行中有何问题，请及时报告国家税务总局征收管理司。

附件：《税务稽查工作报告制度》

附件

税务稽查工作报告制度

为了加强税务稽查工作的管理，及时传递和利用税务稽查信息，特制定税务稽查工作报务制度：

一、各级税务机关应根据上级税务机关的部署，结合本地区实际情况，制定税务稽查年度（季度）工作计划，年度（季度）终了后应写出工作总结。省级税务机关和计划单列市税务机关的税务稽查工作计划和工作总结每半年向国家税务总局报送一次。报送时间为本年度7月30日前和次年1月30日前。

二、各省、自治区、直辖市国家税务局和地方税务局（以下统称省级税务机关）以及计划单列市国家税务局和地方税务局（以下统称计划单列市税务机关）制定的有关税务稽查的工作制度、办法，应及时报送国家税务总局备案。

三、各地税务机关设立的税务稽查机构和配备的税务稽查人员以及其他有关情况应严格按照附表一的要求填写，并及时报送上级税务机关。各省级税务机关和计划单列市税务机关应在年度终了后30日内将表一报送国家税务总局。

四、各地税务稽查机构对其查处的税务案件,应严格按附表二、表三的要求填报。省级税务机关和计划单列市税务机关每半年向国家税务总局报送一次,报送时间为本年度7月30日前和次年1月30日前。

五、各级税务稽查机构查处的下列案件立案后要及时报送国家税务总局备案:

(一)情节特别严重,案情特别重大的偷税、骗税案件,伪造、倒卖、盗窃、虚开、代开发票案件;

(二)重大殴打税务人员、冲击税务机关等抗税案件;

(三)跨省级行政区域的重大案件;

(四)其他重大案件。

上述案件查结后应当报送查处结果。

六、各级税务稽查机构查处的下列案件查结后(含移送司法机关处理的案件)应当向国家税务总局报送案件:

(一)查补税款金额在100万元以上的;

(二)偷税、骗税情节特别严重或有新的作案手段的;

(三)反映出税收政策或征收管理上的漏洞或问题的;

(四)其他重大案件。

七、案例应当包括如下内容:

(一)该案纳税人的基本情况;

(二)案件来源、基本案情及主要作案手段;

(三)检查方法;

(四)税务行政处理结果;

(五)移送司法机关处理情况及结果;

(六)检查分析及该案反映出的税收政策、征收管理等问题;

(七)税务稽查建议。

八、各地税务稽查工作的开展情况,案件查处情况以及稽查工作建议,应当以简报或其他形式及时向上级税务机关报告。

附:表一:《税务稽查机构人员情况统计表》(编者略)

表二:《税务稽查机构查处税收违法案件情况统计表》(编者略)

表三:《税务稽查机构税收保全、强制执行措施情况统计表》(编者略)

注释:

条款修改。根据《第十三届全国人民代表大会第一次会议关于国务院机构改革方案的决定》等有关规定,税收规范性文件规定的国税地税机关的职责和工作由新的税务机关承担。国家税务总局依据《税收规范性文件制定管理办法》(国家税务总局令第41号公布),对税收规范性文件进行了清理。参见:《国家税务总局关于修改部分税收规范性文件的公告》(国家税务总局公告2018年第31号)。

6－5－2

国家税务总局关于印发《税务行政处罚听证程序实施办法(试行)》、《税务案件调查取证与处罚决定分开制度实施办法(试行)》的通知

1996年9月28日　国税发〔1996〕190号

(通知略)

税务行政处罚听证程序实施办法(试行)

第一条　为了规范税务行政处罚听证程序的实施,保护公民、法人和其他组织的合法权益,根据《中华人民共和国行政处罚法》,制定本实施办法。

第二条　税务行政处罚的听证,遵循合法、公正、公开、及时和便民的原则。

第三条　税务机关对公民作出2000元以上(含本数)罚款或者对法人或者其他组织作出1万元以上(含本数)罚款的行政处罚之前,应当向当事人送达《税务行政处罚事项告知书》,告知当事人已经查明的违法事实、证据、行政处罚的法律依据和拟将给予的行政处罚,并告知有要求举行听证的权利。

第四条　要求听证的当事人,应当在《税务行政处罚事项告知书》送达后3日内向税务机关书面提出听证;逾期不提出的、视为放弃听证权利。

当事人要求听证的,税务机关应当组织听证。

第五条　税务机关应当在收到当事人听证要求后15日内举行听证,并在举行听证的7日前将《税务行政处罚听证通知书》送达当事人,通知当事人举行听证的时间、地点、听证主持人的姓名及有关事项。

当事人由于不可抗力或者其他特殊情况而耽误提出听证期限的,在障碍消除后5日以内,可以申请延长期限。申请是否准许,由组织听证的税务机关决定。

第六条　当事人提出听证后,税务机关发现自己拟作的行政处罚决定对事实认定有错误或者偏差,应当予以改变,并及时向当事人说明。

第七条　税务行政处罚的听证,由税务机关负责人指定的非本案调查机构的人员主持,当事人、本案调查人员及其他有关人员参加。

听证主持人应当依法行使职权,不受任何组织和个人的干涉。

第八条　当事人可以亲自参加听证,也可以委托一至二人代理。当事人委托代理人参加听证的,应当向其代理人出具代理委托书。代理委托书应当注明有关事项,并经税务机关或者听证主持人审核确认。

第九条 当事人认为听证主持人与本案有直接利害关系的，有权申请回避。回避申请，应当在举行听证的3日前向税务机关提出，并说明理由。

听证主持人是本案当事人的近亲属，或者认为自己与本案有直接利害关系或其他关系可能影响公正听证的，应当自行提出回避。

第十条 听证主持人的回避，由组织听证的税务机关负责人决定。

对驳回申请回避的决定，当事人可以申请复核一次。

第十一条 税务行政处罚听证应当公开进行。但是涉及国家秘密、商业秘密或者个人隐私的，听证不公开进行。

对公开听证的案件，应当先期公告当事人和本案调查人员的姓名、案由和听证的时间、地点。

公开进行的听证，应当允许群众旁听。经听证主持人许可，旁听群众可以发表意见。

对不公开听证的案件，应当宣布不公开听证的理由。

第十二条 当事人或者其代理人应当按照税务机关的通知参加听证，无正当理由不参加的，视为放弃听证权利。听证应当予以终止。

本案调查人员有前款规定情形的，不影响听证的进行。

第十三条 听证开始时，听证主持人应当首先声明并出示税务机关负责人授权主持听证的决定，然后查明当事人或者其代理人、本案调查人员、证人及其他有关人员是否到场，宣布案由；宣布听证会的组成人员名单；告知当事人有关的权利义务。记录员宣读听证会场纪律。

第十四条 听证过程中，由本案调查人员就当事人的违法行为予以指控，并出示事实证据材料，提出行政处罚建议。当事人或者其代理人可以就所指控的事实及相关问题进行申辩和质证。

听证主持人可以对本案所及事实进行询问，保障控辩双方充分陈述事实，发表意见，并就各自出示的证据的合法性、真实性进行辩论。辩论先由本案调查人员发言，再由当事人或者其代理人答辩，然后双方相互辩论。

辩论终结，听证主持人可以再就本案的事实、证据及有关问题向当事人或者其代理人、本案调查人员征求意见。当事人或者其代理人有最后陈述的权利。

第十五条 听证主持人认为证据有疑问无法听证辨明，可能影响税务行政处罚的准确公正的，可以宣布中止听证，由本案调查人员对证据进行调查核实后再行听证。

当事人或者其代理人可以申请对有关证据进行重新核实，或者提出延期听证；是否准许，由听证主持人或者税务机关作出决定。

第十六条 听证过程中，当事人或者其代理人放弃申辩和质证权利，声明退出听证会；或者不经听证主持人许可擅自退出听证会的，听证主持人可以宣布听证终止。

第十七条 听证过程中，当事人或者其代理人、本案调查人员、证人及其他人员违反听证秩序，听证主持人应当警告制止；对不听制止的，可以责令其退出听证会场。

当事人或者其代理人有前款规定严重行为致使听证无法进行的，听证主持人或者税务机关可以终止听证。

第十八条 听证的全部活动，应当由记录员写成笔录，经听证主持人审阅并由听证主持人和记录员签名后,封卷上交税务机关负责人审阅。

听证笔录应交当事人或者其代理人、本案调查人员、证人及其他有关人员阅读或者向他们宣读,他们认为有遗漏或者有差错的,可以请求补充或者改正。他们在承认没有错误后,应当签字或者盖章。拒绝签名或者盖章的,记明情况附卷。

第十九条　听证结束后,听证主持人应当将听证情况和处理意见报告税务机关负责人。

第二十条　对应当进行听证的案件,税务机关不组织听证,行政处罚决定不能成立;当事人放弃听证权利或者被正当取消听证权利的除外。

第二十一条　听证费用由组织听证的税务机关支付,不得由要求听证的当事人承担或者变相承担。

第二十二条　本实施办法由国家税务总局负责解释。

第二十三条　本实施办法自1996年10月1日起施行。

附:《税务行政处罚听证通知书》格式(编者略)

税务案件调查取证与处罚决定分开制度实施办法(试行)

(编者略)

注释:

条款失效废止。《税务案件调查取证与处罚决定分开制度实施办法(试行)》失效废止。参见:《国家税务总局关于公布全文和部分条款失效废止的税务规范性文件目录的公告》(国家税务总局公告2021年第22号)。

6-5-3

国家税务总局关于税务行政处罚有关问题的通知

1998年2月18日　国税发〔1998〕20号

各省、自治区、直辖市和计划单列市国家税务局、地方税务局:

为了贯彻《中华人民共和国行政处罚法》和《国务院关于贯彻实施〈中华人民共和国行政处罚法〉的通知》(国发〔1996〕13号),正确实施税务行政处罚,推进依法治税,现将税务行政处罚有关问题通知如下:

一、税务行政处罚只能由法律、法规或者规章设定。规章可以设定警告和罚款,但罚款的幅度不得超出国务院国发〔1996〕13号文件规定的标准。省和省以下各级税务机关不得以任何形式设定税务行政处罚,但可在法律、法规、规章规定给予税务行政处罚的行为、种类和幅度范围内作出具体规定。

二、删除《个人所得税代扣代缴暂行办法》(国税发〔1995〕65 号)第 18 条、第 19 条的规定。

三、对没有法律法规依据的处罚种类和罚款标准,但却是税收征收管理所必需的处罚规定,国家税务总局已报国务院审批。在国务院批准之前,暂改按以下规定执行:

(一)《增值税若干具体问题的规定》(国税发〔1993〕154 号)第 4 条中“未持有其机构所在地主管税务机关核发的外出经营活动税收管理证明的,销售地主管税务机关一律按6%的征收率征税。其销售地发生的销售额,回机构所在地后,仍应按规定申报纳税,在销售地缴纳的税款不得从当地应纳税额中扣减。”暂修订为:“未持有其机构所在地主管税务机关核发的外出经营活动税收管理证明的,销售地主管税务机关一律按 6% 的征收率征税,并可处以 10000 元以下的罚款。”

(二)《国家税务总局关于加强增值税征收管理工作的通知》(国税发〔1995〕15 号)第 1 条第 1 款第(1)项修订为:“对违反增值税专用发票使用规定的一般纳税人,按《中华人民共和国税收征收管理法》或者《中华人民共和国发票管理办法》的有关规定处罚。”删除第 2 条第 2 款“增值税一般纳税人违反上述规定的,按偷税论处,一经查出,则应从当期进项税额中剔除,并在该进项发票上注明,以后不论其货物到达或验收入库,或支付款项,均不得计入进项税额申报抵扣”的规定。

(三)《国家税务总局关于严格增值税专用发票领购登记制度的通知》(国税发〔1995〕101 号)第 3 段和《国家税务总局关于被盗、丢失增值税专用发票处理意见的通知》(国税函发〔1995〕92 号)第 1 条暂修订为:“对那些不按规定保管专用发票而发生丢失的企业,按《中华人民共和国发票管理办法》第 36 条的规定,处以 10000 元以下罚款。”

(四)《出口货物退(免)税管理办法》(国税发〔1994〕31 号)第 31 条暂修订为:“对经营出口货物的企业有下列违法行为之一的,除令其限期纠正外,处以 1000 元的罚款:1. 未按规定办理出口退税登记的;2. 未按规定使用有关出口退税账簿票证的;3. 拒绝主管退税的税务机关检查和提供退税资料、凭证的。未按规定设置和保管有关出口退税账簿票证的,按《中华人民共和国税收征收管理法》第 37 条的规定处罚。”第 34 条暂修订为:“对为经营出口货物企业非法提供或开具假退税凭证,有违法所得的,处以其违法所得额 3 倍以下不超过 30000 元的罚款;没有违法所得的,处以 10000 元以下的罚款。”

四、本通知自 1998 年 1 月 1 日起执行。

6－5－4

国家税务总局关于印发《全国税务稽查人才库管理暂行办法》的通知

2002 年 5 月 13 日 国税函〔2002〕401 号

（通知略）

全国税务稽查人才库管理暂行办法

第一条 为加强全国税务稽查人才库管理，加大对重大税收违法案件查办力度，提高办案效率，特制定本办法。

第二条 国家税务总局按照精干高效、指挥畅通、组织规范、保障有力的原则，在全国税务系统选拔一批稽查业务骨干建立全国税务稽查人才库，用于重点地区、重点行业的税收专项检查、税务稽查案件的复查和重大税收违法案件的查办。

第三条 全国税务稽查人才库由国家税务总局稽查局会同人事司共同管理。

第四条 各地税务机关应当积极支持全国税务稽查人才库的建设，推荐优秀人员入人才库。

第五条 全国税务稽查人才库人员由各省、自治区、直辖市和计划单列市国家税务局、地方税务局（以下简称省级税务局）负责推荐，由国家税务总局稽查局会同人事司选定。省级税务局协助国家税务总局对本地区选入全国税务稽查人才库的人员进行考核。国家税务总局稽查局对选定的人员下达入选通知书。

全国税务稽查人才库人员因工作变动等原因需作调整的，省级税务局应当及时上报国家税务总局进行调整。

第六条 全国税务稽查人才库人员应符合以下条件：

（一）具有良好的政治素质和思想品德；

（二）具备较高的专业知识和业务能力；

（三）身体健康，年龄在 45 岁以下。

优先选拔获得省级以上稽查能手称号的人员或者有注册会计师、注册税务师资格人员进入全国税务稽查人才库。

第七条 全国税务稽查人才库人员原则上按照业务专长具体分类，每个人员可以兼具两个以上类别，但以其中一个类别为主。

全国税务稽查人才库人员专业分类包括综合、增值税检查、个人所得税检查、企业所得税检查、进出口税收检查、涉外税收检查、反避税、计算机应用等。

国家税务总局稽查局会同人事司建立全国税务稽查人才资料库。

第八条 全国税务稽查人才库人员平时在原单位工作，国家税务总局稽查局可以优先调用。

国家税务总局稽查局调用全国税务稽查人才库人员时，书面通知被调用人员所在地省级税务局。

全国税务稽查人才库人员被调用期间，视同在原单位工作。

第九条 国家税务总局稽查局可以调用全国税务稽查人才库人员查办下列案件：

（一）中共中央、国务院等上级部门、领导批办的重大税收违法案件；

（二）有关部门转办的重大税收违法案件；

（三）国家税务总局领导批办的重大税收违法案件；

（四）跨地区或者团伙性的重大税收违法案件；

（五）重点地区、重点行业的重大税收违法案件；

（六）税务稽查案件复查；

（七）税收专项检查；

（八）国家税务总局认为其他需要调用稽查人才库人员查办的案件。

国家税务总局可以组织全国税务稽查人才库人员进行稽查专题调研。

第十条 调用全国税务稽查人才库人员由总局稽查局批准，调用人数在50人以上100人以下的，应报总局分管领导备案；调用人数在100人以上的，报总局分管领导批准。

第十一条 全国税务稽查人才库人员根据国家税务总局统一部署开展工作，涉案地税务局应当积极配合，并按照工作要求提供便利。

第十二条 全国税务稽查人才库人员在调用执行工作任务期间，使用国家税务总局统一填发的税务检查证，任务结束后税务检查证交回总局稽查局保管。

第十三条 国家税务总局及各地国家税务局、地方税务局对全国税务稽查人才库人员实行分类培训，培训的主要内容包括政治思想、计算机应用、法律知识、办案查账业务技能等。

各地根据国家税务总局的要求制订并实施人才库人员的培训计划，采取多种形式的培训，考核、测试人才库人员学习情况和业务能力。

第十四条 对调用的全国税务稽查人才库人员，国家税务总局或者国家税务总局稽查局将结合其执行具体工作任务时的表现作出书面鉴定，交给其所在工作单位。

第十五条 对国家税务总局调用期间工作成绩显著、表现突出的全国税务稽查人才库人员可按照《国家公务员奖励暂行规定》及有关规定进行表彰奖励。

对调用期间不能胜任工作的人员，不再纳入全国税务稽查人才库管理；对在查办案件过程中有违法违纪行为的全国税务稽查人才库人员，依法追究责任。

6－5－5

国家税务总局关于宣传贯彻《最高人民法院关于审理骗取出口退税刑事案件具体应用法律若干问题的解释》的通知

2002 年 9 月 29 日　国税发〔2002〕125 号

各省、自治区、直辖市和计划单列市国家税务局、地方税务局：

最高人民法院 2002 年 9 月 17 日公布了《关于审理骗取出口退税刑事案件具体应用法律若干问题的解释》（法释〔2002〕30 号，以下简称《解释》），自 2002 年 9 月 23 日起施行，为办理骗取出口退税刑事案件提供了具体依据，对进一步打击遏制此类不法活动，维护出口退税管理秩序，促进对外贸易和市场经济发展具有重要意义，是加强税收法制建设、推进依法治税的重大步骤。现将《解释》转发给你们，并就宣传贯彻有关事项通知如下：

一、认真学习，深刻领会，大力宣传，切实贯彻

各级税务机关领导和相关人员要认真学习《解释》，深刻领会其实质精神，充分认识当前骗取出口退税活动的严重性和危害性，以及与之斗争的紧迫性和艰巨性。要将《解释》列入税法宣传普及教育的重要内容，渗透到业务管理和执法办案的各个环节。要通过各种新闻媒体，运用多种形式，全面宣传《解释》，发动鼓励广大群众勇敢地同骗取出口退税行为作斗争，把这项斗争建立在坚实的群众基础之上。要会同司法机关选择一些典型案例公开报道，以案说法，弘扬法制，扩大社会影响。

要把查办骗取出口退税案件工作提到重要议程，牢固树立“强化出口退税管理、促进对外贸易发展”的指导思想，进一步增强工作责任感、紧迫感，做到组织领导、办案力量和工作措施三落实，深入持久地开展打击骗取出口退税斗争，争取更大的成效。

二、正确适用政策法律，狠查骗取出口退税大案要案

骗取出口退税活动涉及环节多、区域广，在查办过程中必须加强纵向督促与横向合作。对骗取出口退税案件，各地税务机关领导要亲自组织查处；对重大复杂的案件，要及时向上级税务机关请示报告，上级税务机关要给予大力支持和具体指导，必要时直接指挥和组织协调，有关地区要积极协助主办部门调查取证；对函求协查的事项，要及时反馈结果，不得片面强调困难不予合作，不得以任何借口敷衍应付或扯皮推诿。要坚决排除地方、部门保护主义的干扰，严格执法，秉公办案，认真查处每一起案件。对设置障碍阻挠、抵制查处工作，徇私舞弊、包庇、袒护不法分子的，要坚决依法从严处治。

要始终贯彻“一要坚决、二要慎重、务必搞准”的方针，对骗取出口退税案件的具体处理，要注意税法与刑法的衔接，正确履行法定程序，保护当事人合法权利，使所办的每一起案件都事实清楚，依法有据，经得起历史的检验。要综合整治，打教结合，打击少数，教育多数，从根本上遏制骗取出口退税不法活动，力求达到标本兼治的效果。

各地税务机关要细致分析当前骗取出口退税活动的特点和规律，针对出口退税管理中

的薄弱环节，研究制定周密的监控措施和防范策略。既要敢于办案，又要善于总结，对办案的好做法、好经验要加以交流与推广。

三、加强协调合作，适时开展打击骗取出口退税专项斗争

各地税务机关要结合贯彻《解释》，将出口退税管理和骗取出口退税问题向当地党委、政府汇报，并向有关部门通报，争取领导重视支持和各方面积极合作。要会同审判、检察、公安机关，结合实际情况和办案需要，制定贯彻《解释》、落实办案工作的各项计划及实施方案。要与有关部门建立工作联系制度，及时互通信息情况；经常召开联席会议，分析骗取出口退税动向，协调解决执法办案中的问题。

对骗取出口退税涉嫌犯罪的，税务机关要依照刑法、《解释》和国务院《行政执法机关移送涉嫌犯罪案件的规定》移送公安机关侦办，不得只做追缴税款和行政处罚等处理。对于重大复杂的案件，要适时提请公安机关介入，或移送公安机关直接侦办，以迅速抓捕疑犯，有效追缴税款，提高执法办案效率，减少国家税收损失。税务机关要依法协助公安机关侦办骗取出口退税案件，各司其职，各负其责，避免混淆权能。

各级税务机关要把开展打击骗取出口退税专项斗争作为今后工作的重要任务，根据实际情况，会同公安、检察、审判机关适时联手组织专项斗争，形成强大的打击声势和舆论攻势，震慑分化不法分子，鼓舞教育人民群众。

附件：最高人民法院关于审理骗取出口退税刑事案件具体应用法律若干问题的解释

附件

最高人民法院关于审理骗取出口退税刑事案件具体应用法律若干问题的解释

法释〔2002〕30号

（2002年9月9日最高人民法院审判委员会第1241次会议通过）

为依法惩治骗取出口退税犯罪活动，根据《中华人民共和国刑法》的有关规定，现就审理骗取出口退税刑事案件具体应用法律的若干问题解释如下：

第一条 刑法第二百零四条规定的“假报出口”，是指以虚构已税货物出口事实为目的，具有下列情形之一的行为：

（一）伪造或者签订虚假的买卖合同；

（二）以伪造、变造或者其他非法手段取得出口货物报关单、出口收汇核销单、出口货物专用缴款书等有关出口退税单据、凭证；

（三）虚开、伪造、非法购买增值税专用发票或者其他可以用于出口退税的发票；

（四）其他虚构已税货物出口事实的行为。

第二条 具有下列情形之一的，应当认定为刑法第二百零四条规定的“其他欺骗手段”：

（一）骗取出口货物退税资格的；

（二）将未纳税或者免税货物做为已税货物出口的；

（三）虽有货物出口，但虚构该出口货物的品名、数量、单价等要素，骗取未实际纳税部分出口退税款的；

（四）以其他手段骗取出口退税款的。

第三条　骗取国家出口退税款5万元以上的，为刑法第二百零四条规定的“数额较大”；骗取国家出口退税款50万元以上的，为刑法第二百零四条规定的“数额巨大”；骗取国家出口退税款250万元以上的，为刑法第二百零四条规定的“数额特别巨大”。

第四条　具有下列情形之一的，属于刑法第二百零四条规定的“其他严重情节”：

（一）造成国家税款损失30万元以上并且在第一审判决宣告前无法追回的；

（二）因骗取国家出口退税行为受过行政处罚，两年内又骗取国家出口退税款数额在30万元以上的；

（三）情节严重的其他情形。

第五条　具有下列情形之一的，属于刑法第二百零四条规定的“其他特别严重情节”：

（一）造成国家税款损失150万元以上并且在第一审判决宣告前无法追回的；

（二）因骗取国家出口退税行为受过行政处罚，两年内又骗取国家出口退税款数额在150万元以上的；

（三）情节特别严重的其他情形。

第六条　有进出口经营权的公司、企业，明知他人意欲骗取国家出口退税款，仍违反国家有关进出口经营的规定，允许他人自带客户、自带货源、自带汇票并自行报关，骗取国家出口退税款的，依照刑法第二百零四条第一款、第二百一十一条的规定定罪处罚。

第七条　实施骗取国家出口退税行为，没有实际取得出口退税款的，可以比照既遂犯从轻或者减轻处罚。

第八条　国家工作人员参与实施骗取出口退税犯罪活动的，依照刑法第二百零四条第一款的规定从重处罚。

第九条　实施骗取出口退税犯罪，同时构成虚开增值税专用发票罪等其他犯罪的，依照刑法处罚较重的规定定罪处罚。

6－5－6

国家税务总局关于贯彻落实中共中央办公厅　国务院办公厅《关于对涉及农民负担案（事）件实行责任追究的暂行办法》的通知

2002年11月8日　国税发〔2002〕139号

天津、河北、黑龙江、江苏、浙江、安徽、福建、江西、山东、河南、湖北、湖南、广东、广西、重庆、贵州、甘肃、宁夏、新疆、青海省（自治区、直辖市）和宁波、厦门、青岛、深圳市财政厅（局），北

京、山西、内蒙古、辽宁、吉林、上海、海南、四川、云南、陕西省(自治区、直辖市)和大连市地方税务局:

为贯彻落实《中共中央办公厅、国务院办公厅关于印发〈关于对涉及农民负担案(事)件实行责任追究的暂行办法〉的通知》(以下简称《通知》),结合农业税收征收工作实际,现就有关问题通知如下:

一、各级农业税收征收机关和广大农业税收征管人员要认真学习贯彻《通知》精神,充分认识对涉及农民负担案(事)件实行责任追究制度的重要意义。农业税收征收管理面向广大农民,关系到农民群众的切身利益。在实际工作中,地方各级农业税收征收机关和广大农业税收征管人员在各级党委、政府的领导下,认真贯彻党中央、国务院关于减轻农民负担的方针政策,严格执行农业税收法律法规,规范征收管理和执法行为,依法征收税款,保护农民的合法权益,促进和维护农村社会稳定,取得了很大的成效。但是,涉及农民负担事件屡禁不止。究其原因,除农业税收实体法改革进展缓慢,农村税费改革也未全部到位外,农税征管中的问题确实是引发此类案件的原因之一。主要表现有:利用税收征收权搭车收费,税费混征问题未从根本上解决;违反税收政策规定,平摊农业特产税;少数农业税收征管人员和协税员对农民缺乏应有的感情和责任,政策法制观念淡薄,工作作风简单粗暴,甚至非法扣押农民财物。对涉及包括农业税收在内的农民负担案(事)件实行责任追究,是党中央、国务院加大减轻农民负担工作力度的新举措,具有十分重要的意义。各级农业税收征收机关要组织广大农业税收征管人员认真学习《通知》内容和精神,从思想上引起高度重视,切实贯彻落实好《通知》精神。

二、积极推进农业税收征管改革,实行农村税费征管和收缴分离,明确农村税费征管责任。各级农业税收机关在认真做好农村税费改革试点工作和减轻农民负担工作的同时,要大力推进农业税收征管改革,各地特别是农村税费改革试点地区要积极推进以税费征管分离、纳税人自行上门纳税、农业税收征收机关专业化征管为方向的农业税收征管改革。第一,税费分离,农税征收机关和农税征收人员不得征收农业税收以外的各级地方政府规定征收的费;第二,农税征收机关和农税征收人员不得非法征管,非经法律授权,不得采取保全和强制执行措施;采取有效措施,限期做到除农税征收机关和农税征收人员外,其他任何协税人员不得代收农业税款,更不得利用税收征收权、执法权收取各种费用和处理收费问题。通过农业税收征管改革和实行税费征管、收缴分离,切实规范农业税收征管行为,建立正常的税收征管秩序。

三、正确执行农业税收政策规定和各项征管制度,严肃纪律,防止侵犯农民群众合法权益案(事)件的发生。各地农业税收征收机关要在依法征税、应收尽收的同时,严格遵守和执行农业税收公示制度、纳税通知书制度、完税证制度,建立农业税收文书送达制度,坚决防止和纠正在农业税收政策执行和征管工作中侵犯农民合法权益的做法和行为,做到征管规范到位,依法征税,文明征税。各地农业税收征收机关和征管人员要尊重纳税人权利,体恤农民群众,坚持“十不准”;不准违反税收法律、行政法规规定扩大税收征收范围;不准多征、提前征收和摊派税款;不准该依法减免税的不减免;不准收税不开票和收税打白条;不准搞税收承包;不准非法采取税收强制执行措施;不准动用警力、警具收税;不准随意扣人、扒粮、扒物、牵牲口;不准乱罚款;不准利用税收强制执行措施收取其他费用。县以上农业税收征收机关对农业特产税政策执行和征管情况要进行摸底调查,对摊派税款等突出问题,要进行专项治理,限期整改。对政策法制观念淡薄,作风霸道,行为粗野,群众意见大,反映强烈的农业税收征管人员,该清退的要清退,该调离工作岗位的要调离。在农业税收征收人员队伍中决不容许有目无法纪、横行霸道、败坏国家税收形象和声誉的人存在。

四、加强领导,明确责任,强化对农业税收征管人员的教育和管理。各级农业税收征收机关要把规范和加强农业税收征收管理,预防和减少涉及农民税收负担案(事)件的发生作为一项重要工作,切实抓紧抓好。要认真研究和解决本地区农业税收政策执行和征管工作中存在的问题,全面加强农业税收建设和管理,严肃工作纪律,消除诱发农业税收恶性案件和重大事件的工作漏洞和突出问题,防患于未然。要结合农业税征管实际,建立和实行农业税收执法考核和责任追究制度;要重视和搞好信访工作,切实解决群众来信来访反映的问题;要加强对农业税收征收人员的培训教育和组织管理,提高农业税收征管人员政策业务水平,增强法制意识和纪律观念,自觉依法征税,依法行政;要认真执行涉及农业税收重大事件和恶性案件报告制度;要按照《通知》要求,认真做好涉及农民农业税收负担案(事)件的查处工作,对有关责任人员要严肃处理,不得袒护和包庇。要以贯彻《通知》为契机,变压力为动力,努力做好各项工作,全面提高农业税收征收管理工作水平。

6 -5 -7

国家税务总局转发《最高人民法院关于审理偷税抗税刑事案件具体应用法律若干问题的解释》的通知

2002 年 11 月 20 日　国税发〔2002〕146 号

各省、自治区、直辖市和计划单列市国家税务局、地方税务局:

最高人民法院 2002 年 11 月 5 日公布了《关于审理偷税抗税刑事案件具体应用法律若干问题的解释》(法释〔2002〕33 号),自 2002 年 11 月 7 日起施行。现转发给你们,望认真学习贯彻。贯彻执行中有何问题,请及时报告国家税务总局(稽查局)。

附件:1. 中华人民共和国最高人民法院公告

2. 最高人民法院关于审理偷税抗税刑事案件具体应用法律若干问题的解释

附件 1

中华人民共和国最高人民法院公告

《最高人民法院关于审理偷税抗税刑事案件具体应用法律若干问题的解释》已于 2002 年 11 月 4 日由最高人民法院审判委员会第 1254 次会议通过。现予公布,自 2002 年 11 月 7 日起施行。

附件2

最高人民法院关于审理偷税抗税刑事案件具体应用法律若干问题的解释

(2002年11月4日最高人民法院审判委员会第1254次会议通过)

法释〔2002〕33号

为依法惩处偷税、抗税犯罪活动,根据刑法的有关规定,现就审理偷税、抗税刑事案件具体应用法律的若干问题解释如下:

第一条 纳税人实施下列行为之一,不缴或者少缴应纳税款,偷税数额占应纳税额的10%以上且偷税数额在1万元以上的,依照刑法第二百零一条第一款的规定定罪处罚:

(一)伪造、变造、隐匿、擅自销毁账簿、记账凭证;

(二)在账簿上多列支出或者不列、少列收入;

(三)经税务机关通知申报而拒不申报纳税;

(四)进行虚假纳税申报;

(五)缴纳税款后,以假报出口或者其他欺骗手段,骗取所缴纳的税款。

扣缴义务人实施前款行为之一,不缴或者少缴已扣、已收税款,数额在1万元以上且占应缴税额10%以上的,依照刑法第二百零一条第一款的规定定罪处罚。扣缴义务人书面承诺代纳税人支付税款的,应当认定扣缴义务人“已扣、已收税款”。

实施本条第一款、第二款规定的行为,偷税数额在5万元以下,纳税人或者扣缴义务人在公安机关立案侦查以前已经足额补缴应纳税款和滞纳金,犯罪情节轻微,不需要判处刑罚的,可以免予刑事处罚。

第二条 纳税人伪造、变造、隐匿、擅自销毁用于记账的发票等原始凭证的行为,应当认定为刑法第二百零一条第一款规定的伪造、变造、隐匿、擅自销毁记账凭证的行为。

具有下列情形之一的,应当认定为刑法第二百零一条第一款规定的“经税务机关通知申报”:

(一)纳税人、扣缴义务人已经依法办理税务登记或者扣缴税款登记的;

(二)依法不需要办理税务登记的纳税人,经税务机关依法书面通知其申报的;

(三)尚未依法办理税务登记、扣缴税款登记的纳税人、扣缴义务人,经税务机关依法书面通知其申报的。

刑法第二百零一条第一款规定的“虚假的纳税申报”,是指纳税人或者扣缴义务人向税务机关报送虚假的纳税申报表、财务报表、代扣代缴、代收代缴税款报告表或者其他纳税申报资料,如提供虚假申请,编造减税、免税、抵税、先征收后退还税款等虚假资料等。

刑法第二百零一条第三款规定的“未经处理”,是指纳税人或者扣缴义务人在5年内多次实施偷税行为,但每次偷税数额均未达到刑法第二百零一条规定的构成犯罪的数额标准,且未受行政处罚的情形。

纳税人、扣缴义务人因同一偷税犯罪行为受到行政处罚,又被移送起诉的,人民法院应当依法受理。依法定罪并判处罚金的,行政罚款折抵罚金。

第三条 偷税数额,是指在确定的纳税期间,不缴或者少缴各税种税款的总额。

偷税数额占应纳税额的百分比,是指一个纳税年度中的各税种偷税总额与该纳税年度应纳税总额的比例。不按纳税年度确定纳税期的其他纳税人,偷税数额占应纳税额的百分比,按照行为人最后一次偷税行为发生之日前一年中各税种偷税总额与该年纳税总额的比例确定。纳税义务存续期间不足一个纳税年度的,偷税数额占应纳税额的百分比,按照各税种偷税总额与实际发生纳税义务期间应当缴纳税款总额的比例确定。

偷税行为跨越若干个纳税年度,只要其中一个纳税年度的偷税数额及百分比达到刑法第二百零一条第一款规定的标准,即构成偷税罪。各纳税年度的偷税数额应当累计计算,偷税百分比应当按照最高的百分比确定。

第四条 两年内因偷税受过二次行政处罚,又偷税且数额在 1 万元以上的,应当以偷税罪定罪处罚。

第五条 实施抗税行为具有下列情形之一的,属于刑法第二百零二条规定的"情节严重":

(一)聚众抗税的首要分子;

(二)抗税数额在 10 万元以上的;

(三)多次抗税的;

(四)故意伤害致人轻伤的;

(五)具有其他严重情节。

第六条 实施抗税行为致人重伤、死亡,构成故意伤害罪、故意杀人罪的,分别依照刑法第二百三十四条第二款、第二百三十二条的规定定罪处罚。

与纳税人或者扣缴义务人共同实施抗税行为的,以抗税罪的共犯依法处罚。

6－5－8

国家税务总局关于稽查局有关执法权限的批复

2003 年 5 月 26 日　国税函〔2003〕561 号

青岛市国家税务局:

你局《关于稽查局有关执法权限的请示》(青国税发〔2003〕101 号)收悉。经研究,现批复如下:

《中华人民共和国税收征收管理法》及其实施细则中规定应当经县以上税务局(分局)局长批准后实施的各项权力,各级税务局所属的稽查局局长无权批准。

6-5-9

国家税务总局关于撤销“税务稽查收入”等账户问题的通知

2003年8月5日　国税函〔2003〕928号

根据《财政部关于国家税务局系统银行账户管理有关问题的复函》(财库函〔2003〕6号)要求,现将撤销“税务稽查收入账户”和“税款预储账户”的有关问题通知如下:

一、关于撤销“税务稽查收入账户”

(一)为规范账户管理,减少税款入库环节,财政部要求撤销各级税务机关根据《国家税务总局、中国人民银行、财政部关于税务稽查部门查补收入入库暂行规定的通知》(国税发〔1998〕194号)在各类银行开设的所有“税务稽查收入账户”。各级税务机关自收到本文之日起必须对“税务稽查收入账户”进行清理并开展销户工作,最迟2003年12月31日前撤户。对违反规定,超过撤户期限后仍未销户的,将严肃追究有关责任人的责任。

(二)账户清理期间,各级税务稽查部门应将各项已查结的应缴查补收入和尚未查结预先缴纳的收入全部清理入库;在账户撤销前,要做好与开户银行的对账工作,务必保证税务与银行、账与款、账与证、账与账、账与表数字完全一致;账户清空后,要做好结账和封账工作。

(三)账户清理结束后,各级税务稽查部门应将相应的会计凭证、账簿、报表及税票和征税、退库章戳等全部移交同级计统部门,会计账、证、表由计会部门按税收会计档案管理要求归档保管,税票和征税、退库章戳按《税收票证管理办法》结报缴销。

(四)“税务稽查收入账户”撤销后,税务稽查部门查补的收入全部交由该纳税人主管税务机关的征收部门负责征收入库。同时,各级税务稽查部门不再作为一级税收会计核算单位。

为保证查补收入及时征收和税收会计对查补应征数进行核算,各级税务稽查部门制发的税务处理(处罚)决定书等原始凭证,必须按《税收会计制度》规定及时提供给相关的征收和计会部门。

二、关于撤销“税款预储账户”

鉴于目前有些地区已通过当地人行同城电子清算或开放式税银库专用联网缴税系统实现联网电子缴税,财政部规定,按《国家税务总局、中国人民银行、财政部关于加强申报纳税工作有关问题的通知》(国税发〔1997〕100号)要求,纳税人在指定银行开设的“税款预储账户”各地可保留2年,2年后必须全部撤户。撤销“税款预储账户”后有关税务、银行、国库联网电子缴税的问题,总局正在与人民银行总行研究。

以上通知,请抓紧布置落实。

6 -5 -10

国家税务总局关于加强税收违法检举案件管理信息系统管理工作的通知

2004年12月31日 国税发〔2004〕167号

各省、自治区、直辖市和计划单列市国家税务局：

税收违法检举案件管理信息系统（以下简称“案件系统”，即原“税务稽查案件管理信息系统”）已于今年6月在全国各级国家税务局开通运行。为保证系统正常运行，提高运行质量和运行效率，充分发挥该系统对税收检举案件处理过程的监督作用，统一规范工作流程，现通知如下：

一、“案件系统”依托金税工程系统网络实行国家税务总局稽查局、省国家税务局稽查局、地（市）国家税务局稽查局、县（区）国家税务局稽查局四级检举案件信息管理。上级国家税务局稽查局通过“案件系统”对下级国家税务局稽查局受理、查处税收违法检举案件工作进行监督管理。

二、“案件系统”的运行和日常管理工作由各级国家税务局稽查局税收违法案件举报中心（以下简称“举报中心”）负责，同级国家税务局信息中心负责该系统的日常维护和技术支持。

三、“案件系统”在税收违法检举案件的受理、处理、审批和案件转办的日常工作流程上设置了“举报业务人员”、“中心主任”、“稽查局局长”（分管举报工作）、“税务局局长”（分管稽查工作）职责岗位。

各级国家税务局应依照上述职责岗位配置相关机构和人员。即：省、地（市）国家税务局稽查局举报中心设主任一人，专职工作人员一至二人；县（区）国家税务局稽查局也应有人具体负责案件举报工作，以确保税收违法检举案件管理信息系统正常运转。

四、“税务局局长”负责审批重大、督办、下级呈报案件，并依据《税务违法案件举报奖励办法》的规定对举报奖金进行审批。

五、“稽查局局长”负责审批上级批转、呈报上级、下级呈报案件和无价值检举案件，并依据《税务违法案件举报奖励办法》的规定对举报奖金进行审批。

六、“举报中心主任”负责审核、呈报、管理案件及其他事项。

七、“举报业务人员”负责税收违法检举案件的受理、转办、交办、督办；审核、跟踪、上报、通报检举案件的查办情况；统计、分析检举案件的数据情况；负责导入中国税收征管信息系统（CTAIS及各地使用的其他征管系统）中检举类案件的企业基本信息、结案信息、税款（含滞纳金、罚款）入库信息等其他工作。

八、对受理的检举案件，应在7日内将相关信息录入“案件系统”、提出处理意见，并按领导审批意见将案件分配到相应的部门。对由本级直接查处的检举案件以及转出案件，由负责该案件跟踪的举报业务人员在系统内制作纸质函件，送相关单位或部门；对转下级国家税务机关的案件通过“案件系统”发送；对跨省、跨地区国家税务局系统的案件，需呈报上一级举报中心，由其通过“案件系统”转发。

本级直接查处的案件结案后，稽查部门工作人员负责将案件结案报告和执行报告转交本级举报中心，受理该案件的举报业务人员据此在“案件系统”中作结案登记，制作结案报告，并根据实际入库情况即时进行入库登记，制作入库附表。

九、对未能如期结案的督办案件，由举报中心向上级举报中心发出延时请示或制作阶段性报告；超期未请示或上报的，上级举报中心将生成并发出案件催办通知书。

十、检举案件的计奖由结案地的举报中心完成分类、呈报上级审批和举报奖金发放的处理工作。

十一、各类税务违法检举案件受理、查处情况统计汇总报表由省级稽查局举报中心在每月的第一个工作日按月生成备查。总局稽查局举报中心负责完成全国报表的汇总。

十二、同级国家税务局稽查局举报中心负责对“案件系统”内的数据定期做备份，具体期限自行掌握，以防数据丢失。

十三、“案件系统”具有前后台三个层次的操作密码：1. 务器开机和操作系统登录密码；2. Oracle 数据库管理员密码；3. 案件管理系统的超级管理员密码、用户登录密码。三层密码在不同层次涉及系统安全和数据安全，其中 1、2 及第 3 层次密码中的系统超级管理员密码由各省、自治区、直辖市、计划单列市国家税务局稽查局举报中心掌握，第 3 层次密码中的用户登录密码由各级稽查局的举报业务人员自己掌握。

十四、各地行政区划有发生变更的，应立即将变更情况以电子和纸质信息上报国家税务总局稽查局举报中心。

各省、自治区、直辖市、计划单列市国家税务局要严格按照总局要求，切实加强领导，做好税收违法检举案件管理信息系统的管理和维护工作，并及时上报存在的问题。

注释：

条款修改。根据《第十三届全国人民代表大会第一次会议关于国务院机构改革方案的决定》等有关规定，税收规范性文件规定的国税地税机关的职责和工作由新的税务机关承担。国家税务总局依据《税收规范性文件制定管理办法》（国家税务总局令第 41 号公布），对税收规范性文件进行了清理。参见：《国家税务总局关于修改部分税收规范性文件的公告》（国家税务总局公告 2018 年第 31 号）。

6－5－11

国家税务总局关于印发税收执法责任制“两个办法”和“两个范本”的通知

2005 年 3 月 22 日　国税发〔2005〕42 号

各省、自治区、直辖市和计划单列市国家税务局、地方税务局：

按照依法治税、规范行政的要求，为了在全国税务系统推行税收执法责任制，总局在深入调查研究、广泛征求基层意见和总结各地经验的基础上，制定了《税收执法责任制评议考核办法(试行)》、《全国国税系统税收执法责任制岗位职责和工作规程范本(试行)》、《全国地税系统税收执法责任制岗位职责和工作规程范本(试行)》，修订了《税收执法过错责任追究办法》(以下简称“两个办法”、“两个范本”)，形成了税收执法责任制的统一框架和制度体系。现印发给你们，请结合工作实际，认真贯彻执行。

鉴于“两个范本”是一项试行的制度，在执行中，各地可结合实际，对“两个范本”做适当的调整和补充。同时，“两个范本”所依据的总局以上位阶规范性文件截止日期是2004年12月31日，对于此后发布的法律、法规、规章和规范性文件，各地可在“两个范本”的执行中做适当补充。

此外，为进一步推进此项工作，总局决定于今年年中召开全国税务系统推行税收执法责任制暨税收执法管理信息系统扩大试点工作会议。各地要按照总局的统一部署，在试行“两个办法”和“两个范本”的同时，积极探索利用计算机信息系统进行自动考核的实践，为会议总结经验做好充分的准备。

附件：1. 税收执法责任制考核评议办法(试行)
2. 税收执法过错责任追究办法
3. 全国国税系统税收执法责任制岗位职责和工作规程范本(试行)(只发国税局，对下先发电子文)(编者略)
4. 全国地税系统税收执法责任制岗位职责和工作规程范本(试行)(只发地税局，对下先发电子文)(编者略)

附件1

税收执法责任制考核评议办法(试行)

第一章　总　　则

第一条　为了强化税收执法监督，规范税收执法行为，全面推进依法治税，根据国家有关法律法规及《国家税务总局关于全面加强税收执法监督工作的决定》、《国家税务总局关于全面推行税收执法责任制的意见》，制定本办法。

第二条　税收执法责任制考核评议以《全国国税系统税收执法责任制岗位职责和工作规程范本(试行)》和《全国地税系统税收执法责任制岗位职责和工作规程范本(试行)》(以下简称“两个范本”)为主要标准。

第三条　税收执法责任制考核评议采取内部考核和外部评议相结合的办法。

内部考核是各级税务机关对所属各单位及税收执法人员的执法行为进行的考核。

外部评议是纳税人和社会各界对各级税务机关及税收执法人员的执法行为进行的监督和意见反馈。

第四条　税收执法责任制考核评议坚持实事求是、公开、公正、公平的原则。

第五条 各级税务机关应结合税务管理信息化建设,大力推进以计算机网络为依托的信息化自动考核。

第二章 组织领导

第六条 县及县以上税务机关应成立税收执法责任制考核评议领导小组,负责对本级和下级税务机关税收执法责任制考核评议的组织领导。

单位主要负责人任领导小组组长,其他领导及相关部门负责人为小组成员。

第七条 税收执法责任制考核评议领导小组下设办公室,负责税收执法责任制考核评议的日常工作。

第三章 考核范围及内容

第八条 税收执法责任制考核范围包括"两个范本"所列的税收执法行为及与税收执法直接相关的管理业务。

第九条 各级税务机关应当考核如下内容:税务登记、逾期申报、延期申报、税款征收、税款催缴、延期缴纳税款、欠税管理、发票管理、增值税一般纳税人认定管理、税收优惠政策认定、减免税和所得税税前列支审批、政策性退税审批、金税工程、稽查选案、稽查实施、稽查案件审理、税务执行、税务行政处罚听证、税务行政复议、税务行政诉讼。

《税收执法责任制考核评议指标》见考核评议办法附件。

除上述考核内容外,各省、自治区、直辖市和计划单列市国家税务局、地方税务局可根据实际情况增加考核内容。

第四章 考核评议方法

第十条 税收执法责任制考核采取日常考核与重点考核相结合的方法。

日常考核是指各级税务机关及内设机构负责人对下一级税收执法岗位通过日常管理进行的定期考核。

重点考核是指各级税务机关对下级税务机关不定期进行的考核。

第十一条 税收执法人员应对其实施的税收执法行为进行自查,对自查出的问题要及时纠正。

第十二条 日常考核应当按照《税收执法责任制考核评议指标》进行,各级税务机关及内设机构负责人应于每月10日前将上月考核结果填写税收执法责任制考核报告表,报送税收执法责任制考核评议领导小组办公室。

第十三条 重点考核应当对所属各单位的税收执法情况和日常考核结果不定期进行。省级税务机关考核每年至少一次,地市及地市级以下税务机关考核每年至少两次。

第十四条 对考核发现的税收执法过错需经被考核人确认。

第十五条 外部评议可采用发放评议表、设置意见箱、公开监督电话及电子邮箱、聘请执法监督员等方式进行。

第五章 考核评议结果处理

第十六条 对日常考核发现的税收执法过错行为,单位负责人应督促责任人员及时纠正。

第十七条 对重点考核、外部评议等发现的税收执法过错行为，上级税务机关应责成有关单位限期整改。

第十八条 对日常考核应发现而未发现的税收执法过错行为，应当加重日常考核人的过错责任。

第十九条 对考核评议发现的税收执法过错，各级税务机关应当依照《税收执法过错责任追究办法》进行责任追究。

第二十条 各级税务机关应及时通报考核评议结果。

考核评议结果作为年度单位评比和公务员考核的重要依据。

第六章 附 则

第二十一条 各省、自治区、直辖市和计划单列市国家税务局、地方税务局可根据本办法制定具体的考核评议办法。

第二十二条 本办法自下发之日起实施。

附：税收执法责任制考核评议指标（略）

附件2

税收执法过错责任追究办法

第一章 总 则

第一条 为规范税收执法行为，提高税收执法水平，促进税务执法人员依法行政，维护纳税人的合法权益，根据国家相关法律、行政法规、规章制定本办法。

第二条 全国税务执法人员的执法过错责任追究，适用本办法。

第三条 本办法所称税收执法过错责任是指税务执法人员在执行职务过程中，因故意或者过失，导致税收执法行为违法应当承担的责任。

本办法所称税收执法过错责任追究是指给予税收执法过错责任人的行政处理和经济惩戒。

第四条 过错责任人员应当给予行政处分或者应当追究刑事责任的，依照其他法律、行政法规及规章的规定执行。

第五条 执法过错责任追究应当坚持公平公正公开、有错必究、过罚相当、教育与惩处相结合的原则。

第六条 执法过错责任追究应当建立统一领导、分工负责、简捷高效的工作机制。

第二章 追 究 形 式

第七条 执法过错责任的追究形式分为行政处理和经济惩戒。

行政处理包括批评教育、责令作出书面检查、通报批评、责令待岗、取消执法资格。

经济惩戒是指扣发奖金、岗位津贴。

第八条 批评教育适用于执法过错行为性质较轻，后果轻微的责任人。该处理形式应当书面记载并附卷。

第九条 责令作出书面检查适用于执法过错行为性质一般，后果较轻但是发生频率较高的责任人。

第十条 通报批评适用于执法过错行为性质一般，但可能导致较重后果或者一定社会负面影响的责任人。

第十一条 责令待岗适用于执法过错行为性质较重，可能导致严重后果或者较大社会负面影响的责任人。待岗期限为一至六个月，待岗人员需接受适当形式的培训后方可重新上岗。

第十二条 取消执法资格适用于执法过错行为性质、后果严重的责任人。取消期限为一年。被取消执法资格人员需接受适当形式的培训后方可重新取得执法资格。

第十三条 对责任人员的追究决定，由其所在的县级以上税务机关局长办公会议集体作出。批评教育和责令作出书面检查可以由本单位负责人作出。

责任人的过错行为造成的后果能够纠正的，应当责令限期纠正。能消除影响的，就及时消除影响。

第三章 追究范围和适用

第十四条 税务执法人员有下列行为之一的，应当对其进行批评教育：

（一）未对逾期办理开业税务登记行为按违法违章进行处理的；

（二）未按规定制作非正常户认定书的；

（三）未按规定审批延期申报的；

（四）未对欠税进行公告的；

（五）未对欠税进行准确核算的；

（六）未按规定办理政策性退税的；

（七）对达到立案标准的案件未按规定立案的；

（八）未按规定查办举报案件的；

（九）未按规定的时限审结案件的；

（十）未按《行政许可法》的有关规定进行公开、公告的；

（十一）其他行为性质、后果较轻的执法过错行为。

第十五条 税务执法人员有下列行为之一的，应当责令作出书面检查：

（一）延期申报未按规定核定预缴税款的；

（二）未按规定发售发票的；

（三）未按规定代开发票的；

（四）未按规定对重号发票进行重复认证的；

（五）未按规定办理注销税务登记的；

（六）未按规定受理和审批减免税申请的；

（七）未按规定受理和审批税前扣除申请的；

(八)未按规定受理和审批纳税人享受税收优惠政策资格的；
(九)未按规定回复案件协查情况的；
(十)未按规定调取、退还纳税人账簿、资料的；
(十一)案件审理确认的事实不清楚,证据不确凿,定性不准确的；
(十二)未按规定程序组织行政处罚听证的；
(十三)未按规定执行处理(罚)决定的。

第十六条 税务执法人员有下列行为之一的,应当通报批评：
(一)未按规定在防伪税控系统内设置或者修改金税卡时钟的；
(二)金税工程各系统纳税人信息的录入和变动未及时、准确的；
(三)未按规定审批延期缴纳税款的；
(四)未按规定停供发票的；
(五)未按规定缴销发票的；
(六)未按规定将销售额超过小规模标准的纳税人按增值税一般纳税人管理的；
(七)税务行政处罚未按规定履行告知程序的；
(八)未按规定实施税收保全、强制执行措施的；
(九)未按规定受理税务行政处罚听证的申请；
(十)未按规定处理(罚)涉税违法行为的；
(十一)未在规定时限内办理税务行政复议事项的；
(十二)其他性质一般,但可能导致较重后果或者一定社会负面影响的执法过错行为。

第十七条 税务执法人员有下列行为之一的,应当责令待岗：
(一)未按规定认定、取消增值税一般纳税人资格的；
(二)未按规定对金税工程各系统进行数据备份的；
(三)认证不符或者密文有误发票未及时扣留、传递的；
(四)防伪税控的企业发行不符合规定的；
(五)未按规定移送涉嫌涉税犯罪案件的；
(六)未按规定受理税务行政复议申请的；
(七)其他性质较重,可能导致严重后果或者较大社会负面影响的执法过错行为。

第十八条 税务执法人员有下列行为之一的,应当取消执法资格：
(一)混淆税款入库级次的；
(二)违规提前征收和延缓征收税款的；
(三)违规多征、少征税款的；
(四)税务行政复议的决定不合法的；
(五)其他性质、后果严重的执法过错行为。

第十九条 对按照本办法第十四条、第十五条、第十六条、第十七条、第十八条进行责任追究的税务执法人员,税务机关可以根据责任人执法过错的原因、性质和后果,同时并处经济惩戒。具体数额由各省、自治区、直辖市和计划单列市国家税务局、地方税务局规定。

第二十条 执法过错行为按照下列方法明确责任：
(一)因承办人的个人原因造成执法过错的,承担全部过错责任；承办人为两人或者两

人以上的,根据过错责任大小分别承担主要责任、次要责任;

(二)承办人的过错行为经过批准的,由承办人和批准人共同承担责任,批准人承担主要责任,承办人承担次要责任。承办人的过错行为经过审核后报经批准的,由批准人、审核人和承办人共同承担责任,审核人承担主要责任,批准人、承办人承担次要责任;

(三)因承办人弄虚作假导致批准错误的,由承办人承担全部过错责任;

(四)经复议维持的过错行为,由承办人和复议人员共同承担责任,其中复议人员承担主要责任,承办人承担次要责任;经复议撤销或者变更导致的过错行为,由复议人员承担全部责任;

(五)执法过错行为由集体研究决定的,由主要领导承担主要责任,其他责任人承担次要责任。

第二十一条 有下列情形之一的,不予追究税务执法人员的责任:

(一)因执行上级机关的答复、决定、命令、文件,导致执法过错的;

(二)有其他不予追究的情节或者行为的。

第二十二条 有下列情况之一的,行为人不承担责任:

(一)因所适用的法律、行政法规、规章的规定不明确,导致执法过错的;

(二)在集体研究中申明保留不同意见的;

(三)因不可抗力导致执法过错的;

(四)其他不承担责任的情节或行为的。

第二十三条 执法过错责任人有下列情形之一的,可以从轻或者减轻责任:

(一)主动承认过错并及时纠正错误、有效阻止危害结果发生、挽回影响的;

(二)经领导批准同意后实施,导致执法过错的;

(三)有其他从轻或者减轻的情节或者行为的。

过错行为情节显著轻微,没有造成危害后果的,可以对责任人免予追究。

第二十四条 执法过错责任人有下列情形之一的,应当从重或者加重责任,不受本办法第十四条、第十五条、第十六条、第十七条、第十八条规定的所应承担责任的限制,直至取消执法资格:

(一)同时具有本办法规定的两种以上过错行为的;

(二)同一年度内发生多起相同根据本办法应当追究执法过错行为的;

(三)转移、销毁有关证据,弄虚作假或者以其他方法阻碍、干扰执法过错责任调查、追究的;

(四)被责令限期改正而无正当理由逾期不改正的;

(五)导致国家税款流失数额较大的;

(六)导致较大社会负面影响的;

(七)导致税务行政诉讼案件终审败诉的;

(八)导致税务机关承担国家赔偿责任的。

第二十五条 各省、自治区、直辖市和计划单列市国家税务局、地方税务局可以规定对其他执法过错行为进行责任追究。

第二十六条 执法过错责任在五年内未被发现的,不再进行追究。法律、行政法规、规章另有规定的除外。

第四章 追究程序和实施

第二十七条 对执法过错行为的调查和对过错责任的初步定性由法制部门组织实施，相关部门共同参与。

对责任人员的追究决定由人事、财务、法制等职能部门分别组织实施。

第二十八条 各级税务机关的有关部门，应当将工作中通过评议考核渠道发现的执法过错行为及时提供给法制部门进行追究。

第二十九条 各级税务机关的有关部门发现的执法过错线索，应当以书面形式列明责任人及责任人所属单位、执法过错行为的基本情况，并自发现之日起三个工作日内提交本机关法制部门。

法制部门还可以通过财政、审计、新闻媒体以及其他社会各界等各种渠道发现执法过错线索。

第三十条 法制部门应当根据掌握的执法过错线索，结合具体情况初步排查；对认为需要调查的，组织有关人员进行专案执法检查。

第三十一条 法制部门根据执法检查结果，发现存在执法过错，应当追究责任的提出拟处理意见报主管负责人或者局长办公会议审议。

第三十二条 法制部门根据主管负责人或者局长办公会议的决定，应当作出以下处理：

(一)对无过错或者不予追究或者免于追究的，制作相应决定；

(二)对应当承担执法过错责任的，制作追究决定，由人事、财务、法制等部门分别实施；责令待岗和取消执法资格的，自执法过错责任人收到追究决定之日起开始执行；

(三)执法过错行为能够予以纠正的，同时责令撤销、变更或者限期改正，或者提请有权机关予以撤销、变更或者重新作出；

(四)对依法应当给予行政处分或者涉嫌刑事责任的，移交相关部门处理。

处理决定应当以书面形式送达有关单位、部门和个人。

第三十三条 被调查人不服处理决定的，可以自收到处理决定之日起10日内以书面形式向作出决定的税务机关申辩，也可以自收到处理决定之日起10日内以书面形式直接向作出处理决定的税务机关的上一级税务机关申辩。

接受申辩的税务机关应当自接到申辩材料次日起30日内作出书面答复。

申辩期间处理决定不停止执行。

第三十四条 处理决定执行后，法制部门应当将全部资料立卷、归档。

第三十五条 对发现执法过错追究线索隐瞒不报的，隐瞒事实真相、出具伪证或者毁灭证据的，拒绝提供有关资料的，拒绝就调查人员所提问题作出解释和说明的，拒不执行处理决定的，按其情节和性质比照本办法处理。

第五章 附 则

第三十六条 各省、自治区、直辖市和计划单列市国家税务局、地方税务局可以依照本办法制定具体的实施细则,并报国家税务总局备案。

第三十七条 各省、自治区、直辖市和计划单列市国家税务局、地方税务局应当在每年二月底之前将上年度执法过错责任追究情况报国家税务总局。

第三十八条 本办法由国家税务总局负责解释。

第三十九条 本办法自下发之日起实施。2001 年 11 月 22 日下发的《税收执法过错责任追究办法(试行)》同时废止。

6-5-12

国家税务总局关于人民法院强制执行被执行人财产有关税收问题的复函

2005 年 9 月 12 日 国税函〔2005〕869 号

最高人民法院:

你院《关于人民法院依法强制执行拍卖、变卖被执行人财产后,税务部门能否直接向人民法院征收营业税的征求意见稿》(〔2005〕执他字第 12 号)收悉。经研究,函复如下:

一、人民法院的强制执行活动属司法活动,不具有经营性质,不属于应税行为,税务部门不能向人民法院的强制执行活动征税。

二、无论拍卖、变卖财产的行为是纳税人的自主行为,还是人民法院实施的强制执行活动,对拍卖、变卖财产的全部收入,纳税人均应依法申报缴纳税款。

三、税收具有优先权。《中华人民共和国税收征收管理法》第四十五条规定,税务机关征收税款,税收优先于无担保债权,法律另有规定的除外;纳税人欠缴的税款发生在纳税人以其财产设定抵押、质押或者纳税人的财产被留置之前的,税收应当先于抵押权、质权、留置权执行。

四、鉴于人民法院实际控制纳税人因强制执行活动而被拍卖、变卖财产的收入,根据《中华人民共和国税收征收管理法》第五条的规定,人民法院应当协助税务机关依法优先从该收入中征收税款。

6-5-13

国家税务总局关于税务稽查部门查补税款入库问题的批复

2005 年 10 月 13 日 国税函〔2005〕957 号

四川省地方税务局:

你局《四川省地方税务局关于税务稽查部门查补税款入库问题的请示》(川地税发〔2005〕126 号)收悉。经研究,现批复如下:

根据《财政部关于国家税务局系统银行账户管理有关问题的复函》(财库函〔2003〕6号)和《国家税务总局关于撤销“税务稽查收入”等账户问题的通知》(国税函〔2003〕928号)的有关规定,各级税务机关开设的“税务稽查收入账户”在2003年12月31日前撤户,《国家税务总局、中国人民银行、财政部关于税务稽查部门查补收入入库规定的通知》(国税发〔1998〕194号)同时废止。“税务稽查收入账户”撤销后,各级税务稽查部门查补的收入均应按照《中华人民共和国税收征收管理法》第53条的规定缴入国库。

6-5-14

国家税务总局关于换发征收管理部门税务检查证件的通知

2006年3月15日　国税发〔2006〕36号

各省、自治区、直辖市和计划单列市国家税务局、地方税务局:

根据《国家税务总局关于印发〈税务检查证管理暂行办法〉的通知》(国税发〔2005〕154号,以下简称《暂行办法》)文件规定,经总局研究决定,自2006年5月1日起,全国税务系统征收、管理部门启用新版(2005年版)税务检查证。现就换发新版税务检查证有关事项通知如下:

一、2005年版税务检查证换证时间为2006年3月15日至2006年4月30日。换证期间,原2000年版税务检查证已过有效期的可由省级国、地税务机关以征便函形式发文,延长有效期至2006年4月30日。2006年5月1日启用新版税务检查证后,旧版税务检查证同时作废。

二、各省征收、管理部门使用的税务检查证换发工作由各省局征管部门统一负责。税务检查证的规格、式样、质量要求、定购价格、货款支付方式等按照国家税务总局统一的合同样本规定执行。检查证件需用数量由各省国、地税务局分别向总局通过公开招标确定的供应商“福建鸿博印刷有限公司”提供并按规定签订印制合同(质量标准、合同样本、联系方式等详见附件)。

三、税务检查证内芯包括照片、姓名、工作单位、证件编号、发证机关、检查范围、检查职责、有效期限共8项内容。其中,照片为蓝色背景二寸正面免冠着税服彩色照。工作单位为持证人所在县或县级以上税务机关全称,如:××省××市××县国家(地方)税务局。证件编号采用字轨加8位编码,字轨为省、自治区、直辖市和计划单列市简称加“国税”、“地税”简称;8位编码中,第1、2位为市(地、州、盟)局编码,第3、4位为县(市、区、旗)局(分局)编码(上述编码均采用《中国行政区划常用代码》);第5、6、7、8位为顺序编号。发证机关为省级税务局。检查范围为所辖地的主管税收。检查职责为税务检查。有效期为《税务检查证管理暂行办法》规定的起始日期和截止日期。各办证单位要按照以上要求填写税务检查证内芯。

四、税务检查证换发采取以旧换新方式。各级税务机关要严格执行国家税务总局关于

《税务检查证管理暂行办法》的有关规定，加强审核把关，严格控制发放人数。收缴的旧版税务检查证要清点数量，并造册上报地市级税务局，经主管领导批准后就地销毁。

五、各级税务机关对换发税务检查证工作要高度重视，加强领导，落实责任，加强检查，确保换证工作任务如期完成，并严格按照《暂行办法》进行管理。

六、各级税务机关要加强宣传，搞好服务。要采取多种宣传形式，将新版税务检查证的式样、防伪功能等特点告知社会，以取得纳税人的理解、支持与配合。

附件：1. 税务检查证产品质量标准（详见印制文件样本）（编者略）

2. 国家税务总局《税务系统检查证印制项目》合同范本（编者略）

3. 福建鸿博印刷有限公司联系方式（编者略）

注释：

条款修改。根据《第十三届全国人民代表大会第一次会议关于国务院机构改革方案的决定》等有关规定，税收规范性文件规定的国税地税机关的职责和工作由新的税务机关承担。国家税务总局依据《税收规范性文件制定管理办法》（国家税务总局令第41号公布），对税收规范性文件进行了清理。参见：《国家税务总局关于修改部分税收规范性文件的公告》（国家税务总局公告2018年第31号）。

6－5－15

检举纳税人税收违法行为奖励暂行办法

2007年1月13日　国家税务总局　财政部令第18号

第一条　为了鼓励检举税收违法行为，根据《中华人民共和国税收征收管理法》及其实施细则有关规定，制定本办法。

第二条　本办法所称税收违法行为，是指纳税人、扣缴义务人的税收违法行为以及本办法列举的其他税收违法行为。

检举税收违法行为是单位和个人的自愿行为。

第三条　对单位和个人实名向税务机关检举税收违法行为并经查实的，税务机关根据其贡献大小依照本办法给予奖励。但有下列情形之一的，不予奖励：

（一）匿名检举税收违法行为，或者检举人无法证实其真实身份的；

（二）检举人不能提供税收违法行为线索，或者采取盗窃、欺诈或者法律、行政法规禁止的其他手段获取税收违法行为证据的；

（三）检举内容含糊不清、缺乏事实根据的；

（四）检举人提供的线索与税务机关查处的税收违法行为无关的；

（五）检举的税收违法行为税务机关已经发现或者正在查处的；

（六）有税收违法行为的单位和个人在被检举前已经向税务机关报告其税收违法行为的；

（七）国家机关工作人员利用工作便利获取信息用以检举税收违法行为的；

（八）检举人从国家机关或者国家机关工作人员处获取税收违法行为信息检举的；

（九）国家税务总局规定不予奖励的其他情形。

第四条 国家税务局系统检举奖励资金从财政部向国家税务总局拨付的税务稽查办案专项经费中据实列支，地方税务局系统检举奖励资金从省、自治区、直辖市和计划单列市财政厅（局）向同级地方税务局拨付的税务稽查办案专项经费中据实列支。

检举奖励资金的拨付，按照财政国库管理制度的有关规定执行。

第五条 检举奖励资金由稽查局、主管税务局财务部门共同负责管理，稽查局使用，主管税务局财务部门负责支付和监督。

省、自治区、直辖市和计划单列市国家税务局、地方税务局应当对检举奖励资金使用情况编写年度报告，于次年 3 月底前报告国家税务总局。地方税务局检举奖励资金使用情况同时通报同级财政厅（局）。

第六条 检举的税收违法行为经税务机关立案查实处理并依法将税款收缴入库后，根据本案检举时效、检举材料中提供的线索和证据详实程度、检举内容与查实内容相符程度以及收缴入库的税款数额，按照以下标准对本案检举人计发奖金：

（一）收缴入库税款数额在 1 亿元以上的，给予 10 万元以下的奖金；

（二）收缴入库税款数额在 5000 万元以上不足 1 亿元的，给予 6 万元以下的奖金；

（三）收缴入库税款数额在 1000 万元以上不足 5000 万元的，给予 4 万元以下的奖金；

（四）收缴入库税款数额在 500 万元以上不足 1000 万元的，给予 2 万元以下的奖金；

（五）收缴入库税款数额在 100 万元以上不足 500 万元的，给予 1 万元以下的奖金；

（六）收缴入库税款数额在 100 万元以下的，给予 5000 元以下的奖金。

第七条 被检举人以增值税留抵税额或者多缴、应退的其他税款抵缴被查处的应纳税款，视同税款已经收缴入库。

检举的税收违法行为经查实处理后没有应纳税款的，按照收缴入库罚款数额依照本办法第六条规定的标准计发奖金。

因被检举人破产或者存有符合法律、行政法规规定终止执行的条件，致使无法将税款或者罚款全额收缴入库的，按已经收缴入库税款或者罚款数额依照本办法规定的标准计发奖金。

第八条 检举虚开增值税专用发票以及其他可用于骗取出口退税、抵扣税款发票行为的，根据立案查实虚开发票填开的税额按照本办法第六条规定的标准计发奖金。

第九条 检举伪造、变造、倒卖、盗窃、骗取增值税专用发票以及可用于骗取出口退税、抵扣税款的其他发票行为的，按照以下标准对检举人计发奖金：

（一）查获伪造、变造、倒卖、盗窃、骗取上述发票 10000 份以上的，给予 10 万元以下的奖金；

（二）查获伪造、变造、倒卖、盗窃、骗取上述发票 6000 份以上不足 10000 份的，给予 6 万元以下的奖金；

（三）查获伪造、变造、倒卖、盗窃、骗取上述发票 3000 份以上不足 6000 份的，给予 4 万元以下的奖金；

（四）查获伪造、变造、倒卖、盗窃、骗取上述发票 1000 份以上不足 3000 份的，给予 2 万元以下的奖金；

（五）查获伪造、变造、倒卖、盗窃、骗取上述发票100份以上不足1000份的，给予1万元以下的奖金；

（六）查获伪造、变造、倒卖、盗窃、骗取上述发票不足100份的，给予5000元以下的奖金；

查获伪造、变造、倒卖、盗窃、骗取前款所述以外其他发票的，最高给予5万元以下的奖金；检举奖金具体数额标准及批准权限，由各省、自治区、直辖市和计划单列市税务局根据本办法规定并结合本地实际情况确定。

第十条 检举非法印制、转借、倒卖、变造或者伪造完税凭证行为的，按照以下标准对检举人计发奖金：

（一）查获非法印制、转借、倒卖、变造或者伪造完税凭证100份以上或者票面填开税款金额50万元以上的，给予1万元以下的奖金；

（二）查获非法印制、转借、倒卖、变造或者伪造完税凭证50份以上不足100份或者票面填开税款金额20万元以上不足50万元的，给予5000元以下的奖金；

（三）查获非法印制、转借、倒卖、变造或者伪造完税凭证不足50份或者票面填开税款金额20万元以下的，给予2000元以下的奖金。

第十一条 被检举人的税收违法行为被国家税务局、地方税务局查处的，合计国家税务局、地方税务局收缴入库的税款数额，按照本办法第六条规定的标准计算检举奖金总额，由国家税务局、地方税务局根据各自收缴入库的税款数额比例分担奖金数额，分别兑付；国家税务局、地方税务局计发的检举奖金合计数额不得超过10万元。

第十二条 同一案件具有适用本办法第六条、第七条、第八条、第九条、第十条规定的两种或者两种以上奖励标准情形的，分别计算检举奖金数额，但检举奖金合计数额不得超过10万元。

第十三条 同一税收违法行为被两个或者两个以上检举人分别检举的，奖励符合本办法规定的最先检举人。检举次序以负责查处的税务机关受理检举的登记时间为准。

最先检举人以外的其他检举人提供的证据对查明税收违法行为有直接作用的，可以酌情给予奖励。

对前两款规定的检举人计发的奖金合计数额不得超过10万元。

第十四条 检举税收违法行为的检举人，可以向税务机关申请检举奖金。

检举奖金由负责查处税收违法行为的税务机关支付。

第十五条 税务机关对检举的税收违法行为经立案查实处理并依法将税款或者罚款收缴入库后，由税收违法案件举报中心根据检举人书面申请及其贡献大小，制作《检举纳税人税收违法行为奖励审批表》，提出奖励对象和奖励金额建议，按照规定权限和程序审批后，向检举人发出《检举纳税人税收违法行为领奖通知书》，通知检举人到指定地点办理领奖手续。《检举纳税人税收违法行为奖励审批表》由税收违法案件举报中心作为密件存档。

税收违法案件举报中心填写《检举纳税人税收违法行为奖金领款财务凭证》，向财务机构领取检举奖金。财务凭证只注明案件编号、案件名称、被检举人名称、检举奖金数额及审批人、领款人的签名，不填写检举内容和检举人身份、名称。

第十六条 检举人应当在接到领奖通知书之日起90日内,持本人身份证或者其他有效证件,到指定地点领取奖金。检举人逾期不领取奖金,视同放弃奖金。

联名检举同一税收违法行为的,奖金由第一署名人领取,并与其他署名人协商分配。

第十七条 检举人或者联名检举的第一署名人不能亲自到税务机关指定的地点领取奖金的,可以委托他人代行领取;代领人应当持委托人的授权委托书、身份证或者其他有效证件以及代领人的身份证或者其他有效证件,办理领取奖金手续。

检举人是单位的,可以委托本单位工作人员代行领取奖金,代领人应当持委托人的授权委托书和代领人的身份证、工作证到税务机关指定的地点办理领取奖金手续。

第十八条 检举人或者代领人领取奖金时,应当在《检举纳税人税收违法行为奖金付款专用凭证》上签名,并注明身份证或者其他有效证件的号码及填发单位。

《检举纳税人税收违法行为奖金付款专用凭证》和委托人的授权委托书由税收违法案件举报中心作为密件存档。

第十九条 税收违法案件举报中心发放检举奖金时,可应检举人的要求,简要告知其所检举的税收违法行为的查处情况,但不得告知其检举线索以外的税收违法行为查处情况,不得提供税务处理(处罚)决定书及有关案情材料。

检举的税收违法行为查结前,税务机关不得将具体查处情况告知检举人。

第二十条 税务机关支付检举奖金时应当严格审核。对玩忽职守、徇私舞弊致使奖金被骗取的,除追缴奖金外,依法追究有关人员责任。

第二十一条 对有特别突出贡献的检举人,税务机关除给予物质奖励外,可以给予相应的精神奖励,但公开表彰宣传应当事先征得检举人的书面同意。

第二十二条 各省、自治区、直辖市和计划单列市国家税务局根据本办法制定具体规定。

各省、自治区、直辖市和计划单列市地方税务局会同同级财政厅(局)根据本办法制定具体规定。

第二十三条 《检举纳税人税收违法行为奖励审批表》、《检举纳税人税收违法行为领奖通知书》、《检举纳税人税收违法行为奖金领款财务凭证》、《检举纳税人税收违法行为奖金付款专用凭证》的格式,由国家税务总局制定。

第二十四条 本办法所称"以上"、"以下"均含本数。

第二十五条 本办法由国家税务总局和财政部负责解释。

第二十六条 本办法自2007年3月1日起施行。国家税务总局1998年12月15日印发的《税务违法案件举报奖励办法》同时废止。

6-5-16

国家税务总局关于印发《重大税收违法案件督办管理暂行办法》的通知

2010年11月1日　国税发〔2010〕103号

各省、自治区、直辖市和计划单列市国家税务局、地方税务局：

现将《重大税收违法案件督办管理暂行办法》印发给你们，请认真遵照执行。执行中如有问题，请及时报告国家税务总局(稽查局)。

附件：《重大税收违法案件督办管理暂行办法》相关税务文书式样(编者略)

重大税收违法案件督办管理暂行办法

第一条　为了规范重大税收违法案件督办管理，根据《中华人民共和国税收征收管理法》有关规定，制定本办法。

第二条　上级税务局可以根据税收违法案件性质、涉案数额、复杂程度、查处难度以及社会影响等情况，督办管辖区域内发生的重大税收违法案件。

对跨越多个地区且案情特别复杂的重大税收违法案件，本级税务局查处确有困难的，可以报请上级税务局督办，并提出具体查处方案及相关建议。

重大税收违法案件具体督办事项由稽查局实施。

第三条　国家税务总局督办的重大税收违法案件主要包括：

(一)国务院等上级机关、上级领导批办的案件；

(二)国家税务总局领导批办的案件；

(三)在全国或者省、自治区、直辖市范围内有重大影响的案件；

(四)税收违法数额特别巨大、情节特别严重的案件；

(五)国家税务总局认为需要督办的其他案件。

省、自治区、直辖市和计划单列市国家税务局、地方税务局督办重大税收违法案件的范围和标准，由本级国家税务局、地方税务局根据本地实际情况分别确定。

第四条　省、自治区、直辖市和计划单列市国家税务局、地方税务局依照国家税务总局规定的范围、标准、时限向国家税务总局报告税收违法案件，国家税务总局根据案情复杂程度和查处工作需要确定督办案件。

省以下重大税收违法案件报告的范围和标准，由省、自治区、直辖市和计划单列市国家税务局、地方税务局根据本地实际情况分别确定。

第五条　对需要督办的重大税收违法案件，督办税务局(以下简称督办机关)所属稽查局填写《重大税收违法案件督办立项审批表》，提出拟办意见。拟办意见主要包括承办案件的税务局(以下简称承办机关)及所属稽查局、承办时限和工作要求等,经督办机关领导审批或者督办机关授权所属稽查局局长审批后,向承办机关发出《重大税收违法案件督办函》,要求承办机关在确定的期限内查证事实,并作出税务处理、处罚决定。

需要多个地区税务机关共同查处的督办案件,督办机关应当明确主办机关和协办机关,或者按照管辖职责确定涉案重点事项查处工作任务。协办机关应当积极协助主办机关查处督办案件,及时查证并提供相关证据材料。对主办机关请求协助查证的事项,协办机关应当及时准确反馈情况,不得敷衍塞责或者懈怠应付。

督办案件同时涉及国家税务局、地方税务局管辖的税收事项,国家税务局、地方税务局分别依照职责查处,并相互通报相关情况;必要时可以联合办案,分别作出税务处理、处罚决定。

第六条 督办案件未经督办机关批准,承办机关不得擅自转给下级税务机关或者其他机关查处。

对因督办案件情况发生变化,不需要继续督办的,督办机关可以撤销督办,并向承办机关发出《重大税收违法案件撤销督办函》。

第七条 承办机关应当在接到督办机关《重大税收违法案件督办函》后7个工作日内按照《税务稽查工作规程》规定立案,在10个工作日内制订具体查处方案,并组织实施检查。

承办机关具体查处方案应当报送督办机关备案;督办机关要求承办机关在实施检查前报告具体查处方案的,承办机关应当按照要求报告,经督办机关同意后实施检查。

督办机关督办前承办机关已经立案的,承办机关不停止实施检查,但应当将具体查处方案及相关情况报告督办机关;督办机关要求调整具体查处方案的,承办机关应当调整。

第八条 承办机关应当按照《重大税收违法案件督办函》要求填写《重大税收违法案件情况报告表》,每30日向督办机关报告一次案件查处进展情况;《重大税收违法案件督办函》有确定报告时限的,按照确定时限报告;案件查处有重大进展或者遇到紧急情形的,应当及时报告;案件查处没有进展或者进展缓慢的,应当说明原因,并明确提出下一步查处工作安排。

对有《税务稽查工作规程》第四十四条规定的中止检查情形或者第七十条规定的中止执行情形的,承办机关应当报请督办机关批准后中止检查或者中止执行。中止期间可以暂不填报《重大税收违法案件情况报告表》;中止检查或者中止执行情形消失后,承办机关应当及时恢复检查或者执行,并依照前款规定填报《重大税收违法案件情况报告表》。

第九条 督办机关应当指导、协调督办案件查处,可以根据工作需要派员前往案发地区督促检查或者参与办案,随时了解案件查处进展情况以及存在问题。

督办机关稽查局应当确定督办案件的主要责任部门和责任人员。主要责任部门应当及时跟踪监控案件查处过程,根据承办机关案件查处进度、处理结果和督促检查情况,向稽查局领导报告督办案件查处进展情况;案情重大或者上级机关、上级领导批办的重要案件,应当及时向督办机关领导报告查处情况。

第十条 承办机关可以就督办案件向相关地区同级税务机关发出《税收违法案件协查函》,提出具体协查要求和回复时限,相关地区同级税务机关应当及时回复协查结果,提供明确的协查结论和相关证据资料。案情重大复杂的,承办机关可以报请督办机关组织协查。

第十一条 承办机关稽查局应当严格依照《税务稽查工作规程》相关规定对督办案件实施检查和审理,并报请承办机关集体审理。

承办机关稽查局应当根据审理认定的结果,拟制《重大税收违法案件拟处理意见报告》,经承办机关领导审核后报送督办机关。

在查处督办案件中,遇有法律、行政法规、规章或者其他规范性文件的疑义问题,承办机关稽查局应当征询同级法规、税政、征管、监察等相关部门意见;相关部门无法确定的,应当依照规定请示上级税务机关或者咨询有权解释的其他机关。

第十二条 《重大税收违法案件拟处理意见报告》应当包括以下主要内容:

(一)案件基本情况;

(二)检查时段和范围;

(三)检查方法和措施;

(四)检查人员查明的事实及相关证据材料;

(五)相关部门和当事人的意见;

(六)审理认定的事实及相关证据材料;

(七)拟税务处理、处罚意见及依据;

(八)其他相关事项说明。

对督办案件定性处理具有关键决定作用的重要证据,应当附报制作证据说明,写明证据目录、名称、内容、证明对象等事项。

第十三条 对承办机关《重大税收违法案件拟处理意见报告》,督办机关应当在接到之日起 15 日内审查;如有本办法第十一条第三款规定情形的,审查期限可以适当延长。督办机关对承办机关提出的定性处理意见没有表示异议的,承办机关依法作出《税务处理决定书》、《税务行政处罚决定书》、《税务稽查结论》、《不予税务行政处罚决定书》,送达当事人执行。

督办机关审查认为承办机关《重大税收违法案件拟处理意见报告》认定的案件事实不清、证据不足、违反法定程序或者拟税务处理、处罚意见依据错误的,通知承办机关说明情况或者补充检查。

第十四条 对督办案件中涉嫌犯罪的税收违法行为,承办机关填制《涉嫌犯罪案件移送书》,依照规定程序和权限批准后,依法移送司法机关。对移送司法机关的案件,承办机关应当随时关注司法处理进展情况,并及时报告督办机关。

第十五条 承办机关应当在 90 日内查证督办案件事实并依法作出税务处理、处罚决定;督办机关确定查处期限的,承办机关应当严格按照确定的期限查处;案情复杂确实无法按时查处的,应当在查处期限届满前 10 日内向督办机关申请延期查处,提出延长查处期限和理由,经批准后延期查处。

第十六条 对承办机关超过规定期限未填报《重大税收违法案件情况报告表》,或者未查处督办案件且未按照规定提出延期查处申请的,督办机关应当向其发出《重大税收违法案件催办函》进行催办,并责令说明情况和理由。

承办机关对督办案件查处不力的，督办机关可以召集承办机关分管稽查的税务局领导或者稽查局局长汇报；必要时督办机关可以直接组织查处。

第十七条 督办案件有下列情形之一的，可以认定为结案：

（一）税收违法事实已经查证清楚，并依法作出《税务处理决定书》、《税务行政处罚决定书》，税款、滞纳金、罚款等税收款项追缴入库，纳税人或者其他当事人在法定期限内没有申请行政复议或者提起行政诉讼的；

（二）查明税收违法事实不存在或者情节轻微，依法作出《税务稽查结论》或者《不予税务行政处罚决定书》，纳税人或者其他当事人在法定期限内没有申请行政复议或者提起行政诉讼的；

（三）纳税人或者其他当事人对税务机关处理、处罚决定或者强制执行措施申请行政复议或者提起行政诉讼，行政复议决定或者人民法院判决、裁定生效并执行完毕的；

（四）符合《税务稽查工作规程》第四十五条规定的终结检查情形的；

（五）符合《税务稽查工作规程》第七十一条规定的终结执行情形的；

（六）法律、行政法规或者国家税务总局规定的其他情形的。

税务机关依照法定职权确实无法查证全部或者部分税收违法行为，但有根据认为其涉嫌犯罪并依法移送司法机关处理的，以司法程序终结为结案。

第十八条 承办机关应当在督办案件结案之日起10个工作日内向督办机关报送《重大税收违法案件结案报告》。

《重大税收违法案件结案报告》应当包括案件来源、案件查处情况、税务处理、处罚决定内容、案件执行情况等内容。督办机关要求附列《税务处理决定书》、《税务行政处罚决定书》、《税务稽查结论》、《不予税务行政处罚决定书》、《执行报告》、税款、滞纳金、罚款等税收款项入库凭证以及案件终结检查、终结执行审批文书等资料复印件的，应当附列。

第十九条 查处督办案件实行工作责任制。承办机关主要领导承担领导责任；承办机关分管稽查的领导承担监管责任；承办机关稽查局局长承担执行责任；稽查局分管案件的领导和具体承办部门负责人以及承办人员按照各自分工职责承担相应的责任。

对督办案件重要线索、证据不及时调查收集，或者故意隐瞒案情，转移、藏匿、毁灭证据，或者因工作懈怠、泄露案情致使相关证据被转移、藏匿、毁灭，或者相关财产被转移、藏匿，或者有其他徇私舞弊、玩忽职守、滥用职权行为，应当承担纪律责任的，依法给予行政处分；涉嫌犯罪的，应当依法移送司法机关处理。

第二十条 承办机关及承办人员和协办机关及协办人员在查处督办案件中成绩突出的，可以给予表彰；承办、协办不力的，给予通报批评。

第二十一条 本办法相关税务文书式样由国家税务总局制定。

第二十二条 本办法从2011年1月1日起执行。2001年7月30日印发的《国家税务总局关于实行重大税收违法案件督办制度的通知》（国税发〔2001〕87号）同时废止。

6－5－17

国家税务总局关于发布《税务稽查执法文书式样》的公告

2012年1月4日　国家税务总局公告2012年第2号

现将《税务稽查执法文书式样》予以发布，自2012年3月1日起施行。

特此公告。

附件：税务稽查执法文书式样（编者略）

注释：

条款废止。附件中相关文书自2021年8月11日起废止。参见：《国家税务总局关于修订部分税务执法文书的公告》（国家税务总局公告2021年第23号）。

6－5－18

国家税务总局关于印发《税收个案批复工作规程（试行）》的通知

2012年2月10日　国税发〔2012〕14号

各省、自治区、直辖市和计划单列市国家税务局、地方税务局，局内各单位：

现将国家税务总局制定的《税收个案批复工作规程（试行）》印发给你们，请认真执行。各单位在执行中遇到的问题及提出的建议，请及时报国家税务总局。

税收个案批复工作规程（试行）

第一条　为提高税务行政决策的科学化、民主化，落实政务公开要求，强化内部监控制约机制，规范税收个案批复工作，制定本规程。

第二条　本规程所称税收个案批复，是指税务机关针对特定税务行政相对人的特定事项如何适用税收法律、法规、规章或规范性文件所做的批复。

第三条　税务机关作出税收个案批复均适用本规程。

凡税收法律、法规规定的对税务行政相对人的许可、审批事项，不属于本规程适用范围。

第四条　税收个案拟明确的事项需要普遍适用的，应当按照《税收规范性文件制定管理办法》制定税收规范性文件。

第五条 税收个案批复必须以税务机关的名义作出。下级税务机关不得执行以上级税务机关内设机构名义作出的税收个案批复。

第六条 办理税收个案批复,应当符合法律规定,注重内部分工制约,坚持公开、公平、公正、统一的原则。

第七条 有下列情形之一的,不得作出税收个案批复:

(一)超越本机关法定权限的;

(二)与上位法相抵触的;

(三)对其他类似情形的税务行政相对人显失公平的。

第八条 税收个案批复事项一般应由税务行政相对人的主管税务机关提出,并逐级报送有权作出批复的税务机关。

上级机关交办、本机关领导批办、相关部门转办、纳税人直接提出申请,拟作出批复的,应当逐级发送至税务行政相对人的主管税务机关调查核实,提出处理意见后,逐级报送有权作出批复的税务机关。必要时,拟批复机关可以补充调查核实。

第九条 税收个案批复事项,应当由办公厅(室)统一负责登记、按照部门职责分发主办业务部门。

各业务部门直接收到的税收个案批复事项,应当首先转送办公厅(室)统一登记。未经办公厅(室)登记、分发的税收个案批复事项,不得办理。

第十条 主办业务部门收到办公厅(室)分发的税收个案批复事项后,应当登记并明确主办人员。按照本规程第八条第二款规定,需要转送主管税务机关调查核实的,主办业务部门应当按规定转送主管税务机关处理。

第十一条 主办业务部门认为不应作出税收个案批复的,应当书面说明理由,经本部门负责人批准后,报办公厅(室)备案。

第十二条 主办业务部门拟作出税收个案批复的,应将批复文本送交负有税收执法监督检查职能的部门及其他相关业务部门会签。会签时应一并提供起草说明及其他相关材料。起草说明应包括申请事项、调查核实情况、征求其他相关机关意见情况、批复的必要性及依据、对其他税务行政相对人的影响等内容。

第十三条 会签后,主办业务部门应将全部案卷材料送交政策法规部门进行合法性审查。

第十四条 对会签、审查中存在不同意见且经过协商难以达成一致的,主办业务部门应将各方意见及相关材料报主管局领导裁定。

第十五条 经会签、审查无异议,或主管局领导裁定同意批复的,主办业务部门应当自收到会签、审查或领导裁定意见之日起5个工作日内,按照公文处理程序送办公厅(室)核稿。

第十六条 未经负有税收执法监督检查职能的部门会签和政策法规部门合法性审查的税收个案批复,办公厅(室)不予核稿,局领导不予签发。

第十七条 除涉及国家秘密外,税收个案批复应当自作出之日起30日内,由批复机关的办公厅(室)在本级政府公报、税务机关公报、本辖区范围内公开发行的报纸或本级政府网站、本税务机关网站上公布。

不具备前款规定公布条件的税务机关，应当自税收个案批复作出之日起5个工作日内，在办税服务场所或公共场所通过公告栏等形式，公布其作出的税收个案批复。

第十八条 税收个案批复应当抄送监察部门。

第十九条 省以下税务机关应当于税收个案批复作出之日起30日内报送上一级税务机关负有税收执法监督检查职能的部门备案。

负有税收执法监督检查职能的部门应将税收个案批复分送主管业务部门、政策法规部门以及其他相关业务部门审核。

第二十条 主办业务部门应当按档案管理规定将税收个案批复材料整理归档。

第二十一条 本规程前述条款没有规定时限的，按照下列规定办理：

（一）上下级税务机关送出材料均不得超过5个工作日；

（二）各部门会签、审查均不得超过10个工作日；

（三）主管税务机关调查核实不得超过30日。

征求其他相关机关意见的时间不计算在本规程规定的时限内。

情况复杂或者社会影响巨大的案件，可适当延长时限。

第二十二条 违反本规程规定办理税收个案批复的，按照有关规定追究责任。

第二十三条 本规程自2012年3月1日起施行。

6－5－19

国家税务总局关于印发《特别纳税调整重大案件会审工作规程（试行）》的通知

2012年2月16日　国税发〔2012〕16号

各省、自治区、直辖市和计划单列市国家税务局、地方税务局：

现将《特别纳税调整重大案件会审工作规程（试行）》印发给你们，请遵照执行。

特别纳税调整重大案件会审工作规程（试行）

为进一步规范特别纳税调整管理，提高特别纳税调整重大案件调查质量，加强执法监督，根据《中华人民共和国企业所得税法》、《中华人民共和国企业所得税法实施条例》、《中华人民共和国税收征收管理法》、《中华人民共和国税收征收管理法实施细则》和《特别纳税调整实施办法（试行）》等有关规定，结合我国特别纳税调整工作实践，制定本规程。

一、本规程所称特别纳税调整重大案件包括：

（一）企业注册资本在1亿元人民币以上，且调查年度年均主营业务收入在10亿元人民币以上的案件；

（二）全国行业联查或集团联查的案件；

（三）其他由税务总局确定的案件。

省税务机关认为案件复杂的，可提请确认为特别纳税调整重大案件。

二、会审工作是指各地税务机关对特别纳税调整重大案件根据《特别纳税调整实施办法（试行）》第四十二条或第四十三条的规定送达《特别纳税调查结论通知书》或《特别纳税调查初步调整通知书》之前，将审议后的不予调整意见或初步调整方案（以下统称调整方案）按照本通知规定，报请税务总局组织的案件会审小组进行的会同审议工作。

三、特别纳税调整重大案件会审实行一案一会审小组制度。具体案件的会审小组成员从会审人员库中产生。

四、税务总局负责会审人员库的建立和日常管理工作，确定入选会审人员库的资格条件，在省税务机关推荐的基础上审定会审人员库人选，并根据工作需要，适时调整会审人员库人选。

会审人员库成员因工作岗位变动等原因，不再从事特别纳税调整工作的，其所在单位应及时将相关变动情况层报税务总局。

五、税务总局应组织会审人员库成员参加业务培训、专业交流和专题调研等后续教育活动。

六、税务总局应根据具体案情的需要，从会审人员库中指定 5 名成员组成会审小组，负责会审工作；同时指定一名税务总局人员组织协调会审工作。

七、特别纳税调整重大案件会审实行回避制度。会审人员库成员不参加涉及本省税务机关特别纳税调整重大案件的会审。

会审小组从组成之日起至案件结案之日止，负责该案件的会审工作，案件结案后会审小组自动解散。

同一案件的会审小组成员一经确定后，在该案件结案前原则上保持不变。确因特殊情况需要变更会审小组成员的，按照本条第一款规定的回避原则从会审人员库中另行指定。

会审小组成员在会审工作中获得的案件信息应仅用于相关案件会审工作，并按照有关规定履行保密义务。

八、会审小组成立后，税务总局书面通知会审小组成员所在单位。

会审小组成员所在单位应积极支持会审工作，合理安排工作任务，确保会审工作顺利完成。

九、会审小组成员可通过以下方式分析案情、交换意见：

（一）查阅案件调查资料；

（二）听取办案人员情况介绍；

（三）参加案情分析会；

（四）网络信息交流；

（五）其他适当的方式。

十、税务总局根据会审工作进展情况，确定案件调整方案的会审截止日期，并通知会审小组成员。

会审小组成员应在确定的会审截止日期前，就是否同意调整方案进行无记名投票，并就法律依据、证据支持、调整原则及方法等内容进行说明,提出修改意见。

十一、会审小组成员全部投票后,税务总局按照以下原则做出处理决定并通知主管税务机关:

(一)会审小组成员投票意见一致的,采纳会审小组意见,做出同意或不同意调整方案的决定;

(二)会审小组成员投票意见不一致的,在综合各方意见基础上,就是否同意调整方案做出决定。

十二、主管税务机关应根据对案件调整方案的会审决定,分以下情况进行处理:

(一)同意不予调整意见的,向被调查企业送达《特别纳税调查结论通知书》;

(二)同意初步调整方案的,向被调查企业送达《特别纳税调查初步调整通知书》;

(三)不同意不予调整意见或初步调整方案的,按照修改意见完善后再次层报会审。

十三、被调查企业在接到《特别纳税调查初步调整通知书》后,在法定时限内未提出异议的,或者虽提出异议但经审议后不予采纳的,主管税务机关应按照确定的最终方案向被调查企业送达《特别纳税调整通知书》。

被调查企业在接到《特别纳税调查初步调整通知书》后,在法定时限内提出异议,主管税务机关经审议后认为确需对调整方案进行修改的,应将修改后的调整方案再次层报会审。

十四、税务总局根据工作实际对积极支持会审工作的单位予以通报表扬。

会审小组成员所在单位的上级税务机关应将该单位支持会审工作的情况纳入年度工作考核,增加考核分数。

十五、对工作成绩显著、表现突出的会审人员,由税务总局建议其所在单位按照《国家公务员奖励暂行规定》和《税务系统公务员奖励实施细则(试行)》的有关规定进行表彰奖励。

十六、会审人员应认真负责、秉公办事、恪尽职守,有以下情形之一的,不再纳入会审人员库:

(一)无正当理由不参加业务培训和专业交流等活动;

(二)不能胜任重大案件会审工作;

(三)有违法违纪行为。

十七、税务总局定点联系企业的特别纳税调整重大案件会审工作由税务总局大企业税收管理司负责组织协调,涉及双边磋商的案件另行规定。其他企业的特别纳税调整工作由税务总局国际税务司负责组织协调。

十八、本规程自 2012 年 3 月 1 日起施行。

6 -5 -20

财政部门监督办法

2012年3月2日　财政部令第69号

第一章　总　　则

第一条　为了规范财政部门监督行为,加强财政管理,保障财政资金安全规范有效使用,维护国家财经秩序,根据国家有关财政管理法律法规,制定本办法。

第二条　县级以上人民政府财政部门(以下简称财政部门)依法对单位和个人(以下统称监督对象)涉及财政、财务、会计等事项实施监督适用本办法。

省级以上人民政府财政部门派出机构在规定职权范围内依法实施监督。

第三条　财政部门应当按照财政管理体制、财务隶属关系对财政、财务等事项实施监督;按照行政区域对会计事项实施监督。

上级财政部门应当加强对下级财政部门监督工作的指导;下级财政部门应当及时将监督中发现的重大问题向本级人民政府和上级财政部门报告。

第四条　财政部门实施监督应当坚持事前、事中和事后监督相结合,建立覆盖所有政府性资金和财政运行全过程的监督机制。

第五条　财政部门实施监督应当与财政管理相结合,将监督结果作为预算安排的重要参考依据;根据监督结果完善相关政策、加强财政管理。

第六条　财政部门应当加强绩效监督,提高财政资金使用效益。

第七条　财政部门应当加强信息化建设,充分运用现代技术手段实施监督,提高监督效率。

第二章　监督机构和人员

第八条　财政部门的监督职责由本部门专职监督机构和业务管理机构共同履行;由专职监督机构实行统一归口管理、统一组织实施、统一规范程序、统一行政处罚。

第九条　专职监督机构应当履行下列监督职责:

(一)制定本部门监督工作规划;

(二)参与拟定涉及监督职责的财税政策及法律制度;

(三)牵头拟定本部门年度监督计划;

(四)组织实施涉及重大事项的专项监督;

(五)向业务管理机构反馈监督结果及意见;

(六)组织实施本部门内部监督检查。

第十条　业务管理机构应当履行下列监督职责:

(一)在履行财政、财务、会计等管理职责过程中加强日常监督;

(二)配合专职监督机构进行专项监督;

（三）根据监督结果完善相关财政政策；

（四）向专职监督机构反馈意见采纳情况。

第十一条　专职监督机构和业务管理机构实施监督，应当协调配合、信息共享。

第十二条　实施监督的财政部门工作人员（以下简称监督人员）应当具备与财政监督工作相适应的专业知识和业务能力。

监督人员应当廉洁自律，秉公执法，保守秘密。

第十三条　监督人员与监督对象有利害关系的应当回避。

监督对象有权申请有利害关系的监督人员回避。

监督人员的回避，由财政部门负责人决定。

第十四条　监督人员依法履行监督职责受法律保护。

对财政部门依法实施的监督，监督对象应当予以配合、如实反映情况；不得拒绝、阻挠、拖延；不得对监督人员打击报复。

第十五条　财政部门可以根据需要，聘请有关专业机构或者专业人员协助监督工作。财政部门应当加强对所聘机构和人员的统一管理。

第三章　监督范围和权限

第十六条　财政部门依法对下列事项实施监督：

（一）财税法规、政策的执行情况；

（二）预算编制、执行、调整和决算情况；

（三）税收收入、政府非税收入等政府性资金的征收、管理情况；

（四）国库集中收付、预算单位银行账户的管理使用情况；

（五）政府采购法规、政策的执行情况；

（六）行政、事业单位国有资产，金融类、文化企业等国有资产的管理情况；

（七）财务会计制度的执行情况；

（八）外国政府、国际金融组织贷款和赠款的管理情况；

（九）法律法规规定的其他事项。

对会计师事务所和资产评估机构设立及执业情况的监督，由省级以上人民政府财政部门依法实施。

第十七条　财政部门实施监督，可以依法采取下列措施：

（一）要求监督对象按照要求提供与监督事项有关的资料；

（二）调取、查阅、复制监督对象有关预算编制、执行、调整和决算资料，会计凭证和账簿、财务会计报告、审计报告、账户信息、电子信息管理系统情况，以及其他有关资料；

（三）经县级以上人民政府财政部门负责人批准，向与被监督单位有经济业务往来的单位查询有关情况，向金融机构查询被监督单位的存款；

（四）在证据可能灭失或者以后难以取得的情况下，经县级以上人民政府财政部门负责人批准，先行登记保存证据，并在7日内及时作出处理决定；

（五）对正在进行的财政违法行为，责令停止；拒不执行的，暂停财政拨款或者停止拨付与财政违法行为直接有关的款项；已经拨付的，责令暂停使用；

（六）法律法规规定的其他措施。

第十八条 财政部门实施监督过程中，发现监督对象制定或者执行的规定与国家相关规定相抵触的，可以根据职权予以纠正或者建议有权机关予以纠正。

第十九条 对监督对象财政违法行为作出的处理、处罚决定及其执行情况，除涉及国家秘密、商业秘密、个人隐私外，财政部门可以公开。

第二十条 对有关财政违法行为的举报，财政部门应当按照规定处理，并为举报人保密。

第四章 监督方式和程序

第二十一条 财政部门实施监督，可以采取监控、督促、调查、核查、审查、检查、评价等方法。

第二十二条 财政部门实施监督，可以采取专项监督和日常监督相结合的方式。

专项监督应当结合年度监督计划，按照规定程序组织实施。

日常监督应当结合履行财政、财务、会计等管理职责，按照规定程序组织实施。

第二十三条 财政部门实施监督，应当依法对财政违法行为作出处理处罚；对不属于本部门职权范围的事项，应当按照规定程序移送有权机关处理。

第二十四条 财政部门实施监督，应当加强与监察、审计等有关机关的沟通和协作。有关机关已经作出的调查、检查、审计结论能够满足本部门履行职责需要的，应当加以利用。

财政部门履行监督职责，可以提请有关机关予以协助。

第五章 法律责任

第二十五条 监督对象有下列情形之一的，由县级以上人民政府财政部门责令限期改正，并给予警告；直接负责的主管人员和其他直接责任人员属于国家工作人员的，建议有关主管部门依法给予处分；涉嫌犯罪的，依法移送司法机关：

（一）拒绝、阻挠、拖延财政部门依法实施监督的；

（二）不如实提供有关资料的；

（三）对监督人员进行打击报复的。

第二十六条 监督人员实施监督过程中玩忽职守、滥用职权、徇私舞弊或者泄露国家秘密、商业秘密的，依法给予行政处分；涉嫌犯罪的，依法移送司法机关。

第二十七条 监督对象对处理、处罚决定不服的，可以依法申请行政复议或者提起行政诉讼。

国家工作人员对处分不服的，可以依照有关规定申请复核或者提出申诉。

第六章 附 则

第二十八条 乡镇财政机构在规定职权范围内，或者受上级政府财政部门委托，依法实施监督工作，参照本办法执行。

第二十九条 本办法自 2012 年 5 月 1 日起施行。

6-5-21

国家税务总局关于规范税务行政裁量权工作的指导意见

2012年7月3日　国税发〔2012〕65号

各省、自治区、直辖市和计划单列市国家税务局、地方税务局：

为规范税收执法行为，切实保障纳税人合法权益，加快推进税务机关依法行政，构建和谐税收征纳关系，根据《全面推进依法行政实施纲要》、《国务院关于加强法治政府建设的意见》（国发〔2010〕33号）和有关规定，结合税收工作实际，提出如下指导意见：

一、充分认识规范税务行政裁量权的必要性

行政裁量权是行政机关依法行使行政处罚、行政许可、行政强制、行政征收、行政给付等职权时，根据法律、法规和规章的规定，依据立法目的和公平合理的原则，自主作出决定和选择行为方式、种类和幅度的权力。行政裁量权是现代行政权的重要组成部分，也是现代行政的必然要求。它的存在既是社会关系的复杂性所决定，又是法律规范的局限性所决定；既是提高行政效率的需要，也是实现个案公平的需要。但行政裁量权又是一把双刃剑，容易被行政机关滥用，侵害公民、法人和其他组织的合法权益。因此，赋予行政机关行政裁量权的同时，必须对其进行规范和控制。

税收执法的许多方面和环节涉及到行政裁量权，规范税务行政裁量权具有十分重要的现实意义。

（一）规范税务行政裁量权是服务科学发展、共建和谐税收的必然选择。服务科学发展、共建和谐税收要求税务机关始终坚持依法行政，使税法得到普遍遵从。提高税法遵从度，既要靠纳税人增强依法诚信纳税意识，自觉履行纳税义务，也要靠税务机关坚持依法行政，带动和引导纳税人自觉遵从税法。提高税法遵从度是税务机关和纳税人共同的责任和义务，税务机关尤其要带头遵从税法。规范税务行政裁量权，限制和规范税收执法权，有利于切实提高税务机关依法行政的质量和水平，有效促进税务机关带头遵从税法，并充分带动纳税人自觉遵从税法，不断实现税收征纳关系的和谐。

（二）规范税务行政裁量权是推进依法行政、保障纳税人合法权益的现实要求。推进依法行政有利于促进各级税务机关依法履行职责，规范和约束行政权力，保障纳税人依法享有的各项权利和自由。规范税务行政裁量权，防止和减少税务机关随意执法、选择性执法和机械性执法等问题，有利于进一步推进依法行政，真正做到严格执法、规范执法、公正执法、文明执法，切实保障纳税人的合法权益。

（三）规范税务行政裁量权是加强税务机关自身建设、防范税收执法风险的有效途径。规范执法行为、提高执法质量是税务机关加强自身建设、防范执法风险的重要目标。规范税务行政裁量权，合理调整执法权行使的弹性空间，有利于促进税务行政裁量定位更准确，操作更规范，有效降低税务机关和税务人员的执法风险，全面提升税务机关的执法形象。

（四）规范税务行政裁量权是促进税务机关廉政建设、遏制腐败的重要举措。深入推进税务系统反腐倡廉建设必须强化对税收执法权和行政管理权的监督，规范“两权”运行。作为税收执法权的重要组成部分，税务行政裁量权的规范行使是遏制腐败的重要保证。规范税务行政裁量权，从机制上加强对税收执法权运行的监控，有利于实现制度防腐和源头防腐，有效遏制税收执法领域职务腐败的发生。

二、规范税务行政裁量权的基本要求

（一）合法裁量。税务机关行使行政裁量权应当依照法律法规进行。税务机关行使行政裁量权应当依照法定权力、条件、范围、幅度和程序进行。

（二）合理裁量。税务机关行使行政裁量权应当符合立法目的和法律原则。要全面考虑相关事实因素和法律因素，排除不相关因素的干扰，维护纳税人合法权益，努力实现法律效果与社会效果的统一。可以采取多种方式实现行政目的的，应当选择对纳税人权益损害最小的方式，对纳税人造成的损害不得与所保护的法定利益显失均衡。

（三）公正裁量。税务机关行使行政裁量权应当平等对待纳税人，同样情形同等处理。对事实、性质、情节及社会危害程度等因素基本相同的税务事项，应当给予基本相同的处理。同一地区国、地税机关对相同税务管理事项的处理应当一致。非因法定事由并经法定程序，不得撤销、变更已经生效的税务决定。因国家利益、公共利益或者其他法定事由需要撤销或者变更税务决定的，应当依照法定权限和程序进行，对纳税人因此而受到的财产损失依法予以补偿。

（四）程序正当。税务机关行使行政裁量权应当严格遵循法定程序，注意听取纳税人的意见，依法保障纳税人的知情权、参与权和救济权。税务人员与纳税人存在利害关系时，应当依法回避。税务机关行使行政裁量权作出税务决定时，应当说明理由。

（五）公开透明。税务机关行使行政裁量权，除涉及国家秘密和依法受到保护的商业秘密、个人隐私外，应当依法公开执法依据、执法过程、处理结果等。

三、建立税务裁量基准制度

裁量基准是指行政机关根据执法实际为规范行政裁量权行使而制定的具体标准，是对行政裁量权按照一定标准进行细化、量化和具体化的重要参考指标。

（一）裁量基准是对以往执法经验的归纳、总结和提炼。制定裁量基准包括解释法律规范中的不确定法律概念、列举考量因素以及分档、细化量罚幅度等。

（二）各省（自治区、直辖市）国、地税机关原则上应当根据本地区税收执法实际，联合制定本地区统一适用的规范各项税务行政裁量权的裁量基准。条件不具备的地方，也可以通过沟通协商制定相对统一的裁量基准。各省（自治区、直辖市）税务机关制定的裁量基准应当报国家税务总局备案。

（三）税务机关执法应当遵循裁量基准。案件情况特殊，不宜适用裁量基准的，应当在法律文书中说明理由。

（四）税务机关适用裁量基准，应当注意听取执法人员、纳税人及专家的意见，及时评估，并根据评估结果对裁量基准进行修改与完善。

四、健全税务行政裁量权行使程序制度

（一）完善告知制度。税务机关行使行政裁量权应当严格履行法定的告知义务，将作出裁量决定的事实、理由、依据告知纳税人。各级税务机关要进一步明确告知的内容、程序及救济措施。

（二）完善回避制度。税务机关行使行政裁量权涉及法定回避事项的，应当依法告知纳税人享有申请回避的权利。税务人员存在法定回避情形的，应当回避。各级税务机关要进一步明确回避的适用范围、救济措施及法律责任，完善回避的申请、受理、审查、决定等程序制度。

（三）完善陈述申辩和听证制度。税务机关行使行政裁量权应当充分听取纳税人的意见。纳税人提出的事实、证据和理由成立的，税务机关应当予以采纳。各级税务机关要进一步完善陈述申辩的告知、审查、采纳等程序性规定，明确适用听证事项，规范听证程序。

（四）完善说明理由制度。税务机关行使行政裁量权应当在行政决定中对事实认定、法律适用和裁量基准的引用等说明理由。各级税务机关要逐步推行使用说理式执法文书。

（五）完善重大执法事项合议制度。税务机关行使行政裁量权涉及重大或者复杂裁量事项的，应当进行合议，共同研究决定。各级税务机关要进一步完善合议程序，明确工作职责、决策方式等内容。

（六）完善重大执法事项备案制度。税务机关行使行政裁量权涉及重大或者复杂裁量事项的，应当将该事项的处理结果报上一级税务机关审查备案。各级税务机关要进一步明确审查备案的内容、方式及程序。

五、加强领导、狠抓落实，为做好规范税务行政裁量权工作提供有力保障

（一）加强领导、精心组织。规范税务行政裁量权工作是税务机关推进依法行政的一项重要内容，各级税务机关应当高度重视，把这项工作摆在突出位置，作为全局性的重点工作抓紧抓好。规范税务行政裁量权工作应当由各级税务机关依法行政领导小组统筹部署，主要领导亲自负责。领导小组应当研究制定工作方案，定期听取工作汇报，及时解决工作中的重点、难点问题。

（二）明确职责、密切配合。规范税务行政裁量权工作涉及面广、专业性强、工作环节多，税务机关上下级之间、内部各相关业务部门之间应当密切配合，加强协调，齐抓共管，共同推动规范税务行政裁量权工作的顺利开展。国家税务总局政策法规司负责综合协调工作；其他业务司局负责对其职责范围内的各项税务行政裁量权进行梳理，提出制定各项税务行政裁量权裁量基准的注意事项。

（三）整体设计、重点推进。税务行政裁量权涉及税收执法的方方面面，包括税款征收、行政处罚、行政许可、行政强制等。为保证规范税务行政裁量权工作有效、有序地开展，各级税务机关应当本着整体设计、重点推进的原则，逐步、逐项地规范各项税务行政裁量权。当前，税务行政处罚裁量权存在问题较多，引发争议较大，社会关注度也较高，各级税务机关应当将规范税务行政处罚裁量权作为规范税务行政裁量权工作的突破口，于2012年底前完成税务行政处罚裁量基准的制定工作。同时要逐步加强对税款征收、行政许可、行政强制等其他重要税务行政裁量权的规范。

（四）注重指导、强化监督。各级税务机关应当加强对该项工作的业务指导，对工作中遇到的困难和问题，及时研究解决；对工作中好的经验和做法，及时总结推广。地方各级税务机关也应当积极主动与上级税务机关沟通联系，及时报告、反馈工作情况及工作中存在

的主要问题。地市以上税务机关每年应当选择典型案例向社会公开发布，为指导下级税务机关规范行使行政裁量权提供参照。各级税务机关应当加强对规范税务行政裁量权工作的监督检查，对工作突出的单位，予以表彰。

（五）提升能力、确保实效。执法人员依法行政的能力和水平是保障行政裁量权规范行使的关键，各级税务机关应当把加强执法人员能力建设作为规范税务行政裁量权工作的重要内容。加强对税务执法人员规范行政裁量权相关法律知识和制度的培训，增强执法人员的大局意识、责任意识和服务意识，提高执法人员的业务素质和执法水平。

6－5－22

国家税务总局关于印发《税收违法案件发票协查管理办法（试行）》的通知

2013年6月19日　税总发〔2013〕66号

各省、自治区、直辖市和计划单列市国家税务局、地方税务局：

为进一步规范税收违法案件发票协查工作，提高协查质量和效率，在充分调研和广泛征求意见的基础上，税务总局制定了《税收违法案件发票协查管理办法（试行）》，现印发你们，请认真贯彻执行。对执行过程中遇到的情况和问题，请及时反馈税务总局（稽查局）。

附件：1. 关于××案件的协查函（编者略）

2. 关于××案件的协查回复函（编者略）

税收违法案件发票协查管理办法（试行）

第一章　总　　则

第一条　为了规范税收违法案件发票协查工作，提高协查管理工作效率，根据《中华人民共和国税收征收管理法》、《中华人民共和国发票管理办法》及相关法律法规，制订本办法。

第二条　税收违法案件发票协查是指查办税收违法案件的税务局稽查局（以下简称委托方）将需异地调查取证的发票委托有管辖权的税务局稽查局（以下简称受托方），开展调查取证的相关活动。

第三条　协查工作遵循合法、真实、相关和效率的原则。

第四条　税务局稽查局负责实施税收违法案件发票的协查。

第五条　国家税务总局应当逐步推进税收违法案件发票协查信息化，将税收违法案件发票协查全面纳入协查信息管理系统进行管理。

第二章　委托协查

第六条　委托方对税收违法案件中需调查取证的发票采取发函或者派人参与的方式进行协查。

发函是指委托方向受托方发出《税收违法案件协查函》，包括寄送纸质协查函和通过协查信息管理系统发出协查函。纸质协查函原则上采取同级发函的方式进行。

派人参与是指重大案件或者有特殊要求的案件，委托方可派人参与受托方的调查取证，提出取证要求。

第七条　委托方根据案件查办情况，确定协查对象，需要发起委托协查的，向受托方发出《税收违法案件协查函》。

《税收违法案件协查函》内容包括：委托方案件名称、基本案情、涉案发票记载的信息、已掌握的疑点或者线索、作案手法、提出有针对性的取证要求、回复期限、组卷及寄送要求、联系人和联系方式等。

第八条　国家税务总局督办案件的发票协查应当按照《重大税收违法案件督办管理暂行办法》有关规定执行，并在协查函中予以说明，注明督办函号。

第九条　已确定虚开发票案件的协查，委托方应当按照受托方一户一函的形式出具《已证实虚开通知单》及相关证据资料，并在所附发票清单上逐页加盖公章，随同《税收违法案件协查函》寄送受托方。

通过协查信息管理系统发起已确定虚开发票案件协查函的，委托方应当在发送委托协查信息后5个工作日内寄送《已证实虚开通知单》以及相关证据资料。

第十条　委托方收到协查回函后，根据协查回函信息依法对被查对象进行查处。

第十一条　委托方派人协查方式进行协查的，应当向受托方通报情况、沟通案情，派出人员需携带加盖本单位公章的《介绍信》和《税收违法案件协查函》、《税务检查证》以及相关身份证明，参与受托方的调查取证，提出取证要求。

第十二条　委托方应当及时登记《委托协查台账》，跟踪协查函的发出、回复和处理情况。

《委托协查台账》包括以下内容：

（一）函件发出日期，派人协查日期；

（二）函件名称、编号或者文号、是否督办；

（三）涉及企业名称、资料种类、数量；

（四）是否立案；

（五）负责检查的人员；

（六）协查回函情况、回函日期；

（七）案卷号和归档地；

（八）其他。

第三章　受托协查

第十三条　受托方收到《税收违法案件协查函》后，应当根据协查请求，依照法定权限和程序调查,并按照要求及期限回函。

第十四条 《税收违法案件协查函》涉及的协查对象不属于受托方管辖范围的,受托方应当在收函之日起5个工作日内,出具本辖区县(区)级主管税务机关证明材料,并将《税收违法案件协查函》退回委托方。

第十五条 有下列情形之一的,受托方应当按照《税务稽查工作规程》有关规定立案检查:

(一)委托方已开具《已证实虚开通知单》的;

(二)委托方提供的证据资料证明协查对象有税收违法嫌疑的;

(三)受托方检查发现协查对象有税收违法嫌疑的;

(四)上级税务局稽查局要求立案检查的;

第十六条 国家税务总局督办的案件,受托方在回函期限前不能完成检查工作的,可以逐级上报国家税务总局申请延期,在得到国家税务总局同意后,在延期期限内给予回复。

申请延期应当说明延期理由、延期期限以及与委托方沟通的情况。

第十七条 受托方需要取得协查对象的税务登记、变更、注销、失控或者查无企业、发票领用、发票鉴定、纳税申报、抵扣税款、免税、出口退税等征管资料和证明材料的,应当向其县(区)级主管税务机关提出要求。县(区)级主管税务机关应当在5个工作日内提供相关资料并出具相应的证明材料。

第十八条 受托方应当依据调查取证所掌握的情况及所获取的证据材料,向委托方出具《税收违法案件协查回复函》。

《税收违法案件协查回复函》的内容包括:

(一)协查来源;

(二)涉案企业的基本情况及协查发票记载的信息;

(三)协查取证要求的说明;

(四)协查结论或者协查结果;

(五)税务处理和税务行政处罚事项;

(六)其他应予说明的事项。

第十九条 受托方应当对取得的证据材料,连同相关文书一并作为协查案卷立卷存档;同时根据委托方协查函委托的事项,将相关证据材料及文书复制,注明"与原件核对无误",注明原件存放处,并加盖本单位印章后一并寄送委托方。

受托方通过协查信息管理系统收到的协查函,应当通过协查信息管理系统进行函复。经检查有问题的以及委托方要求寄送取证材料的,应当在回复协查结果后5个工作日内将相关证据材料及文书复制,注明"与原件核对无误",注明原件存放处,并加盖本单位印章后一并寄送委托方。

第二十条 受托方应当在收到协查函后60日内回函。

通过协查信息管理系统发出的协查函,受托方应当在收到协查函后30日内回函。

国家税务总局对协查回函期限有特殊要求的,应当按照相关要求办理。

第二十一条 受托方应当登记《受托协查台账》,及时掌握协查工作安排、回复、处理情况。

《受托协查台账》包括以下内容：

（一）函件收到日期，来人协查日期；

（二）函件名称、编号或者文号、是否督办；

（三）涉及企业名称、资料种类、数量；

（四）是否立案；

（五）负责检查的人员；

（六）协查复函情况、复函日期；

（七）案卷号和归档地；

（八）其他。

第四章　协查管理

第二十二条　地市级以上税务局稽查局应当定期对本辖区协查台账进行统计汇总，全面掌握本辖区协查情况，督促指导下级协查工作。

第二十三条　上级税务局稽查局对下级税务局稽查局的协查质量和效率进行考核，包括受托方按期回复情况、委托方选票针对性、协查函和回复函的信息完整性等。

第二十四条　稽查机构设置发生撤销、合并、增设的，应当及时向上一级税务局稽查局提出与本稽查机构对应的协查信息管理系统节点的变更申请，并逐级上报国家税务总局备案。

第二十五条　税务违法案件发票协查资料按照《税务稽查工作规程》的规定归档。

第五章　附　　则

第二十六条　本办法适用于各级税务机关。

第二十七条　各级税务局可以依据本办法对辖区内税务违法案件发票协查工作制定考核制度和奖惩实施办法。

第二十八条　本办法所称以上、日内，包括本数（级）。

第二十九条　本办法自发布之日起施行。2008 年 5 月 14 日印发的《国家税务总局关于印发〈增值税抵扣凭证协查管理办法〉的通知》（国税发〔2008〕51 号）同时废止。

6－5－23

国家税务总局关于进一步规范税务机关进户执法工作的通知

2014 年 1 月 27 日　税总发〔2014〕12 号

各省、自治区、直辖市和计划单列市国家税务局、地方税务局：

为贯彻落实《国家税务总局关于做好税务系统职能转变工作的通知》（税总发〔2013〕56 号）精神，切实转变税务机关工作职能，保护纳税人合法权益，减轻纳税人和基层税务机关

负担,解决税务机关对纳税人"多头执法"、"重复检查"的问题,现将有关事项通知如下:

一、依法规范执法行为　避免重复进户执法

税务机关工作人员依法到纳税人、扣缴义务人(以下简称纳税人)生产经营场所实施实地核查、纳税评估、税务稽查、反避税调查、税务审计、日常检查等税务行政执法行为,应当严格遵守法定权限和法定程序,能不进户的,或者可进可不进的,均不进户。

在同一年度内,除涉及税收违法案件检查和特殊调查事项外,对同一纳税人不得重复进户开展纳税评估、税务稽查、税务审计;对同一纳税人实施实地核查、反避税调查、日常检查时,同一事项原则上不得重复进户。

二、统筹进户执法工作　简并进户执法事项

省及省以下税务机关要成立规范进户执法工作协调小组(以下简称协调小组),对所有需要进户执法的事项实行统筹安排、统一管理。协调小组负责制定相关管理办法和审批程序,按季度统筹协调各部门进户执法事项。税务机关各部门凡制定涉及进户执法事项的文件和工作安排,应报送协调小组,协调小组应尽可能合并进户执法任务,做到各部门共同进户、统一实施、结果共享。

三、充分利用信息资源　尽量实现信息共享

税务机关各部门开展工作应首先利用税收征管信息以及第三方信息进行查询、核实、分析,尽量减少进户执法次数。涉及信息采集、行政审批、减免税调查、税源调查等事项的,可要求纳税人向税务机关提供有关信息和资料,特殊情况需要进户的,应履行审批手续。

税务机关应建立进户执法信息共享平台,各部门相互开放有关信息的查询权限,尽量实现信息共享。通过信息共享平台能够完成的工作事项,不安排进户。

四、加强部门工作衔接　切实注重协调配合

税源管理部门在进户执法过程中发现纳税人存在偷税、逃避追缴欠税、骗取出口退税、虚开发票等税收违法行为嫌疑的,应及时移交稽查部门立案调查。稽查部门在案件检查过程中发现的税政和征管问题,应提出意见和建议,及时反馈相关部门。

各级国家税务局、地方税务局应建立联席会议制度,探索对共管户联合进户执法,确实不能联合进户的,双方应互相通报进户执法情况,共享进户执法获得的信息。

五、严格落实相关要求　坚决纠正违规行为

各级税务机关要切实提高对规范进户执法工作重要性和必要性的认识,将规范进户执法工作作为践行党的群众路线,落实"三个三"要求的重要举措,切实抓出成效。要按照本通知要求对进户执法工作严格管理,并建立外部监督制约机制,切实维护纳税人合法权益。

对于违反本通知要求,对进户执法事项不进行统筹管理、放任各部门自行安排进户执法、违反规定擅自进户执法和擅自增加进户执法次数的,上级税务机关要坚决予以纠正并通报批评。

各地应根据本通知要求,清理进户执法的有关制度规定。今后,除省及省以上税务机关外,其他各级税务机关在制定规范性文件时,一律不得增加进户执法项目。

各地可以结合本地实际情况制定规范进户执法的具体操作办法。对落实中存在的问题,请及时报告税务总局。

6－5－24

国家税务总局关于发布第一批取消进户执法项目清单的公告

2014年3月3日　国家税务总局公告2014年第14号

为进一步规范税务机关进户执法工作，落实“便民办税春风行动”，国家税务总局决定，“申请使用经营地发票调查巡查”等10个项目不再采取进户方式。现将《第一批取消进户执法的项目清单》予以发布。

本公告自发布之日起施行。

特此公告。

附件：第一批取消进户执法的项目清单

附件

第一批取消进户执法的项目清单

序号	进户执法项目名称	依据的规范性文件
1	申请使用经营地发票调查巡查	《国家税务总局关于实施税务行政许可若干问题的通知》（国税发〔2004〕73号）
2	开具红字增值税专用发票通知单调查巡查	1.《国家税务总局关于修订〈增值税专用发票使用规定〉的通知》（国税发〔2006〕156号） 2.《国家税务总局关于修订增值税专用发票使用规定的补充通知》（国税发〔2007〕18号） 3.《国家税务总局关于红字增值税专用发票通知单管理系统推行工作的通知》（国税函〔2008〕761号）
3	大额普通发票代开调查巡查	《国家税务总局关于加强和规范税务机关代开普通发票工作的通知》（国税函〔2004〕1024号）
4	增值税专用发票挂失调查巡查	《国家税务总局关于被盗、丢失增值税专用发票的处理意见的通知》（国税函〔1995〕292号）
5	未按期认证增值税扣税凭证逾期抵扣调查巡查	《国家税务总局关于逾期增值税扣税凭证抵扣问题的公告》（国家税务总局公告2011年第50号）
6	未按期申报抵扣增值税扣税凭证调查巡查	《国家税务总局关于未按期申报抵扣增值税扣税凭证有关问题的公告》（国家税务总局公告2011年第78号）
7	白酒消费税最低计税价格采集	《国家税务总局关于加强白酒消费税征收管理的通知》（国税函〔2009〕380号）
8	车价信息管理	《国家税务总局关于印发〈车辆购置税价格信息管理办法（试行）〉的通知》（国税发〔2006〕93号）
9	逾期未申请认定增值税一般纳税人处理	《国家税务总局关于印发〈增值税一般纳税人纳税辅导期管理办法〉的通知》（国税发〔2010〕40号）

续表

序号	进户执法项目名称	依据的规范性文件
10	防伪税控增值税专用（普通）发票票表比对异常处理	1.《国家税务总局关于印发〈增值税一般纳税人纳税申报“一窗式”管理操作规程〉的通知》（国税发〔2005〕61 号） 2.《国家税务总局关于做好增值税普通发票“一窗式”票表比对准备工作的通知》（国税发〔2005〕141 号） 3.《国家税务总局关于执行〈增值税一般纳税人纳税申报“一窗式”管理操作规程〉的通知》（国税函〔2006〕824 号） 4.《国家税务总局关于实施增值税普通发票“一窗式”比对的通知》（国税函〔2006〕971 号） 5.《国家税务总局关于调整增值税一般纳税人纳税申报“一窗式”管理操作规程有关事项的通知》（国税函〔2008〕1074 号） 6.《国家税务总局关于印发〈增值税一般纳税人纳税辅导期管理办法〉的通知》（国税发〔2010〕40 号） 7.《国家税务总局关于印发〈税控收款机管理系统业务操作规程〉的通知》（国税发〔2005〕126 号）

6－5－25

国家税务总局关于做好清理进户执法项目工作的通知

2014 年 3 月 3 日 税总函〔2014〕100 号

各省、自治区、直辖市和计划单列市国家税务局、地方税务局：

为落实“便民办税春风行动”，进一步规范税务机关进户执法工作，切实解决“重复检查”问题，国家税务总局对涉及进户执法的有关制度规定进行全面清理，发布了《国家税务总局关于发布第一批取消进户执法项目清单的公告》（国家税务总局公告 2014 年第 14 号）。现就税务系统做好清理进户执法项目工作通知如下：

一、高度重视清理工作

清理进户执法项目是解决税务机关“重复检查”问题的重要内容，是切实转变税务机关职能的具体举措，是党的群众路线教育实践活动成效的重要体现，利国利民，意义重大。各级税务机关要高度重视，坚决落实税务总局取消进户执法项目清单的公告，认真开展本级税务机关制定的进户执法项目的清理工作，并在今后对设立进户执法项目依法从严掌握，防止反弹。

二、严格落实清理要求

各级税务机关规范进户执法工作协调小组（以下简称协调小组）要认真履行职责，负责清理本级税务机关规定的进户执法项目，对进户执法前提已不存在的、进户执法作用不大的、可进可不进的、可以通过信息共享或其他途径解决的进户执法项目，要坚决予以取消。对于地方性法规、规章中涉及税务机关进户执法并可以取消的，要按照相关程序向地方人大和政府提出修订地方法规、规章的意见。

协调小组要按照《国家税务总局关于进一步规范税务机关进户执法工作的通知》(税总发〔2014〕12 号)要求,切实采取措施巩固清理成果,对于已经取消进户执法的项目,一律不再安排进户;对于保留但可以合并实施的项目,安排各部门联合进户。

三、切实加强后续管理

对于取消进户执法的相关管理事项,要通过建立和完善有关制度、采取新的办法,切实加强管理,防止出现管理漏洞。要密切跟踪取消进户执法后的管理情况,及时发现问题,有针对性地采取措施,认真加以解决。需要上级税务机关做出规定的,要及时报告上级税务机关。

四、广泛开展宣传报道

要主动向社会公告取消进户执法的项目清单,接受社会监督,并利用广播、电视、报刊、网络等各种媒介,广泛开展宣传报道,介绍税务机关规范进户执法、清理进户执法项目的创新思路、经验做法和实际成效。

五、及时上报有关情况

各地要将清理情况于 2014 年 4 月 15 日前报送税务总局。要认真总结开展清理进户执法项目工作中的好经验、好做法、实际成效和存在问题,及时报告税务总局。对税务总局尚未取消的进户执法项目,如认为无需保留的,请一并报告税务总局。

6 -5 -26

国家税务总局关于发布第二批取消进户执法项目清单的公告

2014 年 3 月 6 日　国家税务总局公告 2014 年第 15 号

国家税务总局决定,现发布《第二批取消进户执法的项目清单》。

本公告自发布之日起施行。

特此公告。

附件:第二批取消进户执法的项目清单

附件

第二批取消进户执法的项目清单

序号	进户执法项目名称	依据的规范性文件
1	非居民享受协定待遇事项的核实	《国家税务总局关于印发〈非居民享受税收协定待遇管理办法(试行)〉的通知》(国税发〔2009〕124 号)
2	非居民享受税收协定(包括港澳台安排、协议)待遇审批和备案的核查	1.《国家税务总局关于印发〈非居民享受税收协定待遇管理办法(试行)〉的通知》(国税发〔2009〕124 号) 2.《国家税务总局关于〈非居民享受税收协定待遇管理办法(试行)〉有关问题的补充通知》(国税函〔2010〕290 号)

续表

序号	进户执法项目名称	依据的规范性文件
3	非居民享受税收协定待遇日常审验	《国家税务总局关于印发〈非居民享受税收协定待遇管理办法(试行)〉的通知》(国税发〔2009〕124 号)
4	非居民企业间接转让股权审核	《国家税务总局关于加强非居民企业股权转让所得企业所得税管理的通知》(国税函〔2009〕698 号)
5	特别纳税调整跟踪管理	《国家税务总局关于加强转让定价跟踪管理有关问题的通知》(国税函〔2009〕188 号)
6	房地产企业注销前多缴所得税清算管理	《国家税务总局关于房地产开发企业注销前有关企业所得税处理问题的公告》(国家税务总局公告 2010 年第 29 号)
7	研发机构采购国产设备退税核实	《国家税务总局关于印发〈研发机构采购国产设备退税管理办法〉的公告》(国家税务总局公告 2011 年第 73 号)
8	出口退税审核中特别关注信息审核	《国家税务总局关于采集出口退税审核特别关注信息的通知》(国税函〔2010〕65 号)
9	出口退税审核中第一批特别关注信息审核	《国家税务总局关于下发第一批出口退税审核特别关注信息的通知》(国税函〔2010〕143 号)
10	以农产品为主要原料生产的出口货物出口退税核实	《国家税务总局关于加强以农产品为主要原料生产的出口货物退税管理的通知》(国税函〔2006〕685 号)

6-5-27

国家税务总局关于加强对取消进户执法相关项目后续税收管理的通知

2014 年 4 月 8 日　税总发〔2014〕46 号

各省、自治区、直辖市和计划单列市国家税务局、地方税务局：

为进一步规范税务机关进户执法，加强对已取消进户执法相关项目的后续税收管理，切实减轻纳税人负担，有效防范税收风险，现将有关事项通知如下：

一、转变管理理念

取消进户执法不等于放弃依法管理，各地税务机关在减少进户执法的同时，要结合新的形势和要求，创新管理方式，拓宽管理渠道，建立和完善有关制度、办法，切实加强对取消进户执法相关项目的后续管理，不断提高管理效率，堵塞管理漏洞，做到放而不乱、管而有度。

二、制定管理办法

各地税务机关要结合当地工作实际，对取消进户执法相关项目进行研究分析，分类制定后续税收管理办法。特别是对于因人力有限取消进户执法或以信息共享替代进户执法的项目，要跟进了解有关情况，注重分析实施效果，分项目制定有针对性的管理办法。

三、完善共享机制

各级税务机关要积极推进信息共享，为取消进户执法相关项目的后续税收管理提供信息保障。一是各级税务机关之间以及国税机关、地税机关之间要加强协作,通过构建执法信息共享平台,相互开放有关信息的查询权限,实现信息共享。二是要推进"政府主导、税务负责、部门配合、社会参与"的信息共享和协税护税体系建设,争取地方党委、政府和有关部门的支持,推动制订出台税收征管保障条例、办法,及时获取相关部门、单位和机构的涉税信息。

四、强化风险管理

各地税务机关要加强对取消进户执法相关项目的后续风险监控。要通过加强案头审核、及时运用第三方信息与纳税申报信息比对、利用税收分析软件等手段,有针对性地实施税收风险监控分析,强化税收风险管理。税务机关在确认风险点后,及时将有关情况推送给规范进户执法工作协调小组,统筹安排进户执法。

五、加强工作督导

各地税务机关要按照本通知要求,加强对取消进户执法相关项目后续税收管理工作的督导。结合全国税务系统"便民办税春风行动"向纳税人做好宣传,促进纳税遵从。同时,不断完善管理机制,对于利用税务机关取消进户执法之机偷逃税款的情形,要坚决查处,依法处理。

6-5-28

国家税务总局关于发布第三批取消进户执法项目清单的公告

2014年5月28日　国家税务总局公告2014年第31号

国家税务总局决定,现发布《第三批取消进户执法的项目清单》。

本公告自发布之日起施行。

特此公告。

附件:第三批取消进户执法的项目清单

附件

第三批取消进户执法的项目清单

序号	进户执法项目名称
1	一般纳税人简易办法征收认定调查核实
2	纳税人多缴税款退税(费)审批调查核实
3	注销出口货物退(免)税认定
4	符合条件不申请一般纳税人资格认定的实地调查核实
5	卷烟消费税计税价格采集

续表

序号	进户执法项目名称
6	企业所得税减免税审批调查巡查
7	企业重组符合特殊性税务处理规定条件的确认备案
8	汇总纳税企业信息备案调查巡查
9	外埠纳税人经营地申报查验货物调查巡查

6－5－29

国家税务总局关于印发《税务稽查案卷管理暂行办法》和《税务稽查案卷电子文件管理参考规范》的通知

2014年10月23日　税总发〔2014〕127号

各省、自治区、直辖市和计划单列市国家税务局、地方税务局：

现将《税务稽查案卷管理暂行办法》和《税务稽查案卷电子文件管理参考规范》印发给你们，请认真遵照执行。执行中遇到的问题，请及时报告国家税务总局（稽查局）。

税务稽查案卷管理暂行办法

第一章　总　　则

第一条　为了规范税务稽查案卷管理，加强执法控制监督，根据《中华人民共和国税收征收管理法》、《中华人民共和国档案法》有关规定，制定本办法。

第二条　税务稽查案卷是指税务局及其稽查局在依法履行税务稽查职责过程中取得或者形成的，具有保存价值的文字、图表、声像以及电子数据等形式的过程记录。案卷类别划分为：

（一）税务稽查立案查处类（以下简称立案查处类）；

（二）承办税收违法案件异地协助类（以下简称承办异地协助类）；

（三）重大税收违法案件督办类（以下简称重案督办类）；

（四）国家税务总局和省、自治区、直辖市、计划单列市国家税务局、地方税务局规定的其他类别。

第三条　税务局稽查局（以下简称稽查局）应当在税务局档案管理部门监督和指导下，做好税务稽查案卷立卷、收集、整理、归档、保管、利用等管理工作。

第四条　税务稽查案卷应当完整、准确、客观、规范，方便利用，防止损毁、丢失和泄密。

第二章 立卷及文件材料收集

第五条 对确定税务稽查的对象和事项,稽查局应当建立税务稽查案卷,将稽查选案、检查、审理、执行等相关工作情况记录纳入案卷管理。

税务稽查事项办理过程中取得或者形成的证据材料、相关文书、文件以及其他记录等材料(以下简称文件材料),应当装入临时税务稽查案卷,填写文件材料交接清单。文件材料交接清单应当编写目录,注明序号。

第六条 立案查处类税务稽查案卷应当包括下列文件材料:

(一)选案环节相关文件材料,如税务稽查立案审批表、税收违法案件交办函等;

(二)检查环节相关文件材料,如税务稽查报告、纳税人自查报告材料、税务稽查工作底稿、当事人陈述申辩材料、现场笔录、勘验笔录、书证、物证、视听资料、证人证言、电子数据等;

(三)审理环节相关文件材料,如税务稽查审理报告、税务行政处罚事项告知书、听证材料、税务处理决定书、税务行政处罚决定书、税务稽查结论等;

(四)执行环节相关文件材料,如税务稽查执行报告、延期或者分期缴纳罚款申请审批表、查补税收款项完税凭证等;

(五)其他应当归入立案查处类案卷的文件材料。

稽查局选案部门在选案时,根据税务稽查对象,建立立案查处类税务稽查案卷;选案、检查、审理、执行部门分别收集本环节相关文件材料,并按照规定移交下一工作环节;审理部门在结案后60日内整理、装订、归档。

第七条 承办异地协助类税务稽查案卷应当包括下列文件材料:

(一)异地协助事项接受的相关文件材料,如税收违法案件协查函等;

(二)异地协助事项办理的相关文件材料,如税务检查通知书、现场笔录、书证、视听资料、证人证言等;

(三)异地协助事项办结的相关文件材料,如税收违法案件协查回复函等;

(四)其他应当归入承办异地协助类案卷的文件材料。

承办异地协助事项的稽查局(以下简称协助方稽查局)承办具体事项的部门,根据协助事项涉及的对象,建立承办异地协助类税务稽查案卷,收集相关文件材料,在异地协助事项办结后60日内整理、装订、归档。

协助方稽查局发现协助事项涉嫌税收违法行为需要立案查处的,承办具体事项的部门应当将承办异地协助类税务稽查案卷移交选案部门,立案后并入立案查处类案卷管理。

协助方稽查局应当将取得的证据材料原件保留在税务稽查案卷中,并向请求异地协助的稽查局提供复制件,注明"与原件核对无误",加盖公章证明原件出处和存处。

第八条 重案督办类税务稽查案卷应当包括下列文件材料:

(一)督办立项的相关文件材料,如重大税收违法案件督办立项审批表等;

(二)督办办理的相关文件材料,如重大税收违法案件督办函、重大税收违法案件情况报告表、重大税收违法案件拟处理意见报告、重大税收违法案件催办函等;

(三)督办办结的相关文件材料,如重大税收违法案件结案报告等;

(四)其他应当归入重案督办类案卷的文件材料。

督办税务局所属稽查局具体承担督办事项的部门,根据督办的重大税收违法案件,建立重案督办类税务稽查案卷,收集相关文件材料,在督办事项办结后60日内整理、装订、归档。

督办税务局及其稽查局认为督办的重大税收违法案件依法需要由本机关直接查处的,具体承担督办事项的部门应当将重案督办类税务稽查案卷移交选案部门,立案后并入立案查处类案卷管理。

第九条 税务稽查事项发生行政复议、行政诉讼、国家赔偿诉讼、民事诉讼、刑事诉讼的,收集的复议、诉讼相关文件材料应当归入相关税务稽查案卷。

第十条 税务稽查案卷文件材料有发文稿纸、文件处理单的,应当与文件材料正本、定稿一并收集。会同相关部门召开会议、发文所形成的文件材料,应当收集原件;无法收集原件的,收集复制件或者注明原件主要内容及制作单位。

第十一条 税务局及其稽查局相关部门应当按照税务稽查案卷文件材料交接清单所列项目,对上一工作环节移交的全部文件材料进行清点,填写文件材料交接签收单,办理交接手续。

第三章 整理及装订归档

第十二条 稽查局相关部门和人员应当在税务稽查事项办结后,及时对税务稽查案卷进行整理、装订、归档,做到分类规范、目录清晰、资料齐全、编号统一、装订整齐、归档及时。

第十三条 装订成册的立案查处类税务稽查案卷有不宜对外公开内容的,应当分为正卷、副卷。正卷主要列入各类证据材料、税收执法文书正本以及可以对外公开的相关审批文书等证明定性处理处罚合法性、合理性的文件材料。副卷主要列入检举相关材料、案件讨论记录、法定秘密材料、结论性文书原稿、审批稿以及不宜对外公开的税务稽查报告、税务稽查审理报告等内部管理文书、对案件最终定性处理处罚不具有直接影响但反映税务稽查执法过程的文件材料。

税务稽查案卷副卷作为密卷或者内部档案管理;作为密卷管理的,密级以卷内文件材料最高密级确定。

第一款规定以外的其他税务稽查案卷可以不分正卷、副卷,但其中有不宜对外公开内容的,按照副卷管理,并在案卷封面上标明;无不宜对外公开内容的,按照正卷管理,并在案卷封面上标明。

第十四条 税务稽查案卷及其相关文件材料的密级、保密期限、解密条件、知悉范围等依照国家保密规定确定。

第十五条 装订成册的税务稽查案卷卷内文件材料应当按照以下规则组合排列:

(一)立案查处类案卷正卷中的结论性文书及其送达回证排列在最前面,其他文书材料及副卷文书材料按照工作流程顺序排列;

(二)承办异地协助类、重案督办类等案卷文件材料按照工作流程顺序排列;

(三)证据材料按照所反映的问题特征分类,每类证据主证材料排列在前,旁证材料附列其后;

(四)其他文件材料按照其取得或者形成的时间顺序,并结合其重要程度进行排列。

税务稽查案卷卷内每份或者每组文件材料的排列规则:正文在前,附件在后;批复在前,请示在后;批示在前,报告在后;税收执法文书在前,送达回证在后;重要文件材料在前,其他文件材料在后;汇总性文件材料在前,基础性文件材料在后;定稿在前,修改稿在后。

第十六条 装订成册的税务稽查案卷由案卷封面、卷内文件材料目录、卷内文件材料、卷内文件材料备考表、封底组成。

装订成册的税务稽查案卷封面项目包括:案件名称、纳税人识别号、案件来源、案卷类别、案件编号、立案立项日期、办结日期、立卷日期、保管期限、密级等。

装订成册的税务稽查案卷卷内文件材料目录项目包括:文件材料名称、文号、序号、页号、页数、日期、备注、责任者。

装订成册的税务稽查案卷卷内文件材料备考表项目包括:本卷情况说明、立卷人、检查人、立卷时间。

第十七条 税务稽查案卷卷内文件材料经过系统整理排列后,应当用阿拉伯数字逐页编注页码,正面编注在右上角,背面编注在左上角,空白页不编注页码。卷内每份文件材料的原页码原样不变。案卷封面、卷内文件材料目录、卷内文件材料备考表、封底不编注页码。

装订成册的税务稽查案卷不得擅自增添或者抽取文件材料;确需增减文件材料的,应当由案卷保管人员在备考表中注明。增添的文件材料,可以插入与之直接相关的文件材料处,或者放在卷内文件材料之后,并相应追加填写目录。

第十八条 装订成册的税务稽查案卷可以采用硬卷皮装订保存,或者采用软卷皮装订并装入卷盒保存。

硬卷皮由封面、封底、卷脊构成。

采用软卷皮装订的税务稽查案卷,应当按照案卷编号依序装入卷盒保存。卷盒由封面和卷脊构成,卷脊项目包括全宗名称、目录号、年度、起止卷号。

税务稽查案卷文件材料过多的,应当按照顺序分册装订,各册分别从第一页起编注页码。

税务稽查案卷卷皮、卷盒尺寸规格应当符合国家规定标准。

第十九条 装订税务稽查案卷,应当检查卷内文件材料是否齐全、规范整洁,排列顺序是否符合规则,编注页码是否正确,卷内文件材料名称、数量与目录是否一致等。

第二十条 装订税务稽查案卷,应当剔除下列文件材料:

(一)没有证明或者参考价值的信封、工作材料;

(二)内容完全相同的重份文件材料;

(三)其他与卷内记录事项无关、确无保存必要的文件材料。

对前款所列的文件材料是否剔除存在疑问的,由相关部门甄别后提出意见,由稽查局领导或者税务局档案管理部门负责人审核确定。

第二十一条 装订税务稽查案卷,应当注意以下事项:

(一)文书破损的,应当进行修复或者复制,原件在前,复制件在后;

(二)卷内有不可替代的容易褪色、消失的字迹等证据材料或者其他不利于长期保管的文件材料的，应当进行复制，原件在前，复制件在后；

（三）文件材料小于 A4 纸或者装订后影响字迹的，应当加贴衬纸；横向粘贴的，字头应当朝向左边；票据应当码平粘贴；

（四）文件材料大于 A4 纸的，右边与下边应当对齐，采取从里向外、从上往下的方式折叠；

（五）需要附卷保存的信封，应当打开展平后加贴衬纸或者复制留存，邮票不得撕揭；

（六）文件材料上的金属物应当剔除；

（七）排除可能影响案卷装订保管、损坏卷内文件材料的其他事项。

第二十二条 可以随税务稽查案卷保存的物证，应当归入案卷；无法装订的，装入证物袋，标注证物名称、数量、特征、来源等相关信息，用封条粘贴，放到备考表与封底之间。不能随卷保存的物证，应当另处存放，并与案卷相互标注相关信息。不宜保存的物证，应当拍照装订归卷，实物经所属税务局主管稽查工作的局领导批准后销毁或者作其他适当处理。

第二十三条 税务稽查案卷装订后，应当在卷底装订线结扣处粘贴封志，并加盖骑缝章。

第二十四条 装订成册的税务稽查案卷保管期限：

（一）立案查处类中重大偷逃骗抗税、虚开发票等税收违法案件的案卷，保管期限为永久；

（二）立案查处类中一般偷逃骗抗税、虚开发票等税收违法案件的案卷，保管期限为 30 年；

（三）其他立案查处类案卷，保管期限为 10 年；

（四）承办异地协助类案卷保管期限参照前三项确定；

（五）重案督办类案卷保管期限根据所督办的案件确定；

（六）其他类别案卷保管期限依照国家税务总局或者省、自治区、直辖市、计划单列市国家税务局、地方税务局规定确定，或者根据所办事项具体情况适当确定。

保管期限从案卷装订成册次年 1 月 1 日起计算。

第一款第一项所列的重大税收违法案件标准，由国家税务总局或者省、自治区、直辖市、计划单列市国家税务局、地方税务局确定。

第二十五条 稽查局对装订成册的税务稽查案卷应当集中保管，并指定专人管理。案卷保管人员对保管的案卷应当严格查验，对不合格的案卷，应当退回相关部门重新整理。

稽查局撤销或者稽查局不具备长期档案保管条件的，应当将税务稽查案卷移交承继其职能的机构保管或者移交所属税务局档案管理部门保管。案卷移交时，应当填写档案交接文据，办理交接手续。

第二十六条 稽查局应当定期清理所保管的税务稽查案卷，对已到期的案卷进行鉴定，对仍有保存价值的，应当延长保管期限；对无继续保存价值的，应当依照档案管理规定的权限和程序审批后销毁。

税务局档案管理部门保管的税务稽查案卷的清理、鉴定、销毁，由档案管理部门会同稽查局审核报税务局领导审批后进行。

第二十七条 任何单位和个人不得擅自销毁、转移、藏匿、伪造、变造、篡改、损毁税务稽查案卷及其文件材料,不得将案卷及其文件材料转让他人或者据为己有。

第四章　电子文件管理

第二十八条　税务稽查案卷电子文件与纸质文件材料的收集、整理、归档应当同步进行。

前款所称税务稽查案卷电子文件,是指税务局及其稽查局在依法履行税务稽查职责过程中,通过计算机等电子设备取得、形成、处理、传输、存储的文字、图表、图像、音频、视频等文件,包括税收执法文书和内部管理文书的电子文本、电子数据、数码照片等。

第二十九条　税务稽查案卷电子文件管理应当遵循以下规则:

(一)统筹规划,统一标准,集中保存,规范管理;

(二)对电子文件取得、形成、处理、传输、存储、利用、销毁等实行全过程管理,确保电子文件始终处于受控状态;

(三)方便利用,提供分层次、分类别共享应用;

(四)依照国家规定标准,采取有效技术手段和管理措施,确保电子文件信息安全。

第三十条　取得或者形成的税务稽查案卷电子文件,应当具备国家规定的原件形式,并符合以下要求:

(一)能够有效表现所记载的内容并可供调取查用;

(二)采用符合国家规定标准的文件存储格式,确保能够长期有效读取;

(三)能够保证电子文件及其元数据自形成起完整无缺、来源可靠,未被非法更改;

(四)在信息交换、存储和显示过程中发生的形式变化不影响电子文件内容真实、完整。

涉密电子文件的原件形式应当符合国家保密规定。

第三十一条　税务稽查过程中取得或者形成的税务稽查案卷电子文件,应当符合以下要求:

(一)从税务稽查对象取得的作为证据的电子文件,应当保持文件原貌,及时封存;

(二)检查人员制作的电子文件,应当注明电子文件的形成背景、证明对象、格式、大小、制作人等;

(三)数据分析过程中产生的电子文件,应当注明数据分析的数据源、数据分析和处理方法、数据处理过程以及数据分析结论。

第三十二条　税务稽查案卷电子文件归档应当符合以下要求:

(一)与相对应的纸质案卷的归档期限相同;

(二)不得低于相对应的纸质案卷保管期限;

(三)电子文件及其元数据应当同时归档;

(四)可以随案卷保存的录音带、录像带、光盘等载体,应当在装具上标注相关信息;

(五)已经真实性、完整性、有效性鉴定、检测,并由相关责任人确认;

(六)具有永久保存价值或者其他重要价值的电子文件,应当转换为纸质文件或者缩微品同时归档;

(七)冲印的数码照片,应当标注照片相关信息;

(八)采用技术手段加密的电子文件应当解密后归档,压缩的电子文件应当解压缩后归档；

(九)准确划分密级；

(十)涉密电子文件应当使用符合国家保密规定的载体存储，并按照保密要求进行管理和使用。

第三十三条 通过税收管理信息系统审批运转、对税务定性处理处罚具有直接决定作用的电子文件，应当连同审批单打印成纸质文件材料，归入相对应的纸质税务稽查案卷；无可靠电子签名的纸质文件材料，由相关人员手写补充签名；确有特殊情况无法手写补充签名的，应当注明缘由。

第三十四条 税务稽查案卷电子文件归档可以采用在线或者离线存储。在线存储应当使用专用存储服务器，实行电子文件在线管理；离线存储可以选择使用只读光盘、一次写光盘、磁带、可擦写光盘、硬磁盘等耐久性好的载体，不得使用软磁盘作为归档电子文件长期保存的载体。

第三十五条 税务稽查案卷电子文件管理相关事项，参照国家税务总局《税务稽查案卷电子文件管理参考规范》。

第五章 数字化处理

第三十六条 税务机关应当积极创造条件，逐步实现税务稽查案卷数字化。

税务稽查案卷数字化，是指采用扫描仪或者数码相机等数码设备对纸质案卷文件材料进行数字化加工，将其转化为存储在磁带、磁盘、光盘等载体上且能被计算机识别的数字图像或者数字文本，并与案卷已有电子文件融合起来的处理过程。

第三十七条 税务稽查案卷数字化，可以在案卷文件材料整理装订时同步进行，也可以在案卷归档后集中进行。

税务稽查案卷数字化，由稽查局、档案管理部门、电子税务管理部门依照国家纸质档案数字化有关规定实施。

第三十八条 税务稽查案卷数字化应当符合以下要求：

(一)纸质案卷电子版本应当与原纸质案卷保持一致，不一致的应当注明原因和处理方法；

(二)对纸质案卷文件材料从封面至封底进行完整数字化，确实不能数字化的文件材料，应当登记备查；

(三)对纸质案卷数字化直接产生的图像文件应当采用通用格式；

(四)扫描色彩模式通常采用黑白二值模式扫描；对材料中有多色文字、红头、印章、插有照片图片、字迹清晰度较差等采用黑白扫描模式扫描无法清晰辨识的页面，应当采用彩色扫描模式扫描；

(五)需要进行文字识别的文件材料，扫描分辨率应当达到相应率值；

(六)符合国家相关保密规定。

第三十九条 税务稽查案卷数字化过程中，可以为原纸质案卷逐册加贴与税收管理信息系统相关联的条形码、二维码、无线射频等机读标签。

第六章　利　　用

第四十条　税务稽查对象出示有效身份证明,可以查阅、复制涉及自身的税务稽查案卷正卷相关文件材料。

代理人出示税务稽查对象授权委托书及双方有效身份证明,可以查阅、复制涉及税务稽查对象自身的税务稽查案卷正卷相关文件材料。

第四十一条　税务机关相关部门可以查阅、借阅本级税务机关与其工作相关的税务稽查案卷文件材料。

上级税务机关可以查阅、调阅下级税务机关税务稽查案卷相关文件材料。

经税务稽查案卷所在税务机关审核同意,同级税务机关之间可以查阅、复制案卷正卷相关文件材料,下级税务机关可以查阅、复制上级税务机关案卷正卷相关文件材料。

第四十二条　司法、执法、纪检监察机关依照法定职权和程序查阅、调阅税务稽查案卷文件材料的,从其相关法律、法规规定。

其他单位因工作需要,出示单位有效证明和经办人员有效身份证明,经税务稽查案卷所在税务机关审核同意,可以查阅、复制案卷正卷相关文件材料。

第四十三条　查阅、借阅、调阅、复制税务稽查案卷文件材料,应当按照规定办理相关手续。

复制的税务稽查案卷文件材料,案卷保管部门可以加盖印章证明出处或者存处。

借阅、调阅税务稽查案卷文件材料时,应当确定归还期限;借阅、调阅、归还案卷时,应当由借阅、调阅经办人员和案卷保管人员共同对案卷相关文件材料进行清点并签字确认。

第四十四条　涉及国家秘密、工作秘密、商业秘密、个人隐私和可能造成不良社会影响、后果的税务稽查案卷文件材料,以及尚未装订归档的案卷文件材料,在提供利用前应当由税务局及其稽查局相关部门进行审核,严格限制利用范围。利用涉密文件材料,应当按照规定报有权机关和领导批准,并按照规定程序办理有关手续。

具体税务稽查执法行为涉及法律、行政法规和国务院规定应当信息公开的事项,从其相关规定。

第四十五条　对查阅、借阅、调阅、复制的税务稽查案卷文件材料,不得涂改、圈划、抽换、批注、污损、折皱;不得将所借阅、调阅的案卷文件材料转借其他单位或者个人;不得擅自将查阅、借阅、调阅的案卷文件材料内容告知其他单位或者个人;不得泄露案卷涉及国家秘密、工作秘密、商业秘密、个人隐私的内容和事项。

发现被查阅、借阅、调阅、复制的税务稽查案卷文件材料有短缺、涂改、抽换、污损等情况的,案卷保管人员应当及时报告并追查。

第四十六条　税务稽查案卷电子文件与纸质案卷电子版本的利用,依照纸质案卷利用有关规定办理。

具备条件的税务机关,应当优先将税务稽查案卷电子文件与纸质案卷电子版本提供利用。案卷电子文件与纸质案卷电子版本能够满足利用需要的,一般不提供纸质案卷。

提供利用税务稽查案卷电子文件与纸质案卷电子版本,可以采取在线阅览、数据传输、打印输出等方式。

税务稽查案卷电子文件与纸质案卷电子版本经打印输出的，一般应当覆有表明其为复制件的水印，案卷保管部门可以加盖印章证明出处或者存处。

第四十七条　税务稽查案卷电子文件封存载体不得外借。

利用税务稽查案卷电子文件，应当使用拷贝件。

任何单位或者个人不得擅自拷贝税务稽查案卷电子文件。

第四十八条　具有文献价值的税务稽查案卷电子文件和纸质案卷电子版本，由税务局档案管理部门负责人和稽查局局长签报所属税务局主管领导批准，可以永久保存，不与其相对应的纸质案卷同步销毁。

第四十九条　国家税务总局依托税收管理信息系统，逐步建立全国统一的税务稽查案卷查阅服务平台，争取实现案卷远程异地查阅。

第七章　奖　　惩

第五十条　对税务稽查案卷管理工作成绩突出的单位或者个人，应当给予奖励。

第五十一条　对违反税务稽查案卷管理及档案管理规定的单位和个人，依照有关规定追究责任。

第八章　附　　则

第五十二条　本办法所称结案，参照国家税务总局《重大税收违法案件督办管理暂行办法》有关结案规定执行。

第五十三条　国家税务总局和省、自治区、直辖市、计划单列市国家税务局、地方税务局规定的其他类别税务稽查案卷文件材料处理方法，参照本办法有关规定确定。

第五十四条　税务稽查案卷管理基本文书式样，由国家税务总局制定。

第五十五条　国家税务总局以前有关规定与本办法规定不一致的，依照本办法规定执行。

第五十六条　本办法自 2015 年 1 月 1 日起执行。

附件：1. 税务稽查案卷文件材料排列顺序（编者略）

2. 税务稽查案卷管理基本文书式样（编者略）

税务稽查案卷电子文件管理参考规范

第一条　为了指导税务稽查案卷电子文件安全规范管理，根据《中华人民共和国税收征收管理法》、《中华人民共和国档案法》有关规定，制定本规范。

第二条　本规范是指引税务稽查案卷电子文件管理的一般路径和基本方法，本规范未涉及或者未作说明的相关事项，依照国家有关规定执行。

第三条　收集税务稽查案卷电子文件，应当符合以下要求：

（一）收集电子文件应当同时制作记录每份电子文件的元数据、背景信息的电子文件登记表；

（二）收集的电子文件同时存在相对应的纸质或者其他载体形式的文件的，应当在内容、相关说明及描述上保持一致；

（三）收集具有永久保存价值的文本或者图形形式的电子文件，应当制成纸质文件或者缩微品等；

（四）收集只有电子签名的电子文件，应当尽量同时收集具有法律效力的非电子签名；

（五）收集记录重要文件的修改过程和办理情况、有查考价值的电子文件，应当同时收集电子文件及其电子版本的定稿；

（六）收集在网络系统中处于流转状态，暂时无法确定其保管责任的电子文件，应当采取捕获措施，集中暂存在符合安全要求的电子文件存储器中，以防散失；

（七）收集使用文字处理技术形成的文本电子文件，应当采用文字型电子文件通用的XML、RTF、TXT格式，并注明文件存储格式、文字处理工具等，必要时应当同时保留文字处理工具软件；

（八）收集使用扫描仪、数码相机等设备获得的图像电子文件，应当采用扫描型电子文件通用的JPEG、TIFF格式；采用非通用文件格式的，收集时应当将其转换成通用格式；无法转换的，应当将相关软件一并收集；

（九）收集使用数码相机拍摄的照片，反映重要内容的，应当冲洗出纸质照片，与数码照片一并归档；反映一般内容的，可只归档数码照片；

（十）收集使用计算机辅助设计或者绘图等设备获得的图形电子文件，应当注明其软硬件环境和相关数据；

（十一）收集使用视频或者多媒体设备获得的电子文件以及使用超媒体链接技术制作的电子文件，应当采用视频和多媒体电子文件通用的MPEG、AVI格式；采用非通用文件格式的，应当同时收集其非通用格式的压缩算法和相关软件；

（十二）收集使用音频设备获得的声音文件，应当采用音频电子文件通用的WAV、MP3格式，并同时收集其属性标识、参数和非通用格式的相关软件；

（十三）收集使用通用软件产生的电子文件，应当同时收集其软件型号、名称、版本号和相关参数手册、说明资料等；

（十四）收集使用专用软件产生的电子文件，应当转换成通用型电子文件；确实不能转换的，应当连同专用软件一同收集；

（十五）收集套用统一模板的电子文件，在保证能够恢复原形态的情况下，其内容信息可脱离套用模板进行存储，被套用模板作为电子文件的元数据保存；

（十六）收集电子文件一般不加密；加密的，应当将密钥同时归档；

（十七）计算机系统运行和信息处理过程中涉及的与电子文件处理有关的参数、管理数据等，应当与电子文件一并收集。

第四条 税务稽查案卷电子文件可以采用在线或者离线存储。在线存储应当使用专用存储服务器，实行电子文件在线管理。离线存储应当符合以下要求：

（一）可以选择使用只读光盘、一次写光盘、磁带、可擦写光盘、硬磁盘等耐久性好的载体，一式两套，一套封存保管，一套供查阅使用；有条件的，可另制作一套异处保存；

（二）加密电子文件，应当在解密后再制作拷贝；

（三）不允许使用软磁盘作为归档电子文件长期保存的载体；取得证据原件为软磁盘的，应当将软磁盘中数据拷贝到耐久性好的载体，并将软磁盘原件与拷贝后的载体一并归档；

（四）电子文件存储载体或者装具上应当有标签，标签上应当注明相对应的案卷全宗号、载体序号、类别号、密级、保管期限、存入日期等；需要在光盘标签面书写的，应当使用光盘标签笔；需要通过光盘打印标签的，应当通过计算机排版后，使用能够支持光盘盘面打印的打印机打印。

第五条　保管税务稽查案卷电子文件离线存储载体，应当符合下列条件：

（一）载体应当作防写处理，避免擦、划、触摸记录涂层；

（二）单片载体应当装盒，竖立存放，避免挤压；

（三）存放时应当远离强磁场、强热源，与有害气体隔离；

（四）环境温度及相对湿度应当适宜。

第六条　税务稽查案卷电子文件的利用，依照国家税务总局《税务稽查案卷管理暂行办法》有关规定办理。

第七条　传递、保管、利用、销毁税务稽查案卷电子文件，应当严格遵守国家保密规定，采取相应的安全保密措施。

第八条　本规范应当根据信息技术发展和税务稽查案卷管理实际需要适时修订调整。

6－5－30

国家税务总局关于印发《推进税务稽查随机抽查实施方案》的通知

2015年8月25日　税总发〔2015〕104号

各省、自治区、直辖市和计划单列市国家税务局、地方税务局：

为贯彻落实《国务院办公厅关于推广随机抽查规范事中事后监管的通知》（国办发〔2015〕58号）要求，国家税务总局制定了《推进税务稽查随机抽查实施方案》，现印发给你们，请认真贯彻执行。执行中遇到的问题，请及时报告国家税务总局（稽查局）。

推进税务稽查随机抽查实施方案

为深入贯彻落实《国务院办公厅关于推广随机抽查规范事中事后监管的通知》（国办发〔2015〕58号）要求，推进税务稽查随机抽查，增强执法效能，特制定本实施方案。

一、总体要求

（一）指导思想

贯彻党中央、国务院的决策部署，落实简政放权、放管结合、优化服务要求，坚持执法公正,提高执法效率,以风险管理为导向,建立健全科学的随机抽查机制,规范税务稽查,创新方式方法,加强专业化和集约化,努力实现执法成本最小化和执法效能最大化,促进税法遵从和公平竞争。

(二)基本原则

——依法实施。严格执行相关法律、行政法规和规章,规范执法行为,确保税务稽查随机抽查工作依法顺利进行。

——公正高效。坚持规范公正文明执法,对不同类型税务稽查对象分别采取适当的随机抽查方法,注重公平,兼顾效率,减轻纳税人负担,优化市场环境。

——公开透明。在阳光下运行执法权力,公开税务稽查随机抽查职责、程序、事项、结果等,强化社会监督,切实做到确职限权,尽责担当。

——稳步推进。充分利用相关信息数据,立足税源分布结构、稽查资源配置等实际情况,分步实施,有序推进,务求实效。

二、完善税务稽查随机抽查机制

(一)随机抽查依据

《中华人民共和国税收征收管理法》第四章及其实施细则第六章等法律、行政法规和税务部门规章相关规定。

(二)随机抽查主体

税务稽查随机抽查主体是各级税务稽查部门。国家税务总局稽查局负责组织、协调全国税务稽查随机抽查工作,根据工作需要从全国重点税源企业中随机抽取待查对象,组织或督促相关地区税务稽查部门实施稽查。省、市税务局稽查局负责组织、协调、实施辖区内税务稽查随机抽查工作。县税务局稽查局负责实施辖区内税务稽查随机抽查工作。

省税务局可以根据本地实际情况,适当调整税务稽查选案层级,对辖区内的全国、省、市重点税源企业由省税务局稽查局集中确定随机抽查对象。上级税务稽查部门随机抽取的待查对象,可以自行稽查,也可以交由下级税务稽查部门稽查。下级税务稽查部门因力量不足实施稽查确有困难的,可以报请上级税务稽查部门从其他地区选调人员参与稽查。

上级税务稽查部门可以对下级税务稽查部门随机抽查情况进行复查,以检验抽查绩效。复查以案卷审核为主,必要时可以实地核查。

(三)随机抽查对象和内容

依法检查纳税人、扣缴义务人和其他涉税当事人(以下统称为税务稽查对象)履行纳税义务、扣缴税款义务情况及其他税法遵从情况。所有待查对象,除线索明显涉嫌偷逃骗抗税和虚开发票等税收违法行为直接立案查处的外,均须通过摇号等方式,从税务稽查对象分类名录库和税务稽查异常对象名录库中随机抽取。

各级税务局建立税务稽查对象分类名录库,实施动态管理。国家税务总局名录库包括全国重点税源企业,相关信息由税务稽查对象所在省税务局提供。省税务局名录库包括辖区内的全国、省、市重点税源企业。市、县税务局名录库包括辖区内的所有税务稽查对象。名录库应录入税务稽查对象税务登记基本信息和前三个年度经营规模、纳税数额以及税务检查、税务处理处罚、涉税刑事追究等情况。该项工作应于2015年12月31日前完成。

省、市、县税务局在收集各类税务稽查案源信息的基础上,建立税务稽查异常对象名录库,实施动态管理。名录库应包括长期纳税申报异常企业、税收高风险企业、纳税信用级别低的企业、多次被检举有税收违法行为的企业、相关部门列明违法失信联合惩戒企业等,并录入税务登记基本信息以及涉嫌税收违法等异常线索情况。该项工作应于2016年3月31日前完成。

税务稽查对象分类名录库和税务稽查异常对象名录库相关信息应从税收信息管理系统获取。

(四)随机抽查方式

随机抽查分为定向抽查和不定向抽查。定向抽查是指按照税务稽查对象类型、行业、性质、隶属关系、组织架构、经营规模、收入规模、纳税数额、成本利润率、税负率、地理区域、税收风险等级、纳税信用级别等特定条件,通过摇号等方式,随机抽取确定待查对象名单,对其纳税等情况进行稽查。不定向抽查是指不设定条件,通过摇号等方式,随机抽取确定待查对象名单,对其纳税等情况进行稽查。定向抽查与不定向抽查要结合应用,兼施并举,确保稽查执法效能。

对随机抽查对象,税务稽查部门可以直接检查,也可以要求其先行自查,再实施重点检查,或自查与重点检查同时进行。对自查如实报告税收违法行为,主动配合税务稽查部门检查,主动补缴税款和缴纳滞纳金的,依法从轻、减轻或不予行政处罚;税务稽查部门重点检查发现存在重大税收违法行为或故意隐瞒税收违法行为的,应依法从严处罚;涉嫌犯罪的,应依法移送公安机关处理。

(五)分类确定随机抽查比例和频次

随机抽查比例和频次要合理适度,切合实际,以不影响公正与效率为前提,既要保证必要的抽查覆盖面和工作力度,又要防止检查过多和执法扰民。

对全国、省、市重点税源企业,采取定向抽查与不定向抽查相结合的方式,每年抽查比例20%左右,原则上每5年检查一轮。

对非重点税源企业,采取以定向抽查为主、辅以不定向抽查的方式,每年抽查比例不超过3%。

对非企业纳税人,主要采取不定向抽查方式,每年抽查比例不超过1%。

对列入税务稽查异常对象名录库的企业,要加大抽查力度,提高抽查比例和频次。

3年内已被随机抽查的税务稽查对象,不列入随机抽查范围。

(六)随机和竞标选派执法检查人员

各级税务局建立税务稽查执法检查人员分类名录库,实施动态管理。国家税务总局名录库人员由各省税务局推荐,国家税务总局稽查局审核确定。省、市、县税务局名录库应包括辖区内所有税务稽查执法检查人员。名录库应录入执法检查人员基本信息及其专长、业绩等情况,并按照执法检查人员擅长检查的行业、领域、税种、案件等进行分类。该项工作应于2015年12月31日前完成。

实施抽查的执法检查人员,通过摇号方式,从税务稽查执法检查人员分类名录库中随机选派,也可以采取竞标等方式选派。执法检查人员应根据抽查内容,结合其专长进行选派。在一定周期内对同一抽查对象不得由同一执法检查人员实施检查。对同一抽查对象实施检查,选派执法检查人员不得少于2人。执法检查人员与抽查对象有利害关系的,应依法回避。

（七）国税、地税开展联合抽查

国税、地税机关建立税务稽查联合随机抽查机制，共同制订并实施联合抽查计划，确定重点抽查对象，实施联合稽查，同步入户执法，及时互通查获的情况，商讨解决疑难问题，准确定性处理。

（八）实现抽查成果增值运用

对随机抽查发现税收违法行为的税务稽查对象，综合运用经济惩戒、信用惩戒、联合惩戒和从严监管等措施，加大税收违法代价，加强抽查威慑力，引导纳税人自觉遵从税法，提高税收征管整体效能。抽查中发现的税收征管薄弱环节和税收政策缺陷，及时向相关部门反馈，强化工作成果增值运用。

三、保障措施

（一）实行计划统筹管理

科学安排年度税务稽查随机抽查工作计划，制订严密的具体实施方案，统筹考虑辖区内税务稽查对象数量、稽查资源配置、税收违法案件数量、工作任务计划及企业、行业分布结构等因素，合理确定年度定向抽查、不定向抽查的比例，保持各类税务稽查对象相对均衡。税务稽查部门的检查与税收征管部门的检查要相互协调，统筹安排实地检查事项，统一规范进户执法，避免多头重复检查和交叉重叠执法，切实解决检查任性、执法扰民、效率低下、影响形象问题。税务稽查部门与税收征管、大企业税收管理等部门要充分沟通配合，统筹协同做好国家税务总局、省税务局定点联系企业（列名企业）等重点税源企业抽查工作。

（二）强化信息技术支持

将税务稽查随机抽查纳入税收信息管理系统，运用信息技术手段确保其落实到位，并实现全程跟踪记录，运行透明，痕迹可查，效果可评，责任可追。税务稽查对象分类名录库和税务稽查异常对象名录库相关信息，通过税收信息管理系统在税务系统共享。国家税务总局和省税务局应加强税务稽查选案指标体系建设，加快定向抽查分析模型设计，并不断修正完善。该项工作应于 2016 年 6 月 30 日前取得阶段性成果。

（三）加强纵向横向联动

上级税务机关布置、安排、督办随机抽查事项，要严密跟踪，督促、指导实施稽查的税务机关开展工作，防止敷衍塞责和消极懈怠。下级税务机关对上级税务机关布置、安排、督办的随机抽查事项，应严格按照规定的时限和要求办理。随机抽查事项涉及其他地区的，相关地区税务机关应积极协助主办地区税务机关调查取证，不得推诿抵制和包庇袒护。积极参与当地人民政府协调组织的联合抽查，进一步加强与公安、海关、工商等部门执法协作。

（四）推进与社会信用体系相衔接

将税务稽查随机抽查结果纳入纳税信用和社会信用记录，按规定推送至全国信用信息共享交换平台和全国企业信用信息公示系统平台，与相关部门实现信息共享；将严重税收违法行为列入税收违法“黑名单”，实施联合惩戒，让失信者一处违法、处处受限。

（五）接受社会监督

向社会公布税务稽查随机抽查的依据、主体、内容、方式等事项清单，公布抽查情况和抽查结果，自觉接受社会监督，扩大执法社会影响。

四、工作要求

（一）统一思想认识

推进税务稽查随机抽查，是税务系统贯彻落实党中央、国务院关于深化行政体制改革，加快转变政府职能，推进简政放权、放管结合、优化服务的决策部署的重要举措。各级税务机关务必高度认识此项工作的重要性和必要性，创造性地落实工作部署和要求，充分发挥税务稽查职能作用，打击税收违法活动，整顿规范税收秩序，促进市场公平竞争，服务经济社会发展。

（二）加强组织领导

各级税务机关主要领导对税务稽查随机抽查工作要亲自抓，分管领导具体抓，税务稽查部门牵头落实，相关部门协作配合。根据本实施方案确定的抽查工作任务和目标，相应调整充实一线执法检查力量。加强对抽查工作的组织部署、督促指导和业绩考评，确保抽查工作顺利开展，取得明显实效。

（三）强化责任落实

明确工作进度要求，落实责任任务，一级抓一级，一级督一级，强化对税务稽查随机抽查工作的过程监控和绩效评价。各省税务局要根据本实施方案要求，具体细化辖区内推进随机抽查的任务和步骤，确保此项工作落到实处，抓出成效。要激励先进，鞭策后进，通过纳入绩效考核，对落实到位、成绩突出的单位和个人，按有关规定给予激励；对落实不力、成绩较差的单位和个人，按有关规定处理。

（四）注重培训宣传

加强税务稽查随机抽查业务培训和交流，转变执法理念，增强执法能力，组建专业团队。充分利用广播、电视、报刊、网络等多种渠道，广泛开展宣传报道，积极争取各界支持。加大相关税收政策法规解读力度，及时回应纳税人关切，解疑释惑，增进理解，促进和谐，为随机抽查工作顺利开展营造良好的氛围。

各省税务局要按照本实施方案的要求，作出贯彻落实国办发〔2015〕58 号文件和本实施方案的具体工作安排，于 2015 年 9 月 15 日前报送国家税务总局（稽查局）；后续工作进展及主要成果等情况，于每年 7 月 1 日前和 12 月 31 日前各报送一次。

6 - 5 - 31

国家税务总局关于印发《税务稽查案源管理办法（试行）》的通知

2016 年 5 月 19 日　税总发〔2016〕71 号

各省、自治区、直辖市和计划单列市国家税务局、地方税务局，税务干部进修学院：

为落实《深化国税、地税征管体制改革方案》关于“制定针对高风险纳税人定向稽查制度”和“建立健全案源管理制度”的要求，现将国家税务总局制定的《税务稽查案源管理办法

（试行）》印发给你们，请遵照执行。执行中遇有问题和有关建议，请及时反馈至国家税务总局（稽查局）。

附件：1. 税务稽查案源审批表（编者略）
2. 案源信息退回（补正）函（编者略）
3. 税务稽查调查核实（包括协查）任务通知书（编者略）
4. 税务稽查调查核实（包括协查）报告（编者略）
5. 税务稽查案源清册（编者略）
6. 税务稽查案源撤销审批表（编者略）
7. 案源处理结果反馈单（编者略）

税务稽查案源管理办法（试行）

第一章　总　　则

第一条　为规范税务稽查案源管理，提高税务稽查质效，推进税务稽查体制机制改革，根据《中华人民共和国税收征收管理法》及其实施细则等相关规定制定本办法。

第二条　本办法适用于国家税务总局及省、市、县国家税务局、地方税务局（以下统称税务局）。

第三条　本办法所称税务稽查案源（以下统称案源）即税收违法案件的来源，是指经过收集、分析、判断、处理等程序形成的涉嫌偷税（逃避缴纳税款）、逃避追缴欠税、骗税、抗税、虚开发票等税收违法行为的相关数据、信息和线索。

第四条　本办法所称税务稽查案源管理，是指税务局稽查局（以下简称稽查局）按照规定程序，对各类涉税数据、信息和线索进行收集、处理、立案、反馈的管理过程。

案源管理的具体流程主要包括：案源信息的收集、案源的分类处理、案源的立案分配和处理结果的使用。

第五条　案源管理应当遵循依法依规、风险导向、统筹协调、分类分级、动态管理的原则。

第六条　税务局应当以风险管理为导向，以税收大数据为支撑，以风险推送、外部转办、稽查自选为重点，以打击偷税（逃避缴纳税款）、逃避追缴欠税、骗税、抗税、虚开发票等税收违法行为为目标，注重处理结果的分析反馈和增值使用，形成风险闭环式案源管理的新格局。

第七条　案源由稽查局归口管理。

上级稽查局对下级稽查局的案源管理工作进行指导和监督。

下级稽查局确定的案源属于上级稽查局重点稽查对象名录范围的，应当报上级稽查局审批。

实施案源集中管理的地区，由上级稽查局审批确定下级稽查局选取的案源。

第八条　各级税务机关应当不断提高案源管理信息化水平，高效采集、有效整合税收征管数据与社会公共数据,保障案源信息的及时性、有效性和准确性。

第九条　国家税务局、地方税务局应当加强案源管理工作的联系与协作,建立健全国税、地税案源管理合作机制,实现涉税数据、信息和线索共建共享、互联互通。

第二章　案源信息

第十条　案源信息是指税务局在税收管理中形成的,以及外部相关单位、部门或者个人提供的纳税人、扣缴义务人和其他涉税当事人(以下简称纳税人)的税收数据、信息和违法行为线索。

第十一条　案源信息的内容具体包括:

(一)纳税人自行申报的税收数据和信息,以及税务局在税收管理过程中形成的税务登记、发票使用、税收优惠、资格认定、出口退税、企业财务报表等涉税数据和信息;

(二)税务局风险管理等部门在风险分析和识别工作中发现并推送的高风险纳税人风险信息;

(三)上级党委、政府、纪检监察等单位和上级税务机关(以下统称上级机关)通过督办函、交办函等形式下发的督办、交办任务提供的税收违法线索;

(四)检举人提供的税收违法线索;

(五)受托协查事项形成的税收违法线索;

(六)公安、检察、审计、纪检监察等外部单位以及税务局督察内审、纪检监察等部门提供的税收违法线索;

(七)专项情报交换、自动情报交换和自发情报交换等过程中形成的国际税收情报信息;

(八)稽查局执法过程中形成的案件线索、处理处罚等税务稽查数据;

(九)政府部门和社会组织共享的涉税信息以及税务局收集的社会公共信息等第三方信息;

(十)其他涉税数据、信息和税收违法线索。

第十二条　稽查局应当拓展信息来源渠道,按规定收集和整理案源信息。

(一)稽查局案源部门(以下简称案源部门)负责以下事项:

1. 接收风险管理等部门推送的高风险纳税人风险信息,税务局内、外部相关单位和部门提供的税收违法线索,并确认案源信息来源部门的工作和时限要求;

2. 接收督办、交办线索,并明确督办、交办事项的工作和时限要求;

3. 收集和整理纳税人自行申报信息、税收管理数据、税务稽查数据、国际税收情报信息和第三方信息等涉税数据、信息,并按照稽查任务和计划,提取选案所需的案源信息。

(二)稽查局举报受理部门(以下简称举报受理部门)负责接收书信、来访、互联网、传真等形式的检举线索。12366纳税服务热线举报专岗负责接收的电话形式的检举线索,应填制举报工单后移交举报受理部门进一步处理。

(三)稽查局协查部门(以下简称协查部门)负责接收协查信息管理系统发函、不通过协查系统发起的纸质发函、实地协查等形式的协查线索,并按照《税收违法案件协查函》的内容登记案源信息。

第十三条 案源信息以纳税人识别号为标识,一户一档建立案源信息档案。案源信息档案包括基本信息、分类信息、异常信息、共享信息和必要的信息标识等。

第十四条 稽查局应当对案源信息进行分类处理,建立案源信息库;同时按照随机抽查工作要求,在案源信息档案中分级标识重点稽查对象,作为建立税务稽查随机抽查对象名录库的重要信息来源。

第三章 案源类型

第十五条 根据案源信息的来源不同,将案源分为九种类型:

(一)推送案源,是指根据风险管理等部门按照风险管理工作流程推送的高风险纳税人风险信息分析选取的案源;

(二)督办案源,是指根据上级机关以督办函等形式下达的,有明确工作和时限要求的特定纳税人税收违法线索或者工作任务确认的案源;

(三)交办案源,是指根据上级机关以交办函等形式交办的特定纳税人税收违法线索或者工作任务确认的案源;

(四)安排案源,是指根据上级税务局安排的随机抽查计划和打击偷税(逃避缴纳税款)、逃避追缴欠税、骗税、抗税、虚开发票等稽查任务,对案源信息进行分析选取的案源;

(五)自选案源,是指根据本级税务局制定的随机抽查和打击偷税(逃避缴纳税款)、逃避追缴欠税、骗税、抗税、虚开发票等稽查任务,对案源信息进行分析选取的案源;

(六)检举案源,是指对检举线索进行识别判断确认的案源;

(七)协查案源,是指对协查线索进行识别判断确认的案源;

(八)转办案源,是指对公安、检察、审计、纪检监察等外部单位以及税务局督察内审、纪检监察等部门提供的税收违法线索进行识别判断确认的案源;

(九)其他案源,是指对税务稽查部门自行收集或者税务局内、外部相关单位和部门提供的其他税收违法线索进行识别判断确认的案源。

第十六条 督办案源、交办案源、转办案源、检举案源和协查案源由于来源渠道特殊,统称为特殊案源。

对特殊案源应当由稽查局指定专人负责管理,严格遵守保密纪律,依法依规进行处理。

第四章 案源处理

第十七条 案源处理是指案源部门对收集的案源信息进行识别和判断,根据案源类型、纳税人状态、线索清晰程度、税收风险等级等因素,进行退回或者补正、移交税务局相关部门、暂存待查、调查核实(包括协查)、立案检查等分类处理的过程。

第十八条 案源部门对案源信息进行识别判断,提出拟处理意见,填写《税务稽查案源审批表》(见附件1),经稽查局负责人批准后处理。

第十九条 推送和转办的案源信息符合下列情形之一的,案源部门制作《案源信息退回(补正)函》(见附件2),退回信息来源部门或者要求信息来源部门补充资料:

(一)纳税人不属于管辖范围,纳税人状态为非正常或者注销的,可以作退回处理;

(二)案源信息数据有误、未提供必要数据资料或者其他导致无法进一步处理的情形,可以作退回处理或者要求补充资料；

（三）税收违法线索不清晰或者资料不完整，要求补充资料不能补充资料的，可以作退回处理；

（四）其他需要退回信息来源部门或者要求补充资料的情形。

第二十条 符合下列情形之一的，案源部门制作《转办函》，移交税务局相关部门处理：

（一）检举、转办等案源信息涉及发票违法等事项，通过日常税务管理能够纠正的，经税务局负责人批准移交相关部门处理；

（二）协查事项需要提供纳税人查无此户、非正常、注销等状态证明或者提取征管资料、鉴定发票等事项，经稽查局负责人批准移交相关部门配合取证；

（三）案源信息涉及特别纳税调整事项的，经税务局负责人批准移交反避税部门处理；

（四）其他需要移交相关部门配合工作的事项。

第二十一条 符合下列情形之一的，作暂存待查处理：

（一）纳税人状态为非正常或者注销的督办、交办案源信息，经督办、交办部门同意可以作暂存待查处理；

（二）纳税人状态为非正常、注销或者税收违法线索不清晰的检举案源信息可以作暂存待查处理；

（三）纳税人走逃而无法开展检查的可以作暂存待查处理；

（四）其他不宜开展检查又无法退回的情形。

第二十二条 符合下列情形之一的特殊案源，经稽查局负责人批准进行调查核实（包括协查）：

（一）督办、交办的工作任务只涉及协助取证等事项，通过调查核实（包括协查）可以完成，经督办、交办部门同意的；

（二）检举案源信息线索较明确但缺少必要证明资料，举报受理部门认为需要通过调查核实（包括协查）确认的；

（三）协查案源信息不符合《税收违法案件发票协查管理办法（试行）》规定的直接立案条件的，应当根据协查要求及时安排调查核实（包括协查）；

（四）其他特殊案源信息，存在一定疑点线索但缺少必要证明资料，需要通过进一步调查核实（包括协查）确认的；

需要调查核实（包括协查）的，应由案源部门或者举报受理部门或者协查部门制作《税务稽查调查核实（包括协查）任务通知书》（见附件3），转送稽查局检查部门（以下简称检查部门），检查部门制作《税务检查通知书（检通二）》进行调查核实（包括协查）。检查部门应当按照有关要求根据调查核实结果制作《税务稽查调查核实（包括协查）报告》（见附件4）反馈安排调查核实（包括协查）任务的部门。

第二十三条 符合下列情形之一的，确认为需要立案检查的案源：

（一）督办、交办事项明确要求立案检查的案源；

（二）案源部门接收并确认的高风险纳税人风险信息案源，以及按照稽查任务和计划要求安排和自选的案源；

（三）举报受理部门受理的检举内容详细、线索清楚的案源；

（四）协查部门接收的协查案源信息涉及的纳税人状态正常，且存在下列情形之一的案源：委托方已开具《已证实虚开通知单》并提供相关证据的；委托方提供的证据资料能够证明协查对象存在税收违法嫌疑的；协查证实协查对象存在税收违法行为的；

（五）转办案源涉及的纳税人状态正常，且税收违法线索清晰的案源；

（六）经过调查核实（包括协查）发现纳税人存在税收违法行为的案源；

（七）其他经过识别判断后应当立案的案源；

（八）上级稽查局要求立案检查的案源。

第五章　案源分配

第二十四条　稽查局应当建立案源管理集体审议会议制度，负责重点稽查对象和批量案源立案或者撤销的审批，并制定集体审议案源的标准。

对达到集体审议标准的重点稽查对象和批量案源立案或者撤销案源的审批，由稽查局负责人主持召开案源管理集体审议会议，稽查局相关部门负责人参加。

第二十五条　需要立案检查的案源，由案源部门制作《税务稽查立案审批表》，经稽查局负责人批准或者案源管理集体审议会议审议决定立案。

同一批次立案户数较多的，可附《税务稽查案源清册》（见附件5）。

第二十六条　案源立案的优先原则：

（一）督办案源优先于其他案源；

（二）重要或者紧急的案源，优先于一般案源；

（三）实名检举案源优先于匿名检举案源。

第二十七条　涉及国税、地税共同管辖的案源，符合下列情形的应当共同立案：

（一）上级机关要求开展联合稽查的；

（二）共同管辖的重点稽查对象；

（三）通过联合随机抽查选取的；

（四）共同获得具体税收违法线索的；

（五）除以上情形之外，经国税、地税协商一致，需要共同立案的。

第二十八条　案源部门对立案的案源，应当合理地分配到检查部门，实施检查。

（一）稽查层级与管理对象相匹配。对纳入全国、省级和市级重点稽查对象名录库的案源，按照分级管理的原则，由国家税务总局和省、市税务局稽查局分别组织或者实施检查。

（二）执法主体与案件性质相匹配。按照案源的涉税违法数额大小、情节轻重、案情复杂程度、涉案地区多少、社会影响情况等因素，分别由国家税务总局和省、市、县税务局稽查局组织或者实施检查。

本级稽查局查处确有困难的案源，可以报请上级稽查局督办。上级机关下发的督办案源未经批准，本级稽查局不得转给下级稽查局查处。

（三）稽查力量与检查任务相匹配。案情复杂的案源可以采取“项目式管理、团队化作业”的形式组织检查。

（四）办案能力与案源特点相匹配。根据案源所属行业和税收违法类型等特点，合理搭配检查人员力量或者采取竞标等形式选派检查人员。

第二十九条 案源分配计划经批准后,案源部门制作《税务稽查任务通知书》,附《税务稽查项目书》,列明检查所属期、检查疑点、检查时限和要求等内容,连同相关资料一并移交检查部门。

第三十条 符合下列情形之一的,提请撤销案源的部门填写《税务稽查案源撤销审批表》(见附件6),经稽查局负责人批准或者案源管理集体审议会议决定,可以撤销案源:

(一)案源登记有误或者案源重复的;

(二)多个部门同时入户,经所属税务局负责人决定稽查局停止实施检查的;

(三)不符合上级政策规定或者上级机关要求撤销案源的。

第六章 结果使用

第三十一条 稽查局应当按照风险管理要求,对案源处理结果进行跟踪反馈和统计分析,实现案源闭环管理。

第三十二条 稽查局相关部门应当及时将案源处理结果填写《案源处理结果反馈单》(见附件7),归集到案源部门。

(一)未立案的,由案源部门记录未立案理由;

(二)中止、终结检查的,由检查部门反馈并附阶段性检查情况和中止、终结理由;

(三)中止、终结执行的,由执行部门反馈并附中止、终结理由、《税务处理决定书》、《税务行政处罚决定书》及相关资料;

(四)执行完毕的,由执行部门反馈并附《税务处理决定书》、《税务行政处罚决定书》、《税收缴款书》及相关资料。

第三十三条 案源部门接到案源处理结果,应当及时处理,并填写《案源处理结果反馈单》。

(一)推送案源,按照风险管理工作流程的要求向风险管理等部门反馈处理结果,对于高风险应对任务中反映出的行业性、地域性或者特定类型纳税人的共性税收风险特征,及时提交风险管理等部门;

(二)督办案源、交办案源和转办案源,根据案源来源部门要求就需核实的税收违法线索检查情况进行反馈;

(三)自选案源和安排案源,汇总检查情况并定期上报稽查局负责人;

(四)检举案源和协查案源,将检查情况反馈给举报受理部门或者协查部门,由举报受理部门或者协查部门反馈给实名检举人或者协查委托方。

第三十四条 按反馈对象的不同,《案源处理结果反馈单》的审批要求如下:

(一)反馈稽查局相关部门、实名检举人和协查委托方的,分别由案源部门、举报受理部门和协查部门负责人批准;

(二)反馈税务局其他部门的,由稽查局负责人批准;

(三)反馈税务局外部单位的,由税务局负责人批准。

第三十五条 稽查局未立案检查的推送案源,反馈后推送部门仍认为需要立案检查的,经税务局负责人批准,由稽查局按交办案源程序立案检查。

第三十六条 确因案情复杂无法按期查结反馈的,应当向信息来源部门说明情况。

第三十七条 案源部门负责按照年度工作任务和计划的要求,从案源信息的收集、案源的分类处理和立案分配、案源处理结果的使用等方面,对立案检查案源的分布区域、所属行业、企业规模、经济性质、税收违法类型、查补入库税额等情况定期进行统计分析。

第三十八条 稽查局要通过对稽查结果的统计分析和典型案例剖析,查找税收管理薄弱环节,并就完善税收政策和加强管理等方面提出意见和建议。

第七章 附 则

第三十九条 案源管理工作适用保密条款的,应当依照《中华人民共和国保守国家秘密法》、《中华人民共和国税收征收管理法》、《中华人民共和国税收征收管理法实施细则》、《国家税务机关系统保密工作规则》、《税收违法行为检举管理办法》、《税务稽查案件协查管理办法(试行)》等有关规定执行。

第四十条 本办法所称税务局负责人,是指税务局局长或者经税务局局长授权的税务局领导。

本办法所称稽查局负责人,是指稽查局局长或者经稽查局局长授权的稽查局领导。

第四十一条 各省、自治区、直辖市和计划单列市国家税务局、地方税务局可根据本办法制定具体实施规定。

第四十二条 本办法由国家税务总局负责解释。

第四十三条 本办法自2016年7月1日起施行。

6-5-32

国家税务总局关于印发《税务稽查随机抽查对象名录库管理办法(试行)》的通知

2016年5月24日 税总发〔2016〕73号

各省、自治区、直辖市和计划单列市国家税务局、地方税务局,税务干部进修学院:

为贯彻落实中办、国办印发的《深化国税、地税征管体制改革方案》关于"建立健全随机抽查制度和案源管理制度"的要求,根据《推进税务稽查随机抽查实施方案》(税总发〔2015〕104号文件印发)的规定,现将国家税务总局制定的《税务稽查随机抽查对象名录库管理办法(试行)》印发给你们,请遵照执行。执行中遇有问题和有关建议,请及时反馈至国家税务总局(稽查局)。

税务稽查随机抽查对象名录库管理办法(试行)

第一章 总 则

第一条 为贯彻落实《国务院办公厅关于推广随机抽查规范事中事后监管的通知》(国办发〔2015〕58号)精神,健全完善税务稽查随机抽查机制,统一规范税务稽查随机抽查对象名录库管理,根据国家税务总局《推进税务稽查随机抽查实施方案》(税总发〔2015〕104号文件印发)有关要求,制定本办法。

第二条 随机抽查对象包括各级税务局辖区内的全部纳税人、扣缴义务人和其他涉税当事人。

随机抽查对象名录库是指市(地、盟、州以及直辖市和计划单列市的区,下同)以上税务局根据税务稽查随机抽查工作要求,针对随机抽查对象的不同类别,按照不同层级建设和管理的信息库。

第三条 本办法所称随机抽查对象名录库包括随机抽查对象异常名录。

第四条 随机抽查对象名录库的建设、使用和维护应当充分运用信息化手段,遵循统筹规划、分类管理、分级使用、动态维护的原则。

第五条 随机抽查对象名录库由市以上税务局稽查局案源管理部门归口管理,专人负责。

第六条 市以上税务局相关部门应当加强协作配合,为随机抽查对象名录库的建设提供符合需求的数据和信息,实现数据和信息共建共享。

第七条 市以上国家税务局、地方税务局应当加强联系与协作,定期交换、共享随机抽查对象名录库的相关数据和信息。

第八条 随机抽查对象名录库主要适用于市以上税务局稽查局随机抽查对象的选取。

第二章 分类管理

第九条 市以上税务局稽查局应当按照管理层级、稽查资源配置与纳税规模等标准,将随机抽查对象分为重点稽查对象和非重点稽查对象。

第十条 重点稽查对象由市以上税务局稽查局根据稽查工作任务和计划,参照收入规划核算、大企业税收管理等相关部门确定的重点税源企业范围,按照纳税规模、所属行业、分布区域、注册类型、集团类企业等因素以及稽查资源的匹配程度确定。

非重点稽查对象为未达到市以上税务局稽查局确定的重点稽查对象标准的随机抽查对象,包括非企业纳税人。

第十一条 国家税务总局稽查局和省(自治区、直辖市、计划单列市,下同)、市税务局稽查局依照上述原则和不同层级分别确定相应层级重点稽查对象。

第十二条 国家税务总局重点稽查对象主要包括:

(一)国务院国有资产监督管理委员会中央企业名录列名的企业,由财政部按规定管理的金融类企业以及代表国务院履行出资人职责管理的国有企业;

（二）国家税务总局稽查局确定的纳税规模较大的重点税源企业；

（三）国家税务总局稽查局确定的跨区域经营的大型企业集团；

（四）国家税务总局稽查局确定的其他重点稽查对象。

第十三条 省税务局稽查局根据稽查工作任务和计划，在国家税务总局重点稽查对象之外，按照本级确定重点稽查对象的要求，综合考虑纳税规模、所属行业、分布区域、稽查资源配置等因素，确定本级税务局重点稽查对象名录。

第十四条 市税务局稽查局根据稽查工作任务和计划，在国家税务总局和省税务局重点稽查对象之外，按照本级确定重点稽查对象的要求，综合考虑纳税规模、所属行业、稽查资源配置等因素，确定本级税务局重点稽查对象名录。

第十五条 市以上税务局应当建立随机抽查对象名录库。

国家税务总局随机抽查对象名录库主要包括国家税务总局重点稽查对象；省税务局随机抽查对象名录库主要包括辖区内的国家税务总局、省税务局重点稽查对象，并对国家税务总局重点稽查对象进行标识；市税务局随机抽查对象名录库包括辖区内的所有随机抽查对象，并对国家税务总局、省税务局重点稽查对象进行分别标识。

第十六条 省、市税务局应当在建立随机抽查对象名录库的基础上，通过接收、分析、整理和确认随机抽查对象的异常涉税信息并进行标识，建立随机抽查对象异常名录。

第十七条 对符合下列情形之一的随机抽查对象，列入随机抽查对象异常名录：

（一）税收风险等级为高风险的；

（二）两个年度内两次以上被检举且经检查均有税收违法行为的；

（三）受托协查事项中存在税收违法行为的；

（四）长期纳税申报异常的；

（五）纳税信用级别为D级的；

（六）被相关部门列为违法失信联合惩戒的；

（七）存在其他异常情况的。

第十八条 随机抽查对象名录库应当按照随机抽查对象类型，完整准确采录相关涉税信息。

重点稽查对象的采录信息主要包括：登记类信息、前三年纳税申报及财务报表、税控开票、风险分析、纳税评估、出口退税、纳税信用等级、跨区域企业集团组织架构情况，以及是否为国家税务局、地方税务局共管户等信息。

非重点稽查对象的采录信息主要包括：登记类信息、前三年纳税申报及财务报表、税控开票，以及是否为国家税务局、地方税务局共管户等信息。

非企业纳税人的采录信息主要包括：登记类信息、前三年纳税申报、税控开票，以及自行确定的其他信息。

随机抽查对象标识的异常涉税信息主要包括：高风险分析信息、检举线索、协查违法线索、长期异常纳税申报、纳税信用等级、相关部门列明的违法失信联合惩戒等相关信息。

第十九条 国家税务总局随机抽查对象名录库的信息由国家税务总局稽查局采录，重点稽查对象所在省税务局稽查局负责协助补充相关信息。

省、市税务局随机抽查对象名录库的信息由省、市税务局稽查局分别采录，涉及国家税务局、地方税务局共同管辖的，由国家税务局、地方税务局稽查局联合采录。

第三章 分级使用

第二十条 市以上税务局稽查局应当按照随机抽查工作要求，遵循分级使用的原则，运用随机抽查对象名录库，采用定向抽查和不定向抽查的方式选取检查对象。

第二十一条 市以上税务局稽查局对随机抽查对象名录库中的随机抽查对象，应当合理适度确定随机抽查比例和频次。

(一)国家税务总局稽查局根据稽查工作任务和计划，按照计划有序、依次安排的原则，每年按行业随机选取重点稽查对象组织开展检查，原则上每五年检查一轮。

对国家税务总局大企业税收管理司列名的“千户集团”企业，国家税务总局稽查局和大企业税收管理司共同协商制定工作规划和年度计划，选取随机抽查对象，实现数据共享、资源共享、结果共享。

(二)省、市税务局稽查局根据本级稽查工作任务和计划，有序选取重点稽查对象开展检查，原则上每五年检查一轮。

(三)对非重点稽查对象中的企业纳税人，每年抽查比例不超过3%；对非重点稽查对象中的非企业纳税人，每年抽查比例不超过1%。

(四)三年内已被抽查的随机抽查对象，不列入随机抽查范围。

第二十二条 对列入随机抽查对象异常名录且属于持续经营状态的随机抽查对象，省、市税务局稽查局要加大抽查力度，具体抽查比例和频次由省、市税务局稽查局确定。

第二十三条 市以上税务局稽查局对随机选取的检查对象，按照税务稽查案源管理相关规定进行立案审批。

第二十四条 国家税务局、地方税务局稽查局应当根据联合稽查工作计划，按照相关行业、区域、项目，随机选取共同管辖的检查对象，开展联合稽查工作。

第二十五条 市以上税务局稽查局要按照风险管理制度和机制要求，对随机抽查中发现的税收政策及管理问题，及时向税务局相关部门反馈，提出管理建议，强化稽查成果增值利用。

第四章 动态维护

第二十六条 市以上税务局应当充分运用信息化手段建立随机抽查对象名录库，逐步实现国家税务总局、省税务局和市税务局三级信息共享。

第二十七条 国家税务总局统一规划建设随机抽查对象名录库管理信息系统，满足按照纳税规模、所属行业、分布区域、注册类型等条件进行随机抽查的需要。

第二十八条 市以上税务局稽查局应当定期维护、及时更新辖区内随机抽查对象名录库的相关信息。

第五章 附则

第二十九条 本办法适用于市以上税务局随机抽查对象名录库的建设、使用和维护。

第三十条 本办法由国家税务总局负责解释。

第三十一条 本办法自印发之日起施行。

6 -5 -33

国家税务总局关于印发《税务稽查随机抽查执法检查人员名录库管理办法(试行)》的通知

2016 年 5 月 24 日　税总发〔2016〕74 号

各省、自治区、直辖市和计划单列市国家税务局、地方税务局,税务干部进修学院:

为落实《深化国税、地税征管体制改革方案》关于“建立健全随机抽查制度和案源管理制度”的要求,根据《推进税务稽查随机抽查实施方案》(税总发〔2015〕104 号文件印发)的规定,现将国家税务总局制定的《税务稽查随机抽查执法检查人员名录库管理办法(试行)》印发给你们,请遵照执行。执行中遇有问题和有关建议,请及时反馈至国家税务总局(稽查局)。

税务稽查随机抽查执法检查人员名录库管理办法(试行)

第一章　总　　则

第一条　为贯彻落实《国务院办公厅关于推广随机抽查规范事中事后监管的通知》(国办发〔2015〕58 号)精神,健全税务稽查随机抽查机制,统一规范税务稽查随机抽查执法检查人员名录库管理,根据国家税务总局《推进税务稽查随机抽查实施方案》(税总发〔2015〕104 号文件印发)有关要求,制定本办法。

第二条　各级税务机关税务稽查随机抽查执法检查人员名录库的建立、运用和管理适用本办法。

第三条　本办法所称税务稽查随机抽查执法检查人员(以下简称执法检查人员),是指各级税务机关中取得《中华人民共和国税务检查证》的从事稽查实施工作的人员。

本办法所称税务稽查随机抽查执法检查人员名录库(以下简称执法检查人员名录库),是指国家税务总局和省(自治区、直辖市和计划单列市,下同)、市(地、盟、州及直辖市和计划单列市的区,下同)、县(县级市、旗,下同)税务局根据税务稽查随机抽查工作要求,按照不同层级建设和管理的执法检查人员相关信息库。

第四条　建立、运用和管理执法检查人员名录库应当遵循统筹规划、统一建设、规范运用、动态管理、公正公开、持续完善的原则。

第五条　各级税务机关由稽查部门牵头负责、相关部门协作配合,建立、运用和管理本级执法检查人员名录库。

第二章 执法检查人员名录库的建立

第六条 国家税务总局、省、市、县税务局分别建立执法检查人员名录库。国家税务总局执法检查人员名录库人员包括税务总局本级执法检查人员和各省税务局推荐执法检查人员,推荐执法检查人员的数量为本省执法检查人员总数的1%,由国家税务总局稽查局审核确定。各省税务局执法检查人员名录库人员包括省税务局本级执法检查人员和各市税务局推荐执法检查人员,推荐执法检查人员的数量由各省税务局自行确定。市、县税务局执法检查人员名录库包括辖区内所有执法检查人员。

第七条 改革了属地稽查方式,推行省、市一级稽查模式或者实施稽查集约化管理的地区,相应的市、县税务局可不建立执法检查人员名录库。

第八条 国家税务总局、省税务局执法检查人员名录库中的推荐执法检查人员应当具备以下基本条件:

(一)热爱税收事业,具有良好的政治素质,敬业爱岗,勤政廉洁,累计从事税务稽查工作2年以上,身体健康,能够承担外出办案等特定工作任务。

(二)工作实绩突出,领导和群众认可度较高,骨干带头作用较为明显,在本单位或者本专业领域具有一定的影响。

(三)具备较高的业务素质和专业素养,熟练掌握财税知识,具有较强的检查办案能力、组织协调能力、解决复杂问题能力,有一定业务专长,对相关行业有较丰富的实际检查工作经验,有办理重大案件经历。

(四)符合下列情形之一的,同等条件下可优先备选税务总局、省税务局执法检查人员名录库:

1. 获得各类专业资格证书或相应职称的。

2. 获得市税务局以上稽查能手、征管能手等荣誉称号的。

3. 省税务局以上税务领军人才或者专业人才库成员。

4. 多次被上级机关抽调参与全国、全省、全市各类案件检查、业务检查、重大专项行动等工作,取得突出成绩并受到表彰的。

第九条 执法检查人员信息包括以下四类:

(一)基本信息:包括姓名、性别、年龄、政治面貌、学历学位、所学专业、职业资格、所在单位、所在岗位、职务、稽查工作年限、能级等次(主辅查)、证件号码等。

(二)专长信息:是指执法检查人员擅长检查的行业、税种、案件、其他特长等信息。一名执法检查人员可以同时具备一项或多项专长,具体包括:

1. 擅长检查的行业门类(包括采矿业,制造业,电力、热力、燃气及水的生产和供应业,建筑业;批发和零售业,交通运输、仓储和邮政业,住宿和餐饮业,信息传输、软件和信息技术服务业,金融保险业,房地产业,租赁和商务服务业,文化、体育和娱乐业等)。

2. 擅长检查的税种(包括增值税、营业税、消费税、企业所得税、个人所得税、资源税、土地增值税、其他各税)。

3. 擅长检查的案件(包括逃避缴纳税款案件、逃避追缴欠税案件、骗取出口退税案件、虚开发票案件、制售非法发票案件等)。

4. 擅长的其他领域(包括法律、会计、电子查账等领域)。

(三)业绩信息

1. 近三年检查的企业数量、重大税收违法案件数量、重点税源企业数量及相应查补数额。

2. 工作考核考评结果、获得各类奖励情况等。

3. 上级评价信息:包括上级借调记录及借调期间工作评价等。

4. 其他业绩信息,如科研成果、各类竞赛荣誉等。

(四)状态信息

1. 个人当前在查案件数量。

2. 个人为税务总局、省税务局执法检查人员名录库成员的标记信息。

3. 个人为各级税务领军人才、各类人才库成员的标记信息。

4. 个人应当回避的信息,主要是指本人配偶、直系血亲、三代以内旁系血亲、近姻亲等可能影响公正执法的利害关系人担任执法检查人员本人执法权限范围内企业的法定代表人、实际控制人、重要股东或者直接责任人等信息。

第十条 国家税务总局执法检查人员名录库的信息由国家税务总局稽查局采录,推荐执法检查人员所在省税务局稽查局协助提供相关信息。

省、市、县税务局执法检查人员名录库的信息由省、市、县税务局稽查局分别采录。

第三章 执法检查人员的选派

第十一条 选派执法检查人员实施随机抽查,可以通过摇号方式从执法检查人员名录库中随机选派,也可以采取竞标等方式选派。

随机选派分为定向选派和不定向选派。定向选派是指根据抽查对象类型、性质和抽查内容,结合执法检查人员专长进行选派。不定向选派是指随机抽取检查对象后完全随机抽取主查、辅查等执法检查人员。执法检查人员的分组相对固定的稽查局,可只随机选派主查人员,由该主查人员所属的检查组实施随机抽查。定向选派与不定向选派要结合应用,兼施并举,确保稽查执法效能。

竞标选派是指相关执法检查人员组成相对固定的检查团队或者检查小组,针对特定稽查对象,按照先申请、后评定的方式,取得承担随机抽查任务的资格。竞标选派的具体方式可由各地税务局结合实际情况探索施行。

第十二条 选派执法检查人员应符合以下要求:

(一)执法检查人员在检查工作完成后,原则上3年内不得被选派对同一抽查对象再次实施检查。

(二)对同一抽查对象选派执法检查人员不得少于2人。

(三)执法检查人员与抽查对象有利害关系的,应当依法回避。

第十三条 当前承担在查案件数量3起以上(含)的执法检查人员,原则上不再列入随机选派人员范围。

第十四条 市以上税务局稽查局组织开展随机抽查工作,应当从本级执法检查人员名录库中随机选派执法检查人员。确有必要时,可以从下级稽查局执法检查人员名录库中抽调成员参加检查工作。下级稽查局可以提请上级稽查局随机选派执法检查人员，指导、协调或者直接参加下级稽查局组织开展的随机抽查工作。

第十五条 同一执法检查人员在被上级稽查局选派承担抽查任务期间，本级稽查局不再将其列入随机选派人员范围。

第十六条 上级稽查局从下级稽查局执法检查人员名录库中选派参加随机抽查工作的人员，原则上连续调用时间不得超过半年。情况特殊需要延长调用时间的，必须经上级稽查局主管领导批准，并且延长期限最长不得超过一年。

第十七条 国家税务局、地方税务局对共同管辖的纳税人开展联合抽查，应当协商选派执法检查人员组成检查组，同步入户执法，履行各自执法程序，协作开展查处工作。

第四章 执法检查人员名录库的管理

第十八条 国家税务总局统一开发执法检查人员名录库管理信息系统，实现对随机选派执法检查人员工作全程跟踪、痕迹可查、效果可评、责任可追。

第十九条 各级税务机关使用国家税务总局统一开发的执法检查人员名录库管理信息系统，实施动态管理。执法检查人员所属税务局稽查局按要求录入各类人员信息，并对信息的真实性进行严格审核。执法检查人员信息因职务晋升、岗位变动或者其他原因发生变更的，所属税务局稽查局应当及时在系统内调整、更新。

第二十条 国家税务总局稽查局、省税务局稽查局要按照定期与不定期相结合的原则，及时对本级执法检查人员名录库人员信息进行调整、更新。

第二十一条 上级稽查局选派下级稽查局执法检查人员工作结束后，应当对调用人员进行工作评价，作为后续管理使用的依据。上级稽查局在工作评价中给予充分肯定的，相关执法检查人员在年终绩效考评时应当给予加分。对在重大专项行动、重大案件查处工作中有突出贡献的人员，人事部门应当在评先评优、选拔后备、晋升职务等方面，在同等条件下给予优先考虑。

第二十二条 负责执法检查人员名录库管理信息系统维护的工作人员不得将相关信息用于税务稽查随机抽查以外的目的。

第五章 附 则

第二十三条 各省、自治区、直辖市和计划单列市国家税务局、地方税务局可参照本办法制订具体实施办法。

第二十四条 本办法由国家税务总局负责解释。

第二十五条 本办法自印发之日起施行。

6－5－34

国家税务总局关于印发《国家税务局、地方税务局联合稽查工作办法(试行)》的通知

2016年6月6日　税总发〔2016〕84号

各省、自治区、直辖市和计划单列市国家税务局、地方税务局：

为落实中办、国办印发的《深化国税、地税征管体制改革方案》关于“实现国税、地税联合进户稽查”的要求，规范国税、地税联合稽查执法行为，国家税务总局制定了《国家税务局、地方税务局联合稽查工作办法(试行)》，现印发给你们，请遵照执行。执行中的重要情况和有关建议，请及时反馈至税务总局(稽查局)。

国家税务局、地方税务局联合稽查工作办法(试行)

第一章　总　　则

第一条　为整合税务稽查执法资源，规范国税、地税联合稽查行为，增强稽查执法效能，防止多头重复检查，减轻纳税人负担，根据《中华人民共和国税收征收管理法》及其实施细则，制定本办法。

第二条　联合稽查，是指国家税务局、地方税务局依据各自职权和法定程序，对共同管辖纳税人开展联合进户稽查，以及全面实施稽查执法合作。

第三条　联合稽查工作内容包括共建协调机制、共享涉税信息、共同下达任务、联合实施检查、协同案件审理、协同案件执行、稽查结果利用和其他稽查执法合作事项。

第四条　各级国家税务局、地方税务局开展联合稽查工作，适用本办法。

第五条　联合稽查工作遵循统筹协调、科学规划、依法实施、分工合作、注重实效的原则。

第六条　国家税务局、地方税务局应当强化组织领导、畅通沟通渠道，不断丰富联合稽查工作内容，持续改进联合稽查工作方法，积极探索联合稽查工作模式，大力支持、充分保障和有序推进联合稽查工作。

第七条　国家税务局、地方税务局应当分解联合稽查工作任务，分别指定稽查局专门机构或专人落实具体工作事项，明确岗位责任，加强保密管理，防范执法风险。

第八条　国家税务局、地方税务局应当建立稽查信息共享制度，并依托信息化手段，建立和完善联合稽查工作信息管理平台。

第九条　国家税务局、地方税务局应当加强联合稽查工作宣传，扩大执法影响，凝聚社

会共识，促进纳税遵从。

第十条　国家税务局、地方税务局应当加强对联合稽查工作的督导检查，并将联合稽查工作情况作为考核的重要内容。

第二章　共建协调机制

第十一条　各级国家税务局、地方税务局应当成立联合稽查工作领导小组（以下简称领导小组），负责联合稽查工作的统筹规划、协调指导。领导小组组长按年度实行轮值制，由国税、地税分管稽查工作的局领导轮流担任。

领导小组下设办公室，负责联合稽查工作的联络会商、组织开展等具体组织落实工作。联合稽查工作领导小组办公室（以下简称联查办）主任按年度实行轮值制，由领导小组组长所在税务局的稽查局主要负责人兼任。

领导小组和联查办对联合稽查工作的组织部署和工作要求，以国家税务局、地方税务局联合发文的形式下发。

第十二条　国家税务局、地方税务局稽查机构设置、管辖层级不对等的，由其所在省（区、市）联查办确定联合稽查相关工作事项。

第十三条　国家税务局、地方税务局应当共同建立联合稽查工作日常联络会商和情况通报工作制度。

国家税务局、地方税务局原则上每半年召开一次联合稽查工作会议，按需召开专题联席会议，共同组织部署联合稽查工作，研究联合稽查工作事项，解决联合稽查工作中遇到的问题。

有条件的国家税务局、地方税务局可以常设联查办办公场所。

第十四条　国家税务局、地方税务局应当在建立税务稽查随机抽查对象名录库的基础上，共同建立、维护共同管辖纳税人名录库。

第十五条　国家税务局、地方税务局应当将联合稽查工作列入年度税务稽查工作任务。每年初相互通报年度稽查工作安排，协商确定年度联合稽查工作计划，选取相关行业、区域、项目开展联合稽查工作。

第十六条　国家税务局、地方税务局应当加强稽查执法互助，对稽查案件检查中涉及对方管辖范围的执法事项，可提请对方进行协助，另一方应积极配合。

第十七条　国家税务局、地方税务局应当共同与公安等相关部门建立联合执法合作机制，合力打击涉税违法犯罪行为，联合开展发票整治等工作。

第十八条　国家税务局、地方税务局开展联合稽查工作应当建立台账，对联合稽查工作进行分类跟踪管理、成果统计、效果评价。

第三章　共享涉税信息

第十九条　国家税务局、地方税务局应当加强稽查信息共享合作，拓展各自涉税信息来源渠道，整合稽查执法信息资源。稽查信息共享合作的内容包括案源信息、案件线索、查办成果、证据资料及其他资料信息。

国家税务局、地方税务局通过信息交换、信息推送和信息查询的方式实现稽查信息共享。信息交换主要应用于共享批量非涉密案源信息和相关资料信息,信息推送主要应用于共享案件线索、查办成果和相关证据资料,信息查询主要应用于共享案件检查中特定对象的涉税信息。

第二十条 国家税务局、地方税务局采集、分析、整理各类稽查案源信息后,对属于对方管辖税种或者涉及双方管辖税种违法行为线索的案源信息,按规定进行信息交换。

第二十一条 国家税务局、地方税务局各自发现并查处的重大税收违法案件,凡涉及对方管辖税种的具体案件线索,应当及时向对方推送,并移交相关证据资料。

第二十二条 国家税务局、地方税务局在受理税收检举案件、开展受托协查案件中获得的税收违法行为线索信息,凡涉及对方管辖税种的,应当在发现线索信息之日起15个工作日内向对方推送,确保及时查处。

第二十三条 国家税务局、地方税务局根据稽查案件检查工作需要,协助对方进行涉案发票使用信息、特定稽查对象的纳税申报信息和历史稽查信息等涉税信息查询。

第四章 共同下达任务

第二十四条 国家税务局、地方税务局应当根据联合稽查工作总体计划和任务,按照稽查案源管理的要求,共同协商、分类确认联合进户稽查对象。

国家税务局或地方税务局选取联合进户稽查对象,应当严格落实国家税务总局制定的税务检查计划制度和规范进户执法规定,切实避免多头重复检查。

第二十五条 对检举案源、协查案源,国家税务局或地方税务局获得共同管辖纳税人较为明显的税收违法行为线索,同时涉及到国税、地税税款缴纳、有必要联合开展案件检查的,协商确定为联合进户稽查对象。

第二十六条 对交办案源、督办案源、转办案源,国家税务局、地方税务局根据案件检查实际需要,协商确定为联合进户稽查对象。

第二十七条 对安排案源、自选案源、推送案源及其他案源,国家税务局、地方税务局应当共同建立税务稽查联合随机抽查工作机制,协商确定统一的随机抽查方案,共同采取定向抽查或者不定向抽查方式,从共同管辖纳税人名录库中确定联合进户稽查对象。

第二十八条 国家税务局、地方税务局应当将符合以下情形的共同管辖纳税人确定为联合进户稽查对象:

(一)国家税务总局要求开展联合进户稽查的;

(二)地方党委、政府和上级机关交办、督办的;

(三)上一级联查办指定开展联合进户稽查的;

(四)双方均获得具体税收违法行为线索的;

(五)同属双方重点税源的;

(六)国家税务总局规定的其他情形。

第二十九条 国家税务局、地方税务局应当根据联合进户稽查对象的计划情况,制定联合进户稽查工作方案,明确实施检查的时间节点、检查所属期间、检查进度报告时间、检查成果统计时间、方式等。

国家税务局、地方税务局在开展行业、区域和集团企业税务检查时,应当根据联合进户稽查对象的性质、特点,分别针对所辖税种拟定检查提纲,双方交换意见后,形成联合检查提纲,指导联合进户稽查工作。

第三十条 国家税务局、地方税务局在对联合进户稽查对象实施检查前,应当同步分别立案。

第五章 联合实施检查

第三十一条 国家税务局、地方税务局开展联合进户稽查,应当分别选派不少于2名检查人员,组成联合检查组。

联合检查组应当设立检查组长、副组长各1名,由双方检查人员分别担任。组长由稽查对象上一年度国家税务局、地方税务局管辖税种已缴税款所占比例较高的税务机关人员担任,或由双方协商确定。

联合检查组组长、副组长负责案件检查工作的协调、沟通和组织,协商确定具体检查工作的方法、进度和要求,并做好检查人员工作分工。

第三十二条 开展联合进户稽查时,国家税务局、地方税务局检查人员隶属不同执法主体,应当分工明确、权责清晰,依法履行各自执法程序,分别制作执法文书。

第三十三条 开展联合进户稽查时,国家税务局、地方税务局检查人员应当步调一致、配合紧密,联合实施检查。

(一)统一制定方案。国家税务局、地方税务局检查人员根据管辖税种分别开展查前分析,交流检查重点,并由联合检查组组长汇总统一制定完整的、具体的检查方案。

(二)共同进户检查。国家税务局、地方税务局检查人员应当向稽查对象出示各自的税务检查证,同时下达《税务检查通知书》,并告知联合稽查工作事项。根据检查需要,可共同组织稽查对象开展自查。

(三)协商调取账簿资料。国家税务局、地方税务局检查人员应当协商确定调取账簿资料的内容,联合检查组组长所在税务机关向稽查对象出具《调取账簿资料通知书》、填写《调取账簿资料清单》,并保管相关账簿资料,由双方共同查阅使用。未出具调取账簿资料文书的一方,按照取证要求严格履行法定程序。

(四)同步提取电子数据。对采用电子信息系统进行管理和核算的联合进户稽查对象,国家税务局、地方税务局检查人员需提取涉税电子数据的,双方应当协商确定提取电子数据的内容,同步提取、各自备份使用。

(五)协同调查取证。对稽查对象涉及同时查补国税、地税税款的同一税收违法行为,国家税务局、地方税务局检查人员应当协同进行取证,各自保留案件证据,分别制作《税务稽查工作底稿》。可联合对稽查对象进行询问,联合听取其陈述、申辩。

第三十四条 国家税务局、地方税务局检查人员应当发挥团队合力,互相支持配合,注重交流讨论,共同研究解决检查过程中的疑难问题。

第三十五条 国家税务局、地方税务局检查人员共同研讨联合稽查案件定性,对同一税收违法行为,就拟作出的税务处理依据和处罚标准达成一致,并分别提出相应处理处罚建议。

第六章　协同案件审理

第三十六条　国家税务局、地方税务局应当对联合进户稽查案件交换审理意见，进行分别审理，对同一税收违法行为，统一定性和税务处理处罚标准。

第三十七条　在联合进户稽查案件中，国家税务局、地方税务局的稽查审理部门对涉及同时查补国税、地税税款的同一税收违法行为的定性和税务处理处罚，不能形成统一的意见时，应当提请本级联合稽查工作领导小组协商提出统一的审理指导意见。

第三十八条　国家税务局、地方税务局应当根据各自重大税务案件审理标准，对所辖税种的涉税款项已达标准的，分别按照《重大税务案件审理办法》的规定进行审理。

第三十九条　国家税务局、地方税务局在分别拟制《税务处理决定书》、《税务行政处罚决定书》、《不予税务行政处罚决定书》、《税务稽查结论》后10个工作日内相互抄送。

第四十条　联合进户稽查案件达到向公安机关移送标准时，按规定办理移送手续，同时向对方通报案件移送情况。

第四十一条　联合进户稽查过程中国家税务局、地方税务局使用的各类文书和证据资料，双方根据国家税务总局有关案卷管理规定分别组卷。

第七章　协同案件执行

第四十二条　国家税务局、地方税务局在联合进户稽查中发现稽查对象有逃避纳税义务行为，符合税收保全或强制执行条件的，应及时向对方通报情况，并协商同步采取税收保全或强制执行措施。

第四十三条　国家税务局、地方税务局及时通报联合进户稽查案件各自查补税款执行进度情况，对涉及双方的逾期不执行税款，协商同步采取强制执行措施。

第四十四条　国家税务局、地方税务局拟同步采取强制执行措施或提请人民法院采取强制执行措施时，应当就各税种应缴税款追缴方案达成共识，并共同协调税款执行。

第四十五条　联合进户稽查案件涉及税务行政复议、行政诉讼的，国家税务局、地方税务局分别依据相关法律、行政法规等规定开展工作，双方应当互相支持和配合，必要时可派员参加另一方的税务行政复议、行政诉讼。

第八章　稽查结果利用

第四十六条　除联合进户稽查案件外，国家税务局、地方税务局在稽查案件检查中取得的稽查成果，涉及影响对方管辖税种征收、查补的，应当将《税务处理决定书》、《税务行政处罚决定书》于每季结束之日起5个工作日内批量抄送对方，对方应及时分析处理。

第四十七条　联合进户稽查案件涉及税种金额、违法类型、发票份额分别达到重大税收违法案件公布标准的，国家税务局、地方税务局应当分别公布。

国家税务局、地方税务局共同与本地区相关部门进行沟通和协调，共同推动联合惩戒工作落实，将其作为推动本地区社会信用体系建设的重要工作内容。

第四十八条　国家税务局、地方税务局联合开展稽查执法分析与调查，加强对特定行业联合稽查工作的研讨和总结，不断改进执法合作方式方法。

第四十九条 国家税务局、地方税务局联合开展案件查办和稽查现代化建设经验交流，推广先进经验做法，共同提高稽查执法水平。

第五十条 国家税务局、地方税务局应当加强对联合进户稽查案件的剖析和统计分析，共同研究新形势下税收违法案件发生的特点和规律，以及开展打击的重点。

第五十一条 国家税务局、地方税务局应当加强对联合稽查工作的总结提炼，共同提出完善税收政策和加强征收管理的意见建议，实现查管互动。

第九章 附 则

第五十二条 各省、自治区、直辖市和计划单列市国家税务局、地方税务局应当根据本办法制定具体实施办法。

第五十三条 本办法由国家税务总局稽查局负责解释。

第五十四条 本办法自印发之日起执行。

6 -5 -35

国家税务总局关于发布《税务行政处罚裁量权行使规则》的公告

2016 年 11 月 30 日 国家税务总局公告 2016 年第 78 号

为全面贯彻《中华人民共和国行政处罚法》、《中华人民共和国税收征收管理法》及其实施细则等有关法律法规及《法治政府建设实施纲要(2015—2020 年)》精神，按照《国家税务总局关于规范税务行政裁量权工作的指导意见》(国税发〔2012〕65 号)要求，国家税务总局制定了《税务行政处罚裁量权行使规则》，现予以发布，自 2017 年 1 月 1 日起施行。

特此公告。

税务行政处罚裁量权行使规则

第一章 总 则

第一条 为了规范税务行政处罚裁量权行使，保护纳税人、扣缴义务人及其他涉税当事人(以下简称“当事人”)合法权益，根据《中华人民共和国行政处罚法》、《中华人民共和国税收征收管理法》及其实施细则等法律、法规有关规定，以及《法治政府建设实施纲要(2015—2020 年)》、《国家税务总局关于规范税务行政裁量权工作的指导意见》要求，制定本规则。

第二条 税务机关行使行政处罚裁量权，适用本规则。

第三条 本规则所称税务行政处罚裁量权，是指税务机关根据法律、法规和规章的规定，综合考虑税收违法行为的事实、性质、情节及社会危害程度，选择处罚种类和幅度并作出处罚决定的权力。

第四条 税务行政处罚的种类包括：

（一）罚款；

（二）没收违法所得、没收非法财物；

（三）停止出口退税权；

（四）法律、法规和规章规定的其他行政处罚。

第五条 行使税务行政处罚裁量权，应当遵循以下原则：

（一）合法原则。在法律、法规、规章规定的种类和幅度内，依照法定权限，遵守法定程序，保障当事人合法权益。

（二）合理原则。符合立法目的，考虑相关事实因素和法律因素，作出的行政处罚决定与违法行为的事实、性质、情节、社会危害程度相当，与本地的经济社会发展水平相适应。

（三）公平公正原则。对事实、性质、情节及社会危害程度等因素基本相同的税收违法行为，所适用的行政处罚种类和幅度应当基本相同。

（四）公开原则。按规定公开行政处罚依据和行政处罚信息。

（五）程序正当原则。依法保障当事人的知情权、参与权和救济权等各项法定权利。

（六）信赖保护原则。非因法定事由并经法定程序，不得随意改变已经生效的行政行为。

（七）处罚与教育相结合原则。预防和纠正涉税违法行为，引导当事人自觉守法。

第二章 行政处罚裁量基准制定

第六条 税务行政处罚裁量基准，是税务机关为规范行使行政处罚裁量权而制定的细化量化标准。

税务行政处罚裁量基准，应当包括违法行为、处罚依据、裁量阶次、适用条件和具体标准等内容。

第七条 税务行政处罚裁量基准应当在法定范围内制定，并符合以下要求：

（一）法律、法规、规章规定可予以行政处罚的，应当明确是否予以行政处罚的适用条件和具体标准；

（二）法律、法规、规章规定可以选择行政处罚种类的，应当明确不同种类行政处罚的适用条件和具体标准；

（三）法律、法规、规章规定行政处罚幅度的，应当根据违法事实、性质、情节、社会危害程度等因素确定适用条件和具体标准；

（四）法律、法规、规章规定可以单处也可以并处行政处罚的，应当明确单处或者并处行政处罚的适用条件和具体标准。

第八条 制定税务行政处罚裁量基准，参照下列程序进行：

（一）确认行政处罚裁量依据；

（二）整理、分析行政处罚典型案例，为细化量化税务行政处罚裁量权提供参考；

（三）细化量化税务行政处罚裁量权，拟定税务行政处罚裁量基准。

税务行政处罚裁量基准应当以规范性文件形式发布，并结合税收行政执法实际及时修订。

第九条　省国税局、地税局应当联合制定本地区统一适用的税务行政处罚裁量基准。

第十条　税务机关在实施行政处罚时，应当以法律、法规、规章为依据，并在裁量基准范围内作出相应的行政处罚决定，不得单独引用税务行政处罚裁量基准作为依据。

第三章　行政处罚裁量规则适用

第十一条　法律、法规、规章规定可以给予行政处罚，当事人首次违反且情节轻微，并在税务机关发现前主动改正的或者在税务机关责令限期改正的期限内改正的，不予行政处罚。

第十二条　税务机关应当责令当事人改正或者限期改正违法行为的，除法律、法规、规章另有规定外，责令限期改正的期限一般不超过三十日。

第十三条　对当事人的同一个税收违法行为不得给予两次以上罚款的行政处罚。

当事人同一个税收违法行为违反不同行政处罚规定且均应处以罚款的，应当选择适用处罚较重的条款。

第十四条　当事人有下列情形之一的，不予行政处罚：

（一）违法行为轻微并及时纠正，没有造成危害后果的；

（二）不满十四周岁的人有违法行为的；

（三）精神病人在不能辨认或者不能控制自己行为时有违法行为的；

（四）其他法律规定不予行政处罚的。

第十五条　当事人有下列情形之一的，应当依法从轻或者减轻行政处罚：

（一）主动消除或者减轻违法行为危害后果的；

（二）受他人胁迫有违法行为的；

（三）配合税务机关查处违法行为有立功表现的；

（四）其他依法应当从轻或者减轻行政处罚的。

第十六条　违反税收法律、行政法规应当给予行政处罚的行为在五年内未被发现的，不再给予行政处罚。

第十七条　行使税务行政处罚裁量权应当依法履行告知义务。在作出行政处罚决定前，应当告知当事人作出行政处罚决定的事实、理由、依据及拟处理结果，并告知当事人依法享有的权利。

第十八条　税务机关行使税务行政处罚裁量权涉及法定回避情形的，应当依法告知当事人享有申请回避的权利。税务人员存在法定回避情形的，应当自行回避或者由税务机关决定回避。

第十九条　当事人有权进行陈述和申辩。税务机关应当充分听取当事人的意见，对其提出的事实、理由或者证据进行复核，陈述申辩事由成立的，税务机关应当采纳；不采纳的，应予说明理由。

税务机关不得因当事人的申辩而加重处罚。

第二十条　税务机关对公民作出2000元以上罚款或者对法人或者其他组织作出1万

元以上罚款的行政处罚决定之前，应当告知当事人有要求举行听证的权利；当事人要求听证的，税务机关应当组织听证。

第二十一条 对情节复杂、争议较大、处罚较重、影响较广或者拟减轻处罚等税务行政处罚案件，应当经过集体审议决定。

第二十二条 税务机关按照一般程序实施行政处罚，应当在执法文书中对事实认定、法律适用、基准适用等说明理由。

第二十三条 省税务机关应当积极探索建立案例指导制度，通过案例指导规范税务行政处罚裁量权。

第四章 附 则

第二十四条 各级税务机关依法行政工作领导小组应当加强规范税务行政处罚裁量权工作的组织领导。

第二十五条 国税机关、地税机关应当强化执法协作，健全信息交换和执法合作机制，保证同一地区对基本相同的税收违法行为的行政处罚基本一致。

第二十六条 各级税务机关应当积极运用信息化手段加强税务行政处罚裁量权的管理，实现流程控制，规范裁量行为。

第二十七条 各级税务机关应当通过执法督察、案卷评查等方式，对规范行政处罚裁量权工作进行监督。

第二十八条 本规则自2017年1月1日起施行。

注释：

条款修改。根据《第十三届全国人民代表大会第一次会议关于国务院机构改革方案的决定》等有关规定，税收规范性文件规定的国税地税机关的职责和工作由新的税务机关承担。国家税务总局依据《税收规范性文件制定管理办法》（国家税务总局令第41号公布），对税收规范性文件进行了清理。参见：《国家税务总局关于修改部分税收规范性文件的公告》（国家税务总局公告2018年第31号）。

6-5-36

国家税务总局关于修订税务行政处罚（简易）执法文书的公告

2017年9月15日 国家税务总局公告2017年第33号

根据《国家税务总局关于进一步深化税务系统“放管服”改革 优化税收环境的若干意见》（税总发〔2017〕101号）要求，进一步减轻纳税人负担，提高办税便利化程度，国家税务总局对适用简易程序的税务行政处罚执法文书进行了修订，现公告如下：

一、税务机关依法对公民、法人或者其他组织当场作出行政处罚决定的，使用修订后的

《税务行政处罚决定书(简易)》(见附件),不再另行填写《陈述申辩笔录》和《税务文书送达回证》。

二、本公告自2017年11月1日起施行。《国家税务总局关于印发全国统一税收执法文书式样的通知》(国税发〔2005〕179号)附件1中的《税务行政处罚决定书(简易)》同时废止。

特此公告。

附件:税务行政处罚决定书(简易)(编者略)

注释:

条款废止。附件中有关文书自2021年8月11日起废止。参见:《国家税务总局关于修订部分税务执法文书的公告》(国家税务总局公告2021年第23号)。

6-5-37

税务行政复议规则

2010年2月10日国家税务总局令第21号公布　2015年12月28日国家税务总局令第39号第一次修正　2018年6月15日国家税务总局令第44号第二次修正

第一章　总　　则

第一条　为了进一步发挥行政复议解决税务行政争议的作用,保护公民、法人和其他组织的合法权益,监督和保障税务机关依法行使职权,根据《中华人民共和国行政复议法》(以下简称行政复议法)、《中华人民共和国税收征收管理法》和《中华人民共和国行政复议法实施条例》(以下简称行政复议法实施条例),结合税收工作实际,制定本规则。

第二条　公民、法人和其他组织(以下简称申请人)认为税务机关的具体行政行为侵犯其合法权益,向税务行政复议机关申请行政复议,税务行政复议机关办理行政复议事项,适用本规则。

第三条　本规则所称税务行政复议机关(以下简称行政复议机关),指依法受理行政复议申请、对具体行政行为进行审查并作出行政复议决定的税务机关。

第四条　行政复议应当遵循合法、公正、公开、及时和便民的原则。

行政复议机关应当树立依法行政观念,强化责任意识和服务意识,认真履行行政复议职责,坚持有错必纠,确保法律正确实施。

第五条　行政复议机关在申请人的行政复议请求范围内,不得作出对申请人更为不利的行政复议决定。

第六条　申请人对行政复议决定不服的,可以依法向人民法院提起行政诉讼。

第七条　行政复议机关受理行政复议申请,不得向申请人收取任何费用。

第八条　各级税务机关行政首长是行政复议工作第一责任人,应当切实履行职责,加强对行政复议工作的组织领导。

第九条 行政复议机关应当为申请人、第三人查阅案卷资料、接受询问、调解、听证等提供专门场所和其他必要条件。

第十条 各级税务机关应当加大对行政复议工作的基础投入，推进行政复议工作信息化建设，配备调查取证所需的照相、录音、录像和办案所需的电脑、扫描、投影、传真、复印等设备，保障办案交通工具和相应经费。

第二章 税务行政复议机构和人员

第十一条 各级行政复议机关负责法制工作的机构（以下简称行政复议机构）依法办理行政复议事项，履行下列职责：

（一）受理行政复议申请。

（二）向有关组织和人员调查取证，查阅文件和资料。

（三）审查申请行政复议的具体行政行为是否合法和适当，起草行政复议决定。

（四）处理或者转送对本规则第十五条所列有关规定的审查申请。

（五）对被申请人违反行政复议法及其实施条例和本规则规定的行为，依照规定的权限和程序向相关部门提出处理建议。

（六）研究行政复议工作中发现的问题，及时向有关机关或者部门提出改进建议，重大问题及时向行政复议机关报告。

（七）指导和监督下级税务机关的行政复议工作。

（八）办理或者组织办理行政诉讼案件应诉事项。

（九）办理行政复议案件的赔偿事项。

（十）办理行政复议、诉讼、赔偿等案件的统计、报告、归档工作和重大行政复议决定备案事项。

（十一）其他与行政复议工作有关的事项。

第十二条 各级行政复议机关可以成立行政复议委员会，研究重大、疑难案件，提出处理建议。

行政复议委员会可以邀请本机关以外的具有相关专业知识的人员参加。

第十三条 行政复议工作人员应当具备与履行行政复议职责相适应的品行、专业知识和业务能力。

税务机关中初次从事行政复议的人员，应当通过国家统一法律职业资格考试取得法律职业资格。

第三章 税务行政复议范围

第十四条 行政复议机关受理申请人对税务机关下列具体行政行为不服提出的行政复议申请：

（一）征税行为，包括确认纳税主体、征税对象、征税范围、减税、免税、退税、抵扣税款、适用税率、计税依据、纳税环节、纳税期限、纳税地点和税款征收方式等具体行政行为，征收税款、加收滞纳金，扣缴义务人、受税务机关委托的单位和个人作出的代扣代缴、代收代缴、代征行为等。

（二）行政许可、行政审批行为。

（三）发票管理行为，包括发售、收缴、代开发票等。

（四）税收保全措施、强制执行措施。

（五）行政处罚行为：

1. 罚款；

2. 没收财物和违法所得；

3. 停止出口退税权。

（六）不依法履行下列职责的行为：

1. 颁发税务登记；

2. 开具、出具完税凭证、外出经营活动税收管理证明；

3. 行政赔偿；

4. 行政奖励；

5. 其他不依法履行职责的行为。

（七）资格认定行为。

（八）不依法确认纳税担保行为。

（九）政府信息公开工作中的具体行政行为。

（十）纳税信用等级评定行为。

（十一）通知出入境管理机关阻止出境行为。

（十二）其他具体行政行为。

第十五条 申请人认为税务机关的具体行政行为所依据的下列规定不合法，对具体行政行为申请行政复议时，可以一并向行政复议机关提出对有关规定的审查申请；申请人对具体行政行为提出行政复议申请时不知道该具体行政行为所依据的规定的，可以在行政复议机关作出行政复议决定以前提出对该规定的审查申请：

（一）国家税务总局和国务院其他部门的规定。

（二）其他各级税务机关的规定。

（三）地方各级人民政府的规定。

（四）地方人民政府工作部门的规定。

前款中的规定不包括规章。

第四章 税务行政复议管辖

第十六条 对各级税务局的具体行政行为不服的，向其上一级税务局申请行政复议。

对计划单列市税务局的具体行政行为不服的，向国家税务总局申请行政复议。

第十七条 对税务所（分局）、各级税务局的稽查局的具体行政行为不服的，向其所属税务局申请行政复议。

第十八条 对国家税务总局的具体行政行为不服的，向国家税务总局申请行政复议。对行政复议决定不服，申请人可以向人民法院提起行政诉讼，也可以向国务院申请裁决。国务院的裁决为最终裁决。

第十九条 对下列税务机关的具体行政行为不服的,按照下列规定申请行政复议:

(一)对两个以上税务机关以共同的名义作出的具体行政行为不服的,向共同上一级税务机关申请行政复议;对税务机关与其他行政机关以共同的名义作出的具体行政行为不服的,向其共同上一级行政机关申请行政复议。

(二)对被撤销的税务机关在撤销以前所作出的具体行政行为不服的,向继续行使其职权的税务机关的上一级税务机关申请行政复议。

(三)对税务机关作出逾期不缴纳罚款加处罚款的决定不服的,向作出行政处罚决定的税务机关申请行政复议。但是对已处罚款和加处罚款都不服的,一并向作出行政处罚决定的税务机关的上一级税务机关申请行政复议。

申请人向具体行政行为发生地的县级地方人民政府提交行政复议申请的,由接受申请的县级地方人民政府依照行政复议法第十五条、第十八条的规定予以转送。

第五章 税务行政复议申请人和被申请人

第二十条 合伙企业申请行政复议的,应当以核准登记的企业为申请人,由执行合伙事务的合伙人代表该企业参加行政复议;其他合伙组织申请行政复议的,由合伙人共同申请行政复议。

前款规定以外的不具备法人资格的其他组织申请行政复议的,由该组织的主要负责人代表该组织参加行政复议;没有主要负责人的,由共同推选的其他成员代表该组织参加行政复议。

第二十一条 股份制企业的股东大会、股东代表大会、董事会认为税务具体行政行为侵犯企业合法权益的,可以以企业的名义申请行政复议。

第二十二条 有权申请行政复议的公民死亡的,其近亲属可以申请行政复议;有权申请行政复议的公民为无行为能力人或者限制行为能力人,其法定代理人可以代理申请行政复议。

有权申请行政复议的法人或者其他组织发生合并、分立或终止的,承受其权利义务的法人或者其他组织可以申请行政复议。

第二十三条 行政复议期间,行政复议机关认为申请人以外的公民、法人或者其他组织与被审查的具体行政行为有利害关系的,可以通知其作为第三人参加行政复议。

行政复议期间,申请人以外的公民、法人或者其他组织与被审查的税务具体行政行为有利害关系的,可以向行政复议机关申请作为第三人参加行政复议。

第三人不参加行政复议,不影响行政复议案件的审理。

第二十四条 非具体行政行为的行政管理相对人,但其权利直接被该具体行政行为所剥夺、限制或者被赋予义务的公民、法人或其他组织,在行政管理相对人没有申请行政复议时,可以单独申请行政复议。

第二十五条 同一行政复议案件申请人超过 5 人的,应当推选 1 至 5 名代表参加行政复议。

第二十六条 申请人对具体行政行为不服申请行政复议的,作出该具体行政行为的税务机关为被申请人。

第二十七条 申请人对扣缴义务人的扣缴税款行为不服的，主管该扣缴义务人的税务机关为被申请人；对税务机关委托的单位和个人的代征行为不服的，委托税务机关为被申请人。

第二十八条 税务机关与法律、法规授权的组织以共同的名义作出具体行政行为的，税务机关和法律、法规授权的组织为共同被申请人。

税务机关与其他组织以共同名义作出具体行政行为的，税务机关为被申请人。

第二十九条 税务机关依照法律、法规和规章规定，经上级税务机关批准作出具体行政行为的，批准机关为被申请人。

申请人对经重大税务案件审理程序作出的决定不服的，审理委员会所在税务机关为被申请人。

第三十条 税务机关设立的派出机构、内设机构或者其他组织，未经法律、法规授权，以自己名义对外作出具体行政行为的，税务机关为被申请人。

第三十一条 申请人、第三人可以委托1至2名代理人参加行政复议。申请人、第三人委托代理人的，应当向行政复议机构提交授权委托书。授权委托书应当载明委托事项、权限和期限。公民在特殊情况下无法书面委托的，可以口头委托。口头委托的，行政复议机构应当核实并记录在卷。申请人、第三人解除或者变更委托的，应当书面告知行政复议机构。

被申请人不得委托本机关以外人员参加行政复议。

第六章 税务行政复议申请

第三十二条 申请人可以在知道税务机关作出具体行政行为之日起60日内提出行政复议申请。

因不可抗力或者被申请人设置障碍等原因耽误法定申请期限的，申请期限的计算应当扣除被耽误时间。

第三十三条 申请人对本规则第十四条第(一)项规定的行为不服的，应当先向行政复议机关申请行政复议；对行政复议决定不服的，可以向人民法院提起行政诉讼。

申请人按照前款规定申请行政复议的，必须依照税务机关根据法律、法规确定的税额、期限，先行缴纳或者解缴税款和滞纳金，或者提供相应的担保，才可以在缴清税款和滞纳金以后或者所提供的担保得到作出具体行政行为的税务机关确认之日起60日内提出行政复议申请。

申请人提供担保的方式包括保证、抵押和质押。作出具体行政行为的税务机关应当对保证人的资格、资信进行审查，对不具备法律规定资格或者没有能力保证的，有权拒绝。作出具体行政行为的税务机关应当对抵押人、出质人提供的抵押担保、质押担保进行审查，对不符合法律规定的抵押担保、质押担保，不予确认。

第三十四条 申请人对本规则第十四条第(一)项规定以外的其他具体行政行为不服，可以申请行政复议，也可以直接向人民法院提起行政诉讼。

申请人对税务机关作出逾期不缴纳罚款加处罚款的决定不服的，应当先缴纳罚款和加处罚款，再申请行政复议。

第三十五条 本规则第三十二条第一款规定的行政复议申请期限的计算,依照下列规定办理:

(一)当场作出具体行政行为的,自具体行政行为作出之日起计算。

(二)载明具体行政行为的法律文书直接送达的,自受送达人签收之日起计算。

(三)载明具体行政行为的法律文书邮寄送达的,自受送达人在邮件签收单上签收之日起计算;没有邮件签收单的,自受送达人在送达回执上签名之日起计算。

(四)具体行政行为依法通过公告形式告知受送达人的,自公告规定的期限届满之日起计算。

(五)税务机关作出具体行政行为时未告知申请人,事后补充告知的,自该申请人收到税务机关补充告知的通知之日起计算。

(六)被申请人能够证明申请人知道具体行政行为的,自证据材料证明其知道具体行政行为之日起计算。

税务机关作出具体行政行为,依法应当向申请人送达法律文书而未送达的,视为该申请人不知道该具体行政行为。

第三十六条 申请人依照行政复议法第六条第(八)项、第(九)项、第(十)项的规定申请税务机关履行法定职责,税务机关未履行的,行政复议申请期限依照下列规定计算:

(一)有履行期限规定的,自履行期限届满之日起计算。

(二)没有履行期限规定的,自税务机关收到申请满60日起计算。

第三十七条 税务机关作出的具体行政行为对申请人的权利、义务可能产生不利影响的,应当告知其申请行政复议的权利、行政复议机关和行政复议申请期限。

第三十八条 申请人书面申请行政复议的,可以采取当面递交、邮寄或者传真等方式提出行政复议申请。

有条件的行政复议机关可以接受以电子邮件形式提出的行政复议申请。

对以传真、电子邮件形式提出行政复议申请的,行政复议机关应当审核确认申请人的身份、复议事项。

第三十九条 申请人书面申请行政复议的,应当在行政复议申请书中载明下列事项:

(一)申请人的基本情况,包括公民的姓名、性别、出生年月、身份证件号码、工作单位、住所、邮政编码、联系电话;法人或者其他组织的名称、住所、邮政编码、联系电话和法定代表人或者主要负责人的姓名、职务。

(二)被申请人的名称。

(三)行政复议请求、申请行政复议的主要事实和理由。

(四)申请人的签名或者盖章。

(五)申请行政复议的日期。

第四十条 申请人口头申请行政复议的,行政复议机构应当依照本规则第三十九条规定的事项,当场制作行政复议申请笔录,交申请人核对或者向申请人宣读,并由申请人确认。

第四十一条 有下列情形之一的,申请人应当提供证明材料:

(一)认为被申请人不履行法定职责的,提供要求被申请人履行法定职责而被申请人未履行的证明材料。

（二）申请行政复议时一并提出行政赔偿请求的，提供受具体行政行为侵害而造成损害的证明材料。

（三）法律、法规规定需要申请人提供证据材料的其他情形。

第四十二条 申请人提出行政复议申请时错列被申请人的，行政复议机关应当告知申请人变更被申请人。申请人不变更被申请人的，行政复议机关不予受理，或者驳回行政复议申请。

第四十三条 申请人向行政复议机关申请行政复议，行政复议机关已经受理的，在法定行政复议期限内申请人不得向人民法院提起行政诉讼；申请人向人民法院提起行政诉讼，人民法院已经依法受理的，不得申请行政复议。

第七章 税务行政复议受理

第四十四条 行政复议申请符合下列规定的，行政复议机关应当受理：

（一）属于本规则规定的行政复议范围。

（二）在法定申请期限内提出。

（三）有明确的申请人和符合规定的被申请人。

（四）申请人与具体行政行为有利害关系。

（五）有具体的行政复议请求和理由。

（六）符合本规则第三十三条和第三十四条规定的条件。

（七）属于收到行政复议申请的行政复议机关的职责范围。

（八）其他行政复议机关尚未受理同一行政复议申请，人民法院尚未受理同一主体就同一事实提起的行政诉讼。

第四十五条 行政复议机关收到行政复议申请以后，应当在5日内审查，决定是否受理。对不符合本规则规定的行政复议申请，决定不予受理，并书面告知申请人。

对不属于本机关受理的行政复议申请，应当告知申请人向有关行政复议机关提出。

行政复议机关收到行政复议申请以后未按照前款规定期限审查并作出不予受理决定的，视为受理。

第四十六条 对符合规定的行政复议申请，自行政复议机构收到之日起即为受理；受理行政复议申请，应当书面告知申请人。

第四十七条 行政复议申请材料不齐全、表述不清楚的，行政复议机构可以自收到该行政复议申请之日起5日内书面通知申请人补正。补正通知应当载明需要补正的事项和合理的补正期限。无正当理由逾期不补正的，视为申请人放弃行政复议申请。

补正申请材料所用时间不计入行政复议审理期限。

第四十八条 上级税务机关认为行政复议机关不予受理行政复议申请的理由不成立的，可以督促其受理；经督促仍然不受理的，责令其限期受理。

上级税务机关认为行政复议申请不符合法定受理条件的，应当告知申请人。

第四十九条 上级税务机关认为有必要的，可以直接受理或者提审由下级税务机关管辖的行政复议案件。

第五十条 对应当先向行政复议机关申请行政复议，对行政复议决定不服再向人民法院提起行政诉讼的具体行政行为，行政复议机关决定不予受理或者受理以后超过行政复议期限不作答复的，申请人可以自收到不予受理决定书之日起或者行政复议期满之日起15日内，依法向人民法院提起行政诉讼。

依照本规则第八十三条规定延长行政复议期限的，以延长以后的时间为行政复议期满时间。

第五十一条 行政复议期间具体行政行为不停止执行；但是有下列情形之一的，可以停止执行：

（一）被申请人认为需要停止执行的。

（二）行政复议机关认为需要停止执行的。

（三）申请人申请停止执行，行政复议机关认为其要求合理，决定停止执行的。

（四）法律规定停止执行的。

第八章 税务行政复议证据

第五十二条 行政复议证据包括以下类别：

（一）书证；

（二）物证；

（三）视听资料；

（四）电子数据；

（五）证人证言；

（六）当事人的陈述；

（七）鉴定意见；

（八）勘验笔录、现场笔录。

第五十三条 在行政复议中，被申请人对其作出的具体行政行为负有举证责任。

第五十四条 行政复议机关应当依法全面审查相关证据。行政复议机关审查行政复议案件，应当以证据证明的案件事实为依据。定案证据应当具有合法性、真实性和关联性。

第五十五条 行政复议机关应当根据案件的具体情况，从以下方面审查证据的合法性：

（一）证据是否符合法定形式。

（二）证据的取得是否符合法律、法规、规章和司法解释的规定。

（三）是否有影响证据效力的其他违法情形。

第五十六条 行政复议机关应当根据案件的具体情况，从以下方面审查证据的真实性：

（一）证据形成的原因。

（二）发现证据时的环境。

（三）证据是否为原件、原物，复制件、复制品与原件、原物是否相符。

（四）提供证据的人或者证人与行政复议参加人是否具有利害关系。

（五）影响证据真实性的其他因素。

第五十七条 行政复议机关应当根据案件的具体情况，从以下方面审查证据的关联性：

（一）证据与待证事实是否具有证明关系。

（二）证据与待证事实的关联程度。

（三）影响证据关联性的其他因素。

第五十八条 下列证据材料不得作为定案依据：

（一）违反法定程序收集的证据材料。

（二）以偷拍、偷录和窃听等手段获取侵害他人合法权益的证据材料。

（三）以利诱、欺诈、胁迫和暴力等不正当手段获取的证据材料。

（四）无正当事由超出举证期限提供的证据材料。

（五）无正当理由拒不提供原件、原物，又无其他证据印证，且对方不予认可的证据的复制件、复制品。

（六）无法辨明真伪的证据材料。

（七）不能正确表达意志的证人提供的证言。

（八）不具备合法性、真实性的其他证据材料。

行政复议机构依据本规则第十一条第（二）项规定的职责所取得的有关材料，不得作为支持被申请人具体行政行为的证据。

第五十九条 在行政复议过程中，被申请人不得自行向申请人和其他有关组织或者个人收集证据。

第六十条 行政复议机构认为必要时，可以调查取证。

行政复议工作人员向有关组织和人员调查取证时，可以查阅、复制和调取有关文件和资料，向有关人员询问。调查取证时，行政复议工作人员不得少于 2 人，并应当向当事人和有关人员出示证件。被调查单位和人员应当配合行政复议工作人员的工作，不得拒绝、阻挠。

需要现场勘验的，现场勘验所用时间不计入行政复议审理期限。

第六十一条 申请人和第三人可以查阅被申请人提出的书面答复、作出具体行政行为的证据、依据和其他有关材料，除涉及国家秘密、商业秘密或者个人隐私外，行政复议机关不得拒绝。

第九章 税务行政复议审查和决定

第六十二条 行政复议机构应当自受理行政复议申请之日起 7 日内，将行政复议申请书副本或者行政复议申请笔录复印件发送被申请人。被申请人应当自收到申请书副本或者申请笔录复印件之日起 10 日内提出书面答复，并提交当初作出具体行政行为的证据、依据和其他有关材料。

对国家税务总局的具体行政行为不服申请行政复议的案件，由原承办具体行政行为的相关机构向行政复议机构提出书面答复，并提交当初作出具体行政行为的证据、依据和其他有关材料。

第六十三条 行政复议机构审理行政复议案件，应当由 2 名以上行政复议工作人员参加。

第六十四条 行政复议原则上采用书面审查的办法,但是申请人提出要求或者行政复议机构认为有必要时,应当听取申请人、被申请人和第三人的意见,并可以向有关组织和人员调查了解情况。

第六十五条 对重大、复杂的案件,申请人提出要求或者行政复议机构认为必要时,可以采取听证的方式审理。

第六十六条 行政复议机构决定举行听证的,应当将举行听证的时间、地点和具体要求等事项通知申请人、被申请人和第三人。

第三人不参加听证的,不影响听证的举行。

第六十七条 听证应当公开举行,但是涉及国家秘密、商业秘密或者个人隐私的除外。

第六十八条 行政复议听证人员不得少于2人,听证主持人由行政复议机构指定。

第六十九条 听证应当制作笔录。申请人、被申请人和第三人应当确认听证笔录内容。

行政复议听证笔录应当附卷,作为行政复议机构审理案件的依据之一。

第七十条 行政复议机关应当全面审查被申请人的具体行政行为所依据的事实证据、法律程序、法律依据和设定的权利义务内容的合法性、适当性。

第七十一条 申请人在行政复议决定作出以前撤回行政复议申请的,经行政复议机构同意,可以撤回。

申请人撤回行政复议申请的,不得再以同一事实和理由提出行政复议申请。但是,申请人能够证明撤回行政复议申请违背其真实意思表示的除外。

第七十二条 行政复议期间被申请人改变原具体行政行为的,不影响行政复议案件的审理。但是,申请人依法撤回行政复议申请的除外。

第七十三条 申请人在申请行政复议时,依据本规则第十五条规定一并提出对有关规定的审查申请的,行政复议机关对该规定有权处理的,应当在30日内依法处理;无权处理的,应当在7日内按照法定程序逐级转送有权处理的行政机关依法处理,有权处理的行政机关应当在60日内依法处理。处理期间,中止对具体行政行为的审查。

第七十四条 行政复议机关审查被申请人的具体行政行为时,认为其依据不合法,本机关有权处理的,应当在30日内依法处理;无权处理的,应当在7日内按照法定程序逐级转送有权处理的国家机关依法处理。处理期间,中止对具体行政行为的审查。

第七十五条 行政复议机构应当对被申请人的具体行政行为提出审查意见,经行政复议机关负责人批准,按照下列规定作出行政复议决定:

(一)具体行政行为认定事实清楚,证据确凿,适用依据正确,程序合法,内容适当的,决定维持。

(二)被申请人不履行法定职责的,决定其在一定期限内履行。

(三)具体行政行为有下列情形之一的,决定撤销、变更或者确认该具体行政行为违法;决定撤销或者确认该具体行政行为违法的,可以责令被申请人在一定期限内重新作出具体行政行为:

1. 主要事实不清、证据不足的;

2. 适用依据错误的;

3. 违反法定程序的;

4. 超越职权或者滥用职权的;

5. 具体行政行为明显不当的。

(四)被申请人不按照本规则第六十二条的规定提出书面答复,提交当初作出具体行政行为的证据、依据和其他有关材料的,视为该具体行政行为没有证据、依据,决定撤销该具体行政行为。

第七十六条 行政复议机关责令被申请人重新作出具体行政行为的,被申请人不得以同一事实和理由作出与原具体行政行为相同或者基本相同的具体行政行为;但是行政复议机关以原具体行政行为违反法定程序决定撤销的,被申请人重新作出具体行政行为的除外。

行政复议机关责令被申请人重新作出具体行政行为的,被申请人不得作出对申请人更为不利的决定;但是行政复议机关以原具体行政行为主要事实不清、证据不足或适用依据错误决定撤销的,被申请人重新作出具体行政行为的除外。

第七十七条 有下列情形之一的,行政复议机关可以决定变更:

(一)认定事实清楚,证据确凿,程序合法,但是明显不当或者适用依据错误的。

(二)认定事实不清,证据不足,但是经行政复议机关审理查明事实清楚,证据确凿的。

第七十八条 有下列情形之一的,行政复议机关应当决定驳回行政复议申请:

(一)申请人认为税务机关不履行法定职责申请行政复议,行政复议机关受理以后发现该税务机关没有相应法定职责或者在受理以前已经履行法定职责的。

(二)受理行政复议申请后,发现该行政复议申请不符合行政复议法及其实施条例和本规则规定的受理条件的。

上级税务机关认为行政复议机关驳回行政复议申请的理由不成立的,应当责令限期恢复受理。行政复议机关审理行政复议申请期限的计算应当扣除因驳回耽误的时间。

第七十九条 行政复议期间,有下列情形之一的,行政复议中止:

(一)作为申请人的公民死亡,其近亲属尚未确定是否参加行政复议的。

(二)作为申请人的公民丧失参加行政复议的能力,尚未确定法定代理人参加行政复议的。

(三)作为申请人的法人或者其他组织终止,尚未确定权利义务承受人的。

(四)作为申请人的公民下落不明或者被宣告失踪的。

(五)申请人、被申请人因不可抗力,不能参加行政复议的。

(六)行政复议机关因不可抗力原因暂时不能履行工作职责的。

(七)案件涉及法律适用问题,需要有权机关作出解释或者确认的。

(八)案件审理需要以其他案件的审理结果为依据,而其他案件尚未审结的。

(九)其他需要中止行政复议的情形。

行政复议中止的原因消除以后,应当及时恢复行政复议案件的审理。

行政复议机构中止、恢复行政复议案件的审理,应当告知申请人、被申请人、第三人。

第八十条 行政复议期间,有下列情形之一的,行政复议终止:

（一）申请人要求撤回行政复议申请，行政复议机构准予撤回的。

（二）作为申请人的公民死亡，没有近亲属，或者其近亲属放弃行政复议权利的。

（三）作为申请人的法人或者其他组织终止，其权利义务的承受人放弃行政复议权利的。

（四）申请人与被申请人依照本规则第八十七条的规定，经行政复议机构准许达成和解的。

（五）行政复议申请受理以后，发现其他行政复议机关已经先于本机关受理，或者人民法院已经受理的。

依照本规则第七十九条第一款第（一）项、第（二）项、第（三）项规定中止行政复议，满60日行政复议中止的原因未消除的，行政复议终止。

第八十一条 行政复议机关责令被申请人重新作出具体行政行为的，被申请人应当在60日内重新作出具体行政行为；情况复杂，不能在规定期限内重新作出具体行政行为的，经行政复议机关批准，可以适当延期，但是延期不得超过30日。

公民、法人或者其他组织对被申请人重新作出的具体行政行为不服，可以依法申请行政复议，或者提起行政诉讼。

第八十二条 申请人在申请行政复议时可以一并提出行政赔偿请求，行政复议机关对符合国家赔偿法的规定应当赔偿的，在决定撤销、变更具体行政行为或者确认具体行政行为违法时，应当同时决定被申请人依法赔偿。

申请人在申请行政复议时没有提出行政赔偿请求的，行政复议机关在依法决定撤销、变更原具体行政行为确定的税款、滞纳金、罚款和对财产的扣押、查封等强制措施时，应当同时责令被申请人退还税款、滞纳金和罚款，解除对财产的扣押、查封等强制措施，或者赔偿相应的价款。

第八十三条 行政复议机关应当自受理申请之日起60日内作出行政复议决定。情况复杂，不能在规定期限内作出行政复议决定的，经行政复议机关负责人批准，可以适当延期，并告知申请人和被申请人；但是延期不得超过30日。

行政复议机关作出行政复议决定，应当制作行政复议决定书，并加盖行政复议机关印章。

行政复议决定书一经送达，即发生法律效力。

第八十四条 被申请人应当履行行政复议决定。

被申请人不履行、无正当理由拖延履行行政复议决定的，行政复议机关或者有关上级税务机关应当责令其限期履行。

第八十五条 申请人、第三人逾期不起诉又不履行行政复议决定的，或者不履行最终裁决的行政复议决定的，按照下列规定分别处理：

（一）维持具体行政行为的行政复议决定，由作出具体行政行为的税务机关依法强制执行，或者申请人民法院强制执行。

（二）变更具体行政行为的行政复议决定，由行政复议机关依法强制执行，或者申请人民法院强制执行。

第十章 税务行政复议和解与调解

第八十六条 对下列行政复议事项,按照自愿、合法的原则,申请人和被申请人在行政复议机关作出行政复议决定以前可以达成和解,行政复议机关也可以调解:

(一)行使自由裁量权作出的具体行政行为,如行政处罚、核定税额、确定应税所得率等。

(二)行政赔偿。

(三)行政奖励。

(四)存在其他合理性问题的具体行政行为。

行政复议审理期限在和解、调解期间中止计算。

第八十七条 申请人和被申请人达成和解的,应当向行政复议机构提交书面和解协议。和解内容不损害社会公共利益和他人合法权益的,行政复议机构应当准许。

第八十八条 经行政复议机构准许和解终止行政复议的,申请人不得以同一事实和理由再次申请行政复议。

第八十九条 调解应当符合下列要求:

(一)尊重申请人和被申请人的意愿。

(二)在查明案件事实的基础上进行。

(三)遵循客观、公正和合理原则。

(四)不得损害社会公共利益和他人合法权益。

第九十条 行政复议机关按照下列程序调解:

(一)征得申请人和被申请人同意。

(二)听取申请人和被申请人的意见。

(三)提出调解方案。

(四)达成调解协议。

(五)制作行政复议调解书。

第九十一条 行政复议调解书应当载明行政复议请求、事实、理由和调解结果,并加盖行政复议机关印章。行政复议调解书经双方当事人签字,即具有法律效力。

调解未达成协议,或者行政复议调解书不生效的,行政复议机关应当及时作出行政复议决定。

第九十二条 申请人不履行行政复议调解书的,由被申请人依法强制执行,或者申请人民法院强制执行。

第十一章 税务行政复议指导和监督

第九十三条 各级税务复议机关应当加强对履行行政复议职责的监督。行政复议机构负责对行政复议工作进行系统督促、指导。

第九十四条 各级税务机关应当建立健全行政复议工作责任制,将行政复议工作纳入本单位目标责任制。

第九十五条 各级税务机关应当按照职责权限,通过定期组织检查、抽查等方式,检查下级税务机关的行政复议工作,并及时向有关方面反馈检查结果。

第九十六条 行政复议期间行政复议机关发现被申请人和其他下级税务机关的相关行政行为违法或者需要做好善后工作的,可以制作行政复议意见书。有关机关应当自收到行政复议意见书之日起60日内将纠正相关行政违法行为或者做好善后工作的情况报告行政复议机关。

行政复议期间行政复议机构发现法律、法规和规章实施中带有普遍性的问题,可以制作行政复议建议书,向有关机关提出完善制度和改进行政执法的建议。

第九十七条 省以下各级税务机关应当定期向上一级税务机关提交行政复议、应诉、赔偿统计表和分析报告,及时将重大行政复议决定报上一级行政复议机关备案。

第九十八条 行政复议机构应当按照规定将行政复议案件资料立卷归档。

行政复议案卷应当按照行政复议申请分别装订立卷,一案一卷,统一编号,做到目录清晰、资料齐全、分类规范、装订整齐。

第九十九条 行政复议机构应当定期组织行政复议工作人员业务培训和工作交流,提高行政复议工作人员的专业素质。

第一百条 行政复议机关应当定期总结行政复议工作。对行政复议工作中做出显著成绩的单位和个人,依照有关规定表彰和奖励。

第十二章 附 则

第一百零一条 行政复议机关、行政复议机关工作人员和被申请人在税务行政复议活动中,违反行政复议法及其实施条例和本规则规定的,应当依法处理。

第一百零二条 外国人、无国籍人、外国组织在中华人民共和国境内向税务机关申请行政复议,适用本规则。

第一百零三条 行政复议机关在行政复议工作中可以使用行政复议专用章。行政复议专用章与行政复议机关印章在行政复议中具有同等效力。

第一百零四条 行政复议期间的计算和行政复议文书的送达,依照民事诉讼法关于期间、送达的规定执行。

本规则关于行政复议期间有关"5日"、"7日"的规定指工作日,不包括法定节假日。

第一百零五条 本规则自2010年4月1日起施行,2004年2月24日国家税务总局公布的《税务行政复议规则(暂行)》(国家税务总局令第8号)同时废止。

6－5－38

税收执法督察规则

2013 年 2 月 25 日国家税务总局令第 29 号公布
2018 年 6 月 15 日国家税务总局令第 44 号修正

第一章 总 则

第一条 为了规范税收执法督察工作,促进税务机关依法行政,保证税收法律、行政法规和税收政策的贯彻实施,保护纳税人的合法权益,防范和化解税收执法风险,根据《中华人民共和国税收征收管理法》及其实施细则的有关规定,制定本规则。

第二条 各级税务机关开展税收执法督察工作,适用本规则。

第三条 本规则所称税收执法督察(以下简称执法督察),是指县以上(含县)各级税务机关对本级税务机关内设机构、直属机构、派出机构或者下级税务机关的税收执法行为实施检查和处理的行政监督。

第四条 执法督察应当服从和服务于税收中心工作,坚持依法督察,客观公正,实事求是。

第五条 被督察单位及其工作人员应当自觉接受和配合执法督察。

第二章 执法督察的组织管理

第六条 各级税务机关督察内审部门或者承担税收执法监督检查职责的部门(以下简称督察内审部门),代表本级税务机关组织开展执法督察工作,履行以下职责:

(一)依据上级税务机关执法督察工作制度和计划,制定本级税务机关执法督察工作制度和计划;

(二)组织实施执法督察,向本级税务机关提交税收执法督察报告,并制作《税收执法督察处理决定书》、《税收执法督察处理意见书》或者《税收执法督察结论书》;

(三)组织实施税务系统税收执法责任制工作,牵头推行税收执法责任制考核信息系统,实施执法疑点信息分析监控;

(四)督办执法督察所发现问题的整改和责任追究;

(五)配合外部监督部门对税务机关开展监督检查工作;

(六)向本级和上级税务机关报告执法督察工作情况;

(七)通报执法督察工作情况和执法督察结果;

(八)指导、监督和考核下级税务机关执法督察工作;

(九)其他相关工作。

第七条 执法督察实行统筹规划,归口管理。督察内审部门负责执法督察工作的具体组织、协调和落实。税务机关内部相关部门应当树立全局观念,积极参与、支持和配合执法督察工作。

各级税务机关根据工作需要,可以将执法督察与其他具有监督性质的工作协同开展。

第八条 各级税务机关应当统一安排专门的执法督察工作经费,根据年度执法督察工作计划和具体执法督察工作的开展情况,做好经费预算,并保障经费的正确合理使用。

第九条 上级税务机关对执法督察事项可以直接进行督察,也可以授权或者指定下级税务机关进行督察。

第十条 上级税务机关认为下级税务机关作出的执法督察结论不适当的,可以责成下级税务机关予以变更或者撤销,必要时也可以直接作出变更或者撤销的决定。

第十一条 各级税务机关可以采取复查、抽查等方式,对执法督察人员在执法督察工作中履行职责、遵守纪律、廉洁自律等情况进行监督检查。

第十二条 各级税务机关应当建立税收执法督察人才库,为执法督察储备人才。根据执法督察工作需要,确定执法督察人才库人员基数,实行动态管理,定期组织业务培训。下级税务机关应当向上级税务机关执法督察人才库输送人才。

第十三条 执法督察可以由督察内审部门人员独立完成,也可以抽调本级和下级税务机关税务人员实施,优先抽调执法督察人才库成员参加。相关单位和部门应当予以配合。

第三章 执法督察的内容和形式

第十四条 执法督察的内容包括:

(一)税收法律、行政法规、规章和规范性文件的执行情况;

(二)国务院和上级税务机关有关税收工作重要决策、部署的贯彻落实情况;

(三)税务机关制定或者与其他部门联合制定的涉税文件,以及税务机关以外的单位制定的涉税文件的合法性;

(四)外部监督部门依法查处或者督查、督办的税收执法事项;

(五)上级机关交办、有关部门转办的税收执法事项;

(六)执法督察所发现问题的整改和责任追究情况;

(七)其他需要实施执法督察的税收执法事项。

第十五条 执法督察可以通过全面执法督察、重点执法督察、专项执法督察和专案执法督察等形式开展。

第十六条 全面执法督察是指税务机关对本级和下级税务机关的税收执法行为进行的广泛、系统的监督检查。

第十七条 重点执法督察是指税务机关对本级和下级税务机关某些重点方面、重点环节、重点行业的税收执法行为所进行的监督检查。

第十八条 专项执法督察是指税务机关对本级和下级税务机关某项特定内容涉及到的税收执法行为进行的监督检查。

第十九条 专案执法督察是指税务机关对上级机关交办、有关部门转办的特定税收执法事项,以及通过信访、举报、媒体等途径反映的重大税收执法问题所涉及到的本级和下级税务机关的税收执法行为进行的监督检查。

第二十条 各级税务机关应当积极运用信息化手段,对与税收执法活动有关的各类信息系统执法数据进行分析、筛选、监控和提示,为各种形式的执法督察提供线索。

第四章 执法督察实施程序

第二十一条 执法督察工作要有计划、有组织、有步骤地开展，主要包括准备、实施、处理、整改、总结等阶段，根据工作需要可以进行复查。

第二十二条 督察内审部门应当科学、合理制定年度执法督察工作计划，报本级税务机关批准后统一部署实施。

未纳入年度执法督察工作计划的专案执法督察和其他特殊情况下需要启动的执法督察，应当在实施前报本级税务机关批准。

第二十三条 实施执法督察前，督察内审部门应当根据执法督察的对象和内容，制定包括组织领导、工作要求和执法督察的时限、重点、方法、步骤等内容的执法督察方案。

第二十四条 实施执法督察的税务机关应当成立执法督察组，负责具体实施执法督察。执法督察组人员不得少于2人，并实行组长负责制。

执法督察组组长应当对执法督察的总体质量负责。当执法督察组组长对被督察单位有关税收执法事项的意见与其他组员的意见不一致时，应当在税收执法督察报告中进行说明。

第二十五条 实施执法督察的税务机关应当根据执法督察的对象和内容对执法督察组人员进行查前培训，保证执法督察效率和质量。

第二十六条 实施执法督察，应当提前3个工作日向被督察单位下发税收执法督察通知，告知执法督察的时间、内容、方式，需要准备的资料，配合工作的要求等。被督察单位应当将税收执法督察通知在本单位范围内予以公布。

专案执法督察和其他特殊情况下，可以不予提前通知和公布。

第二十七条 执法督察可以采取下列工作方式：

（一）听取被督察单位税收执法情况汇报；

（二）调阅被督察单位收发文簿、会议纪要、涉税文件、税收执法卷宗和文书，以及其他相关资料；

（三）查阅、调取与税收执法活动有关的各类信息系统电子文档和数据；

（四）与被督察单位有关人员谈话，了解有关情况；

（五）特殊情况下需要到相关纳税人和有关单位了解情况或者取证时，应当按照法律规定的权限进行，并商请主管税务机关予以配合；

（六）其他方式。

第二十八条 执法督察中，被督察单位应当及时提供相关资料，以及与税收执法活动有关的各类信息系统所有数据查询权限。被督察单位主要负责人对本单位所提供的税收执法资料的真实性和完整性负责。

第二十九条 实施执法督察应当制作《税收执法督察工作底稿》。

发现税收执法行为存在违法、违规问题的，应当收集相关证据材料，在工作底稿上写明行为的内容、时间、情节、证据的名称和出处，以及违法、违规的文件依据等，由被督察单位盖章或者由有关人员签字。拒不盖章或者拒不签字的，应当说明理由，记录在案。

收集证据材料时无法取得原件的，应当通过复印、照相、摄像、扫描、录音等手段提取或者复制有关资料，由原件保存单位或者个人在复制件上注明“与原件核对无误，原件存于我处”，并由有关人员签字。原件由单位保存的，还应当由该单位盖章。

第三十条 执法督察组实施执法督察后，应当及时将发现的问题汇总，并向被督察单位反馈情况。

被督察单位或者个人可以对反馈的情况进行陈述和申辩，并提供陈述申辩的书面材料。

第三十一条 执法督察组实施执法督察后，应当起草税收执法督察报告，内容包括：

（一）执法督察的时间、内容、方法、步骤；

（二）被督察单位税收执法的基本情况；

（三）执法督察发现的具体问题，认定被督察单位存在违法、违规问题的基本事实和法律依据；

（四）对发现问题的拟处理意见；

（五）加强税收执法监督管理的建议；

（六）执法督察组认为应当报告的其他事项。

第三十二条 执法督察组实施执法督察后，应当将税收执法督察报告、工作底稿、证据材料、陈述申辩资料以及与执法督察情况有关的其他资料进行整理，提交督察内审部门。

第三十三条 督察内审部门收到税收执法督察报告和其他证据材料后，应当对以下内容进行审理：

（一）执法督察程序是否符合规定；

（二）事实是否清楚，证据是否确实充分，资料是否齐全；

（三）适用的法律、行政法规、规章、规范性文件和有关政策等是否正确；

（四）对被督察单位的评价是否准确，拟定的意见、建议等是否适当。

第三十四条 督察内审部门在审理中发现事实不清、证据不足、资料不全的，应当通知执法督察组对证据予以补正，也可以重新组织人员进行核实、检查。

第三十五条 督察内审部门在审理中对适用税收法律、行政法规和税收政策有疑义的问题，以及涉嫌违规的涉税文件，应当书面征求本级税务机关法规部门和业务主管部门意见，也可以提交本级税务机关集体研究，并做好会议记录；本级税务机关无法或者无权确定的，应当请示上级税务机关或者请有权机关解释或者确定。

第三十六条 督察内审部门根据审理结果修订税收执法督察报告，送被督察单位征求意见。被督察单位应当在15个工作日内提出书面反馈意见。在限期内未提出书面意见的，视同无异议。

督察内审部门应当对被督察单位提出的意见进行研究，对税收执法督察报告作必要修订，连同被督察单位的书面反馈意见一并报送本级税务机关审定。

第三十七条 督察内审部门根据本级税务机关审定的税收执法督察报告制作《税收执法督察处理决定书》、《税收执法督察处理意见书》或者《税收执法督察结论书》，经本级税务机关审批后下达被督察单位。

《税收执法督察处理决定书》适用于对被督察单位违反税收法律、行政法规和税收政策的行为进行处理。

《税收执法督察处理意见书》适用于对被督察单位提出自行纠正的事项和改进工作的建议。

《税收执法督察结论书》适用于对未发现违法、违规问题的被督察单位作出评价。

受本级税务机关委托，执法督察组组长可以就执法督察结果与被督察单位主要负责人或者有关人员进行谈话。

第三十八条 对违反税收法律、行政法规、规章和上级税收规范性文件的涉税文件，按下列原则作出执法督察决定：

（一）对下级税务机关制定，或者下级税务机关与其他部门联合制定的，责令停止执行，并予以纠正；

（二）对本级税务机关制定的，应当停止执行并提出修改建议；

（三）对地方政府和其他部门制定的，同级税务机关应当停止执行，向发文单位提出修改建议，并报告上级税务机关。

第三十九条 除第三十八条规定外，对其他不符合税收法律、行政法规、规章和上级税收规范性文件的税收执法行为，按下列原则作出执法督察处理决定：

（一）执法主体资格不合法的，依法予以撤销；

（二）未履行法定职责的，责令限期履行法定职责；

（三）事实不清、证据不足的，依法予以撤销，并可以责令重新作出执法行为；

（四）未正确适用法律依据的，依法予以变更或者撤销，并可以责令重新作出执法行为；

（五）严重违反法定程序的，依法予以变更或者撤销，并可以责令重新作出执法行为；

（六）超越职权或者滥用职权的，依法予以撤销；

（七）其他不符合税收法律、行政法规、规章和上级税收规范性文件的，依法予以变更或者撤销，并可以责令重新作出执法行为。

第四十条 被督察单位收到《税收执法督察处理决定书》和《税收执法督察处理意见书》后，应当在规定的期限内执行，并以书面形式向实施执法督察的税务机关报告下列执行结果：

（一）对违法、违规涉税文件的清理情况和清理结果；

（二）对违法、违规的税收执法行为予以变更、撤销和重新作出执法行为的情况；

（三）对有关责任人的责任追究情况；

（四）要求报送的其他文件和资料。

第四十一条 被督察单位对执法督察处理决定有异议的，可以在规定的期限内向实施执法督察的税务机关提出复核申请。实施执法督察的税务机关应当进行复核，并作出答复。

第四十二条 实施执法督察的税务机关应当在本单位范围内对执法督察结果和执法督察工作情况予以通报。

执法督察事项应当保密的，可以不予通报。

第四十三条 各级税务机关应当建立执法督察结果报告制度。

督察内审部门应当对执法督察所发现的问题进行归纳和分析，提出完善制度、加强管理等工作建议，向本级税务机关专题报告，并作为有关业务部门的工作参考。

发现税收政策或者税收征管制度存在问题的，各级税务机关应当及时向上级税务机关报告。

第四十四条 各级税务机关每年应当在规定时间内，向上级税务机关报送年度执法督察工作总结和报表等相关材料。

第四十五条 督察内审部门应当按照有关规定做好执法督察工作资料的立卷和归档工作。

执法督察档案应当做到资料齐全、分类清楚，便于质证和查阅。

第五章 责任追究及奖惩

第四十六条 执法督察中发现税收执法行为存在违法、违规问题的，应当按照有关规定和管理权限，对有关负责人和直接责任人予以责任追究。

第四十七条 执法督察中发现纳税人的税收违法行为，实施执法督察的税务机关应当责令主管税务机关调查处理；情节严重的，移交稽查部门处理。

第四十八条 执法督察中，被督察单位不如实提供相关资料和查询权限，或者无正当理由拒绝、拖延、阻挠执法督察的，由实施执法督察的税务机关责令限期改正；拒不改正的，对有关负责人和直接责任人予以责任追究。

第四十九条 被督察单位未按照《税收执法督察处理决定书》和《税收执法督察处理意见书》的要求执行，由实施执法督察的税务机关责令限期改正，并对其主要负责人和有关责任人予以责任追究。

第五十条 执法督察结果及其整改落实情况应当作为各级税务机关考核的重要内容。

各级税务机关应当对执法规范、成绩突出的单位和个人给予表彰和奖励，并予以通报，同时将其先进经验进行推广。存在重大执法问题的单位、部门及其主要负责人和有关责任人，不得参加先进评选。

第五十一条 对执法督察人员在执法督察中滥用职权、徇私舞弊、玩忽职守或者违反廉政建设有关规定的，应当按照有关规定追究其责任。

第五十二条 对在执法督察工作中业绩突出的执法督察人员，各级税务机关应当给予表扬和奖励，并将其业绩作为在优秀公务员等先进评选活动中的重要依据。

第六章 附 则

第五十三条 本规则相关文书式样，由国家税务总局另行规定。

第五十四条 各省、自治区、直辖市和计划单列市税务局可以依据本规则，结合本地区的具体情况制定具体实施办法。

第五十五条 本规则自 2013 年 4 月 1 日起施行，《国家税务总局关于印发〈税收执法检查规则〉的通知》（国税发〔2004〕126 号）同时废止。

6 - 5 - 39

国家税务总局关于发布《税务检查证管理办法》的公告

2018 年 8 月 7 日　国家税务总局公告 2018 年第 44 号

为落实国税地税征管体制改革工作要求,加强税务检查证管理,规范税务执法行为,国家税务总局制定了《税务检查证管理办法》,现予以公布。

本公告自 2019 年 1 月 1 日起实施,同时启用新的税务检查证。

特此公告。

税务检查证管理办法

第一章　总　　则

第一条　为加强税务检查证管理,规范税务执法行为,保护纳税人、扣缴义务人及其他当事人合法权益,根据《中华人民共和国税收征收管理法》等相关规定,制定本办法。

第二条　税务检查证是具有法定执法权限的税务人员,对纳税人、扣缴义务人及其他当事人进行检查时,证明其执法身份、职责权限和执法范围的专用证件。

税务检查证的名称为《中华人民共和国税务检查证》。

第三条　国家税务总局负责制定、发布税务检查证式样和技术标准。

第四条　国家税务总局负责适用全国范围税务检查证的审批、制作、发放、监督管理工作。

国家税务总局各省、自治区、直辖市、计划单列市税务局(以下简称省税务局)负责适用本辖区税务检查证的审批、制作、发放、监督管理工作。

国家税务总局和省税务局应当严格控制税务检查证的发放。

第五条　税务检查证分为稽查部门专用税务检查证和征收管理部门专用税务检查证。

稽查部门专用税务检查证,适用于稽查人员开展稽查工作,由稽查部门归口管理。

征收管理部门专用税务检查证,适用于征收、管理人员开展日常检查工作,由征收管理部门归口管理。

第六条　税务检查证实行信息化管理。

省税务局应当在税收征管信息系统中的税务检查证管理模块内及时完善、更新持证人员相关信息,提供税务检查证互联网验证服务。

第二章　证件式样

第七条　税务检查证由专用皮夹和内卡组成。

第八条　税务检查证的皮夹式样如下：

（一）稽查部门专用税务检查证皮夹为竖式黑色皮质，征收管理部门专用税务检查证皮夹为竖式咖啡色皮质；

（二）皮夹外部正面镂刻税徽图案、“中华人民共和国税务检查证”字样，背面镂刻“CHINA TAXATION”字样；

（三）皮夹内部上端镶嵌税徽一枚和“中国税务”四字，下端放置内卡。

第九条　税务检查证内卡应当载明下列事项：持证人的姓名、照片、工作单位、证号、二维码、检查范围、检查职责、税务检查证专用印章、有效期限。

内卡需内置芯片，存储持证人员上述信息。

第十条　税务检查证的皮夹和内卡文字均使用中文。民族自治区可以同时使用当地通用的一种民族文字。

第三章　证件申领和核发

第十一条　税务人员因岗位职责需要办理税务检查证时，由其所在单位税务检查证主管部门核实基础信息后，填报税务检查证申请。

首次申领税务检查证的，应当取得税务执法资格。

第十二条　国家税务总局及省税务局税务检查证主管部门负责审批办证申请。

第十三条　审批通过后，国家税务总局及省税务局税务检查证主管部门印制《中华人民共和国税务检查证》，由申请人员所在单位税务检查证主管部门负责具体发放工作。

第十四条　税务人员到所在单位管辖区域以外临时执行检查公务的，由国家税务总局或者执行公务所在地省税务局税务检查证主管部门核发相应有效期限的临时税务检查证。

临时税务检查证有效期限不得超过一年，临时公务执行完毕后应当及时缴销。

第四章　证件使用

第十五条　税务人员进行检查时，应当出示税务检查证和税务检查通知书，可以以文字或音像形式记录出示情况。

第十六条　税务人员出示税务检查证时，可以告知被检查人或其他当事人通过扫描二维码查验持证人身份。

第十七条　税务人员应当严格依法行使税务检查职权，并为被检查人或其他当事人保守秘密。

第十八条　税务检查证只限于持证人本人使用，不得转借、转让或涂改。

第十九条　持证人应当妥善保管税务检查证，防止遗失、损毁。

税务检查证遗失的，持证人应当作出书面情况说明，并在税务检查证所注明的管辖区域内公开发行的报纸或者政府网站、税务机关网站发布公告后，再申请补发。

税务检查证严重损毁、无法使用的，持证人可以申请换发，并在办理换发手续时交回原证件。

第五章　监督管理

第二十条　税务检查证实行定期审验制度，每两年审验一次。临时税务检查证不在审验范围。

第二十一条　国家税务总局及省税务局税务检查证主管部门统一组织审验工作，持证人所在单位税务检查证主管部门负责具体实施，并及时报送审验情况。

第二十二条　通过比对内卡芯片信息与税务检查证管理模块中所载持证人信息进行审验，一致的为审验通过。

第二十三条　税务检查证审验不通过的，持证人所在单位税务检查证主管部门应当及时变更、清理相关信息。

第二十四条　持证人因调动、辞退、辞职、退休或者岗位调整等原因不再从事税务检查工作的，由持证人所在单位税务检查证主管部门在工作变动前收缴其税务检查证。

持证人因涉嫌违法违纪被立案审查、尚未作出结论的，应当暂时收缴其税务检查证。

第二十五条　收回的税务检查证应当由发放证件机关定期销毁。

第六章　附　　则

第二十六条　本办法自2019年1月1日起施行。《国家税务总局关于印发〈税务检查证管理暂行办法〉的通知》（国税发〔2005〕154号，国家税务总局公告2018年第31号修改）同时废止。

6－5－40

国家税务总局关于印发《部分税务稽查内部管理文书式样》的通知

2018年8月17日　税总发〔2018〕133号

国家税务总局各省、自治区、直辖市和计划单列市税务局，国家税务总局驻各地特派员办事处：

现将《部分税务稽查内部管理文书式样》予以印发，自印发之日起执行。

部分税务稽查内容管理文书式样

目　录

国家税务总局×××税务局指定管辖申请

×税指辖请〔　　〕　　号

关于提请×××案件指定管辖的申请

　　　　　　　：

对　　　　　　　　　　　案件，　　　　　　　税务局与　　　　　税务局之间因税务稽查管辖发生争议、协商未果，根据《中华人民共和国行政处罚法》第二十一条和《税务稽查工作规程》第十一条规定，报请你局指定管辖。

附件：1.

2.

……

国家税务总局×××税务局

（印章）

年　月　日

使用说明

1.《指定管辖申请》依据《中华人民共和国行政处罚法》第二十一条和《税务稽查工作规程》（国税发〔2009〕157 号文件印发）第十一条设置。

2. 适用范围：各方税务机关因税务稽查管辖发生争议、协商未果，报请共同的上级税务机关协调或者决定时使用。

3. 本申请抬头填写管辖权争议各方共同的上级税务机关，包括国家税务总局、国家税务总局各省级税务局、国家税务总局各市级税务局。

4. “对　　　　　案件”横线处填写“当事人”或者“当事人＋案由”。

5. “　　　　　税务局与　　　　　税务局之间”横线处填写管辖权争议各方，可以填写多个税务局。

6. 本申请附件是指可供上级税务机关决定所参考的相关文件材料。

7. 本申请为 A4 竖式，一式二份，一份交管辖权争议各方共同的上级税务机关，一份由制作的税务机关留存。

国家税务总局(×××税务局)指定管辖决定书

×税指辖〔 〕 号

指定管辖决定书

：

你局对　　　　　　　　　　案件提请指定税务稽查管辖的申请(文号)收悉。根据《中华人民共和国行政处罚法》第二十一条和《税务稽查工作规程》第十一条规定，经研究，我局决定由　　　　　　　　管辖。请　　　　　　　　配合做好相关工作。

(其他事项)

国家税务总局(×××税务局)

(印章)

年　月　日

使用说明

1.《指定管辖决定书》依据《中华人民共和国行政处罚法》第二十一条和《税务稽查工作规程》(国税发〔2009〕157 号文件印发)第十一条设置。

2. 适用范围：上级税务机关对下级税务机关提交的《指定管辖申请》作出决定时使用。

3. 本决定书抬头填写提交《指定管辖申请》的税务机关，包括国家税务总局各级税务局。

4.“对　　　　　　案件”横线处填写“当事人”或者“当事人＋案由”。

5.“(文号)”填写《指定管辖申请》的文书字号。

6.“由　　　　　管辖”横线处填写实施稽查的税务稽查机构。

7.“请　　　　　　配合做好相关工作”横线处填写管辖权争议其他各方税务稽查机构，可以填写多个税务稽查机构。

8.“(其他事项)”填写对管辖权争议各方的其他要求，如，及时移交相关文件材料等。

9. 本决定书为 A4 竖式，一式多份，一份交提交《指定管辖申请》的税务机关，一份由制作的税务机关留存，其他交管辖权争议其他各方税务机关。

6－5－41

国家税务总局关于印发《优化税务执法方式全面推行“三项制度”实施方案》的通知

2019年3月18日　税总发〔2019〕31号

国家税务总局各省、自治区、直辖市和计划单列市税务局，国家税务总局驻各地特派员办事处，局内各单位：

为深入贯彻习近平总书记关于优化税务执法方式等重要指示批示精神，根据《国务院办公厅关于全面推行行政执法公示制度执法全过程记录制度重大执法决定法制审核制度的指导意见》，结合前期试点情况和税务工作实际，税务总局制定了《优化税务执法方式全面推行“三项制度”实施方案》。现印发给你们，请认真贯彻执行，实施过程中遇到问题请及时报告税务总局（政策法规司）。

优化税务执法方式全面推行“三项制度”实施方案

为深入贯彻习近平总书记关于优化税务执法方式等重要指示批示精神，认真落实《中共中央关于全面推进依法治国若干重大问题的决定》和《法治政府建设实施纲要（2015—2020年）》有关要求，做好税务系统全面推行行政执法公示制度、执法全过程记录制度、重大执法决定法制审核制度（以下统称“三项制度”）工作，进一步提高税务执法效能，促进公平公正监管，优化税收营商环境，确保减税降费政策措施落地生根，现根据《国务院办公厅关于全面推行行政执法公示制度执法全过程记录制度重大执法决定法制审核制度的指导意见》（以下简称《指导意见》），结合前期试点情况和税务工作实际，制定本实施方案。

一、总体要求

（一）指导思想

以习近平新时代中国特色社会主义思想为指导，全面贯彻党的十九大和十九届二中、三中全会精神，深入落实全面依法治国基本方略，紧扣新时代新税务新职责新要求，以“三项制度”为主抓手，牢固树立法治思维，强化执法质量意识，着力推进税务执法透明、规范、合法、公正，不断健全执法制度、完善执法程序、创新执法方式、加强执法监督，全面提高税务执法效能，确保税务机关依法履行法定职责，有效防范税务执法风险，切实维护纳税人和缴费人合法权益，为进一步深化“放管服”改革、优化税收营商环境、提升税收治理能力提供有力法治保障。

（二）基本原则

坚持稳中求进。坚持法定职责必须为、法无授权不可为，周密部署、细致安排、精心组织，加强指导，强化监督，充分借鉴试点经验，分步有序实施，积极稳妥推行。

坚持科学规范。坚持从实际出发，尊重税收工作规律和法治建设规律，深入调查研究，广泛听取意见，确保统一规范，防止脱离实际、各行其是。

坚持优化创新。聚焦基层执法实践需要，在确保统一规范的基础上，鼓励支持因地制宜、符合实际的探索创新，着力解决税务执法突出问题，提高执法质效。

坚持统筹协调。注重运用系统思维，做到制度化、规范化、信息化一体建设，加强制度融合、资源整合、信息聚合，推进集约高效，不搞重复建设。

坚持便利高效。牢固树立以人民为中心的发展思想，方便纳税人和缴费人及时获取税务执法信息、便捷办理各种手续、有效监督执法活动。强化为基层服务意识，能由税务总局做的不要省局承担，能在税务总局、省局层面解决的不交给基层，形成上下联动、协同推进的合力。

（三）工作目标

立足当前、着眼长远，坚持不懈、积极作为，逐步实现"三项制度"在各级税务机关全面推行，在税务执法过程中全面落实，行政处罚、行政强制、行政检查、行政征收、行政许可等行为得到有效规范。税务执法信息公示制度机制不断健全，执法行为过程信息全程记载，重大执法决定法制审核全面覆盖，全面实现执法信息公开透明、执法全过程可回溯管理、执法决定合法有效，行政自由裁量权得到有效约束，税务执法能力和水平大幅提升，税务执法社会满意度显著提高。

二、主要任务

（一）全面推行行政执法公示制度，确保税务执法透明

行政执法公示是保障行政相对人和社会公众的知情权、参与权、表达权、监督权的重要措施。各级税务机关按照"谁执法、谁公示、谁负责"的原则，结合政府信息公开、权责清单公布、"双随机、一公开"监管等工作，在行政执法的事前、事中、事后三个环节，依法及时主动向社会公开税务执法信息。涉及国家秘密、商业秘密、个人隐私等不宜公开的信息，依法确需公开的，要作适当处理后公开。发现公开的税务执法信息不准确的，应当及时予以更正。

1. 强化事前公示，保证税务执法源头合法。全面准确及时主动公开税务执法主体、人员、职责、权限、依据、程序、救济渠道等基本信息，随机抽查事项、"最多跑一次"、"全程网上办"等清单信息，办税指南等办税信息。因法律法规及机构职能发生变化而引起公示信息变化的，应当及时进行动态调整。

2. 规范事中公示，做到税务执法过程公开。税务执法人员执法时要按规定着装、佩戴标识，着装、佩戴标识可能有碍执法的除外；在进行税务检查、调查取证、采取强制措施和强制执行、送达执法文书等执法活动时，必须主动出示税务检查证，向当事人和相关人员表明身份；在税务执法时，要出具执法文书，主动告知当事人执法事由、执法依据、权利义务等内容。办税服务场所要设置岗位信息公示牌，明示工作人员岗位职责、申请材料示范文本、咨询服务、投诉举报等信息。各省（自治区、直辖市、计划单列市）税务机关（以下简称省税务机关）要建立非即办执法事项办理进度查询工作机制，方便当事人实时查询办事进度。主管税务机关要公示定期定额个体工商户核定定额的初步结果等事中执法信息。

3. 加强事后公示，实现税务执法结果公开。税务机关按规定时限、内容和有关要求，向社会主动公开非正常户认定、欠税公告、税收减免、纳税信用等级评定等执法信息，公示税务行政许可决定、行政处罚决定信息。建立健全税务执法决定信息公开发布、撤销和更新机制。已公开的税务执法决定被依法撤销、确认违法或者要求重新作出的，要及时从信息公示平台撤下原执法决定信息。建立行政执法统计年报制度，省以下税务机关应当于每年1月31日前公开上年度行政执法总体情况有关数据，并报本级人民政府和上一级税务机关。

4. 拓展公示途径，提升税务执法公信力。税务总局依托官方网站建立全国统一的税务执法信息公示平台，推动与政府行政执法信息公示平台的互联互通。税务机关要通过执法信息公示平台、官方网站、政务新媒体、办税服务厅公示栏、服务窗口等渠道，及时向社会公开税务执法信息。

（二）全面推行执法全过程记录制度，确保税务执法规范

行政执法全过程记录是行政执法活动合法规范有效的重要保证。税务机关采取以文字记录为主、音像记录为辅的形式，对税务执法的启动、调查取证、审核决定、送达执行等全部过程进行记录，并全面系统归档保存，做到执法全过程留痕和可回溯管理。

1. 完善文字记录，规范税务执法文书。税务机关以纸质文件或电子文件的形式对执法活动进行文字记录，做到记录合法规范、客观全面、及时准确。税务总局参照全国行政执法文书基本格式标准，结合税务执法实际，完善统一适用的税务执法文书格式文本，制作执法文书范本，研究制定税务执法规范用语；省税务机关可以制作说理式文书模板，推行说理式执法。

2. 规范音像记录，监督税务执法行为。税务机关通过照相机、录音机、摄像机、执法记录仪、视频监控等记录设备，实时对执法活动进行音像记录。做好音像记录与文字记录的衔接，对文字记录能够全面有效记录执法行为的，可以不进行音像记录；对查封扣押财产等直接涉及重大财产权益的现场执法活动，要推行全程音像记录；对现场检查、调查取证、举行听证、留置送达和公告送达等容易引发争议的执法过程，根据实际情况进行音像记录。税务总局建立健全执法音像记录管理制度及记录行为用语指引，明确执法音像记录的设备配备、使用规范、记录要素、存储应用、监督管理等要求，规范音像记录行为。省以下税务机关应当按照工作必需、厉行节约、性能适度、安全稳定、适量够用的原则，结合本地区经济发展水平和税务执法具体情况，配备音像记录设备，建设税务约谈（询问）室等办公场所。

3. 严格记录归档，完善税务执法档案。要完善税务执法档案管理制度。各级税务机关按照规定归档保存执法全过程记录资料，实现所有执法行为有据可查。对涉及国家秘密、商业秘密和个人隐私的记录资料，归档时要严格执行国家有关规定。省税务机关按照相对集中、经济高效、安全好用的原则，确定音像记录的存储方式，通过技术手段实现对同一执法对象的文字记录和音像记录的“一户式”集中归档。建立健全基于电子认证、电子签章的税务执法全过程数据化记录机制，形成业务流程清晰、数据链条完整、数据安全有保障的数字化归档管理制度。

4. 发挥记录作用，提高税务执法实效。各级税务机关在作出执法决定前，要调阅相关

记录资料,对执法行为的合法性、规范性等进行审核。加强执法全过程记录信息的统计分析,查找执法薄弱环节,持续改进执法工作。要充分发挥记录信息对案卷评查、执法监督、法律救济、评议考核、舆论引导、行政决策、内控机制和纳税信用体系以及涉税专业服务信用建设等工作的积极作用,促进严格规范公正文明执法,依法维护税务人员和行政相对人的合法权益。

（三）全面推行重大执法决定法制审核制度,确保税务执法公正

重大执法决定法制审核是保障行政执法机关作出的重大执法决定合法有效、保证执法公正的重要措施。税务机关作出重大执法决定之前,要严格进行法制审核,未经法制审核或审核未通过的,不得作出决定。税务稽查案件审理、重大税务案件审理属于法制审核,其审核范围、内容、程序等分别适用《税务稽查工作规程》《重大税务案件审理办法》的有关规定。

1. 明确审核主体,保障法制审核力量。县以上税务机关负责法制工作的机构、稽查局审理部门是重大执法决定法制审核机构,法制审核机构要确保专人负责本单位重大执法决定法制审核工作;对稽查案件实施集中审理的地区,市税务局稽查局审理部门同时负责同级跨区域稽查局重大执法决定法制审核工作。各地可结合实际建立重大执法决定法制审核委员会,实行集体审理。加强法制审核队伍正规化、专业化、职业化建设,落实《指导意见》要求,确保2020年7月底前,各级税务机关的法制审核人员原则上不少于本单位从事行政处罚、行政强制、行政检查、行政征收、行政许可等执法活动的人员总数的5%,同时把政治素质高、业务能力强、具有法律专业背景的人员调整充实到法制审核岗位。充分发挥法律顾问、公职律师在法制审核中的作用,建立本系统内法律顾问、公职律师跨区域统筹使用机制,实现法律专业人才资源共享。

2. 明确审核事项,拓宽法制审核范围。凡涉及重大公共利益,可能造成重大社会影响或引发社会风险,直接关系行政相对人或第三人重大权益,经过听证程序作出税务执法决定,以及案件情况疑难复杂、涉及多个法律关系的,都要进行法制审核。税务总局明确重大执法决定法制审核事项基础清单。省税务机关可结合实际增加法制审核事项。省以下税务机关根据法制审核事项清单,明确本级法制审核事项的具体标准,并于制定或修改相关标准后1个月内报上一级税务机关备案。

3. 明确审核内容,确保法制审核质量。要严格审核执法主体是否合法,执法人员是否具备执法资格;执法程序是否合法;案件事实是否清楚,证据是否合法充分;适用法律、法规、规章、规范性文件是否准确,裁量基准运用是否适当;是否超越本机关法定权限;执法文书是否齐备、规范;违法行为是否涉嫌犯罪、需要移送司法机关等。法制审核机构完成审核后,提出同意或者存在问题的书面审核意见。税务执法承办机构要对法制审核机构提出存在问题的审核意见进行研究,作出相应处理后再次报送法制审核;对审核意见有异议的,应与法制审核机构进行沟通,未达成一致意见的,由承办机构提请其分管局领导专题协商研究;协商研究仍未达成一致意见的,报请主要负责人决定。

4. 明确审核责任,健全法制审核机制。各级税务机关主要负责人是推动落实本单位重大执法决定法制审核制度的第一责任人,对本单位作出的行政执法决定负责。税务总局确定法制审核流程,明确送审材料报送要求和审核的方式、时限、责任。税务执法承办机构应

及时将符合法制审核范围的重大执法事项提交法制审核，并对送审材料的真实性、准确性、完整性，以及执法的事实、证据、法律适用、程序的合法性负责。法制审核机构对重大执法决定的法制审核意见负责。因承办机构的承办人员、负责法制审核的人员和审批税务执法决定的负责人滥用职权、玩忽职守、徇私枉法等，导致税务执法决定错误，要依纪依法追究相关人员责任。

（四）积极推进信息化建设，确保税务执法高效

按照立足实际、优化集成、统筹规划、分步实施的原则，加快推进信息化建设，推动公示信息自动化采集、执法记录数字化管理、法制审核信息化控制，逐步构建操作信息化、文书数据化、过程痕迹化、责任明晰化、监督严密化、分析可量化的税务执法信息化体系。

1. 以金税三期系统为支撑，推进“三项制度”信息化建设。税务总局将“三项制度”全面融入金税三期系统，注重功能集成和系统集成；完善金税三期系统的信息自动采集功能，实现自动抓取有关执法公示信息，坚持“先审查，后公开”“一事一审”“全面审查”原则，严格履行发布审批和保密审查程序后推送至税务执法信息公示平台；研究推进将金税三期系统业务节点信息推送至电子税务局，实现执法进度信息网上即时查询；将重大执法决定法制审核环节嵌入金税三期系统，强化法制审核的过程控制。省税务机关建立健全执法音像记录信息管理平台，按照税务总局确定的接口方案与金税三期系统对接，实现对文字记录、音像记录的数字化归档管理。

2. 依托现代信息技术手段，提高税务执法信息化水平。税务总局借助大数据、云计算、移动终端等信息技术手段，持续优化金税三期系统和电子税务局等信息系统，逐步推进执法信息网上录入、执法程序网上流转、执法活动网上监督、执法决定实时推送、执法信息统一公示、执法信息网上查询，努力实现对税务执法活动的即时性、过程性、系统性管理。认真落实国务院部署要求，在确保信息安全的前提下，推进跨地区、跨部门执法信息系统互联互通共享，探索建立以税务执法主体信息、权责清单信息、执法办案信息、执法监督信息和执法统计分析为主要内容的税务系统执法信息资源库，按照行政处罚、行政强制、行政检查、行政征收、行政许可等执法行为类型，对金税三期等信息系统中的相关征管数据进行转换、加工和归集，形成集税务执法数据储存、共享和分析功能为一体的“税务执法数据应用平台”，为全面系统掌握税务执法状况、及时发现税务执法薄弱环节、采取有针对性的执法改进措施及相关领导决策提供支撑。适应健全完善税务监管体系和跨区域稽查执法体制新要求，税务总局和省税务机关建立税务稽查视频指挥系统，提高集中统一指挥、多方协同作战能力，高效、精准打击重大涉税违法活动，进一步规范税收秩序，维护国家税收安全。

3. 推进人工智能技术应用，提升税务执法的精准性。税务总局和有条件的省税务机关可研究开发税务执法裁量智能辅助信息系统，利用语音识别、文本分析等技术对税务执法信息数据资源进行分析挖掘，发挥人工智能在证据收集、案例分析、法律文件阅读与分析中的作用，聚焦争议焦点，向执法人员精准推送法律法规规定、相似案例等信息，提出处理意见建议，生成执法决定文书，有效约束规范税务行政自由裁量权，确保执法尺度统一。深化对金税三期等信息系统中税务执法大数据的智能分析和应用，提升税收立法、行政决策、税务执法和风险防范水平，促进税务执法更加精准有效。

三、组织实施

（一）加强组织领导

各级税务机关全面依法行政领导小组要加强对“三项制度”推行工作的领导，主要负责同志是第一责任人。要认真研究审定实施方案和制度办法，统筹部署推行任务，定期听取有关工作情况报告，及时研究解决工作中的重大问题，确保实施有方案、部署有要求、推进有标准、任务有落实、工作有考核、组织有保障。

各级税务机关全面依法行政领导小组办公室承担“三项制度”推行过程中的沟通协调、跟踪指导、督促落实、组织评估等日常工作。建立联络员工作机制，领导小组办公室成员单位指定本单位1名同志担任联络员。根据“三项制度”全面推行进展情况，可组织业务骨干成立推进小组，集中攻关，重点解决推行过程中遇到的突出问题和困难。

（二）明确任务分工

政策法规司牵头负责税务系统全面推行“三项制度”有关工作，拟订“三项制度”实施方案、实施办法、事项清单和工作指引，并根据社会保险费和非税收入征管职责划转情况及时修改调整相关内容，牵头负责行政执法公示制度、执法全过程记录制度、重大执法决定法制审核制度推行工作；办公厅负责“三项制度”推行工作的督查督办和绩效考评；征管和科技发展司牵头负责“三项制度”信息化建设；财务管理司负责推行工作的经费保障；人事司负责推行工作的人才保障；教育中心负责相关培训保障；税收宣传中心负责推行工作的新闻宣传、舆论引导；其他相关司局结合工作职责，做好有关推行工作。各司局要切实履职尽责，积极推进本部门职责范围内“三项制度”推行工作有关任务，督促指导下级对口部门开展工作，同时加强部门间工作配合，形成推进合力。

省以下税务机关要参照税务总局的安排部署，建立健全相关制度和工作机制，进一步明确任务分工，压实工作责任，确保任务落实。

（三）分步有序实施

1. 部署准备阶段（2019年7月底前）

税务总局制定实施方案，印发实施办法、事项清单及工作指引等配套文件，明确任务分工，召开动员部署会议，启动全国统一税务执法信息公示平台建设和金税三期等信息系统优化工作。

各省税务机关结合实际，制定具体实施方案，细化实化相关配套文件，在全面调查摸底的基础上，统筹做好本系统执法资格证件清理核发、法制审核人员配备、执法音像记录设备配置，以及“三项制度”专题教育培训和学习宣传等工作。

2. 推进实施阶段（2019年8月—2020年7月）

各级税务机关按照本实施方案及有关要求，认真组织实施“三项制度”，结合税务总局印发的“三项制度”事项清单，按照“与纳税人和缴费人利益最直接的事项先推、社会公众最关切的事项先推、推行条件成熟的事项先推、先行开展尤其是开展全部‘三项制度’试点的单位先推”的原则，突出重点，循序推进，确保2020年7月底前推行到位。要加强跟踪调研，对推行效果进行适时评估，及时发现解决实施中存在的问题，完善相关制度办法，提高“三项制度”运行实效，推进法治税务建设。

3. 持续深化阶段(2020 年 8 月起)

深入推行“三项制度”,全面总结工作经验,巩固已有成果,分析存在问题,持续改进提升,不断推动法治税务建设迈上更高台阶。

四、工作要求

(一)提高思想认识

聚焦行政执法的源头、过程、结果等关键环节,全面推行“三项制度”,是着力防止任意执法、选择执法、简单粗暴执法等问题的重要举措,对优化税务执法方式、促进严格规范公正文明执法具有基础性、整体性、突破性作用。各级税务机关要高度重视“三项制度”全面推行工作,从落实全面依法治国方略、建设法治税务、推动实现税收治理体系和治理能力现代化的高度充分认识其重要意义,切实增强使命感、责任感和紧迫感,坚持目标导向、问题导向、任务导向,明确任务分工,强化保障措施,稳妥有序推进,积极探索创新,确保继续走在前、出经验。

(二)注重统筹集成

各级税务机关要坚持制度化、规范化、信息化一体建设。将“三项制度”具体要求融入权责清单和税收征管、税务稽查等执法规范,嵌入到具体税务执法事项之中,推动税务执法更加透明规范合法公正。科学编制“三项制度”业务需求,嵌入到税收征管信息系统,实现“三项制度”信息化,全面带动提升税务执法信息化建设水平。以全面推行“三项制度”为突破口,加强和完善执法资格考试和证件管理、执法案例指导、执法裁量权基准、执法案卷管理和评查、执法投诉举报以及执法责任制等制度建设,积极做好相关制度衔接工作,形成统筹税务执法各个环节的制度体系。

(三)加强培训宣传

各级税务机关要制定“三项制度”专题培训方案,开展分级分类培训,与岗位大练兵、业务大比武等活动有机结合,提高培训的针对性、实效性。认真落实“谁执法谁普法”普法责任制的要求,加大宣传力度,通过官方网站、电子税务局、纳税人学堂、12366 服务热线等方式,广泛宣传全面推行“三项制度”的重要意义、主要做法、典型事例和实施效果,凝聚思想共识,回应社会关切,为推行工作营造良好氛围。

(四)强化推行保障

各级税务机关要重视税务执法人员能力素质建设,加强思想道德和素质教育,着力提升执法人员业务能力和执法素养,打造政治坚定、作风优良、纪律严明、廉洁务实的税务执法铁军。严格实行执法人员资格管理制度,建立全国税务执法人员和法制审核人员数据库,健全科学的考核评价体系及人员激励机制。要加大法律专业人员招录力度,并优先配备到法制审核岗位,加快推动法律专业人才归位。健全执法人员和法制审核人员岗前培训和岗位培训制度。鼓励和支持执法人员参加国家统一法律职业资格考试。要将税务执法装备配备、设备配置、设施建设和信息化建设所需经费纳入经费预算,为全面推行工作提供保障。

(五)务求工作实效

各级税务机关要充分考虑地域差异、工作基础,坚持因地制宜,不搞“一刀切”。分步有序实施的时间节点要求是最后时限要求,基础较好、条件具备的地区可以加快推进。凡是现有制度规定、工作事项、业务流程、表证单书、信息系统等基本上符合和适应“三项制度”要求的,应当继续保留和使用,并按照便捷高效的原则进一步优化、改进和完善。注重发挥“三项制度”在落实减税降费政策、加强事中事后管理、防范和打击虚开骗税等方面的积极作用。注重选树“三项制度”推行工作先进典型,发挥示范带动作用。将“三项制度”推行情况纳入绩效考评和督查督办,对工作不力的要及时督促整改,对工作中出现问题造成不良后果的单位及人员要通报批评,依纪依法问责,确保“三项制度”各项工作落到实处、取得实效。

各省税务机关要于2019年5月底前将本系统优化税务执法方式全面推行“三项制度”工作方案报税务总局备案;税务总局驻各地特派办与其所管辖范围内省税务局进行协商,在相关省税务局的工作方案中明确其落实“三项制度”的有关原则和要求。

6-5-42

国家税务总局关于坚决查处第三方借减税降费服务巧立名目乱收费行为的通知

2019年3月29日　税总发〔2019〕44号

国家税务总局各省、自治区、直辖市和计划单列市税务局,国家税务总局驻各地特派员办事处,局内各单位:

3月27日,李克强总理在海南考察时强调:要警惕借减税服务巧立名目乱收费,不论哪里出现这样的苗头必须坚决打掉,决不允许以任何名目揩减税的油。为认真贯彻李克强总理重要指示精神,进一步加强对电子发票第三方平台涉税服务收费的监督管理,并举一反三,切实加强对各类第三方涉税服务收费的监管,坚决防止借为实施减税降费提供咨询等各种服务之名乱收费、抵消减税降费效果,保障纳税人和缴费人应享尽享减税降费红利,现将有关事项通知如下:

一、迅速开展第三方借减税降费服务巧立名目乱收费行为专项排查整治

进一步加强第三方涉税服务收费监管,对降低企业经营成本,维护纳税人和缴费人合法权益,确保减税降费的真金白银真正落到企业,具有十分重要的意义。税务总局决定,从即日起至5月31日,迅速在全国税务系统开展为期两个月的第三方借减税降费服务巧立名目乱收费行为专项排查整治。各级税务机关要从贯彻以习近平同志为核心的党中央作出的减税降费重大决策部署的高度,深入落实李克强总理重要指示精神,高度重视、迅速部署,主要负责同志要亲自抓、分管领导要直接抓,确保取得实效。

二、全面排查第三方借减税降费服务巧立名目乱收费行为

要在近期已开展涉企收费、中介机构收费清理整治工作的基础上,对照税务总局有关工作要求,进一步全面深入梳理第三方涉税服务收费情况,彻底摸清收费的项目、标准等,细致排查是否存在乱收费行为。重点排查是否仍存在第三方平台违反自愿原则强制纳税

人购买增值服务；是否存在服务单位借销售税控专用设备或维护服务之机违规捆绑销售设备、软件、其他商品；是否存在第三方利用垄断地位乱收费谋取不正当利益；等等。

三、坚决整治第三方涉税服务乱收费问题

对全面排查中发现存在乱收费行为的，要会同相关部门迅速采取约谈、责令限期改正、降低信用等级、取消服务资格等措施坚决予以整治。各级税务机关要畅通第三方涉税服务收费投诉举报渠道，建立快速反应机制，对纳税人和各方面反映的乱收费问题，会同相关部门第一时间调查核实和处理反馈。在专项排查整治期间，税务总局在北京12366纳税服务中心设立第三方涉税服务乱收费问题举报投诉专席，各省税务机关也要相应设立。

四、严肃查处税务机关和税务干部违法违规行为

各级税务机关要坚持把纪律挺在前面，严格执行有关法律法规和廉政规定，对税务干部违规参与、干预、诱导纳税人选择第三方涉税服务机构的行为，发现一起查处一起，绝不姑息。一旦查出税务干部与第三方有利益关联，要坚决清除出税务系统；涉嫌违法犯罪的，依法移送司法机关处理。

五、积极争取各方面支持形成整治第三方乱收费行为的合力

各级税务机关要主动向地方党委和政府汇报第三方涉税服务收费监管工作，并主动加强与当地物价、市场监管以及企业主管部门等方面的协作配合，争取指导支持。对属于相关部门职责范围的问题，及时提请采取各种监管措施，迅速予以处理。

国家税务总局各省、自治区、直辖市和计划单列市税务局负责组织本地区的排查整治工作，将其作为实施减税降费工作领导小组的重要职责之一，专设一个工作组负责，分别于4月30日和6月3日前，分阶段向税务总局实施减税降费工作领导小组报送排查整治情况，重要情况要随时报告。要将坚决查处第三方涉税服务乱收费行为贯穿落实减税降费工作全过程，在专项排查整治结束后，仍要持续抓实抓好。各级税务机关纪检部门、系统党建部门、督察内审部门要切实加大监督检查力度，采取明察暗访等方式，对各地落实情况进行核查。对工作开展敷衍塞责的，对纳税人和缴费人反映乱收费问题置之不理、消极怠慢、推诿扯皮的，要严肃进行问责。

6-5-43

税收违法行为检举管理办法

2019年11月26日　国家税务总局令第49号

《税收违法行为检举管理办法》，已经2019年11月21日国家税务总局2019年度第4次局务会议审议通过，现予公布，自2020年1月1日起施行。

国家税务总局局长：王　军

2019年11月26日

税收违法行为检举管理办法

第一章 总 则

第一条 为了保障单位、个人依法检举纳税人、扣缴义务人违反税收法律、行政法规行为的权利,规范检举秩序,根据《中华人民共和国税收征收管理法》及其实施细则的有关规定,制定本办法。

第二条 本办法所称检举,是指单位、个人采用书信、电话、传真、网络、来访等形式,向税务机关提供纳税人、扣缴义务人税收违法行为线索的行为。

采用前款所述的形式,检举税收违法行为的单位、个人称检举人;被检举的纳税人、扣缴义务人称被检举人。

检举人可以实名检举,也可以匿名检举。

第三条 本办法所称税收违法行为,是指涉嫌偷税(逃避缴纳税款),逃避追缴欠税,骗税,虚开、伪造、变造发票,以及其他与逃避缴纳税款相关的税收违法行为。

第四条 检举管理工作坚持依法依规、分级分类、属地管理、严格保密的原则。

第五条 市(地、州、盟)以上税务局稽查局设立税收违法案件举报中心。国家税务总局稽查局税收违法案件举报中心负责接收税收违法行为检举,督促、指导、协调处理重要检举事项;省、自治区、直辖市、计划单列市和市(地、州、盟)税务局稽查局税收违法案件举报中心负责税收违法行为检举的接收、受理、处理和管理;各级跨区域稽查局和县税务局应当指定行使税收违法案件举报中心职能的部门,负责税收违法行为检举的接收,并按规定职责处理。

本办法所称举报中心是指前款所称的税收违法案件举报中心和指定行使税收违法案件举报中心职能的部门。举报中心应当对外挂标识牌。

第六条 税务机关应当向社会公布举报中心的电话(传真)号码、通讯地址、邮政编码、网络检举途径,设立检举接待场所和检举箱。

税务机关同时通过12366纳税服务热线接收税收违法行为检举。

第七条 税务机关应当与公安、司法、纪检监察和信访等单位加强联系和合作,做好检举管理工作。

第八条 检举税收违法行为是检举人的自愿行为,检举人因检举而产生的支出应当由其自行承担。

第九条 检举人在检举过程中应当遵守法律、行政法规等规定;应当对其所提供检举材料的真实性负责,不得捏造、歪曲事实,不得诬告、陷害他人;不得损害国家、社会、集体的利益和其他公民的合法权益。

第二章 检举事项的接收与受理

第十条 检举人检举税收违法行为应当提供被检举人的名称(姓名)、地址(住所)和税收违法行为线索;尽可能提供被检举人统一社会信用代码(身份证件号码),法定代表人、实际控制人信息和其他相关证明资料。

鼓励检举人提供书面检举材料。

第十一条 举报中心接收实名检举,应当准确登记实名检举人信息。

检举人以个人名义实名检举应当由其本人提出;以单位名义实名检举应当委托本单位工作人员提出。

多人联名进行实名检举的,应当确定第一联系人;未确定的,以检举材料的第一署名人为第一联系人。

第十二条 12366 纳税服务热线接收电话检举后,应当按照以下分类转交相关部门:

(一)符合本办法第三条规定的检举事项,应当及时转交举报中心;

(二)对应开具而未开具发票、未申报办理税务登记及其他轻微税收违法行为的检举事项,按照有关规定直接转交被检举人主管税务机关相关业务部门处理;

(三)其他检举事项转交有处理权的单位或者部门。

税务机关的其他单位或者部门接到符合本办法第三条规定的检举材料后,应当及时转交举报中心。

第十三条 以来访形式实名检举的,检举人应当提供营业执照、居民身份证等有效身份证件的原件和复印件。

以来信、网络、传真形式实名检举的,检举人应当提供营业执照、居民身份证等有效身份证件的复印件。

以电话形式要求实名检举的,税务机关应当告知检举人采取本条第一款、第二款的形式进行检举。

检举人未采取本条第一款、第二款的形式进行检举的,视同匿名检举。

举报中心可以应来访的实名检举人要求出具接收回执;对多人联名进行实名来访检举的,向其确定的第一联系人或者第一署名人出具接收回执。

第十四条 来访检举应当到税务机关设立的检举接待场所;多人来访提出相同检举事项的,应当推选代表,代表人数应当在 3 人以内。

第十五条 接收来访口头检举,应当准确记录检举事项,交检举人阅读或者向检举人宣读确认。实名检举的,由检举人签名或者盖章;匿名检举的,应当记录在案。

接收电话检举,应当细心接听、询问清楚、准确记录。

接收电话、来访检举,经告知检举人后可以录音、录像。

接收书信、传真等书面形式检举,应当保持检举材料的完整,及时登记处理。

第十六条 税务机关应当合理设置检举接待场所。检举接待场所应当与办公区域适当分开,配备使用必要的录音、录像等监控设施,保证监控设施对接待场所全覆盖并正常运行。

第十七条 举报中心对接收的检举事项,应当及时审查,有下列情形之一的,不予受理:

(一)无法确定被检举对象,或者不能提供税收违法行为线索的;

(二)检举事项已经或者依法应当通过诉讼、仲裁、行政复议以及其他法定途径解决的;

(三)对已经查结的同一检举事项再次检举,没有提供新的有效线索的。

除前款规定外,举报中心自接收检举事项之日起即为受理。

举报中心可以应实名检举人要求,视情况采取口头或者书面方式解释不予受理原因。

国家税务总局稽查局举报中心对本级收到的检举事项应当进行甄别。对本办法第三条规定以外的检举事项,转送有处理权的单位或者部门;对本办法第三条规定范围内的检举事项,按属地管理原则转送相关举报中心,由该举报中心审查并决定是否受理。国家税务总局稽查局举报中心应当定期向相关举报中心了解所转送检举事项的受理情况,对应受理未受理的应予以督办。

第十八条　未设立稽查局的县税务局受理的检举事项,符合本办法第三条规定的,提交上一级税务局稽查局举报中心统一处理。

各级跨区域稽查局受理的检举事项,符合本办法第三条规定的,提交同级税务局稽查局备案后处理。

第十九条　检举事项管辖有争议的,由争议各方本着有利于案件查处的原则协商解决;不能协商一致的,报请共同的上一级税务机关协调或者决定。

第三章　检举事项的处理

第二十条　检举事项受理后,应当分级分类,按照以下方式处理:

(一)检举内容详细、税收违法行为线索清楚、证明资料充分的,由稽查局立案检查。

(二)检举内容与线索较明确但缺少必要证明资料,有可能存在税收违法行为的,由稽查局调查核实。发现存在税收违法行为的,立案检查;未发现的,作查结处理。

(三)检举对象明确,但其他检举事项不完整或者内容不清、线索不明的,可以暂存待查,待检举人将情况补充完整以后,再进行处理。

(四)已经受理尚未查结的检举事项,再次检举的,可以合并处理。

(五)本办法第三条规定以外的检举事项,转交有处理权的单位或者部门。

第二十一条　举报中心可以税务机关或者以自己的名义向下级税务机关督办、交办检举事项。

第二十二条　举报中心应当在检举事项受理之日起十五个工作日内完成分级分类处理,特殊情况除外。

查处部门应当在收到举报中心转来的检举材料之日起三个月内办理完毕;案情复杂无法在期限内办理完毕的,可以延期。

第二十三条　税务局稽查局对督办案件的处理结果应当认真审查。对于事实不清、处理不当的,应当通知承办机关补充调查或者重新调查,依法处理。

第四章　检举事项的管理

第二十四条　举报中心应当严格管理检举材料,逐件登记已受理检举事项的主要内容、办理情况和检举人、被检举人的基本情况。

第二十五条　已接收的检举材料原则上不予退还。不予受理的检举材料,登记检举事项的基本信息和不予受理原因后,经本级稽查局负责人批准可以销毁。

第二十六条　暂存待查的检举材料,若在受理之日起两年内未收到有价值的补充材料,可以销毁。

第二十七条 督办案件的检举材料应当专门管理,并按照规定办理督办案件材料的转送、报告等具体事项。

第二十八条 检举材料的保管和整理,应当按照档案管理的有关规定办理。

第二十九条 举报中心每年度对检举案件和有关事项的数量、类别及办理情况等进行汇总分析,形成年度分析报告,并按规定报送。

第五章 检举人的答复和奖励

第三十条 实名检举人可以要求答复检举事项的处理情况与查处结果。

实名检举人要求答复处理情况时,应当配合核对身份;要求答复查处结果时,应当出示检举时所提供的有效身份证件。

举报中心可以视具体情况采取口头或者书面方式答复实名检举人。

第三十一条 实名检举事项的处理情况,由作出处理行为的税务机关的举报中心答复。

将检举事项督办、交办、提交或者转交的,应当告知去向;暂存待查的,应当建议检举人补充资料。

第三十二条 实名检举事项的查处结果,由负责查处的税务机关的举报中心答复。

实名检举人要求答复检举事项查处结果的,检举事项查结以后,举报中心可以将与检举线索有关的查处结果简要告知检举人,但不得告知其检举线索以外的税收违法行为的查处情况,不得提供执法文书及有关案情资料。

第三十三条 12366 纳税服务热线接收检举事项并转交举报中心或者相关业务部门后,可以应检举人要求将举报中心或者相关业务部门反馈的受理情况告知检举人。

第三十四条 检举事项经查证属实,为国家挽回或者减少损失的,按照财政部和国家税务总局的有关规定对实名检举人给予相应奖励。

第六章 权利保护

第三十五条 检举人不愿提供个人信息或者不愿公开检举行为的,税务机关应当予以尊重和保密。

第三十六条 税务机关应当在职责范围内依法保护检举人、被检举人的合法权益。

第三十七条 税务机关工作人员与检举事项或者检举人、被检举人有直接利害关系的,应当回避。

检举人有正当理由并且有证据证明税务机关工作人员应当回避的,经本级税务机关负责人或者稽查局负责人批准以后,予以回避。

第三十八条 税务机关工作人员必须严格遵守以下保密规定:

(一)检举事项的受理、登记、处理及查处,应当依照国家有关法律、行政法规等规定严格保密,并建立健全工作责任制,不得私自摘抄、复制、扣压、销毁检举材料;

(二)严禁泄露检举人的姓名、身份、单位、地址、联系方式等情况,严禁将检举情况透露给被检举人及与案件查处无关的人员;

(三)调查核实情况和立案检查时不得出示检举信原件或者复印件,不得暴露检举人的有关信息,对匿名的检举书信及材料,除特殊情况以外,不得鉴定笔迹;

(四)宣传报道和奖励检举有功人员,未经检举人书面同意,不得公开检举人的姓名、身份、单位、地址、联系方式等情况。

第七章　法律责任

第三十九条　税务机关工作人员违反本办法规定,将检举人的检举材料或者有关情况提供给被检举人或者与案件查处无关人员的,依法给予行政处分。

第四十条　税务机关工作人员打击报复检举人的,视情节和后果,依法给予行政处分;涉嫌犯罪的,移送司法机关依法处理。

第四十一条　税务机关工作人员不履行职责、玩忽职守、徇私舞弊,给检举工作造成损失的,应当给予批评教育;情节严重的,依法给予行政处分并调离工作岗位;涉嫌犯罪的,移送司法机关依法处理。

第四十二条　税收违法检举案件中涉及税务机关或者税务人员违纪违法问题的,应当按照规定移送有关部门依纪依法处理。

第四十三条　检举人违反本办法第九条规定的,税务机关工作人员应当对检举人进行劝阻、批评和教育;经劝阻、批评和教育无效的,可以联系有关部门依法处理。

第八章　附　　则

第四十四条　本办法所称的检举事项查结,是指检举案件的结论性文书生效,或者检举事项经调查核实后未发现税收违法行为。

第四十五条　国家税务总局各省、自治区、直辖市和计划单列市税务局可以根据本办法制定具体的实施办法。

第四十六条　本办法自 2020 年 1 月 1 日起施行。《税收违法行为检举管理办法》(国家税务总局令第 24 号公布)同时废止。

6 -5 -44

国家税务总局关于发布《税务文书电子送达规定(试行)》的公告

2019 年 12 月 3 日　国家税务总局公告 2019 年第 39 号

为深入贯彻党的十九届四中全会精神,落实“放管服”改革要求,优化税务执法方式,进一步便利纳税人办税,国家税务总局制定了《税务文书电子送达规定(试行)》,现予以发布,自 2020 年 4 月 1 日起施行。

特此公告。

附件:税务文书电子送达确认书

税务文书电子送达规定(试行)

第一条 为进一步便利纳税人办税,保护纳税人合法权益,提高税收征管效率,减轻征纳双方负担,根据《中华人民共和国税收征收管理法》及其实施细则、国家电子政务等有关制度规定,结合税务文书送达工作实际,制定本规定。

第二条 本规定所称电子送达,是指税务机关通过电子税务局等特定系统(以下简称"特定系统")向纳税人、扣缴义务人(以下简称"受送达人")送达电子版式税务文书。

第三条 经受送达人同意,税务机关可以采用电子送达方式送达税务文书。

电子送达与其他送达方式具有同等法律效力。受送达人可以据此办理涉税事宜,行使权利、履行义务。

第四条 受送达人同意采用电子送达的,签订《税务文书电子送达确认书》。《税务文书电子送达确认书》包括电子送达的文书范围、效力、渠道和其他需要明确的事项。

受送达人可以登录特定系统直接签订电子版《税务文书电子送达确认书》,也可以到税务机关办税服务厅签订纸质版《税务文书电子送达确认书》,由税务机关及时录入相关系统。

第五条 税务机关采用电子送达方式送达税务文书的,以电子版式税务文书到达特定系统受送达人端的日期为送达日期,特定系统自动记录送达情况。

第六条 税务机关向受送达人送达电子版式税务文书后,通过电话、短信等方式发送提醒信息。提醒服务不影响电子文书送达的效力。

受送达人及时登录特定系统查阅电子版式税务文书。

第七条 受送达人需要纸质税务文书的,可以通过特定系统自行打印,也可以到税务机关办税服务厅打印。

第八条 税务处理决定书、税务行政处罚决定书(不含简易程序处罚)、税收保全措施决定书、税收强制执行决定书、阻止出境决定书以及税务稽查、税务行政复议过程中使用的税务文书等暂不适用本规定。

第九条 本规定自2020年4月1日起施行。

附件

税务文书电子送达确认书

为进一步便利纳税人办税,保护纳税人合法权益,税务机关自2020年4月1日起在全国范围内推行税务文书电子送达。签订本确认书前,请您知悉以下内容:

一、电子送达税务文书的范围为税务机关税收征收管理中出具的各类文书,暂不包括税务处理决定书、税务行政处罚决定书(不含简易程序处罚)、税收保全措施决定书、税收强制执行决定书、阻止出境决定书以及税务稽查、税务行政复议过程中使用的税务文书。

二、纳税人、扣缴义务人签订本确认书后,税务机关可以通过电子税务局送达电子税务文书。电子版式税务文书到达电子税务局纳税人端的日期为送达日期。

三、电子版式税务文书与纸质税务文书具有同等法律效力。纳税人、扣缴义务人需要纸质文书的，可自行下载打印，也可以到税务机关办税服务厅打印。

□我已认真阅读并理解《税务文书电子送达确认书》全部内容，同意税务机关通过电子税务局送达电子税务文书。

纳税人/扣缴义务人签字(印章)

年　月　日

6－5－45

国家税务总局关于印发《税务行政执法案例指导工作实施办法》的通知

2019年12月27日　税总发〔2019〕139号

国家税务总局各省、自治区、直辖市和计划单列市税务局，国家税务总局驻各地特派员办事处，局内各单位：

为了优化税务执法方式、提高税务执法质量、推动严格规范公正文明执法，国家税务总局制定了《税务行政执法案例指导工作实施办法》，现印发给你们，请认真抓好贯彻落实，及时总结执行中的经验和做法。如有问题和建议，请及时向国家税务总局(政策法规司)反映。

附件：1. 税务行政执法指导案例推荐表(编者略)

2. 税务行政执法指导案例模板(编者略)

税务行政执法案例指导工作实施办法

第一章　总　　则

第一条　为了加强对税务行政执法的指导，统一执法标准，优化执法方式，提高执法质量，总结执法经验，根据《中华人民共和国税收征收管理法》《国家税务总局关于全面推进依法治税的指导意见》(税总发〔2015〕32号)相关规定，制定本办法。

第二条　税务行政执法案例指导工作的组织和领导，税务行政执法指导案例(以下简称“指导案例”)的确定、发布、运用、管理等，适用本办法。

第三条　本办法所称指导案例，是指税务行政执法决定已经发生法律效力，认定事实清楚，适用法律正确，符合法定程序，对税务行政执法具有普遍指导意义，并符合以下条件之一的案例：

（一）社会广泛关注的；

（二）疑难、复杂或新类型的；

（三）执法存在争议、执行不统一的；

（四）法律法规等规定比较原则的；

（五）其他具有指导作用的。

前款所称“发生法律效力”，是指税务机关作出执法决定之后，行政相对人在法定期限内没有提起行政复议或者行政诉讼；或者经过行政复议、行政诉讼，程序终结。

第四条 案例指导工作应当遵循合法、合理、真实、必要、公开、规范的原则。

第五条 国家税务总局负责组织领导、规划统筹、协调指导、监督管理案例指导工作，根据税务工作需要发布指导案例。

国家税务总局政策法规司（以下简称“政策法规司”）承担案例指导日常工作，负责组织指导案例的征集、评审、发布、编纂、清理等工作。

第六条 省及省以下税务机关负责本机关管辖区域内的指导案例初审、推荐工作，并负责对国家税务总局发布的指导案例开展运用、推广和培训等工作。

省及省以下税务机关不得发布指导案例，但可以汇编典型案例，供本辖区税务机关工作人员学习、参考。

第七条 指导案例根据需要对行政相对人的名称进行技术处理。对自然人应当保留姓氏隐去名字；对法人一般不用全称，但案例已经人民法院等裁决部门向社会公布并保留法人全称的，可以保留全称。

第二章　指导案例的确定和发布

第八条 国家税务总局根据工作需要向各级税务机关征集指导案例，或从已办结案件中选择指导案例。

第九条 省税务机关认为本辖区内有关案例符合本办法第三条条件的，经本机关主要负责人或分管政策法规工作的负责人批准，可以向国家税务总局推荐。

省以下税务机关认为本辖区内有关案例符合本办法第三条条件的，可以层报至省税务机关，并建议其向国家税务总局推荐。

国家税务总局的司局认为有关案例符合本办法第三条条件的，可以向政策法规司推荐。

第十条 人大代表、政协委员、专家学者以及其他社会各界人士、社会组织，对符合本办法第三条条件的案例，可以向税务机关推荐。

收到前款推荐案例的税务机关，应当在20日内以适当形式反馈处理结果。确认符合本办法第三条条件的，按照本办法第九条规定的程序处理。

第十一条 国家税务总局各司局、省及省以下税务机关推荐、报送指导案例，应当以纸质和电子介质形式提交《税务行政执法指导案例推荐表》以及按照规定体例编写的案例材料。

《税务行政执法指导案例推荐表》包括案例名称、原税务行政执法决定作出机关、案例来源、推荐理由、推荐单位意见等。

指导案例材料包括案例名称、关键词、执法要点、法律依据、基本案情、处理结果及理由,以及需要说明的其他事项。

第十二条　政策法规司对收集的案例进行初评,认为可以作为备选指导案例的,通知案例所属省税务机关报送处理(处罚)决定书、行政复议申请书、行政复议答复书、行政复议决定书、行政诉讼答辩状、人民法院裁判文书等案卷资料的复印件或扫描件。

第十三条　对备选指导案例,政策法规司应组织相关业务司局,认真研究案卷资料,及时提出评审意见。

评审指导案例,应当着重审查以下内容:

(一)是否符合本办法规定的条件;

(二)是否符合法律、法规、规章和规范性文件的规定;

(三)是否实现了良好的政治效果、法律效果和社会效果;

(四)是否符合案例编写体例的要求;

(五)是否保护了国家秘密、商业秘密和个人隐私;

(六)是否考虑了其他需要注意的事项。

必要时,政策法规司可以征求有关单位和专家学者的意见或召开论证会。

第十四条　政策法规司对相关评审意见进行汇总整理后形成指导案例送审稿,提请国家税务总局局务会议审议。

第十五条　国家税务总局局务会议审议通过的指导案例,国家税务总局以“税务行政执法指导案例第×号”的形式发布。

指导案例按照发布顺序统一编号,跨年度发布的指导案例应当连续编号。

第十六条　指导案例应当及时在《国家税务总局公报》和国家税务总局门户网站上公布。

第三章　指导案例的运用和管理

第十七条　税务机关办理案件,在基本案情和法律适用方面与指导案例相类似的,应当参照适用指导案例,不参照适用的应当在案件审理意见中说明理由。

税务机关作出执法决定可以引用指导案例说明理由,但不得将指导案例作为执法依据。

第十八条　省及省以下税务机关汇编的典型案例,不得与指导案例冲突。

第十九条　各级税务机关应当将指导案例纳入业务培训,加强学习运用,充分发挥其指导作用。

第二十条　国家税务总局建立指导案例电子信息库,为各级税务机关查询检索、参照适用提供方便。

第二十一条　指导案例有以下情形之一的,应当及时宣布失效:

(一)与新的法律、法规、规章或规范性文件冲突;

(二)被新的指导案例所取代;

(三)指导案例中的税务行政执法决定依法被撤销、变更或确认违法;

(四)其他应当宣布失效的情形。

有前款第三项规定情形的,原税务行政执法决定作出机关应当在30日内层报国家税务总局。

第二十二条 县及县以上税务机关认为指导案例应当宣布失效的,可以向上一级税务机关提出建议并说明理由,上一级税务机关认为必要的,应当层报国家税务总局。

社会各界人士和社会组织认为指导案例应当宣布失效的,可以向所在地税务机关提出建议并说明理由,也可以直接向国家税务总局提出建议并说明理由。

第二十三条 国家税务总局应当及时对指导案例进行清理,发布清理结果。

指导案例援引的法律、法规、规章或规范性文件修改、废止、失效的,应当在指导案例法律依据中作出标注。

第四章 附 则

第二十四条 国家税务总局根据需要设立专家咨询委员会,为案例指导工作提供咨询和建议。

第二十五条 国家税务总局驻各地特派员办事处开展案例指导工作,参照本办法有关省税务机关的规定执行。

第二十六条 指导案例相关资料由国家税务总局按照一案一卷的原则及时归档。归档材料包括案例推荐表、评审意见、局务会议纪要、案卷资料等。

第二十七条 本办法所称的"日"是指自然日。

第二十八条 本办法自印发之日起施行。

6－5－46

国家税务总局关于发布《税务行政处罚"首违不罚"事项清单》的公告

2021年3月31日 国家税务总局公告2021年第6号

为贯彻落实中共中央办公厅、国务院办公厅《关于进一步深化税收征管改革的意见》、国务院常务会有关部署,深入开展2021年"我为纳税人缴费人办实事暨便民办税春风行动",推进税务领域"放管服"改革,更好服务市场主体,根据《中华人民共和国行政处罚法》、《中华人民共和国税收征收管理法》及其实施细则等法律法规,国家税务总局制定了《税务行政处罚"首违不罚"事项清单》。对于首次发生清单中所列事项且危害后果轻微,在税务机关发现前主动改正或者在税务机关责令限期改正的期限内改正的,不予行政处罚。税务机关应当对当事人加强税法宣传和辅导。

现将《税务行政处罚"首违不罚"事项清单》予以发布,自2021年4月1日起施行。

特此公告。

税务行政处罚"首违不罚"事项清单

对于首次发生下列清单中所列事项且危害后果轻微，在税务机关发现前主动改正或者在税务机关责令限期改正的期限内改正的，不予行政处罚。

序号	事项
1	纳税人未按照税收征收管理法及实施细则等有关规定将其全部银行账号向税务机关报送
2	纳税人未按照税收征收管理法及实施细则等有关规定设置、保管账簿或者保管记账凭证和有关资料
3	纳税人未按照税收征收管理法及实施细则等有关规定的期限办理纳税申报和报送纳税资料
4	纳税人使用税控装置开具发票，未按照税收征收管理法及实施细则、发票管理办法等有关规定的期限向主管税务机关报送开具发票的数据且没有违法所得
5	纳税人未按照税收征收管理法及实施细则、发票管理办法等有关规定取得发票，以其他凭证代替发票使用且没有违法所得
6	纳税人未按照税收征收管理法及实施细则、发票管理办法等有关规定缴销发票且没有违法所得
7	扣缴义务人未按照税收征收管理法及实施细则等有关规定设置、保管代扣代缴、代收代缴税款账簿或者保管代扣代缴、代收代缴税款记账凭证及有关资料
8	扣缴义务人未按照税收征收管理法及实施细则等有关规定的期限报送代扣代缴、代收代缴税款有关资料
9	扣缴义务人未按照《税收票证管理办法》的规定开具税收票证
10	境内机构或个人向非居民发包工程作业或劳务项目，未按照《非居民承包工程作业和提供劳务税收管理暂行办法》的规定向主管税务机关报告有关事项

6－5－47

国家税务总局关于修改《重大税务案件审理办法》的决定

2021年6月7日　国家税务总局令第51号

《国家税务总局关于修改〈重大税务案件审理办法〉的决定》，已经2021年5月11日国家税务总局2021年度第1次局务会议审议通过，现予公布，自2021年8月1日起施行。

国家税务总局局长：王　军

2021年6月7日

国家税务总局关于修改《重大税务案件审理办法》的决定

为进一步提高重大税务案件审理质量，更好地保护纳税人缴费人合法权益，根据《中华人民共和国行政处罚法》等法律、行政法规有关规定，国家税务总局决定对《重大税务案件审理办法》作如下修改：

一、将第一条修改为："为贯彻落实中共中央办公厅、国务院办公厅印发的《关于进一步深化税收征管改革的意见》，推进税务机关科学民主决策，强化内部权力制约，优化税务执法方式，严格规范执法行为，推进科学精确执法，保护纳税人缴费人等税务行政相对人合法权益，根据《中华人民共和国行政处罚法》《中华人民共和国税收征收管理法》，制定本办法。”

二、将第四条修改为：“参与重大税务案件审理的人员应当严格遵守国家保密规定和工作纪律，依法为纳税人缴费人等税务行政相对人的商业秘密、个人隐私和个人信息保密。”

三、将第十一条修改为：“本办法所称重大税务案件包括：

“（一）重大税务行政处罚案件，具体标准由各省、自治区、直辖市和计划单列市税务局根据本地情况自行制定，报国家税务总局备案；

“（二）根据《重大税收违法案件督办管理暂行办法》督办的案件；

“（三）应监察、司法机关要求出具认定意见的案件；

“（四）拟移送公安机关处理的案件；

“（五）审理委员会成员单位认为案情重大、复杂，需要审理的案件；

“（六）其他需要审理委员会审理的案件。

“有下列情形之一的案件，不属于重大税务案件审理范围：

“（一）公安机关已就税收违法行为立案的；

“（二）公安机关尚未就税收违法行为立案，但被查对象为走逃（失联）企业，并且涉嫌犯罪的；

“（三）国家税务总局规定的其他情形。”

四、将第十二条修改为：“本办法第十一条第一款第三项规定的案件经审理委员会审理后，应当将拟处理意见报上一级税务局审理委员会备案。备案5日后可以作出决定。”

五、将第十四条第二款修改为：“当事人按照法律、法规、规章有关规定要求听证的，由稽查局组织听证。”

六、将第十八条第二款修改为：“补充调查、请示上级机关或征求有权机关意见、拟处理意见报上一级税务局审理委员会备案的时间不计入审理期限。”

七、增加一条，作为第二十六条：“审理过程中，稽查局发现本办法第十一条第二款规定情形的，书面告知审理委员会办公室。审理委员会办公室报请审理委员会主任或其授权的副主任批准，可以终止审理。”

八、将第三十七条改为第三十八条，第二款修改为：“需要归档的重大税务案件审理案卷包括税务稽查报告、税务稽查审理报告以及有关文书。”

九、将第四十一条改为第四十二条，修改为：“本办法规定期限的最后一日为法定休假日的，以休假日期满的次日为期限的最后一日；在期限内有连续3日以上法定休假日的，按休假日天数顺延。

“本办法有关‘5日’的规定指工作日，不包括法定休假日。”

十、删除附件《重大税务案件审理文书范本》。

此外，对条文顺序作相应调整。

本决定自2021年8月1日起施行。

《重大税务案件审理办法》根据本决定作相应修改，重新公布。

重大税务案件审理办法

（2014 年 12 月 2 日国家税务总局令第 34 号公布，
根据 2021 年 6 月 7 日国家税务总局令第 51 号修正）

第一章　总　　则

第一条　为贯彻落实中共中央办公厅、国务院办公厅印发的《关于进一步深化税收征管改革的意见》，推进税务机关科学民主决策，强化内部权力制约，优化税务执法方式，严格规范执法行为，推进科学精确执法，保护纳税人缴费人等税务行政相对人合法权益，根据《中华人民共和国行政处罚法》《中华人民共和国税收征收管理法》，制定本办法。

第二条　省以下各级税务局开展重大税务案件审理工作适用本办法。

第三条　重大税务案件审理应当以事实为根据、以法律为准绳，遵循合法、合理、公平、公正、效率的原则，注重法律效果和社会效果相统一。

第四条　参与重大税务案件审理的人员应当严格遵守国家保密规定和工作纪律，依法为纳税人缴费人等税务行政相对人的商业秘密、个人隐私和个人信息保密。

第二章　审理机构和职责

第五条　省以下各级税务局设立重大税务案件审理委员会（以下简称审理委员会）。

审理委员会由主任、副主任和成员单位组成，实行主任负责制。

审理委员会主任由税务局局长担任，副主任由税务局其他领导担任。审理委员会成员单位包括政策法规、税政业务、纳税服务、征管科技、大企业税收管理、税务稽查、督察内审部门。各级税务局可以根据实际需要，增加其他与案件审理有关的部门作为成员单位。

第六条　审理委员会履行下列职责：

（一）拟定本机关审理委员会工作规程、议事规则等制度；

（二）审理重大税务案件；

（三）指导监督下级税务局重大税务案件审理工作。

第七条　审理委员会下设办公室，办公室设在政策法规部门，办公室主任由政策法规部门负责人兼任。

第八条　审理委员会办公室履行下列职责：

（一）组织实施重大税务案件审理工作；

（二）提出初审意见；

（三）制作审理会议纪要和审理意见书；

（四）办理重大税务案件审理工作的统计、报告、案卷归档；

（五）承担审理委员会交办的其他工作。

第九条　审理委员会成员单位根据部门职责参加案件审理，提出审理意见。

稽查局负责提交重大税务案件证据材料、拟作税务处理处罚意见、举行听证。

稽查局对其提交的案件材料的真实性、合法性、准确性负责。

第十条 参与重大税务案件审理的人员有法律法规规定的回避情形的,应当回避。

重大税务案件审理参与人员的回避,由其所在部门的负责人决定;审理委员会成员单位负责人的回避,由审理委员会主任或其授权的副主任决定。

第三章 审理范围

第十一条 本办法所称重大税务案件包括:

(一)重大税务行政处罚案件,具体标准由各省、自治区、直辖市和计划单列市税务局根据本地情况自行制定,报国家税务总局备案;

(二)根据《重大税收违法案件督办管理暂行办法》督办的案件;

(三)应监察、司法机关要求出具认定意见的案件;

(四)拟移送公安机关处理的案件;

(五)审理委员会成员单位认为案情重大、复杂,需要审理的案件;

(六)其他需要审理委员会审理的案件。

有下列情形之一的案件,不属于重大税务案件审理范围:

(一)公安机关已就税收违法行为立案的;

(二)公安机关尚未就税收违法行为立案,但被查对象为走逃(失联)企业,并且涉嫌犯罪的;

(三)国家税务总局规定的其他情形。

第十二条 本办法第十一条第一款第三项规定的案件经审理委员会审理后,应当将拟处理意见报上一级税务局审理委员会备案。备案5日后可以作出决定。

第十三条 稽查局应当在每季度终了后5日内将稽查案件审理情况备案表送审理委员会办公室备案。

第四章 提请和受理

第十四条 稽查局应当在内部审理程序终结后5日内,将重大税务案件提请审理委员会审理。

当事人按照法律、法规、规章有关规定要求听证的,由稽查局组织听证。

第十五条 稽查局提请审理委员会审理案件,应当提交以下案件材料:

(一)重大税务案件审理案卷交接单;

(二)重大税务案件审理提请书;

(三)税务稽查报告;

(四)税务稽查审理报告;

(五)听证材料;

(六)相关证据材料。

重大税务案件审理提请书应当写明拟处理意见,所认定的案件事实应当标明证据指向。

证据材料应当制作证据目录。

稽查局应当完整移交证据目录所列全部证据材料,不能当场移交的应当注明存放地点。

第十六条 审理委员会办公室收到稽查局提请审理的案件材料后，应当在重大税务案件审理案卷交接单上注明接收部门和收到日期，并由接收人签名。

对于证据目录中列举的不能当场移交的证据材料，必要时，接收人在签收前可以到证据存放地点现场查验。

第十七条 审理委员会办公室收到稽查局提请审理的案件材料后，应当在5日内进行审核。

根据审核结果，审理委员会办公室提出处理意见，报审理委员会主任或其授权的副主任批准：

（一）提请审理的案件属于本办法规定的审理范围，提交了本办法第十五条规定的材料的，建议受理；

（二）提请审理的案件属于本办法规定的审理范围，但未按照本办法第十五条的规定提交相关材料的，建议补正材料；

（三）提请审理的案件不属于本办法规定的审理范围的，建议不予受理。

第五章 审理程序

第一节 一般规定

第十八条 重大税务案件应当自批准受理之日起30日内作出审理决定，不能在规定期限内作出审理决定的，经审理委员会主任或其授权的副主任批准，可以适当延长，但延长期限最多不超过15日。

补充调查、请示上级机关或征求有权机关意见、拟处理意见报上一级税务局审理委员会备案的时间不计入审理期限。

第十九条 审理委员会审理重大税务案件，应当重点审查：

（一）案件事实是否清楚；

（二）证据是否充分、确凿；

（三）执法程序是否合法；

（四）适用法律是否正确；

（五）案件定性是否准确；

（六）拟处理意见是否合法适当。

第二十条 审理委员会成员单位应当认真履行职责，根据本办法第十九条的规定提出审理意见，所出具的审理意见应当详细阐述理由、列明法律依据。

审理委员会成员单位审理案件，可以到审理委员会办公室或证据存放地查阅案卷材料，向稽查局了解案件有关情况。

第二十一条 重大税务案件审理采取书面审理和会议审理相结合的方式。

第二节 书面审理

第二十二条 审理委员会办公室自批准受理重大税务案件之日起5日内，将重大税务案件审理提请书及必要的案件材料分送审理委员会成员单位。

第二十三条 审理委员会成员单位自收到审理委员会办公室分送的案件材料之日起10日内,提出书面审理意见送审理委员会办公室。

第二十四条 审理委员会成员单位认为案件事实不清、证据不足,需要补充调查的,应当在书面审理意见中列明需要补充调查的问题并说明理由。

审理委员会办公室应当召集提请补充调查的成员单位和稽查局进行协调,确需补充调查的,由审理委员会办公室报审理委员会主任或其授权的副主任批准,将案件材料退回稽查局补充调查。

第二十五条 稽查局补充调查不应超过30日,有特殊情况的,经稽查局局长批准可以适当延长,但延长期限最多不超过30日。

稽查局完成补充调查后,应当按照本办法第十五条、第十六条的规定重新提交案件材料、办理交接手续。

稽查局不能在规定期限内完成补充调查的,或者补充调查后仍然事实不清、证据不足的,由审理委员会办公室报请审理委员会主任或其授权的副主任批准,终止审理。

第二十六条 审理过程中,稽查局发现本办法第十一条第二款规定情形的,书面告知审理委员会办公室。审理委员会办公室报请审理委员会主任或其授权的副主任批准,可以终止审理。

第二十七条 审理委员会成员单位认为案件事实清楚、证据确凿,但法律依据不明确或者需要处理的相关事项超出本机关权限的,按规定程序请示上级税务机关或者征求有权机关意见。

第二十八条 审理委员会成员单位书面审理意见一致,或者经审理委员会办公室协调后达成一致意见的,由审理委员会办公室起草审理意见书,报审理委员会主任批准。

第三节 会议审理

第二十九条 审理委员会成员单位书面审理意见存在较大分歧,经审理委员会办公室协调仍不能达成一致意见的,由审理委员会办公室向审理委员会主任或其授权的副主任报告,提请审理委员会会议审理。

第三十条 审理委员会办公室提请会议审理的报告,应当说明成员单位意见分歧、审理委员会办公室协调情况和初审意见。

审理委员会办公室应当将会议审理时间和地点提前通知审理委员会主任、副主任和成员单位,并分送案件材料。

第三十一条 成员单位应当派员参加会议,三分之二以上成员单位到会方可开会。审理委员会办公室以及其他与案件相关的成员单位应当出席会议。

案件调查人员、审理委员会办公室承办人员应当列席会议。必要时,审理委员会可要求调查对象所在地主管税务机关参加会议。

第三十二条 审理委员会会议由审理委员会主任或其授权的副主任主持。首先由稽查局汇报案情及拟处理意见。审理委员会办公室汇报初审意见后,各成员单位发表意见并陈述理由。

审理委员会办公室应当做好会议记录。

第三十三条 经审理委员会会议审理，根据不同情况，作出以下处理：

（一）案件事实清楚、证据确凿、程序合法、法律依据明确的，依法确定审理意见；

（二）案件事实不清、证据不足的，由稽查局对案件重新调查；

（三）案件执法程序违法的，由稽查局对案件重新处理；

（四）案件适用法律依据不明确，或者需要处理的有关事项超出本机关权限的，按规定程序请示上级机关或征求有权机关的意见。

第三十四条 审理委员会办公室根据会议审理情况制作审理纪要和审理意见书。

审理纪要由审理委员会主任或其授权的副主任签发。会议参加人员有保留意见或者特殊声明的，应当在审理纪要中载明。

审理意见书由审理委员会主任签发。

第六章 执行和监督

第三十五条 稽查局应当按照重大税务案件审理意见书制作税务处理处罚决定等相关文书，加盖稽查局印章后送达执行。

文书送达后5日内，由稽查局送审理委员会办公室备案。

第三十六条 重大税务案件审理程序终结后，审理委员会办公室应当将相关证据材料退回稽查局。

第三十七条 各级税务局督察内审部门应当加强对重大税务案件审理工作的监督。

第三十八条 审理委员会办公室应当加强重大税务案件审理案卷的归档管理，按照受理案件的顺序统一编号，做到一案一卷、资料齐全、卷面整洁、装订整齐。

需要归档的重大税务案件审理案卷包括税务稽查报告、税务稽查审理报告以及有关文书。

第三十九条 各省、自治区、直辖市和计划单列市税务局应当于每年1月31日之前，将本辖区上年度重大税务案件审理工作开展情况和重大税务案件审理统计表报送国家税务总局。

第七章 附 则

第四十条 各级税务局办理的其他案件，需要移送审理委员会审理的，参照本办法执行。特别纳税调整案件按照有关规定执行。

第四十一条 各级税务局在重大税务案件审理工作中可以使用重大税务案件审理专用章。

第四十二条 本办法规定期限的最后一日为法定休假日的，以休假日期满的次日为期限的最后一日；在期限内有连续3日以上法定休假日的，按休假日天数顺延。

本办法有关“5日”的规定指工作日，不包括法定休假日。

第四十三条 各级税务局应当按照国家税务总局的规划和要求，积极推动重大税务案件审理信息化建设。

第四十四条 各级税务局应当加大对重大税务案件审理工作的基础投入，保障审理人员和经费,配备办案所需的录音录像、文字处理、通讯等设备,推进重大税务案件审理规范化建设。

第四十五条 各省、自治区、直辖市和计划单列市税务局可以依照本办法制定具体实施办法。

第四十六条 本办法自2015年2月1日起施行。《国家税务总局关于印发〈重大税务案件审理办法(试行)〉的通知》(国税发〔2001〕21号)同时废止。

6－5－48

税务稽查案件办理程序规定

2021年7月12日 国家税务总局令第52号

《税务稽查案件办理程序规定》,已经2021年6月18日国家税务总局2021年度第2次局务会议审议通过,现予公布,自2021年8月11日起施行。

国家税务总局局长:王 军

2021年7月12日

税务稽查案件办理程序规定

第一章 总 则

第一条 为了贯彻落实中共中央办公厅、国务院办公厅印发的《关于进一步深化税收征管改革的意见》,保障税收法律、行政法规的贯彻实施,规范税务稽查案件办理程序,强化监督制约机制,保护纳税人、扣缴义务人和其他涉税当事人合法权益,根据《中华人民共和国税收征收管理法》(以下简称税收征管法)、《中华人民共和国税收征收管理法实施细则》(以下简称税收征管法实施细则)等法律、行政法规,制定本规定。

第二条 稽查局办理税务稽查案件适用本规定。

第三条 办理税务稽查案件应当以事实为根据,以法律为准绳,坚持公平、公正、公开、效率的原则。

第四条 税务稽查由稽查局依法实施。稽查局主要职责是依法对纳税人、扣缴义务人和其他涉税当事人履行纳税义务、扣缴义务情况及涉税事项进行检查处理,以及围绕检查处理开展的其他相关工作。稽查局具体职责由国家税务总局依照税收征管法、税收征管法实施细则和国家有关规定确定。

第五条 稽查局办理税务稽查案件时,实行选案、检查、审理、执行分工制约原则。

第六条 稽查局应当在税务局向社会公告的范围内实施税务稽查。上级税务机关可以根据案件办理的需要指定管辖。

税收法律、行政法规和国家税务总局规章对税务稽查管辖另有规定的,从其规定。

第七条 税务稽查管辖有争议的,由争议各方本着有利于案件办理的原则逐级协商解决;不能协商一致的,报请共同的上级税务机关决定。

第八条 税务稽查人员具有税收征管法实施细则规定回避情形的,应当回避。

被查对象申请税务稽查人员回避或者税务稽查人员自行申请回避的,由稽查局局长依法决定是否回避。稽查局局长发现税务稽查人员具有规定回避情形的,应当要求其回避。稽查局局长的回避,由税务局局长依法审查决定。

第九条 税务稽查人员对实施税务稽查过程中知悉的国家秘密、商业秘密或者个人隐私、个人信息,应当依法予以保密。

纳税人、扣缴义务人和其他涉税当事人的税收违法行为不属于保密范围。

第十条 税务稽查人员应当遵守工作纪律,恪守职业道德,不得有下列行为:

(一)违反法定程序、超越权限行使职权;

(二)利用职权为自己或者他人牟取利益;

(三)玩忽职守,不履行法定义务;

(四)泄露国家秘密、工作秘密,向被查对象通风报信、泄露案情;

(五)弄虚作假,故意夸大或者隐瞒案情;

(六)接受被查对象的请客送礼等影响公正执行公务的行为;

(七)其他违法违纪行为。

税务稽查人员在执法办案中滥用职权、玩忽职守、徇私舞弊的,依照有关规定严肃处理;涉嫌犯罪的,依法移送司法机关处理。

第十一条 税务稽查案件办理应当通过文字、音像等形式,对案件办理的启动、调查取证、审核、决定、送达、执行等进行全过程记录。

第二章 选 案

第十二条 稽查局应当加强稽查案源管理,全面收集整理案源信息,合理、准确地选择待查对象。案源管理依照国家税务总局有关规定执行。

第十三条 待查对象确定后,经稽查局局长批准实施立案检查。

必要时,依照法律法规的规定,稽查局可以在立案前进行检查。

第十四条 稽查局应当统筹安排检查工作,严格控制对纳税人、扣缴义务人的检查次数。

第三章 检 查

第十五条 检查前,稽查局应当告知被查对象检查时间、需要准备的资料等,但预先通知有碍检查的除外。

检查应当由两名以上具有执法资格的检查人员共同实施,并向被查对象出示税务检查证件、出示或者送达税务检查通知书,告知其权利和义务。

第十六条 检查应当依照法定权限和程序,采取实地检查、调取账簿资料、询问、查询存款账户或者储蓄存款、异地协查等方法。

对采用电子信息系统进行管理和核算的被查对象，检查人员可以要求其打开该电子信息系统，或者提供与原始电子数据、电子信息系统技术资料一致的复制件。被查对象拒不打开或者拒不提供的，经稽查局局长批准，可以采用适当的技术手段对该电子信息系统进行直接检查，或者提取、复制电子数据进行检查，但所采用的技术手段不得破坏该电子信息系统原始电子数据，或者影响该电子信息系统正常运行。

第十七条　检查应当依照法定权限和程序收集证据材料。收集的证据必须经查证属实，并与证明事项相关联。

不得以下列方式收集、获取证据材料：

（一）严重违反法定程序收集；

（二）以违反法律强制性规定的手段获取且侵害他人合法权益；

（三）以利诱、欺诈、胁迫、暴力等手段获取。

第十八条　调取账簿、记账凭证、报表和其他有关资料时，应当向被查对象出具调取账簿资料通知书，并填写调取账簿资料清单交其核对后签章确认。

调取纳税人、扣缴义务人以前会计年度的账簿、记账凭证、报表和其他有关资料的，应当经县以上税务局局长批准，并在3个月内完整退还；调取纳税人、扣缴义务人当年的账簿、记账凭证、报表和其他有关资料的，应当经设区的市、自治州以上税务局局长批准，并在30日内退还。

退还账簿资料时，应当由被查对象核对调取账簿资料清单，并签章确认。

第十九条　需要提取证据材料原件的，应当向当事人出具提取证据专用收据，由当事人核对后签章确认。对需要退还的证据材料原件，检查结束后应当及时退还，并履行相关签收手续。需要将已开具的纸质发票调出查验时，应当向被查验的单位或者个人开具发票换票证；需要将空白纸质发票调出查验时，应当向被查验的单位或者个人开具调验空白发票收据。经查无问题的，应当及时退还，并履行相关签收手续。

提取证据材料复制件的，应当由当事人或者原件保存单位（个人）在复制件上注明“与原件核对无误”及原件存放地点，并签章。

第二十条　询问应当由两名以上检查人员实施。除在被查对象生产、经营、办公场所询问外，应当向被询问人送达询问通知书。

询问时应当告知被询问人有关权利义务。询问笔录应当交被询问人核对或者向其宣读；询问笔录有修改的，应当由被询问人在改动处捺指印；核对无误后，由被询问人在尾页结束处写明“以上笔录我看过（或者向我宣读过），与我说的相符”，并逐页签章、捺指印。被询问人拒绝在询问笔录上签章、捺指印的，检查人员应当在笔录上注明。

第二十一条　当事人、证人可以采取书面或者口头方式陈述或者提供证言。当事人、证人口头陈述或者提供证言的，检查人员应当以笔录、录音、录像等形式进行记录。笔录可以手写或者使用计算机记录并打印，由当事人或者证人逐页签章、捺指印。

当事人、证人口头提出变更陈述或者证言的，检查人员应当就变更部分重新制作笔录，注明原因，由当事人或者证人逐页签章、捺指印。当事人、证人变更书面陈述或者证言的，变更前的笔录不予退回。

第二十二条　制作录音、录像等视听资料的，应当注明制作方法、制作时间、制作人和证明对象等内容。

调取视听资料时，应当调取有关资料的原始载体；难以调取原始载体的，可以调取复制件，但应当说明复制方法、人员、时间和原件存放处等事项。

对声音资料，应当附有该声音内容的文字记录；对图像资料，应当附有必要的文字说明。

第二十三条 以电子数据的内容证明案件事实的，检查人员可以要求当事人将电子数据打印成纸质资料，在纸质资料上注明数据出处、打印场所、打印时间或者提供时间，注明“与电子数据核对无误”，并由当事人签章。

需要以有形载体形式固定电子数据的，检查人员应当与提供电子数据的个人、单位的法定代表人或者财务负责人或者经单位授权的其他人员一起将电子数据复制到存储介质上并封存，同时在封存包装物上注明制作方法、制作时间、制作人、文件格式及大小等，注明“与原始载体记载的电子数据核对无误”，并由电子数据提供人签章。

收集、提取电子数据，检查人员应当制作现场笔录，注明电子数据的来源、事由、证明目的或者对象，提取时间、地点、方法、过程，原始存储介质的存放地点以及对电子数据存储介质的签封情况等。进行数据压缩的，应当在笔录中注明压缩方法和完整性校验值。

第二十四条 检查人员实地调查取证时，可以制作现场笔录、勘验笔录，对实地调查取证情况予以记录。

制作现场笔录、勘验笔录，应当载明时间、地点和事件等内容，并由检查人员签名和当事人签章。

当事人经通知不到场或者拒绝在现场笔录、勘验笔录上签章的，检查人员应当在笔录上注明原因；如有其他人员在场，可以由其签章证明。

第二十五条 检查人员异地调查取证的，当地税务机关应当予以协助；发函委托相关稽查局调查取证的，必要时可以派人参与受托地稽查局的调查取证，受托地稽查局应当根据协查请求，依照法定权限和程序调查。

需要取得境外资料的，稽查局可以提请国际税收管理部门依照有关规定程序获取。

第二十六条 查询从事生产、经营的纳税人、扣缴义务人存款账户，应当经县以上税务局局长批准，凭检查存款账户许可证明向相关银行或者其他金融机构查询。

查询案件涉嫌人员储蓄存款的，应当经设区的市、自治州以上税务局局长批准，凭检查存款账户许可证明向相关银行或者其他金融机构查询。

第二十七条 被查对象有下列情形之一的，依照税收征管法和税收征管法实施细则有关逃避、拒绝或者以其他方式阻挠税务检查的规定处理：

（一）提供虚假资料，不如实反映情况，或者拒绝提供有关资料的；

（二）拒绝或者阻止税务机关记录、录音、录像、照相和复制与案件有关的情况和资料的；

（三）在检查期间转移、隐匿、销毁有关资料的；

（四）有不依法接受税务检查的其他情形的。

第二十八条 税务机关有根据认为从事生产、经营的纳税人有逃避纳税义务行为，可以在规定的纳税期之前，责令限期缴纳应纳税款；在限期内发现纳税人有明显的转移、隐匿其应纳税的商品、货物以及其他财产或者应纳税收入迹象的,可以责成纳税人提供纳税担保。如果纳税人不能提供纳税担保,经县以上税务局局长批准,可以依法采取税收强制措施。

检查从事生产、经营的纳税人以前纳税期的纳税情况时,发现纳税人有逃避纳税义务行为,并有明显的转移、隐匿其应纳税的商品、货物以及其他财产或者应纳税收入迹象的,经县以上税务局局长批准,可以依法采取税收强制措施。

第二十九条 稽查局采取税收强制措施时,应当向纳税人、扣缴义务人、纳税担保人交付税收强制措施决定书,告知其采取税收强制措施的内容、理由、依据以及依法享有的权利、救济途径,并履行法律、法规规定的其他程序。

采取冻结纳税人在开户银行或者其他金融机构的存款措施时,应当向纳税人开户银行或者其他金融机构交付冻结存款通知书,冻结其相当于应纳税款的存款;并于作出冻结决定之日起3个工作日内,向纳税人交付冻结决定书。

采取查封、扣押商品、货物或者其他财产措施时,应当向纳税人、扣缴义务人、纳税担保人当场交付查封、扣押决定书,填写查封商品、货物或者其他财产清单或者出具扣押商品、货物或者其他财产专用收据,由当事人核对后签章。查封清单、扣押收据一式二份,由当事人和稽查局分别保存。

采取查封、扣押有产权证件的动产或者不动产措施时,应当依法向有关单位送达税务协助执行通知书,通知其在查封、扣押期间不再办理该动产或者不动产的过户手续。

第三十条 按照本规定第二十八条第二款采取查封、扣押措施的,期限一般不得超过6个月;重大案件有下列情形之一,需要延长期限的,应当报国家税务总局批准:

(一)案情复杂,在查封、扣押期限内确实难以查明案件事实的;

(二)被查对象转移、隐匿、销毁账簿、记账凭证或者其他证据材料的;

(三)被查对象拒不提供相关情况或者以其他方式拒绝、阻挠检查的;

(四)解除查封、扣押措施可能使纳税人转移、隐匿、损毁或者违法处置财产,从而导致税款无法追缴的。

除前款规定情形外采取查封、扣押、冻结措施的,期限不得超过30日;情况复杂的,经县以上税务局局长批准,可以延长,但是延长期限不得超过30日。

第三十一条 有下列情形之一的,应当依法及时解除税收强制措施:

(一)纳税人已按履行期限缴纳税款、扣缴义务人已按履行期限解缴税款、纳税担保人已按履行期限缴纳所担保税款的;

(二)税收强制措施被复议机关决定撤销的;

(三)税收强制措施被人民法院判决撤销的;

(四)其他法定应当解除税收强制措施的。

第三十二条 解除税收强制措施时,应当向纳税人、扣缴义务人、纳税担保人送达解除税收强制措施决定书,告知其解除税收强制措施的时间、内容和依据,并通知其在规定时间内办理解除税收强制措施的有关事宜:

(一)采取冻结存款措施的,应当向冻结存款的纳税人开户银行或者其他金融机构送达解除冻结存款通知书,解除冻结;

（二）采取查封商品、货物或者其他财产措施的，应当解除查封并收回查封商品、货物或者其他财产清单；

（三）采取扣押商品、货物或者其他财产措施的，应当予以返还并收回扣押商品、货物或者其他财产专用收据。

税收强制措施涉及协助执行单位的，应当向协助执行单位送达税务协助执行通知书，通知解除税收强制措施相关事项。

第三十三条　有下列情形之一，致使检查暂时无法进行的，经稽查局局长批准后，中止检查：

（一）当事人被有关机关依法限制人身自由的；

（二）账簿、记账凭证及有关资料被其他国家机关依法调取且尚未归还的；

（三）与税收违法行为直接相关的事实需要人民法院或者其他国家机关确认的；

（四）法律、行政法规或者国家税务总局规定的其他可以中止检查的。

中止检查的情形消失，经稽查局局长批准后，恢复检查。

第三十四条　有下列情形之一，致使检查确实无法进行的，经稽查局局长批准后，终结检查：

（一）被查对象死亡或者被依法宣告死亡或者依法注销，且有证据表明无财产可抵缴税款或者无法定税收义务承担主体的；

（二）被查对象税收违法行为均已超过法定追究期限的；

（三）法律、行政法规或者国家税务总局规定的其他可以终结检查的。

第三十五条　检查结束前，检查人员可以将发现的税收违法事实和依据告知被查对象。

被查对象对违法事实和依据有异议的，应当在限期内提供说明及证据材料。被查对象口头说明的，检查人员应当制作笔录，由当事人签章。

第四章　审　　理

第三十六条　检查结束后，稽查局应当对案件进行审理。符合重大税务案件标准的，稽查局审理后提请税务局重大税务案件审理委员会审理。

重大税务案件审理依照国家税务总局有关规定执行。

第三十七条　案件审理应当着重审核以下内容：

（一）执法主体是否正确；

（二）被查对象是否准确；

（三）税收违法事实是否清楚，证据是否充分，数据是否准确，资料是否齐全；

（四）适用法律、行政法规、规章及其他规范性文件是否适当，定性是否正确；

（五）是否符合法定程序；

（六）是否超越或者滥用职权；

（七）税务处理、处罚建议是否适当；

（八）其他应当审核确认的事项或者问题。

第三十八条　有下列情形之一的，应当补正或者补充调查：

(一)被查对象认定错误的;

(二)税收违法事实不清、证据不足的;

(三)不符合法定程序的;

(四)税务文书不规范、不完整的;

(五)其他需要补正或者补充调查的。

第三十九条 拟对被查对象或者其他涉税当事人作出税务行政处罚的,应当向其送达税务行政处罚事项告知书,告知其依法享有陈述、申辩及要求听证的权利。税务行政处罚事项告知书应当包括以下内容:

(一)被查对象或者其他涉税当事人姓名或者名称、有效身份证件号码或者统一社会信用代码、地址。没有统一社会信用代码的,以税务机关赋予的纳税人识别号代替;

(二)认定的税收违法事实和性质;

(三)适用的法律、行政法规、规章及其他规范性文件;

(四)拟作出的税务行政处罚;

(五)当事人依法享有的权利;

(六)告知书的文号、制作日期、税务机关名称及印章;

(七)其他相关事项。

第四十条 被查对象或者其他涉税当事人可以书面或者口头提出陈述、申辩意见。对当事人口头提出陈述、申辩意见,应当制作陈述申辩笔录,如实记录,由陈述人、申辩人签章。

应当充分听取当事人的陈述、申辩意见;经复核,当事人提出的事实、理由或者证据成立的,应当采纳。

第四十一条 被查对象或者其他涉税当事人按照法律、法规、规章要求听证的,应当依法组织听证。

听证依照国家税务总局有关规定执行。

第四十二条 经审理,区分下列情形分别作出处理:

(一)有税收违法行为,应当作出税务处理决定的,制作税务处理决定书;

(二)有税收违法行为,应当作出税务行政处罚决定的,制作税务行政处罚决定书;

(三)税收违法行为轻微,依法可以不予税务行政处罚的,制作不予税务行政处罚决定书;

(四)没有税收违法行为的,制作税务稽查结论。

税务处理决定书、税务行政处罚决定书、不予税务行政处罚决定书、税务稽查结论引用的法律、行政法规、规章及其他规范性文件,应当注明文件全称、文号和有关条款。

第四十三条 税务处理决定书应当包括以下主要内容:

(一)被查对象姓名或者名称、有效身份证件号码或者统一社会信用代码、地址。没有统一社会信用代码的,以税务机关赋予的纳税人识别号代替;

(二)检查范围和内容;

(三)税收违法事实及所属期间;

(四)处理决定及依据;

(五)税款金额、缴纳期限及地点;

(六)税款滞纳时间、滞纳金计算方法、缴纳期限及地点;

(七)被查对象不按期履行处理决定应当承担的责任;

(八)申请行政复议或者提起行政诉讼的途径和期限;

(九)处理决定书的文号、制作日期、税务机关名称及印章。

第四十四条 税务行政处罚决定书应当包括以下主要内容:

(一)被查对象或者其他涉税当事人姓名或者名称、有效身份证件号码或者统一社会信用代码、地址。没有统一社会信用代码的,以税务机关赋予的纳税人识别号代替;

(二)检查范围和内容;

(三)税收违法事实、证据及所属期间;

(四)行政处罚种类和依据;

(五)行政处罚履行方式、期限和地点;

(六)当事人不按期履行行政处罚决定应当承担的责任;

(七)申请行政复议或者提起行政诉讼的途径和期限;

(八)行政处罚决定书的文号、制作日期、税务机关名称及印章。

税务行政处罚决定应当依法公开。公开的行政处罚决定被依法变更、撤销、确认违法或者确认无效的,应当在 3 个工作日内撤回原行政处罚决定信息并公开说明理由。

第四十五条 不予税务行政处罚决定书应当包括以下主要内容:

(一)被查对象或者其他涉税当事人姓名或者名称、有效身份证件号码或者统一社会信用代码、地址。没有统一社会信用代码的,以税务机关赋予的纳税人识别号代替;

(二)检查范围和内容;

(三)税收违法事实及所属期间;

(四)不予税务行政处罚的理由及依据;

(五)申请行政复议或者提起行政诉讼的途径和期限;

(六)不予行政处罚决定书的文号、制作日期、税务机关名称及印章。

第四十六条 税务稽查结论应当包括以下主要内容:

(一)被查对象姓名或者名称、有效身份证件号码或者统一社会信用代码、地址。没有统一社会信用代码的,以税务机关赋予的纳税人识别号代替;

(二)检查范围和内容;

(三)检查时间和检查所属期间;

(四)检查结论;

(五)结论的文号、制作日期、税务机关名称及印章。

第四十七条 稽查局应当自立案之日起 90 日内作出行政处理、处罚决定或者无税收违法行为结论。案情复杂需要延期的,经税务局局长批准,可以延长不超过 90 日;特殊情况或者发生不可抗力需要继续延期的,应当经上一级税务局分管副局长批准,并确定合理的延长期限。但下列时间不计算在内:

(一)中止检查的时间;

(二)请示上级机关或者征求有权机关意见的时间;

(三)提请重大税务案件审理的时间;

(四)因其他方式无法送达,公告送达文书的时间;

(五)组织听证的时间;

(六)纳税人、扣缴义务人超期提供资料的时间;

(七)移送司法机关后,税务机关需根据司法文书决定是否处罚的案件,从司法机关接受移送到司法文书生效的时间。

第四十八条 税收违法行为涉嫌犯罪的,填制涉嫌犯罪案件移送书,经税务局局长批准后,依法移送公安机关,并附送以下资料:

(一)涉嫌犯罪案件情况的调查报告;

(二)涉嫌犯罪的主要证据材料复制件;

(三)其他有关涉嫌犯罪的材料。

第五章 执 行

第四十九条 稽查局应当依法及时送达税务处理决定书、税务行政处罚决定书、不予税务行政处罚决定书、税务稽查结论等税务文书。

第五十条 具有下列情形之一的,经县以上税务局局长批准,稽查局可以依法强制执行,或者依法申请人民法院强制执行:

(一)纳税人、扣缴义务人未按照规定的期限缴纳或者解缴税款、滞纳金,责令限期缴纳逾期仍未缴纳的;

(二)经稽查局确认的纳税担保人未按照规定的期限缴纳所担保的税款、滞纳金,责令限期缴纳逾期仍未缴纳的;

(三)当事人对处罚决定逾期不申请行政复议也不向人民法院起诉、又不履行的;

(四)其他可以依法强制执行的。

第五十一条 当事人确有经济困难,需要延期或者分期缴纳罚款的,可向稽查局提出申请,经税务局局长批准后,可以暂缓或者分期缴纳。

第五十二条 作出强制执行决定前,应当制作并送达催告文书,催告当事人履行义务,听取当事人陈述、申辩意见。经催告,当事人逾期仍不履行行政决定,且无正当理由的,经县以上税务局局长批准,实施强制执行。

实施强制执行时,应当向被执行人送达强制执行决定书,告知其实施强制执行的内容、理由及依据,并告知其享有依法申请行政复议或者提起行政诉讼的权利。

催告期间,对有证据证明有转移或者隐匿财物迹象的,可以作出立即强制执行决定。

第五十三条 稽查局采取从被执行人开户银行或者其他金融机构的存款中扣缴税款、滞纳金、罚款措施时,应当向被执行人开户银行或者其他金融机构送达扣缴税收款项通知书,依法扣缴税款、滞纳金、罚款,并及时将有关凭证送达被执行人。

第五十四条 拍卖、变卖被执行人商品、货物或者其他财产,以拍卖、变卖所得抵缴税款、滞纳金、罚款的,在拍卖、变卖前应当依法进行查封、扣押。

稽查局拍卖、变卖被执行人商品、货物或者其他财产前,应当制作拍卖/变卖抵税财物决定书,经县以上税务局局长批准后送达被执行人,予以拍卖或者变卖。

拍卖或者变卖实现后,应当在结算并收取价款后3个工作日内,办理税款、滞纳金、罚款的入库手续,并制作拍卖/变卖结果通知书,附拍卖/变卖查封、扣押的商品、货物或者其他财产清单,经稽查局局长审核后,送达被执行人。

以拍卖或者变卖所得抵缴税款、滞纳金、罚款和拍卖、变卖等费用后,尚有剩余的财产或者无法进行拍卖、变卖的财产的,应当制作返还商品、货物或者其他财产通知书,附返还商品、货物或者其他财产清单,送达被执行人,并自办理税款、滞纳金、罚款入库手续之日起3个工作日内退还被执行人。

第五十五条 执行过程中发现涉嫌犯罪的,依照本规定第四十八条处理。

第五十六条 执行过程中发现有下列情形之一的,经稽查局局长批准后,中止执行:

(一)当事人死亡或者被依法宣告死亡,尚未确定可执行财产的;

(二)当事人进入破产清算程序尚未终结的;

(三)可执行财产被司法机关或者其他国家机关依法查封、扣押、冻结,致使执行暂时无法进行的;

(四)可供执行的标的物需要人民法院或者仲裁机构确定权属的;

(五)法律、行政法规和国家税务总局规定其他可以中止执行的。

中止执行情形消失后,经稽查局局长批准,恢复执行。

第五十七条 当事人确无财产可供抵缴税款、滞纳金、罚款或者依照破产清算程序确实无法清缴税款、滞纳金、罚款,或者有其他法定终结执行情形的,经税务局局长批准后,终结执行。

第五十八条 税务处理决定书、税务行政处罚决定书等决定性文书送达后,有下列情形之一的,稽查局可以依法重新作出:

(一)决定性文书被人民法院判决撤销的;

(二)决定性文书被行政复议机关决定撤销的;

(三)税务机关认为需要变更或者撤销原决定性文书的;

(四)其他依法需要变更或者撤销原决定性文书的。

第六章 附 则

第五十九条 本规定相关税务文书的式样,由国家税务总局规定。

第六十条 本规定所称签章,区分以下情况确定:

(一)属于法人或者其他组织的,由相关人员签名,加盖单位印章并注明日期;

(二)属于个人的,由个人签名并注明日期。

本规定所称“以上”“日内”,均含本数。

第六十一条 本规定自2021年8月11日起施行。《税务稽查工作规程》(国税发〔2009〕157号印发,国家税务总局公告2018年第31号修改)同时废止。

6 -5 -49

国家税务总局关于发布《第二批税务行政处罚“首违不罚”事项清单》的公告

2021 年 12 月 30 日　国家税务总局公告 2021 年第 33 号

为进一步贯彻落实中共中央办公厅、国务院办公厅《关于进一步深化税收征管改革的意见》，持续推进税务领域“放管服”改革，根据《中华人民共和国行政处罚法》、《中华人民共和国税收征收管理法》及其实施细则等法律法规，国家税务总局制定《第二批税务行政处罚“首违不罚”事项清单》，现予以发布。同时，对执行中的若干问题明确如下：

一、对当事人首次发生清单中所列事项且危害后果轻微，在税务机关发现前主动改正或者在税务机关责令限期改正的期限内改正的，不予行政处罚。

税务违法行为造成不可挽回的税费损失或者较大社会影响的，不能认定为“危害后果轻微”。

二、适用税务行政处罚“首违不罚”的，主管税务机关应及时作出不予行政处罚决定，充分保障当事人合法权益。

三、各级税务机关应加强税务行政处罚“首违不罚”管理，准确把握适用“首违不罚”的条件，不得变相扩大或者缩小“首违不罚”范围，既彰显税收执法温度，又不放松税收管理。

四、对适用税务行政处罚“首违不罚”的当事人，主管税务机关应采取签订承诺书等方式教育、引导、督促其自觉守法，对再次违反的当事人应严格按照规定予以行政处罚。

五、税务机关应明确和完善税务行政处罚“首违不罚”相关岗责流程，构建权责一致、边界清晰、协调配合、运转高效的职能体系。

六、税务机关应将税务行政处罚“首违不罚”风险防范措施嵌入信息系统，依托信息系统开展“首违不罚”预警提醒、违法阻止和分析评估，定期对“首违不罚”施行情况进行总结，取得“事前放、事中管、事后评”效果。

本公告自 2022 年 1 月 1 日起施行。

特此公告。

第二批税务行政处罚“首违不罚”事项清单

对于首次发生下列清单中所列事项且危害后果轻微，在税务机关发现前主动改正或者在税务机关责令限期改正的期限内改正的，不予行政处罚。

序号	事项
1	纳税人使用非税控电子器具开具发票，未按照税收征收管理法及实施细则、发票管理办法等有关规定将非税控电子器具使用的软件程序说明资料报主管税务机关备案且没有违法所得
2	纳税人未按照税收征收管理法及实施细则、税务登记管理办法等有关规定办理税务登记证件验证或者换证手续

续表

序号	事项
3	纳税人未按照税收征收管理法及实施细则、发票管理办法等有关规定加盖发票专用章且没有违法所得
4	纳税人未按照税收征收管理法及实施细则等有关规定将财务、会计制度或者财务、会计处理办法和会计核算软件报送税务机关备查

6 -5 -50

重大税收违法失信主体信息公布管理办法

2021 年 12 月 31 日　国家税务总局令第 54 号

《重大税收违法失信主体信息公布管理办法》,已经 2021 年 12 月 27 日国家税务总局 2021 年度第 3 次局务会议审议通过,现予公布,自 2022 年 2 月 1 日起施行。

国家税务总局局长:王　军
2021 年 12 月 31 日

重大税收违法失信主体信息公布管理办法

第一章　总　　则

第一条　为了贯彻落实中共中央办公厅、国务院办公厅印发的《关于进一步深化税收征管改革的意见》,维护正常税收征收管理秩序,惩戒重大税收违法失信行为,保障税务行政相对人合法权益,促进依法诚信纳税,推进社会信用体系建设,根据《中华人民共和国税收征收管理法》《优化营商环境条例》等相关法律法规,制定本办法。

第二条　税务机关依照本办法的规定,确定重大税收违法失信主体,向社会公布失信信息,并将信息通报相关部门实施监管和联合惩戒。

第三条　重大税收违法失信主体信息公布管理应当遵循依法行政、公平公正、统一规范、审慎适当的原则。

第四条　各级税务机关应当依法保护税务行政相对人合法权益,对重大税收违法失信主体信息公布管理工作中知悉的国家秘密、商业秘密或者个人隐私、个人信息,应当依法予以保密。

第五条　税务机关工作人员在重大税收违法失信主体信息公布管理工作中,滥用职权、玩忽职守、徇私舞弊的,依照有关规定严肃处理;涉嫌犯罪的,依法移送司法机关。

第二章　失信主体的确定

第六条　本办法所称“重大税收违法失信主体”(以下简称失信主体)是指有下列情形之一的纳税人、扣缴义务人或者其他涉税当事人(以下简称当事人):

(一)伪造、变造、隐匿、擅自销毁账簿、记账凭证,或者在账簿上多列支出或者不列、少列收入,或者经税务机关通知申报而拒不申报或者进行虚假的纳税申报,不缴或者少缴应纳税款100万元以上,且任一年度不缴或者少缴应纳税款占当年各税种应纳税总额10%以上的,或者采取前述手段,不缴或者少缴已扣、已收税款,数额在100万元以上的;

(二)欠缴应纳税款,采取转移或者隐匿财产的手段,妨碍税务机关追缴欠缴的税款,欠缴税款金额100万元以上的;

(三)骗取国家出口退税款的;

(四)以暴力、威胁方法拒不缴纳税款的;

(五)虚开增值税专用发票或者虚开用于骗取出口退税、抵扣税款的其他发票的;

(六)虚开增值税普通发票100份以上或者金额400万元以上的;

(七)私自印制、伪造、变造发票,非法制造发票防伪专用品,伪造发票监制章的;

(八)具有偷税、逃避追缴欠税、骗取出口退税、抗税、虚开发票等行为,在稽查案件执行完毕前,不履行税收义务并脱离税务机关监管,经税务机关检查确认走逃(失联)的;

(九)为纳税人、扣缴义务人非法提供银行账户、发票、证明或者其他方便,导致未缴、少缴税款100万元以上或者骗取国家出口退税款的;

(十)税务代理人违反税收法律、行政法规造成纳税人未缴或者少缴税款100万元以上的;

(十一)其他性质恶劣、情节严重、社会危害性较大的税收违法行为。

第七条　税务机关对当事人依法作出《税务行政处罚决定书》,当事人在法定期限内未申请行政复议、未提起行政诉讼,或者申请行政复议,行政复议机关作出行政复议决定后,在法定期限内未提起行政诉讼,或者人民法院对税务行政处罚决定或行政复议决定作出生效判决、裁定后,有本办法第六条规定情形之一的,税务机关确定其为失信主体。

对移送公安机关的当事人,税务机关在移送时已依法作出《税务处理决定书》,未作出《税务行政处罚决定书》的,当事人在法定期限内未申请行政复议、未提起行政诉讼,或者申请行政复议,行政复议机关作出行政复议决定后,在法定期限内未提起行政诉讼,或者人民法院对税务处理决定或行政复议决定作出生效判决、裁定后,有本办法第六条规定情形之一的,税务机关确定其为失信主体。

第八条　税务机关应当在作出确定失信主体决定前向当事人送达告知文书,告知其依法享有陈述、申辩的权利。告知文书应当包括以下内容:

(一)当事人姓名或者名称、有效身份证件号码或者统一社会信用代码、地址。没有统一社会信用代码的,以税务机关赋予的纳税人识别号代替;

(二)拟确定为失信主体的事由、依据;

(三)拟向社会公布的失信信息;

(四)拟通知相关部门采取失信惩戒措施提示;

(五)当事人依法享有的相关权利;

(六)其他相关事项。

对纳入纳税信用评价范围的当事人,还应当告知其拟适用D级纳税人管理措施。

第九条 当事人在税务机关告知后5日内,可以书面或者口头提出陈述、申辩意见。当事人口头提出陈述、申辩意见的,税务机关应当制作陈述申辩笔录,并由当事人签章。

税务机关应当充分听取当事人陈述、申辩意见,对当事人提出的事实、理由和证据进行复核。当事人提出的事实、理由或者证据成立的,应当采纳。

第十条 经设区的市、自治州以上税务局局长或者其授权的税务局领导批准,税务机关在本办法第七条规定的申请行政复议或提起行政诉讼期限届满,或者行政复议决定、人民法院判决或裁定生效后,于30日内制作失信主体确定文书,并依法送达当事人。失信主体确定文书应当包括以下内容:

(一)当事人姓名或者名称、有效身份证件号码或者统一社会信用代码、地址。没有统一社会信用代码的,以税务机关赋予的纳税人识别号代替;

(二)确定为失信主体的事由、依据;

(三)向社会公布的失信信息提示;

(四)相关部门采取失信惩戒措施提示;

(五)当事人依法享有的相关权利;

(六)其他相关事项。

对纳入纳税信用评价范围的当事人,还应当包括适用D级纳税人管理措施提示。

本条第一款规定的时限不包括因其他方式无法送达,公告送达告知文书和确定文书的时间。

第三章 信息公布

第十一条 税务机关应当在失信主体确定文书送达后的次月15日内,向社会公布下列信息:

(一)失信主体基本情况;

(二)失信主体的主要税收违法事实;

(三)税务处理、税务行政处罚决定及法律依据;

(四)确定失信主体的税务机关;

(五)法律、行政法规规定应当公布的其他信息。

对依法确定为国家秘密的信息,法律、行政法规禁止公开的信息,以及公开后可能危及国家安全、公共安全、经济安全、社会稳定的信息,税务机关不予公开。

第十二条 税务机关按照本办法第十一条第一款第一项规定向社会公布失信主体基本情况。失信主体为法人或者其他组织的,公布其名称、统一社会信用代码(纳税人识别号)、注册地址以及违法行为发生时的法定代表人、负责人或者经人民法院生效裁判确定的实际责任人的姓名、性别及身份证件号码(隐去出生年、月、日号码段);失信主体为自然人的,公布其姓名、性别、身份证件号码(隐去出生年、月、日号码段)。

经人民法院生效裁判确定的实际责任人,与违法行为发生时的法定代表人或者负责人不一致的,除有证据证明法定代表人或者负责人有涉案行为外,税务机关只向社会公布实际责任人信息。

第十三条 税务机关应当通过国家税务总局各省、自治区、直辖市、计划单列市税务局网站向社会公布失信主体信息,根据本地区实际情况,也可以通过税务机关公告栏、报纸、广播、电视、网络媒体等途径以及新闻发布会等形式向社会公布。

国家税务总局归集各地税务机关确定的失信主体信息,并提供至"信用中国"网站进行公开。

第十四条 属于本办法第六条第一项、第二项规定情形的失信主体,在失信信息公布前按照《税务处理决定书》《税务行政处罚决定书》缴清税款、滞纳金和罚款的,经税务机关确认,不向社会公布其相关信息。

属于本办法第六条第八项规定情形的失信主体,具有偷税、逃避追缴欠税行为的,按照前款规定处理。

第十五条 税务机关对按本办法规定确定的失信主体,纳入纳税信用评价范围的,按照纳税信用管理规定,将其纳税信用级别判为D级,适用相应的D级纳税人管理措施。

第十六条 对按本办法第十一条第一款规定向社会公布信息的失信主体,税务机关将失信信息提供给相关部门,由相关部门依法依规采取失信惩戒措施。

第十七条 失信主体信息自公布之日起满3年的,税务机关在5日内停止信息公布。

第四章 提前停止公布

第十八条 失信信息公布期间,符合下列条件之一的,失信主体或者其破产管理人可以向作出确定失信主体决定的税务机关申请提前停止公布失信信息:

(一)按照《税务处理决定书》《税务行政处罚决定书》缴清(退)税款、滞纳金、罚款,且失信主体失信信息公布满六个月的;

(二)失信主体破产,人民法院出具批准重整计划或认可和解协议的裁定书,税务机关依法受偿的;

(三)在发生重大自然灾害、公共卫生、社会安全等突发事件期间,因参与应急抢险救灾、疫情防控、重大项目建设或者履行社会责任作出突出贡献的。

第十九条 按本办法第十八条第一项规定申请提前停止公布的,申请人应当提交停止公布失信信息申请表、诚信纳税承诺书。

按本办法第十八条第二项规定申请提前停止公布的,申请人应当提交停止公布失信信息申请表,人民法院出具的批准重整计划或认可和解协议的裁定书。

按本办法第十八条第三项规定申请提前停止公布的,申请人应当提交停止公布失信信息申请表、诚信纳税承诺书以及省、自治区、直辖市、计划单列市人民政府出具的有关材料。

第二十条 税务机关应当自收到申请之日起2日内作出是否受理的决定。申请材料齐全、符合法定形式的,应当予以受理,并告知申请人。不予受理的,应当告知申请人,并说明理由。

第二十一条 受理申请后,税务机关应当及时审核。符合本办法第十八条第一项规定条件的,经设区的市、自治州以上税务局局长或者其授权的税务局领导批准,准予提前停止公布;符合本办法第十八条第二项、第三项规定条件的,经省、自治区、直辖市、计划单列市税务局局长或者其授权的税务局领导批准,准予提前停止公布。

税务机关应当自受理之日起 15 日内作出是否予以提前停止公布的决定,并告知申请人。对不予提前停止公布的,应当说明理由。

第二十二条　失信主体有下列情形之一的,不予提前停止公布:

(一)被确定为失信主体后,因发生偷税、逃避追缴欠税、骗取出口退税、抗税、虚开发票等税收违法行为受到税务处理或者行政处罚的;

(二)五年内被确定为失信主体两次以上的。

申请人按本办法第十八条第二项规定申请提前停止公布的,不受前款规定限制。

第二十三条　税务机关作出准予提前停止公布决定的,应当在 5 日内停止信息公布。

第二十四条　税务机关可以组织申请提前停止公布的失信主体法定代表人、财务负责人等参加信用培训,开展依法诚信纳税教育。信用培训不得收取任何费用。

第五章　附　　则

第二十五条　本办法规定的期间以日计算的,是指工作日,不含法定休假日;期间以年、月计算的,到期月的对应日为期间的最后一日;没有对应日的,月末日为期间的最后一日。期间开始的当日不计算在期间内。

本办法所称"以上、日内",包含本数(级)。

第二十六条　国家税务总局各省、自治区、直辖市、计划单列市税务局可以依照本办法制定具体实施办法。

第二十七条　本办法自 2022 年 2 月 1 日起施行。《国家税务总局关于发布〈重大税收违法失信案件信息公布办法〉的公告》(2018 年第 54 号)同时废止。

6－5－51

最高人民法院　最高人民检察院
关于办理危害税收征管刑事案件
适用法律若干问题的解释

2024 年 3 月 15 日　法释〔2024〕4 号

《最高人民法院、最高人民检察院关于办理危害税收征管刑事案件适用法律若干问题的解释》已于 2024 年 1 月 8 日由最高人民法院审判委员会第 1911 次会议、2024 年 2 月 22 日由最高人民检察院第十四届检察委员会第二十五次会议通过,现予公布,自 2024 年 3 月 20 日起施行。

最高人民法院　最高人民检察院关于办理危害税收征管刑事案件适用法律若干问题的解释

（2024 年 1 月 8 日最高人民法院审判委员会第 1911 次会议、2024 年 2 月 22 日最高人民检察院第十四届检察委员会第二十五次会议通过，自 2024 年 3 月 20 日起施行）

为依法惩治危害税收征管犯罪，根据《中华人民共和国刑法》《中华人民共和国刑事诉讼法》的有关规定，现就办理此类刑事案件适用法律的若干问题解释如下：

第一条　纳税人进行虚假纳税申报，具有下列情形之一的，应当认定为刑法第二百零一条第一款规定的"欺骗、隐瞒手段"：

（一）伪造、变造、转移、隐匿、擅自销毁账簿、记账凭证或者其他涉税资料的；

（二）以签订"阴阳合同"等形式隐匿或者以他人名义分解收入、财产的；

（三）虚列支出、虚抵进项税额或者虚报专项附加扣除的；

（四）提供虚假材料，骗取税收优惠的；

（五）编造虚假计税依据的；

（六）为不缴、少缴税款而采取的其他欺骗、隐瞒手段。

具有下列情形之一的，应当认定为刑法第二百零一条第一款规定的"不申报"：

（一）依法在登记机关办理设立登记的纳税人，发生应税行为而不申报纳税的；

（二）依法不需要在登记机关办理设立登记或者未依法办理设立登记的纳税人，发生应税行为，经税务机关依法通知其申报而不申报纳税的；

（三）其他明知应当依法申报纳税而不申报纳税的。

扣缴义务人采取第一、二款所列手段，不缴或者少缴已扣、已收税款，数额较大的，依照刑法第二百零一条第一款的规定定罪处罚。扣缴义务人承诺为纳税人代付税款，在其向纳税人支付税后所得时，应当认定扣缴义务人"已扣、已收税款"。

第二条　纳税人逃避缴纳税款十万元以上、五十万元以上的，应当分别认定为刑法第二百零一条第一款规定的"数额较大"、"数额巨大"。

扣缴义务人不缴或者少缴已扣、已收税款"数额较大"、"数额巨大"的认定标准，依照前款规定。

第三条　纳税人有刑法第二百零一条第一款规定的逃避缴纳税款行为，在公安机关立案前，经税务机关依法下达追缴通知后，在规定的期限或者批准延缓、分期缴纳的期限内足额补缴应纳税款，缴纳滞纳金，并全部履行税务机关作出的行政处罚决定的，不予追究刑事责任。但是，五年内因逃避缴纳税款受过刑事处罚或者被税务机关给予二次以上行政处罚的除外。

纳税人有逃避缴纳税款行为，税务机关没有依法下达追缴通知的，依法不予追究刑事责任。

第四条　刑法第二百零一条第一款规定的"逃避缴纳税款数额"，是指在确定的纳税期间,不缴或者少缴税务机关负责征收的各税种税款的总额。

刑法第二百零一条第一款规定的“应纳税额”,是指应税行为发生年度内依照税收法律、行政法规规定应当缴纳的税额,不包括海关代征的增值税、关税等及纳税人依法预缴的税额。

刑法第二百零一条第一款规定的“逃避缴纳税款数额占应纳税额的百分比”,是指行为人在一个纳税年度中的各税种逃税总额与该纳税年度应纳税总额的比例;不按纳税年度确定纳税期的,按照最后一次逃税行为发生之日前一年中各税种逃税总额与该年应纳税总额的比例确定。纳税义务存续期间不足一个纳税年度的,按照各税种逃税总额与实际发生纳税义务期间应纳税总额的比例确定。

逃税行为跨越若干个纳税年度,只要其中一个纳税年度的逃税数额及百分比达到刑法第二百零一条第一款规定的标准,即构成逃税罪。各纳税年度的逃税数额应当累计计算,逃税额占应纳税额百分比应当按照各逃税年度百分比的最高值确定。

刑法第二百零一条第三款规定的“未经处理”,包括未经行政处理和刑事处理。

第五条 以暴力、威胁方法拒不缴纳税款,具有下列情形之一的,应当认定为刑法第二百零二条规定的“情节严重”:

(一)聚众抗税的首要分子;

(二)故意伤害致人轻伤的;

(三)其他情节严重的情形。

实施抗税行为致人重伤、死亡,符合刑法第二百三十四条或者第二百三十二条规定的,以故意伤害罪或者故意杀人罪定罪处罚。

第六条 纳税人欠缴应纳税款,为逃避税务机关追缴,具有下列情形之一的,应当认定为刑法第二百零三条规定的“采取转移或者隐匿财产的手段”:

(一)放弃到期债权的;

(二)无偿转让财产的;

(三)以明显不合理的价格进行交易的;

(四)隐匿财产的;

(五)不履行税收义务并脱离税务机关监管的;

(六)以其他手段转移或者隐匿财产的。

第七条 具有下列情形之一的,应当认定为刑法第二百零四条第一款规定的“假报出口或者其他欺骗手段”:

(一)使用虚开、非法购买或者以其他非法手段取得的增值税专用发票或者其他可以用于出口退税的发票申报出口退税的;

(二)将未负税或者免税的出口业务申报为已税的出口业务的;

(三)冒用他人出口业务申报出口退税的;

(四)虽有出口,但虚构应退税出口业务的品名、数量、单价等要素,以虚增出口退税额申报出口退税的;

(五)伪造、签订虚假的销售合同,或者以伪造、变造等非法手段取得出口报关单、运输单据等出口业务相关单据、凭证,虚构出口事实申报出口退税的;

（六）在货物出口后，又转入境内或者将境外同种货物转入境内循环进出口并申报出口退税的；

（七）虚报出口产品的功能、用途等，将不享受退税政策的产品申报为退税产品的；

（八）以其他欺骗手段骗取出口退税款的。

第八条 骗取国家出口退税款数额十万元以上、五十万元以上、五百万元以上的，应当分别认定为刑法第二百零四条第一款规定的“数额较大”、“数额巨大”、“数额特别巨大”。

具有下列情形之一的，应当认定为刑法第二百零四条第一款规定的“其他严重情节”：

（一）两年内实施虚假申报出口退税行为三次以上，且骗取国家税款三十万元以上的；

（二）五年内因骗取国家出口退税受过刑事处罚或者二次以上行政处罚，又实施骗取国家出口退税行为，数额在三十万元以上的；

（三）致使国家税款被骗取三十万元以上并且在提起公诉前无法追回的；

（四）其他情节严重的情形。

具有下列情形之一的，应当认定为刑法第二百零四条第一款规定的“其他特别严重情节”：

（一）两年内实施虚假申报出口退税行为五次以上，或者以骗取出口退税为主要业务，且骗取国家税款三百万元以上的；

（二）五年内因骗取国家出口退税受过刑事处罚或者二次以上行政处罚，又实施骗取国家出口退税行为，数额在三百万元以上的；

（三）致使国家税款被骗取三百万元以上并且在提起公诉前无法追回的；

（四）其他情节特别严重的情形。

第九条 实施骗取国家出口退税行为，没有实际取得出口退税款的，可以比照既遂犯从轻或者减轻处罚。

从事货物运输代理、报关、会计、税务、外贸综合服务等中介组织及其人员违反国家有关进出口经营规定，为他人提供虚假证明文件，致使他人骗取国家出口退税款，情节严重的，依照刑法第二百二十九条的规定追究刑事责任。

第十条 具有下列情形之一的，应当认定为刑法第二百零五条第一款规定的“虚开增值税专用发票或者虚开用于骗取出口退税、抵扣税款的其他发票”：

（一）没有实际业务，开具增值税专用发票、用于骗取出口退税、抵扣税款的其他发票的；

（二）有实际应抵扣业务，但开具超过实际应抵扣业务对应税款的增值税专用发票、用于骗取出口退税、抵扣税款的其他发票的；

（三）对依法不能抵扣税款的业务，通过虚构交易主体开具增值税专用发票、用于骗取出口退税、抵扣税款的其他发票的；

（四）非法篡改增值税专用发票或者用于骗取出口退税、抵扣税款的其他发票相关电子信息的；

（五）违反规定以其他手段虚开的。

为虚增业绩、融资、贷款等不以骗抵税款为目的，没有因抵扣造成税款被骗损失的，不以本罪论处，构成其他犯罪的，依法以其他犯罪追究刑事责任。

第十一条 虚开增值税专用发票、用于骗取出口退税、抵扣税款的其他发票,税款数额在十万元以上的,应当依照刑法第二百零五条的规定定罪处罚;虚开税款数额在五十万元以上、五百万元以上的,应当分别认定为刑法第二百零五条第一款规定的"数额较大"、"数额巨大"。

具有下列情形之一的,应当认定为刑法第二百零五条第一款规定的"其他严重情节":

(一)在提起公诉前,无法追回的税款数额达到三十万元以上的;

(二)五年内因虚开发票受过刑事处罚或者二次以上行政处罚,又虚开增值税专用发票或者虚开用于骗取出口退税、抵扣税款的其他发票,虚开税款数额在三十万元以上的;

(三)其他情节严重的情形。

具有下列情形之一的,应当认定为刑法第二百零五条第一款规定的"其他特别严重情节":

(一)在提起公诉前,无法追回的税款数额达到三百万元以上的;

(二)五年内因虚开发票受过刑事处罚或者二次以上行政处罚,又虚开增值税专用发票或者虚开用于骗取出口退税、抵扣税款的其他发票,虚开税款数额在三百万元以上的;

(三)其他情节特别严重的情形。

以同一购销业务名义,既虚开进项增值税专用发票、用于骗取出口退税、抵扣税款的其他发票,又虚开销项的,以其中较大的数额计算。

以伪造的增值税专用发票进行虚开,达到本条规定标准的,应当以虚开增值税专用发票罪追究刑事责任。

第十二条 具有下列情形之一的,应当认定为刑法第二百零五条之一第一款规定的"虚开刑法第二百零五条规定以外的其他发票":

(一)没有实际业务而为他人、为自己、让他人为自己、介绍他人开具发票的;

(二)有实际业务,但为他人、为自己、让他人为自己、介绍他人开具与实际业务的货物品名、服务名称、货物数量、金额等不符的发票的;

(三)非法篡改发票相关电子信息的;

(四)违反规定以其他手段虚开的。

第十三条 具有下列情形之一的,应当认定为刑法第二百零五条之一第一款规定的"情节严重":

(一)虚开发票票面金额五十万元以上的;

(二)虚开发票一百份以上且票面金额三十万元以上的;

(三)五年内因虚开发票受过刑事处罚或者二次以上行政处罚,又虚开发票,票面金额达到第一、二项规定的标准60%以上的。

具有下列情形之一的,应当认定为刑法第二百零五条之一第一款规定的"情节特别严重":

(一)虚开发票票面金额二百五十万元以上的;

(二)虚开发票五百份以上且票面金额一百五十万元以上的;

(三)五年内因虚开发票受过刑事处罚或者二次以上行政处罚,又虚开发票,票面金额达到第一、二项规定的标准60%以上的。

以伪造的发票进行虚开，达到本条第一款规定的标准的，应当以虚开发票罪追究刑事责任。

第十四条　伪造或者出售伪造的增值税专用发票，具有下列情形之一的，应当依照刑法第二百零六条的规定定罪处罚：

（一）票面税额十万元以上的；

（二）伪造或者出售伪造的增值税专用发票十份以上且票面税额六万元以上的；

（三）违法所得一万元以上的。

伪造或者出售伪造的增值税专用发票票面税额五十万元以上的，或者五十份以上且票面税额三十万元以上的，应当认定为刑法第二百零六条第一款规定的“数量较大”。

五年内因伪造或者出售伪造的增值税专用发票受过刑事处罚或者二次以上行政处罚，又实施伪造或者出售伪造的增值税专用发票行为，票面税额达到本条第二款规定的标准60%以上的，或者违法所得五万元以上的，应当认定为刑法第二百零六条第一款规定的“其他严重情节”。

伪造或者出售伪造的增值税专用发票票面税额五百万元以上的，或者五百份以上且票面税额三百万元以上的，应当认定为刑法第二百零六条第一款规定的“数量巨大”。

五年内因伪造或者出售伪造的增值税专用发票受过刑事处罚或者二次以上行政处罚，又实施伪造或者出售伪造的增值税专用发票行为，票面税额达到本条第四款规定的标准60%以上的，或者违法所得五十万元以上的，应当认定为刑法第二百零六条第一款规定的“其他特别严重情节”。

伪造并出售同一增值税专用发票的，以伪造、出售伪造的增值税专用发票罪论处，数量不重复计算。

变造增值税专用发票的，按照伪造增值税专用发票论处。

第十五条　非法出售增值税专用发票的，依照本解释第十四条的定罪量刑标准定罪处罚。

第十六条　非法购买增值税专用发票或者购买伪造的增值税专用发票票面税额二十万元以上的，或者二十份以上且票面税额十万元以上的，应当依照刑法第二百零八条第一款的规定定罪处罚。

非法购买真、伪两种增值税专用发票的，数额累计计算，不实行数罪并罚。

购买伪造的增值税专用发票又出售的，以出售伪造的增值税专用发票罪定罪处罚；非法购买增值税专用发票用于骗取抵扣税款或者骗取出口退税款，同时构成非法购买增值税专用发票罪与虚开增值税专用发票罪、骗取出口退税罪的，依照处罚较重的规定定罪处罚。

第十七条　伪造、擅自制造或者出售伪造、擅自制造的用于骗取出口退税、抵扣税款的其他发票，具有下列情形之一的，应当依照刑法第二百零九条第一款的规定定罪处罚：

（一）票面可以退税、抵扣税额十万元以上的；

（二）伪造、擅自制造或者出售伪造、擅自制造的发票十份以上且票面可以退税、抵扣税额六万元以上的；

（三）违法所得一万元以上的。

伪造、擅自制造或者出售伪造、擅自制造的可以用于骗取出口退税、抵扣税款的其他发票票面可以退税、抵扣税额五十万元以上的，或者五十份以上且票面可以退税、抵扣税额三十万元以上的，应当认定为刑法第二百零九条第一款规定的"数量巨大"；伪造、擅自制造或者出售伪造、擅自制造的可以用于骗取出口退税、抵扣税款的其他发票票面可以退税、抵扣税额五百万元以上的，或者五百份以上且票面可以退税、抵扣税额三百万元以上的，应当认定为刑法第二百零九条第一款规定的"数量特别巨大"。

伪造、擅自制造或者出售伪造、擅自制造刑法第二百零九条第二款规定的发票，具有下列情形之一的，应当依照该款的规定定罪处罚：

(一)票面金额五十万元以上的；

(二)伪造、擅自制造或者出售伪造、擅自制造发票一百份以上且票面金额三十万元以上的；

(三)违法所得一万元以上的。

伪造、擅自制造或者出售伪造、擅自制造刑法第二百零九条第二款规定的发票，具有下列情形之一的，应当认定为"情节严重"：

(一)票面金额二百五十万元以上的；

(二)伪造、擅自制造或者出售伪造、擅自制造发票五百份以上且票面金额一百五十万元以上的；

(三)违法所得五万元以上的。

非法出售用于骗取出口退税、抵扣税款的其他发票的，定罪量刑标准依照本条第一、二款的规定执行。

非法出售增值税专用发票、用于骗取出口退税、抵扣税款的其他发票以外的发票的，定罪量刑标准依照本条第三、四款的规定执行。

第十八条 具有下列情形之一的，应当认定为刑法第二百一十条之一第一款规定的"数量较大"：

(一)持有伪造的增值税专用发票或者可以用于骗取出口退税、抵扣税款的其他发票票面税额五十万元以上的；或者五十份以上且票面税额二十五万元以上的；

(二)持有伪造的前项规定以外的其他发票票面金额一百万元以上的，或者一百份以上且票面金额五十万元以上的。

持有的伪造发票数量、票面税额或者票面金额达到前款规定的标准五倍以上的，应当认定为刑法第二百一十条之一第一款规定的"数量巨大"。

第十九条 明知他人实施危害税收征管犯罪而仍为其提供账号、资信证明或者其他帮助的，以相应犯罪的共犯论处。

第二十条 单位实施危害税收征管犯罪的定罪量刑标准，依照本解释规定的标准执行。

第二十一条 实施危害税收征管犯罪，造成国家税款损失，行为人补缴税款、挽回税收损失，有效合规整改的，可以从宽处罚；犯罪情节轻微不需要判处刑罚的，可以不起诉或者免予刑事处罚；情节显著轻微危害不大的，不作为犯罪处理。

对于实施本解释规定的相关行为被不起诉或者免予刑事处罚，需要给予行政处罚、政务处分或者其他处分的，依法移送有关主管机关处理。有关主管机关应当将处理结果及时通知人民检察院、人民法院。

第二十二条 本解释自2024年3月20日起施行。《最高人民法院关于适用〈全国人民代表大会常务委员会关于惩治虚开、伪造和非法出售增值税专用发票犯罪的决定〉的若干问题的解释》(法发〔1996〕30号)、《最高人民法院关于审理骗取出口退税刑事案件具体应用法律若干问题的解释》(法释〔2002〕30号)、《最高人民法院关于审理偷税、抗税刑事案件具体应用法律若干问题的解释》(法释〔2002〕33号)同时废止;最高人民法院、最高人民检察院以前发布的司法解释与本解释不一致的,以本解释为准。

中华人民共和国税法

第Ⅵ卷

税收征管

下册

国家税务总局 ◎ 编

中国税务出版社

目　　录

（接续上册：1 基本法律法规　2 登记申报　3 票证管理　4 税款征收　5 税务检查）

下　册

6　纳税服务

7 其 他

6

纳税服务

6－6－1

国家税务总局办公厅关于印发《税务代理机构脱钩改制验收标准》的通知

1999年12月22日 国税办发〔1999〕48号

各省、自治区、直辖市和计划单列市国家税务局、地方税务局及注册税务师管理工作领导小组：

根据《国家税务总局关于印发〈清理整顿税务代理行业实施方案〉的通知》（国税发〔1999〕145号）的有关规定，为保证税务代理机构的彻底脱钩改制，现将《税务代理机构脱钩改制验收标准》印发给你们，请遵照执行。

税务代理机构脱钩改制验收标准

一、脱钩验收标准

（一）编制脱钩。属于税务机关事业编制序列的税务代理机构已注销编制；由税务机关兴办或挂靠税务机关的税务代理机构已解除隶属挂靠关系。

（二）人员脱钩。现有税务代理机构执业人员中已没有在职的税务机关公职人员，愿意留在代理机构工作的原公职人员已分别办理了提前退休、离职或辞职手续。

（三）财务脱钩。按有关规定进行资产清查财务、审计、产权界定、资产处置，并取得了批复文件。现有的税务代理机构在财务上已与税务机关完全脱离关系。

（四）职能脱钩。税务机关的行政职能转移到税务代理机构的已经收回。税务机关利用行政权力为税务代理机构招揽业务的现象已杜绝。

（五）名称脱钩。税务代理机构已按国家税务总局与国家工商行政管理局联合发文的规定更改了名称，税务代理机构在税务机关办税服务厅设置的税务代理窗口已撤掉。

二、改制验收标准

（一）税务师事务所的发起人或合伙人都是注册税务师。

（二）税务师事务所的注册资金或经营资金已经如数到位。

（三）税务师事务所没有本事务所以外的单位或个人参资入股。

（四）税务师事务所的设立符合总局关于有限责任（合伙）事务所设立审批办法的规定。

6-6-2

国家税务总局关于国家税务局系统会计师事务所和税务代理机构脱钩改制中资产界定审批办法的通知

2000年1月19日　国税发〔2000〕17号

最近,一些地区向总局提出关于原挂靠国家税务局的会计师事务所和税务代理机构在脱钩改制中资产界定如何审批的问题。经研究并商财政部国有资产管理部门同意,现对有关问题明确如下:

一、按照国有资产实行"统一政策、分级管理"的原则,总局负责原挂靠在省级国税局的会计师事务所和税务代理机构在脱钩改制中资产界定的审批工作,省(自治区、直辖市和计划单列市)级国税局负责对原挂靠在地市级国税局的会计师事务所和代理机构在脱钩改制中资产界定的审批,地市级国税局负责对原挂靠在县级国税局的会计师事务所和代理机构在脱钩改制中资产界定的审批工作。

二、凡已在原国家国有资产管理局办理过企业产权登记的会计师事务所和税务代理机构,应在办理资产界定的同时,将脱钩改制的资料(包括:脱钩改制的有关文件、财务报表、产权登记证等)报送国家税务总局,统一到财政部办理产权注销手续。

三、凡已在地方国有资产管理机构办理过产权登记的会计师事务所或税务代理机构,应在办理资产界定的同时,到地方国有资产管理机构办理产权变更手续。

6-6-3

国家税务总局关于保留对设立税务师事务所审批意见的函

2004年3月10日　国税函〔2004〕343号

国务院行政审批制度改革领导小组办公室:

注册税务师行业是适应社会主义市场经济发展和社会化分工的需要逐步成长起来的一个新兴产业。从1998年我国出现第一批专门从事税务中介服务的注册税务师开始至今,在短短6年时间里,全国已经有56000多人取得注册税务师资格,从业人员6万多人,税务师事务所近2600个,并且呈逐年上升趋势。为规范这一新兴行业的发展,必须保留对设立税务师事务所的审批,理由如下:

一、依据行政许可法的规定,可以设定对设立税务师事务所的审批

行政许可法第12条第三项规定"提供公众服务并且直接关系公共利益的职业、行业,

需要确定具备特殊信誉、特殊条件或者特殊技能等资格、资质的事项”,可以设定行政许可。国务院办公厅 1999 年 11 月发出的《关于清理整顿经济鉴证类社会中介机构的通知》(国办发〔1999〕92 号)将税务师事务所明确界定为“与市场经济运行和市场经济活动有着密切关系、对维护市场秩序具有重要作用,并依靠专业知识和技能向社会提供经济鉴证服务的经济鉴证类社会中介机构”。我们认为,设立税务师事务所属于可以设定行政许可的事项,符合上述规定。

(一)税务师事务所为公众提供的服务直接关系公共利益。随着社会经济发展,越来越多的公民、法人需要专业人士或机构为他们提供税款的计算、审核和筹划服务。同时,在税收征管体制改革过程中,除税务机关为纳税人提供的专门服务之外,由注册税务师提供的社会服务已经被确定为纳税服务体系的重要组成部分。为减少申报误差、提高申报质量,一些政策性强、技术难度高、涉税事项复杂的纳税事务,可以由税务师事务所进行真实性审核并出具审核报告。因此,注册税务师行业事关纳税人合法权益和国家税收利益,税务师事务所能否合法、诚实地履行鉴证职责,直接关系到社会公众和公共利益的维护与实现。从税收征管实践看,在每年增加的税收收入中,通过税务师事务所鉴证审核后调增的数额逐年上升(仅北京市地税局通过税务师事务所对 2000 ~ 2002 年度的企业所得税汇算清缴就调整应纳税所得额 41. 5 亿元,直接增加所得税额 3. 03 亿元,间接增加以后年度所得税额 9. 9 亿元),有力地证明了税务师事务所在维护国家税收利益方面发挥的积极作用。

(二)税务师事务所从事的活动是需要具备特殊技能的事项。税务师事务所通过加入本所的注册税务师为客户提供税收筹划、所得税汇算清缴、财产损失审核、破产清算涉税鉴证等中介服务。要取得注册税务师资格必须参加难度极高的全国统一资格考试。由于税法体系庞大、内容复杂,并不是任何机构、任何人都有能力从事税务中介服务,即使是注册会计师、执业律师,如果不经过专门训练并长期办理税收业务,也没有能力为客户提供涉税中介服务。

(三)税务师事务所从事的是具有特殊信誉的社会活动。税务师事务所从事的业务包括经济鉴证类中介服务,如破产清算涉税鉴证、企业重组涉税鉴证、企业合并分立涉税鉴证、股权转让涉税鉴证、涉税司法鉴定业务等。“经济鉴证”意味着从业人员和机构出具的意见可以直接作为行政机关乃至司法机关作出决定或裁判的依据。因此,注册税务师行业必须具有高度社会公信力这种特殊信誉。

二、根据注册税务师行业的特点,必须保留对设立税务师事务所的审批

(一)注册税务师行业需要特殊的社会信誉,为控制社会道德风险,必须保留对设立税务师事务所的审批。国办发〔1999〕92 号文件把税务师事务所明确界定为与市场经济运行和市场经济活动有着密切关系、对维护市场秩序具有重要作用、依靠专业知识和技能向社会提供经济鉴证服务的经济鉴证类社会中介机构。据此,国家税务总局在 2000 年 5 月 16 日下发的《关于印发〈企业所得税税前扣除办法〉的通知》(国税发〔2000〕84 号)中规定,“需经税务机关审核批准后在税前扣除的事项,省级税务机关可以作出规定,要求纳税人在上报税务机关审核批准时,附送中国注册税务师或注册会计师的审核证明。”现在全国已经有北京、广东、安徽等部分省市对附有注册税务师审核证明的申请直接受理、批准,只保留事后核查监督的权力。我局拟在总结经验的基础上,在全国范围内推广这一做法,并逐步

扩大税务师事务所鉴证审核业务的范围。可以想象,在出具涉税审核证明这类需要特殊信誉的鉴证服务行业,如果取消对设立税务师事务所的审批,任何人只要办理了营业执照后就可以从事涉税鉴证服务,势必给不法分子提供可乘之机,造成涉税违法犯罪活动泛滥猖獗、国家税款大量流失的严重后果。

(二)中介机构市场秩序依然混乱,为整顿税务中介服务市场秩序,必须保留对设立税务师事务所的审批。2001年4月27日,国务院在《关于整顿和规范市场经济秩序的决定》(国发〔2001〕11号)中规定,今后五年整顿和规范市场经济秩序的主要内容之一是"规范中介机构的行为,实行中介机构市场准入制度。整顿经济鉴证服务市场,严肃查处中介机构出具虚假资信证明、虚假评估、虚假鉴证等不法行为,对严重违法违规的中介机构和人员实行禁入制度"。可见,在今后相当长一段时间,整顿市场秩序仍然是鉴证类行业的重要任务。为整顿税务中介服务市场,就必须实行市场准入制度,保留事前审批,禁止那些不具备特定资格资质、有严重违法违规行为的人员和机构进入税务中介服务尤其是鉴证类服务市场。

(三)注册税务师行业自律组织仍不成熟,为避免出现管理真空,必须保留对设立税务师事务所的审批。1999年8月,我局开始在全国范围内对注册税务师行业进行脱钩改制,2000年底这项工作基本完成。2003年8月,中国税务咨询协会经国务院批准更名为中国注册税务师协会,目前内设机构还不够完善,地区性的协会还没有组建完成,人员素质亟待提高。因此,尽管注册税务师行业作为一种新兴行业发展很快,但是由于出现时间比较短,行业自律组织仍处于组建整合之中,还不能有效发挥监管作用。另外,注册税务师立法严重滞后,目前还没有一部规范行业的法律或行政法规,只能依靠行政手段对行业进行监管。如果取消对设立税务师事务所的审批,税务机关将没有其他替代手段对行业进行有效管理。在这种情况下,取消审批就意味着取消行政管理,取消行政管理就意味着出现管理真空。为避免这种不良后果的出现,必须保留审批。

三、与注册会计师行业相一致,应当保留对设立税务师事务所的审批

根据国办发〔1999〕92号文件规定,税务师事务所与会计师事务所在性质上都属于经济鉴证类社会中介机构。2002年,根据国办发〔1999〕92号文件,财政部和国家税务总局经国务院批准联合下发了《关于贯彻落实国务院关于注册税务师行业与注册会计师行业实行"统一领导分行业管理"决定的通知》(财办〔2002〕35号),明确规定两个行业的自律协会对行业实行"统一领导,分行业管理","中国税务咨询协会为中国注册会计师协会的社团会员","国家税务总局党组推荐中税协的会长、秘书长任中注协副会长、副秘书长。中税协的日常重大工作和年度总结向中注协报告"。注册税务师与注册会计师在行业性质、领导体制上的一致性,决定了两个行业要采取相同的行政管理方式,因此应当保留对设立税务师事务所的审批。同时,我们还要积极借鉴注册会计师行业的管理经验,实行立法保障和行政审批并举,在保留行政审批的同时,加快立法进程,运用法律手段规范注册税务师行业发展。

"合法、合理、效能、责任、监督"是指导行政审批制度改革工作的基本原则。根据国务院行政审批制度改革工作领导小组《关于印发〈关于贯彻实施行政审批制度改革的五项原则需要把握的几个问题〉的通知》(国审改发〔2001〕1号)和国务院审改办领导讲话精神,在

把握这五项原则时,应当把它们作为一个有机的整体,全面加以考虑;在合法性原则与合理性原则发生冲突时,要优先考虑合理性原则。对设立税务师事务所的审批,尽管没有法律、行政法规依据,但如果深入分析注册税务师行业的性质及其对社会公众、公共利益的影响,就可以得出应当保留审批的结论。

从这些年的实践来看,对注册税务师行业实行的许可管理制度,不但没有成为阻碍生产力发展的体制性障碍,反而大大规范、促进了行业的健康发展。注册税务师这一新兴行业逐渐得到社会认同,开始步入良性发展。我们相信,保留对设立税务师事务所的审批,将继续成为规范、促进行业进步的积极手段。

附件:1.《国务院办公厅关于清理整顿经济鉴证类社会中介机构的通知》(国办发〔1999〕92 号)(编者略)

2.《国务院关于整顿和规范市场经济秩序的决定》(国发〔2001〕11 号)(编者略)

3.《国务院清理整顿经济鉴证类社会中介机构领导小组关于报送〈关于落实国务院关于注册税务师行业与注册会计师行业实行“归类合并　统一管理”决定的意见〉的请示》(国清〔2002〕3 号)(编者略)

4.《财政部　国家税务总局关于贯彻落实国务院关于注册税务师行业与注册会计师行业实行“统一领导分行业管理”决定的通知》(财办〔2002〕35 号)(编者略)

5.《国家税务总局关于印发〈企业所得税税前扣除办法〉的通知》(国税发〔2000〕84 号)(编者略)

6. 北京、广东、安徽三省市税务机关关于明确注册税务师事务所涉税鉴证业务的文件(编者略)

6 -6 -4

国家税务总局关于印发《纳税人涉税保密信息管理暂行办法》的通知

2008 年 10 月 9 日　国税发〔2008〕93 号

各省、自治区、直辖市和计划单列市国家税务局、地方税务局:

为维护纳税人合法权益,完善税务机关对纳税人涉税信息资料的保密管理制度,规范税务机关受理外部门查询纳税人涉税保密信息的程序,根据《中华人民共和国税收征收管理法》及其实施细则,税务总局制定了《纳税人涉税保密信息管理暂行办法》。现印发给你们,请认真遵照执行。在执行过程中遇到的问题,请及时报告税务总局(纳税服务司)。

附件:纳税人、扣缴义务人涉税保密信息查询申请表(编者略)

纳税人涉税保密信息管理暂行办法

第一章　总　　则

第一条　为维护纳税人的合法权益，规范对纳税人涉税保密信息管理工作，根据《中华人民共和国税收征收管理法》和《中华人民共和国税收征收管理法实施细则》及相关法律、法规的规定，制定本办法。

第二条　本办法所称纳税人涉税保密信息，是指税务机关在税收征收管理工作中依法制作或者采集的，以一定形式记录、保存的涉及到纳税人商业秘密和个人隐私的信息。主要包括纳税人的技术信息、经营信息和纳税人、主要投资人以及经营者不愿公开的个人事项。

纳税人的税收违法行为信息不属于保密信息范围。

第三条　对于纳税人的涉税保密信息，税务机关和税务人员应依法为其保密。除下列情形外，不得向外部门、社会公众或个人提供：

（一）按照法律、法规的规定应予公布的信息；

（二）法定第三方依法查询的信息；

（三）纳税人自身查询的信息；

（四）经纳税人同意公开的信息。

第四条　根据法律、法规的要求和履行职责的需要，税务机关可以披露纳税人的有关涉税信息，主要包括：根据纳税人信息汇总的行业性、区域性等综合涉税信息、税收核算分析数据、纳税信用等级以及定期定额户的定额等信息。

第五条　各级税务机关应指定专门部门负责纳税人涉税非保密信息的对外披露、纳税人涉税保密信息查询的受理和纳税人涉税保密信息的对外提供工作。要制定严格的信息披露、提供和查询程序，明确工作职责。

第二章　涉税保密信息的内部管理

第六条　在税收征收管理工作中，税务机关、税务人员应根据有关法律、法规规定和征管工作需要，向纳税人采集涉税信息资料。

第七条　税务机关、税务人员在税收征收管理工作各环节采集、接触到纳税人涉税保密信息的，应当为纳税人保密。

第八条　税务机关内部各业务部门、各岗位人员必须在职责范围内接收、使用和传递纳税人涉税保密信息。

对涉税保密信息纸质资料，税务机关应明确责任人员，严格按照程序受理、审核、登记、建档、保管和使用。

对涉税保密信息电子数据，应由专门人员负责采集、传输和储存、分级授权查询，避免无关人员接触纳税人的涉税保密信息。

第九条　对存储纳税人涉税保密信息的纸质资料或者电子存储介质按规定销毁时，要指定专人负责监督，确保纸质资料全部销毁，电子存储介质所含数据不可恢复。

第十条　税务机关在税收征收管理信息系统或者办公用计算机系统的开发建设、安装调试、维护维修过程中，要与协作单位签订保密协议，采取保密措施，防止纳税人涉税保密信息外泄。

第十一条　税务机关对纳税人涉税保密资料的存放场所要确保安全，配备必要的防盗设施。

第三章　涉税保密信息的外部查询管理

第十二条　税务机关对下列单位和个人依照法律、法规规定，申请对纳税人涉税保密信息进行的查询应在职责范围内予以支持。具体包括：

（一）人民法院、人民检察院和公安机关根据法律规定进行的办案查询；

（二）纳税人对自身涉税信息的查询；

（三）抵押权人、质权人请求税务机关提供纳税人欠税有关情况的查询。

第十三条　人民法院、人民检察院和公安机关依法查询纳税人涉税保密信息的，应当向被查询纳税人所在地的县级或县级以上税务机关提出查询申请。

第十四条　人民法院、人民检察院和公安机关向税务机关提出查询申请时，应当由两名以上工作人员到主管税务机关办理，并提交以下资料：

1.《纳税人、扣缴义务人涉税保密信息查询申请表》（式样见附件）；

2. 单位介绍信；

3. 有效身份证件原件。

第十五条　纳税人通过税务机关网站提供的查询功能查询自身涉税信息的，必须经过身份认证和识别。

直接到税务机关查询自身涉税保密信息的纳税人，应当向主管税务机关提交下列资料：

1.《纳税人、扣缴义务人涉税保密信息查询申请表》；

2. 查询人本人有效身份证件原件。

第十六条　纳税人授权其他人员代为查询的，除提交第十五条规定资料外，还需提交纳税人本人（法定代表人或财务负责人）签字的委托授权书和代理人的有效身份证件原件。

第十七条　抵押权人、质权人申请查询纳税人的欠税有关情况时，除提交本办法第十五条、第十六条规定的资料外，还需提交合法有效的抵押合同或者质押合同的原件。

第十八条　税务机关应在本单位职责权限内，向查询申请单位或个人（以下简称"申请人"）提供有关纳税人的涉税保密信息。

第十九条　税务机关负责受理查询申请的部门，应对申请人提供的申请资料进行形式审查。对于资料齐全的，依次交由部门负责人和单位负责人分别进行复核和批准；对申请资料不全的，一次性告知申请人补全相关申请资料。

负责核准的人员应对申请查询的事项进行复核，对符合查询条件的，批准交由有关部门按照申请内容提供相关信息；对不符合查询条件的，签署不予批准的意见，退回受理部门，由受理部门告知申请人。

负责提供信息的部门，应根据已批准的查询申请内容，及时检索、整理和制作有关信息，并按规定程序交由查询受理部门。受理部门应在履行相关手续后将有关信息交给申请人。

第二十条 税务机关应根据申请人查询信息的内容，本着方便申请人的原则，确定查询信息提供的时间和具体方式。

第二十一条 税务机关对申请人申请查询涉税信息的申请资料应专门归档管理，保存期限为3年。

第四章 责任追究

第二十二条 各级税务机关应强化保密教育，努力增强税务人员的保密意识，采取有效措施，防止泄密、失密。

第二十三条 对有下列行为之一的税务人员，按照《中华人民共和国税收征收管理法》第八十七条的规定处理：

（一）在受理、录入、归档、保存纳税人涉税资料过程中，对外泄露纳税人涉税保密信息的；

（二）在日常税收管理、数据统计、报表管理、税源分析、纳税评估过程中，对外泄露纳税人涉税保密信息的；

（三）违规设置查询权限或者违规进行技术操作，使不应知晓纳税人涉税保密信息的税务人员可以查询或者知晓的；

（四）违反规定程序向他人提供纳税人涉税保密信息的。

第二十四条 有关查询单位和个人发生泄露纳税人涉税保密信息的，按照有关法律、法规的规定处理。

第二十五条 各级税务机关要严格执行泄密汇报制度，及时掌握泄密情况。对延误报告时间或者故意隐瞒、影响及时采取补救措施的，根据造成后果的严重程度，分别追究经办人和有关负责人的责任。

第五章 附 则

第二十六条 本办法由国家税务总局负责解释。各省、自治区、直辖市和计划单列市国家税务局、地方税务局可根据本办法，制定具体实施办法。

第二十七条 扣缴义务人涉税保密信息的管理适用本办法。

第二十八条 按照《国务院办公厅关于社会信用体系建设的若干意见》（国办发〔2007〕17号）的要求，税务总局与国务院相关部门建立的信息共享制度中涉及的保密规定，另行制定。

第二十九条 我国政府与其他国家（地区）政府缔结的税收协定或情报交换协议中涉及纳税人涉税信息保密的，按协定或协议的规定办理。

第三十条 本办法自2009年1月1日起施行。

注释：

条款修改。根据《第十三届全国人民代表大会第一次会议关于国务院机构改革方案的决定》等有关规定，税收规范性文件规定的国税地税机关的职责和工作由新的税务机关承担。国家税务总局依据《税收规范性文件制定管理办法》（国家税务总局令第41号公布），对税收规范性文件进行了清理。参见:《国家税务总局关于修改部分税收规范性文件的公告》(国家税务总局公告2018年第31号)。

政策调整。《国家税务总局关于印发〈纳税人涉税保密信息管理暂行办法〉的通知》(国税发〔2008〕93号)与《国家税务总局关于发布〈涉税信息查询管理办法〉的公告》(国家税务总局公告2016年第41号)有关规定不一致的,适用国家税务总局公告2016年第41号。参见:《国家税务总局关于发布〈涉税信息查询管理办法〉的公告》(国家税务总局公告2016年第41号)。

6-6-5

国家发展改革委　国家税务总局关于印发《税务师事务所服务收费管理办法》的通知

2009年1月15日　发改价格〔2009〕194号

各省、自治区、直辖市发展改革委、物价局,国家税务局、地方税务局:

为规范税务师事务所服务收费行为,维护委托双方的合法权益,促进注册税务师服务行业的健康发展,经研究,我们制定了《税务师事务所服务收费管理办法》,现印发给你们,自2009年2月15日起执行。原国家计委、国家税务总局下发的《关于规范税务代理收费有关问题的通知》(计价格〔1999〕2370号)自本办法生效之日起废止。

附:税务师事务所服务收费管理办法

附

税务师事务所服务收费管理办法

第一条　为规范税务师事务所服务收费行为,维护委托人和税务师事务所的合法权益,促进注册税务师行业的健康发展,依据《中华人民共和国价格法》、《中介服务收费管理办法》等有关法律法规,制定本办法。

第二条　依法设立的税务师事务所,为委托人提供涉税鉴证和涉税服务业务的收费行为适用本办法。

第三条　税务师事务所服务收费应当遵循公开、公平、公正、自愿有偿、诚实信用和委托人付费的原则。

第四条　税务师事务所服务收费实行政府指导价或市场调节价。

第五条　税务师事务所提供下列涉税鉴证业务实行政府指导价:

(一)企业所得税汇算清缴纳税申报鉴证;(二)企业财产损失所得税前扣除鉴证;(三)企业所得税税前弥补亏损鉴证;(四)土地增值税清算鉴证。

各省、自治区、直辖市政府价格主管部门可根据实际情况，商同级税务机关确定实行政府指导价的具体收费项目。

第六条 税务师事务所提供下列涉税服务业务实行市场调节价：

（一）代理税务登记，变更和注销税务登记；

（二）代购普通发票；

（三）代理纳税申报或扣缴税款；

（四）代理减免税、申请退税；

（五）代理建账记账；

（六）代理税务行政复议；

（七）税务咨询；

（八）受聘税务顾问；

（九）其他涉税服务业务。

第七条 政府指导价的基准价及其浮动幅度由各省、自治区、直辖市政府价格主管部门会同同级税务机关制定。

第八条 政府制定税务师事务所服务收费标准应当充分考虑当地经济发展水平、社会承受能力和注册税务师行业的发展，以涉税鉴证和涉税服务社会平均成本，加法定税金和合理利润确定。

第九条 实行市场调节价的涉税服务业务应由税务师事务所提出收费标准范围，具体标准由税务师事务所与委托人协商确定，并考虑以下主要因素：

（一）耗费的工作时间；

（二）涉税服务业务的难易程度；

（三）委托人的承受能力；

（四）注册税务师可能承担的风险和责任；

（五）注册税务师的社会信誉和工作水平等。

第十条 税务师事务所接受委托，应当与委托人签订涉税鉴证业务或者涉税服务业务收费合同（协议）或者在委托合同（协议）中载明收费条款。

收费合同（协议）或收费条款应包括：收费项目、收费标准、收费方式、收费金额、付款和结算方式、争议解决方式等内容。

第十一条 税务师事务所与委托人签订合同（协议）后，因税务师事务所的过错或其无正当理由要求终止委托关系的，或因委托人的过错或其无正当理由要求终止委托关系的，有关费用的退补和赔偿依照《合同法》等有关规定办理。

第十二条 税务师事务所应当加强内部管理，降低服务成本，严格按照业务规程为委托人提供服务。

第十三条 税务师事务所向委托人收取服务费用，应当向委托人出具合法票据。

第十四条 税务师事务所应当在显著位置公示服务项目、收费标准等信息，接受社会监督。

第十五条 税务师事务所未按照合同（协议）规定履行义务而收费的，或采取以低于成本价收费等不正当方式承接业务的，省级税务机关应当按照《注册税务师管理暂行办法》的有关规定进行查处。

第十六条 各级税务机关应协助价格主管部门做好收费管理工作,加强对税务师事务所、注册税务师服务活动的监督检查。

第十七条 税务师事务所应当严格执行政府价格主管部门会同同级税务机关制定的税务师事务所服务收费标准及具体实施办法,建立健全内部收费管理制度,自觉接受政府价格主管部门和税务机关的监督检查。

第十八条 税务师事务所异地设立分支机构,应当按照分支机构所在地的税务师事务所服务收费规定执行。

第十九条 税务师事务所承接涉税业务,应当执行承接业务所在地的收费规定。

第二十条 税务师事务所服务收费中有下列情形之一的,由政府价格主管部门依照《价格法》和《价格违法行为行政处罚规定》实施行政处罚:

(一)未按规定公示服务项目、收费标准的;

(二)超出政府指导价浮动幅度制定价格的;

(三)擅自制定属于政府指导价范围内的服务价格的;

(四)提前或者推迟执行政府指导价的;

(五)采取分解收费项目、重复收费,扩大收费范围等方式变相提高收费标准的;

(六)违反规定以保证金、抵押金等形式变相收费的;

(七)其他违反价格法律法规及有关规定的行为。

第二十一条 公民、法人和其他组织发现税务师事务所或注册税务师存在有不执行政府指导价或其他价格违法行为的,可以向税务师事务所所在地价格主管部门、税务机关或注册税务师协会举报、投诉。

第二十二条 因税务师事务所与委托人之间发生收费纠纷,税务师事务所应当与委托人协商解决,也可以申请仲裁或者向人民法院提起诉讼。

第二十三条 各省、自治区、直辖市政府价格主管部门会同同级税务机关,依据本办法制定税务师事务所服务收费的具体实施办法,报国家发展改革委和国家税务总局备案。

第二十四条 本办法由国家发展改革委会同国家税务总局负责解释。

第二十五条 本办法自2009年2月15日起执行。原国家计委、国家税务总局下发的《关于规范税务代理收费有关问题的通知》(计价格〔1999〕2370号)同时废止。

6-6-6

国家税务总局关于纳税人权利与义务的公告

2009年11月6日 国家税务总局公告2009年第1号

为便于您全面了解纳税过程中所享有的权利和应尽的义务,帮助您及时、准确地完成纳税事宜,促进您与我们在税收征纳过程中的合作("您"指纳税人或扣缴义务人,"我们"

指税务机关或税务人员。下同)，根据《中华人民共和国税收征收管理法》及其实施细则和相关税收法律、行政法规的规定，现就您的权利和义务告知如下：

您的权利

您在履行纳税义务过程中，依法享有下列权利：

一、知情权

您有权向我们了解国家税收法律、行政法规的规定以及与纳税程序有关的情况，包括：现行税收法律、行政法规和税收政策规定；办理税收事项的时间、方式、步骤以及需要提交的资料；应纳税额核定及其他税务行政处理决定的法律依据、事实依据和计算方法；与我们在纳税、处罚和采取强制执行措施时发生争议或纠纷时，您可以采取的法律救济途径及需要满足的条件。

二、保密权

您有权要求我们为您的情况保密。我们将依法为您的商业秘密和个人隐私保密，主要包括您的技术信息、经营信息和您、主要投资人以及经营者不愿公开的个人事项。上述事项，如无法律、行政法规明确规定或者您的许可，我们将不会对外部门、社会公众和其他个人提供。但根据法律规定，税收违法行为信息不属于保密范围。

三、税收监督权

您对我们违反税收法律、行政法规的行为，如税务人员索贿受贿、徇私舞弊、玩忽职守，不征或者少征应征税款，滥用职权多征税款或者故意刁难等，可以进行检举和控告。同时，您对其他纳税人的税收违法行为也有权进行检举。

四、纳税申报方式选择权

您可以直接到办税服务厅办理纳税申报或者报送代扣代缴、代收代缴税款报告表，也可以按照规定采取邮寄、数据电文或者其他方式办理上述申报、报送事项。但采取邮寄或数据电文方式办理上述申报、报送事项的，需经您的主管税务机关批准。

您如采取邮寄方式办理纳税申报，应当使用统一的纳税申报专用信封，并以邮政部门收据作为申报凭据。邮寄申报以寄出的邮戳日期为实际申报日期。

数据电文方式是指我们确定的电话语音、电子数据交换和网络传输等电子方式。您如采用电子方式办理纳税申报，应当按照我们规定的期限和要求保存有关资料，并定期书面报送给我们。

五、申请延期申报权

您如不能按期办理纳税申报或者报送代扣代缴、代收代缴税款报告表，应当在规定的期限内向我们提出书面延期申请，经核准，可在核准的期限内办理。经核准延期办理申报、报送事项的，应当在税法规定的纳税期内按照上期实际缴纳的税额或者我们核定的税额预缴税款，并在核准的延期内办理税款结算。

六、申请延期缴纳税款权

如您因有特殊困难，不能按期缴纳税款的，经省、自治区、直辖市国家税务局、地方税务局批准，可以延期缴纳税款，但是最长不得超过三个月。计划单列市国家税务局、地方税务局可以参照省级税务机关的批准权限，审批您的延期缴纳税款申请。

您满足以下任何一个条件，均可以申请延期缴纳税款：一是因不可抗力，导致您发生较大损失，正常生产经营活动受到较大影响的；二是当期货币资金在扣除应付职工工资、社会保险费后，不足以缴纳税款的。

七、申请退还多缴税款权

对您超过应纳税额缴纳的税款，我们发现后，将自发现之日起10 日内办理退还手续；如您自结算缴纳税款之日起三年内发现的，可以向我们要求退还多缴的税款并加算银行同期存款利息。我们将自接到您退还申请之日起30 日内查实并办理退还手续，涉及从国库中退库的，依照法律、行政法规有关国库管理的规定退还。

八、依法享受税收优惠权

您可以依照法律、行政法规的规定书面申请减税、免税。减税、免税的申请须经法律、行政法规规定的减税、免税审查批准机关审批。减税、免税期满，应当自期满次日起恢复纳税。减税、免税条件发生变化的，应当自发生变化之日起15 日内向我们报告；不再符合减税、免税条件的，应当依法履行纳税义务。

如您享受的税收优惠需要备案的，应当按照税收法律、行政法规和有关政策规定，及时办理事前或事后备案。

九、委托税务代理权

您有权就以下事项委托税务代理人代为办理：办理、变更或者注销税务登记、除增值税专用发票外的发票领购手续、纳税申报或扣缴税款报告、税款缴纳和申请退税、制作涉税文书、审查纳税情况、建账建制、办理财务、税务咨询、申请税务行政复议、提起税务行政诉讼以及国家税务总局规定的其他业务。

十、陈述与申辩权

您对我们作出的决定，享有陈述权、申辩权。如果您有充分的证据证明自己的行为合法，我们就不得对您实施行政处罚；即使您的陈述或申辩不充分合理，我们也会向您解释实施行政处罚的原因。我们不会因您的申辩而加重处罚。

十一、对未出示税务检查证和税务检查通知书的拒绝检查权

我们派出的人员进行税务检查时，应当向您出示税务检查证和税务检查通知书；对未出示税务检查证和税务检查通知书的，您有权拒绝检查。

十二、税收法律救济权

您对我们作出的决定，依法享有申请行政复议、提起行政诉讼、请求国家赔偿等权利。

您、纳税担保人同我们在纳税上发生争议时，必须先依照我们的纳税决定缴纳或者解缴税款及滞纳金或者提供相应的担保，然后可以依法申请行政复议；对行政复议决定不服的，可以依法向人民法院起诉。如您对我们的处罚决定、强制执行措施或者税收保全措施不服的，可以依法申请行政复议，也可以依法向人民法院起诉。

当我们的职务违法行为给您和其他税务当事人的合法权益造成侵害时，您和其他税务当事人可以要求税务行政赔偿。主要包括：一是您在限期内已缴纳税款，我们未立即解除税收保全措施，使您的合法权益遭受损失的；二是我们滥用职权违法采取税收保全措施、强制执行措施或者采取税收保全措施、强制执行措施不当，使您或者纳税担保人的合法权益遭受损失的。

十三、依法要求听证的权利

对您作出规定金额以上罚款的行政处罚之前，我们会向您送达《税务行政处罚事项告知书》，告知您已经查明的违法事实、证据、行政处罚的法律依据和拟将给予的行政处罚。对此，您有权要求举行听证。我们将应您的要求组织听证。如您认为我们指定的听证主持人与本案有直接利害关系，您有权申请主持人回避。

对应当进行听证的案件，我们不组织听证，行政处罚决定不能成立。但您放弃听证权利或者被正当取消听证权利的除外。

十四、索取有关税收凭证的权利

我们征收税款时，必须给您开具完税凭证。扣缴义务人代扣、代收税款时，纳税人要求扣缴义务人开具代扣、代收税款凭证时，扣缴义务人应当开具。

我们扣押商品、货物或者其他财产时，必须开付收据；查封商品、货物或者其他财产时，必须开付清单。

您的义务

依照宪法、税收法律和行政法规的规定，您在纳税过程中负有以下义务：

一、依法进行税务登记的义务

您应当自领取营业执照之日起30日内，持有关证件，向我们申报办理税务登记。税务登记主要包括领取营业执照后的设立登记、税务登记内容发生变化后的变更登记、依法申请停业、复业登记、依法终止纳税义务的注销登记等。

在各类税务登记管理中，您应该根据我们的规定分别提交相关资料，及时办理。同时，您应当按照我们的规定使用税务登记证件。税务登记证件不得转借、涂改、损毁、买卖或者伪造。

二、依法设置账簿、保管账簿和有关资料以及依法开具、使用、取得和保管发票的义务

您应当按照有关法律、行政法规和国务院财政、税务主管部门的规定设置账簿，根据合法、有效凭证记账，进行核算；从事生产、经营的，必须按照国务院财政、税务主管部门规定的保管期限保管账簿、记账凭证、完税凭证及其他有关资料；账簿、记账凭证、完税凭证及其他有关资料不得伪造、变造或者擅自损毁。

此外，您在购销商品、提供或者接受经营服务以及从事其他经营活动中，应当依法开具、使用、取得和保管发票。

三、财务会计制度和会计核算软件备案的义务

您的财务、会计制度或者财务、会计处理办法和会计核算软件，应当报送我们备案。您的财务、会计制度或者财务、会计处理办法与国务院或者国务院财政、税务主管部门有关税收的规定抵触的，应依照国务院或者国务院财政、税务主管部门有关税收的规定计算应纳税款、代扣代缴和代收代缴税款。

四、按照规定安装、使用税控装置的义务

国家根据税收征收管理的需要，积极推广使用税控装置。您应当按照规定安装、使用税控装置，不得损毁或者擅自改动税控装置。如您未按规定安装、使用税控装置，或者损毁或者擅自改动税控装置的，我们将责令您限期改正，并可根据情节轻重处以规定数额内的罚款。

五、按时、如实申报的义务

您必须依照法律、行政法规规定或者我们依照法律、行政法规的规定确定的申报期限、申报内容如实办理纳税申报，报送纳税申报表、财务会计报表以及我们根据实际需要要求您报送的其他纳税资料。

作为扣缴义务人，您必须依照法律、行政法规规定或者我们依照法律、行政法规的规定确定的申报期限、申报内容如实报送代扣代缴、代收代缴税款报告表以及我们根据实际需要要求您报送的其他有关资料。

您即使在纳税期内没有应纳税款，也应当按照规定办理纳税申报。享受减税、免税待遇的，在减税、免税期间应当按照规定办理纳税申报。

六、按时缴纳税款的义务

您应当按照法律、行政法规规定或者我们依照法律、行政法规的规定确定的期限，缴纳或者解缴税款。

未按照规定期限缴纳税款或者未按照规定期限解缴税款的，我们除责令限期缴纳外，从滞纳税款之日起，按日加收滞纳税款万分之五的滞纳金。

七、代扣、代收税款的义务

如您按照法律、行政法规规定负有代扣代缴、代收代缴税款义务，必须依照法律、行政法规的规定履行代扣、代收税款的义务。您依法履行代扣、代收税款义务时，纳税人不得拒绝。纳税人拒绝的，您应当及时报告我们处理。

八、接受依法检查的义务

您有接受我们依法进行税务检查的义务，应主动配合我们按法定程序进行的税务检查，如实地向我们反映自己的生产经营情况和执行财务制度的情况，并按有关规定提供报表和资料，不得隐瞒和弄虚作假，不能阻挠、刁难我们的检查和监督。

九、及时提供信息的义务

您除通过税务登记和纳税申报向我们提供与纳税有关的信息外，还应及时提供其他信息。如您有歇业、经营情况变化、遭受各种灾害等特殊情况的，应及时向我们说明，以便我们依法妥善处理。

十、报告其他涉税信息的义务

为了保障国家税收能够及时、足额征收入库，税收法律还规定了您有义务向我们报告如下涉税信息：

1. 您有义务就您与关联企业之间的业务往来，向当地税务机关提供有关的价格、费用标准等资料。

您有欠税情形而以财产设定抵押、质押的，应当向抵押权人、质权人说明您的欠税情况。

2. 企业合并、分立的报告义务。您有合并、分立情形的，应当向我们报告，并依法缴清税款。合并时未缴清税款的，应当由合并后的纳税人继续履行未履行的纳税义务；分立时未缴清税款的，分立后的纳税人对未履行的纳税义务应当承担连带责任。

3. 报告全部账号的义务。如您从事生产、经营，应当按照国家有关规定，持税务登记证件，在银行或者其他金融机构开立基本存款账户和其他存款账户，并自开立基本存款账户或者其他存款账户之日起15日内,向您的主管税务机关书面报告全部账号;发生变化的,应当自变化之日起15日内,向您的主管税务机关书面报告。

4. 处分大额财产报告的义务。如您的欠缴税款数额在5万元以上,您在处分不动产或者大额资产之前,应当向我们报告。

特此公告。

注释:

条款修改。根据《第十三届全国人民代表大会第一次会议关于国务院机构改革方案的决定》等有关规定,税收规范性文件规定的国税地税机关的职责和工作由新的税务机关承担。国家税务总局依据《税收规范性文件制定管理办法》(国家税务总局令第41号公布),对税收规范性文件进行了清理。参见:《国家税务总局关于修改部分税收规范性文件的公告》(国家税务总局公告2018年第31号)。

6－6－7

国家税务总局关于进一步做好“走出去”企业税收服务与管理工作的意见

2010年6月10日　国税发〔2010〕59号

各省、自治区、直辖市和计划单列市国家税务局、地方税务局:

为更好地贯彻落实党中央、国务院做出的加快实施“走出去”战略的重大决策,进一步做好我国企业境外投资经营税收服务与管理工作,现提出如下意见:

一、进一步提高对“走出去”企业税收服务与管理工作重要性的认识

鼓励我国企业“走出去”,利用国际、国内两种资源和两个市场,拓展国民经济发展空间,是中央做出的重大战略决策。党的十七大报告指出:坚持对外开放的基本国策,把“引进来”和“走出去”更好结合起来。最近,胡锦涛总书记在省部级主要领导干部贯彻落实科学发展观加快经济发展方式转变专题研讨班上指出:加快实施“走出去”战略,不断提高开放型经济水平。为贯彻落实中央的战略部署,2010年全国税务工作会议提出:加大对“走出去”企业的税收政策支持力度。各地税务机关应进一步提高对加快实施“走出去”战略重要意义的认识,按照总局的工作要求,进一步做好对我国企业境外投资经营的税收服务与管理工作,服从和服务于“走出去”战略的工作大局。

二、做好“走出去”企业税收服务与管理工作的主要内容

(一)完善税收政策

1. 在企业所得税方面,对于“走出去”企业的境外所得税收抵免,应根据税法和《财政部、国家税务总局关于企业境外所得税收抵免有关问题的通知》(财税〔2009〕125号)的规定,进一步明确相关政策,尽快制定具体的税收抵免操作指南。

2. 在进出口税收方面,要进一步完善与企业境外投资有关的出口退税政策,加大对境

外投资企业的政策支持力度。

3. 在其他税收方面，要研究完善个人所得税法，解决企业境外投资中涉及的有关个人所得税问题；根据企业境外提供服务的特点，研究完善有关的营业税政策，避免重复征税。

（二）加强宣传辅导

1. 完善网站建设。应进一步完善我国企业境外投资税收服务指南，在税务总局网站设立各地税务机关的网络服务窗口，及时更新包括税收协定、境外投资税收政策和管理措施、外国税收制度与征管法规、税收争议的解决与应对措施在内的有关内容。

2. 政策宣传咨询。各地税务机关要多渠道宣传税收政策和提供咨询，充分利用网站、报纸、刊物、“12366”税收服务热线、办税服务厅等载体，拓宽税收宣传和涉税信息的发布途径，更好地为企业境外投资提供全方位、多领域的税收政策指引。

3. 税收问题辅导。各地税务机关要加强对我国境外投资企业的税收辅导，建立有效的境外投资企业涉税问题信息反馈机制，根据不同企业境外投资的特点，提高税收服务的针对性和实效性。对于普遍性问题，应在纳税服务热线提供可随时查询到的答案；对于不具有普遍性的问题，应在准确把握的基础上给出有针对性的解答，暂时不能解答的，应尽快研究或报上级税务机关。

（三）规范税收管理

1. 服务与管理有机结合。各地税务机关要加强和规范境外投资企业管理，帮助企业防范税收风险，促进企业境外投资健康发展。

2. 掌握基础信息。各地税务机关要通过各种渠道了解本地区企业在境外投资的情况，建立企业境外投资信息档案，并及时更新，为做好税收服务与管理打好基础。

3. 完善征管措施。各地税务机关要进一步加强对“走出去”企业的纳税登记、境外所得申报、税款缴纳和抵免、关联交易申报、转让定价调整和同期资料准备的税收管理，同时引导企业自觉遵守投资目的地国家或地区的法律法规，防范国内和国外的税法遵从风险。

4. 政策执行到位。各地税务机关要切实执行促进企业境外投资的有关税收政策，特别是关于境外所得税收抵免和进出口退税等方面的规定，规范具体操作规程，增加确定性，减轻企业税收负担。

（四）做好协定工作

1. 税收协定的谈签。税收协定是协调国家间税收管辖权的法律依据，其主要目的是避免重复征税、促进国际经济合作。各地税务机关应及时了解企业在税收协定谈签方面的需求，对于“走出去”企业希望中国与其投资目的地国家或地区谈签税收协定的，各地要及时向税务总局反应，为税务总局制订税收协定谈签计划提供依据。

2. 税收协定的解释。各地税务机关要根据税收协定的规定和税务总局关于税收协定条款的解释，做好对企业的税收协定宣传和辅导工作，使税收协定各条款的具体内容切实为企业所熟悉、掌握和使用。对于企业提出的有关问题，应认真研究并及时解答，不清楚的应尽快上报税务总局予以明确。

3. 居民身份证明的开具。各地税务机关要进一步做好中国税收居民身份证明开具工作，使“走出去”企业能够在外国及时享受到有关税收协定待遇。各地要根据税务总局关于开具税收居民身份证明的规定，认真做好申请的受理、居民身份的确认、证明的开具和统计汇总工作。企业投资目的地国家或地区对税收居民身份证明的开具有不同要求的，各地应及时研究解决，以保证“走出去”企业及时享受到应有的税收协定待遇。

4. 跨国税收争议的解决。各地税务机关要主动向纳税人宣传、解释税收协定相关条款以及税务总局关于我国居民（国民）提起税务相互协商程序的规定。对于我国企业认为外国税务机关违反税收协定规定进行征税而提起相互协商的，各地要及时为企业办理申请受理、初审、上报等手续，以便税务总局尽快与对方进行协商。在相互协商过程中，各地税务机关应根据税务总局的要求提供必要的协助。

三、做好“走出去”企业税收服务与管理工作的几点要求

（一）加强领导，明确责任。对“走出去”企业的税收服务与管理，涉及税务机关内部多个部门。各地税务机关要从税收服务于国家对外开放大局的高度出发，高度重视，加强领导，协调部门职责，明确分工合作。国际税务管理部门应切实承担起牵头职责，各相关部门应积极配合，共同做好工作。

（二）部门配合，主动协调。各地税务机关要主动联系商务、发改委等部门，加强部门协调和沟通，实现信息共享，建立有效联动机制，将税收服务与管理结合起来，更好地促进我国企业境外投资与经营。

（三）不断总结，完善服务。各地税务机关要采取措施，掌握所管辖企业境外投资经营、境外取得所得和纳税等情况，并在此基础上有针对性地进行统计分析，根据企业境外投资特点、发展变化趋势以及税收风险，研究完善相关税收政策、税收征管以及税收服务，探索有效服务方法和手段，不断提高对“走出去”企业税收服务与管理工作水平。

6－6－8

国家税务总局关于印发《纳税服务经费管理暂行规定》的通知

2011年3月3日　国税发〔2011〕31号

各省、自治区、直辖市和计划单列市国家税务局，局内各单位：

现将《纳税服务经费管理暂行规定》印发给你们，请遵照执行。

附件：纳税服务经费管理暂行规定

附件

纳税服务经费管理暂行规定

第一章　总　　则

第一条　为规范纳税服务经费管理，加强对纳税服务经费监督，提高财政资金使用效

益，根据有关法律法规，制定本规定。

第二条 本办法所称纳税服务经费是指中央财政为保障国家税务局系统开展纳税服务工作而设立的专项经费。

第三条 纳税服务经费管理包括：预算管理、支出范围和标准、会计核算、财务管理与监督。

第四条 纳税服务经费管理应当遵循专款专用、厉行节约、注重实效的原则，不得用于弥补日常经费支出或其他用途。

第二章 预算管理

第五条 各级国税部门按照财政部的有关规定编制纳税服务经费预算。

（一）"一上"预算。编制"一上"部门预算时，各预算单位的经费使用部门应按项目预算编制原则和要求，结合纳税服务工作开展和业务发展需要，提出年度纳税服务经费的需求数，提供项目文本和预算支出明细数据等相关资料，报送财务部门审核汇总并逐级上报，由税务总局审核汇总后上报财政部。

（二）"一下"控制数。财政部下达纳税服务经费"一下"控制数后，由纳税服务司商财务管理司确定分配原则、标准等，提出初步分配方案，由财务管理司汇总报局长办公会审议后，逐级下达"一下"控制数。

（三）"二上"预算。各预算单位的经费使用部门应按照确定的"一下"控制数填报项目文本和编制具体项目经费预算，由财务部门编入"二上"预算并逐级上报，由税务总局审核汇总后报财政部。

（四）"二下"预算。税务总局根据财政部的批复，下达分省和税务总局机关使用的纳税服务经费预算。各级预算单位根据税务总局的预算批复逐级批复部门预算和纳税服务经费预算。

第六条 各级预算单位的经费使用部门应根据上级批复的预算，在规定的支出范围和标准内，细化纳税服务项目经费预算，会签相关部门后报局领导审批执行。

第七条 各预算单位应严格执行预算批复，不得自行调整项目内容和预算金额。如有特殊原因需要改变资金用途的，应按程序报财政部审批。

第八条 纳税服务专项经费年末如有结转或结余，应按财政部结转和结余资金管理的有关规定使用。

第三章 支出范围和标准

第九条 纳税服务经费主要用于下列项目：

（一）纳税服务工作规范，包括为提升纳税服务质效而开展的纳税服务业务规范和标准制定、纳税服务绩效考评等工作。

（二）税法宣传和纳税辅导，包括为纳税人提供税法宣传、涉税培训和纳税咨询辅导等工作。

（三）办税服务，包括为方便纳税人办税、提高办税服务效率而开展的工作。

（四）纳税人权益保护，包括为保护纳税人权益而开展的纳税人满意度调查和纳税人诉求收集、分析、处理以及纳税人投诉的调查处理工作。

（五）纳税信用建设，包括为促进纳税人依法诚信纳税而开展的纳税人信用评定、等级公告和结果应用等工作。

（六）注册税务师行业管理，包括制发执业证书，规范注册税务师和税务师事务所执业行为等工作。

第十条 纳税服务经费的具体支出范围包括：

（一）差旅费，是指与纳税服务项目相关的住宿费、交通费、伙食补助费及杂费。

（二）邮电费，是指与纳税服务项目相关的工作人员集中办公或者异地办公期间所发生的邮寄费、电话费（不含移动通讯费）、电报费、传真费、网络通讯费等。

（三）会议费，是指召开与纳税服务项目直接相关的会议所发生的费用。

（四）设备购置费，是指购置办税服务、纳税服务热线、纳税人满意度调查和需求调查等设备发生的费用。

（五）租赁费，是指与纳税服务项目直接相关的集中办公过程中临时租赁办公用房、交通工具及其他设备所发生的费用。

（六）培训费，是指为纳税人进行税法培训、办税辅导等发生的相关费用。

（七）宣传费，是指国税机关向纳税人开展税法宣传所发生的相关费用。

（八）印刷费，是指国税机关印制与纳税服务项目直接相关的纳税服务产品、注册税务师和税务师事务所执业证书所发生的费用。

（九）委托业务费，是指国税机关聘请第三方机构和人员开展纳税服务质量、纳税人需求调查及提供专业服务所发生的费用。

第十一条 纳税服务经费支出范围内，国家已有相关支出标准的，应当严格执行有关规定；没有支出标准的，应当严格控制支出。

（一）差旅费、会议费和培训费的支出标准，按照有关规定执行。

（二）从严控制设备购置支出。纳税服务所需的设备原则上使用已有设备，确需新购置设备的，所需经费从单位基本支出公用经费中安排，确实无法安排又急需购置的，可在纳税服务经费中安排。设备购置按照政府采购有关规定执行。

（三）严格控制租赁费支出。在组织实施纳税服务项目时，原则上不得长期租赁场地设备，确有需要的，应当参照当地相关场地、设备租赁价格水平，从严控制租赁费支出。

（四）宣传费参照当地价格水平，按照有关规定执行。

（五）委托业务费参照国家规定的标准或中介市场的合理价格水平执行。

第四章 会计核算

第十二条 各级预算单位应按国家税务局系统行政单位会计核算管理规定，使用统一的财务管理软件进行核算。

第十三条 纳税服务经费收入在“拨入经费—项目经费—税务宣传—纳税服务明细科目”中核算。

第十四条 纳税服务经费支出在“经费支出—项目支出—商品和服务支出、其他资本性支出的相应明细科目”中核算，列支金额不得超出该项经费来源。

第十五条　各级预算单位在年度终了，按规定将本年拨入纳税服务经费和本年支出纳税服务经费，在纳税服务经费中归集；若有结转或结余，应当单独反映。

第五章　财务管理与监督

第十六条　纳税服务经费由各级财务部门和纳税服务管理部门按职责分工实施管理。

财务部门负责编制纳税服务经费预算、决算，实施日常财务会计核算。纳税服务部门负责提出预算资金申请，实施专项经费的绩效管理，并严格按照本规定执行。

各相关部门在办理报销结算业务时，应提供相关签报、合同、发票、采购审批表、固定资产入库单或调拨单、资产卡片、付款情况说明、验收报告等，经纳税服务部门审核后，提交财务部门审核支付。

第十七条　使用纳税服务经费安排的项目应按照《政府采购法》及相关规定组织采购，所购置的固定资产纳入固定资产核算管理。

第十八条　各级国税部门要按照财务管理的有关规定，加强对纳税服务经费使用情况的管理，严格按照年度预算审核支付项目经费，严格按照规定的支出范围、标准使用纳税服务经费，并接受纪检监察、内部审计以及财政、审计部门的监督检查。

第十九条　纳税服务经费必须严格执行年度预算，不能超预算支出；不得超范围使用，超标准支出；不得挤占挪用纳税服务经费。

第六章　附　　则

第二十条　税务总局机关税收宣传经费的使用和管理，由办公厅根据本办法另行制定。

第二十一条　本规定由税务总局(财务司)负责解释。

第二十二条　本办法从印发之日起执行。

6－6－9

国家税务总局关于印发《国家税务总局大企业税收服务和管理规程(试行)》的通知

2011年7月13日　国税发〔2011〕71号

各省、自治区、直辖市和计划单列市国家税务局、地方税务局：

现将《国家税务总局大企业税收服务和管理规程(试行)》印发给你们，请遵照执行。各单位在执行过程中，如有问题和建议，请及时报告税务总局(大企业税收管理司)。

国家税务总局大企业税收服务和管理规程(试行)

第一章　总　　则

第一条　为规范大企业税收服务和管理工作,根据《中华人民共和国税收征收管理法》、《中华人民共和国税收征收管理法实施细则》及其他相关税收法律法规,制定《国家税务总局大企业税收服务和管理规程(试行)》(以下简称规程)。

第二条　大企业税收服务和管理工作,应以纳税人的需求为导向,提供针对性的纳税服务,以风险为导向,实施科学高效、统一规范的专业化管理。通过有效的遵从引导、遵从管控和遵从应对,防范和控制税务风险,提高税法遵从度,降低税收遵从成本。

第三条　本规程适用于国家税务总局定点联系企业(以下简称企业)的税收服务和管理。省税务机关确定的定点联系企业的税收服务和管理参照本规程实施。

第二章　遵从引导

第四条　遵从引导是指通过个性化的纳税服务和专业化的税收管理,提高企业自身依法处理涉税事务的能力。

第一节　政策服务

第五条　税务机关在出台重大税收政策和管理制度之前,应征求企业意见,并对意见进行认真分析研究。

第六条　税务机关在税收政策和管理制度公布实施以后,应及时通过多种方式做好宣传和辅导,做到公开透明,保证税法适用的确定性和统一性,引导企业的税收遵从。

第七条　各级税务机关应定期收集企业的意见,为完善税收政策和管理制度提供参考。

第八条　税务总局统筹协调企业意见收集反馈工作,并负责收集汇总企业集团总部和省级税务机关的意见。

省以下税务机关按照税务总局的统一部署开展工作,收集本地区成员企业的意见,并将意见汇总报税务总局。

第二节　涉税诉求的受理和回复

第九条　各级税务机关应及时受理辖区内成员企业提出的涉税诉求。

税务总局可受理企业集团及其成员企业的涉税诉求,并根据不同情况决定直接办理或交由省以下税务机关办理。

第十条　各级税务机关大企业税收管理部门根据本级的职责权限处理企业涉税诉求,遇有非本级职权范围事项的,应按规定向有权税务机关移送。

第十一条　各级税务机关大企业税收管理部门在处理需要征求其他部门意见的涉税诉求时,应先提出具体处理建议,再征求其他相关部门意见。

大企业税收管理部门对企业涉税诉求的处理意见与其他相关部门意见一致的，由大企业税收管理部门直接回复企业；意见不一致的，由大企业税收管理部门提请召开大企业涉税事项协调会议，明确处理意见后及时回复企业。

第十二条 各级税务机关应建立大企业涉税事项协调会议制度，研究解决重大涉税事项以及企业反映的普遍性、行业性涉税问题。

第三节 引导企业建立完善税务风险内控体系

第十三条 各级税务机关应按照《大企业税务风险管理指引（试行）》对企业税务风险内控体系状况进行调查、评价，并根据企业实际情况采取相应措施，引导企业建立完善税务风险内控体系。

第十四条 各级税务机关应定期调查和评价企业税务风险内控体系情况：

（一）企业内控制度及其运行情况；

（二）企业税务风险管理组织机构、岗位和职责；

（三）企业税务风险识别和评估机制；

（四）企业税务风险控制和应对机制；

（五）企业税务信息管理体系和沟通机制；

（六）税务风险管理的监督和改进机制；

（七）与企业内控体系有关的其他情况。

第十五条 各级税务机关大企业税收管理部门应分类处理企业税务风险内控体系评析结果，根据不同情况采取相应的税收服务和管理措施。

对未建立内控体系的企业，积极引导企业建立税务风险内控体系；对已建立内控体系的企业，重点监控其内控体系运行情况；对内控体系需要完善的企业，提出企业内控体系完善建议；对内控体系相对完善的企业，制定相应的激励措施。

第十六条 税务总局统筹负责组织企业税务风险内控体系运行情况的调查分析评价和处理工作。

省以下税务机关按照税务总局的统一要求和部署开展辖区内成员企业的内控体系调查评析工作。

第四节 税收遵从协议的签订和实施

第十七条 税务总局与企业集团在自愿、平等、公开、互信的基础上，签订税收遵从协议，共同承诺税企双方合作防控税务风险。

第十八条 税务机关根据企业内控体系状况及税法遵从能力，经与企业协商，确定是否与企业签订税收遵从协议。

税企双方确定税收遵从协议签订意愿后，依序进行共同磋商、起草协议文本、签订协议等工作程序。

第十九条 税企双方签订税收遵从协议后，由税务总局负责通报有关税务机关。各级税务机关应当积极贯彻落实税收遵从协议。

第二十条 各级税务机关应监控协议的执行情况，并定期对执行情况进行评估，并向上一级税务机关报告。

第二十一条 省以下税务机关可与企业集团的成员企业签订税收遵从协议,协议内容不应与税务总局与企业集团签订的协议相冲突,协议文本及其执行情况应报税务总局备案。

第三章 遵从管控

第一节 税源监控

第二十二条 各级税务机关可运用掌握的企业涉税信息,选取企业涉税事项进行比对、分析,及时全面了解企业集团及其成员企业的税源变动情况,为风险识别、评估和应对提供基础性信息。

第二十三条 税源监控包括日常涉税事项监控和专项涉税事项监控。

日常涉税事项监控是指从企业办理税务登记至申报纳税等日常征管环节涉税事项中选取相关事项进行监控,主要包括:登记事项监控、发票事项监控、认定审批事项监控、申报事项监控、其他事项监控等。

专项涉税事项监控是指从日常涉税事项以外的事项中选取特定事项进行监控,主要包括:企业涉税诉求处理情况的监控、税务风险内控情况的监控、税收遵从协议履行情况的监控等。

第二十四条 各级税务机关可按照企业所属行业、企业是否跨区域经营等不同标准选取税源监控事项,从不同角度分类实施税源监控。

根据企业所属行业的共同特点,以企业生产经营过程为主线,划分若干业务板块,选取各板块中具有共性的事项实施监控。

根据企业是否跨区域经营的特点,区分适合各级税务机关大企业税收管理部门跨区域联动管理的监控事项和适合属地主管税务机关自主实施的监控事项。

第二十五条 税源监控采用属地管理与集中管理相结合的方式,充分发挥各级税务机关的监控能力,建立并发挥行业管理团队的作用,运用主要涉税指标进行重点监控。

在实施税源监控的过程中,各级税务机关大企业税收管理部门和主管税务机关应根据职责分工将需要推送的事项及时处理。

第二十六条 税务总局承担以下税源监控:

(一)组织、协调、指导总局定点联系企业的税源监控工作;

(二)明确监控重点,确定适合全国联动的监控事项,组织建立指标模型,设计并完善税源监控机制和模式;

(三)汇总、比对分析、发布企业集团的重要税源监控相关信息;

(四)组织实施企业集团及其成员企业税源监控重要事项应对和处理;

(五)税源监控的其他相关工作。

第二十七条 省以下税务机关承担以下税源监控:

(一)按照税务总局的统一部署和要求,层层落实责任和任务,开展税源监控工作;

(二)组织、协调、指导下级税务机关的税源监控工作;

（三）进一步明确监控重点，确定适合本地联动和主管税务机关自主实施的监控事项，参与测算指标技术标准、数据分析模型、监控机制和模式的设计及完善工作；

（四）按照税务总局的统一部署和要求，汇总、比对分析、传递税源监控相关信息；

（五）按照上级机关要求，实施税源监控事项应对和处理；

（六）落实上级机关要求的其他税源监控相关工作。

第二节　风险识别和风险评估

第二十八条　各级税务机关大企业税收管理部门对采集的企业风险管理信息进行整理，查找企业在税务登记、纳税申报、税款缴纳以及履行其他涉税义务过程中存在的涉税风险。

第二十九条　各级税务机关大企业税收管理部门和主管税务机关应定期按行业、集团、区域特点及特定涉税事项等标准选取风险识别对象，选择对应的风险特征库，通过税务风险管理信息系统进行计算机风险识别，并对识别出的结果进行人工比对校验，鉴别筛选出重要风险点。

第三十条　税务总局负责开发维护企业税务风险识别系统，按统一标准统筹企业税务风险的识别工作；负责汇总企业相关风险信息，组织开展行业、集团、区域以及特定涉税事项的风险识别。

省以下税务机关大企业税收管理部门负责完成上级交办的风险识别工作；也可根据自身工作规划，通过汇总辖区内的成员企业相关风险信息，组织开展风险识别工作。

主管税务机关负责完成上级交办的风险识别工作，并结合税收日常管理，开展对辖区内成员企业的风险识别工作。

第三十一条　各级税务机关应当对识别出的风险及其特征进行明确界定，确定风险发生的概率及频率，分析可能发生的风险产生的原因、条件及后果和影响，并进行风险等级排序，形成风险评估报告，提醒企业和主管税务机关防控可能发生的税务风险。

第三十二条　风险评估采用计算机评估和人工评估、定量评估和定性评估、定期评估和临时评估、事后评估和实时评估相结合的工作方式。

第三十三条　税务总局大企业税收管理司负责行业、集团、区域和特定涉税事项的风险评估工作。

省以下税务机关大企业税收管理部门负责上级交办的风险评估工作；组织开展辖区内成员企业的风险评估工作。

主管税务机关负责完成上级交办的风险评估工作，并结合税收日常管理，开展对辖区内成员企业的风险评估工作。

第四章　遵从应对

第三十四条　各级税务机关应按要求，对收集的企业税收风险信息以及遵从引导、遵从管控等环节反映的企业涉税风险情况在判别、评估基础上，对企业纳税遵从风险实施针对性管理。

第一节　实施针对性管理

第三十五条　各级税务机关大企业税收管理部门应根据风险评估报告,按照风险等级,对企业实施针对性管理措施,主要包括纳税服务、约谈企业、案头审计、布置企业自查、反避税调查等。

第三十六条　对遵从意愿和遵从能力都较高的低风险企业,可以通过提供优质纳税服务等措施,努力为企业提供办税便利。

第三十七条　对有遵从意愿但遵从能力较低的中等风险企业,可以通过引导和帮助的方式,采取约谈企业、案头审计、布置企业自查等措施,告知企业可能存在的涉税风险和相应的法律责任,帮助企业分析产生风险的原因及防范措施,督促企业整改。

第三十八条　对遵从意愿较低、遵从风险大的高风险企业,可以采取反避税调查等方式控制税务风险。

第三十九条　在约谈企业、案头审计、布置企业自查、反避税调查过程中,发现企业有严重税收违法行为的,应移送稽查部门处理。

第四十条　税务总局统筹实施针对性风险管理工作,省以下税务机关大企业税收管理部门根据税务总局的部署开展工作。

第二节　反馈和改进风险管理

第四十一条　各级税务机关大企业税收管理部门和主管税务机关应按照职责分工,定期对风险管理的效果和效率进行评价,将风险管理中发现的问题反馈至企业,不断提高企业自我遵从水平;反馈给税收法规和政策部门,促进完善税收政策;反馈给一线征管部门,持续改进日常税务管理。

第四十二条　各级税务机关大企业税收管理部门应及时将风险管理各个阶段发现的问题和改进建议提示给企业,并对企业进行跟踪管理,辅导和监督企业及时改进。

对持续、反复出现同类遵从问题的,应及时调高企业风险等级,调整风险应对策略,并会同税务机关相关部门实施重点管理。

第四十三条　省以下税务机关大企业税收管理部门应及时归纳成员企业风险管理中共性问题和行业特征,并反馈给税务总局。税务总局将定期汇总处理各地反馈情况,及时更新风险特征库。

第三节　遵从报告

第四十四条　税务机关按照统一规范内容对企业纳税遵从情况进行评价,形成遵从报告。遵从报告包括企业税务遵从责任报告和税务机关服务和管理总结以及对企业遵从评价报告,原则上按年度开展。也可针对专门事项,进行专项税收遵从评价。

第四十五条　税务总局负责组织开展年度遵从报告工作,收集企业集团的税务遵从责任报告。

省以下税务机关按照统一部署组织开展辖区内成员企业税务遵从报告工作,收集成员企业的税务遵从责任报告。

第四十六条　税务机关按统一要求对重点企业进行遵从评价，形成遵从报告，由省税务机关汇总后上报税务总局。

第四十七条　税务机关应将遵从评价情况与企业的税务遵从责任报告进行汇总分析并处理。

第四十八条　税务总局以企业集团为单位结合集团责任报告和各级税务机关的遵从评价报告进行综合遵从评价，反馈企业集团，并发布给各地税务机关。

第五章　遵从保障

第一节　信息管理

第四十九条　各级税务机关大企业税收管理部门及主管税务机关应按照统一标准，开展对企业涉税信息的采集和整理、处理及应用工作，构建大企业税收管理信息系统，实现信息共享。

第五十条　税务机关大企业税收管理部门可以通过从征管系统集中抽取、基层税务机关报送、向企业采集、协作互助等方式采集企业涉税信息，包括企业基础信息、税务风险内控信息、税法遵从信息、行业特征信息、第三方信息等企业涉税信息。

第五十一条　税务总局大企业税收管理司承担以下信息管理任务：

（一）统一制定信息采集和整理的业务标准和工作规范，定期汇总信息采集需求，制定企业涉税信息采集方案；

（二）与企业集团总部进行涉税信息交互工作；

（三）统一抽取已经实现税务总局数据集中的征管信息；

（四）分类集中汇总企业涉税信息，对各类信息进行整理归集；

（五）发布共享信息，设置各地信息共享权限；

（六）指导和督促各地税务机关的信息采集和整理工作。

第五十二条　省以下税务机关大企业税收管理部门承担以下信息管理任务：

（一）按照税务总局统一部署开展信息采集和整理工作，组织辖区内成员企业信息的核实整理工作；

（二）按照税务总局统一要求，对需要报送的信息进行相应的整理归集；

（三）根据业务要求，对上级税务机关大企业税收管理部门分发的信息进行调查、核实、校正、反馈。

第五十三条　主管税务机关承担以下信息采集和整理的职责：

（一）企业原始涉税信息的录入；

（二）与企业进行信息交互；

（三）根据业务要求，对上级税务机关大企业税收管理部门分发的信息进行调查、核实、校正、反馈。

第五十四条　税务总局按照实际控制的原则确定企业集团的组织结构关系，并据此形成企业集团及其成员企业名册。

税务总局负责统筹企业名册库的建立和更新工作，原则上每年更新一次；省以下税务机关大企业税收管理部门负责辖区内成员企业名单的确认清分、信息核实补缺等工作;主管税务机关负责辖区内成员企业信息核实补缺、管理层级信息补录等工作。在日常管理工作中,发现企业名册库需要更新的信息及时报税务总局。

第五十五条 做好企业税源分析工作。

税务总局负责制定和定期修改税源分析模板,按季度和年度提供税源分析报告;省以下税务机关大企业税收管理部门参照税务总局制定的模板做好本地区的税源分析工作。

第五十六条 各级税务机关大企业税收管理部门应根据各类税收数据信息,按行业梳理特征指标,运用科学的统计方法,建立风险分析模型,设定风险参数和关键值,提炼各种税务风险点,逐步建立分企业税务风险特征库。

第二节 人才保障

第五十七条 各级税务机关可通过调配、培养、引进等方式,充实大企业税收管理专业化队伍,逐步建成税务总局到省、市(地)税务局三级大企业税收管理人才库。

第五十八条 各级税务机关大企业税收管理部门应根据大企业税收管理工作的不同特点和岗位需求,实施分级分类分行业培训,不断提高大企业税收管理人员的知识、技能水平和团队素养。

第五十九条 可针对集中度较高、区域分布广的行业率先施行专业化管理人才队伍建设试点,组建应对处理复杂涉税事项的行业税收管理专业化团队。

税务总局根据工作需要,以企业集团或行业为对象,根据其主要成员企业的分布情况,成立定点联系企业工作小组,主要开展涉税诉求的研究分析、专题调研、税收政策评估、专项内控调查和遵从报告等工作。

第六十条 各级税务机关大企业税收管理部门可以外聘大专院校、行业协会、中介机构的行业专家,组成顾问团队。通过合作、外包等方式,开展大企业税收管理技术手段的研发和相关项目的研究。

第三节 制度保障

第六十一条 各级税务机关大企业税收管理部门可探索建立企业客户协调员制度。

税务总局负责根据企业集团核心成员企业的分布状况设立客户协调员。每户企业集团的客户协调员共同组成工作小组,以团队方式协同开展工作。

客户协调员承担以下职责:

(一)定期听取企业对税收政策的意见并向有关业务部门反馈;

(二)受理企业重要事项通报、重大涉税诉求和个性化服务申请;

(三)协调组织税务机关内部资源快速响应,应对企业迫切需要解决的问题;

(四)了解企业税法遵从实际执行情况,收集企业税法遵从各环节资料,管理企业档案。

第六十二条 各级税务机关应建立企业税收管理跨区域协作制度。税务总局负责跨省区域企业税收管理的总体协调工作,省税务机关大企业税收管理部门负责辖区内跨区域企业的协调工作。

第六十三条 各级税务机关应建立并完善企业税收管理绩效考核制度,对企业的纳税遵从度以及税务机关开展的企业税收征管工作，进行综合评价和绩效考核。

第六章 附 则

第六十四条 本规程由国家税务总局负责解释。

第六十五条 本规程自发布之日起施行。

6 -6 -10

国家税务总局关于印发《注册税务师行业“十二五”时期发展指导意见》的通知

2012 年 4 月 20 日 国税发〔2012〕39 号

各省、自治区、直辖市和计划单列市国家税务局、地方税务局，国家税务总局税务干部进修学院：

为了促进注册税务师行业“十二五”时期健康、快速发展，现将《注册税务师行业“十二五”时期发展指导意见》印发给你们，请结合实际认真执行。执行中遇有问题，请及时报告国家税务总局(纳税服务司)。

注册税务师行业“十二五”时期发展指导意见

“十二五”时期是税收事业科学发展的关键时期，也是注册税务师行业实现转型升级的重要时期。注册税务师行业作为提供涉税鉴证和涉税服务的中介行业，经过多年的规范发展，已经成为国家经济社会发展和税收制度工作中不可或缺的重要力量。为了科学规划注册税务师行业发展蓝图，实现注册税务师行业跨越发展，按照国家税务总局《“十二五”时期税收发展规划纲要》的部署，制定本指导意见。

一、“十二五”时期注册税务师行业发展基础和机遇

(一)“十一五”时期的成就奠定了发展的坚实基础

“十一五”时期，在广大注册税务师和税务师事务所、各地注册税务师协会以及各级税务机关的共同努力下，注册税务师行业以加快发展为主题，以开拓进取为动力，以推进诚信建设为导向，以提高执业质量为抓手，取得了突破性进展，为“十二五”时期实现跨越发展奠定了良好基础。

——行业规模持续扩大。截止“十一五”末期，全国税务师事务所总计 4231 家，业务收入 80.1 亿元，服务纳税人约 238 万户次，从业人员 84567 人。其中，执业的注册税务师 31894 人；具有其他中介执业资格的从业人员 3455 人。

——行业法律规范体系和执业准则体系初步建立。《注册税务师管理暂行办法》出台

为行业法律规范体系建设奠定了坚实基础;以规范涉税鉴证业务开展、保证鉴证质量为契机,初步建立起由基本准则、具体准则和操作指南构成的符合行业特点的执业准则体系,为注册税务师行业执业行为标准化、规范化提供了依据。

——行业涉税鉴证业务快速发展。所得税汇算清缴纳税申报、资产损失税前扣除、企业亏损税前弥补三项鉴证业务开展取得突破性进展,鉴证金额和调增、调减的应纳税额逐年大幅增加,切实维护了国家税收利益和纳税人合法权益。在税务机关支持和行业协会努力下,鉴证范围和领域不断拓展,鉴证比重逐年扩大。

——行业社会信誉明显提升。通过业务培训和诚信建设,行业服务纳税人的职业胜任能力明显增强、执业水平显著提高,逐步赢得纳税人和税务机关的认可和信赖。纳税人为了维护自身合法权益,履行好纳税义务,积极寻求并依托注册税务师提供专业服务。各级税务机关从征管改革需求出发,不断尝试利用注册税务师的专业服务,作为完善纳税服务、构建和谐税收征纳关系的重要补充。

——行业协会自身建设得以加强。各地协会注重自身建设和服务意识培养,不断强化行业培训和行业宣传,使得行业社会认知度和社会影响力显著提升。

注册税务师行业在快速持续发展的同时,也遇到一些制约行业发展的问题,如:行业管理体制不够明确,行业相关制度尚不完善,行政监管制度体系建设滞后;涉税鉴证业务地区开展不平衡,涉税服务市场占有率低;行业高素质人才缺乏,注册税务师队伍发展不能适应业务拓展需要;行业监管有待加强,涉税中介服务市场秩序有待规范;税务师事务所内部机制建设有待加强,行业协会服务意识仍需进一步提高。

(二)“十二五”时期注册税务师行业发展面临的机遇

“十二五”时期是加快转变经济发展方式的关键时期,世情、国情、税情将发生深刻变化。随着经济发展方式的加快转变和社会管理的加强与创新,将会促使税务机关和纳税人越来越多地选择借助注册税务师行业的专业优势,不断提高税法遵从度。《国民经济和社会发展第十二个五年规划纲要》把推动服务业发展作为产业结构优化升级的战略重点,提出推进服务业规模化、品牌化、网络化经营,规范提升商务服务业,大力发展会计、审计、税务等专业服务的要求,为注册税务师行业带来新的发展机遇与挑战。

二、指导思想、基本原则、发展目标

(三)指导思想

以邓小平理论和“三个代表”重要思想为指导,以科学发展观为统领,以服务科学发展、共建和谐税收为主题,以提高纳税人税法遵从度为目标,以强化监管和规范发展为主线,推进行业法制建设,完善行业管理体制,创新行业发展模式,拓宽行业服务领域,强化行业质量监督,充分发挥行业在构建和谐税收征纳关系中的重要作用,促进注册税务师行业科学健康发展。

(四)基本原则

“十二五”期间,注册税务师行业实现跨越式发展,应当遵循以下原则:

——坚持以提高税法遵从度为出发点和落脚点。规范和推动注册税务师行业发展的根本目的是提高税法遵从度。通过加强注册税务师管理工作,促进行业规范发展,既维护税法严肃性,保障国家税收权益,又帮助纳税人增强纳税能力,履行纳税义务,维护其合法权益。

——坚持强化监管和支持发展并重。强化监管是手段,科学发展是目的。通过实施监管,加强对行业发展方向的规划、指导,建立、健全覆盖税务师事务所和注册税务师执业准入与退出、日常管理、监督检查等各环节的行业监管体制机制,完善行业执业规范和各项监管制度。通过实施行业做大做强战略、领军人才培养战略、知名品牌战略,鼓励税务师事务所做强做优、做精做专,引导税务师事务所模式创新,推进税务师事务所整合转型,确保行业规范、健康、可持续发展。

——坚持行政监管和行业自律相结合。加强行政监管是维护行业秩序和保障行业发展的重要基础,行业自律是促进行业持续稳定发展的内在动力。各级税务机关要认真履行行业管理和监督职责,及时研究解决行业管理中出现的问题,促进行业规范运作、科学发展。行业协会作为社团组织,应主动接受税务机关的指导、监督,加强行业自律管理,协助会员拓展业务,引导会员诚信执业。

——坚持政策引导和市场调节并举。行业的发展离不开政策的支持和推动。各级税务机关要鼓励、引导纳税人寻求具备合法资质的税务中介机构提供服务,依法支持注册税务师行业健康、规范发展。完善市场竞争机制,调节涉税服务供给,实现资源合理配置。通过正当、有序竞争,促使税务师事务所不断提高服务水平。

——坚持诚信建设和党建统战工作协同发展。加强行业诚信体系建设,不断提升行业的诚信度和公信力,把诚实信用理念贯彻到行业专业服务中,使行业成为受社会尊重和纳税人信赖的专业服务组织。进一步加强行业党建、统战工作,不断提高行业整体素质和参政议政能力,为行业健康、持续发展提供保障。

(五)发展目标

为了实现行业跨越式发展,到2015年底,基本实现以下主要目标:

——行业规模实现较快发展。力争实现行业收入总额翻一番,注册税务师资格人数、执业人数和行业从业人数分别达到12万人、5万人和12万人,税务师事务所数量达到6000家的目标。税务师事务所重组、转型运转顺利,涉税鉴证业务范围进一步扩大,涉税服务高端业务、新兴业务比重进一步提高。

——行业法制建设和管理信息化建设取得明显成效。行业立法工作有所突破,监管规范体系和执业准则体系建设趋于完善,行政监管考核机制和行业信息管理系统有效建立。

——行业人才队伍素质得到明显提升。完善行业人才选拔评价标准,健全行业人才培养使用机制,拓宽行业人才培训渠道,提高行业人才职业胜任能力,着力培养一批业务能力强、综合素质高的行业领军人才。

——行业各项建设取得明显进展。行业协会组织机构建设进一步完善,行业自律能力和服务意识进一步提高,行业党建、统战工作进一步加强。

三、大力推进注册税务师行业法制体系建设

(六)完善行业法制体系

积极推动注册税务师行业立法进程,完善行业法律法规和制度体系,修订《注册税务师管理暂行办法》,满足行政监管和行业自律工作需要。

（七）建立行业行政监管制度体系

制定注册税务师行业行政监管制度体系架构，明确各级税务机关监管职责、监管内容、监管方式、监管措施，建立行业行政监管目标管理、考核机制，实施有效的行政监管。

（八）完善行业执业准则体系

借鉴其他行业有益经验，进一步强化注册税务师行业执业准则体系建设。逐步完成涉税鉴证类、涉税服务类、质量控制类执业准则及操作指南制定工作，为注册税务师执业提供标准和依据。

（九）健全税务师事务所内部管理制度

充分借鉴国内外相关行业有益做法和经验，完善税务师事务所内部管理制度，确保税务行政监管要求和执业水平不断提高，为税务师事务所长期健康发展打好基础。

四、全方位拓展业务范围

（十）优化业务发展战略

通过对市场需求和行业能力的调查与研究，制定行业业务拓展策略。鼓励、引导税务师事务所开展特色业务，开发涉税服务高端市场。研究探索政府购买服务可行性，拓宽政府购买服务渠道，倡导协会通过品牌推介等方式拓展业务领域，扩大业务范围。

（十一）进一步拓展涉税鉴证范围

——在巩固原有涉税鉴证业务基础上，对纳税清算，各类资格、涉税事项认定，以及加计扣除、特别纳税调整等，在切实维护纳税人合法权益的前提下，探索纳税人委托注册税务师进行专业鉴证。

——对需经税务机关审查批准和税法规定由纳税人自行申报税务机关备案的重大事项，凡属专业性强、管理难度大、有利于防范税收风险、加强税收征管的，在切实维护纳税人合法权益的前提下，探索纳税人委托注册税务师进行专业鉴证。

——加强与司法部门的沟通与合作，拓展注册税务师参与涉税司法鉴定的业务领域，协助司法机关和当事人对司法案件中重大、疑难的涉税事项进行专业鉴定。

（十二）进一步拓宽涉税服务领域

——对涉及纳税服务、税源管理、纳税信用等事项，探索通过政府购买服务方式委托税务师事务所提供涉税服务的可行性。

——鼓励、引导税务师事务所开发涉税服务高端市场，开展涉税服务特色业务。争取五年内，在新股发行、资产重组、股权转让、年报审计等上市公司有关业务，企业重大重组、资本运作业务，跨国公司、中央企业、大型民企等重点纳税人的涉税风险管理、战略咨询、产业规划业务，预约定价、税务调查、特别纳税调整涉外税收业务方面有所突破。

五、鼓励支持行业发展方式创新

（十三）支持税务师事务所特色化发展

——大力推动行业做大做强。鼓励税务师事务所合并重组，进行战略性整合；引导不同资质等级税务师事务所，开展与其服务能力和服务对象规模相适应的服务；促进注册税务师行业形成大、中、小型税务师事务所执业领域各有侧重、市场定位各有特色，不同规模税务师事务所有序竞争、持续发展的市场格局。

——鼓励大型税务师事务所做强做优。推动大型事务所创新发展模式、创建服务标准，争取五年内培育出一批拥有自主品牌，规模上亿，内部管理制度健全，能够提供高水平专业服务，具有核心竞争力和综合服务能力的特大型税务师事务所，着力提高其对境内外上市公司、特大型企业集团、重点产业龙头企业、重要行业和重点区域企业的专业服务水平。

——支持中型税务师事务所做精做专。指导中型税务师事务所创新服务方式，提高服务手段，不断挖掘市场需求，做精做专服务领域。争取五年内培育出一批内部管理制度健全，有涉税鉴证、纳税审核、税收筹划等专业技能，为纳税人提供高质量服务的中型税务师事务所。

——引导小型税务师事务所有序发展。规范小型税务师事务所发展，通过扶持引导，使小型税务师事务所成为面向纳税人提供优质税务代理服务和涉税会计服务的重要补充。

(十四)鼓励税务师事务所模式创新

——加强对行业发展模式创新指导。鼓励执业质量过硬、治理机制科学、发展势头良好的税务师事务所通过合并重组，跨地域整合资源，建立大型或特大型集团化、网络化、品牌化、国际化税务师事务所。鼓励信誉良好、成长快速的小型事务所重组联合，发展成为中型或较大型税务师事务所。科学制定转型方案，推动有限责任税务师事务所向特殊的普通合伙税务师事务所转换。

——鼓励大型税务师事务所创建自主知名品牌。扶持中小型税务师事务所专业化品牌创建，探索国际知名品牌本土化途径，推动国际知名品牌本土化进程。

——加快推进行业业务结构和规模结构调整，提高事务所承接综合性业务的能力。探索以注册税务师资格为主体，融合其他相关资格出资设立税务师事务所的可行性。

(十五)引导税务师事务所不同地域均衡发展

鼓励税务师事务所根据地域特点和纳税人需求，开发新兴市场。促进行业区域结构调整，优化税务师事务所的区域布局，形成与经济发展水平相适应、在东、中、西部地区各有侧重、各具特色的行业发展格局。

六、进一步强化行业监管

(十六)完善行业监管制度

研究制定行业监管办法。健全注册税务师审批、管理、备案、检查、公告制度，完善税务师事务所退出机制。加强跨省开展涉税鉴证业务、涉税鉴证业务约定书备案和多师资格跨行业执业等事项的管理。

(十七)强化行业监管措施

加大对鉴证报告质量的检查和违规行为的惩处力度，规范整顿执业秩序。完善检查内容和检查流程、检查措施，强化建立健全检查人员的选拔与考评制度，加强管理人员监管知识和业务知识的培训，提高监管水平和监管效率。

(十八)健全行业监管机制

坚持纠建并举，建立健全政风行风建设与注册税务师行业监管工作相互推动、相互促进长效机制，切实解决纳税人反映强烈的突出问题，深入开展利用中介机构谋取不正当利益问题专项治理，加大对税务师事务所与税务机关工作人员勾结串通、强行指定中介机构谋利等违规行为的惩处力度。

（十九）推进行业信息化建设

依托国家税务总局“金税三期”工程的总体规划，加快行业信息化建设。完善注册税务师管理信息系统应用功能，实现对涉税鉴证业务的防伪验证、资质核对、质量评价、业务约定书报备，行业数据统计，备案事项变更等日常管理事务的信息化管理。有效利用涉税鉴证报告的财务数据，为税收征收管理提供服务。

七、大力推进行业人才队伍建设

（二十）实施行业人才培养战略

根据“十二五”行业发展目标要求，实施行业人才培养战略。制定行业人才选拔标准，完善行业人才分类分层培养使用机制，有计划、有步骤地吸引优秀人才加入行业。整合培训资源，合理规划培训层级、培训任务和培训内容，提高注册税务师行业人才培养的科学性、针对性。充分利用高等院校、国际培训机构及社会各类人才培养力量，着力培养一批适应经济全球化需要、为上市公司和中国企业“走出去”提供高端服务的行业领军人才，满足行业跨越式发展对人才的需要。

（二十一）加强行业从业人员培训

充分发挥中国注册税务师税协会和地方协会在行业培训中的主导作用，重视培训师资队伍建设和培训教材开发。针对业务管理人员、业务骨干人员、业务助理人员、业务开发人员的不同需求，合理确定培训内容，突出重点，因材施教。采取网培面授、国内外交流考察等多种形式，加大对执业注册税务师和其他从业人员的分类培训力度，促进从业人员知识结构、知识内容的及时更新，不断提高职业胜任能力和专业服务能力。

（二十二）深化行业后备人员建设

加强行业协会、税务师事务所与财税类大专院校的沟通合作，共同探索税务服务专业人才的培养模式和方法。支持开设注册税务师专业方向的院校应用型学科建设和教材开发。推动注册税务师专业方向院校开设涉税司法鉴定、税收筹划、税务会计、税务风险管理、纳税评估等课程，鼓励在税务师事务所建立大学生实习基地。推广注册税务师方向的“订单式”人员培养模式，解决行业人才短缺和培养滞后问题，促进行业发展。

（二十三）推进行业考试制度完善

深入推进注册税务师考试制度改革。在充分调查研究、分析论证基础上，加强与注册税务师资格考试主管部门的沟通与联系，根据实际情况和需要，适时调整、完善考试相关制度，鼓励更多的优秀人才通过考试加入到注册税务师行业中，为行业发展提供人才保障。

八、切实加强行业协会建设

（二十四）建立完善协会服务支持体系

——加强协会自身体系建设。健全会员代表大会、理事会、常务理事会、会长办公会等民主决策机构的工作机制，完善会员民主参与行业重大事项决策机制、会员约束和奖励机制。加强协会领导班子建设，提高领导和推动行业健康快速发展的能力和水平。

——完善自律制度体系。完善会员制度，丰富会员种类，扩大行业影响；完善税务师事务所等级评定制度，探索评定后综合利用途径和效率；完善行业信息统计制度，提高行业数据归集准确度和利用率；完善诚信执业评价机制、失信惩戒机制，提高行业诚信水平。

——建立理论研究支持体系。通过组建由行业行政主管部门专家、业内专家、院校专家组成的研究团队，就行业发展遇到的难点、热点问题，系统开展理论与实证研究，为行业发展提供理论基础，为行业立法提供理论支持。

——健全服务支撑体系。加强中税协网校培训平台建设、会员管理信息化建设，研究行业人才档案管理途径，增强协会服务会员能力。

（二十五）充分发挥协会沟通协调职能

——要充分发挥协会沟通协调职能，加强与有关部门沟通联系。通过建立工作联席会议制度，组织会员建言献策，举办论坛培训，赠阅会刊等方式，及时向有关部门通报行业情况，反映会员诉求，促进有关部门对行业的了解，为注册税务师拓展业务搭建平台，争取有关部门对行业业务拓展的支持。

——要发挥贴近行业、反应灵敏的优势，完善以会员为中心的行业自律管理和服务职能。强化服务会员意识，增强服务会员能力，维护会员合法权益，促进行业和谐发展。

（二十六）加快推进行业党组织建设和行业统战工作

——认真贯彻落实党中央对加强新社会组织党建工作的指示要求，加快推进注册税务师行业党建工作，努力做到党在注册税务师行业的组织覆盖和工作覆盖。着力加强基层组织自身建设，研究探索税务师事务所党组织功能定位，不断创新行业党建工作方式，为行业实现跨越式发展提供政治动力和有力保证。

——加强与各级统战部门的沟通协调，拓宽注册税务师参政议政渠道。完善行业优秀代表人士推荐选拔办法，探索行业统战工作实现途径。根据行业特点和发展需求，结合统战部门工作部署，有计划、分批次地对行业优秀代表人士进行培训、推介，力争五年内有行业优秀代表人士进入全国人大、全国政协参政议政，同时进入地方各级人大、政协参政议政的行业代表人数大幅增加。

（二十七）加强行业宣传推介力度

制定行业宣传推介规划，整合行业宣传推介资源，创新行业宣传推介模式，拓宽行业宣传推介渠道，利用《注册税务师》会刊和其他各类报刊，以及电视、网络、移动通讯等各类媒体，开展多层次、多方位宣传推介，展示行业良好形象，提高行业社会认知度。

（二十八）提升行业协会国际影响力

积极开展涉外交流与合作，加强与国际涉税服务组织的沟通与合作，提升行业协会在国际涉税服务领域的话语权和影响力。

6－6－11

国家税务总局关于进一步加强大企业个性化纳税服务工作的意见

2013年12月31日　税总发〔2013〕145号

各省、自治区、直辖市和计划单列市国家税务局、地方税务局：

为进一步提高大企业纳税服务水平，切实贯彻落实税务总局党组提出的“三个服务”总体要求，根据《大企业税务风险管理指引（试行）》（国税发〔2009〕90 号）和《大企业税收服务和管理规程（试行）》（国税发〔2011〕71 号），现就加强大企业个性化纳税服务工作提出以下意见，请各地认真贯彻。

一、加强税企沟通，建立健全多层次沟通联系机制

（一）建立大企业联络员制度。针对定点联系企业设立联络员，明确联络员的工作职责和工作内容，依托现行税收管理体制，建立联络员与各层级大企业税收管理部门的工作协调机制，畅通税企沟通渠道，提升服务质量和效率。

（二）建立大企业工作小组制度。根据大企业的具体情况和相关工作事项，按行业或集团成立工作小组，研究企业集团组织架构、行业特点、业务环节，交流税收服务和管理的做法和经验，分析税收工作中的重点和难点问题，探索科学有效的解决方案。

（三）建立常态化走访工作机制。根据工作需要统一规划走访的频率和层次，制定工作方案和调研提纲，提高走访工作的针对性和有效性。认真听取意见和建议，了解大企业生产经营及重大涉税事项变化情况，及时回应大企业提出的涉税诉求，密切跟踪涉税诉求的处理情况。

（四）建立税企高层对话机制。结合税收工作重点议题，举办税企高层对话，交流税企双方的观点和情况，增进税务机关对大企业的认知与了解，提升大企业高层对税务工作及税务风险内控体系建设的重视程度，促进税企互信和合作。

二、高效处理诉求，建立健全涉税诉求快速响应机制

（五）规范涉税诉求处理流程。按照受理、处理、回复、总结四个环节，明确工作内容和工作要求。畅通涉税诉求受理渠道，做好涉税诉求的登记工作。强化涉税诉求处理机制，加强与同级相关业务部门的沟通协调，形成程序透明、职责清晰、运转高效的工作机制。规范涉税诉求回复文种和格式，做好涉税诉求的总结和归档工作。建立涉税诉求处理工作流程单，全面管控涉税诉求处理过程。

（六）建立健全大企业涉税事项协调会议制度和涉税诉求快速响应机制。建立由分管局领导牵头，相关业务部门负责人参加的大企业涉税事项协调会议制度，专门研究重大或复杂的问题，或具有行业共性、或同时涉及两个及两个以上部门的涉税诉求。建立由大企业税收管理部门负责人牵头，相关业务部门人员参加的涉税诉求快速响应机制，及时解决大企业一般性涉税诉求。

（七）建立完善大企业涉税事项纵向协调机制。明确各层级职责，属于本级税务机关权限范围的涉税诉求，由本级税务机关办理或向下级税务机关交办；不属于本级税务机关权限范围的，向上级税务机关报送。在交办和报送过程中，做好相关资料交接和协调工作。研究处理大企业涉税诉求时，要事先听取相关主管税务机关的意见和建议。

三、创新服务产品，规范和完善税企合作机制

（八）推进税收遵从合作协议谈签工作。制定协议谈签工作方案，确定谈签对象，明确工作步骤，针对大企业所处行业现状、生产经营变动趋势、内控机制运行及税收政策执行等方面情况，做好风险调查和遵从评价工作。对大企业的个性化需求进行分析评估，组织开展与大企业的谈签工作并制作规范的协议文本。认真履行税收遵从合作协议，加强对协议落实情况的监督和检查。

（九）试行大企业涉税事项事先裁定制度。以现行税收法律法规为依据，就大企业申请的关于未来可预期的特定事项应如何适用税法予以裁定，提升大企业防控税收风险的能力，推动大企业健全税务风险内控机制。建立健全事先裁定工作流程，完善工作机制，积累工作案例，增强税法适用的透明度和确定性。

（十）建立大企业重大事项报告制度。结合税收遵从合作协议的签订，明确大企业向税务机关报告与纳税义务有关的重大事项。确定报告的格式和时限，规范报告程序。对大企业报告的重大事项，要及时分析研究，提出服务和管理的意见建议，必要时进行跟踪了解，掌握大企业重大事项对税收管理工作的影响。建立大企业重大事项工作档案和资料库。

（十一）建立大企业税收风险管理指南。结合税收风险管理专项工作，分行业、分集团建立大企业风险管理指南，按照行业或企业的生产经营流程和财务核算方式，聚焦行业特点和行业规律，梳理行业税收政策，细化大企业涉税风险点。完善大企业基础信息库和行业风险特征库。依托税务风险内控机制，制定大企业生产经营各环节税务风险防范和控制方法。

四、引导内控建设，推进大企业税务风险内控体系的完善

（十二）研究制定大企业税务风险内控测试指标体系。对《大企业税务风险管理指引（试行）》规定的大企业税务风险内控机制相关要素进行认真研究，组建税务系统工作团队，借助中介机构及专家学者的力量，制定风险内控测试指标体系，明确测试指标的主要内涵和逻辑关系，确定测试指标的使用方法。

（十三）深入开展大企业税务风险内控测试工作。根据大企业的特点和所处行业类型，采取问卷调查、现场访谈等形式开展大企业税务风险内控调查工作。采取符合性测试、实质性测试等方法开展大企业内控测试工作。根据内控调查和内控测试的情况，出具大企业税务风险管理建议书，引导和推动大企业不断完善税务风险内控体系。

（十四）加强大企业税务风险内控体系理论研究和实践探索。研究大企业税务风险内控制度与大企业整体内控制度结合的路径和方法，注重日常工作的总结和提炼，细化《大企业税务风险管理指引（试行）》，制定具体操作办法，提升税务风险管理能力。

各级税务机关要高度重视大企业个性化纳税服务工作，结合本地实际，认真研究和制定具体措施，加强国税局、地税局的协作与配合，积极实践，开拓创新，及时总结经验，提出改进的意见和建议。在执行中遇到的问题和情况，及时向税务总局（大企业税收管理司）报告。

6－6－12

国家税务总局关于注册税务师行业年度报表有关问题的补充通知

2014年1月29日　税总函〔2014〕52号

各省、自治区、直辖市和计划单列市国家税务局、地方税务局：

2013 年,国家税务总局对注册税务师行业年度报表进行了修订。11 月,《国家税务总局关于修订注册税务师行业年度报表有关问题的通知》(税总函〔2013〕607 号)下发后,陆续接到一些地方来电,咨询有关填报问题。为确保 2013 年度注册税务师行业报表统计报送工作顺利进行,现就有关问题补充说明如下:

一、有关“异地分所”

(一)为使报表清晰明了,表 1 中增加“异地分所”一类,按属地原则,与有限所、合伙所(特殊普通合伙按合伙填列)并列填报。异地分所是指跨省、自治区、直辖市和计划单列市设立的分所。

(二)将表 1 中的“性质”栏名称调整为“组织形式”,“法定代表人(所长)姓名”栏名称调整为“法定代表人(所长/负责人)姓名”,异地分所填写负责人姓名。

(三)表 3 中,税务师事务所部分,“机构总数”、“本年度新设机构数”、“本年度注销数”栏均增加“异地分所”的统计。“机构总数”包括有限所、合伙所和异地分所,但不包括本地分所,且每一项的户数都应和表 1 填报户数一致。税务师事务所分所部分,每个项目均按本地分所和异地分所分别填报。

二、注销的税务师事务所

对在统计年度发生注销情形的税务师事务所,不再在表 1、表 2、表 4 和表 5 中填报,由各地汇总本年度注销所的数量,在表 3“本年度注销数”中填列。

三、“其他专业服务执业资格人员”的含义

表 2 中的“其中:具有其他专业服务执业资格的人员”,是指“人员总数”中,具有注册会计师、注册资产评估师、律师等专业服务资格的人员。如果一人拥有两种以上其他专业服务资格,可以重复统计。

四、栏目调整

鉴于表 4 的统计目的是为了了解行业各项业务收入的具体情况,为真实反映各税务师事务所业务量,将“收入总额”下各项业务的“户数”调整为“户次”,按“户次”填报。

五、填报口径

(一)表 6 中“调增应纳所得税额”和“调减应纳所得税额”的填报口径:以纳税人为计算单位,对同一纳税人,根据税务师事务所为纳税人实际调增或调减的应纳税额之差的绝对值填列。如调增大于调减,在“调增应纳所得税额”栏中填报;调减大于调增,在“调减应纳所得税额”栏中填报。对不同纳税人,应按税务师事务所为不同纳税人实际调增或调减的应纳税额之差的绝对值,在“调增应纳所得税额”和“调减应纳所得税额”栏中分别填报,不能相抵。

(二)“所得税汇算清缴纳税申报鉴证业务”的户数和金额,均为“调增应纳所得税额”和“调减应纳所得税额”之和。

(三)在“其他鉴证业务小计”明细项目中增加一项“(四)其他”,用来反映不属于“其他鉴证业务小计”中(一)、(二)、(三)明细项目的其他鉴证业务情况。

六、报送时间

(一)表 1 至表 6 的统计截止时间为统计年度 12 月 31 日,上报截止时间为次年 3 月 31 日。

（二）为了保证行业数据汇总和核对工作顺利进行，方便各省注册税务师管理中心和协会按时上报行业报表，将税务师事务所报表上报截止时间统一调整为次年2月底。

6－6－13

国家税务总局关于印发《税务系统首问责任制度（试行）》的通知

2014年4月24日　税总发〔2014〕59号

各省、自治区、直辖市和计划单列市国家税务局、地方税务局：

为促进税务系统进一步转变职能、改进作风，按照“最大限度便利纳税人、最大限度规范税务人”的工作要求和“便民办税春风行动”的统一部署，税务总局决定在全国税务系统全面推行首问责任制。现将《税务系统首问责任制度（试行）》印发你们，请认真遵照执行。现就有关问题通知如下：

一、提高认识，加强领导。推行首问责任制是“便民办税春风行动”的重要内容，是提高税务机关服务效率和纳税人办税效率，降低征纳成本，构建和谐征纳关系的重要措施，也是践行“三严三实”，使“三个三”要求成为税务工作人员思想自觉和行动自觉的有力抓手。各地要提高对推行首问责任制重要性和必要性的认识，切实加强组织领导，各级税务机关“便民办税春风行动”领导小组要统筹负责推行工作，务求将首问责任制抓好、抓实。

二、细化措施，稳步推进。推行首问责任制涉及人员面广，业务类型多，各地要结合本地实际情况，按照符合工作规律、提高服务效率、明确岗位职责、加强部门配合的原则，制定细化方案，形成立得住、行得通、管得好的首问责任推行、管理、考核和督促机制。要加强对税务工作人员的培训辅导，使其在掌握本岗位业务的基础上熟悉了解相关涉税业务办理流程和部门职责分工，为推行首问责任制打好基础。

三、狠抓落实，注重长效。要积极通过纳税人意见征集、明察暗访、绩效考核等方式，加强对首问责任制落实情况的督促检查，确保首问责任制落实到位，取得实效。要通过多种渠道对首问责任制进行广泛宣传，主动接受纳税人和社会公众的监督，营造良好舆论氛围，使首问责任成为税务系统的一种工作常态、行为习惯和行业风尚。

税务系统首问责任制度（试行）

第一条　为切实转变职能、改变作风，更好地为纳税人服务，特制定本制度。

第二条　首问责任制是指首问责任人为纳税人办理或有效指引纳税人完成办理涉税事项的责任制度。

首问责任人是指纳税人到税务机关或通过电话等方式办理涉税事项或寻求涉税帮助时，首位接洽的税务工作人员。

第三条 首问责任制适用于各级税务机关及其工作人员。

第四条 纳入首问责任制的业务范围包括:涉税业务办理、涉税业务咨询、纳税服务投诉和税收工作建议。

纳税人对于税收违法行为的检举和干部违法违纪行为的举报以及信访事项,依据有关专门规定处理。

第五条 首问责任人受理纳税人来电、来访时,应礼貌热情、认真听取、详细了解纳税人的需求,做到及时办理和有效指引。

第六条 首问责任人职责范围内的涉税事项,按以下规定办理:

(一)凡资料齐全且符合法定条件者,能当场办理或答复的,应当场办理或答复;不能当场办理或答复的,应对纳税人的涉税事项和联系方式进行登记,依法依规承诺限时办结或限时答复,负责跟踪办理情况,并于办结后及时向纳税人反馈。

(二)对资料不齐全或者不完全符合法定条件者,应一次性告知其所办事项的办理依据、办理时限、办理程序和所需资料,或明确告知不予办理的理由、依据等。

第七条 对不属于首问责任人职责范围内的涉税事项,按以下规定办理:

(一)属于本税务机关职责范围内的涉税事项,首问责任人应将纳税人指引到涉税业务对应的承办部门,由承办部门指定承办人,该承办人承接首问责任。

首问责任人无法明确承办部门的,应联系本部门负责人予以明确;确实无法明确承办部门的,由本税务机关的办公室或纳税服务部门指定承办部门,并由该部门承接首问责任。

(二)不属于本税务机关职责范围内的涉税事项,首问责任人应向纳税人详细说明,并给予必要的帮助。

第八条 首问责任人应当切实履行首问职责,依法、依规办理首问事项,不得推诿、敷衍、拖延或者拒绝。

第九条 各级税务机关应加强内部各部门之间的协调和配合,严格按照规定的程序和时限要求办理相关涉税事项,确保首问责任人按规定的时限答复纳税人。

第十条 各级税务机关要切实加强对首问责任制度落实情况的监督和检查,要将首问事项的办理情况纳入绩效考核。对不按规定履行首问责任和办理首问事项的单位和个人要严肃追求责任。

第十一条 各级税务机关要加强对税务工作人员的职业素质培训和职业道德教育,提高税务工作人员履行首问责任的能力和服务纳税人的意识。严格禁止在承办首问事项的过程中向纳税人索拿卡要等违反廉政规定的行为。

第十二条 纳税人对税务机关及其工作人员违反本制度规定的行为,有权进行监督。对首问责任承办机关的投诉可以向上级税务机关提出;对首问责任承办部门和承办人员的投诉,可以向本级税务机关提出。

第十三条 各级税务机关的纳税服务管理部门负责首问责任制的统筹协调和监督考核。

第十四条 各省、自治区、直辖市和计划单列市国家税务总局、地方税务总局应根据本制度,制定具体实施方法。

第十五条 本制度自 2014 年 5 月 1 日起施行。

6－6－14

国家税务总局关于支持中国(上海)自由贸易试验区创新税收服务的通知

2014年6月25日　税总函〔2014〕298号

上海市国家税务局、地方税务局：

为了认真落实党中央、国务院部署，深入贯彻党的十八届三中全会《中共中央关于全面深化改革若干重大问题的决定》和国务院印发的《中国(上海)自由贸易试验区总体方案》要求，加快政府职能转变，推进税收现代化建设，切实服务好中国(上海)自由贸易试验区(以下简称自贸试验区)，国家税务总局研究决定，自贸试验区创新税收服务的主题是“税收一网通办、便捷优质高效”(简称“办税一网通”)，请你局在自贸试验区内落实好以下十项措施：

一、网上自动赋码。转变现有税务登记方式，在全国范围内率先试行税务登记网上自动赋码管理。由原先纳税人发起税务登记申请转变为税务机关根据工商、质监提供的企业信息，由系统自动赋予税务登记号码，减轻纳税人往返税务机关申请税务开业登记负担，提速税务登记办理，提高税收现代化服务水平。建立自贸试验区税务登记查询平台，纳税人可以网上自主查询税务登记信息。

二、网上自主办税。在全市“网上办税服务厅”统一推进的基础上，先行先试，拓展和完善网上办税功能，推行网上发票核定管理、发票领用、普通发票验旧、涉税事项证明开具、红字发票通知单、电子申报撤销等项目的网上办理，力争年内常用办税项目的网上应用全覆盖，为纳税人提供“便捷高效、足不出户”的办税服务体验。加强网上跨部门联合受理和信息共享，与科委、工商、质检、银行等部门实行“一口受理、并联审批”，联合推进研发费加计扣除、非贸付汇等事项便利化，避免企业多部门间往返奔波。

三、电子发票网上应用。加快推进自贸试验区内电商企业电子发票网上应用，支持电子商务行业发展；针对金融保险行业特点，积极研究金融保险业电子发票应用，节省电子商务交易时间，减少企业运营成本，维护消费者权益。

四、网上区域通办。针对自贸试验区地域宽广、企业往返时间长、办税成本高等现状，在“1＋4自贸办税直通车”(办税大厅和延伸点)的基础上，为企业提供所有税收业务事项的网上区域通办服务。

五、网上直接认定。对新办企业取消辅导期，推行网上增值税一般纳税人直接认定。在风险管控方面，加强事中违纪纳税人纳入辅导期管理工作。

六、非居民税收网上管理。明确银行等账户托管方主管税务机关权限，对在银行等托管方设立自由贸易账户开展投资等综合业务的非居民企业和个人，试行由托管方履行信息报告义务，由托管方主管税务机关集中提供相关涉税服务。开发非居民税收管理系统，实行全市统一的非居民网上税务登记，实现非居民合同网上备案、网上申报、网上扣款。

七、网上按季申报。对洋山保税港区享受提供国内货物运输服务、仓储服务和装卸搬运服务即征即退增值税政策的纳税人,由原来的按月申报转变为按季网上申报并实行网上即征即退,便于该类企业资金周转和加大行业扶持力度,为促进自贸试验区发展与国际航运中心建设协调推进提供助力。

八、网上备案。加快行政审批制度改革,对行政审批清单内常用涉税事项实行网上"先备后核",纳税人根据现有政策规定向税务机关网上备案(备忘)后先行享受相关政策,税务机关进行事后核实和监管。

九、纳税信用网上评价。通过信用信息平台,采集、处理、评价纳税信用信息,提供纳税信用评价结果网上自我查询。根据评价结果,实施分类服务和管理,对A级纳税人给予主动公开、放宽用票量等激励措施,对D级纳税人加大税务惩戒力度的同时,将纳税信用评价结果通报相关部门,促进社会诚信体系建设。

十、创新网上服务。网上信息收集,通过税企互动平台、网上在线、网上调查问卷等功能,对纳税人需求进行分类采集;网上信息推送,根据纳税人需求有针对性地提供个性化政策推送、风险提示提醒等主动推送服务;网上信息查询,提供网上涉税事项办理进度等信息查询服务。

6-6-15

国家税务总局关于进一步统一规范办税服务场所标识的通知

2014年7月1日　税总函〔2014〕299号

各省、自治区、直辖市和计划单列市国家税务局、地方税务局:

《国家税务总局关于统一使用办税服务厅标识有关问题的通知》(国税发〔2008〕29号,以下简称《通知》)和《国家税务总局关于进一步规范办税服务厅内部标识有关问题的通知》(国税函〔2009〕524号)下发后,各地税务机关对区、县以上办税服务厅标识的名称、图案、颜色等基础元素进行了统一和规范。为适应形势的发展,更好地满足纳税人需求,税务总局决定进一步统一规范办税服务场所标识。现将有关要求通知如下:

一、进一步扩展标识应用范围

为进一步方便广大纳税人办税,现决定进一步扩展《通知》所规定标识的应用范围。

(一)外部标识:各基层税务所(分局),农村、乡镇的办税服务室或征收点,车辆购置税办税场所,统一使用《通知》规定的标识图案和颜色,名称可视情况称为"办税服务厅"或"办税服务室"。

(二)内部标识:因基层办税场所的客观条件不同,内部标识由各地自行决定。

二、统一办税服务场所背景墙等大型标识

为更好体现办税服务的时代性、规范性和统一性,办税服务场所背景墙等大型标识应统一采用"税徽+为国聚财　为民收税"的样式(见下图)。标识的颜色、字体等基础元素应与《通知》要求一致。标识规格可由各地根据各办税服务场所的实际因地制宜确定。

三、工作要求

（一）加强领导，厉行节约。各地税务机关要充分认识统一规范办税服务场所标识，对于提升税务形象和便利纳税人办税的重要性，切实加强对此项工作的组织领导。标识统一规范工作由纳税服务部门牵头负责，财务、采购等部门要加强协作配合，确保工作圆满完成。标识统一规范工作要本着节俭、实用的原则，厉行节约，避免浪费。本通知下发前，办税服务场所的标识凡已经规范到位的，不再进行调整。已设置背景墙的，标识的用语等基本元素应与本通知要求一致，不具备设置背景墙条件的，可不必设置。

（二）精心组织，妥善安排。各地统一规范标识工作应尽量避开申报征收期，避免造成办税不便和安全隐患。各直辖市、计划单列市和省会城市税务机关办税服务场所标识统一规范工作应于2014年10月31日前完成，其他地区税务机关应于2014年12月31日完成。

各地在统一规范办税服务场所标识中出现的问题要及时上报税务总局（纳税服务司）。

6－6－16

国家税务总局关于发布《纳税信用管理办法（试行）》的公告

2014年7月4日　国家税务总局公告2014年第40号

现将《纳税信用管理办法（试行）》予以发布，自2014年10月1日起施行。

特此公告。

纳税信用管理办法(试行)

第一章　总　　则

第一条　为规范纳税信用管理,促进纳税人诚信自律,提高税法遵从度,推进社会信用体系建设,根据《中华人民共和国税收征收管理法》及其实施细则、《国务院关于促进市场公平竞争维护市场正常秩序的若干意见》(国发〔2014〕20号)和《国务院关于印发社会信用体系建设规划纲要(2014—2020年)的通知》(国发〔2014〕21号),制定本办法。

第二条　本办法所称纳税信用管理,是指税务机关对纳税人的纳税信用信息开展的采集、评价、确定、发布和应用等活动。

第三条　本办法适用于已办理税务登记,从事生产、经营并适用查账征收的企业纳税人(以下简称纳税人)。

扣缴义务人、自然人纳税信用管理办法由国家税务总局另行规定。

个体工商户和其他类型纳税人的纳税信用管理办法由省税务机关制定。

第四条　国家税务总局主管全国纳税信用管理工作。省以下税务机关负责所辖地区纳税信用管理工作的组织和实施。

第五条　纳税信用管理遵循客观公正、标准统一、分级分类、动态调整的原则。

第六条　国家税务总局推行纳税信用管理工作的信息化,规范统一纳税信用管理。

第七条　国家税务局、地方税务局应联合开展纳税信用评价工作。

第八条　税务机关积极参与社会信用体系建设,与相关部门建立信用信息共建共享机制,推动纳税信用与其他社会信用联动管理。

第二章　纳税信用信息采集

第九条　纳税信用信息采集是指税务机关对纳税人纳税信用信息的记录和收集。

第十条　纳税信用信息包括纳税人信用历史信息、税务内部信息、外部信息。

纳税人信用历史信息包括基本信息和评价年度之前的纳税信用记录,以及相关部门评定的优良信用记录和不良信用记录。

税务内部信息包括经常性指标信息和非经常性指标信息。经常性指标信息是指涉税申报信息、税(费)款缴纳信息、发票与税控器具信息、登记与账簿信息等纳税人在评价年度内经常产生的指标信息;非经常性指标信息是指税务检查信息等纳税人在评价年度内不经常产生的指标信息。

外部信息包括外部参考信息和外部评价信息。外部参考信息包括评价年度相关部门评定的优良信用记录和不良信用记录;外部评价信息是指从相关部门取得的影响纳税人纳税信用评价的指标信息。

第十一条　纳税信用信息采集工作由国家税务总局和省税务机关组织实施,按月采集。

第十二条　本办法第十条第二款纳税人信用历史信息中的基本信息由税务机关从税

务管理系统中采集,税务管理系统中暂缺的信息由税务机关通过纳税人申报采集;评价年度之前的纳税信用记录,以及相关部门评定的优良信用记录和不良信用记录,从税收管理记录、国家统一信用信息平台等渠道中采集。

第十三条 本办法第十条第三款税务内部信息从税务管理系统中采集。

第十四条 本办法第十条第四款外部信息主要通过税务管理系统、国家统一信用信息平台、相关部门官方网站、新闻媒体或者媒介等渠道采集。通过新闻媒体或者媒介采集的信息应核实后使用。

第三章 纳税信用评价

第十五条 纳税信用评价采取年度评价指标得分和直接判级方式。评价指标包括税务内部信息和外部评价信息。

年度评价指标得分采取扣分方式。纳税人评价年度内经常性指标和非经常性指标信息齐全的,从100分起评;非经常性指标缺失的,从90分起评。

直接判级适用于有严重失信行为的纳税人。

纳税信用评价指标由国家税务总局另行规定。

第十六条 外部参考信息在年度纳税信用评价结果中记录,与纳税信用评价信息形成联动机制。

第十七条 纳税信用评价周期为一个纳税年度,有下列情形之一的纳税人,不参加本期的评价:

(一)纳入纳税信用管理时间不满一个评价年度的;

(二)本评价年度内无生产经营业务收入的;

(三)因涉嫌税收违法被立案查处尚未结案的;

(四)被审计、财政部门依法查出税收违法行为,税务机关正在依法处理,尚未办结的;

(五)已申请税务行政复议、提起行政诉讼尚未结案的;

(六)其他不应参加本期评价的情形。

第十八条 纳税信用级别设A、B、C、D四级。A级纳税信用为年度评价指标得分90分以上的;B级纳税信用为年度评价指标得分70分以上不满90分的;C级纳税信用为年度评价指标得分40分以上不满70分的;D级纳税信用为年度评价指标得分不满40分或者直接判级确定的。

第十九条 有下列情形之一的纳税人,本评价年度不能评为A级:

(一)实际生产经营期不满3年的;

(二)上一评价年度纳税信用评价结果为D级的;

(三)非正常原因一个评价年度内增值税或营业税连续3个月或者累计6个月零申报、负申报的;

(四)不能按照国家统一的会计制度规定设置账簿,并根据合法、有效凭证核算,向税务机关提供准确税务资料的。

第二十条 有下列情形之一的纳税人,本评价年度直接判为D级:

(一)存在逃避缴纳税款、逃避追缴欠税、骗取出口退税、虚开增值税专用发票等行为,经判决构成涉税犯罪的；

（二）存在前项所列行为，未构成犯罪，但偷税（逃避缴纳税款）金额10万元以上且占各税种应纳税总额10%以上，或者存在逃避追缴欠税、骗取出口退税、虚开增值税专用发票等税收违法行为，已缴纳税款、滞纳金、罚款的；

（三）在规定期限内未按税务机关处理结论缴纳或者足额缴纳税款、滞纳金和罚款的；

（四）以暴力、威胁方法拒不缴纳税款或者拒绝、阻挠税务机关依法实施税务稽查执法行为的；

（五）存在违反增值税发票管理规定或者违反其他发票管理规定的行为，导致其他单位或者个人未缴、少缴或者骗取税款的；

（六）提供虚假申报材料享受税收优惠政策的；

（七）骗取国家出口退税款，被停止出口退（免）税资格未到期的；

（八）有非正常户记录或者由非正常户直接责任人员注册登记或者负责经营的；

（九）由D级纳税人的直接责任人员注册登记或者负责经营的；

（十）存在税务机关依法认定的其他严重失信情形的。

第二十一条 纳税人有下列情形的，不影响其纳税信用评价：

（一）由于税务机关原因或者不可抗力，造成纳税人未能及时履行纳税义务的；

（二）非主观故意的计算公式运用错误以及明显的笔误造成未缴或者少缴税款的；

（三）国家税务总局认定的其他不影响纳税信用评价的情形。

第四章 纳税信用评价结果的确定和发布

第二十二条 纳税信用评价结果的确定和发布遵循谁评价、谁确定、谁发布的原则。

第二十三条 税务机关每年4月确定上一年度纳税信用评价结果，并为纳税人提供自我查询服务。

第二十四条 纳税人对纳税信用评价结果有异议的，可以书面向作出评价的税务机关申请复评。作出评价的税务机关应按本办法第三章规定进行复核。

第二十五条 税务机关对纳税人的纳税信用级别实行动态调整。

因税务检查等发现纳税人以前评价年度需扣减信用评价指标得分或者直接判级的，税务机关应按本办法第三章规定调整其以前年度纳税信用评价结果和记录。

纳税人因第十七条第三、四、五项所列情形解除而向税务机关申请补充纳税信用评价的，税务机关应按本办法第三章规定处理。

第二十六条 纳税人信用评价状态变化时，税务机关可采取适当方式通知、提醒纳税人。

第二十七条 税务机关对纳税信用评价结果，按分级分类原则，依法有序开放：

（一）主动公开A级纳税人名单及相关信息；

（二）根据社会信用体系建设需要，以及与相关部门信用信息共建共享合作备忘录、协议等规定，逐步开放B、C、D级纳税人名单及相关信息；

（三）定期或者不定期公布重大税收违法案件信息。具体办法由国家税务总局另行规定。

第五章 纳税信用评价结果的应用

第二十八条 税务机关按照守信激励，失信惩戒的原则，对不同信用级别的纳税人实施分类服务和管理。

第二十九条 对纳税信用评价为A级的纳税人，税务机关予以下列激励措施：

（一）主动向社会公告年度A级纳税人名单；

（二）一般纳税人可单次领取3个月的增值税发票用量，需要调整增值税发票用量时即时办理；

（三）普通发票按需领用；

（四）连续3年被评为A级信用级别（简称3连A）的纳税人，除享受以上措施外，还可以由税务机关提供绿色通道或专门人员帮助办理涉税事项；

（五）税务机关与相关部门实施的联合激励措施，以及结合当地实际情况采取的其他激励措施。

第三十条 对纳税信用评价为B级的纳税人，税务机关实施正常管理，适时进行税收政策和管理规定的辅导，并视信用评价状态变化趋势选择性地提供本办法第二十九条的激励措施。

第三十一条 对纳税信用评价为C级的纳税人，税务机关应依法从严管理，并视信用评价状态变化趋势选择性地采取本办法第三十二条的管理措施。

第三十二条 对纳税信用评价为D级的纳税人，税务机关应采取以下措施：

（一）按照本办法第二十七条的规定，公开D级纳税人及其直接责任人员名单，对直接责任人员注册登记或者负责经营的其他纳税人纳税信用直接判为D级；

（二）增值税专用发票领用按辅导期一般纳税人政策办理，普通发票的领用实行交（验）旧供新、严格限量供应；

（三）加强出口退税审核；

（四）加强纳税评估，严格审核其报送的各种资料；

（五）列入重点监控对象，提高监督检查频次，发现税收违法违规行为的，不得适用规定处罚幅度内的最低标准；

（六）将纳税信用评价结果通报相关部门，建议在经营、投融资、取得政府供应土地、进出口、出入境、注册新公司、工程招投标、政府采购、获得荣誉、安全许可、生产许可、从业任职资格、资质审核等方面予以限制或禁止；

（七）D级评价保留2年，第三年纳税信用不得评价为A级；

（八）税务机关与相关部门实施的联合惩戒措施，以及结合实际情况依法采取的其他严格管理措施。

第六章 附 则

第三十三条 省税务机关可以根据本办法制定具体实施办法。

第三十四条 本办法自2014年10月1日起施行。2003年7月17日国家税务总局发布的《纳税信用等级评定管理试行办法》（国税发〔2003〕92号）同时废止。

注释：

条款废止。第十五条第二款、第三十二条第七项自2020年11月1日起废止。参见：《国家税务总局关于纳税信用管理有关事项的公告》(国家税务总局公告2020年第15号)。

条款失效废止。第七条失效废止。参见：《国家税务总局关于公布全文失效废止和部分条款失效废止的税收规范性文件目录的公告》(国家税务总局公告2018年第33号)。

条款废止。第十七条第二项自2018年4月1日起废止。参见：《国家税务总局关于纳税信用评价有关事项的公告》(国家税务总局公告2018年第8号)。

6-6-17

国家税务总局关于创新税收服务和管理的意见

2014年7月7日　税总发〔2014〕85号

各省、自治区、直辖市和计划单列市国家税务局、地方税务局：

为认真贯彻国务院加快政府职能转变，创新政府监管方式的要求，顺应注册资本登记制度改革的需要，税务部门要进一步创新服务和管理。现提出如下意见，请认真贯彻执行。

一、创新服务，推进税务登记便利化

（一）创新税务登记方式

各地可以根据不同条件，积极探索创新税务登记方式。

1. 国税机关、地税机关协同，一方受理，统一办理。对纳税人提出的税务登记申请，由受理的国税机关或地税机关一方负责，纳税人不需再向另一方税务机关提出申请。

2. 多部门联合办理。有条件的地方可以探索建立营业执照、组织机构代码证、税务登记证等多证联办机制，相关部门同步审批，证照统一发放，以便利纳税人。

3. "三证合一"。探索跨部门业务流程再造，建立营业执照、组织机构代码证与税务登记证"一表登记、三证合一"制度。市场主体一次性提交包含办理营业执照、组织机构代码证、税务登记证所需的所有信息，相关部门受理申请并进行审核，准予登记的，向市场主体发放一份包含营业执照、组织机构代码证、税务登记证功能的证照。

4. "电子登记"。积极探索推进全程电子化登记，实现网上申请、网上审核、网上发证，足不出户就可以办理，纳税人不需要就不再发放纸质税务登记证件。

（二）简化税务登记手续

5. 简化资料提供。纳税人申请办理税务登记时，税务机关应根据申请人情况，不再统一要求纳税人提供注册地址及生产、经营地址等场地的证明材料和验资报告，可不进行实地核查。

6. 探索推送服务。税务机关要积极推进跨部门协作，参与建立市场主体登记及信用信息公示平台，推动登记信息实时交换和共享，及时获取工商登记、组织机构代码等信息；有条件的地方可以改变以往税务登记由纳税人发起的做法，将获取的市场主体工商登记、组织机构代码信息内容录入税务登记表，直接赋予市场主体纳税人识别号，并主动推送给纳税人签字确认，不再要求纳税人重复提供并填报信息。

7. 推进即时办理。税务机关办税窗口只对纳税人提交的申请材料进行形式审查，收取相关资料后即时办理税务登记，赋予纳税人识别号，发给税务登记证件，以减少纳税人等待时间，提高办理效率。与此同时，要全面实行“同城通办”。

二、创新管理，促进后续监管精细化

税务机关要进一步推进税收管理科学化、精细化、现代化，一手抓优质服务，主动做好纳税人的纳税辅导、咨询、培训和宣传；一手抓事后监管，在发票领用、纳税申报等后续环节健全制度，完善措施，及时掌握纳税人动态情况，以促进纳税人税法遵从度提高，防范税收流失风险。

（一）不断完善发票发放领用的服务与监管

8. 及时为纳税人提供清晰的发票领用指南。通过印发提示卡或涉税事项告知卡，引导纳税人快速办理发票领用手续。推行免填单、预填单、勾选等方式，补充采集国标行业、登记注册类型等税务机关所需的数据，以核定应纳税种、适用的发票票种、版别及数量，让纳税人切实感受到税务机关的优质服务。

9. 简化发票申领程序。税务机关应根据实际情况，设定统一、规范的发票申领程序，并将发票申领程序公开。申领普通发票原则上取消实地核查，统一在办税服务厅即时办结。一般纳税人申请增值税专用发票（包括增值税专用发票和货物运输业增值税专用发票）最高开票限额不超过10万元的，主管税务机关不需事前进行实地查验。可在此基础上适当扩大不需事前实地查验的范围，实地查验的范围和方法由各省国税机关确定。

10. 不断提高发票管理信息化水平。积极探索建立风险监控指标，通过比对分析纳税人的开票信息，及时调整纳税人申领发票的版别和数量。做好网络发票应用工作，推动网络发票数据分析利用，完善网络发票平台实时查询和日常监控管理功能，为社会提供便捷的网络发票信息查询服务。同时，探索电子发票的推广与应用。

（二）进一步简化纳税申报

11. 为纳税人提供纳税申报办理指引。税务机关要详细告知纳税人申报期限和申报方法，辅导纳税人准确申报。畅通申报渠道，确保纳税人可以根据实际生产经营情况，自由选择办税大厅、邮寄或网上申报等多种申报方式。

12. 进一步简并征期。积极推行小规模纳税人（包括个体工商户）简并征期申报工作。对于小型微型企业、长期不经营企业，税务机关可以按照法律、法规规定采取合并征期、调整申报期限等方式，进一步减轻纳税人负担。

（三）加强后续管理

13. 及时录入、补录和确认相关信息。在税务登记环节力求即来即办的同时，要切实加强后续管理。在税务登记环节需要采集的信息包括营业执照、注册资本、生产经营地址、公司章程、商业合同和协议等数据资料，要在后续的发票领用、申报纳税等环节及时采集，陆续补齐。要加强对税务登记后续环节录入、补录信息的比对和确认。要逐步实现对税务登记信息完整率、差错率等征管绩效指标的实时监控。

三、创新制度,推动税收风险管理常态化

各级税务机关要牢固树立税收风险管理理念,运用税收风险管理方法,建立制度,强化分析比对,加强重点税源、非正常户的风险管理,防范税收风险。

(一)积极防范发票发放的风险

14. 建立发票风险防范的有效制度。初次申领普通发票数量应控制在一个月用量或省税务机关确定的初次领用数量范围内。对纳税信用好、税收风险低的纳税人可适当放宽,但最多不得超过省税务机关确定的最高领用数量,省税务机关未确定最高领用数量的,最多不得超过三个月使用量。对新开业的一般纳税人,税务机关可按照纳税人生产经营规模、经营模式、行业特点、开具发票特殊性等因素设置增值税专用发票基本月供应量,申领超过基本月供应量的纳税人,需向税务机关提供相关证明材料。对小规模纳税人(包括个体工商户)第一次申请发票增量时,可以要求其法定代表人或者财务负责人到场,并积极探索发票申领环节对经办人的拍照存档制度。对新增纳税人已领用发票却未及时申报等情况,采取停止供应发票、实地核查等应对措施。对列入企业异常名录的纳税人采取停供发票措施。

(二)运用风险管理方法开展纳税评估

15. 积极开展纳税评估。税务机关要将风险管理的理念和方法贯穿于税收管理全过程,实现管理资源的优化配置。逐步完善评估模型,细化指标体系,针对纳税人申报信息开展信息分析比对、风险排序、风险应对。既要进一步加强重点税源的纳税评估,更要将"一址多照"、"一照多址"的纳税人列入重点关注对象,防范其虚开增值税专用发票、骗取出口退税等风险。

各省税务机关可以根据当地实际,制定切实可行的实施办法,推动注册资本登记制度改革后税收管理制度的创新完善。执行中的有关情况和所遇问题及解决意见或建议请及时报告税务总局(征管和科技发展司)。

6-6-18

国家税务总局关于发布《纳税信用评价指标和评价方式(试行)》的公告

2014年8月25日　国家税务总局公告2014年第48号

为规范纳税信用管理和评价,保证纳税信用评价结果的统一性,提高纳税人依法诚信纳税意识和税法遵从度,根据《纳税信用管理办法(试行)》(国家税务总局公告2014年第40号),税务总局制定了《纳税信用评价指标和评价方式(试行)》,现予以发布,自2014年10月1日起施行。

特此公告。

附件:纳税信用评价指标和评价方式(试行)

附件

纳税信用评价指标和评价方式(试行)

<table>
<tr><td rowspan="8">纳税人信用历史信息</td><td rowspan="3">基本信息</td><td colspan="5">税务登记信息:纳税人名称,纳税人识别号,注册地址,经营地址……</td></tr>
<tr><td colspan="5">人员信息:法定代表人(姓名+身份证号码),财务负责人(姓名+身份证号码),出纳(姓名+身份证号码),办税人(姓名+身份证号码)</td></tr>
<tr><td colspan="5">经营信息:××年度经营收入合计××元,已缴税款合计××元(其中:增值税××元,消费税××元,营业税××元……)</td></tr>
<tr><td rowspan="5">评价年度之前优良信用记录</td><td colspan="5">外部门信用最高级别
(比如:2010年:海关××,工商××,质检××,环保××,银行××……)
(比如:2011年:海关××,工商××,质检××,环保××,银行××……)……</td></tr>
<tr><td colspan="5">本部门A级信用记录(比如:2010年、2011年、2012年……)</td></tr>
<tr><td colspan="5">国/地税稽查无问题年份(比如:2011年、2012年……)</td></tr>
<tr><td colspan="5">外部门信用最低级别
(比如:2010年:海关××,工商××,质检××,环保××,银行××……)
(比如:2011年:海关××,工商××,质检××,环保××,银行××……)……</td></tr>
<tr><td colspan="5">本部门D级信用记录(比如:2010年、2011年、2012年……)</td></tr>
<tr><td rowspan="14">税务内部信息</td><td rowspan="14">经常性指标信息</td><td>一级指标</td><td>二级指标</td><td>三级指标</td><td>扣分标准</td><td>直接判级</td></tr>
<tr><td rowspan="13">01. 涉税申报信息</td><td rowspan="5">0101. 按照规定申报纳税</td><td>010101. 未按规定期限纳税申报(按税种按次计算)</td><td>5分</td><td></td></tr>
<tr><td>010102. 未按规定期限代扣代缴(按税种按次计算)</td><td>5分</td><td></td></tr>
<tr><td>010103. 未按规定期限填报财务报表(按次计算)</td><td>3分</td><td></td></tr>
<tr><td>010104. 评价年度内非正常原因增值税或营业税连续3个月或累计6个月零申报、负申报的</td><td>11分</td><td></td></tr>
<tr><td>010105. 自纳税人向税务机关办理纳税申报之日起不足3年的</td><td>11分</td><td></td></tr>
<tr><td>0102. 增值税抄报税</td><td>010201. 增值税一般纳税人未按期抄报税的(按次计算)</td><td>5分</td><td></td></tr>
<tr><td rowspan="6">0103. 出口退(免)税申报与审核</td><td>010301. 未在规定期限内办理出口退(免)税资格认定的(按次计算)</td><td>3分</td><td></td></tr>
<tr><td>010302. 未按规定设置、使用和保管有关出口货物退(免)税账簿、凭证、资料的;未按规定装订、存放和保管备案单证的(按次计算)</td><td>3分</td><td></td></tr>
<tr><td>010303. 未按规定报送出口退税申报资料的(按次计算)</td><td>3分</td><td></td></tr>
<tr><td>010304. 从事进料加工业务的生产企业,未按规定期限办理进料加工登记、申报、核销手续的</td><td>3分</td><td></td></tr>
<tr><td>010305. 出口企业提供虚假备案单证的</td><td>11分</td><td></td></tr>
<tr><td>010306. 将应适用增值税征税政策的出口货物劳务及服务申报出口退(免)税</td><td>11分</td><td></td></tr>
<tr><td>0104. 税收优惠资格资料真实申报</td><td>010401. 增值税优惠申报材料虚假;010402. 消费税优惠申报材料虚假;010403. 营业税优惠申报材料虚假;010404. 企业所得税优惠申报材料虚假;010405. 车船使用税优惠申报材料虚假;010406. 印花税优惠申报材料虚假;010407. 契税优惠申报材料虚假;010408. 土地增值税优惠申报材料虚假;010409. 城市维护建设税优惠申报材料虚假;010410. 资源税优惠申报材料虚假;010411. 耕地占用税优惠申报材料虚假;010412. 土地使用税优惠申报材料虚假;010413. 房产税优惠申报材料虚假</td><td>—</td><td>直接判D</td></tr>
</table>

续表

		一级指标	二级指标	三级指标	扣分标准	直接判级
税务内部信息	经常性指标信息	01. 涉税申报信息	0105. 未按规定报送相关涉税资料	010501. 未按规定时限报送财务会计制度或财务处理办法;010502. 使用计算机记账,未在使用前将会计电算化系统的会计核算软件、使用说明书及有关资料报送主管税务机关备案的;010503. 纳税人与其关联企业之间的业务往来应向税务机关提供有关价格、费用标准信息而未提供的;010504. 未按规定提供其他涉税资料的(按次计算)	3分	
				010505. 未在规定时限内向主管税务机关报告开立(变更)账号的	5分	
				010506. 提供虚假涉税资料,不如实反映或拒绝提供涉税资料的	11分	
		02. 税(费)款缴纳信息	0201. 欠缴税(费)款次数	020101. 未按规定期限缴纳已申报或批准延期申报的应纳税(费)款(按次计算)	5分	
			0202. 欠缴税款金额	020201. 至评定期末,已办理纳税申报后纳税人未在税款缴纳期限内缴纳税款或经批准延期缴纳的税款期限已满,纳税人未在税款缴纳期限内缴纳的税款在5万元(含)以上的	11分	
				020202. 至评定期末,已办理纳税申报后纳税人未在税款缴纳期限内缴纳税款或经批准延期缴纳的税款期限已满,纳税人未在税款缴纳期限内缴纳的税款在5万元以下的	3分	
			0203. 未按规定履行代扣代缴义务	020301. 已代扣代收税款,未按规定解缴的(按次计算)	11分	
				020302. 未履行扣缴义务,应扣未扣,应收不收税款(按次计算)	3分	
			0204. 核定征收	020401. 日常管理中被税务机关依职权核定计算税款的(按税种)	11分	
		03. 发票与税控器具信息	0301. 发票开具、取得、保管、缴销、报告	030101. 应当开具而未开具发票;030102. 使用电子器具开具发票,未按照规定保存、报送开具发票数据的(按次计算)	5分	
				030103. 未按规定开具发票;030104. 纸质发票未加盖发票专用章;030105. 未按规定保管纸质发票并造成发票损毁、遗失的;030106. 未按照规定缴销发票;030107. 未按规定向税务机关报告发票使用情况的;030108. 违规跨境或跨使用区域携带、邮寄、运输或者存放纸质空白发票(按次计算)	3分	
				030109. 擅自损毁发票的(按次计算)	11分	
				030110. 虚开增值税专用发票或非善意接收虚开增值税专用发票的;030111. 非法代开发票的;030112. 私自印制、伪造、变造发票,非法制造发票防伪专用品,伪造发票监制章的;030113. 转借、转让、介绍他人转让发票、发票监制章和发票防伪专用品的;030114. 知道或者应当知道是私自印制、伪造、变造、非法取得或者废止的发票而受让、开具、存放、携带、邮寄、运输的;030115. 违反增值税专用发票管理规定或者违反发票管理规定,导致其他单位或者个人未缴、少缴或者骗取税款的	—	直接判D
			0302. 税控器具安装、使用、保管	030201. 未按照税务机关的要求安装、使用税控装置的;030202. 未按规定申请办理增值税税控系统变更发行的	3分	
				030203. 损毁或者擅自改动税控装置的	11分	
				030204. 未按规定保管税控专用设备造成遗失的(按次计算)	1分	

续表

		一级指标	二级指标	三级指标	扣分标准	直接判级
税务内部信息	经常性指标信息	04.登记与账簿信息	0401.税务登记	040101. 未按规定期限办理税务登记或扣缴税款登记或变更税务登记的;040102. 未按规定开具或核销外出经营管理证明的(按次计算)	3分	
				040103. 有非正常户记录的纳税人;040104. 非正常户直接责任人员注册登记或负责经营的其他纳税户;040105. D级纳税人的直接责任人员注册登记或负责经营的其他纳税户	—	直接判D
				040106. 法律规定对纳税人进行强制认定,纳税人未在规定时限内办理税务认定的(如增值税一般纳税人认定等)	5分	
			0402.账簿与凭证	040201. 应设置未设置或未按照规定设置账簿、记账凭证以及其他纳税资料的;040202. 未按照规定保管账簿、记账凭证以及其他纳税资料的;040203. 账目混乱、残缺不全难以查账或原始凭证不合法、不真实的	11分	
				040204. 不能按照国家统一的会计制度规定设置账簿,并根据合法、有效凭证核算,向税务机关提供准确税务资料的	11分	
	非经常性指标信息	05.纳税评估、税务审计、反避税调查信息	0501.纳税评估信息	050101. 补税金额不满1万元且占当年应纳税额不满1%,已补缴税款、加收滞纳金、缴纳罚款的	1分	
				050102. 补税金额不满1万元且占当年应纳税额1%以上,已补缴税款、加收滞纳金、缴纳罚款的	1分+(应补税款/评价期应纳税款×100%)	
				050103. 补税金额1万元以上且占当年应纳税额不满1%,已补缴税款、加收滞纳金、缴纳罚款的	3分	
				050104. 补税金额1万元以上且占当年应纳税额1%以上,已补缴税款、加收滞纳金、缴纳罚款的	3分+(应补税款/评价期应纳税款×100%)	
				050105. 无补税,行为罚2000元或以下且已缴纳(按次计算)	1分	
				050106. 无补税,行为罚2000元以上且已缴纳(按次计算)	3分	
				050107. 在规定期限内未补缴或足额补缴税款、滞纳金和罚款	—	直接判D
				050108. 拒绝、阻挠税务机关依法进行纳税评估的	11分	

续表

		一级指标	二级指标	三级指标	扣分标准	直接判级
税务内部信息	非经常性指标信息	05. 纳税评估、税务审计、反避税调查信息	0502. 大企业税务审计信息	同050101	1分	
				同050102	1分+（应补税款/评价期应纳税款×100%）	
				同050103	3分	
				同050104	3分+（应补税款/评价期应纳税款×100%）	
				同050105	1分	
				同050106	3分	
				同050107	—	直接判D
				050208. 拒绝、阻挠税务机关依法进行大企业税务审计的	11分	
			0503. 反避税调查信息	050301. 拒绝、阻挠税务机关依法进行反避税调查或拒绝提供反避税调查资料的	11分	
		06. 税务稽查信息	0601. 涉税犯罪	060101. 存在逃避缴纳税款、逃避追缴欠税、骗取出口退税、虚开增值税专用发票等行为，构成犯罪的；060102. 骗取国家出口退税款，被停止出口退（免）税资格未到期的；060103. 以暴力、威胁方法拒不缴纳税款或者拒绝、阻挠税务机关依法实施税务稽查执法行为的	—	直接判D
			0602. 涉税违法被行政处罚	060201. 存在偷税行为，未构成犯罪，但偷税（逃避缴纳税款）金额10万元以上且占当年各税种应纳税总额10%以上，已缴纳税款、滞纳金和罚款的	—	直接判D
				060202. 存在逃避追缴欠税、骗取出口退税、虚开增值税专用发票等税收违法行为，未构成犯罪，已缴纳税款、滞纳金和罚款的	—	直接判D

续表

		一级指标	二级指标	三级指标	扣分标准	直接判级
税务内部信息	非经常性指标信息	06.税务稽查信息	0603.发现少缴税款行为,作出补缴税款处理	同050101	1分	
				同050102	1分+(应补税款/评价期应纳税款×100%)	
				同050103	3分	
				同050104	3分+(应补税款/评价期应纳税款×100%)	
				同050105	1分	
				同050106	3分	
			0604.拒绝、阻挠税务机关执法	060401.拒绝或阻止税务执法人员依法依规开展入户检查时记录、录音、录像、照相和复制的	11分	

		一级指标	二级指标	评级标准
外部信息	外部参考信息	评价年度优良信用记录	外部门信用最高级别 (比如:2014年:海关××,工商××,质检××,环保××,银行××……)	仅记录不扣分
		评价年度不良信用记录	外部门信用最低级别 (比如:2014年:海关××,工商××,质检××,环保××,银行××……)	
	外部评价信息	银行	银行账户设置数大于纳税人向税务机关提供数	扣11分
		工商	已经在工商部门完成股权转让变更登记或其他涉税变更登记的纳税人至评价年度结束时未向税务机关报告相关信息	扣11分
		房管、土地管理部门或媒介	欠税5万元以上纳税人处置其不动产或大额资产之前未向税务机关报告	扣11分
		海关	进口货物报关数小于增值税进项申请抵扣数	扣11分
		……	……	……

注释:

条款修改。根据《第十三届全国人民代表大会第一次会议关于国务院机构改革方案的决定》等有关规定,税收规范性文件规定的国税地税机关的职责和工作由新的税务机关承担。国家税务总局依据《税收规范性文件制定管理办法》(国家税务总局令第41号公布),

对税收规范性文件进行了清理。参见:《国家税务总局关于修改部分税收规范性文件的公告》(国家税务总局公告2018年第31号)。

条款修改。附件《纳税信用评价指标和评价方式(试行)》中的050102、050104、050202、050204、060302、060304指标扣分标准自2016年3月1日起调整。参见:《国家税务总局关于完善纳税信用管理有关事项的公告》(国家税务总局公告2016年第9号)。

6-6-19

国家税务总局关于严禁违规插手涉税中介经营活动的通知

2015年5月21日　税总发〔2015〕75号

各省、自治区、直辖市和计划单列市国家税务局、地方税务局:

涉税中介服务作为纳税服务体系的一个重要组成部分,为维护国家税收利益和纳税人合法权益起到了积极作用。但当前还存在个别税务机关、少数税务人员及其配偶、子女及其配偶违规参与涉税中介经营牟取利益,少数涉税中介通过利益输送拉拢税务人员、利用关系违规干预税收执法的问题,损害了税务机关形象,扰乱了税收正常秩序。为落实税务机关党风廉政建设和涉税中介监管的主体责任,根据党中央、国务院有关党风廉政建设和中介服务监管的要求,《公务员法》和《税收违法违纪行为处分规定》等相关规定,现就禁止税务机关和税务人员违规插手涉税中介经营活动有关事项通知如下:

一、税务人员严禁有以下行为

(一)直接开办或者投资入股涉税中介,在涉税中介挂名、兼职(任职)或者出借(出租)注册税务师等资格证书,以任何理由强行安置配偶、子女及其配偶在涉税中介机构就业;

(二)强制、指定或者变相强制、变相指定纳税人接受涉税中介服务;

(三)以任何名目在涉税中介报销费用、领取补贴(补助)或以其他形式取得经济利益;

(四)利用税收征管权、检查权、执法权、政策解释权和行政监管权,与中介机构合谋作出有关资格认定、税收解释或决定,使纳税人不缴税、少缴税或减免退抵税,非法获取利益;

(五)其他违反规定插手涉税中介经营活动的行为。

二、税务机关领导干部落实三项制度

(一)报告制度。副处级以上领导干部应在每年度《领导干部个人有关事项报告表》"配偶、子女从业情况"、"配偶、共同生活的子女投资非上市公司、企业的情况"和"配偶、共同生活的子女注册个体工商户、个人独资企业或者合伙企业的情况"栏中,按要求填报从事涉税中介经营活动的情况。

(二)回避制度。领导干部配偶、子女及其配偶在本人管辖的业务范围内从事与税收业务相关的中介活动,应该回避,经劝阻其配偶、子女及其配偶拒不退出或者本人不服从工作调整的,依规进行处理。

(三)职后从业限制制度。领导干部辞去公职或者退(离)休后三年内,不得到本人原任职务管辖的地区和业务范围内的涉税中介兼职(任职),或从事涉税中介营利性活动。

三、税务机关应切实履行如下职责

(一)在举报、信访或检查中发现税务人员或上级领导干部及其配偶、子女及其配偶存在上述违规行为,应当及时将有关材料移送任免机关或者纪检监察部门,由任免机关或者纪检监察部门按照管理权限依法依规处理。各单位负责同志发现其工作人员存在违规违纪行为后不制止、不查处、不报告的,按干部管理权限由相关部门追究领导责任。

(二)严格按照《国家税务总局办公厅关于印发〈税务代理机构脱钩改制验收标准〉的通知》(国税发〔1999〕48 号)要求开展清查工作,发现不符合脱钩改制要求的税务师事务所,坚决予以撤销并同时追究主要领导和相关责任人的责任。

(三)加强涉税中介监管,完善监管制度,强化行业自律,建立信用考评机制,引导涉税中介机构健康发展。严查违规干预税收执法行为,规范税务人员同涉税中介机构的关系。

四、工作要求

(一)各级税务机关要坚决贯彻《国务院办公厅关于清理规范国务院部门行政审批中介服务的通知》(国办发〔2015〕31 号)精神,切实履行党风廉政建设和涉税中介监管的主体责任。明确工作重点和整顿清理目标,研究制定本地区本单位具体工作措施并组织实施,彻底斩断税务机关和人员与涉税中介的利益链条。

(二)内外并重强化日常监管。建立和完善人事、纪检监察和注册税务师管理等部门密切配合的监管机制,认真受理并及时核查纳税人及其他人员举报的问题。纪检监察部门要加强监督执纪问责。

(三)接本通知后,县以上税务机关应由一把手负责,组织相关部门成立清理小组对本单位的相关情况开展自查。上级税务机关对所属单位的自查情况进行抽查,对违法违纪违规行为实行“零容忍”,发现一起,查处一起。自查与抽查工作在 7 月底前完成,各省税务机关应于 8 月 15 日前将本地区清理的情况以正式文件报国家税务总局(纳税服务司)。

6 -6 -20

国家税务总局关于明确纳税信用补评和复评事项的公告

2015 年 6 月 19 日　国家税务总局公告 2015 年第 46 号

为进一步规范纳税信用管理,根据《国家税务总局关于发布〈纳税信用管理办法(试行)〉的公告》(国家税务总局公告 2014 年第 40 号,以下简称《办法》)规定,现就纳税信用补评、复评事项公告如下:

一、纳税人因《办法》第十七条第三、四、五项所列情形解除,或对当期未予评价有异议的,可填写《纳税信用补评申请表》(附件 1),向主管税务机关申请补充纳税信用评价。

纳税人主管国税机关、地税机关应及时沟通,相互传递补评申请,按照《办法》第三章的规定开展纳税信用补评工作。主管税务机关应自受理申请之日起 15 个工作日内完成补评工作,并向纳税人反馈纳税信用评价信息(附件2)或提供评价结果的自我查询服务。

二、纳税人对纳税信用评价结果有异议的,可在纳税信用评价结果确定的当年内,填写《纳税信用复评申请表》(附件3),向主管税务机关申请复评。

作出评价的税务机关应按《办法》第三章规定对评价结果进行复核。主管国税机关、地税机关应及时沟通,相互传递复评申请,并自受理申请之日起15个工作日内完成复评工作,并向纳税人反馈纳税信用复评信息(附件4)或提供复评结果的自我查询服务。

三、主管税务机关应于每月前5个工作日内将纳税信用补评、复评情况层报至省税务机关备案,并发布A级纳税人变动情况通告。省税务机关应及时更新税务网站公布的纳税信用评价信息,并于每月前10个工作日内将A级纳税人变动情况报送税务总局(纳税服务司)。

四、本公告自发布之日起施行。

特此公告。

附件:1. 纳税信用补评申请表(编者略)

2. ____年度纳税信用评价信息(编者略)

3. 纳税信用复评申请表(编者略)

4. ____年度纳税信用复评信息(编者略)

注释:

条款废止。《纳税信用复评申请表》自2020年11月1日起废止。参见:《国家税务总局关于纳税信用管理有关事项的公告》(国家税务总局公告2020年第15号)。

条款修改。根据《第十三届全国人民代表大会第一次会议关于国务院机构改革方案的决定》等有关规定,税收规范性文件规定的国税地税机关的职责和工作由新的税务机关承担。国家税务总局依据《税收规范性文件制定管理办法》(国家税务总局令第41号公布),对税收规范性文件进行了清理。参见:《国家税务总局关于修改部分税收规范性文件的公告》(国家税务总局公告2018年第31号)。

6-6-21

中国注册税务师协会关于转发现行税收相关法律法规及规范性文件中有关涉税鉴证相关规定的通知

2015年8月11日　中税协发〔2015〕40号

各省、自治区、直辖市和计划单列市注册税务师协会:

随着全面深化改革和依法治国的推进,税务机关依法治税意识和税收管理水平逐步提高,纳税人法制观念和维权意识也日益增强,国家对发挥涉税专业服务组织的社会监督作用提出了更高要求。注册税务师行业提供的涉税专业服务在维护国家税收利益、纳税人合法权益和市场经济秩序方面发挥着重要作用，特别是涉税鉴证业务，是发挥社会监督职能的重要手段，是税务师事务所的主要业务之一。但是目前仍然存在一些税务师事务所开展涉税鉴证业务相关部门不予受理的情况。为了使会员能够依法开展涉税鉴证业务，我们整理了近年来有关涉税鉴证业务的现行有效的法律法规和政策依据，现转发给你们，供各地税务师事务所及注册税务师执业时参考。

1.《中华人民共和国税收征收管理法》第八十九条：

“纳税人、扣缴义务人可以委托税务代理人代为办理税务事宜。”

2.《企业信息公示暂行条例》（中华人民共和国国务院令第654号）中提出：

“工商行政管理部门抽查企业公示的信息，可以委托会计师事务所、税务师事务所、律师事务所等专业机构开展相关工作，并依法利用其他政府部门作出的检查、核查结果或者专业机构作出的专业结论。”

3.《国务院关于促进市场公平竞争维护市场正常秩序的若干意见》（国发〔2014〕20号）中第七部分“健全社会监督机制”中提出：

“（二十六）发挥市场专业化服务组织的监督作用。支持会计师事务所、税务师事务所、律师事务所、资产评估机构等依法对企业财务、纳税情况、资本验资、交易行为等真实性合法性进行鉴证，依法对上市公司信息披露进行核查把关。”

4.《关于通过公益性群众团体的公益性捐赠税前扣除有关问题的通知》（财税〔2009〕124号）中规定：

“申请公益性捐赠税前扣除资格的群众团体，需报送……注册会计师的审计报告或注册税务师的鉴证报告。”

5.《关于个人转让上市公司限售股所得征收个人所得税有关问题的补充通知》（财税〔2010〕70号）中提出：

“个人持有在证券机构技术和制度准备完成后形成的上市公司限售股，在公司上市前，个人应委托拟上市公司向证券登记结算公司提供有关限售股成本原值详细资料，以及会计师事务所或税务师事务所对该资料出具的鉴证报告。”

6.《财政部、国家税务总局关于证券机构技术和制度准备完成后个人转让上市公司限售股有关个人所得税问题的通知》（财税〔2011〕108号）中提出：

“自2012年3月1日起，网上发行资金申购日在2012年3月1日（含）之后的首次公开发行上市公司（以下简称新上市公司）按照证券登记结算公司业务规定做好各项资料准备工作，在向证券登记结算公司申请办理股份初始登记时一并申报由个人限售股股东提供的有关限售股成本原值详细资料，以及会计师事务所或税务师事务所对该资料出具的鉴证报告。”

7.《关于研究开发费用税前加计扣除有关政策问题的通知》（财税〔2013〕70号）中提出：

“企业可以聘请具有资质的会计师事务所或税务师事务所，出具当年可加计扣除研发费用专项审计报告或鉴证报告。”

8.《注册税务师管理暂行办法》（国家税务总局第14号令）中规定：

“第二条　注册税务师是在中华人民共和国境内依法取得注册税务师执业资格证书，

从事涉税服务和鉴证业务的专业人员。”

“第三条　税务师事务所是依法设立并承办法律、法规、规章规定的涉税服务和鉴证业务的社会中介机构。”

“第七条　各级税务机关应当依法支持注册税务师和税务师事务所执业，及时提供税收政策信息和业务指导。

对税务师事务所承办的涉税服务业务，税务机关应当受理。对税务师事务所按有关规定从事涉税鉴证业务出具的鉴证报告，税务机关应当承认其涉税鉴证作用。”

“第二十三条　注册税务师可承办下列涉税鉴证业务：

（一）企业所得税汇算清缴纳税申报的鉴证；

（二）企业税前弥补亏损和财产损失的鉴证；

（三）国家税务总局和省税务局规定的其他涉税鉴证业务。”

9.《国家税务总局关于税务师事务所公告栏有关问题的公告》（国家税务总局公告 2011 年第 67 号）中规定：

“二、凡经国家税务总局网站公告的税务师事务所，跨省开展涉税鉴证业务不受地域限制；其出具的涉税鉴证业务报告，各地税务机关应当受理。”

10.《国家税务总局关于促进注册税务师行业规范发展的若干意见》（国税发〔2006〕58 号）中提出：

“注册税务师行业作为具有涉税服务和涉税鉴证双重职能的社会中介组织，正在成为促进纳税人依法诚信纳税，推动我国税收事业发展的一支重要力量。”

11.《国家税务总局关于企业资产损失所得税前扣除中有关涉税鉴证业务问题的通知》（国税发〔2006〕185 号）中规定：

“税务师事务所在受托办理企业财产损失所得税前扣除业务时，应当汇集税法规定的具有法律效力的外部证据和特定事项的企业内部证据，按照独立、客观、公正原则，在充分调查研究、论证和计算的基础上，进行职业判断和客观评价，出具涉税鉴证证明或鉴定意见书。税务机关对税务师事务所的涉税鉴证证明或鉴定意见书具有检查、审核和认定权。”

12.《国家税务总局关于房地产开发企业土地增值税清算管理有关问题的通知》（国税发〔2006〕187 号）中提出：

“纳税人委托税务中介机构审核鉴证的清算项目，还应报送中介机构出具的《土地增值税清算税款鉴证报告》。”

13.《国家税务总局关于加强企业所得税管理的意见》（国税发〔2008〕88 号）中提出：

“引导中介机构在提高汇算清缴质量方面发挥积极作用，按照有关规定做好相关事项审计鉴证工作。……企业可以自愿委托具备资格的中介机构出具年度财务会计审计鉴证报告和年度纳税申报鉴证报告。”

14.《注册税务师涉税鉴证业务基本准则》（国税发〔2009〕149 号）中规定：

“第三条　本准则所称涉税鉴证，是指鉴证人接受委托，凭借自身的税收专业能力和信誉，通过执行规定的程序，依照税法和相关标准，对被鉴证人的涉税事项作出评价和证明的活动。”

“第四条　涉税鉴证业务包括纳税申报类鉴证、涉税审批类鉴证和其他涉税鉴证等三种类型。”

15.《关于进一步加强税务机关社会保险费征管工作的通知》(国税发〔2012〕28号)中提出:

“各地税务机关要创新缴费服务,……有条件的地方,可引进注册税务师等中介机构提高缴费服务水平。”

16.《全国税务机关纳税服务规范》(2.2版)中规定:

4.9.2—107　房地产开发项目土地增值税清算申报

“(5)委托税务中介机构审核鉴证的清算项目,报送中介机构出具的《土地增值税清算税款鉴证报告》。”

8.6　涉税中介服务与监管

8.6.1—210　涉税中介服务

【业务描述】

“税务机关为涉税中介机构提供下列服务:公开税收政策、进行业务指导、受理代理等涉税服务业务和涉税鉴证报告,税务机关应将涉税鉴证业务备案合格的税务师事务所予以公告。”

国税、地税通用业务。

县级业务;市级业务;省级业务。

【基本规范】

“(1)支持纳税人自愿选择涉税中介机构,受理涉税中介机构承办的代理等涉税业务,受理税务师事务所出具的涉税鉴证报告。

(2)省、市税务机关定期在报刊或行业网站等公共媒体上公告通过年检的税务师事务所和注册税务师名单,供纳税人和扣缴义务人查询。

(3)通过纳税咨询热线、办税服务厅等渠道为注册税务师执业提供便捷化政策解答等咨询服务。

(4)税务机关与涉税中介机构、纳税人建立三方沟通机制,了解纳税人与涉税中介机构的建议和诉求。

(5)税务机关和税务人员不得以任何形式参与涉税中介机构经营活动,不得强制代理、指定代理。”

【升级规范】

(1)为执业资质AAAA以上的涉税中介机构及代理人提供一对一政策解答服务,提供业务专家解答复杂问题咨询服务。

(2)为纳税信用级别为A的涉税中介机构及代理人提供预约办税服务。

8.6.2—211　涉税中介监管

【基本规范】

“(3)县税务机关对涉税中介机构提交的涉税鉴证报告进行审核,并依照税收法律法规及相关执业准则在纳税评估、税务检查工作中对其开展执业监督。对涉税中介机构违反税收法律法规和相关规定,造成委托人未缴或者少缴税款的,依法予以处罚。”

6－6－22

人力资源社会保障部　国家税务总局关于印发《税务师职业资格制度暂行规定》和《税务师职业资格考试实施办法》的通知

2015年11月2日　人社部发〔2015〕90号

各省、自治区、直辖市及新疆生产建设兵团人力资源社会保障厅(局)、国家税务局、地方税务局,国务院各部委、各直属机构人事部门,中央管理的企业:

根据《国务院机构改革和职能转变方案》和《国务院关于取消和调整一批行政审批项目等事项的决定》(国发〔2014〕27号)有关取消"注册税务师职业资格许可和认定"的要求,为加强税务专业人员队伍建设,提高税务专业人员素质,在总结原注册税务师职业资格制度实施情况的基础上,人力资源社会保障部、国家税务总局制定了《税务师职业资格制度暂行规定》和《税务师职业资格考试实施办法》,现印发给你们,请遵照执行。

自本通知发布之日起,原人事部、国家税务总局《关于印发〈注册税务师资格制度暂行规定〉的通知》(人发〔1996〕116号)、《关于实施注册税务师资格认定考试工作的通知》(人发〔1998〕18号)、《关于印发〈注册税务师执业资格考试实施办法〉的通知》(人发〔1999〕4号)和原人事部办公厅、国家税务总局办公厅《关于注册税务师执业资格考试报名条件补充规定的通知》(人办发〔1999〕104号)同时废止。

税务师职业资格制度暂行规定

第一章　总　　则

第一条　为规范税务专业人员队伍建设,提高税务专业人员素质,根据《国务院机构改革和职能转变方案》和国家职业资格证书制度的有关规定,制定本规定。

第二条　本规定适用于从事涉税服务的专业人员。

第三条　国家设立税务师水平评价类职业资格制度,面向社会提供税务专业人员能力水平评价服务,纳入全国专业技术人员职业资格证书制度统一规划。

第四条　税务师职业资格实行统一考试的评价方式。

税务师英文为:Tax Advisor(简称TA)

第五条　通过税务师职业资格考试并取得职业资格证书的人员,表明其已具备从事涉税专业服务的职业能力和水平。

第六条　人力资源社会保障部、国家税务总局共同负责税务师职业资格制度的政策制定,并按职责分工对税务师职业资格制度的实施进行指导、监督和检查。全国税务师行业协会具体承担税务师职业资格考试的评价与管理工作。

第二章 考　　试

第七条 税务师职业资格实行全国统一大纲、统一命题、统一组织的考试制度。原则上每年举行1次考试。

第八条 全国税务师行业协会负责税务师职业资格考试的组织和实施工作。组织成立税务师职业资格考试专家委员会,研究拟定税务师职业资格考试科目、考试大纲、考试试题和考试合格标准。

第九条 人力资源社会保障部、国家税务总局对全国税务师行业协会实施的税务师职业资格考试工作进行监督和检查。指导全国税务师行业协会确定税务师职业资格考试科目、考试大纲、考试试题和考试合格标准。

第十条 中华人民共和国公民,遵守国家法律、法规,恪守职业道德,具有完全民事行为能力,并符合下列相应条件之一的,可报名参加税务师职业资格考试。

(一)取得经济学、法学、管理学学科门类大学专科学历,从事经济、法律相关工作满2年;或者取得其他学科门类大学专科学历,从事经济、法律相关工作满3年。

(二)取得经济学、法学、管理学学科门类大学本科及以上学历(学位);或者取得其他学科门类大学本科学历,从事经济、法律相关工作满1年。

第十一条 税务师职业资格考试合格,由全国税务师行业协会颁发人力资源社会保障部、国家税务总局监制,全国税务师行业协会用印的《中华人民共和国税务师职业资格证书》(以下简称税务师职业资格证书)。该证书在全国范围有效。

第十二条 对以不正当手段取得税务师职业资格证书的,按照国家专业技术人员资格考试违纪违规行为处理规定处理。

第三章 职业能力

第十三条 取得税务师职业资格证书的人员,应当遵守国家法律、法规、规章及税务师行业相关制度、准则,恪守职业道德,秉承独立、客观、公正原则,维护国家利益和委托人的合法权益。

第十四条 取得税务师职业资格证书的人员,应当具备下列职业能力:

(一)熟悉并掌握涉税服务相关的法律、法规和行业制度、准则;

(二)有丰富的税务专业知识,独立开展包括涉税鉴证、申报代理、税收筹划、接受委托审查纳税情况在内的各项涉税专业服务工作;

(三)运用财会、税收专业理论与方法,较好完成涉税服务业务;

(四)独立解决涉税服务业务中的疑难问题。

第十五条 取得税务师职业资格证书的人员,应当按照国家专业技术人员继续教育以及税务师行业管理的有关规定,参加继续教育,不断更新专业知识、提高职业素质和业务能力。

第四章 登 记

第十六条 税务师职业资格证书实行登记服务制度。税务师职业资格证书登记服务的具体工作由全国税务师行业协会负责。

第十七条 各级税务师行业协会定期向社会公布税务师职业资格证书的登记情况，建立持证人员的诚信档案，并向社会提供相关信息查询服务。

第十八条 取得税务师职业资格证书的人员，应当自觉接受各级税务师行业协会的管理，在工作中违反法律法规及相关规定或者职业道德，造成不良影响的，由全国税务师行业协会取消登记，收回其职业资格证书并向社会公告。

第十九条 各级税务师行业协会在税务师职业资格登记服务工作中，应当严格遵守国家和本行业的各项管理规定以及协会章程。

第五章 附 则

第二十条 本规定施行前，按照原人事部、国家税务总局印发的《关于印发〈注册税务师资格制度暂行规定〉的通知》（人发〔1996〕116 号）规定，取得的注册税务师职业资格证书效用不变。

第二十一条 本规定自发布之日起施行。

税务师职业资格考试实施办法

第一条 人力资源社会保障部、国家税务总局按照职责分工负责指导、监督和检查税务师职业资格考试（以下简称税务师资格考试）的实施工作。

第二条 全国税务师行业协会具体负责税务师资格考试的实施工作。

第三条 税务师资格考试设置《税法（一）》、《税法（二）》、《涉税服务实务》、《涉税服务相关法律》和《财务与会计》5 个科目。每个科目考试时间为两个半小时，成绩满分为 140 分。

第四条 考试成绩实行 5 年为一个周期的滚动管理办法，在连续的 5 个考试年度内参加全部（5 个）科目的考试并合格，可取得税务师职业资格证书。

截至 2015 年，在原制度文件规定的有效期内的各科目合格成绩有效期顺延。

第五条 符合《税务师职业资格制度暂行规定》（以下简称《暂行规定》）报考条件的人员，均可申请参加税务师资格考试。

第六条 符合《暂行规定》报考条件，并具备下列条件之一者，可免试相应科目：

（一）已评聘经济、审计等高级专业技术职务，从事涉税工作满两年的，可免试《财务与会计》科目。

（二）已评聘法律高级专业技术职务，从事涉税工作满 2 年的，可免试《涉税服务相关法律》科目。

免试相应科目人员在报名时，应当提供相应证明文件。

免试部分科目的人员，须在连续的4个考试年度内通过应试科目的考试。

第七条 参加考试由本人提出申请，按有关规定办理报名手续。考试实施机构按规定的程序和报名条件审核合格后，核发准考证。参加考试人员凭准考证和有效证件在指定的日期、时间和地点参加考试。

中央和国务院各部门及所属单位、中央管理企业的人员按属地原则报名参加考试。

第八条 考点原则上设在地级以上城市的大、中专院校或者高考定点学校。如确需在其他城市设置考点，须经全国税务师行业协会批准。考试日期原则上为每年的11月份。

第九条 坚持考试与培训分开的原则。凡参与考试工作（包括命题、审题与组织管理等）的人员，不得参加考试，也不得参加或者举办与考试内容相关的培训工作。应考人员参加培训坚持自愿原则。

第十条 考试实施机构应当严格执行考试工作的各项规章制度，遵守考试工作纪律，切实做好从考试试题的命制到使用等各环节的安全保密工作，严防泄密。

第十一条 对违反考试工作纪律和有关规定的人员，按照国家专业技术人员资格考试违纪违规行为处理规定处理。

6－6－23

国家税务总局关于明确纳税信用管理若干业务口径的公告

2015年12月2日 国家税务总局公告2015年第85号

根据《国家税务总局关于发布〈纳税信用管理办法（试行）〉的公告》（国家税务总局公告2014年第40号，以下简称《信用管理办法》）等相关规定，结合近期各地在实际操作中反映的问题，现将纳税信用管理若干业务口径公告如下：

一、关于《信用管理办法》的适用范围

《信用管理办法》的适用范围为：已办理税务登记（含“三证合一、一照一码”、临时登记），从事生产、经营并适用查账征收的独立核算企业、个人独资企业和个人合伙企业。

查账征收是指企业所得税征收方式为查账征收，个人独资企业和个人合伙企业的个人所得税征收方式为查账征收。

二、关于纳税信用信息采集

根据《信用管理办法》第十三条的规定，税务内部信息从税务管理系统中采集，采集的信息记录截止时间为评价年度12月31日（含本日，下同）。

主管税务机关遵循“无记录不评价，何时（年）记录、何时（年）评价”的原则，使用税务管理系统中纳税人的纳税信用信息，按照规定的评价指标和评价方式确定纳税信用级别。

三、关于起评分

评价年度内，纳税人经常性指标和非经常性指标信息齐全的，从100分起评；非经常性指标缺失的，从90分起评。

非经常性指标缺失是指:在评价年度内,税务管理系统中没有纳税评估、大企业税务审计、反避税调查或税务稽查出具的决定(结论)文书的记录。

四、关于评价范围

在《信用管理办法》适用范围内,有下列情形之一的纳税人,不参加本期的评价:

(一)纳入纳税信用管理时间不满一个评价年度的。

评价年度为公历年度,即1月1日至12月31日。纳入纳税信用管理时间不满一个评价年度是指:税务登记在评价年度1月2日以后;或者税务登记在评价年度12月31日以前注销的。

营改增企业的税务登记日期,为原地方税务机关税务登记日期。2015年10月1日之后,新办的"三证合一、一照一码"企业纳入纳税信用管理的时间,从税务机关采集纳税人补充信息之日计算。

由非正常户直接责任人员、D级纳税人直接责任人员注册登记或负责经营的企业,纳入纳税信用管理时间不满一个评价年度的,按本公告第六条第八项、第九项规定执行。

(二)本评价年度内无生产经营业务收入的。

生产经营业务收入是指主营业务收入,不包括非主营业务的房租收入、变卖物品收入等。有无主营业务收入,根据税务管理系统中纳税人在评价年度内有无向税务机关申报主营业务收入的申报记录确定。

(三)因涉嫌税收违法被立案查处尚未结案的。

因涉嫌税收违法被立案查处是指:因涉嫌税收违法被移送公安机关或被公安机关直接立案查处,根据税务管理系统中的移送记录或被立案记录确定。被税务稽查部门立案检查的,不属于该情形,应纳入本期评价范围。

尚未结案是指:在评价年度12月31日前,税务管理系统中有移送记录或被立案记录而没有已结案的记录。

(四)被审计、财政部门依法查出税收违法行为,税务机关正在依法处理,尚未办结的。

尚未办结是指:在评价年度12月31日前,税务管理系统中有在办、在流转处理的记录而没有办结的记录。

(五)已申请税务行政复议、提起行政诉讼尚未结案的。

尚未结案是指:在评价年度12月31日前,税务管理系统中有受理复议、提起诉讼的记录而没有结案的记录。

五、关于不能评为A级的情形

非正常原因一个评价年度内增值税或营业税连续3个月或者累计6个月零申报、负申报的,不能评为A级。

正常原因是指:季节性生产经营、享受政策性减免税等正常情况原因。非正常原因是除上述原因外的其他原因。

按季申报视同连续3个月。

六、关于直接判为D级的情形

(一)存在逃避缴纳税款、逃避追缴欠税、骗取出口退税、虚开增值税专用发票等行为,经判决构成涉税犯罪的。

以判决结果在税务管理系统中的记录日期确定判D级的年度，同时按照《信用管理办法》第二十五条规定调整其以前年度信用记录。

（二）存在前项所列行为，未构成犯罪，但偷税（逃避缴纳税款）金额10万元以上且占各税种应纳税总额10%以上，或者存在逃避追缴欠税、骗取出口退税、虚开增值税专用发票等税收违法行为，已缴纳税款、滞纳金、罚款的。

以处理结果在税务管理系统中的记录日期确定判D级的年度，同时按照《信用管理办法》第二十五条规定调整其以前年度信用记录。

偷税（逃避缴纳税款）金额占各税种应纳税总额比例＝一个纳税年度的各税种偷税（逃避缴纳税款）总额÷该纳税年度各税种应纳税总额

（三）在规定期限内未按税务机关处理结论缴纳或者足额缴纳税款、滞纳金和罚款的。

以该情形在税务管理系统中的记录日期确定判D级的年度。

（四）以暴力、威胁方法拒不缴纳税款或者拒绝、阻挠税务机关依法实施税务稽查执法行为的。

以该情形在税务管理系统中的记录日期确定判D级的年度，同时按照《信用管理办法》第二十五条规定调整其以前年度信用记录。

（五）存在违反增值税发票管理规定或者违反其他发票管理规定的行为，导致其他单位或者个人未缴、少缴或者骗取税款的。

以该情形在税务管理系统中的记录日期确定判D级的年度，同时按照《信用管理办法》第二十五条规定调整其以前年度信用记录。

（六）提供虚假申报材料享受税收优惠政策的。

以该情形在税务管理系统中的记录日期确定判D级的年度，同时按照《信用管理办法》第二十五条规定调整其以前年度信用记录。

（七）骗取国家出口退税款，被停止出口退（免）税资格未到期的。

在评价年度内，被停止出口退（免）税资格未到期。根据税务管理系统中的记录信息确定。

（八）有非正常户记录或者由非正常户直接责任人员注册登记或者负责经营的。

有非正常户记录是指：在评价年度12月31日为非正常状态。

由非正常户直接责任人员注册登记或者负责经营的是指：由非正常户直接责任人员在认定为非正常户之后注册登记或负责经营的企业。该类企业不受《信用管理办法》第十七条第一项规定限制，在纳入纳税信用管理的当年即纳入评价范围，且直接判为D级。

（九）由D级纳税人的直接责任人员注册登记或者负责经营的。

由D级纳税人的直接责任人员在被评价为D级之后注册登记或者负责经营的企业，不受《信用管理办法》第十七条第一项规定限制，在纳入纳税信用管理的当年即纳入评价范围，且直接判为D级。

（十）存在税务机关依法认定的其他严重失信情形的。

税务机关按照《国家税务总局关于发布〈重大税收违法案件信息公布办法（试行）〉的公告》（国家税务总局公告2014年第41号）公布的重大税收违法案件当事人，在公布的评价年度判为D级，其D级记录一直保持至从公布栏中撤出的评价年度（但不得少于2年），次年不得评为 A 级。

七、关于 D 级评价的保留

(一)上一评价年度按照评价指标被评价为 D 级的企业,本评价年度保留 D 级评价,次年不得评为 A 级。

(二)D 级企业直接责任人在企业被评价为 D 级之后注册登记或者负责经营的企业评价为 D 级(简称关联 D)。关联 D 只保留一年,次年度根据《信用管理办法》规定重新评价但不得评为 A 级。

(三)因本公告第六条第一项、第二项、第四项、第五项、第六项被直接判为 D 级的,主管税务机关应调整其以前年度纳税信用级别为 D 级,该 D 级评价(简称动态 D)不保留到下一年度。

八、关于发布 A 级纳税人名单

(一)按照谁评价、谁确定、谁发布的原则,纳税人主管税务机关负责纳税信用的评价、确定和发布,上级税务机关汇总公布评价结果。国税主管税务机关、地税主管税务机关应分别发布评价结果,不联合发布,不在发布通告中联合落款。

(二)国税主管税务机关、地税主管税务机关于每年 4 月按照税务总局统一规定的时间分别以通告的形式对外发布 A 级纳税人信息,发布内容包括:纳税人识别号、纳税人名称、评价年度、纳税人主管税务机关。税务总局、省税务机关、市税务机关通过门户网站(或子网站)汇总公布管辖范围内的 A 级纳税人信息。由于复评、动态调整等原因需要调整 A 级名单的,应发布变化情况通告,及时更新公告栏、公布栏内容,并层报税务总局(纳税服务司)。

(三)在评价结果公布前(每年 1—4 月),发现评价为 A 级的纳税人已注销或被税务机关认定为非正常户的,其评价结果不予发布。

本公告自发布之日起施行。

特此公告。

注释:

条款废止。第四条第二项废止。参见:《国家税务总局关于公布全文和部分条款失效废止的税务规范性文件目录的公告》(国家税务总局公告 2022 年第 24 号)。

条款废止。第六条第十项自 2022 年 1 月 1 日起废止。参见:《国家税务总局关于纳税信用评价与修复有关事项的公告》(国家税务总局公告 2021 年第 31 号)。

条款废止。第三条第一款、第七条第一项自 2020 年 11 月 1 日起废止。参见:《国家税务总局关于纳税信用管理有关事项的公告》(国家税务总局公告 2020 年第 15 号)。

条款修改。根据《第十三届全国人民代表大会第一次会议关于国务院机构改革方案的决定》等有关规定,税收规范性文件规定的国税地税机关的职责和工作由新的税务机关承担。国家税务总局依据《税收规范性文件制定管理办法》(国家税务总局令第 41 号公布),对税收规范性文件进行了清理。参见:《国家税务总局关于修改部分税收规范性文件的公告》(国家税务总局公告 2018 年第 31 号)。

6 - 6 - 24

国家税务总局关于完善纳税服务投诉管理制度有关问题的通知

2016 年 2 月 15 日　税总函〔2016〕57 号

各省、自治区、直辖市和计划单列市国家税务局、地方税务局：

为贯彻落实《深化国税、地税征管体制改革方案》关于健全纳税服务投诉机制的要求，税务总局对《纳税服务投诉管理办法》(国家税务总局公告 2015 年第 49 号发布)有关纳税服务投诉办理信息化、办理情况定期报告和定期通报等内容进行了明确和完善，现将有关事项通知如下：

一、提高投诉管理质效

税务总局依托 12366 综合办税服务平台，升级了“12366 纳税服务热线系统”(以下简称热线系统)，借助信息化手段实现纳税服务投诉多渠道接收、同一平台处理、全程监控督办。税务总局将于 2016 年 2 月 26 日对各省税务机关热线系统进行升级，请各地按照《全国税务系统 12366 纳税服务热线系统升级方案》的要求(见附件 1)，确保上线工作顺利完成。

二、报告投诉处理情况

各级税务机关应当及时对纳税服务投诉情况进行统计分析，并按月度向上级税务机关提交情况报告。

各省税务机关应根据下级税务机关的报告和热线系统数据，分类统计、汇总分析本地纳税服务投诉和处理情况，按照《关于纳税服务投诉及办理情况报告的要求》(见附件 2，以下简称报告要求)，填报《纳税服务投诉处理情况统计表》并形成分析报告，按报告要求的时限报送税务总局(纳税服务司)。

三、通报投诉处理结果

各省税务机关应建立上级对下级税务机关纳税服务投诉及办理情况的通报制度。

省税务机关应根据下级税务机关的报告和热线系统数据分析，每半年对本辖区纳税服务投诉和处理情况进行通报。通报内容包括：投诉的基本情况、受理及处理情况、工作成效、存在问题与整改要求、今后工作预判与建议等。

税务总局将按年度对各省纳税服务投诉及办理情况进行通报。各省税务机关应结合本地情况，对通报中反映的问题有针对性地提出整改措施并落实到位。税务总局将对整改情况进行督导检查。

本通知自印发之日起执行。《国家税务总局办公厅关于开展纳税服务投诉受理情况统计工作的通知》(国税办发〔2011〕149 号)同时废止。

附件：1. 全国税务系统 12366 纳税服务热线系统升级方案(编者略)

2. 关于纳税服务投诉及办理情况报告的要求(编者略)

6－6－25

国家税务总局关于完善纳税信用管理有关事项的公告

2016年2月16日　国家税务总局公告2016年第9号

根据《深化国税、地税征管体制改革方案》关于建立促进诚信纳税机制的要求，税务总局对《纳税信用管理办法(试行)》(国家税务总局公告2014年第40号发布，以下简称《管理办法》)和《纳税信用评价指标和评价方式(试行)》(国家税务总局公告2014年第48号发布，以下简称《指标和评价》)有关内容进行了调整完善，现将有关事项公告如下：

一、关于税务机关对纳税人的纳税信用级别实行动态调整的方法和程序

(一)因税务检查等发现纳税人以前评价年度存在直接判为D级情形的，主管税务机关应调整其相应评价年度纳税信用级别为D级，并记录动态调整信息(附件1)，该D级评价不保留至下一年度。对税务检查等发现纳税人以前评价年度存在需扣减纳税信用评价指标得分情形的，主管税务机关暂不调整其相应年度纳税信用评价结果和记录。

(二)主管税务机关按月开展纳税信用级别动态调整工作。主管国税机关、地税机关应及时沟通，相互传递动态调整相关信息，协同完成动态调整工作，并为纳税人提供动态调整信息的自我查询服务。

(三)主管税务机关完成动态调整工作后，于次月初5个工作日内将动态调整情况层报至省税务机关备案，并发布A级纳税人变动情况通告。省税务机关据此更新税务网站公布的纳税信用评价信息，于每月上旬将A级纳税人变动情况汇总报送税务总局(纳税服务司)。

(四)纳税信用年度评价结果发布前，主管税务机关发现纳税人在评价年度存在动态调整情形的，应调整后再发布评价结果。

二、关于税务机关对纳税信用评价状态发生变化的纳税人通知、提醒方式

纳税信用评价状态发生变化是指，纳税信用评价年度之中，纳税人的信用评价指标出现扣分且将影响评价级别下降的情形。

税务机关按月采集纳税信用评价信息时，发现纳税人出现上述情形的，可通过邮件、短信、微信等方式，通知、提醒纳税人，并视纳税信用评价状态变化趋势采取相应的服务和管理措施，促进纳税人诚信自律，提高税法遵从度。

三、关于部分评价指标扣分标准的优化调整

《指标和评价》中部分评价指标描述和扣分标准的优化调整情况详见附件2。此前规定与本公告附件2不一致的，按本公告执行。

本公告自2016年3月1日起施行。

特此公告。

附件：1. ______年度纳税信用级别动态调整信息(编者略)

2. 纳税信用评价指标和评价方式(试行)调整表(编者略)

注释:

条款修改。根据《第十三届全国人民代表大会第一次会议关于国务院机构改革方案的决定》等有关规定,税收规范性文件规定的国税地税机关的职责和工作由新的税务机关承担。国家税务总局依据《税收规范性文件制定管理办法》(国家税务总局令第41号公布),对税收规范性文件进行了清理。参见:《国家税务总局关于修改部分税收规范性文件的公告》(国家税务总局公告2018年第31号)。

6-6-26

国家税务总局关于发布《涉税信息查询管理办法》的公告

2016年6月30日　国家税务总局公告2016年第41号

为贯彻落实《深化国税、地税征管体制改革方案》关于"推进涉税信息公开,方便纳税人查询缴税信息"的要求,持续推进办税便利化改革,国家税务总局制定了《涉税信息查询管理办法》,现予以发布,自发布之日起施行。

特此公告。

附件:1. 涉税信息查询申请表(编者略)

2. 涉税信息查询结果告知书(编者略)

3. 涉税信息查询结果核实申请表(编者略)

涉税信息查询管理办法

第一条　为规范涉税信息查询管理,推进税务部门信息公开,促进税法遵从,便利和服务纳税人,根据《中华人民共和国税收征收管理法》及其实施细则、《中华人民共和国政府信息公开条例》的有关规定,制定本办法。

第二条　本办法所称涉税信息查询,是指税务机关依法对外提供的信息查询服务。可以查询的信息包括由税务机关专属掌握可对外提供查询的信息,以及有助于纳税人履行纳税义务的税收信息。

涉税咨询、依申请公开信息不属于本办法所称涉税信息查询。

第三条　本办法适用于社会公众对公开涉税信息的查询,纳税人对自身涉税信息的查询。

税务部门之外具有社会管理和公共服务职能的有关部门依法对特定涉税信息的查询,以及抵押权人、质权人对欠税信息的查询,由各级税务机关依照相关法律、法规及国家税务总局相关规定组织实施。

第四条 省税务机关应当推进实现涉税信息统一归集,充实查询内容,加强查询平台建设,提供多元化查询渠道,探索主动推送信息等创新服务方式。

第五条 各级税务机关应当采取有效措施,切实保障涉税信息查询安全可控。

第六条 社会公众可以通过报刊、网站、信息公告栏等公开渠道查询税收政策、重大税收违法案件信息、非正常户认定信息等依法公开的涉税信息。

税务机关应当对公开涉税信息的查询途径及时公告,方便社会公众查询。

第七条 纳税人可以通过网站、客户端软件、自助办税终端等渠道,经过有效身份认证和识别,自行查询税费缴纳情况、纳税信用评价结果、涉税事项办理进度等自身涉税信息。

第八条 纳税人按照本办法第七条无法自行获取所需自身涉税信息,可以向税务机关提出书面申请,税务机关应当在本单位职责权限内予以受理。

书面申请查询,应当提交以下资料:

(一)涉税信息查询申请表(式样见附件1);

(二)纳税人本人(法定代表人或主要负责人)有效身份证件原件及复印件。

第九条 纳税人本人(法定代表人或主要负责人)授权其他人员代为书面申请查询,应当提交以下资料:

(一)涉税信息查询申请表;

(二)纳税人本人(法定代表人或主要负责人)有效身份证件复印件;

(三)经办人员有效身份证件原件及复印件;

(四)由纳税人本人(法定代表人或主要负责人)签章的授权委托书。

第十条 纳税人书面申请查询,要求税务机关出具书面查询结果的,税务机关应当出具《涉税信息查询结果告知书》(式样见附件2)。

涉税信息查询结果不作为涉税证明使用。

第十一条 纳税人对查询结果有异议,可以向税务机关申请核实,并提交以下资料:

(一)涉税信息查询结果核实申请表(式样见附件3);

(二)原涉税信息查询结果;

(三)相关证明材料。

第十二条 税务机关应当对纳税人提供的异议信息进行核实,并将核实结果告知纳税人。

税务机关确认涉税信息存在错误,应当及时进行信息更正。

第十三条 对于未按规定提供涉税信息或泄露纳税人信息的税务人员,应当按照有关规定追究责任。

第十四条 省税务机关可以根据本办法制定具体实施意见。

第十五条 《国家税务总局关于印发〈纳税人涉税保密信息管理暂行办法〉的通知》(国税发〔2008〕93号)与本办法有关规定不一致的,适用本办法。

第十六条 本办法自发布之日起施行。

6－6－27

国家税务总局关于加强纳税人需求管理工作的通知

2016 年 8 月 17 日　税总发〔2016〕128 号

各省、自治区、直辖市和计划单列市国家税务局、地方税务局：

为贯彻落实巡视整改工作要求，准确把握纳税人正当需求，及时响应纳税人合理诉求，全面提高税收管理服务水平，持续提升纳税人满意度和税法遵从度，现将纳税人需求管理工作有关事项通知如下：

一、工作原则

（一）依法服务。以依法依规为导向，在依法治税、依法服务的框架内，问需问计于纳税人，完善纳税人需求管理机制，增强需求管理的统一性和规范性，充分响应纳税人正当需求。

（二）科学高效。以信息技术为支撑，利用现代信息技术手段，建立纳税人需求痕迹化管理模式，多渠道征集纳税人需求，运用大数据科学分析纳税人需求信息，合理应用分析结果。

（三）统筹协调。以持续提升为目标，紧贴纳税人共性和个性需求，加强国税、地税合作，聚集社会力量，共同开展纳税人需求管理工作，着力营造和谐税收环境。

（四）自愿参与。以遵循自愿为准则，尊重纳税人合法权益，税务机关开展纳税人需求征集工作，不得违背纳税人意愿强制其参与，也不得以任何形式频繁打扰纳税人。

二、工作内容

（一）需求征集

1. 征集对象。税务机关可按地域、规模、行业等要素选择有代表性的纳税人作为定向征集对象，也可根据工作需要将全体纳税人作为非定向征集对象。

2. 征集类型。分为全面征集、日常征集和专项征集：

全面征集是税务总局、各省税务机关针对整体税收工作情况开展的较大范围纳税人需求征集，原则上每年开展一次。

日常征集是省以下税务机关对税收管理服务各个环节开展的纳税人需求征集，原则上每半年归集整理一次。

专项征集是各级税务机关结合税收重点工作，针对某一类问题或某个专项工作开展的纳税人需求征集，征集时间根据税收重点工作安排确定。

3. 征集方式

（1）互联网平台。利用互联网进行智能推送和随机填写的方式征集纳税人需求。

（2）计算机辅助电话征集。采用计算机随机抽样并借助电话的方式征集纳税人需求。

（3）移动终端平台。通过短信、新媒体公众平台、手机办税平台客户端等征集纳税人需求。

(4)税务应用平台。通过12366等应用平台,根据事先确定的需求征集内容,采集纳税人使用税务应用平台过程中所产生的、与纳税人需求相关的信息。

(5)纸质问卷。通过纸质问卷方式征集纳税人需求。

(6)外部门信息。根据工商、质监、公安、金融、国土、房管、行业协会等部门提供的信息,通过数据分析提取纳税人需求。

(7)通过纳税人满意度调查、纳税人座谈会、入户走访、设置意见箱或意见簿等其他方式收集纳税人需求。

(二)需求分析

1. 内容分类

纳税人需求包括政策落实、征管执法、服务规范、法律救济、信息化建设、人员素质和其他需求(见附件):

(1)政策落实需求是纳税人在参与制定、修改税收法律、行政法规与规章,政策落实到位情况以及监督税收政策落实等方面的需求。

(2)征管执法需求是纳税人对税务机关、税务人员征收管理和执法行为,以及在税收征收管理过程中尊重和保护纳税人合法权益等方面的需求。

(3)服务规范需求是纳税人对税务机关、税务人员提供规范便捷服务方面的需求。

(4)法律救济需求是纳税人认为税务机关的具体行政行为侵害其合法权益时需要税务机关提供行政救济的需求。

(5)信息化建设需求是纳税人对税务机关提供的信息化技术手段的需求。

(6)人员素质需求是纳税人对税务机关工作人员工作素质和工作能力提出的需求。

(7)其他需求是纳税人提出的具有较强代表性和个性化特征的需求。

2. 分析评估

各级税务机关对纳税人需求进行分析评估,分别采取不同的处理方式:

对违反法律、法规、规章有关规定,超越现实资源和条件,反映事实不清等非正当纳税人需求,税务机关不作响应。

对纳税人的正当需求,税务机关在充分参考政策法规、服务资源和职责范围的条件下,提出切实可行的改进工作意见,从重要性和满意度两个方面,形成不同的服务改进策略:立即改进重要性高、满意度低的项目;持续关注重要性和满意度“双低”的项目;稳定发展重要性低满意度高的项目;继续保持重要性和满意度“双高”的项目。

(三)需求响应

1. 响应机制

(1)分工负责

各级税务机关应建立纳税人需求快速响应机制,各部门对属于职责范围的需求,直接处理,及时反馈纳税人;对不属于本部门职责范围的需求,及时转交相关职责部门办理;对涉及多个部门的需求,由纳税服务部门牵头,相关部门协同办理。税务机关纳税服务部门要不定期组织召开有关部门参加的纳税人需求分析例会,根据例会形成的工作要求,各相关部门依职责组织落实。

(2)分级办理。各级税务机关依照本级职责办理纳税人需求,对超出本级职责范围的纳税人需求,报上级主管部门协调办理。税务机关认为下级税务机关应当办理而未办理的,可以责令其办理。税务机关认为有必要的,可以直接办理应由下级税务机关办理的纳税人需求。

(3)分类处理。各级税务机关对纳税人提出的暂时不能响应的正当需求,应及时反馈纳税人,待条件具备时,主动采取措施予以响应。对不属于税务机关工作范围的需求,要及时告知、引导纳税人通过其他渠道反映需求。

2. 工作时限

对纳税人提出的简单需求,及时反馈;对一般涉税需求,应于15个工作日内响应或反馈;对复杂涉税需求,应于30个工作日内响应或反馈;对存在困难不能在规定期限内响应或反馈的,经本级税务机关纳税服务部门负责人批准,可以适当延长,并向纳税人说明原因。

各级税务机关应按照档案管理规定,对征集的纳税人需求资料归档保存,保存期限为3年。

(四)结果运用

1. 改进工作

各级税务机关纳税服务部门对征集的纳税人需求定期整理、分析研究,找出重点、共性需求加以应对,并根据纳税人需求变化,及时发现工作中的薄弱环节,采取相应措施,形成税收工作持续改进机制。

2. 辅助决策

各级税务机关纳税服务部门充分利用纳税人需求大数据分析结果,定期向相关部门推送征管制度和税收政策的改进建议,为税务机关完善税收征管和税收政策提供参考。

3. 定期公开

各级税务机关纳税服务部门定期向社会公开具有普遍性、代表性的纳税人需求办理结果,接受社会各界监督,不断提高纳税人对税收工作的参与度、满意度和税法遵从度。

三、工作要求

(一)提高认识,明确目标。各级税务机关要提高思想认识,高度重视纳税人需求管理工作;细化工作安排,明确工作目标,以更高标准、更严要求、更实措施确保纳税人需求管理工作落实到位,持续增进纳税人获得感。

(二)建立机制,形成合力。各级税务机关各部门要加强协作、密切配合,建立纵向联动、横向互动的工作机制,形成工作合力。纳税服务部门负责纳税人需求征集、分析、协调和反馈,各相关部门重点做好职责范围内的需求深度分析和响应办理工作。

(三)强化措施,确保实效。各级税务机关应畅通需求征集渠道、丰富征集方式、改进分析方法、提升响应速度。要加强对纳税人需求管理开展情况的督导和检查,确保各项措施落地生效。

(四)坚持创新,提升质效。各省税务机关要运用“互联网+”思维,依托税务总局12366纳税服务综合平台、移动互联等信息技术,深度分析挖掘纳税人咨询、办税、建议需求等大数据,准确掌握纳税人个性和共性诉求,不断深化需求数据应用,持续提升税收管理和服务水平。各省税务机关应于每一年度末向税务总局(纳税服务司)提交纳税人需求管理工作报告，并定期向下级税务机关通报纳税人需求管理工作情况。

附件：纳税人需求分类

附件

纳税人需求分类

一级分类	二级分类
政策落实	参与制定政策、监督政策落实。
征管执法	税款征收、涉税审批、表证单书、征管流程、涉税资料、税务稽查、税收检查、税收处罚。
服务规范	税法宣传、纳税咨询、税收辅导、办税时限、服务形式、信用管理、联合办税、涉税中介服务、服务投诉。
法律救济	税收听证、行政复议、行政诉讼、行政赔偿。
信息化建设	申报软件、发票软件、认证软件、自助办税终端。
人员素质	业务水平、廉洁自律。
其他	具有较强代表性和个性化的需求等。

6－6－28

国家税务总局　中国银行业监督管理委员会关于进一步推动“银税互动”工作的通知

2017年5月4日　税总发〔2017〕56号

各省、自治区、直辖市和计划单列市国家税务局、地方税务局、银监局：

自“银税互动”工作开展以来，各地税务、银监部门和银行业金融机构密切合作，通过建立合作机制、搭建合作平台、共享交换信息、创新融资方式，将企业的纳税信用与融资信用相结合，破解小微企业融资难题，初步形成企业、银行、税务三方共赢的局面。为巩固“银税互动”成果，充分发挥政务信息共享的叠加效应，现就进一步推进“银税互动”工作通知如下：

一、完善银税合作机制

（一）推动工作重心下沉。继续完善税务、银监部门和银行业金融机构省级层面的银税合作联席会议制度，建立健全市、县两级银税合作工作机制，将“银税互动”工作的重心向基层下沉，在2017年实现银税合作工作机制在所有县域铺开，加大基层银税合作的力度。

（二）充分发挥联席会议作用。定期交流工作经验，及时总结分析工作成效，跟踪了解工作开展中的难点问题，做好合作单位之间的协调工作，畅通“银税互动”工作沟通渠道，积极指导银税合作工作有序开展，切实保证银税合作机制有效运行。

二、加大银税信息交流力度

（三）扩大纳税信用信息主动推送范围。税务部门推送的纳税信用信息，由纳税信用A

级纳税人名单拓展至纳税信用A—D级企业名单、注册地址、经营地址、联系方式、法定代表人信息。

(四)丰富银税信息互换内容。在依法合规、企业授权的前提下,税务部门可向银行业金融机构提供企业纳税信息,化解银企信息不对称问题,帮助守信企业获得银行融资服务。银行业金融机构应按照《中华人民共和国税收征收管理法》等法律法规规定,积极配合税务部门查询纳税人银行账户相关信息,依法合规提供所查询的信息,便于税务部门加强税收管理。

(五)推动合作渠道多样化。鼓励税务部门和银行业金融机构探索建立专线、搭建系统平台等方式实现数据直连,将银税信息互动由"线下"搬到"线上"。继续推广税务部门与银行业金融机构签订协议的银税合作模式,研究探索通过税务部门与银监部门签订"一揽子"协议的方式,持续扩大参与"银税互动"商业银行的范围和数量。

三、推动银税合作创新

(六)拓展"银税互动"受惠面。将"银税互动"受惠群体由纳税信用A级拓展至B级。鼓励将"银税互动"同国家产业政策相结合,研究推出更有针对性、更加灵活的金融产品,优化信贷资源供给结构,支持进出口贸易和企业"走出去",助力国家战略性新兴产业、高新技术产业、农产品加工业以及国家重点支持领域发展。

(七)加大信贷产品创新力度。鼓励银行业金融机构结合自身经营发展特点,融合税务数据与多维度企业信息,借助互联网信息技术,研究探索搭建"互联网+大数据+金融+税务"平台,积极创新信贷产品,优化完善信贷审批流程,健全完善信贷产品风险管理机制,提升金融服务效率。银行业金融机构要积极顺应新常态下经济金融环境的变化发展,积极创新为小微企业"雪中送炭",对于符合授信条件的小微企业,要积极给予信贷支持,合理设定流动资金贷款期限,减少贷款期限与小微企业生产经营周期错配造成的资金周转压力。鼓励银行业金融机构针对纳税守信、经营状况和发展前景较好的小微企业研发信用贷款类产品,给予优惠的信贷支持。

(八)深化银税合作领域。鼓励税务部门与银行业金融机构的多领域纳税服务合作,充分利用银行业金融机构的服务网点,加强在自助服务、委托服务和服务体验方面的银税合作。有条件的地区可选择流量大、综合性银行服务网点配置自助办税终端,为纳税人提供税务、银行一体化自助服务。

四、加强配套机制建设

(九)加强银税互动信息安全。银税互动信息传递和接收的单位要签订信息保密协议,规范信息使用范围,明确信息保密义务,共同做好信息传递过程中的安全防护工作,确保相关涉税信息不沉淀、不外泄,有效保护企业商业秘密,保障纳税人合法权益。

(十)加大"银税互动"宣传力度。税务、银监部门和银行业金融机构要将"银税互动"纳入宣传重点,充分依托办税服务厅、银行网点、服务热线、门户网站、微博微信等渠道和方式,对"银税互动"活动和相关金融产品进行全方位宣传,提升社会公众、市场主体对"银税互动"的知晓度,提高市场主体的参与度和活跃度。加大对典型案例的宣传力度,通过守信激励的示范引领效应,在全社会形成诚信经营、依法纳税的价值导向,促进营造良好的市场信用环境,不断扩大"银税互动"的社会影响力。

6-6-29

国家税务总局关于发布《涉税专业服务监管办法（试行）》的公告

2017年5月5日　国家税务总局公告2017年第13号

为深入贯彻落实国务院“放管服”改革部署要求，规范涉税专业服务，维护国家税收利益和纳税人合法权益，依据《中华人民共和国税收征收管理法》及其实施细则和国务院有关决定，国家税务总局制定了《涉税专业服务监管办法（试行）》，现予以发布，自2017年9月1日起施行。

特此公告。

涉税专业服务监管办法（试行）

第一条　为贯彻落实国务院简政放权、放管结合、优化服务工作要求，维护国家税收利益，保护纳税人合法权益，规范涉税专业服务，依据《中华人民共和国税收征收管理法》及其实施细则和国务院有关决定，制定本办法。

第二条　税务机关对涉税专业服务机构在中华人民共和国境内从事涉税专业服务进行监管。

第三条　涉税专业服务是指涉税专业服务机构接受委托，利用专业知识和技能，就涉税事项向委托人提供的税务代理等服务。

第四条　涉税专业服务机构是指税务师事务所和从事涉税专业服务的会计师事务所、律师事务所、代理记账机构、税务代理公司、财税类咨询公司等机构。

第五条　涉税专业服务机构可以从事下列涉税业务：

（一）纳税申报代理。对纳税人、扣缴义务人提供的资料进行归集和专业判断，代理纳税人、扣缴义务人进行纳税申报准备和签署纳税申报表、扣缴税款报告表以及相关文件。

（二）一般税务咨询。对纳税人、扣缴义务人的日常办税事项提供税务咨询服务。

（三）专业税务顾问。对纳税人、扣缴义务人的涉税事项提供长期的专业税务顾问服务。

（四）税收策划。对纳税人、扣缴义务人的经营和投资活动提供符合税收法律法规及相关规定的纳税计划、纳税方案。

（五）涉税鉴证。按照法律、法规以及依据法律、法规制定的相关规定要求，对涉税事项真实性和合法性出具鉴定和证明。

（六）纳税情况审查。接受行政机关、司法机关委托，依法对企业纳税情况进行审查，作出专业结论。

(七)其他税务事项代理。接受纳税人、扣缴义务人的委托,代理建账记账、发票领用、减免退税申请等税务事项。

(八)其他涉税服务。

前款第三项至第六项涉税业务,应当由具有税务师事务所、会计师事务所、律师事务所资质的涉税专业服务机构从事,相关文书应由税务师、注册会计师、律师签字,并承担相应的责任。

第六条 涉税专业服务机构从事涉税业务,应当遵守税收法律、法规及相关税收规定,遵循涉税专业服务业务规范。

涉税专业服务机构为委托人出具的各类涉税报告和文书,由双方留存备查,其中,税收法律、法规及国家税务总局规定报送的,应当向税务机关报送。

第七条 税务机关应当对税务师事务所实施行政登记管理。未经行政登记不得使用"税务师事务所"名称,不能享有税务师事务所的合法权益。

税务师事务所合伙人或者股东由税务师、注册会计师、律师担任,税务师占比应高于百分之五十,国家税务总局另有规定的除外。

税务师事务所办理商事登记后,应当向省税务机关办理行政登记。省税务机关准予行政登记的,颁发《税务师事务所行政登记证书》,并将相关资料报送国家税务总局,抄送省税务师行业协会。不予行政登记的,书面通知申请人,说明不予行政登记的理由。

税务师事务所行政登记流程(规范)另行制定。

从事涉税专业服务的会计师事务所和律师事务所,依法取得会计师事务所执业证书或律师事务所执业许可证,视同行政登记。

第八条 税务机关对涉税专业服务机构及其从事涉税服务人员进行实名制管理。

税务机关依托金税三期应用系统,建立涉税专业服务管理信息库。综合运用从金税三期核心征管系统采集的涉税专业服务机构的基本信息、涉税专业服务机构报送的人员信息和经纳税人(扣缴义务人)确认的实名办税(自有办税人员和涉税专业服务机构代理办税人员)信息,建立对涉税专业服务机构及其从事涉税服务人员的分类管理,确立涉税专业服务机构及其从事涉税服务人员与纳税人(扣缴义务人)的代理关系,区分纳税人自有办税人员和涉税专业服务机构代理办税人员,实现对涉税专业服务机构及其从事涉税服务人员和纳税人(扣缴义务人)的全面动态实名信息管理。

涉税专业服务机构应当向税务机关提供机构和从事涉税服务人员的姓名、身份证号、专业资格证书编号、业务委托协议等实名信息。

第九条 税务机关应当建立业务信息采集制度,利用现有的信息化平台分类采集业务信息,加强内部信息共享,提高分析利用水平。

涉税专业服务机构应当以年度报告形式,向税务机关报送从事涉税专业服务的总体情况。

税务师事务所、会计师事务所、律师事务所从事专业税务顾问、税收策划、涉税鉴证、纳税情况审查业务,应当在完成业务的次月向税务机关单独报送相关业务信息。

第十条 税务机关对涉税专业服务机构从事涉税专业服务的执业情况进行检查,根据举报、投诉情况进行调查。

第十一条 税务机关应当建立信用评价管理制度，对涉税专业服务机构从事涉税专业服务情况进行信用评价，对其从事涉税服务人员进行信用记录。

税务机关应以涉税专业服务机构的纳税信用为基础，结合委托人纳税信用、纳税人评价、税务机关评价、实名办税、业务规模、服务质量、执业质量检查、业务信息质量等情况，建立科学合理的信用评价指标体系，进行信用等级评价或信用记录，具体办法另行制定。

第十二条 税务机关应当加强对税务师行业协会的监督指导，与其他相关行业协会建立工作联系制度。

税务机关可以委托行业协会对涉税专业服务机构从事涉税专业服务的执业质量进行评价。

全国税务师行业协会负责拟制涉税专业服务业务规范（准则、规则），报国家税务总局批准后施行。

第十三条 税务机关应当在门户网站、电子税务局和办税服务场所公告纳入监管的涉税专业服务机构名单及其信用情况，同时公告未经行政登记的税务师事务所名单。

第十四条 涉税专业服务机构及其涉税服务人员有下列情形之一的，由税务机关责令限期改正或予以约谈；逾期不改正的，由税务机关降低信用等级或纳入信用记录，暂停受理所代理的涉税业务（暂停时间不超过六个月）；情节严重的，由税务机关纳入涉税服务失信名录，予以公告并向社会信用平台推送，其所代理的涉税业务，税务机关不予受理：

（一）使用税务师事务所名称未办理行政登记的；

（二）未按照办税实名制要求提供涉税专业服务机构和从事涉税服务人员实名信息的；

（三）未按照业务信息采集要求报送从事涉税专业服务有关情况的；

（四）报送信息与实际不符的；

（五）拒不配合税务机关检查、调查的；

（六）其他违反税务机关监管规定的行为。

税务师事务所有前款第一项情形且逾期不改正的，省税务机关应当提请工商部门吊销其营业执照。

第十五条 涉税专业服务机构及其涉税服务人员有下列情形之一的，由税务机关列为重点监管对象，降低信用等级或纳入信用记录，暂停受理所代理的涉税业务（暂停时间不超过六个月）；情节较重的，由税务机关纳入涉税服务失信名录，予以公告并向社会信用平台推送，其所代理的涉税业务，税务机关不予受理；情节严重的，其中，税务师事务所由省税务机关宣布《税务师事务所行政登记证书》无效，提请工商部门吊销其营业执照，提请全国税务师行业协会取消税务师职业资格证书登记、收回其职业资格证书并向社会公告，其他涉税服务机构及其从事涉税服务人员由税务机关提请其他行业主管部门及行业协会予以相应处理：

（一）违反税收法律、行政法规，造成委托人未缴或者少缴税款，按照《中华人民共和国税收征收管理法》及其实施细则相关规定被处罚的；

（二）未按涉税专业服务相关业务规范执业，出具虚假意见的；

（三）采取隐瞒、欺诈、贿赂、串通、回扣等不正当竞争手段承揽业务，损害委托人或他人利益的；

（四）利用服务之便，谋取不正当利益的；

（五）以税务机关和税务人员的名义敲诈纳税人、扣缴义务人的；

（六）向税务机关工作人员行贿或者指使、诱导委托人行贿的；

（七）其他违反税收法律法规的行为。

第十六条　税务机关应当为涉税专业服务机构提供便捷的服务，依托信息化平台为信用等级高的涉税专业服务机构开展批量纳税申报、信息报送等业务提供便利化服务。

第十七条　税务机关所需的涉税专业服务，应当通过政府采购方式购买。

税务机关和税务人员不得参与或违规干预涉税专业服务机构经营活动。

第十八条　税务师行业协会应当加强税务师行业自律管理，提高服务能力、强化培训服务，促进转型升级和行业健康发展。

税务师事务所自愿加入税务师行业协会。从事涉税专业服务的会计师事务所、律师事务所、代理记账机构除加入各自行业协会接受行业自律管理外，可自愿加入税务师行业协会税务代理人分会；鼓励其他没有加入任何行业协会的涉税专业服务机构自愿加入税务师行业协会税务代理人分会。

第十九条　各省税务机关依据本办法，结合本地实际，制定涉税专业服务机构从事涉税专业服务的具体实施办法。

第二十条　本办法自2017年9月1日起施行。

注释：

条款修改。第九条第三款已修改。自2020年1月1日起施行。参见：《国家税务总局关于进一步完善涉税专业服务监管制度有关事项的公告》（国家税务总局公告2019年第43号）。

6－6－30

国家税务总局关于发布《税务师事务所行政登记规程（试行）》的公告

2017年8月4日　国家税务总局公告2017年第31号

现将国家税务总局制定的《税务师事务所行政登记规程（试行）》予以发布，自2017年9月1日起施行。

特此公告。

附件：1. 税务师事务所行政登记证书（式样）（编者略）

2. 税务师事务所行政登记表（编者略）

3. 税务师事务所行政登记不予登记通知书（编者略）

4. 税务师事务所变更/终止行政登记表(编者略)

税务师事务所行政登记规程(试行)

第一条 为了规范税务师事务所行政登记,促进税务师行业健康发展,依据国务院有关决定和《涉税专业服务监管办法(试行)》,制定本规程。

第二条 税务师事务所行政登记,是指税务机关对在商事登记名称中含有“税务师事务所”字样的行政相对人进行书面记载的行政行为。

未经行政登记不得使用“税务师事务所”名称,不能享有税务师事务所的合法权益。

第三条 税务机关按照本规程规定,遵循公开、便捷原则,对符合条件的行政相对人予以行政登记,颁发《税务师事务所行政登记证书》(以下简称《登记证书》,见附件1)。《登记证书》式样由国家税务总局确定。

第四条 国家税务总局负责制定税务师事务所行政登记管理制度并监督实施。

省、自治区、直辖市和计划单列市税务机关(以下简称省税务机关)负责本地区税务师事务所行政登记。

第五条 税务师事务所采取合伙制或者有限责任制组织形式的,除国家税务总局另有规定外,应当具备下列条件:

(一)合伙人或者股东由税务师、注册会计师、律师担任,其中税务师占比应高于百分之五十;

(二)有限责任制税务师事务所的法定代表人由股东担任;

(三)税务师、注册会计师、律师不能同时在两家以上的税务师事务所担任合伙人、股东或者从业;

(四)税务师事务所字号不得与已经行政登记的税务师事务所字号重复。

合伙制税务师事务所分为普通合伙税务师事务所和特殊普通合伙税务师事务所。

第六条 行政相对人办理税务师事务所行政登记,应当自取得营业执照之日起20个工作日内向所在地省税务机关提交下列材料:

(一)《税务师事务所行政登记表》(见附件2);

(二)营业执照复印件;

(三)国家税务总局规定的其他材料。

第七条 行政相对人提交材料齐全、符合法定形式的,省税务机关即时受理;材料不齐全或者不符合法定形式的,一次性告知需要补正的全部材料。

省税务机关自受理材料之日起20个工作日内办理税务师事务所行政登记。符合行政登记条件的,将税务师事务所名称、合伙人或者股东、执行事务合伙人或者法定代表人、职业资格人员等有关信息在门户网站公示,公示期不得少于5个工作日。公示期满无异议或者公示期内有异议、但经调查异议不实的,予以行政登记,颁发纸质《登记证书》或者电子证书,证书编号使用统一社会信用代码。省税务机关在门户网站、电子税务局和办税服务场所对取得《登记证书》的税务师事务所的相关信息进行公告,同时将《税务师事务所行政登记表》报送国家税务总局，抄送省税务师行业协会。

不符合行政登记条件或者公示期内有异议、经调查确不符合行政登记条件的，出具《税务师事务所行政登记不予登记通知书》(以下简称《不予登记通知书》，见附件3)并公告，同时将有关材料抄送工商行政管理部门。

第八条 税务师事务所的名称、组织形式、经营场所、合伙人或者股东、执行事务合伙人或者法定代表人等事项发生变更的，应当自办理工商变更之日起20个工作日内办理变更行政登记，向所在地省税务机关提交下列材料：

(一)《税务师事务所变更/终止行政登记表》(见附件4)；

(二)原《登记证书》；

(三)变更后的营业执照复印件；

(四)国家税务总局规定的其他材料。

第九条 行政相对人提交材料齐全、符合法定形式的，省税务机关即时受理；材料不齐全或者不符合法定形式的，一次性告知需要补正的全部材料。

省税务机关自受理材料之日起15个工作日内办理税务师事务所变更行政登记。符合行政登记条件的，对《登记证书》记载事项发生变更的税务师事务所换发《登记证书》。省税务机关在门户网站、电子税务局和办税服务场所对税务师事务所变更情况进行公告，同时将《税务师事务所变更/终止行政登记表》报送国家税务总局，抄送省税务师行业协会。

不符合变更行政登记条件的，出具《不予登记通知书》并公告，同时将有关材料抄送工商行政管理部门。

第十条 税务师事务所注销工商登记前，应当办理终止行政登记，向所在地省税务机关提交下列材料：

(一)《税务师事务所变更/终止行政登记表》；

(二)《登记证书》。

税务师事务所注销工商登记前未办理终止行政登记的，省税务机关公告宣布行政登记失效。

第十一条 行政相对人提交材料齐全、符合法定形式的，省税务机关即时受理；材料不齐全或者不符合法定形式的，一次性告知需要补正的全部材料。

终止情形属实的，予以终止行政登记。省税务机关在门户网站、电子税务局和办税服务场所对税务师事务所终止情况进行公告，同时将《税务师事务所变更/终止行政登记表》报送国家税务总局，抄送省税务师行业协会。

第十二条 省税务机关对以欺骗、贿赂等不正当手段取得《登记证书》的，宣布行政登记无效并公告。

第十三条 国家税务总局发现税务师事务所行政登记不当的，责令省税务机关纠正。

第十四条 税务师事务所组织形式创新相关试点工作由国家税务总局研究推进。

第十五条 本规程施行前经行政审批设立的税务师事务所，由所在地省税务机关办理行政登记，换发《登记证书》，具体时间由各省税务机关确定。

第十六条 税务师事务所分所的负责人应当由总所的合伙人或者股东担任。税务师事务所分所的行政登记参照本规程第六条至第十一条规定办理。

第十七条　各省税务机关可在本规程规定的基础上，结合本地实际，制定具体的操作办法并报国家税务总局备案。

第十八条　本规程自2017年9月1日起施行。

注释：

条款修改。根据《第十三届全国人民代表大会第一次会议关于国务院机构改革方案的决定》等有关规定，税收规范性文件规定的国税地税机关的职责和工作由新的税务机关承担。国家税务总局依据《税收规范性文件制定管理办法》（国家税务总局令第41号公布），对税收规范性文件进行了清理。参见：《国家税务总局关于修改部分税收规范性文件的公告》（国家税务总局公告2018年第31号）。

6－6－31

国家税务总局关于发布《涉税专业服务信息公告与推送办法（试行）》的公告

2017年11月22日　国家税务总局公告2017年第42号

现将国家税务总局制定的《涉税专业服务信息公告与推送办法（试行）》予以发布，自2017年12月1日起施行。

特此公告。

涉税专业服务信息公告与推送办法（试行）

第一条　为加强涉税专业服务信息的运用管理，发挥涉税专业服务机构在优化纳税服务、提高征管效能等方面的积极作用，依据《涉税专业服务监管办法（试行）》（国家税务总局公告2017年第13号发布），制定本办法。

第二条　本办法所称涉税专业服务机构包括：

（一）税务师事务所；

（二）依法取得执业许可且从事涉税专业服务的会计师事务所和律师事务所；

（三）经商事登记且从事涉税专业服务的代理记账机构、税务代理公司、财税类咨询公司等其他机构。

第三条　省税务机关通过门户网站、电子税务局和办税服务场所公告涉税专业服务信息，负责向社会信用平台和行业主管部门、行业协会、工商、海关等其他部门推送涉税专业服务信息。

税务机关纳税服务部门负责向税务机关内部风险控制、征收管理、税务稽查、税政管理、税法宣传、税务师管理等部门，及涉税专业服务机构及其委托人推送涉税专业服务信息。

第四条 涉税专业服务信息公告内容：

（一）纳入实名制管理的涉税专业服务机构名单及其信用状况公告内容：涉税专业服务机构名称、统一社会信用代码、法定代表人（或单位负责人）姓名、地址、联系电话、信用积分情况等基本信息；

（二）未经行政登记的税务师事务所名单公告内容：机构名称、统一社会信用代码、法定代表人（或单位负责人）姓名、地址、联系电话、商事登记日期等基本信息；

（三）涉税专业服务机构失信名录公告内容：涉税专业服务机构名称、统一社会信用代码、法定代表人（或单位负责人）姓名、地址、联系电话、失信行为、认定日期等基本信息；

（四）从事涉税服务人员失信名录公告内容：姓名、身份证件号码（隐去出生年、月、日号码段）、职业资格证书名称及编号、所属涉税专业服务机构名称、失信行为、认定日期等基本信息。

第五条 省税务机关通过门户网站、电子税务局和办税服务场所发布公告，于每月10日前对公告内容进行动态调整。

第六条 涉税专业服务信息推送内容：

（一）纳入实名制管理的涉税专业服务机构信用状况推送内容：涉税专业服务机构名称、统一社会信用代码、法定代表人（或单位负责人）姓名、地址、联系电话、信用积分情况等基本信息；

（二）未纳入实名制管理的涉税专业服务机构信息推送内容：机构名称、统一社会信用代码、法定代表人（或单位负责人）姓名、地址、联系电话、商事登记日期等基本信息；

（三）涉税专业服务机构失信名录推送内容：涉税专业服务机构名称、统一社会信用代码、法定代表人（或单位负责人）姓名、地址、联系电话、失信行为、认定日期等基本信息；

（四）从事涉税服务人员失信名录推送内容：姓名、身份证件号码（隐去出生年、月、日号码段）、职业资格证书名称及编号、所属涉税专业服务机构名称、失信行为、认定日期等基本信息；

（五）涉税专业服务风险信息推送内容：涉税专业服务机构名称、统一社会信用代码、法定代表人（或单位负责人）姓名、地址、联系电话、风险评估情况等基本信息。

第七条 税务机关运用以金税三期核心征管系统为基础、以网上办税服务系统为支撑的信息化平台，进行信息推送。

第八条 税务机关对涉税专业服务机构和从事涉税服务人员违反《涉税专业服务监管办法（试行）》第十四条、第十五条规定的情形进行分类处理。属于严重违法违规情形的，纳入涉税服务失信名录。

税务机关在将涉税专业服务机构和从事涉税服务人员列入涉税服务失信名录前，应当依法对其行为是否确属严重违法违规的情形进行核实，确认无误后向当事人送达告知书，告知当事人将其列入涉税服务失信名录的事实、理由和依据。当事人无异议的，列入涉税服务失信名录；当事人有异议且提出申辩理由、证据的，税务机关应当进行复核后予以确定。

第九条 省税务机关将涉税服务失信名录向财政、司法等行业主管部门和所属行业协会推送,提请予以相应处理和行业自律管理。

第十条 省税务机关按照本省社会信用平台管理要求,定期将涉税服务失信名录向社会信用平台推送,对失信行为实行联合惩戒。

第十一条 省税务机关将信用等级高的涉税专业服务机构和信用记录好的从事涉税服务人员信息向财政、司法等行业主管部门和所属行业协会,以及工商、海关等需要涉税专业服务信息的政府部门推送,实行联合激励。

第十二条 税务机关纳税服务部门将纳入实名制管理的涉税专业服务机构和人员的信用状况、涉税专业服务风险信息、涉税专业服务机构与纳税人的委托代理情况、涉税专业服务机构从事涉税专业服务情况等信息以及未纳入实名制管理的涉税专业服务机构信息向内部风险控制、征收管理、税政管理等部门推送,对风险高的涉税专业服务机构和人员进行风险预警、启动调查评估。

第十三条 税务机关纳税服务部门将涉税专业服务机构及委托方纳税人涉嫌偷税(逃避缴纳税款)、逃避追缴欠税、骗取国家退税款、虚开发票等违法信息向税务稽查部门推送。

第十四条 税务机关纳税服务部门将信用等级高的涉税专业服务机构和信用记录好的从事涉税服务人员信息向征收管理、税政管理、税法宣传等部门推送,对其提供便利化纳税服务,简化涉税业务办理流程,引导其参与税务机关税法宣传和政策辅导。

第十五条 税务机关纳税服务部门将纳入实名制管理的涉税专业服务机构和人员的信用状况、涉税专业服务风险信息、违规行为和遵守行业协会自律情况等信息以及未纳入实名制管理的涉税专业服务机构信息向其委托人定期推送,为其委托人提供参考信息。

第十六条 税务机关纳税服务部门将纳入实名制管理的涉税专业服务机构和人员的信用状况、涉税专业服务风险信息、违规行为等信息向涉税专业服务机构推送,对涉税专业服务机构进行风险提示或预警,引导其规范、健康发展。

第十七条 各省税务机关可以依据本办法,结合本地实际,制定具体实施办法。

第十八条 本办法自 2017 年 12 月 1 日起施行。

6－6－32

国家税务总局关于发布《涉税专业服务信用评价管理办法(试行)》的公告

2017 年 12 月 26 日　国家税务总局公告 2017 年第 48 号

现将国家税务总局制定的《涉税专业服务信用评价管理办法(试行)》予以发布,自 2018 年 1 月 1 日起施行。

特此公告。

附件:涉税专业服务机构信用积分指标体系及积分规则(编者略)

涉税专业服务信用评价管理办法(试行)

第一章　总　　则

第一条　为加强涉税专业服务信用管理,促进涉税专业服务机构及其从事涉税服务人员依法诚信执业,提高税法遵从度,依据《涉税专业服务监管办法(试行)》(国家税务总局公告2017年第13号发布),制定本办法。

第二条　涉税专业服务信用管理,是指税务机关对涉税专业服务机构从事涉税专业服务情况进行信用评价,对从事涉税服务人员的执业行为进行信用记录。

涉税专业服务机构信用评价实行信用积分和信用等级相结合方式。从事涉税服务人员信用记录实行信用积分和执业负面记录相结合方式。

第三条　国家税务总局主管全国涉税专业服务信用管理工作。省以下税务机关负责所辖地区涉税专业服务信用管理工作的组织和实施。

各级国家税务局、地方税务局联合开展涉税专业服务信用管理工作,实现信息共享。

第四条　税务机关根据社会信用体系建设需要,建立与财政、司法等行业主管部门和注册会计师协会、律师协会、代理记账协会等行业协会的工作联系制度和信息交换制度,完善涉税专业服务的信用评价机制,推送相关信用信息,推进部门信息共享、部门联合守信激励和失信惩戒。

第二章　信用积分

第五条　税务机关依托涉税专业服务管理信息库采集信用指标信息,由全国涉税专业服务信用信息平台按照《涉税专业服务机构信用积分指标体系及积分规则》(见附件)和《从事涉税服务人员个人信用积分指标体系及积分记录规则》对采集的信用信息进行计算处理,自动生成涉税专业服务机构信用积分和从事涉税服务人员信用积分。

全国涉税专业服务信用信息平台由国家税务总局建设和部署。

《从事涉税服务人员个人信用积分指标体系及积分记录规则》另行发布。

第六条　涉税专业服务信用信息分为涉税专业服务机构信用信息和从事涉税服务人员信用信息。

涉税专业服务机构信用信息包括:纳税信用、委托人纳税信用、纳税人评价、税务机关评价、实名办税、业务规模、服务质量、业务信息质量、行业自律、人员信用等。

从事涉税服务人员信用信息包括:基本信息、执业记录、不良记录、纳税记录等。

第七条　涉税专业服务管理信息库依托金税三期应用系统,从以下渠道采集信用信息:

(一)涉税专业服务机构和从事涉税服务人员报送的信息;

(二)税务机关税收征管过程中产生的信息和涉税专业服务监管过程中产生的信息;

(三)其他行业主管部门和行业协会公开的信息。

涉税专业服务机构跨区域从事涉税专业服务的相关信用信息,归集到机构所在地。

第八条 涉税专业服务机构信用积分为评价周期内的累计积分，按月公告，下一个评价周期重新积分。评价周期为每年1月1日至12月31日。

第一个评价周期信用积分的基础分为涉税专业服务机构当前纳税信用得分，以后每个评价周期的基础分为该机构上一评价周期信用积分的百分制得分。涉税专业服务机构未参加纳税信用级别评价的，第一个评价周期信用积分的基础分按照70分计算。

第三章 信用等级

第九条 省、自治区、直辖市和计划单列市税务机关（以下简称“省税务机关”）根据信用积分和信用等级标准对管辖的涉税专业服务机构进行信用等级评价。在一个评价周期内新设立的涉税专业服务机构，不纳入信用等级评价范围。每年4月30日前完成上一个评价周期信用等级评价工作。信用等级评价结果自产生之日起，有效期为一年。

第十条 涉税专业服务机构信用（英文名称为Tax Service Credit，缩写为TSC）按照从高到低顺序分为五级，分别是TSC5级、TSC4级、TSC3级、TSC2级和TSC1级。涉税专业服务机构信用积分满分为500分，涉税专业服务机构信用等级标准如下：

（一）TSC5级为信用积分400分以上的；

（二）TSC4级为信用积分300分以上不满400分的；

（三）TSC3级为信用积分200分以上不满300分的；

（四）TSC2级为信用积分100分以上不满200分的；

（五）TSC1级为信用积分不满100分的。

第十一条 税务机关对涉税专业服务机构违反《涉税专业服务监管办法（试行）》第十四条、第十五条规定进行处理的，根据处理结果和《涉税专业服务机构信用积分指标体系及积分规则》，进行积分扣减和降低信用等级。

对从事涉税服务人员违反《涉税专业服务监管办法（试行）》第十四条、第十五条规定进行处理的，根据处理结果和《从事涉税服务人员个人信用积分指标体系及积分记录规则》，进行积分扣减和执业负面记录。

第十二条 税务机关对涉税专业服务机构和从事涉税服务人员违反《涉税专业服务监管办法（试行）》第十四条、第十五条规定的情形进行分类处理。属于严重违法违规情形的，纳入涉税服务失信名录，期限为2年，到期自动解除。

税务机关在将涉税专业服务机构和从事涉税服务人员列入涉税服务失信名录前，应当依法对其行为是否确属严重违法违规的情形进行核实，确认无误后向当事人送达告知书，告知当事人将其列入涉税服务失信名录的事实、理由和依据。当事人无异议的，列入涉税服务失信名录；当事人有异议且提出申辩理由、证据的，税务机关应当进行复核后予以确定。

第四章 信用信息公告查询

第十三条 税务机关应当在门户网站、电子税务局和办税服务场所公告下列信息：

（一）涉税专业服务机构信用积分；

（二）涉税服务失信名录。

第十四条　税务机关应当通过门户网站、电子税务局等渠道提供涉税专业服务信用信息查询服务。

纳税人可以查询涉税专业服务机构的涉税专业服务信用等级和从事涉税服务人员的信用积分；涉税专业服务机构可以查询本机构的涉税专业服务信用等级及积分明细和所属从事涉税服务人员的信用积分；从事涉税服务人员可以查询本人的信用积分明细。

第十五条　涉税专业服务机构和从事涉税服务人员对信用积分、信用等级和执业负面记录有异议的，可以书面向主管税务机关提供相关资料或者证明材料，申请复核。主管税务机关对相关资料或者证明材料的完整性进行审核，审核通过后逐级提交至省税务机关，由省税务机关组织复核。

省税务机关应当于30个工作日内完成复核工作，并将复核结果逐级传递至受理复核申请的税务机关，由受理复核申请的税务机关告知申请人。

省税务机关应当建立涉税专业服务信用积分、信用等级和执业负面记录的复核工作制度，明确工作程序，保障申请人正当权益。

第五章　结果运用

第十六条　税务机关建立涉税专业服务信用管理与纳税服务、税收风险管理联动机制，根据涉税专业服务机构和从事涉税服务人员信用状况，实施分类服务和监管。

涉税专业服务机构的涉税专业服务信用影响其自身的纳税信用。

第十七条　对达到TSC5级的涉税专业服务机构，税务机关采取下列激励措施：

（一）开通纳税服务绿色通道，对其所代理的纳税人发票可以按照更高的纳税信用级别管理；

（二）依托信息化平台为涉税专业服务机构开展批量纳税申报、信息报送等业务提供便利化服务；

（三）在税务机关购买涉税专业服务时，同等条件下优先考虑。

第十八条　对达到TSC4级、TSC3级的涉税专业服务机构，税务机关实施正常管理，适时进行税收政策辅导，并视信用积分变化，选择性地提供激励措施。

第十九条　对涉税专业服务信用等级为TSC2级、TSC1级的涉税专业服务机构，税务机关采取以下措施：

（一）实行分类管理，对其代理的纳税人税务事项予以重点关注；

（二）列为重点监管对象；

（三）向其委托方纳税人主管税务机关推送风险提示；

（四）涉税专业服务协议信息采集，必须由委托人、受托人双方到税务机关现场办理。

第二十条　对纳入涉税服务失信名录的涉税专业服务机构和从事涉税服务人员，税务机关采取以下措施：

（一）予以公告并向社会信用平台推送；

（二）向其委托方纳税人、委托方纳税人主管税务机关进行风险提示；

（三）不予受理其所代理的涉税业务。

第六章　附　　则

第二十一条　各省税务机关可以依据本办法制定具体实施办法。

第二十二条　本办法自2018年1月1日起施行。

注释：

条款废止。附件《涉税专业服务机构信用积分指标体系及积分规则》自2021年1月1日起废止。参见：《国家税务总局关于修订〈涉税专业服务机构信用积分指标体系及积分规则〉的公告》（国家税务总局公告2020年第17号）。

条款废止。第十五条第一款、第二款自2020年4月1日起废止。**条款修改**。附件《涉税专业服务机构信用积分指标体系及积分规则》中070301、070302指标的积分/扣分标准和积分/扣分规则说明修改。自2020年1月1日起施行。参见：《国家税务总局关于进一步完善涉税专业服务监管制度有关事项的公告》（国家税务总局公告2019年第43号）。

条款失效废止。第三条第二款失效废止。参见：《国家税务总局关于公布全文失效废止和部分条款失效废止的税收规范性文件目录的公告》（国家税务总局公告2018年第33号）。

6－6－33

国家税务总局关于采集涉税专业服务基本信息和业务信息有关事项的公告

2017年12月26日　国家税务总局公告2017年第49号

为深入贯彻党的十九大关于加快完善社会主义市场经济体制、深化商事制度改革、放宽服务业准入限制等要求和国务院关于优化营商环境、推进“放管服”改革的系列部署，进一步规范涉税专业服务行为，维护国家税收利益和纳税人合法权益，根据《中华人民共和国税收征收管理法》及其实施细则、《涉税专业服务监管办法（试行）》（国家税务总局公告2017年第13号发布）和《国家税务总局关于进一步深化税务系统“放管服”改革　优化税收环境的若干意见》（税总发〔2017〕101号）有关规定，现就采集涉税专业服务基本信息和业务信息有关事项公告如下：

一、涉税专业服务基本信息采集

涉税专业服务机构应当于首次提供涉税专业服务前，向主管税务机关报送《涉税专业服务机构（人员）基本信息采集表》（附件1）。基本信息发生变更的，应当自变更之日起30日内向主管税务机关报送该表。涉税专业服务机构暂时停止提供涉税专业服务的，应当于完成或终止全部涉税专业服务协议后向主管税务机关报送该表；恢复提供涉税专业服务的，应当于恢复后首次提供涉税专业服务前向主管税务机关报送该表。

涉税专业服务机构应当于首次为委托人提供业务委托协议约定的涉税服务前，向主管税务机关报送《涉税专业服务协议要素信息采集表》(附件2)。业务委托协议发生变更或者终止的,应当自变更或者终止之日起30日内向主管税务机关报送该表。《涉税专业服务协议要素信息采集表》仅采集要素信息,业务委托协议的原件由涉税专业服务机构和委托人双方留存备查。

二、涉税专业服务业务信息采集

涉税专业服务机构应当于每年3月31日前,向主管税务机关报送《年度涉税专业服务总体情况表》(附件3)。

税务师事务所、会计师事务所、律师事务所应当于完成专业税务顾问、税收策划、涉税鉴证、纳税情况审查业务的次月底前,向主管税务机关报送《专项业务报告要素信息采集表》(附件4)。《专项业务报告要素信息采集表》仅采集专项业务报告要素信息,专项业务报告的原件由涉税专业服务机构和委托人双方留存备查,除税收法律、法规及国家税务总局规定报送的外,无须向税务机关报送。

三、采集途径

涉税专业服务机构原则上应当通过网上办税系统报送涉税专业服务基本信息,因客观原因无法通过网上办税系统报送的,可在非征期内通过实体办税服务厅办理。

涉税专业服务机构应当通过网上办税系统报送涉税专业服务业务信息。

各地国税机关、地税机关分工协作,按照"一方一次采集,双方共享共用"的原则采集涉税专业服务基本信息和业务信息。

四、其他事宜

涉税专业服务机构未按照要求报送基本信息、业务信息的,由主管税务机关按照《涉税专业服务监管办法(试行)》第十四条规定处理。

涉税专业服务机构及其从事涉税服务人员受到税务机关处理,被暂停受理其所代理的涉税业务时,涉税专业服务机构应当及时告知其委托人。

本公告自2018年1月1日起施行。本公告施行前已经提供涉税专业服务的机构,应当于本公告施行之日起90日内办理涉税专业服务基本信息采集和业务信息采集。

特此公告。

附件:1. 涉税专业服务机构(人员)基本信息采集表(编者略)

2. 涉税专业服务协议要素信息采集表(编者略)

3. 年度涉税专业服务总体情况表(编者略)

4. 专项业务报告要素信息采集表(编者略)

注释:

条款修改。第二条第二款及附件2《涉税专业服务协议要素信息采集表》的填表说明、附件3《年度涉税专业服务总体情况表》的填表说明和附件4《专项业务报告要素信息采集表》的填表说明已修改。自2020年1月1日起施行。参见:《国家税务总局关于进一步完善涉税专业服务监管制度有关事项的公告》(国家税务总局公告2019年第43号)。

条款失效废止。第三条第三款失效废止。参见:《国家税务总局关于公布全文失效废止和部分条款失效废止的税收规范性文件目录的公告》(国家税务总局公告2018年第33号)。

6－6－34

国家税务总局关于推行新办纳税人“套餐式”服务的通知

2017年12月28日　税总函〔2017〕564号

各省、自治区、直辖市和计划单列市国家税务局，国家税务总局驻各地特派员办事处：

为深入贯彻党的十九大和中央经济工作会议精神，按照《国家税务总局关于进一步深化税务系统“放管服”改革优化税收环境的若干意见》（税总发〔2017〕101号）要求，税务总局决定推行新办纳税人“套餐式”服务，一次性办结多个涉税事项。现将有关事项通知如下：

一、总体要求

省国税局要按照《国家税务总局关于转变税收征管方式提高征管效能的指导意见》（税总发〔2017〕45号）精神，在确保税收风险可控的基础上，依托网上办税服务厅，实现新办纳税人法定义务事项和首次领用发票相关办税事项一并办理，建立集中处理涉税事项的“套餐式”服务模式。

二、“套餐式”服务内容

新办纳税人“套餐式”服务一般应包括以下10个涉税事项：网上办税服务厅开户、登记信息确认、财务会计制度及核算软件备案、纳税人存款账户账号报告、增值税一般纳税人登记、发票票种核定、增值税专用发票最高开票限额审批、实名办税、增值税税控系统专用设备初始发行、发票领用。

省国税局在防范发票虚开、风险可控的基础上，应当对享受“套餐式”服务的新办纳税人范围，以及增值税发票供票数量和开票限额、实名办税等事项作出具体规定。有条件的地方，可将授权划缴税款协议和增值税税控系统专用设备网上购买等事项纳入“套餐式”服务范围。

三、“套餐式”服务流程

新办纳税人可在网上办税服务厅提交“套餐式”服务事项申请；税务机关在规定的期限内完成办理，并通过网上办税服务厅反馈办理情况；纳税人依据反馈情况到办税服务厅，领取增值税税控系统专用设备、发票等办理结果。

省国税局应当根据上述业务描述科学设计“套餐式”服务工作流程（参考流程见附件）。

四、“套餐式”服务推行时间

新办纳税人“套餐式”服务工作采取分批、有序推进的方式实现。

（一）北京、上海、江苏、浙江、山东、重庆于2018年2月底前推行。

（二）河北、山西、河南、广东、甘肃、深圳于2018年4月底前推行。

（三）其余单位（不包括新疆、青海、西藏）2018年6月底前推行。

（四）新疆、青海、西藏国税局2018年9月底前推行。

五、工作要求

(一)提高思想认识。新办纳税人"套餐式"服务是税务系统落实商事制度改革,激发市场活力和推动双创的新举措,是实现办税"零门槛"先手棋。各地税务机关要转变观念,充分认识新办纳税人"套餐式"服务的重要意义,把多次填表、多个流程、多次跑路转化为一次填表、一次流转、一次跑路,确保新办纳税人开业办税无障碍。

(二)加强组织领导。省国税局要成立专项工作领导小组,按照推行时间节点要求,制定工作方案,分解工作任务,明确工作责任,发布推行公告,确保新办纳税人"套餐式"服务举措全面落地。

(三)建立防控机制。各地税务机关要正确处理新办纳税人"套餐式"服务与税收风险防范的关系,合理确定推行"套餐式"服务新办纳税人的行业、规模和种类,科学核定发票版面和供应限量。根据"套餐式"服务流程建立与之相配套的内控工作机制,实现风险可控。

附件:新办纳税人"套餐式"服务的业务流程(参考)

附件

新办纳税人"套餐式"服务的业务流程(参考)

新办纳税人"套餐式"服务线上主要业务处理流程如下:

工商部门在三证合一系统录入纳税人登记信息——外部信息交换平台获取登记信息——核心征管系统将登记信息写入登记库——网上办税系统纳税人开户——网上办税系统纳税人填写申请表单——网上办税系统税务端集中处理——核心征管系统将相关业务信息写入数据库——网上办税系统生成业务办理结果的消息提醒。

一、网上办税服务厅纳税人端申请流程

根据各项业务需填报的信息,减并整合后制作新的电子综合申请表单,纳税人在网上办税系统中登录后根据提示完成各项信息的填报并提交。待税务机关处理后,纳税人根据税务机关反馈的信息打印签订授权划缴税款协议,并前往税务机关取件。具体流程如下:

纳税人登录网上办税系统签订使用协议——推送网上办税系统简介及密码修改通知——推送基础信息确认表,确认并完善补录信息、三类人员信息——推送银行账户报告表、财务会计制度报告表,完成备案事项填报——推送提示选择表,询问纳税人是否需要一般纳税人登记——推送票种申请表(或行政许可申请表)并附加税控设备领用方式提示,完成信息确认并提交。纳税人填写结束后提示3日后登录网上办税系统下载打印授权划缴税款协议——纳税人下载打印授权划缴税款协议,自行前往银行办结——纳税人收到税务机关办理结果的消息提醒后,携带相关资料前往办税服务厅进行实名制信息采集及资料领取。

二、网上办税服务厅税务端处理流程

税务端系统根据纳税人申请形成电子待办任务清单,税务端分为综合处理、税控发行、综合出件三个环节,每个环节的税务人员完成待办任务并依次流转,完成全部环节和待办任务后,系统自动推送通知至纳税人网上办税系统的消息中心,通知纳税人取件。具体流程如下：

税务端接收新办纳税人“套餐式”服务的申请——完成相关涉税事项办理，并将相关信息写入核心征管系统——系统自动生成授权划缴税款协议书，推送至网上办税系统纳税人端，待纳税人办理完成后自动将信息写入核心征管系统——系统将结果推送至发行岗、发售岗、资料整合岗，相应岗位人员分工完成工作，实现税务文书一键打印——系统将业务办理完成的通知推送给网上办税系统纳税人端，提醒纳税人携带相关资料前往办税服务厅——为纳税人办理实名制信息采集，将文书资料、发行好的税控设备、发票等统一交给纳税人。

6－6－35

国家税务总局关于税务师事务所行政登记有关问题的公告

2018年1月12日　国家税务总局公告2018年第4号

为贯彻党的十九大关于深化商事制度改革、放宽服务业准入限制的要求，深化税务系统“放管服”改革，维护国家税收利益，保护纳税人合法权益，促进税务师事务所转型升级，依据《税务师事务所行政登记规程（试行）》（国家税务总局公告2017年第31号发布）第十四条规定，现就税务师事务所行政登记有关问题公告如下：

一、符合以下条件的税务师事务所，可以担任税务师事务所的合伙人或者股东：

（一）执行事务合伙人或者法定代表人由税务师担任；

（二）前3年内未因涉税专业服务行为受到税务行政处罚；

（三）法律行政法规和国家税务总局规定的其他条件。

二、符合以下条件的从事涉税专业服务的科技、咨询公司，可以担任税务师事务所的合伙人或者股东：

（一）由税务师或者税务师事务所的合伙人（股东）发起设立，法定代表人由税务师担任；

（二）前3年内未因涉税专业服务行为受到税务行政处罚；

（三）法律行政法规和国家税务总局规定的其他条件。

三、本公告自2018年3月1日起施行。

特此公告。

6 -6 -36

国家税务总局关于纳税信用评价有关事项的公告

2018 年 2 月 1 日　国家税务总局公告 2018 年第 8 号

随着纳税信用体系建设不断推进,纳税信用的社会价值和社会影响力日益增强,成为纳税人参与市场竞争的重要资产。为进一步落实国务院"放管服"改革精神,优化税收营商环境,鼓励"大众创业、万众创新",根据《中华人民共和国税收征收管理法》和《国务院关于印发社会信用体系建设规划纲要(2014—2020 年)的通知》(国发〔2014〕21 号),现就进一步完善纳税信用评价的有关事项公告如下:

一、新增下列企业参与纳税信用评价:

(一)从首次在税务机关办理涉税事宜之日起时间不满一个评价年度的企业(以下简称"新设立企业")。评价年度是指公历年度,即 1 月 1 日至 12 月 31 日。

(二)评价年度内无生产经营业务收入的企业。

(三)适用企业所得税核定征收办法的企业。

二、本公告第一条所列企业的纳税信用评价时限如下:

(一)新设立企业在 2018 年 4 月 1 日以前已办理涉税事宜的,税务机关应在 2018 年 4 月 30 日前对其纳税信用进行评价;从 2018 年 4 月 1 日起,对首次在税务机关办理涉税事宜的新设立企业,税务机关应及时进行纳税信用评价。

(二)评价年度内无生产经营业务收入的企业和适用企业所得税核定征收办法的企业,税务机关在每一评价年度结束后,按照《纳税信用管理办法(试行)》(国家税务总局公告 2014 年第 40 号发布,以下简称《信用管理办法》)规定的时限进行纳税信用评价。

三、增设 M 级纳税信用级别,纳税信用级别由 A、B、C、D 四级变更为 A、B、M、C、D 五级。未发生《信用管理办法》第二十条所列失信行为的下列企业适用 M 级纳税信用:

(一)新设立企业。

(二)评价年度内无生产经营业务收入且年度评价指标得分 70 分以上的企业。

四、对纳税信用评价为 M 级的企业,税务机关实行下列激励措施:

(一)取消增值税专用发票认证。

(二)税务机关适时进行税收政策和管理规定的辅导。

五、企业(包括新设立企业)发生《信用管理办法》第二十条所列失信行为的,税务机关应及时对其纳税信用级别进行调整,并以适当的方式告知。

六、除上述规定外,纳税信用管理的其他事项按照《信用管理办法》规定执行。

七、本公告自 2018 年 4 月 1 日起施行,《信用管理办法》第十七条第二项同时废止。

特此公告。

注释：

条款废止。第四条第一项自2019年3月1日起废止。参见:《国家税务总局关于扩大小规模纳税人自行开具增值税专用发票试点范围等事项的公告》(国家税务总局公告2019年第8号)。

6－6－37

国家税务总局关于发布《办税事项“最多跑一次”清单》的公告

2018年2月23日　国家税务总局公告2018年第12号

为贯彻落实国务院深化“放管服”改革的决策部署,进一步方便纳税人办理税收业务,优化税收营商环境,按照《国家税务总局关于进一步深化税务系统“放管服”改革　优化税收环境的若干意见》(税总发〔2017〕101号)的总体安排,税务总局编制了《办税事项“最多跑一次”清单》(以下简称《清单》),现予以发布,并就有关问题公告如下：

一、办税事项“最多跑一次”,是指纳税人办理《清单》范围内事项,在资料完整且符合法定受理条件的前提下,最多只需要到税务机关跑一次。

二、对《清单》所列办税事项,各地税务机关应全面实现“最多跑一次”。各省国税机关和地税机关可通过推行网上办税、邮寄配送、上门办税等多种方式,在税务总局《清单》的基础上增列“最多跑一次”办税事项,分别形成本地国税局、地税局的办税事项“最多跑一次”清单并向社会公告实施。

三、各地税务机关在推行“最多跑一次”改革的同时,应积极落实税务总局深化“放管服”的要求,大力推进网上办税,努力实现办税“不用跑”。

四、省税务机关要针对“最多跑一次”办税事项的报送资料、办理条件、办理时限、办理方式及流程等编制办税指南并进行公示和宣传,便于纳税人掌握,顺利推进办税事项“最多跑一次”改革。

五、税务总局将根据政策变化适时调整《清单》,在国家税务总局官方网站公布。

六、本公告自2018年4月1日起施行。

特此公告。

附件:办税事项“最多跑一次”清单(编者略)

注释：

条款修改。根据《第十三届全国人民代表大会第一次会议关于国务院机构改革方案的决定》等有关规定,税收规范性文件规定的国税地税机关的职责和工作由新的税务机关承担。国家税务总局依据《税收规范性文件制定管理办法》(国家税务总局令第41号公布),对税收规范性文件进行了清理。参见:《国家税务总局关于修改部分税收规范性文件的公告》(国家税务总局公告2018年第31号)。

6－6－38

国家税务总局关于推行办税事项“最多跑一次”改革的通知

2018年2月27日　税总发〔2018〕26号

各省、自治区、直辖市和计划单列市国家税务局、地方税务局，国家税务总局驻各地特派员办事处，局内各单位：

按照《国家税务总局关于进一步深化税务系统“放管服”改革　优化税收环境的若干意见》(税总发〔2017〕101号)的安排，税务总局编制发布了《办税事项“最多跑一次”清单》(国家税务总局公告2018年第12号发布，以下简称《清单》)，从2018年4月1日起在全国实施。现就有关事项通知如下：

一、统一思想，深刻认识办税事项“最多跑一次”改革的重要意义

人民群众到政府机关办事“最多跑一次”，是党中央、国务院高度重视并给予充分肯定的重大“放管服”改革措施。2018年1月23日，习近平总书记主持召开中央全面深化改革领导小组第二次会议再次肯定“最多跑一次”改革成效，要求各地结合实际创新。推行办税事项“最多跑一次”改革，是税务总局落实党中央、国务院决策部署的重要举措。为此，各地税务机关要提高思想认识，提升工作站位，强化领导，精心规划，统筹安排，协调推进，确保办税事项“最多跑一次”改革的顺利推进，切实增强纳税人的获得感。

二、明确目标，坚持便民办税的工作方向

办税事项“最多跑一次”，是指纳税人办理《清单》范围内事项，在资料完整且符合法定受理条件的前提下，最多只需要到税务机关跑一次。

各地税务机关对《清单》所列办税事项应全面实现“最多跑一次”。各省国税机关、地税机关可结合实际在《清单》的基础上进一步增列“最多跑一次”的办税事项，形成本地国税局、地税局的办税事项“最多跑一次”清单，并于2018年3月底前向社会公告，自4月1日起同步实施。

在推进办税事项“最多跑一次”改革的同时，各省税务机关应积极落实税务总局深化“放管服”的要求，大力推进网上办税，最大程度让纳税人办税“多走网路，少走马路”。

三、统筹规划，系统做好改革的各项工作

各地税务机关要统筹规划、明确分工、压实责任，确保各项改革有序推进。

(一)全面梳理实施办税事项“最多跑一次”改革涉及税政、征管、纳服、宣传和信息化等各方面的事项，明确分工、加强协作，落实时间表、责任人，确保各方面工作有序推进。

(二)细化《清单》中每一个办税事项的具体办理流程，编写《“最多跑一次”办税事项指南》，便利纳税人办税。

(三)抓好税务人员培训。对办税服务厅工作人员进行全面培训，确保办税服务厅工作

人员准确掌握办税事项“最多跑一次”改革的精神、业务流程和工作要求。

（四）做好纳税人的宣传辅导。在改革实施前，要通过各地税务机关网站、微信、微博、移动客户端、12366纳税服务平台、二维码等渠道，为纳税人辅导办税事项“最多跑一次”改革的条件、范围、流程和注意事项。

四、加强领导，保障改革任务全面落实到位

各地税务机关要加强组织领导、严格督查落实，为改革提供坚强的组织保障。

（一）各地税务机关要明确分工和责任，主要领导亲自抓，提高改革的推动力。

（二）各地国税局、地税局要向当地党委和政府主动汇报，积极取得当地党委和政府及相关部门的大力支持。

（三）加强改革过程中督促检查工作，发现工作不力造成重大影响的，要依法依规严肃问责。

（四）建立考核评估机制，综合运用督查督办、绩效考评等方法，强化跟踪问效，确保改革顺利推进。

6－6－39

国家税务总局关于发布《从事涉税服务人员个人信用积分指标体系及积分记录规则》的公告

2018年10月25日　国家税务总局公告2018年第50号

根据《涉税专业服务监管办法（试行）》（国家税务总局公告2017年第13号发布）和《涉税专业服务信用评价管理办法（试行）》（国家税务总局公告2017年第48号发布），国家税务总局制定了《从事涉税服务人员个人信用积分指标体系及积分记录规则》，现予发布。

本公告所称从事涉税服务人员，是指在涉税专业服务机构内从事涉税服务，并纳入税务机关实名制管理的个人。

本公告自2019年1月1日起施行。国家税务总局将根据实施情况，适时调整《从事涉税服务人员个人信用积分指标体系及积分记录规则》并予公布。

特此公告。

附件：从事涉税服务人员个人信用积分指标体系及积分记录规则

附件

从事涉税服务人员个人信用积分指标体系及积分记录规则

一级		二级		三级		积分/扣分标准	积分/扣分规则说明
指标编码	指标名称	指标编码	指标名称	指标编码	指标名称		
01	基本信息	0101	实名信息报送情况			5 分	实名信息完整、准确的,计 5 分;实名信息不完整或不准确的,不得分。
		0102	涉税专业资格			5 分/项	1. 涉税专业资格包括:税务师、注册会计师和律师。 2. 该项指标可累加计分,每项涉税专业资格计 5 分。
		0103	接受行业自律管理			3 分	1. 加入涉税专业服务相关行业协会、接受行业自律管理的,计 3 分。 2. 涉税专业服务相关行业协会包括:税务师行业协会、注册会计师协会、律师协会、代理记账协会、房地产中介协会等。 3. 该项指标不累加计分,最高分 3 分。
		0104	所属涉税专业服务机构信用			10 分/7 分/3 分	1. 所属涉税专业服务机构当前信用等级为 TSC5 级的,计 10 分;信用等级为 TSC4 级的,计 7 分;信用等级为 TSC3 级的,计 3 分;信用等级为其他情形的,不得分。 2. 所属涉税专业服务机构发生变更的,按照变更后的机构信用等级计算积分。 3. 同时在多个涉税专业服务机构任职的,按其中信用等级最低的机构计算积分。
02	执业记录	0201	纳税申报代理			1 分/户次; 0.5 分/户次; 0.1 分/户次	1. 该项指标采取阶梯计分标准,在一个自然年度内,通过电子税务局按期提供纳税申报代理服务不超过 200 户次的部分,计分标准为 1 分/户次;超过 200 户次至500 户次的部分,计分标准为0.5 分/户次;超过500 户次的部分,计分标准为 0.1 分/户次。第二个自然年度按照上述标准重新计分。 2. 在一个自然月内,为同一委托人提供多个税种或多次纳税申报代理服务的,按 1 户次计分。
		0202	一般税务咨询			1 分/户	1. 在一个自然年度内,为一个委托人提供 1 次以上该项服务的,计 1 分。 2. 为多个委托人提供该项服务的,累加计分。
		0203	专业税务顾问			12 分/户	1. 在一个自然年度内,为一个委托人提供 1 次以上该项服务的,计 12 分。 2. 为多个委托人提供该项服务的,累加计分。
		0204	税收策划			12 分/次	1. 在一个自然年度内,为一个委托人提供多次该项服务的,累加计分。 2. 为多个委托人提供该项服务的,累加计分。

续表

一级		二级		三级		积分/扣分标准	积分/扣分规则说明
指标编码	指标名称	指标编码	指标名称	指标编码	指标名称		
02	执业记录	0205	涉税鉴证	020501	企业所得税汇算清缴纳税申报鉴证	12 分/次	1. 在一个自然年度内,为一个委托人提供多次该项服务的,累加计分。 2. 为多个委托人提供该项服务的,累加计分。
				020502	企业资产损失税前扣除鉴证	3 分/次	
				020503	土地增值税清算鉴证	12 分/次	
				020504	高新技术企业认定鉴证	3 分/次	
				020505	企业注销税务登记税款清算鉴证	12 分/次	
				020506	其他涉税鉴证	2 分/次	
		0206	纳税情况审查			12 分/次	1. 在一个自然年度内,为一个委托人提供多次该项服务的,累加计分。 2. 为多个委托人提供该项服务的,累加计分。
		0207	其他税务事项代理			0.5 分/户次; 0.2 分/户次; 0.1 分/户次	1. 该项指标采取阶梯计分标准,在一个自然年度内,通过电子税务局提供其他税务事项代理服务不超过200 户次的部分,计分标准为0.5 分/户次;超过200 户次至500 户次的部分,计分标准为0.2 分/户次;超过500 户次的部分,计分标准为0.1 分/户次。第二个自然年度按照上述标准重新计分。 2. 在一个自然月内,为同一委托人提供多次其他税务事项代理服务的,按1 户次计分。
		0208	其他涉税服务			1 分/户	1. 在一个自然年度内,为一个委托人提供1 次以上该项服务的,计1 分。 2. 为多个委托人提供该项服务的,累加计分。

续表

<table>
<tr><th colspan="2">一级</th><th colspan="2">二级</th><th colspan="2">三级</th><th rowspan="2">积分/扣分标准</th><th rowspan="2">积分/扣分规则说明</th></tr>
<tr><th>指标编码</th><th>指标名称</th><th>指标编码</th><th>指标名称</th><th>指标编码</th><th>指标名称</th></tr>
<tr><td rowspan="10">03</td><td rowspan="10">不良记录</td><td>0301</td><td>使用税务师事务所名称未办理行政登记的</td><td></td><td></td><td rowspan="4">-10 分/次;
-50 分/次;
-100 分/次</td><td rowspan="4">1. 存在其中一类情形的,对经认定负有相关责任的从事涉税服务人员扣 10 分;经税务机关责令限期改正或予以约谈,逾期不改正的,加扣 40 分,共计扣 50 分;情节严重的,加扣 50 分,共计扣 100 分,纳入涉税服务失信名录。
2. 同时存在其中两类以上情形的,累计扣分。</td></tr>
<tr><td>0302</td><td>未按照办税实名制要求提供涉税专业服务机构和从事涉税服务人员实名信息的</td><td></td><td></td></tr>
<tr><td>0303</td><td>未按照业务信息采集要求报送从事涉税专业服务有关情况的</td><td></td><td></td></tr>
<tr><td>0304</td><td>报送信息与实际不符的</td><td></td><td></td></tr>
<tr><td>0305</td><td>拒不配合税务机关检查、调查的</td><td></td><td></td><td rowspan="2">-10 分/次;
-50 分/次;
-100 分/次</td><td rowspan="2">1. 存在其中一类情形的,对经认定负有相关责任的从事涉税服务人员扣 10 分;经税务机关责令限期改正或予以约谈,逾期不改正的,加扣 40 分,共计扣 50 分;情节严重的,加扣 50 分,共计扣 100 分,纳入涉税服务失信名录。
2. 同时存在其中两类以上情形的,累计扣分。</td></tr>
<tr><td>0306</td><td>其他违反税务机关监管规定的行为</td><td></td><td></td></tr>
<tr><td>0307</td><td>故意扰乱税务机关正常办税秩序的</td><td></td><td></td><td>-10 分/次;
-50 分/次;
-100 分/次</td><td>发生该情形的,第一次扣 10 分;第二次扣 50 分;以后再发生该情形的,每次扣 100 分。</td></tr>
<tr><td>0308</td><td>违反税收法律、行政法规,造成委托人未缴或者少缴税款,按照《中华人民共和国税收征收管理法》及其实施细则相关规定被处罚的</td><td></td><td></td><td rowspan="3">-50 分/次;
-100 分/次;
-200 分/次;
-500 分/次</td><td rowspan="3">1. 存在其中一类情形的,扣 50 分;情节较重的,扣 100 分,纳入涉税服务失信名录;情节严重的,扣 200 分,纳入涉税服务失信名录;构成犯罪,被追究刑事责任的,扣 500 分,纳入涉税服务失信名录。
2. 同时存在其中两类以上情形的,累计扣分。</td></tr>
<tr><td>0309</td><td>未按涉税专业服务相关业务规范执业,出具虚假意见的</td><td></td><td></td></tr>
<tr><td>0310</td><td>采取隐瞒、欺诈、贿赂、串通、回扣等不正当竞争手段承揽业务,损害委托人或他人利益的</td><td></td><td></td></tr>
</table>

续表

一级		二级		三级		积分/扣分标准	积分/扣分规则说明
指标编码	指标名称	指标编码	指标名称	指标编码	指标名称		
03	不良记录	0311	利用服务之便，谋取不正当利益的			-50 分/次； -100 分/次； -200 分/次； -500 分/次	1. 存在其中一类情形的，扣 50 分；情节较重的，扣 100 分，纳入涉税服务失信名录；情节严重的，扣 200 分，纳入涉税服务失信名录；构成犯罪，被追究刑事责任的，扣 500 分，纳入涉税服务失信名录。 2. 同时存在其中两类以上情形的，累计扣分。
		0312	以税务机关和税务人员的名义敲诈纳税人、扣缴义务人的				
		0313	向税务机关工作人员行贿或者指使、诱导委托人行贿的				
		0314	其他违反税收法律法规的行为				
04	纳税记录	0401	个人依法纳税情况			-50 分/次； -100 分/次； -200 分/次； -500 分/次	违反税收法律、行政法规及相关规定，造成从事涉税服务人员本人未缴或者少缴税款，或者在个人纳税方面存在其他违法违规行为的，扣 50 分；情节较重的，扣 100 分，纳入涉税服务失信名录；情节严重的，扣 200 分，纳入涉税服务失信名录；构成犯罪，被追究刑事责任的，扣 500 分，纳入涉税服务失信名录。

备注：1. 从事涉税服务人员被纳入涉税服务失信名录的，个人信用积分中止计算。从涉税服务失信名录撤出后，个人信用积分恢复计算。

2. 本表“积分/扣分规则说明”所述“以上”均含本数。

6－6－40

国家税务总局关于建立小微企业涉税诉求和意见快速响应机制的通知

2019年1月29日　税总函〔2019〕40号

国家税务总局各省、自治区、直辖市和计划单列市税务局，国家税务总局驻各地特派员办事处，局内各单位：

为深入贯彻习近平总书记在民营企业座谈会上的重要讲话精神以及党中央、国务院深化“放管服”改革和支持小微企业发展的新要求，落实好小微企业普惠性税收减免政策，持续优化税收营商环境，税务总局决定在普遍适用的纳税人需求管理基础上，建立小微企业涉税诉求和意见快速响应机制（以下简称“快速响应机制”）。现将有关事项通知如下：

一、工作目标

在全国税务系统建立以小微企业为主要服务对象的涉税诉求和意见快速响应机制，针对小微企业涉税诉求和意见，迅速研究提出针对性措施，有效帮助小微企业便利办税，切实维护小微企业合法权益，促进小微企业主动纳税遵从，助力小微企业健康发展。

二、工作原则

（一）依法治税，规范服务。在依法治税、依法服务的前提下，建立小微企业快速响应机制，及时响应小微企业关切，增强小微企业诉求和意见处理的规范性。

（二）优质便捷，精准高效。以税收大数据为支撑，尽可能利用现代信息技术手段，建立集成化、链条化、流程化的小微企业诉求和意见管理模式，提高小微企业诉求和意见响应效率。

（三）部门合作，统筹协调。以快速响应为目标，建立纵向联动、横向互动的工作机制，强化部门协作配合，减少流转处理环节，进一步提高面向小微企业的纳税服务质效。

（四）分级负责，闭环管理。坚持“谁负责、谁主办”“谁主办、谁反馈”的原则，对小微企业涉税诉求和意见实行属地管理、分级负责、分类处理，确保响应及时有效。

三、受理类别和渠道

（一）小微企业诉求和意见类别：1. 政策落实类；2. 执法规范类；3. 纳税服务类；4. 信息化建设类；5. 法律救济类；6. 其他。

（二）小微企业诉求和意见接收渠道：1. 12366纳税服务热线；2. 12366纳税服务平台；3. 税务网站；4. 其他渠道。

四、工作流程

快速响应机制主要工作流程包括受理登记、快速办理、及时反馈、定期回访和统计分析等环节。

（一）受理登记

各级税务机关对收集的小微企业诉求和意见应进行受理登记，并实行台账管理。

1. 受理登记的内容。登记内容包括纳税人名称(姓名)、有效联系方式、诉求和意见、受理时间、受理单位、受理人等。

2. 受理登记的要求。税务机关收到小微企业的诉求和意见后,由首次受理企业诉求的部门对诉求和意见进行登记;受理登记后,应在1个工作日内,将登记内容转交本级纳税服务部门汇总。受理部门对能当场办理或答复的,应当场办理或答复;因情况复杂不能当场办理或答复的,应将相关情况告知小微企业,并按照快速办理流程办理;因涉及其他部门不能当场办理或答复的,应将转交情况告知小微企业。纳税服务部门汇总诉求内容后,及时根据诉求内容转交相关部门办理。

(二)快速办理

小微企业涉税诉求和意见办理应当按照分类分级的原则,压缩办理时限,提高办理流转效率。

1. 限时办理。要加快办理速度,对合理诉求和意见限时办理,在直接受理或收到纳税服务部门转交诉求和意见后5个工作日内办结;对存在困难确实不能在规定期限内办理的,经分管局领导批准,可以适当延长,但最长不得超过10个工作日,并说明原因。对小微企业提出的政策建议、系统优化等短期内无法解决的诉求,税务部门应详细记录诉求内容,待后期条件成熟时解决。纳税人提出行政复议诉求的,按照行政复议相关要求办理。

2. 联合办理。对涉及税政、征管等多个部门的诉求和意见,各部门应在收到诉求和意见后5个工作日内办结。对存在困难不能在规定期限内办理的,经本级税务机关主要领导批准,可以适当延长办理时限,并向纳税人说明原因。

3. 分级办理。各级税务机关依照本级职责办理小微企业诉求和意见,对超出本级职责范围的诉求和意见,由办理部门直接上报上级主管部门或转交下级主管部门办理。

(三)及时反馈

各级税务机关对小微企业诉求和意见办理结果,按照“谁主办、谁反馈”的原则,小微企业诉求和意见办理完成后,由主办部门在1个工作日内将结果反馈给小微企业,同时推送到本级纳税服务部门。

(四)定期回访

各级税务机关纳税服务部门要对提出诉求的小微企业定期开展回访,及时掌握税务机关对小微企业诉求和意见响应情况,确保快速响应机制落到实处。

(五)统计分析

各级税务机关纳税服务部门要定期对系统内的受理、办理、反馈情况进行统计分析,梳理小微企业的共性诉求和意见,查找关键突出问题,及时发现工作中存在的短板弱项,采取有效措施,促进税收工作持续改进。

五、工作要求

(一)高度重视,提高认识

小微企业涉及面广、诉求量大,做好小微企业诉求和意见管理工作,是贯彻落实好党中央、国务院推出的支持民营经济和小微企业决策部署的必然要求,对增强小微企业税收获得感、提高纳税人满意度、构建和谐征纳关系和优化税收营商环境意义重大。各级税务机关要从讲政治的高度重视此项工作,确保小微企业各项税收减免政策落实落细落好。

（二）协调配合，形成合力

各级税务机关要明确责任、细化分工，建立横向互动、纵向联动的工作机制，细化工作要求，规范工作流程，提高工作效率，推进税收管理和服务水平不断提升。纳税服务部门牵头组织，设立专门岗位，相关部门协同配合；要积极探索行业协会、商会等新渠道，充分调动社会组织力量，共同落实好快速响应机制。

（三）强化督导，跟踪问效

各级税务机关要建立纳税人诉求和意见台账，持续跟踪，限时办结，及时反馈，对账销号。同时要加强督导和检查，定期通报，确保快速响应机制落地生效。

6-6-41

国家税务总局关于修订《纳税服务投诉管理办法》的公告

2019年6月26日　国家税务总局公告2019年第27号

为认真贯彻党中央、国务院关于深化“放管服”改革、优化营商环境的部署，进一步规范纳税服务投诉管理，提高投诉办理效率，维护纳税人（含缴费人、扣缴义务人和其他当事人）的合法权益，国家税务总局修订了《纳税服务投诉管理办法》，现予以发布，自2019年8月1日起施行。

特此公告。

纳税服务投诉管理办法

第一章　总　　则

第一条　为保护纳税人（含缴费人、扣缴义务人和其他当事人，下同）的合法权益，规范纳税服务（含社会保险费和非税收入征缴服务，下同）投诉管理工作，构建和谐的税收征纳关系，根据《中华人民共和国税收征收管理法》及相关税收法律法规，制定本办法。

第二条　纳税人认为税务机关及其工作人员在履行纳税服务职责过程中未提供规范、文明的纳税服务或者有其他侵犯其合法权益的情形，向税务机关进行投诉，税务机关办理纳税人投诉事项，适用本办法。

第三条　对依法应当通过税务行政复议、诉讼、举报等途径解决的事项，依照有关法律、法规、规章及规范性文件的规定办理。

第四条　纳税服务投诉管理工作遵循依法公正、规范高效、属地管理、分级负责的原则。

第五条　纳税人进行纳税服务投诉需遵从税收法律、法规、规章、规范性文件，并客观、真实地反映相关情况,不得隐瞒、捏造、歪曲事实,不得侵害他人合法权益。

第六条 税务机关及其工作人员在办理纳税服务投诉事项时,不得徇私、偏袒,不得打击、报复,并应当对投诉人信息保密。

第七条 各级税务机关的纳税服务部门是纳税服务投诉的主管部门,负责纳税服务投诉的接收、受理、调查、处理、反馈等事项。需要其他部门配合的,由纳税服务部门进行统筹协调。

第八条 各级税务机关应当配备专职人员从事纳税服务投诉管理工作,保障纳税服务投诉工作的顺利开展。

第二章 纳税服务投诉范围

第九条 本办法所称纳税服务投诉包括:

(一)纳税人对税务机关工作人员服务言行进行的投诉;

(二)纳税人对税务机关及其工作人员服务质效进行的投诉;

(三)纳税人对税务机关及其工作人员在履行纳税服务职责过程中侵害其合法权益的行为进行的其他投诉。

第十条 对服务言行的投诉,是指纳税人认为税务机关工作人员在履行纳税服务职责过程中服务言行不符合文明服务规范要求而进行的投诉。具体包括:

(一)税务机关工作人员服务用语不符合文明服务规范要求的;

(二)税务机关工作人员行为举止不符合文明服务规范要求的。

第十一条 对服务质效的投诉,是指纳税人认为税务机关及其工作人员在履行纳税服务职责过程中未能提供优质便捷的服务而进行的投诉。具体包括:

(一)税务机关及其工作人员未准确掌握税收法律法规等相关规定,导致纳税人应享受未享受税收优惠政策的;

(二)税务机关及其工作人员未按规定落实首问责任、一次性告知、限时办结、办税公开等纳税服务制度的;

(三)税务机关及其工作人员未按办税事项"最多跑一次"服务承诺办理涉税业务的;

(四)税务机关未能向纳税人提供便利化办税渠道的;

(五)税务机关及其工作人员擅自要求纳税人提供规定以外资料的;

(六)税务机关及其工作人员违反规定强制要求纳税人出具涉税鉴证报告,违背纳税人意愿强制代理、指定代理的。

第十二条 侵害纳税人合法权益的其他投诉,是指纳税人认为税务机关及其工作人员在履行纳税服务职责过程中未依法执行税收法律法规等相关规定,侵害纳税人的合法权益而进行的其他投诉。

第十三条 投诉内容存在以下情形的,不属于本办法所称纳税服务投诉的范围:

(一)违反法律、法规、规章有关规定的;

(二)针对法律、法规、规章和规范性文件规定进行投诉的;

(三)超出税务机关法定职责和权限的;

(四)不属于本办法投诉范围的其他情形。

第三章 提交与受理

第十四条 纳税人可以通过网络、电话、信函或者当面等方式提出投诉。

第十五条 纳税人对纳税服务的投诉,可以向本级税务机关提交,也可以向其上级税务机关提交。

第十六条 纳税人进行纳税服务投诉原则上以实名提出。

第十七条 纳税人进行实名投诉,应当列明下列事项:

(一)投诉人的姓名(名称)、有效联系方式;

(二)被投诉单位名称或者被投诉个人的相关信息及其所属单位;

(三)投诉请求、主要事实、理由。

纳税人通过电话或者当面方式提出投诉的,税务机关在告知纳税人的情况下可以对投诉内容进行录音或者录像。

第十八条 已就具体行政行为申请税务行政复议或者提起税务行政诉讼,但具体行政行为存在不符合文明规范言行问题的,可就该问题单独向税务机关进行投诉。

第十九条 纳税服务投诉符合本办法规定的投诉范围且属于下列情形的,税务机关应当受理:

(一)纳税人进行实名投诉,且投诉材料符合本办法第十七条要求;

(二)纳税人虽进行匿名投诉,但投诉的事实清楚、理由充分,有明确的被投诉人,投诉内容具有典型性。

第二十条 属于下列情形的,税务机关不予受理:

(一)对税务机关已经处理完毕且经上级税务机关复核的相同投诉事项再次投诉的;

(二)对税务机关依法、依规受理,且正在办理的服务投诉再次投诉的;

(三)不属于本办法投诉范围的其他情形。

第二十一条 税务机关收到投诉后应于1个工作日内决定是否受理,并按照"谁主管、谁负责"的原则办理或转办。

第二十二条 对于不予受理的实名投诉,税务机关应当以适当形式告知投诉人,并说明理由。逾期未告知的,视同自收到投诉后1个工作日内受理。

第二十三条 上级税务机关认为下级税务机关应当受理投诉而不受理或者不予受理的理由不成立的,可以责令其受理。

上级税务机关认为有必要的,可以直接受理应由下级税务机关受理的纳税服务投诉。

第二十四条 纳税人的同一投诉事项涉及两个以上税务机关的,应当由首诉税务机关牵头协调处理。首诉税务机关协调不成功的,应当向上级税务机关申请协调处理。

第二十五条 纳税人就同一事项通过不同渠道分别投诉的,税务机关接收后可合并办理。

第二十六条 税务机关应当建立纳税服务投诉事项登记制度,记录投诉时间、投诉人、被投诉人、联系方式、投诉内容、受理情况以及办理结果等有关内容。

第二十七条 各级税务机关应当向纳税人公开负责纳税服务投诉机构的通讯地址、投诉电话、税务网站和其他便利投诉的事项。

第四章　调查与处理

第二十八条　税务机关调查处理投诉事项,应依法依规、实事求是、注重调解,化解征纳争议。

第二十九条　税务机关调查人员与投诉事项或者投诉人、被投诉人有利害关系的,应当回避。

第三十条　调查纳税服务投诉事项,应当由两名以上工作人员参加。一般流程为:

(一)核实情况。查阅文件资料,调取证据,听取双方陈述事实和理由,必要时可向其他组织和人员调查或实地核查;

(二)沟通调解。与投诉人、被投诉人确认基本事实,强化沟通,化解矛盾,促进双方就处理意见形成共识;

(三)提出意见。依照有关法律、法规、规章及其他有关规定提出处理意见。

第三十一条　税务机关对各类服务投诉应限期办结。对服务言行类投诉,自受理之日起5个工作日内办结;服务质效类、其他侵害纳税人合法权益类投诉,自受理之日起10个工作日内办结。

第三十二条　属于下列情形的,税务机关应快速处理,自受理之日起3个工作日内办结。

(一)本办法第十一条第一项所规定的情形;

(二)自然人纳税人提出的个人所得税服务投诉;

(三)自然人缴费人提出的社会保险费和非税收入征缴服务投诉;

(四)涉及其他重大政策落实的服务投诉。

第三十三条　服务投诉因情况复杂不能按期办结的,经受理税务机关纳税服务部门负责人批准,可适当延长办理期限,最长不得超过10个工作日,同时向转办部门进行说明并向投诉人做好解释。

第三十四条　属于下列情形的,税务机关可即时处理:

(一)纳税人当场提出投诉,事实简单、清楚,不需要进行调查的;

(二)一定时期内集中发生的同一投诉事项且已有明确处理意见的。

第三十五条　纳税人当场投诉事实成立的,被投诉人应当立即停止或者改正被投诉的行为,并向纳税人赔礼道歉,税务机关应当视情节轻重给予被投诉人相应处理;投诉事实不成立的,处理投诉事项的税务机关工作人员应当向纳税人说明理由。

第三十六条　调查过程中发生下列情形之一的,应当终结调查,并向纳税人说明理由:

(一)投诉事实经查不属于纳税服务投诉事项的;

(二)投诉内容不具体,无法联系投诉人或者投诉人拒不配合调查,导致无法调查核实的;

(三)投诉人自行撤销投诉,经核实确实不需要进一步调查的;

(四)已经处理反馈的投诉事项,投诉人就同一事项再次投诉,没有提供新证据的;

(五)调查过程中发现不属于税务机关职责范围的。

第三十七条　税务机关根据调查核实的情况,对纳税人投诉的事项分别作出如下处理：

（一）投诉情况属实的，责令被投诉人限期改正，并视情节轻重分别给予被投诉人相应的处理；

（二）投诉情况不属实的，向投诉人说明理由。

第三十八条　税务机关应在规定时限内将处理结果以适当形式向投诉人反馈。

反馈时应告知投诉人投诉是否属实，对投诉人权益造成损害的行为是否终止或改正；不属实的投诉应说明理由。

第三十九条　投诉人对税务机关反馈的处理情况有异议的，税务机关应当决定是否开展补充调查以及是否重新作出处理结果。

第四十条　投诉人认为处理结果显失公正的，可向上级税务机关提出复核申请。上级税务机关自受理之日起，10 个工作日内作出复核意见。

第四十一条　税务机关及其工作人员阻拦、限制投诉人投诉或者打击报复投诉人的，由其上级机关依法依规追究责任。

第四十二条　投诉人捏造事实、恶意投诉，或者干扰和影响正常工作秩序，对税务机关、税务人员造成负面影响的，投诉人应依法承担相应责任。

第五章　指导与监督

第四十三条　上级税务机关应当加强对下级税务机关纳税服务投诉工作的指导与监督，督促及时、规范处理。

第四十四条　各级税务机关对于办理纳税服务投诉过程中发现的有关税收制度或者行政执法中存在的普遍性问题，应当向有关部门提出合理化建议。

第四十五条　各级税务机关应当积极依托信息化手段，规范流程、强化监督，不断提高纳税服务投诉处理质效。

第六章　附　　则

第四十六条　国家税务总局各省、自治区、直辖市和计划单列市税务局可以根据本办法制定具体的实施办法。

第四十七条　本办法自 2019 年 8 月 1 日起施行。《国家税务总局关于修订〈纳税服务投诉管理办法〉的公告》（国家税务总局公告 2015 年第 49 号，国家税务总局公告 2018 年第 31 号修改）同时废止。

6-6-42

国家税务总局关于实施便民办税缴费十条新举措的通知

2019年7月23日　税总函〔2019〕223号

国家税务总局各省、自治区、直辖市和计划单列市税务局，国家税务总局驻各地特派员办事处，局内各单位：

根据党中央“不忘初心、牢记使命”主题教育工作部署，税务总局针对今年上半年减税降费政策落实中纳税人、缴费人反映的问题，检视并整改推出第一批10条便民办税缴费新举措，以更好地服务纳税人、缴费人。

一、推行税收优惠清单式管理。税务总局推行税收优惠政策“清单式”管理，不定期公布税收优惠事项清单，除依法须税务机关核准和向税务机关备案的特定情形外，一律由纳税人、缴费人“自行判别、申报享受”，相关资料留存备查。

二、扩大出口退税无纸化申报范围。在企业自愿的基础上，各省税务机关进一步在一类、二类、三类出口企业中扩大无纸化退税申报的范围。

三、优化增值税发票查验平台功能。税务总局优化增值税发票查验平台功能，纳税人可查询5年内增值税专用发票、增值税普通发票、机动车销售统一发票和二手车销售统一发票的信息。集成各省税务机关发票查验平台登录界面，纳税人可通过统一入口查询各省税务机关自印发票信息。

四、提供应抵扣发票信息提醒服务。税务总局优化增值税发票选择确认平台，增加当期应抵扣发票信息提醒功能，避免当期应抵扣发票超过抵扣期限造成纳税人损失。

五、推动办税事项容缺办理。税务总局明确“容缺办理”事项、适用对象及其标准，纳税人、缴费人办税资料不齐全时，只要基本条件具备、主要申请材料齐全且不影响实质性审核的，可“先办理、后补缺”，纳税人、缴费人作出资料补正书面承诺，可按正常程序办理。

六、规范统一自助办税事项。税务总局规范统一自助办税终端(机)的服务功能、应用界面、运行管理等，拓展纳税人、缴费人自助办理事项，逐步实现90%的常办涉税事项可在自助办税终端(机)办理。有条件地区可探索与金融机构场地共用等合作模式，增加自助办税终端(机)布局及数量。

七、探索证明事项告知承诺试点。税务总局选择部分地区开展证明事项告知承诺制试点，对纳税人需提供的有关涉税证明，以书面形式将证明义务和证明内容一次性告知纳税人，纳税人书面承诺符合告知的条件、标准、要求，并愿意承担不实承诺的法律责任，可免于提供相关证明材料。

八、推行纳税人网上解锁报税盘。税务总局优化增值税发票管理新系统，增加纳税人端异常清卡解锁功能，纳税人报税盘异常锁死时，可网上申请解锁，税务机关根据规定流程核实处理，排除风险后及时解锁。

九、推行城镇土地使用税和房产税合并申报。税务总局合并城镇土地使用税和房产税纳税申报表，各省税务机关统一城镇土地使用税和房产税纳税期限，减少纳税人申报次数。

十、加大部门间信息共享力度。各省税务机关加强与同级市场监督管理部门沟通，市场主体在市场监督管理部门办理注册登记时，同步采集法定代表人实名信息，税务机关通过部门间信息共享，无需再次进行实名信息采集。

各级税务机关要深入贯彻落实"不忘初心、牢记使命"主题教育部署，按照"守初心、担使命，找差距、抓落实"的总要求，认真落实减税降费各项政策规定，把检视问题贯穿始终，进一步转变作风，切实抓好便民办税缴费10条新举措的落地生效，真正为纳税人和缴费人办实事、解难题，确保主题教育工作取得实效，确保减税降费政策落地生根。

6－6－43

国家税务总局关于实施第二批便民办税缴费新举措的通知

2019年8月13日　税总函〔2019〕243号

国家税务总局各省、自治区、直辖市和计划单列市税务局，国家税务总局驻各地特派员办事处，局内各单位：

为持续推进"放管服"改革，针对纳税人、缴费人反映的突出问题，现进一步推出便民办税缴费新举措，让纳税人、缴费人获得更多的便捷。

一、全面推行小规模纳税人自行开具增值税专用发票。税务总局进一步扩大小规模纳税人自行开具增值税专用发票范围，小规模纳税人（其他个人除外）发生增值税应税行为、需要开具增值税专用发票的，可以自愿使用增值税发票管理系统自行开具。

二、完善纳税信用修复管理机制。税务总局明确纳税信用修复条件、统一修复标准、规范修复流程、畅通修复渠道，积极引导纳税人主动纠正失信行为，消除不良影响，修复自身纳税信用。

三、推行电子发票公共服务平台。税务总局建设全国统一的电子发票公共服务平台，为纳税人提供电子发票开具等基本公共服务。

四、大力推动房地产交易事项一窗办理。各省税务机关会同自然资源、住房城乡建设等部门通过在政务服务大厅设置综合办理窗口等方式，一次性收取房地产交易业务全部资料，实现"一窗受理、并行办理"。同时，税务总局、各省税务机关根据国务院要求，完成与一体化政务服务平台等国家平台对接工作，加强与同级政府部门协作，依托信息共享积极推进"一网通办"。

五、实现《开具红字增值税专用发票信息表》网上撤销。税务总局优化增值税发票管理系统，《开具红字增值税专用发票信息表》填报错误的，纳税人可以网上办理撤销业务。

六、提升税收政策宣传推送精准度。税务机关根据税收政策的适用对象，为纳税人、缴费人提供宣传辅导精准推送服务。纳税人可减少自主查找、筛选适用税收政策的学习负担和时间。

七、网上办理跨区域涉税事项。有条件的省税务机关试点通过电子税务局，为纳税人提供网上办理跨区域涉税事项报告、报验、反馈以及增值税预缴申报等服务，让纳税人办理跨区域涉税业务更轻松。

八、推动一般退抵税全程网上办。各省税务机关通过电子税务局为纳税人提供网上办理误收多缴、入库减免、汇算清缴结算多缴等一般退抵税服务，纳税人网上提出申请，税务机关全程在线审核办结后，完成后续退税。

九、提供纳税申报提示提醒服务。各省税务机关在电子税务局“我的消息”中增加对临近申报期限还未申报纳税人的提示提醒功能，帮助纳税人及时履行纳税义务。

十、大力推广智能咨询。税务总局加快推出智能咨询系统，推广智能咨询平台网页端、APP 端和小程序端，提供“7 ×24 小时”智能咨询服务；各省税务机关积极探索开发语音智能咨询，为纳税人提供便捷咨询服务。

各级税务机关要聚焦为民服务解难题目标，坚持问题导向、推进自我革新，全力推动第二批便民办税缴费新举措扎实落地，真正解决纳税人和缴费人反映强烈的问题。在落实税务总局两批 20 条新举措基础上，各级税务机关要积极探索、勇于创新，努力形成一批有本地特色的服务措施，更好服务纳税人、缴费人。

6 -6 -44

国家税务总局　中国银行保险监督管理委员会关于深化和规范“银税互动”工作的通知

2019 年 11 月 1 日　税总发〔2019〕113 号

国家税务总局各省、自治区、直辖市和计划单列市税务局，国家税务总局驻各地特派员办事处，各银保监局，各大型银行、股份制银行，邮储银行：

为深入贯彻落实党中央、国务院关于优化营商环境、深化“放管服”改革、加强信用体系建设等决策部署，更好支持民营经济和小微企业发展，按照《国务院办公厅关于聚焦企业关切进一步推动优化营商环境政策落实的通知》（国办发〔2018〕104 号）要求，充分发挥纳税信用信息在普惠金融体系建设中的重要作用，破解民营和小微企业融资难题，加强数据安全管理，保护企业合法权益，促进“银税互动”积极健康发展，现就深化和规范“银税互动”有关事项通知如下：

一、深挖合作潜能，充分发挥“银税互动”的普惠效能

（一）扩大“银税互动”受惠企业范围。银行业金融机构（以下简称“银行”）逐步将申请“银税互动”贷款的受惠企业范围由纳税信用 A 级和 B 级企业扩大至 M 级企业。

（二）积极推进银税数据直连。各省应结合本地实际情况，加快推进税务和银行之间“省对省”数据直连工作机制。税务总局不再扩大与银行总行数据直连试点范围。税务部门不再与第三方签订新的“银税互动”合作协议（单纯为税务部门提供平台开发和技术运维服务的协议除外），已经与第三方签订相关合作协议的，要尽快转换为与银行或银保监部门数据直连模式，积极稳妥地与当地银行或银保监部门做好转换期间的业务对接，确保正常业务不脱节、不中断。

（三）创新“银税互动”信贷产品。各地税务、银保监部门要积极引导银行聚焦民营和小微企业，根据其贷款需求强、金额小、偿还快等特点，优化信贷审批流程，创新设计信贷产品。各地银保监部门要及时组织银行进行“银税互动”降低企业融资成本的效应分析，适时推广成熟适用的信贷产品设计理念和运行模式，提升“银税互动”工作质效。各地银行要积极推进通过网上银行等渠道，实现贷款申请、审批、授信、放贷“网上一站式”办理，进一步提高“银税互动”服务效率。

二、严禁第三方乱收费，规范“银税互动”正常秩序

第三方合作机构不得借“银税互动”名义以任何形式向申请贷款企业收取任何费用，不得以任何方式买卖、提供或公开“银税互动”中的涉税信息。银行请第三方合作机构协助处理“银税互动”涉税信息的，应选择根据《征信业管理条例》和《征信机构管理办法》备案的征信机构。银行不得将授信审查、风险控制等核心业务外包，不得接受无担保资质第三方合作机构提供的增信服务和兜底承诺等变相增信服务。银行应在合作协议中规定第三方合作机构不得向企业收费，也不得向企业转嫁任何费用。发现第三方合作机构向企业收取费用或变相抬高融资成本的，银行应停止与其合作，并及时将有关情况告知银保监、税务部门。

三、加强安全管理，促进“银税互动”健康发展

（一）确保“银税互动”信用信息安全。各地税务、银保监部门和银行在“银税互动”合作协议中，要明确各方数据安全管理和保密责任。银行应将企业涉税信息纳入全行数据安全管理体系，确保信用信息传输、存储和使用安全。银行与第三方合作的，要制定相应的数据安全管理制度，切实防范信用信息的泄露和盗用。对于交由第三方处理的涉税信息，银行必须进行脱敏处理，不得将税务明细数据直接推送给第三方。银保监部门要对银行的数据使用及安全管理情况进行监督管理，对存在风险隐患的，应要求限期整改，对泄露涉税信息的应采取相应的监管措施。

（二）维护企业合法权益。各地税务、银保监部门和银行要及时响应企业对“银税互动”的意见和投诉，符合条件的要及时予以办理和回复。银行通过“银税互动”取得的涉税信息，只能用于“银税互动”信贷管理。税务、银保监部门和银行要强化内控管理，遵循最小授权原则设定涉税数据管理和使用权限，切实保护企业商业秘密，维护企业合法权益。银行不得与税务部门信息化服务供应商开展基于企业发票数据的相关业务合作；银行在融资服务中需要使用企业发票数据的，应依法合规获取，并严格保护企业上下游信息安全，不得转卖、外泄企业发票数据。

（三）规范信用信息共享范围。各地税务、银保监部门和银行要严格按照《国家税务总局 中国银行业监督管理委员会关于进一步推动“银税互动”工作的通知》（税总发〔2017〕

56号)要求开展银税信用信息共享。税务部门除按国家社会信用体系建设要求依法推送纳税信用评价结果信息外,向银行提供的企业纳税信息须在依法合规、企业授权的前提下进行。银行要及时向税务部门和银保监部门反馈“银税互动”贷款信息,便于掌握“银税互动”开展情况。税务部门要按照税收信息对外提供的相关规定,做好信息归档和备案工作。探索将企业授权银行查询其涉税信息的记录纳入信息共享范围,防范过度授信风险。

四、多方联动,共同营造“银税互动”良好氛围

各地税务、银保监部门和银行要充分发挥银税合作联席会议制度的作用,组织开展丰富多样的宣传推广活动,不断扩大“银税互动”知晓面。银保监部门要将“银税互动”业务开展情况纳入小微企业金融服务监管评价体系,引导其积极服务民营和小微企业。税务和银保监部门要建立“银税互动”效果评价体系,及时分析反映“银税互动”普惠效果,提升守信激励的示范效应,促进营商环境持续优化。

6-6-45

国家税务总局关于纳税信用修复有关事项的公告

2019年11月7日　国家税务总局公告2019年第37号

为鼓励和引导纳税人增强依法诚信纳税意识,主动纠正纳税失信行为,根据《国务院办公厅关于加快推进社会信用体系建设构建以信用为基础的新型监管机制的指导意见》(国办发〔2019〕35号),现就纳税信用修复有关事项公告如下:

一、纳入纳税信用管理的企业纳税人,符合下列条件之一的,可在规定期限内向主管税务机关申请纳税信用修复。

(一)纳税人发生未按法定期限办理纳税申报、税款缴纳、资料备案等事项且已补办的。

(二)未按税务机关处理结论缴纳或者足额缴纳税款、滞纳金和罚款,未构成犯罪,纳税信用级别被直接判为D级的纳税人,在税务机关处理结论明确的期限期满后60日内足额缴纳、补缴的。

(三)纳税人履行相应法律义务并由税务机关依法解除非正常户状态的。

《纳税信用修复范围及标准》见附件1。

二、符合本公告第一条第(一)项所列条件且失信行为已纳入纳税信用评价的,纳税人可在失信行为被税务机关列入失信记录的次年年底前向主管税务机关提出信用修复申请,税务机关按照《纳税信用修复范围及标准》调整该项纳税信用评价指标分值,重新评价纳税人的纳税信用级别;符合本公告第一条第(一)项所列条件但失信行为尚未纳入纳税信用评价的,纳税人无需提出申请,税务机关按照《纳税信用修复范围及标准》调整纳税人该项纳税信用评价指标分值并进行纳税信用评价。

符合本公告第一条第(二)项、第(三)项所列条件的,纳税人可在纳税信用被直接判为D级的次年年底前向主管税务机关提出申请,税务机关根据纳税人失信行为纠正情况

调整该项纳税信用评价指标的状态,重新评价纳税人的纳税信用级别,但不得评价为A级。

非正常户失信行为纳税信用修复一个纳税年度内只能申请一次。纳税年度自公历1月1日起至12月31日止。

纳税信用修复后纳税信用级别不再为D级的纳税人,其直接责任人注册登记或者负责经营的其他纳税人之前被关联为D级的,可向主管税务机关申请解除纳税信用D级关联。

三、需向主管税务机关提出纳税信用修复申请的纳税人应填报《纳税信用修复申请表》(附件2),并对纠正失信行为的真实性作出承诺。

税务机关发现纳税人虚假承诺的,撤销相应的纳税信用修复,并按照《纳税信用评价指标和评价方式(试行)调整表》(附件3)予以扣分。

四、主管税务机关自受理纳税信用修复申请之日起15个工作日内完成审核,并向纳税人反馈信用修复结果。

五、纳税信用修复完成后,纳税人按照修复后的纳税信用级别适用相应的税收政策和管理服务措施,之前已适用的税收政策和管理服务措施不作追溯调整。

六、本公告自2020年1月1日起施行。

特此公告。

附件:1. 纳税信用修复范围及标准(编者略)

2. 纳税信用修复申请表(编者略)

3. 纳税信用评价指标和评价方式(试行)调整表(编者略)

注释:

条款废止。本文所附《纳税信用修复申请表》《纳税信用修复范围及标准》自2022年1月1日起废止。参见:《国家税务总局关于纳税信用评价与修复有关事项的公告》(国家税务总局公告2021年第31号)。

6－6－46

国家税务总局关于实施便利小微企业办税缴费新举措的通知

2019年11月11日　税总函〔2019〕336号

国家税务总局各省、自治区、直辖市和计划单列市税务局,国家税务总局驻各地特派员办事处:

为深入学习贯彻党的十九届四中全会精神,不断巩固"不忘初心、牢记使命"主题教育成果,持续深化"放管服"改革,进一步支持和服务小微企业发展,税务总局推出八条便利小微企业办税缴费新举措。

一、搭建线上诉求和意见直联互通渠道。各级税务机关在原有直联方式基础上，运用信息化技术搭建与小微企业的线上直联互通渠道，促进税企沟通，更加广泛采集、精准分析并及时反馈小微企业实际诉求，进一步提升小微企业诉求和意见的快速响应效率。

二、制发小微企业办税辅导产品。税务总局依据《全国税务机关纳税服务规范（3.0版）》，修订《纳税人办税指南》；针对小微企业日常办税事项，编制《小微企业办税一本通》，指引小微企业明白办税、便利办税。各地税务机关组织好印制和宣传发放等工作。

三、优化跨区迁移服务。各省税务局探索为属于正常户且不存在未办结事项的小微企业，提供省内跨区迁移注销的线上办理服务，并在风险可控的前提下快速办结，让符合条件的小微企业办理省内跨区迁移更便捷。

四、扩围批量零申报服务。各省税务局探索将批量零申报服务范围从申请注销的非正常户扩大至全部非正常户，减少补充零申报重复操作。纳税人补充申报以前年度非正常状态期间的企业所得税，其月（季）度申报均为零申报（且不存在弥补前期亏损情况）的，可以进行批量处理，便利小微企业解除非正常状态后恢复经营。

五、优化涉税违法违规信息查询服务。各省税务局依托电子税务局，为小微企业提供涉税违法违规记录线上查询服务，便利小微企业及时了解掌握本企业相关情况，促进小微企业提升税法遵从度。

六、推行企业开办事项集成办理。各省税务局加强与市场监管、公安等政府部门协作，利用政府政务服务平台，协同相关部门实现新办企业登记、刻章备案、申领发票等企业开办事项的信息“一次填报、一网提交”。

七、制发税收优惠事项清单。税务总局编写、发布并动态调整税收优惠事项清单，第一批清单将包含小微企业相关的18类491项优惠事项。各地税务机关在此基础上，结合实际细化分行业清单，有针对性地开展宣传辅导，方便小微企业及时享受。

八、提升“银税互动”普惠效能。各省税务局积极与银保监部门沟通，将申请“银税互动”贷款的受惠企业范围由纳税信用A级和B级企业扩大至M级企业。在风险可控的前提下，探索为纳税信用A级和B级的小微企业创新流动资金贷款服务模式，如“无还本续贷”等，切实缓解小微企业融资难、融资贵问题。

各级税务机关要继续深入贯彻落实“不忘初心、牢记使命”主题教育部署，从小微企业的实际诉求出发，主动作为、积极推动，结合本地实际情况配套服务举措，切实保障新举措落地生效，助力小微企业发展。

附件：便利小微企业办税缴费新举措任务分工表

附件

便利小微企业办税缴费新举措任务分工表

序号	措施类别	具体做法	责任单位	责任部门	完成时限
1	搭建线上诉求和意见直联互通渠道	各级税务机关在原有直联方式基础上，运用信息化技术搭建与小微企业的线上直联互通渠道，促进税企沟通，更加广泛采集、精准分析并及时反馈小微企业实际诉求，进一步提升小微企业诉求和意见的快速响应效率。	税务总局 各省税务局	纳税服务部门	2019年12月
2	制发小微企业办税辅导产品	税务总局依据《全国税务机关纳税服务规范(3.0版)》，修订《纳税人办税指南》；针对小微企业日常办税事项，编制《小微企业办税一本通》，指引小微企业明白办税、便利办税。各地税务机关组织好印制和宣传发放等工作。	税务总局	纳税服务部门	2019年12月
3	优化跨区迁移服务	各省税务局探索为属于正常户且不存在未办结事项的小微企业，提供省内跨区迁移注销的线上办理服务，并在风险可控的前提下快速办结，让符合条件的小微企业办理省内跨区迁移更便捷。	各省税务局	征管和科技发展部门	2020年3月
4	扩围批量零申报服务	各省税务局探索将批量零申报服务范围从申请注销的非正常户扩大至全部非正常户，减少补充零申报重复操作。纳税人补充申报以前年度非正常状态期间的企业所得税，其月(季)度申报均为零申报(且不存在弥补前期亏损情况)的，可以进行批量处理，便利小微企业解除非正常状态后恢复经营。	各省税务局	网信办	2020年3月
5	优化涉税违法违规信息查询服务	各省税务局依托电子税务局，为小微企业提供涉税违法违规记录线上查询服务，便利小微企业及时了解掌握本企业相关情况，促进小微企业提升税法遵从度。	税务总局 各省税务局	征管和科技发展部门	2020年3月
6	推行企业开办事项集成办理	各省税务局加强与市场监管、公安等政府部门协作，利用政府政务服务平台，协同相关部门实现新办企业登记、刻章备案、申领发票等企业开办事项的信息"一次填报、一网提交"。	各省税务局	网信办	持续推进
7	制发税收优惠事项清单	税务总局编写、发布并动态调整税收优惠事项清单，第一批清单将包含小微企业相关的18类491项优惠事项。各地税务机关在此基础上，结合实际细化分行业清单，有针对性地开展宣传辅导，方便小微企业及时享受。	税务总局	纳税服务部门	2019年12月
8	提升"银税互动"普惠效能	各省税务局积极与银保监部门沟通，将申请"银税互动"贷款的受惠企业范围由纳税信用A级和B级企业扩大至M级企业；在风险可控的前提下，探索为纳税信用A级和B级的小微企业创新流动资金贷款服务模式，如"无还本续贷"等，切实缓解小微企业融资难、融资贵问题。	税务总局 各省税务局	纳税服务部门	2020年6月

6-6-47

国家税务总局关于进一步完善涉税专业服务监管制度有关事项的公告

2019年12月27日　国家税务总局公告2019年第43号

为深入贯彻落实国务院“放管服”改革要求，优化税收营商环境，现就进一步完善涉税专业服务监管制度有关事项公告如下：

一、简化涉税专业服务信息采集

（一）减少涉税专业服务信息采集项目。不再要求涉税专业服务机构报送“协议金额”“服务协议摘要”“涉及委托人税款金额”“业务报告摘要”信息。

（二）延长专项业务报告信息采集时限。将税务师事务所、会计师事务所、律师事务所报送专项业务报告信息的时限，由完成业务的次月底前，调整为次年3月31日前。

（三）放宽从事涉税服务人员信息报送要求。涉税专业服务机构可以根据自身业务特点，确定本机构报送“从事涉税服务人员基本信息”的具体人员范围。

（四）优化业务分类填报口径。涉税专业服务机构难以区分“一般税务咨询”“专业税务顾问”和“税收策划”三类涉税业务的，可按“一般税务咨询”填报；对于实际提供纳税申报服务而不签署纳税申报表的，可按“一般税务咨询”填报。

（五）增加总分机构涉税专业服务信息报送选择。涉税专业服务机构跨地区设立不具有法人资格分支机构（包括分所和分公司）的，可选择由总机构向所在地主管税务机关汇总报送分支机构涉税专业服务信息，也可选择由分支机构自行向所在地主管税务机关报送涉税专业服务信息。

二、完善涉税专业服务信用复核机制

（一）涉税专业服务机构和从事涉税服务人员，对信用积分、信用等级和执业负面记录有异议的，可在信用记录产生或结果确定后12个月内，向税务机关申请复核。

税务机关应当按照包容审慎原则，于30个工作日内完成复核工作，作出复核结论，并提供查询服务。

（二）涉税专业服务机构和从事涉税服务人员对税务机关拟将其列入涉税服务失信名录有异议的，应当自收到《税务事项通知书》之日起10个工作日内提出申辩理由，向税务机关申请复核。

税务机关应当按照包容审慎原则，于10个工作日内完成复核工作，作出复核结论，并提供查询服务。

（三）税务机关应当为涉税专业服务机构和从事涉税服务人员申请复核提供电子税务局等便利化途径。

三、规范涉税专业服务约谈

涉税专业服务机构及其从事涉税服务人员存在《涉税专业服务监管办法（试行）》（国

家税务总局公告2017年第13号发布,2019年第43号修改)第十四条所列情形,税务机关需要采取约谈方式的,应当事先向当事人送达《税务事项通知书》,通知当事人约谈的时间、地点和事由。当事人到达约谈场所后,应当由两名以上税务人员同时在场进行约谈。约谈人员应当对约谈过程做好记录,可视情况进行音像记录。

四、有关要求

涉税专业服务机构和从事涉税服务人员应当严格遵守税收法律法规及《涉税专业服务监管办法(试行)》的规定,不得借税收改革巧立名目乱收费,不得利用所掌握的涉税信息谋取不当经济利益,不得在办税服务厅招揽业务影响办税秩序,不得以税务机关的名义招揽生意,损害纳税人合法权益。

税务机关应当严格落实涉税专业服务监管责任,及时调查处理关于涉税专业服务的投诉举报。对扰乱个人所得税汇算等税收改革秩序经核实的,采取降低信用等级或纳入信用记录,暂停受理所代理的涉税业务等措施,进行严肃处理。

五、实施时间

本公告第一条第(一)项至第(四)项、第四条自2020年1月1日起施行,相应修改《涉税专业服务监管办法(试行)》(国家税务总局公告2017年第13号发布)第九条第三款,《国家税务总局关于采集涉税专业服务基本信息和业务信息有关事项的公告》(国家税务总局公告2017年第49号)第二条第二款及附件2《涉税专业服务协议要素信息采集表》的填表说明、附件3《年度涉税专业服务总体情况表》的填表说明和附件4《专项业务报告要素信息采集表》的填表说明,以及《涉税专业服务信用评价管理办法(试行)》(国家税务总局公告2017年第48号发布)附件《涉税专业服务机构信用积分指标体系及积分规则》中070301、070302指标的积分/扣分标准和积分/扣分规则说明。本公告第一条第(五)项、第二条、第三条自2020年4月1日起施行。《涉税专业服务信用评价管理办法(试行)》(国家税务总局公告2017年第48号发布)第十五条第一款、第二款同时废止。

修改后的上述规范性文件根据本公告重新发布(附件1、2、3)。

特此公告。

附件:1. 涉税专业服务监管办法(试行)(编者略)

2. 国家税务总局关于采集涉税专业服务基本信息和业务信息有关事项的公告(编者略)

3. 涉税专业服务信用评价管理办法(试行)(编者略)

6－6－48

国家税务总局关于优化纳税缴费服务配合做好新型冠状病毒感染肺炎疫情防控工作的通知

2020年1月30日　税总函〔2020〕19号

国家税务总局各省、自治区、直辖市和计划单列市税务局，国家税务总局驻各地特派员办事处，局内各单位：

为坚决贯彻落实党中央、国务院决策部署，全力做好新型冠状病毒感染的肺炎疫情防控工作，切实加强纳税人、缴费人办税缴费的安全防护，确保相关工作平稳有序开展，现就有关事项通知如下：

一、严格落实疫情防控工作的各项要求。各地税务机关要本着把人民群众生命安全和身体健康放在第一位的态度，深入学习贯彻习近平总书记一系列重要指示精神，全面落实党中央、国务院决策部署，根据地方党委政府的统一安排，积极配合有关部门做好本单位特别是办税缴费服务场所的疫情防控工作。要严格按照地方党委政府对政务服务中心等窗口单位的具体要求，制定本地区办税缴费服务场所疫情防控工作方案。

二、根据疫情防控需要延长申报纳税期限。对按月申报的纳税人、扣缴义务人，在全国范围内将2020年2月份的法定申报纳税期限延长至2月24日；湖北等疫情严重地区可以视情况再适当延长，具体时间由省税务局确定并报税务总局备案；纳税人、扣缴义务人受疫情影响，在2020年2月份申报纳税期限延长后，办理仍有困难的，还可依法申请进一步延期。与此同时，各地税务机关要提前采取相应措施，确保申报纳税期限延长后，纳税人的税控设备能够正常使用，增值税发票能够正常领用和开具。

三、积极拓展“非接触式”办税缴费服务。各地税务机关要按照“尽可能网上办”的原则，全面梳理网上办税缴费事项，并向纳税人、缴费人提示办理渠道和相关流程，积极引导通过电子税务局、手机APP、自助办税终端等渠道办理税费业务，力争实现95%以上的企业纳税人、缴费人网上申报。大力倡导纳税人采用“网上申领、邮寄配送”或自助终端办理的方式领用和代开发票。对纳税人、缴费人在办税缴费过程中遇到的个性化问题和需求，税务机关要通过12366纳税服务热线、微信、视频等多种渠道，第一时间给予准确耐心细致解答。对于确需到办税缴费服务场所办理业务的，税务机关要通过主动预约服务，为纳税人、缴费人在征期后期分时分批错峰办理提供便利，千方百计降低疫情传播风险。

四、着力营造安全高效的办税缴费环境。要严格按照疫情防控工作要求，认真做好室内通风、卫生检测、清洁消毒等工作，加强对一线工作人员的关心关爱，配备必要的防护用品。要严格执行办税缴费服务场所局领导值班制度，落实好导税服务、首问责任等制度，方便纳税人、缴费人快捷办理相关业务。要加强应急管理，提前制定预案，确保及时化解和处置各类风险隐患及突发情况，疫情严重地区要提前安排好办税缴费备用场所。要充分发挥广大共产党员的先锋模范作用，合理调配人员尤其是党员干部充实到办税缴费服务中来，让党旗在防控疫情斗争第一线高高飘扬。

各地税务机关要以适当方式将申报纳税期限调整等情况及时告知纳税人、缴费人，如遇重要事项及时上报。

6－6－49

国家税务总局关于纳税信用管理有关事项的公告

2020年9月13日　国家税务总局公告2020年第15号

为深入贯彻落实国务院“放管服”改革精神，优化税收营商环境，完善纳税信用体系，根据《中华人民共和国税收征收管理法实施细则》和《国务院关于印发社会信用体系建设规划纲要（2014—2020年）的通知》（国发〔2014〕21号），现就纳税信用管理有关事项公告如下：

一、非独立核算分支机构可自愿参与纳税信用评价。本公告所称非独立核算分支机构是指由企业纳税人设立，已在税务机关完成登记信息确认且核算方式为非独立核算的分支机构。

非独立核算分支机构参评后，2019年度之前的纳税信用级别不再评价，在机构存续期间适用国家税务总局纳税信用管理相关规定。

二、自开展2020年度评价时起，调整纳税信用评价计分方法中的起评分规则。近三个评价年度内存在非经常性指标信息的，从100分起评；近三个评价年度内没有非经常性指标信息的，从90分起评。

三、自开展2019年度评价时起，调整税务机关对D级纳税人采取的信用管理措施。对于因评价指标得分评为D级的纳税人，次年由直接保留D级评价调整为评价时加扣11分；税务机关应按照本条前述规定在2020年11月30日前调整其2019年度纳税信用级别，2019年度以前的纳税信用级别不作追溯调整。对于因直接判级评为D级的纳税人，维持D级评价保留2年、第三年纳税信用不得评价为A级。

四、纳税人对指标评价情况有异议的，可在评价年度次年3月份填写《纳税信用复评（核）申请表》，向主管税务机关提出复核，主管税务机关在开展年度评价时审核调整，并随评价结果向纳税人提供复核情况的自我查询服务。

五、本公告自2020年11月1日起施行。《纳税信用管理办法（试行）》（国家税务总局公告2014年第40号发布）第十五条第二款、第三十二条第七项，《国家税务总局关于明确纳税信用管理若干业务口径的公告》（2015年第85号，2018年第31号修改）第三条第一款、第七条第一项，《国家税务总局关于明确纳税信用补评和复评事项的公告》（2015年第46号，2018年第31号修改）所附《纳税信用复评申请表》同时废止。

特此公告。

附件：纳税信用复评（核）申请表（编者略）

6-6-50

国家税务总局关于修订《涉税专业服务机构信用积分指标体系及积分规则》的公告

2020年10月30日　国家税务总局公告2020年第17号

为深入贯彻落实国务院“放管服”改革要求，优化税收营商环境，促进涉税专业服务行业规范健康发展，国家税务总局修订了《涉税专业服务机构信用积分指标体系及积分规则》，现予以发布，自2021年1月1日起施行。《涉税专业服务信用评价管理办法（试行）》（国家税务总局公告2017年第48号发布，2019年第43号修改）的附件《涉税专业服务机构信用积分指标体系及积分规则》同时废止。

特此公告。

附件：涉税专业服务机构信用积分指标体系及积分规则

附件

涉税专业服务机构信用积分指标体系及积分规则

一级		二级		三级		积分类别	积分/扣分标准	积分/扣分规则说明
指标编码	指标名称	指标编码	指标名称	指标编码	指标名称			
01	上一评价周期信用情况（100 分）					直接得分	纳税信用得分或上一评价周期信用积分	1. 第一个评价周期该指标得分为纳税信用得分；未参加纳税信用级别评定的，该指标得分为 70 分；纳税信用直接判 D 以及纳税信用得分小于 0 的，该指标得分为 0 分；纳税信用保留 D 级的，该指标得分为 20 分；机构纳税信用结果发生变动的，按照最新结果重新计算得分。 2. 以后每个评价周期，该指标得分 = 上一评价周期期末信用积分 ×20%
02	委托人纳税信用（20 分）	0201	委托人纳税信用情况（20 分）			直接得分	平均分	1. 该指标分值 = 截至积分时点全部委托人纳税信用得分之和/截至积分时点委托人累计总数 ×20% 2. 积分时点无纳税信用评价结果的委托人，其纳税信用得分按 70 分计。 3. 委托人纳税信用结果发生变动的，按照最新结果重新计算。 4. 评价周期内，双方解除委托关系的，则以解除时点委托人纳税信用得分为该委托人最后得分；同时，该委托人应纳入委托人累计总数。 5. 评价周期内，双方解除委托关系后又重新建立的，按照委托人最新纳税信用得分重新计算。 6. 委托人纳税信用直接判 D 以及纳税信用得分小于 0 的，其纳税信用得分按 0 分计。 7. 委托人纳税信用保留 D 级的，其纳税信用得分按 20 分计。
03	纳税人和税务机关评价（50 分）	0301	纳税人评价（20 分）			直接得分	平均分	1. 该指标分值 = 委托人评价得分合计数/发起评价次数 2. 委托人评价分为“非常满意”“满意”“基本满意”“不满意”“非常不满意”五个等级，对应分值分别为 20 分 15 分、10 分、5 分、0 分。 3. 每个评价周期末，税务机关网上向每个委托人发起一次评价。 4. 超过评价期限，委托人未作出评价的，按照“基本满意”计分。 5. 双方在评价周期内结束委托关系的，在结束的当天发起一次评价，期末不再评价。 6. 评价周期内，双方解除委托关系后又重新建立的，以评价周期内最后一次评价为准。

续表

一级		二级		三级		积分类别	积分/扣分标准	积分/扣分规则说明
指标编码	指标名称	指标编码	指标名称	指标编码	指标名称			
03	纳税人和税务机关评价(50分)	0302	税务机关评价(30分)	030201	遵守办税秩序的情况(15分)	基准分	-5分/-10分	扰乱办税秩序的,第一次扣5分,第二次扣10分,扣完为止。
				030202	配合税务机关检查、调查情况(15分)	基准分	-5分/次; -100分; -200分	1. 拒不配合税务机关检查、调查的,每次扣5分。 2. 经税务机关责令限期改正或予以约谈,逾期不改正的,扣100分,降低信用等级一级;情节严重的,扣200分,降低信用等级两级,纳入涉税服务失信名录。 3. 该指标扣分不封顶。
04	实名办税(90分)	0401	报送涉税专业服务机构实名信息(30分)			基准分	-5分/次; -100分; -200分	1. 报送信息与实际不符的,每次扣5分。 2. 经税务机关责令限期改正或予以约谈,逾期不改正的,扣100分,降低信用等级一级;情节严重的,扣200分,降低信用等级两级,纳入涉税服务失信名录。 3. 该指标扣分不封顶。
		0402	报送从事涉税服务人员实名信息(30分)			直接得分	按从事涉税服务人员数量占比计算得分 -5分/次; -100分; -200分	1. 该指标分值=30分×积分时点从事涉税服务人员数量/(积分时点职工总人数×30%) 2. 该指标最高分为30分。 3. 报送信息与实际不符的,每次扣5分。 4. 经税务机关责令限期改正或予以约谈,逾期不改正的,扣100分,降低信用等级一级;情节严重的,扣200分,降低信用等级两级,纳入涉税服务失信名录。 5. 该指标扣分不封顶。
		0403	报送涉税专业服务协议信息(30分)			直接得分	按涉税专业服务协议数量与从事涉税服务人员总数比值计算得分	1. 该指标分值=30分×评价周期期初至积分时点报送涉税专业服务协议数量/评价周期期初至积分时点从事涉税服务人员总数 2. 评价周期期初至积分时点从事涉税服务人员总数包括在此期间内从该机构退出的人员(下同)。 3. 该指标最高分为30分。
		0404	使用税务师事务所名称未办理行政登记的			直接得分	-100分; -200分	1. 经税务机关责令限期改正或予以约谈,逾期不改正的,扣100分,降低信用等级一级;情节严重的,扣200分,降低信用等级两级,纳入涉税服务失信名录。 2. 该指标扣分不封顶。

续表

一级		二级		三级		积分类别	积分/扣分标准	积分/扣分规则说明
指标编码	指标名称	指标编码	指标名称	指标编码	指标名称			
05	业务规模（20分）	0501	业务结构（10分）			直接得分	按分类业务占比计算得分	1. 该指标分值=（纳税申报代理收入+一般税务咨询收入+专业税务顾问收入+税收策划收入+涉税鉴证收入+纳税情况审查收入+其他税务事项代理收入×50%+其他涉税服务收入×50%）/涉税专业服务总收入×10分 2. “收入”是指评价周期期初至积分时点的累计收入（下同）。
		0502	人均涉税专业服务收入（10分			直接得分	人均涉税专业服务收入/全省人均涉税专业服务收入	1. 该指标分值=人均涉税专业服务收入/全省人均涉税专业服务收入×10分 2. 该指标最高分为10分，如果人均涉税专业服务收入/全省人均涉税专业服务收入≥1，该指标得分为10分。 3. 人均涉税专业服务收入=涉税专业服务总收入/评价周期期初至积分时点从事涉税服务人员总数 4. 全省人均涉税专业服务收入=本省参与统计的所有涉税专业服务机构的涉税专业服务总收入/本省参与统计的从事涉税服务人员总数 5. 同1人在2个或2个以上涉税专业服务机构同时从业的，按1人算。 6. “全省”“本省”中的“省”，是指省、自治区、直辖市和计划单列市（下同）。
06	服务质量（120分）	0601	涉税报告和文书留存备查情况（20分）			基准分	-1分/份	未按规定将涉税报告和文书留存备查的，每份扣1分，扣完为止。
		0602	遵守执业规范情况（100分）	060201	按期代理纳税申报情况	基准分	以100%起，每低一个百分点扣2分	按期代理纳税申报率=实际按期代理纳税申报（含财务会计报表）累计户次/应代理纳税申报（含财务会计报表）累计户次×100%
				060202	违反税收法律、行政法规，造成委托人未缴或者少缴税款，按照《中华人民共和国税收征收管理法》及其实施细则相关规定被处罚的	基准分	-100分； -200分； -300分	1. 发生该情形的，扣100分，降低信用等级一级；情节较重的，扣200分，降低信用等级两级，纳入涉税服务失信名录；情节严重的，扣300分，降低信用等级三级，纳入涉税服务失信名录。 2. 该指标扣分不封顶。

续表

一级		二级		三级		积分类别	积分/扣分标准	积分/扣分规则说明
指标编码	指标名称	指标编码	指标名称	指标编码	指标名称			
06	服务质量（120分）	0602	遵守执业规范情况（100分）	060203	未按涉税专业服务相关业务规范执业，出具虚假意见的	基准分	-100分； -200分； -300分	1. 发生该情形的，扣100分，降低信用等级一级；情节较重的，扣200分，降低信用等级两级，纳入涉税服务失信名录；情节严重的，扣300分，降低信用等级三级，纳入涉税服务失信名录。 2. 该指标扣分不封顶。
				060204	采取隐瞒、欺诈、贿赂、串通、回扣等不正当竞争手段承揽业务，损害委托人或他人利益的	基准分	-100分； -200分； -300分	
				060205	利用服务之便，谋取不正当利益的	基准分	-100分； -200分； -300分	
				060206	以税务机关和税务人员的名义敲诈纳税人、扣缴义务人的	基准分	-100分； -200分； -300分	
				060207	向税务机关工作人员行贿或者指使、诱导委托人行贿的	基准分	-100分； -200分； -300分	
				060208	其他违反税收法律法规的行为	基准分	-100分； -200分； -300分	

续表

一级		二级		三级		积分类别	积分/扣分标准	积分/扣分规则说明
指标编码	指标名称	指标编码	指标名称	指标编码	指标名称			
07	业务信息质量(50分)	0701	按规定向税务机关报送涉税专业服务机构年度报告信息(30分)	070101	未按时报送年度报告信息	基准分	-10分/-30分; -100分; -200分	1. 逾期报送,扣10分。 2. 未报送,扣30分。 3. 经税务机关责令限期改正或予以约谈,逾期不改正的,扣100分,降低信用等级一级;情节严重的,扣200分,降低信用等级两级,纳入涉税服务失信名录。 4. 该指标扣分不封顶。
				070102	报送信息与实际不符的	基准分	-2分/处; -100分; -200分	1. 报送信息与实际不符的,每处扣2分。 2. 经税务机关责令限期改正或予以约谈,逾期不改正的,扣100分,降低信用等级一级;情节严重的,扣200分,降低信用等级两级,纳入涉税服务失信名录。 3. 该指标扣分不封顶。
		0702	单独报送一般税务咨询、其他涉税服务业务信息(20分)			直接加分	0.5分/份	1. 每报送一份加0.5分。 2. 该指标最高分为20分。
		0703	单独报送专业税务顾问、税收策划、涉税鉴证、纳税情况审查业务信息	070301	未按时报送四项业务信息	直接扣分	-10分/-20分; -25分/-50分; -100分; -200分	1. 存在逾期报送情形且逾期报送比例不超过50%的,扣10分;逾期报送比例超过50%的,扣20分。 2. 存在未报送情形且未报送比例不超过50%的,扣25分;未报送比例超过50%的,扣50分。 3. 业务完成时间以签署相关报告、意见或其他结论性文件时间为准。 4. 经税务机关责令限期改正或予以约谈,逾期不改正的,扣100分,降低信用等级一级;情节严重的,扣200分,降低信用等级两级,纳入涉税服务失信名录。 5. 该指标扣分不封顶。
				070302	报送信息与实际不符的	直接扣分	-4分/次; -100分; -200分	1. 报送信息与实际不符的,每次扣4分,最多扣40分。 2. 经税务机关责令限期改正或予以约谈,逾期不改正的,扣100分,降低信用等级一级;情节严重的,扣200分,降低信用等级两级,纳入涉税服务失信名录。 3. 该指标扣分不封顶。

续表

一级		二级		三级		积分类别	积分/扣分标准	积分/扣分规则说明
指标编码	指标名称	指标编码	指标名称	指标编码	指标名称			
08	行业自律(30 分)	0801	接受行业自律管理(25 分)			直接得分	25 分	税务师行业协会(代理人分会)或其他行业协会会员得 25 分。
		0802	受到行业惩戒情况	080201	训诫	直接扣分	-5 分/次	1. 同一个行为同时受到两种以上惩戒的,按照最严重的一档扣分。 2. 在评价周期内,扣分上限为 25 分。
				080202	通报批评	直接扣分	-10 分/次	
				080203	公开谴责	直接扣分	-15 分/次	
		0803	设立党组织情况(5 分)			直接加分	5 分	机构设立党组织的,加 5 分。
09	人员信用(20 分)	0901	从事涉税服务人员人均信用积分变动情况(20 分)			直接得分	从事涉税服务人员人均信用积分变动值/全省从事涉税服务人员人均信用积分变动值	1. 该指标分值 = 20 分 × 从事涉税服务人员人均信用积分变动值/全省从事涉税服务人员人均信用积分变动值 2. 从事涉税服务人员人均信用积分变动值 = (积分时点从事涉税服务人员信用积分之和 - 评价周期期初从事涉税服务人员信用积分之和)/评价周期期初至积分时点从事涉税服务人员总数 3. 评价周期内加入人员期初信用积分按加入时点信用积分计,评价周期内退出人员积分时点信用积分按退出时点信用积分计。 4. 全省从事涉税服务人员人均信用积分变动值 = 本省参与统计的所有涉税专业服务机构的从事涉税服务人员人均信用积分变动值之和/本省参与统计的所有涉税专业服务机构数量 5. 该指标最高分为 20 分,最低分为 0 分。

6－6－51

国家税务总局关于部分税务证明事项实行告知承诺制进一步优化纳税服务的公告

2021年6月30日 国家税务总局公告2021年第21号

为深入贯彻党中央、国务院关于持续开展“减证便民”行动重大决策部署，落实中办、国办印发的《关于进一步深化税收征管改革的意见》和国办印发的《关于全面推行证明事项和涉企经营许可事项告知承诺制的指导意见》，持续深化“放管服”改革，优化税收营商环境，根据2021年“我为纳税人缴费人办实事暨便民办税春风行动”安排，结合深入开展党史学习教育，国家税务总局决定对部分税务证明事项实行告知承诺制。现公告如下：

一、实行范围

自2021年7月1日起，在全国范围内对6项税务证明事项（见附件1）实行告知承诺制。

二、承诺方式

对实行告知承诺制的税务证明事项，纳税人可以自主选择是否适用告知承诺制办理。

选择适用告知承诺制办理的，税务机关以书面形式（含电子文本）将证明义务、证明内容、承诺方式以及不实承诺的法律责任一次性告知纳税人，纳税人书面承诺已经符合告知的相关要求并愿意承担不实承诺的法律责任，税务机关不再索要该事项需要的证明材料，并依据纳税人书面承诺办理相关税务事项。

纳税人不选择适用告知承诺制的，应当提供该事项需要的证明材料。

三、法律责任

纳税人对承诺的真实性承担法律责任。税务机关在事中核查时发现核查情况与纳税人承诺不一致的，应要求纳税人提供相关佐证材料后再予办理。对在事中事后核查或者日常监管中发现承诺不实的，税务机关依法责令限期改正、进行处理处罚，并按照有关规定作出虚假承诺行为认定；涉嫌犯罪的，依法移送司法机关追究刑事责任。

四、不适用告知承诺制的情形

对重大税收违法失信案件当事人不适用告知承诺制，重大税收违法失信案件当事人履行相关法定义务，经实施检查的税务机关确认，在公布期届满后可以适用告知承诺制；其他纳税人存在曾作出虚假承诺情形的，在纠正违法违规行为或者履行相关法定义务之前不适用告知承诺制。

五、工作要求

税务机关通过办税服务场所和官方网站等渠道公布实行告知承诺制的税务证明事项目录及告知承诺书格式文本（附件2），方便纳税人查阅、索取或下载。

各级税务机关要加强推行和落实税务证明事项告知承诺制的督促检查，对纳税人反映的制度执行不到位等突出问题进行重点检查。

六、本公告自2021年7月1日起施行。

特此公告。

附件：1. 实行告知承诺制的税务证明事项目录

2. 告知承诺书格式文本

附件1

实行告知承诺制的税务证明事项目录

序号	证明名称	证明用途
1	出生医学证明、户口簿、结婚证（已婚的提供）等家庭成员信息证明	1. 个人购买家庭唯一住房、第二套改善性住房，申报享受减征契税政策。 2. 棚户区被征收人首次购买改造安置住房，申报享受减征契税政策。
2	家庭住房情况书面查询结果	1. 个人购买家庭唯一住房、第二套改善性住房，申报享受减征契税政策。 2. 棚户区被征收人首次购买改造安置住房，申报享受减征契税政策。
3	县级以上人民政府教育行政主管部门或劳动行政主管部门批准并核发的办学许可证	企业事业组织、社会团体及其他社会组织和公民个人利用非国家财政性教育经费面向社会举办的教育机构，其承受土地、房屋权属用于教学的，申报享受免征契税政策。
4	分支机构审计报告	企业取得境外分支机构的营业利润所得，申报抵免境外所得税收。
5	企业在境外享受税收优惠政策的证明或有关审计报告	企业申报享受税收饶让抵免。
6	相关部门核准企业股权变更事项证明资料	纳税人办理非居民企业股权转让适用特殊性税务处理手续。

附件2

告知承诺书格式文本

税务证明事项告知承诺书

（适用于对申报享受减征契税政策需提供的“家庭成员信息证明”“家庭住房情况书面查询结果”实行告知承诺制）

一、税务机关告知事项

（一）证明义务及证明内容：个人购买家庭唯一住房、第二套改善性住房，以及棚户区被征收人首次购买改造安置住房，申报享受减征契税政策时，根据《中华人民共和国税收征收管理法》及其实施细则等法律法规规定，需提供出生医学证明、户口簿、结婚证（已婚的提供）等家庭成员信息证明，证明家庭成员情况。并根据纳税人申请或授权，由房地产主管部门出具家庭住房情况书面查询结果，证明纳税人家庭住房情况符合享受减征契税政策的条件。

（二）承诺方式：纳税人申报享受减征契税政策时，应申请或授权相关部门查询家庭成员信息和家庭住房情况，具备查询条件的，税务机关取得相关部门传递的信息；暂不具备查询条件的，纳税人签署《税务证明事项告知承诺书》，税务机关不再要求提供家庭成员信息证明、家庭住房情况书面查询结果。

(三)法律责任

纳税人实际情况与承诺内容不符的,将根据具体情形承担下列法律责任:

1. 造成少缴税款的,税务机关依法追征税款、加收滞纳金;

2. 涉嫌偷逃税款等违法行为的,由税务机关依法查处;

3. 对承诺不实的,税务机关依法处理处罚的同时,在处理处罚决定书等具有法律效力的税务文书中记载虚假承诺事实,以上述文书为依据,认定虚假承诺行为;

4. 涉嫌犯罪的,税务机关依法移送司法机关追究刑事责任。

二、纳税人承诺

本人______(身份证件类型:____________,证件号码:________________)就办理申报享受减征契税政策事项,作出以下承诺:

(一)(□对家庭成员情况进行承诺填写该项)本人家庭成员信息如下:

配偶姓名:__________________________　身份证件号码:__________________________

未成年子女1姓名:_________________　身份证件号码:__________________________

未成年子女2姓名:_________________　身份证件号码:__________________________

____

上述信息真实、准确。

(二)(□对家庭住房情况进行承诺填写该项)本人现购买位于______________________房产作为家庭住房,符合如下条件(请选择):

□个人购买家庭(成员范围包括购房人、配偶以及未成年子女,下同)唯一住房,面积为90平方米及以下;

□个人购买家庭唯一住房,面积为90平方米以上;

□个人购买家庭第二套改善性住房,面积为90平方米及以下;

□个人购买家庭第二套改善性住房,面积为90平方米以上;

□个人首次购买90平方米及以下改造安置住房;

□个人首次购买90平方米以上符合普通住房标准的改造安置住房。

上述信息真实、准确。

(三)已知晓本告知承诺书税务机关告知事项。

(四)愿意承担不实承诺的法律责任。

(五)上述承诺是本人真实意思表示。

纳税人:

年　月　日

(本承诺书一式两份,税务机关与纳税人各留存一份)

税务证明事项告知承诺书

（适用于对申报享受免征契税政策需提供的“办学许可证”实行告知承诺制）

一、税务机关告知事项

（一）证明义务及证明内容：纳税人利用非国家财政性教育经费面向社会举办的教育机构，其承受土地、房屋权属用于教学的，申报享受免征契税政策时，根据《中华人民共和国税收征收管理法》及其实施细则等法律法规规定，需提供县级以上人民政府教育行政主管部门或劳动行政主管部门批准并核发的办学许可证，证明纳税人具有社会力量办学资质。

（二）承诺方式：纳税人签署《税务证明事项告知承诺书》，承诺将在一定期限内（不超过6个月）取得办学许可证。税务机关依据纳税人承诺办理该业务，并要求纳税人在承诺的期限内补充提供办学许可证。

（三）法律责任

纳税人实际情况与承诺内容不符的，将根据具体情形承担下列法律责任：

1. 造成少缴税款的，税务机关依法追征税款、加收滞纳金；

2. 涉嫌偷逃税款等违法行为的，税务机关依法查处；

3. 对承诺不实的，税务机关依法处理处罚的同时，在处理处罚决定书等具有法律效力的税务文书中记载虚假承诺事实，以上述文书为依据，认定虚假承诺行为；

4. 涉嫌犯罪的，税务机关依法移送司法机关追究刑事责任。

二、纳税人承诺

本单位（个人）就办理申报享受免征契税政策事项，作出以下承诺：

（一）本单位（个人）____________（统一社会信用代码：____________/身份证件类型：________，证件号码：____________）将于______年____月____日（承诺之日起6个月内）前取得县级以上人民政府教育行政主管部门或劳动行政主管部门批准并核发的办学许可证，并提交税务机关。

（二）已知晓本告知承诺书税务机关告知事项。

（三）愿意承担不实承诺的法律责任。

（四）上述承诺是本单位（个人）真实意思表示。

纳税人：

（盖章）

年　月　日

（本承诺书一式两份，税务机关与纳税人各留存一份）

税务证明事项告知承诺书

(适用于对申报抵免境外所得税收需提供的"分支机构审计报告"实行告知承诺制)

一、税务机关告知事项

(一)证明义务及证明内容:纳税人取得境外分支机构的营业利润所得,在办理申报抵免境外所得税收时,根据《中华人民共和国企业所得税法》及其实施条例等法律法规规定,需提供具有资质的机构出具的有关分支机构审计报告,根据审计报告载明的有关情况,证明纳税人已准确申报境外税收抵免金额。

(二)承诺方式:纳税人签署《税务证明事项告知承诺书》,税务机关不再要求提供分支机构审计报告。

(三)法律责任

纳税人实际情况与承诺内容不符的,将根据具体情形承担下列法律责任:

1. 造成少缴税款的,税务机关依法追征税款、加收滞纳金;

2. 涉嫌偷逃税款等违法行为的,税务机关依法查处;

3. 对承诺不实的,税务机关依法处理处罚的同时,在处理处罚决定书等具有法律效力的税务文书中记载虚假承诺事实,以上述文书为依据,认定虚假承诺行为;

4. 涉嫌犯罪的,税务机关依法移送司法机关追究刑事责任。

二、纳税人承诺

本单位就办理申报抵免境外所得税收事项,作出以下承诺:

(一)本单位____________(统一社会信用代码:____________)申报境外税收抵免金额________元(人民币),该金额真实、准确。有关审计报告自行留存,以备税务机关后续核查。

(二)已知晓本告知承诺书税务机关告知事项。

(三)愿意承担不实承诺的法律责任。

(四)上述承诺是本单位真实意思表示。

纳税人:

(盖章)

年 月 日

(本承诺书一式两份,税务机关与纳税人各留存一份)

税务证明事项告知承诺书

（适用于对申报享受税收饶让抵免需提供的“企业在境外享受税收优惠政策的证明或有关审计报告”实行告知承诺制）

一、税务机关告知事项

（一）证明义务及证明内容：纳税人申报享受税收饶让抵免时，根据《中华人民共和国企业所得税法》及其实施条例等法律法规规定，需提供本企业及其直接或间接控制的外国企业在境外所获免税及减税的证明或披露企业在境外享受税收优惠政策的有关审计报告，根据上述材料载明的本企业及其直接或间接控制的外国企业在境外享受税收优惠政策的情况，证明纳税人已准确申报境外税收抵免金额。

（二）承诺方式：纳税人签署《税务证明事项告知承诺书》，税务机关不再要求提供企业及其直接或间接控制的外国企业在境外所获免税及减税的证明或披露企业在境外享受税收优惠政策的有关审计报告。

（三）法律责任

纳税人实际情况与承诺内容不符的，将根据具体情形承担下列法律责任：

1. 造成少缴税款的，税务机关依法追征税款、加收滞纳金；

2. 涉嫌偷逃税款等违法行为的，税务机关依法查处；

3. 对承诺不实的，税务机关依法处理处罚的同时，在处理处罚决定书等具有法律效力的税务文书中记载虚假承诺事实，以上述文书为依据，认定虚假承诺行为；

4. 涉嫌犯罪的，税务机关依法移送司法机关追究刑事责任。

二、纳税人承诺

本单位就办理申报享受税收饶让抵免事项，作出以下承诺：

（一）本单位________________（统一社会信用代码：________________）申报境外税收抵免金额________元（人民币），该金额真实、准确。有关证明或审计报告自行留存，以备税务机关后续核查。

（二）已知晓本告知承诺书税务机关告知事项。

（三）愿意承担不实承诺的法律责任。

（四）上述承诺是本单位真实意思表示。

纳税人：

（盖章）

年　月　日

（本承诺书一式两份，税务机关与纳税人各留存一份）

税务证明事项告知承诺书

（适用于对办理非居民企业股权转让适用特殊性税务处理手续需提供的
“相关部门核准企业股权变更事项证明资料”实行告知承诺制）

一、税务机关告知事项

（一）证明义务及证明内容：纳税人办理非居民企业股权转让适用特殊性税务处理手续时，根据《中华人民共和国企业所得税法》及其实施条例等法律法规规定，需向主管税务机关提供相关部门核准企业股权变更事项证明资料，证明非居民企业股权转让中涉及的股权变更事项，以及该变更事项已由市场监管等相关部门核准。

（二）承诺方式：纳税人签署《税务证明事项告知承诺书》，税务机关不再要求提供相关部门核准企业股权变更事项证明资料。

（三）法律责任

纳税人实际情况与承诺内容不符的，将根据具体情形承担下列法律责任：

1. 造成少缴税款的，税务机关依法追征税款、加收滞纳金；

2. 涉嫌偷逃税款等违法行为的，税务机关依法查处；

3. 对承诺不实的，税务机关依法处理处罚的同时，在处理处罚决定书等具有法律效力的税务文书中记载虚假承诺事实，以上述文书为依据，认定虚假承诺行为；

4. 涉嫌犯罪的，税务机关依法移送司法机关追究刑事责任。

二、纳税人承诺

本单位就办理非居民企业股权转让适用特殊性税务处理事项，作出以下承诺：

（一）本单位________________（统一社会信用代码：________________）于______年____月____日完成股权变更，股权转让标的________________，金额________，受让方为________________。该变更事项已由市场监管等相关部门核准。以上信息真实、准确。

（二）已知晓本告知承诺书税务机关告知事项。

（三）愿意承担不实承诺的法律责任。

（四）上述承诺是本单位真实意思表示。

纳税人：

（盖章）

年　月　日

（本承诺书一式两份，税务机关与纳税人各留存一份）

6－6－52

国家税务总局关于纳税信用评价与修复有关事项的公告

2021年11月15日　国家税务总局公告2021年第31号

为贯彻落实中办、国办印发的《关于进一步深化税收征管改革的意见》，深入开展2021年“我为纳税人缴费人办实事暨便民办税春风行动”，推进税务领域“放管服”改革，优化税收营商环境，引导纳税人及时纠正违规失信行为、消除不良影响，根据《国务院办公厅关于进一步完善失信约束制度　构建诚信建设长效机制的指导意见》（国办发〔2020〕49号）等文件要求，现就纳税信用评价与修复有关事项公告如下：

一、符合下列条件之一的纳税人，可向主管税务机关申请纳税信用修复：

（一）破产企业或其管理人在重整或和解程序中，已依法缴纳税款、滞纳金、罚款，并纠正相关纳税信用失信行为的。

（二）因确定为重大税收违法失信主体，纳税信用直接判为D级的纳税人，失信主体信息已按照国家税务总局相关规定不予公布或停止公布，申请前连续12个月没有新增纳税信用失信行为记录的。

（三）由纳税信用D级纳税人的直接责任人员注册登记或者负责经营，纳税信用关联评价为D级的纳税人，申请前连续6个月没有新增纳税信用失信行为记录的。

（四）因其他失信行为纳税信用直接判为D级的纳税人，已纠正纳税信用失信行为、履行税收法律责任，申请前连续12个月没有新增纳税信用失信行为记录的。

（五）因上一年度纳税信用直接判为D级，本年度纳税信用保留为D级的纳税人，已纠正纳税信用失信行为、履行税收法律责任或失信主体信息已按照国家税务总局相关规定不予公布或停止公布，申请前连续12个月没有新增纳税信用失信行为记录的。

二、符合《国家税务总局关于纳税信用修复有关事项的公告》（2019年第37号）所列条件的纳税人，其纳税信用级别及失信行为的修复仍从其规定。

三、符合本公告所列条件的纳税人，可填写《纳税信用修复申请表》（附件1），对当前的纳税信用评价结果向主管税务机关申请纳税信用修复。税务机关核实纳税人纳税信用状况，按照《纳税信用修复范围及标准》（附件2）调整相应纳税信用评价指标状态，根据纳税信用评价相关规定，重新评价纳税人的纳税信用级别。

申请破产重整企业纳税信用修复的，应同步提供人民法院批准的重整计划或认可的和解协议，其破产重整前发生的相关失信行为，可按照《纳税信用修复范围及标准》中破产重整企业适用的修复标准开展修复。

四、自2021年度纳税信用评价起，税务机关按照“首违不罚”相关规定对纳税人不予行政处罚的，相关记录不纳入纳税信用评价。

五、本公告自2022年1月1日起施行。《国家税务总局关于明确纳税信用管理若干业务口径的公告》(2015 年第 85 号,2018 年第 31 号修改)第六条第(十)项、《国家税务总局关于纳税信用修复有关事项的公告》(2019 年第 37 号)所附《纳税信用修复申请表》《纳税信用修复范围及标准》同时废止。

特此公告。

附件:1. 纳税信用修复申请表

2. 纳税信用修复范围及标准

附件 1

纳税信用修复申请表

纳税人识别号 (统一社会信用代码)			
纳税人名称			
经办人		联系电话	
评价年度		评价结果	
具体原因			
□1. 未按法定期限办理纳税申报、税款缴纳、资料备案等事项且已补办 其中,涉及以下指标的,请填写纠正日期及说明: □010304. 从事进料加工业务的生产企业,未按规定期限办理进料加工登记、申报、核销手续的;纠正日期及说明:__________ □010502. 使用计算机记账,未在使用前将会计电算化系统的会计核算软件、使用说明书及有关资料报送主管税务机关备案的;纠正日期及说明:__________ □010503. 纳税人与其关联企业之间的业务往来应向税务机关提供有关价格、费用标准信息而未提供的;纠正日期及说明:__________ □010504. 未按规定(期限)提供其他涉税资料的;纠正日期及说明:__________ □020302. 未履行扣缴义务,应扣未扣,应收不收税款;纠正日期及说明:__________ □2. 未按税务机关处理结论缴纳或者足额缴纳税款、滞纳金和罚款 ○在处理结论的期限期满后 60 日内足额补缴 ○在处理结论的期限期满后 60 日内足额补缴,在被直接判为 D 级的次年年底之后提出修复申请且申请前连续 12 个月没有新增纳税信用失信行为记录 ○在处理结论的期限期满 60 日后足额补缴,连续 12 个月没有新增纳税信用失信行为记录 □3. 履行相应法律义务由税务机关依法解除非正常状态 ○在被直接判为 D 级的次年年底前提出修复申请 ○在被直接判为 D 级的次年年底之后提出修复申请且申请前连续 12 个月没有新增纳税信用失信行为记录 □4. 确定为重大税收违法失信主体,失信主体信息已按照国家税务总局相关规定不予公布或停止公布,连续 12 个月没有新增纳税信用失信行为记录 □5. 由纳税信用 D 级纳税人或非正常户的直接责任人员注册登记或负责经营,纳税信用关联为 D 级 ○D 级纳税人或非正常户经修复后不再为 D 级 ○D 级纳税人的关联企业连续 6 个月没有新增纳税信用失信行为记录 □6. 因其他失信行为纳税信用直接判为 D 级,已纠正纳税信用失信行为、履行税收法律责任,连续 12 个月没有新增纳税信用失信行为记录 □7. 纳税信用保留为 D 级,已纠正纳税信用失信行为、履行税收法律责任或失信主体信息已按照国家税务总局相关规定不予公布或停止公布,连续 12 个月没有新增纳税信用失信行为记录 □8. 破产重整企业已依法缴纳税款、滞纳金、罚款,并纠正相关纳税信用失信行为			
谨承诺:1. 对申请修复年度纳税信用评价结果无异议,且已对失信行为进行纠正; 2. 所填写的内容和提交的相关材料真实、有效; 3. 违背承诺自愿接受惩戒,并承担相应责任。			

续表

经办人签章： 法定代表人签字： 纳税人印章：	受理人： 受理日期：　年　月　日 主管税务机关印章：

备注：1. 主管税务机关自受理纳税信用修复申请之日起15个工作日内完成审核，并向纳税人反馈信用修复结果；
2. 本表一式两份，主管税务机关和纳税人各留存一份。

附件2

纳税信用修复范围及标准

序号	指标名称	指标代码	扣分分值	修复加分分值		
				30日内纠正	30日后本年纠正	30日后次年纠正
1	未按规定期限纳税申报※	010101	5分	涉及税款1000元以下的加5分，其他的加4分	2分	1分
2	未按规定期限代扣代缴※	010102	5分	涉及税款1000元以下的加5分，其他的加4分	2分	1分
3	未按规定期限填报财务报表※	010103	3分	2.4分	1.2分	0.6分
4	从事进料加工业务的生产企业，未按规定期限办理进料加工登记、申报、核销手续的※	010304	3分	2.4分	1.2分	0.6分
5	未按规定时限报送财务会计制度或财务处理办法※	010501	3分	2.4分	1.2分	0.6分
6	使用计算机记账，未在使用前将会计电算化系统的会计核算软件、使用说明书及有关资料报送主管税务机关备案的※	010502	3分	2.4分	1.2分	0.6分
7	纳税人与其关联企业之间的业务往来应向税务机关提供有关价格、费用标准信息而未提供的※	010503	3分	2.4分	1.2分	0.6分
8	未按规定（期限）提供其他涉税资料的※	010504	3分	2.4分	1.2分	0.6分
9	未在规定时限内向主管税务机关报告开立（变更）账号的※	010505	5分	4分	2分	1分
10	未按规定期限缴纳已申报或批准延期申报的应纳税（费）款※	020101	5分	涉及税款1000元以下的加5分，其他的加4分	2分	1分
11	至评定期末，已办理纳税申报后纳税人未在税款缴纳期限内缴纳税款或经批准延期缴纳的税款期限已满，纳税人未在税款缴纳期限内缴纳的税款在5万元以上（含5万元）的※	020201	11分	8.8分	4.4分	2.2分
12	至评定期末，已办理纳税申报后纳税人未在税款缴纳期限内缴纳税款或经批准延期缴纳的税款期限已满，纳税人未在税款缴纳期限内缴纳的税款在5万元以下的※	020202	3分	涉及税款1000元以下的加3分，其他的加2.4分	1.2分	0.6分

续表

序号	指标名称	指标代码	扣分分值	修复加分分值		
				30 日内纠正	30 日后本年纠正	30 日后次年纠正
13	已代扣代收税款,未按规定解缴的※	020301	11 分	涉及税款 1000 元以下的加 11 分,其他的加 8.8 分	4.4 分	2.2 分
14	未履行扣缴义务,应扣未扣,应收不收税款※	020302	3 分	涉及税款 1000 元以下的加 3 分,其他的加 2.4 分	1.2 分	0.6 分
15	银行账户设置数大于纳税人向税务机关提供数※	—	11 分	8.8 分	4.4 分	2.2 分

序号	指标名称	指标代码	扣分分值	修复标准
16	有非正常户记录的纳税人※	040103	直接判 D	履行相应法律义务并由税务机关依法解除非正常户状态,在被直接判为 D 级的次年年底前提出修复申请的,税务机关依据纳税人申请重新评价纳税信用级别,但不得评价为 A 级。
				履行相应法律义务并由税务机关依法解除非正常户状态,在被直接判为 D 级的次年年底之后提出修复申请且申请前连续 12 个月没有新增纳税信用失信行为记录的,税务机关依据纳税人申请重新评价纳税信用级别,但不得评价为 A 级。
17	非正常户直接责任人员注册登记或负责经营的其他纳税户	040104	直接判 D	非正常户纳税人修复后纳税信用级别不为 D 级的,税务机关依据纳税人申请重新评价纳税信用级别。
18	D 级纳税人的直接责任人员注册登记或负责经营的其他纳税户	040105	直接判 D	D 级纳税人修复后纳税信用级别不为 D 级的,税务机关依据纳税人申请重新评价纳税信用级别。
				D 级纳税人未申请修复或修复后纳税信用级别仍为 D 级,被关联纳税人申请前连续 6 个月没有新增纳税信用失信行为记录的,税务机关依据纳税人申请重新评价纳税信用级别。
19	在规定期限内未补交或足额补缴税款、滞纳金和罚款※	050107	直接判 D	在税务机关处理结论明确的期限期满后 60 日内足额补缴(构成犯罪的除外),在被直接判为 D 级的次年年底之前提出修复申请的,税务机关依据纳税人申请重新评价纳税信用级别,但不得评价为 A 级。
				在税务机关处理结论明确的期限期满后 60 日内足额补缴(构成犯罪的除外),在被直接判为 D 级的次年年底之后提出修复申请且申请前连续 12 个月没有新增纳税信用失信行为记录的,税务机关依据纳税人申请重新评价纳税信用级别,但不得评价为 A 级。
				在税务机关处理结论明确的期限期满 60 日后足额补缴(构成犯罪的除外),申请前连续 12 个月没有新增纳税信用失信行为记录的,税务机关依据纳税人申请重新评价纳税信用级别,但不得评价为 A 级。
20	确定为重大税收违法失信主体※	—	直接判 D	重大税收违法失信主体信息已不予公布或停止公布,申请前连续 12 个月没有新增纳税信用失信行为记录的,税务机关依据纳税人申请重新评价纳税信用级别,但不得评价为 A 级。

续表

序号	指标名称	指标代码	扣分分值	修复标准
21	其他严重失信行为※	010401至010413	直接判D	已纠正纳税信用失信行为、履行税收法律责任,申请前连续12个月没有新增纳税信用失信行为记录的,税务机关依据纳税人申请重新评价纳税信用级别,但不得评价为A级。
		030110至030115	直接判D	
		060101 060102 060103 060201 060202	直接判D	
22	因上一年度纳税信用直接判为D级,本年度纳税信用保留为D级※	—	直接判D	已纠正纳税信用失信行为、履行税收法律责任或重大税收违法失信主体信息已不予公布或停止公布,申请前连续12个月没有新增纳税信用失信行为记录的,税务机关依据纳税人申请重新评价纳税信用级别,但不得评价为A级。

备注:1. 30日内纠正,即在失信行为被税务机关列入失信记录后30日内(含30日)纠正失信行为;30日后本年纠正,即在失信行为被税务机关列入失信记录后超过30日且在当年年底前纠正失信行为;30日后次年纠正,即在失信行为被税务机关列入失信记录后超过30日且在次年年底前纠正失信行为。

2. 带※内容,是指符合修复条件的破产重整企业或其管理人申请纳税信用修复时,扣分指标修复标准视同30日内纠正,直接判D指标修复标准不受申请前连续12个月没有新增纳税信用失信行为记录的条件限制。

6-6-53

国家税务总局关于开展2023年“便民办税春风行动”的意见

2023年1月1日　税总纳服发〔2023〕1号

国家税务总局各省、自治区、直辖市和计划单列市税务局,国家税务总局驻各地特派员办事处,局内各单位:

为深入学习贯彻党的二十大精神,认真落实中央经济工作会议部署,持续抓好中办、国办印发的《关于进一步深化税收征管改革的意见》落实,税务总局决定,2023年以“办好惠民事·服务现代化”为主题,连续第10年开展“便民办税春风行动”(以下简称“春风行动”),先行推出第一批17条便民办税缴费措施,后续还将分批推出若干接续措施,不断提升纳税人缴费人获得感和满意度,更好服务中国式现代化,为全面建设社会主义现代化国家开好局起好步贡献税务力量。

一、总体要求

以习近平新时代中国特色社会主义思想为指导,深入学习贯彻落实党的二十大精神,聚焦落实党中央、国务院决策部署,聚焦落实深化“放管服”改革优化营商环境,紧紧围绕纳税人缴费人急难愁盼问题,坚持人民至上,坚持守正创新,坚持问题导向,坚持系统观念,深入开展“春风行动”,打连发、呈递进,分批接续推出系列改革创新举措,持续推动诉求响应提质、政策落实提效、精细服务提档、智能办税提速、精简流程提级、规范执法提升,为激发市场主体活力、维护法治公平税收环境、推动高质量发展贡献力量,以税收现代化的深入推进,更好服务中国式现代化。

二、行动内容

第一批17条便民办税缴费措施包括以下六个方面:

(一)诉求响应提质。组织开展全国纳税人缴费人需求征集,积极响应合理诉求,解决纳税人缴费人急难愁盼问题,改进提升税费服务工作。深入开展“税直达”试点,根据纳税人缴费人行为习惯不断优化服务策略,探索推出相关服务产品,有效改善纳税人缴费人服务体验。

(二)政策落实提效。加强企业所得税优惠政策宣传辅导,创新政策服务与管理方式,帮助纳税人充分享受政策红利。拓宽个人所得税汇算清缴优先退税人员范围,进一步提升纳税人获得感。深入开展第32个全国税收宣传月活动,积极向纳税人缴费人宣传辅导相关便民办税政策措施。

(三)精细服务提档。发挥税收大数据作用,持续运用“全国纳税人供应链查询”功能,积极为企业牵线搭桥,助力企业复工复产。探索为自然人优先提供智能应答服务,不断提高智能咨询服务水平。结合数字化电子发票推广,开展技术与应用可视答疑试点,为纳税人提供更加直观、准确、高效的咨询服务。

(四)智能办税提速。建立健全全国统一税务可信身份账户体系,方便纳税人通过多种渠道办理业务。支持纳税人在境外通过网上申报等方式,依托财税库银横向联网系统与人民币跨境支付机制,直接使用人民币跨境缴纳税款。在数字人民币试点地区,推动实现数字人民币缴纳税费,丰富数字人民币应用场景,满足纳税人缴费人多元化税费缴纳需求。

(五)精简流程提级。加强登记业务协同,简化变更登记操作流程,纳税人在市场监管部门依法办理变更登记后,无需向税务机关报告登记变更信息,税务机关根据市场监管部门共享的变更登记信息自动同步予以变更。为个人所得税扣缴义务人注销前申请当年度手续费退付提供便利。开发上线个人养老金扣除填报功能,为试点城市纳税人填报享受个人养老金个人所得税税前扣除提供便利。推进全国车船税缴纳信息联网查询与核验,便利纳税人异地办理保险及缴税。

(六)规范执法提升。优化企业所得税政策风险提示服务,帮助纳税人更好办理企业所得税汇算清缴。探索优化新设立纳税人纳税信用复评机制,纳入纳税信用管理时间不满一个评价年度但已满12个月的纳税人可在2023年3月或9月提出纳税信用复评申请;税务机关于4月或10月依据其近12个月的纳税信用状况,确定其纳税信用评价结果,并提供自我查询服务。

三、工作要求

(一)加强组织领导。开展“春风行动”是税务部门贯彻落实党的二十大精神和中央经济工作会议精神的具体举措,是不断提升纳税人缴费人获得感的内在要求。各级税务机关要始终把坚持党的全面领导贯穿到“春风行动”推进落实的全过程,坚持以人民为中心的发展思想，充分调动广大干部的积极性主动性创造性，有效激励党员干部担当作为，努力在提升办税缴费便利化水平等方面取得新突破。

（二）狠抓工作落实。各级税务机关要全面把握连续第10年开展“春风行动”的重要意义，坚持对标对表，推动各项措施及时出台；税务总局相关司局要切实发挥职能作用，加强工作指导和督促，及时解决落实中的重大问题，促进各地交流互鉴；各地税务机关要加强沟通协作，细化重点任务，确保“春风行动”措施落实见效。

（三）积极探索创新。充分发挥基层的创造性，鼓励各地税务机关在落实过程中探索创新，通过开展“春风行动”，着力解决纳税人缴费人急难愁盼问题。对实践证明行之有效、企业和群众高度认可的改革措施及时进行总结提炼，积极为全国税务系统积累更多可复制可推广经验。

（四）营造良好氛围。各级税务机关结合“春风行动”开展成效，主动开展多种形式的宣传报道，加大对“春风行动”成功经验、有效做法的宣介力度，为进一步推进税收现代化，更好服务中国式现代化营造良好社会氛围。

附件：2023年第一批“便民办税春风行动”工作任务安排表

附件

2023年第一批“便民办税春风行动”工作任务安排表

序号	类	具体措施
1	诉求响应提质	组织开展全国纳税人缴费人需求征集，积极响应合理诉求，解决纳税人缴费人急难愁盼问题，改进提升税费服务工作。
2		深入开展“税直达”试点，根据纳税人缴费人行为习惯不断优化服务策略，探索推出相关服务产品，有效改善纳税人缴费人服务体验。
3	政策落实提效	加强企业所得税优惠政策宣传辅导，创新政策服务与管理方式，帮助纳税人充分享受政策红利。
4		拓宽个人所得税汇算清缴优先退税人员范围，进一步提升纳税人获得感。
5		深入开展第32个全国税收宣传月活动，积极向纳税人缴费人宣传辅导相关便民办税政策措施。
6	精细服务提档	发挥税收大数据作用，持续运用“全国纳税人供应链查询”功能，积极为企业牵线搭桥，助力企业复工复产。
7		探索为自然人优先提供智能应答服务，不断提高智能咨询服务水平。
8		结合数字化电子发票推广，开展技术与应用可视答疑试点，为纳税人提供更加直观、准确、高效的咨询服务。
9	智能办税提速	建立健全全国统一税务可信身份账户体系，方便纳税人通过多种渠道办理业务。
10		支持纳税人在境外通过网上申报等方式，依托财税库银横向联网系统与人民币跨境支付机制，直接使用人民币跨境缴纳税款。
11		在数字人民币试点地区，推动实现数字人民币缴纳税费，丰富数字人民币应用场景，满足纳税人缴费人多元化税费缴纳需求。

续表

序号	类	具体措施
12	精简流程提级	为个人所得税扣缴义务人注销前申请当年度手续费退付提供便利。
13		加强登记业务协同,简化变更登记操作流程,纳税人在市场监管部门依法办理变更登记后,无需向税务机关报告登记变更信息,税务机关根据市场监管部门共享的变更登记信息自动同步予以变更。
14		开发上线个人养老金扣除填报功能,为试点城市纳税人填报享受个人养老金个人所得税税前扣除提供便利。
15		推进全国车船税缴纳信息联网查询与核验,便利纳税人异地办理保险及缴税。
16	规范执法提升	优化企业所得税政策风险提示服务,帮助纳税人更好办理企业所得税汇算清缴。
17		探索优化新设立纳税人纳税信用复评机制。纳入纳税信用管理时间不满一个评价年度但已满12个月的纳税人可在2023年3月或9月提出纳税信用复评申请。税务机关于4月或10月依据其近12个月的纳税信用状况,确定其纳税信用评价结果,并提供自我查询服务。

6－6－54

国家税务总局关于接续推出2023年“便民办税春风行动”第二批措施的通知

2023年2月20日　税总纳服函〔2023〕13号

国家税务总局各省、自治区、直辖市和计划单列市税务局,国家税务总局驻各地特派员办事处,局内各单位:

为深入学习贯彻党的二十大精神,认真落实中央经济工作会议部署,按照《国家税务总局关于开展2023年“便民办税春风行动”的意见》(税总纳服发〔2023〕1号)安排,税务总局结合纳税人缴费人新需求,推出第二批25条便民办税缴费接续措施,持续为激发市场主体活力、维护法治公平税收环境、推动高质量发展贡献力量。现通知如下:

一、诉求响应提质。坚持和发展新时代“枫桥经验”,通过设立调解室、成立专门团队等,畅通纳税人缴费人诉求表达、权益保障通道,充分发挥调解作用,推进税收争议化解在基层、化解于萌芽。持续发挥纳税缴费服务投诉分析改进机制作用,进一步优化办税缴费服务。按照“数据＋规则”理念,聚焦纳税人缴费人需求,通过多种渠道开展更具针对性的税费优惠政策推送,不断提高政策精准推送质效。进一步优化自然人税收管理系统提示提醒等功能,为自然人纳税人提供精准导引服务。开展自然人税收管理系统用户体验评估,完善相关办税功能,提升自然人办税体验。

二、政策落实提效。优化完善税务总局官网税收政策法规库,进一步方便社会公众查询知晓税收政策。进一步通过大众媒体加强税费政策宣传,在报、网、端、微、屏广泛开展政策解读,强化政策送达的时效性、精准性,促进市场主体知政策、会操作、能享受。围绕新出台税费政策解读、操作指南等,及时制作图解、动漫、短视频等公众喜闻乐见的新媒体解读产品,依托微信、微博、抖音等平台组织开展网络接龙活动,提升政策知晓度和送达率。借助线上渠道，适时向大企业推送行业性税收政策，开展政策宣传，助力大企业精准适用政策。开展“税务青年助企惠民志愿行动”，组织广大税务青年以志愿服务的方式，为纳税人缴费人提供更为细致更有温度的服务，促进各项税费政策更加精准有效落地。

三、精细服务提档。推动相关区域进一步规范涵盖申报、发票、登记、账证、征收、检查等类别的税务行政处罚裁量基准，加强区域执法协同，推进税收征管和服务一体化，更好服务国家区域协调发展战略。抓好首批在全国复制推广的营商环境创新试点涉税改革举措落地，激发市场主体活力，服务高质量发展。结合数字化电子发票推广和新电子税务局建设，上线推广征纳互动服务，进一步提升服务质效。按照国务院有关部门部署，组织开展助力中小企业发展主题服务月活动，更好服务小微市场主体。深化税务与银保监部门“银税互动”数据直连试点，更加安全高效地助力小微企业缓解融资难融资贵问题。

四、智能办税提速。依托各地政务服务平台，持续推行社会保险经办和缴费业务线上“一网通办”。进一步优化自然人税收管理系统税务端功能，不断提升数字化、智能化水平，提升自然人纳税人办税便捷度。进一步扩大全国跨省异地电子缴税推广成果，会同国库部门推动更多商业银行优化完善系统功能，支持跨省资金清算，为跨省经营纳税人提供更加便利化的缴税方式，实现足不出户即可跨省缴税。

五、精简流程提级。优化电子税务局印花税申报，探索实现“一键零申报”，优化纳税人纳税申报体验。简化印花税申报流程，对银行、保险、烟草行业相同税目的应税合同探索实行合并申报并留存备查。推进土地出让类、电力能源类非税收入缴费指引在部分省局试点并适时修订完善后逐步推广，为缴费人提供便捷、高效、规范的缴费服务。推进职业伤害保障制度试点工作，优化征管流程，提升缴费服务。增加电力能源类非税收入汇算清缴相关系统功能，方便缴费人线上办理汇算清缴业务。

六、规范执法提升。对一般纳税人登记等领域的部分业务事项运用说服教育、提示提醒等非强制性执法方式，推动税务执法理念和方式手段变革，提升严格规范公正文明执法水平，维护纳税人缴费人合法权益。加强重大税收违法失信主体信息动态管理，积极开展信用修复工作，引导市场主体规范健康发展。

各级税务机关要切实加强组织领导，聚焦纳税人缴费人急难愁盼问题，结合工作实际，抓好便民办税缴费措施实施，推动各项措施及时落地见效，确保连续第10年开展的“便民办税春风行动”开局起势、持续深化，不断提升纳税人缴费人的获得感和满意度。

附件：2023年“便民办税春风行动”第二批接续措施工作任务安排表

附件

2023年"便民办税春风行动"第二批接续措施工作任务安排表

序号	类	具体措施
1	诉求响应提质	坚持和发展新时代"枫桥经验",通过设立调解室、成立专门团队等,畅通纳税人缴费人诉求表达、权益保障通道,充分发挥调解作用,推进税收争议化解在基层、化解于萌芽。
2		持续发挥纳税缴费服务投诉分析改进机制作用,进一步优化办税缴费服务。
3		按照"数据+规则"理念,聚焦纳税人缴费人需求,通过多种渠道开展更具针对性的税费优惠政策推送,不断提高政策精准推送质效。
4		进一步优化自然人税收管理系统提示提醒等功能,为自然人纳税人提供精准导引服务。
5		开展自然人税收管理系统用户体验评估,完善相关办税功能,提升自然人办税体验。
6	政策落实提效	优化完善税务总局官网税收政策法规库,进一步方便社会公众查询知晓税收政策。
7		进一步通过大众媒体加强税费政策宣传,在报、网、端、微、屏广泛开展政策解读,强化政策送达的时效性、精准性,促进市场主体知政策、会操作、能享受。
8		围绕新出台税费政策解读、操作指南等,及时制作图解、动漫、短视频等公众喜闻乐见的新媒体解读产品,依托微信、微博、抖音等平台组织开展网络接龙活动,提升政策知晓度和送达率。
9		借助线上渠道,适时向大企业推送行业性税收政策,开展政策宣传,助力大企业精准适用政策。
10		开展"税务青年助企惠民志愿行动",组织广大税务青年以志愿服务的方式,为纳税人缴费人提供更为细致更有温度的服务,促进各项税费政策更加精准有效落地。
11	精细服务提档	推动相关区域进一步规范涵盖申报、发票、登记、账证、征收、检查等类别的税务行政处罚裁量基准,加强区域执法协同,推进税收征管和服务一体化,更好服务国家区域协调发展战略。
12		抓好首批在全国复制推广的营商环境创新试点涉税改革举措落地,激发市场主体活力,服务高质量发展。
13		结合数字化电子发票推广和新电子税务局建设,上线推广征纳互动服务,进一步提升服务质效。
14		按照国务院有关部门部署,组织开展助力中小企业发展主题服务月活动,更好服务小微市场主体。
15		深化税务与银保监部门"银税互动"数据直连试点,更加安全高效地助力小微企业缓解融资难融资贵问题。
16	智能办税提速	依托各地政务服务平台,持续推行社会保险经办和缴费业务线上"一网通办"。
17		进一步优化自然人税收管理系统税务端功能,不断提升数字化、智能化水平,提升自然人纳税人办税便捷度。
18		进一步扩大全国跨省异地电子缴税推广成果,会同国库部门推动更多商业银行优化完善系统功能,支持跨省资金清算,为跨省经营纳税人提供更加便利化的缴税方式,实现足不出户即可跨省缴税。
19	精简流程提级	优化电子税务局印花税申报,探索实现"一键零申报",优化纳税人纳税申报体验。
20		简化印花税申报流程,对银行、保险、烟草行业相同税目的应税合同探索实行合并申报并留存备查。
21		推进土地出让类、电力能源类非税收入缴费指引在部分省局试点并适时修订完善后逐步推广,为缴费人提供便捷、高效、规范的缴费服务。
22		推进职业伤害保障制度试点工作,优化征管流程,提升缴费服务。
23		增加电力能源类非税收入汇算清缴相关系统功能,方便缴费人线上办理汇算清缴业务。

续表

序号	类	具体措施
24	规范执法提升	对一般纳税人登记等领域的部分业务事项运用说服教育、提示提醒等非强制性执法方式，推动税务执法理念和方式手段变革，提升严格规范公正文明执法水平，维护纳税人缴费人合法权益。
25		加强重大税收违法失信主体信息动态管理，积极开展信用修复工作，引导市场主体规范健康发展。

6－6－55

国家税务总局关于落实落细税费优惠政策推出“便民办税春风行动”第三批措施的通知

2023年4月4日　税总纳服函〔2023〕38号

国家税务总局各省、自治区、直辖市和计划单列市税务局，国家税务总局驻各地特派员办事处，局内各单位：

为深入学习贯彻党的二十大精神，认真落实中央经济工作会议、全国两会和国务院常务会议部署，不折不扣执行延续和优化的税费优惠政策，税务总局推出“便民办税春风行动”第三批20条措施，确保各项税费政策及时落实落细、落准落稳，提振市场信心，稳定市场预期，推动经济运行持续整体好转，积极助力高质量发展。现通知如下：

一、政策落实提速

1. 健全完善统一税费政策口径工作机制，持续发布有关政策即问即答口径，提高税费政策确定性和执行一致性，为各项税费政策落地落细提供保障。

2. 系统梳理各项税费优惠政策，制定通俗易懂、简洁明了的分主题政策清单，针对税费优惠政策的适用主体，向纳税人缴费人分类推送相关税费优惠政策，努力实现“政策找人”“送政策上门”。

3. 结合第32个全国税收宣传月活动，广泛利用新闻宣传和网络媒介加强政策宣介，开展针对性宣传辅导，帮助纳税人缴费人准确掌握和及时适用各项税费优惠政策。

4. 对今年出台的各项税费优惠政策，做好跟踪评估，深入分析政策执行效果，及时发现存在问题，适时研提优化完善建议。

5. 深入开展减税降费红利账单推送并进一步扩大推送范围，优化推送模式，提升红利账单信息化核验水平，拓展推送渠道，提升纳税人缴费人减税降费获得感。

二、重点服务提档

6. 认真落实《促进个体工商户发展条例》，通过加强信息共享，进一步优化个体工商户经营者变更操作流程，充分释放个体工商户税费优惠政策红利。

7. 组织税务系统开展全国个体工商户服务月活动，采取针对性措施帮助个体工商户知政策、会操作、能享受，持续为个体工商户纾困解难、优化经营环境。

8. 联合全国工商联深入开展"春雨润苗"专项行动，让各项税费优惠政策和创新服务举措及时惠及小微企业，持续助力小微企业健康发展。

9. 确保2023年全年一类、二类出口企业正常出口退(免)税的平均办理时间保持在3个工作日之内，进一步激发出口企业活力，支持外贸平稳发展。

10. 制定研发费用加计扣除政策指引，结合优惠政策享受情况，开展全方位宣传辅导，帮助企业充分享受政策红利，促进企业加大研发投入。

三、诉求响应提效

11. 通过"走流程听建议"等方式，大兴调查研究，全面收集纳税人缴费人政策享受中遇到的问题、困难和诉求，及时处理、研究、反馈，促进政策实施更加有力有效，充分保障纳税人缴费人不折不扣享受政策红利。

12. 深化运用税收大数据，识别纳税人缴费人在税费优惠政策、办理服务等方面的潜在需求，探索开展个性化、集合式推送和纳税信用提示提醒，帮助纳税人及时防范失信风险、纠正失信行为，促进税法遵从。

四、便捷办理提质

13. 持续推进"减证便民"，深入实施税务证明事项告知承诺制，为纳税人申报享受税费优惠政策提供便利。

14. 持续优化电子税务局功能，丰富应用场景，推动个体工商户减半征收、小型微利企业所得税优惠等延续优化税费优惠政策的申报实现信息系统自动计算减免税额、自动预填申报，提升纳税人缴费人办理体验，确保税费优惠政策落准落稳。

15. 对在职职工人数30人以下的企业自动免征残保金，确保优惠政策应享尽享。

16. 主动提示提醒并及时为符合残保金优惠政策条件的缴费人办理一季度已缴费款退费，确保优惠政策落到实处。

17. 做好物流企业大宗商品仓储设施用地城镇土地使用税优惠政策追溯享受有关退抵税工作；施行城镇土地使用税按月申报的地区，形成退抵税纳税人清单，针对性推送预填好的退抵税申请表，加快退抵税审核，提高退抵税效率。

18. 进一步拓展不动产登记税费线上办理渠道，利用税务APP、微信小程序等，为纳税人提供更加丰富的掌上服务，更好满足纳税人个性化需求；加强相关部门间不动产登记税费信息共享，提升办理质效。

五、规范执法提升

19. 规范促进涉税专业服务机构按照市场化原则为纳税人缴费人提供个性化服务，帮助纳税人缴费人依法依规快速享受政策红利；严厉惩治不良涉税中介唆使误导纳税人缴费人实施税收违法行为，防范纳税人缴费人信用受损，维护国家税收安全。

20. 深入推进税务文书电子送达，逐步减少纳税人签收纸质文书的情形，减轻纳税人办税负担。

各级税务机关要进一步增强责任感、紧迫感，强化系统思维和科学谋划，因地制宜创造性开展工作、抓好落实，确保延续优化的减税降费政策全面落地见效，尽心尽力为纳税人缴费人办实事、解难题，为经营主体纾困解难、减负增效，有力推动党中央、国务院决策部署不折不扣落到实处。

附件:“便民办税春风行动”第三批措施工作任务安排表

附件

“便民办税春风行动”第三批措施工作任务安排表

序号	类	具体措施
1	政策落实提速	健全完善统一税费政策口径工作机制,持续发布有关政策即问即答口径,提高税费政策确定性和执行一致性,为各项税费政策落地落细提供保障。
2		系统梳理各项税费优惠政策,制定通俗易懂、简洁明了的分主题政策清单,针对税费优惠政策的适用主体,向纳税人缴费人分类推送相关税费优惠政策,努力实现“政策找人”“送政策上门”。
3		结合第32个全国税收宣传月活动,广泛利用新闻宣传和网络媒介加强政策宣介,开展针对性宣传辅导,帮助纳税人缴费人准确掌握和及时适用各项税费优惠政策。
4		对今年出台的各项税费优惠政策,做好跟踪评估,深入分析政策执行效果,及时发现存在问题,适时研提优化完善建议。
5		深入开展减税降费红利账单推送并进一步扩大推送范围,优化推送模式,提升红利账单信息化核验水平,拓展推送渠道,提升纳税人缴费人减税降费获得感。
6	重点服务提档	认真落实《促进个体工商户发展条例》,通过加强信息共享,进一步优化个体工商户经营者变更操作流程,充分释放个体工商户税费优惠政策红利。
7		组织税务系统开展全国个体工商户服务月活动,采取针对性措施帮助个体工商户知政策、会操作、能享受,持续为个体工商户纾困解难、优化经营环境。
8		联合全国工商联深入开展“春雨润苗”专项行动,让各项税费优惠政策和创新服务举措及时惠及小微企业,持续助力小微企业健康发展。
9		确保2023年全年一类、二类出口企业正常出口退(免)税的平均办理时间保持在3个工作日之内,进一步激发出口企业活力,支持外贸平稳发展。
10		制定研发费用加计扣除政策指引,结合优惠政策享受情况,开展全方位宣传辅导,帮助企业充分享受政策红利,促进企业加大研发投入。
11	诉求响应提效	通过“走流程听建议”等方式,大兴调查研究,全面收集纳税人缴费人政策享受中遇到的问题、困难和诉求,及时处理、研究、反馈,促进政策实施更加有力有效,充分保障纳税人缴费人不折不扣享受政策红利。
12		深化运用税收大数据,识别纳税人缴费人在税费优惠政策、办理服务等方面的潜在需求,探索开展个性化、集合式推送和纳税信用提示提醒,帮助纳税人及时防范失信风险、纠正失信行为,促进税法遵从。
13	便捷办理提质	持续推进“减证便民”,深入实施税务证明事项告知承诺制,为纳税人申报享受税费优惠政策提供便利。
14		持续优化电子税务局功能,丰富应用场景,推动个体工商户减半征收、小型微利企业所得税优惠等延续优化税费优惠政策的申报实现信息系统自动计算减免税额、自动预填申报,提升纳税人缴费人办理体验,确保税费优惠政策落准落稳。
15		对在职职工人数30人以下的企业自动免征残保金,确保优惠政策应享尽享。
16		主动提示提醒并及时为符合残保金优惠政策条件的缴费人办理一季度已缴费款退费,确保优惠政策落到实处。
17		做好物流企业大宗商品仓储设施用地城镇土地使用税优惠政策追溯享受有关退抵税工作;施行城镇土地使用税按月申报的地区,形成退抵税纳税人清单,针对性推送预填好的退抵税申请表,加快退抵税审核,提高退抵税效率。

续表

序号	类	具体措施
18	便捷办理提质	进一步拓展不动产登记税费线上办理渠道，利用税务 APP、微信小程序等，为纳税人提供更加丰富的掌上服务，更好满足纳税人个性化需求；加强相关部门间不动产登记税费信息共享，提升办理质效。
19	规范执法提升	规范促进涉税专业服务机构按照市场化原则为纳税人缴费人提供个性化服务，帮助纳税人缴费人依法依规快速享受政策红利；严厉惩治不良涉税中介唆使误导纳税人缴费人实施税收违法行为，防范纳税人缴费人信用受损，维护国家税收安全。
20		深入推进税务文书电子送达，逐步减少纳税人签收纸质文书的情形，减轻纳税人办税负担。

6－6－56

国家税务总局办公厅　中华全国工商业联合会办公厅关于印发《2023 年助力小微经营主体发展“春雨润苗”专项行动方案》的通知

2023 年 5 月 19 日　税总办纳服发〔2023〕23 号

国家税务总局各省、自治区、直辖市和计划单列市税务局，国家税务总局驻各地特派员办事处，各省、自治区、直辖市和新疆生产建设兵团工商联，大连、宁波、厦门、青岛、深圳市工商联：

现将《2023 年助力小微经营主体发展“春雨润苗”专项行动方案》印发给你们，请遵照执行。

2023 年助力小微经营主体发展“春雨润苗”专项行动方案

为深入贯彻落实党的二十大和全国两会精神，扎实开展学习贯彻习近平新时代中国特色社会主义思想主题教育，认真落实中办、国办印发的《关于进一步深化税收征管改革的意见》，持续优化小微经营主体税费服务，推进“便民办税春风行动”走深走实，促进民营经济发展壮大，国家税务总局与全国工商联决定，联合开展 2023 年助力小微经营主体发展“春雨润苗”专项行动（以下简称“春雨润苗”行动），特制定本方案。

一、行动内容

2023 年“春雨润苗”行动以优化小微企业和个体工商户等小微经营主体发展环境为重点，坚持“两个毫不动摇”，聚焦经营主体关切，围绕“提质效、强赋能、促升级”主题，推出“税惠助益强信心”“实措纾困解难题”“重点护航促成长”三大类系列活动，通过部门间协同联动，让各项税费支持政策和创新服务举措及时惠及小微经营主体，助其稳预期、强信心、焕活力。

“提质效”——聚焦办事便利，主动靠前服务，提升服务效能，强化政策落实，助力小微经营主体减负增益，激发成长活力。

“强赋能”——聚焦要素支持，强化融资保障，发挥纳税信用正向引导作用，拓展渠道推进产业链、供应链补强，助力小微经营主体纾困解难，蓄足发展动能。

“促升级”——聚焦重点行业，扶持重点群体，支持创新发展，深化梯度培育，助力小微经营主体转型升级，增添远航动力。

二、行动安排

本次行动共推出“税惠助益强信心”“实措纾困解难题”“重点护航促成长”三大类系列活动，贯穿12项服务措施，按照总体设计、层层分解、分步推进的原则具体实施。

（一）开展“税惠助益强信心”活动

各级税务机关及工商联联合开展“税惠助益强信心”系列活动，精准聚焦小微经营主体共性需求，以精细服务、优化体验为着力点，持续提升宣传辅导精准度、政策落实匹配度、办税缴费便利度、诉求响应满意度、志愿服务感受度，为小微经营主体强信心、减负担、添活力。

1. 加强政策宣传，深化精准辅导。依托征纳沟通平台，根据小微经营主体自身属性和行为偏好分析，实现税费政策、系统操作、提示提醒、风险告知等内容的精准推送。持续拓展红利账单推送形式，增强依法纳税缴费、依规享受优惠政策的示范效应。结合地方实际推出图解、动漫、短视频等新媒体宣传产品，不断提升税费政策知晓度。联合工商联所属商会开展政策宣讲活动，通过直播连线、分设会场等方式，为政策适配的特定行业提供政策辅导、咨询答疑服务，探索优惠政策宣传联合直播新模式。

2. 坚持税费皆重，落实优惠政策。树牢“税费皆重”理念，深入落实小微经营主体系列税费优惠政策。继续落实将“六税两费”减免适用主体由增值税小规模纳税人扩展至全部小型微利企业和个体工商户的优惠政策。落实好增值税小规模纳税人减免增值税等政策，助力小规模纳税人享受政策红利。帮助符合条件的小微经营主体用足用好残疾人就业保障金减免政策，更好发挥非税收入在支持经营主体中的积极作用。

3. 便利办税缴费，提升服务体验。结合本地实际，依托街道办、产业园区、大型社区、商场楼宇等场地，在小微企业聚集区域科学合理配备自助办税终端等便民办税设施，深入推进税费服务就近办、即时办。推广征纳互动服务，通过智能应答等服务辅导小微经营主体解决线上办税缴费遇到的政策、操作等问题，协助其完成业务办理。推行“首次服务”机制，第一时间为新办小微企业建立“新办企业—网格员”紧密关系，精准对接企业需求，帮助企业快速全面掌握相关涉税信息，方便快捷办理纳税缴费事项。

4. 拓宽收集渠道，快速响应诉求。常态化开展“走流程、听建议”活动，全面征集并响应小微经营主体诉求。组织开展小微经营主体专题体验活动，充分发挥“税费服务体验师”作用，收集办税缴费流程等意见建议。进一步完善小微企业诉求联动响应机制，推进诉求收集反馈信息化渠道建设，着力提升响应质效。在商会组织设立服务站或服务顾问，开展普法、答疑、调解、维权等工作，满足商会会员税费咨询等服务需求。对通过工商联及所属商会收集到的小微经营主体高频、突发涉税诉求保持高度关注，及时进行研判提醒。

5. 依托志愿力量，传递惠企声音。联合工商联所属商会、社会公益团体、涉税行业协会、财经高校等组建志愿者服务队，提供创业辅导、税费专题培训等志愿服务。探索建立由税务部门主导，志愿者服务队、涉税专业服务机构共同参与的税费服务需求“有效收集＋快速响应＋及时反馈”的服务模式，以手段创新实现与小微经营主体的良性互动。

（二）开展“实措纾困解难题”活动

各级税务机关及工商联联合开展“实措纾困解难题”系列活动，针对小微经营主体生产经营困境，加大纾困支持力度，聚焦融资难、产销难、合规难等问题，从税银互动、牵线补链、规范增信等方面主动助力小微经营主体排忧解难、轻装快行。

6. 深化税银互动，降低融资成本。建立以纳税信用信息为基础、银行业金融机构广泛参与、金融监管部门审慎监管为保障的协同推进模式，在依法合规、风险可控的前提下，引导金融机构加大对科技创新、绿色发展、对外贸易等领域小微经营主体的支持力度，简化申贷流程、提速贷款发放，帮助企业将“纳税信用”转化为“融资信用”，并有效利用全国一体化融资信用服务平台网络，拓宽贷款渠道，为小微经营主体缓解融资难问题。

7. 引导主动合规，提升信用水平。做好小微经营主体涉税涉费业务办理带来的信用失信风险事前提醒。动态获取小微企业纳税信用级别变动情形，以“定向投递”的形式主动向纳税人推送纳税信用评分变化情况，引导失信主体自我纠错，并修复信用级别。探索推出小微经营主体纳税信用合规建设指引，完善“信用＋”体系建设，指导有条件的小微经营主体以守法合规为导向，将遵守税费法律法规、践诺履约等内容融入自身信用合规建设，有效规避失信风险，提升主动合规能力。探索建立信用合规建设正向激励机制，鼓励更多小微经营主体加强信用合规建设，提升自身信用水平。

8. 补链强链延链，激发产业活力。加强跨地区跨部门统筹，充分发挥工商联桥梁纽带作用，广泛收集汇总工商联所属商会会员企业的生产经营配套需求，形成“产销清单”，充分利用登记信息、信用级别、发票流向等税收大数据筛选定位适宜的小微经营主体，形成“推荐清单”，拓展原材料供给来源、畅通国内销售渠道。通过“两个清单”发挥“链式效应”，促推薄弱环节“补链”，优势领域“强链”，推动产业链上下游“串珠成链”，打通小微经营主体与大中型企业的合作通道，推动小微经营主体融入产业链、供应链。

（三）开展“重点护航促成长”活动

各级税务机关及工商联联合开展“重点护航促成长”系列活动，探索建立小微经营主体“全生命周期”服务机制，聚焦小微经营主体成长中的关键节点和服务重点，精准发力，持续护航，助力小微经营主体不断创新升级、发展壮大。

9. 强化多元协同，助力创业就业。加强与市场监管、人力资源社会保障、退役军人事务、街道等部门的协作，在广场、大型社区等场地设立“春雨润苗”信息角，为高校毕业生、退役军人、农民工、返乡人员等就业创业群体提供优惠政策宣传、创业培训等方面的服务，鼓励以创业带动就业。持续推进“助力大学生就业创业税费服务站”建设，结合大学生毕业等关键时间节点，联合高等院校等部门组建税收政策青年讲师团，广泛宣传就业创业税费优惠政策等知识。深化与退役军人事务部门的数据共享和信息互通，成立拥军涉税服务团队深入军创企业和招聘退役军人企业，结合企业经营状况、行业特点等开展专属服务，助力军创企业健康发展，鼓励小微经营主体招聘退役军人。

10. 开展定向服务，助力转型升级。贯彻落实国务院《促进个体工商户发展条例》，配合市场监管部门为符合条件且有意愿转型为企业的个体工商户提供便利化服务。主动对接“个转企”企业涉税涉费诉求，持续跟踪服务响应诉求，及时推送涉税风险提示，帮助其做好事前风险防控。鼓励涉税专业服务机构免费为“个转企”纳税人提供一定期限的政策咨询、办税辅导、纳税申报、代理记账等服务，帮助转型企业完善财务制度、树立依法纳税理念。

11. 支持梯度进阶，助力创新发展。聚焦创新型中小企业、“专精特新”中小企业和“小巨人”企业梯度培育需求，提供多层次税费服务。探索与高校、科研机构等部门开展深入合作，定期举办“专精特新”主题讲座、合作开展企业发展研究等活动，助力小微经营主体实现“专精特新”发展。主动对接工信、商务等部门，动态管理“专精特新”中小企业、“小巨人”企业和“中华老字号”企业档案，常态化开展针对性税费服务。探索与科技部门合作开展科技型中小企业行业趋势性大数据分析，为其发展提供政策指引，深入开展政策匹配、疑难解答、信用预警、风险筛查等“一站式”服务，营造有利于科技型中小企业成长的良好环境。支持工商联开展创新型成长型民营企业赋能行动，共同构建全方位、全要素、全周期的创新服务体系。

12. 凝聚惠农力量，助力乡村振兴。聚焦乡村农企农户所需所盼，成立“税务助农团”，为家庭农场和农民合作社配备“税费政策讲解员”和“快速响应联络员”，帮助用好用足税费优惠政策。鼓励在有条件的地区设置乡村税费服务站，提供自助办理服务和远程可视化交互业务，实时解决企业涉税难题。探索构建“税村共治”协同服务机制，通过党群合作、税村联动等协同共治服务举措，切实提升乡镇企业及村民办税缴费的便利度和满意度。

三、行动要求

（一）加强组织领导，统筹协同推进。各级税务机关和工商联要切实加强组织领导，强化协同配合，制定好本地实施方案，细化措施和责任分工，进一步完善配套机制，确保各项工作有序推进。

（二）发掘创新亮点，积极总结推广。各级税务机关和工商联要勇于守正创新、精于发掘亮点，在打造特色化行动措施的同时，积极探索开展创新举措的总结推广。

（三）持续做好宣传，营造良好氛围。各级税务机关和工商联要总结好阶段性、创新性工作成果，做好经验提炼和案例归集，并持续有序开展宣传，不断提升行动成效。

6－6－57

国家税务总局关于扎实开展税务系统主题教育推出“便民办税春风行动”第四批措施的通知

2023年5月23日　税总纳服函〔2023〕72号

国家税务总局各省、自治区、直辖市和计划单列市税务局，国家税务总局驻各地特派员办事处，局内各单位：

为推动税务系统学习贯彻习近平新时代中国特色社会主义思想主题教育进一步走深走实，税务总局聚焦纳税人缴费人和基层税务人所需所盼，开展调查研究，坚持问题导向，接续推出“便民办税春风行动”第四批19条措施，着力办实事解民忧，助力提振市场信心、稳定市场预期，更好服务经济高质量发展。现通知如下：

一、政策落实提速

1. 围绕税费优惠政策落实，开展“税问我答”宣传解读活动，组织各地税务部门有针对性地回应纳税人缴费人关切。

2. 联合有关部门开展出口退税政策宣传解读，帮助企业进一步熟悉掌握出口退税政策和申报办理流程。

3. 落实失业保险、工伤保险降费政策，做好政策宣传辅导和系统改造，确保优惠政策应知尽知、便捷享受。

4. 优化退税办理流程，税务机关依托电子税务局自动推送退税提示提醒，逐步实现纳税人在线办理确认、申请和退税。

5. 发布小规模纳税人适用3%征收率减按1%征收增值税政策相关即问即答，帮助小规模纳税人更好理解、准确适用优惠政策。

二、重点服务提档

6. 优化“一带一路”相关税收政策资讯服务，持续更新“走出去”纳税人投资税收指南，帮助纳税人防范投资税收风险。

7. 扩大和完善税收协定网络，加强税收协定谈签工作，为纳税人跨境经营提供税收确定性，避免和消除国际重复征税。

8. 开展重点企业走访活动，宣介相关税费政策，实地了解企业生产经营状况，收集企业涉税诉求，帮助企业解决实际问题。

9. 加强税费政策确定性和执行一致性服务，协调解决大企业复杂涉税事项税收政策适用问题。

10. 引导涉税专业服务机构等社会力量积极参加税收志愿服务，不断壮大税收志愿服务队伍，推进税收志愿服务活动进社区、进园区，积极推荐税收志愿者参加优秀志愿者评选，充分发挥税务师同心服务团等税收志愿者团队和个人在促进税费优惠政策落实中的积极作用。

三、诉求响应提效

11. 健全完善税费服务诉求解决机制，聚焦纳税人缴费人税费服务诉求，加强工作统筹，强化闭环管理，注重信息化应用，着力解决纳税人缴费人急难愁盼问题。

12. 建立全国人大代表、政协委员建议提案信息库，通过跟进式回访、专题性调研、常态化沟通等方式，持续巩固提升代表委员建议提案办理工作质效。

13. 将纳税人缴费人通过不同渠道反映的重点问题线索纳入税收工作督查，主动回应纳税人缴费人关切。

四、便捷办理提质

14. 巩固拓展企业社会保险缴费事项“网上办”、个人社会保险缴费事项“掌上办”成果，持续优化“非接触式”缴费服务体验。

15. 在全国范围内，为非居民企业跨境办税场景开放双语环境下的统一注册登录、无障碍跨境办税、智能税费计算和跨境税费缴纳等服务，实现在中国境内未设立机构场所的非居民企业，无需入境或委托代理人，即可“一地注册赋码、全国互认办税”。

16. 在京津冀区域、长三角区域、珠三角区域、成渝双城经济圈的北京、上海、宁波、广东、深圳、四川、重庆7个省市试点新办经营主体智能开业，纳税人在市场监管部门办理注册登记后，系统自动为其分配主管税务机关、核定税费种并智能赋予数电票额度，实现纳税人“开业就能开票”。

17. 依托税收大数据和智能算税规则，结合纳税人缴费人标签特征，在长三角区域、成渝双城经济圈的上海、四川、重庆3个省市上线“确认式申报”场景，对经营业务相对简单的纳税人缴费人提供“确认式申报”服务，通过数据智能预填服务，进一步压缩纳税人缴费人税费申报办理时长。

18. 在长三角区域、珠三角区域、成渝双城经济圈的上海、宁波、广东、深圳、四川、重庆6个省市，提供“优良信用者试行按需开票”服务，对符合条件的纳税人实施正向激励，享受按需开票服务，积极引导纳税人遵从税法。（第16、17、18条措施根据试点情况年内进一步扩大实施范围，便利更多纳税人缴费人）

五、规范执法提升

19. 进一步扩大动态“信用＋风险”监管试点，不断提高精准监管水平，持续保障推进优化办税缴费服务。

各级税务机关要牢牢把握主题教育“学思想、强党性、重实践、建新功”总要求，紧紧锚定目标任务，进一步提升站位、扛牢责任、务求实效，在推动“便民办税春风行动”措施走深走实上真抓实干，在为纳税人缴费人办实事解难题上担当作为，以纳税人缴费人满意作为“硬道理”“金标准”，切实将主题教育的成果体现到办税缴费服务提质增效上，为建设市场化法治化国际化营商环境作出更大税务贡献。

附件：“便民办税春风行动”第四批措施工作任务安排表

附件

“便民办税春风行动”第四批措施工作任务安排表

序号	类	具体措施
1	政策落实提速	围绕税费优惠政策落实，开展“税问我答”宣传解读活动，组织各地税务部门有针对性地回应纳税人缴费人关切。
2		联合有关部门开展出口退税政策宣传解读，帮助企业进一步熟悉掌握出口退税政策和申报办理流程。
3		落实失业保险、工伤保险降费政策，做好政策宣传辅导和系统改造，确保优惠政策应知尽知、便捷享受。
4		优化退税办理流程，税务机关依托电子税务局自动推送退税提示提醒，逐步实现纳税人在线办理确认、申请和退税。
5		发布小规模纳税人适用3%征收率减按1%征收增值税政策相关即问即答，帮助小规模纳税人更好理解、准确适用优惠政策。

续表

序号	类	具体措施
6	重点服务提档	优化“一带一路”相关税收政策资讯服务，持续更新“走出去”纳税人投资税收指南，帮助纳税人防范投资税收风险。
7		扩大和完善税收协定网络，加强税收协定谈签工作，为纳税人跨境经营提供税收确定性，避免和消除国际重复征税。
8		开展重点企业走访活动，宣介相关税费政策，实地了解企业生产经营状况，收集企业涉税诉求，帮助企业解决实际问题。
9		加强税费政策确定性和执行一致性服务，协调解决大企业复杂涉税事项税收政策适用问题。
10		引导涉税专业服务机构等社会力量积极参加税收志愿服务，不断壮大税收志愿服务队伍，推进税收志愿服务活动进社区、进园区，积极推荐税收志愿者参加优秀志愿者评选，充分发挥税务师同心服务团等税收志愿者团队和个人在促进税费优惠政策落实中的积极作用。
11	诉求响应提效	健全完善税费服务诉求解决机制，聚焦纳税人缴费人税费服务诉求，加强工作统筹，强化闭环管理，注重信息化应用，着力解决纳税人缴费人急难愁盼问题。
12		建立全国人大代表、政协委员建议提案信息库，通过跟进式回访、专题性调研、常态化沟通等方式，持续巩固提升代表委员建议提案办理工作质效。
13		将纳税人缴费人通过不同渠道反映的重点问题线索纳入税收工作督查，主动回应纳税人缴费人关切。
14	便捷办理提质	巩固拓展企业社会保险缴费事项“网上办”、个人社会保险缴费事项“掌上办”成果，持续优化“非接触式”缴费服务体验。
15		在全国范围内，为非居民企业跨境办税场景开放双语环境下的统一注册登录、无障碍跨境办税、智能税费计算和跨境税费缴纳等服务，实现在中国境内未设立机构场所的非居民企业，无需入境或委托代理人，即可“一地注册赋码、全国互认办税”。
16		在京津冀区域、长三角区域、珠三角区域、成渝双城经济圈的北京、上海、宁波、广东、深圳、四川、重庆7个省市试点新办经营主体智能开业，纳税人在市场监管部门办理注册登记后，系统自动为其分配主管税务机关、核定税费种并智能赋予数电票额度，实现纳税人“开业就能开票”。
17		依托税收大数据和智能算税规则，结合纳税人缴费人标签特征，在长三角区域、成渝双城经济圈的上海、四川、重庆3个省市上线“确认式申报”场景，对经营业务相对简单的纳税人缴费人提供“确认式申报”服务，通过数据智能预填服务，进一步压缩纳税人缴费人税费申报办理时长。
18		在长三角区域、珠三角区域、成渝双城经济圈的上海、宁波、广东、深圳、四川、重庆6个省市，提供“优良信用者试行按需开票”服务，对符合条件的纳税人实施正向激励，享受按需开票服务，积极引导纳税人遵从税法。
19	规范执法提升	进一步扩大动态“信用+风险”监管试点，不断提高精准监管水平，持续保障推进优化办税缴费服务。

6-6-58

国家税务总局关于接续推出和优化“便民办税春风行动”措施促进民营经济发展壮大服务高质量发展的通知

2023年8月4日　税总纳服函〔2023〕211号

国家税务总局各省、自治区、直辖市和计划单列市税务局，国家税务总局驻各地特派员办事处，局内各单位：

为持续推动税务系统主题教育走深走实，认真落实《中共中央　国务院关于促进民营经济发展壮大的意见》（以下简称《意见》）及7月31日国务院常务会议部署，税务总局在今年上半年已推出四批“便民办税春风行动”措施的基础上，重点围绕支持中小微企业和个体工商户发展，落实好新出台的系列减税降费政策，再推出和优化一批“便民办税春风行动”措施，助力民营经济发展壮大，促进经济运行持续好转，更好服务高质量发展。现将有关事项通知如下：

一、进一步强化政策落实

（一）制定编发支持小微企业和个体工商户发展壮大的税费优惠政策清单及相关指引。

（二）根据清单和指引，各级税务局组织开展对民营企业和个体工商户的面对面宣传解读。共性问题由总局统一及时制发问答口径并上网，确保执行统一规范。

（三）完善税费政策精准推送机制，制定并试行《税费政策精准推送工作规范》，更好实现“政策找人”，确保政策直达快享。

（四）完善追溯享受的服务措施。对需要退税的，充分尊重纳税人缴费人意愿，通过专期专项等方式及时办理。

（五）对纳税人因各种原因未在今年7月征期内及时享受研发费用加计扣除政策的，可在8、9月份由纳税人通过变更第二季度（或6月份）企业所得税预缴申报的方式补充享受；积极会同相关部门收集编发研发项目鉴定案例，帮助符合条件的中小微企业充分准确享受研发费用加计扣除政策红利。

（六）针对小规模纳税人减免增值税优惠、小型微利企业和个体工商户所得税优惠等政策，加大自主申报、自行享受的落实力度，不断拓展适用范围。

（七）完善减税降费红利账单推送机制，优化改进系统功能，探索开展红利账单个性化、定制化推送服务。

二、进一步便利税费办理

（八）对“企业财务会计制度”等11项证明材料采用调阅复用措施，减少资料重复报送，减轻办税缴费负担。

（九）深化落实“个体工商户经营者身份证明”等12项税务证明事项告知承诺制，严控新设税务证明事项，没有法律、行政法规依据，不得要求纳税人在申请办理税务事项前自行检测、检验、认证、鉴定、公证或提供证明等。

（十）推广数字化电子发票，助力中小企业数字化转型，进一步降低中小企业制度性交易成本。

（十一）持续优化增值税、企业所得税、个人所得税等税种申报预填服务，在具备数据条件地区创新环境保护税纳税申报方式，探索智能预填，缩短填报时间。

（十二）优化中小企业跨省迁移办理流程，对符合条件的中小企业，税务机关按规定及时办理迁出手续，迁移信息同步推送至迁入地税务机关。

（十三）进一步优化银税信用信息共享方式，在保障数据安全维护纳税人合法权益的前提下，帮助更多民营企业凭借良好纳税信用通过“银税互动”获得融资支持。

三、进一步改进诉求响应

（十四）充分发挥税费服务诉求解决机制作用，税务总局、各省税务局同步建立民营企业直联点，常态化开展民营企业走访座谈，系统梳理中小企业反映强烈的问题，研究务实管用的解决措施，及时响应纳税人缴费人合理诉求。

（十五）组织税务系统延续开展中小企业服务季活动，聚焦中小企业和个体工商户所需所盼，拓展创新服务举措，推动新出台的系列减税降费政策更好落实落细。

（十六）进一步加强与工商联等部门联动，积极面向民营企业开展多领域多层次、线上线下相结合的税费专业培训辅导，积极探索对不同类型民营企业提供个性化服务，帮助处于转型升级阶段的民营企业提升合规能力。

（十七）各地税务机关协同本地商会组织设立民营企业服务站或服务顾问，深入开展普法、答疑、调解、维权等工作，及时满足企业税费咨询等服务需求。

四、进一步深化跨境服务

（十八）简并企业报告境外投资和所得信息有关报表，减少报送频次，进一步降低企业申报负担。

（十九）优化电子税务局、国际贸易“单一窗口”服务功能，推行出口退税发票及出口报关单信息“免填报”，进一步提高民营企业等各类企业办理出口退税便利度。

（二十）设立 12366 跨境服务咨询专线，加强跨境经营高频疑难涉税问题的收集整理，推出并不断完善“跨境纳税人疑难问题解答”，拓宽民营企业解疑释惑渠道。

（二十一）结合民营企业境外投资特点，在税务总局官网推出“海外税收案例库”，更新发布国别（地区）投资税收指南，帮助“走出去”民营企业防范税务风险，提升税法遵从能力。

（二十二）深化运用税收协定相互协商程序、预约定价安排等国际税收法律工具，更大力度地帮助民营企业等纳税人解决跨境涉税争议，提高跨境经营的税收确定性。

（二十三）依托“一带一路”税收征管合作机制，深化共建“一带一路”国际税收合作，为民营企业更好“走出去”创造良好税收环境。

五、进一步优化执法方式

（二十四）坚持依法依规征税收费，坚决不收“过头税费”，拓展并畅通 12366 纳税缴费服务热线等投诉举报渠道，对征收“过头税费”行为发现一起严肃查处一起。

（二十五）加快推进制定区域统一的税务行政处罚裁量基准，促进区域间税收执法协同。

(二十六)对符合条件、确有困难的民营企业发生欠税,税务机关辅导其制定清欠计划,对按计划缴纳税款的,暂不采取强制执行措施。

(二十七)坚持教育与处罚相结合,进一步严格落实"首违不罚"制度,对税务行政处罚"首违不罚"事项清单中的14个事项,首次发生且危害后果轻微,在税务机关发现前主动改正或者在税务机关依法规定的期限内改正的,不予行政处罚。

(二十八)严格落实税务规范性文件公平竞争和权益性审核制度,加强相关政策措施的审核力度,切实维护中小微企业和个体工商户等民营经济纳税人合法权益,确保对各类所有制企业一视同仁、平等对待。

各级税务机关要坚持以习近平新时代中国特色社会主义思想为指导,完整、准确、全面贯彻新发展理念,坚决贯彻落实"两个毫不动摇",充分认识促进民营经济发展壮大的重要意义,充分认识做好当前税务工作对推动国民经济持续恢复和高质量发展的重要意义,切实增强使命感和责任感,把认真抓好《意见》落实、认真贯彻中央政治局会议和国务院常务会议精神作为深入推进税务系统主题教育的重要任务,紧密结合实际创造性开展工作,依法依规为纳税人缴费人解难题、办实事,主动协同高效作为、靠前贴近精细服务,着力促进民营经济做大做优做强。要结合不断创新和发展"晋江经验"的要求,不断丰富完善税务部门服务中小微企业和个体工商户的措施办法,及时总结推广各地税务机关特别是民营经济活力较强地区的好经验好做法,对行之有效的经验做法固定下来形成制度,确保党中央、国务院促进民营经济发展壮大和新出台的系列减税降费政策等决策部署在税务系统不折不扣落地见效,为服务高质量发展作出新的更大贡献。

附件:"便民办税春风行动"任务安排表

附件

"便民办税春风行动"任务安排表

序号	类	具体措施
1	进一步强化政策落实	制定编发支持小微企业和个体工商户发展壮大的税费优惠政策清单及相关指引。
2		根据清单和指引,各级税务局组织开展对民营企业和个体工商户的面对面宣传解读。共性问题由总局统一及时制发问答口径并上网,确保执行统一规范。
3		完善税费政策精准推送机制,制定并试行《税费政策精准推送工作规范》,更好实现"政策找人",确保政策直达快享。
4		完善追溯享受的服务措施。对需要退税的,充分尊重纳税人缴费人意愿,通过专期专项等方式及时办理。
5		对纳税人因各种原因未在今年7月征期内及时享受研发费用加计扣除政策的,可在8、9月份由纳税人通过变更第二季度(或6月份)企业所得税预缴申报的方式补充享受;积极会同相关部门收集编发研发项目鉴定案例,帮助符合条件的中小微企业充分准确享受研发费用加计扣除政策红利。
6		针对小规模纳税人减免增值税优惠、小型微利企业和个体工商户所得税优惠等政策,加大自主申报、自行享受的落实力度,不断拓展适用范围。
7		完善减税降费红利账单推送机制,优化改进系统功能,探索开展红利账单个性化、定制化推送服务。

续表

序号	类	具体措施
8	进一步便利税费办理	对“企业财务会计制度”等11项证明材料采用调阅复用措施，减少资料重复报送，减轻办税缴费负担。
9		深化落实“个体工商户经营者身份证明”等12项税务证明事项告知承诺制，严控新设税务证明事项，没有法律、行政法规依据，不得要求纳税人在申请办理税务事项前自行检测、检验、认证、鉴定、公证或提供证明等。
10		推广数字化电子发票，助力中小企业数字化转型，进一步降低中小企业制度性交易成本。
11		持续优化增值税、企业所得税、个人所得税等税种申报预填服务，在具备数据条件地区创新环境保护税纳税申报方式，探索智能预填，缩短填报时间。
12		优化中小企业跨省迁移办理流程，对符合条件的中小企业，税务机关按规定及时办理迁出手续，迁移信息同步推送至迁入地税务机关。
13	进一步便利税费办理	进一步优化银税信用信息共享方式，在保障数据安全维护纳税人合法权益的前提下，帮助更多民营企业凭借良好纳税信用通过“银税互动”获得融资支持。
14	进一步改进诉求响应	充分发挥税费服务诉求解决机制作用，税务总局、各省税务局同步建立民营企业直联点，常态化开展民营企业走访座谈，系统梳理中小企业反映强烈的问题，研究务实管用的解决措施，及时响应纳税人缴费人合理诉求。
15		组织税务系统延续开展中小企业服务季活动，聚焦中小企业和个体工商户所需所盼，拓展创新服务举措，推动新出台的系列减税降费政策更好落实落细。
16		进一步加强与工商联等部门联动，积极面向民营企业开展多领域多层次、线上线下相结合的税费专业培训辅导，积极探索对不同类型民营企业提供个性化服务，帮助处于转型升级阶段的民营企业提升合规能力。
17		各地税务机关协同本地商会组织设立民营企业服务站或服务顾问，深入开展普法、答疑、调解、维权等工作，及时满足企业税费咨询等服务需求。
18	进一步深化跨境服务	简并企业报告境外投资和所得信息有关报表，减少报送频次，进一步降低企业申报负担。
19		优化电子税务局、国际贸易“单一窗口”服务功能，推行出口退税发票及出口报关单信息“免填报”，进一步提高民营企业等各类企业办理出口退税便利度。
20		设立12366跨境服务咨询专线，加强跨境经营高频疑难涉税问题的收集整理，推出并不断完善“跨境纳税人疑难问题解答”，拓宽民营企业解疑释惑渠道。
21		结合民营企业境外投资特点，在税务总局官网推出“海外税收案例库”，更新发布国别（地区）投资税收指南，帮助“走出去”民营企业防范税务风险，提升税法遵从能力。
22		深化运用税收协定相互协商程序、预约定价安排等国际税收法律工具，更大力度地帮助民营企业等纳税人解决跨境涉税争议，提高跨境经营的税收确定性。
23		依托“一带一路”税收征管合作机制，深化共建“一带一路”国际税收合作，为民营企业更好“走出去”创造良好税收环境。
24	进一步优化执法方式	坚持依法依规征税收费，坚决不收“过头税费”，拓展并畅通12366纳税缴费服务热线等投诉举报渠道，对征收“过头税费”行为发现一起严肃查处一起。
25		加快推进制定区域统一的税务行政处罚裁量基准，促进区域间税收执法协同。
26		对符合条件、确有困难的民营企业发生欠税，税务机关辅导其制定清欠计划，对按计划缴纳税款的，暂不采取强制执行措施。
27		坚持教育与处罚相结合，进一步严格落实“首违不罚”制度，对税务行政处罚“首违不罚”事项清单中的14个事项，首次发生且危害后果轻微，在税务机关发现前主动改正或者在税务机关依法规定的期限内改正的，不予行政处罚。
28		严格落实税务规范性文件公平竞争和权益性审核制度，加强相关政策措施的审核力度，切实维护中小微企业和个体工商户等民营经济纳税人合法权益，确保对各类所有制企业一视同仁、平等对待。

6－6－59

国家税务总局关于发布《涉税专业服务基本准则(试行)》和《涉税专业服务职业道德守则(试行)》的公告

2023年9月5日　国家税务总局公告2023年第16号

为深入开展学习贯彻习近平新时代中国特色社会主义思想主题教育，全面贯彻党的二十大精神，认真落实中办、国办印发的《关于进一步深化税收征管改革的意见》和《关于进一步加强财会监督工作的意见》，持续深化拓展税收共治格局，促进涉税专业服务规范发展，助力优化税收营商环境，根据《中华人民共和国税收征收管理法》及其实施细则和《涉税专业服务监管办法(试行)》，国家税务总局制定了《涉税专业服务基本准则(试行)》和《涉税专业服务职业道德守则(试行)》，现予以发布，自2023年10月1日起施行。

特此公告。

涉税专业服务基本准则(试行)

第一章　总　　则

第一条　为了规范涉税专业服务行为，保障服务质量，维护国家税收利益和涉税专业服务当事人合法权益，根据《中华人民共和国税收征收管理法》及其实施细则和《涉税专业服务监管办法(试行)》，制定本准则。

第二条　涉税专业服务机构及其涉税服务人员在中华人民共和国境内从事涉税专业服务应当遵守本准则。

第三条　本准则所称涉税专业服务机构是指税务师事务所和从事涉税专业服务的会计师事务所、律师事务所、代理记账机构、税务代理公司、财税类咨询公司等机构。

本准则所称涉税服务人员是指在涉税专业服务机构中从事涉税专业服务的人员。

本准则所称涉税专业服务是指涉税专业服务机构接受委托，利用专业知识和技能，就涉税事项向委托人提供的税务代理等服务。

第四条　涉税专业服务包括纳税申报代理、一般税务咨询、专业税务顾问、税收策划、涉税鉴证、纳税情况审查、其他税务事项代理、发票服务和其他涉税服务等。

第二章　基本遵循

第五条　涉税专业服务机构及其涉税服务人员应当拥护中国共产党领导，坚持正确政治方向。

第六条 涉税专业服务机构及其涉税服务人员应当按照法律、行政法规、部门规章及规范性文件(以下简称法律法规)从事涉税专业服务,接受税务机关行政监管和相关行业协会自律监管。

第七条 涉税专业服务机构应当按照规定向税务机关报送机构基本信息及其涉税服务人员的身份信息和执业资质信息。

第八条 涉税专业服务机构及其涉税服务人员应当以真实身份开展涉税专业服务。

第九条 涉税专业服务机构及其涉税服务人员应当诚实守信、正直自律、勤勉尽责,遵守职业道德,维护行业形象。

第十条 从事涉税专业服务应当遵循独立、客观、公正、规范原则。

第十一条 涉税专业服务机构应当建立质量管理制度和风险控制机制,保障执业质量,降低执业风险。

第三章 业务承接

第十二条 涉税专业服务机构承接业务,一般包括业务环境评估、承接条件判断、服务协议签订、业务人员确定等程序。

第十三条 涉税专业服务机构在承接业务前,应当根据委托事项了解委托人的基本情况,如主体登记、运行情况、诚信状况和内部控制等。

委托事项涉及第三方的,应当延伸了解第三方的基本情况。

第十四条 涉税专业服务机构应当通过以下判断确定是否承接业务:

(一)委托方的委托目的是否合法合理;

(二)委托事项所属的业务类别;

(三)承接专业税务顾问、税收策划、涉税鉴证、纳税情况审查业务的,是否具备相应的资质;

(四)承接涉税鉴证和纳税情况审查业务是否符合独立性原则;

(五)是否具备承接该业务的专业胜任能力。

第十五条 承接业务应当与委托方签订服务协议。服务协议一般应当明确服务内容、服务方式、服务期限、服务费用、成果形式及用途、权利义务、违约责任、争议解决以及其他需要载明的事项。

第十六条 涉税专业服务机构应当根据承接业务内容委派具备专业胜任能力的人员执行业务,根据业务需要可以聘请外部专家。

委派的人员和聘请的外部专家应当符合执业要求和回避制度。

第四章 业务实施

第十七条 业务实施主要包括业务计划编制、资料收集评估、法律法规适用、业务成果形成、业务成果复核、业务成果交付、业务记录形成、业务档案归集等程序。

第十八条 开展业务应当根据服务协议约定编制业务计划,主要内容包括业务事项、执行程序、时间安排、人员分工、业务成果交付、风险管理及其他相关事项。

业务计划可以根据业务执行情况适时调整。

第十九条 开展业务应当根据执业需要充分、适当地取得并归集与业务内容相关的资料(包括单证、报表、文件和相关数据等),评估业务资料的关联性、合法性、真实性、完整性,并根据需要进行补充或调整。

第二十条 开展业务应当依据业务事实进行专业判断,确定适用的法律法规。

第二十一条 开展业务应当根据服务协议约定以及质量管理要求,执行必要的业务程序,形成业务成果。

业务成果应当根据具体业务类型选择恰当的形式,一般包括业务报告、专业意见、办税表单以及留存备查资料等形式。

业务成果应当事实清楚、证据充分、依据正确、程序合法、内容恰当、结论正确。

第二十二条 涉税专业服务机构应当根据质量管理要求建立业务成果复核制度。

专业税务顾问、税收策划、涉税鉴证、纳税情况审查专项业务应当实施两级以上复核。

第二十三条 涉税专业服务机构应当按照协议约定交付业务成果。

出具书面业务报告或专业意见的,应当加盖机构印章后交付委托人。

专业税务顾问、税收策划、涉税鉴证和纳税情况审查四类业务成果,应当由承办业务的税务师、注册会计师或者律师签章。

出具办税表单、留存备查资料等其他形式的,应当按照约定方式交付委托人。

第二十四条 涉税专业服务机构应当建立业务记录制度,记录执业过程并形成工作底稿。

工作底稿应当内容完整、重点突出、逻辑清晰、结论明确。

第二十五条 涉税专业服务完成后,应当整理业务协议、业务成果、工作底稿等相关资料,于业务完成后60日内形成电子或纸质的业务档案,并保证档案的真实、完整。

第二十六条 涉税专业服务机构应当建立档案管理制度,保障电子或纸质档案安全,按照法律法规规定合理确定档案保管期限,最低不少于10年。

第二十七条 未经委托人同意,涉税专业服务机构不得向任何第三方提供业务档案,但下列情况除外:

(一)税务机关实施涉税专业服务行政监管需要查阅的;

(二)税务机关依法开展税务检查需要查阅的;

(三)法律、行政法规另有规定的。

第五章　附　　则

第二十八条 涉税专业服务机构及其涉税服务人员向委托人提供社会保险费和由税务机关征收的非税收入服务的,可以参照本准则执行。

第二十九条 本准则自2023年10月1日起施行。

涉税专业服务职业道德守则(试行)

第一条 为了规范涉税专业服务机构及其涉税服务人员执业行为,提高涉税专业服务行业职业道德水准，维护职业形象，根据《涉税专业服务基本准则(试行)》制定本守则。

第二条 涉税专业服务机构及其涉税服务人员在中华人民共和国境内从事涉税专业服务应当遵守本守则。

第三条 从事涉税专业服务应当诚实守信、正直自律、勤勉尽责。

第四条 从事涉税专业服务应当遵守法律、行政法规、部门规章及规范性文件(以下简称法律法规)的要求，履行服务协议的约定。

不得采取隐瞒、欺诈、贿赂、串通、回扣、不当承诺、恶意低价和虚假宣传等不正当手段承揽业务；不得歪曲解读税收政策；不得诱导、帮助委托人实施涉税违法违规活动。

第五条 从事涉税专业服务应当自觉维护职业形象，廉洁从业。

第六条 从事涉税专业服务应当遵循客观公正原则，基于业务事实，遵守法律法规。

第七条 从事涉税专业服务应当秉持专业精神和职业操守。

从事涉税鉴证、纳税情况审查服务，不得与被鉴证人、被审查人存在影响独立性的利益关系。

第八条 对委托事项存在涉及税收违法违规风险的，应当提醒委托人排除，并审慎评估对业务开展的影响。

第九条 涉税服务人员应当通过继续教育、业务培训等途径持续掌握和更新法律法规、办税实务和信息技术等方面的专业知识和技能，保持专业胜任能力。

第十条 从事涉税专业服务应当依照法律法规规定和协议约定，对涉税专业服务过程中知悉的国家安全信息、个人隐私和个人信息、商业秘密予以保密。

第十一条 从事涉税专业服务应当有效保护和合法合规使用涉税专业服务过程中知悉的涉税数据，不得利用涉税数据谋取不正当利益。

第十二条 本守则自2023年10月1日起施行。

7 其 他

6 -7 -1

国家税务总局关于明确流转税、资源税法规中“主管税务机关、征收机关”名称问题的通知

1994 年 12 月 24 日　国税发〔1994〕232 号

在增值税、消费税、营业税、资源税暂行条例、实施细则及相关文件中，对“主管税务机关、征收机关”已作了解释，但是，由于各地国家税务局和地方税务局机构的分设，原名称所指已发生变化，现重新明确如下：

一、《中华人民共和国增值税暂行条例实施细则》第三十六条第二款中所称“主管税务机关、征收机关”，是指国家税务总局所属的县级以上（含县级）国家税务局，第二十八条、第三十二条第四款中所称“国家税务总局直属分局”，是指省、自治区、直辖市国家税务局，也包括享有省级经济管理权限的城市的国家税务局。

二、《中华人民共和国消费税暂行条例》第十三条、《中华人民共和国消费税暂行条例实施细则》第十八、二十三、二十四条、《消费税若干具体问题的规定》第三、五条中的“主管税务机关”，是指国家税务总局所属的县级以上（含县级）国家税务局。

《中华人民共和国消费税暂行条例实施细则》第二十一、二十五条、《消费税若干具体问题的规定》第四条中“国家税务总局所属税务分局”，是指省、自治区、直辖市国家税务局，也包括享有省级经济管理权限的城市的国家税务局。

三、《中华人民共和国营业税暂行条例实施细则》第五条、第六条中所称“国家税务总局所属征收机关”，是指国家税务总局所属的县级以上（含县级）国家税务局。

四、《中华人民共和国资源税暂行条例》第十二条中的“省、自治区、直辖市税务机关”，是指省、自治区、直辖市地方税务局和享有省级经济管理权限的城市的地方税务局。

《中华人民共和国资源税暂行条例》第十二、十三条以及《中华人民共和国资源税暂行条例实施细则》第五、八、九、十条所说的“主管税务机关”或“税务机关”，是指县级以上（含县级）的地方税务局。

特此通知，请遵照执行。

6－7－2

国务院办公厅关于转发《国家税务总局关于调整国家税务局、地方税务局税收征管范围的意见》的通知

1996年1月24日　国办发〔1996〕4号

《国家税务总局关于调整国家税务局、地方税务局税收征管范围的意见》(以下简称《意见》)已经国务院同意,现转发给你们,请遵照执行。

这次对国家税务局和地方税务局税收征管范围进行的调整,是在总结税务机构分设以来工作实践的基础上进行的,这对于巩固财税体制改革的成果,调动中央和地方两个积极性具有积极意义。

1994年经国务院批准的深圳市关于国家税务局和地方税务局税收征管范围划分的试点,可以继续进行,但不扩大到其他特区。

国家税务总局和各级地方政府要按照《意见》的要求,精心组织协调,做好税收征管范围调整工作,保持全国税务系统稳定,确保各项税收工作任务的圆满完成。

附件:国家税务总局关于调整国家税务局、地方税务局税收征管范围的意见

附件

国家税务总局关于调整国家税务局、地方税务局税收征管范围的意见

1996年1月22日

1994年,全国税务系统按照《国务院办公厅转发〈国家税务总局关于组建在各地的直属税务机构和地方税务局实施意见〉的通知》(国办发〔1993〕87号)的规定,组建了国家税务局和地方税务局两套税务机构,明确划分了两个税务局各自的税收征管范围。机构分设以后,两套税务机构运行基本正常,为保障财税体制改革的顺利进行发挥了重要作用。在总结一年多来工作实践的基础上,拟对国家税务局和地方税务局税收征管范围进行调整,具体意见如下:

一、关于集贸市场和个体工商户税收

个体工商户税收征管范围的划分,按照收入归属原则,由国家税务局和地方税务局分别征收管理。即增值税、消费税由国家税务局负责征收管理,营业税、个人所得税和其他税收由地方税务局负责征收管理。

为加强税收征管,降低税收征收成本,避免工作交叉,方便个体工商户纳税,经国家税

务局、地方税务局协商一致，其各自负责征收的税种可以相互委托代征，相互委托代征不收取代征手续费。

集贸市场内的个体工商户按上述规定执行。

二、关于涉外税收

增值税、消费税、外商投资企业和外国企业所得税由国家税务局负责征收管理。营业税、个人所得税及其他地方税种由地方税务局负责征收管理，也可以委托国家税务局代征。

三、关于联营企业、股份制企业所得税

中央与地方所属企、事业单位组成的联营企业、股份制企业的所得税，由国家税务局负责征收管理。

四、关于证券交易税

证券交易税(未开征前对证券交易征收的印花税)由国家税务局负责征收管理。

五、关于教育费附加

教育费附加(铁道、银行总行、保险总公司缴纳的除外)由地方税务局负责征收管理。为简化征收手续，随增值税、消费税附征的教育费附加也可以委托国家税务局代征。

其他工商各税的征收管理范围，仍按国办发〔1993〕87号文件执行。

为贯彻落实上述税收征管范围调整意见，我局将另行制定有关的具体实施办法。

这次税收征管范围调整以后，税务系统的人员、财产不再调整。少数人员确需调动的，由当地国家税务局和地方税务局协商解决。

税收征管范围的调整自1996年2月1日起执行。

6-7-3

国家税务总局关于贯彻实施《中华人民共和国税收征收管理法》有关问题的通知

2001年5月18日　国税发〔2001〕54号

九届全国人大常委会第二十一次会议于2001年4月28日通过了《中华人民共和国税收征收管理法(修正案)》(以下简称新《征管法》)，并从2001年5月1日起施行。新《征管法》的修订颁布实施，对于加强税收征管，规范税收征收和缴纳行为，保障国家税收收入，保护纳税人的合法权益，促进经济和社会发展，进一步推进依法治税，具有十分重要的意义。各级税务机关要认真学习领会新《征管法》的精神和实质，严格按照新《征管法》的规定贯彻实施，依法行政。

根据新《征管法》的规定，从2001年5月1日起，税收征收管理按照新《征管法》的规定执行，即在2001年5月1日以后发生的税收征纳行为以及相关权利、义务和法律责任统一按照新《征管法》的规定执行。新《征管法》实施前颁布的税收法律与新《征管法》有不同规定的，适用新《征管法》的规定。

现将适用新《征管法》与原《征管法》的一些问题明确如下：

一、税收违法行为应当按倍数进行税收行政处罚的(新《征管法》第六十三条、第六十五条、第六十六条、第六十七条、第六十八条),其违法行为完全发生在2001年4月30日之前的,适用五倍以下罚款的规定;其违法行为既有发生在2001年4月30日之前的,也有发生在2001年5月1日之后的,分别计算其违法税款数额,分别按照五倍以下和百分之五十以上或者一倍以上、五倍以下罚款的规定执行。

税收违法行为按照新《征管法》第六十四条第二款、第六十九条规定应予行政处罚的行为延续到2001年5月1日以后的,只对其发生在2001年5月1日以后的不缴或少缴的税款或者应扣未扣、应收未收税款的行为处以罚款。

二、纳税人、扣缴义务人和其他当事人有违反税收管理等方面的税收违法行为(新《征管法》第六十条、第六十一条、第六十二条、第六十四条第一款、第七十一条、第七十二条)延续到2001年5月1日以后的,按照新《征管法》的规定处理。

三、应当给予行政处罚的税收违法行为发生在1996年9月30日以前的,按原《征管法》的规定执行;发生在2001年4月30日以前的,按《行政处罚法》的规定执行;发生在2001年5月1日以后的,按新《征管法》的规定执行(新《征管法》第八十六条)。

四、滞纳金分两段计征(新《征管法》第三十二条),2001年4月30日前按照千分之二计算,从2001年5月1日起按照万分之五计算,累计后征收。

五、关于计退利息(新《征管法》第五十一条),对纳税人多缴的税款退还时,自2001年5月1日起按照人民银行规定的同期活期存款的利率计退利息。新《征管法》第五十一条对纳税人超过应纳税额缴纳税款的退还,不包括预缴税款的退还、出口退税和政策性税收优惠的先征后退等情形。

六、税款、滞纳金、税收罚款的征收入库及其与其他款项的先后顺序(新《征管法》第二十九条、第四十五条、第五十三条),按照新《征管法》的规定执行。

七、新《征管法》第三十八条、第四十条、第五十条、第五十九条等条款所涉及的税务文书,总局将于近日下发统一格式。在国家税务总局未发文重新明确之前,各地可以暂时制订同类税务文书。

新《征管法》中关于税务管理等方面规定的具体操作,可以在《征管法实施细则》和总局具体办法公布后陆续落实。

对贯彻实施新《征管法》的过程中遇到的问题,各地应及时上报总局。

以上通知,请遵照执行。

6-7-4

国家税务总局关于所得税收入分享体制改革后税收征管范围的通知

2002年1月24日　国税发〔2002〕8号

各省、自治区、直辖市和计划单列市国家税务局、地方税务局:

根据《国务院关于印发所得税收入分享改革方案的通知》(国发〔2001〕37号)精神,现将所得税实行分享体制改革后,国家税务局、地方税务局的征收管理范围问题明确如下:

一、2001年12月31日前国家税务局、地方税务局征收管理的企业所得税、个人所得税(包括储蓄存款利息所得个人所得税),以及按现行规定征收管理的外商投资企业和外国企业所得税,仍由原征管机关征收管理,不作变动。

二、自2002年1月1日起,按国家工商行政管理总局的有关规定,在各级工商行政管理部门办理设立(开业)登记的企业,其企业所得税由国家税务局负责征收管理。但下列办理设立(开业)登记的企业仍由地方税务局负责征收管理:

(一)两个以上企业合并设立一个新的企业,合并各方解散,但合并各方原均为地方税务局征收管理的;

(二)因分立而新设立的企业,但原企业由地方税务局负责征收管理的;

(三)原缴纳企业所得税的事业单位改制为企业办理设立登记,但原事业单位由地方税务局负责征收管理的。

在工商行政管理部门办理变更登记的企业,其企业所得税仍由原征收机关负责征收管理。

三、自2002年1月1日起,在其他行政管理部门新登记注册、领取许可证的事业单位、社会团体、律师事务所、医院、学校等缴纳企业所得税的其他组织,其企业所得税由国家税务局负责征收管理。

四、2001年12月31日前已在工商行政管理部门和其他行政管理部门登记注册,但未进行税务登记的企事业单位及其他组织,在2002年1月1日后进行税务登记的,其企业所得税按原规定的征管范围,由国家税务局、地方税务局分别征收管理。

五、2001年底前的债转股企业、中央企事业单位参股的股份制企业和联营企业,仍由原征管机关征收管理,不再调整。

六、不实行所得税分享的铁路运输(包括广铁集团)、国家邮政、中国工商银行、中国农业银行、中国银行、中国建设银行、国家开发银行、中国农业发展银行、中国进出口银行以及海洋石油天然气企业,由国家税务局负责征收管理。

七、除储蓄存款利息所得以外的个人所得税(包括个人独资、合伙企业的个人所得税),仍由地方税务局负责征收管理。

各级国家税务局、地方税务局应认真贯彻执行所得税分享体制改革的有关规定,加强国税局、地税局之间以及和工商等行政管理部门之间的工作联系,互通信息,密切配合,保证改革的顺利实施。

6-7-5

国务院关于取消第一批行政审批项目的决定(节录)

2002年11月1日　国发〔2002〕24号

各省、自治区、直辖市人民政府,国务院各部委、各直属机构:

国务院决定开展行政审批制度改革工作以来,各部门、各地区按照《国务院批转关于行政审批制度改革工作实施意见的通知》(国发〔2001〕33号)和国务院行政审批制度改革工作电视电话会议的要求,在国务院行政审批制度改革工作领导小组的领导下,积极认真地推进行政审批制度改革,目前取得了阶段性成果。经过广泛深入地审核论证,国务院决定取消第一批行政审批项目。各部门、各地区要研究并及时处理行政审批项目取消后可能出现的情况和问题,认真做好有关工作的后续监管和衔接,防止出现管理脱节。要按照完善社会主义市场经济体制的目标和建立"廉洁、勤政、务实、高效"政府的要求,进一步转变政府职能,继续深入推进行政审批制度改革。要将行政审批制度改革与政府机构改革、实行政务公开和"收支两条线"管理以及其他有关工作紧密结合起来,努力建立适应社会主义市场经济体制要求的行政管理体制。

附件:国务院决定取消的第一批行政审批项目目录(789项)

附件

国务院决定取消的第一批行政审批项目目录(789项)

部门	序号	项目名称	设定依据	备注
…………				
税务总局	467	对指定企业经营高税率、贵重产品出口退税的审批	《国家税务局、对外经济贸易部关于明确部分出口企业出口高税率产品和贵重产品准予退税的通知》(国税发〔1992〕79号);《国家税务局、对外经济贸易部关于部分出口企业出口高税率产品、贵重产品准予退税的补充通知》(国税发〔1992〕279号)	
	468	对列名企业销售以出顶进国产棉退(免)税的审批	《国家计委、财政部、外经贸部、海关总署、国家税务总局、中国人民银行、国家外汇管理局、纺织工业局、中华全国供销合作总社关于印发〈国产棉花以出顶进管理暂行办法〉的通知》(计经贸〔2000〕161号)	
	469	对列名炼油厂销售以产顶进成品油免税的审批	《国家经贸委、海关总署、国家税务总局关于暂停进口柴油、汽油后做好国内油品供应工作有关问题的补充通知》(国经贸贸易〔1998〕882号)	
	470	对纳税人计税工资扣除标准限额调整的审批	《财政部、国家税务总局关于调整计税工资扣除限额等有关问题的通知》(财税字〔1999〕258号)	
	471	对具有进出口经营权的中外合资商业企业出口货物准予退税的审批	《财政部、国家税务总局关于中外合资商业企业出口货物退税问题的通知》(财税字〔1998〕119号)	

续表

部门	序号	项目名称	设定依据	备注
税务总局	472	对中国出版对外贸易总公司等三家企业出口图书报刊杂志退税免予提供增值税税收专用缴款书的审批	《国家税务总局关于中国出版对外贸易总公司等三家企业图书报刊杂志出口退税提供退税凭证有关问题的批复》(国税函〔1996〕649号)	
	473	对纳税人上缴的各类基金税前扣除的审核	《财政部关于印发〈中华人民共和国企业所得税暂行条例实施细则〉的通知》((94)财法字第3号)	
	474	对纳税人按规定支出的业务招待费税前扣除的核准	《财政部关于印发〈中华人民共和国企业所得税暂行条例实施细则〉的通知》((94)财法字第3号)	
	475	对社会力量向科研机构和高等学校资助研究开发经费税前扣除的审核	《财政部、国家税务总局关于贯彻落实〈中共中央　国务院关于加强技术创新,发展高科技,实现产业化的决定〉有关税收问题的通知》(财税字〔1999〕273号)	
	476	对内资企业调整固定资产残值比例的备案	《财政部关于印发〈中华人民共和国企业所得税暂行条例实施细则〉的通知》((94)财法字第3号)	
…………				

6－7－6

国家税务总局关于贯彻《中华人民共和国税收征收管理法》及其实施细则若干具体问题的通知

2003年4月23日　国税发〔2003〕47号

为了保证《中华人民共和国税收征收管理法》(以下简称征管法)及《中华人民共和国税收征收管理法实施细则》(以下简称实施细则)的贯彻实施,进一步增强征管法及其实施细则的可操作性,现将有关问题规定如下:

一、关于税务登记代码问题

实施细则第十条所称"同一代码"是指国家税务局、地方税务局在发放税务登记证件时,对同一个纳税人赋予同一个税务登记代码。为确保税务登记代码的同一性和惟一性,单位纳税人(含个体加油站)的税务登记代码由十五位数组成,其中前六位为区域码,由省、自治区、直辖市国家税务局、地方税务局共同编排联合下发(开发区、新技术园区等未赋予行政区域码的可重新赋码,其他的按行政区域码编排),后九位为国家质量监督检验检疫总局赋予的组织机构统一代码。市(州)以下国家税务局、地方税务局根据省、自治区、直辖市国家税务局、地方税务局制订的编码编制税务登记代码。

二、关于扣缴义务人扣缴税款问题

负有代扣代缴义务的单位和个人,在支付款项时应按照征管法及其实施细则的规定,将取得款项的纳税人应缴纳的税款代为扣缴,对纳税人拒绝扣缴税款的,扣缴义务人应暂停支付相当于纳税人应纳税款的款项,并在一日之内报告主管税务机关。

负有代收代缴义务的单位和个人，在收取款项时应按照征管法及其实施细则的规定，将支付款项的纳税人应缴纳的税款代为收缴，对纳税人拒绝给付的，扣缴义务人应在一日之内报告主管税务机关。

扣缴义务人违反征管法及其实施细则规定应扣未扣、应收未收税款的，税务机关除按征管法及其实施细则的有关规定对其给予处罚外，应当责成扣缴义务人限期将应扣未扣、应收未收的税款补扣或补收。

三、关于纳税人外出经营活动管理问题

纳税人离开其办理税务登记所在地到外县（市）从事经营活动、提供应税劳务的，应该在发生外出经营活动以前向其登记所在地的主管税务机关申请办理《外出经营活动税收管理证明》，并向经营地或提供劳务地税务机关报验登记。

实施细则第二十一条所称“从事生产、经营的纳税人外出经营，在同一地累计超过180天的”，应当是以纳税人在同一县（市）实际经营或提供劳务之日起，在连续的12个月内累计超过180天。

四、关于纳税申报的管理问题

经税务机关批准，纳税人、扣缴义务人采取数据电文方式办理纳税申报的，其申报日期以税务机关计算机网络系统收到该数据电文的时间为准。采取数据电文方式办理纳税申报的纳税人、扣缴义务人，其与数据电文相对应的纸质申报资料的报送期限由主管税务机关确定。

五、关于滞纳金的计算期限问题

对纳税人未按照法律、行政法规规定的期限或者未按照税务机关依照法律、行政法规的规定确定的期限向税务机关缴纳的税款，滞纳金的计算从纳税人应缴纳税款的期限届满之次日起至实际缴纳税款之日止。

六、关于滞纳金的强制执行问题

根据征管法第四十条规定“税务机关在采取强制执行措施时，对纳税人未缴纳的滞纳金同时强制执行”的立法精神，对纳税人已缴纳税款，但拒不缴纳滞纳金的，税务机关可以单独对纳税人应缴未缴的滞纳金采取强制执行措施。

七、关于税款优先的时间确定问题

征管法第四十五条规定“纳税人欠缴的税款发生在纳税人以其财产设定抵押、质押或者纳税人的财产被留置之前的，税收应当先于抵押权、质权、留置权执行”，欠缴的税款是纳税人发生纳税义务，但未按照法律、行政法规规定的期限或者未按照税务机关依照法律、行政法规的规定确定的期限向税务机关申报缴纳的税款或者少缴的税款，纳税人应缴纳税款的期限届满之次日即是纳税人欠缴税款的发生时间。

八、关于减免税管理问题

除法律、行政法规规定不需要经税务机关审批的减免税外，纳税人享受减税、免税的应当向主管税务机关提出书面申请，并按照主管税务机关的要求附送有关资料，经税务机关审核，按照减免税的审批程序经由法律、行政法规授权的机关批准后，方可享受减税、免税。

九、关于税务登记证件遗失问题

遗失税务登记证件的纳税人应当自遗失税务登记证件之日起15日内，将纳税人的名称、遗失税务登记证件名称、税务登记号码、发证机关名称、发证有效期在税务机关认可的报刊上作遗失声明,凭报刊上刊登的遗失声明向主管税务机关申请补办税务登记证件。

十、关于税收违法案件举报奖励问题

在国家税务总局和财政部联合制定的举报奖励办法未出台前,对税收违法案件举报奖励的对象、标准暂按《国家税务总局关于印发〈税务违法案件举报奖励办法〉的通知》(国税发〔1998〕211 号)的有关规定执行。

十一、关于账簿凭证的检查问题

征管法第五十四条第六款规定:“税务机关在调查税收违法案件时,经设区的市、自治州以上税务局(分局)局长批准,可以查询案件涉嫌人员的储蓄存款”;实施细则第八十六条规定:“有特殊情况的,经设区的市、自治州以上税务局局长批准,税务机关可以将纳税人、扣缴义务人当年的账簿、记账凭证、报表和其他有关资料调回检查”。这里所称的“经设区的市、自治州以上税务局局长”包括地(市)一级(含直辖市下设区)的税务局局长。这里所称的“特殊情况”是指纳税人有下列情形之一:(一)涉及增值税专用发票检查的;(二)纳税人涉嫌税收违法行为情节严重的;(三)纳税人及其他当事人可能毁灭、藏匿、转移账簿等证据资料的;(四)税务机关认为其他需要调回检查的情况。

十二、关于关联企业间业务往来的追溯调整期限问题

实施细则第五十六条规定:“有特殊情况的,可以自该业务往来发生的纳税年度起 10 年内进行调整”。该条所称“特殊情况”是指纳税人有下列情形之一:(一)纳税人在以前年度与其关联企业间的业务往来累计达到或超过 10 万元人民币的;(二)经税务机关案头审计分析,纳税人在以前年度与其关联企业间的业务往来,预计需调增其应纳税收入或所得额达到或超过 50 万元人民币的;(三)纳税人在以前年度与设在避税地的关联企业有业务往来的;(四)纳税人在以前年度未按规定进行关联企业间业务往来年度申报,或者经税务机关审查核实,关联企业间业务往来年度申报内容不实,以及不履行提供有关价格、费用标准等资料义务的。

十三、简易申报、简并征期问题

实施细则第三十六条规定:“实行定期定额缴纳税款的纳税人,可以实行简易申报、简并征期等申报纳税方式”,这里所称“简易申报”是指实行定期定额缴纳税款的纳税人在法律、行政法规规定的期限或者在税务机关依照法律、行政法规的规定确定的期限内缴纳税款的,税务机关可以视同申报;“简并征期”是指实行定期定额缴纳税款的纳税人,经税务机关批准,可以采取将纳税期限合并为按季、半年、年的方式缴纳税款,具体期限由省级税务机关根据具体情况确定。

十四、关于税款核定征收条款的适用对象问题

征管法第三十五条、实施细则第四十七条关于核定应纳税款的规定,适用于单位纳税人和个人纳税人。对个人纳税人的核定征收办法,国家税务总局将另行制定。

十五、关于外商投资企业、外国企业的会计记录文字问题

会计法第二十二条规定:“会计记录的文字应当使用中文。”对于外商投资企业、外国企业的会计记录不使用中文的,按照征管法第六十条第二款“未按照规定设置、保管账簿或者保管记账凭证和有关资料”的规定处理。

十六、关于对采用电算化会计系统的纳税人实施电算化税务检查的问题

对采用电算化会计系统的纳税人，税务机关有权对其会计电算化系统进行查验；对纳税人会计电算化系统处理、储存的会计记录以及其他有关的纳税资料，税务机关有权进入其电算化系统进行检查，并可复制与纳税有关的电子数据作为证据。

税务机关进入纳税人电算化系统进行检查时，有责任保证纳税人会计电算化系统的安全性，并保守纳税人的商业秘密。

注释：

条款失效废止。第一条失效废止。参见：《国家税务总局关于公布全文失效废止和部分条款失效废止的税收规范性文件目录的公告》(国家税务总局公告2018年第33号)。

6－7－7

国家税务总局关于推行纳税信息“一户式”管理工作的通知

2004年4月29日　国税函〔2004〕529号

各省、自治区、直辖市和计划单列市国家税务局：

充分利用现有资源进行系统整合是当前信息化建设的一项主要任务，实现纳税人信息的“一户式”管理是信息资源整合的一项重要内容。“一户式”管理的核心是将征管系统、增值税管理信息系统和出口退税系统等在数据层进行整合，将分散在各个不同系统、不同业务模块中的查询功能按照“一户式”的要求进行整理、筛选、归并，实现对纳税人信息“一户式”查询、管理和存储。

实现纳税人信息的“一户式”管理，一是满足基层税务机关人员执法的需要，使基层税务机关人员能够全面、快速和准确地查询出纳税人的有关涉税信息，为基层执法服务。二是满足税务管理机关管理工作的需要，对纳税人的涉税活动进行监控，提供查询分析服务。因此，国家税务总局决定尽快在税务系统内推行“一户式”管理的相关工作。为使此项工作顺利实施，现将有关实施工作通知如下：

一、“一户式”管理实施方案

由于“一户式”管理实施方案的实现与征管系统密切相关，因此按照各地征管系统的使用情况，总局将“一户式”管理实施方案分为以下三种：

(一)基于总局综合征管信息系统(原CTAIS)升级改造的“一户式”管理方案(方案一)

方案一主要为即时查询，适用于运行总局综合征管信息系统(原CTAIS)、数据量相对较小、以地市级集中处理数据的税务机关。该方案采取直接访问综合征管信息系统(原CTAIS)、增值税管理系统和出口退税系统的生产库的模式实现查询。各地在选择时应以不影响前述应用系统的生产效率为原则。

(二)基于总局综合数据管理系统的"一户式"管理方案(方案二)

方案二适用于使用总局综合征管信息系统(原CTAIS)、数据量相对较大、以省级(单列市或大的地市)集中处理数据或各地自行开发的征管系统、数据集中度较高(省级或大的地市)、数据结构与总局统一的数据结构规范差距不大的税务机关。该方案采用查询机和生产机分离的方式,实时或定期进行数据同步。

(三)基于各地征管系统升级改造的"一户式"管理方案(方案三)

方案三适用于各地使用自行开发的征管系统、数据集中度较低(地市或区县)的税务机关。该方案需要各地按照总局制定的业务需求和技术标准,因地制宜,实现"一户式"管理。

各地可以根据实际情况,选择适用的方案,并在5月12日之前,将确定的方案上报总局备案,以便总局分类指导。

二、推行"一户式"管理的时间安排

对于选用方案一的税务机关,"一户式"管理系统由总局统一修改完善,各地应按照总局综合征管软件(原CTAIS)的升级程序完成"一户式"管理补丁的安装。选用该方案的税务机关须在5月15日之前作好准备工作。

对于选用方案二的税务机关,在总局综合数据管理系统的"一户式"管理系统的基础上,5月30日之前完成系统部署工作。

对于选用方案三的税务机关,各地按照总局下发的业务需求、技术标准和规范,尽快完成"一户式"管理系统的部署工作。

各地税务机关在落实"一户式"管理工作时,要做好相关的准备工作。要对总局综合征管信息系统、防伪税控系统、专用发票稽核系统和出口退税系统进行相应的升级或打补丁(具体要求详见技术支持网站"一户式"管理栏目)。

为落实该项工作,总局将适时对各地"一户式"管理的部署工作进行检查。

三、为保证现有应用系统的安全,各地税务机关在实施"一户式"管理过程中,务必严格按照总局有关系统安全的规定和方案中安全的要求执行。

四、业务需求、技术标准和规范

总局下发的业务需求、技术标准和规范包括以下内容:

(一)纳税信息"一户式"管理业务需求(见附件)。

(二)国家税务总局综合数据管理系统数据结构技术规范,包括综合征管信息、防伪税控信息、专用发票稽核信息和出口退税信息(见附件)。

(三)国家税务总局综合数据管理系统数据抽取方案(见附件)。

(四)国家税务总局综合数据管理系统运行环境准备说明书(见附件)。

(五)防伪税控系统"一户式"管理技术文档(见附件)。

(六)稽核系统"一户式"管理技术文档(见附件)。

(七)出口退税系统"一户式"管理技术文档(见附件)。

(八)"一户式"管理工作方案(见附件)。

五、"一户式"管理的培训

对于选用方案二(或方案三)的税务机关,总局将在近期举办有关"一户式"管理的技术培训班。有关培训的详细情况,总局将另行通知。

六、"一户式"管理的技术支持

为做好"一户式"管理系统的技术支持工作,总局将在技术支持网站建立"一户式"管理栏目,各地可通过该网站得到与"一户式"管理系统有关的所有信息。技术支持网站的地址为:http://130.9.1.116/yhsgl.

总局将在5月10日前将总局综合征管信息系统(原CTAIS)的升级程序放到"一户式"管理技术支持网站上。

总局综合数据管理系统将在系统培训完以后放到技术支持网站上。

如遇问题,请与总局(信息中心)联系。

联系人与联系电话:杨慧平　010-63417627

柯　琥　010-63417638

附件:1. 纳税信息"一户式"管理的业务需求(编者略)

2. 国家税务总局综合数据管理系统数据结构技术规范(编者略)

3. 国家税务总局综合数据管理系统数据抽取方案(编者略)

4. 国家税务总局综合数据管理系统运行环境准备说明书(编者略)

5. 防伪税控系统"一户式"管理技术文档(编者略)

6. 稽核系统"一户式"管理技术文档(编者略)

7. 出口退税系统"一户式"管理技术文档(编者略)

8. "一户式"管理工作方案(编者略)

6-7-8

国务院关于第三批取消和调整行政审批项目的决定(节录)

2004年5月19日　国发〔2004〕16号

各省、自治区、直辖市人民政府,国务院各部委、各直属机构:

2002年10月和2003年2月国务院决定共取消和调整1300项行政审批项目后,国务院行政审批制度改革工作领导小组对国务院部门行政审批项目又进行了全面清理。经严格审核论证,国务院决定再次取消和调整495项行政审批项目。其中,取消的行政审批项目409项;改变管理方式,不再作为行政审批,由行业组织或中介机构自律管理的39项;下放管理层级的47项。在取消和调整的行政审批项目中有25项属于涉密事项,按规定另行通知。

各地区、各部门要认真做好有关行政审批项目取消和调整的落实工作,切实加强后续监督和管理。要按照全面推进依法行政、建设法治政府的要求,以贯彻实施《中华人民共和国行政许可法》为契机,深化行政审批制度改革,进一步规范行政权力和行政行为;加快行政管理体制改革进程,进一步转变政府职能;不断更新管理理念、创新管理方式,努力提高社会主义市场经济条件下政府管理经济和社会事务的能力和水平。

附件:1. 国务院决定取消的行政审批项目目录(385 项)

2. 国务院决定改变管理方式、不再作为行政审批、实行自律管理的行政审批项目目录(39 项)(编者略)

3. 国务院决定下放管理层级的行政审批项目目录(46 项)

附件 1

国务院决定取消的行政审批项目目录(385 项)

部门	序号	项目名称	设定依据	备注
…………				
税务总局	170	企业税前弥补亏损核准	《国家税务总局关于印发〈企业所得税税前弥补亏损审核管理办法〉的通知》(国税发〔1997〕189 号)	
	171	不组成企业法人的中外合作经营企业统一计算缴税审批	《中华人民共和国外商投资企业和外国企业所得税法实施细则》(国务院令第 85 号)	
	172	外商投资企业选用固定资产折旧办法审批	《中华人民共和国外商投资企业和外国企业所得税法实施细则》(国务院令第 85 号)	
	173	外商投资企业坏账损失审核	《中华人民共和国外商投资企业和外国企业所得税法实施细则》(国务院令第 85 号)	
	174	外国企业列支向总机构支付的管理费审批	《中华人民共和国外商投资企业和外国企业所得税法实施细则》(国务院令第 85 号)	
	175	外国石油公司开采油(气)田在合同区块之间结转勘探费的确认	《中华人民共和国外商投资企业和外国企业所得税法实施细则》(国务院令第 85 号)	
	176	中外合资高新技术企业定期减免所得税审批	《中华人民共和国外商投资企业和外国企业所得税法实施细则》(国务院令第 85 号)	
	177	外商投资企业借款利息列支审核	《中华人民共和国外商投资企业和外国企业所得税法实施细则》(国务院令第 85 号)	
	178	外国企业和外籍个人向中国境内转让技术取得收入免征营业税审批	《财政部、国家税务总局关于贯彻落实〈中共中央、国务院关于加强技术创新,发展高科技,实现产业化的决定〉有关税收问题的通知》(财税字〔1999〕273 号)	
	179	外商投资企业取得已使用的固定资产按尚可使用年限折旧审核	《中华人民共和国外商投资企业和外国企业所得税法实施细则》(国务院令第 85 号)	
	180	外籍纳税人固定在一地申报缴纳个人所得税审批	《国家税务总局关于印发〈征收个人所得税若干问题的规定〉的通知》(国税发〔1994〕89 号)	
	181	出口货物退(免)税 A 类企业列名审批	《国家税务总局关于出口货物退(免)税实行按企业分类管理的通知》(国税发〔1998〕95 号)	
	182	纳税人成本计算方法、间接成本分配方法、存货计价方法改变审批	《国家税务总局关于印发〈企业所得税税前扣除办法〉的通知》(国税发〔2000〕84 号)	
	183	企业技术开发费加计扣除的审批	《国家税务总局关于印发〈企业技术开发费税前扣除管理办法〉的通知》(国税发〔1999〕49 号)	
	184	经国务院批准的高新技术产业开发区内的高新技术企业减免税审核	《财政部、国家税务总局关于企业所得税若干优惠政策的通知》(财税字(94)1 号)	
	185	外商投资企业改变存货计价方法审批	《中华人民共和国外商投资企业和外国企业所得税法实施细则》(国务院令第 85 号)	
	186	企业所得税预缴期限核定	《财政部关于印发〈中华人民共和国企业所得税暂行条例实施细则〉的通知》((94)财法字第 3 号)	

续表

部门	序号	项目名称	设定依据	备注
税务总局	187	饲料企业生产的饲料产品免征增值税审批	《财政部、国家税务总局关于饲料产品免征增值税问题的通知》(财税〔2001〕121号)	
	188	低污染排放小汽车减征消费税核准	《财政部、国家税务总局关于低污染排放小汽车减征消费税问题的通知》(财税〔2003〕266号)、《财政部、国家税务总局关于对低污染排放小汽车减征消费税的通知》(财税〔2000〕26号)	
	189	外商投资企业财产损失所得税前扣除审批	《国家税务总局关于外商投资企业财产损失所得税前扣除审批管理的通知》(国税发〔2000〕46号)	
	190	利用外国政府和国际金融组织贷款招标国内企业中标的货物准予退税核准	《国家税务总局关于印发〈出口货物退(免)税若干问题的具体规定〉的通知》(国税发〔1999〕101号)	
	191	应税外国企业代表机构按经费支出额换算收入计算征税审批	《国家税务总局关于加强外国企业常驻代表机构税收征管有关问题的通知》(国税发〔1996〕165号)	
	192	对外籍个人住房补贴、伙食补贴、洗衣费、搬迁费、出差补贴、探亲费、语言训练费、子女教育费补贴免征个人所得税审批	《财政部、国家税务总局关于个人所得税若干政策问题的通知》(财税字〔1994〕20号)、《国家税务总局关于外籍个人取得有关补贴征免个人所得税执行问题的通知》(国税发〔1997〕54号)	
	193	对外籍个人在中国期间取得来华之前的工资薪金所得不征个人所得税核准	《国家税务总局关于三井物产(株)大连事务所外籍雇员取得数月奖金确定纳税义务问题的批复》(国税函〔1997〕546号)	
	194	个人认购股票等有价证券而从雇主取得补贴收入分期计入应纳税所得额审批	《国家税务总局关于个人认购股票等有价证券而从雇主取得折扣或补贴收入有关征收个人所得税问题的通知》(国税发〔1998〕9号)	
	195	注册税务师资格考试考前培训审批	《人事部、国家税务总局关于印发〈注册税务师执业资格考试实施办法〉的通知》(人发〔1999〕4号)	
	196	部分行业企业广告费税前扣除标准审批	《国家税务总局关于调整部分行业广告费用所得税前扣除标准的通知》(国税发〔2001〕89号)	
	197	从事税务代理业务审批	《人事部、国家税务总局关于印发〈注册税务师资格制度暂行规定〉的通知》(人发〔1996〕116号)	
	198	软件企业认定和年审	《财政部、国家税务总局、海关总署关于鼓励软件产业和集成电路产业发展有关税收政策问题的通知》(财税〔2000〕25号)	
	199	工效挂钩企业计税工资核准	《国家税务总局关于企业所得税几个业务问题的通知》(国税发〔1994〕250号)	
	200	包装物周转使用期限确定	《国家税务总局关于印发〈增值税问题解答(之一)〉的通知》(国税函发〔1995〕288号)	
	201	货运业自开票纳税人和代开票纳税人营业税减免认定	《国家税务总局关于加强货物运输业税收征收管理的通知》(国税发〔2003〕121号)	
	202	为纳税人提供增值税专用发票开票服务的中介机构资格审批	《国家税务总局关于印发〈增值税防伪税控主机共享服务系统管理暂行办法〉的通知》(国税发〔2003〕67号)	
	203	关停企业闲置和尚未利用的占地暂免征收土地使用税审批	《国家税务总局关于印发〈关于土地使用税若干具体问题的补充规定〉的通知》((89)国税地字第140号)	
	204	微利、亏损企业,企业停产、撤销后原有房产闲置,房屋大修停用半年以上免征或暂不征收房产税审批	《财政部、税务总局关于印发〈关于房产税若干具体问题的解释和暂行规定〉、〈关于车船使用税若干具体问题的解释和暂行规定〉的通知》((86)财税地字第8号)	

续表

部门	序号	项 目 名 称	设 定 依 据	备注
税务总局	205	耕地占用税纳税人申请法定减免税审批	《财政部颁发〈关于耕地占用税减免管理的暂行规定〉的通知》((90)财农税字第56号)	
	206	单位和个人(不包括外资企业、外籍个人)从事技术转让、技术开发业务免征营业税审批	《财政部、国家税务总局关于贯彻落实〈中共中央、国务院关于加强技术创新,发展高科技,实现产业化的决定〉有关税收问题的通知》(财税字〔1999〕273号)	
	207	金银首饰消费税纳税人认定	《国家税务总局关于印发〈金银首饰消费税征收管理办法〉的通知》(国税发〔1994〕267号)	
	208	小规模企业销售货物或应税劳务由税务所代开增值税专用发票审批	《国家税务总局关于由税务所为小规模企业代开增值税专用发票的通知》(国税发〔1994〕58号)	
	209	企业出口货物销售额占全部销售额比重过高退税审批	《国家税务总局关于出口货物退(免)税若干问题的通知》(国税发〔2003〕139号)	
	210	新认定商贸企业首次领购增值税专用发票数量超过25份审批	《国家税务总局关于加强商贸企业增值税征收管理有关问题的通知》(国税发〔2001〕73号)	
	211	从事集成电路设计企业及产品认定工作的职业资格认定	《国家税务总局、信息产业部关于印发〈集成电路设计企业及产品认定机构管理办法〉的通知》(国税发〔2003〕140号)	
	212	合并、变更、注销税务师事务所审批	《国家税务总局注册税务师管理中心关于税务师事务所有关事项变更程序的通知》(国税注字〔2001〕7号)	
	213	集成电路设计企业和产品认定	《信息产业部、国家税务总局关于印发〈集成电路设计企业及产品认定管理办法〉的通知》(信部联产〔2002〕86号)	
…………				

附件3

国务院决定下放管理层级的行政审批项目目录(46项)

部门	序号	项 目 名 称	设 定 依 据	下放管理实施机关	备注
…………					
税务总局	12	列名钢铁企业销售"以产顶进"钢材准予退税审批	《国家经济贸易委员会、财政部、国家税务总局、海关总署关于改进钢材"以产顶进"办法的通知》(国经贸贸易〔1999〕144号)、《财政部、国家经济贸易委员会、国家税务总局、海关总署关于改进钢材"以产顶进"办法的补充通知》(财税字〔1999〕34号)、《国家税务总局、国家经贸委、财政部、海关总署、国家外汇管理局关于印发〈钢材"以产顶进"改进办法实施细则〉的通知》(国税发〔1999〕68号)	省、自治区、直辖市国家税务局	对列名钢铁企业销售给加工出口企业用于生产出口产品的钢材,视同出口予以退税
	13	外商投资企业和外国企业购买国产设备投资抵免企业所得税审批	《国家税务总局关于印发〈外商投资企业和外国企业购买国产设备投资抵免企业所得税管理办法〉的通知》(国税发〔2000〕90号)	地(市)税务机关	
	14	城镇土地使用税困难减免审批(年纳税额在10万元以下企业)	《中华人民共和国城镇土地使用税暂行条例》(国务院令第17号)	省、自治区、直辖市地方税务局	

续表

部门	序号	项目名称	设定依据	下放管理实施机关	备注
税务总局	15	企业技术改造国产设备投资抵免企业所得税核准	《财政部、国家税务总局关于印发〈技术改造国产设备投资抵免企业所得税暂行办法〉的通知》(财税字〔1999〕290号)	省、自治区、直辖市及以下税务机关	
	16	企业所得税减免税审批	《国家税务总局关于印发〈企业所得税减免税管理办法〉的通知》(国税发〔1997〕99号)	省、自治区、直辖市及以下税务机关	
	17	上市公司国有股权无偿转让免征证券(股票)交易印花税审批	《国家税务总局关于上市公司国有股权无偿转让征收证券(股票)交易印花税问题的通知》(国税发〔1999〕124号)	上海市、深圳市国家税务局	
…………					

注释:

政策调整。“上市公司国有股权无偿转让免征证券(股票)交易印花税审批”取消。参见:《国家税务总局关于公布已取消的22项税务非行政许可审批事项的公告》(国家税务总局公告2015年第58号)。

政策调整。附件3列名下放管理的“列名钢铁企业销售‘以产顶进’钢材准予退税审批”、“企业技术改造国产设备投资抵免企业所得税核准”、“外商投资企业和外国企业购买国产设备投资抵免企业所得税审批”,此三项审批取消。参见:《国务院关于第四批取消和调整行政审批项目的决定》(国发〔2007〕33号)。

6-7-9

国务院办公厅关于保留部分非行政许可审批项目的通知(节录)

2004年8月2日　国办发〔2004〕62号

各省、自治区、直辖市人民政府,国务院各部委、各直属机构:

依据《中华人民共和国行政许可法》和行政审批制度改革的有关规定,国务院对所属各部门的行政审批项目进行了全面清理,先后分三批取消和调整1795项行政审批项目。同时,除现行法律、行政法规设定的继续实施外,依法保留并设定行政许可500项。在此基础上,对其他行政审批项目进行了严格审核和充分论证,根据现阶段政府全面履行职能和有效实施管理的需要,经国务院同意,对其中的211项暂予保留。这些项目,主要是政府的内部管理事项,不属于行政许可;随着社会主义市场经济体制的逐步完善,今后还将逐步取消或做必要的调整。

各地区、各部门要按照全面推进依法行政、建设法治政府的要求,建立健全监督制约机制和责任追究制度，进一步规范行政行为，正确有效地履行管理职责，巩固行政审批制度改革的成果，为建立和完善行为规范、运转协调、公正透明、廉洁高效的行政管理体制奠定更加坚实的基础。

附件：保留的非行政许可审批项目目录(211 项)

附件

保留的非行政许可审批项目目录(211 项)

序号	项目名称	实施机关
…………		
125	外商投资企业在优惠期内因不可抗力提前解散免予补税审批	省级税务机关
126	新成立的内外销额(比例)达到规定标准的生产企业按月计算办理免抵退税审批	省、自治区、直辖市国家税务局
127	增值税一般纳税人资格认定	县以上国家税务机关
128	企业汇总缴纳消费税审批	税务总局 省、自治区、直辖市国家税务局
129	纳税人出售普通标准住宅增值额未超过应扣除项目金额之和 20% 或者因城市规划自行出售房地产免征土地增值税审批	税务机关
130	企业集中提取技术开发费审批	税务总局或其授权的省级税务机关 省、自治区、直辖市和计划单列市税务机关
131	国家银行和金融机构在境外发行债券所得利息符合优惠利率标准免征所得税审批	税务总局
132	外方以优惠利率贷款给我方取得利息免征预提所得税审批	税务机关
133	出口企业退税登记证核准	所在地主管退税业务的税务机关
134	出口货物退免税审批	税务机关
135	外国政府和国际组织无偿援助项目在华采购物资免税审批	税务总局
136	外汇借款项目以税还贷企业名单与限额审批	财政部 税务总局
137	公路货运业自开票纳税人和代开票纳税人认定	主管地方税务局
138	保险公司一年期以上返还式人身保险业务的保险收入免征营业税审批	财政部 税务总局
139	民政福利企业享受税收优惠及民政福利工业企业生产增值税应税货物退税审批	省级人民政府民政部门、税务机关 主管税务机关
140	经国务院批准成立的企业集团合并缴纳企业所得税审批	税务总局
141	企业在缴纳所得税税前扣除财产损失审批	纳税人所在地主管税务机关的上一级税务机关
142	外国政府、非营利机构等在我国设立代表机构给予免税待遇审批	税务总局
143	纳税人按规定支付给总机构的与生产、经营有关的管理费税前扣除审批	主管税务机关
144	企业跨地域改组、分立、合并中整体资产置换的税收待遇确认	税务总局 当地税务机关
145	外商投资企业分阶段投资或追加投资享受税收优惠审批	省、自治区、直辖市税务机关
146	协定国居民申请享受协定税收待遇确认	税务机关

续表

序号	项 目 名 称	实 施 机 关
147	中西部地区鼓励类外商投资企业延长三年减按15%税率征收企业所得税审核	主管税务机关
148	中外合资、合作经营企业可行性研究费用列入开办费核准	税务机关
149	西部地区企业享受税收优惠政策审批	税务机关
…………		

备注:1. 按照规定应当由党中央、国务院决定的事项,按照规定程序办理。

2. 按照规定应当由党中央有关部门、国务院其他部门决定或者审核的事项,按照现行规定办理。

注释:

政策调整。"西部大开发税收优惠政策审批"取消。参见:1.《国家税务总局关于贯彻落实〈国务院关于第一批取消62项中央指定地方实施行政审批事项的决定〉的通知》(税总发〔2015〕141号)。2.《国务院关于第一批取消62项中央指定地方实施行政审批事项的决定》(国发〔2015〕57号)。3.《国家税务总局关于公布已取消的22项税务非行政许可审批事项的公告》(国家税务总局公告2015年第58号)。

政策调整。"出口退(免)税资格认定""出口退(免)税资格认定注销""集团公司具有免抵退税资格成员企业认定""研发机构采购国产设备退税资格的认定""以边境小额贸易方式代理外国企业、外国自然人出口货物备案登记及备案核销的核准""非居民享受税收协定(含与港澳台协议)待遇审批"取消。参见:1.《国家税务总局关于贯彻落实〈国务院关于取消非行政许可审批事项的决定〉的通知》(税总发〔2015〕74号)。2.《国务院关于取消非行政许可审批事项的决定》(国发〔2015〕27号)。

政策调整。"出口退(免)税资格认定变更"取消。参见:《国家税务总局关于贯彻落实〈国务院关于取消非行政许可审批事项的决定〉的通知》(税总发〔2015〕74号)。

政策调整。"对财政有影响的临时特案减免税审批"取消。参见:1.《财政部关于公布取消5项行政审批项目的通知》(财法〔2015〕1号)。2.《国务院关于取消和调整一批行政审批项目等事项的决定》(国发〔2015〕11号)。

政策调整。"对增值税一般纳税人资格认定审批"取消。参见:《国务院关于取消和调整一批行政审批项目等事项的决定》(国发〔2015〕11号)。

政策调整。出口企业退税登记证核准,企业跨地域改组、分立、合并中整体资产置换的税收待遇确认,外商投资企业分阶段投资或追加投资享受税收优惠审批,中外合资、合作经营企业可行性研究费用列入开办费核准,以上审批取消。外国政府、非营利机构等在我国设立代表机构给予免税待遇审批和国家银行和金融机构在境外发行债券所得利息符合优惠利率标准免征所得税审批调整。参见:《国务院关于第四批取消和调整行政审批项目的决定》(国发〔2007〕33号)。

6－7－10

国家税务总局关于进一步加强税收征管工作的若干意见

2004年8月24日　国税发〔2004〕108号

各省、自治区、直辖市和计划单列市国家税务局、地方税务局，扬州税务进修学院：

根据党中央、国务院关于加强税收征管工作的总体要求，为贯彻“以申报纳税和优化服务为基础，以计算机网络为依托，集中征收，重点稽查，强化管理”的征管模式，完善征管体制，夯实征管基础，强化税源管理，优化纳税服务，实现科学化、精细化管理，提高税收征管的质量和效率，现就进一步加强税收征管工作提出以下意见，请结合本地实际情况，认真贯彻执行。

一、加强税款征收管理

（一）加强对纳税申报的审核

办税服务厅窗口工作人员在受理纳税申报时，要按照“一窗式”管理规程的要求，对各类纳税申报资料的完整性和基本数据逻辑进行必要的审核。在审核增值税申报资料时，要认真比对防伪税控磁卡记录销售额与申报的专用发票销售额、防伪认证数与申报专用发票抵扣数，比对运输发票、废旧物资发票、海关代征凭证以及农副产品收购票抵扣清单（磁盘）汇总额与申报表对应抵扣额，其他发票填开额与申报销售额等。受理运输企业营业税申报，要比对申报的税额与发票清单（磁盘）汇总额。发现申报差错要及时处理，辅导纳税人纠正一般性错误，不断提高纳税申报的真实性和准确性。税源管理部门要根据纳税人户籍资料以及各类相关指标，对纳税申报真实性做进一步审核评估，及时发现问题，采取措施，堵塞管理漏洞。

（二）严格欠税管理

税款征期过后，要及时将纳税人欠缴税款情况提交税源管理部门催缴，最大限度地减少新欠税款的形成。要加强延期申报管理，严格执行滞纳金制度，任何单位和个人不得违法豁免滞纳金。对历史形成的欠税，要严格执行有关规定，不得采取任何变通办法擅自减免欠缴税款。纳税人确有困难申请缓缴税款的，要严格执行征管法及其实施细则有关规定，不得越权审批缓缴税款，不得擅自放宽期限。

各级税务机关要把清理欠税作为目标管理和质量考核的重要内容，定期检查欠税管理制度执行情况，落实责任追究制度，制定和完善欠税公告制度，定期进行欠税公告。

（三）强化出口退税管理

落实出口退税机制改革措施，切实做好利用增值税专用发票电子信息和海关出口电子信息审核出口退税工作，不断改进“免、抵、退”税管理，提高出口退税管理水平。在加强管理的同时，合理简化手续，加快出口退税审批进度，及时准确地进行免抵税调库。

二、强化税源管理

（一）坚持属地管理原则，实施分类管理

税源管理工作主要由基层税务机关所属的税务分局、税务所以及内设的税源管理科（股）负责。要坚持属地管理的原则，根据行政区划和税源规模与分布，对所辖税源实施分类管理。分类管理的方法和标准可由各地税务机关根据纳税人实际情况以及税源管理的需要自行确定。一般可以按照纳税人所在区域，结合纳税人规模、性质和行业特点实行划片管理。

（二）建立健全税收管理员制度

税源管理工作必须落实到人，实行税收管理员责任制。税收管理员（简称专管员、片管员）是基层税务机关分片（业）管理税源的工作人员，隶属于税源管理部门。其主要工作职责包括：税收政策宣传送达、纳税咨询辅导；掌握所辖税源户籍变动情况；调查核实管户生产经营、财务核算情况；核实管户申报纳税情况；进行税款催报催缴；开展对所管企业的纳税评估及其税务约谈；提出一般性涉税违章行为纠正处理意见；协助进行发票管理等。

税收管理员原则上不直接从事税款征收、税务稽查和违章处罚工作。特殊情况，如交通不便的地区和集贸市场的零散税收，可制定相应管理制度，由税收管理员直接征收税款。

税源管理重要事项由部门集体研究。税收管理员下户执行各项税源管理事务时，要提出报告，按计划和规定程序进行，并接受行政执法和行政监察的监督。所获税源信息要记录归档，实行共享。税收管理员实行两年定期轮换制度。各级税务机关要制定税收管理员工作规范，加强对税收管理员的管理、监督和考核。

要选拔业务骨干充实税收管理员队伍，并加强对税收管理员的培训，注重提高税收管理员的财务会计水平和数据分析能力，通过能级管理等激励机制，鼓励其增长才干，积累经验，成为税源管理方面的专门人才。

（三）严格税务登记制度，加强户籍管理

户籍管理不但要严格税务登记管理制度，全面掌握所辖纳税人税务登记的各项登记事项，加强登记环节的管理，还要及时了解和掌握与户籍管理相关的各类动态情况。包括：纳税人生产经营及其财务核算情况；各税种的核定及其有关资格认定、各类征收方式核定、多元化申报和缴款方式的核准情况；各税种的申报纳税、税款滞纳及其补缴情况；税务检查及其处理、享受减免税政策及其执行情况；纳税人发票领购资格、品种、数量情况；纳税户关、停、并、转、歇业以及委托税务代理情况等。要及时归纳、整理和分析户籍管理的各类信息，从中发现问题，解决问题，强化和细化管理。要健全户籍管理档案，并通过信息化实现纳税人户籍资料的“一户式”存储管理。

要充分发挥税收管理员在户籍管理中的重要作用。税收管理员要通过所掌握的户籍管理信息对管户进行实地核查，核实登记事项的真实性。要有计划地对辖区进行巡察，及时发现未办理税务登记户，防止漏征漏管。税源管理部门要对税收管理员巡查面、巡查次数等指标定期进行考核。

（四）加强税源分析

各级税务机关及其税源管理部门都要建立健全税源管理统计分析制度，定期采集和分析税源管理数据，建立税源管理数据指标体系和税源分析的数学模型，针对所辖税源变化趋势，按照地区、行业、企业、税种、时限等对所辖税源实施结构分析监控。

上级税务机关主要侧重税源总量和税负变化的宏观分析与监控。要把握税收与经济的对应规律，预测税收收入能力；分析宏观税负、行业税负及其变化规律，并作地区间比较；定期发布税负情况，提出税负预警指标。同时，为基层税务机关提供税源分析手段、方法和指标，指导基层税务机关制定税源管理制度和方案，开展税源分析，并据此指导纳税评估工作。

基层税务机关负责本辖区内的税源分析监控和税源管理业务的具体组织与实施，侧重对影响本地区行业税负的关键指标及其增减变化的分析监控，并制定税源分析的具体标准和方法；组织指导税源管理部门和税收管理员开展以纳税评估为主要内容的税源管理工作。

（五）加强税源动态监控

税源管理部门要加强对辖区内纳税人的生产经营、财务核算、申报纳税、代扣代缴、综合经济指标、行业税负以及税务检查处理等各类动态情况的分析监控。及时对照上级税务机关发布同行业税负及其预警标准，比较各部门上报统计部门的指标，结合各级协税护税、部门配合等各类相关统计分析信息，运用信息化手段进行综合分析和税源的动态监控和精细管理。

税收管理员要定期到纳税人生产经营场所实地了解情况，掌握其产品、原料、库存、能耗、物耗等生产经营基本状况和销售、成本、价格、增加值利润等财务情况，及时取得动态监控数据，找出影响税负变化的主要因素。通过对纳税人当期涉税指标与历史指标的纵向比对、同行业纳税人涉税指标的横向比对、实物库存及流转情况与账面记录情况的账实比对，分析税负变化趋势，实现动态监控。

（六）全面开展纳税评估

各级税务机关要根据税收法律法规、税源宏观数据、税负变化信息和纳税人户籍资料，结合企业生产经营状况及行业指标的横向分析和历史指标的纵向分析，利用信息化数据集中和“一户式”信息管理的优势，对纳税人纳税申报的真实性和准确性做出定性和定量的判断，进行全面系统的纳税评估。

对纳税评估发现的一般性问题，如计算填写、政策理解等非主观性质差错，可由税务机关约谈纳税人。通过约谈进行必要的提示与辅导，引导纳税人自行纠正差错，在申报纳税期限内的，根据税法有关规定免予处罚；超过申报纳税期限的，加收滞纳金。有条件的地方可以设立税务约谈室。

对纳税评估发现需要进一步核实的问题，可下户做调查核实。调查核实的过程和结果要进行记录，并纳入“一户式”纳税信息资料管理系统。

经纳税评估、约谈辅导和调查核实所确定的问题，包括催报催缴、补正申报、补缴税款、调整账目、限期改正、加收滞纳金等，按照有关规定处理。涉及处罚的，按照征管法及其实施细则有关规定进行处罚；涉嫌“偷逃骗抗”等税收违法行为需要立案的，要及时移交税务稽查部门查处。

要制定纳税评估工作规范，建立纳税评估指标体系，落实纳税评估工作职责，并将纳税评估纳入行政执法责任制和过错追究制进行考核。

（七）大力推行税控装置，加强发票管理

要认真贯彻国家税务总局、财政部、信息产业部、国家质量监督检验检疫总局关于推行税控装置的一系列要求，积极稳妥地推行税控收款机等税控装置。严格执行税控装置使用规定，督促检查使用税控装置的纳税人如实录入经营数据和开具税控发票；主管税务机关要利用税控装置记录数据计核应征税额，分析纳税状况，不断提高税款征收质量。要严把税控初始化关，按照总局有关规定对用户使用的税控收款机进行税控初始化。要严把申报审核关，按照"一窗式"管理的原理，加强对使用税控收款机的纳税人申报资料的审核。受理纳税申报岗位不仅要对纳税申报表及相关资料进行逻辑审核，而且要对纳税申报表填报的经营收入数据与纳税人用户卡记录的开票金额进行比对。纳税申报的经营收入大于或者等于用户卡记录的开票金额，方可开票征税和清零解锁；纳税申报的经营收入小于用户卡记录的开票金额，要即时要求纳税人纠错补正，不能即时补正的，要求纳税人说明原因，同时移送税源管理部门约谈、核查。要严把发票发售"验旧售新"关，在税控收款机清零解锁后，才允许其重新启用税控收款机开票，并发售新的空白发票。对不按规定使用税控装置、不据实申报纳税的，要依法予以处罚并核定其应纳税额。

要加强发票管理，运用"以票控税"管理手段，强化税源监管。要督促企业落实逐笔开具发票制度，强化发票"验旧购新"管理，落实发票限额限量供应措施。要坚持有奖发票制度，认真依法落实发票违章举报制度，充分发挥发票控管税源作用。

三、加大税务稽查力度

（一）充分发挥税务稽查的重要作用

加大稽查工作力度，严厉查处涉税违法案件，震慑和惩处涉税犯罪。重点查处伪造、倒卖、虚开增值税专用发票，利用作假账、多套账或账外经营手段偷逃税款，伪造海关代征进口增值税专用缴款书、运输发票、废旧物资普通发票和农产品收购发票等骗抵税款以及骗取出口退税等违法案件。对跨地区的大案要案，上级机关要直接指挥和组织协调，有关地区要积极协助主办部门调查取证。国税、地税局之间要及时沟通情况，尽可能联合办案。要切实做好税收专项检查统一组织工作，深入开展各项专项检查。

（二）建立健全稽查执法办案责任制

要建立健全首查责任制，增强责任意识，提高检查、办案的能力和水平，加快办案速度。要全面推行案件复查制度，对检查案件要确定一定比例定期进行复查。要坚持重大案件集体审理制度，要规范和加强对重大案件的审理工作。对税收违法行为涉嫌犯罪的案件，税务机关除依法进行行政处理（处罚）外，要严格执行国务院《行政执法机关移送涉嫌犯罪案件的规定》及相关法律、行政法规，及时移送公安机关处理，对徇私舞弊不依法移送的，必须依法追究责任。对收缴的税款、滞纳金、罚款等涉税款项，要严格按照规定缴入国库，违者要严肃处理。

（三）加强案例分析，查找管理漏洞

加强税务稽查的案例分析，及时掌握涉税案件的发生、分布特点，作案手段和发展动向，有针对性地采取措施，防范、打击涉税违法活动。对查处的案件，要进行认真剖析，通过案例分析，发现税收征管的薄弱环节，制定并采取整改措施，堵塞税收征管漏洞，充分发挥税务稽查对税款征收和税源管理的监督与促进作用。

(四)明确划分日常税务检查与税务稽查的职责

日常税务检查与税务稽查的职责范围要按照《国家税务总局关于进一步加强税收征管基础工作若干问题的意见》(国税发〔2003〕124 号)规定的三条原则划分。各级税务机关要根据各地实际情况,制定具体管理办法,从税务检查的对象、范围、性质、时间等方面划清日常税务检查与税务稽查的业务边界。

为保持税务稽查选案、检查、审理和执行各环节的完整性,税务稽查案源主要从以下几个方面确定:举报案件;日常管理过程中发现有偷、逃、骗税等税收违法行为嫌疑、需要移送稽查的案件;上级交办的案件;稽查局按规定采取计算机选取或人工随机抽样等办法选取并与税源管理部门协调后确定的案件;外单位(包括国际情报交换)转办的案件等。

为保证税务稽查人员集中精力查处案件,以及征收、管理部门及时了解发票交叉稽核情况和有利于管理,增值税专用发票、运输发票、海关代征进口增值税专用缴款书、废旧物资普通发票和农产品收购发票以及税务机关为小规模纳税人代开增值税专用发票等经稽核系统筛选出的异常票,由协查系统转征收、管理部门进行审核,区分不同情况处理。属于采集、填写、打印、传输等一般技术性错误,无需立案查处的,由征收、管理部门进行处理;确有偷逃骗税以及虚开等嫌疑的,移送稽查部门查处。

(五)规范税务检查行为

税务人员进行税务检查,要严格执行税务检查程序,按照征管法及其实施细则的规定,出示税务检查通知书和税务检查证件。为避免多头重复检查,要严格控制检查次数和检查时间,制定统一的检查计划。各级税务机关要建立日常税务检查和税务稽查的协调机制,已经被税务稽查部门立案查处的,税源管理部门不再进行日常税务检查。

四、优化纳税服务

(一)规范面向纳税人的办税服务业务

凡属纳税人需要到税务机关办理的各项办税业务,统一归并到办税服务厅办理,由办税服务厅实行“一站式”服务。按照当地政府要求,需要统一到政府政务大厅(中心)办理的税务登记事项,可根据需要先行在政府办证场所办理。对纳税人提交的各项事务,属于同类性质的要尽可能在一个窗口办结;不能即时办结的,要由办税服务厅统一受理和转办,并向纳税人承诺办结时限,以方便纳税人,体现优化服务。

根据征期与非征期工作量的不同,统筹安排办税服务厅各类窗口的办税业务。要按照“一户式”管理要求,及时综合、加工、分析、整理和维护即时采集的各类管理服务信息。要经常听取纳税人对办税服务工作的意见和建议,改进工作、提高效率。

(二)合理设置办税服务窗口

要将“一窗式”管理理念应用于各类办税事务。按照征管业务流程和管理效率的要求,办税服务厅一般可设立申报纳税、发票管理、综合服务三类窗口,规模较小、纳税人较少的也可简并为一或两类窗口。办税窗口设置的类型和数量,各地税务机关可按照上述原则根据实际情况自行确定。

要建立办税服务厅各窗口之间业务联系和监督制约机制,充分应用信息技术和纳税人纳税资料“一户式”存储方式,形成窗口之间业务联系和监控关系,各个窗口采集的数据信息要实现通用共享。

（三）加强办税服务厅与各有关管理部门工作衔接

要建立办税服务厅（以下简称前台）与其他有关业务管理部门（以下简称后台）的业务联系制度，明确各类办理事项的时限和流程，确定前后台间各个环节的分工和责任，建立健全岗责考核体系。前台要将征收信息及时提供后台管理部门使用，后台管理部门负责及时维护纳税人基本信息并为前台提供支持。前后台之间数据要实现即时共享。要积极创造条件，探索通过征管信息系统对业务运转过程实施动态监控和自动考核。

（四）优化服务方式，提高服务水平

要在进一步巩固和完善纳税人自行上门申报、缴纳税款方式的基础上，积极推行邮寄申报、数据电文申报、现金缴款、支票缴款、银行代收、委托代扣等多元化申报缴款方式。推行多元化申报缴款方式要本着依法、自愿原则，以方便征纳双方、降低征纳成本为目的，确保税款申报解缴及时、足额入库。避免不切实际地追求形式，造成纳税人和基层税务机关额外负担。对实行定期定额缴纳税款的纳税人，可以实行简易申报、简并征期等申报纳税方式。

要不断拓展服务领域，创新服务手段。继续积极推行多种服务方式，坚持首问责任制和文明办税“八公开”制度，加强与纳税人联系与沟通。加强和规范“12366”建设，同一地区的国税、地税局要统一建设和使用“12366”服务平台，共享网络资源，避免重复开发造成资源浪费。加强对咨询服务人员的考核与管理，提高服务质量。进一步加强税务网站建设，完善服务功能和内容。认真贯彻《纳税信用等级评定管理试行办法》，积极开展纳税信用等级评定管理工作，促进纳税人依法纳税和税务机关依法行政。国税、地税局要联合进行评定管理工作。尚未开展评定管理工作的地区，要加快工作步伐。

（五）加强税法宣传，引导纳税遵从

进一步拓宽税法宣传渠道，充分利用电视、广播、报纸、杂志、网络等外部媒体资源以及“12366”纳税服务热线、税务网站等内部资源，开展多种形式的税法宣传。深入开展税收宣传月活动，发挥集中宣传优势，增强税法宣传的主动性和实效性。完善税收公告制度，加强税收政策和管理方式变化的宣传告知，使纳税人及时了解政策变化，熟悉办税程序，掌握管理要求，提高纳税人税法遵从度。

要区分不同对象，选准宣传着力点。既要广泛宣传诚信纳税典型，促进依法诚信纳税社会风气的形成；又要适时曝光案值高、影响大的涉税违法案件，以教育纳税人，震慑违法分子。

（六）清理简化审批程序，简并税务文书和报表

依据《行政许可法》，进一步全面清理各自权限之内的各类审批制度、程序和手续。对重复设置、手续繁琐、不规范、不科学的管理环节、审批手续和审批权限，进行必要的精简；属于上级机关权限范围内的，统一报上级机关处理。对于能够事后审核的项目，尽量改事前审批为事后审核，同时加强事后的检查和监督，以减少不必要的管理环节，提高效率，方便纳税人。

清理、规范和简并各类“表、证、单、书、票、卡”等文书资料。倡导试行综合申报表、通用税票和一卡多用等方式。

统一简化各种税务登记、核定、认定事项，丰富税务登记证副本的内容，减少不必要的

年检、验证和换证。统一规范各税种核定、各类减免税。简化各类办税事项的单独申请、登记、核定和认定事项。

五、整合信息资源

(一)加强现有信息资源的整合与应用

以实施纳税申报"一窗式"、纳税人资料"一户式"管理为突破口,按照一体化的思路,通过数据层面的整合和功能填平补齐的方式,实现总局综合征管应用系统、增值税管理应用系统、出口退税管理系统、稽查管理等系统以及各地自行开发并已在全省普遍应用的综合征管应用系统的各类信息资源互通互联共享,实现各个征管工作环节在信息化支撑条件下的相互衔接。

在整合各类信息资源的同时,要利用现代技术手段,尽可能实现各个应用系统的桌面集成,形成界面统一、切换方便、实时调用、数据共享的操作系统,最大限度地方便纳税人、方便基层操作。要注意各类设备和网络有效的整合,使现有资源得以充分利用,避免浪费和重复投资。

整合工作中要充分发挥总局统一主体软件重要作用,在全国国税系统逐步推广应用总局综合征管软件整合版的基础上,实现基础征管数据与总局联网运行,相关征管信息国税、地税局共享。

(二)实行信息数据集中处理

要利用信息化手段,逐步实现各类征管数据的统一数字化存储、加工和管理,消除信息孤岛,发掘数据应用潜力,实行信息数据集中处理,提高数据应用质量和水平。

要按照信息共享的原则,管好用好税收征管数据信息。根据税收征管信息特点,细化信息分类,将各类分别采集、分散使用的征管数据信息通过信息化手段进行整合,以提高信息系统运行效率,实现信息共享。要区分静态数据和动态数据两种不同方式采集、处理各类征管数据。凡属常用、通用等通常不变的静态数据,如纳税人名称、地址、税务登记号码、适用税目税率等,要由一个部门统一采集、各部门通用;凡属经常发生变化的动态数据,如纳税人生产经营情况、财务指标、纳税申报、补交税款、滞纳金、罚款、发票用存情况等必须由各部门分别采集的,要实行分别采集、各部门通用。在统筹使用、整合各种技术基础设施和资源的基础上,尽可能提高数据处理的集中度,有条件的地方可以集中到省一级统一处理,以有效利用各种设备和征管信息资源,避免重复投资和浪费。

(三)落实纳税人信息"一户式"管理措施

要按照《国家税务总局关于推行纳税信息"一户式"管理工作的通知》(国税函〔2004〕529号)要求,把散存于税收征管各个环节的征管资料和各类静态、动态征管信息,按独立的纳税户(人)加以归集,依托信息技术实行"一户式"管理,使之能够反映纳税人履行纳税义务的全貌,将"一户式"管理的各项工作落实到位。对于不能在申报环节取得的信息资料,如各税种管理所需的纳税人生产经营情况、财务报表等信息资料,要做出统一规定由纳税人一次性报送,禁止各专业部门随意向纳税人索要有关信息资料。对于纳税人报送的各类信息资料,要明确工作责任,由专人负责一次性录入,各部门信息共享。不能通过信息系统自动采集的,也要通过手工补录方式,统一归集到"一户式"管理信息系统中,以确保"一户式"管理信息的共享与应用。"一户式"归集存储的各类管理信息,要有专人负责维护更新。

有条件的地方,要实现由计算机自动归集纳税人各类信息数据,以便查询、分析、监控,提高管理的质量和效率。

六、加强协调配合

(一)加强税收征管各环节的联系与制约

要根据税款征收、税源管理和税务稽查责任分工,明确各环节衔接方法和配合内容,畅通各环节联系渠道和联系手段。通过信息手段,以现有综合征管软件为支撑,形成各个环节之间既相互衔接、密切配合又相互监督制约的协调、高效运行机制。

为加强相互之间的监督,充分发挥税务稽查对税款征收、税源管理等环节工作的重要促进作用,税务稽查部门可按照所属税务局的统一安排,根据年度工作计划,对纳税人依法纳税情况进行抽样检查,抽查的结果要向有关部门及时反馈。对抽查中发现的税政、征管等问题,要有针对性地提出建议,提请有关部门处理。

税款征收与税源管理部门要积极支持和配合稽查部门案件查处和牵头组织专项检查等各项工作,及时提供案源,如实提供有关信息资料,大力协助稽查部门办案。要严格执行涉税案件移送标准,该移送的必须及时移送。对有意瞒报或不移送案件的,要严肃查处。

(二)建立统一的征管办法发布实施制度

各级税务机关要建立统一的税收征管办法发布实施制度。凡要求基层税务机关和广大纳税人执行的征管规定,必须经征管部门统一审核同意后发布实施;涉及征管软件配套支持的,要事前通告信息管理部门,经信息管理部门统筹规划,提供配套软件后,同步发布实施。

(三)切实加强国税、地税部门的协作配合

要认真贯彻《国家税务总局关于加强国家税务局、地方税务局协作的意见》(国税发〔2004〕4 号)精神,切实抓好国税、地税局协作配合工作。各级国税局、地税局的主要领导是双方协作配合工作的第一责任人,要亲自抓好这项工作。要落实例会制度、协调解决协作配合工作中的问题。要指定相关部门和相关责任人负责日常联系协调工作,建立切实可行、行之有效的工作联系制度和信息共享制度。大力提倡在有条件地区实行统一税务登记、相互代征税款、共建共用办税服务厅、申报纳税同城通办等管理办法。

国税、地税局配合的核心在于信息的互通互联共享。要加快国税、地税征管信息系统互通互联,包括国税、地税共管户的税务登记信息、关联发票信息、核定认定信息、增值税抵扣信息、所得税管辖信息、附征税费基础信息、委托代征信息、征管违章信息、税务稽查信息、司法救济信息等等,都要列入双方共享的范畴,通过信息资源互联共享,形成税收征管合力,增强管理实效。

(四)进一步加强与各有关部门的协调配合

各级税务机关要积极争取当地党委、政府支持,进一步加强与工商、公安、财政、商务、海关、银行、劳动、社保、城建、交通、外汇管理、技术监督等部门配合,大力推进社会综合治税、协税护税工作。要积极拓宽与工商、银行、海关、外汇管理等部门的数据交换与互联互通渠道,制定信息交换与数据共享制度,全面提高税源监控能力。要进一步发挥税务代理等社会中介机构的作用,在规范税收征管执法、坚决杜绝让渡税收行政执法权行为、严格执行税务机关与税务代理机构脱钩规定和加强对税务代理机构的监管的同时,积极支持和引导税务代理机构健康发展,在税收征收管理中发挥积极作用。

(五)发挥行政执法监督和行政执法监察的监督制约作用

进一步强化行政执法监督和行政执法监察对征管工作各环节的监督制约。要加大税收执法检查力度,大力推行税收执法责任制,充分运用信息化手段,加强对权力运行的监控考核,规范税收征管行为。要全面建立问责制,加大执法过错和管理失职追究力度。要重点加强税收管理员执法和管理行为的监督、检查,发现问题,及时追究有关责任人责任。积极开展执法监察,强化对税收征管执法行为的过程程序监察;加大查办违法违纪案件力度,坚决查处各类违纪违法案件。

注释:

条款修改。根据《第十三届全国人民代表大会第一次会议关于国务院机构改革方案的决定》等有关规定,税收规范性文件规定的国税地税机关的职责和工作由新的税务机关承担。国家税务总局依据《税收规范性文件制定管理办法》(国家税务总局令第41号公布),对税收规范性文件进行了清理。参见:《国家税务总局关于修改部分税收规范性文件的公告》(国家税务总局公告2018年第31号)。

6－7－11

国家税务总局关于印发《集贸市场税收分类管理办法》的通知

2004年11月24日　国税发〔2004〕154号

各省、自治区、直辖市和计划单列市国家税务局、地方税务局,扬州税务进修学院,局内各单位:

为进一步规范集贸市场税收征收管理,提高税收征管质量与效率,国家税务总局在深入调查研究、广泛征求意见的基础上,制定了《集贸市场税收分类管理办法》,现印发给你们,请认真执行。执行中有何问题和建议,请及时反馈总局。

集贸市场税收分类管理办法

第一条　为进一步规范集贸市场税收征收管理,提高税收征管质量和效率,根据《中华人民共和国税收征收管理法》及其实施细则以及有关规定,制定本办法。

第二条　本办法适用于在相对封闭的固定经营区域内,经营主体多元化且各经营主体相互独立、经营相对稳定的各类集贸市场。

第三条　税务机关应当根据集贸市场年纳税额的大小,将集贸市场划分为大型市场、中型市场和小型市场三类,实行分类管理。

前款所称年纳税额，是指每一纳税年度集贸市场内的经营者缴纳的各税种税款的总和。大、中、小市场划分的年纳税额标准，由省级税务机关根据本地区市场发展情况确定。

第四条 对大型集贸市场，应当按属地管理原则由所在地税务机关实行专业化管理，并由市（地）级税务机关负责重点监控；对中型集贸市场，由所在地税务机关负责管理；对税源零星的小型集贸市场，可以由当地税务机关管理，也可按照有关规定委托有关单位代征税款。

第五条 税务机关应当按照税收法律、行政法规和国家税务总局的有关规定，负责市场内纳税人的税务登记、纳税服务、建账辅导、定额核定、税款征收、发票管理、日常检查和一般性税务违规违章行为的处罚等工作。

对实行委托代征税款的，主管税务机关应当与代征单位签订委托代征协议，明确代征范围、计税依据、代征期限、代征税款的缴库期限以及税收票证的领取、保管、使用、报缴等事项，界定双方的权利、义务和责任，并发给委托代征证书。主管税务机关应当按照规定支付代征单位的代征手续费，并加强对代征单位及其代征人员的业务辅导和日常管理，适时开展检查，促使其依法做好代征工作。

第六条 主管税务机关应对集贸市场内经营的商品分类进行市场调查，掌握其市场行情、进销价格和平均利润率情况。同时，通过对市场经营额和每个业户经营情况的了解，为审核纳税人申报准确性和核定定额提供依据。

第七条 主管税务机关应加强与工商、劳动、民政、金融、公安等部门的协作配合，相互沟通信息，强化对纳税人户籍管理，掌握纳税人经营资金流量及变化情况，维护正常的税收秩序和市场经营秩序。

第八条 主管税务机关应要求集贸市场的投资方或投资方委托的管理单位及时提供市场内纳税人的户籍变化、物业费用、房屋租金、水电费用等与纳税人纳税有关的信息。

主管税务机关应要求集贸市场内出租摊位、房屋等经营场所的出租人依法按期报告承租人的有关情况。出租人不报告的，按照《税收征收管理法实施细则》第四十九条的规定处理。

第九条 负责集贸市场税收征管的国家税务局和地方税务局应加强合作，做好纳税人税务登记信息交换、业户停、复业手续办理以及漏征漏管户清理等工作。有条件的地方，可以按照《税务登记管理办法》所确定的原则，统一办理税务登记，统一开展税务登记管理工作。

为方便纳税人和节约税收成本，有条件的地区，国家税务局与地方税务局可以互相委托代征集贸市场税收。

第十条 主管税务机关应当根据市场内纳税人的经营规模、财务核算水平和税收优惠等方面的差异，对市场内的纳税人合理分类，采取相应的管理措施。一般可将纳税人分为四类：

（一）查账征收户：指在集贸市场内从事经营且实行查账征收的各类企业和个体工商户。

（二）定期定额征收户：指在集贸市场内从事经营，达到增值税、营业税起征点且实行定期定额征收的个体工商户。

（三）未达起征点户和免税户：指在集贸市场内从事经营但未达增值税、营业税起征点的个体工商户和按照有关税收优惠政策规定免予缴纳相关税收的个体工商户。

（四）临时经营户：指在集贸市场内从事临时经营的纳税户。

第十一条 对于查账征收户，主管税务机关应依照相关法律、行政法规和有关规定，引导、督促其如实建账，准确进行核算。

查账征收户应纳的各项税款由纳税人按照有关税收法律、行政法规的规定按期自行申报缴纳。

主管税务机关应根据日常管理掌握的信息，有计划地对查账征收户申报纳税的准确性进行纳税评估。

查账征收户有《中华人民共和国税收征收管理法》第三十五条所规定情形的，主管税务机关有权核定其应纳税额。

第十二条 对于实行定期定额征收的个体工商户，主管税务机关应当严格按照定额核定程序，科学核定定额。为确保定额的公正和公平，各地应积极推行计算机核定定额工作，要区分不同行业，科学选取定额核定参数，合理确定定额调整系数，运用统一软件进行核定。同时，各地要普遍实行定额公示制度。

在定额核定工作中，国家税务局和地方税务局应加强协作，确保对共管户定额核定的统一。

定期定额征收户应纳的各项税款由纳税人按期申报缴纳。

对定期定额征收户，主管税务机关应本着方便纳税人的原则，积极推行简易申报，实行报缴合一，即纳税人凡在法律、行政法规规定的期限或者在税务机关依照法律、行政法规的规定确定的期限内缴纳税款的，税务机关可以视同申报，纳税人不再单独填报纳税申报表。

第十三条 主管税务机关应根据本地区增值税、营业税起征点标准和对个体工商户核定的定额及有关税收优惠政策规定，准确认定未达起征点户和免税户。

主管税务机关应加强对市场的日常巡查，及时掌握和了解未达起征点户的经营变化情况。对因经营情况改变而达到增值税或营业税起征点的，要及时恢复征税，并按规定程序重新核定定额。

主管税务机关应加强对免税户经营主体和免税期限的管理，对经营主体发生变化后不符合免税条件的和免税期满的纳税人，要及时恢复征税。

未达起征点户和免税户应定期向主管税务机关报送与生产经营有关的资料。具体报送内容和期限由省级税务机关确定。

第十四条 主管税务机关应依法、及时征收临时经营户应纳的税款。

临时经营户需要使用发票的，可以按规定向主管税务机关申请办理。

第十五条 对在集贸市场内经营的非独立核算的企业经销网点，主管税务机关应加强与企业所在地税务机关的征管信息交流，共同做好对经销网点和场外企业生产经营情况的监控，以防止税收流失。

第十六条 各省、自治区、直辖市和计划单列市国家税务局和地方税务局可以根据本办法确定的原则制定具体实施办法。

第十七条 本办法自发布之日起执行。

注释：

条款修改。根据《第十三届全国人民代表大会第一次会议关于国务院机构改革方案的决定》等有关规定，税收规范性文件规定的国税地税机关的职责和工作由新的税务机关承担。国家税务总局依据《税收规范性文件制定管理办法》（国家税务总局令第41号公布），对税收规范性文件进行了清理。参见：《国家税务总局关于修改部分税收规范性文件的公告》（国家税务总局公告2018年第31号）。

6－7－12

国家税务总局关于印发《税收管理员制度（试行）》的通知

2005年3月11日　国税发〔2005〕40号

各省、自治区、直辖市和计划单列市国家税务局、地方税务局，扬州税务进修学院，局内各单位：

为推进依法治税，切实加强对税源的科学化、精细化管理，总局在深入调查研究、总结各地经验的基础上，制定了《税收管理员制度（试行）》，现印发给你们，请结合实际认真贯彻执行。对在试行过程中遇到的情况和问题，要及时报告总局。

税收管理员制度（试行）

第一章　总　　则

第一条　为加强税源管理，优化纳税服务，切实解决"淡化责任，疏于管理"问题，推进依法治税，进一步提高税收征管的质量和效率，根据《中华人民共和国税收征收管理法》及其实施细则和《国家税务总局关于进一步加强税收征管工作的若干意见》（国税发〔2004〕108号）的有关规定，制定本制度。

第二条　税收管理员是基层税务机关及其税源管理部门中负责分片、分类管理税源，负有管户责任的工作人员。

前款所称基层税务机关是指直接面向纳税人、负责税收征收管理的税务机关；税源管理部门是指基层税务机关所属的税务分局和税务所或内设的税源管理科（股）。

第三条　税收管理员在基层税务机关及其税源管理部门的管理下，贯彻落实税收法律、法规和各项税收政策，按照管户责任，依法对分管的纳税人、扣缴义务人（以下简称纳税人）申报缴纳税款的行为及其相关事项实施直接监管和服务。

第四条　税收管理员制度是税务机关根据税收征管工作的需要，明确岗位职责，落实管理责任,规范税务人员行为,促进税源管理,优化纳税服务的基础工作制度。

实行税收管理员制度,应遵循管户与管事相结合、管理与服务相结合、属地管理与分类管理相结合的原则。

第二章 工作职责

第五条 宣传贯彻税收法律、法规和各项税收政策,开展纳税服务,为纳税人提供税法咨询和办税辅导;督促纳税人按照国家有关规定及时足额申报纳税、建立健全财务会计制度、加强账簿凭证管理。

第六条 调查核实分管纳税人税务登记事项的真实性;掌握纳税人合并、分立、破产等信息;了解纳税人外出经营、注销、停业等情况;掌握纳税人户籍变化的其他情况;调查核实纳税人纳税申报(包括减免缓抵退税申请,下同)事项和其他核定、认定事项的真实性;了解掌握纳税人生产经营、财务核算的基本情况。

第七条 对分管纳税人进行税款催报催缴;掌握纳税人的欠税情况和欠税纳税人的资产处理等情况;对纳税人使用发票的情况进行日常管理和检查,对各类异常发票进行实地核查;督促纳税人按照税务机关的要求安装、使用税控装置。

第八条 对分管纳税人开展纳税评估,综合运用各类信息资料和评估指标及其预警值查找异常,筛选重点评估分析对象;对纳税人纳税申报的真实性、准确性做出初步判断;根据评估分析发现的问题,约谈纳税人,进行实地调查;对纳税人违反税收管理规定行为提出处理建议。

第九条 按照纳税资料"一户式"存储的管理要求,及时采集纳税人生产经营、财务核算等相关信息,建立所管纳税人档案,对纳税人信息资料及时进行整理、更新和存储,实行信息共享。

第十条 完成上级交办的其他工作任务。

第三章 工作要求

第十一条 税收管理员要严格按照所在税务机关规定的管户责任和工作要求开展工作;严格执行各项税收法律法规和政策,履行岗位职责,自觉接受监督。

第十二条 税收管理员要增强为纳税人服务的意识,认真落实各项纳税服务措施,提高服务水平;依法保护纳税人的商业秘密和个人隐私,尊重和保护纳税人的合法权益。

第十三条 税收管理员不直接从事税款征收、税务稽查、审批减免缓抵退税和违章处罚等工作;按照有关规定,在交通不便地区和集贸市场可以由税收管理员直接征收零散税收的,要实行双人上岗制度,并严格执行票款分离制度。

第十四条 税收管理员实行轮换制度,具体轮换的时限由主管税务机关根据实际情况确定。税收管理员开展下户调查、宣传送达等各类管理服务工作时,应按所在税源管理部门的工作计划进行,避免重复下户,注重减轻纳税人负担;对纳税人进行日常检查和税务约谈时,一般不少于两人;送达税务文书时,要填制《税务文书送达回证》。

第十五条 税收管理员在加强税源管理、实施纳税评估时,要将案头分析与下户实地调查工作相结合,案头分析与实地调查结果要提交工作报告并作为工作底稿归档。

第十六条 税收管理员发现所管纳税人有下列行为,应向所在税源管理部门提出管理建议:

增值税一般纳税人情况发生变化,已不具备一般纳税人资格的;

未按规定开具、取得、使用、保管发票等违章行为的;

未按期申报纳税、申请延期申报和延期缴纳税款或催缴期满仍不缴纳税款的;

欠税纳税人处理资产或其法定代表人需要出境的;

未按规定凭税务登记证件开立银行账户并向税务机关报告账户资料的;

未按规定报送《财务会计制度备案表》和会计核算软件说明书的;

未按规定设置账簿、记账凭证及有关资料的;

未按规定安装使用税控器具及申报纳税的;

经纳税评估发现申报不实或税收定额不合理的;

发现企业改组、改制、破产及跨区经营的;

经调查不符合享受税收优惠政策条件的;

纳税人有违章行为拒不接受税务机关处理的;

发现纳税人与关联企业有不按照独立企业之间业务往来结算价款、费用等行为的;

其他税收违章行为。

第十七条 税收管理员发现所管纳税人有下列行为,应提出工作建议并由所在税源管理部门移交税务稽查部门处理:

涉嫌偷税、逃避追缴欠税、骗取出口退税、抗税以及其他需要立案查处的税收违法行为的;

涉嫌增值税专用发票和其他发票违法犯罪行为的;

需要进行全面系统的税务检查的。

第四章 管理监督

第十八条 基层税务机关及其税源管理部门要加强对税收管理员的管理与监督,定期听取税收管理员的工作汇报,研究分析税源管理工作中存在的问题,总结"管户"工作经验,组织信息交流,加强对税收管理员日常工作的指导与检查。

第十九条 基层税务机关要充实税收管理员力量,选拔熟悉税收业务、具备一定的企业生产经营和财务管理知识、责任心强、素质较高的税务人员担任税收管理员。

第二十条 基层税务机关及其税源管理部门要加强对税收管理员的思想政治教育和岗位技能培训,注重提高其税收政策、财务会计知识水平和评估分析能力,不断提高税收管理员的素质。

第二十一条 基层税务机关要加强对税收管理员工作业绩的考核,通过能级管理等激励机制,鼓励其增长才干,积累经验,成为税源管理方面的专门人才。

第二十二条 税收管理员玩忽职守或徇私舞弊,构成违纪行为的,由税务机关依法给予行政处分;构成犯罪的,要依法追究其刑事责任。

6 -7 -13

国家税务总局关于印发《纳税评估管理办法(试行)》的通知

2005 年 3 月 11 日　国税发〔2005〕43 号

各省、自治区、直辖市和计划单列市国家税务局、地方税务局,扬州税务进修学院,局内各单位:

为推进依法治税,切实加强对税源的科学化、精细化管理,总局在深入调查研究、总结各地经验的基础上,制定了《纳税评估管理办法(试行)》,现印发给你们,请结合实际认真贯彻执行。对在试行过程中遇到的情况和问题,要及时报告总局。

附件:1. 纳税评估通用分析指标及其使用方法(编者略)

2. 纳税评估分税种特定分析指标及其使用方法(编者略)

纳税评估管理办法(试行)

第一章　总　　则

第一条　为进一步强化税源管理,降低税收风险,减少税款流失,不断提高税收征管的质量和效率,根据国家有关税收法律、法规,结合税收征管工作实际,制定本办法。

第二条　纳税评估是指税务机关运用数据信息对比分析的方法,对纳税人和扣缴义务人(以下简称纳税人)纳税申报(包括减免缓抵退税申请,下同)情况的真实性和准确性作出定性和定量的判断,并采取进一步征管措施的管理行为。纳税评估工作遵循强化管理、优化服务;分类实施、因地制宜;人机结合、简便易行的原则。

第三条　纳税评估工作主要由基层税务机关的税源管理部门及其税收管理员负责,重点税源和重大事项的纳税评估也可由上级税务机关负责。

前款所称基层税务机关是指直接面向纳税人负责税收征收管理的税务机关;税源管理部门是指基层税务机关所属的税务分局、税务所或内设的税源管理科(股)。

对汇总合并缴纳企业所得税企业的纳税评估,由其汇总合并纳税企业申报所在地税务机关实施,对汇总合并纳税成员企业的纳税评估,由其监管的当地税务机关实施;对合并申报缴纳外商投资和外国企业所得税企业分支机构的纳税评估,由总机构所在地的主管税务机关实施。

第四条　开展纳税评估工作原则上在纳税申报到期之后进行,评估的期限以纳税申报的税款所属当期为主,特殊情况可以延伸到往期或以往年度。

第五条　纳税评估主要工作内容包括:根据宏观税收分析和行业税负监控结果以及相

关数据设立评估指标及其预警值;综合运用各类对比分析方法筛选评估对象;对所筛选出的异常情况进行深入分析并作出定性和定量的判断;对评估分析中发现的问题分别采取税务约谈、调查核实、处理处罚、提出管理建议、移交稽查部门查处等方法进行处理;维护更新税源管理数据,为税收宏观分析和行业税负监控提供基础信息等。

第二章　纳税评估指标

第六条　纳税评估指标是税务机关筛选评估对象、进行重点分析时所选用的主要指标,分为通用分析指标和特定分析指标两大类,使用时可结合评估工作实际不断细化和完善。

第七条　纳税评估指标的功能、计算公式及其分析使用方法参照《纳税评估通用分析指标及其使用方法》(附件1)、《纳税评估分税种特定分析指标及其使用方法》(附件2)。

第八条　纳税评估分析时,要综合运用各类指标,并参照评估指标预警值进行配比分析。评估指标预警值是税务机关根据宏观税收分析、行业税负监控、纳税人生产经营和财务会计核算情况以及内外部相关信息,运用数学方法测算出的算术、加权平均值及其合理变动范围。测算预警值,应综合考虑地区、规模、类型、生产经营季节、税种等因素,考虑同行业、同规模、同类型纳税人各类相关指标的若干年度的平均水平,以使预警值更加真实、准确和具有可比性。纳税评估指标预警值由各地税务机关根据实际情况自行确定。

第三章　纳税评估对象

第九条　纳税评估的对象为主管税务机关负责管理的所有纳税人及其应纳所有税种。

第十条　纳税评估对象可采用计算机自动筛选、人工分析筛选和重点抽样筛选等方法。

第十一条　筛选纳税评估对象,要依据税收宏观分析、行业税负监控结果等数据,结合各项评估指标及其预警值和税收管理员掌握的纳税人实际情况,参照纳税人所属行业、经济类型、经营规模、信用等级等因素进行全面、综合的审核对比分析。

第十二条　综合审核对比分析中发现有问题或疑点的纳税人要作为重点评估分析对象;重点税源户、特殊行业的重点企业、税负异常变化、长时间零税负和负税负申报、纳税信用等级低下、日常管理和税务检查中发现较多问题的纳税人要列为纳税评估的重点分析对象。

第四章　纳税评估方法

第十三条　纳税评估工作根据国家税收法律、行政法规、部门规章和其他相关经济法规的规定,按照属地管理原则和管户责任开展;对同一纳税人申报缴纳的各个税种的纳税评估要相互结合、统一进行,避免多头重复评估。

第十四条　纳税评估的主要依据及数据来源包括:“一户式”存储的纳税人各类纳税信息资料,主要包括:纳税人税务登记的基本情况,各项核定、认定、减免缓抵退税审批事项的结果,纳税人申报纳税资料,财务会计报表以及税务机关要求纳税人提供的其他相关资料,增值税交叉稽核系统各类票证比对结果等;税收管理员通过日常管理所掌握的纳税人生产经营实际情况，主要包括：生产经营规模、产销量、工艺流程、成本、费用、能耗、物耗情况等各类与税收相关的数据信息；上级税务机关发布的宏观税收分析数据，行业税负的监控数据，各类评估指标的预警值；本地区的主要经济指标、产业和行业的相关指标数据，外部交换信息，以及与纳税人申报纳税相关的其他信息。

第十五条　纳税评估可根据所辖税源和纳税人的不同情况采取灵活多样的评估分析方法，主要有：对纳税人申报纳税资料进行案头的初步审核比对，以确定进一步评估分析的方向和重点；通过各项指标与相关数据的测算，设置相应的预警值，将纳税人的申报数据与预警值相比较；将纳税人申报数据与财务会计报表数据进行比较、与同行业相关数据或类似行业同期相关数据进行横向比较；将纳税人申报数据与历史同期相关数据进行纵向比较；根据不同税种之间的关联性和勾稽关系，参照相关预警值进行税种之间的关联性分析，分析纳税人应纳相关税种的异常变化；应用税收管理员日常管理中所掌握的情况和积累的经验，将纳税人申报情况与其生产经营实际情况相对照，分析其合理性，以确定纳税人申报纳税中存在的问题及其原因；通过对纳税人生产经营结构，主要产品能耗、物耗等生产经营要素的当期数据、历史平均数据、同行业平均数据以及其他相关经济指标进行比较，推测纳税人实际纳税能力。

第十六条　对纳税人申报纳税资料进行审核分析时，要包括以下重点内容：纳税人是否按照税法规定的程序、手续和时限履行申报纳税义务，各项纳税申报附送的各类抵扣、列支凭证是否合法、真实、完整；纳税申报主表、附表及项目、数字之间的逻辑关系是否正确，适用的税目、税率及各项数字计算是否准确，申报数据与税务机关所掌握的相关数据是否相符；收入、费用、利润及其他有关项目的调整是否符合税法规定，申请减免缓抵退税，亏损结转、获利年度的确定是否符合税法规定并正确履行相关手续；与上期和同期申报纳税情况有无较大差异；税务机关和税收管理员认为应进行审核分析的其他内容。

第十七条　对实行定期定额（定率）征收税款的纳税人以及未达起征点的个体工商户，可参照其生产经营情况，利用相关评估指标定期进行分析，以判断定额（定率）的合理性和是否已经达到起征点并恢复征税。

第五章　评估结果处理

第十八条　对纳税评估中发现的计算和填写错误、政策和程序理解偏差等一般性问题，或存在的疑点问题经约谈、举证、调查核实等程序认定事实清楚，不具有偷税等违法嫌疑，无需立案查处的，可提请纳税人自行改正。需要纳税人自行补充的纳税资料，以及需要纳税人自行补正申报、补缴税款、调整账目的，税务机关应督促纳税人按照税法规定逐项落实。

第十九条　对纳税评估中发现的需要提请纳税人进行陈述说明、补充提供举证资料等问题，应由主管税务机关约谈纳税人。

税务约谈要经所在税源管理部门批准并事先发出《税务约谈通知书》，提前通知纳税人。

税务约谈的对象主要是企业财务会计人员。因评估工作需要，必须约谈企业其他相关人员的，应经税源管理部门批准并通过企业财务部门进行安排。

纳税人因特殊困难不能按时接受税务约谈的,可向税务机关说明情况,经批准后延期进行。

纳税人可以委托具有执业资格的税务代理人进行税务约谈。税务代理人代表纳税人进行税务约谈时,应向税务机关提交纳税人委托代理合法证明。

第二十条 对评估分析和税务约谈中发现的必须到生产经营现场了解情况、审核账目凭证的,应经所在税源管理部门批准,由税收管理员进行实地调查核实。对调查核实的情况,要作认真记录。需要处理处罚的,要严格按照规定的权限和程序执行。

第二十一条 发现纳税人有偷税、逃避追缴欠税、骗取出口退税、抗税或其他需要立案查处的税收违法行为嫌疑的,要移交税务稽查部门处理。

对税源管理部门移交稽查部门处理的案件,税务稽查部门要将处理结果定期向税源管理部门反馈。

发现外商投资和外国企业与其关联企业之间的业务往来不按照独立企业业务往来收取或支付价款、费用,需要调查、核实的,应移交上级税务机关国际税收管理部门(或有关部门)处理。

第二十二条 对纳税评估工作中发现的问题要作出评估分析报告,提出进一步加强征管工作的建议,并将评估工作内容、过程、证据、依据和结论等记入纳税评估工作底稿。纳税评估分析报告和纳税评估工作底稿是税务机关内部资料,不发纳税人,不作为行政复议和诉讼依据。

第六章　评估工作管理

第二十三条 基层税务机关及其税源管理部门要根据所辖税源的规模、管户的数量等工作实际情况,结合自身纳税评估的工作能力,制定评估工作计划,合理确定纳税评估工作量,对重点税源户,要保证每年至少重点评估分析一次。

第二十四条 基层税务机关及其税源管理部门要充分利用现代化信息手段,广泛收集和积累纳税人各类涉税信息,不断提高评估工作水平;要经常对评估结果进行分析研究,提出加强征管工作的建议;要作好评估资料整理工作,本着“简便、实用”的原则,建立纳税评估档案,妥善保管纳税人报送的各类资料,并注重保护纳税人的商业秘密和个人隐私;要建立健全纳税评估工作岗位责任制、岗位轮换制、评估复查制和责任追究制等各项制度,加强对纳税评估工作的日常检查与考核;要加强对从事纳税评估工作人员的培训,不断提高纳税评估工作人员的综合素质和评估能力。

第二十五条 各级税务机关的征管部门负责纳税评估工作的组织协调工作,制定纳税评估工作业务规程,建立健全纳税评估规章制度和反馈机制,指导基层税务机关开展纳税评估工作,明确纳税评估工作职责分工并定期对评估工作开展情况进行总结和交流;各级税务机关的计划统计部门负责对税收完成情况、税收与经济的对应规律、总体税源和税负的增减变化等情况进行定期的宏观分析,为基层税务机关开展纳税评估提供依据和指导;各级税务机关的专业管理部门(包括各税种、国际税收、出口退税管理部门以及县级税务机关的综合业务部门)负责进行行业税负监控、建立各税种的纳税评估指标体系、测算指标预警值、制定分税种的具体评估方法,为基层税务机关开展纳税评估工作提供依据和指导。

第二十六条 从事纳税评估的工作人员，在纳税评估工作中徇私舞弊或者滥用职权，或为有涉嫌税收违法行为的纳税人通风报信致使其逃避查处的，或瞒报评估真实结果、应移交案件不移交的，或致使纳税评估结果失真、给纳税人造成损失的，不构成犯罪的，由税务机关按照有关规定给予行政处分；构成犯罪的，要依法追究刑事责任。

第二十七条 各级国家税务局、地方税务局要加强纳税评估工作的协作，提高相关数据信息的共享程度，简化评估工作程序，提高评估工作实效，最大限度地方便纳税人。

注释：

条款修改。根据《第十三届全国人民代表大会第一次会议关于国务院机构改革方案的决定》等有关规定，税收规范性文件规定的国税地税机关的职责和工作由新的税务机关承担。国家税务总局依据《税收规范性文件制定管理办法》（国家税务总局令第41号公布），对税收规范性文件进行了清理。参见：《国家税务总局关于修改部分税收规范性文件的公告》（国家税务总局公告2018年第31号）。

6-7-14

国家税务总局关于进一步规范和完善个体税收征收管理工作的意见

2005年3月28日 国税发〔2005〕48号

各省、自治区、直辖市和计划单列市国家税务局、地方税务局：

2004年，全国各级税务机关遵照党的十六届三中全会关于支持非公有制经济发展，改进对非公有制企业服务和监管的方针，在积极促进个体经济健康发展的同时，努力加强对个体工商户税收的征收管理，取得了明显成效。今年2月出台的《国务院关于鼓励支持和引导个体私营等非公有制经济发展的若干意见》（国发〔2005〕3号）再次明确提出，要“毫不动摇地鼓励、支持和引导非公有制经济发展”、“进一步加强和改进政府监督管理和服务”。为深入贯彻国务院文件精神，现就进一步规范和完善个体税收征收管理工作提出如下意见：

一、努力构建个体税收和谐征纳关系

个体经济作为社会主义市场经济的重要组成部分，其健康发展不仅有利于繁荣城乡经济、增加财政收入，而且有利于扩大社会就业和优化经济结构。各级税务机关要充分认识发展个体经济对全面建设小康社会的重大战略意义，积极支持、鼓励和引导个体经济健康发展。当前，要切实采取措施，将促进个体经济发展的一系列税收优惠政策落到实处。同时，要以建设社会主义和谐社会为目标，努力创新管理理念，不断增强服务意识。要通过广泛的纳税宣传和辅导，使广大纳税人及时掌握和了解各项税收政策和管理规定，促使其知法、懂法，增强守法观念；要在坚持依法治税和注重税收征管质量和效率的前提下，努力优化征管流程，简化办税程序，不断降低纳税成本；要始终坚持“公正、公平、公开”的原则，大力推进个体税收征管的“阳光作业”，以促进纳税遵从度的进一步提高。

二、积极推进计算机核定定额工作

对实行定期定额征收的个体工商户采用计算机核定定额，是全面提高定额核定科学性，有效避免定额核定过程中的“关系税”和“人情税”的重要措施。各地要继续推进计算机核定定额工作，不断完善业务需求和优化定额核定的软件，加快推广使用的步伐；尚未开展此项工作的地区，要严格按照定额核定的程序，坚持集体核定的原则，积极为利用计算机核定定额创造条件。

三、加快落实《集贸市场税收分类管理办法》

为进一步提高集贸市场税收管理的质量与效率，各级国税局和地税局要相互协作，按照《集贸市场税收分类管理办法》（国税发〔2004〕154 号）所确定的分类标准和管理要求，科学划分集贸市场和纳税人类型，抓紧制定和完善相应的配套管理措施，尽快加以落实；要积极开展联合办理税务登记工作，共同清理漏征漏管户，加强对纳税户停业、复业和注销等信息的交换，联合开展定额核定工作，确保双方对同一纳税户核定定额的统一。

四、切实加强个体税源分析

今年 1 月起，总局开始对个体税收收入实行按月分析。为共同做好此项工作，各地要广泛开展个体税源分析，客观评价不同行业的税收征管情况，对管理薄弱的环节要及时研究对策，迅速加以完善。各地要密切关注本地区月度个体税收的增减变化情况，从本通知发布之日起，凡月度收入与上年同期相比下降幅度超过 5% 的地区和月度收入增幅超过 20% 的地区，要及时查找增减变化的原因，写出分析报告，于月度终了后 6 日内报送总局征管司。对于因 2004 年上调增值税、营业税起征点导致连续多月收入下降的地区，可在本通知发布后，实行当月一次性报告。

为便于各地准确做好统计和分析，经研究，现将个体经营税收收入口径作进一步明确。个体经营税收收入包括以下三个部分：一是在集贸市场内、外生产经营且办理了税务登记的个体工商户所缴纳的与生产经营有关的全部税收；二是从事临时经营的个人所缴纳的与临时生产经营有关的全部税收；三是个体工商户和临时经营的个人由税务机关代开发票所缴纳的税收。储蓄存款利息个人所得税虽不属于个体经营税收收入的范畴，但为保持上报数据的连续性，各地国税局在向总局报送个体经营税收收入时应包含该税收入，总局计划统计司在生成个体经营税收月度快报时再予以扣除。

五、加强对重点税源和未达起征点业户的动态管理

在全面加强个体税源分析和征收管理的同时，各地要继续做好对 45 个重点集贸市场的动态管理工作，及时掌握重点集贸市场和个体大户的生产经营及纳税情况，分析研究解决问题的措施，积极稳妥推进大户建账工作，逐步提高查账征收的比例。从 2005 年起，各地要严格按照《国家税务总局关于进一步加强个体税收征管工作的通知》（国税函〔2004〕168 号）规定的时间要求，报送重点集贸市场和 10 户个体大户的税收征管资料，并进行必要说明和分析，重点反映征管措施和效果。

提高增值税、营业税起征点后，未达起征点业户大量增加，各地税务机关要本着“简便、高效”的原则，积极探索和完善对未达起征点户的后续管理措施，通过业户申报和税务机关

定期巡查的方式,切实加强对未达起征点户的税源监管。

注释:

条款修改。根据《第十三届全国人民代表大会第一次会议关于国务院机构改革方案的决定》等有关规定,税收规范性文件规定的国税地税机关的职责和工作由新的税务机关承担。国家税务总局依据《税收规范性文件制定管理办法》(国家税务总局令第41号公布),对税收规范性文件进行了清理。参见:《国家税务总局关于修改部分税收规范性文件的公告》(国家税务总局公告2018年第31号)。

6-7-15

国家税务总局关于切实加强税收分析工作的通知

2005年5月23日 国税发〔2005〕88号

各省、自治区、直辖市和计划单列市国家税务局、地方税务局:

近年来,各地按照总局要求,结合实际情况,不断加强税收分析工作,取得了一定成效。但地区开展不平衡、总体分析水平不高、深度不够的状况仍很突出。究其原因,一是一些地区对税收分析工作重视不够,相关部门参与分析不够;二是基础工作不扎实,数据质量不高,分析档案建立不全,分析方法欠缺;三是分析人员匮乏,现有人员素质有待进一步提高。为有效解决上述问题,各地税务机关要建立税收分析长效机制,切实加强和推动全系统的税收分析工作。

一、进一步提高对税收分析工作重要性的认识

税收分析是准确判断税收收入形势、及时发现组织收入工作中存在的问题、推进税收科学化、精细化管理的一项重要工作,对反映和检验税收征管的质量与效率、反馈和监督税收法律政策执行情况、保障国家预算圆满完成具有十分重要的意义。税收分析既是组织收入工作的重要内容,同时也是加强征管、监控税源变化、评估各地税收与经济发展是否协调的重要方式。各级税务机关领导务必充分认识加强税收分析工作的重要意义,通过建立制度、夯实基础、充实力量、加强培训等方式,尽快提升本地区的税收分析水平。

二、建立和完善定期税收分析制度

(一)建立月度收入分析制度

各级税务机关每月要召开一次收入分析专题会议,由局主要领导主持,有关管理部门参加,就税收收入情况、收入中存在的问题以及如何做好下阶段税收工作进行研究部署。计划统计、税种管理、征收管理以及税源管理等部门在分析中要相互配合,积极协作,确保全面、准确地揭示税收增减变化的各种原因。

(二)实行地区收入分析会制度

各级税务机关要实行地区收入分析会制度。根据本地区税收形势和收入分析工作开

展情况，适时召集下级税务机关研究问题，指导工作。会议由上级税务机关的局领导或计统部门主持，一般由下级机关负责收入分析工作的人员参加，必要时可扩大到税政、征管以及税源管理等部门。地区收入分析会要采用专题分析的形式，对所拟问题逐项讨论，深入研究，确保取得实效。

（三）坚持税收分析报告和通报制度

要切实坚持按月对上报送税收分析报告、对下进行收入情况通报的制度。进一步提高收入分析报告的质量，全面准确地反映税收收入情况和存在的问题，提出加强组织收入工作的要求。要提高分析的时效性，当收入发生异常波动或出现重大问题时，要随时向上级机关报告。上级机关要根据本地区总体税收形势，及时通报影响收入的共性问题，指出需要深入分析的重点问题，指导各地更好地开展分析工作。

三、切实加强税收分析基础工作

（一）提高数据质量，扩大信息量

要严格执行税收会计制度，加强对税收资金的严密核算，做到如实统计上报，坚决防止和杜绝人为调整、弄虚作假的行为，保证各项税收数据的真实准确。要充分运用信息化手段，不断扩大信息量，逐步将企业生产经营情况、税款申报和入库情况、发票使用和抵扣情况等纳入税收分析数据的范畴。要积极与统计部门、行业主管部门衔接，尽可能全面地掌握地区经济和行业经济信息。要充分利用现代化手段对上述信息进行有效整合，从微观、宏观、横向、纵向等多个方面对税收情况进行全方位、多角度的描述、对比和分析。

（二）做好税收分析建档和应用工作

税收分析档案对各级税务机关记录税收收入变化的主要原因、反映政策执行和征管效能情况、保持税收分析工作的连续性具有重要的意义。各级税务机关要严格按照《国家税务总局关于做好2005年税收分析档案建设工作的通知》（国税函〔2005〕251号）要求，结合本地实际情况，切实做好税收分析档案的建立和报送工作，将影响收入变化的重大因素全面、完整、系统、真实地记入档案，不断提高档案质量。同时充分运用档案资料对收入情况进行连续、系统、深入的分析，为深化分析和加强征管服务。

（三）加强重点税源监控工作

对总局要求报送的重点税源企业资料，要按照规定的范围、内容和时间及时、准确地上报。要进一步加强重点税源数据在税收分析和纳税评估中的应用，做到从宏观上找问题、在微观上找原因。充分利用信息化建设成果，不断扩大重点税源监控范围，有条件的地区要尽快实现由重点税源监控向整体税源监控的过渡。

（四）积极开展调查研究

目前影响税源和税收变动的因素日趋复杂。要紧紧围绕税收分析面临的主要问题、热点问题进行调查研究：一是加强对重点地区、重点税种、重点行业、重点企业经济税收情况的调查研究，揭示税收增减变化的内在原因；二是加强政策执行情况调查，及时反映各项政策对税收收入的影响，评价和反馈政策实施的效果；三是开展征管成效调查，研究各项征管措施取得的成效及其对收入产生的影响，促进征管质量和效率的提高。在调查中，要深入基层征收机关和企业，掌握第一手资料，确保调查取得实效。

四、拓宽分析思路完善分析方法

(一)拓宽税收分析思路

要进一步拓宽税收分析思路。既要加强税收增长分析,更要加强税收与相关经济指标的分析,尤其要重视对与流转税、所得税税基关系密切的GDP、工(商)业增加值、物价指数、企业销售收入、利润、固定资产投资、进出口贸易等经济指标的分析。既要分析税收任务完成进度,更要分析宏观税负、增长弹性等征管质量指标,尤其是各级国税局要特别重视工业(商业)增加值与工业(商业)增值税关系的对比分析。既要加强对税收增幅的一般性宏观分析,更要加强对影响增幅的原因等深层次微观分析,尤其要向影响宏观税负、弹性系数的重点地区、重点企业延伸,并从中及时发现征管的漏洞和薄弱环节,指导基层开展纳税评估和税务稽查,进一步提高征管的质量和效率。

(二)完善税收分析方法

要结合本地区税源和税收特点,研究运用科学实用的税收分析方法提高分析质量。继续进行税收与经济关系研究,确定各税种、税目税收收入与相关经济指标的对比分析方法,在实践中加以运用并不断完善。研究税收应征数在分析中应用的具体方法,更加深入地反映税源、税收、欠缴、缓征以及减免税等情况。筛选、提炼和运用适合税收分析的各种数理统计分析方法,建立税收分析模型,推进税收分析向深度和广度不断扩展。

(三)制定税收分析规程

加强税收分析工作需要制定统一、规范的税收分析规程,明确分析工作的任务、程序和方法。第一,要及时分析,每月在收入数字统计出来后,要立即了解和剖析影响收入的主要因素,将相关情况记入税收分析档案并及时上报;第二,要按照收入与应征比较、与相关经济指标比较等方法,对税收收入及各税种、各地区收入情况进行分析,发现存在问题,分析税收增减变化的原因;第三,撰写内部税收分析报告,召开各部门共同参加的收入分析会,实事求是地反映和分析当期税收收入情况,揭示存在的问题,提出改进和加强工作的意见及建议;第四,在内部分析的基础上起草文件,对上报告,对下通报,提出解决问题、做好工作的措施和要求。

(四)提高税收预测水平

税收预测是分析工作的延伸。要不断完善定期税收预测制度,积极开展月度预测和年度预测。月度预测要以企业申报数为基础,以促进基层征收机关加强对税源的管理和对税款入库情况的监控。年度预测主要以当年经济、税收形势为基础,结合历年收入规律和税收政策变动情况、征管情况来进行。要逐步研究开发各个税种的预测模型,提高预测的科学性和准确性。

五、将税收分析与纳税评估、税务稽查相结合

在进行税收分析时,要从宏观着眼、微观着手,将影响税收增减变化以及与经济增长不协调的原因,一步步具体到地区、行业和企业进行分析,通过逐层剖析全面准确地揭示问题;税收分析要与纳税评估紧密结合,对分析中发现的指标异常企业,税源管理部门要重点进行纳税评估;对涉嫌偷、逃、骗税的,要按照《纳税评估管理办法(试行)》的要求,及时移交稽查部门处理。

六、加强业务培训和分析队伍建设

要高度重视税收分析队伍的建设，积极选拔数理统计、财税经济等专业人才充实到分析队伍中来。切实加强对现有分析人员的业务培训，总局将继续举办税收分析高级研修班和短期培训班，各地要结合实际，积极开展多种形式的学习、培训和交流活动，培养一批有影响的税收分析专家，建设一支一流的分析队伍，更好地满足税收工作需要。

各级税务机关要充分认识建立税收分析长效机制、加强税收分析工作的重要意义，按照上述要求，结合本地情况，认真研究，周密部署，尽快建立、完善和落实有关制度，全面加强各项基础工作，保证和促进税收分析工作的深入开展。总局将着重开展税收分析规程的制定和分析方法的完善工作，并对各地分析制度建立情况、分析档案报送和使用情况以及其他有关工作进行检查。对各地在加强税收分析工作方面好的做法和经验，总局将及时总结推广。

6－7－16

国家税务总局关于加强重点税源监管企业数据常规分析的通知

2005年7月17日　国税函〔2005〕725号

各省、自治区、直辖市和计划单列市国家税务局、地方税务局：

为了加强重点税源企业监控管理，充分利用重点税源监管企业数据，切实将科学化、精细化管理思想直接融入税源监控的日常管理工作中，各级税务机关要积极开展重点税源监管企业数据的常规分析工作，为组织税收收入、完善税收征管及时提供数据支持。现将加强重点税源监管企业数据常规分析有关事项通知如下：

一、分析内容

重点税源监管企业数据常规分析是指通过对重点税源监管企业月报表数据的加工整理，编制汇总企业生产经营情况和税收缴纳情况基本信息的分析工作。重点税源监管企业数据常规分析的主要内容应包括：

1. 主要经济税收指标变动同期比较分析。
2. 行业（企业）税负测算分析。
3. 企业税收入库分析。
4. 企业欠税分析。
5. 税收与税源变化相关性分析。
6. 税收数据跨期稽核分析。
7. 综合征收力度测算分析。
8. 行业税负预警分析。

二、具体要求

重点税源监管企业数据常规分析是加强重点税源日常管理的必要措施和保证，对强化税源管理、组织税收收入、完善税收征管提供数据支持具有十分重要的现实意义。因此总局要求：

1. 各级税务机关要高度重视重点税源监管企业数据常规分析工作，安排专人负责重点税源常规分析工作，并调配高素质、有能力的分析人员充实到重点税源监管岗位，促进重点税源监管企业数据常规分析的顺利开展，保证重点税源监管工作到位。

2. 各级税源监管部门要按月对重点税源监管企业数据开展基本内容的常规测算分析，通过重点税源常规分析，明晰税收收入形势、说明税收增减影响因素、揭示税收征管的薄弱环节、查找税收异常企业。在数据分析的基础上，按月编制分析报告对重点税源企业的生产经营情况和税收缴纳情况进行客观的描述与评价，报送局领导及有关部门，为组织税收收入、监督税收政策执行情况和完善税收征管服务。同时，各级税源管理部门应按季向上一级税务机关报送相同内容的分析报表、分析报告，以及前期分析发现问题的处理情况报告。

3. 各级税源监管部门和监管人员要通过开展重点税源常规分析，降低重点税源监管企业数据的差错率和漏报率，以分析促管理，提高重点税源监管企业数据的准确性和上报质量。

同时，为方便各级税务机关开展重点税源监管企业数据常规分析，重点税源监管企业数据常规分析表式可以从"总局/centre/jitong/宏观处/重点税源监控/TRIS 任务及软件/"下载，各地可结合实际情况修改使用。

附件：重点税源监管企业数据常规分析说明

附件

重点税源监管企业数据常规分析说明

重点税源监管企业数据常规分析的主要内容应包括：主要税收经济指标变动同期比较分析、行业（企业）税负测算分析、企业税收入库分析、企业欠税分析、税收与税源变化相关性分析、税收数据跨期稽核分析、综合征收力度测算分析和行业税负预警分析等。各项分析内容的应用目的、测算方法及分析要求说明如下：

一、主要经济税收指标变动同期比较分析

主要经济税收指标变动同期比较分析是在重点税源监管企业月报表指标中抽取主要指标简要概括重点税源和税收缴纳变化情况的综合分析，主要税种有增值税、消费税、营业税和企业所得税，主要指标有企业主营业务收入、成本费用、利润、主要税种计税销售额、实现税收与入库税收。

分析要求：通过对上述主要数据指标的处理，要求能用一张表简要概括描述这些指标的变化情况、税收入库情况和税收经济关系，通过分析对税源和税收形势进行基本描述、对征管现状给予客观评价。

分析指标：具体分析描述指标有税源、税收增减变化率、入库率及其变化幅度、税负及其变化幅度。

表式:见表一(编者略)。

二、行业(企业)税负测算分析

税收负担概括地说是税收与税源的比例关系,是反映税收经济关系最基本的指标。行业(企业)税负测算分析就是在重点税源监管企业月报表指标中抽取税收与相关税源指标计算这种比例关系,说明重点税源行业(企业)税收经济关系现状及其变化。

分析要求:要求按地区、行业、企业经济类型和税种分类进行税负测算,客观地描述税负在各地区、行业和企业类型的现状。由于受经济结构和政策因素影响决定的税负不可比性,不同地区、行业和经济类型的税负分析的着重点是观其变化,通过税负变化的趋势和幅度评价税收征管情况的好坏。

分析指标:具体分析指标有税负率及其变化幅度。

表式:见表二(编者略)。

三、企业税收入库分析

企业税收入库率是入库税收与实现税收的比例关系,是反映税收征管最重要的指标之一。税收入库测算分析就是在重点税源监管企业月报表指标中抽取入库税收与实现税收指标计算两者的比例关系,说明重点税源企业的征管现状及其对税收收入的影响。

分析要求:要求按地区、行业、企业经济类型和税种分类进行税收入库测算,客观地描述税收入库在各地区、行业和企业类型的现状和变化,揭示征管入库的薄弱环节。

分析指标:具体分析指标是税收入库率及其变化幅度。

表式:见表三(编者略)。

四、企业欠税分析

企业欠税分析是围绕企业未缴税金开展的系列分析,是监督税收流失、反映税收征管最重要的指标之一。企业欠税测算分析就是在重点税源监管企业月报表指标中抽取影响企业欠税的指标开展企业欠税的相关分析或因素,说明重点税源企业欠税现状及其对税收收入的影响。

分析要求:要求按地区、行业、企业经济类型和税种分类进行企业未缴税金的解析测算,客观地描述企业欠税在各地区、行业和企业类型的规模、结构和变化,揭示征管入库的薄弱环节和增收潜力。

分析指标:具体分析指标是未缴税金总量、欠税新旧比例、变化幅度及占应缴税金的比例关系。

表式:见表四(编者略)。

五、税收与税源变化相关性分析

税收与税源变化相关性分析是围绕企业税收增长和税源增长关系开展的系列分析,是说明税收增长合理性、反映税收征管最重要的指标之一。税收与税源变化相关性分析就是在重点税源监管企业月报表指标中抽取主要税种及其相关税源的数据指标开展的两者变化是否一致的关系分析,说明重点税源企业税收增长是否与税源相关。

分析要求:要求按地区、行业、企业经济类型和税种分类进行企业税收增长和税源增长的测算,客观地描述企业税收变化在各地区、行业和企业类型的表现,说明税收变化的影响因素,预测税收收入的变化趋势。

分析指标:具体分析指标是税收增长、税源增长、变化弹性。

表式:见表五(编者略)。

六、税收数据跨期稽核分析

税收数据跨期稽核分析是围绕企业税收缴纳数据各期之间逻辑关系合理性开展的系列分析。这一分析就是在重点税源监管企业月报表指标中抽取主要税种各期实现数据和入库数据指标开展数据跨期是否衔接的分析,旨在从时间逻辑上推断企业税收问题,反映税收征管质量。

分析要求:要求逐户对企业实现税收与入库税收进行时间上的检验,找出数据跨期衔接不上的企业,说明税收企业税收问题。

分析公式:期末未缴 = 期初未缴 + 本期实现 - 本期已缴。

表式:见表六(编者略)。

七、综合征收力度测算分析

综合征收力度测算分析是围绕企业税收负担说明征收力度的系列分析。这一分析通过行业分类对税收负担归类整理,通过数据处理以抽象的概念综合描述税收征收力度,旨在用量化手段客观评价征管力度。

分析要求:测算不同地区同一行业的税收负担全国水平与地区水平,以地区值比全国平均值计算地区相对值,综合各地区全部行业的相对值确定某一地区在全国的综合排位,反映其综合征收力度。综合征收力度分析可按季测算通报。

分析指标:税收负担、税负比值、综合力度值。

表式:见表七、表八(编者略)。

八、行业税负预警分析

行业税负预警分析是以企业税收负担为主体研究指标,通过对同一行业围绕税负这一指标表现出的样本规律特征的总结,建立税负预警分析体系。通过建立税负预警分析体系,及时发现数据异常企业,加强税收征管,杜绝税收流失。

分析要求:测算同一行业的税收负担水平,总结样本分析规律,根据数理统计要求确定预警标准,按期对全部企业进行预警扫描,查获数据异常企业,并深入分析异常的原因。

分析指标:税收负担水平、标准差、离散系数、预警线。

表式:见表九(编者略)。

6 - 7 - 17

国家税务总局关于房地产基础数据收集工作有关问题的通知

2006 年 7 月 11 日　国税函〔2006〕680 号

北京、重庆、辽宁、宁夏、江苏省(区、市)和深圳市地方税务局:

为收集更多的房地产基本信息,掌握翔实的房产、土地情况,适应房地产模拟评税试点和税制改革的需要，经研究决定，同意你局在今年换发税务登记证时，除按照有关规定的要求做好房屋、土地、车船信息的登记外，还可一并开展其他房地产基本信息的补充收集工作，由纳税人填报《房地产基本情况登记表》（表样附后）。对于《房地产基本情况登记表》中的有关内容，你局可结合本地影响房地产价值因素的情况进行适当调整。

附件：房地产基本情况登记表样表（编者略）

6－7－18

国家税务总局关于取消部分地方税行政审批项目的通知

2007 年 6 月 11 日　国税函〔2007〕629 号

各省、自治区、直辖市和计划单列市地方税务局，西藏、宁夏自治区国家税务局：

根据国务院深化行政审批制度改革的要求，为进一步规范行政权力和行政行为，税务总局对涉及房产税、城镇土地使用税、城市维护建设税和印花税的部分行政审批项目文件进行了清理，现就有关问题通知如下：

一、取消下列文件中所含行政审批项目并废止文件

（一）《国家税务局关于对经贸仓库免缴土地使用税问题的复函》（〔88〕国税地字第 32 号）。

（二）《国家税务局关于对物资储运系统征收土地使用税问题的复函》（〔88〕国税地字第 35 号）。

（三）《国家税务局关于对三线调整企业征免土地使用税问题的复函》（〔89〕国税地字第 130 号）。

（四）《国家税务局关于中国物资储运总公司所属物资储运企业征免土地使用税问题的通知》（国税函发〔1992〕1272 号）。

（五）《国家税务局关于石油企业生产用地适用税额问题的通知》（国税函发〔1992〕1442 号）。

（六）《国家税务局关于恢复征收国营华侨农场地方税问题的通知》（国税函发〔1990〕1117 号）。

（七）《国家税务局关于邮电部门所属企业恢复征收房产税问题的通知》（国税发〔1991〕36 号）。

（八）《国家税务局对〈关于中、小学校办企业征免房产税、土地使用税问题的请示〉的批复》（〔89〕国税地字第 81 号）。

（九）《国家税务局关于对特种储备资金不征印花税问题的通知》（国税地字〔1989〕第 18 号）。

二、取消下列文件中所列行政审批项目，保留其余条款

（一）取消《国家税务局关于对核工业总公司所属企业征免土地使用税问题的若干规

定》(〔89〕国税地字第7号)中第三条"上述企业纳税确有困难要求照顾的,可根据《暂行条例》第七条的规定,由企业向所在地的税务机关提出减免税申请,经省、自治区、直辖市税务局审核后,报我局核批"的规定,其余条款保留。

(二)取消《国家税务局对〈关于请求再次明确电力行业土地使用税征免范围问题的函〉的复函》(〔89〕国税地字第44号)第三条中"纳税有困难的,由省、自治区、直辖市税务局审核后,报国家税务局批准减免"的规定,其余条款保留。

(三)取消《国家税务局关于对煤炭企业用地征免土地使用税问题的规定》(〔89〕国税地字第89号)第三条"煤炭企业的报废矿井占地,经煤炭企业申请,当地税务机关审核,可以暂免征收土地使用税"和第六条"煤炭企业依照上述规定缴纳土地使用税,确实仍有困难,按照《中华人民共和国城镇土地使用税暂行条例》第七条的规定办理"的规定,其余条款保留。

(四)取消《国家税务局关于对交通部门的港口用地征免土地使用税问题的规定》(〔89〕国税地字第123号)第二条"对港口的露天堆货场用地,原则上应征收土地使用税,企业纳税确有困难的,可由省、自治区、直辖市税务局根据其实际情况,给予定期减征或免征土地使用税的照顾"的规定,其余条款保留。

(五)取消《国家税务局关于印发〈关于土地使用税若干具体问题的补充规定〉的通知》(〔89〕国税地字第140号)第四条"对基建项目在建期间使用的土地,原则上应照章征收土地使用税。但对有些基建项目,特别是国家产业政策扶持发展的大型基建项目占地面积大,建设周期长,在建期间又没有经营收入,为照顾其实际情况,对纳税人纳税确有困难的,可由各省、自治区、直辖市税务局根据具体情况予以免征或减征土地使用税;对已经完工或已经使用的建设项目,其用地应照章征收土地使用税"和第六条"房地产开发公司建造商品房的用地,原则上应按规定计征土地使用税。但在商品房出售之前纳税确有困难的,其用地是否给予缓征或减征、免征照顾,可由各省、自治区、直辖市税务局根据从严的原则结合具体情况确定"的规定,其余条款保留。

(六)取消《国家税务局关于印花税若干具体问题的规定》(国税地字〔1988〕第25号)中第二十条"对微利、亏损企业不能减免印花税。但是,对微利、亏损企业记载资金的账簿,第一次贴花数额较大,难以承担的,经当地税务机关批准,可允许在三年内分次贴足印花"的规定,其余条款保留。

以上行政审批项目取消后,各地地方税务机关应依据相关条例的有关规定做好相关税种的征收管理工作,严格按照条例规定和税务总局《税收减免管理办法(试行)》的具体要求加强减免税的管理,并将有关情况及时上报税务总局(地方税务司)。

本通知自发布之日起执行。

注释:

条款修改。根据《第十三届全国人民代表大会第一次会议关于国务院机构改革方案的决定》等有关规定,税收规范性文件规定的国税地税机关的职责和工作由新的税务机关承担。国家税务总局依据《税收规范性文件制定管理办法》(国家税务总局令第41号公布),对税收规范性文件进行了清理。参见:《国家税务总局关于修改部分税收规范性文件的公告》(国家税务总局公告2018年第31号)。

6－7－19

国务院关于第四批取消和调整行政审批项目的决定(节录)

2007年10月9日　国发〔2007〕33号

各省、自治区、直辖市人民政府,国务院各部委、各直属机构:

2007年4月以来,按照国务院的统一部署和行政审批制度改革的要求,国务院行政审批制度改革工作领导小组依据行政许可法的规定,组织对国务院部门的行政审批项目进行了新一轮集中清理。经严格审核和论证,国务院决定第四批取消和调整186项行政审批项目。其中,取消的行政审批项目128项,调整的行政审批项目58项(下放管理层级29项、改变实施部门8项、合并同类事项21项)。另有7项拟取消或者调整的行政审批项目是由有关法律设立的,国务院将依照法定程序提请全国人大常委会审议修订相关法律规定。

各地区、各部门要认真做好取消和调整行政审批项目的落实和衔接工作,切实加强后续监管。要深入贯彻科学发展观,适应完善社会主义市场经济体制、加强和改善宏观调控以及转变政府职能的要求,继续深化行政审批制度改革,依法对行政审批项目实行动态管理,加强对行政审批权的监督制约,努力在规范审批行为、创新审批方式、完善配套制度、建立长效机制等方面取得新的进展。

附件:1. 国务院决定取消的行政审批项目目录(128项)

2. 国务院决定调整的行政审批项目目录(58项)

附件1

国务院决定取消的行政审批项目目录(128项)

部门	序号	项目名称	设定依据	备　注
…………				
财政部	10	外商投资企业有关企业所得税减免事项审批	《中华人民共和国外商投资企业和外国企业所得税法》(中华人民共和国主席令〔1991〕第45号)	执行至2007年12月31日
	11	中储粮公司和中谷粮油集团决算审批	《国务院办公厅关于保留部分非行政许可审批项目的通知》(国办发〔2004〕62号)	
	12	中央国家机关自行采购属于集中采购范围内的项目审批	《国务院办公厅关于保留部分非行政许可审批项目的通知》(国办发〔2004〕62号)	
	13	农村小型水利公益设施建设项目方案审批	《国务院办公厅关于保留部分非行政许可审批项目的通知》(国办发〔2004〕62号)	
	14	外汇借款项目以税还贷企业名单与限额审批	《国务院办公厅关于保留部分非行政许可审批项目的通知》(国办发〔2004〕62号)	

续表

部门	序号	项目名称	设定依据	备 注
税务总局	41	出口企业退税登记证核准	《国务院办公厅关于保留部分非行政许可审批项目的通知》(国办发〔2004〕62 号)	
	42	列名钢铁企业销售“以产顶进”钢材准予退税审批	《国务院关于第三批取消和调整行政审批项目的决定》(国发〔2004〕16 号)	
	43	纳税人因困难减免农业税审批	原《中华人民共和国农业税条例》(1958 年 6 月 3 日中华人民共和国主席令公布施行)	
	44	纳税人因困难减免车船使用税审批	原《中华人民共和国车船使用税暂行条例》(国发〔1986〕90 号)	
	45	发票领购资格审核	《中华人民共和国发票管理办法》(国务院批准,财政部令〔1993〕第 6 号)	
	46	建立收支粘贴簿、进销货登记簿或者使用税控装置审批	《中华人民共和国税收征收管理法实施细则》(国务院令第 362 号)	
	47	企业跨地域改组、分立、合并中整体资产置换的税收待遇确认	《国务院办公厅关于保留部分非行政许可审批项目的通知》(国办发〔2004〕62 号)	
	48	企业技术改造国产设备投资抵免企业所得税核准	《国务院关于第三批取消和调整行政审批项目的决定》(国发〔2004〕16 号)	
	49	农、林、牧业和经济不发达的边远地区外商投资企业延长减征企业所得税期限审批	《中华人民共和国外商投资企业和外国企业所得税法》(中华人民共和国主席令〔1991〕第 45 号)	执行至 2007 年 12 月 31 日
	50	外商投资企业的外国投资者再投资退税审批	《中华人民共和国外商投资企业和外国企业所得税法》(中华人民共和国主席令〔1991〕第 45 号)	执行至 2007 年 12 月 31 日
	51	外国企业改变纳税年度审批	《中华人民共和国外商投资企业和外国企业所得税法实施细则》(国务院令第 85 号)	执行至 2007 年 12 月 31 日
	52	外商投资企业定期减免企业所得税审批	《中华人民共和国外商投资企业和外国企业所得税法实施细则》(国务院令第85号)	执行至 2007 年 12 月 31 日
	53	外商投资企业分阶段投资或追加投资享受税收优惠审批	《国务院办公厅关于保留部分非行政许可审批项目的通知》(国办发〔2004〕62 号)	执行至 2007 年 12 月 31 日
	54	中西部地区鼓励类外商投资企业延长三年减按 15% 税率征收企业所得税审核	《国务院办公厅关于保留部分非行政许可审批项目的通知》(国办发〔2004〕62 号)	执行至 2007 年 12 月 31 日
	55	中外合资、合作经营企业可行性研究费用列入开办费核准	《国务院办公厅关于保留部分非行政许可审批项目的通知》(国办发〔2004〕62 号)	执行至 2007 年 12 月 31 日
	56	外商投资企业和外国企业购买国产设备投资抵免企业所得税审批	《国务院关于第三批取消和调整行政审批项目的决定》(国发〔2004〕16 号)	执行至 2007 年 12 月 31 日
	57	外国企业在我国境内设立两个或两个以上营业机构汇总申报企业所得税审批	《中华人民共和国外商投资企业和外国企业所得税法实施细则》(国务院令第 85 号)	执行至 2007 年 12 月 31 日
	58	外商投资企业固定资产缩短折旧年限审批	《中华人民共和国外商投资企业和外国企业所得税法实施细则》(国务院令第 85 号)	执行至 2007 年 12 月 31 日
	59	外商投资企业特许权使用费预提所得税减免审批	《中华人民共和国外商投资企业和外国企业所得税法》(中华人民共和国主席令〔1991〕第 45 号)	执行至 2007 年 12 月 31 日
	60	在特定地区设立的从事特定项目的外商投资企业减征所得税审批	《中华人民共和国外商投资企业和外国企业所得税法实施细则》(国务院令第 85 号)	执行至 2007 年 12 月 31 日

续表

部门	序号	项目名称	设定依据	备　注
税务总局	61	从事能源交通基础设施项目的外商投资企业减低税率缴纳企业所得税审批	《中华人民共和国外商投资企业和外国企业所得税法实施细则》(国务院令第85号)	执行至2007年12月31日
	62	拆本使用发票审批	《中华人民共和国发票管理办法》(国务院批准,财政部令〔1993〕第6号)	
	63	使用计算机开具发票审批	《中华人民共和国发票管理办法》(国务院批准,财政部令〔1993〕第6号)	
	64	跨规定的使用区域携带、邮寄、运输空白发票审批	《中华人民共和国发票管理办法》(国务院批准,财政部令〔1993〕第6号)	
…………				

附件2

国务院决定调整的行政审批项目目录(58项)

部门	序号	项目名称	设定依据	下放管理实施机关	备　注
…………					
税务总局	19	外国政府、非营利机构等在我国设立代表机构给予免税待遇审批	《国务院办公厅关于保留部分非行政许可审批项目的通知》(国办发〔2004〕62号)	省、自治区、直辖市国家税务局	
	20	国家银行和金融机构在境外发行债券所得利息符合优惠利率标准免征所得税审批	《国务院办公厅关于保留部分非行政许可审批项目的通知》(国办发〔2004〕62号)	省、自治区、直辖市国家税务局	
…………					

6－7－20

国家税务总局关于印发《房地产税收一体化管理业务规程》的通知

2007年10月17日　国税发〔2007〕114号

各省、自治区、直辖市和计划单列市财政厅(局)、国家税务局、地方税务局,新疆生产建设兵团财务局:

为进一步深入推进房地产税收一体化管理工作,明确业务需求,规范操作程序,提高信息的传递、使用效率,根据《税收征管业务规程》等相关规定,在总结各地经验的基础上,国家税务总局制定了《房地产税收一体化管理业务规程》,现印发给你们。各地财税部门要协作配合,结合本地实际,共同制定具体的管理流程和实施办法,并着力落实。各省地税局应于2007年11月底前将本地区管理流程和落实办法上报国家税务总局(地方税务司)。

附件:1. 房地产税收一体化管理业务规程流程图(编者略)
2. 房地产税收一体化管理业务规程附表(编者略)

6 -7 -21

国家税务总局关于做好地震灾害期间税收征管工作的通知

2008 年 5 月 15 日　国税函〔2008〕418 号

四川、重庆、甘肃、陕西、云南、青海、湖北省(市)国家税务局、地方税务局:

现就做好地震灾害期间税收征管工作的有关事项通知如下:

一、抢救和保护好灾区税收征管资料。各地税务机关应在保证人员生命安全的前提下,积极开展对灾区纳税人各类税收征管资料的抢救、清理,并尽快转移到安全区域妥善保管。

对于计算机内储存的征管数据和资料,要按照税务总局有关规定,明确数据备份的岗位职责和人员安排,及时进行数据备份和验证;相关备份介质,应存放于安全地点,确保存储资料介质万无一失。

二、对于纳税人因地震而损毁、丢失的发票(含增值税专用发票和普通发票)、税票(含各种完税凭证)、税务登记证和发票领购簿等,凡纳税人提出申请的,各地税务机关应及时记录、核销或备案(如是增值税专用发票,还要将有关信息录入增值税失控发票快速反应机制系统),并按规定向社会公告。主管税务机关可根据纳税人申请,按规定补发税务登记证和发票领购簿,并及时做好发票供应工作。

三、各地要认真清点税务机关库存的空白增值税专用发票、普通发票和各种完税凭证,凡遭损毁的,应及时予以核销(包括增值税专用发票电子数据)并备案。

四、各地税务机关要采取措施,在完成人员、财产抢救工作后,积极开展税收征管秩序恢复工作,为当地抗震救灾工作做出积极贡献。

各地在贯彻执行中如发现问题,请及时报告税务总局(征管司)。

6 -7 -22

财政部　国家税务总局关于城市商业银行和农村合作金融机构财务管理工作的通知

2008 年 8 月 1 日　财金〔2008〕93 号

各省、自治区、直辖市、计划单列市财政厅(局)、国家税务局、地方税务局,新疆生产建设兵团财务局：

为适应金融业发展和深化金融改革，促进地方金融机构稳健经营，依据《国务院办公厅关于印发财政部主要职责内设机构和人员编制规定的通知》（国办发〔2008〕65 号），现将城市商业银行和农村合作金融机构财务管理工作有关事宜通知如下：

一、各级人民政府财政部门（以下简称财政部门）依法指导、管理和监督本级金融企业的财务管理工作。原由税务部门负责的城市商业银行和农村合作金融机构财务监督管理职责统一划归财政部门负责。各级税务部门和财政部门应做好衔接，确保各项相关工作顺利进行。

二、《金融企业财务规则》（财政部令第 42 号）已于 2007 年 1 月 1 日开始施行，各城市商业银行和农村合作金融机构应统一遵照执行。《农村信用合作社财务管理实施办法》（国税发〔2000〕101 号）与《城市商业银行、城市信用合作社财务管理实施办法》（国家税务总局令第 3 号）废止。

三、各级财政部门应切实履行职责，督促各金融机构认真执行《金融企业财务规则》和其他相关金融财务规定，建立健全财务管理制度，防范财务风险，实现稳健经营和持续发展。

6 －7 －23

财政部　国家税务总局关于坚决制止越权减免税　加强依法治税工作的通知

2009 年 1 月 19 日　财税〔2009〕1 号

各省、自治区、直辖市、计划单列市财政厅（局）、国家税务总局、地方税务局，新疆生产建设兵团财务局，财政部驻各省、自治区、直辖市、计划单列市财政监察专员办事处：

《国务院关于加强依法治税严格税收管理权限的通知》（国发〔1998〕4 号）和《国务院关于纠正地方自行制定税收先征后返政策的通知》（国发〔2000〕2 号）下发以来，各地财政、税务部门积极采取措施，依法加强税收政策管理，维持正常的财税秩序，有效地促进了财政收入的持续快速增长和宏观调控目标的顺利实现。但是，一些地区仍存在越权减免税或先征后返等变相减免税问题。特别是最近一段时间以来，一些地区以应对国际金融危机、促进地方经济发展为名，违反国家财税法律规定，擅自出台减免税、缓缴税和豁免欠税，或返还已缴纳的税收等政策，这种做法破坏了税制的规范、统一，扰乱了正常的财税秩序。为了维护国家税收法律、法规的严肃性、统一性和权威性，加强依法治税，现就有关问题通知如下：

一、2008 年下半年以来，为了应对国际金融危机对我国经济的影响，促进经济平稳较快发展，国家制定出台了一系列税收应对措施。各地财政、税务部门要深入贯彻落实科学发展观，从维护国家整体利益和财税正常秩序的高度出发，根据国家统一部署，不折不扣地做好税收政策的贯彻落实工作，不得随意改变税收优惠政策范围。

二、根据现行有关税收管理权限的规定，中央税、共享税以及地方税的立法权都集中在中央,除有关税收法律、行政法规规定下放地方的具体政策管理权限外,税收政策管理权全部集中在中央。各级财政、税务部门要认真贯彻落实国务院《全面推进依法行政实施纲要》和现行财税法律的有关规定,严格执行国家统一规定的各项税收优惠政策,不得在税法明确授予的管理权限之外,擅自更改、调整、变通国家税法和税收政策,要按照“依法征税,应收尽收,坚决不收过头税,坚决防止和制止越权减免税”的组织收入原则,严格税收入库级次,做好税收征收管理工作。

三、各地财政、税务部门要主动配合地方政府维护正常的财税秩序,积极做好国家统一税收政策的贯彻落实工作,对超越税收管理权限和违背国家税法的规定,应拒绝执行,并及时向上级机关报告。财政部驻各地财政监察专员办事处要加强对税收政策执行情况的检查工作,强化税收执法监督,对各种违反国家统一规定的财税政策的行为,要及时予以纠正并上报。

四、各地财政、税务部门要高度重视,认真贯彻落实本通知精神,结合各地的实际情况组织专门力量,采取切实有效措施,对本地区越权减免税、税收先征后返等变相减免税情况进行一次全面检查和清理,凡违反国家财税规定和超越税收管理权限的,要立即纠正,凡拒不纠正或继续出台新的越权减免税、缓缴税、豁免欠税以及采取税收先征后返等变相减免税的,要根据《财政违法行为处罚处分条例》(国务院令第427号)等财税法律、法规的规定,依法追究有关人员的责任。各地财政、税务部门要于2009年3月20日前将这次清理检查情况报送财政部(税政司)和国家税务总局(财产和行为税司)。

请遵照执行。

6－7－24

国家税务总局关于进一步做好税收促进节能减排工作的通知

2010年5月6日　国税函〔2010〕180号

各省、自治区、直辖市和计划单列市国家税务局、地方税务局:

根据国务院的部署,为进一步做好税收促进节能减排工作,现就有关事项通知如下:

一、充分认识做好税收促进节能减排工作的重要意义。节能减排是实现科学发展,构建资源节约型和环境友好型社会的重要举措。当前,我国节能减排工作取得积极成效,但面临的形势依然十分严峻。2010年是实现“十一五”节能减排目标的决战之年,各级税务机关要充分认识做好税收促进节能减排工作的重要性和紧迫性,切实增强责任感和使命感,进一步加大工作力度,为实现“十一五”节能减排目标作出积极贡献。

二、认真落实促进节能减排的各项税收政策。目前,我国已出台了支持节能减排技术研发与转让,鼓励企业使用节能减排专用设备,倡导绿色消费和适度消费,抑制高耗能、高排放及产能过剩行业过快增长等一系列税收政策。各级税务机关要不折不扣地抓好落实,同时加强对政策执行情况的调研分析,提出进一步完善的意见和建议,努力建立健全税收促进节能减排的长效机制,充分发挥税收调控作用。要进一步加大执法督察力度,将政策落实情况纳入税收执法责任制考核内容,并列入今年税收执法检查的必查项目和重点工作,税务总局将适时组织抽查。

三、切实做好节能减排税收政策的宣传、咨询和辅导。各级税务机关要采取有效措施,优化纳税服务,帮助纳税人及时准确掌握节能减排税收政策内容及办税程序。要综合运用税务网站、办税服务厅等载体,加大节能减排税收政策解读和宣传力度。要结合本地区产业发展和节能减排工作实际,丰富充实纳税指南库中节能减排税收政策的内容,依托12366纳税服务热线、在线访谈等渠道,有针对性地为纳税人提供税收政策咨询辅导。要优化办税工作流程,使符合条件的纳税人及时享受节能减排税收优惠。

四、依法加强对"两高"及产能过剩行业和企业税收征管。各级税务机关要认真做好税收分析工作,密切监控相关行业和企业依法纳税情况。要把"两高"及产能过剩行业作为本地自行确定税收专项检查项目的重点,认真部署开展检查工作。对税务总局已经安排的重点税源检查中从事上述行业的企业要加大自查辅导力度和抽查比例。在开展税收专项检查和案件查处过程中,对虚假申报骗取出口退(免)税、偷逃税款等违法行为,要依法加大查处力度。

五、深入开展税务系统"节能减排全民行动"。各级税务机关要加强能源资源和生态环境国情宣传教育,采取多种形式搞好节能宣传活动,形成税务系统全民节能减排的良好氛围,进一步增强广大税务干部职工节约意识。要广泛开展"节能减排全民行动",普及节能环保知识和方法,推介节能新技术、新产品,确保实现各单位能耗指标比去年降低5%的目标。

各级税务机关要加强对税收促进节能减排工作的领导,精心组织,扎实做好税收政策落实、优化纳税服务和加强税收征管等促进节能减排的各项工作。要明确职责分工,确保责任到位、措施到位。

6-7-25

国家税务总局关于印发《税务行业标准管理办法(试行)》的通知

2010年6月17日　国税发〔2010〕61号

各省、自治区、直辖市和计划单列市国家税务局、地方税务局,局内各单位:

为加强税务行业标准化管理工作,规范行业标准的制修订程序,根据《中华人民共和国标准化法》和《中华人民共和国标准化法实施条例》,税务总局制定了《税务行业标准管理办法(试行)》,现印发给你们,请遵照执行。在执行过程中遇到的问题,请及时反馈税务总局(征管和科技发展司)。

附件:1. 税务行业标准立项申请书(编者略)

2. 税务行业标准项目调整申请表(编者略)

3. 税务行业标准编制说明(编者略)
4. 税务行业标准意见汇总处理表(编者略)
5. 税务行业标准申报单(编者略)
6. 税务行业标准修改单(编者略)

税务行业标准管理办法(试行)

第一章　总　　则

第一条　为加强税务行业标准化管理工作,规范标准的制定(修订)程序和要求,根据《中华人民共和国标准化法》和《中华人民共和国标准化法实施条例》以及其他有关法律、法规的规定和税务行业的实际情况,制定本办法。

第二条　税务行业标准是指尚无国家标准、且需要在税务行业范围内统一的业务和技术标准规范。税务行业标准应当符合法律、行政法规的规定,保持与国家标准及其他行业标准的协调统一。

第三条　税务行业标准化管理主要包括税务行业标准的立项、制定(修订)、审批、发布、实施和复审等。

第四条　税务行业标准分为税务业务标准和税务技术标准。税务业务标准指税务管理工作中的岗责、流程、操作规范及相关保障等标准规范;税务技术标准指涉及税务信息基础设施、信息系统的建设和管理等标准规范。

第五条　税务行业标准的编号由税务行业标准代号、顺序号及年号组成。其中,税务行业标准代号为SW(推荐性标准在“SW”后加“/T”),年号为完整的年份,顺序号为自然数字顺序编排,顺序号和年号中间用“-”分隔。

第二章　组织和职责

第六条　国家税务总局征管和科技发展司是税务行业标准主管部门,负责统一管理税务行业标准,承担以下职责:

(一)贯彻国家标准化法律、法规和方针政策,代表税务行业参加国家级的标准化活动;

(二)研究制定税务行业标准化工作的规章制度和实施办法,负责制定标准工作总体规划和标准体系;

(三)组织税务行业标准的制定(修订)和维护,负责税务行业标准的立项、审批、发布等,并报国家标准化主管部门备案;

(四)组织标准的实施和复审,对实施情况进行监督检查;

(五)组织标准化工作的培训、宣传和对外交流;

(六)其他与标准化相关的工作。

第七条　国家税务总局各相关部门主要履行以下职责:

(一)汇总各地对应业务部门提出的标准立项建议;

(二)提出本部门职责范围内税务行业标准的立项申请;

(三)负责本部门职责范围内税务行业标准的起草、征求意见和送审报批;

(四)负责本部门职责范围内税务行业标准的实施及监督检查。

第八条 各省(自治区、直辖市、计划单列市)税务机关征管和科技发展处协同相关处室做好本地区标准化管理工作,主要履行以下职责:

(一)提出标准制定、修订需求和建议;

(二)承担总局下达的行业标准起草工作;

(三)配合行业标准的征求意见和审查工作;

(四)落实标准在本地区的实施工作,并对实施情况和效果开展监督检查。

第三章 标准的立项

第九条 税务行业标准工作实行年度立项制度。总局各部门根据实际工作需要,每年10月底前向征管和科技发展司报送下一年度制定(修订)行业标准的立项申请。涉及保密等特殊需求的立项申请可随时申报。

第十条 标准立项申请需填写《税务行业标准立项申请书》(附件1),明确说明拟制定(修订)标准的基本情况、主要内容、进度计划和预算等。

第十一条 征管和科技发展司负责组织对提交的税务行业标准立项申请进行汇总、审核,交相关司局确认后拟定标准项目年度计划,一般项目报主管局长审批,重大项目报局务会审定,确定本年度行业标准项目及标准起草部门,下达标准制定计划。

第十二条 标准项目执行过程中如需要调整,应填写《税务行业标准项目调整申请表》(附件2),报征管和科技发展司审批。

第十三条 申请立项的税务行业标准应当符合以下条件:

(一)符合税务行业中长期发展规划,满足税务行业实际工作需要;

(二)无相应的国家标准或者行业标准,或者现行的行业标准需要修订。

第四章 标准的制定(修订)、审批和发布

第十四条 根据标准项目年度计划的安排,总局各司局负责组织行业标准的制定或修订工作。标准起草部门应成立标准工作组,负责标准的起草、征求意见、提出标准送审稿等。

第十五条 标准应按照GB/T 1.1《标准化工作导则》、《税务行业标准的结构和编写规则》的要求起草,同时编写“税务行业标准编制说明”(附件3)。

第十六条 标准起草部门负责将标准征求意见稿和编制说明送相关各方征求意见,并根据反馈意见对标准进行修改,形成标准送审稿,连同编制说明、意见汇总处理表(附件4)及其他有关材料一起送交征管和科技发展司。

第十七条 标准的审查工作由征管和科技发展司牵头组织,成立标准审查小组,标准起草部门配合。标准审查小组的成员应包括相关的业务、技术和标准专家,人数不少于5人。

第十八条 标准审查原则上应协商一致,如需表决,须经3/4以上的参审人员同意为通

过，审查小组出具审查意见并经参审人员签字。审查小组认为需要作重大修改或者有重要意见分歧的，由审查小组出具审查意见并经参审人员签字后，退回起草部门再次修改。

第十九条 审查通过后，标准起草部门形成标准报批稿，并连同编制说明、审查会议纪要、意见汇总处理表、税务行业标准申报单（附件5）及其他必要的材料一起送交征管和科技发展司，征管和科技发展司审核后报主管局长审批。

第二十条 税务行业标准由国家税务总局统一编号、发布。征管和科技发展司负责向国家标准化主管部门备案。

第二十一条 标准制定（修订）过程中形成的有关文档，按国家税务总局档案管理规定的要求进行归档。

第二十二条 税务行业标准定期结册出版发行。

第二十三条 标准发布后，对于非原则性内容修改或补充，由标准起草部门提出修改意见送征管和科技发展司，必要时经专家审核后以税务行业标准修改单（附件6）的形式发布。

第五章 标准的实施和复审

第二十四条 税务行业标准分为强制性标准和推荐性标准，强制性标准必须严格执行，推荐性标准可选择使用。在标准实施过程中发现的问题应当及时报告标准起草部门和征管和科技发展司。

第二十五条 征管和科技发展司与标准起草部门应在标准发布后组织标准的宣传和贯彻，并对标准的实施情况进行监督检查。

第二十六条 标准实施后，征管和科技发展司根据需要适时组织起草部门进行复审。复审周期一般不超过三年。

第二十七条 标准复审结果分为继续有效、修订和废止三种情况。出现下列情况时，相关的标准应当废止并由国家税务总局发布公告：

（一）标准的适用环境或者条件已不复存在；

（二）相应的国家标准或者新的行业标准已经发布；

（三）与新发布的法律、法规、制度相违背；

（四）其他应当废止的情况。

第六章 附　　则

第二十八条 本办法由国家税务总局负责解释。

第二十九条 各级国家税务局和地方税务局均适用本办法。

第三十条 本办法自公布之日起实施。

6 -7 -26

国务院关于第五批取消和下放管理层级行政审批项目的决定(节录)

2010 年 7 月 4 日　国发〔2010〕21 号

各省、自治区、直辖市人民政府,国务院各部委、各直属机构:

2009 年以来,按照国务院的统一部署和行政审批制度改革的要求,行政审批制度改革工作部际联席会议依据行政许可法等法律法规的规定,组织对国务院部门的行政审批项目进行了新一轮集中清理。经严格审核论证,国务院决定第五批取消和下放管理层级行政审批项目 184 项。其中,取消的行政审批项目 113 项,下放管理层级的行政审批项目 71 项。

各地区、各部门要认真做好取消和下放管理层级行政审批项目的落实和衔接工作,切实加强后续监管。要按照深化行政管理体制改革、转变政府职能的要求,继续深化行政审批制度改革,进一步减少行政审批项目,规范审批流程,创新审批方式,健全行政审批制约监督机制,加强对行政审批权运行的监督。

附件:1. 国务院决定取消的行政审批项目目录(113 项)

2. 国务院决定下放管理层级的行政审批项目目录(71 项)(编者略)

附件 1

国务院决定取消的行政审批项目目录(113 项)

部门	序号	项目名称	设定依据
…………			
税务总局	42	纳税人按规定支付给总机构的与生产、经营有关的管理费税前扣除审批	《国务院办公厅关于保留部分非行政许可审批项目的通知》(国办发〔2004〕62 号)
	43	外商投资企业在优惠期内因不可抗力提前解散免予补税审批	《国务院办公厅关于保留部分非行政许可审批项目的通知》(国办发〔2004〕62 号)
…………			

6-7-27

国家税务总局关于转发《财政部关于明确政府采购保证金和行政处罚罚款上缴事项的通知》的通知

2011年2月17日 国税函〔2011〕98号

各省、自治区、直辖市和计划单列市国家税务局,局内各单位:

为了加强政府采购活动的监督管理,根据《中华人民共和国政府采购法》和《罚款决定与罚款收缴分离实施办法》(国务院令第235号)等有关规定,财政部近日下发《财政部关于明确政府采购保证金和行政处罚罚款上缴事项的通知》(财库〔2011〕15号),现转发给你们,请遵照执行。

附件:财政部关于明确政府采购保证金和行政处罚罚款上缴事项的通知

附件

财政部关于明确政府采购保证金和行政处罚罚款上缴事项的通知

2011年1月20日 财库〔2011〕15号

党中央有关部门,国务院各部委、各直属机构,全国人大常委会办公厅,全国政协办公厅,高法院,高检院,有关人民团体,新疆生产建设兵团财务局,中央国家机关政府采购中心,中共中央直属机关采购中心,全国人大机关采购中心:

为了加强政府采购活动的监督管理,根据《中华人民共和国政府采购法》和《罚款决定与罚款收缴分离实施办法》(国务院令第235号)等有关规定,现就政府采购保证金和行政处罚罚款上缴渠道有关问题通知如下:

一、关于保证金的上缴

在中央政府采购活动中,供应商出现政府采购相关规定和采购文件约定不予退还保证金(投标保证金和履约保证金)的情形,由集中采购机构、采购人按照就地缴库程序,将不予退还的保证金上缴中央国库。

二、关于行政处罚罚款的上缴

在中央政府采购活动中,政府采购相关方违反政府采购有关规定被财政部处以罚款的行政处罚,由被处罚人按照就地缴库程序将所罚款项上缴中央国库。

三、关于就地缴库程序

上述资金的性质属政府非税收入，缴款人应根据属地原则到财政部驻该地区财政监察专员办事处领取《一般缴款书》，通过填写《一般缴款书》将资金缴入中央国库。一般缴款书的填写方式：预算科目名称填“其他一般罚没收入（103050199）”；收款单位一栏：财政机关填财政部，预算级次填中央级，收款国库填写实际收纳款项的国库名称（国家金库总库或国家金库××省分库）。

6－7－28

国家税务总局　国家工商行政管理总局关于加强税务工商合作实现股权转让信息共享的通知

2011年12月22日　国税发〔2011〕126号

各省、自治区、直辖市和计划单列市国家税务局、地方税务局、工商行政管理局、市场监督管理局：

为推进税务部门、工商行政管理部门之间的信息共享，强化股权转让税收征管，提升企业登记管理信息服务国家税收征管的能力，发挥税收调节收入分配的作用，现就加强税务、工商股权转让信息共享有关事项通知如下：

一、信息共享的内容

（一）工商行政管理部门向税务部门提供的信息

有限责任公司已经在工商行政管理部门完成股权转让变更登记的股权转让相关信息，包括：营业执照注册号、公司名称、住所、股东姓名或者名称、股东证件类型、股东证件号码、股东出资额、出资比例、登记日期。

（二）税务部门向工商行政管理部门提供的信息

1. 企业因股东转让股权在税务部门办理的涉税信息，包括营业执照注册号、企业名称、纳税人识别号、股东姓名或者名称、股东证件类型、股东证件号码。

2. 税务部门从工商行政管理部门获取公司股东转让股权变更登记信息后征收税款的有关信息，包括：营业执照注册号、纳税人姓名或者名称、纳税人识别号、税种、税款所属期、税款数额。

二、信息共享的方式

国家税务总局和国家工商行政管理总局建立信息共享平台和交换机制，开展股权变更登记信息共享工作。

省及省以下各级国家税务局、地方税务局分别与同级工商行政管理局（市场监督管理局，下同）协商进行信息交换。要充分利用计算机网络交换信息，逐步确立信息化条件下的信息交换机制。有条件的地方，可以建立税务、工商信息共享平台，或者利用政府信息共享平台，进行信息集中交换。暂不能通过网络交换信息的，税务部门和工商行政管理部门可采用光盘等介质交换。

三、信息共享的时限

从2012年1月1日起,各级国家税务局、地方税务局和工商行政管理局应将每月发生的应交换信息,在当月终了15日内完成交换。2011年1月1日至2011年12月31日期间发生的应交换信息,在2012年6月30日之前完成交换。2010年1月1日至2010年12月31日期间发生的应交换信息,在2012年9月30日之前完成交换。

四、加强组织协调

省及省以下各级国家税务局、地方税务局和工商行政管理局要高度重视,积极向当地政府汇报有关工作,争取支持。要建立由国家税务局、地方税务局和工商行政管理局主要领导组成的信息共享领导协调小组,定期或者不定期召开联席会议,及时协调和解决信息共享工作中的问题。要严格落实相关保密制度,确保信息安全,对获取的相关信息,不得向税务部门、工商行政管理部门以外的第三方提供,擅自对外提供有关信息的,要承担相应的法律责任。要巩固已有的税务、工商合作成果,继续利用已有的政府信息共享平台,建立健全信息共享制度,探索税务、工商协调配合新模式。

各省(自治区、直辖市和计划单列市)国家税务局会同地方税务局、工商行政管理局根据本通知的规定,制定具体的操作办法,于2012年2月底前报国家税务总局、国家工商行政管理总局备案。对《国家税务总局、国家工商行政管理总局关于工商登记信息和税务登记信息交换与共享问题的通知》(国税发〔2003〕81号)已规定的信息交换事项,继续执行。

本通知自2012年1月1日起施行。

6-7-29

税收违法违纪行为处分规定

2012年6月16日 监察部 人力资源和社会保障部

国家税务总局公告2012年第26号

第一条 为了加强税收征收管理,惩处税收违法违纪行为,促进税收法律法规的贯彻实施,根据《中华人民共和国税收征收管理法》、《中华人民共和国行政监察法》、《中华人民共和国公务员法》、《行政机关公务员处分条例》及其他有关法律、行政法规,制定本规定。

第二条 有税收违法违纪行为的单位,其负有责任的领导人员和直接责任人员,以及有税收违法违纪行为的个人,应当承担纪律责任。属于下列人员的(以下统称有关责任人员),由任免机关或者监察机关按照管理权限依法给予处分:

(一)行政机关公务员;

(二)法律、法规授权的具有公共事务管理职能的组织中从事公务的人员;

(三)行政机关依法委托从事公共事务管理活动的组织中从事公务的人员;

(四)企业、事业单位、社会团体中由行政机关任命的人员。

法律、行政法规、国务院决定和国务院监察机关、国务院人力资源社会保障部门制定的处分规章对税收违法违纪行为的处分另有规定的,从其规定。

第三条 税务机关及税务人员有下列行为之一的,对有关责任人员,给予警告或者记过处分;情节较重的,给予记大过或者降级处分;情节严重的,给予撤职处分:

(一)违反法定权限、条件和程序办理开业税务登记、变更税务登记或者注销税务登记的;

(二)违反规定发放、收缴税控专用设备的;

(三)违反规定开具完税凭证、罚没凭证的;

(四)违反法定程序为纳税人办理减税、免税、退税手续的。

第四条 税务机关及税务人员有下列行为之一的,对有关责任人员,给予记过或者记大过处分;情节较重的,给予降级或者撤职处分;情节严重的,给予开除处分:

(一)违反规定发售、保管、代开增值税专用发票以及其他发票,致使国家税收遭受损失或者造成其他不良影响的;

(二)违反规定核定应纳税额、调整税收定额,导致纳税人税负水平明显不合理的。

第五条 税务机关及税务人员有下列行为之一的,对有关责任人员,给予警告或者记过处分;情节较重的,给予记大过或者降级处分;情节严重的,给予撤职处分:

(一)违反规定采取税收保全、强制执行措施的;

(二)查封、扣押纳税人个人及其所扶养家属维持生活必需的住房和用品的。

第六条 税务机关及税务人员有下列行为之一的,对有关责任人员,给予记过或者记大过处分;情节较重的,给予降级或者撤职处分;情节严重的,给予开除处分:

(一)对管辖范围内的税收违法行为,发现后不予处理或者故意拖延查处,致使国家税收遭受损失的;

(二)徇私舞弊或者玩忽职守,不征或者少征应征税款,致使国家税收遭受损失的。

第七条 税务机关及税务人员违反规定要求纳税人、扣缴义务人委托税务代理,或者为其指定税务代理机构的,对有关责任人员,给予记过或者记大过处分;情节较重的,给予降级或者撤职处分;情节严重的,给予开除处分。

第八条 税务机关领导干部的近亲属在本人管辖的业务范围内从事与税收业务相关的中介活动,经劝阻其近亲属拒不退出或者本人不服从工作调整的,给予记过或者记大过处分;情节较重的,给予降级或者撤职处分;情节严重的,给予开除处分。

第九条 税务人员有下列行为之一的,对有关责任人员,给予记过或者记大过处分;情节较重的,给予降级或者撤职处分;情节严重的,给予开除处分:

(一)在履行职务过程中侵害公民、法人或者其他组织合法权益的;

(二)滥用职权,故意刁难纳税人、扣缴义务人的;

(三)对控告、检举税收违法违纪行为的纳税人、扣缴义务人以及其他检举人进行打击报复的。

第十条 税务机关及税务人员有下列行为之一的,对有关责任人员,给予记过或者记大过处分;情节较重的,给予降级或者撤职处分;情节严重的,给予开除处分:

(一)索取、接受或者以借为名占用纳税人、扣缴义务人财物的;

(二)以明显低于市场的价格向管辖范围内纳税人购买物品的;

(三)以明显高于市场的价格向管辖范围内纳税人出售物品的;

（四）利用职权向纳税人介绍经营业务，谋取不正当利益的；

（五）违反规定要求纳税人购买、使用指定的税控装置的。

第十一条 税务机关私分、挪用、截留、非法占有税款、滞纳金、罚款或者查封、扣押的财物以及纳税担保财物的，对有关责任人员，给予记大过处分；情节较重的，给予降级或者撤职处分；情节严重的，给予开除处分。

第十二条 税务机关及税务人员有下列行为之一的，对有关责任人员，给予记过或者记大过处分；情节较重的，给予降级或者撤职处分；情节严重的，给予开除处分：

（一）隐匿、毁损、伪造、变造税收违法案件证据的；

（二）提供虚假税务协查函件的；

（三）出具虚假涉税证明的。

第十三条 有下列行为之一的，对有关责任人员，给予警告或者记过处分；情节较重的，给予记大过或者降级处分；情节严重的，给予撤职处分：

（一）违反规定作出涉及税收优惠的资格认定、审批的；

（二）未按规定要求当事人出示税收完税凭证或者免税凭证而为其办理行政登记、许可、审批等事项的；

（三）违反规定办理纳税担保的；

（四）违反规定提前征收、延缓征收税款的。

第十四条 有下列行为之一的，对有关责任人员，给予记过或者记大过处分；情节较重的，给予降级或者撤职处分；情节严重的，给予开除处分：

（一）违反法律、行政法规的规定，摊派税款的；

（二）违反法律、行政法规的规定，擅自作出税收的开征、停征或者减税、免税、退税、补税以及其他同税收法律、行政法规相抵触的决定的。

第十五条 不依法履行代扣代缴、代收代缴税款义务，致使国家税款遭受损失的，对有关责任人员，给予记过或者记大过处分；情节较重的，给予降级或者撤职处分；情节严重的，给予开除处分。

第十六条 未经税务机关依法委托征收税款，或者虽经税务机关依法委托但未按照有关法律、行政法规的规定征收税款的，对有关责任人员，给予警告或者记过处分；情节较重的，给予记大过或者降级处分；情节严重的，给予撤职处分。

第十七条 有下列行为之一的，对有关责任人员，给予记大过处分；情节较重的，给予降级或者撤职处分；情节严重的，给予开除处分：

（一）违反规定为纳税人、扣缴义务人提供银行账户、发票、证明或者便利条件，导致未缴、少缴税款或者骗取国家出口退税款的；

（二）向纳税人、扣缴义务人通风报信、提供便利或者以其他形式帮助其逃避税务行政处罚的；

（三）逃避缴纳税款、抗税、逃避追缴欠税、骗取出口退税的；

（四）伪造、变造、非法买卖发票的；

（五）故意使用伪造、变造、非法买卖的发票，造成不良后果的。

税务人员有前款第（二）项所列行为的，从重处分。

第十八条 受到处分的人员对处分决定不服的,可以依照《中华人民共和国行政监察法》、《中华人民共和国公务员法》、《行政机关公务员处分条例》等有关规定申请复核或者申诉。

第十九条 任免机关、监察机关和税务行政主管部门建立案件移送制度。

任免机关、监察机关查处税收违法违纪案件,认为应当由税务行政主管部门予以处理的,应当及时将有关案件材料移送税务行政主管部门。税务行政主管部门应当依法及时查处,并将处理结果书面告知任免机关、监察机关。

税务行政主管部门查处税收管理违法案件,认为应当由任免机关或者监察机关给予处分的,应当及时将有关案件材料移送任免机关或者监察机关。任免机关或者监察机关应当依法及时查处,并将处理结果书面告知税务行政主管部门。

第二十条 有税收违法违纪行为,应当给予党纪处分的,移送党的纪律检查机关处理。涉嫌犯罪的,移送司法机关依法追究刑事责任。

第二十一条 有关税、船舶吨税及海关代征税收违法违纪行为的,按照法律、行政法规及有关处分规章的规定处理。

第二十二条 本规定由监察部、人力资源社会保障部和国家税务总局负责解释。

第二十三条 本规定自2012年8月1日起施行。

6-7-30

国家税务总局关于国家认定企业技术中心和国家中小企业公共技术服务示范平台纳税情况核查有关问题的公告

2012年6月15日　国家税务总局公告2012年第26号

为了贯彻落实《国家认定企业技术中心管理办法》(国家发展改革委员会、科技部、财政部、海关总署和国家税务总局令第53号,以下简称《管理办法》)和《财政部、工业和信息化部、海关总署、国家税务总局关于国家中小企业公共技术服务示范平台适用科技开发用品进口税收政策的通知》(财关税〔2011〕71号,以下简称《暂行规定》),做好国家认定企业技术中心和国家中小企业公共技术服务示范平台(以下简称技术中心和示范平台)的认定和复审工作,现将核查技术中心和示范平台依法纳税有关事项公告如下:

一、技术中心核查

(一)各地税务机关要认真贯彻落实《管理办法》,对于申请技术中心资格的企业,要根据《管理办法》第五条第六项、第六条第二项的规定,认真核查,如存在《管理办法》第五条第六项所列情况的,一律不得列入技术中心推荐名单。同时,填具《核查国家认定企业技术中心涉税违法行为表》上报国家税务总局货物和劳务税司(附送相关税务处理决定书和税务行政处罚决定书复印件)。

（二）各地税务机关对已经认定为技术中心的企业，要加强税收管理，对其依法纳税情况每两年复审一次，如存在《管理办法》第十六条第六项、第二十四条所列情况的，填具《核查国家认定企业技术中心涉税违法行为表》上报国家税务总局货物和劳务税司（附送相关税务处理决定书和税务行政处罚决定书复印件）。

（三）对新申请技术中心企业纳税情况的核查时间，是指从企业申请当年的5月15日起，向前推算两年。

二、示范平台核查

（一）各地税务机关要认真贯彻落实《暂行规定》，对于申请享受科技开发用品进口税收优惠政策的示范平台，税务机关对其上一年度依法纳税情况进行核查，如存在因偷税、骗取出口退税等税收违法行为受到行政刑事处理，或涉嫌涉税违法已被税务部门立案审查情况的，不得列入示范平台推荐名单。同时，填具《核查国家中小企业公共技术服务示范平台涉税违法行为表》，上报国家税务总局货物和劳务税司（附送相关税务处理决定书和税务行政处罚决定书复印件）。

（二）各地税务机关对经认定可享受科技开发用品进口税收优惠政策的示范平台，要加强税收管理，对其依法纳税情况每两年复审一次，如存在因偷税、骗取出口退税等税收违法行为受到行政刑事处理的，填具《核查国家中小企业公共技术服务示范平台涉税违法行为表》，上报国家税务总局货物和劳务税司（附送相关税务处理决定书和税务行政处罚决定书复印件）。

三、各地进出口税收管理处（货物和劳务税处）牵头负责本地技术中心和示范平台的认定和复审工作，请各地国家税务局、地方税务局的相关单位积极配合，切实做好技术中心和示范平台依法纳税的核查情况。

四、技术中心和示范平台依法纳税情况的核查，以税务系统现有稽查信息为基础，以税收行政处罚决定下达之日为准。

对新申请企业核查中存在涉嫌涉税违法，正在接受税务部门立案审查情况的，应将有关立案审查情况一并上报税务总局。

五、本公告自2012年7月1日起执行。

附件：1. 国家认定企业技术中心涉税违法行为核查表（编者略）

2. 国家中小企业公共技术服务示范平台涉税违法行为核查表（编者略）

注释：

条款修改。根据《第十三届全国人民代表大会第一次会议关于国务院机构改革方案的决定》等有关规定，税收规范性文件规定的国税地税机关的职责和工作由新的税务机关承担。国家税务总局依据《税收规范性文件制定管理办法》（国家税务总局令第41号公布），对税收规范性文件进行了清理。参见：《国家税务总局关于修改部分税收规范性文件的公告》（国家税务总局公告2018年第31号）。

6-7-31

国务院关于第六批取消和调整行政审批项目的决定(节录)

2012年9月23日　国发〔2012〕52号

各省、自治区、直辖市人民政府,国务院各部委、各直属机构:

2011年以来,按照深入推进行政审批制度改革工作电视电话会议的部署和行政审批制度改革的要求,行政审批制度改革工作部际联席会议依据行政许可法等法律法规的规定,对国务院部门的行政审批项目进行了第六轮集中清理。经严格审核论证,国务院决定第六批取消和调整314项行政审批项目。各地区、各部门要加强组织领导,明确工作分工,抓好监督检查,完善规章制度,确保行政审批项目的取消和调整及时落实到位。同时,要强化后续监管,明确监管责任,制定监管措施,做好工作衔接,避免出现监管真空。

深化行政审批制度改革是一项长期任务。各地区、各部门要按照党中央、国务院的部署和要求,在现有工作基础上,积极适应经济社会发展需要,坚定不移地深入推进行政审批制度改革。

一、进一步取消和调整行政审批项目。凡公民、法人或者其他组织能够自主决定,市场竞争机制能够有效调节,行业组织或者中介机构能够自律管理的事项,政府都要退出。凡可以采用事后监管和间接管理方式的事项,一律不设前置审批。以部门规章、文件等形式违反行政许可法规定设定的行政许可,要限期改正。探索建立审批项目动态清理工作机制。

二、积极推进行政审批规范化建设。新设审批项目必须于法有据,并严格按照法定程序进行合法性、必要性、合理性审查论证。没有法律法规依据,任何地方和部门不得以规章、文件等形式设定或变相设定行政审批项目。研究制定非行政许可审批项目设定和管理办法。

三、加快推进事业单位改革和社会组织管理改革。把适合事业单位和社会组织承担的事务性工作和管理服务事项,通过委托、招标、合同外包等方式交给事业单位或社会组织承担。抓紧培育相关行业组织,推动行业组织规范、公开、高效、廉洁办事。

四、进一步健全行政审批服务体系。继续推进政务中心建设,健全省市县乡四级联动的政务服务体系,并逐步向村和社区延伸。加强行政审批绩效管理,推行网上审批、并联审批和服务质量公开承诺等做法,不断提高行政审批服务水平。审批项目较多的部门要建立政务大厅或服务窗口。

五、深入推进行政审批领域防治腐败工作。深化审批公开,推行"阳光审批"。加快推广行政审批电子监察系统。严肃查处利用审批权违纪违法案件。

六、把行政审批制度改革与投资体制、财税金融体制、社会体制和行政管理体制改革紧密结合起来。进一步理顺和规范政府与企业、政府与社会的关系,规范上下级政府的关系。

进一步优化政府机构设置和职能配置,提高行政效能和公共管理服务质量。

附件:1. 国务院决定取消的行政审批项目目录(171 项)

2. 国务院决定调整的行政审批项目目录(143 项)

附件 1

国务院决定取消的行政审批项目目录(171 项)

序号	项目名称	设定依据	实施机关	备注
…………				
7	税控收款机生产企业资质认定	《国务院对确需保留的行政审批项目设定行政许可的决定》(国务院令第 412 号)	工业和信息化部、税务总局	
…………				
61	外国在华常驻机构和常驻人员免税进境机动交通工具出售、转让、出租或移作他用审批	《国务院对确需保留的行政审批项目设定行政许可的决定》(国务院令第 412 号)	海关总署各直属海关	
…………				
64	对停业和复业办理税务登记的核准	《中华人民共和国税收征收管理法实施细则》(国务院令第 362 号)	税务机关	
65	企业集中提取技术开发费审批	《国务院办公厅关于保留部分非行政许可审批项目的通知》(国办发〔2004〕62 号)	税务总局或其授权的省级税务机关 省、自治区、直辖市和计划单列市税务机关	
66	外方以优惠利率贷款给我方取得利息免征预提所得税审批	《国务院办公厅关于保留部分非行政许可审批项目的通知》(国办发〔2004〕62 号)	税务机关	
67	公路货运业代开票纳税人认定	《国务院办公厅关于保留部分非行政许可审批项目的通知》(国办发〔2004〕62 号)	主管地方税务局	
68	经国务院批准成立的企业集团合并缴纳企业所得税审批	《国务院办公厅关于保留部分非行政许可审批项目的通知》(国办发〔2004〕62 号)	税务总局	
69	外国政府、非营利机构等在我国设立代表机构给予免税待遇审批	《国务院办公厅关于保留部分非行政许可审批项目的通知》(国办发〔2004〕62 号) 《国务院关于第四批取消和调整行政审批项目的决定》(国发〔2007〕33 号)	省、自治区、直辖市国家税务局	
70	企业在缴纳所得税税前扣除财产损失审批	《国务院办公厅关于保留部分非行政许可审批项目的通知》(国办发〔2004〕62 号)	纳税人所在地主管税务机关的上一级税务机关	
71	国家银行和金融机构在境外发行债券所得利息符合优惠利率标准免征所得税审批	《国务院办公厅关于保留部分非行政许可审批项目的通知》(国办发〔2004〕62 号) 《国务院关于第四批取消和调整行政审批项目的决定》(国发〔2007〕33 号)	省、自治区、直辖市国家税务局	
…………				

附件2

国务院决定调整的行政审批项目目录(143项)

(一)下放管理层级的行政审批项目(117项)

序号	项目名称	设定依据	实施机关	下放后实施机关	备注
…………					
51	增值税专用发票(增值税税控系统)最高开票限额审批	《国务院对确需保留的行政审批项目设定行政许可的决定》(国务院令第412号)	县以上税务机关	区县级税务机关	
…………					

6-7-32

财政部　国家发展改革委关于公布取消和免征部分行政事业性收费的通知(节录)

2012年12月19日　财综〔2012〕97号

外交部、公安部、工业和信息化部、国土资源部、住房城乡建设部、农业部、水利部、交通运输部、海关总署、国家税务总局、国家工商总局、国务院港澳办,各省、自治区、直辖市、计划单列市财政厅(局)、发展改革委、物价局,新疆生产建设兵团财务局、发展改革委:

为了减轻企业和社会负担,促进经济稳定增长,根据国务院有关要求,决定取消和免征部分行政事业性收费。现将有关事项通知如下:

一、自2013年1月1日起,取消和免征30项行政事业性收费。具体项目见附件。

二、上述行政事业性收费取消和免征后,有关部门和单位依法履行管理职能所需相关经费,由同级财政预算予以保障。其中,行政机关和财政补助事业单位的经费支出,通过部门预算予以安排;自收自支事业单位的经费支出,通过安排其上级主管部门项目支出予以解决。各级财政部门要按照上述要求,妥善安排有关部门和单位预算,确保其工作正常开展。

三、有关执收部门和单位要按规定到原核发《收费许可证》的价格主管部门办理《收费许可证》注销手续,并到原核发财政票据的财政部门办理票据缴销手续。有关行政事业性收费的清欠收入,应当按照财政部门规定渠道全额上缴国库。

四、各地区和有关部门要严格执行本通知规定,对公布取消和免征的行政事业性收费,不得以任何理由拖延或者拒绝执行,不得以其他名目或者转为经营服务性收费方式变相继续收费。各级财政、价格主管部门要加强对落实本通知情况的监督检查,对不按规定取消或免征相关收费的,按有关规定给予处罚,并追究责任人员的行政责任。

附件:取消和免征的行政事业性收费项目

附件

取消的行政事业性收费项目(共 15 项)

一、中央级设立的行政事业性收费

…………

国家税务局和地方税务局

7. 税务发票工本费(包括普通发票工本费和增值税专用发票工本费)

…………

免征的行政事业性收费项目(共 15 项)

…………

工商行政管理部门

7. 企业注册登记费(免征期自 2013 年 1 月 1 日至 2014 年 12 月 31 日)

8. 个体工商户注册登记费(免征期自 2013 年 1 月 1 日至 2014 年 12 月 31 日)

…………

6－7－33

国家税务总局关于贯彻落实《国务院关于第六批取消和调整行政审批项目的决定》的通知

2013 年 2 月 4 日　税总发〔2013〕9 号

各省、自治区、直辖市和计划单列市国家税务局、地方税务局,局内各单位:

2012 年 9 月 23 日,国务院下发《国务院关于第六批取消和调整行政审批项目的决定》(国发〔2012〕52 号,以下简称《决定》),公布了第六批取消和调整 314 项行政审批项目目录,并对进一步深化行政审批制度改革提出了明确要求。为全面贯彻《决定》的要求,确保税务部门行政审批项目的取消和调整及时落实到位,做好行政审批项目的后续监管工作,进一步推进税务系统行政审批制度改革,现就有关事项通知如下:

一、认真学习领会《决定》精神

各级税务机关要认真组织学习《决定》精神,深刻领会在新形势下深入推进行政审批制度改革的重要意义,将行政审批制度改革工作作为转变税务机关职能、创新管理方式、促进税收事业科学发展的重要举措,切实抓紧抓好。各级税务机关要加强组织领导,明确工作分工,抓好监督检查,完善规章制度,在现有工作的基础上,积极适应经济社会发展需要,坚定不移地深入推进行政审批制度改革。

二、确保税务行政审批项目的取消和调整落实到位

各级税务机关要全面、严格贯彻落实《决定》的要求和内容，强化后续管理，制定监管措施，明确监管责任，认真做好衔接工作。对已取消的行政审批项目，自《决定》发布之日起，坚决不再审批，也不得以其他形式变相审批。要抓紧研究审批项目取消后的监管措施，改变管理方式，避免出现管理真空。对调整下放管理层级的行政审批项目，要加强上下级税务机关的联系沟通和工作衔接，明确下放后管理机关的责任，避免出现管理脱节。

三、继续深化税务部门行政审批制度改革

深化行政审批制度改革是一项长期任务，各级税务机关要按照国务院的要求，继续做好以下各项工作：

（一）进一步研究取消和调整行政审批项目

凡公民、法人或者其他组织能够自主决定，市场竞争机制能够有效调节，行业组织或者中介机构能够自律管理和能够采取事后监管等管理方式的事项，都不应当设立审批。凡违反有关规定以税务部门规章和税收规范性文件设定的税务行政审批项目，要一律取消。积极探索建立审批项目动态清理工作机制，并根据税收征管实践需要研究提出进一步取消和调整审批项目的建议。

（二）积极推进行政审批规范化建设

各级税务机关在起草规章和规范性文件过程中，不得违反有关规定设定或变相设定行政审批事项。新设审批项目必须于法有据，严格按照程序进行合法性、必要性、合理性审查论证，并广泛征求纳税人意见。要加强对规章和规范性文件的合法性审核，杜绝违规设立审批。研究制定非行政许可审批项目管理办法，明确审批标准、条件、程序和时限，确保审批管理公开、公平和公正。坚持“谁审批，谁负责”的原则，建立和完善对违规审批的过错责任追究制度，从机制上解决审批权力与责任脱节的问题，促进审批行为的规范。依法审批应当作为重要内容纳入税务机关考核工作。

（三）创新行政审批管理方式

要按照高效便民的原则，优化审批流程，减少审批环节，缩短审批时限，提高审批效率。继续推广在办税服务厅办理行政审批项目工作，对能够在办税服务厅办结的审批事项，要尽量当场办结，并加强后续监管，为纳税人办税提供更多便利。加强网上审批，积极推行行政许可和非许可审批项目网上申报、受理、咨询和办复。

（四）深入推进行政审批领域防治腐败工作深化审批公开，推行“阳光审批”。通过公开审批标准、条件、程序和时限，明确审批责任人和公开审批结果，使广大纳税人有条件、有机会及时了解税务行政审批的全过程，自觉把税务机关的执法行为置于公众的监督之下。同时，探索建立行政审批电子监察系统，实现对行政审批全过程的有效监管。健全廉政风险内控机制，坚决查处行政审批中存在的各种违法违纪行为，维护正常的税收征管秩序。

附件：1. 国务院决定取消的行政审批项目目录（涉税 9 项）

2. 国务院决定调整（下放管理层级）的行政审批项目目录（涉税 1 项）

附件1

国务院决定取消的行政审批项目目录(涉税9项)

序号	项目名称	设定依据	实施机关	备注
1	对停业和复业办理税务登记的核准	《中华人民共和国税收征收管理法实施细则》(国务院令第362号)	税务机关	
2	企业集中提取技术开发费审批	《国务院办公厅关于保留部分非行政许可审批项目的通知》(国办发〔2004〕62号)	税务总局或其授权的省级税务机关 省、自治区、直辖市和计划单列市税务机关	
3	外方以优惠利率贷款给我方取得利息免征预提所得税审批	《国务院办公厅关于保留部分非行政许可审批项目的通知》(国办发〔2004〕62号)	税务机关	
4	公路货运业代开票纳税人认定	《国务院办公厅关于保留部分非行政许可审批项目的通知》(国办发〔2004〕62号)	主管地方税务局	
5	经国务院批准成立的企业集团合并缴纳企业所得税审批	《国务院办公厅关于保留部分非行政许可审批项目的通知》(国办发〔2004〕62号)	税务总局	
6	外国政府、非营利机构等在我国设立代表机构给予免税待遇审批	《国务院办公厅关于保留部分非行政许可审批项目的通知》(国办发〔2004〕62号) 《国务院关于第四批取消和调整行政审批项目的决定》(国发〔2007〕33号)	省、自治区、直辖市国家税务局	
7	企业在缴纳所得税税前扣除财产损失审批	《国务院办公厅关于保留部分非行政许可审批项目的通知》(国办发〔2004〕62号)	纳税人所在地主管税务机关的上一级税务机关	
8	国家银行和金融机构在境外发行债券所得利息符合优惠利率标准免征所得税审批	《国务院办公厅关于保留部分非行政许可审批项目的通知》(国办发〔2004〕62号) 《国务院关于第四批取消和调整行政审批项目的决定》(国发〔2007〕33号)	省、自治区、直辖市国家税务局	
9	新发生出口业务企业退税的审批	《国家税务总局关于出口货物退(免)税若干问题的通知》(国税发〔2003〕139号,已全文废止)	税务机关	此项为税务部门规章和规范性文件设定的行政审批项目,不在《决定》(国发〔2012〕52号)公布范围内。现根据国务院要求,予以一并公布

附件2

国务院决定调整(下放管理层级)的行政审批项目目录(涉税1项)

序号	项目名称	设定依据	实施机关	下放后实施机关	备注
1	增值税专用发票(增值税税控系统)最高开票限额审批	《国务院对确需保留的行政审批项目设定行政许可的决定》(国务院令第412号)	县以上税务机关	区县级税务机关	

6－7－34

国家税务总局关于印发《税务系统依法行政示范单位创建评价标准框架(试行)》的通知

2013年3月4日　税总发〔2013〕21号

各省、自治区、直辖市和计划单列市国家税务局、地方税务局：

根据《国家税务总局关于印发〈税务系统依法行政示范单位创建工作方案(试行)〉的通知》(国税发〔2012〕63号，以下简称《方案》)规定，国家税务总局制定了《税务系统依法行政示范单位创建评价标准框架(试行)》(以下简称《框架》)，现印发给你们，请认真贯彻实施。

一、结合实际，科学制定评价标准。各省国税局、地税局要以《框架》为基础，结合本省实际，制定各省依法行政示范单位创建的具体评价标准。评价标准既要符合本省实际情况，特别是基层创建对象的实际和特点，具有可行性和可操作性，又要具有一定的示范导向，体现先进性和激励性。由各省国税局、地税局自主确定的分值在具体分值配置上既要突出重点又要科学合理，彰显公正。各省国税局、地税局应于5月底前将评价标准报国家税务总局(政策法规司)备案后组织实施创建试点工作。

二、精心组织，积极开展创建工作。各级税务机关要统一思想，提高认识，加强领导，切实按照《方案》要求，积极开展本省税务系统的依法行政示范单位创建试点工作。各省国税局、地税局要对申报的依法行政示范单位进行实地评估，对《框架》确定评价标准进一步细化，制定详细的评分规则，明确具体的扣分和加分标准，确保评价标准的要求真正得到落实，切实保证创建效果，发挥示范单位在推进基层税务机关依法行政工作中的典型、引领和示范作用。

三、注意总结，不断提高创建水平。各省国税局、地税局要对创建试点工作及时进行总结评估，研究解决创建试点过程中出现的新情况新问题，进一步完善依法行政示范单位创建方案和创建评价标准，改进创建工作方法，提升创建工作水平。要在积极开展创建试点工作的同时，将创建工作中好的经验和做法，以及遇到的困难和问题及时向税务总局(政策法规司)反映，为在全国税务系统全面开展依法行政示范单位创建工作提供经验，奠定基础。

附件：税务系统依法行政示范单位创建评价标准框架(试行)

附件

税务系统依法行政示范单位创建评价标准框架(试行)

第一部分:依法行政基础工作(合计100分,其中总局确定60分,省税务局自主确定40分)

一、健全组织保障,提高依法行政意识和能力(10分)

(一)强化依法行政组织保障(4分)

1. 建立依法行政工作领导小组,由主要负责人任组长,强化责任分解和督促落实。制定落实推进依法行政工作的具体措施和年度工作计划,明确工作任务、完成时限和责任主体。(2分)

2. 税务机关有机构专职负责税收法制工作,并配备有1名以上法学本科以上学历或者具有法律职业资格的工作人员。(1分)

3. 在税收执法岗位的人员均具有税收执法资格。(1分)

(二)建立健全税务干部学法用法制度(3分)

1. 领导班子每年集中学习相关法律知识不少于2次,领导班子成员每年在述职、述廉时报告自身学习法律知识及依法行政情况。(1分)

2. 每年开展针对全体税务干部的法治培训,规范设置法治培训内容,将依法行政课程作为税务人员培训的必修课程。(1分)

3. 每年对税务人员进行法律知识测试。(1分)

(三)各省税务局补充和细化(分值由省局确定)

二、履行税收职责,规范税收执法(45分)

(一)规范重大行政决策,加强税收制度建设(分值由省局确定)

1. 按照规定的程序和制度进行重大行政决策。

2. 按照规定的办法制定管理税收规范性文件。

(二)税收征管合法高效(15分)

1. 依法组织税收收入,按照规定的预算级次、预算科目入库,不多征、少征、提前、延缓征收税款,不摊派、转引税款,不占压、挪用或者截留税款。(3分)

2. 全面贯彻执行税收法律法规,落实税收优惠政策。(2分)

3. 依法进行税务登记、纳税申报、发票和票证管理。(2分)

4. 依法进行税款核定和纳税调整。(2分)

5. 依法进行欠税管理。(1分)

6. 开展税源监控分析和征管质量考核,落实税收收入质量评价工作。(2分)

7. 依法规范开展纳税评估工作。(3分)

(三)税务行政处罚规范(8分)

1. 税务行政处罚事实清楚、证据确凿、适用法律正确、主体合法、程序规范、自由裁量适当。(3分)

2. 充分听取当事人的陈述、申辩意见，在处罚过程中不得因当事人的陈述、申辩而加重处罚。(2分)

3. 建立健全税务行政处罚裁量权行使程序和说明理由制度。(3分)

(四)规范开展税务检查(8分)

1. 实施税务检查的主体和程序合法。(3分)

2. 税务行政处理事实清楚、证据确凿、适用依据正确。(5分)

(五)加强行政许可和行政审批事项管理(8分)

1. 未违规设定行政许可和行政审批项目。(2分)

2. 依法办理行政许可和审批事项。(3分)

3. 对取消的行政审批事项加强后续管理。(3分)

(六)加强税收强制管理(3分)

1. 未违规设定行政强制。(1分)

2. 依法采取税收保全和强制执行等措施。(2分)

(七)各省税务局补充和细化(分值由省局确定)

三、优化纳税服务(20分)

(一)落实纳税服务管理制度(分值由省局确定)三级指标由各省税务局细化。

(二)开展税收宣传，组织税务咨询，推进专业化咨询服务(分值由省局确定)三级指标由各省税务局细化。

(三)全面推进办税公开(6分)

1. 制定办税公开具体落实措施。(2分)

2. 公开办税流程以及与纳税人利益密切相关的税收管理和纳税服务信息。(2分)

3. 保证纳税人至少可以通过一种方式查阅办税公开信息。(2分)

四、强化行政监督，落实问责制度(15分)

(一)深入推行税收执法责任制(5分)

1. 建立落实税收执法责任制相关管理制度，明确岗责体系，规范工作流程。(2分)

2. 对具体执法人员，分解岗位职责、细化工作规程、认真考核评议、严格过错责任追究。(3分)

(二)切实开展重大税务案件审理(分值由省局确定)

1. 对符合标准的税务案件实施重大案件审理。

2. 按照规定的办法开展重大案件审理工作。

(三)认真开展执法督察(分值由省局确定)

1. 按照规定开展全面、日常和专案专项税收执法督察。

2. 对执法督察发现的问题及时通报、及时整改。

(四)妥善处理外部监督意见(分值由省局确定)

1. 对外部监督部门发现的问题及时进行整改。

2. 妥善处理纳税人举报投诉。

五、防范化解矛盾纠纷，畅通法律救济渠道(10 分)

(一)积极预防和化解税务行政争议(分值由省局确定)

1. 健全矛盾纠纷防范和化解机制。

2. 认真执行信访工作规则。

(二)切实保障行政相对人的救济权(分值由省局确定)

1. 加强税务行政复议工作。

2. 积极做好行政应诉工作。

(三)各省税务局补充和细化(分值由省局确定)

第二部分：依法行政创新工作(本部分最高加分为 10 分，其中总局 6 分、省局 4 分，总局 6 分在审核确认全国依法行政示范单位时使用)

基层税务机关依法行政工作中具有创新性并且具有一定推广价值的经验、做法和成效。

第三部分：依法行政社会评价(本部分最高加分为 10 分)

一、依法行政工作得到相关部门表彰和公众认可(分值由省局确定)

(一)依法行政工作得到相关部门表彰或者作为经验被推广的：厅(局)级每次加 0.5 分，省(部)级以上每次加 1 分。

(二)依法行政工作被相关媒体报道的：省级每次加 0.5 分，国家级每次加 1 分。

二、行风评议在当地执法机关中名列前茅(分值由省局确定)

具体加分标准由省税务局确定。

三、在纳税人满意度调查中名列前茅(分值由省局确定)

具体加分标准由省税务局确定。

6－7－35

国家税务总局关于贯彻落实《国务院关于取消和下放一批行政审批项目等事项的决定》的通知

2013 年 7 月 11 日　税总发〔2013〕73 号

各省、自治区、直辖市、和计划单列市国家税务局、地方税务局，局内各单位：

2013 年 5 月 15 日，国务院发布了《国务院关于取消和下放一批行政审批项目等事项的决定》(国发〔2013〕19 号，以下简称《决定》)。为贯彻落实《决定》的要求，深入推进税务行政审批制度改革，切实转变税务系统职能，现就有关事项通知如下。

一、充分认识深化行政审批制度改革的重大意义

各级税务机关要进一步提高对深化行政审批制度改革重要性的认识。改革仍是我国目前最大的红利，行政审批制度是改革的切入点和突破口，改革行政审批制度对发挥市场在资源配置中的基础性作用，激发市场、企业和社会活力，增强经济发展内生动力，打造中

国经济升级版具有重要意义。税务部门要在思想和行动上与中央精神保持高度一致,通过改革行政审批制度给经济注入活力、增强动力,为税收事业发展做出贡献;同时,做好行政审批制度改革也是对税务部门改进服务、加强管理的检验,必须高度重视,认真落实,不走过场。

二、认真落实取消税务行政审批事项的各项要求

《决定》取消了"对纳税人申报方式的核准"和"印制有本单位名称发票的审批"以及"对办理税务登记(开业、变更、验证和换证)的核准"等3项税务行政审批项目(其中"对办理税务登记的核准"项目是依据《税收征管法》设立的,国务院已依法提请全国人大常委会,6月29日已完成该法修订程序,但取消该项目名称有待国务院公布)。对国务院决定取消的税务行政审批项目,任何一级税务机关都不得截留,必须原原本本、认认真真地贯彻落实到位。要把落实取消税务行政审批项目的情况,作为税收执法检查和执法监察的重点内容进行监督检查,对落实不好的要坚决予以纠正,严肃追究责任,确保执行到位。要对取消行政审批项目涉及的有关税收规章和税收规范性文件进行全面清理,该修改的修改,该废止的废止,防止行政审批事项取消后,由于与该审批事项相关的依据未作相应修改或废止,造成实际执行不到位、取消未落实。要深入研究加强后续管理问题。研究制定取消的行政审批项目后续管理和服务措施,调整征管信息系统的相关征管流程,防止出现"管理真空",切实转变管理理念和管理方式,避免陷入一放就乱、一乱就收、一收就死的怪圈。

三、坚定不移推进税务部门行政审批制度改革

各级税务机关要根据深化行政体制改革、加快转变政府职能的新形势和新要求,继续坚定不移地推进税务部门行政审批制度改革。要以深化税务行政审批制度改革为突破口,继续简政放权,坚决摒弃将加强管理简单地等同于行政审批的片面思维,切实将税务管理的重点和方法从事前审批转入到事中监控和事后监管上来。税收规章和规章以下的税收规范性文件均不得设定行政审批;对行政审批项目实行目录化管理,凡不在目录上的事项一律不得实行审批;各级税务机关如有自行设立的税务行政审批项目(包括审批、审核、批准、认可、认定、同意、核准、登记、事前核准性备案、发证、告知、注册、验证、验收、年审、年检等各种批准形式),要立即进行彻底清理。对核准、备案等事项,要细化标准,对外公开,方便纳税人自主办理,不得变相搞审批。着力推动管理理念、管理职能、管理方式和管理作风的转变,加快建设职能科学、结构优化、廉洁高效、人民满意的服务型税务机关。

要坚持管放结合,真正下决心把不该管、管不了、也管不好的还权于企业、回归到市场、交还给社会、下放在基层,激发各方面活力;在放权的同时必须加强监管,把该管的、能管的坚决管住管好管到位。要坚持优化服务,把深化行政审批制度改革与为纳税人提供优质服务结合起来,贯穿于职能转变的全过程,切实提高为纳税人服务的水平。要健全监督制约机制,加强对包括行政审批权在内的税收执法权和行政管理权的监督制约,确保严格按照法定权限和程序行使权力、履行职责,不断提高税务管理科学化、规范化水平。

附件:国务院决定取消的行政审批项目目录(涉税2项)

附件

国务院决定取消的行政审批项目目录（涉税2项）

序号	项目名称	实施机关	设定依据	处理决定	备注
1	对纳税人申报方式的核准	税务机关	《中华人民共和国税收征收管理法实施细则》（国务院令第362号）	取消	
2	印制有本单位名称发票的审批	税务总局	《中华人民共和国发票管理办法》（国务院令第587号）	取消	

6－7－36

财政部　国家发展改革委关于公布取消314项行政事业性收费的通知

2013年10月16日　财综〔2013〕98号

国务院各部委、各直属机构，各省、自治区、直辖市、计划单列市财政厅（局）、发展改革委、物价局，新疆生产建设兵团财务局、发展改革委：

根据《国务院办公厅关于实施〈国务院机构改革和职能转变方案〉任务分工的通知》（国办发〔2013〕22号）的要求，我们对各省（区、市）设立的行政事业性收费项目进行了全面清理，决定取消一批行政事业性收费。现将有关事项通知如下：

一、自2013年11月1日起，取消314项各省（区、市）设立的行政事业性收费。具体项目见附件。

二、取消上述行政事业性收费后，有关部门和单位依法履行管理职能所需相关经费，由同级财政预算予以保障。其中，行政机关和财政补助事业单位的经费支出，通过部门预算予以安排；自收自支事业单位的经费支出，通过安排其上级主管部门项目支出予以解决。各级财政部门要按照上述要求，妥善安排有关部门和单位预算，确保其工作正常开展。

三、有关执收部门和单位要按规定到原核发《收费许可证》的价格主管部门办理《收费许可证》注销手续，并到原核发财政票据的财政部门办理票据缴销手续。有关行政事业性收费的清欠收入，应当按照财政部门规定渠道全额上缴国库。

四、各地区和有关部门要严格执行本通知规定，对公布取消的行政事业性收费，不得以任何理由拖延或者拒绝执行，不得以其他名目或转为经营服务性收费方式变相继续收费。

五、各省（区、市）财政、价格主管部门要对国家近年来已公布取消和免征行政事业性收费的落实情况开展一次专项检查，对《财政部、国家发展改革委关于取消部分涉企行政事业性收费的通知》（财综〔2011〕9号）、《财政部、国家发展改革委关于免征小型微型企业部分行政事业性收费的通知》（财综〔2011〕104号）、《财政部、国家发展改革委关于公布取消253项涉及企业行政事业性收费的通知》（财综〔2011〕127号）、《财政部、国家发展改革委关于公布取消和免征部分行政事业性收费的通知》（财综〔2012〕97号）、《财政部、国家发展改革委关于公布取消和免征一批行政事业性收费的通知》(财综〔2013〕67号)等文件已明确取消和免征的行政事业性收费项目,要逐项落实到位。检查中发现不按规定取消和免征相关收费的,按有关规定给予处罚,并追究责任人员的行政责任。

附件:取消的各省(区、市)行政事业性收费项目(编者略)

6-7-37

国家税务总局关于发布《税务系统数字证书格式标准》和《税务系统数字证书应用接口规范》的通知

2013年12月4日 税总发〔2013〕119号

各省、自治区、直辖市和计划单列市国家税务局、地方税务局,局内各单位:

为满足税务应用系统建设安全要求,规范应用系统开发商基于税务系统数字证书的软件开发与集成,税务总局制定了《税务系统数字证书格式标准》(附件1)和《税务系统数字证书应用接口规范》(附件2),现按照《税务行业标准管理办法(试行)》(国税发〔2010〕61号)的规定予以发布,自发布之日起实施,请遵照执行。

《税务系统数字证书格式标准》规定了税务系统数字证书和证书撤销列表的基本格式,对数字证书格式中一些数据项内容进行了描述。本标准还规定了一些标准的证书扩展域,并对每个扩展域的结构进行了定义,特别是增加了一些专门面向税务应用的扩充项,制定了各类数字证书和证书撤销列表的格式模板。

《税务系统数字证书应用接口规范》规定了税务系统数字证书应用接口,定义了面向税务系统工作人员和纳税人服务的税务信息系统所需要的税务证书应用接口,是税务系统推广数字证书应用的技术开发规范。

各地在执行过程中遇到的问题,请及时反馈税务总局。

附件:1. 税务系统数字证书格式标准(编者略)

2. 税务系统数字证书应用接口规范(编者略)

6-7-38

国家税务总局关于进一步加强存量房交易税收征管工作的通知

2013年12月9日 税总发〔2013〕129号

各省、自治区、直辖市和计划单列市地方税务局:

自应用房地产评估技术加强存量房交易税收征管工作(以下简称存量房评估工作)开

展以来,各地税务机关高度重视,积极推动工作进展,健全工作机制,强化审核把关,降低了存量房交易"阴阳合同"引发的税收风险,提升了税收征管的质量和效率。但是,随着存量房评估工作的全面推开,在征管过程中又出现了一些新情况新问题,需要从制度和技术等方面加以完善和解决。为进一步加强存量房交易税收征管,现就有关要求通知如下:

一、完善评估机制,提升存量房评估工作水平

存量房评估工作的持续稳定运行,是一个长期的、不断完善的过程。各地要在实现全面推广的基础上,不断健全工作制度,完善技术标准,着力提升存量房评估工作水平。

(一)健全评估工作制度

要建立健全数据管理制度,评估技术标准专家会审制度,评估结果检验制度,确保税源基础数据完整与准确,技术标准符合当地实际情况,评估结果准确并具有公信力。要完善评估争议解决机制,妥善处理涉税争议,保证存量房评估工作持续稳定运行。

(二)完善评估技术标准

要根据市场变化情况,完善评估技术标准,保证评估结果符合市场实际情况。要采取多种方式监测房地产市场价格情况,根据市场变化情况,及时修正评估模型(当本地房地产价格指数连续3个月环比变动幅度累计超过5%时,应对评估模型进行调整);要分析本地评估分区情况,原分区较粗或情况发生变化的,要重新调整分区,以保证同一分区内房地产具有较强的同质性和评估结果的准确性。

(三)严格评估值管理

要严格评估结果管理,明确管理权限。除征管工作需要外,严禁以任何理由、任何方式向纳税人及其代理人公开或透露存量房评估值。要逐步缩小评估值与市场价格之间的差距,在条件允许时应取消下浮比例。自2015年1月1日起,各地下浮比例不得超过10%。

二、加强内部管理,防范存量房交易税收征管风险

要按照《国家税务总局关于印发〈房地产税收一体化管理业务规程〉的通知》(国税发〔2007〕114号)的要求,优化存量房交易税收征管流程,完善岗责体系,对工作中遇到的新情况新问题,及时研究解决办法,进一步强化存量房交易税收征管工作。

(一)查找征管风险点

要组织人员全面评估存量房税收征管流程,查找征管风险点,提出优化的途径和办法。对于多数纳税人申报的交易价格低于评估值或与评估值基本相等的,要认真分析产生的原因;对存在虚假申报风险的,要及时采取措施加以防范。在具备条件的地区,要将税收征管模块嵌入住建部门和国土部门的办证流程当中,实现税务机关办税流程和住建部门、国土部门办证流程的无缝衔接,通过信息化手段落实"先税后证"制度。

(二)完善岗责体系

要按照既方便纳税人,又强化内部管理的原则,实行一个窗口受理、不同岗位分工负责的方式,加强存量房交易税收管理。要根据征管流程,相应设立申报受理、评估比对、税款征收、争议处理等岗位,明确岗位职责,实施岗位交流,建立监督制约和责任追究制度,避免和防范失职渎职等违法违纪行为的发生。

(三)密切部门协作

要主动与当地住建、国土等部门进行沟通协商,进一步完善部门协作机制,实现信息联

网与数据共享,使产权信息、完税信息等相关信息能够在部门间进行实时查询和比对,共同加强存量房交易税收的征收管理。要与当地住建部门、工商管理部门密切配合,加强对房地产中介机构的管理,整顿和规范房地产中介市场秩序。对于在存量房税收征管中发现的涉嫌违法违纪的房地产中介机构和经纪人名单,及时向住建部门和工商部门通报,并将其列入不诚信名单,在其代理办税时予以严格审核。

三、加强考核和宣传,营造依法纳税社会环境

要跟踪了解存量房交易税收征管工作开展情况。上级地方税务机关要加强对下级地方税务机关的指导和考核。要加强对纳税人的宣传和引导,形成依法诚信纳税的良好社会氛围。

(一)加强对下级地方税务机关的指导和考核

要根据本地存量房交易税收征管工作开展情况,定期组织开展风险排查工作。要进一步加强对风险防控机制的检查指导及对一线征管人员的廉政教育。上级地方税务机关要将存量房评估工作列入对下级地方税务机关的绩效考核工作重点内容,从完善机制、健全制度、细化评估分区、修正评估模型、严格评估值管理等方面建立绩效考核指标,加强监管,提高工作效能。

(二)加强对纳税人的宣传和引导

要加大对存量房交易税收政策和征管措施的宣传力度,通过在公共场所张贴公告、在媒体刊登解读等形式,向纳税人进行广泛宣传,使纳税人了解相关工作的法律依据和现实意义,以及虚假申报交易价格将带来的风险和应承担的法律责任,引导纳税人依法诚信纳税。

6-7-39

国家税务总局关于贯彻落实《国务院关于取消和下放一批行政审批项目的决定》的通知

2014年1月13日　税总发〔2014〕6号

各省、自治区、直辖市和计划单列市国家税务局、地方税务局,局内各单位:

2013年11月8日,国务院发布了《国务院关于取消和下放一批行政审批项目的决定》(国发〔2013〕44号,以下简称《决定》),公布取消和下放7项税务行政审批项目。

各单位要认真贯彻落实《决定》,做好取消下放税务行政审批项目的落实和衔接工作,加快制定后续管理办法,做到放管结合,对无需出台后续管理办法的项目,要加强指导,跟踪管理,保证基层税务机关和纳税人准确适用。要对取消和下放税务行政审批项目的落实情况开展督促检查,防止变相审批和明放暗不放。要继续推进行政审批制度改革,公开税务行政审批目录清单,继续推行审批事项办税服务厅集中受理、内部流转、限时办结,大力推进网上审批,推行"阳光"审批,加强对行政审批权的监督,努力营造统一有序、公平竞争

的税收环境，不断提高税务管理科学化、法治化水平。

附件：国务院决定取消和下放管理层级的行政审批项目目录（涉税7项）

附件

国务院决定取消和下放管理层级的行政审批项目目录（涉税7项）

序号	项目名称	审批部门	其他共同审批部门	设定依据	处理决定	备注
1	城镇土地使用税困难减免审批	税务总局	无	《中华人民共和国城镇土地使用税暂行条例》（国务院令第17号）	下放至省级及以下税务机关	
2	境外注册的中资控股企业依据实际管理机构标准判定为中国居民企业审批	税务总局	无	《国家税务总局关于境外注册中资控股企业依据实际管理机构标准认定为居民企业有关问题的通知》（国税发〔2009〕82号）	下放至省级及以下税务机关	
3	企业因国务院决定事项形成的资产损失税前扣除审批	税务总局	无	《国家税务总局关于发布〈企业资产损失所得税税前扣除管理办法〉的公告》（国家税务总局公告2011年第25号）	取消	
4	资源综合利用产品增值税优惠政策中资源综合利用数据核准	税务总局	无	《财政部、国家税务总局关于调整完善资源综合利用产品及劳务增值税政策的通知》（财税〔2011〕115号）	取消	原由各级主管税务机关实施
5	营业税差额纳税试点物流企业确认	税务总局	国家发展改革委	《国家税务总局关于试点物流企业有关税收政策问题的通知》（国税发〔2005〕208号）	取消	
6	可用于调和为汽油、柴油的石脑油、溶剂油计划及调整计划核准	税务总局	无	《国家税务总局关于印发〈汽油、柴油消费税管理办法（试行）〉的通知》（国税发〔2005〕133号）	取消	
7	对办理税务登记（开业、变更、验证和换证）核准	税务总局	无	《中华人民共和国税收征收管理法》《中华人民共和国税收征收管理法实施细则》（国务院令第362号）	取消	原由各级主管税务机关实施

6－7－40

国务院关于取消和下放一批行政审批项目的决定（节录）

2014年1月28日　国发〔2014〕5号

各省、自治区、直辖市人民政府，国务院各部委、各直属机构：

经研究论证，国务院决定，再取消和下放64项行政审批项目和18个子项。另建议取消和下放6项依据有关法律设立的行政审批项目，国务院将依照法定程序提请全国人民代表大会常务委员会修订相关法律规定。

各地区、各部门要抓紧做好取消和下放管理层级行政审批项目的落实和衔接工作，并切实加强事中事后监管。要继续大力推进行政审批制度改革，使简政放权成为持续的改革行动。要健全监督制约机制，加强对行政审批权运行的监督，不断提高政府管理科学化、规范化水平。

附件：国务院决定取消和下放管理层级的行政审批项目目录(64 项，另有 18 个子项)

附件

国务院决定取消和下放管理层级的行政审批项目目录

(64 项，另有 18 个子项)

序号	项目名称	审批部门	其他共同审批部门	设定依据	处理决定	备注
…………						
14	1994 年前签订合同或立项的房地产项目首次免征土地增值税审批	财政部	税务总局	《财政部、国家税务总局关于对一九九四年一月一日前签订开发及转让合同的房地产征免土地增值税的通知》(财法字〔1995〕7 号)	取消	
…………						
34	扣缴税款登记核准	税务总局	无	《中华人民共和国税收征收管理法实施细则》(国务院令第 362 号)	取消	各级主管税务机关实施的此项审批均取消
35	房地产开发企业计税成本对象确定核准	税务总局	无	《国家税务总局关于印发〈房地产开发经营业务企业所得税处理办法〉的通知》(国税发〔2009〕31 号)	取消	各级主管税务机关实施的此项审批均取消
36	非居民企业股权转让选择特殊性税务处理核准	税务总局	无	《国家税务总局关于加强非居民企业股权转让所得企业所得税管理的通知》(国税函〔2009〕698 号)	取消	各级主管税务机关实施的此项审批均取消
…………						

6－7－41

国家税务总局关于明确税徽标识使用样式的通知

2014 年 2 月 17 日　税总函〔2014〕78 号

各省、自治区、直辖市和计划单列市国家税务局、地方税务局：

近接部分单位关于税徽标识样式的请示，提及目前有多种标识版本并存，给基层单位标准化、规范化建设造成了一定的困惑。为了统一税务标识形象，推进窗口单位标准化建设，经研究，现明确如下：

一、税徽样式

税务部门的税徽以《国家税务总局关于统一使用办税服务厅标识有关问题的通知》(国税发〔2008〕29号)中明确的样式为准。该税徽自启用至今始终有效,为税务部门唯一税徽,已在全国各办税服务厅统一应用,为纳税人做办税指引,且税务总局拥有版权。

除税徽外,各地应用较多的税务标识为网站标识,在各地税务机关门户网站、网上税务局、网上办税厅等广泛使用。《国家税务总局关于印发〈税务网站内容与界面基本规范(试行)〉的通知》(国税发〔2010〕105号)中明确该标识为网站标识,由新式税服帽徽和"中国税务"组合而成。此外,部分税务机关还采用了新式税服的肩章、领花作为税务标识,按照《国家税务总局、财政部关于印发〈税务工作人员制式服装管理办法〉的通知》(国税发〔2007〕63号)第八条规定,该肩章、领花为税务服装的税务标志。

二、使用要求

上述标识均带有显著税务特征,可根据实际需要用于税务系统内部管理和对外宣传。但当特定用途下要求使用税徽时,如办税服务厅标识,则必须使用唯一的税徽标识。

各省国税局、地税局应密切协商,在全省范围内根据类别统一标识的使用样式,方便为纳税人开展办税指引、宣传咨询、办税公开、网上办税等各项服务,接受纳税人监督。

各单位在使用税务标识时遇到的问题,涉及税务网站等标识的,要及时请示税务总局办公厅;涉及税务服装等标识的,要及时请示税务总局财务司;涉及办税服务厅等标识的,要及时请示税务总局纳税服务司。

6-7-42

财政部关于公布取消和下放行政审批项目的通知

2014年2月19日　财法〔2014〕1号

各省、自治区、直辖市、计划单列市财政厅(局),新疆生产建设兵团财务局,部内各单位,财政部驻各省、自治区、直辖市、计划单列市财政监察专员办事处:

《国务院关于取消和下放一批行政审批项目的决定》(国发〔2014〕5号)决定取消和下放财政部3项行政审批项目,现予公布。

各地区、各单位要认真贯彻落实国务院决定精神,抓紧做好取消和下放管理层级行政审批项目的落实和衔接工作,加快配套改革和相关制度建设,切实加强事中事后监管,确保后续监管措施及时落实到位。

附件:财政部取消和下放管理层级的行政审批项目目录

附件

财政部取消和下放管理层级的行政审批项目目录

序号	项目名称	审批部门	其他共同审批部门	设定依据	处理决定
1	财政部负责的会计从业资格认定	财政部	无	《中华人民共和国会计法》 《会计从业资格管理办法》(财政部令第 26 号)	下放至省级人民政府财政部门
2	金融资产管理公司债权转股权方案和协议审核	财政部	国务院国资委	《国家经贸委、中国人民银行关于实施债权转股权若干问题的意见》(国经贸产业〔1999〕727 号) 《金融资产管理公司条例》(国务院令第 297 号) 《国务院关于第六批取消和调整行政审批项目的决定》(国发〔2012〕52 号)	取消
3	1994 年前签订合同或立项的房地产项目首次免征土地增值税审批	财政部	税务总局	财政部、国家税务总局《关于对一九九四年一月一日前签订开发及转让合同的房地产征免土地增值税的通知》(财法字〔1995〕7 号)	取消

6 -7 -43

国务院关于取消和调整一批行政审批项目等事项的决定(节录)

2014 年 7 月 22 日　国发〔2014〕27 号

各省、自治区、直辖市人民政府,国务院各部委、各直属机构:

经研究论证,国务院决定,取消和下放 45 项行政审批项目,取消 11 项职业资格许可和认定事项,将 31 项工商登记前置审批事项改为后置审批。另建议取消和下放 7 项依据有关法律设立的行政审批事项,将 5 项依据有关法律设立的工商登记前置审批事项改为后置审批,国务院将依照法定程序提请全国人民代表大会常务委员会修订相关法律规定。《国务院关于取消和下放 50 项行政审批项目等事项的决定》(国发〔2013〕27 号)和《国务院关于取消和下放一批行政审批项目的决定》(国发〔2013〕44 号)中提出的涉及修改法律的行政审批项目,有 8 项国务院已按照法定程序提请全国人民代表大会常务委员会修改了相关法律,现一并予以公布。

附件:1. 国务院决定取消和下放管理层级的行政审批项目目录(共计 53 项)
2. 国务院决定取消的职业资格许可和认定事项目录(共计 11 项)
3. 国务院决定改为后置审批的工商登记前置审批事项目录(共计 31 项)(编者略)

附件 1

国务院决定取消和下放管理层级的行政审批项目目录

（共计 53 项）

序号	项目名称	审批部门	其他共同审批部门	设定依据	处理决定	备注
…………						
28	享受小型微利企业所得税优惠的核准	税务总局	无	《国家税务总局关于小型微利企业预缴企业所得税有关问题的公告》（国家税务总局公告 2012 年第 14 号）	取消	
29	对吸纳下岗失业人员达到规定条件的服务型、商贸企业和对下岗失业人员从事个体经营减免税的审批	税务总局	无	《财政部　国家税务总局关于支持和促进就业有关税收政策的通知》（财税〔2010〕84 号） 《国家税务总局　财政部　人力资源社会保障部　教育部关于支持和促进就业有关税收政策具体实施问题的公告》（国家税务总局公告 2010 年第 25 号）	取消	
…………						

附件 2

国务院决定取消的职业资格许可和认定事项目录

（共计 11 项）

序号	项目名称	实施部门（单位）	其他共同实施部门	设定依据	处理决定
…………					
2	注册税务师	税务总局	人力资源社会保障部	《注册税务师资格制度暂行规定》（人发〔1996〕116 号）	取消
…………					

6－7－44

人力资源社会保障部关于做好国务院取消部分准入类职业资格相关后续工作的通知

2014 年 8 月 13 日　人社部函〔2014〕144 号

各省、自治区、直辖市及新疆生产建设兵团人力资源社会保障厅（局），国务院各部委、各直属机构人事部门：

7 月 22 日，《国务院关于取消和调整一批行政审批项目等事项的决定》（国发〔2014〕27 号）公布取消一批准入类职业资格，为切实落实国务院决定，搞好政策衔接和平稳过渡，维护专业技术人才的合法权益，现就有关事宜通知如下：

一、根据《国务院办公厅关于清理规范各类职业资格相关活动的通知》(国办发〔2007〕73号)和《人力资源社会保障部关于减少职业资格许可和认定有关问题的通知》(人社部发〔2014〕53号),取消国务院部门设置的没有法律法规或国务院决定作为依据的准入类职业资格,行业管理确有需要且涉及人数较多的职业,可报国务院人力资源社会保障部门批准后设置为水平评价类职业资格。经与住房城乡建设部、税务总局、国土资源部、财政部等国务院相关行业主管部门研究,决定将取消的房地产经纪人、注册税务师、土地登记代理人、矿业权评估师、注册资产评估师等5项准入类职业资格调整为水平评价类职业资格。

二、调整为水平评价类的职业资格不再实行执业准入控制,不得将取得职业资格证书与从事相关职业强制挂钩;对取得职业资格证书的人员不再实行注册管理;取得资格人员按照专业技术人员管理规定参加继续教育,不再将职业资格管理与特定继续教育和培训硬性挂钩。请各相关行业主管部门按照建立水平评价类职业资格的规定,抓紧修订各项职业资格制度文件,并报我部审核发布。

三、质量专业人员职业资格取消后,国家将结合工程技术人员职称制度改革,研究建立质量工程技术人员新的人才评价制度,原有职业资格可继续作为聘任工程系列质量专业技术职务的依据。企业法律顾问职业资格取消后,国家将按照党的十八届三中全会提出的普遍建立法律顾问制度的要求,统筹研究完善企业法律顾问人员的评价办法,原有职业资格可继续作为企业聘任相应专业技术职务的依据。

四、我部将会同行业主管部门,对涉及到的职业资格项目调整、政策衔接、考试日期、报名缴费等具体事宜,另行下发通知,提出具体过渡办法。各地人力资源社会保障部门要加强对减少职业资格许可和认定工作的督导和检查,指导和配合行业主管部门做好取消职业资格和后续工作,确保平稳有序。

有关情况请及时通报我部。

6 -7 -45

国家税务总局关于转发《国务院办公厅关于进一步加强督促检查工作的意见》的通知

2014年9月4日　税总发〔2014〕102号

各省、自治区、直辖市和计划单列市国家税务局、地方税务局:

党中央、国务院历来高度重视加强督促检查、抓好工作落实。党的十八大以来,新一届政府把督促检查、抓落实摆在更加突出的位置。今年6月,国务院组织督查组对国务院稳增长促改革调结构惠民生政策措施的落实情况开展了全面督查;8月中旬,国务院决定由审计署组织全国审计机关对上述政策措施贯彻落实情况进行跟踪审计。国务院持之以恒、一抓到底地狠抓落实的工作作风,为各地区、各部门作出了表率。近日,国务院办公厅下发了《关于进一步加强政府督促检查工作的意见》(国办发〔2014〕42号),对督促检查工作提出了新的要求。现将此文转发,并结合税收工作实际,提出如下贯彻落实意见。

一、高度重视督促检查工作

督促检查工作是税收工作的重要组成部分,是税务机关全面履行职责的重要环节,是落实党和政府重大决策部署的重要保障。加强督促检查工作,对促进科学决策、推动工作落实、改进工作作风、实现税收现代化具有重要意义。

各级税务机关要从加强税收治理体系和治理能力现代化建设的高度,进一步提高对督促检查工作重要性的认识,以更多的精力、更大的力度抓落实。要把督促检查工作贯穿于税收工作的全过程,研究决策时提出督促检查要求,部署工作时明确督促检查事项,决策实施后检查落实情况。

为加强对各地税务机关的督促检查,税务总局已经成立了办公厅督办二处,专门负责组织实施对税务系统的督促检查工作。税务总局将制定督促检查计划,每年组织对各省税务机关工作落实情况进行全面督查,并组建督查组开展督促检查,保持督查工作的常态化。各地税务机关要制定督促检查计划,统筹协调各部门力量,定期组织开展对下级税务机关的督促检查。

二、进一步明确督促检查工作的主要任务

税务机关督促检查工作的主要任务是,推动党中央、国务院和地方各级党委、政府,上级和本级税务机关重大决策部署的贯彻落实。要抓好重要文件贯彻落实情况的督促检查;抓好会议议定事项贯彻落实情况的督促检查;抓好领导重要批示和交办事项贯彻落实情况的督促检查。

各级税务机关要把对上级机关重大决策和重要工作部署贯彻落实情况的督促检查作为工作重点,确保党的路线、方针、政策的落实,确保各项重大决策部署的落实。

三、不断完善督促检查工作机制

要明确责任、合理分工、规范程序、创新方式,完善常态化的督促检查工作机制。

统筹协调机制。建立局领导负责、承担督促检查工作的部门(以下简称"督查部门")牵头、相关部门密切配合组织实施的工作体系。各级税务机关主要负责人是抓落实的第一责任人。督查部门要围绕上级机关和本级机关工作的中心任务和重大决策部署,牵头负责督促检查工作的组织实施,负责对下级税务机关督促检查工作的协调和指导。

分级负责机制。各级税务机关要根据职责要求,负责上级机关重大决策部署的督促检查;负责本级税务机关决策部署的督促检查;负责对下级税务机关贯彻落实情况的督促检查。

协同配合机制。各级税务机关要加强与上级督促检查工作的衔接和配合,统筹协调,合理安排,避免增加基层工作负担。要充分发挥监察部门行政监察和内审部门专项审计等监督作用、新闻媒体的舆论监督作用,积极探索第三方机构评估,协调各方面监督资源,形成工作合力。

动态管理机制。要规范督促检查的工作流程,实现对重大决策部署贯彻落实的全过程、动态化管理。出台重大决策部署时,督查部门要会同有关部门同步建立督促检查工作台账,细化任务分工,明确责任单位,规定完成时限,加强跟踪督办,确保决策落实、政策落地。

四、进一步健全督促检查工作制度

要建立流程式工作规范、无缝式责任分工、目标式跟踪落实的工作制度,提高督促检查工作的科学化、规范化水平。

限期报告制度。对上级机关以文件、会议等形式作出的重要部署,各级税务机关要按规定时限报告贯彻落实情况;对上级领导同志的重要批示和交办事项,要按时限办结并报告办理情况。

调查复核制度。对下级税务机关报告的决策部署落实情况,要选择社会关注度高、影响面大的事项进行实地调查复核。对重点督查事项,视情开展"回头看"、"再督查",切实增强督查实效。

情况通报制度。要建立重大决策部署落实情况通报制度。对抓落实工作成效明显的单位,要总结经验,交流推广,推动工作。对工作进展缓慢、落实不力的单位,要指出问题,责成报告原因及改进意见。

责任追究制度。发现重大决策部署落实中存在失职渎职、违纪违法等情形的,由纪检监察部门负责调查,严肃追责。

督查调研制度。围绕税收发展中的重点、难点、热点问题,积极开展督查调研。深入基层,发现问题,查明原因,提出解决问题的对策建议,为完善决策提供依据和参考。

五、加强对督促检查工作的组织领导

各级税务机关要把督促检查工作列入重要议事日程,定期召开会议研究部署督促检查工作,明确一名局领导直接分管督促检查工作。根据督查部门所承担的工作任务,加强力量配备。各省税务机关要至少配备2~3名专职负责督促检查工作的人员;市、县税务机关专职督促检查人员的配备,由各省根据实际情况确定。要加强对督促检查干部的培训,提高其综合协调、把握政策、调查研究、决策参谋等能力,造就一支勇于担当、敢于负责、善抓落实的督促检查干部队伍。

各级税务机关要结合实际,抓紧研究制定进一步加强督促检查工作的具体办法。

附件:国务院办公厅关于进一步加强督促检查工作的意见(编者略)

6-7-46

国家税务总局关于税务行政审批制度改革若干问题的意见

2014年9月15日　税总发〔2014〕107号

各省、自治区、直辖市和计划单列市国家税务局、地方税务局,局内各单位:

为落实国务院转变职能、简政放权的要求,进一步推动行政审批制度改革,持续释放改革红利,激发企业和市场活力,增强发展动力,不断提高税收管理法治化和科学化水平,现就税务行政审批制度改革若干问题提出如下意见。

一、持续推进税务行政审批制度改革

（一）税务行政审批制度改革取得明显成效。2013 年 3 月，国务院启动新一轮行政审批制度改革以来，税务总局严格贯彻落实国务院关于行政审批制度改革的一系列精神和要求，从政治、大局和实现税收现代化的高度，转变观念、创新举措、放管结合，大力推进行政审批制度改革，核实行政审批项目底数，公开税务行政审批事项目录，取消和下放税务行政审批事项，加强督促检查，强化后续管理，全面清理非行政许可审批事项，行政审批制度改革取得了明显成效，得到了国务院和国务院审改办的充分肯定。

（二）推进税务行政审批制度改革仍存在问题和不足。一是税务行政审批目录化管理的要求尚未得到全面落实。二是部分税收征管信息系统流程设置和表证单书调整、修改滞后。三是后续管理跟进不够及时。

（三）充分认识税务行政审批制度改革的重要意义。各级税务机关务必在思想认识和行动上与党中央、国务院保持高度一致，深刻认识行政审批制度改革是切实转变政府职能、深化行政管理体制改革的必然要求，是正确处理政府与市场关系、促进市场在资源配置中起决定性作用和更好发挥政府作用的必然要求，是预防和治理腐败、建设廉洁政府的必然要求。各级税务机关应以落实行政审批制度改革各项要求为突破口，不断深化以风险管理为向导的征管改革、优化纳税服务、强化信息管税、推进依法行政，努力推动实现税收治理体系和治理能力现代化。

二、严格实行税务行政审批目录化管理

（四）实行行政审批目录化管理。实行行政审批目录化管理，是推进行政审批制度改革，把权力关进制度笼子的重要举措。2014 年 2 月，税务总局发布《国家税务总局关于公开行政审批事项等相关工作的公告》（国家税务总局公告 2014 年第 10 号，以下简称 10 号公告），公开了各级税务机关实施的行政审批事项目录（不包括仅由地方税务局实施的行政审批事项，下同），并规定不得在公开清单外实施其他行政审批。因此，凡是不在 10 号公告公布的行政审批事项目录范围内的税务事项，包括依据《税收减免管理办法（试行）》（国税发〔2005〕129 号）等税收规范性文件设立的备案事项，不得再采取具有核准性质的事前备案和其他形式的行政审批管理方式。各级税务机关不得以未列入行政审批事项目录范围内的税务事项的设立依据尚未修改或者废止为由，对该税务事项继续采取行政审批管理方式；不得对已经取消的税务行政审批事项变相保留或者恢复。

（五）公开税务行政审批事项目录。省以下税务机关应当按照 10 号公告公布本级税务机关实施的行政审批事项目录。各级税务机关应当建立行政审批事项目录动态调整机制，根据行政审批制度改革情况依法更新行政审批事项目录，但不得擅自取消或者下放行政审批事项目录中的审批事项。

（六）积极稳妥推进地方税务机关行政审批制度改革。地方税务机关开展行政审批制度改革，应当妥善处理税务总局与地方政府的关系。税务总局的统一规定必须执行，属于地方政府权限范围内的事项，应当按照地方政府的要求抓好落实。地方税务机关要认真执行 10 号公告，同时按照地方政府的要求开展行政审批事项摸底核实、清理和行政审批事项目录公开工作。对法律、行政法规、税务部门规章和税务总局税收规范性文件，以及税务总局与国务院其他部门联合制定的规范性文件设立的、仅由地方税务机关实施的行政审批事项，其是否取消和下放，应当由设定该行政审批事项的机关决定。

三、认真落实税务行政审批制度改革相关配套措施

（七）实施税务行政审批合法性审查。各级税务机关不得以任何形式设定税务行政审批事项。对可能涉及设立行政审批的税务部门规章和税收规范性文件必须严格把关，依法进行合法性审查，防止制度性侵权，提高税收制度建设质量。按照“将合法性审查延伸到税收执法的重要环节。税收重大决策、税务行政审批、税务行政处罚三项工作应当进行合法性审查”的要求，积极实施税务行政审批合法性审查，确保行政审批的合法性。认真落实行政执法和政府信息公开规定，强化行政审批权力的监督制约，完善内控机制建设，提高行政审批的公正性和透明度。

（八）抓紧清理税务行政审批项目涉及的文件依据、征管流程和表证单书。各级税务机关应当依据职权全面清理税务行政审批事项涉及的税务部门规章和税收规范性文件。对设定了不在10号公告范围内的行政审批事项的税务部门规章和税收规范性文件，应当立即进行修改或者废止；对已经取消和下放行政审批事项涉及的税务部门规章和税收规范性文件，应当及时清理、修改或者废止。税务总局将按照取消和下放税务行政审批项目后的管理要求，对税收征管信息系统流程进行调整。各级税务机关对已经取消和下放税务行政审批项目涉及的表证单书，应当抓紧进行清理和修改。

（九）研究提出拟取消税务行政审批项目相关配套措施。对拟取消的税务行政审批项目，税务总局相关业务部门应当提前着手研究审批依据修改、流程设置调整、表证单书清理和加强后续管理等工作，做好工作衔接，确保取消行政审批事项的决定得到全面落实。

四、坚持放管结合强化事中事后管理

（十）推进放管结合。各级税务机关应当全面落实税务行政审批制度改革精神和要求，既要简政放权，全面清理非行政许可审批事项，取消和下放行政审批项目，发挥市场在资源配置中的决定性作用；又要转变职能，加强事中事后监管，把该管的管住、管好、管到位，更好发挥税务机关的职能作用。应当注重统筹协调，把取消和下放行政审批事项的后续管理工作融入日常税收征管工作之中，做到有机结合、无缝衔接，提高税收管理的信息化、精细化和科学化水平。

（十一）实施备案管理。各级税务机关应当严格区分行政审批和备案管理方式，不得以事前核准性备案方式变相实施审批。实施备案管理的事项，纳税人等行政相对人应当按照规定向税务机关报送备案材料，税务机关应当将其作为加强后续管理的资料，但不得以纳税人等行政相对人没有按照规定备案为由，剥夺或者限制其依法享有的权利、获得的利益、取得的资格或者可以从事的活动。纳税人等行政相对人未按照规定履行备案手续的，税务机关应当依法进行处理。

（十二）优化申报管理。各级税务机关应当调整、补充、细化、优化与取消和下放税务行政审批事项相关的纳税申报表及其他纳税申报资料，通过申报环节管控纳税人自主适用税法和税收政策的行为，同时通过申报环节获取纳税人的相关信息资料，为开展其他后续管理活动提供基础信息和数据。

（十三）加强风险管理。各级税务机关应当根据纳税申报信息、第三方信息，运用风险评估模型分析判断取消和下放审批事项的风险等级，与其他相关税收管理工作相统筹，分

别采取案头评估、日常检查、重点稽查等方式分类实施后续管理，提高后续管理的针对性和有效性。

（十四）强化信用管理。各级税务机关应当加强纳税信用管理，跟踪了解取消和下放审批事项后纳税人履行相关税收义务的信用状况，及时分析存在的问题及其原因，采取切实有效措施，不断提高税收征管水平和纳税人的满意度、遵从度。

五、加强组织领导狠抓工作落实

（十五）加强组织领导。各级税务机关应当切实加强对行政审批制度改革工作的组织领导，充分发挥依法行政工作领导小组的统筹协调作用，加强上下级税务机关和税务机关内部各部门之间的协调配合，政策法规部门负责牵头组织协调行政审批制度改革工作，征管科技部门负责牵头调整和清理涉及取消、下放行政审批事项的流程设置和表证单书，各业务部门按照职责负责清理审批事项、相关依据、制定和落实后续管理措施，纳税服务部门负责涉及行政审批制度改革的优化服务工作，督察内审部门和监察部门负责牵头对取消、下放行政审批事项和后续管理措施落实情况进行执法督察和执法监察，共同推进行政审批制度改革。

（十六）狠抓工作落实。各省、自治区、直辖市、计划单列市国家税务局、地方税务局和局内各单位，应当结合各自工作职责和实际，按照党的群众路线教育实践活动和税务总局“便民办税春风行动”的有关要求，认真贯彻执行本意见，结合绩效管理狠抓工作落实，深化税务行政审批制度改革，不断提高税收管理和纳税服务水平，为2020年基本实现税收现代化作出贡献。

本意见执行中遇到的问题，请及时报告税务总局。

6－7－47

国家税务总局关于加强网上办税系统技术管理工作的通知

2014年10月20日　税总函〔2014〕505号

各省、自治区、直辖市和计划单列市国家税务局、地方税务局：

近年来，为落实国家税务总局优化纳税服务工作要求，各地税务机关大力依托互联网络向纳税人提供办税服务，极大地方便了纳税人，应用成效显著。但由于税收信息化发展水平及税收业务管理需求不同，各地网上办税系统的业务功能、技术实现、安全防护和技术保障等方面仍然参差不齐。为规范各地网上办税系统的设计和实施，全面提升网上办税系统技术保障能力，税务总局制定了《网上办税系统技术要求》（附件1，以下简称《技术要求》），并就加强网上办税系统技术管理工作通知如下：

一、明确工作要求，高度重视网上办税系统技术管理工作。网上办税系统和纳税人密切相关，确保网上办税系统安全稳定运行是落实“便民办税春风行动”、《全国县级税务机关纳税服务规范》的重要保障，是提高纳税人满意度和税法遵从度的基本要求，各单位应高度重视并切实加强网上办税系统技术管理和保障工作。

二、加强技术管理，提升网上办税系统技术保障能力。税务总局制定的《网上办税系统技术要求》，明确了网上办税系统的建设内容、技术架构、开发设计、运维保障、技术服务管理等要求。同时，为便于各地理解和学习，一并整理了2个参考案例《金税三期工程纳税服务平台项目介绍》（附件2）、《宁波市国税局移动纳税服务平台项目介绍》（附件3），供各地参考。

各单位应认真学习贯彻《技术要求》及参考案例，对于新建的网上办税系统，应严格遵循《技术要求》；对于现有网上办税系统改造，应按照《技术要求》升级完善，确保网上办税系统稳定高效、安全可靠，持续提升技术保障能力。

三、定期自查评估，落实网上办税系统各项技术要求。各单位应对照《技术要求》对本单位现有网上办税系统进行自查评估，分析存在的差距，形成自查报告，为下一步升级完善打好基础。在落实税务总局部署的年度网络安全检查时，各单位应参照《技术要求》对网上办税系统进行检查。同时，税务总局将适时对部分单位网上办税系统技术要求落实情况进行抽查。

执行过程中遇到的情况和问题，请及时反馈税务总局。联系人（税务总局电子税务管理中心）：苏屹，010－63418660。

附件：1. 网上办税系统技术要求（编者略）

2. 金税三期工程纳税服务项目系统介绍（编者略）

3. 宁波市国税局移动纳税服务平台项目介绍（编者略）

6－7－48

国务院关于取消和调整一批行政审批项目等事项的决定（节录）

2014年10月23日　国发〔2014〕50号

各省、自治区、直辖市人民政府，国务院各部委、各直属机构：

经研究论证，国务院决定，取消和下放58项行政审批项目，取消67项职业资格许可和认定事项，取消19项评比达标表彰项目，将82项工商登记前置审批事项调整或明确为后置审批。另建议取消和下放32项依据有关法律设立的行政审批和职业资格许可认定事项，将7项依据有关法律设立的工商登记前置审批事项改为后置审批，国务院将依照法定程序提请全国人民代表大会常务委员会修订相关法律规定。

附件：1. 国务院决定取消和下放管理层级的行政审批项目目录（共计58项）

2. 国务院决定取消的职业资格许可和认定事项目录（共计67项）（编者略）

3. 国务院决定取消的评比达标表彰项目目录（共计19项）（编者略）

4. 国务院决定调整或明确为后置审批的工商登记前置审批事项目录（共计82项）（编者略）

附件1

国务院决定取消和下放管理层级的行政审批项目目录

（共计58项）

序号	项目名称	审批部门	其他共同审批部门	设定依据	处理决定	备注
…………						
13	在营企业完成改组改制、符合豁免条件的东北老工业基地企业历史欠税豁免审批	税务总局	辽宁、吉林、黑龙江省和大连市财政部门	《财政部、国家税务总局关于豁免东北老工业基地企业历史欠税有关问题的通知》（财税〔2006〕167号） 《财政部、国家税务总局关于豁免东北老工业基地企业历史欠税问题的批复》（财税〔2009〕58号）	取消	
14	葡萄酒消费税退税审批	税务总局	无	《葡萄酒消费税管理办法（试行）》（国税发〔2006〕66号）	取消	
15	销货退回的消费税退税审批	税务总局	无	《中华人民共和国消费税暂行条例实施细则》（财政部、国家税务总局令2008年第51号）	取消	
16	出口应税消费品办理免税后发生退关或国外退货补缴消费税审批	税务总局	无	《中华人民共和国消费税暂行条例实施细则》（财政部、国家税务总局令2008年第51号）	取消	
17	收入全额归属中央的企业下属二级及二级以下分支机构名单的备案审核	税务总局	无	《国家税务总局关于中国工商银行股份有限公司等企业企业所得税有关征管问题的通知》（国税函〔2010〕184号）	取消	
18	汇总纳税企业组织结构变更审核	税务总局	无	《跨地区经营汇总纳税企业所得税征收管理办法》（国家税务总局公告2012年第57号）	取消	
19	以上市公司股权出资不征证券交易印花税的认定	税务总局	无	《财政部、国家税务总局关于以上市公司股权出资有关证券（股票）交易印花税政策问题的通知》（财税〔2010〕7号）	取消	
…………						

6－7－49

国家税务总局关于发布《自助办税终端系统技术规范》的通知

2014年10月29日　税总发〔2014〕130号

各省、自治区、直辖市和计划单列市国家税务局、地方税务局：

为规范和指导各地自助办税终端系统的建设，促进自助办税终端行业和产品的持续健康发展，税务总局制定了《自助办税终端系统技术规范》（见附件），现按照《国家税务总局关于印发〈税务行业标准管理办法（试行）〉的通知》（国税发〔2010〕61号）的规定予以发布，自发布之日起实施。

《自助办税终端系统技术规范》明确了自助办税终端系统的总体结构、功能、硬件、软件、接口、安全部署等技术要求,是指导自助办税终端系统建设的税务行业推荐性标准,行业标准编号为SW/T9－2014。

各地在执行过程中遇到的问题,请及时反馈税务总局(电子税务管理中心)。

自助办税终端系统技术规范
(编者略)

6－7－50

国家税务总局关于贯彻落实《国务院关于取消和调整一批行政审批项目等事项的决定》的通知

2014年12月15日　税总发〔2014〕148号

各省、自治区、直辖市和计划单列市国家税务局、地方税务局,局内各单位:

2014年8月12日,《国务院关于取消和调整一批行政审批项目等事项的决定》(国发〔2014〕27号)公布取消和下放53项行政审批项目,取消11项职业资格许可和认定事项,将31项工商登记前置审批事项改为后置审批。其中,涉及取消2项税务行政审批项目,取消1项涉税职业资格许可和认定事项。

2014年11月24日,《国务院关于取消和调整一批行政审批项目等事项的决定》(国发〔2014〕50号)公布取消和下放58项行政审批项目,取消67项职业资格许可和认定事项,取消19项评比达标表彰项目,将82项工商登记前置审批事项调整或明确为后置审批。其中,涉及取消7项税务行政审批项目。

各单位应当认真贯彻执行国务院决定,全面落实取消税务行政审批项目,及时修改相关表证单书和征管流程,明确取消审批项目后续管理要求,对取消的涉税职业资格许可和认定事项,按照有序承接的要求做好相关工作。加快税务机关职能转变,深化行政审批制度改革,持续简政放权,创新管理理念和管理方式,加强事中事后监管。进一步健全监督制约机制,规范行政审批行为,强化审批权力监督,不断提高税收管理科学化和规范化水平。

附件:1. 国务院决定取消和下放管理层级的行政审批项目目录(涉税9项)

2. 国务院决定取消的职业资格许可和认定事项目录(涉税1项)

附件 1

国务院决定取消和下放管理层级的行政审批项目目录

（涉税 9 项）

序号	项目名称	审批部门	其他共同审批部门	设定依据	处理决定	备注
1	享受小型微利企业所得税优惠的核准	税务总局	无	《国家税务总局关于小型微利企业预缴企业所得税有关问题的公告》（税务总局公告 2012 年第 14 号）	取消	国发〔2014〕27 号公布
2	对吸纳下岗失业人员达到规定条件的服务型、商贸企业和对下岗失业人员从事个体经营减免税的审批	税务总局	无	《财政部、国家税务总局关于支持和促进就业有关税收政策的通知》（财税〔2010〕84 号） 《国家税务总局、财政部、人力资源社会保障部、教育部关于支持和促进就业有关税收政策具体实施问题的公告》（税务总局公告 2010 年第 25 号）	取消	国发〔2014〕27 号公布
3	在营企业完成改组改制、符合豁免条件的东北老工业基地企业历史欠税豁免审批	税务总局	辽宁、吉林、黑龙江省和大连市财政部门	《财政部、国家税务总局关于豁免东北老工业基地企业历史欠税有关问题的通知》（财税〔2006〕167 号） 《财政部、国家税务总局关于豁免东北老工业基地企业历史欠税问题的批复》（财税〔2009〕58 号）	取消	国发〔2014〕50 号公布
4	葡萄酒消费税退税审批	税务总局	无	《葡萄酒消费税管理办法（试行）》（国税发〔2006〕66 号）	取消	国发〔2014〕50 号公布
5	销货退回的消费税退税审批	税务总局	无	《中华人民共和国消费税暂行条例实施细则》（财政部、税务总局令 2008 年第 51 号）	取消	国发〔2014〕50 号公布
6	出口应税消费品办理免税后发生退关或国外退货补缴消费税审批	税务总局	无	《中华人民共和国消费税暂行条例实施细则》（财政部、税务总局令 2008 年第 51 号）	取消	国发〔2014〕50 号公布
7	收入全额归属中央的企业下属二级及二级以下分支机构名单的备案审核	税务总局	无	《国家税务总局关于中国工商银行股份有限公司等企业企业所得税有关征管问题的通知》（国税函〔2010〕184 号）	取消	国发〔2014〕50 号公布
8	汇总纳税企业组织结构变更审核	税务总局	无	《跨地区经营汇总纳税企业所得税征收管理办法》（税务总局公告 2012 年第 57 号）	取消	国发〔2014〕50 号公布
9	以上市公司股权出资不征证券交易印花税的认定	税务总局	无	《财政部、国家税务总局关于以上市公司股权出资有关证券（股票）交易印花税政策问题的通知》（财税〔2010〕7 号）	取消	国发〔2014〕50 号公布

附件2

国务院决定取消的职业资格许可和认定事项目录

（涉税1项）

序号	项目名称	实施部门（单位）	其他共同实施部门	设定依据	处理决定	备注
1	注册税务师	税务总局	人力资源社会保障部	《注册税务师资格制度暂行规定》（人发〔1996〕116号）	取消	国发〔2014〕27号公布

6－7－51

国务院关于规范国务院部门行政审批行为改进行政审批有关工作的通知

2015年1月19日　国发〔2015〕6号

国务院各部委、各直属机构：

为深化行政审批制度改革，规范行政审批行为，改进行政审批工作，解决审批环节多、时间长、随意性大、公开透明度不够等问题，进一步提高政府工作效率和为人民群众服务水平，现就有关工作通知如下：

一、总体要求

以邓小平理论、"三个代表"重要思想、科学发展观为指导，认真贯彻落实党的十八大、十八届二中、三中、四中全会精神和党中央、国务院决策部署，加快转变政府职能，坚持依法行政，推进简政放权、放管结合，规范行政审批行为、提高审批效率，激发市场社会活力、营造公平竞争环境，减少权力寻租空间、消除滋生腐败土壤，确保行政审批在法治轨道运行，进一步提升政府公信力和执行力，建设创新政府、廉洁政府和法治政府。

——坚持依法审批。严格落实行政许可法和有关法律法规，规范行政审批受理、审查、决定、送达等各环节，确保行政审批全过程依法有序进行。

——坚持公开公正。依法全面公开行政审批信息，切实保障申请人知情权，规范行政裁量权，实行"阳光审批"。

——坚持便民高效。减少审批环节，简化审批程序，优化审批流程，依法限时办结，进一步缩短办理时间，加快审批进程，提高审批效率。

——坚持严格问责。加强对行政审批行为的监管，建立健全监督机制，严肃查处违法违纪审批行为，严格责任追究。

二、规范行政审批行为

（一）全面实行"一个窗口"受理。承担行政审批职能的部门要将审批事项集中到"一个窗口"受理，申请量大的要安排专门场所，积极推行网上集中预受理和预审查，创造条件推进网上审批。选派业务骨干或职能处室负责人承担窗口受理工作，制定服务规范并张贴在醒目处,对窗口人员仪容举止、工作纪律、文明用语等作出要求,不断提升窗口服务质量。

(二)推行受理单制度。各有关部门对申请材料符合规定的,要予以受理并出具受理单;对申请材料不齐全或者不符合法定形式的,要当场或者在五个工作日内一次性书面告知申请人需要补正的全部内容。依法应当先经下级行政机关审查后报国务院部门决定的行政审批,不得要求申请人重复提供申请材料。

(三)实行办理时限承诺制。各有关部门要依法依规明确办理时限,在法定期限内对申请事项作出决定,不得以任何理由自行延长审批时限;依法可延长审批时限的,要按程序办理。建立审批时限预警制,针对审批事项办理进度,实行分级预警提醒。提高审批效率,对政府鼓励的事项建立"绿色通道",进一步压缩审批时限。对批准的事项,要在法定期限内向申请人送达批准文书;不予批准的,要在法定期限内出具书面决定并告知理由。

(四)编制服务指南。各有关部门要对承担的每项行政审批事项编制服务指南,列明设定依据、申请条件、申请材料、基本流程、审批时限、收费依据及标准、审批决定证件、年检要求、注意事项等内容,并附示范文本以及常见错误示例,做到具体翔实、一目了然,内容发生变更时要及时修订。服务指南摆放要方便申请人取用,并在部门网站显著位置公布,提供电子文档下载服务。

(五)制定审查工作细则。各有关部门要对承担的审批事项制定审查工作细则,逐项细化明确审查环节、审查内容、审查标准、审查要点、注意事项及不当行为需要承担的后果等,严格规范行政裁量权。审查人员要遵守行政审批规定,严格按细则办事,不得擅自增设或减少审批条件、随意抬高或降低审批门槛。

(六)探索改进跨部门审批等工作。对于多部门共同审批事项,进行流程再造,明确一个牵头部门,实行"一个窗口"受理、"一站式"审批;相关部门收到牵头部门的征求意见函后,应当及时研究,按时答复。确需实行并联审批的,不得互为前置条件。探索构建国务院部门网上统一监控和查询平台,推进国务院部门间、中央与地方间信息资源共享,加快实现网上受理、审批、公示、查询、投诉等。探索实行行政审批绩效管理,健全规范审批行为相关考核制度,定期对经办人员进行培训、考核、检查和评定。探索优化内部审批流程,减少审查环节,有条件的部门要将分散在多个内设机构的审批事项相对集中,将一般事项审批权限下放给窗口审查人员,提高窗口办结率。对国务院部门审批事项,法律法规未明确需由地方初审或审核的,逐步由国务院部门直接受理。

三、强化监督问责

(一)主动公开行政审批信息。除涉及国家秘密、商业秘密或个人隐私外,各有关部门要主动公开本部门行政审批事项目录及有关信息,及时、准确公开行政审批的受理、进展情况和结果等,实行"阳光审批"。

(二)依法保障申请人知情权。各有关部门要切实履行告知义务,通过设立咨询台、在线应询、热线电话、电子邮箱等方式,及时提供全程咨询服务,确保申请人知情权。对申请人提出的是否受理、进展情况、未予批准原因等问题,要有问必答、耐心说明;难以即时答复的,要明确答复期限;未予批准的,要在决定书中告知申请人依法享有申请行政复议或提起行政诉讼的权利。

(三)强化监督检查。建立健全内部监督机制,明确各层级监督责任,重点检查申请人知情权落实情况、审批时限执行情况、违规操作及不当行为情况等。建立健全申请人评议制度,向社会公布本部门举报投诉电话、电子邮箱等,主动接受社会监督。

(四)严格责任追究。对违反行政审批相关规定、失职渎职的经办人员,依法依纪严肃处理,并追究有关负责人的责任;造成重大损失或影响的,追究部门负责人的责任。涉嫌犯罪的,移送司法机关查处。

四、加强组织领导

(一)高度重视。规范行政审批行为、改进行政审批工作,是简政放权、推进政府职能转变的重要内容,是转变政风、密切联系群众的重要举措。各有关部门要把这项工作列入重要议事日程,主要负责同志亲自负责、专题研究,精心组织、扎实推进,以实实在在的改革成效取信于民。

(二)建立机制。各有关部门要建立相应工作机制,制定工作计划,明确责任分工,形成工作合力。国务院审改办要加强与部门的沟通联系,做好指导协调和服务工作,及时跟踪了解进展情况,定期向国务院报告。

(三)狠抓落实。各有关部门要在 2015 年 6 月底前将本部门制定的行政审批事项服务指南、审查工作细则及受理单样表等送国务院审改办备案。每季度初,各有关部门将上季度行政审批事项按时办结情况书面送国务院审改办。每年 1 月底前,各有关部门将上年度工作落实情况书面送国务院审改办,报国务院同意后予以通报。对各有关部门落实情况,国务院将适时组织督查。

各省、自治区、直辖市人民政府可参照本通知要求,结合实际,研究制定本地区规范行政审批行为、改进行政审批工作的意见或办法。

6 -7 -52

国家税务总局关于部分税务行政审批事项取消后有关管理问题的公告

2015 年 2 月 4 日　国家税务总局公告 2015 年第 8 号

为加强后续管理,现就部分税务行政审批事项取消后有关管理问题公告如下:

一、关于取消“对纳税人申报方式的核准”后的有关管理问题

税务机关应当告知纳税人申报期限和申报方法,畅通申报渠道,确保纳税人可以根据实际生产经营情况,自主选择办税大厅、邮寄或网上申报等多种申报方式。

二、关于取消“印制有本单位名称发票的审批”后的有关管理问题

税务机关对用票单位使用印制有本单位名称发票不再设置条件限制,用票单位可在办税服务厅填写《印有本单位名称发票印制表》,税务机关应当在 5 个工作日内确认用票单位使用印有该单位名称发票的种类和数量,并向发票印制企业下达《发票印制通知书》。发票印制企业应当按照《发票印制通知书》的要求印制印有用票单位名称发票,确保用票单位正常使用。

三、关于取消“对办理税务登记(开业、变更、验证和换证)的核准”后的有关管理问题

税务机关应当不断创新服务方式,推进税务登记便利化。一方面,推进税务登记方式多样化,提供国税局地税局联合办理、多部门联合办理和“电子登记”等多种方式,为纳税人办理税务登记提供多种选择和便利;另一方面,推进税务登记手续简便化,税务机关办税窗口只对纳税人提交的申请材料进行形式核对,收取相关资料后即时办理税务登记,赋予纳税人识别号,发给税务登记证件,减少纳税人等待时间,提高办理效率。

税务机关在税务登记环节力求即来即办的同时,应当切实加强后续管理。在税务登记环节采集营业执照、注册资本、生产经营地址、公司章程、商业合同和协议等数据信息,并在后续的发票领用、申报纳税等环节及时采集、补充相关数据信息。应当加强对税务登记后续环节录入、补录信息的比对和确认,并逐步实现对税务登记信息完整率、差错率等征管绩效指标的实时监控。

四、关于取消“扣缴税款登记核准”后的有关管理问题

税务机关对扣缴义务人办理扣缴登记不再进行审批。税务机关在办理税务登记、纳税申报或其他涉税事项时直接办理扣缴义务人登记,并按照税收征管法及其实施细则的有关规定,对扣缴义务人是否如实申报代扣代缴税款有关情况进行监督和检查,防范扣缴义务人不履行税法义务带来的税收管理风险。

五、关于取消“以上市公司股权出资不征证券交易印花税的认定”后的有关管理问题

(一)证券市场所在地主管税务机关(即北京、上海、深圳市国家税务局)在证券登记结算公司营业部柜台建立《以上市公司股权出资不征证券交易印花税股权过户情况登记簿》(以下简称《登记簿》,见附件)。

(二)具体操作规程

1. 申请人(转让方,下同)负责填写股权变更的相关事项内容;

2. 证券市场所在地主管税务机关委托当地证券登记结算公司对申请人登记填写内容逐笔验证后再办理相关手续;

3. 证券市场所在地主管税务机关定期核对《登记簿》填写的内容;

4. 年度终了后,证券登记结算公司将《登记簿》交由所在地主管税务机关备查。

(三)自 2015 年起,证券市场所在地主管税务机关应当在年度终了后一个月内,按照上述要求对《登记簿》登记的内容进行汇总和分析,并将主要情况书面上报税务总局(财产行为税司)。

六、关于取消“在营企业完成改组改制、符合豁免条件的东北老工业基地企业历史欠税豁免审批”后的有关管理问题

税务机关应当通过事后备案等方式加强执行豁免历史欠税政策过程中的相关管理工作,及时对备案资料进行核实,发现条件不符的,应当立即纠正。

七、关于取消“营业税差额纳税试点物流企业确认”和“可用于调和为汽、柴油的石脑油、溶剂油计划及调整计划的核准”后需要明确的有关问题

因交通运输业已经纳入营业税改征增值税范围,取消“营业税差额纳税试点物流企业确认”事项的相关业务已不存在。同时,《财政部、国家税务总局关于调整和完善消费税政策的通知》(财税〔2006〕33 号)下发后,将石脑油、溶剂油纳入消费税征税范围,不需要再对

可调和为汽、柴油的石脑油、溶剂油采取审批下达计划的方式进行管理,取消“可用于调和为汽、柴油的石脑油、溶剂油计划及调整计划的核准”事项的相关业务也已不存在。因此,《国家税务总局关于试点物流企业有关税收政策问题的通知》(国税发〔2005〕208号)和《汽油、柴油消费税管理办法(试行)》(国税发〔2005〕133号文件印发)第十八条、十九条和二十条已经失效。

本公告自发布之日起施行。

特此公告。

附件:以上市公司股权出资不征证券交易印花税股权过户情况登记簿(编者略)

注释:

条款修改。根据《第十三届全国人民代表大会第一次会议关于国务院机构改革方案的决定》等有关规定,税收规范性文件规定的国税地税机关的职责和工作由新的税务机关承担。国家税务总局依据《税收规范性文件制定管理办法》(国家税务总局令第41号公布),对税收规范性文件进行了清理。参见:《国家税务总局关于修改部分税收规范性文件的公告》(国家税务总局公告2018年第31号)。

6-7-53

国家税务总局关于进一步规范税收征管秩序提高税收收入质量的通知

2015年2月5日　税总函〔2015〕79号

各省、自治区、直辖市和计划单列市国家税务局、地方税务局:

2014年以来,面对经济税源增速放缓的严峻挑战,各级税务机关在党中央、国务院的坚强领导下,密切跟踪经济社会发展形势,采取有效措施,努力克服各种不利影响,充分发挥税收在筹集财政收入和调控经济、调节分配等方面的职能作用,保持了税收收入平稳增长。但一些地方也出现了收过头税、空转等虚增收入现象,严重违背了依法征税原则。为进一步规范税收征管秩序、提高税收收入质量,现就有关问题通知如下:

一、坚持依法依规组织收入

各级税务机关要坚持依法征税,坚决贯彻组织收入原则,规范税收征管行为,及时足额组织税收收入。同时,越是在税收形势严峻的情况下,越不能“寅吃卯粮”。要坚决不收过头税,坚决防止采取空转、转引税款等非法手段虚增收入,坚决避免突击收税,切实保证税收收入质量。

二、认真落实税收优惠政策

各级税务机关要牢固树立不落实税收优惠政策也是收过头税的观念,认真落实国家出台的各项减税政策,绝不能以税收收入任务紧张为由在落实税收优惠政策上打折扣。要进一步加强税收政策宣传和解读,认真执行包括扶持小微企业发展、促进就业再就业等一系列税收优惠政策,减轻企业负担,激发市场主体活力。同时,要认真落实国务院关于规范税收优惠政策的要求,防止擅自或变相减免税。

三、强化税收收入质量管理

各级税务机关要将收入质量管理作为重点工作常抓不懈,建立完善税收收入质量评价体系,加强对风险管理、税收入库、税收与经济匹配性等方面的考核,定期测算下发评价结果并做好反馈工作,加强对税收收入质量的监督和考核,实现真实、没有水分的增长。对纳税人申报的异常税款要严格审核,把好入口关;对已入库税款要认真甄别,对"问题税款"该退库的退库,该调库的调库。强化税收会计监督,及时发现税收执法风险,规范税收征管秩序。

四、加大监督检查工作力度

各级税务机关要加强对下级税务机关组织收入、征收管理等情况的监督。一旦发现越权征税、违规征税、税收政策不落实、收过头税等问题,要及时纠正并严肃查处违规行为,追究相关人员责任,促进规范税收执法,做到依法征管。对地方违规干预税收的行为要主动向当地政府做好沟通解释工作,争取理解和支持,并及时向上级税务机关报告,坚决防止损害纳税人合法权益行为的发生,维护正常税收征管秩序。

6 -7 -54

国务院关于取消和调整一批行政审批项目等事项的决定(节录)

2015 年 2 月 24 日　国发〔2015〕11 号

各省、自治区、直辖市人民政府,国务院各部委、各直属机构:

经研究论证,国务院决定,取消和下放 90 项行政审批项目,取消 67 项职业资格许可和认定事项,取消 10 项评比达标表彰项目,将 21 项工商登记前置审批事项改为后置审批,保留 34 项工商登记前置审批事项。同时,建议取消和下放 18 项依据有关法律设立的行政审批和职业资格许可认定事项,将 5 项依据有关法律设立的工商登记前置审批事项改为后置审批,国务院将依照法定程序提请全国人民代表大会常务委员会修订相关法律规定。《国务院关于取消和下放一批行政审批项目的决定》(国发〔2014〕5 号)中提出的涉及修改法律的行政审批事项,有 4 项国务院已按照法定程序提请全国人民代表大会常务委员会修改了相关法律,现一并予以公布。

各地区、各部门要继续坚定不移推进行政审批制度改革,加大简政放权力度,健全监督制约机制,加强对行政审批权运行的监督,不断提高政府管理科学化规范化水平。要认真落实工商登记改革成果,除法律另有规定和国务院决定保留的工商登记前置审批事项外,其他事项一律不得作为工商登记前置审批。企业设立后进行变更登记、注销登记,依法需要前置审批的,继续按有关规定执行。

附件:1. 国务院决定取消和下放管理层级的行政审批项目目录(共计 94 项)

2. 国务院决定取消的职业资格许可和认定事项目录(共计 67 项)(编者略)
3. 国务院决定取消的评比达标表彰项目目录(共计 10 项)(编者略)
4. 国务院决定改为后置审批的工商登记前置审批事项目录(共计 21 项)(编者略)
5. 国务院决定保留的工商登记前置审批事项目录(共计 34 项)(编者略)

附件 1

国务院决定取消和下放管理层级的行政审批项目目录

(共计 94 项)

序号	项目名称	审批部门	其他共同审批部门	设定依据	处理决定	备注
…………						
20	对财政有影响的临时特案减免税审批	财政部	税务总局	《国务院办公厅关于保留部分非行政许可审批项目的通知》(国办发〔2004〕62 号)	取消	
…………						
25	对增值税一般纳税人资格认定审批	税务总局	无	《中华人民共和国增值税暂行条例》(国务院令第 538 号) 《国务院办公厅关于保留部分非行政许可审批项目的通知》(国办发〔2004〕62 号)	取消	
26	申请开具红字增值税专用发票审核	税务总局	无	《国家税务总局关于修订〈增值税专用发票使用规定〉的通知》(国税发〔2006〕156 号) 《国家税务总局关于在全国开展营业税改征增值税试点有关征收管理问题的公告》(国家税务总局公告 2013 年第 39 号)	取消	
27	对承担粮食收储任务的国有粮食购销企业免征增值税审核	税务总局	同级财政、粮食部门	《财政部、国家税务总局关于粮食企业增值税征免问题的通知》(财税字〔1999〕198 号)	取消	
28	对承担粮食收储任务的国有粮食购销企业和经营免税项目的粮食经营企业以及有政府储备食用植物油销售业务的企业增值税免税资格审核	税务总局	无	《财政部、国家税务总局关于粮食企业增值税征免问题的通知》(财税字〔1999〕198 号)	取消	
29	拍卖行拍卖免征增值税货物审批	税务总局	无	《国家税务总局关于拍卖行取得的拍卖收入征收增值税、营业税有关问题的通知》(国税发〔1999〕40 号)	取消	
30	“营改增”后随军家属优惠政策审批	税务总局	无	《财政部、国家税务总局关于将铁路运输和邮政业纳入营业税改征增值税试点的通知》(财税〔2013〕106 号)	取消	
31	“营改增”后军队转业干部优惠政策审批	税务总局	无	《财政部、国家税务总局关于将铁路运输和邮政业纳入营业税改征增值税试点的通知》(财税〔2013〕106 号)	取消	
32	“营改增”后城镇退役士兵优惠政策审批	税务总局	民政部门	《财政部、国家税务总局关于将铁路运输和邮政业纳入营业税改征增值税试点的通知》(财税〔2013〕106 号)	取消	

续表

序号	项目名称	审批部门	其他共同审批部门	设定依据	处理决定	备注
33	消费税税款抵扣审核	税务总局	无	《国家税务总局关于进一步加强消费税纳税申报及税款抵扣管理的通知》(国税函〔2006〕769号)	取消	
34	成品油消费税征税范围认定	税务总局	无	《国家税务总局关于消费税有关政策问题的公告》(国家税务总局公告2012年第47号)	取消	
35	主管税务机关对非居民企业适用行业及所适用的利润率审核	税务总局	无	《非居民企业所得税核定征收管理办法》(国税发〔2010〕19号)	取消	
36	非境内注册居民企业选择主管税务机关批准	税务总局	无	《境外注册中资控股居民企业所得税管理办法(试行)》(国家税务总局公告2011年第45号)	取消	
37	境外注册中资控股居民企业主管税务机关变更审批	税务总局	无	《境外注册中资控股居民企业所得税管理办法(试行)》(国家税务总局公告2011年第45号)	取消	
…………						

6－7－55

国家税务总局关于全面推进依法治税的指导意见

2015年2月27日　税总发〔2015〕32号

各省、自治区、直辖市和计划单列市国家税务局、地方税务局，局内各单位：

为深入贯彻党的十八大和十八届三中全会、四中全会精神，根据《中共中央关于全面推进依法治国若干重大问题的决定》，现就税务系统全面推进依法治税提出以下意见。

一、深刻认识全面推进依法治税的重要性和紧迫性

(一)立足大局，充分认识重大意义。十八届四中全会是党的历史上第一次以法治为主题的全会，通过了我国历史上第一个关于加强法治建设的专门决定，描绘了全面推进依法治国的总蓝图，是建设社会主义法治国家伟大征程上的一次历史性跨越，具有重大的现实意义和深远的历史意义。

十八届四中全会《决定》(以下简称四中全会《决定》)与十八届三中全会《决定》形成姊妹篇。法治是国家治理体系和治理能力的重要依托，是实现国家治理现代化的必然要求，事关我们党执政兴国，事关人民幸福安康，事关党和国家长治久安。

全面推进依法治税，是依法治国基本方略在税收领域的集中体现，是党的主张和人民意志在税收工作中的全面贯彻。只有坚持依法治税，才能顺应全面建成小康社会、全面深化改革、全面依法治国、全面从严治党的新形势，才能有效适应经济发展新常态和需求个性

化、诉求多元化、信息网络化的新变化，才能为税收改革和发展提供可靠的法治保障，有力推动税法体系完备规范、税制体系成熟定型、服务体系优质便捷、征管体系科学严密、信息体系稳固强大、组织体系高效清廉，真正在法治轨道上有序推进税收现代化。

（二）直面问题，清醒认识紧迫形势。改革开放以来，税务系统推进依法治税取得了明显成效，明确提出依法治税是税收工作灵魂、依法行政是税收工作生命线和基本准则，制度体系不断健全，执法行为逐步规范，管理方式日趋科学，法治保障持续加强，法治正从一种治税手段发展成为税收治理的基本方式。

同时，必须清醒看到，与四中全会《决定》要求相比，与经济社会发展趋势相比，与实现税收现代化目标相比，与广大纳税人期待相比，税收法治建设还存在许多不适应、不符合的问题，主要表现为：税收法治观念不强，一些税务人员特别是少数领导干部法治观念淡薄、依法治税能力不强，部分纳税人依法纳税意识较弱、税法遵从度不高；税法权威性不足，税收立法级次和立法质量有待提高，制度建设存在一定的部门化倾向，有些制度的针对性、可操作性、确定性较差；依法治税工作体制机制运行不畅，依法行政工作领导小组统筹协调工作机制没有实现规范化、常态化，内部协同推进依法治税的合力尚未形成，一些重要的依法治税制度机制有待建立和完善；执法规范化程度不高，执法不严、随意执法、选择性执法现象在一些税务机关依然不同程度地存在，执法监督的体制机制不能很好适应形势发展需要，依法行政信息化建设相对滞后，权利保护制度机制不够完善，权利救济渠道不够通畅；税收法治环境不良，一些地方干预税收执法，脱离实际对收入任务层层加码，冲击税收法治建设的状况没有得到根本改变，同时政府部门协同治税、社会主体共同治税的制度体制机制尚未有效建立。这些问题，违背法治原则，损害纳税人合法权益，妨碍税收事业科学发展，必须切实加以解决。

全面推进依法治税是税收治理领域一场广泛而深刻的革命。税务系统必须站在历史和大局的高度，勇于担当、奋发有为，更加自觉地实行依法行政，更加扎实地推进依法治税，让依法治税生命线深深扎根全系统。

二、全面推进依法治税的指导思想、总体要求及实施路径

（一）指导思想

全面贯彻党的十八大和十八届三中全会、四中全会精神，深入贯彻习近平总书记系列重要讲话精神，紧紧围绕全面建成小康社会、全面深化改革、全面依法治国、全面从严治党的战略布局，坚定不移走中国特色社会主义法治道路，坚持中国特色社会主义法治理论和法治原则，落实税收法定，坚决维护税法权威，坚持征纳双方法律面前平等，依法维护国家税收利益，依法维护纳税人合法权益，依法发挥税收职能作用，以税收公平公正促进社会公平正义，为实现税收现代化提供有力法治保障。

（二）总体要求

从税收工作实际出发，严格依法行政，坚持依法决策、规范执行、严密监督共同推进，坚持法治化、规范化、信息化一体建设，以约束权力、保护权利为重点，抓住领导干部这个关键，创新体制机制，改进方式方法，最大限度便利纳税人、最大限度规范税务人，加强税法遵从和税收共治，推进税收法治化，促进税收现代化。

（三）实施路径

全面推进依法治税是一个系统工程，必须既充分吸收已有经验，又勇于改革创新；既抓住税收法治建设关键，又体现税收事业发展全局要求；既强调顶层设计，又做到切实管用；既讲近功，又求长效。

一是整体规划、分步实施。全面回顾总结税务系统依法治税工作，研究制定"十三五"时期税务系统推进依法治税工作规划，明确推进依法治税的总体目标、具体任务和工作部署。

根据依法治税"十三五"规划，对各项任务进行分解，制定路线图、时间表和任务书，进一步细化工作目标、具体措施、工作标准和完成时限，形成项目化推进机制，循序渐进，分步实施。

二是统筹推进、重点突破。根据依法治税"十三五"规划和分步实施计划，统筹制定推进依法治税年度重点任务。按照职责分工，落实到相关部门，明确责任主体，制定考评标准，纳入绩效管理。

坚持改革精神和创新思维，推动部门联合、综合试点，积极探索破除制约依法治税的一系列体制机制障碍和既得利益格局，为全面推进依法治税摸索方法、积累经验、取得突破。

三是内外结合、上下互动。深刻认识、主动适应外部环境和条件变化，树立法治思维，转变管理理念，增强服务意识，积极回应社会关切，正确对待纳税人诉求，努力争取各方支持，内外结合促进依法治税。

坚持上下互动，发挥"司令部"和"基层连队"两个积极性，切实做到尊重基层、服务基层，认真听取基层意见，充分吸收基层智慧，共同推进依法治税。

三、依法履行税收工作职能

（一）依法组织税收收入。认真贯彻落实新预算法和税收征管法，严格依法征税。构建新型税收收入管理体系，科学预测各地税收收入增长目标，探索从制度机制上解决任务层层加码问题。深入开展税收收入质量检查，坚决遏制"空转"、收"过头税"、越权减免税等违法行为，坚决依法落实各项税收优惠政策。

（二）依法发挥税收调控作用。按照促进我国经济提质升级、促进社会公平正义要求，着眼全局、积极作为，全面落实中央重大决策部署，在法治轨道上推动税收改革，依法制定和执行相关税收政策，充分发挥税收调控经济、调节分配的职能作用。进一步清理规范税收优惠政策，建立税收减免核算管理制度，健全优惠政策制定和管理长效机制，维护全国统一市场和公平竞争。发挥数据优势，深化税收分析，更好地为经济社会发展大局服务。

（三）切实保障依法履责。完善行政组织和行政程序制度，推进机构、职能、权限、程序、责任法定化、规范化。积极转变职能，简政放权，推行权力清单、责任清单、负面清单，坚决做到法无授权不可为、法定职责必须为，防止不作为、乱作为。不得法外设定权力，没有法律法规依据不得作出减损纳税人合法权益或者增加其义务的决定。

四、提高税收制度建设质量

（一）积极推动相关税收立法。扎实推进税收征管法修订相关工作，积极参与环境保护税立法和个人所得税法修订等工作，主动配合把成熟稳定的单行税种法规上升为法律。将法治精神贯穿税收改革，坚持改革决策和立法决策相统一、相衔接，做到重大改革于法有据，改革与法治同步推进，对税收改革中形成的、实践证明科学可行的方案和措施，积极稳妥地推动其上升为法律制度。

（二）加快税收政策工作规范化机制建设。把法治要求落实到税收政策的立改废释中，建立规范化、程序化税收政策动态调整长效机制。根据党中央、国务院部署和经济社会发展趋势，做好税收政策前瞻性研究和储备，提高税收政策服务水平。完善税收政策跟踪问效机制，定期进行效应评估分析，对引发涉税争议的税收政策及时评估，将评估结果作为政策调整的重要依据。对不符合经济社会发展需要、与上位法不一致或者相互之间不协调的税收政策，及时调整或者废止。建立健全规范、高效的税收政策解读机制，增强政策执行的合法性、统一性和确定性。

（三）完善税收规范性文件制定程序。修订《税收规范性文件制定管理办法》。完善制定规范性文件的制度体制机制，防止政策和措施部门化倾向。健全涉及纳税人重大利益的规范性文件起草、论证、协调、审议机制，严格落实向下级税务机关征询意见机制，探索建立税收制度建设基层联系点制度。建立健全规范性文件公开征求意见制度、专家咨询论证制度、公开听证制度，增强税收制度的科学性、针对性和可操作性。

（四）拓宽税收规范性文件合法性审查范围和内容。税务部门牵头与其他部门联合制定的涉税规范性文件应当进行合法性审查，未经审查，不得对外签发。加强规范性文件合理性审查，保证税收制度的可操作性，从源头上根除制度性侵权。加强世贸规则适用性调研，建立健全税收规范性文件合规性审查机制，防范和减少国际贸易涉税争端。

（五）深度参与国际税收规则制定。增强国际税收话语权和影响力，深度参与应对税基侵蚀和利润转移等重要国际税收问题研究，做好涉税国际谈判、条约签订、转化生效等工作，健全中国特色国际逃避税防控体系和“走出去”企业税收管理服务体系，维护国家税收权益，服务我国对外开放大局。

五、健全依法决策机制

（一）推进依法科学民主决策。结合税收工作实际，把税务系统发展规划、税收改革及信息化建设、重大税收规范性文件制定、重大税务案件审理等涉及重大公共利益、纳税人切身权益和对税收管理产生重大影响的事项纳入重大决策范围。明确重大行政决策和内部重大决策程序。把公众参与、专家论证、风险评估、合法性审查、集体讨论决定确定为重大行政决策法定程序，确保决策制度科学、程序正当、过程公开、责任明确，努力实现决策规范化、制度化、程序化。建立税务机关内部重大决策合法性审查机制，未经合法性审查或者经审查不合法的，不得提交讨论。

（二）积极推行法律顾问制度。建立以税务机关法制机构人员为主体、吸收专家和律师参加的法律顾问队伍，明确法律顾问的工作职责和工作程序，保证法律顾问在制定税务重大行政决策、推进依法行政中发挥积极作用。

（三）加强重大决策责任追究。建立重大决策终身责任追究制度及责任倒查机制，明确重大决策责任的追责范围和追责程序。探索建立重大行政决策评估机制，每年选取部分重大行政决策事项进行评估。

六、坚持严格规范公正文明执法

（一）推动业务流程制度化规范化。深入开展“便民办税春风行动”，认真实施和完善纳税服务规范,制定推行税收征管规范、行政管理规范,研究制定完善岗责规范,逐步形成全国统一的内控规范,实现税收业务流程的整体优化。加强行政执法信息化建设及信息共享,以科技为驱动,通过制度加科技,实现流程规范化、风险集成化、预警前置化、防控实时化、问责常态化,提高执法效率和规范化水平。

(二)深化行政审批制度改革。不折不扣地落实国务院关于行政审批制度改革的要求,取消非行政许可审批事项或者依法调整为行政许可,严禁以事前核准性备案等方式变相实施审批。加强工作协同和部门联动,确保取消或者下放税务行政审批事项有效落实。规范行政许可设定和实施,严格按照法定权限、范围、条件、程序实施行政许可。探索推进网上审批和"阳光审批"。坚持放管结合,强化后续管理,以行政审批制度改革为突破口,推进以信息化为支撑、以税收风险管理为核心的税收征管改革。

(三)坚持严格公正执法。依法打击税收违法犯罪活动,加大重点领域执法力度,加强税务稽查工作,健全税收行政执法与刑事司法衔接机制,保持税法威慑态势,为诚实守信纳税人营造公平公正的税收法治环境。加强技术创新,推行增值税发票系统升级版,让守法者更为便利,让违法者无隙可钻。建立和执行重大执法决定法制审核制度,未经法制审核或者审核未通过的,不得作出决定。落实重大税务案件审理办法。

(四)加强规范文明执法。完善执法程序,建立执法全过程记录制度。规范税务行政裁量权,完善税务行政裁量权基准制度,制定全国统一的规范税务行政处罚裁量权行使规则。稳步推行重大税收执法行为说明理由制度,积极探索税务行政执法案例指导制度。积极探索运用柔性指导、疏导等方式,促进税收共治,提升税法遵从度。

(五)完善纳税人权利救济机制。认真落实行政复议法和行政诉讼法,进一步完善税务行政复议工作体制及和解、调解等制度,发挥行政复议解决税收争议主渠道作用,切实保护纳税人合法权益。推进行政复议和应诉工作专业化,税务总局机关和省国税机关成立专门的税务行政复议办公室,统筹、协调、处理税务行政争议,妥善化解矛盾。省地税机关可以比照执行。建立税务行政复议相关部门协同应对机制、行政复议发现问题回应机制,以及行政复议诉讼衔接机制。按照税收协定有关规定,积极开展对外协商,有效解决国际税收争议,维护纳税人权益。加强纳税服务投诉管理,认真受理和及时解决纳税服务投诉。

七、强化权力制约和监督

(一)健全权力制约机制。实行分事行权、分岗设权、分级授权,定期轮岗,强化内部流程控制,防止权力滥用。全面推进内控机制信息化升级版建设,实现"两覆盖、两优化、两提升",促进权力依法运行。严格执行税收个案批复相关规定,认真履行个案批复程序要求。

(二)推进监督检查常态化。进一步加强巡视、督察内审、督查、监察等方面监督的协调配合,做到各有侧重、资源共享、成果共用,努力实现制度化、有机化、协同化。强化税收执法督察,重点关注易发生执法问题的薄弱环节,推动中央决策部署和税收政策有效落实,对严重违规执法行为予以通报。加强对预算执行、基本建设、政府采购等重要资金和重点项目的审计监督,坚决纠正违规行为,严肃财经纪律。探索督察内审体制机制改革。加大执法监察和效能监察工作力度,增强对税收执法、行政管理重点岗位和关键环节的监督制约。建立健全行政执法案卷评查制度。

(三)自觉接受外部监督。健全纳税人监督机制,拓宽纳税人监督渠道,依法保障纳税人监督权利。自觉接受人大及其常委会监督、政协民主监督以及人民法院、人民检察院和审计、纪检监察等部门依法实施的监督。建立健全新闻媒体以及社会公众监督投诉处理机制。

（四）严格责任追究。坚持加强监督与责任追究相结合，做到有权必有责、用权受监督、违法必追究，坚决纠正有法不依、执法不严、违法不究行为。深化税收执法责任制，推动以部门规章等形式完善实行行政执法责任制的规定。严格执行行政监察法、公务员法、行政机关公务员处分条例和关于实行党政领导干部问责暂行规定等监督问责方面的法律法规和相关制度。完善纠错问责机制，健全责令公开道歉、停职检查、引咎辞职、责令辞职、免职等问责方式和程序。对发生重大违法案件、造成严重社会后果的，必须严肃问责、依法追究。涉嫌违纪的，移送纪检监察部门处理；涉嫌犯罪的，移送司法机关。

八、全面推进政务公开

（一）拓展公开领域和事项。坚持以公开为常态、不公开为例外原则，推进决策公开、执行公开、管理公开、服务公开、结果公开。依据权力清单，向社会全面公开税收工作职能、法律依据、实施主体、职责权限、管理流程、监督方式等事项。

（二）完善政务信息公开制度。健全税务部门政务信息公开的监督和保障机制，定期对政务信息公开工作进行考核和评议。加强信息公开载体建设。在利用和整合现有资源基础上，不断拓展政务公开渠道。推进政务公开信息化，加强互联网政务信息数据服务平台和便民服务平台建设。逐步推行税收执法公示制度。

九、增强全社会税收法治观念

（一）提升税务人员法治理念。坚持把领导干部带头学法、模范守法作为树立法治意识的关键，制定领导干部依法行政知识培训计划，把宪法法律列入党组中心组学习内容。健全税务人员法治培训长效机制。把依法行政知识作为各类税务人员培训的必修课程，规范设置法治培训内容，切实提高税务人员运用法治思维和法治方式解决实际问题的能力。

（二）增进纳税人税法遵从意识。准确界定税务机关和纳税人的权利义务，强化税收征管与优化纳税服务有机结合，既加强管理，又方便办税。落实纳税信用管理办法和税收“黑名单”制度，加强信用评价结果应用，建立奖优罚劣的税收信用机制，积极推动社会信用体系建设，维护公平公正的税收秩序。支持外部门、社会组织和公众参与税收治理，鼓励相关中介机构提供优质涉税专业服务，支持注册税务师协会等依法实施行业自律，调动各方面积极因素推进税收法治建设。

（三）增强全民税收法治观念。加强税收普法宣传教育，加强办税服务厅、税务网站等主阵地建设，发挥税务报刊图书的作用。实行税务机关“谁执法谁普法”的普法责任制。利用“税收宣传月”加强税收法治宣传。探索分级设立纳税人学堂。推进税收法治教育纳入国民教育体系，在校园普及税法知识。支持税收法治理论研究。着力抓好税收法治文化建设。

十、加强税收法治工作队伍建设

（一）健全税收法制机构。合理界定税务机关法制机构职责，确保其集中精力从事税收法制工作。强化法制机构人员保障，省国税机关应当配强专业力量，市国税机关应当配足专职人员，县国税机关应当设置法制机构，各级地税机关可以比照执行，促进税务机关法制机构和法制人员依法履行职责。

（二）提升法治队伍素质。加强税务领军人才库和税收专门人才库建设。建立交流机制，畅通上下级税务机关、税务机关各部门之间干部交流渠道。加强涉外税收法律人才培养。提高从法律专业高校毕业生中招录公务员和从基层遴选税收法治干部的比例。严格执法资格管理，实行税收执法人员持证上岗和资格管理制度，未经执法资格考试合格，不得授予执法资格，不得从事执法活动。

（三）普遍建立公职律师制度。建立公职律师团队，使之成为税务系统参与决策论证、提供法律意见、促进依法办事、防范法律风险的骨干力量，带动提升税收工作的整体法治水平。统筹解决公职律师制度运转中遇到的问题和困难，支持公职律师依法履行职责，加大公职律师锻炼培养力度。

十一、加强党组对依法治税工作的领导

（一）提高领导干部依法治税、依法带队的能力和水平。各级税务机关领导干部是推进依法治税的关键，应当以身作则、以上率下，做尊法学法守法用法的模范，带头营造办事依法、遇事找法、解决问题用法、化解矛盾靠法的法治环境，不断提高依法治税、依法带队的能力和水平，坚决纠正和解决法治不彰问题，引领带动推进依法治税。把能否遵守法律、依法办事作为考察干部的重要内容，在相同条件下优先提拔使用法治素养好、依法行政能力强的干部，把善于运用法治思维和法治方式推动工作的干部选拔到领导岗位上来。对特权思想严重、法治观念淡薄的领导干部应当批评教育，不改正的应当调离领导岗位。把法治建设成效作为衡量领导班子和领导干部工作实绩的重要内容，纳入政绩考核。抓紧对领导干部推进法治建设实绩的考核制度进行设计，对考核结果运用作出规定。

（二）加强党组领导下的依法行政工作领导小组建设。贯彻落实四中全会《决定》加强和改进党对法治工作领导的明确要求，把依法行政工作领导小组建设成为税务系统各级党组对全面推进依法治税实施统一领导、统一部署、统筹协调的核心平台。依法行政工作领导小组组长应由主要负责同志担任，履行推进法治建设第一责任人职责，其他党组成员是领导小组成员，相关部门参加，集体研究依法治税工作重大问题，审议依法治税工作规划，作出推进依法治税重大决策部署，总揽和监督本单位依法治税工作。建立和落实领导小组例会制度，定期听取依法治税工作汇报，分析研判形势，加强工作统筹，切实解决实际问题。

（三）积极创新依法治税体制机制。选择基层税务机关进行试点，并确定为税务总局党组联系点，由税务总局联合中央有关部门和地方省委、省政府开展依法治税综合试点，进一步探索破除影响和制约依法治税的体制机制障碍。积极探索总法律顾问制度，主要负责同志分管法治工作，开展主要负责同志述职述廉述法，倡导主要负责同志出庭应诉等。推动法治税务示范基地建设，发挥先进典型的示范引领作用，把法治税务示范基地建设作为推进基层税务机关依法治税的重要载体和有力抓手。

十二、狠抓工作任务落实

（一）加强统筹协调。税务系统各级党组应当充分发挥推进依法治税的领导核心作用，把法治建设提上重要议事日程，利用依法行政工作领导小组这一平台，全力做好统筹协调和组织推动工作。对不认真履行第一责任人职责的税务机关主要负责同志，上级机关应当及时告诫和约谈，严肃批评。依法行政工作领导小组办公室应当强化出谋划策、调研指导、协调服务等职能,承担好相关日常工作。依法行政工作领导小组各成员单位应当强化主体意识,积极协同、主动作为,共同全面推进依法治税。

(二)加强工作保障。对依法治税重点项目优先予以立项,将依法治税全局性、基础性工作所需资金纳入预算,强化经费保障。进一步加强法治工作部门组织建设,充实和加强法治工作专门力量。加强依法治税信息化建设,将法治化与信息化高度融合,提高法治工作的信息技术保障水平。

(三)加强绩效考核。将依法治税年度重点任务纳入绩效管理,明确完成时限,对任务落实进度和效果进行绩效考评,强化推进依法治税各项工作的过程和结果管理,做到年初有分工、年中有督察、年末有考核、全年有台账。积极探索建立科学、有效、相对独立的依法行政指标体系,融入绩效管理,促进持续、深入、全面推进依法治税。加强督查督办。建立健全限期报告、调查复核、情况通报、责任追究和督查调研等工作督查督办制度,狠抓依法治税制度措施和工作任务落实,将法治精神和要求贯彻到税收工作的各个方面和全部过程。

各省税务机关应当根据四中全会《决定》和本指导意见,结合实际制定具体贯彻落实措施,实化、细化、分解各项任务,建立健全责任落实机制,并将贯彻落实情况及时上报税务总局,确保全面推进依法治税各项工作部署落到实处。

各级税务机关和广大税务干部要紧密团结在以习近平同志为总书记的党中央周围,高举中国特色社会主义伟大旗帜,深入学习贯彻党的十八大和十八届三中全会、四中全会精神,积极投身全面推进依法治税伟大实践,坚持崇法善治、厉行法治,坚持提升站位、服务大局,为加快税收法治化建设、推动实现税收现代化而努力奋斗!

6-7-56

财政部关于公布取消
5项行政审批项目的通知

2015年3月19日　财法〔2015〕1号

各省、自治区、直辖市、计划单列市财政厅(局),新疆生产建设兵团财务局,部内各单位,财政部驻各省、自治区、直辖市、计划单列市财政监察专员办事处:

《国务院关于取消和调整一批行政审批项目等事项的决定》(国发〔2015〕11号)决定取消财政部5项行政审批项目,现予公布。

各地区、各单位要认真贯彻落实国务院决定精神,抓紧做好取消审批项目的落实和衔接工作,及时制(修)订相关管理制度,健全监督制约机制,不断提高财政管理的科学化规范化水平。

附件:财政部取消的行政审批项目目录

附件

财政部取消的行政审批项目目录

序号	项目名称	其他共同审批部门	设定依据	处理决定
1	对财政有影响的临时特案减免税审批	税务总局	《国务院办公厅关于保留部分非行政许可审批项目的通知》(国办发〔2004〕62号)	取消
2	中央财政农业综合开发有偿资金呆账核销和延期还款审批	无	《农业综合开发财政有偿资金管理办法》(财发〔2008〕4号) 《农业综合开发财政有偿资金呆账核销和延期还款办法》(财发〔2008〕61号)	取消
3	豁免国有创业投资机构和国有创业投资引导基金国有股转持义务审核	无	《财政部、国资委、证监会、社保基金会关于豁免国有创业投资机构和国有创业投资引导基金国有股转持义务有关问题的通知》(财企〔2010〕278号)	取消
4	政府采购代理机构甲级资格认定	无	《中华人民共和国政府采购法》 《政府采购代理机构资格认定办法》(财政部令第61号)	取消
5	境外(包括港澳台)会计师事务所在境内设立常驻代表处审批	税务总局	《中华人民共和国注册会计师法》	取消

6-7-57

国家税务总局关于贯彻落实《国务院关于取消和调整一批行政审批项目等事项的决定》的通知

2015年4月2日　税总发〔2015〕45号

各省、自治区、直辖市和计划单列市国家税务局、地方税务局,局内各单位:

2015年3月13日,《国务院关于取消和调整一批行政审批项目等事项的决定》(国发〔2015〕11号)公布取消和下放90项行政审批项目,取消67项职业资格许可和认定事项,取消10项评比达标表彰项目,将21项工商登记前置审批事项改为后置审批,保留34项工商登记前置审批事项。其中,涉及取消13项税务行政审批项目。

另外,根据《车辆购置税征收管理办法》(国家税务总局令第33号)第十五条规定,取消“车辆购置税完税车辆不予登记的退税审核”。

各单位应当认真贯彻执行国务院决定,全面落实取消税务行政审批项目,不得以任何形式保留或者变相审批。各单位应及时修改涉及取消税务行政审批项目的相关规定、表证单书和征管流程,明确取消审批项目后续管理措施及其要求,加强事中事后监管,健全监督制约机制,不断提高税收管理科学化规范化水平。

附件:1. 国务院决定取消和下放管理层级的行政审批项目目录(涉税13项)

2. 国家税务总局决定取消和下放管理层级的行政审批项目目录(1项)

附件 1

国务院决定取消和下放管理层级的行政审批项目目录

（涉税 13 项）

序号	项目名称	审批部门	其他共同审批部门	设定依据	处理决定	备注
1	对增值税一般纳税人资格认定审批	税务总局	无	《中华人民共和国增值税暂行条例》（国务院令第 538 号） 《国务院办公厅关于保留部分非行政许可审批项目的通知》（国办发〔2004〕62 号）	取消	国发〔2015〕11 号公布
2	申请开具红字增值税专用发票审核	税务总局	无	《国家税务总局关于修订〈增值税专用发票使用规定〉的通知》（国税发〔2006〕156 号） 《国家税务总局关于在全国开展营业税改征增值税试点有关征收管理问题的公告》（税务总局公告 2013 年第 39 号）	取消	国发〔2015〕11 号公布
3	对承担粮食收储任务的国有粮食购销企业免征增值税审核	税务总局	同级财政、粮食部门	《财政部、国家税务总局关于粮食企业增值税征免问题的通知》（财税字〔1999〕198 号）	取消	国发〔2015〕11 号公布
4	对承担粮食收储任务的国有粮食购销企业和经营免税项目的粮食经营企业以及有政府储备食用植物油销售业务的企业增值税免税资格审核	税务总局	无	《财政部、国家税务总局关于粮食企业增值税征免问题的通知》（财税字〔1999〕198 号）	取消	国发〔2015〕11 号公布
5	拍卖行拍卖免征增值税货物审批	税务总局	无	《国家税务总局关于拍卖行取得的拍卖收入征收增值税、营业税有关问题的通知》（国税发〔1999〕40 号）	取消	国发〔2015〕11 号公布
6	营改增后随军家属优惠政策审批	税务总局	无	《财政部、国家税务总局关于将铁路运输和邮政业纳入营业税改征增值税试点的通知》（财税〔2013〕106 号）	取消	国发〔2015〕11 号公布
7	营改增后军队转业干部优惠政策审批	税务总局	无	《财政部、国家税务总局关于将铁路运输和邮政业纳入营业税改征增值税试点的通知》（财税〔2013〕106 号）	取消	国发〔2015〕11 号公布
8	营改增后城镇退役士兵优惠政策审批	税务总局	民政部门	《财政部、国家税务总局关于将铁路运输和邮政业纳入营业税改征增值税试点的通知》（财税〔2013〕106 号）	取消	国发〔2015〕11 号公布
9	消费税税款抵扣审核	税务总局	无	《国家税务总局关于进一步加强消费税纳税申报及税款抵扣管理的通知》（国税函〔2006〕769 号）	取消	国发〔2015〕11 号公布
10	成品油消费税征税范围认定	税务总局	无	《国家税务总局关于消费税有关政策问题的公告》（税务总局公告 2012 年第 47 号）	取消	国发〔2015〕11 号公布
11	主管税务机关对非居民企业适用行业及所适用的利润率审核	税务总局	无	《非居民企业所得税核定征收管理办法》（国税发〔2010〕19 号）	取消	国发〔2015〕11 号公布

续表

序号	项目名称	审批部门	其他共同审批部门	设定依据	处理决定	备注
12	非境内注册居民企业选择主管税务机关批准	税务总局	无	《境外注册中资控股居民企业所得税管理办法(试行)》(税务总局公告2011年第45号)	取消	国发〔2015〕11号公布
13	境外注册中资控股居民企业主管税务机关变更审批	税务总局	无	《境外注册中资控股居民企业所得税管理办法(试行)》(税务总局公告2011年第45号)	取消	国发〔2015〕11号公布

附件2

国家税务总局决定取消和下放管理层级的行政审批项目目录

(1项)

序号	项目名称	审批部门	其他共同审批部门	设定依据	处理决定	备注
1	车辆购置税完税车辆不予登记的退税审核	税务总局	无	《国家税务总局关于修改〈车辆购置税征收管理办法〉的决定》(国家税务总局令第27号)	取消	

6-7-58

国家税务总局关于坚持依法治税更好服务经济发展的意见

2015年5月5日 税总发〔2015〕63号

各省、自治区、直辖市和计划单列市国家税务局、地方税务局,国家税务总局税务干部进修学院:

为贯彻落实好党中央、国务院一系列重大决策部署,充分发挥税收职能作用,促进经济持续健康发展,现就坚持依法治税更好服务经济发展提出如下意见。

一、切实增强税收服务经济发展的主动性

2015年以来,在复杂的国际国内环境下,我国经济运行保持在合理区间,就业形势稳定,城乡居民收入平稳增长,全面深化改革扎实推进。同时,新的增长动力正在形成之中,外部需求收缩,经济运行走势分化,下行压力仍然较大。党中央、国务院对此高度重视,强调要坚持稳中求进工作总基调,主动适应经济发展新常态,坚持以提高经济发展质量和效率为中心,保持宏观政策连续性和稳定性,加大定向调控力度,加快改革开放步伐,保持稳增长、促改革、调结构、惠民生、防风险综合平衡,调动各方积极性,狠抓工作落实,促进经济持续健康发展和社会大局稳定。

各级税务机关要切实把思想和行动统一到党中央、国务院关于当前经济形势的判断上来,统一到党中央、国务院的各项决策部署上来,不断增强顺应新常态、推动新发展的主动性。要在实践中不断深化对税收促进经济发展规律的认识,密切关注形势发展变化,主动寻找税收服务经济发展的结合点和切入点,积极提出针对性的意见建议,不断改进税收征管和纳税服务,创造性地做好各项工作。

二、始终坚持依法征税

深入贯彻党的十八届四中全会精神,认真落实税务总局下发的《关于全面推进依法治税的指导意见》(税总发〔2015〕32 号文件印发),把依法行政、依法征税贯穿税收工作全过程。

一是认真落实国家预算确定的税收收入任务。严格贯彻执行预算法,依法加强增收节支,构建新型税收收入管理体系,加强对税收收入的监测和分析,推进财税库银横向联网电子缴税,强化税收收入入库管理,努力做好组织税收收入工作,为稳增长、促改革、调结构、惠民生、防风险奠定财力基础。

二是坚持依法征税的组织收入原则。依法依规加强税收征管,严禁违反税收法律法规的规定和超越权限多征、提前征收或者减征、免征、缓征应征税款,坚决防止和严肃查处收"过头税"、空转、转引税款、突击征税等违规行为。完善税收收入质量评价制度,实现税收收入真实、没有水分的增长。

三是严格规范税收执法行为。稳步推出和认真落实税收执法权力清单制度,全面推进内控机制信息化升级版建设,加大税收执法督察力度,深入落实税收执法责任制,严格执行税收个案批复相关规定,进一步完善权力监督制约机制,促进严格、公正、文明执法。

四是精准开展税收分析和税收风险管理。认真落实税务总局下发的《进一步完善税收分析工作机制的意见》(税总发〔2014〕94 号文件印发)和《关于加强税收风险管理工作的意见》(税总发〔2014〕105 号文件印发),依托现代信息技术深化数据分析,准确查找征管薄弱环节和税收风险点,有针对性地采取管理措施,促进堵漏增收。

三、认真落实税制改革和税收政策措施

按照党中央、国务院部署,积极稳妥深化税制改革,确保各项税收优惠政策落地生效,持续释放改革红利。

一是积极深化税制改革。坚持在法治轨道上推进税制改革,认真落实营改增、消费税、资源税等税制改革措施,发挥税收调控经济、调节分配的作用。分步稳妥做好增值税发票系统升级版等征管配套工作,保障改革顺利实施。

二是全面落实税收优惠政策。牢固树立不落实税收优惠政策也是收"过头税"的观念,不因收入形势严峻、征管难度大而不认真落实税收优惠政策,不为经济运行增添任何不利因素。采取有效措施,确保支持小微企业发展、扩大消费、促进科技创新、鼓励创业就业等方面税收优惠政策落实到位。

三是做好出口退税工作。认真落实出口退(免)税管理规范,用好出口退税指标,强化分类管理和风险应对,严密防范和严厉打击出口骗税行为,为推动外贸健康有序发展营造良好税收环境。

四、积极支持新业态和新商业模式健康发展

主动适应经济发展新常态,不断完善对新兴业态、新型商业模式的税收政策支持体系和管理服务措施，大力培育新经济增长点，促进大众创业、万众创新。

一是着力优化政策环境。深入分析电子商务、互联网+等新兴业态、新型商业模式的特点，积极探索支持其发展的税收政策措施，特别是对处在起步阶段、规模不大但发展前途广阔、有利于大众创业、万众创新的新经济形态，要严格落实好减半征收企业所得税、暂免征收增值税和营业税等税收扶持政策，坚决杜绝违规收税现象。

二是各级税务部门今年内不得专门统一组织针对某一新兴业态、新型商业模式的全面纳税评估和税务检查。

三是深入研究改进管理和服务的措施。加强调查研究，认真倾听各方面的意见和建议，积极探索实施促进新兴业态、新型商业模式健康规范发展的管理和服务措施。

五、深入开展“便民办税春风行动”

围绕简政放权、服务发展、国际协作、提质增效，继续深入开展“便民办税春风行动”，不断改进纳税服务工作，维护纳税人合法权益。

一是继续推进税务行政审批制度改革。进一步减少税务行政审批项目，取消非行政许可审批类别。规范审批行为，坚决防止和纠正“上取消下不取消”以及“明取消暗不取消”等做法。大力推进网上审批，提高审批效率。

二是认真实施纳税服务和税收征管规范。狠抓纳税服务规范的落实，并在实践中持续改进、完善和升级。扎实做好税收征管规范的实施工作，并做到与前台纳税服务规范有机衔接、相互促进，通过最大限度规范税务人达到最大限度便利纳税人的目标。

三是认真落实服务国家战略的税收创新措施。采取有力措施，确保税收支持“一带一路”、京津冀协同发展、长江经济带建设“三大战略”和上海、天津、广东、福建自贸区发展的各项服务措施落到实处，并定期开展实施成效跟踪评估等工作，在服务国家战略中提升税收工作站位。

四是深入推进税收信用体系建设。坚持褒扬诚信、惩戒失信双向发力，对A级信用纳税人提供便利，有序开展对税收“黑名单”纳税人的联合惩戒工作，促进形成依法诚信纳税、合法守信经营的良好氛围。

六、大力加强督查督办和绩效考核

加大对各级税务机关坚持依法征税、依法征管、依法落实税收优惠政策等方面情况的监督检查，采取明察暗访、专项督查等方式，坚决纠正执法不严、违规收税、优惠政策落实不到位等问题。抓好对依法治税和服务经济发展工作的绩效考核，加强过程监控和结果运用，促进各级税务机关领导干部带头做到依法治税，增强广大税务干部运用法治思维和法治方式解决实际问题、做好各项工作的能力，促进提升税收工作法治化水平，更好服务经济发展大局。

6-7-59

国务院关于取消非行政许可审批事项的决定(节录)

2015年5月10日　国发〔2015〕27号

各省、自治区、直辖市人民政府,国务院各部委、各直属机构:

经研究论证,国务院决定,在前期大幅减少部门非行政许可审批事项的基础上,再取消49项非行政许可审批事项,将84项非行政许可审批事项调整为政府内部审批事项。今后不再保留"非行政许可审批"这一审批类别。

各地区、各有关部门要认真做好取消事项的落实工作,加强事中事后监管,防止出现管理真空,且不得以任何形式变相审批。调整为政府内部审批的事项,不得面向公民、法人和其他社会组织实施审批;审批部门要严格规范审批行为,明确政府内部审批的权限、范围、条件、程序、时限等,严格限制自由裁量权,优化审批流程,提高审批效率。要进一步深化行政体制改革,深入推进简政放权、放管结合,加快政府职能转变,不断提高政府管理科学化、规范化、法治化水平。

附件:1. 国务院决定取消的非行政许可审批事项目录(共49个大项以及其他8项中的17个子项)

2. 国务院决定调整为政府内部审批的事项目录(共80项以及4个子项)(编者略)

附件1

国务院决定取消的非行政许可审批事项目录

(共49个大项以及其他8项中的17个子项)

序号	项目名称	审批部门	其他共同审批部门	设定依据	备注
…………					
7	享受税收优惠政策的集成电路企业和国家规划布局内重点软件企业的认定	国家发展改革委	工业和信息化部、财政部、商务部、国家税务总局	《国务院关于印发鼓励软件产业和集成电路产业发展若干政策的通知》(国发〔2000〕18号) 《国务院关于印发进一步鼓励软件产业和集成电路产业发展若干政策的通知》(国发〔2011〕4号) 《国家规划布局内重点软件企业和集成电路设计企业认定管理试行办法》(发改高技〔2012〕2413号)	
…………					

续表

序号	项目名称	审批部门	其他共同审批部门	设定依据	备注
15	中小企业信用担保机构免征营业税审批	工业和信息化部	国家税务总局	《国务院关于进一步促进中小企业发展的若干意见》(国发〔2009〕36 号) 《国务院关于进一步支持小型微型企业健康发展的意见》(国发〔2012〕14 号)	
16	公益性捐赠税前扣除资格确认	民政部	需要财政部、国家税务总局审核确认	《财政部、国家税务总局、民政部关于公益性捐赠税前扣除有关问题的通知》(财税〔2008〕160 号) 《财政部、国家税务总局、民政部关于公益性捐赠税前扣除有关问题的补充通知》(财税〔2010〕45 号)	
…………					
32	对办理税务登记(外出经营报验)的核准	国家税务总局	无	《中华人民共和国税收征收管理法实施细则》(国务院令第 362 号)	此项为"对办理税务登记(注销、外出经营报验)的核准"项目的子项
33	偏远地区简并征期认定	国家税务总局	无	《个体工商户税收定期定额征收管理办法》(国家税务总局令第 16 号)	
34	出口退(免)税资格认定	国家税务总局	无	《国务院办公厅关于保留部分非行政许可审批项目的通知》(国办发〔2004〕62 号) 《财政部、国家税务总局关于出口货物劳务增值税和消费税政策的通知》(财税〔2012〕39 号)	此 6 项为"出口货物劳务退(免)税审批"项目的子项
35	出口退(免)税资格认定变更			《国务院办公厅关于保留部分非行政许可审批项目的通知》(国办发〔2004〕62 号) 《出口货物劳务增值税和消费税管理办法》(税务总局公告 2012 年第 24 号)	
36	出口退(免)税资格认定注销			《国务院办公厅关于保留部分非行政许可审批项目的通知》(国办发〔2004〕62 号) 《出口货物劳务增值税和消费税管理办法》(税务总局公告 2012 年第 24 号)	
37	集团公司具有免抵退税资格成员企业认定			《国务院办公厅关于保留部分非行政许可审批项目的通知》(国办发〔2004〕62 号) 《出口货物劳务增值税和消费税管理办法》(税务总局公告 2012 年第 24 号)	
38	研发机构采购国产设备退税资格的认定			《国务院办公厅关于保留部分非行政许可审批项目的通知》(国办发〔2004〕62 号) 《研发机构采购国产设备退税管理办法》(税务总局公告 2011 年第 73 号)	
39	以边境小额贸易方式代理外国企业、外国自然人出口货物备案登记及备案核销的核准			《国务院办公厅关于保留部分非行政许可审批项目的通知》(国办发〔2004〕62 号) 《国家税务总局关于〈出口货物劳务增值税和消费税管理办法〉有关问题的公告》(税务总局公告 2013 年第 12 号)	

续表

序号	项目名称	审批部门	其他共同审批部门	设定依据	备注
40	列入车辆购置税免税图册的审批	国家税务总局	无	《车辆购置税征收管理办法》(税务总局令第33号)	
41	设有固定装置的非运输车辆免征车辆购置税的审核	国家税务总局	无	《车辆购置税征收管理办法》(税务总局令第33号)	
42	公共汽电车辆免征车辆购置税的审核	国家税务总局	无	《国家税务总局、交通运输部关于城市公交企业购置公共汽电车辆免征车辆购置税有关问题的通知》(国税发〔2012〕61号)	
43	海南境外游客离境退税定点商店的认定、变更与终止的审批	国家税务总局	海南省商务厅	《境外旅客购物离境退税海南试点管理办法》(税务总局公告2010年第28号)	
44	乙烯、芳烃生产企业退税资格认定	国家税务总局	无	《用于生产乙烯、芳烃类化工产品的石脑油、燃料油退(免)消费税暂行办法》(税务总局公告2012年第36号)	此项为“石脑油、燃料油消费税退税审批”项目的子项
45	非居民享受税收协定(含与港澳台协议)待遇审批	国家税务总局	无	《国务院办公厅关于保留部分非行政许可审批项目的通知》(国办发〔2004〕62号) 《非居民享受税收协定待遇管理办法(试行)》(国税发〔2009〕124号)	
46	企业就成本分摊协议是否符合独立交易原则的审核	国家税务总局	无	《特别纳税调整实施办法(试行)》(国税发〔2009〕2号)	
47	企业符合特殊性税务处理规定条件业务的核准	国家税务总局	无	《财政部、国家税务总局关于企业重组业务企业所得税处理若干问题的通知》(财税〔2009〕59号) 《企业重组业务企业所得税管理办法》(税务总局公告2010年第4号)	
48	企业享受符合条件的固定资产加速折旧或缩短折旧年限所得税优惠的核准	国家税务总局	无	《国家税务总局关于企业固定资产加速折旧所得税处理有关问题的通知》(国税发〔2009〕81号)	
49	企业从事农林牧渔业项目所得享受所得税优惠的备案核准	国家税务总局	无	《国家税务总局关于实施农林牧渔业项目企业所得税优惠问题的公告》(税务总局公告2011年第48号) 《财政部、国家税务总局关于享受企业所得税优惠的农产品初加工有关范围的补充通知》(财税〔2011〕26号) 《国家税务总局关于企业所得税税收优惠管理问题的补充通知》(国税函〔2009〕255号)	
50	注册税务师执业核准	国家税务总局	无	《注册税务师管理暂行办法》(税务总局令第14号)	
…………					

6－7－60

国家税务总局关于贯彻落实《国务院关于取消非行政许可审批事项的决定》的通知

2015年5月25日　税总发〔2015〕74号

各省、自治区、直辖市和计划单列市国家税务局、地方税务局，局内各单位：

2015年5月14日，《国务院关于取消非行政许可审批事项的决定》（国发〔2015〕27号）公布取消49项非行政许可审批事项，并将84项非行政许可审批事项调整为政府内部审批事项。其中，涉及取消11个大项以及其他3项中8个子项的税务非行政许可审批事项。

同时，根据国发〔2015〕27号文件关于今后不再保留非行政许可审批这一类别的决定和国务院非行政许可审批事项清理工作要求，将23项税务非行政许可审批事项调整为其他权力事项。这些需要进一步改革和规范的其他权力事项，将随着简政放权和依法行政的推进，结合制定国务院部门权力清单，进一步研究、清理和规范。

另外，2014年11月24日，《国务院关于取消和调整一批行政审批项目等事项的决定》（国发〔2014〕50号）建议取消和下放32项依据有关法律设立的行政审批事项，其中，涉及取消22项税收优惠核准事项。由于需要修改《中华人民共和国税收征收管理法》的相关规定，该22项税收优惠核准事项一直未予公布。现《全国人民代表大会常务委员会关于修改〈中华人民共和国港口法〉等七部法律的决定》（2015年4月24日，第十二届全国人民代表大会常务委员会第十四次会议通过）已经修改《中华人民共和国税收征收管理法》第33条，待国务院公布取消上述22项税收优惠核准事项后，税务总局将另行发文予以贯彻。

《国家税务总局关于公开税务行政审批事项等相关工作的公告》（国家税务总局公告2014年第10号）公布的87项税务行政审批事项中，7项行政许可予以保留，80项非行政许可审批事项已清理完毕（已经国务院决定取消56项，税务总局自行取消1项，调整为其他权力事项23项）。

各单位要认真贯彻执行国务院决定，全面落实取消非行政许可审批事项，不得以任何形式保留或者变相审批；要及时修改涉及取消非行政许可审批事项的相关规定、表证单书和征管流程，明确取消非行政许可审批事项后续管理要求；要进一步深化行政体制改革，深入推进简政放权、放管结合，积极推行权力清单制度，加快职能转变，创新管理理念和管理方式，不断提高税收管理科学化、规范化、法治化水平。

附件：1. 国务院决定取消的非行政许可审批事项目录（涉税11个大项以及其他3项中的8个子项）

2. 需要进一步改革和规范的其他权力事项目录（23项）

附件 1

国务院决定取消的非行政许可审批事项目录

（涉税 11 个大项以及其他 3 项中的 8 个子项）

序号	项目名称	审批部门	其他共同审批部门	设定依据	备注
1	对办理税务登记（外出经营报验）的核准	税务总局	无	《中华人民共和国税收征收管理法实施细则》（国务院令第 362 号）	此项为“对办理税务登记（注销、外出经营报验）的核准”项目的子项
2	偏远地区简并征期认定	税务总局	无	《个体工商户税收定期定额征收管理办法》（税务总局令第 16 号）	
3	出口退（免）税资格认定	税务总局	无	《国务院办公厅关于保留部分非行政许可审批项目的通知》（国办发〔2004〕62 号）《财政部、国家税务总局关于出口货物劳务增值税和消费税政策的通知》（财税〔2012〕39 号）	此 6 项为“出口货物劳务退（免）税审批”项目的子项
4	出口退（免）税资格认定变更			《国务院办公厅关于保留部分非行政许可审批项目的通知》（国办发〔2004〕62 号）《出口货物劳务增值税和消费税管理办法》（税务总局公告 2012 年第 24 号）	
5	出口退（免）税资格认定注销			《国务院办公厅关于保留部分非行政许可审批项目的通知》（国办发〔2004〕62 号）《出口货物劳务增值税和消费税管理办法》（税务总局公告 2012 年第 24 号）	
6	集团公司具有免抵退税资格成员企业认定			《国务院办公厅关于保留部分非行政许可审批项目的通知》（国办发〔2004〕62 号）《出口货物劳务增值税和消费税管理办法》（税务总局公告 2012 年第 24 号）	
7	研发机构采购国产设备退税资格的认定			《国务院办公厅关于保留部分非行政许可审批项目的通知》（国办发〔2004〕62 号）《研发机构采购国产设备退税管理办法》（税务总局公告 2011 年第 73 号）	
8	以边境小额贸易方式代理外国企业、外国自然人出口货物备案登记及备案核销的核准	税务总局	无	《国务院办公厅关于保留部分非行政许可审批项目的通知》（国办发〔2004〕62 号）《国家税务总局关于〈出口货物劳务增值税和消费税管理办法〉有关问题的公告》（税务总局公告 2013 年第 12 号）	
9	列入车辆购置税免税图册的审批	税务总局	无	《车辆购置税征收管理办法》（税务总局令第 33 号）	
10	设有固定装置的非运输车辆免征车辆购置税的审核	税务总局	无	《车辆购置税征收管理办法》（税务总局令第 33 号）	
11	公共汽电车辆免征车辆购置税的审核	税务总局	无	《国家税务总局、交通运输部关于城市公交企业购置公共汽电车辆免征车辆购置税有关问题的通知》（国税发〔2012〕61 号）	
12	海南境外游客离境退税定点商店的认定、变更与终止的审批	税务总局	海南省商务厅	《境外旅客购物离境退税海南试点管理办法》（税务总局公告 2010 年第 28 号）	

续表

序号	项目名称	审批部门	其他共同审批部门	设定依据	备注
13	乙烯、芳烃生产企业退税资格认定	税务总局	无	《用于生产乙烯、芳烃类化工产品的石脑油、燃料油退(免)消费税暂行办法》(税务总局公告2012年第36号)	此项为“石脑油、燃料油消费税退税审批”项目的子项
14	非居民享受税收协定(含与港澳台协议)待遇审批	税务总局	无	《国务院办公厅关于保留部分非行政许可审批项目的通知》(国办发〔2004〕62号) 《非居民享受税收协定待遇管理办法(试行)》(国税发〔2009〕124号)	
15	企业就成本分摊协议是否符合独立交易原则的审核	税务总局	无	《特别纳税调整实施办法(试行)》(国税发〔2009〕2号)	
16	企业符合特殊性税务处理规定条件业务的核准	税务总局	无	《财政部、国家税务总局关于企业重组业务企业所得税处理若干问题的通知》(财税〔2009〕59号) 《企业重组业务企业所得税管理办法》(税务总局公告2010年第4号)	
17	企业享受符合条件的固定资产加速折旧或缩短折旧年限所得税优惠的核准	税务总局	无	《国家税务总局关于企业固定资产加速折旧所得税处理有关问题的通知》(国税发〔2009〕81号)	
18	企业从事农林牧渔业项目所得享受所得税优惠的备案核准	税务总局	无	《国家税务总局关于实施农林牧渔业项目企业所得税优惠问题的公告》(税务总局公告2011年第48号) 《财政部、国家税务总局关于享受企业所得税优惠的农产品初加工有关范围的补充通知》(财税〔2011〕26号) 《国家税务总局关于企业所得税税收优惠管理问题的补充通知》(国税函〔2009〕255号)	
19	注册税务师执业核准	税务总局	无	《注册税务师管理暂行办法》(税务总局令第14号)	

附件2

需要进一步改革和规范的其他权力事项目录

(23项)

序号	审批部门	项目名称	原项目编码	事项性质
1	税务总局	“对办理税务登记(注销、外出经营报验)的核准”中的“对办理税务登记(注销)的核准”	24008	具有行政登记性质
2	税务总局	对企业汇总缴纳增值税的审批	24014	具有行政征收性质
3	税务总局	两个或两个以上纳税人合并缴纳增值税审批	24015	具有行政征收性质
4	税务总局	逾期增值税扣税凭证继续抵扣审批	24016	具有行政征收性质
5	税务总局	未按期申报抵扣增值税扣税凭证申请继续抵扣的审批	24017	具有行政征收性质
6	税务总局	农产品增值税进项税额核定扣除标准的核准	24018	具有行政征收性质

续表

序号	审批部门	项目名称	原项目编码	事项性质
7	税务总局	退还集成电路企业采购设备留抵税额审批	24019	具有政策扶持和资金扶持性质
8	税务总局	增值税即征即退审批	24020	具有政策扶持和资金扶持性质
9	税务总局	外国政府和国际组织无偿援助项目在华采购物资免税审批	24021	具有政策扶持和资金扶持性质
10	税务总局	促进残疾人就业企业增值税退税审批	24022	具有政策扶持和资金扶持性质
11	税务总局	软件产品增值税退税审核	24026	具有政策扶持和资金扶持性质
12	税务总局	“出口货物劳务退(免)税审批”的子项1“外贸企业免退税审批”、子项2“生产企业免抵退税审批”、子项3“出口企业视同出口货物退(免)税审批”、子项4“营业税改征增值税适用增值税零税率应税服务免抵退税审批”、子项10“逾期申报退(免)税批准”、子项12“生产企业出口的船舶、大型成套机电设备免抵退税审核、审批”、子项13“免税卷烟核销”、子项14“出具出口货物退(免)税相关证明核准”、子项15“融资租赁船舶出口退(免)税审批”、子项16“天津东疆保税港区融资租赁货物退税审批”、子项17“中国免税品(集团)总公司经营的国产商品退税审核”以及子项9“研发机构采购国产设备退税资格的认定、审核审批”中的“研发机构采购国产设备退税审批”	24030	具有行政征收性质
13	税务总局	车辆购置税完税车辆退车的退税审核	24033	具有政策扶持和资金扶持性质
14	税务总局	车辆购置税已完税设有固定装置非运输车辆退税审核	24035	具有政策扶持和资金扶持性质
15	税务总局	海南境外游客离境退税代理机构的认定、变更与终止的审批	24038	具有行政委托性质
16	税务总局	对企业汇总缴纳消费税的审批	24039	具有行政征收性质
17	税务总局	卷烟消费税计税价格的核定审批	24040	具有行政征收性质
18	税务总局	白酒消费税计税价格的核定审批	24041	具有行政征收性质
19	税务总局	“石脑油、燃料油消费税退税审批”的子项2“定点直供石脑油、燃料油免税数量审批”、子项3“乙烯、芳烃生产企业石脑油、燃料油消费税退税”	24043	具有政策扶持和资金扶持性质
20	税务总局	中国税收居民身份的认定	24049	具有行政确认性质
21	税务总局	预约定价期满后对需要续签的企业核准	24050	具有行政征收性质
22	税务总局	境外注册的中资控股企业依据实际管理机构标准判定为中国居民企业审批	24055	具有行政确认性质
23	税务总局	税务师事务所设立审批	24085	具有行政登记性质

6－7－61

国家税务总局关于部分税务行政审批事项取消后有关管理问题的公告

2015 年 8 月 3 日　国家税务总局公告 2015 年第 56 号

为加强后续管理，现就部分税务行政审批事项取消后有关管理问题公告如下：

一、关于取消“对办理税务登记（外出经营报验）的核准”后的有关管理问题

纳税人提交资料齐全、符合法定形式的，税务机关即时办理。纳税人提交资料不齐全或者不符合法定形式的，税务机关制作《税务事项通知书》，一次性告知纳税人需要补正的内容。税务机关应当切实履行对纳税人的告知义务，及时提供咨询服务，强化内部督查和社会监督，提高登记办理效率。按照纳税人不重复填报登记文书内容和不重复提交登记材料的原则，加强部门之间信息、数据共享工作。

二、关于取消“偏远地区简并征期认定”后的有关管理问题

加强对实行偏远地区简并征期申报的纳税人日常管理及监控，实行税源跟踪管理，及时掌握纳税人经营变化情况。强化计算机管税，采取“人机结合”的方式，提高征期申报率和入库率，防止漏征漏管。简化办税程序，建立纳税服务新机制，降低纳税人办税成本，提高工作效率。

三、关于取消“出口退（免）税资格认定”、“出口退（免）税资格认定变更”、“出口退（免）税资格认定注销”、“研发机构采购国产设备退税资格的认定”、“集团公司具有免抵退税资格成员企业认定”、“以边境小额贸易方式代理外国企业、外国自然人出口货物备案登记及备案核销的核准”后的有关管理问题

（一）出口企业或其他单位应于首次申报出口退（免）税时，向主管国税机关提供以下资料，办理出口退（免）税备案手续，申报退（免）税。

1. 内容填写真实、完整的《出口退（免）税备案表》（附件 1），其中“退税开户银行账号”须从税务登记的银行账号中选择一个填报。

2. 加盖备案登记专用章的《对外贸易经营者备案登记表》或《中华人民共和国外商投资企业批准证书》。

3.《中华人民共和国海关报关单位注册登记证书》。

4. 未办理备案登记发生委托出口业务的生产企业提供委托代理出口协议，不需提供第 2 目、第 3 目资料。

5. 主管国税机关要求提供的其他资料。

（二）对出口企业或其他单位提供的出口退（免）税备案资料齐全，《出口退（免）税备案表》填写内容符合要求，签字、印章完整的，主管国税机关应当场予以备案。对不符合上述要求的，主管国税机关应一次性告知出口企业或其他单位，待其补正后备案。

（三）《出口退（免）税备案表》中的内容发生变更的，出口企业或其他单位须自变更之

日起30日内,向主管国税机关提供相关资料,办理备案内容的变更。出口企业或其他单位需要变更“退(免)税方法”的,主管国税机关应按规定结清退(免)税款后办理变更。

(四)出口企业或其他单位撤回出口退(免)税备案的,主管国税机关应按规定结清退(免)税款后办理。

出口企业或其他单位申请注销税务登记的,应先向主管国税机关申请撤回出口退(免)税备案。

(五)已办理过出口退(免)税资格认定的出口企业或其他单位,无需再办理出口退(免)税备案。

(六)集团公司需要按收购视同自产货物申报免抵退税的,集团公司总部需提供以下资料,向主管国税机关备案:

1.《集团公司成员企业备案表》(附件2)及电子申报数据;

2. 集团公司总部及其控股的生产企业的营业执照副本复印件;

3. 集团公司总部及其控股的生产企业的《出口退(免)税备案表》(或《出口退(免)税资格认定表》)复印件;

4. 集团公司总部及其控股生产企业的章程复印件;

5. 主管国税机关要求报送的其他资料。

对集团公司总部提供上述备案资料齐全、《集团公司成员企业备案表》填写内容符合要求的,主管国税机关应当场予以备案。对不符合上述要求的,主管国税机关应一次性告知企业,待其补正后备案。

(七)按收购视同自产货物申报免抵退税的集团公司备案后,主管国税机关按照集团公司总部和成员企业所在地情况,传递《集团公司成员企业备案表》。

1. 在同一地市的,集团公司总部所在地主管国税机关应将《集团公司成员企业备案表》传递至地市国家税务局报备,并同时抄送集团公司总部、成员企业所在地国家税务局;

2. 在同一省(自治区、直辖市、计划单列市,下同)但不在同一地市的,集团公司总部所在地主管国税机关,应将《集团公司成员企业备案表》逐级传递至省国家税务局报备,省国家税务局应清分至集团公司总部、成员企业所在地国家税务局;

3. 不在同一省的,集团公司总部所在地主管国税机关,应将《集团公司成员企业备案表》逐级传递至国家税务总局,由国家税务总局逐级清分至集团公司总部、成员企业所在地国家税务局。

(八)以边境小额贸易方式代理外国企业、外国自然人出口货物,出口企业应当在货物报关出口之日(以出口货物报关单上的出口日期为准)次月起至次年4月30日前的各增值税纳税申报期内,提供下列资料向主管国税机关办理代理报关备案。

1. 企业相关人员签字、盖有单位公章且填写内容齐全的纸质《以边境小额贸易方式代理外国企业、外国自然人报关出口货物备案表》(附件3)及电子数据;

2. 代理出口协议原件及复印件,代理出口协议以外文拟定的,需同时提供中文翻译版本;

3. 委托方经办人护照或外国边民的边民证原件和复印件。

出口企业以边境小额贸易方式代理外国企业、外国自然人出口的货物,按上述规定已备案的，不属于增值税应税范围，其仅就代理费收入进行增值税申报。

主管国税机关应定期对出口企业以边境小额贸易方式代理外国企业、外国自然人出口货物的备案情况进行核查，发现出口企业未按照本条规定办理代理报关备案的，按有关规定处理。

四、关于取消“设有固定装置的非运输车辆免征车辆购置税的审核”后的有关管理问题

纳税人在办理设有固定装置的非运输车辆免税申报时，应当如实填写《车辆购置税纳税申报表》和《车辆购置税免（减）税申报表》，同时提供以下资料：

（一）纳税人身份证明；

（二）车辆价格证明；

（三）车辆合格证明；

（四）设有固定装置的非运输车辆内、外观彩色 5 寸照片；

（五）税务机关要求提供的其他资料。

主管税务机关应当依据免税图册对车辆固定装置进行核实无误后，办理免税手续。

五、关于取消“企业享受符合条件的固定资产加速折旧或缩短折旧年限所得税优惠的核准”后的有关管理问题

纳税人享受《财政部、国家税务总局关于完善固定资产加速折旧企业所得税政策的通知》（财税〔2014〕75 号）、《关于固定资产加速折旧税收政策有关问题的公告》（国家税务总局公告 2014 年第 64 号）规定的重点行业加速折旧政策，应当在汇算清缴期内，向主管税务机关提供《企业所得税优惠事项备案表》，同时可以在季度预缴环节享受该项优惠政策。纳税人享受其他固定资产加速折旧政策，应当在汇算清缴时提供《企业所得税优惠事项备案表》，对于税法与会计核算一致的，可以在季度预缴环节享受该项优惠政策；对于税法与会计核算不一致的，在汇算清缴时享受该项优惠政策。

另外，纳税人应当将以下资料留存备查：

（一）固定资产的功能、预计使用年限短于规定计算折旧的最低年限的理由、证明资料及有关情况的说明；

（二）固定资产加速折旧方法和折旧额的说明；

（三）集成电路生产企业认定证书复印件（集成电路生产企业的生产设备适用本项优惠时提供）；

（四）缩短折旧或摊销年限情况说明（外购软件缩短折旧或摊销年限时提供）；

（五）填报季度预缴申报表之附 1－2《固定资产加速折旧（扣除）明细表》（适用于享受财税〔2014〕75 号文件规定政策）。

六、关于取消“企业从事农林牧渔业项目所得享受所得税优惠的备案核准”后的有关管理问题

企业从事农林牧渔业项目所得享受所得税优惠，纳税人应当在汇算清缴期内，向主管税务机关提供《企业所得税优惠事项备案表》，同时可以在季度预缴环节享受该项优惠政策。

另外，纳税人应当将以下资料留存备查：

（一）经营业务属于《国民经济行业分类》中的农、林、牧、渔业具体项目的说明；

（二）有效期内的远洋渔业企业资格证书复印件（从事远洋捕捞业务的提供）；

（三）县级以上农、林、牧、渔业政府主管部门的确认意见（进行农产品的再种植、养殖是否可以视为农产品的种植、养殖项目享受相应的税收优惠难以确定时提供）；

（四）从事农作物新品种选育的认定证书复印件（从事农作物新品种选育的提供）。

本公告自发布之日起施行。

特此公告。

附件：1. 出口退（免）税备案表（编者略）

2. 集团公司成员企业备案表（编者略）

3. 以边境小额贸易方式代理外国企业、外国自然人报关出口货物备案表（编者略）

注释：

条款废止。第三条第一项第2目、第3目废止。参见：《国家税务总局关于优化整合出口退税信息系统　更好服务纳税人有关事项的公告》（国家税务总局公告2021年第15号）。

条款废止。第四条自2019年7月1日起废止。参见：《国家税务总局关于车辆购置税征收管理有关事项的公告》（国家税务总局公告2019年第26号）。

条款修改。根据《第十三届全国人民代表大会第一次会议关于国务院机构改革方案的决定》等有关规定，税收规范性文件规定的国税地税机关的职责和工作由新的税务机关承担。国家税务总局依据《税收规范性文件制定管理办法》（国家税务总局令第41号公布），对税收规范性文件进行了清理。参见：《国家税务总局关于修改部分税收规范性文件的公告》（国家税务总局公告2018年第31号）。

条款废止。附件1自2018年5月1日起废止。参见：《国家税务总局关于出口退（免）税申报有关问题的公告》（国家税务总局公告2018年第16号）。

条款废止。第三条第六项第3目废止。参见：《国家税务总局关于进一步加强出口退（免）税事中事后管理有关问题的公告》（国家税务总局公告2016年第1号）。

6－7－62

国家税务总局关于公布已取消的22项税务非行政许可审批事项的公告

2015年8月18日　国家税务总局公告2015年第58号

根据《中华人民共和国税收征收管理法》第三十三条规定和《国务院关于取消和调整一批行政审批项目等事项的决定》（国发〔2014〕50号），现将已取消的22项税务非行政许可审批事项予以公布（见附件）。

各级税务机关应当全面落实取消22项税务非行政许可审批事项有关工作，不得以任何形式保留或者变相审批；及时修改涉及取消事项的相关规定、表证单书和征管流程，明确事中事后监管要求;进一步深化行政体制改革,深入推进简政放权,放管结合,优化服务,不断提高税收管理科学化规范化水平。

特此公告。

附件:国务院决定取消的22项税务非行政许可审批事项

附件

国务院决定取消的22项税务非行政许可审批事项

序号	项目名称	审批部门	其他共同审批部门	设定依据	备注
1	西部大开发税收优惠政策审批	税务总局	无	《国务院办公厅关于保留部分非行政许可审批项目的通知》(国办发〔2004〕62号) 《财政部、海关总署、国家税务总局关于深入实施西部大开发战略有关税收政策问题的通知》(财税〔2011〕58号)	
2	企业取得的符合条件的技术转让所得享受所得税优惠核准	税务总局	无	《国家税务总局关于技术转让所得减免企业所得税有关问题的通知》(国税函〔2009〕212号)	
3	安置残疾人员和国家鼓励安置的其他就业人员所支付工资的加计扣除的核准	税务总局	无	《中华人民共和国企业所得税法》 《财政部、国家税务总局关于安置残疾人员就业有关企业所得税优惠政策问题的通知》(财税〔2009〕70号)	
4	创业投资企业享受创业投资所得税优惠核准	税务总局	无	《国家税务总局关于实施创业投资企业所得税优惠问题的通知》(国税发〔2009〕87号)	
5	企业享受综合利用资源所得税优惠的核准	税务总局	无	《国家税务总局关于资源综合利用企业所得税优惠管理问题的通知》(国税函〔2009〕185号)	
6	企业享受文化体制改革中转制的经营性文化事业单位所得税优惠的核准	税务总局	中宣部、财政部	《财政部、国家税务总局关于文化体制改革中经营性文化事业单位转制为企业的若干税收优惠政策的通知》(财税〔2009〕34号) 《财政部、国家税务总局、中宣部关于转制文化企业名单及认定的通知》(财税〔2009〕105号)	
7	电网企业新建项目分摊期间费用的核准	税务总局	无	《国家税务总局关于电网企业电网新建项目享受所得税优惠政策问题的公告》(国家税务总局公告2013年第26号)	
8	企业享受苏州工业园区有限合伙制创业投资企业法人合伙人试点优惠政策的核准	税务总局	无	《国家税务总局关于苏州工业园区有限合伙制创业投资企业法人合伙人企业所得税政策试点有关征收管理问题的公告》(国家税务总局公告2013年第25号)	
9	企业享受新疆喀什、霍尔果斯两个特殊经济开发区、新疆困难地区新办企业所得税优惠的核准	税务总局	无	《财政部、国家税务总局关于新疆喀什、霍尔果斯两个特殊经济开发区企业所得税优惠政策的通知》(财税〔2011〕112号) 《财政部、国家税务总局关于新疆困难地区新办企业所得税优惠政策的通知》(财税〔2011〕53号)	
10	企业享受生产和装配伤残人员专门用品企业所得税优惠的核准	税务总局	无	《财政部、国家税务总局、民政部关于生产和装配伤残人员专门用品企业免征企业所得税的通知》(财税〔2011〕81号)	

续表

序号	项目名称	审批部门	其他共同审批部门	设定依据	备注
11	企业境外所得适用简易征收和饶让抵免的核准	税务总局	无	《国家税务总局关于发布企业境外所得税收抵免操作指南的公告》(国家税务总局公告 2010 年第 1 号) 《国家税务总局关于企业所得税税收优惠管理问题的补充通知》(国税函〔2009〕255 号)	
12	符合条件的非营利组织享受免税收入优惠的备案核准	税务总局	无	《财政部、国家税务总局关于非营利组织企业所得税免税收入问题的通知》(财税〔2009〕122 号) 《国家税务总局关于企业所得税税收优惠管理问题的补充通知》(国税函〔2009〕255 号)	
13	企业从事国家重点扶持的公共基础设施项目投资经营的所得享受所得税优惠的备案核准	税务总局	无	《国家税务总局关于实施国家重点扶持的公共基础设施项目企业所得税优惠问题的通知》(国税发〔2009〕80 号) 《国家税务总局关于企业所得税税收优惠管理问题的补充通知》(国税函〔2009〕255 号)	
14	企业符合条件的环境保护、节能节水项目的所得享受所得税优惠的备案核准	税务总局	无	《财政部、国家税务总局、国家发展改革委关于公布环境保护、节能节水项目企业所得税优惠目录(试行)的通知》(财税〔2009〕166 号) 《国家税务总局关于企业所得税税收优惠管理问题的补充通知》(国税函〔2009〕255 号)	
15	企业购置用于环境保护、节能节水、安全生产的专用设备的投资额享受所得税优惠的备案核准	税务总局	无	《财政部、国家税务总局关于执行环境保护专用设备等企业所得税优惠目录的通知》(财税〔2008〕48 号) 《国家税务总局关于企业所得税税收优惠管理问题的补充通知》(国税函〔2009〕255 号)	
16	软件、集成电路企业享受所得税优惠的备案核准	税务总局	无	《财政部、国家税务总局关于进一步鼓励软件产业和集成电路产业发展企业所得税政策的通知》(财税〔2012〕27 号) 《国家税务总局关于企业所得税税收优惠管理问题的补充通知》(国税函〔2009〕255 号)	
17	动漫产业企业享受所得税优惠的备案核准	税务总局	无	《财政部、国家税务总局关于扶持动漫产业发展有关税收政策问题的通知》(财税〔2009〕65 号) 《国家税务总局关于企业所得税税收优惠管理问题的补充通知》(国税函〔2009〕255 号)	
18	节能服务公司实施合同能源管理项目享受所得税优惠的备案核准	税务总局	无	《财政部、国家税务总局关于促进节能服务产业发展增值税、营业税和企业所得税政策问题的通知》(财税〔2010〕110 号) 《国家税务总局关于企业所得税税收优惠管理问题的补充通知》(国税函〔2009〕255 号)	
19	中国清洁发展机制基金及清洁发展机制项目实施企业享受所得税优惠的备案核准	税务总局	无	《财政部、国家税务总局关于中国清洁发展机制基金及清洁发展机制项目实施企业有关企业所得税政策问题的通知》(财税〔2009〕30 号) 《国家税务总局关于企业所得税税收优惠管理问题的补充通知》(国税函〔2009〕255 号)	

续表

序号	项目名称	审批部门	其他共同审批部门	设定依据	备注
20	赣州市企业享受西部大开发所得税优惠备案核准	税务总局	无	《财政部、海关总署、国家税务总局关于赣州市执行西部大开发税收政策问题的通知》(财税〔2013〕4号) 《国家税务总局关于企业所得税税收优惠管理问题的补充通知》(国税函〔2009〕255号)	
21	上市公司国有股权无偿转让免征证券(股票)交易印花税审批	税务总局	无	《国务院关于第三批取消和调整行政审批项目的决定》(国发〔2004〕16号) 《国家税务总局关于办理上市公司国有股权无偿转让暂不征收证券(股票)交易印花税有关审批事项的通知》(国税函〔2004〕941号)	
22	四家金融资产管理公司受让或出让上市公司股权免征证券交易印花税审核	税务总局	无	《国家税务总局关于中国信达等四家金融资产管理公司受让或出让上市公司股权免征证券(股票)交易印花税有关问题的通知》(国税发〔2002〕94号)	

6－7－63

国家税务总局关于进一步深化税务行政审批制度改革工作的意见

2015年8月18日　税总发〔2015〕102号

各省、自治区、直辖市和计划单列市国家税务局、地方税务局,局内各单位:

为进一步加大税务系统简政放权放管结合职能转变工作的力度,持续深化税务行政审批制度改革,切实改进税务行政审批工作,促进税收现代化,现提出如下意见。

一、进一步提高思想认识

(一)正视突出问题

2013年以来,税务行政审批制度改革取得了明显成效,但与中央要求、经济社会发展形势和纳税人期盼相比,还有差距,主要表现为:个别地方取消审批事项落实不到位,存在变相审批的现象;个别事项的审批不规范、不公开、不透明,有的手续还比较繁琐,耗时长、效率低;一些审批事项取消后,后续管理方式单一,管理措施针对性操作性不强,等等。这些问题,必须通过进一步深化税务行政审批制度改革,创新管理理念和管理方式,切实加以解决。

(二)澄清模糊认识

一是关于审批事项底数不清的问题。审批事项底数,以《国家税务总局关于公开行政审批事项等相关工作的公告》(国家税务总局公告2014年第10号,以下简称10号公告)发布的审批清单为基础,清单之外不存在其他审批事项(仅由地方税务机关实施的行政审批事项除外)。

二是关于已经取消审批事项的原有依据,包括部门规章、规范性文件未修改或者废止前,仍然应当进行审批的问题。各级税务机关应当以国务院或者税务总局取消审批事项的决定为准,自国务院或者税务总局决定取消审批事项之日起,取消的审批事项不得再进行审批。

三是关于备案等后续管理措施没有法律依据的问题。后续管理措施,是税务机关依据税收征收管理法及其实施细则行使税收征收管理权的体现,税务总局有权在不违反法律行政法规的前提下制定备案等后续管理措施,依法加强税收管理,规范税收秩序,促进税法遵从。

四是关于取消和下放行政审批事项会增加执法风险或进户执法的问题。各级税务机关应当彻底转变管理理念,充分认识到取消和下放审批事项是依法还权明责于纳税人的重要体现,同时充分利用现代信息技术手段,在不增加纳税人负担的基础上,积极运用备案、申报、风险和信用管理等手段加强事中事后监管,防范税收流失。

二、进一步推进审批改革

(三)加大改革力度

全面取消非行政许可审批事项,不再保留"非行政许可审批"这一类别。10 号公告发布的 80 项非行政许可审批事项全部清理完毕,其中列为其他权力事项的 23 项非行政许可审批事项,将结合推行权力清单制度继续做好清理和规范工作。对保留的行政许可事项进行再梳理,进一步加大取消力度,提高取消事项的含金量。贯彻落实《国务院关于规范国务院部门行政审批行为改进行政审批有关工作的通知》(国发〔2015〕6 号),进一步规范行政审批行为,对保留的行政许可事项逐项优化和公开审批流程,明确审查标准,严格规范行政裁量权,以标准化促进规范化。进一步改进税收管理方式,防止将日常税收管理事项和管理方式审批化,增加即时办结事项,不断提高税收服务和管理效能。

(四)全面清理中央指定地方实施的行政审批事项

按照国务院审改办的统一部署,税务总局全面清理中央指定地方税务机关实施的行政审批事项,公布中央指定地方税务机关实施的行政审批事项清单。对没有法律法规依据指定地方税务机关实施的,原则上取消;对有法律法规依据的,通过充分论证,对不合理的指定予以取消。地方税务机关实施的地方税种的减税、免税事项,应当按照新修订的税收征收管理法第三十三条的规定执行,没有法律、行政法规依据的,不得实行审批。

(五)巩固改革成果

严格实行行政审批事项清单管理,非经法定程序,任何税务机关不得在清单之外增设和变相增设行政审批事项,不得在公开的清单外实施其他行政审批,不得对已经取消的行政审批事项继续实行变相审批,不得以事前备案、核准性备案等名义对已经取消的事项改头换面继续审批。对已经取消的上级税务机关的审批事项,要同时取消下级税务机关对应的初审、复审、审核等。不得将国务院或税务总局决定取消的行政审批事项,指定交由行业协会、事业单位或涉税中介组织继续审批,已经指定的应当立即纠正,停止审批。积极引导行业协会采取有别于行政审批的方式,加强对行业行为的规范。对已经取消的中介服务应当切实落实到位,不得采取任何方式变相予以恢复。做好下放审批事项的衔接工作,明确下放后的配套措施、承接方法,确保接得住、管得好。

三、进一步健全工作机制

（六）建立审批清单动态更新机制

国务院发文公布取消或下放行政审批事项之日起15个工作日内，税务总局更新税务行政审批目录，各省税务局应当在税务总局目录更新之日起10个工作日内更新审批清单并向社会公开。

（七）建立配套工作同步落实机制

税务总局原则上在国务院发文公布取消或下放行政审批事项2个月内，完成相关税收规范性文件修改、纳税服务规范和税收征管规范更新、后续管理措施发布等工作，并在上述工作完成后的45天内完成征管信息系统的调整。各省税务局原则上应在税务总局相关配套工作完成后1个月内做好相应的细化配套工作。

（八）建立落实情况监督检查机制

税务总局将行政审批制度改革落实情况纳入执法督察和督查督办事项，实施绩效考评，坚决制止和纠正不作为、乱作为、慢作为现象。各省税务局应当加强监督检查，以五个“有没有”为标准，即行政审批事项该取消的有没有取消、该下放的有没有下放、该规范的有没有规范、该公开的有没有公开、该简化的有没有简化，全面开展自查，集中组织抽查，认真听取意见，对发现的问题应当坚决予以纠正，强化责任追究，对解决问题不力、造成社会负面影响的，应当予以通报，并追究分管领导及相关人员责任，保证审批改革顺利推进，确保改革红利有效释放。

四、进一步创新管理方式

（九）优化综合管税

注重创新后续管理方式，善于把后续管理融入税收征管和税收执法等日常工作之中，全面落实税收征管规范和纳税服务规范，综合运用申报管理、发票管理、账簿凭证管理、税源管理等日常征管方式，以及检查、处罚、强制等日常执法手段加强对纳税人的事中事后管理，提高后续管理的科学化水平。

（十）深化信息管税

注重运用“互联网+税务”方式加强风险管理，善于根据纳税申报信息、第三方信息对纳税人的日常涉税情况进行归集整理，建立风险模型，加强数据分析，强化风险识别，按照风险等级有针对性地采取案头评估、日常检查、随机抽查等方式加强主动管理，提高后续管理的信息化水平。

（十一）强化依法管税

注重运用法治思维和法治方式加强后续管理，善于通过行政指导、行政疏导、行政服务等柔性治理方式引导纳税人遵从税法。通过提高税收制度建设质量，严禁违法增设纳税人义务、随意增加纳税人负担，规范税收执法行为，提高依法行政水平，增强税务机关的公信力和执行力，提高后续管理的法治化水平。

五、进一步加强组织领导

（十二）高度重视

各级税务机关应当进一步转变观念，切实改变过去依赖事前审批的工作方式，注重加强事中事后监管；充分发挥依法行政工作领导小组统筹安排、协同推进、督促落实作用，将改革措施落到实处,确保纳税人真正享受到改革红利。

(十三)主动汇报

省以下各级税务机关应当积极向地方党委政府汇报审批改革工作情况,取得地方党委政府的关心、理解和支持。同时,对审批改革过程中的重大事项,应当及时向税务总局报告,必要时专题书面请示。

(十四)强化协同

省以下各级税务机关应当积极落实国税地税合作工作规范,加强沟通联系和协调配合,共同推进行政审批制度改革,切实提高征管效能,不断优化纳税服务。

本意见执行过程中的困难和问题,请及时报告税务总局(政策法规司)。

6 -7 -64

国家税务总局关于印发《税收政策合规工作实施办法(试行)》的通知

2015 年 10 月 10 日　税总发〔2015〕117 号

各省、自治区、直辖市和计划单列市国家税务局、地方税务局,局内各单位:

为贯彻落实国务院办公厅《关于进一步加强贸易政策合规工作的通知》(国办发〔2014〕29 号),做好税收政策合规性评估工作,税务总局制定了《税收政策合规工作实施办法(试行)》,现印发给你们,请认真贯彻执行。执行中遇到的问题,请及时报告国家税务总局(政策法规司)。

附件:税收政策合规工作指引

税收政策合规工作实施办法(试行)

第一条　为了规范税收政策合规工作,根据国务院办公厅《关于进一步加强贸易政策合规工作的通知》(国办发〔2014〕29 号),制定本办法。

第二条　本办法所称税收政策,是指依法制定的可能影响货物贸易、服务贸易以及与贸易有关的知识产权的税务部门规章、税收规范性文件,以及税务机关与其他部门联合制定文件中涉及的税收政策和管理措施,不包括针对特定行政相对人实施的具体行政行为。

前款中的税收政策和管理措施包括但不限于:

(一)直接影响进出口的税收政策,包括:

1. 影响进口的间接税;

2. 出口税;

3. 出口退税;

4. 加工贸易税收减让。

（二）可能影响贸易的税收优惠政策；

（三）执行上述税收政策的管理措施。

第三条 本办法所称合规，是指税收政策应当符合世界贸易组织规则。

世界贸易组织规则，包括《世界贸易组织协定》及其附件和后续协定、《中华人民共和国加入议定书》和《中国加入工作组报告书》。

第四条 设区的市（盟、州、地区）以上税务机关应当按照本办法的规定，对税收政策进行合规性评估。

第五条 设区的市（盟、州、地区）以上税务机关从事政策法规工作的部门或人员（以下简称政策法规部门）负责对税收政策进行合规性评估。

税收政策未经政策法规部门进行合规性评估的，办公厅（室）不予核稿，局领导不予签发。

第六条 税收政策在送交合规性评估时，税收政策起草部门应当对其制定背景、制定依据、政策目标等进行说明。

起草部门未按前款规定对税收政策进行说明的，政策法规部门应将起草文本退回起草部门，由其进行补充说明。

第七条 政策法规部门主要依据以下内容，对税收政策起草文本是否合规进行评估：

（一）最惠国待遇原则；

（二）国民待遇原则；

（三）透明度原则；

（四）有关补贴的规定；

（五）其他世界贸易组织规则。

第八条 政策法规部门根据不同情形，分别提出以下评估意见：

（一）认为起草文本符合世界贸易组织规则的，提出无异议评估意见；

（二）认为起草文本可能引发国际贸易争端的，向起草部门作出风险提示；

（三）认为起草文本不符合世界贸易组织规则、必然引发国际贸易争端的，向起草部门作出风险提示，并提出修改的意见和理由。

第九条 经评估，政策法规部门对起草文本提出无异议评估意见的，在签署同意意见后，按公文处理程序办理。

第十条 政策法规部门认为起草文本可能或必然引发国际贸易争端，起草部门同意政策法规部门意见的，由起草部门根据政策法规部门的风险提示进行分析，按公文处理程序办理。

第十一条 政策法规部门认为起草文本可能或必然引发国际贸易争端，起草部门不同意政策法规部门的意见，经充分协商仍不能达成一致的，由起草部门在起草说明中注明各方意见和理由，报局领导确定。

第十二条 设区的市（盟、州、地区）以上税务机关难以确定税收政策是否合规的，可由政策起草部门征求同级商务部门意见后，报局领导确定。

如有必要，设区的市（盟、州、地区）以上税务机关可以邀请有关部门、专家学者、中介机构等对税收政策的合规性和引发国际贸易争端的风险进行论证。

第十三条 合规性评估过程中发现起草文本所依据的税收政策不符合世界贸易组织规则的,由起草机关层报该税收政策制定机关处理。

第十四条 设区的市(盟、州、地区)以上税务机关应当在税收政策印发之日起30日内将正式文本报上级税务机关政策法规部门备案。

第十五条 上级税务机关政策法规部门应当对下级税务机关报备的税收政策进行合规性评估,提出处理意见。

根据世界贸易组织规则发展变化情况,税务总局及时组织设区的市(盟、州、地区)以上税务机关对税收政策进行专项清理。

第十六条 各省、自治区、直辖市和计划单列市税务机关应当于每年1月31日前向国家税务总局报告本地区上一年度合规性评估工作开展情况,包括当年合规性评估文件数量、名称、政策法规部门的评估意见以及文件最终制定情况。

第十七条 税收政策文本印发后,应当按照世界贸易组织规则的要求翻译成英文。

税收政策翻译工作实施办法由税务总局另行制定。

第十八条 国务院商务主管部门转来的世贸组织成员提出的税收政策合规问题,由税务总局统一负责,参照本办法的规定办理。

第十九条 设区的市(盟、州、地区)以上税务机关可以根据需要,建立合规工作专家支持体系。

第二十条 本办法自2015年11月1日起实施。

附件

税收政策合规工作指引

为方便各级税务机关做好税收政策合规性评估工作,根据世界贸易组织规则,本指引对《税收政策合规工作实施办法(试行)》第七条进行了细化。世界贸易组织规则篇幅宏大、内容庞杂,《税收政策合规工作实施办法(试行)》和本指引只作择要归纳。评估过程中如有疑义,应查阅世界贸易组织规则正式文本。

一、最惠国待遇原则是指,在货物贸易、服务贸易和与贸易有关的知识产权领域,给予任一国家或地区的税收待遇,应立即和无条件地给予其他世界贸易组织成员。

符合下列情形之一的,不适用最惠国待遇原则:

(一)在货物贸易、服务贸易和与贸易有关的知识产权领域,为推动区域经济一体化和便利边境贸易而给予的更加优惠的待遇,包括建立关税同盟、自由贸易区,以及与毗连国家的边境贸易等;

(二)在货物贸易、服务贸易领域,为维护公共道德、保护人类或动植物的生命和健康、保护文物及可能枯竭的天然资源所采取的必要措施;

(三)在服务贸易领域,为执行避免双重征税的国际协定或安排的规定使其他成员实际获得的更优惠待遇;

(四)世界贸易组织规则规定的其他例外。

二、国民待遇原则是指，在同等条件下，对其他世界贸易组织成员的产品、服务或服务提供者、知识产权所有者或持有者所提供的税收待遇，应不低于本国同类对象。

符合下列情形之一的，不适用国民待遇原则：

（一）在货物和服务贸易领域，为维护公共道德、保护人类或动植物的生命和健康、保护文物及可能枯竭的天然资源所采取的必要措施；

（二）在我国《服务贸易具体承诺减让表》中未做出承诺的服务部门；

（三）在服务贸易领域，为保证对其他成员的服务或服务提供者公平或有效地课征直接税而实施的差别待遇；

（四）世界贸易组织规则规定的其他例外。

三、透明度原则是指，对于影响国际贸易的税收政策或管理措施，最迟应当在生效之时公布。

对于一经披露可能妨碍执法、违背公共利益或者损害特定企业合法商业利益的机密信息，不属于对外提供和公布的范围。

四、世界贸易组织规则规定的补贴是指在我国境内因政府或公共机构提供资助或其他任何形式的收入或价格支持而获得的利益，主要适用于货物贸易。

税收优惠是补贴的一种形式，具体包括税收减免、税收返还、税收抵免、退税、延期纳税以及其他旨在减少或延缓应纳税额的各类税收政策或管理措施。

补贴可分为禁止性补贴和可诉性补贴。

五、禁止性补贴包括：

（一）视出口实绩而给予的补贴，即与出口产品或出口实绩直接相关的税收政策；

（二）视使用国产货物而非进口货物的情况而给予的税收优惠。

税收政策或管理措施不应给予禁止性补贴。

六、除禁止性补贴之外的其他补贴均为可诉性补贴。

如果一项可诉性补贴给予我国境内特定的企业、产业或地域，则可以被视为专向性补贴。“专向性”包括法律专向性与事实专向性。法律专向性是指税收政策或管理措施的适用对象明确规定为特定的企业、产业或地域。事实专向性是指税收政策或管理措施虽然规定了普遍适用的客观标准和条件，但事实上只有有限数量的企业可获得补贴。

6－7－65

国务院关于第一批取消62项中央指定地方实施行政审批事项的决定（节录）

2015年10月11日　国发〔2015〕57号

各省、自治区、直辖市人民政府，国务院各部委、各直属机构：

经研究论证，国务院决定第一批取消62项中央指定地方实施的行政审批事项。

各地区、各部门要抓紧做好取消事项的落实工作，并切实加强事中事后监管。要严格落实行政许可法关于设定行政许可的有关规定，对以部门规章、规范性文件等形式设定的具有行政许可性质的审批事项进行清理，原则上2015年底前全部取消。要继续大力推进行政审批制度改革，深入推进简政放权、放管结合、优化服务，加快政府职能转变，不断提高政府管理科学化、规范化、法治化水平。

附件：国务院决定第一批取消中央指定地方实施的行政审批事项目录（共计62项）

附件

国务院决定第一批取消中央指定地方实施的行政审批事项目录

（共计62项）

序号	项目名称	审批部门	设定依据
…………			
9	对吸纳下岗失业人员达到规定条件的服务型、商贸企业和对下岗失业人员从事个体经营减免税的审批	地方税务机关	《财政部、国家税务总局关于支持和促进就业有关税收政策的通知》（财税〔2010〕84号） 《国家税务总局、财政部、人力资源和社会保障部、教育部关于支持和促进就业有关税收政策具体实施问题的公告》（国家税务总局公告2010年第25号）
10	企业享受综合利用资源所得税优惠的核准	地方税务机关	《国家税务总局关于资源综合利用企业所得税优惠管理问题的通知》（国税函〔2009〕185号）
11	企业从事农林牧渔业项目的所得享受所得税优惠的备案核准	地方税务机关	《国家税务总局关于实施农、林、牧、渔业项目企业所得税优惠问题的公告》（国家税务总局公告2011年第48号） 《财政部、国家税务总局关于享受企业所得税优惠的农产品初加工有关范围的补充通知》（财税〔2011〕26号） 《国家税务总局关于企业所得税税收优惠管理问题的补充通知》（国税函〔2009〕255号）
12	企业从事国家重点扶持的公共基础设施项目投资经营的所得享受所得税优惠的备案核准	地方税务机关	《国家税务总局关于实施国家重点扶持的公共基础设施项目企业所得税优惠问题的通知》（国税发〔2009〕80号） 《国家税务总局关于企业所得税税收优惠管理问题的补充通知》（国税函〔2009〕255号）
13	对律师事务所征收方式的核准	地方税务机关	《国家税务总局关于强化律师事务所等中介机构投资者个人所得税查账征收的通知》（国税发〔2002〕123号）
14	注册税务师执业核准	地方税务机关	《注册税务师管理暂行办法》（国家税务总局令第14号）
…………			
32	主管税务机关对非居民企业适用行业及所适用的利润率的审核	地方税务机关	《非居民企业所得税核定征收管理办法》（国税发〔2010〕19号）
33	汇总纳税企业组织结构变更审核	地方税务机关	《跨地区经营汇总纳税企业所得税征收管理办法》（国家税务总局公告2012年第57号）
34	企业符合特殊性税务处理规定条件的业务的核准	地方税务机关	《财政部、国家税务总局关于企业重组业务企业所得税处理若干问题的通知》（财税〔2009〕59号） 《企业重组业务企业所得税管理办法》（国家税务总局公告2010年第4号）
35	企业取得的符合条件的技术转让所得享受所得税优惠的核准	地方税务机关	《国家税务总局关于技术转让所得减免企业所得税有关问题的通知》（国税函〔2009〕212号）

续表

序号	项目名称	审批部门	设定依据
36	企业享受符合条件的固定资产加速折旧或缩短折旧年限所得税优惠的核准	地方税务机关	《国家税务总局关于企业固定资产加速折旧所得税处理有关问题的通知》(国税发〔2009〕81 号)
37	企业享受文化体制改革中转制的经营性文化事业单位所得税优惠的核准	地方税务机关	《财政部、国家税务总局关于文化体制改革中经营性文化事业单位转制为企业的若干税收优惠政策的通知》(财税〔2009〕34 号) 《财政部、国家税务总局、中宣部关于转制文化企业名单及认定问题的通知》(财税〔2009〕105 号)
38	电网企业新建项目分摊期间费用的核准	地方税务机关	《国家税务总局关于电网企业电网新建项目享受所得税优惠政策问题的公告》(国家税务总局公告 2013 年第 26 号)
39	企业享受生产和装配伤残人员专门用品企业所得税优惠的核准	地方税务机关	《财政部、国家税务总局、民政部关于生产和装配伤残人员专门用品企业免征企业所得税的通知》(财税〔2011〕81 号)
40	企业境外所得适用简易征收和饶让抵免的核准	地方税务机关	《企业境外所得税收抵免操作指南》(国家税务总局公告 2010 年第 1 号) 《国家税务总局关于企业所得税税收优惠管理问题的补充通知》(国税函〔2009〕255 号)
41	符合条件的非营利组织享受免税收入优惠的备案核准	地方税务机关	《财政部、国家税务总局关于非营利组织企业所得税免税收入问题的通知》(财税〔2009〕122 号) 《国家税务总局关于企业所得税税收优惠管理问题的补充通知》(国税函〔2009〕255 号)
42	企业符合条件的环境保护、节能节水项目的所得享受所得税优惠的备案核准	地方税务机关	《财政部、国家税务总局、国家发展改革委关于公布环境保护、节能节水项目企业所得税优惠目录(试行)的通知》(财税〔2009〕166 号) 《国家税务总局关于企业所得税税收优惠管理问题的补充通知》(国税函〔2009〕255 号)
43	软件、集成电路企业享受所得税优惠的备案核准	地方税务机关	《财政部、国家税务总局关于进一步鼓励软件产业和集成电路产业发展企业所得税政策的通知》(财税〔2012〕27 号) 《国家税务总局关于企业所得税税收优惠管理问题的补充通知》(国税函〔2009〕255 号)
44	动漫企业享受所得税优惠的备案核准	地方税务机关	《财政部、国家税务总局关于扶持动漫产业发展有关税收政策问题的通知》(财税〔2009〕65 号) 《国家税务总局关于企业所得税税收优惠管理问题的补充通知》(国税函〔2009〕255 号)
45	节能服务公司实施合同能源管理项目享受所得税优惠的备案核准	地方税务机关	《财政部、国家税务总局关于促进节能服务产业发展增值税、营业税和企业所得税政策问题的通知》(财税〔2010〕110 号) 《国家税务总局关于企业所得税税收优惠管理问题的补充通知》(国税函〔2009〕255 号)
46	中国清洁发展机制基金及清洁发展机制项目实施企业享受所得税优惠的备案核准	地方税务机关	《财政部、国家税务总局关于中国清洁发展机制基金及清洁发展机制项目实施企业有关企业所得税政策问题的通知》(财税〔2009〕30 号) 《国家税务总局关于企业所得税税收优惠管理问题的补充通知》(国税函〔2009〕255 号)
47	个人取得股票期权或认购股票等取得折扣或补贴收入个人所得税纳税有困难的审核	地方税务机关	《国家税务总局关于个人认购股票等有价证券而从雇主取得折扣或补贴收入有关征收个人所得税问题的通知》(国税发〔1998〕9 号) 《财政部、国家税务总局关于上市公司高管人员股票期权所得缴纳个人所得税有关问题的通知》(财税〔2009〕40 号)

续表

序号	项目名称	审批部门	设定依据
48	对一年期以上返还性人身保险业务免征营业税的初审	地方税务机关	《财政部、国家税务总局关于对若干项目免征营业税的通知》(财税字〔1994〕2 号)
49	企业吸纳自主择业的军转干部税收减免审批	地方税务机关	《财政部、国家税务总局关于自主择业的军队转业干部有关税收政策问题的通知》(财税〔2003〕26 号)
50	企业享受苏州工业园区有限合伙制创业投资企业法人合伙人试点优惠政策的核准	地方税务机关	《国家税务总局关于苏州工业园区有限合伙制创业投资企业法人合伙人企业所得税政策试点有关征收管理问题的公告》(国家税务总局公告 2013 年第 25 号)
51	西部大开发税收优惠政策审批	地方税务机关	《国务院办公厅关于保留部分非行政许可审批项目的通知》(国办发〔2004〕62 号) 《财政部、海关总署、国家税务总局关于深入实施西部大开发战略有关税收政策问题的通知》(财税〔2011〕58 号)
52	境外注册中资控股居民企业主管税务机关的变更审批	地方税务机关	《境外注册中资控股居民企业所得税管理办法(试行)》(国家税务总局公告 2011 年第 45 号)
53	企业成本分摊协议是否符合独立交易原则的审核	地方税务机关	《特别纳税调整实施办法(试行)》(国税发〔2009〕2 号)
54	非居民享受税收协定(含与港澳台协议)待遇审批	地方税务机关	《非居民享受税收协定待遇管理办法(试行)》(国税发〔2009〕124 号)
…………			

6 -7 -66

国家税务总局关于发布《减免税政策代码目录》的公告

2015 年 10 月 29 日　国家税务总局公告 2015 年第 73 号

为全面落实减免税政策,规范减免税事项办理,提高税务机关减免税管理工作效能,国家税务总局制定了《减免税政策代码目录》,现予以发布,并将有关问题公告如下:

一、《减免税政策代码目录》对税收法律法规规定、国务院制定或经国务院批准,由财政部、国家税务总局等中央部门发布的减免税政策及条款,按收入种类和政策优惠的领域类别,分别赋予减免性质代码及减免项目名称。税务机关及纳税人办理减免税申报、备案、核准、减免退税等业务事项时,根据各项工作的管理要求,检索相应的减免性质代码及减免项目名称,填报有关表证单书。

地方依照法律法规制定发布的适用于本地区的减免税政策,由各地税务机关制定代码并发布。

二、《减免税政策代码目录》将根据减免税政策的新增、废止等情况,每月定期更新,并通过国家税务总局网站"纳税服务"下的"申报纳税"栏目发布。各地税务机关应当通过办税服务大厅、税务网站、12366 热线、短信、微信等多种渠道和方式进行转载、发布与宣传推送。

特此公告。

附件:减免税政策代码目录(编者略)

6-7-67

国家税务总局关于贯彻落实《国务院关于第一批取消62项中央指定地方实施行政审批事项的决定》的通知

2015年11月17日 税总发〔2015〕141号

各省、自治区、直辖市和计划单列市地方税务局,局内各单位:

《国务院关于第一批取消62项中央指定地方实施行政审批事项的决定》(国发〔2015〕57号)公布取消62项中央指定地方实施的行政审批事项。其中,涉及取消29项中央指定地方税务机关实施的税务行政审批事项。

各级地方税务机关必须认真贯彻执行国务院决定,全面落实取消中央指定地方税务机关实施的行政审批事项,不得以任何形式保留或者变相审批。要及时修改涉及取消中央指定地方税务机关实施行政审批事项的相关规定、表证单书和征管流程,明确取消审批事项后续管理要求。同时,进一步深入推进简政放权、放管结合、优化服务,加快职能转变,创新管理方式,不断提高税收管理科学化、规范化、法治化水平。

附件:国务院决定第一批取消中央指定地方实施的行政审批事项目录(涉税29项)

附件

国务院决定第一批取消中央指定地方实施的行政审批事项目录

(涉税29项)

序号	项目名称	审批部门	设定依据	备注
1	对吸纳下岗失业人员达到规定条件的服务型、商贸企业和对下岗失业人员从事个体经营减免税的审批	地方税务机关	《财政部、国家税务总局关于支持和促进就业有关税收政策的通知》(财税〔2010〕84号) 《国家税务总局、财政部、人力资源社会保障部、教育部关于支持和促进就业有关税收政策具体实施问题的公告》(税务总局公告2010年第25号)	国发〔2015〕57号公布
2	企业享受综合利用资源所得税优惠的核准	地方税务机关	《国家税务总局关于资源综合利用企业所得税优惠管理问题的通知》(国税函〔2009〕185号)	国发〔2015〕57号公布
3	企业从事农林牧渔业项目的所得享受所得税优惠的备案核准	地方税务机关	《国家税务总局关于实施农、林、牧、渔业项目企业所得税优惠问题的公告》(税务总局公告2011年第48号) 《财政部、国家税务总局关于享受企业所得税优惠的农产品初加工有关范围的补充通知》(财税〔2011〕26号) 《国家税务总局关于企业所得税税收优惠管理问题的补充通知》(国税函〔2009〕255号)	国发〔2015〕57号公布

续表

序号	项目名称	审批部门	设定依据	备注
4	企业从事国家重点扶持的公共基础设施项目投资经营的所得享受所得税优惠的备案核准	地方税务机关	《国家税务总局关于实施国家重点扶持的公共基础设施项目企业所得税优惠问题的通知》(国税发〔2009〕80号) 《国家税务总局关于企业所得税税收优惠管理问题的补充通知》(国税函〔2009〕255号)	国发〔2015〕57号公布
5	对律师事务所征收方式的核准	地方税务机关	《国家税务总局关于强化律师事务所等中介机构投资者个人所得税查账征收的通知》(国税发〔2002〕123号)	国发〔2015〕57号公布
6	注册税务师执业核准	地方税务机关	《注册税务师管理暂行办法》(国家税务总局令第14号)	国发〔2015〕57号公布
7	主管税务机关对非居民企业适用行业及所适用的利润率的审核	地方税务机关	《非居民企业所得税核定征收管理办法》(国税发〔2010〕19号)	国发〔2015〕57号公布
8	汇总纳税企业组织结构变更审核	地方税务机关	《跨地区经营汇总纳税企业所得税征收管理办法》(国家税务总局公告2012年第57号)	国发〔2015〕57号公布
9	企业符合特殊性税务处理规定条件的业务的核准	地方税务机关	《财政部、国家税务总局关于企业重组业务企业所得税处理若干问题的通知》(财税〔2009〕59号) 《企业重组业务企业所得税管理办法》(国家税务总局公告2010年第4号)	国发〔2015〕57号公布
10	企业取得的符合条件的技术转让所得享受所得税优惠的核准	地方税务机关	《国家税务总局关于技术转让所得减免企业所得税有关问题的通知》(国税函〔2009〕212号)	国发〔2015〕57号公布
11	企业享受符合条件的固定资产加速折旧或缩短折旧年限所得税优惠的核准	地方税务机关	《国家税务总局关于企业固定资产加速折旧所得税处理有关问题的通知》(国税发〔2009〕81号)	国发〔2015〕57号公布
12	企业享受文化体制改革中转制的经营性文化事业单位所得税优惠的核准	地方税务机关	《财政部、国家税务总局关于文化体制改革中经营性文化事业单位转制为企业的若干税收优惠政策的通知》(财税〔2009〕34号) 《财政部、国家税务总局、中宣部关于转制文化企业名单及认定问题的通知》(财税〔2009〕105号)	国发〔2015〕57号公布
13	电网企业新建项目分摊期间费用的核准	地方税务机关	《国家税务总局关于电网企业电网新建项目享受所得税优惠政策问题的公告》(国家税务总局公告2013年第26号)	国发〔2015〕57号公布
14	企业享受生产和装配伤残人员专门用品企业所得税优惠的核准	地方税务机关	《财政部、国家税务总局、民政部关于生产和装配伤残人员专门用品企业免征企业所得税的通知》(财税〔2011〕81号)	国发〔2015〕57号公布
15	企业境外所得适用简易征收和饶让抵免的核准	地方税务机关	《企业境外所得税收抵免操作指南》(国家税务总局公告2010年第1号) 《国家税务总局关于企业所得税税收优惠管理问题的补充通知》(国税函〔2009〕255号)	国发〔2015〕57号公布
16	符合条件的非营利组织享受免税收入优惠的备案核准	地方税务机关	《财政部、国家税务总局关于非营利组织企业所得税免税收入问题的通知》(财税〔2009〕122号) 《国家税务总局关于企业所得税税收优惠管理问题的补充通知》(国税函〔2009〕255号)	国发〔2015〕57号公布

续表

序号	项目名称	审批部门	设定依据	备注
17	企业符合条件的环境保护、节能节水项目的所得享受所得税优惠的备案核准	地方税务机关	《财政部、国家税务总局、国家发展改革委关于公布环境保护节能节水项目企业所得税优惠目录(试行)的通知》(财税〔2009〕166号) 《国家税务总局关于企业所得税税收优惠管理问题的补充通知》(国税函〔2009〕255号)	国发〔2015〕57号公布
18	软件、集成电路企业享受所得税优惠的备案核准	地方税务机关	《财政部、国家税务总局关于进一步鼓励软件产业和集成电路产业发展企业所得税政策的通知》(财税〔2012〕27号) 《国家税务总局关于企业所得税税收优惠管理问题的补充通知》(国税函〔2009〕255号)	国发〔2015〕57号公布
19	动漫企业享受所得税优惠的备案核准	地方税务机关	《财政部、国家税务总局关于扶持动漫产业发展有关税收政策问题的通知》(财税〔2009〕65号) 《国家税务总局关于企业所得税税收优惠管理问题的补充通知》(国税函〔2009〕255号)	国发〔2015〕57号公布
20	节能服务公司实施合同能源管理项目享受所得税优惠的备案核准	地方税务机关	《财政部、国家税务总局关于促进节能服务产业发展增值税、营业税和企业所得税政策问题的通知》(财税〔2010〕110号) 《国家税务总局关于企业所得税税收优惠管理问题的补充通知》(国税函〔2009〕255号)	国发〔2015〕57号公布
21	中国清洁发展机制基金及清洁发展机制项目实施企业享受所得税优惠的备案核准	地方税务机关	《财政部、国家税务总局关于中国清洁发展机制基金及清洁发展机制项目实施企业有关企业所得税政策问题的通知》(财税〔2009〕30号) 《国家税务总局关于企业所得税税收优惠管理问题的补充通知》(国税函〔2009〕255号)	国发〔2015〕57号公布
22	个人取得股票期权或认购股票等取得折扣或补贴收入个人所得税纳税有困难的审核	地方税务机关	《国家税务总局关于个人认购股票等有价证券而从雇主取得折扣或补贴收入有关征收个人所得税问题的通知》(国税发〔1998〕9号) 《财政部、国家税务总局关于上市公司高管人员股票期权所得缴纳个人所得税有关问题的通知》(财税〔2009〕40号)	国发〔2015〕57号公布
23	对一年期以上返还性人身保险业务免征营业税的初审	地方税务机关	《财政部、国家税务总局关于对若干项目免征营业税的通知》(财税字〔1994〕2号)	国发〔2015〕57号公布
24	企业吸纳自主择业的军转干部税收减免审批	地方税务机关	《财政部、国家税务总局关于自主择业的军队转业干部有关税收政策问题的通知》(财税〔2003〕26号)	国发〔2015〕57号公布
25	企业享受苏州工业园区有限合伙制创业投资企业法人合伙人试点优惠政策的核准	地方税务机关	《国家税务总局关于苏州工业园区有限合伙制创业投资企业法人合伙人企业所得税政策试点有关征收管理问题的公告》(国家税务总局公告2013年第25号)	国发〔2015〕57号公布
26	西部大开发税收优惠政策审批	地方税务机关	《国务院办公厅关于保留部分非行政许可审批项目的通知》(国办发〔2004〕62号) 《财政部、海关总署、国家税务总局关于深入实施西部大开发战略有关税收政策问题的通知》(财税〔2011〕58号)	国发〔2015〕57号公布

续表

序号	项目名称	审批部门	设定依据	备注
27	境外注册中资控股居民企业主管税务机关的变更审批	地方税务机关	《境外注册中资控股居民企业所得税管理办法(试行)》(国家税务总局公告2011年第45号)	国发〔2015〕57号公布
28	企业成本分摊协议是否符合独立交易原则的审核	地方税务机关	《特别纳税调整实施办法(试行)》(国税发〔2009〕2号)	国发〔2015〕57号公布
29	非居民享受税收协定(含与港澳台协议)待遇审批	地方税务机关	《非居民享受税收协定待遇管理办法(试行)》(国税发〔2009〕124号)	国发〔2015〕57号公布

6-7-68

国家税务总局关于做好"二维码"一次性告知工作的通知

2015年12月23日　税总函〔2015〕678号

各省、自治区、直辖市和计划单列市国家税务局、地方税务局:

根据《深化国税、地税征管体制改革方案》关于创新纳税服务机制的改革要求,税务总局决定自2016年1月起,在全国推行办税事项"二维码"一次性告知措施(以下简称"二维码"措施)。现将有关事项明确如下:

一、"二维码"措施的意义

办税事项"二维码"一次性告知是指税务机关制作并在办税服务厅、门户网站等办税服务平台放置二维码图标,纳税人扫描相应业务的二维码即可通过手机等移动终端获知办理该项业务的资料准备、基本流程等信息。

推行办税事项"二维码"一次性告知,是贯彻中央《深化国税、地税征管体制改革方案》的落地措施,是落实"互联网+税务"行动计划的重要举措,是"便民办税春风行动"的具体项目,是提升纳税服务质量和效率的创新手段。各级税务机关要高度重视,充分认识其重要意义,迅速加强宣传和运用,以方便纳税人快速、便捷地获取规范、准确的税收业务办理指南。

二、"二维码"措施的业务内容

"二维码"一次性告知事项内容主要包含"全国统一事项"和"地方适用事项"。

(一)"全国统一事项"是指税务总局根据《全国税务机关纳税服务规范》对服务事项进行梳理,就全国通行事项统一制发二维码。

目前,税务总局共梳理"全国统一事项"110项,包括税务登记20项,税务认定27项,发票办理11项,申报纳税23项,优惠办理4项,证明办理25项。后期,税务总局将根据具体业务的变化定期对"全国统一事项"业务内容进行增减和修订。

(二)"地方适用事项"是指省税务机关对地方业务进行梳理,自行生成供本地纳税人使用的二维码。

"地方适用事项"不得与现行涉税法律法规、"全国统一事项"及相关规定相悖,并且原则上不与“全国统一事项”重复。

三、“二维码”的制作

二维码的制作程序分为业务梳理、内容存储和编码生成。

(一)税务总局和省税务机关纳税服务主管部门负责涉税业务的梳理,并征求相关业务部门的意见。每项业务应包括业务描述、政策依据、受理部门、办理时限、报送资料、基本流程六方面信息。

(二)税务总局和省税务机关网站管理部门负责在门户网站上确定梳理后的业务内容存放位置,获取相应服务事项的网址信息。

(三)税务总局和省税务机关纳税服务主管部门根据梳理的业务内容和存放网址,利用相关软件编码生成二维码图标。

四、“二维码”措施的宣传和应用

各级税务机关要利用办税服务厅、门户网站、微博、微信等多种渠道加强对办税事项“二维码”一次性告知工作的宣传,办税服务厅人员和热线座席人员要主动引导纳税人扫描相应业务的二维码,帮助纳税人理解和使用二维码。

(一)各地税务机关应在办税服务厅的导税台、咨询台和各办税窗口明显位置摆放印有二维码图标的指南,同时在资料架上摆放宣传手册供纳税人查阅。

(二)税务总局和省税务机关应在门户网站等网上办税平台首页显示“二维码”一次性告知窗口(悬浮窗),纳税人点开链接后,可以扫描二维码查看相应业务。已开通手机 APP、微信和微博的单位,要通过这些渠道主动推送“二维码”。

五、“二维码”的日常管理

省税务机关应根据税收政策和管理制度变化情况,适时更新“地方适用事项”二维码,并报税务总局(纳税服务司)备案。

税务总局将根据税收政策和管理制度变化情况,适时更新“全国统一事项”二维码,同时对不符合要求的“地方适用事项”二维码予以撤销或修改。

落实“二维码”一次性告知工作将列入全国纳税人满意度调查和明察暗访内容。

附件:“二维码”一次性告知事项内容及图标(编者略)

6 -7 -69

国家税务总局关于京津冀范围内纳税人办理跨省(市)迁移有关问题的通知

2015 年 12 月 31 日　税总发〔2015〕161 号

北京、天津、河北省(市)国家税务局、地方税务局:

按照党中央、国务院关于推进京津冀协同发展的重大战略部署和《深化国税、地税征管体制改革方案》有关要求,为促进京津冀三地税收协同发展,进一步减轻纳税人负担,便利企业合理流动,现将京津冀范围内纳税人跨省(市)迁移简化手续有关问题通知如下:

一、适用范围

(一)纳税人在京津冀范围内,因住所、经营地点变动涉及改变省(市)主管税务机关的,应当持有关证件和资料,向原主管税务机关申报办理注销税务登记(一照一码户办理清税申报),并在规定期限内向迁入地税务机关申报办理税务登记。

(二)纳税人存在以下情况的,在未办结有关事项前,不得办理跨省(市)迁移手续:

1. 有未申报记录的;

2. 有各类欠缴或多缴税款、罚款或滞纳金的;

3. 有未结清的出口退(免)税款的;

4. 有未结稽查案件的;

5. 有未结行政处罚、行政复议或者行政诉讼案件的;

6. 有未处理完的在批文书的;

7. 税务机关规定的其他情形。

二、时限要求

(一)增值税一般纳税人办理跨省(市)迁移手续,应先完成纳税申报和增值税发票报税,再办理有关跨省(市)迁移手续。

(二)纳税人在纳税申报期内(含所得税年度申报),提出办理跨省(市)迁移申请的,应完成当期全部申报并结清已申报税款后,办理有关跨省(市)迁移手续。

(三)纳税人应自原主管税务机关注销其税务登记或开具《清税证明》之日起30日内向迁入地税务机关申报办理税务登记。

(四)新设立的一照一码户在工商部门办理完变更登记后,应及时到迁入地税务机关办理有关涉税事宜。

三、业务衔接

(一)纳税申报及税款征收

跨省(市)迁移的纳税人,迁出前应完成全部纳税申报事项,并结清已申报的应纳税款及滞纳金、罚款和各类查补税款,迁出后发生的相关退、补税款,一律由迁入地税务机关完成。

(二)税收优惠政策

纳税人跨省(市)迁移后,除区域优惠政策外,其原享受的各项税收优惠延续执行。迁出地税务机关在征管系统内取消相关税收优惠政策操作,收回纳税人迁移前税务机关送达的有关备案、审批文书,归入纳税人档案一并移交迁入地税务机关,迁入地税务机关据此在征管系统内重新流转相关税收优惠政策备案、审批文书,不得要求纳税人重新办理审批手续。

(三)相关资格资质

1. 迁入地税务机关对纳税人由迁出地税务机关认定的纳税信用等级资质予以认可。

2. 增值税一般纳税人迁移后,其增值税一般纳税人资格延续登记。纳税人办理注销税务登记前,尚有未抵扣进项税额的,迁出地税务机关应填报《增值税一般纳税人迁移进项税额转移单》,在增值税发票系统升级版中核实企业的发票缴销、补录情况。

3. 使用“税库银”电子缴税方式的纳税人,应与迁出地税务机关终止“实时缴税协议”,

在迁入地税务机关重新签订“实时缴税协议”。

（四）税控机具

1. 纳税人使用的增值税发票系统升级版专用设备（包括金税盘、税控盘、报税盘）交由迁出地税务机关注销收回，纳税人在迁入地重新购置专用设备。

2. 使用税控收款机的纳税人迁出前应抄报当期开票数据，报送相关资料并办理税控收款机注销核准（收回税控卡、用户卡）。

（五）发票及各类证件

1. 纳税人跨省（市）迁移，迁出前应向迁出地税务机关申请缴销其全部结存空白发票（包括各类税控系统中的电子发票）及发票领购簿。

2. 增值税一般纳税人迁移后取得的原纳税人识别号发票需办理换票手续后，再进行申报抵扣。

3. 其他有关证件应由迁出地税务机关收缴或由纳税人交迁入地税务机关据以办理相关手续。

（六）核定征收

实行定率征收的纳税人，迁入地税务机关原则上继续按照迁出地税务机关核定内容执行，如需要调整，应重新制作相关核定文书。如符合有关规定需实行查账征收的，迁入地税务机关可以改为查账征收方式，并书面通知纳税人。

实行定额征收的纳税人办理跨省（市）迁移时，迁出地税务机关取消其核定征收信息，由迁入地税务机关确定具体征收方式。

（七）档案资料移交

纳税人办理跨省（市）迁移，迁出地税务机关应向迁入地税务机关移交纳税人的纳税档案，并填制《移交纳税登记户资料清单》（详见附件1）。

纳税人凭以下资料办理迁移手续：

1. 增值税一般纳税人尚有未抵扣进项税额的，应提供《增值税一般纳税人迁移进项税额转移单》，迁入地税务机关据此进行增值税进项税额的初始化处理。

2. 提供加盖迁出地主管税务机关公章的、迁出前清税处理完毕的《增值税纳税申报表》及附表、《企业所得税纳税申报表》及附表。

迁出地税务机关已对档案进行数字化处理的，可以移交加盖税务机关公章的数字图像影印件。京津冀内网信息交换平台搭建完成后，跨省迁移电子档案资料可利用内网信息交换平台进行数据交换。

迁出地税务机关应负责移交档案资料的完整性，封存并加盖封存章后，通过交换或其他方式随同档案资料一并送往迁入地税务机关，并填写《税源户移交签收单》（详见附件2）。迁入地税务机关查收后，应将《税源户移交签收单》回执通过纸质或电子邮件方式返回迁出地税务机关。

迁入地主管税务机关接到迁出地主管税务机关递送的《纳税人迁移通知书》（详见附件3）后，应于当日通过纸质或电子方式回复迁出地税务机关，并在3日内主动与纳税人取得联系，敦促纳税人按期办理税务登记及纳税申报等相关手续。

四、具体业务操作

（一）迁出地税务机关业务流程

1. 跨省（市）迁移纳税人向迁出地税务机关填报《注销税务登记申请审批表》（一照一码户填制《清税申报表》），并结清其已申报税款及滞纳金、罚款和各类查补税款。

2. 迁出地税务机关负责办理纳税人的结税清票、收缴证件等相关工作。

3. 迁出地税务机关办理完上述有关事项后，在征管系统中进行迁出处理，填制《纳税人迁移通知书》一式三份（一份由迁出地税务机关留存，一份送迁入地税务机关确认，一份交纳税人到迁入地税务机关办理涉税事项时校验），并通知纳税人在规定的时间内办理迁入手续。

4. 迁出地税务机关填制《移交纳税登记户资料清单》和《税源户移交签收单》，并向迁入地税务机关移交纳税人档案及其他纳税资料。

（二）迁入地税务机关业务流程

1. 纳税人持《纳税人迁移通知书》、变更后的营业执照副本及复印件和其他有关资料等，到迁入地税务机关税务登记部门办理迁入手续。

2. 迁入地税务机关将"税务档案"和《移交纳税登记户资料清单》与《纳税人迁移通知书》等资料核对无误后，在征管系统中进行税务登记操作。

3. 迁入地税务机关办理完毕迁入手续后，填写《税源户移交签收单》回执回复迁出地税务机关，并告知纳税人在规定期限内到其主管税务机关办理申报纳税等相关涉税事宜。

附件：1. 移交纳税登记户资料清单（编者略）

2. 税源户移交签收单（编者略）

3. 纳税人迁移通知书（编者略）

6－7－70

国务院关于第二批取消152项中央指定地方实施行政审批事项的决定（节录）

2016年2月3日　国发〔2016〕9号

各省、自治区、直辖市人民政府，国务院各部委、各直属机构：

经研究论证，国务院决定第二批取消152项中央指定地方实施的行政审批事项。

各地区、各部门要抓紧做好取消事项的后续衔接工作，切实加强事中事后监管，特别是涉及安全生产和维护公共安全的，要进一步细化措施，明确责任主体和工作方法，做好跟踪督导工作。

以部门规章、规范性文件等形式设定的面向公民、法人和社会组织的审批事项已清理完毕。今后行政许可只能依据行政许可法的规定设定，不得把已取消的中央指定事项作为行政许可的设定依据。尚未制定法律、行政法规的，地方性法规可以设定行政许可；尚未制定法律、行政法规和地方性法规的,因行政管理的需要,确需立即实施行政许可的,省、自治区、直辖市人民政府规章可以设定临时性的行政许可。

附件:国务院决定第二批取消中央指定地方实施的行政审批事项目录(共计152项)

附件

国务院决定第二批取消中央指定地方实施的行政审批事项目录

(共计152项)

序号	项目名称	审批部门	设定依据
…………			
38	印花税票代售许可	地方税务机关	《国务院对确需保留的行政审批项目设定行政许可的决定》(国务院令第412号)
39	安置残疾人员和国家鼓励安置的其他就业人员所支付工资的加计扣除的核准	地方税务机关	《财政部、国家税务总局关于安置残疾人员就业有关企业所得税优惠政策问题的通知》(财税〔2009〕70号)
40	对外办事税务登记(外出经营报验)的核准	地方税务机关	《中华人民共和国税收征收管理法实施细则》(国务院令第362号,2012年11月9日予以修改)
41	偏远地区简并征期认定	地方税务机关	《个体工商户税收定期定额征收管理办法》(税务总局令2006年第16号)
42	对纳税人申报方式的核准	地方税务机关	《中华人民共和国税收征收管理法实施细则》(国务院令第362号,2012年11月9日予以修改)
43	印刷有本单位名称发票的审批	地方税务机关	《中华人民共和国发票管理办法》(国务院令第587号)
44	扣缴税款登记核准	地方税务机关	《中华人民共和国税收征收管理法实施细则》(国务院令第362号,2012年11月9日予以修改)
…………			

6－7－71

国家税务总局贯彻落实《国务院关于第二批取消152项中央指定地方实施行政审批事项的决定》的通知

2016年2月24日　税总发〔2016〕23号

各省、自治区、直辖市和计划单列市地方税务局,局内各单位:

《国务院关于第二批取消152项中央指定地方实施行政审批事项的决定》(国发〔2016〕9号)公布取消152项中央指定地方实施的行政审批事项。其中,涉及取消17项中央指定地方税务机关实施的税务行政审批事项。

各级地方税务机关必须认真贯彻执行国务院决定,全面落实取消中央指定地方税务机关实施的行政审批事项,不得以任何形式保留或者变相审批。应当及时修改涉及取消中央指定地方税务机关实施行政审批事项的相关规定、表证单书和征管流程，做好取消事项的后续衔接工作，切实加强事中事后管理。

附件：国务院决定第二批取消中央指定地方实施的行政审批事项目录（涉税17项）

附件

国务院决定第二批取消中央指定地方实施的行政审批事项目录

（涉税17项）

序号	项目名称	审批部门	设定依据	备注
1	印花税票代售许可	地方税务机关	《国务院对确需保留的行政审批项目设定行政许可的决定》（国务院令第412号）	国发〔2016〕9号公布
2	安置残疾人员和国家鼓励安置的其他就业人员所支付工资的加计扣除的核准	地方税务机关	《财政部、国家税务总局关于安置残疾人员就业有关企业所得税优惠政策问题的通知》（财税〔2009〕70号）	国发〔2016〕9号公布
3	对办理税务登记（外出经营报验）的核准	地方税务机关	《中华人民共和国税收征收管理法实施细则》（国务院令第362号，2012年11月9日予以修改）	国发〔2016〕9号公布
4	偏远地区简并征期认定	地方税务机关	《个体工商户税收定期定额征收管理办法》（税务总局令2006年第16号）	国发〔2016〕9号公布
5	对纳税人申报方式的核准	地方税务机关	《中华人民共和国税收征收管理法实施细则》（国务院令第362号，2012年11月9日予以修改）	国发〔2016〕9号公布
6	印制有本单位名称发票的审批	地方税务机关	《中华人民共和国发票管理办法》（国务院令第587号）	国发〔2016〕9号公布
7	扣缴税款登记核准	地方税务机关	《中华人民共和国税收征收管理法实施细则》（国务院令第362号，2012年11月9日予以修改）	国发〔2016〕9号公布
8	在营企业完成改组改制、符合豁免条件的东北老工业基地企业历史欠税豁免审批	地方税务机关	《财政部、国家税务总局关于豁免东北老工业基地企业历史欠税有关问题的通知》（财税〔2006〕167号） 《财政部、国家税务总局关于豁免东北老工业基地企业历史欠税问题的批复》（财税〔2009〕58号）	国发〔2016〕9号公布
9	非境内注册居民企业选择主管税务机关的批准	地方税务机关	《境外注册中资控股居民企业所得税管理办法（试行）》（税务总局公告2011年第45号）	国发〔2016〕9号公布
10	创业投资企业享受创业投资所得税优惠核准	地方税务机关	《国家税务总局关于实施创业投资企业所得税优惠问题的通知》（国税发〔2009〕87号）	国发〔2016〕9号公布
11	企业享受新疆喀什、霍尔果斯两个特殊经济开发区、新疆困难地区新办企业所得税优惠的核准	地方税务机关	《财政部、国家税务总局关于新疆喀什、霍尔果斯两个特殊经济开发区企业所得税优惠政策的通知》（财税〔2011〕112号） 《财政部、国家税务总局关于新疆困难地区新办企业所得税优惠政策的通知》（财税〔2011〕53号）	国发〔2016〕9号公布
12	享受小型微利企业所得税优惠核准	地方税务机关	《国家税务总局关于小型微利企业预缴企业所得税有关问题的公告》（税务总局公告2012年第14号）	国发〔2016〕9号公布

续表

序号	项目名称	审批部门	设定依据	备注
13	企业购置用于环境保护、节能节水、安全生产的专用设备的投资额享受所得税优惠的备案核准	地方税务机关	《财政部、国家税务总局关于执行环境保护专用设备等企业所得税优惠目录的通知》(财税〔2008〕48号) 《国家税务总局关于企业所得税税收优惠管理问题的补充通知》(国税函〔2009〕255号)	国发〔2016〕9号公布
14	赣州市企业享受西部大开发所得税优惠备案核准	地方税务机关	《财政部、海关总署、国家税务总局关于赣州市执行西部大开发税收政策问题的通知》(财税〔2013〕4号) 《国家税务总局关于企业所得税税收优惠管理问题的补充通知》(国税函〔2009〕255号)	国发〔2016〕9号公布
15	营业税差额纳税试点物流企业确认	地方税务机关	《国家税务总局关于试点物流企业有关税收政策问题的通知》(国税发〔2005〕208号)	国发〔2016〕9号公布
16	房地产开发企业计税成本对象确定核准	地方税务机关	《房地产开发经营业务企业所得税处理办法》(国税发〔2009〕31号)	国发〔2016〕9号公布
17	非居民企业股权转让选择特殊性税务处理核准	地方税务机关	《国家税务总局关于加强非居民企业股权转让所得企业所得税管理的通知》(国税函〔2009〕698号)	国发〔2016〕9号公布

6－7－72

国家税务总局关于深化行政审批制度改革切实加强事中事后管理的指导意见

2016年2月28日　税总发〔2016〕28号

各省、自治区、直辖市和计划单列市国家税务局、地方税务局，局内各单位：

为落实中办、国办印发的《深化国税、地税征管体制改革方案》关于"切实加强事中事后管理"要求，协同推进简政放权、放管结合、优化服务，不断提高税收征管效能，推动实现税收现代化，现提出如下意见。

一、总体要求

（一）指导思想

全面贯彻党的十八大和十八届三中、四中、五中全会精神，深入落实《深化国税、地税征管体制改革方案》，按照国务院关于简政放权、放管结合、优化服务的要求，深化税务行政审批制度改革，转变税收管理理念，创新税收管理方式，增强税收管理效能，提高纳税人税法遵从度，推进税收征管体制和征管能力现代化。

（二）基本原则

1. 依法管理。坚持法定职责必须为、法无授权不可为，严格依法行政，推进事中事后管理制度化、规范化、程序化。

2. 科学高效。运用现代管理理念、方式和手段，优化征管资源配置，提高税收管理效能。

3. 权责明确。厘清征纳双方权利、义务和责任，还权明责于纳税人，促进税法遵从。

4. 统筹协调。加强国税局与地税局、各级税务机关及其部门之间的协同配合，形成管理合力。

5. 社会共治。推进社会综合治税，构建纳税人自律、社会监督和行政监管相结合的税收治理格局。

（三）目标任务

继续深化税务行政审批制度改革，实现税收管理由主要依靠事前审批向加强事中事后管理转变；强化纳税人自主申报，完善包括备案管理、发票管理、申报管理等在内的事中事后管理体系；以税收风险管理为导向，运用大数据理念、技术和资源，落实"互联网＋税务"行动计划，推动社会共管共治。

二、具体措施

（一）提高制度质量，利于理解遵从

1. 增强税收政策的确定性、协调性。把法治理念落实到税收政策的立、改、废、释之中，建立规范化、程序化政策动态调整长效机制，完善政策解读机制，建立税收政策确定性管理制度，切实增强税收政策的统一性、权威性、确定性和可操作性；健全政策协调机制，增强同一税种政策调整的前后衔接，增强不同税种政策调整的相互协调，以利于纳税人和税务机关准确理解、正确适用。

2. 增强管理措施的针对性、有效性。推行税收执法权力清单和责任清单，准确界定税务机关的权力和责任。对纳税人实施分类分级管理。跟踪评估已经取消或者下放行政审批事项后续管理措施的执行效果；根据后续管理工作需要，完善和细化相关管理措施，增强管理措施的针对性和有效性。定期开展税收规范性文件清理，并同步修订相关业务规范、修改表证单书和升级征管信息系统，增强文件依据、业务规范、表证单书、信息系统的协同性、一致性。

3. 提高税收规范性文件制定的科学性、民主性。完善制定税收规范性文件的制度和机制，防止政策和措施部门化倾向。健全税收规范性文件起草、论证、协调、审议机制，落实向基层税务机关征询意见机制，建立税收制度建设基层联系点制度。建立健全税收规范性文件公开征求意见制度、异议处理制度、有效期制度。根据法律、行政法规修改情况，及时修订完善税务规章和税收规范性文件。制定税收规范性文件的同时，明确相应业务规范、表证单书。

（二）加强服务引导，明确纳税人权责

4. 优化纳税服务。创新纳税服务方式，丰富纳税服务举措，开展针对性纳税辅导，提供权威专业纳税咨询，提高纳税人自主办税能力，引导纳税人依法自觉履行纳税义务。

5. 强化申报管理。根据后续管理工作需要，调整、优化纳税申报表，明确纳税人报送资料要求。加强税收征管基础信息与申报信息的分析比对。探索办税人员身份确认制度，强化诚信纳税意识和法律责任意识。

6. 规范备案管理。制定减免税备案管理办法，规范备案形式，明确备案程序和监督管理措施，明确备案的相关法律责任，增强备案管理刚性。探索备查管理，对资料复杂、无法通过案头审核进行有效监管的事项,由纳税人保存相关备查资料。探索并逐步推广网上备案。

(三)实施有效监管,提高管理效能

7. 推进大数据应用。统一数据采集标准,健全数据采集规范。拓宽数据采集范围和渠道,完善信息互联互通机制,整合第三方涉税信息和互联网涉税信息。深化数据分析,提高“互联网+税务”时代运用大数据加强事中事后管理的能力。

8. 加强风险管理。落实风险管理扎口统筹制度。加强税收风险规律研究,建立和完善税收风险特征库及分析识别模型。根据风险识别结果,按照风险管理流程,采取风险提醒、纳税评估、税务审计、反避税调查、税务稽查等方式进行差别化应对,有效实施风险管理。

9. 加强发票管理。逐步推行电子发票,推广使用增值税发票管理升级版系统,实现所有发票网络化运行,推行发票电子底账。构建发票信息综合分析利用平台。健全发票管理制度,加强发票印制、领用、开具等环节管理。强化发票日常核查。

10. 加强税务稽查。建立健全随机抽查制度和案源管理制度。加大重点领域执法力度,增强稽查精准性、震慑力。加强税警协作,健全税收行政执法与刑事司法衔接机制,依法打击税收犯罪活动。

(四)完善社会监督,促进共管共治

11. 推进信用管理。全面建立纳税人信用记录,纳入国家统一信用信息共享交换平台,推进纳税信用与其他社会信用联动管理。完善纳税信用管理制度。建立税收违法黑名单制度,加强协同监管并对税收违法失信行为实施联合惩戒。

12. 发挥涉税专业服务社会组织作用。发挥涉税专业服务社会组织的资源优势,鼓励和引导纳税人使用涉税专业服务社会组织提供的涉税服务,并加强监管、规范涉税服务活动。

13. 引导公众监督。推进政务信息公开。依法公示行政许可、行政处罚等信用信息。畅通公众投诉举报通道。曝光税收违法典型案件,落实欠税公告,强化舆论监督。

三、组织实施

(一)统一思想认识

加强事中事后管理是协同推进简政放权、放管结合、优化服务改革的重要任务,是转变税收管理理念和管理方式的必然要求,是完善税收治理体系、提升税收治理能力的有效举措。各级税务机关务必高度重视,将思想、认识和行动统一到税务总局的部署上来,不断增强做好事中事后管理工作的积极性、主动性和创造性。

(二)加强组织领导

各级税务机关应当充分发挥依法行政工作领导小组统筹协调作用,主要负责同志应当亲自研究、亲自部署、亲自推动,相关业务部门要按照“谁主管、谁负责、谁监管”原则,具体组织、实施和推进事中事后管理工作,并加强协调配合,形成工作合力。各地国税局、地税局应当加强协同配合,对共性管理事项探索联合制定制度措施。

(三)明确工作职责

税务总局负责顶层设计和统筹规划,制定切实加强事中事后管理指导意见,健全管理体系,完善管理措施;省税务局负责安排部署和组织推进,并结合实际细化管理措施,跟踪评估执行效果,完善制度办法,对税务总局制定的管理措施提出改进建议;市县税务局负责组织实施和贯彻落实,反馈税务总局和省税务局相关管理措施的实施效果,针对突出问题提出意见建议。

(四)狠抓任务落实

各级税务机关应当分解落实任务,明确责任部门,根据实际情况制定事中事后管理工作措施的路线图、时间表和任务书,综合运用督查督办、执法督察、绩效管理等方法,强化对事中事后管理工作跟踪问效和监督问责,确保工作落到实处、取得实效。

6 -7 -73

国家税务总局关于全面推进政务公开工作的意见

2016 年 4 月 5 日　税总发〔2016〕50 号

各省、自治区、直辖市和计划单列市国家税务局、地方税务局,局内各单位:

全面推进政务公开,对增强政府公信力、执行力,保障人民群众知情权、参与权、表达权、监督权具有重要意义。为贯彻落实中共中央办公厅、国务院办公厅《关于全面推进政务公开工作的意见》,推行税务行政权力、税收政策法规、税收征管执法、纳税服务和自身建设公开,让税收执法管理权力在阳光下运行,现提出以下意见。

一、加大税务行政权力公开力度

(一)推进权力责任清单公开。认真贯彻执行《国务院部门权力和责任清单编制试点方案》和《关于推行地方各级政府工作部门权力清单制度的指导意见》,按照简政放权、放管结合、优化服务和转变政府职能要求,全面梳理税务部门权责清单,清理规范权责事项,优化职权运行流程,明确标准规范,做好各地税务机关权责清单之间的衔接。按要求公开税务部门行政权责及其依据、行使主体、运行流程等,强化税务行政权力监督制约。

(二)推进税务行政许可公开。全面公开税务行政许可目录,及时公开取消、下放以及变更实施机关的税务行政许可事项信息。涉税行政许可事项应发布办事指南,列明设定依据、申请条件、申请材料、基本流程、审批时限、收费依据及标准、注意事项等内容。除涉及国家秘密、商业秘密或个人隐私外,税务机关应当通过办税服务大厅或门户网站等渠道,及时向社会公布行政许可事项受理、进展、结果等信息。

(三)推进决策执行信息公开。实行重大决策预公开制度,涉及纳税人切身利益、需要社会广泛知晓的重要税收改革方案、重大政策措施、重点工程项目,除依法应当保密的外,在决策前应向社会公布决策草案、决策依据。畅通纳税人和社会公众参与渠道,通过列席会议、听证座谈、调查研究、咨询协商、媒体沟通等方式广泛听取各方面意见,以适当方式公布意见收集和采纳情况,搭建税企互动平台,让纳税人和社会公众更大程度参与税收改革和政策措施的制定、执行和监督。建立健全重大税收决策跟踪反馈和评估制度,注重运用第三方评估、专业机构鉴定、社情民意调查等多种方式,科学评价政策落实效果。

二、做好税收政策法规公开

（四）推进政策法规内容公开。主动公开税务机关履职相关的法律、法规、规章、规范性文件、税收发展战略、发展规划、工作目标及完成情况。及时公开深化改革、经济发展、民生改善的税收政策措施。

（五）推进政策发布和解读同步公开。认真落实税收政策和解读稿同步起草、同步审批、同步发布的“三同步”要求，依法依规、及时准确发布权威信息，全面深入介绍税收政策背景、主要内容、落实措施及工作进展。可通过举行新闻发布会、吹风会，组织记者专访、集体采访，发布新闻稿，开展在线访谈，电话、传真和电子邮件答复记者问询等形式，进行信息发布和政策解读。鼓励运用官方网站和政务微博、政务微信、政务客户端等新媒体开展相关工作。善于运用数字化、图表图解、音频、视频等方式，深入浅出、通俗易懂地发布信息和解读政策。

（六）推进政策落实情况公开。各级税务机关要主动公开重大决策、重要政策的贯彻落实情况。重点做好政府工作报告、政府决定事项以及税收发展规划、发展目标、改革任务、民生举措等落实情况和结果的公开。要推进政策执行公开，明确实施步骤、责任分工、监督方式，根据工作进展情况及时公布阶段成果和后续举措，听取纳税人及社会公众意见，持续加强和改进税收工作，强化政策落实。对政策落实过程中不作为、慢作为、乱作为问责情况也要向社会公开，切实增强政策执行力。

三、完善税收征管执法公开内容

（七）推进征管改革措施公开。加强《深化国税、地税征管体制改革方案》宣传，强化对理顺征管职责划分、创新纳税服务机制、转变征收管理方式、深度参与国际合作、优化税务组织体系、构建税收共治格局等改革任务的解读，及时回应社会关切，正确引导社会预期，最大限度凝聚共识，为税收改革发展营造良好环境。

（八）推进税收数据信息公开。积极参与政府数据统一开放平台建设，制定税收数据开放目录，优先推动民生保障、公共服务和市场监管等领域的税收数据向社会有序开放。建立全国统一的发票查验平台，全面实现全国发票一站式查验服务。定期公示双定户定额，便于社会各界了解、监督。全面建立纳税人信用记录，将纳税人的信用记录纳入统一的信用信息共享交换平台，依法向社会公开，充分发挥纳税信用在社会信用体系中的基础性作用。

（九）推进税收执法信息公开。推行税收执法公示制度，按照突出重点、依法有序、准确便民的原则，主动公开职责权限、执法依据、裁量基准、执法流程、执法结果、救济途径等，规范行政裁量，促进税收执法公平公正。向社会公布税务稽查随机抽查的依据、主体、内容、方式等事项清单，自觉接受社会监督。向社会公布重大税收违法行为及实施联合惩戒情况。

四、扩大纳税服务公开范围

（十）推进纳税人权利义务公开。广泛宣传税收法律、法规明确的纳税人权利和义务，帮助纳税人及时、准确地完成办税事宜，促进征纳合作。及时公布和更新涉及纳税人权益的事项，方便纳税人查询。公开税务行政听证、复议和赔偿的税务机关名称以及申请程序、时限和相关资料等，便于纳税人寻求税收法律救济。公布纳税人投诉举报电话，畅通纳税人监督渠道。

（十一）推进重大服务举措公开。重点对“便民办税春风行动”、纳税服务规范、国税地税合作工作规范、出口退税工作规范等重大服务举措进行广泛宣传和深入解读，公开纳税服务事项统一办理标准，深化推进办税便利化改革，最大限度便利纳税人、最大限度规范税务人，不断提高纳税服务水平。

（十二）推进办税服务公开。全面公开办税服务事项，编制发布办税指南，简化优化办税流程，推行办税事项“二维码”一次性告知措施，推进涉税信息公开，方便纳税人查询缴税信息。加快推进电子税务局建设，大力推进网上办税，推动纳税服务向多元化延伸。完善全国12366纳税服务平台，全面提供能听、能问、能看、能查、能约、能办的“六能”型服务。

五、推进税务机关自身建设公开

（十三）推进机构职能信息公开。各级税务机关要在门户网站主动公开机关机构设置、法定职责、办公场所、法定代表人、负责人和内设机构主要负责人基本信息，以及本机关政府信息公开工作机构的名称、办公地址、办公时间和联系方式等机构职能和人员信息。

（十四）推进财政资金信息公开。及时公开经批准的预算、决算及相关文字说明，做好税务部门预决算公开，积极推进预算绩效信息和国有资产占用情况公开。细化预算公开内容，部门预决算支出应当全部公开到功能分类项级科目（涉密信息除外），按规定公开到经济分类科目（涉密信息除外）。公开的决算应当说明因公出国（境）团组数及人数，公务用车购置数及保有量，国内公务接待的批次、人数等情况。做好政府采购公开，具体包括采购制度、项目信息、采购文件、中标或成交结果、采购合同等。

六、提升政务公开能力

（十五）完善制度机制。各级税务机关要强化组织领导，明确职责流程，充实人员力量，健全政务公开制度。探索推行政务公开运转规范，包括政务公开工作场所建设标准、政府信息依申请公开答复范本、网站信息发布标准要求等。

（十六）抓好教育培训。各级税务机关要把政务公开纳入公务员培训科目，加强对税务干部特别是领导干部的培训，增强公开意识，提高发布信息、解读政策、回应关切的能力。全国税务系统要分级分层组织实施政务公开教育培训，力争利用3年时间，将税务系统内从事政务公开工作人员轮训一遍。支持政务公开工作人员接受相关继续教育，培养政务公开方面的专门人才。

（十七）提高信息化水平。加快推进“互联网+税务”行动计划，将税务网站打造成更加全面的信息公开平台、更加权威的政策发布解读和舆论引导平台、更加及时的回应关切和便民服务平台。充分发挥新媒体的主动推送功能，扩大发布信息的受众面和到达率，开展在线服务，增强用户体验和影响力。

（十八）强化考评监督。把政务公开工作纳入绩效管理，加大分值权重。借助第三方，对政务公开的质量和效果进行评估和监督。每年至少对20%以上的下级税务机关进行检查，发现问题及时督促整改。对政务公开工作业绩突出的单位或个人，按照有关规定予以表彰；对政务公开工作落实不到位的，予以通报批评，情节较为严重的，依法依规追究责任。

6－7－74

国家税务总局关于印发《“十三五”时期税务系统全面推进依法治税工作规划》的通知

2016年12月2日　税总发〔2016〕169号

各省、自治区、直辖市和计划单列市国家税务局、地方税务局，局内各单位：

为加快“十三五”时期税收法治建设，全面推进依法治税，税务总局制定了《“十三五”时期税务系统全面推进依法治税工作规划》，现印发给你们，请结合实际认真贯彻执行。

附件：“十三五”时期税务系统全面推进依法治税部分重点工作任务分解表（编者略）

“十三五”时期税务系统全面推进依法治税工作规划

为加快“十三五”时期税收法治建设，全面推进依法治税，根据《中共中央关于全面推进依法治国若干重大问题的决定》、《法治政府建设实施纲要（2015—2020年）》、《“十三五”时期税收发展规划》、《国家税务总局关于全面推进依法治税的指导意见》，制定本规划。

一、总体要求

（一）工作思路

全面贯彻党的十八大和十八届三中、四中、五中、六中全会精神，深入贯彻习近平总书记系列重要讲话精神，落实《法治政府建设实施纲要（2015—2020年）》、《深化国税、地税征管体制改革方案》、《国家税务总局关于全面推进依法治税的指导意见》，坚持依法决策、规范执行、严密监督共同推进，坚持法治化、规范化、信息化一体建设，抓住领导干部这个“关键少数”，以约束税务机关权力、保护纳税人权利为重点，最大限度规范税务人、最大限度便利纳税人，促进税法遵从和税收共治，在更高层次更高水平上推进依法治税，为实现税收现代化提供有力法治保障。

（二）基本原则

——坚持税收法定。增强税收制度制定的科学性、民主性和透明度，提高税收制度建设质量，推动实现税收领域良法善治。

——坚持征纳双方法律面前平等。牢固树立平等理念，依法平等保护相关主体合法权益，征纳双方相互尊重、诚实守信、信赖合作。

——坚持依法行政。坚持权由法定、权依法使，遵循正当程序，合法合理行政，提高税收执法效能和执法公信力。

——坚持简政放权。协同推进简政放权、放管结合、优化服务改革，转变税收管理理念和管理方式，激发市场活力和社会创造力。

——坚持从税收工作实际出发。将税收法治工作与纵合横通强党建、绩效管理抓班子、数字人事带队伍、培育人才提素质等特色工作深度融合，提升税收法治建设实效。

（三）主要目标

到2020年基本建成法治、创新、廉洁和服务型税务机关，努力实现以下目标：

——税收职能依法全面履行。依法征税理念牢固树立，税收改革依法稳步推进，税收筹集财政收入、调节分配和调控经济职能作用更加有效发挥。

——税收制度体系更加完备。税收立法级次显著提升，税收制度的及时性、系统性、针对性、有效性明显增强，税收法律制度体系完备规范。

——税收行政行为更加规范。依法决策机制健全，税收征管严格规范，纳税服务优质便捷，权力制约监督严密有效，纳税人合法权益保障有力。

——税收法治环境更加优化。税务机关和税务干部尊法学法守法用法氛围浓厚，纳税人税法遵从意识明显增强，综合治税体系不断完善，税收共治格局基本形成。

二、工作任务

（一）依法全面履行税收工作职能

1. 严格依法征税。认真贯彻落实预算法和税收征管法等税收相关法律。适应经济发展新常态，建立健全新型税收收入管理体系。坚持依法组织收入原则，依法防止和制止收"过头税"，加强税收收入质量考核评价，实施收入质量动态监测和管理，坚决遏制提前征收、延缓征收、摊派税款、越权减免税等违法违规行为。

2. 依法发挥税收职能。贯彻"创新、协调、绿色、开放、共享"发展理念，主动适应改革发展需要，在法治轨道上持续推进税收改革，依法制定、严格执行各项税收政策，不折不扣落实税收优惠政策，服务供给侧结构性改革。加快税收政策工作规范化机制建设，做好税收政策前瞻性研究和储备，完善政策解读机制，建立税收政策确定性管理制度，健全税收政策协调机制，落实税收政策执行情况反馈报告制度，着力构建政策全链条管理机制。

3. 深化行政审批制度改革。全面取消非行政许可审批事项，全面清理中央指定地方实施的行政审批事项，严格控制新设行政许可，规范和改进行政许可行为。坚持放管结合，强化纳税人自主申报，完善包括备案管理、发票管理、申报管理等在内的事中事后管理体系，推进大数据应用，加强风险管理，实现税收管理由主要依靠事前审批向加强事中事后管理转变。在会同有关部门共同推进工商营业执照、组织机构代码证、税务登记证"三证合一"的基础上，再整合社会保险登记证和统计登记证，实现"五证合一、一照一码"，协调相关部门推进个体工商户"两证整合"。探索完善对"一址多照"和"一照多址"纳税人实施有效管理。

4. 推行权力清单和责任清单。落实中办、国办《关于推行地方各级政府工作部门权力清单制度的指导意见》和国办《关于印发国务院部门权力和责任清单编制试点方案的通知》，做好税务系统权责清单编制和实施工作。2016年底完成国务院部门权责清单编制试点工作任务。积极配合有关部门做好推行负面清单相关工作。省税务局、市县税务局按照税务总局和地方政府相关安排开展权责清单制度推行工作。

5. 推进税务机关及其部门职责规范化。落实《深化国税、地税征管体制改革方案》，结合税制改革新要求，适应税源结构新变化，把握税收管理新趋势，优化组织结构、职责划分、资源配置,推进各级税务机关及其部门的职能、权限、程序、责任科学化、规范化,进一步完善岗责体系,促进税务机关依法高效履行职责。推进非税收入法治化建设,健全地方税费收入体系。

(二)提高税收制度建设质量

6. 推动和参与税收立法。推动落实税收法定原则,加快税收征管法修订工作,做好税收征管法及其实施细则修订后的实施工作,推动环境保护税和房地产税立法,把主要税种的征收依据逐步由行政法规上升为法律,进一步完善税收法律制度体系。整合、规范、优化税收优惠政策。

7. 完善税务部门规章和税收规范性文件制定程序。适时修订《税务部门规章制定实施办法》、《税收规范性文件制定管理办法》,逐步提高税务部门规章作为税收行政执法依据的比重。提高税务部门规章和税收规范性文件制定的公众参与度,落实税收政策和管理制度出台前征求意见相关要求,做好制定税务部门规章、税收规范性文件过程中公开征求意见工作,进一步研究健全公开征求意见、论证咨询、意见采纳情况反馈等机制。除依法需要保密的外,税务部门规章草案应当通过网络、报纸等媒体向社会公开征求意见,期限一般不少于30日。探索税收制度建设基层联系点制度。探索委托第三方起草税务部门规章草案。

8. 强化税务部门规章和税收规范性文件审查。加大合法性审查力度,没有法律或者国务院行政法规、决定、命令的依据,税务部门规章不得设定减损公民、法人和其他组织权利或者增加其义务的规范,不得增加税务部门的权力或者减少税务部门的法定职责。税收规范性文件未经公告形式公布,不得作为税收执法依据。加大合理性审查力度,增强税务部门规章和税收规范性文件的针对性、可操作性,从源头上根除制度性侵权,防范制度性风险。完善合规性评估机制,对税务部门规章和税收规范性文件的世贸规则合规性进行审查。加大备案审查力度,把所有税收规范性文件纳入备案审查范围。健全公民、法人和其他组织建议审查制度。

9. 健全税务部门规章和税收规范性文件清理长效机制。按照国务院部署,对现行税务部门规章和税收规范性文件开展清理,清理结果向社会公布。健全和落实日常清理和集中清理机制。实行税务部门规章和税收规范性文件目录与文本动态化、信息化管理,及时更新文件目录及文本。

10. 深度参与国际税收规则制定。加强国际税收合作,全面深入参与应对税基侵蚀和利润转移(BEPS)行动计划,将相关成果融入我国的反避税、非居民税收管理、协定谈判和执行以及国际税收征管协作等实践中,建立健全跨国企业税收监控机制,防范国际逃避税,推进双边协商,规范税收协定执行。以推动实施"一带一路"战略、支持国际产能和装备制造合作为重点,加快税收协定谈签和修订进程,全面加强国外税收政策咨询服务,建立与重点国家税务部门常态化沟通机制,及时协调解决"走出去"企业有关涉税争端。

(三)推进依法科学民主决策

11. 健全依法决策机制。根据中央关于加强依法科学民主决策的要求和有关制度规定,结合税收工作实际,完善重大行政决策程序,健全依法决策内部机制,强化决策程序的刚性约束。

12. 增强公众参与实效。对于事关经济社会发展大局和涉及纳税人切身利益等重大行政决策事项，应当广泛听取意见，与利害关系人进行充分沟通。注重听取人大代表、政协委员、人民团体、基层组织、社会组织的意见。加强公众参与平台建设，对社会关注度高的决策事项，应当公开信息、解释说明，及时反馈意见采纳情况和理由。

13. 提高专家论证和风险评估质量。建立健全重大行政决策事项法律咨询制度，在重大事项决策前，进行法律咨询和论证。研究建立税务机关行政决策咨询论证专家库，组织专家、专业机构对专业性、技术性较强的决策事项进行论证。选择论证专家应当注重专业性、代表性、均衡性，支持其独立开展工作。逐步实行专家信息和论证意见公开。落实重大行政决策事项社会稳定风险评估机制。

14. 加强合法性审查。建立税务机关内部重大决策合法性审查机制，讨论、决定重大事项之前，应当听取法律顾问、公职律师的法律意见。依照有关规定应当听取法律顾问、公职律师的法律意见而未听取的事项，或者法律顾问、公职律师认为不合法的事项，不得提交讨论、作出决定。对应当听取法律顾问、公职律师的法律意见而未听取，应当请法律顾问、公职律师参加而未落实，应当采纳法律顾问、公职律师的法律意见而未采纳，造成重大损失或者严重不良影响的，依法追究税务机关主要负责人、负有责任的其他领导人员和相关责任人员的责任。

15. 坚持集体讨论决定。重大行政决策事项应当经会议集体讨论，由税务机关主要负责人在集体讨论基础上作出决定。主要负责人拟作出的决定与会议组成人员多数人的意见不一致的，应当在会上说明理由。集体讨论情况和决定应当如实记录、完整存档。

16. 严格决策责任追究。决策机关应当跟踪决策执行情况和实施效果，根据实际需要进行重大行政决策后评估。健全并严格实施重大行政决策事项终身责任追究制度及责任倒查机制，对决策严重失误或者依法应该及时作出决策但久拖不决造成重大损失、恶劣影响的，严格追究税务机关主要负责人、负有责任的其他领导人员和相关责任人员的党纪政纪和法律责任。

（四）坚持严格规范公正文明执法

17. 改革税收行政执法体制。优化各层级税务机关征管职责，完善税务稽查机构设置，根据不同层级税务机关的事权和职能，按照减少层次、整合队伍、提高效率、适当提升管理层级的原则，合理配置执法资源。进一步优化基层税务机关岗责体系，科学定岗定责定编，提高编制使用效益，实现人力资源向征管一线倾斜。

18. 推进税收业务和内部管理规范化。落实和完善纳税服务规范、税收征管规范、出口退（免）税管理规范、国税地税合作工作规范、政府采购工作规范、巡视工作规范、税务稽查规范、督察审计规范等。推行数字人事，完善干部考核管理体系。

19. 完善税收执法程序。制定实施全国统一的税务行政处罚裁量权适用规则，推动省国税局和省地税局联合制定本地区统一适用的税务行政处罚裁量基准。探索扩大规范税务行政裁量权的领域。健全税收执法调查取证、告知、听证、集体讨论、决定、文书送达等制度规定。建立执法全过程记录制度，重点规范税款征收、行政许可、行政处罚、行政强制、行政检查等执法行为。严格实施重大税务案件审理办法。完善重大税收执法决定法制审核制度，未经法制审核或审核未通过的，不得作出执法决定。健全税务行政执法与刑事司法衔接机制，完善信息共享、案情通报、案件移送制度。建立完善公安派驻税务部门联络机制。修订和规范税收执法文书。

20. 创新税收执法方式。深入推进税务稽查随机抽查，建立健全“双随机、一公开”机制，确保稽查执法公正公平公开。推行重大税收执法说明理由制度和行政执法公示制度。建立和实施税务行政执法案例指导制度。探索运用行政指导、行政奖励、说服教育、调解疏导、劝导示范等非强制性执法手段。推进跨区域国税、地税信息共享、资质互认、征管互助，不断扩大区域税收合作范围。

21. 加强税收执法信息化建设。全面完成金税三期工程建设任务，实施“互联网＋税务”行动计划，建设电子税务局，2017 年基本实现网上办税。深入推进信息管税，研究建立适应综合与分类相结合的个人所得税制等改革需要的信息系统，推广使用增值税发票管理新系统，建立统一规范的信息交换平台和信息共享机制，保障及时获取第三方涉税信息。依法建立健全税务部门税收信息对外提供机制，加强数据管理，保障信息安全。

（五）强化权力制约和监督

22. 完善权力制约机制。实行分事行权、分岗设权、分级授权，定期轮岗，强化内部流程控制，防止权力滥用。严格执行税收个案批复工作规程，规范税收个案批复行为。建立和实施税收执法案卷评查制度。规范税务机关税收政策咨询服务。推进内控机制信息化升级版建设，对税务廉政风险进行评估，查找和梳理风险点，依靠科技手段把制度要求嵌入软件设计，做到流程监控、痕迹管理，实现廉政风险和执法风险的信息化防控。

23. 切实加强内部监督。各级税务机关党组应当切实履行党风廉洁建设和反腐败工作的主体责任，主要负责人是第一责任人，对本税务机关党风廉洁建设负总责。强化政治巡视，发挥巡视监督作用。加强督察内审、督查等监督方式的协调配合。强化税收执法督察，推动中央决策部署和税收政策有效落实，重点关注易发生执法问题的薄弱环节。加强对预算执行、基本建设、政府采购等重点资金和重大项目的审计监督。严格执行税收违法案件“一案双查”制度。定期通报和曝光违法行政典型案例。

24. 自觉接受外部监督。依法接受人大监督、司法监督、审计监督，自觉接受民主监督、社会监督、舆论监督。健全纳税人监督机制，完善举报投诉制度，拓宽纳税人监督渠道，落实纳税人满意度调查制度。发挥报刊、广播、电视等传统媒体监督作用，高度重视互联网等新兴媒体监督作用，健全网络舆情监测、收集、研判、处置机制。

25. 完善纠错问责机制。深化税收执法责任制，以部门规章形式修订完善税收执法责任制的相关制度规定，在核准、公告、分解税收执法职权基础上，科学确定税收执法人员的执法责任，完善执法责任制考核系统，健全常态化责任追究机制。加强行政问责规范化、制度化建设，增强行政问责的针对性和时效性。加大问责力度、严格责任追究，坚决纠正行政不作为、乱作为，坚决克服懒政、庸政、怠政，坚决惩处失职、渎职。认真落实党风廉洁建设责任制，坚持有错必纠、有责必问。

（六）完善权利救济和纠纷化解机制

26. 加强纠纷预防机制建设。建立健全利益表达和协商沟通等机制，引导和支持纳税人理性表达诉求、依法维护权益。探索建立涉税纠纷预警机制，收集、分析和归纳纠纷信息，及时研判纠纷隐患，制定纠纷应对措施。

27. 完善复议应诉工作体制机制。税务总局设立专门的税务行政复议机构，省国税局应当明确承担税务行政复议职责的机构,加强行政复议工作力量,保证一般案件至少有2人承办,重大复杂案件有3人承办,省地税局可以比照执行。完善税务行政复议案件审理机制,加大公开听证审理力度,增强行政复议的专业性、透明度和公信力。建立行政复议相关部门协同应对机制,健全行政复议发现问题回应机制。落实行政复议专项经费、办案场所以及其他装备保障,行政复议经费列入预算。制定加强和改进税务行政应诉工作的实施办法,适时修订《税务行政应诉工作规程(试行)》,建立健全税务机关负责人依法出庭应诉等制度,支持法院审理税务行政诉讼案件,尊重并执行生效裁判。

28. 健全多元化纠纷解决机制。深入研究税务行政和解调解制度,实现调解和解、行政复议、行政诉讼等纠纷解决方式有机衔接、相互协调。促进投诉管理规范化,畅通纳税人投诉渠道,建立纳税人以及第三方对税收工作质量定期评价反馈制度,对部分投诉事项实行限时受理、处置和反馈。推进信访办理法治化,规范信访工作程序,实行网上受理信访制度,严格实行诉访分离,推进通过法定途径分类处理信访投诉请求,落实涉法涉诉信访依法终结制度。

(七)全面推进政务公开

29. 拓展公开领域和事项。全面落实《国家税务总局关于全面推进政务公开工作的意见》,加大税务行政权力公开力度,做好税收政策法规公开,完善税收征管执法公开内容,扩大纳税服务公开范围,推进税务机关自身建设公开,增强税务机关公信力、执行力,保障纳税人和社会公众的知情权、参与权、表达权、监督权,推动税收执法权和行政管理权在阳光下运行。

30. 完善公开工作制度机制。健全完善税务部门政务信息公开监督保障机制,规范依申请公开对外答复和内部办理机制,强化对政务公开工作的考评监督。落实政府新闻发言人、突发事件信息发布等制度,做好对涉税热点敏感问题的舆论引导,及时回应社会关切。探索推行政务公开运转规范,包括政务公开工作场所建设标准、政府信息依申请公开答复范本、网站信息发布标准要求等。

31. 加强公开载体建设。利用和整合相关资源,积极运用新技术、新软件、新平台,创新政府公开方式,拓展政务公开渠道。加快推进"互联网+税务"行动计划,将税务网站打造成更加全面的信息公开平台、更加权威的政策发布解读和舆论引导平台、更加及时的回应关切和便民服务平台。充分发挥新媒体的主动推送功能,扩大发布信息的受众面和到达率,开展在线服务,增强用户体验和影响力。

(八)增强全社会税收法治观念

32. 提升税务机关领导干部法治理念。按照中组部、中宣部、司法部、人力资源和社会保障部《关于完善国家工作人员学法用法制度的意见》,建立税务机关领导干部学法用法制度,制定实施领导干部年度学法计划,落实党组中心组集体学法、党组书记带头讲法治课等要求。各级税务机关在年度教育培训计划中,每年至少安排1期领导干部法治专题培训班。省以下税务局领导班子每年至少举办2次法治讲座。建立健全领导干部法律知识考试考核制度,按照干部管理权限,采取多种形式,加强对领导干部法律知识的考试考核,逐步建立和完善领导干部学法考勤、学法档案、学法情况通报等制度,把法律素质和依法行政能力作为领导干部考核的重要内容,定期对领导干部完成年度或阶段性学法情况、法律知识考试情况和遵纪守法、依法行政、依法办事等情况进行考核。

33. 增强税务人员法治意识。把宪法、法律作为各类税务人员培训的必修课程。健全税收执法人员岗位培训制度，每年组织开展通用法律知识、税收法律知识、新法律法规等专题培训。加大公务员初任培训中法律知识培训力度，法律知识培训不少于20学时。积极探索运用以案说法、模拟法庭、法律知识竞赛等创新方式提高学法热情，提升培训效果。

34. 加强税法宣传教育。落实“谁执法谁普法”的普法责任制，建立税收执法人员以案释法制度。全面实施“七五”普法。在国家宪法日、税收宣传月等重要节点，集中开展税收法治宣传活动。依托办税服务厅、税务网站、税务报刊图书、纳税人学堂等渠道和方式，实现税法宣传常态化、多样化。支持税法理论研究，推进税法教育纳入国民教育体系。着力抓好税收法治文化建设。开展税收普法示范基地建设。

35. 引导形成诚信纳税氛围。创新方式方法发挥税务机关在诚信纳税建设中的示范作用。积极推动社会信用体系建设，开展纳税信用评价，向社会主动公开A级和“黑名单”纳税人，对纳税信用好的纳税人依法提供更多便利，对纳入“黑名单”的纳税人依法实施联合惩戒。加强宣传，形成正向激励和反向警示的双向合力，为诚信纳税营造良好氛围。

36. 促进税收社会共治。推动建立健全党政领导、税务主责、部门合作、社会协同、公众参与的税收共治格局。支持以地方立法等形式加强协税护税制度建设，努力提升综合治税水平。推动健全税收司法保障机制。依法实施涉税中介行业监督管理，支持和引导行业协会依法开展行业自律，鼓励相关中介机构提供优质涉税专业服务。坚决整治“红顶中介”，切断税务部门与涉税中介服务机构之间的利益链条，促进涉税中介服务行业公平竞争。

（九）加强税收法治工作队伍建设

37. 健全税务机关法制机构。合理界定税务机关法制机构职责，突出税收法制工作主业。加强法制机构力量配备，强化法制机构人员保障，省国税局应当配强专业力量，市国税局应当配足专职人员，县国税局应当设置法制机构，各级税务机关法制机构要有一定数量的法律专业人员。各级地税局可以比照执行。

38. 完善税收执法人员管理制度。2016年底前，对税收执法人员进行一次严格清理，全面实行税收执法人员持证上岗和资格管理制度，未经执法资格考试合格，不得授予执法资格，不得发放税务检查证，不得从事执法活动。研究制定《税务人员执法资格认证和执法证件管理办法》。结合数字人事管理体系建设，逐步推行行政执法人员平时考核制度，科学合理设计考核指标体系，考核结果作为执法人员职务级别调整、交流轮岗、教育培训、奖励惩戒的重要依据。规范执法辅助人员管理，明确其适用岗位、身份性质、职责权限、权利义务、聘用条件和程序等。

39. 加强税收法治人才培养和使用。根据中央《关于完善国家统一法律职业资格制度的意见》，研究落实相关岗位人员法律职业资格管理要求，加大对具有法律职业资格人员的录用力度，鼓励税务干部考取法律职业资格。结合税务领军人才和专门人才选拔培养等工作，进一步加强税收法治人才培养，探索推进税收法治领军人才建设。

40. 健全法律顾问和公职律师制度。全面建立以税务机关法制机构人员为主体，吸收专家和律师参加的法律顾问队伍，建立健全税务系统公职律师制度，处理好法律顾问与公职律师之间的衔接，充分发挥法律顾问和公职律师在推进依法行政中的参谋助手作用。

（十）健全依法治税领导体制机制

41. 加强依法行政工作领导小组建设。各级税务机关按照要求建立依法行政工作领导小组并制定议事规则，建立和落实领导小组例会制度，领导小组每季度至少召开1次会议，研究部署依法治税工作规划，统筹推进法治税务建设重点任务。

42. 树立重视法治素养和法治能力的用人导向。根据中央有关规定，充分发挥用人导向作用，把法治观念强不强、法治素养好不好作为衡量干部德才的重要标准，把能不能遵守法律、依法办事作为考察干部重要内容。在相同条件下，优先提拔使用法治素养好、依法行政能力强的干部。对特权思想严重、法治观念淡薄的干部予以批评教育、督促整改，问题严重或违法违纪的，依法依纪严肃处理。加强对领导干部任职前法律知识考查和依法行政能力测试，将考查和测试结果作为领导干部任职的重要参考。实行公务员晋升依法行政考核制度。

43. 建立税收法治建设政绩考核制度。根据中央有关要求，把法治建设成效作为衡量各级税务机关领导班子和领导干部工作实绩的重要内容，纳入政绩考核指标体系，改进完善政绩考核办法，提高法治指标所占比重。

44. 探索创新依法治税体制机制。开展省以下税务局设立总法律顾问试点工作，在总结试点经验基础上完善相关制度办法，逐步推广。实行税务机关领导班子成员述职述廉述法，鼓励主要负责人分管法治工作，倡导主要负责人出庭应诉。适时选择基层税务机关开展依法治税综合试点。

三、组织实施

（一）组织领导

各级税务机关应当充分发挥依法行政工作领导小组职能作用，落实主要领导负总责、分管领导具体抓、法规部门组织协调、相关部门各尽其职、齐抓共管的工作要求。各级税务机关主要负责人应当切实履行推进依法治税第一责任人职责。县以上（含县）税务局每年第一季度应当向上一级税务局报告上一年度法治税务建设情况，报告应当通过税务机关门户网站等向社会公开。

（二）宣传引导

广泛宣传税务系统全面推进依法治税工作部署、先进经验、典型做法，营造良好舆论环境。全面开展法治税务示范基地创建活动，税务总局、省税务局分别命名全国税务系统、省税务系统法治税务示范基地，及时总结、交流和推广法治税务示范基地创建工作经验，发挥先进典型的示范带动作用。

（三）督促考核

各省税务局应当根据本规划制定实施方案，结合实际细化工作任务、明确责任部门、列明进度安排，并于2016年12月底前上报税务总局（政策法规司）。各级税务机关应当将依法治税年度重点任务纳入绩效管理，把任务和责任分解到相关部门，强化考核评价和督促检查，确保依法治税工作取得扎实成效。

6－7－75

国家税务总局关于公布全国税务系统法治基地名单的通知

2017 年 1 月 18 日　税总函〔2017〕28 号

各省、自治区、直辖市和计划单列市国家税务局、地方税务局，局内各单位：

为落实中共中央、国务院印发的《法治政府建设实施纲要（2015—2020 年）》（以下简称《纲要》）和《国家税务总局关于全面推进依法治税的指导意见》（税总发〔2015〕32 号，以下简称《指导意见》）、《国家税务总局关于印发〈“十三五”时期税务系统全面推进依法治税工作规划〉的通知》（税总发〔2016〕169 号，以下简称《工作规划》）有关要求，培育法治税务建设先进典型，根据《国家税务总局关于印发〈法治税务示范基地创建活动方案〉的通知》（税总发〔2016〕146 号）、《国家税务总局关于 2016 年全国法治税务示范基地推荐工作有关事项的通知》（税总函〔2016〕502 号）、《国家税务总局办公厅关于印发〈2016 年全国法治税务示范基地评审工作方案〉的通知》（税总办发〔2016〕207 号），经各省税务局推荐、税务总局集中评审、税务总局依法行政工作领导小组审议决定，确定北京市昌平区国家税务局等 70 家单位为第一批全国税务系统法治基地，现将名单予以公布。

第一批全国税务系统法治基地是税务系统基层税务机关全面推进依法治税的先进典型，是执法严明、管理规范、服务优良、公开公正、廉洁高效、守法诚信的法治型基层税务机关的优秀代表。希望第一批全国税务系统法治基地充分发挥示范引领和辐射带动作用，戒骄戒躁，再接再厉，保持定力，久久为功，持续全面深入推进依法治税，为加快法治税务建设作出新的更大贡献！

各级税务机关，特别是基层税务机关要以第一批全国税务系统法治基地为榜样，全面贯彻党的十八大和十八届三中、四中、五中、六中全会精神，深入落实《纲要》和《指导意见》、《工作规划》要求，紧紧围绕 2020 年基本建成法治型税务机关总目标，把法治基地示范创建活动作为贯穿“十三五”时期依法治税工作全过程的重要举措，作为推进基层税务机关依法治税的重要载体和有力抓手，扎实工作，积极进取，着力构建示范引领、以点带面、整体推进的税收法治建设格局，为加快实现税收现代化提供法治保障！

附件：全国税务系统法治基地名单

附件

全国税务系统法治基地名单

北京市

昌平区国家税务局

顺义区地方税务局

天津市

中新天津生态城国家税务局

宝坻区地方税务局

河北省

衡水市冀州区国家税务局

涉县地方税务局

山西省

左云县国家税务局

泽州县地方税务局

内蒙古自治区

鄂尔多斯市东胜区国家税务局

呼和浩特市新城区地方税务局

辽宁省

海城市国家税务局

沈阳市和平区地方税务局

吉林省

长春市二道区国家税务局

长春市南关区地方税务局

黑龙江省

东宁市国家税务局

勃利县地方税务局

上海市

浦东新区国家税务局保税区税务分局（浦东新区地方税务局保税区分局）

江苏省

无锡市惠山区国家税务局

无锡市惠山地方税务局

浙江省

建德市国家税务局

舟山市普陀地方税务局

安徽省

望江县国家税务局

濉溪县地方税务局

福建省

晋江市国家税务局

闽清县地方税务局

江西省

吉安县国家税务局

南昌市西湖区地方税务局

山东省

肥城市国家税务局

高青县地方税务局

河南省

陕县国家税务局

孟州市地方税务局

湖北省

枝江市国家税务局

宜城市地方税务局

湖南省

冷水江市国家税务局

韶山市地方税务局

广东省

广州经济技术开发区国家税务局

珠海市金湾区地方税务局

广西壮族自治区

柳州市城中区国家税务局

玉林市经济开发区地方税务局

海南省

东方市国家税务局

琼海市地方税务局

重庆市

渝中区国家税务局

九龙坡区地方税务局

四川省
　　成都市龙泉驿区国家税务局
　　成都市青白江区地方税务局
贵州省
　　福泉市国家税务局
　　镇远县地方税务局
云南省
　　楚雄市国家税务局
　　曲靖市麒麟区地方税务局
西藏自治区
　　曲松县国家税务局
陕西省
　　延安市宝塔区国家税务局
　　洛南县地方税务局
甘肃省
　　清水县国家税务局
　　成县地方税务局
青海省
　　大通回族土族自治县国家税务局
　　格尔木市地方税务局
宁夏回族自治区
　　隆德县国家税务局
　　吴忠市利通区地方税务局
新疆维吾尔自治区
　　石河子经济技术开发区国家税务局
　　克拉玛依市克拉玛依区地方税务局
大连市
　　中山区国家税务局
　　中山区地方税务局
宁波市
　　象山县国家税务局
　　慈溪市地方税务局
厦门市
　　火炬高技术产业开发区国家税务局
　　思明区地方税务局
青岛市
　　青岛市李沧国家税务局
　　青岛市地方税务局黄岛分局
深圳市
　　南山区国家税务局
　　罗湖区地方税务局

6－7－76

国家税务总局关于发布《千户集团名册管理办法》的公告

2017 年 3 月 6 日　国家税务总局公告 2017 年第 7 号

为加强国家税务总局管理服务的重点大企业集团(以下简称“千户集团”)风险管理和纳税服务工作,根据《中华人民共和国税收征收管理法》及其实施细则等有关规定,国家税务总局制定了《千户集团名册管理办法》。现予以发布,自 2017 年 5 月 1 日起施行。

特此公告。

附件:千户集团名册信息表(编者略)

千户集团名册管理办法

第一条 为加强千户集团风险管理和纳税服务工作,根据《中华人民共和国税收征收管理法》及其实施细则等有关规定,制定本办法。

第二条 千户集团是指年度缴纳税额达到国家税务总局管理服务标准的企业集团,包括全部中央企业、中央金融企业以及达到上述标准的单一法人企业等。其中,年度缴纳税额为集团总部及其境内外全部成员企业境内年度纳税额合计,不包括关税、船舶吨税以及企业代扣代缴的个人所得税,不扣减出口退税和财政部门办理的减免税。

第三条 千户集团名册管理范围分内资企业集团、外资企业集团。

内资企业集团为纳入企业合并会计报表范围,或虽未编制合并会计报表,但为集团控制且办理了工商或税务登记的境内各级分公司和子公司、控股的境外公司以及其他涉税组织机构。其中,集团控制是指投资方拥有对被投资方的权力,通过参与被投资方的相关活动而享有可变回报,并且有能力运用对被投资方的权力影响其回报金额。

外资企业集团为全球总部控股并在中国境内办理了工商或税务登记的各级分公司和子公司以及其他涉税组织机构。

第四条 千户集团名册信息包括企业名称、纳税人识别号、统一社会信用代码、集团名称、上一级企业名称及其他涉税信息等项目,详见《千户集团名册信息表》(附后)。国家税务总局根据工作需要,适时修订千户集团名册信息项目内容。

第五条 千户集团名单由国家税务总局确定,定期发布,实行动态管理。

第六条 已入选千户集团名单的企业集团总部按年维护集团名册信息,每年应按照要求填报相关信息,于每年 5 月 31 日企业所得税汇算清缴结束前报送省、自治区、直辖市、计划单列市税务机关(以下简称“省税务机关”);省税务机关审核集团总部填报信息,并于每年 6 月 30 日前汇总上报国家税务总局。

第七条 当年如新增符合条件的千户集团,由省税务机关提出,并组织集团总部按照要求填报集团名册信息,经省税务机关审核后于每年 6 月 30 日前汇总上报国家税务总局。

第八条 合并重组、破产、注销或年度缴纳税额连续五年未达到国家税务总局管理服务标准的企业集团,应从名册管理范围内调出。因上述原因需要调出名册管理范围的千户集团,由省税务机关核实,并于每年 6 月 30 日前汇总上报国家税务总局。

第九条 千户集团按年确定其成员企业。集团总部按照税务机关要求组织填报集团成员企业名册信息,并于每年 10 月纳税申报期结束前报送省税务机关。省税务机关交叉比对内外部信息,通过千户集团名册管理系统核实成员企业名册信息准确性、完整性,并于每年 10 月 31 日前上报国家税务总局。省税务机关对总部在本省的集团,核实集团总部及该集团在本省的成员企业名册信息;对总部不在本省的集团,核实该集团在本省的成员企业名册信息。

第十条 对应报未报、提供虚假名册信息或拒绝报送名册信息的企业集团,省税务机关应及时上报国家税务总局。情节严重的,按照《中华人民共和国税收征收管理法》及其实施细则等有关规定对集团总部及相应成员企业进行处理。对存在上述情形的集团总部及成员企业，税务机关记录相关纳税信用信息，相关信息用于纳税信用评价。

第十一条 国家税务总局在千户集团名册管理工作中的主要职责：

（一）制定、完善千户集团名册管理办法；

（二）确定、调整千户集团名单和千户集团名册信息项目；

（三）协调集团总部所在地的省税务机关和成员企业所在地的省税务机关的名册核实工作；

（四）建立、完善千户集团名册管理系统并提供技术支持；

（五）开展千户集团名册管理工作组织绩效考评；

（六）其他名册管理工作。

第十二条 省税务机关在千户集团名册管理工作中的主要职责：

（一）核实、推荐本省符合千户集团入选标准的企业集团，提出入册企业集团调整建议，协助国家税务总局确定千户集团名单；

（二）组织总部在本省的集团报送成员企业名册信息；

（三）审核并补充完善本省的成员企业名册信息；

（四）评价总部在本省的集团报送的名册质量，向企业集团反馈评价结果；

（五）总结名册管理工作开展情况，提出工作建议；

（六）其他名册管理工作。

第十三条 列入千户集团名单的企业集团在名册管理工作中的主要职责：

（一）按照税务机关要求，组织开展名册信息填写、审核和报送；

（二）根据税务机关反馈的核实结果，组织开展名册信息校正；

（三）开展集团内部名册管理工作培训，对成员企业提供指导；

（四）其他名册管理工作。

第十四条 省税务机关和企业集团应建立名册管理工作沟通联络机制，企业集团指定专人负责名册管理工作。省税务机关为企业集团提供咨询辅导，并指导各地税务机关对本地成员企业进行辅导。

第十五条 省税务机关应加强千户集团名册管理工作沟通协作和信息共享，可组建联合工作团队开展名册管理工作。

第十六条 各级税务机关应积极与相关部门对千户集团名册信息开展合作，主动从各级财政、工商、商务、国资委等部门获取千户集团名册补充信息，通过互联网搜集公开信息，丰富完善千户集团名册信息。

第十七条 省税务机关应根据实际工作情况定期开展千户集团重点行业或重点企业的专项分析，改进千户集团名册质量，加强千户集团名册管理。

第十八条 省税务机关可参照本办法，制定名册管理具体实施方案。

第十九条 本办法自2017年5月1日起施行，《国家税务总局定点联系企业名册管理办法》（国家税务总局公告2013年第18号发布）同时废止。

6－7－77

国家税务总局关于进一步做好税收服务“一带一路”建设工作的通知

2017年4月24日　税总发〔2017〕42号

各省、自治区、直辖市和计划单列市国家税务局、地方税务局：

为深入贯彻落实党中央、国务院关于扎实推进“一带一路”建设的要求，更好发挥税收作用，现就进一步做好相关工作通知如下：

一、高度重视税收服务“一带一路”工作

“一带一路”战略是党中央、国务院打造我国对外开放新格局的重大发展战略。战略提出以来，“一带一路”建设进展迅速，取得了令人瞩目的成绩。2017年政府工作报告中明确提出“扎实推进‘一带一路’建设。坚持共商共建共享，加快陆上经济走廊和海上合作支点建设，构建沿线大通关合作机制”。2017年5月，我国将主办“一带一路”国际合作高峰论坛，共商合作大计，共建合作平台，共享合作成果，为促进世界经济增长、深化区域合作打造坚实基础。

税收作为全球经济治理的重要组成部分，有助于优化生产要素配置、消除跨境投资障碍、推动国际经济合作，对推进“一带一路”建设发挥着重要作用。各级税务机关要充分认识“一带一路”建设的重要意义，主动服务国家对外开放大局，落实2017年全国税务工作会议相关工作要求，进一步完善税收服务“一带一路”工作体系，为我国企业参与国际经济合作创造良好的税收环境。

二、认真落实税收服务“一带一路”工作

（一）做好税收协定执行

落实税收协定政策，营造优良营商环境，保障我国“走出去”企业的合法权益。加强我国居民享受税收协定待遇的服务、管理、统计分析工作，跟踪我国对外投资企业经营情况，及时反映境外涉税争议，配合税务总局与“一带一路”沿线国家税务主管当局就跨境纳税人提起的涉税争议开展相互协商。

（二）落实相关国内税收政策

结合全面推开营改增试点工作，落实跨境应税服务退税或免税政策、天然气等资源进口税收优惠政策、对外投资和对外承包工程出口货物退（免）税政策；按照所得税政策规定，落实境外所得税收抵免政策，减轻企业税收负担，促进国际资源共享和国际产能合作。

（三）优化“走出去”税收服务

落实“放管服”改革要求，推动税收服务优化升级。落实出口退（免）税企业分类管理、简化出口退（免）税流程、简化消除双重征税政策适用手续等规定，进一步减轻纳税人办税负担。做好《中国税收居民身份证明》开具工作，便利纳税人境外享受税收协定待遇，助力“走出去”企业和“一带一路”建设重点项目。创新境外税收服务模式与内容，提高服务的针对性和有效性，探索对“走出去”纳税人实行分类服务。针对大型跨国企业着重提供政策确定性相关的个性化服务，针对中小型企业着重提供政策宣传辅导的普惠性服务。发挥优势，运用“互联网＋”思维，提升国际税收办税便利度。

（四）深化国别税收信息研究

深入推进国别税收信息研究工作，做好境外税收政策跟踪和更新，配合税务总局陆续发布国别投资税收指南，实现年底前全面发布“一带一路”重点国家的投资税收指南，进一步完善和丰富纳税人可获取的境外税收信息。

（五）完善税收政策咨询

丰富政策咨询途径，有条件的地区要加强12366国际税收服务专席或“走出去”服务专线建设。按照“互联网＋税务”工作要求，丰富网站、微信、微博等税收咨询服务渠道，提升咨询服务水平。以“走出去”企业涉税风险为重点，探索为纳税人提供专家咨询、定制咨询、预约咨询等服务，响应涉税需求，促进纳税遵从。建立和完善国际税收知识库，整理并发布国际税收问题答疑手册。

（六）开展税收宣传与辅导

开展“走出去”税收政策大宣传、大辅导。按照税务总局总体工作要求，配合“一带一路”国际合作高峰论坛，结合“便民办税春风行动”，集中开展主题鲜明、形式多样、内容丰富的“走出去”专题宣传与辅导。结合《国家税务总局关于完善关联申报和同期资料管理有关事项的公告》（国家税务总局公告2016年第42号）、《国家税务总局关于完善预约定价安排管理有关事项的公告》（国家税务总局公告2016年第64号）、《国家税务总局关于发布〈特别纳税调查调整及相互协商程序管理办法〉的公告》（国家税务总局公告2017年第6号）等重要文件，就二十国集团税改及税基侵蚀和利润转移行动计划成果落地、国际税收征管改革、税收协定解释和执行、国际税收其他政策更新等及时做好政策宣传与辅导。

（七）加强数据统计分析

各地税务机关应积极落实对外投资、所得报告相关制度，结合各地区特点以及“走出去”企业类型、所属行业、对外投资目的地等，有针对性地开展数据统计和税收分析，并在此基础上归纳税收风险类型，有针对地为纳税人提示风险。

（八）深化国际税收合作

配合做好“一带一路”国际合作高峰论坛相关工作；落实好已签署的双边合作备忘录，加强与毗邻国家税务部门的信息交流与合作；积极参与亚欧博览会、中阿博览会等区域性交流合作平台，推动税收在相关交流活动中发挥更加突出的作用。

三、有关工作要求

（一）统筹安排，加强领导

各省税务机关要从服务国家战略的高度出发，紧密结合《深化国税、地税征管体制改革方案》要求，加强对税收服务“一带一路”工作的规划指导，统筹内部相关部门、所辖税务机关做好对外投资税收服务和管理工作。

（二）密切合作，主动协调

做好税务机关内部各部门的统筹协调，规范新闻宣传工作，落实相关工作责任。加强国税、地税合作，完善合作机制、深化合作路径、丰富合作事项，持续抓好“走出去”税收服务与管理事项的落实。积极推进与外部门合作,探索与外汇、商务、发改、海关、出入境管理等部门建立合作机制,共享跨境交易信息,形成服务合力。

(三)总结经验,注重提升

各级税务机关要结合本地区实际,主动作为,将税收服务"一带一路"各项措施落到实处,并在此基础上创新方式方法,及时总结经验,注重深化、拓展,不断提升工作质效。

6 -7 -78

国家税务总局关于印发《全面推进政务公开工作实施办法》的通知

2017 年 4 月 27 日　税总发〔2017〕44 号

各省、自治区、直辖市和计划单列市国家税务局、地方税务局,局内各单位:

现将《全面推进政务公开工作实施办法》印发给你们,请结合实际遵照执行。

全面推进政务公开工作实施办法

为贯彻落实中共中央办公厅、国务院办公厅《关于全面推进政务公开工作的意见》和国务院办公厅《〈关于全面推进政务公开工作的意见〉实施细则》(国办发〔2016〕80 号),根据《国家税务总局关于全面推进政务公开工作的意见》(税总发〔2016〕50 号),结合税务部门工作实际,制定本实施办法。

一、政务公开工作总体要求

(一)指导思想。深入推进依法行政,全面落实党中央、国务院有关政务公开决策部署和政府信息公开条例,坚持以公开为常态、不公开为例外,全面推进决策、执行、管理、服务、结果全过程公开(以下统称"五公开"),加强政策解读、回应社会关切、推进公开平台建设,保障公众知情权、参与权、表达权和监督权,增强税务部门公信力和执行力,提升税务部门治理能力。

(二)基本原则。紧紧围绕经济社会发展和人民群众关注关切,以公开促落实,以公开促规范,以公开促服务。依法依规明确税务部门政务公开的主体、内容、标准、方式、程序,加快推进权力和责任清单公开。坚持改革创新,注重精细化、可操作性,务求公开实效,让群众看得到、听得懂、能监督。以社会需求为导向,以新闻媒体为载体,推行"互联网 + 政务服务",扩大公众参与,促进税务系统政务公开。

(三)主要任务。贯彻落实"五公开"相关要求,除依法应当保密外,全面加大税务行政权力公开力度,做好税收政策法规公开,完善税收征管及税收执法公开内容,规范纳税服务公开范围,推进税务机关自身建设公开,加强政务公开全过程管理,规范税收政策解读,积极回应社会关切,推进政务公开平台建设,扩大社会公众参与,强化政务公开组织保障,不断提升税务部门政务公开水平。

（四）工作目标。到2020年，税务部门政务公开工作总体迈上新台阶，公开内容覆盖税务行政权力运行全流程、税收征管和纳税服务全过程、税务机关自身建设全方位，政务公开制度化、标准化、信息化水平显著提升，以更加公开透明赢得社会公众更多理解、信任和支持。

二、加大税务行政权力公开力度

（一）推进权力责任清单公开。落实国务院部门权力和责任清单编制试点决策部署，做好税务总局权责事项的梳理、清理规范和审核确认，形成税务总局基础权责清单，编制权责事项运行流程图，明确每个环节的承办机构、办理要求、办理时限等，及时向社会公开发布。建立权责清单动态管理机制，权责清单或权力运行流程图发生变化时及时更新并向社会公开发布。（政策法规司牵头落实）

（二）推进税务行政许可公开。全面公开税务行政许可目录及指南，税务部门将税务行政许可的事项、依据、条件、数量、程序、期限以及需要提交的全部材料的目录、申请书示范文本和服务指南等在办税服务厅、税务网站予以公示，并及时做好动态调整。推进税务行政许可受理、办理进展等事项公开，提高税务行政许可办理透明度。做好行政许可决定的公示，除涉及国家秘密、商业秘密或个人隐私及其他依法不予公开的事项外，对准予税务行政许可决定书文号、项目名称、许可内容、行政相对人统一社会信用代码和许可部门等信息，各级税务机关在作出行政许可决定之日起7个工作日内完成公示。（政策法规司牵头，会同相关司局落实）

（三）推进税务决策信息公开。对涉及纳税人切身利益、需要社会广泛知晓的征管改革、重大措施等事项的决策，除依法应当保密的外，应把公众参与、专家论证、风险评估、合法性审查、集体讨论决定确定为必经程序。在决策前应向社会公布决策草案、决策依据，通过多渠道、全方位广泛听取各方面意见，以适当方式公布意见收集和采纳情况。决策作出后，及时全面公开决策议定事项和相关文件。（办公厅牵头，会同各司局落实）

三、做好税收政策法规公开

（一）推进政策法规内容公开。主动公开税务部门履职相关的法律、法规、规章、规范性文件，加强全国税收法规库建设，及时做好更新维护。全面公开促进深化改革、经济发展、民生改善的税收政策措施，特别是对新出台的减税降负政策措施，以及促进创业创新、保障和改善民生等税收优惠政策做好在网站发布、新媒体推送等工作，及时发布多边税收条约、避免双重征税协定、税收情报交换协定等国际税收协定。做好税收个案批复类文件公开，税收个案批复应当自作出之日起30日内，由批复机关的办公厅（室）在本级政府公报、税务机关公报、本辖区范围内公开发行的报纸或本级政府网站、本税务机关网站上公布。（政策法规司、办公厅牵头，会同相关司局落实）

（二）推进政策落实情况公开。主动公开重大政策的贯彻落实情况，重点做好政府工作报告、政府决定事项等落实情况的公开，明确执行措施、实施步骤、责任分工、监督方式，及时公布阶段成果和后续举措，确保落实到位。做好督查发现问题及整改落实情况以及对不作为、慢作为、乱作为问责情况的公开，增强抓落实的执行力。建立健全重大税收政策跟踪反馈和评估制度，注重运用第三方评估、专业机构鉴定、社情民意调查等方式，科学评估政

策实施情况,全面评价政策落实效果。(办公厅牵头,会同各司局落实)

(三)推进政策清理情况公开。加大税收规章、规范性文件清理工作力度,形成文件清理长效机制。制定机关及时发布清理结果,方便社会公众查阅获取。及时在税务网站等平台上做好文件、条款的时效性标注。税务总局不定期抽查税收政策的时效性标注情况。(政策法规司、办公厅牵头,会同各司局落实)

四、完善税收征管及税收执法公开内容

(一)推进征管改革措施公开。深入贯彻《深化国税、地税征管体制改革方案》,加大对转变税收征管方式相关措施的公开,加强事中事后管理,及时发布国税地税联合办税、纳税人分类分级管理、大企业税收管理、自然人税收管理体系等事项,重大修订事项提前在税务网站向社会公布,及时公布各项改革措施落实情况。(征管和科技发展司牵头,会同所得税司、财产和行为税司、大企业税收管理司等司局落实)

(二)推进税收数据信息公开。税务总局参与政府数据统一开放平台建设,省以上税务机关制定税收数据开放目录,优先推动民生保障、公共服务和市场监管等领域的税收数据向社会有序开放,鼓励公众、企业和社会机构开发利用。加大税收征管事项公开,主动公开纳税信用A级纳税人名单及相关信息,省以下税务机关及时发布欠税公告、非正常户公告、个体工商户定额公示(公布)公告、税务登记证件失效公告、限期申报公告、限期纳税公告、委托代征公告等。(收入规划核算司、征管和科技发展司、纳税服务司牵头,会同相关业务司局落实)

(三)推进税收执法信息公开。推行行政执法公示制度,依法及时主动向社会公开有关税收执法信息,税务人员在执法过程中要主动表明身份,接受社会监督。加大执法依据、执法过程、处理结果等税收执法信息公开。推进税务稽查随机抽查相关事项公开,向社会发布税务稽查随机抽查的依据、主体、内容、方式等事项清单。按照规定的标准和流程,做好重大税收违法案件信息公布。作出税务处理、行政处罚决定的税务机关,在案件复议诉讼期间届满或经复议诉讼最终确定效力后次月10日内,在省税务机关门户网站完成公布。(政策法规司、稽查局牵头落实)

五、规范纳税服务公开范围

(一)推进纳税人权利义务公开。积极宣传纳税人的权利和义务,重点宣传纳税人享有的申请减免税、延期申报纳税、申请行政复议、提起行政诉讼、检举和取得赔偿等权利,使纳税人全面、准确了解其法定权利和义务。公开税收执法过程中有关回避、听证等程序,保障纳税人在接受税收执法过程中的各项法定权利。(纳税服务司牵头,会同相关司局落实)

(二)推进重大服务举措公开。加大公开首问责任制、限时办结制、预约办税制、延时服务制和24小时自助办税等便民办税服务措施。对"便民办税春风行动"、纳税服务规范、国税地税合作工作规范、出口退税工作规范等重大服务举措进行广泛宣传和深入解读。(纳税服务司牵头,会同相关司局落实)

(三)推进办税服务公开。全面公开办税服务事项,编制发布办税指南,简化优化办税流程,推行办税事项"二维码"一次性告知措施,方便纳税人办理涉税事项。依托纳税服务规范,及时更新税务网站办税指南、表证单书、软件下载等信息内容。及时发布办税日历、办税地图及服务通知等,积极为纳税人提供办税便利。拓展涉税查询功能,向社会公众提

供发票信息、企业纳税信用等级等涉税信息查询服务。（纳税服务司牵头落实）

六、推进税务机关自身建设公开

（一）推进机构职能信息公开。主动公开机构设置、主要职能、本级概况等信息。加强领导信息公开，及时发布领导照片、简介、履历、分管工作等信息内容，公开内设机构负责人姓名信息。加大人事管理信息公开力度，在各级国税局机关网站上发布本级国税机关中层以上领导干部及直属单位、下一级国税机关领导班子成员的任职信息。做好对外联系电话公开，及时公开纳税咨询投诉、税收违法举报、税务干部违纪举报、政府信息公开等电话信息。（人事司、办公厅牵头，会同相关司局落实）

（二）推进财政资金信息公开。税务总局及时公开国税系统经批准的预算、决算及相关文字说明，包括收入支出预算表、收入支出决算表等。部门预决算支出全部公开到功能分类款级科目，按规定公开到经济分类科目。做好“三公”经费预决算公开，公开的决算应当说明因公出国（境）团组数及人数，公务用车购置数及保有量，国内公务接待的批次人数，及“三公”经费增减变化原因等信息。（财务管理司牵头落实）

（三）推进其他政务信息公开。每年3月31日前在税务网站上发布政府信息公开年度报告。定期发布税收收入统计信息，方便社会公众查阅。做好涉税安全管理信息公开，建立预警预防信息发布和事故应急处置救援信息公开机制。按照政府采购法律法规及相关规定，做好政府采购制度、采购文件、中标或成交结果、采购合同等公开。（办公厅、采购中心牵头落实）

七、加强政务公开全过程管理

（一）公文公开管理。各级税务机关拟制公文时，明确主动公开、依申请公开、不予公开等属性，随公文一并报批，拟不公开的，依法依规说明理由。对拟不公开的政策性文件，报批前先送本单位政务公开工作机构审查。办公厅（室）在对公文进行发文审核时，加强对公文公开属性的复核，对没有明确公开属性的，或者没有依法依规说明不公开理由的，办公厅（室）作退文处理。（办公厅牵头，会同各司局落实）

（二）会议公开管理。税务总局及省税务机关应在2017年底前，建立公众代表、专家、媒体、利益相关方等列席有关会议的制度，出台管理办法，增强决策透明度。提交会议讨论的重要改革方案和重大政策措施，应在决策前广泛听取公众意见，并将听取意见情况一并提交讨论。对涉及重大决策事项的会议议题，在制定会议方案时，应提出是否邀请有关方面人员列席会议、是否公开以及公开方式的意见，随会议方案一同报批；之前已公开征求意见的，应附意见收集和采纳情况的说明。（办公厅牵头，会同各司局落实）

（三）主动公开目录管理。全面梳理税务部门“五公开”内容、主体、时限、方式等，税务总局于2017年底前修订主动公开基本目录，2018年底前各级税务机关按照税务总局发布的目录体系，全面完成本级主动公开目录体系修订工作，并动态更新，不断提升主动公开的标准化、规范化水平。（各司局落实，办公厅汇总发布）

（四）政务公开动态管理。税务部门每年根据政务公开工作的新要求以及公众关切，明确政务公开年度工作重点，把握好公开的力度和节奏，不断拓展公开范围，细化公开内容。各级税务机关每年应对本单位不予公开的信息以及依申请公开较为集中的信息进行全面自查，发现应公开未公开的信息应当公开，可转为主动公开的应当主动公开，自查整改情况

应及时向上级机关报送。各级税务机关要定期抽查,对发现的应公开未公开等问题及时督促整改。(办公厅牵头,各司局落实)

八、规范税收政策解读

(一)明确解读主体。按照谁起草、谁解读的原则,做好政策解读工作。税务部门制定的规范性文件,文件牵头起草单位负责做好解读工作。联合发文的,牵头起草单位负责做好解读工作,其他联合发文单位做好配合工作。文件牵头起草单位负责同志是"第一解读人和责任人",要主动发声,传递权威信息。要充分发挥各部门政策参与制定者和掌握相关政策、熟悉有关领域业务的专家学者的作用,围绕国内外舆论关切,多角度、全方位、有序有效阐释政策,着力提升解读的权威性和针对性。(各司局落实)

(二)规范解读流程。各级税务机关要按照税收政策和解读稿同步起草、同步审批、同步发布的"三同步"要求,将经本单位负责人审定的政策解读方案和解读材料随同文件一并报送,没有解读方案和解读材料的,办公厅(室)作退文处理。文件公布前,及时做好政策吹风解读和预期引导;文件公布时,相关解读材料应与文件同步在税务网站和媒体发布;文件执行过程中,要密切跟踪舆情,分段、多次、持续开展解读,及时解疑释惑,不断增强主动性、针对性和时效性。(各司局落实)

(三)细化解读内容。解读政策时,着重解读文件出台的背景、意义,文件内容的重点、理解的难点、必要的举例说明和落实的措施要求等,使政策内涵透明,避免误解误读。对涉及群众切身利益、影响市场预期等重要政策,各级税务机关要善于运用媒体,实事求是、有的放矢开展政策解读,做好与市场、与社会的沟通工作,及时准确传递政策意图。重视收集反馈的信息,针对市场和社会关切事项,更详细、更及时地做好政策解读,减少误解猜疑,稳定预期。(各司局落实)

(四)丰富解读形式。要围绕国家发布的相关税收法律、法规以及税务总局发布的税收规章、规范性文件等重大税收政策,通过举行新闻发布会、吹风会、撰写解读文章、组织记者采访、发布新闻稿、开展在线访谈以及电话、传真和电子邮件答复记者问询等形式,进行信息发布和政策解读。对于一些专业性较强的政策,运用数字化、图表、音频、视频等方式,进行形象化、通俗化解读。注重通过新闻发布会的形式开展政策解读,围绕税收工作的热点难点问题,确定新闻发布会的主题,精心准备发布材料,及时发出权威声音。税务总局每季度至少召开 1 次新闻发布会,主要负责人每年至少参加 1 次国务院新闻办公室的新闻发布会,税务总局领导每年至少参加 2 次国务院新闻办公室的新闻发布会;地市以上税务机关应建立新闻发言人制度,主要负责人每年对自己制定的重要政策进行解读不少于 1 次。(办公厅牵头,会同各司局落实)

九、积极回应社会关切

(一)明确回应责任。按照属地管理、分级负责、谁主管谁负责的原则,做好涉税舆情的回应工作。涉及税务总局的舆情,税务总局是第一回应责任主体,对于税务总局与其他政府部门联合制定政策实施中发生的涉税舆情,由税务总局相关司局牵头与相关部委协调处置。涉及各地税务机关的舆情,涉事税务机关是第一回应责任主体,同时涉及国税、地税机关的,双方均为回应责任主体。对于各地发生的重大涉税舆情,舆情发生地税务机关要依托当地党委、政府和有关部门共同做好应对处置工作。(相关司局落实)

（二）做好回应处置。建立健全涉税舆情监测、推送、分析研判、调查核实、回应反馈、评估等机制，对收集到的涉税舆情加强研判，区别不同情况，进行分类处置。对建设性意见建议，吸收采纳情况要对外公开。对群众反映的实际困难，研究解决的情况要对外公布。对群众反映的重大问题，调查处置情况要及时发布。对公众不了解情况、存在模糊认识的，要主动发布权威信息，解疑释惑，澄清事实。对错误看法，要及时发布信息进行引导和纠正。对虚假和不实信息，在及时回应的同时，将涉嫌违法的有关情况和线索移交公安机关、网络监管部门依法依规进行查处。进一步做好专项回应引导工作，重点围绕“两会”、经济数据发布和经济形势、重大改革举措、重大督查活动、重大突发事件等，做好舆情收集、研判和回应工作。（办公厅牵头落实）

（三）提升回应效果。涉及特别重大和重大突发事件的涉税舆情，要快速反应，最迟要在5个小时内发布权威信息，在24小时内举行新闻发布会，并根据工作进展情况，持续发布权威信息，主要负责人要带头主动发声，表明立场态度，发出权威声音。针对重大涉税舆情，建立与宣传、网信等部门的快速反应和协调联动机制，及时借助媒体、网站等渠道发布准确权威信息，着力提高回应的及时性、针对性、有效性。充分利用税务特色平台、新兴媒体以及税务网站的互动功能，提升回应信息的到达率。通过购买服务、完善大数据技术支撑等方式，用好专业力量，提高舆情分析处置的信息化水平。（办公厅牵头，会同相关司局落实）

十、推进政务公开平台建设

（一）强化税务网站建设和管理。建立健全网站管理制度，完善网站日常监测机制，及时发现和解决网站运行中存在的问题。规范网站信息发布流程，做好信息公开保密审查，准确及时发布信息，发挥网站在政策解读、回应社会关切、与公众互动交流中的积极作用，使税务网站成为公众获取税务机关信息的第一来源。税务网站之间要加强协同联动，做到信息资源共享和优势互补，税务总局网站发布的税收政策和要闻，省税务机关网站应及时转载、链接，发挥税务网站集群效应。各级税务网站加强与主要新闻媒体、新闻网站、商业网站的联动，通过合办专栏专版等方式，形成传播合力，提升传播效果。（办公厅牵头落实）

（二）发挥税务特色平台作用。依托办税服务厅电子触摸屏、显示屏、公告栏、宣传资料架等设施，公开办税信息，宣传税收政策。推进12366纳税服务平台建设，完善12366税收知识库，加强热线和网站纳税咨询的衔接和整合，全面提供能听、能问、能看、能查、能约、能办的“六能”型服务。积极利用税务微博、微信和手机客户端等新兴媒体传播税务信息。税务总局网站定期发布税务公报，及时准确刊登税收规章和规范性文件，做到应登尽登，各级税务网站在明显位置提供税务公报链接，方便社会公众查阅。充分发挥中国税务报社、中国税务杂志社、中国税务出版社等税务媒体在宣传税法、解读政策等方面的积极作用，拓宽公众获取税务信息渠道。（办公厅、纳税服务司牵头，会同相关司局落实）

（三）充分利用新闻媒体平台。在立足网站、“两微一端”等自有公开平台的基础上，加强与宣传、网信等部门以及报刊、杂志、广播、电视、有新闻资质的商业网站等媒体的沟通联系。通过主动向媒体提供素材，召开媒体通气会，推荐掌握相关政策、熟悉税收业务的专家学者接受媒体访谈等方式，畅通媒体采访渠道，更好地发挥新闻媒体的公开平台作用。积极安排中央和地方主要媒体及其新媒体负责人列席有关会议，进一步扩大政务公开的覆盖

面和影响力。(办公厅牵头,会同相关司局落实)

十一、扩大社会公众参与

(一)明确公众参与事项。围绕税收中心工作,细化公众参与事项范围,让公众更大程度参与政策制定、执行和监督。税务总局重点围绕税收发展规划、税收规章、重大税收改革事项等,根据需要通过多种方式,扩大公众参与。省税务机关重点围绕年度计划、规范性文件、重要税收政策措施等决策事项,着力做好公众参与工作。市县税务机关重点围绕税收执法监管、税收优惠政策措施的执行落地,着力加强利益相关方和社会公众的参与。(各司局落实)

(二)规范公众参与方式。完善民意汇集机制,拓展公众参与方式,激发公众参与的积极性。涉及重大税收改革和公众利益的重要决策,应通过广泛征求意见、专家座谈、听证会、论证会、调查研究、咨询协商、列席会议、媒体吹风等方式扩大公众参与,充分了解纳税人和社会公众的意见建议。发挥好人大代表、政协委员、民主党派、人民团体、社会公众、新闻媒体的监督作用,积极运用第三方评估等方式,做好政策措施执行的评估和监督工作。征求意见的采纳情况应予公布,相对集中的意见建议不予采纳的,公布时要说明理由。(各司局落实)

(三)完善公众参与渠道。在办税服务厅设立纳税服务值班岗、设置意见建议箱,做好信息的收集处理和反馈。加强纳税人需求征集工作,通过纳税人满意度调查、纳税人座谈会、入户走访等方式收集纳税人需求。不断完善税务网站意见建议征集、公众留言办理、局长信箱等互动功能,依托新闻发布会、在线访谈、局长接访等形式,扩大公众参与面。积极探索公众参与新模式,利用"两微一端"等新媒体搭建公众参与新平台,支持多渠道的信息发布和政民互动。(办公厅、纳税服务司牵头,会同相关司局落实)

十二、强化政务公开组织保障

(一)健全政务公开领导机制。各级税务机关要建立政务公开工作领导小组,负责组织协调、指导推进、监督检查本单位政务公开工作,并成立专门的政务公开工作办事机构。将政务公开纳入重要议事日程,主要负责人亲自抓,明确一位分管负责人具体抓。主要负责人每年至少听取一次政务公开工作汇报,研究推动工作,有关情况和分管负责人工作分工应对外公布。(办公厅牵头,会同相关司局落实)

(二)完善政务公开工作机制。整合政务公开方面的力量和资源,配备政务公开专业人员,加强政务公开经费保障,为工作顺利开展创造条件。探索推行政务公开运转规范,制定政务公开工作场所建设标准、政府信息依申请公开答复范本等。健全政务公开协调机制,各级税务机关应与宣传、网信等部门紧密协作,指导协调主要媒体、重点新闻网站和主要商业网站,充分利用各媒体平台、运用全媒体手段做好政务公开工作。完善信息发布协调机制,对涉及多个部门的政府信息,应当与有关单位沟通确认,确保发布信息准确一致。(办公厅牵头落实)

(三)加强政务公开教育培训。各级税务机关要将政务公开内容纳入干部教育培训科目,加强对税务干部特别是领导干部的培训,增强公开意识,提高发布信息、解读政策、回应关切的能力。分级分层组织实施政务公开教育培训,2018 年底前对税务系统政务公开工作人员轮训一遍。政务公开工作人员要加强政策理论学习和业务研究,准确把握政策精神,增强专业素养。按照税务系统人才库管理相关规定,将政务公开工作业务骨干纳入人才库管理,提高政务公开人员专业素质,提升工作水平。(办公厅牵头,会同教育中心、人事司落实)

(四)强化政务公开考评问责。将信息公开、政策解读、回应关切等政务公开工作纳入绩效考评。通过第三方评估、民意调查等方式,加强对政务公开工作的评估,并根据评估结果不断调整优化政务公开的方式方法,评估结果要作为政务公开绩效考评的重要参考。每年至少对20%以上的下级税务机关进行检查,发现问题及时督促整改。对政务公开工作推动有力、积极参与的单位和个人,按照有关规定进行表彰;对重要信息不发布、重大政策不解读、热点回应不及时的,进行严肃批评、公开通报;对弄虚作假、隐瞒实情、欺骗公众,造成严重社会影响的,依法依规追究相关单位和人员责任。(办公厅牵头落实)

6－7－79

财政部　国家税务总局关于印发《压缩财税优惠办理时间改革实施方案》的通知

2017年4月28日　财法〔2017〕2号

各省、自治区、直辖市、计划单列市财政厅(局)、国家税务局、地方税务局,新疆生产建设兵团财务局:

为贯彻落实国务院关于推进简政放权、放管结合、优化服务的部署和要求,进一步优化营商环境,激发创业活力,我们研究制定了《压缩财税优惠办理时间改革实施方案》,现印发给你们,请结合实际认真研究落实。

附件:压缩财税优惠办理时间改革实施方案

附件

压缩财税优惠办理时间改革实施方案

为贯彻落实全国推进简政放权放管结合优化服务改革电视电话会议精神,进一步优化营商环境,激发创业活力,按照《国务院办公厅关于印发进一步简化流程提高效率优化营商环境工作方案的通知》(国办函〔2016〕70号)有关"压缩财税优惠办理时间"的任务,结合工作实际,制定本方案。

一、总体目标和要求

全面贯彻落实党的十八大和十八届三中、四中、五中、六中全会精神,按照国务院关于简政放权、放管结合、优化服务的部署,结合财税体制改革要求,坚持问题导向,创新工作思路,多措并举,综合施策,简环节、优流程、压时限、降成本、转作风、提效能,简化优化财税优惠办理环节和流程,提升公共服务水平,不断释放创业创新活力。

(一)加大政策公开力度。

依法公开财税优惠政策和办理流程,进一步增强政策透明度,切实保障社会公众的知情权和监督权,实行“阳光管理”。

(二)简化优化申报流程。

在明确财税优惠事项办理标准和时限的基础上,进一步简化申报环节,优化服务流程,压缩办理时限,拓宽服务渠道,创新服务方式,使公众办事更方便、创业更顺畅。

(三)推动便民惠民服务。

取消不必要的证明和手续,进一步精简财税优惠事项申报材料,充分利用公共信息平台及第三方信息,运用“政务服务 + 互联网”,实现“公众少跑腿、信息多跑路”。

(四)提升整体工作效能。

理顺管理过程中不同部门、层级、岗位、环节之间的职责权限,运用信息化手段实现各部门之间、上下级之间信息共享,提高行政效率。

二、主要任务及具体措施

(一)编制财税优惠事项清单,实行动态管理。

结合权力清单、责任清单编制工作,全面梳理财税优惠政策,分别归类整理,编制财税优惠事项清单。除涉及国家秘密和安全的事项外,清单应向社会公开,并根据政策调整情况,及时动态更新。

(二)规范优化办理流程,压缩办理时限。

逐项细化财税优惠办理的流程,明确各岗位、各环节职责权限,严格规范自由裁量权。加强国税、地税联合办税,实行“前台统一受理、后台分别办理、窗口统一出件”的办税模式。在国税、地税多个税种之间进行优惠备案,实现一套资料,完成全部备案流程。在对现有财税优惠事项实行办理时限承诺制基础上,进一步缩短办理时间。

(三)精简申报材料,减少中介服务事项。

全面清理各类无谓的证明和手续,对现有规定设置的前置条件和要求的申报材料进行清理,严格论证,并作出明确规定。全面放宽企业备查资料范畴,建立行政机关内部征询机制,推动税务机关电子档案系统建设,减少申请人需重复提供的证明材料。对确实需要中介机构提供评估等服务的,实行清单管理,加强服务监管。

(四)创新服务方式,探索“告知 + 承诺”模式。

选取部分省以下税务机关探索开展财税优惠办理“告知 + 承诺”模式,告知申请人应当符合的条件和虚假承诺应负的责任。申请人知晓要求条件并书面承诺保证符合相关条件和要求、承诺承担违约责任后,税务机关先予办理相关手续,除特殊情况外应进行公示,接受社会监督,事后加强相应事项的核查和监管。

(五)加强信息化建设,加快推进网上办理。

对具备网上办理条件的税收优惠事项,积极推广实行网上办理,并实现办理进度和结果网上实时查询。逐步构建实体办税服务厅、网上办税服务厅、移动客户端、自助终端和12366 纳税服务热线等多形式相结合的综合性服务平台。

(六)推动信息互通共享,打通“信息孤岛”。

加快推动跨部门、跨区域、跨行业信息互通共享。在国税、地税多个税种之间进行优惠备案,实现一套资料,完成全部备案流程,减少纳税人重复、多头报送资料。依托互联网建立数据交换平台,促进各部门信息相互衔接,提高办理质效。

(七)加大宣传力度,确保优惠政策落实到位。

通过发布文件、网站公布、官方媒体采访、领导署名文章等多种形式,对财税优惠政策进行全方位、多层次、多角度宣传和解释,让公众、企业知晓政策、用好政策,打通获取相关信息的"最后一公里"。

三、保障措施

(一)加强组织领导。

各级财政、税务部门要充分认识压缩财税优惠办理时间、优化营商环境的重要意义,加强领导,周密部署。财政部、国家税务总局负责压缩财税优惠办理时间相关政策指导和统筹协调,加强监督检查和跟踪落实,认真研究和及时协调解决工作中的重大问题,重大事项及时报告国务院。地方各级财政、税务部门按照职责分工各司其职,建立健全工作机制,强化部门间信息互通,形成改革合力,切实把任务要求落到实处。

(二)严格落实责任。

各级财政、税务部门要坚持问题导向,充分发挥职能作用,科学细化各项任务落实措施,明确具体工作要求、责任分工和完成时限,结合实际研究提出压缩财税优惠办理时间的工作计划,按步骤分阶段完成各项工作任务。

(三)加强宣传培训。

各级财政、税务部门要从简政放权、规范行政行为、提升公共服务水平的角度,积极开展政策解读,加强宣传引导,畅通监督渠道,努力营造良好舆论氛围。要进一步加强人员培训,转变办税理念,探索创新服务,统一思想、凝聚共识,及时总结推广先进经验,确保政策执行到位。

6-7-80

国家税务总局 财政部 中国人民银行 中国银行业监督管理委员会 中国证券监督管理委员会 中国保险监督管理委员会关于发布《非居民金融账户涉税信息尽职调查管理办法》的公告

2017年5月9日 国家税务总局 财政部 中国人民银行 中国银行业监督管理委员会 中国证券监督管理委员会 中国保险监督管理委员会公告2017年第14号

为了履行金融账户涉税信息自动交换国际义务,规范金融机构对非居民金融账户涉税信息的尽职调查行为,国家税务总局、财政部、中国人民银行、中国银行业监督管理委员会、中国证券监督管理委员会、中国保险监督管理委员会制定了《非居民金融账户涉税信息尽职调查管理办法》,现予发布,自 2017 年 7 月 1 日起施行。

特此公告。

附件:1. 个人税收居民身份声明文件(样表)(编者略)

2. 机构税收居民身份声明文件(样表)(编者略)

3. 控制人税收居民身份声明文件(样表)(编者略)

非居民金融账户涉税信息尽职调查管理办法

第一章 总 则

第一条 为了履行《多边税收征管互助公约》和《金融账户涉税信息自动交换多边主管当局间协议》规定的义务,规范金融机构对非居民金融账户涉税信息的尽职调查行为,根据《中华人民共和国税收征收管理法》、《中华人民共和国反洗钱法》等法律、法规的规定,制定本办法。

第二条 依法在中华人民共和国境内设立的金融机构开展非居民金融账户涉税信息尽职调查工作,适用本办法。

第三条 金融机构应当遵循诚实信用、谨慎勤勉的原则,针对不同类型账户,按照本办法规定,了解账户持有人或者有关控制人的税收居民身份,识别非居民金融账户,收集并报送账户相关信息。

第四条 金融机构应当建立完整的非居民金融账户尽职调查管理制度,设计合理的业务流程和操作规范,并定期对本办法执行落实情况进行评估,妥善保管尽职调查过程中收集的资料,严格进行信息保密。金融机构应当对其分支机构执行本办法规定的尽职调查工作作出统一要求并进行监督管理。

金融机构应当向账户持有人充分说明本机构需履行的信息收集和报送义务,不得明示、暗示或者帮助账户持有人隐匿身份信息,不得协助账户持有人隐匿资产。

第五条 账户持有人应当配合金融机构的尽职调查工作,真实、及时、准确、完整地向金融机构提供本办法规定的相关信息,并承担未遵守本办法规定的责任和风险。

第二章 基本定义

第六条 本办法所称金融机构,包括存款机构、托管机构、投资机构、特定的保险机构及其分支机构:

(一)存款机构是指在日常经营活动中吸收存款的机构;

(二)托管机构是指近三个会计年度总收入的百分之二十以上来源于为客户持有金融资产的机构,机构成立不满三年的,按机构存续期间计算;

(三)投资机构是指符合以下条件之一的机构:

1. 近三个会计年度总收入的百分之五十以上来源于为客户投资、运作金融资产的机构，机构成立不满三年的，按机构存续期间计算；

2. 近三个会计年度总收入的百分之五十以上来源于投资、再投资或者买卖金融资产，且由存款机构、托管机构、特定的保险机构或者本项第1目所述投资机构进行管理并作出投资决策的机构，机构成立不满三年的，按机构存续期间计算；

3. 证券投资基金、私募投资基金等以投资、再投资或者买卖金融资产为目的而设立的投资实体。

（四）特定的保险机构是指开展有现金价值的保险或者年金业务的机构。本办法所称保险机构是指上一公历年度内，保险、再保险和年金合同的收入占总收入比重百分之五十以上的机构，或者在上一公历年度末拥有的保险、再保险和年金合同的资产占总资产比重百分之五十以上的机构。

本办法所称金融资产包括证券、合伙权益、大宗商品、掉期、保险合同、年金合同或者上述资产的权益，前述权益包括期货、远期合约或者期权。金融资产不包括实物商品或者不动产非债直接权益。

第七条 下列机构属于本办法第六条规定的金融机构：

（一）商业银行、农村信用合作社等吸收公众存款的金融机构以及政策性银行；

（二）证券公司；

（三）期货公司；

（四）证券投资基金管理公司、私募基金管理公司、从事私募基金管理业务的合伙企业；

（五）开展有现金价值的保险或者年金业务的保险公司、保险资产管理公司；

（六）信托公司；

（七）其他符合条件的机构。

第八条 下列机构不属于本办法第六条规定的金融机构：

（一）金融资产管理公司；

（二）财务公司；

（三）金融租赁公司；

（四）汽车金融公司；

（五）消费金融公司；

（六）货币经纪公司；

（七）证券登记结算机构；

（八）其他不符合条件的机构。

第九条 本办法所称金融账户包括：

（一）存款账户，是指开展具有存款性质业务而形成的账户，包括活期存款、定期存款、旅行支票、带有预存功能的信用卡等。

（二）托管账户，是指开展为他人持有金融资产业务而形成的账户，包括代理客户买卖金融资产的业务以及接受客户委托、为客户管理受托资产的业务：

1. 代理客户买卖金融资产的业务包括证券经纪业务、期货经纪业务、代理客户开展贵金属、国债业务或者其他类似业务；

2. 接受客户委托、为客户管理受托资产的业务包括金融机构发起、设立或者管理不具有独立法人资格的理财产品、基金、信托计划、专户/集合类资产管理计划或者其他金融投资产品。

（三）其他账户，是指符合以下条件之一的账户：

1. 投资机构的股权或者债权权益，包括私募投资基金的合伙权益和信托的受益权；

2. 具有现金价值的保险合同或者年金合同。

第十条　本办法所称非居民是指中国税收居民以外的个人和企业（包括其他组织），但不包括政府机构、国际组织、中央银行、金融机构或者在证券市场上市交易的公司及其关联机构。前述证券市场是指被所在地政府认可和监管的证券市场。中国税收居民是指中国税法规定的居民企业或者居民个人。

本办法所称非居民金融账户是指在我国境内的金融机构开立或者保有的、由非居民或者有非居民控制人的消极非金融机构持有的金融账户。金融机构应当在识别出非居民金融账户之日起将其归入非居民金融账户进行管理。

账户持有人同时构成中国税收居民和其他国家（地区）税收居民的，金融机构应当按照本办法规定收集并报送其账户信息。

第十一条　本办法所称账户持有人是指由金融机构登记或者确认为账户所有者的个人或者机构，不包括代理人、名义持有人、授权签字人等为他人利益而持有账户的个人或者机构。

现金价值保险合同或者年金合同的账户持有人是指任何有权获得现金价值或者变更合同受益人的个人或者机构，不存在前述个人或者机构的，则为合同所有者以及根据合同条款对支付款项拥有既得权利的个人或者机构。现金价值保险合同或者年金合同到期时，账户持有人包括根据合同规定有权领取款项的个人或者机构。

第十二条　本办法所称消极非金融机构是指符合下列条件之一的机构：

（一）上一公历年度内，股息、利息、租金、特许权使用费收入等不属于积极经营活动的收入，以及据以产生前述收入的金融资产的转让收入占总收入比重百分之五十以上的非金融机构；

（二）上一公历年度末，拥有可以产生本款第一项所述收入的金融资产占总资产比重百分之五十以上的非金融机构；

（三）税收居民国（地区）不实施金融账户涉税信息自动交换标准的投资机构。

下列非金融机构不属于消极非金融机构：

（一）上市公司及其关联机构；

（二）政府机构或者履行公共服务职能的机构；

（三）仅为了持有非金融机构股权或者向其提供融资和服务而设立的控股公司；

（四）成立时间不足二十四个月且尚未开展业务的企业；

（五）正处于资产清算或者重组过程中的企业；

（六）仅与本集团（该集团内机构均为非金融机构）内关联机构开展融资或者对冲交易的企业；

（七）非营利组织。

第十三条 本办法所称控制人是指对某一机构实施控制的个人。

公司的控制人按照以下规则依次判定：

（一）直接或者间接拥有超过百分之二十五公司股权或者表决权的个人；

（二）通过人事、财务等其他方式对公司进行控制的个人；

（三）公司的高级管理人员。

合伙企业的控制人是拥有超过百分之二十五合伙权益的个人。

信托的控制人是指信托的委托人、受托人、受益人以及其他对信托实施最终有效控制的个人。

基金的控制人是指拥有超过百分之二十五权益份额或者其他对基金进行控制的个人。

第十四条 本办法所称关联机构是指一个机构控制另一个机构，或者两个机构受到共同控制，则该两个机构互为关联机构。

前款所称控制是指直接或者间接拥有机构百分之五十以上的股权和表决权。

第十五条 本办法所称金融账户包括存量账户和新开账户。

存量账户是指符合下列条件之一的账户，包括存量个人账户和存量机构账户：

（一）截至 2017 年 6 月 30 日由金融机构保有的、由个人或者机构持有的金融账户；

（二）2017 年 7 月 1 日（含当日，下同）以后开立并同时符合下列条件的金融账户：

1. 账户持有人已在同一金融机构开立了本款第一项所述账户的；

2. 上述金融机构在确定账户加总余额时将本款第二项所述账户与本款第一项所述账户视为同一账户的；

3. 金融机构已经对本款第一项所述账户进行反洗钱客户身份识别的；

4. 账户开立时，账户持有人无需提供除本办法要求以外的其他信息的。

存量个人账户包括低净值账户和高净值账户，低净值账户是指截至 2017 年 6 月 30 日账户加总余额不超过相当于一百万美元（简称"一百万美元"，下同）的账户，高净值账户是指截至 2017 年 6 月 30 日账户加总余额超过一百万美元的账户。

新开账户是指 2017 年 7 月 1 日以后在金融机构开立的，除第二款第二项规定账户外，由个人或者机构持有的金融账户，包括新开个人账户和新开机构账户。

第十六条 本办法所称账户加总余额是指账户持有人在同一金融机构及其关联机构所持有的全部金融账户余额或者资产的价值之和。

金融机构需加总的账户限于通过计算机系统中客户号、纳税人识别号等关键数据项能够识别的所有金融账户。

联名账户的每一个账户持有人，在加总余额时应当计算该联名账户的全部余额。

在确定是否为高净值账户时，客户经理知道或者应当知道在其供职的金融机构内几个账户直接或者间接由同一个人拥有或者控制的，应当对这些账户进行加总。

前款所称客户经理是指由金融机构指定、与特定客户有直接联系，根据客户需求向客户介绍、推荐或者提供相关金融产品、服务或者提供其他协助的人员，但不包括符合前述条件，仅由于偶然性原因为客户提供上述服务的人员。

金融机构在计算账户加总余额时，账户币种为非美元的，应当按照计算日当日中国人民银行公布的外汇中间价折合为美元计算。折合美元时，可以根据原币种金额折算，也可以根据该金融机构记账本位币所记录的金额进行折算。

第十七条 本办法所称非居民标识是指金融机构用于检索判断存量个人账户持有人是否为非居民个人的有关要素，具体包括：

（一）账户持有人的境外身份证明；

（二）账户持有人的境外现居地址或者邮寄地址，包括邮政信箱；

（三）账户持有人的境外电话号码，且没有我国境内电话号码；

（四）存款账户以外的账户向境外账户定期转账的指令；

（五）账户代理人或者授权签字人的境外地址；

（六）境外的转交地址或者留交地址，并且是唯一地址。转交地址是指账户持有人要求将其相关信函寄给转交人的地址，转交人收到信函后再交给账户持有人。留交地址是指账户持有人要求将其相关信函暂时存放的地址。

第十八条 本办法所称证明材料是指：

（一）由政府出具的税收居民身份证明；

（二）由政府出具的含有个人姓名且通常用于身份识别的有效身份证明，或者由政府出具的含有机构名称以及主要办公地址或者注册成立地址等信息的官方文件。

第三章 个人账户尽职调查

第十九条 金融机构应当按照以下规定，对新开个人账户开展尽职调查：

（一）个人开立账户时，金融机构应当获取由账户持有人签署的税收居民身份声明文件（以下简称“声明文件”），识别账户持有人是否为非居民个人。金融机构通过本机构电子渠道接收个人账户开户申请时，应当要求账户持有人提供电子声明文件。声明文件应当作为开户资料的一部分，声明文件相关信息可并入开户申请书中。个人代理他人开立金融账户以及单位代理个人开立金融账户时，经账户持有人书面授权后可由代理人签署声明文件。

（二）金融机构应当根据开户资料（包括通过反洗钱客户身份识别程序收集的资料），对声明文件的合理性进行审核，主要确认填写信息是否与其他信息存在明显矛盾。金融机构认为声明文件存在不合理信息时，应当要求账户持有人提供有效声明文件或者进行解释。不提供有效声明文件或者合理解释的，不得开立账户。

（三）识别为非居民个人的，金融机构应当收集并记录报送所需信息。

（四）金融机构知道或者应当知道新开个人账户情况发生变化导致原有声明文件信息不准确或者不可靠的，应当要求账户持有人提供有效声明文件。账户持有人自被要求提供之日起九十日内未能提供声明文件的，金融机构应当将其账户视为非居民账户管理。

第二十条 金融机构应当于 2018 年 12 月 31 日前选择以下方式完成对存量个人低净值账户的尽职调查：

（一）对于在现有客户资料（包括通过反洗钱客户身份识别程序收集的资料，下同）中留有地址，且有证明材料证明是现居地址或者地址位于现居国家（地区）的账户持有人，可以根据账户持有人的地址确定是否为非居民个人。邮寄无法送达的，不得将客户资料所留地址视为现居地址。

（二）利用现有信息系统开展电子记录检索，识别账户是否存在任一非居民标识。

现有客户资料中没有现居地址信息的，或者账户情况发生变化导致现居地址证明材料不再准确的，金融机构应当采用前款第二项方式开展尽职调查。

第二十一条 金融机构应当在2017年12月31日前对存量个人高净值账户依次完成以下尽职调查程序：

（一）开展电子记录检索和纸质记录检索，识别账户是否存在任一非居民标识。应当检索的纸质记录包括过去五年中获取的、与账户有关的全部纸质资料。

金融机构利用现有信息系统可电子检索出全部非居民标识字段信息的，可以不开展纸质记录检索。

（二）询问客户经理其客户是否为非居民个人。

第二十二条 对于存量个人低净值账户，2017年6月30日之后任一公历年度末账户加总余额超过一百万美元时，金融机构应当在次年12月31日前，按照本办法第二十一条规定程序完成对账户的尽职调查。

第二十三条 对发现存在非居民标识的存量个人账户，金融机构可以通过现有客户资料确认账户持有人为非居民个人的，应当收集并记录报送所需信息。无法确认的，应当要求账户持有人提供声明文件。声明为中国税收居民个人的，金融机构应当要求其提供相应证明材料；声明为非居民个人的，金融机构应当收集并记录报送所需信息。账户持有人自被要求提供之日起九十日内未能提供声明文件的，金融机构应当将其账户视为非居民账户管理。

对未发现存在非居民标识的存量个人账户，金融机构无需作进一步处理，但应当建立持续监控机制。当账户情况变化出现非居民标识时，应当执行前款规定程序。

第二十四条 对于现金价值保险合同或者年金合同，金融机构知道或者应当知道获得死亡保险金的受益人为非居民个人的，应当将其账户视为非居民账户管理。

第四章 机构账户尽职调查

第二十五条 金融机构应当按照以下规定，对新开机构账户开展尽职调查：

（一）机构开立账户时，金融机构应当获取由该机构授权人签署的声明文件，识别账户持有人是否为非居民企业和消极非金融机构。声明文件应当作为开户资料的一部分，声明文件相关信息可并入开户申请书中。

（二）金融机构应当根据开户资料（包括通过反洗钱客户身份识别程序收集的资料）或者公开信息对声明文件的合理性进行审核，主要确认填写信息是否与其他信息存在明显矛盾。金融机构认为声明文件存在不合理信息时，应当要求账户持有人提供有效声明文件或者进行解释。不提供有效声明文件或者合理解释的，不得开立账户。

（三）识别为非居民企业的，金融机构应当收集并记录报送所需信息。合伙企业等机构声明不具有税收居民身份的，金融机构可按照其实际管理机构所在地确定其税收居民国（地区）。

（四）识别为消极非金融机构的，金融机构应当依据反洗钱客户身份识别程序收集的资料识别其控制人，并且获取机构授权人或者控制人签署的声明文件，识别控制人是否为非居民个人。识别为有非居民控制人的消极非金融机构的，金融机构应当收集并记录消极非金融机构及其控制人相关信息。

账户持有人为非居民企业的，也应当进一步识别其是否同时为有非居民控制人的消极非金融机构。

（五）金融机构知道或者应当知道新开机构账户情况发生变化导致原有声明文件信息不准确或者不可靠的，应当要求机构授权人提供有效声明文件。机构授权人自被要求提供之日起九十日内未能提供声明文件的，金融机构应当将其账户视为非居民账户管理。

第二十六条 金融机构应当根据现有客户资料或者境外机构境内外汇账户标识，识别存量机构账户持有人是否为非居民企业。

除通过机构授权人签署的声明文件或者公开信息能确认为中国税收居民企业的外，上述信息表明该机构为非居民企业的，应当识别为非居民企业。

识别为非居民企业的，金融机构应当收集并记录报送所需信息。

第二十七条 金融机构应当识别存量机构账户持有人是否为消极非金融机构。通过现有客户资料或者公开信息确认不是消极非金融机构的，无需进一步处理。无法确认的，金融机构应当获取由机构授权人签署的声明文件。声明为消极非金融机构的，应当按照第二款规定进一步识别其控制人。无法获取声明文件的，金融机构应当将账户持有人视为消极非金融机构。

识别为消极非金融机构并且截至2017年6月30日账户加总余额超过一百万美元的，金融机构应当获取由机构控制人或者授权人签署的声明文件，识别控制人是否为非居民个人。无法获取声明文件的，金融机构应当针对控制人开展非居民标识检索，识别其是否为非居民个人。账户加总余额不超过一百万美元的，金融机构可以根据现有客户资料识别消极非金融机构控制人是否为非居民个人。根据现有客户资料无法识别的，金融机构可以不收集控制人相关信息。

识别为有非居民控制人的消极非金融机构的，金融机构应当收集并记录消极非金融机构及其控制人相关信息。

第二十八条 截至2017年6月30日账户加总余额超过二十五万美元的存量机构账户，金融机构应当在2018年12月31日前完成对账户的尽职调查。

截至2017年6月30日账户加总余额不超过二十五万美元的存量机构账户，金融机构无需开展尽职调查。但当之后任一公历年度末账户加总余额超过二十五万美元时，金融机构应当在次年12月31日前，按照本办法第二十六条和第二十七条规定完成对账户的尽职调查。

第五章　其他合规要求

第二十九条 金融机构可以根据自身业务需要，将新开账户的尽职调查程序适用于存量账户。

第三十条 金融机构委托其他机构向客户销售金融产品的，代销机构应当配合委托机构开展本办法所要求的尽职调查工作，并向委托机构提供本办法要求的信息。

第三十一条 金融机构可以委托第三方开展尽职调查，但相关责任仍应当由金融机构承担。基金、信托等属于投资机构的，可以分别由基金管理公司、信托公司作为第三方完成尽职调查相关工作。

第三十二条 金融机构应当建立账户持有人信息变化监控机制,包括要求账户持有人在本办法规定的相关信息变化之日起三十日内告知金融机构。金融机构在知道或者应当知道账户持有人相关信息发生变化之日起九十日内或者本年度12月31日前根据有关尽职调查程序重新识别账户持有人或者有关控制人是否为非居民。

第三十三条 对下列账户无需开展尽职调查:

(一)同时符合下列条件的退休金账户:

1. 受政府监管;

2. 享受税收优惠;

3. 向税务机关申报账户相关信息;

4. 达到规定的退休年龄等条件时才可取款;

5. 每年缴款不超过五万美元,或者终身缴款不超过一百万美元。

(二)同时符合下列条件的社会保障类账户:

1. 受政府监管;

2. 享受税收优惠;

3. 取款应当与账户设立的目的相关,包括医疗等;

4. 每年缴款不超过五万美元。

(三)同时符合下列条件的定期人寿保险合同:

1. 在合同存续期内或者在被保险人年满九十岁之前(以较短者为准),至少按年度支付保费,且保费不随时间递减;

2. 在不终止合同的情况下,任何人均无法获取保险价值;

3. 合同解除或者终止时,应付金额(不包括死亡抚恤金)在扣除合同存续期间相关支出后,不得超过为该合同累计支付的保费总额;

4. 合同不得通过有价方式转让。

(四)为下列事项而开立的账户:

1. 法院裁定或者判决;

2. 不动产或者动产的销售、交易或者租赁;

3. 不动产抵押贷款情况下,预留部分款项便于支付与不动产相关的税款或者保险;

4. 专为支付税款。

(五)同时符合下列条件的存款账户:

1. 因信用卡超额还款或者其他还款而形成,且超额款项不会立即返还账户持有人;

2. 禁止账户持有人超额还款五万美元以上,或者账户持有人超额还款五万美元以上的款项应当在六十日内返还账户持有人。

(六)上一公历年度余额不超过一千美元的休眠账户。休眠账户是满足下列条件之一的账户(不包括年金合同):

1. 过去三个公历年度中,账户持有人未向金融机构发起任何与账户相关的交易;

2. 过去六个公历年度中,账户持有人未与金融机构沟通任何与账户相关的事宜;

3. 对于具有现金价值的保险合同,在过去六个公历年度中,账户持有人未与金融机构沟通任何与账户相关的事宜。

（七）由我国政府机关、事业单位、军队、武警部队、居民委员会、村民委员会、社区委员会、社会团体等单位持有的账户；由军人（武装警察）持军人（武装警察）身份证件开立的账户。

（八）政策性银行为执行政府决定开立的账户。

（九）保险公司之间的补偿再保险合同。

第三十四条 金融机构应当妥善保管本办法执行过程中收集的资料，保存期限为自报送期末起至少五年。相关资料可以以电子形式保存，但应当确保能够按照相关行业监督管理部门和国家税务总局的要求提供纸质版本。

第三十五条 金融机构应当汇总报送境内分支机构的下列非居民账户信息，并注明报送信息的金融机构名称、地址以及纳税人识别号：

（一）个人账户持有人的姓名、现居地址、税收居民国（地区）、居民国（地区）纳税人识别号、出生地、出生日期；机构账户持有人的名称、地址、税收居民国（地区）、居民国（地区）纳税人识别号；机构账户持有人是有非居民控制人的消极非金融机构的，还应当报送非居民控制人的姓名、现居地址、税收居民国（地区）、居民国（地区）纳税人识别号、出生地、出生日期。

（二）账号或者类似信息。

（三）公历年度末单个非居民账户的余额或者净值（包括具有现金价值的保险合同或者年金合同的现金价值或者退保价值）。账户在本年度内注销的，余额为零，同时应当注明账户已注销。

（四）存款账户，报送公历年度内收到或者计入该账户的利息总额。

（五）托管账户，报送公历年度内收到或者计入该账户的利息总额、股息总额以及其他因被托管资产而收到或者计入该账户的收入总额。报送信息的金融机构为代理人、中间人或者名义持有人的，报送因销售或者赎回金融资产而收到或者计入该托管账户的收入总额。

（六）其他账户，报送公历年度内收到或者计入该账户的收入总额，包括赎回款项的总额。

（七）国家税务总局要求报送的其他信息。

上述信息中涉及金额的，应当按原币种报送并且标注原币种名称。

对于存量账户，金融机构现有客户资料中没有居民国（地区）纳税人识别号、出生日期或者出生地信息的，无需报送上述信息。但是，金融机构应当在上述账户被认定为非居民账户的次年 12 月 31 日前，积极采取措施，获取上述信息。

非居民账户持有人无居民国（地区）纳税人识别号的，金融机构无需收集并报送纳税人识别号信息。

第三十六条 金融机构应当于 2017 年 12 月 31 日前登录国家税务总局网站办理注册登记，并且于每年 5 月 31 日前按要求报送第三十五条所述信息。

第六章　监督管理

第三十七条 金融机构应当建立实施监控机制，按年度评估本办法执行情况，及时发现问题、进行整改，并于次年 6 月 30 日前向相关行业监督管理部门和国家税务总局书面报告。

第三十八条　金融机构有下列情形之一的，由国家税务总局责令其限期改正：

（一）未按照本办法规定开展尽职调查的；

（二）未按照本办法建立实施监控机制的；

（三）故意错报、漏报账户持有人信息的；

（四）帮助账户持有人隐藏真实信息或者伪造信息的；

（五）其他违反本办法规定的。

逾期不改正的，税务机关将记录相关纳税信用信息，并用于纳税信用评价。有关违规情形通报相关金融主管部门。

第三十九条　对于金融机构的严重违规行为，有关金融主管部门可以采取下列措施：

（一）责令金融机构停业整顿或者吊销其经营许可证；

（二）取消金融机构直接负责的董事、高级管理人员和其他直接责任人员的任职资格、禁止其从事有关金融行业的工作；

（三）责令金融机构对直接负责的董事、高级管理人员和其他直接责任人给予纪律处分。

第四十条　对于账户持有人的严重违规行为，有关金融主管部门依据相关法律、法规进行处罚，涉嫌犯罪的，移送司法机关进行处理。

第七章　附　　则

第四十一条　本办法施行前我国与相关国家（地区）已经就非居民金融账户涉税信息尽职调查事项商签双边协定的，有关要求另行规定。

第四十二条　国家税务总局与有关金融主管部门建立涉税信息共享机制，保障国家税务总局及时获取本办法规定的信息。非居民金融账户涉税信息报送要求另行规定。

第四十三条　本办法所称“以上”、“以下”均含本数，“不满”、“超过”均不含本数。

第四十四条　本办法自 2017 年 7 月 1 日起施行。

6 -7 -81

国家税务总局关于支持四川九寨沟地震灾区恢复重建有关税收征管问题的通知

2017 年 8 月 15 日　税总函〔2017〕358 号

四川省国家税务局、地方税务局：

为支持受灾地区积极开展自救，帮助地震灾区尽快恢复正常的生产生活秩序，现就支持四川九寨沟地震灾后恢复重建有关税收征管问题通知如下：

一、关于延长申报期限问题

延长受灾地区2017年8月纳税申报期限至2017年8月31日。

纳税人、扣缴义务人因地震灾害仍不能在上述期限按期办理纳税申报或者报送代扣代缴、代收代缴税款报告表的,可按税收征管法第二十七条和税收征管法实施细则第三十七条的规定,向税务机关申请延期申报,税务机关可依法核准至2017年12月31日。

二、关于延期缴纳税款问题

纳税人、扣缴义务人因地震灾害不能按期缴纳应纳税款,申请延期缴纳的,省税务机关可以在一次最长不超过三个月的期限内予以核准。核准延期缴纳税款的期限届满,纳税人、扣缴义务人因灾情仍需延期缴纳该笔税款的,省税务机关可依法按次审批至2017年12月31日。延期期间,纳税人的应纳税款不加收滞纳金。

三、关于查补税款的滞纳金加收问题

对因地震灾害遭受损失的纳税人,在2017年8月8日以前被税务机关查处需要补缴税款的,其所涉及的滞纳金从税款滞纳之日起起算,至2017年8月8日起中止计算。滞纳金重新起算的时间,由原作出决定的税务机关根据纳税人的受灾情况和生产经营恢复情况确定。

四、关于欠税核销问题

对地震灾害中纳税人实际已消亡的,可以视同符合《欠缴税金核算管理暂行办法》(国税发〔2000〕193号文件印发)第八条规定的条件,由税务机关根据县级以上人民政府出具的证明,一次性办理死欠核销。

五、关于发票供应、税控设备办理问题

纳税人因地震灾害毁损、丢失空白发票(含增值税专用发票和普通发票)、税票(含各种完税凭证)、发票领购簿等资料的,税务机关要根据纳税人申请,及时进行核销、备案,补发发票领购簿,并按照规定向社会公告,对以上情况不予处罚。纳税人因地震灾害毁损的税控设备,需重新发行的,税务机关比照丢失、被盗金税设备的规定办理,但不予处罚。

四川省各级税务机关要及时通过办税服务厅、网站、12366纳税服务热线、短信及电视、广播等多种渠道,将上述延期申报纳税等有关规定事项尽快告知纳税人,并做好相关咨询答复工作,提供各种服务便利,帮助纳税人尽快恢复生产、重建家园。

6－7－82

国家税务总局关于进一步深化税务系统“放管服”改革优化税收环境的若干意见

2017年9月14日　税总发〔2017〕101号

各省、自治区、直辖市和计划单列市国家税务局、地方税务局,局内各单位:

为深入贯彻落实党中央、国务院关于优化营商环境和推进“放管服”改革的系列部署,进一步深化税务系统“放管服”改革，优化税收环境，激发市场主体创业创新活力，制定本意见。

一、总体要求

进一步深化税务系统“放管服”改革是转变职能、发挥税收作用的关键所在，是深化国税、地税征管体制改革的重要任务，是优化税收环境、减轻纳税人负担的重要抓手，对于提升税收治理能力，营造稳定公平透明、可预期的营商环境，实现税收现代化具有十分重要的意义。

近年来，全国税务系统勇于创新，开拓进取，持续推进“放管服”改革，取得了明显成效。在简政放权上做“减法”，大幅度削减税务行政审批事项，进一步优化审批流程，精简涉税资料，有效便利了纳税人；在后续管理上做“加法”，加快转变税收征管方式，出台系列工作规范，依托金税三期系统和增值税发票管理新系统加大信息管税和风险管理力度，建立健全了事中事后管理体系；在优化服务上做“乘法”，持续开展“便民办税春风行动”，深入推进国税局、地税局合作，增强了纳税人获得感。同时也应看到，与全面深化改革的新形势新要求相比，与广大纳税人和基层税务干部的期盼相比，税务系统“放管服”改革还有待进一步深化，在思想理念、制度机制、管理手段等方面仍存在一些需要解决的问题，税收环境还需要进一步优化。

全国税务系统要深入学习贯彻习近平总书记系列重要讲话精神和党中央治国理政新理念新思想新战略，认真落实党中央、国务院关于优化营商环境和深化“放管服”改革系列部署，结合开展深化国税、地税征管体制改革和金税三期全面上线等改革“回头看”，坚持问题导向、集成导向、目标导向，对焦纳税人需求和基层税务干部期盼，继续加大税务系统简政放权力度，一体化推进办税便利化改革，创新事中事后监管方式，充分释放税收信息化潜能，推动税务系统“放管服”改革提质升级，进一步优化税收环境，提升税收治理能力和服务水平。

二、主要任务

（一）进一步深化简政放权

坚持放要彻底且有序，进一步取消税务行政审批和前置性审核事项，精简纳税人资料报送，打造权力瘦身的“紧身衣”，切实为纳税人减负。

1. 减少和优化税务行政审批。报经国务院批准后，取消非居民企业汇总缴纳企业所得税机构场所的审批，由纳税人自主选择纳税申报地点。结合纳税人信用积分确定增值税专用发票最高开票限额和用票数量，完善最高开票限额管理，推动取消最高开票限额审批，便利纳税人生产经营。

2. 推行税收权力和责任清单。制定税务系统权责清单范本，推进权力和责任清单规范化工作，确保相同的权力和责任事项，在各级税务机关的名称、类型、依据、履责方式和追责情形统一规范，努力形成上下贯通、有机衔接、运转顺畅、透明高效的全国税务系统权责清单运行体系。

3. 简化纳税人设立、迁移、注销手续。办税服务厅不设置新办纳税人补充登记窗口，“多证合一”纳税人首次办税时不进行信息补充采集。加强与工商部门沟通协调，建立工商登记数据质量和传输的通报、对账机制及管理办法，提升共享信息的准确性和完整性。取消外出经营税收管理证明,实行网上报验。简化纳税人在本省内跨市、县变更登记流程,便利市场主体自由迁移。制定简易注销办法,实现市场主体退出便利化。

4. 改进纳税人优惠备案和合同备案。改进各税种优惠备案方式,基本实现税收优惠资料由报送税务机关改为纳税人留存备查,减轻纳税人备案负担。简化建筑业企业选择简易计税备案事项。取消非居民企业源泉扣缴合同备案环节,优化对外支付备案程序。

5. 精简涉税资料报送。清理纳税人向税务机关报送资料,2018 年年底前精简四分之一以上。实行涉税资料清单管理,清单之外原则上不得要求纳税人报送。将小微企业财务报表由按月报送改为按季报送,减少小微企业报表报送次数。推动涉税资料电子化,减少纳税人纸质资料报送。

(二)切实创新监管方式

坚持管要规范且有效,树立诚信推定、风险监控、信用管理等现代税收管理理念,加强事中事后监管机制和制度建设,推动转变税收征管方式,提高税收征管效能。

6. 改革税收管理员制度。按照属地固定管户向分类分级管理转变的要求,合理确定税收管理员工作职责,简并整合日常事务性管理事项,健全完善税源管理的衔接机制和配套制度,税收管理员主要做好以风险应对为重点的事中事后管理,进一步实现管理方式转型。

7. 全面推行实名办税。建立健全实名办税制度,按照企业类型、涉税风险等因素,合理确定实名信息采集范围。推行国税局、地税局实名信息双方互认,实现一次采集多次、多处使用。充分利用实名身份信息,简并相关附报资料,优化办税流程,加强信用管理,防范领用、代开发票等各类涉税风险。

8. 推进跨区域风险管理协作。打通省际之间、国税局与地税局之间横向通道,建立税务系统内部追逃清单,加强异常普通发票、失控增值税专用发票等风险信息交换,推进非正常户、D 级信用户、涉嫌骗税和虚开发票纳税人等风险情报信息共享,提升跨区域风险监控能力。

9. 建立信用动态监管方式。完善纳税信用管理制度,扩大纳税信用评价范围,缩短评价周期。以推行实名办税为契机,归集办税人员信用记录,建立办税人员涉税信用管理制度,加强个人信用与企业信用之间的联动。运用税收大数据,建立信用积分制度,健全动态信用评价和风险评估指标体系,实现对纳税人信用和风险状况的动态监控评价,根据监控评价结果实施分类服务和差异化管理。

10. 优化征管资源配置。各地税务机关建立与制度改革和业务创新相配套的岗责体系,明确各部门间的专业化分工关系,优化整合办税服务资源,强化风险管理资源配置,做好前后台职责分工衔接,实现征管资源集约化利用。

11. 强化部门协同合作。各地国税局、地税局要联合加强与外部门之间的合作,提高协税护税水平。进一步推动将纳税信用体系融入社会信用体系,强化守信联合激励和失信联合惩戒,构建纳税人自律、社会监督和行政监管相结合的合作机制。深入推进"银税互动",加大银税合作力度,逐步扩大税务、银行信用信息共享内容,助力解决小微企业融资贵、融资难问题。

(三)不断优化纳税服务

坚持服要优质且有感,以问题为导向,抓住主要矛盾,调整关键环节,充分应用现代信息技术，创新服务方式，让纳税人办税更便捷、更贴心、更舒心。

12. 推行新办纳税人"零门槛"办税。为新办纳税人提供"套餐式"服务，一次性办结多个涉税事项。将增值税普通发票核定事项由限时办结改为即时办结，大幅缩短办理时间。将无不良信用记录的新办纳税人纳入取消增值税专用发票认证范围，减轻纳税人发票认证负担和办税服务厅工作压力。

13. 创新发票服务方式。推进税务信息系统与公路收费系统对接，依托收费公路通行费增值税发票服务平台开具增值税电子普通发票，推动物流行业降本增效。试行代开增值税普通发票"线上申请、网上缴税、自行出票"模式，分行业扩大小规模纳税人自行开具增值税专用发票试点范围，促进小微企业发展。适应商事制度改革要求，推行税控器具网上变更。推动完善发票管理制度，取消发票领购簿等规定。

14. 便利申报纳税。简并优化增值税、消费税、企业所得税等税种申报表，提供网上办理更正申报功能，较大幅度精简表单填报，缩减纳税人申报纳税准备时间。定期定额个体工商户实际经营额、所得额不超过定额的，取消年度汇总申报。

15. 大力推行网上办税、就近办税。税务总局编制办税事项"最多跑一次"清单，推进跨省经营企业涉税事项全国通办，最大限度减少纳税人到办税服务厅次数。省税务机关编制办税事项"全程网上办"清单，在部分地区试行国税、地税业务省内通办，实现纳税人就近办理涉税事项。

16. 深化国税局、地税局合作。拓展网上办税功能，实现纳税人应纳增值税、消费税等主税和地方附加税费的一体化申报缴税。推行国税局、地税局联合签署税银协议，实现线上线下一方签署双方互认，解决纳税人多头跑问题。打通国税局、地税局信息壁垒，扩大一方采集、双方共享范围。在更大范围内，实现纳税人"进一个门、上一个网、办两家事"。

17. 提高政策服务透明度。对税收政策科学分类，明确上网发布渠道和形式，升级12366纳税服务平台，提高税收政策透明度。省税务机关畅通12366、门户网站、网上办税服务厅等渠道，加大税收热点问题的宣传解读，及时回应纳税人对税收政策确定性的服务需求。

18. 完善纳税服务评价机制。对照世界银行营商环境纳税评价指标，积极参与国家营商环境税收指标的制定和评价工作。结合我国国情、税情，建立纳税便利化评价指标体系，完善纳税人评价进一步深化税务系统"放管服"改革、优化税收环境成效的机制。

（四）持续改进税收执法

坚持法治思维，规范税收执法权力运行，加强执法行为监督，维护纳税人合法权益，营造公开公平公正文明的税收法治环境，促进市场主体公平竞争。

19. 规范税务行政处罚。各省国税局、地税局联合制定并实施税务行政处罚裁量基准，实行重大税务行政处罚集体审议，减少税务行政处罚裁量空间。完善简易处罚流程，简化办理环节，合并执法文书，提高执法效率。

20. 严格核定征收管理。严格依法行使税收核定权，进一步规范各税种和个体工商户定期定额核定征收的标准、程序和计算方法；国税局、地税局联合开展核定征收，统一核定基数，保证同一区域内规模相当的同类或者类似纳税人的核定结果基本相当。推行核定信息公开，完善公开内容和程序，提高核定征收透明度。

21. 科学应用风险应对策略。以风险管理为导向，对信用级别低、风险等级高的纳税人实施重点监控；对风险等级低的纳税人主要做好风险提示提醒，促进纳税人自我修正、自愿遵从；对信用级别高、无风险的纳税人避免不当打扰。

22. 完善税务稽查执法机制。加强税务稽查“双随机、一公开”监管，进一步强化金税三期双随机工作平台的运用和管理，结合信用管理、“黑名单”合理确定随机抽查的比例和频次，及时公开随机抽查事项清单和查处结果，提高稽查随机抽查的针对性、有效性和透明度。拓展跨区域稽查范围，提升税务稽查资源的配置效率。

23. 加强风险应对扎口管理。省税务机关建立健全风险应对任务扎口管理机制，统一通过金税三期风险管理平台集中推送风险应对任务。加强进户执法计划管理，合并进户执法事项，推行国税局、地税局联合执法，避免对同一纳税人多头执法、重复检查。

24. 加强税收执法监督。扩大税务行政执法公示制度、执法全过程记录制度、重大执法决定法制审核制度试点，保障和监督税务机关有效履行职责。深入推行税收执法责任制，依托信息化手段，实现对执法过错行为的事后追责。进一步加强和改进税务行政应诉工作，积极预防和化解税务行政争议。

（五）统筹升级信息系统

坚持科技引领，以用户体验为中心，提升完善信息系统功能，优化用户界面，推动数据共享共用，充分发挥税收信息化支撑深化“放管服”改革的重要作用。

25. 优化金税三期系统功能。拓展核心征管系统功能，增强系统的稳定性和高效性。完善提升决策支持系统，做好税务总局、省税务局两级基础库建设，优化风险分析模型、指标体系以及案例库。扩展税务总局大数据平台应用功能，支持省税务局基于税务总局大数据平台实现相关数据应用，满足个性化需求。

26. 完善增值税发票管理新系统。整合增值税发票管理新系统相关子系统，优化系统架构和功能，强化纳税人端技术支撑，完善商品和服务税收分类与编码，加强系统安全管理，提升发票数据应用保障能力。

27. 加快推进电子税务局建设。制定出台全国电子税务局业务、技术标准规范，改造升级各省网上办税服务厅，建成统一规范的电子税务局，实现纳税人申报、缴税、发票领用和开具、证明开具等绝大部分涉税事项网上办理，让纳税人办税更加快捷高效。

28. 集成整合信息系统。加快金税三期系统与增值税发票管理新系统、网上办税系统的系统集成步伐，实现三大系统功能整合、数据互通、一体运维。推动跨信息系统流程整合、数据自动传递，一处录入多处使用，便利纳税人办税和基层税务干部操作。加强统一运维管理平台应用，全面提升系统运维、网络安全、应急管理的支撑保障能力。

29. 加快对接国家数据共享交换平台。税务总局和省税务局同步开展税务信息系统自查和信息资源普查，清除“僵尸”信息系统，提出本单位清理整合的信息系统清单和需要其他部门提供共享的信息资源需求，编制本单位政务信息资源目录，按国家统一规定将整合后的信息系统接入国家数据共享交换平台。

30. 推动数据融合联通。加强数据质量管理，形成制度化、常态化的问题数据发现、分析、修复机制，从源头修复问题数据。有序开放税务总局集中数据的接口和查询权限，方便各级税务机关准确获取数据查询结果。健全数据共享共用机制，加快推动前后台、系统间、各层级、国税地税、内外部数据的互联互通和共享聚合，为税收服务与管理提供有力数据支撑。

三、工作要求

（一）加强组织领导。进一步深化税务系统“放管服”改革、优化税收环境涉及税收工作的方方面面，要切实增强推动改革的使命感和责任感。各级税务机关主要负责同志作为“第一责任人”，要亲自谋划统筹；要明确一名局领导具体负责抓落实；各相关部门要主动沟通，通力协作，按照既定的路线图、时间表、任务书，扎实推进各项改革措施落实落地。税务总局各相关司局要站在全局高度制定下发改革措施文件，加强对下工作指导。省税务机关要在法律法规允许和税务总局统一要求下，结合本地实际，抓好改革任务的组织实施，每半年向税务总局（征管科技司）报送贯彻落实情况。市、县税务机关要做好各项改革措施的承接落地工作，严格按照税务总局统一部署和各项工作规范执行。

（二）注重试点引领。鼓励各地在税务总局顶层设计的总体框架下，因地制宜探索创新措施，上级要对基层好的经验做法进行集成推广，更好发挥典型示范作用。北京、上海、广州、深圳、江苏省（市）国税局、地税局要积极开展优化营商环境试点工作，先走一步，提高一步，2018 年 6 月底前要取得明显成效，税务总局要及时总结推广试点经验。

（三）分步有序推进。根据改革措施的紧迫性、重要性和复杂性，分批次、分阶段推进各项工作。2017 年 10 月底前，推出一批接地气、消“痛”疏“堵”、针对性和操作性强的具体改革措施，最大限度便利纳税人。2018 年 2 月底前，再推出一批深化改革措施，显著减轻纳税人办税负担。2018 年 10 月底前，持续完善各项改革举措，推动税务系统“放管服”改革提质升级。2018 年 10 月后，与其他各项改革集成融合，推动实现税收现代化。在推进过程中，要根据党中央、国务院的新要求，结合基层实践创造的新经验，不断充实完善改革措施，一并深入抓好落实。

（四）严格监督考核。要完善内控制度体系，利用信息技术手段实现内控内生化，防范税务干部执法风险、行政风险、廉政风险。要加强舆论宣传引导，提高进一步深化税务系统“放管服”改革、优化税收环境的社会认同度。要充分发挥社会监督和舆论监督的作用，做好舆情研判，畅通纳税人投诉举报渠道，及时解决纳税人反映的各种问题，积极回应社会关切。要定期开展督查，对推进改革落实不力的要进行问责。要把进一步深化税务系统“放管服”改革、优化税收环境列为绩效管理的重要内容，加大考评力度。

6 －7 －83

国家税务总局关于进一步深化国税地税联合办税的指导意见

2017 年 11 月 22 日　税总发〔2017〕136 号

各省、自治区、直辖市和计划单列市国家税务局、地方税务局，局内各单位：

为贯彻党的十九大精神，践行以人民为中心的发展思想，深入落实《国务院办公厅关于推广支持创新相关改革举措的通知》和《国家税务总局关于进一步深化税务系统“放管服”改革　优化税收环境的若干意见》(税总发〔2017〕101号),税务总局决定,以更优的方式、更大的力度,在更广范围、更高层次上,进一步深化国税、地税联合办税,更好地满足纳税人对高效便民服务的新需求,现提出如下意见:

一、深化联合办税的重要意义

近年来,随着经济社会的快速发展和各领域改革的全面推进,尤其是税制改革的不断深化,税收工作的内外部环境发生了较大变化,广大纳税人对建设法治型、服务型税务机关,进一步规范执法行为、减轻办税负担的要求愈加迫切。针对新形势新要求,税务总局适时出台和持续升级了《国家税务局　地方税务局合作工作规范》(以下简称《合作规范》),着力强化国税、地税合作,持续推进联合办税,取得了阶段性成效。但部分地区仍存在落实不到位、合作不充分、进展不平衡等问题,不能适应新形势新要求,必须采取措施加以改进。各地税务机关要认真贯彻落实十九大精神,坚持问题导向,进一步统一思想、提高认识,深刻领会深化联合办税的重要意义,不忘初心、牢记使命,加快从联合办税“干起来”、联合事项“多起来”的基础上,迈向办税速度“快起来”、纳税体验“优起来”的新阶段。

(一)深化联合办税是践行以人民为中心发展思想、提升纳税人满意度的要求。服务纳税人是税务机关的应尽职责。这就要求各级税务机关牢固树立以纳税人为本的理念,更好地了解和满足纳税人的合理需求,通过深化国税、地税联合办税,有效解决纳税人办税“多头跑”、资料“多头报”等问题,努力提升办税效率,降低办税成本,切实增强纳税人满意度、获得感。

(二)深化联合办税是推进“放管服”改革、优化营商环境的要求。深入推进“放管服”改革,是党中央、国务院作出的重要决策,是供给侧结构性改革的重要内容,是税务机关当前的一项重要工作任务。这就要求各级税务机关着眼于纳税人的需求,回应纳税人的关切,通过深化国税、地税联合办税,进一步融合双方服务资源,尽量减少纳税人办税负担、降低办税成本,提升纳税服务质量,通过不断优化税收环境来促进优化营商环境。

(三)深化联合办税是落实国税地税征管体制改革、推进服务深度融合的要求。《深化国税、地税征管体制改革方案》明确要求发挥国税、地税各自优势,推动服务深度融合,着力解决现行征管体制中存在的突出和深层次问题,不断推进税收征管体制和征管能力现代化。这就要求各级税务机关持续深化国税、地税联合办税,形成税收服务和管理的合力,推动税收服务和管理不断迈上新台阶,进一步提升税收治理能力,为实现税收现代化打牢基础。

二、深化联合办税的主要举措

各地国税局、地税局要本着因地制宜、务实创新、高效便民的原则,采取有效措施进一步深化国税、地税联合办税,为纳税人提供更便利、更多样、更快捷、更优化的办税服务。

(一)统筹谋划联合办税方式。各地国税局、地税局要结合实际,通过“互设、共建、共驻”等多种方式,提供更加便利的联合办税环境,实现纳税人“进一家门、办两家事”。

对国税局、地税局现有办税服务厅,要采用互设窗口方式开展联合办税,有条件的地区,应当整合资源、融合升级为共建办税服务厅,建立健全岗位内控管理制度。国税或地税一方税务机关已进驻政务服务中心的,另一方要积极争取入驻。

对新设办税服务厅和进驻政务服务中心，国税、地税要采用共建方式或共同进驻方式，统一管理制度、统一绩效考评、统一服务标准、统一岗责培训，促进国税、地税办税服务的有效融合。

（二）持续拓展联合办税范围。各地国税局、地税局要坚持因地制宜、持续深化，不断拓展联合办税的广度和深度，满足纳税人日益多样的办税新需求。

拓展联合办税广度。互设窗口方式开展联合办税的，要不断扩大联合办税的业务范围，实现国税、地税纳税服务事项“一厅办理”。共同进驻、合作共建的办税服务厅，要尽快实现国税、地税纳税服务事项“一窗办理”。

推进联合办税深度。涉及纳税人基本信息确认、存款账号报告、财务报表信息采集、财务会计制度备案等国税、地税共同事项，应通过信息共享方式实现前台一次受理、后台信息共享，持续拓展联合办税业务的深度。

（三）合理配置联合办税窗口。各地国税局、地税局要科学合理配置办税服务厅联合办税窗口和专业办税窗口，不搞“一刀切”，推进办税便利和管理效能的最大化，支撑各类纳税人的个性化、便利化选择。

科学配置联合办税窗口。涉及国税、地税双方共同及关联的办税业务，要设置联合办税窗口，统筹配备熟悉国税、地税双方业务的办税人员，有机融合国税、地税前台办税资源，强化国税、地税后台工作的衔接，确保便捷、高效、规范地办税。

合理配置专业办税窗口。涉及国税或地税的单方独立业务和办税频次较高的单项联合办税业务，要统筹评估纳税人的办税习惯及频次，相应设置国税地税专业办税窗口。在办税繁忙期或因系统升级等造成办税拥堵的特殊情形时，办税服务厅负责人可根据办税服务厅的服务效能，动态调整窗口职能，促进办税资源的合理调配和规范运行。

（四）探索创新联合办税形式。各地国税局、地税局要按照“线上线下”融合的要求，积极探索联合办税的新方式、新方法。拓展网上办税功能，实现纳税人一体化申报缴纳增值税、消费税等主税和地方附加税费，方便纳税人多上网路、少跑马路。有条件的地区，可探索国税、地税业务省内通办，为纳税人营造更好更优的办税体验。

优化实体办税服务厅方式。办税服务厅要设置24小时国税、地税自助办税区域，有条件的地方可探索在纳税人比较密集的银行、商场、社区等地方设置自助式国税、地税联合办税终端，缓解窗口办税资源的不足，方便纳税人自主选择办税时间和办税地点。

融合网上办税资源。要按照税务总局的规划部署，探索整合互联网服务资源，加强办税系统互联互通，实现网上联合办税、移动互联办税与实体办税服务厅的互促互补，构筑“网上办税为主、自助办税为辅、实体办税服务厅兜底”的复合型、系统化联合办税的新体系，方便纳税人登录一个平台、办理两家业务。

三、深化联合办税的工作要求

（一）进一步强化组织领导，更大力度地推进联合办税。各地国税局、地税局要深刻认识推行联合办税的重要意义，切实加强组织领导，双方联合办税工作的牵头部门要共同细化实施方案，报请国税、地税合作联席会议审定后，统筹部署、协同推进、确保实效。同时，与国税、地税联合稽查、委托代征、信息共享等合作结合起来，形成集成效应，扩大效果。

（二）进一步健全制度保障，更重质效地推进联合办税。各地国税局、地税局要逐步建立健全联合办税服务厅人员管理制度、绩效考评办法、业务操作规范、数据质量管理办法、突发应急预案等配套制度,确保联合办税服务厅顺畅运转。

(三)进一步完善技术支撑,更多创新地推进联合办税。各地国税局、地税局要根据本地工作推进情况,共享视频监控系统信息资源,及时完善本地网络申报系统和相关软件,为推行国税、地税联合办税提供信息技术保障。税务总局相关司局要密切关注各地信息系统完善情况,给予业务指导和技术支撑。

(四)进一步强化督查指导,更加务实地推进联合办税。各地国税局、地税局要采取更加务实的态度和更加科学的方法,全面推进联合办税,并及时跟踪本地区联合办税工作进展情况,加大督查力度,加强业务指导,确保本地区联合办税工作取得新的实质性成效。

6 -7 -84

国家税务总局关于印发《税务行政应诉工作规程》的通知

2017 年 11 月 29 日　税总发〔2017〕135 号

各省、自治区、直辖市和计划单列市国家税务局、地方税务局,局内各单位:

现将税务总局制定的《税务行政应诉工作规程》印发给你们,请遵照执行。执行中遇到有关问题和重要情况,请及时向税务总局(政策法规司)报告。

附件:供参考税务行政应诉文书格式(编者略)

税务行政应诉工作规程

第一章　总　　则

第一条　为了规范税务机关行政应诉行为,提高行政应诉水平,促进依法行政,维护国家税收利益,根据《中华人民共和国行政诉讼法》、《中华人民共和国税收征收管理法》以及《国务院办公厅关于加强和改进行政应诉工作的意见》(国办发〔2016〕54 号)、《国家税务总局关于进一步加强和改进税务行政应诉工作的实施意见》(税总发〔2017〕110 号)等相关规定,制定本规程。

第二条　税务行政应诉是指公民、法人或者其他组织认为税务机关的行政行为侵犯其合法权益,依法向人民法院提起诉讼,或者人民检察院依法提起税务行政公益诉讼,税务机关依法参加诉讼的活动。

第三条　税务机关应当充分行使诉讼权利、履行诉讼义务,尊重公民、法人或者其他组织的诉讼权利,自觉接受司法监督,不得干预、阻碍人民法院受理和审理税务行政诉讼案件。

第四条 各级税务机关的主要负责人是本机关行政应诉工作的第一责任人，应当积极出庭应诉。

第五条 各级税务机关应当建立职责明晰、集成高效、运转顺畅的行政应诉工作机制，充分发挥法制工作机构在行政应诉工作中的组织、协调、指导作用，强化被诉行政行为承办机构的应诉责任。

第六条 复议机关和作出原行政行为税务机关作为共同被告的，复议机关统筹行政应诉工作，作出原行政行为税务机关应当协同配合做好有关工作。

第七条 各级税务机关的行政应诉工作适用本规程。

各级税务机关作为第三人参加行政诉讼的，参照本规程相关规定执行。

税务分局、税务所和按照国务院规定设立并向社会公告的税务机构作为行政诉讼被告的，上级税务机关应当予以指导。

第二章 机构与职能

第八条 各级税务局应当成立税务行政应诉工作领导小组（以下简称“领导小组”），加强对行政应诉工作的领导。领导小组可以与税务行政复议委员会合署办公。

领导小组应当及时研究解决行政应诉工作中的重大问题，为行政应诉工作提供必要的组织保障和工作条件，确保依法、及时、全面履行行政应诉工作职责。

第九条 涉及下列重大事项的，税务行政应诉工作应当提交领导小组集体研究确定：

（一）涉及重大公共利益的；

（二）社会关注度高的；

（三）可能引发群体性事件的；

（四）其他重大事项。

第十条 法制工作机构应当在收到应诉通知书和起诉状副本之日起2日内牵头组建行政应诉工作小组（以下简称“工作小组”）。

工作小组负责行政应诉具体工作，其成员应当由被诉行政行为承办机构和法制工作机构组成。有关问题需要领导小组审定的，由法制工作机构呈报领导小组。

公职律师、法律顾问根据需要参与相关应诉工作。

第三章 应诉准备

第十一条 负责收发信件的机构应当于收到应诉通知书和起诉状副本等涉诉材料当日转送法制工作机构。

第十二条 法制工作机构收到材料后，应当对案件的案号、案由、当事人、立案人民法院、收文日期、答辩期限等进行登记，并将起诉状副本分送工作小组成员。

第十三条 被诉行政行为承办机构应当积极参与行政应诉工作，并在收到起诉状副本之日起5日内，向工作小组提交作出行政行为的全部证据和依据，并提交书面意见，结合相关证据和依据说明作出行政行为的全部过程。

证据应当提交原件并办理移交手续。证据应当按照时间顺序或者办理流程进行编号排列，并编制目录。案件办理完结后，证据原件应当退回被诉行政行为承办机构。

法制工作机构负责处理工作小组的其他事务。

第十四条　工作小组应当审查原告的起诉状，认为案件管辖不符合法律、法规和司法解释规定的，可以提出建议，经领导小组审定后以税务机关的名义向人民法院提出管辖异议。管辖异议应当在税务机关收到应诉通知书和起诉状副本之日起10日内以书面形式提出。

第十五条　经审查发现下列情形之一的，应当在答辩状中写明，提请人民法院裁定驳回原告的起诉：

（一）原告无诉讼主体资格；

（二）没有明确的被告或者错列被告；

（三）没有具体的诉讼请求或者事实根据；

（四）不属于人民法院受案范围或者受诉人民法院管辖；

（五）超过法定起诉期限且无正当理由；

（六）未按照法律规定由法定代理人、指定代理人、代表人为诉讼行为；

（七）未按照法律、法规规定先向行政机关申请复议；

（八）重复起诉；

（九）撤回起诉后无正当理由再行起诉；

（十）行政行为对其合法权益明显不产生实际影响；

（十一）诉讼标的已为生效裁判所羁束；

（十二）不符合其他法定起诉条件。

第十六条　工作小组应当及时拟定答辩状、证据清单、法律依据以及授权委托书，报领导小组审定。

第十七条　答辩状应当清晰明了，从实体和程序两个方面说明行政行为的合法性和合理性。

答辩状主要包括以下内容：

（一）答辩人以及被答辩人的基本信息；

（二）明确的答辩请求；

（三）被诉行政行为的名称、文号、内容、作出的行政机关、作出的时间以及送达情况；

（四）主体资格以及依据；

（五）执法程序以及依据；

（六）认定的事实以及证据；

（七）适用依据的名称以及条款；

（八）其他有关的问题或者事实。

第十八条　证据清单应当载明证据的编号、名称、来源、内容、证明目的，并列明案号、举证人和举证时间。

第十九条　授权委托书应当载明委托代理人的基本信息、委托事项、代理权限和代理期限。

委托代理人应当包括法制工作机构的工作人员或者律师，以及被诉行政行为承办机构的工作人员。

第二十条 税务机关应当自收到应诉通知书和起诉状副本之日起15日内,将据以作出被诉行政行为的全部证据和所依据的规范性文件,连同答辩状、证据清单、法律依据、授权委托书、法定代表人身份证明及其他诉讼材料一并递交人民法院。

答辩状、证据清单、授权委托书及法定代表人身份证明应当加盖税务机关印章,授权委托书还应当加盖法定代表人签名章或者由法定代表人签字。

第二十一条 共同被告案件,作出原行政行为税务机关和复议机关对原行政行为的合法性共同承担举证责任。作出原行政行为税务机关对原行政行为的合法性进行举证,复议机关对复议程序的合法性进行举证。

第二十二条 税务机关因不可抗力等正当事由不能按期举证的,以及原告或者第三人提出了其在行政处理程序中没有提出的理由或者证据的,应当分别在举证期限内向人民法院提出延期提供证据或者补充证据的书面申请。

第二十三条 人民法院要求提供或者补充证据的,税务机关应当按要求提交证据。

第二十四条 税务机关发现证据可能灭失或者以后难以取得的,可以向人民法院申请保全证据。

第二十五条 工作小组在开庭审理前应当组织召开庭前准备会议,研究拟定质证意见、法庭辩论提纲和最后陈述,并对可能出现的突发状况准备应急预案。对行政赔偿、补偿及税务机关行使法律、法规规定的自由裁量权的案件,还应当做好是否接受调解的预案并报领导小组审定。

第四章 出庭应诉

第二十六条 税务机关的出庭应诉人员包括负责人和委托代理人。

第二十七条 主要负责人不能出庭的,由分管被诉行政行为承办机构的负责人出庭应诉。分管被诉行政行为承办机构的负责人也不能出庭的,主要负责人指定其他负责人出庭应诉。

负责人不能出庭应诉的,应当委托本机关相应的工作人员出庭。

第二十八条 涉及重大事项的案件及人民法院书面建议负责人出庭应诉的案件,税务机关负责人应当出庭应诉。

对于因纳税发生的案件,地市级税务局负责人应当出庭应诉。县级税务局和县级以下税务机构负责人对所有案件均应当出庭应诉。

第二十九条 人民法院书面建议负责人出庭应诉,但负责人不能出庭应诉的,税务机关应事先向人民法院反映情况,并按照人民法院的要求出具书面说明。

第三十条 税务机关应当按照人民法院通知按时出庭,因特殊情况不能按时出庭的,应当向人民法院申请延期开庭。

税务机关收到人民法院的传票时距离开庭时间不足3日的,可以申请人民法院变更开庭时间。

第三十一条 税务机关认为审判人员以及书记员、翻译人员、鉴定人、勘验人与本案有利害关系或者其他关系,可能影响公正审判的,应当申请回避。

申请回避一般应当在案件开庭审理前提出,回避事由在案件开庭审理后知道的,也可以在法庭辩论终结前提出。申请回避可以口头提出,也可以书面提出。

第三十二条 诉讼期间,税务机关认为需要停止执行行政行为的,应当向人民法院说明,由人民法院裁定停止执行。

第三十三条 税务机关对人民法院作出的回避决定、停止执行裁定以及先予执行的裁定不服的,可以向作出决定或者裁定的人民法院申请复议一次。

第三十四条 发现对方出庭人员并非当事人本人或者其法定代表人,且未办理委托代理手续等情形,税务机关可以向法庭提出异议。

第三十五条 在法庭调查过程中,税务机关应当根据法庭询问,以答辩状的内容为基础进行陈述。

第三十六条 在举证过程中,税务机关应当出示证据材料,说明证据的名称、来源、内容和证明目的。

第三十七条 在质证过程中,税务机关应当从以下三个方面对其余各方当事人提交的证据发表质证意见:

(一)对证据关联性的质证

证据与被诉行政行为是否具有法律、事实上的关系。

(二)对证据合法性的质证

1. 证据的来源是否合法;

2. 证据的形式是否合法;

3. 是否存在影响证据效力的其他违法情形。

(三)对证据真实性的质证

1. 证据的内容是否真实;

2. 证据是否为原件、原物,复印件、复制件与原件、原物是否一致;

3. 提供证据的主体或者证人与当事人是否具有利害关系;

4. 是否存在影响证据真实性的其他情形。

税务机关应当发表结论性意见,明确是否认可其余各方当事人提交证据的证明目的。

经法庭许可,税务机关可以向证人、鉴定人、勘验人发问,可以申请重新鉴定、调查或者勘验。

第三十八条 在法庭辩论中,税务机关应当在法庭主导下,从以下方面发表辩论意见:

(一)是否认可法庭总结、归纳的争议焦点问题;

(二)围绕案件事实、证据效力、适用依据和程序规范等争议焦点问题,阐明作出行政行为的合法性与合理性;

(三)反驳对方当事人关于争议焦点问题的意见。

如果发现案件事实尚未查清的,税务机关可以申请恢复法庭调查。

第三十九条 税务机关应当做好最后陈述,坚持答辩意见,请求人民法院依法裁判。

第四十条 对于人民法院依法主持调解的案件,税务机关应当按照调解预案向法庭表明是否接受调解。

第四十一条 税务机关出庭应诉人员应当核对庭审笔录并签字确认,有异议的及时向法庭提出,并在法庭许可后进行更正。

第四十二条 原告无正当理由，超过法定期限改变诉讼请求、提出新的诉讼理由和事实、提交新的重要证据依据，税务机关应当提出异议并根据应急预案妥善处理。

第四十三条 在接受调解的案件中，工作小组应当结合原告提出的调解方案、人民法院的调解建议拟定调解方案，并报领导小组审定。

第四十四条 在行政诉讼过程中发现本机关作出的行政行为确有错误的，工作小组应当提出建议。经领导小组审定后，税务机关可以在人民法院对案件宣告判决或者作出裁定前，按照法定程序改变其所作的行政行为，并书面告知人民法院和其他各方当事人。

第五章 上诉与申诉

第四十五条 对上诉案件或者再审案件，税务机关应当结合具体情况，参照本规程第三章、第四章的规定办理。

第四十六条 对人民法院作出的一审判决及管辖异议裁定是否提起上诉，工作小组应当提出建议并报领导小组审定。

税务机关决定上诉的，应当在收到人民法院判决书之日起15日内或者收到裁定书之日起10日内向上一级人民法院提起上诉。上诉状应当向一审人民法院提交。

第四十七条 上诉状应当包括以下内容：

（一）上诉人与被上诉人的基本信息；

（二）一审人民法院名称、案号和案由；

（三）明确的上诉请求；

（四）提起上诉的事实和理由。

第四十八条 对已经发生法律效力的判决、裁定或者调解书，工作小组认为确有错误的，应当就是否申请再审提出建议并报领导小组审定。

税务机关决定申请再审的，应当在法定期限内向上一级人民法院提出。

第四十九条 在上诉或申诉案件中，原告或者第三人提出新的事实、理由、证据或者依据的，工作小组应当核实并撰写答辩状。

第五十条 工作小组发现有下列情形之一的，应当就是否申请抗诉或者申请向人民法院发送检察建议提出建议，并报领导小组审定：

（一）人民法院驳回再审申请的；

（二）人民法院逾期未对再审申请作出裁定的；

（三）再审判决、裁定有明显错误的。

税务机关决定申请抗诉或者申请向人民法院发送检察建议的，应当依法向人民检察院提出。

第五十一条 工作小组在收到生效判决、裁定或者调解书之后，应当及时向领导小组报告应诉工作情况和诉讼结果，结合案件具体情况提出意见和建议，并将裁判文书转交被诉行政行为承办机构。

对于败诉的案件，工作小组还应当形成分析报告，对败诉的原因进行分析，提出后续整改措施，并由法制工作机构报送上一级税务机关法制工作机构，同时抄送上一级税务机关相关业务工作机构。

第六章　履行与执行

第五十二条　税务机关要依法自觉履行人民法院生效判决、裁定和调解，不得拒绝履行或者拖延履行。被诉行政行为承办机构负责具体执行。

对人民法院作出的责令重新作出行政行为的判决，税务机关应当在法定期限或者人民法院指定的期限内重新作出，除原行政行为因程序违法或者法律适用问题被人民法院判决撤销的情形外，不得以同一事实和理由作出与原行政行为基本相同的行政行为。

第五十三条　原告拒不执行生效判决、裁定或者调解的，税务机关应当依法强制执行，或者向人民法院申请强制执行。

第五十四条　对人民法院提出的司法建议或者人民检察院提出的检察建议，税务机关要认真研究并按照要求作出书面回复，确有问题的要加以整改。

第七章　附　　则

第五十五条　法制工作机构应当在行政诉讼活动全部结束后30日内，将案件的卷宗材料装订成册，并按相关规定归档保管。

案件卷宗应一案一卷，按诉讼流程或者时间先后顺序排列诉讼材料并编制目录清单。

第五十六条　法制工作机构应当在行政诉讼活动全部结束后10日内，将案件的有关情况和生效裁判文书报送上一级税务机关法制工作机构。

法制工作机构应当按照上级税务机关要求的形式和期限报送当年的税务行政诉讼案件统计表和年度分析报告。

第五十七条　法制工作机构应当会同相关机构开展集中培训、旁听庭审、模拟法庭和案例研讨等活动，提高税务机关及其工作人员的依法行政水平和行政应诉能力。

第五十八条　需要缴纳诉讼费用的，由相关机构会同法制工作机构办理。

第五十九条　各级税务机关应当将行政应诉工作纳入绩效考核范围。

第六十条　本规程中的日期均指自然日。

第六十一条　本规程由国家税务总局负责解释。

第六十二条　本规程自2018年1月1日起施行。1995年制发的《税务行政应诉工作规程（试行）》（国税发〔1995〕9号文件印发）同时废止。

6－7－85

国家税务总局办公厅关于启用“国家税务总局政务公开专用章”的通知

2018年3月8日　税总办函〔2018〕96号

各省、自治区、直辖市和计划单列市国家税务局、地方税务局，国家税务总局驻各地特派员办事处，局内各单位：

根据《国家税务总局关于调整税务总局政务公开领导小组的通知》(税总函〔2017〕162号)要求和政务公开工作需要,按照印章使用管理的有关规定,自即日起启用“国家税务总局政务公开专用章”。

特此通知。

附件:印章印模(编者略)

6-7-86

国家税务总局关于加强脱贫攻坚税收优惠政策贯彻落实工作的通知

2018年5月28日　税总发〔2018〕62号

各省、自治区、直辖市和计划单列市国家税务局、地方税务局,国家税务总局驻各地特派员办事处,局内各单位:

为深入贯彻党中央关于打赢脱贫攻坚战的战略部署,进一步做好运用税收政策支持脱贫攻坚的工作,现就加强脱贫攻坚税收优惠政策贯彻落实工作通知如下:

一、提高思想认识,提升工作站位

打好脱贫攻坚战,是党中央面向决胜全面建成小康社会作出的一项重大战略决策,事关人民福祉和国家长治久安。为积极发挥税收职能作用,进一步助力打好精准脱贫攻坚战,便于纳税人、贫困群众、扶贫工作者乃至全社会充分知晓脱贫攻坚有关的税收优惠政策,税务总局汇编了《支持脱贫攻坚税收优惠政策指引》(以下简称《政策指引》),已经在税务总局官方网站发布。

各级税务部门要充分认识和发挥税收政策在支持贫困地区基础设施建设、扶持贫困地区基础产业发展、鼓励贫困地区创业就业、促进“老、少、边、穷”地区加快发展及引导社会力量向贫困地区捐赠等方面的积极作用。统一思想,加强领导,将落实税收优惠政策与各项扶贫工作统筹安排、协调推进。

二、加强学习培训,确保应知尽知

《政策指引》涵盖产业类、区域类、特定对象类等各个方面政策,分门别类列出享受主体、优惠内容、享受条件、政策依据。各级税务机关要对政策内容和相关办税流程进行全面学习,着重结合本地区扶贫重点、区域特点、产业结构,有针对性地组织落实。税务系统扶贫干部要充分发挥带动引领作用,带头学懂学透《政策指引》,帮助扶贫地区群众和企业用足用好税收优惠政策。

三、加大宣传辅导,确保应享尽享

各级税务机关要创新宣传方式、加大宣传力度,通过税务机关网站、微信、微博、移动客户端、12366纳税服务平台、印发宣传资料等多种媒介渠道,加强对脱贫攻坚领域税收优惠政策的宣传辅导。加强与当地党政部门沟通,建立交流合作机制,拓宽政策宣传途径。将政策贯彻落实深入到具体扶贫工作中,与群众生活和生产活动有机结合,使税收政策在扶贫项目推进中精准对接、灵活运用。

四、强化执行评估，及时反馈情况

各级税务机关要密切跟踪政策执行情况，加强调查研究，随时收集政策落实情况和工作建议，重视部门间信息沟通，广泛听取意见，对能够解决的问题要及时回应、答疑解惑。对政策执行中各方反映的突出问题和意见建议，要及时反馈，确保税收政策落地见效，更好发挥税收优惠政策对脱贫攻坚的支持引导作用。

6－7－87

国家税务总局办公厅关于进一步做好政务公开工作的通知

2018年5月31日　税总办发〔2018〕79号

各省、自治区、直辖市和计划单列市国家税务局、地方税务局，国家税务总局驻各地特派员办事处，局内各单位：

为深入贯彻党中央、国务院关于全面推进政务公开工作的系列部署，认真落实《国务院办公厅关于印发2018年政务公开工作要点的通知》（国办发〔2018〕23号）的要求，高质量完成《国家税务总局关于全面推进政务公开工作的意见》（税总发〔2016〕50号）及税务总局《全面推进政务公开工作实施办法》（税总发〔2017〕44号）明确的各项工作任务，更好地指导各地税务机关做好政务公开工作，现将有关事项通知如下：

一、充分认识政务公开工作的重要意义

公开透明是法治政府的基本特征。全面推进政务公开，让权力在阳光下运行，对于发展社会主义民主政治，提升国家治理能力，增强政府公信力执行力，保障人民群众知情权、参与权、表达权、监督权具有重要意义。

近年来，各级税务机关高度重视政务公开工作，严格按照党中央、国务院关于全面推进政务公开工作的部署要求，大力推进决策、执行、管理、服务、结果公开，建立健全政务公开制度机制，全面加强政策解读和舆情回应，不断扩大主动公开范围，持续创新拓展公众参与，政务公开的质量和效率得到有效提升，对于从源头上防范税收舆情、推动税收领域"放管服"改革、优化税收营商环境发挥了重要作用。但在政策解读的及时性、网站信息检索的便利性、政府信息公开申请办理的规范性等方面仍存在不足。各级税务机关应进一步提升对政务公开工作重要性的认识，以习近平新时代中国特色社会主义思想为指导，坚持目标导向和问题导向，采取切实有效措施，改进短板，提高质效，不断提升政务公开工作水平，为高质量推进新时代税收现代化作出更加积极的贡献。

二、持续加大主动公开力度

（一）围绕依法治税推进政务公开。坚持把公开透明作为税收工作的基本要求，对税务总局局长办公会、局务会等研究决定的与纳税人密切相关的重大事项、制定的重要税收政策，除依法需要保密的外要及时公开。制定出台涉及公共利益、公众权益的政策文件，要在文件中明确规定公开的内容和方式等相关信息,使政策执行更加阳光透明。要结合国税地税征管体制改革和部门职能优化,及时做好税务机关权责清单调整和公开工作。进一步推进人大代表建议和政协委员提案办理结果公开,对社会广泛关注、关系国计民生的建议和提案,牵头主办单位原则上要公开答复全文。全面实施“双随机、一公开”监管,多渠道全方位及时公开税务检查执法信息。全面推行行政执法公示制度,加强事前公开、规范事中公示、推动事后公开,使税收执法过程和结果更加公开透明,更好接受纳税人和社会公众监督。

(二)抓好重点领域主动公开。进一步抓好财政预决算、重大建设项目、公共资源配置等领域政府信息公开制度的贯彻落实。各级税务机关要把上述重点领域信息公开纳入主动公开基本目录,持续动态更新,并在政府信息公开工作年度报告中公布重点领域信息公开情况,接受社会监督。

(三)编制更新主动公开基本目录。税务总局将根据机构调整和职能变化对已编制完成的主动公开基本目录进行动态更新调整。各省税务机关要依据新的“三定”规定及实际承担的工作职责全面梳理公开内容,按照《国家税务总局办公厅关于做好全国税务系统主动公开基本目录编制工作的通知》(税总办发〔2017〕151 号)要求,于 2018 年 11 月 30 日前编制完成本机关本系统主动公开基本目录,将新机构成立后的主动公开信息、原机构仍有效的政策法规、纳税服务、税收执法信息等纳入目录,并对外发布。

三、着力加强政策解读和舆情回应

(一)及时解读重大税收政策。牢牢把握高质量推进新时代税收现代化的要求,围绕服务打好“三大攻坚战”和国家重大战略、深化税收制度改革、推动税收领域“放管服”改革、优化税收营商环境、深化国税地税征管体制改革、强化国际税收合作等税收重点工作,做好相关税收政策措施、执行情况和工作成效的跟踪解读,不断赢得纳税人的理解和支持。对涉及公众切身利益或影响市场预期的重要政策,要同步进行解读,把握好政策解读的节奏和力度,主动引导舆论,为推动政策贯彻落实营造良好环境。税务总局各司局和各省税务机关主要负责同志要通过参加新闻发布会、吹风会,接受记者采访、发表署名文章等方式,深入解读政策背景、重点任务、后续工作考虑等,及时准确传递权威信息和政策意图。政策起草部门要注重运用客观数据、生动实例等,进行形象化、通俗化解读,把政策解释清楚,避免误解误读。

(二)及时回应社会重大关切。增强税收舆情风险防控意识,密切监测搜集苗头性舆情,特别是涉及重大税收政策、措施以及影响税务部门形象和公信力等方面的税收舆情,要做到及时预警、科学研判、妥善处置、有效回应。做好个人所得税改革、深化增值税改革、环境保护税征收等与纳税人密切相关的热点舆情回应,更好引导社会预期。建立完善与宣传、网信等部门的快速反应和协调联动机制,加强与新闻媒体的沟通联系,提高税收舆情回应的主动性、针对性、有效性。稳妥做好突发事件舆情回应工作,及时准确发布权威信息。严格落实税收舆情处置绩效考评制度,对税收舆情处置不得力、回应不妥当、报告不及时的税务机关要予以通报批评、约谈整改。

四、着力提升纳税服务工作质效

(一)推动网上办税服务公开。进一步深化税务系统“放管服”改革,及时公开“互联网+税务"有关措施的落实情况及阶段性成果。公开网上办税服务事项清单,推动更多事项在网上办理,实现办税材料目录化、标准化,让纳税人办税更明白、更便捷。加快税务总局门户网站与中国政府网等信息系统互联互通,推动涉税政务服务"一网通办"、"全国漫游"。进一步明确税务网站和新媒体等渠道网民留言的受理、处理、办结流程,及时准确反馈答复,为社会公众提供更好的纳税服务。

(二)规范公开办税服务事项。开展办税服务信息检查,重点查看公开的办税服务信息是否准确规范、与实际工作是否一致等,发现问题及时督促整改。清理并公开纳税人办税需要提供的各类证照、证明材料,没有法律法规依据的一律取消。各省税务机关要及时更新已公开的办税事项"最多跑一次"清单。进一步规范和完善办税指南,办税指南之外不得增加其他要求。办税条件发生变化的事项,应在完成审批程序后1个工作日内公开变更后的相关信息和具体实施时间。推广使用统一的12366税收知识库,统一纳税人咨询答复口径,方便纳税人办税。

五、着力加强政务公开平台建设

(一)强化税务网站建设管理。认真落实《政府网站发展指引》,优化考评体系,继续做好常态化抽查通报,不断提高网站管理服务水平。加强网站编辑部建设,规范信息采编审发流程,落实栏目内容保障责任,丰富信息资源,强化搜索、纳税服务、互动交流等功能。严格网站开办整合流程,规范网站名称和域名管理。大力推进网站建设集约化,升级完善集约化平台,建立健全站点建设、内容发布、组织保障等体制机制。推进网站部署互联网协议第六版(IPv6),税务总局将在年内完成门户网站相关改造工作,新建的网站要全面支持互联网协议第六版。配合开展公共信息资源相关试点工作。完善网站安全保障机制,做好防攻击、防篡改、防病毒等工作。建立健全网站用户信息保护制度,确保用户信息安全。

(二)用好"两微一端"新平台。充分发挥税务系统微博、微信、移动客户端灵活便捷的优势,做好信息发布、政策解读和纳税服务工作,进一步增强公开实效,提升服务水平。按照"谁开设、谁管理"的原则,落实主体责任,严格内容审查把关,不得发布与税务部门职能没有直接关联的信息,信息发布失当、造成不良影响的,要及时整改落实。加强"两微一端"日常监管和维护,对维护能力差、关注用户少的可关停整合。

(三)加强政务热线电话管理。针对群众反映的政务热线号码过多、接通率低、缺乏统一管理等问题,各级税务机关要按照税务总局规范税务系统对外公开电话管理的有关规定,依据纳税咨询、纳税服务投诉电话,政府信息公开工作机构联系电话、税收违法行为举报电话、税务干部违纪举报电话、税务部门联系电话、纳税人端税务软件支持电话等"六类"电话组织开展税务系统对外公开电话的集中清理,及时进行电话号码的更新维护和对外发布,按照"首问负责、对口接待、内部流转、高效便民"的原则,保证接通率和处理效率。有条件的地方,可以整合各类对外公开电话,集中受理纳税人来电。进行对外公开电话整合的单位在整合完成后5个工作日内以省为单位将整合情况报税务总局(纳税服务司)备案,税务总局将于2018年底前开展对外公开电话抽查。

(四)规范有序开展政府公报工作。按照《国务院办公厅关于做好政府公报工作的通知》(国办发〔2018〕22号)要求,在办好税务总局公报纸质版的基础上,加快公报电子化进程,推进公报数据库建设,有序开放公报数据。完善税务总局为国务院公报提供数据、资料等有关素材的工作机制，及时提供税务总局制发的规章和公告。落实国务院文件要求，督促各省、市税务机关制发的税务公告由本级政府公报统一发布。

六、做好基层政务公开标准化规范化试点工作

税务总局将积极履行业务指导责任，及时跟踪了解试点工作进展情况，对试点单位的经验做法适时组织交流和总结评估，为税务系统基层单位开展试点提供参考和指导。试点地区税务机关要在所在省（区、市）人民政府的组织领导下，在税务总局已发布的4大类15项基层税收管理公开事项的基础上，全面梳理税收管理公开事项，统一标准、流程和公开方式，形成一套可复制、可推广的基层税收管理事项政务公开标准和规范。试点地区所在的省税务局应在2018年9月底前，对本地区试点总体情况、主要做法和成效、存在的问题及建议等进行总结，形成试点工作总体报告，报送税务总局（政务公开领导小组办公室）。

七、加强政府信息公开制度建设

（一）贯彻落实政府信息公开条例。新修订的《中华人民共和国政府信息公开条例》印发实施后，税务总局将调整完善相关配套文件措施，严格落实各项规定，做好衔接过渡工作，全面梳理税务总局应当主动公开的政府信息，及时主动向社会公开。各省税务机关要根据总局统一部署要求，做好相关修订和公开工作，并结合条例实施10周年和新修订的《条例》出台，围绕十年来政府信息公开工作取得的成效、新修订《条例》的特点等内容组织开展形式多样的宣传活动，营造社会公众充分知情、有序参与、全面监督的良好氛围。

（二）进一步规范依申请公开工作。税务总局将进一步拓宽依申请公开受理渠道，尽快开通政府信息公开在线申请平台，为申请人提供便捷的依申请公开服务。各省税务机关要进一步建立健全接收、登记、办理、答复等流程，确保政府信息依申请公开渠道规范、畅通，依法保障公民、法人和其他组织获取政府信息的权利。加强对已办理政府信息公开申请的归类研究，确保相同类型政府信息公开申请答复口径的一致性。

（三）加强政府信息公开审查工作。各级税务机关要进一步建立健全政府信息公开审查机制，信息公开前要依法依规严格审查，特别要做好对公开内容表述、公开时机、公开方式的研判，避免发生失泄密、信息发布失信、影响税收秩序等问题。要依法保护好个人隐私，除欠税公告、税收违法“黑名单”等惩戒公示、强制性信息披露外，对于其他涉及个人隐私的政府信息，公开时要去标识化处理，并选择恰当的公开方式和范围。

八、加强政务公开工作能力建设

国税地税征管体制改革后，各省税务机关要全面整合政务公开方面的力量和资源，配齐配强专业工作人员，加强业务培训，不断提升全国税务系统政务公开工作能力。严格落实税务系统绩效考评制度，加强督促检查，推动税务部门政务公开工作再上新台阶。

为确保上述各项任务落实落细，税务总局还制定了《2018年政务公开工作任务细化分工表》（见附件），明确每一项工作的牵头部门、责任部门及完成时限。税务总局各司局和各省税务机关要认真落实政务公开工作要求，细化工作任务，确保各项措施落到实处。

附件：2018年政务公开工作任务细化分工表（编者略）

6 -7 -88

国家税务总局关于做好国税地税征管体制改革过渡期有关税收征管工作的通知

2018年6月12日　税总发〔2018〕68号

各省、自治区、直辖市和计划单列市国家税务局、地方税务局，国家税务总局驻各地特派员办事处，局内各单位：

根据国税地税征管体制改革工作部署，各级新税务机构挂牌至“三定”规定落实到位前的改革过渡期，原国税、地税机关按原有职责协同办理税费征管业务，统一以新机构名称对外执法和服务，确保税务机构改革和各项税收征管工作平稳有序推进，确保不断提升纳税人的办税体验。现就做好过渡期有关税收征管工作通知如下：

一、做好税费征管业务衔接

（一）表证单书及印章使用。新税务机构挂牌后，启用新的行政、业务印章，原国税、地税机关的行政、业务印章停止使用。税收业务印章根据工作需要按规定刻制，税务行政处罚事项可以使用税收业务专用章。各类证书、文书、表单等启用新的名称、局轨、字轨和编号。

（二）纳税人户籍管理。新税务机构要统筹做好税务登记的确认、变更、注销和停复业等工作，实现税务登记事项“一窗办理”，内部信息共享共用。对当期有任一税种申报记录的纳税人，新税务机构不得将其认定为非正常户。对纳税人在原国税、地税机关户籍管理状态不一致的，新税务机构应当根据纳税人实际情况按规定处理，保持同一纳税人状态的一致性。

（三）欠税公告。新税务机构在发布欠税公告前，应当按户对纳税人所有税种欠税信息进行归集确认后，根据《欠税公告办法（试行）》（国家税务总局令第9号）对纳税人欠税情况予以公告。

（四）风险统筹。新税务机构要加强风险任务扎口管理，统筹风险管理任务安排，有序开展风险任务的推送和应对工作。要按照税务总局规范税务机关进户执法、减少税务检查的工作要求，统筹开展进户执法，避免对同一纳税人多头检查和重复检查。

（五）税务稽查未结案件处理。原国税、地税稽查机构分别对同一被查对象立案检查且均未送达决定性文书的，由新的税务稽查机构进行案件合并及后续办理。其他各自立案检查的未结案件，新的税务稽查机构原则上按照原检查范围继续办理，与原检查范围所列税种直接相关的税费要一并处理。

（六）执法标准。按规定应当由原国税、地税机关分别进行行政处罚的同一个税收违法行为，新税务机构不得给予两次及以上罚款的行政处罚。对于原国税、地税机关税收政策执行口径、适用行政处罚裁量基准，对同一个体工商户征收方式、定额核定依据不一致的，新税务机构应按照依法合规、有利于纳税人和有利于优化服务强化管理的原则统一明确执行标准，统一执法尺度。

（七）委托代征。原国税、地税机关与第三方签订的委托代征协议在有效期内继续有效，需要调整的由新税务机构按规定与代征单位签订委托代征协议。原国税、地税机关相互委托代征的事项，内部操作按照原工作流程办理，税收票证、发票、税控设备领用方式不变。

（八）重点税源网上申报管理。重点税源监控报表网上申报对象和工作流程保持不变。新税务机构要将原国税、地税网上税务局中重点税源网上申报系统入口统一为一个入口，同时明确内部报表审核和咨询服务的职责分工及人员安排，做好重点税源监控报表管理的衔接工作。

（九）会统核算。过渡期间，新税务机构按原国税、地税机关会计主体进行核算并生成报表，但应以新税务机构统一对外提供数据。各省新税务机构向税务总局报送报表时，同时报送原国税、地税机关和新税务机构报表。

（十）税务代保管资金账户变更。新税务机构挂牌后，应按照税务总局、财政部、中国人民银行联合印发的《税务代保管资金账户管理办法》（国税发〔2005〕181 号文件印发）及时办理账户变更等手续。

（十一）发票、税收票证管理。挂牌前已由各省税务机关统一印制的税收票证和原各省国税机关已监制的发票在 2018 年 12 月 31 日前可以继续使用。各省税务机关应对现有存量发票、税收票证进行清理摸底，做好发票、税收票证的存量调剂。新税务机构挂牌后各省税务机关印制发票、税收票证的，应当启用新的发票监制章和税收票证式样。新的发票监制章由各省税务机关在启用前对外公告，新的税收票证式样由税务总局统一明确。

二、优化纳税人办税体验

（十二）办税统一。各级税务机关要按照税务总局的统一部署，对办税服务资源和网上办税系统进行有效整合。新税务机构挂牌后，实现“一厅通办”、“一网通办”、“主税附加税一次办”；12366 纳税服务热线不再区分国税、地税业务，实现涉税业务“一键咨询”。

（十三）资料报送。各级税务机关要进一步落实“放管服”改革要求，优化办税程序，减少资料报送，原国税、地税机关对同一事项资料报送有不同规定和要求的应当统一报送规定。新税务机构挂牌后，纳税人、扣缴义务人按规定需要向原国税、地税机关分别报送资料的，相同资料只需提供一套；按规定需要在原国税、地税机关分别办理的事项，同一事项只需申请一次。税务机关通过后台业务流转、协同办理。

（十四）实名办税。各省新税务机构要结合本地实际，制定实名办税信息合并规则，统一本省实名办税范围、流程及验证手段等，避免重复采集和重复验证。

（十五）限时审批。新税务机构要严格落实税务总局关于审批时限“零超时”要求，对承接的原国税、地税机关受理的行政许可事项以及新受理的行政许可事项按时办结，确保整体审批时限不超过法定办结时限。

（十六）法律救济。新税务机构挂牌后，涉及原国税、地税机关的税务行政复议、行政诉讼、国家赔偿等职责由继续行使其职权的新税务机构承担，相应的权利和义务由继续行使其职权的新税务机构承继。行政相对人对新税务机构的具体行政行为不服的，向其上一级税务机关申请行政复议。新税务机构在办理行政复议等案件时,应当遵守法定程序和时限要求,确保衔接顺畅、运转有序,不得推诿懈怠。

三、加强信息系统运行保障

(十七)系统配置。新税务机构要按照税务总局下发的配置标准和时间节点要求,做好金税三期工程核心征管子系统配置升级工作。

(十八)运行维护。过渡期内,新税务机构要按照原有的运维管理体系和统一的网络安全管理要求,明确职责分工,做好信息系统的运行维护、数据中心基础设施管理和网络安全管理,保障系统的稳定运行。

四、工作要求

(十九)加强组织领导。各级税务机关要高度重视,切实加强对过渡期税收征管工作的组织领导和统筹协调。要结合本地实际,组建专门工作团队,对过渡期内税收征管工作的重大问题及时进行研究,建立督促落实工作机制,保障各项工作任务有序推进。

(二十)明确职责分工。各级税务机关要按工作职责明确部门分工,细化分解各项改革任务,制定时间表、路线图,扎实细致地做好过渡期内各项征管业务工作。各部门要切实增强大局意识和责任意识,各负其责,同向发力,狠抓落实,确保纳税人办税顺畅,税收征管业务统一、优化、协同、高效运转。

(二十一)做好外部协调。各级税务机关要加强与人民银行、市场监管、海关等相关部门的沟通协调,做好新税务机构挂牌后需要与外部门协作的三方协议、多证合一、国库对账、出口退税等业务事项的衔接和解释工作。

(二十二)做好相关税收事项的公告和宣传。新税务机构挂牌时,应对办税服务场所、服务范围、办公地址、联系电话及相关涉税事项进行公告,通过办税服务厅、网上税务局、税务网站、微信、微博等多种渠道逐户告知纳税人。要加强对改革过渡期税收征管业务事项安排的宣传解读,引导纳税人充分享受税务机构改革带来的办税便利。

各级税务机关在征管工作中遇到的重要问题和情况,要及时向上级税务机关请示、报告。

6 -7 -89

国家税务总局关于税务机构改革有关事项的公告

2018 年 6 月 15 日　国家税务总局公告 2018 年第 32 号

根据国税地税征管体制改革工作部署,省、市、县三级新税务机构将逐步分级挂牌。为确保税务机构改革后各项税收工作平稳有序运行,现就各级新税务机构挂牌后有关事项公告如下:

一、新税务机构挂牌后启用新的行政、业务印章,以新机构名称开展工作,原国税、地税机关的行政、业务印章停止使用。相关证书、文书、表单等启用新的名称、局轨、字轨和编号。

二、新税务机构挂牌后，原国税、地税机关税费征管的职责和工作由继续行使其职权的新机构承继，尚未办结的事项由继续行使其职权的新机构办理，已作出的行政决定、出具的执法文书、签订的各类协议继续有效。纳税人、扣缴义务人以及其他行政相对人已取得的相关证件、资格、证明效力不变。

三、原国税、地税机关承担的税费征收、行政许可、减免退税、税务检查、行政处罚、投诉举报、争议处理、信息公开等事项，在新的规定发布施行前，暂按原规定办理。行政相对人等对新税务机构的具体行政行为不服申请行政复议的，依法向其上一级税务机关提出行政复议申请。

四、纳税人在综合性办税服务厅、网上办税系统可统一办理原国税、地税业务，实行“一厅通办”、“一网通办”、“主税附加税一次办”。12366 纳税服务热线不再区分国税、地税业务，实现涉税业务“一键咨询”。

五、纳税人、扣缴义务人按规定需要向原国税、地税机关分别报送资料的，相同资料只需提供一套；按规定需要在原国税、地税机关分别办理的事项，同一事项只需申请一次。

六、新税务机构挂牌后，启用新的税收票证式样和发票监制章。挂牌前已由各省税务机关统一印制的税收票证和原各省国税机关已监制的发票在 2018 年 12 月 31 日前可以继续使用，由国家税务总局统一印制的税收票证在 2018 年 12 月 31 日后继续使用。纳税人在用税控设备可以延续使用。

七、新税务机构挂牌后，启用新的税务检查证件。原各省国税、地税机关制发的有效期内的税务检查证件在 2018 年 12 月 31 日前可以继续使用。

特此公告。

6 - 7 - 90

国家税务总局关于修改《纳税人存款账户账号报告表》式样的公告

2018 年 6 月 26 日　国家税务总局公告 2018 年第 35 号

为适应税务机构改革需要，国家税务总局对《纳税人存款账户账号报告表》进行了修改，现公告如下：

一、从事生产、经营的纳税人依法向主管税务机关报告其银行账号时，使用修改后的《纳税人存款账户账号报告表》（见附件）。

二、本公告自 2018 年 7 月 5 日起施行。国税机构和地税机构合并前，仍按照《国家税务总局关于印发全国统一税收执法文书式样的通知》（国税发〔2005〕179 号）的规定执行。

特此公告。

附件：纳税人存款账户账号报告表（编者略）

6－7－91

国家税务总局关于发布税务机构和税务人员代码标准的通知

2018年8月7日　税总发〔2018〕129号

国家税务总局各省、自治区、直辖市和计划单列市税务局，国家税务总局驻各地特派员办事处，局内各单位：

为贯彻落实国税地税征管体制改革工作要求，保障税收征管业务和信息系统整合工作有序推进，国家税务总局制定了税务机构代码和税务人员代码标准，现按照税务行业标准管理规定予以发布，自发布之日起实施，并将有关事项通知如下。

一、税务机构代码和税务人员代码标准主要内容

税务机构和税务人员代码标准分别给出了代码结构、编码规则以及管理维护等内容，并结合国税地税征管体制改革前后的工作实际，明确了国税地税合并后对新成立税务机构和新增税务人员进行赋码的转换规则。

（一）税务机构代码

税务机构代码是标识全国范围内所有税务机构的唯一识别码，包括各级税务机关及其内设机构和派出机构的代码，该代码广泛应用于核心征管、管理决策等各类税收征管业务和行政管理系统。

税务机构代码采用层次编码法，共分6层，用11位阿拉伯数字表示。第1层1位数字，表示税务机构类别（0－国家税务总局，1－省级及以下税务机构），其后每2位数字为1层，分别表示省、地市、区县、乡镇、股级，具体编码规则详见附件1。

税收征管业务系统中的税务机构代码使用11位定长码，编码不足11位时，按标准编码规则在右侧加“0”补齐。特殊情况下使用变长码的，从左至右按层次选取编码。但信息系统间进行数据交互共享时，使用11位定长码，使用变长码的需按照转换规则补齐。

（二）税务人员代码

税务人员代码，是赋予税务系统所有税务人员的唯一身份识别代码，广泛应用于核心征管、人事管理等税收征管业务和行政管理系统。例如在信息采集、申报征收、税收违法违章处理等税收征管业务中，用于标识和记录税务执法操作的人员信息。

税务人员代码采用组合编码法，共3段，用11位阿拉伯数字表示，包括1位“税务人员类型标志”、2位“省级行政区划代码”和8位数字顺序码。其中第1位，国家税务总局人员使用数字“0”，省级及以下税务人员使用“1”、“2”、“5”。具体编码规则详见附件2。

其中，计划单列市的税务机构和人员编码要按本标准规定的编码规则进行赋码，并与所在省做好沟通衔接。

二、国税地税征管体制改革期间代码调整规则

国税地税机构合并后，国家税务总局各省、自治区、直辖市和计划单列市税务局［以下

简称“各省(区、市)税务局”]要根据“三定”暂行规定,按照“对纳税人办税的影响最小、对税务人员业务操作的影响最小、对税收业务信息系统调整最小”的原则,对辖区内的税务机构和人员进行赋码。

在对新成立的税务机构进行赋码时,总的原则是尽量保持原国税系统机构代码不变。国税地税机构改革后,地税码值停用,新税务机构沿用原国税机构代码;国税地税机构改革后成立多个税务机构时,首先根据纳税人分布情况,使用一个原国税机构代码,地税码值停用,其他新成立税务机构,优先选用已有国税机构代码,若改革前仅有一个相应层级的国税机构代码,则按照新编码规则编制新增税务机构代码。

税务人员代码,总的原则是原有人员代码尽量保持不变,即存量数据保持不变,增量按新规则赋码。为了减少代码调整的影响,保障信息系统数据的延续性,改革前原有税务人员代码不作调整,税务人员类型标志位即编码第一位仍然使用数字“0”、“1”、“2”,机构改革后,新增省级及以下税务人员代码的首位用数字“5”表示。

三、认真做好代码编制和管理维护工作

(一)稳妥有序做好改革期间代码调整工作

税务标准是税收征管业务和税收信息化的基础支撑,为国税地税征管体制改革顺利推进提供保障。各省(区、市)税务局要高度重视,加强组织领导和统筹协调,组建工作团队,研究制定工作计划方案,及时开展辖区内各级税务机构和人员的赋码工作。

代码编制要按照税务总局制定的统一标准和转换规则,综合考虑税收业务和内外部信息系统调整的实际情况,强化内部协作,加强基层指导,提前与相关外部门进行沟通协商,做到代码标准有效执行,征管业务顺畅衔接,信息系统历史数据可追溯。

同时,各省(区、市)税务局要在省、市、县三级税务局“三定”暂行规定下发后,及时完成相应层级赋码工作,逐一建立新、旧税务机构代码的对应关系,按照税务机构信息采集模板(详见附件3),准确填写每项表格内容。并于2018年11月20日前,将填好的表格通过内网FTP上报国家税务总局,上传路径为FTP:/center(供各省上传使用)/征管和科技发展司/工程二处/税务机构代码。

(二)保证代码固定性和唯一性

每个税务机构的代码在全国范围内是唯一的,一经确定不再改变,不受行政区划代码调整、新增税务机构、撤销税务机构等情况影响。税务人员代码一人一码,一经赋码使用,本省范围内保持固定不变。跨省调动的,可以重新赋码。

各单位对税务机构和税务人员进行赋码时,要加强管理查验,严格执行上述要求,保证税务机构和税务人员代码的固定性和唯一性,不能随意改变,避免出现“一人多码、一码多人”等情况。

(三)加强代码日常维护管理

各省(区、市)税务局要指定专人负责本辖区内所有税务机构代码的统一管理,区县级及以上税务机关发生批准设立、合并或撤销等情形时,由省级税务机关负责按照本标准提出代码新增或停用的调整意见,及时报送国家税务总局征管和科技发展司核准备案后使用,以保障税收征管业务工作的正常开展。

执行过程中,如遇到问题,请及时反馈国家税务总局(征管和科技发展司)。

联系人:国家税务总局征管科技司　朱会彦,电话:010－61989730。

附件:1. 税务机构代码

2. 税务人员代码

3. 省、市、县(区)税务机构信息采集模板

附件 1

ICS 35.040
A 24
备案号:

SW

中华人民共和国税务行业标准

SW 12—2018

税务机构代码

Codes for administrative organizations of taxation

2018-XX-XX 发布　　2018-XX-XX 实施

国家税务总局 发布

目　次

前　言

本标准由国家税务总局征管和科技发展司提出。

本标准由国家税务总局征管和科技发展司归口。

本标准由国家税务总局征管和科技发展司负责解释。

本标准起草单位:国家税务总局征管和科技发展司、国家税务总局人事司、国家税务总局电子税务管理中心。

税务机构代码

1　范围

本标准规定了全国各级税务机构代码的编码方法和管理维护要求。税务机构代码是全国范围内唯一标识各级税务机关及其内设机构和派出机构的代码,广泛应用于核心征管、管理决策等各类税收征管业务和行政管理系统。

本标准适用于全国税务系统的信息化建设,也适用于税务机关与外部门间的数据交换和共享。

2　规范性引用文件

下列文件对于本文件的应用是必不可少的。凡是注日期的引用文件,仅注日期的版本适用于本文件。凡是不注日期的引用文件，其最新版本（包括所有的修改单）适用于本文件。

GB/T 2260　中华人民共和国行政区划代码

GB/T 7027　信息分类和编码的基本原则与方法

SW/T 1　税务行业标准的结构和编写规则

3　术语和定义

下列术语和定义适用本标准。

3.1　税务机构　administrative organizations of taxation

全国各级税务机关及其内辖税务部门的总称。

3.2　税务机构代码　codes for administrative organizations of taxation

全国范围内唯一标识各级税务机关及其内设机构和派出机构的代码，广泛应用于核心征管、管理决策等各类税收征管业务和行政管理系统。

3.3　标识符　identifier

税务行业标准管理体系中对某项代码的唯一标识。

3.4　语境　context

对代码进行编制或使用等处理操作的应用环境或应用规程的说明或描述。

4　税务机构类型

税务机构按照行政级别分为国家税务总局、各省（区、市）税务局、各市（地、州、盟）税务局、各县（区、旗）税务局，以及税务分局、税务所等。

税务机构按是否具有独立法人资格，分为税务机关和税务部门。税务机关是指具有独立法人资格的税务行政机构（一般对外称局），税务部门一般不具有独立法人资格，包括税务机关的内设机构或派出机构。

在税务行政管理信息化的特定业务中，存在税务机构的“虚单位”，表示隶属于某个行政级别的税务机构的统称。根据特定业务的管理要求，下级机构设置全职能局的税务机构可以设置一个虚单位，未设置全职能局的不设虚单位。即，税务总局、省局、地市局税务机关可增设一个虚单位，区县及区县以下不设虚单位。税收征管业务系统中不设虚单位。

5　编码方法

5.1　代码结构

税务机构代码采用国家标准《信息分类和编码的基本原则与方法》（GB/T 7027）中规定的层次码，用 11 位阿拉伯数字表示，共分 6 层，第 1 层 1 位数字，表示税务机构类别，其后每 2 位数字为 1 层，分别表示省、地市、区县、乡镇、股级，具体结构见图 1。

5.2　编制规则

第 1 层表示税务机构类别。国家税务总局使用“0”，省级及以下税务机构使用“1”。

第 2 层表示省级。国家税务总局的内设机构和派出机构使用“00”，省级及以下税务机构使用国家标准《中华人民共和国行政区划代码》（GB/T 2260）中表示省、自治区、直辖市、特别行政区的前 2 位数字代码。

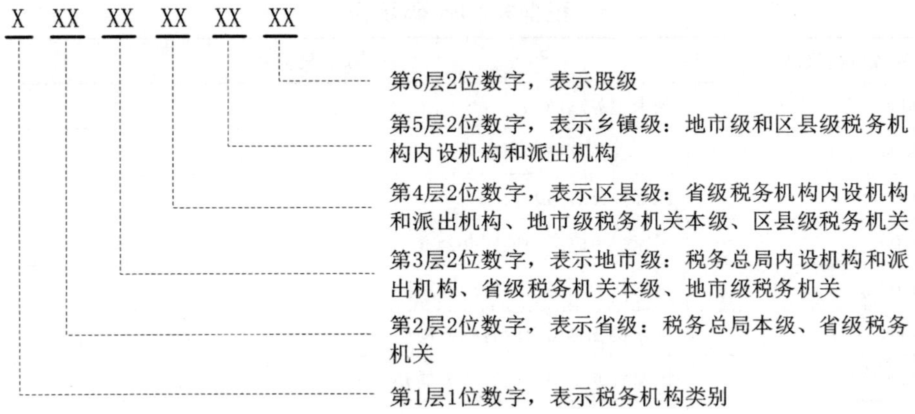

图1　税务机构代码结构图

第3层表示地市级。国家税务总局内设机构和派出机构使用“01”至“98”的数字码，省级税务机构的内设机构和派出机构使用“00”，地市级及以下税务机构使用国家标准《中华人民共和国行政区划代码》(GB/T 2260)中表示市、地区、自治州、盟的第3、4位数字代码。

第4层表示区县级。省级税务机构的内设机构和派出机构使用“01”至“98”的数字码，地市级税务机构的内设机构和派出机构使用“00”，区县级税务机关使用“01”至“98”的数字码，区县级以下税务机构使用对应区县级编码。

第5层表示乡镇级。地市级的内设机构和派出机构使用“01”至“98”的数字码，区县级税务机构的内设机构和派出机构使用“01”至“98”的数字码，乡镇级以下税务机构使用对应乡镇级编码。

第6层表示股级。乡镇级以下税务机构使用“01”至“98”数字编码。

5.3　定长编码

税务机构代码原则上使用11位定长码，编码不足11位时，右侧加“0”补齐。在已使用变长码特殊情况下，从左至右按层次选取编码。

税收征管业务系统中使用定长码，税务机构不设虚单位；根据行政管理特殊需要，已使用变长码的人事系统中，下级机构设置全职能局的税务机构可以设置一个虚单位，未设置全职能局的不设虚单位。

信息系统间进行数据交互共享时，应使用11位定长码。对于变长码，应按照以下规则补齐11位：非虚单位的，右侧加“0”补齐；虚单位的，右侧先补“99”两位数字后，再加“0”补齐。

5.4　代码示例

为了便于理解和使用本标准规定的编码方法，表1中给出了部分税务机构代码的示例。

表 1　　　　　　　　税务机构代码示例

税务机构代码	税务机构名称
00000000000	国家税务总局
00001000000	国家税务总局局领导
00002000000	国家税务总局办公厅
00002010000	国家税务总局办公厅办公室
11400000000	国家税务总局山西省税务局
11400010000	国家税务总局山西省税务局局领导
11400020000	国家税务总局山西省税务局办公室
11402000000	国家税务总局大同市税务局
11402000100	国家税务总局大同市税务局局领导
11402000200	国家税务总局大同市税务局办公室
11402210000	国家税务总局 A 县税务局
11402210100	国家税务总局 A 县税务局局领导
11402210200	国家税务总局 A 县税务局一分局
11402210201	国家税务总局 A 县税务局一分局一股
11402210300	国家税务总局 A 县税务局一所
11402210400	国家税务总局 A 县税务局二所
11402210500	国家税务总局 A 县税务局三所

注 1:上述示例仅为说明代码编码原则和编码规则,并不是完整的代码表内容。

注 2:因涉及国税地税征管体制改革,表 1 中税务机构名称最终以发布的“三定”暂行规定为准。

6　管理维护

6.1　标识符

本标准规定的税务机构代码标识符为 DMG0014。

6.2　语境

本标准规定的税务机构代码语境为税务管理公用业务(G00)。

6.3　管理

每个税务机构的代码在全国范围内是唯一的,税务机构代码一经确定不再改变,不受行政区划代码调整、新增税务机构、撤销税务机构等情况的影响。例如:国家税务总局 A 县税务局一所(税务机构代码 11402210300)撤销,二所税务机构代码 11402210400 不变。

对新增税务机构进行赋码时,不占用、不改变已有的税务机构代码,原则上按照其行政序列顺序,选择未使用的数字依次编码。

全国税务机构代码由国家税务总局征管和科技发展司负责统一管理,各省(区、市)税务局要指定专人负责本辖区内所有税务机构代码的统一管理。区县级及以上税务机关发生批准设立、合并或撤销时,由省级税务机关负责按照本标准提出其税务机构代码的新增或停用意见,并正式报送国家税务总局征管和科技发展司核准备案后使用,以保障本地和跨省业务的正常办理。

省级及以下税务机关，其内设机构和派出机构的税务机构代码，由省级税务机关按照本标准负责统一赋码和管理。税务信息系统中统一使用税务机构代码，不再分别设计税务机关代码和税务部门代码。

7　转换方案

2018 年 3 月，国务院决定改革国税地税征管体制，将省级和省级以下国税、地税机构合并，具体承担所辖区域内的各项税收、非税收入征管等职责。国税地税机构合并涉及的税收业务代码标准调整，遵循影响最小原则，即尽可能对纳税人日常办税、税务人业务操作和税务信息系统改造影响最小。因此，本标准中规定的税务机构代码因涉及增值税发票新系统，为减少对纳税人端的调整，故国税地税合并后的机构编码，按如下方案进行赋码使用。

国税地税机构改革后，地税码值停用，新税务机构沿用原国税机构代码；国税地税机构改革后成立多个税务机构时，首先使用一个原国税机构代码，地税码值停用，其他的根据纳税人分布情况，优先选用已有国税机构代码，若改革前仅有一个相应层级的国税机构代码，则按照新编码规则编制新增税务机构代码。

附件2

ICS 35.040
A 24
备案号：

SW

中华人民共和国税务行业标准

SW 13—2018

税务人员代码

Identification number for taxation personnel

2018-XX-XX 发布　　2018-XX-XX 实施

国家税务总局 发布

目 次

前 言

本标准由国家税务总局征管和科技发展司提出。

本标准由国家税务总局征管和科技发展司归口。

本标准由国家税务总局征管和科技发展司负责解释。

本标准起草单位:国家税务总局征管和科技发展司、国家税务总局人事司、国家税务总局电子税务管理中心。

税务人员代码

1 范围

本标准规定了全国税务人员代码的编码方法和管理维护要求。税务人员代码,是标识税务系统所有税务人员的唯一代码,广泛应用于核心征管、管理决策等各类税收征管业务和行政管理系统。例如在“信息采集”、“申报征收”、“税收违法违章处理”等各类税收征管业务中,用于标识和记录税务执法操作的人员信息。

本标准适用于全国税务信息化系统中税务人员编码和信息数据共享。税务人员代码是税务信息化中的基础标准,在税务信息化工作中具有支撑作用。

2 规范性引用文件

下列文件对于本文件的应用是必不可少的。凡是注日期的引用文件,仅注日期的版本适用于本文件。凡是不注日期的引用文件,其最新版本(包括所有的修改单)适用于本文件。

GB/T 2260　中华人民共和国行政区划代码

GB/T 7027　信息分类和编码的基本原则与方法

SW/T 1　税务行业标准的结构和编写规则

3　术语和定义

下列术语和定义适用本标准。

3.1　税务人员　taxation personnel

全国各级税务机关及其内辖税务部门工作人员的总称，包括国家税务总局、各省（区、市）税务局、各市级和区县级税务机关及其内设机构和派出机构的工作人员。

3.2　税务人员代码　Identification number for taxation personnel

标识税务系统所有税务人员的唯一代码，广泛应用于核心征管、管理决策等各类税收征管业务和行政管理系统。

3.3　标识符　identifier

税务行业标准管理体系中对某项代码的唯一标识。

3.4　语境　context

在代码进行编制或使用等处理操作时，对其应用环境或应用规程的说明或描述。

4　编码方法

4.1　代码结构

税务人员代码采用组合编码法。共3段11位数字，由1位“税务人员类型标志”、2位“省级行政区划代码”以及8位数字顺序码组成，结构图见图1。

X	XX	XXXXXXXX
第1段1位数字 税务人员类型标志	第2段2位数字 省级行政区划代码	第3段8位数字 顺序码

图1　税务人员代码结构图

4.2　编制规则

第1段1位数字，表示税务人员类型标志。国家税务总局使用“0”；省级及以下税务人员使用“1”、“2”、“5”，其中，国地税机构合并前原有税务人员仍使用“1”、“2”，合并后新增税务人员使用“5”。

第2段2位数字，国家税务总局税务人员使用“00”，省级及以下税务人员使用所在省、自治区、直辖市、特别行政区的行政区划代码前2位数字。

第3段8位数字，表示相同税务人员类型、在同一省级编码标识的范围内，对税务人员编定的顺序号。其中，计划单列市税务人员在赋码时，使用所在行政区划代码第3、4位数字加6位顺序码；设立计划单列市的省，其税务人员在赋码时，第4、5位使用除计划单列市行政区划代码第3、4位数字以外的数字。示例：深圳市行政区划440300，深圳市税务人员代码第4、5位使用03，广东省税务人员代码第4、5位不使用03。

5 管理维护

5.1 标识符

本标准规定的税务人员代码标识符为 DMG0015。

5.2 语境

本标准规定的税务人员代码语境为税务管理公用业务(G00)。

5.3 管理

国家税务总局税务人员代码由国家税务总局按照本标准赋码使用。

国家税务总局各省、自治区、直辖市、计划单列市及以下税务机构的税务人员代码由省级税务机关按照本标准赋码使用。

税务人员代码一人一码,一经确定,不随人员在省内调动发生变化,跨省调动时,可重新赋码。

税务人员调动后,对于省内调动情形,税务人员代码保持不变,应在税务信息系统中修改税务人员所属税务机构等相关信息。税务人员跨省调动时,当地税务机关需将有效标志修改为无效标志。

税务人员离职后,不能删除原有的税务人员代码信息,应在税务信息系统中修改相关人员状态。将该人员记录中的离开税务局时间设为生效当天,将该人员的有效标志修改为无效标志。

6 转换方案

2018 年 3 月,国务院决定改革国税地税征管体制,将省级和省级以下国税、地税机构合并,具体承担所辖区域内的各项税收、非税收入征管等职责。国税地税机构合并涉及的税务人员代码标准调整,遵循影响最小原则,即尽可能对纳税人日常办税、税务人业务操作和税务信息系统改造影响最小。因此,对国税地税征管体制改革后的税务人员代码按以下规则进行赋码:各省(区、市)税务局加强统一管理,保证系统数据的延续性,改革前原有税务人员代码不作调整,税务人员类型标志数字仍然使用“0”、“1”、“2”,机构改革后新增省级及以下税务人员代码首位用“5”表示。

附件3

省、市、县(区)税务机构信息采集模板

表一　省、市、县(区)机构信息采集表

序号	税务机构代码	税务机构名称	税务机关简称	上级税务机关代码	本级机关级次	文书局轨	邮政编码	地址	电话	传真电话	行政区划代码	备注
1	11100000000	国家税务总局北京市税务局	北京市税务局	00000000000	10 省级税务局	京税	100044				110000	
2												
3												
4												
5												
6												
7												
8												
9												
10												

注1:表中“电话”、“传真电话”为负责代码管理的部门联系电话。

注2:各省(区、市)税务局统计上报本省(区、市)内所有税务机构的代码信息。

表二　机构改革前后对照表

序号	税务机构代码	税务机构名称	改革前 国税机构代码	改革前 国税机构名称	改革前 地税机构代码	改革前 地税机构名称	备注
1	111000000	国家税务总局 北京市税务局	111000000	北京市国家税务局	211000000	北京市地方税务局	
2							
3							
4							
5							
6							
7							
8							
9							
10							

表三 机关级次代码表

代码	名　　称
00	00 总局
10	10 省级税务局
11	11 省级派出机构
12	12 省级内设机构
20	20 副省级税务局
21	21 副省级派出机构
22	22 副省级内设机构
30	30 地市级税务局
31	31 地市级派出机构
32	32 地市级内设机构
40	40 县区级税务局
41	41 县区级派出机构
42	42 县区级内设机构
50	50 乡镇级税务分局(所)

6 -7 -92

国家税务总局关于进一步规范影视行业税收秩序有关工作的通知

2018 年 10 月 2 日　税总发〔2018〕153 号

国家税务总局各省、自治区、直辖市和计划单列市税务局,国家税务总局驻各地特派员办事处,局内各单位:

按照中央宣传部等五部门关于对影视行业有关问题开展治理的部署安排,在继续落实好国家税务总局关于进一步加强影视行业税收征管有关工作要求的基础上,针对近期税务机关查处的影视行业高收入从业人员偷逃税等问题,根据《税收征管法》及其实施细则相关规定,为进一步规范影视行业税收征管秩序,促进影视行业健康发展,现就有关事项通知如下:

一、深刻认识规范影视行业税收秩序的重要性

近年来,我国影视行业快速发展,整体呈现出良好态势。同时,也暴露出天价片酬、“阴阳合同”、偷逃税款等问题,破坏了社会公平正义,损害了行业形象,影响了行业健康发展。

各级税务机关要深刻领会、准确把握中央宣传部等五部门对影视行业有关问题开展治理的要求,认真做好影视行业税收秩序规范工作。要充分考虑影视行业的特点,坚持稳妥推进、分步实施的原则,切实纠正影视行业税收方面存在的问题,增强影视从业人员依法纳

税意识,进一步完善税收管理措施,促进影视行业健康发展。

二、准确把握规范影视行业税收秩序的工作任务

从2018年10月开始,到2019年7月底前结束,按照自查自纠、督促纠正、重点检查、总结完善等步骤,逐步推进规范影视行业税收秩序工作。

(一)自查自纠

从2018年10月10日起,各地税务机关通知本地区的影视制作公司、经纪公司、演艺公司、明星工作室等企业及影视行业高收入从业人员,对2016年以来的申报纳税情况进行自查自纠。凡在2018年12月底前认真自查自纠、主动补缴税款的影视企业及从业人员,免予行政处罚,不予罚款。

各地税务机关要主动帮助和辅导辖区内影视行业企业及高收入从业人员做好自查自纠工作。在12366纳税服务热线设置专门咨询座席,在办税服务厅或税务机关安排专人,解答自查自纠相关问题,办理自查自纠相关业务。在纳税人自查自纠过程中,不开展入户检查。

(二)督促纠正

从2019年1月至2月底,税务机关根据纳税人自查自纠等情况,有针对性地督促提醒相关纳税人进一步自我纠正,并加强咨询辅导工作。对经税务机关提醒后自我纠正的纳税人,可依法从轻或减轻行政处罚;对违法情节轻微的,可免予行政处罚。

(三)重点检查

从2019年3月至6月底,税务机关结合自查自纠、督促纠正等情况,对个别拒不纠正的影视行业企业及从业人员开展重点检查,并依法严肃处理。

(四)总结完善

2019年7月底前,根据影视行业税收秩序规范工作中发现的突出问题,举一反三,研究完善管理措施,并建立健全影视行业税收管理的长效机制。同时,进一步健全税务内控机制,有效防范和化解税收执法风险。

在规范影视行业税收秩序过程中,对发现的税务机关和税务人员违法违纪问题,以及出现大范围偷逃税行为且未依法履职的,要依规依纪严肃查处。

三、切实抓好规范影视行业税收秩序工作的落实

(一)加强组织领导。税务总局成立规范影视行业税收秩序工作领导小组,由税务总局领导担任组长,相关司局主要负责同志为成员,统筹组织开展相关工作。各省税务局要比照成立相关领导小组和工作专班,在税务总局的统一部署下开展工作。

(二)密切部门合作。各级税务机关在规范影视行业税收秩序工作中,要主动向当地党委、政府汇报,争取支持指导;要加强与宣传、文化、广电、市场监管、公安、人民银行等部门的沟通协调,形成工作合力。

(三)细化工作措施。各级税务机关要根据所负责的工作任务,研究细化措施,确定时间表、责任人。要加大督查督办力度,确保各项措施落到实处。

(四)严格遵守纪律。要严肃保密纪律,依法为纳税人、扣缴义务人的情况保密,依法保护纳税人合法权益。要严格工作纪律,对工作中不作为、乱作为的要严肃追究有关人员的责任。要严守新闻纪律,依职责及时妥当回应社会关切,正确引导社会舆论。

6－7－93

国家税务总局关于切实做好易地扶贫搬迁税收优惠政策落实工作的通知

2018年12月27日　税总函〔2018〕680号

国家税务总局各省、自治区、直辖市和计划单列市税务局，国家税务总局驻各地特派员办事处：

近日，财政部、国家税务总局印发了《关于易地扶贫搬迁税收优惠政策的通知》（财税〔2018〕135号，以下简称《通知》）。为做好《通知》落实工作，现提出以下要求：

一、充分提高认识，切实加强领导

实施易地扶贫搬迁是落实党中央、国务院关于精准扶贫、精准脱贫要求的重要内容。对易地扶贫搬迁贫困人口和项目实施主体等给予税收优惠，有利于促进易地扶贫搬迁工作顺利推进，打好打赢脱贫攻坚战。各地税务机关要提高政治站位，深刻认识落实好《通知》的重要意义，给予高度重视，强化组织领导，确保政策落实。

二、吃透《通知》精神，迅速组织部署

各省（区、市）税务机关要强化工作指导，及时组织有易地扶贫搬迁安置任务的市、县级税务机关认真学习领会《通知》精神，准确把握政策口径。相关市、县级税务机关要尽快联系当地易地扶贫搬迁主管部门，获取相关信息，会同有关部门共同研究明确政策落实的具体方法、工作流程、任务分工、时间表、责任人，增强政策执行的时效性、精准性。

三、加强宣传辅导，主动上门服务

各地税务机关要根据本地区情况，充分发挥传统媒体和新媒体的优势，加强优惠政策和操作办法的宣传，让易地扶贫搬迁贫困人口和项目实施主体及时准确地了解税收优惠政策和具体操作办法。税务机关要主动联合易地扶贫搬迁主管部门共同开展税收宣传、辅导。对易地扶贫搬迁集中安置地区，可以采取上门宣传、走访等方式讲解税收优惠政策，告知办理免税事项的程序和方法。

四、简化办理手续，切实便利办税

纳税人办理税收优惠时，凡可以从易地扶贫搬迁主管部门获取的信息，税务机关不得要求纳税人再报送相关资料。对申请退税的纳税人，符合《通知》退税规定的，要尽快为其办理退税手续。有条件的地区，应开辟绿色通道或采取集中办理、上门办理等方式为纳税人提供方便。

五、密切跟踪执行，加强效应评估

各级税务机关要加强督导检查，密切关注《通知》各项政策措施执行情况，做好减免税统计和政策效应分析，对政策执行中发现的问题要加强研究并及时报告。

6 -7 -94

国家税务总局关于取消 20 项税务证明事项的公告

2018 年 12 月 28 日　国家税务总局公告 2018 年第 65 号

为贯彻落实党中央、国务院关于减证便民、优化服务的部署要求,根据《国务院办公厅关于做好证明事项清理工作的通知》(国办发〔2018〕47 号),按照《国家税务总局关于实施进一步支持和服务民营经济发展若干措施的通知》(税总发〔2018〕174 号)的安排,税务总局决定取消 20 项税务证明事项(详见附件),现予以发布。自发布之日起,附件所列证明事项停止执行。附件所列证明事项涉及的规范性文件,按程序修改后另行发布。

各级税务机关应认真落实取消税务证明事项有关工作,不得保留或变相保留,不得将税务机关的核查义务转嫁纳税人;应及时修改涉及取消事项的相关规定、表证单书和征管流程,明确事中事后监管要求;要树立诚信推定、风险监控、信用管理相关理念,进一步减少纳税人向税务机关报送的资料,探索推行告知承诺制。

各级税务机关应以本次清理工作为契机,进一步转变管理方式,规范监管行为,优化营商环境,更好地为市场主体增便利、添活力。

本公告自发布之日起施行。

特此公告。

附件:取消的税务证明事项目录

附件

取消的税务证明事项目录

(共 20 项)

序号	证明名称	证明用途	取消后的办理方式
1	饲料产品合格证明	符合免税条件的饲料生产企业办理饲料产品免征增值税优惠备案时,需提供有计量认证资质的饲料质量检测机构(名单由省税务局确认)出具的饲料产品合格证明。	不再提交。享受免征增值税优惠政策的饲料产品应当符合行业主管部门明确的产品质量标准。主管税务机关应加强后续管理,必要时可委托第三方检测机构对产品质量进行检测,一经发现不符合免税条件的,应及时纠正并依法处理。
2	中介机构专项报告及其相关的证明材料	企业向税务机关申报扣除按独立交易原则向关联企业转让资产而发生的损失,或向关联企业提供借款、担保而形成的债权损失时,需留存备查中介机构出具的专项报告及其相关的证明材料。	不再留存。改为纳税人留存备查自行出具的有法定代表人、主要负责人和财务负责人签章证实有关损失的书面申明和相关材料。

续表

序号	证明名称	证明用途	取消后的办理方式
3	专业技术鉴定意见(报告)或中介机构专项报告	企业向税务机关申报扣除特定损失时,需留存备查专业技术鉴定意见(报告)或法定资质中介机构出具的专项报告。	不再留存。改为纳税人留存备查自行出具的有法定代表人、主要负责人和财务负责人签章证实有关损失的书面申明。
4	不可抗力的事故证明	纳税人因不可抗力需要延期缴纳税款的,应当在缴纳税款期限届满前,提交公安机关出具的遭受不可抗力的事故证明。	不再提交。改为纳税人在申请延期缴纳税款书面报告中对不可抗力情况进行说明并承诺属实。税务机关事后进行抽查。
5	参加社会保险证明	5.1　转制科研机构办理科研开发自用房产免征房产税备案时,需提供按企业办法参加社会保险制度的证明。	不再提交。通过政府部门间信息共享或内部核查替代。
		5.2　转制科研机构办理科研开发自用土地免征城镇土地使用税备案时,需提供按企业办法参加社会保险制度的证明。	不再提交。通过政府部门间信息共享或内部核查替代。
6	工商营业执照	转制科研机构办理科研开发自用房产免征房产税备案时,需提供企业工商营业执照。	不再提交。通过政府部门间信息共享替代。
7	个人身份证明	7.1　纳税人办理外籍个人取得外商投资企业股息红利免征个人所得税优惠事项时,需提供居民身份证或其他证明身份的合法证明。	不再提交。直接在申报表中填报纳税人的基本信息和税收减免信息即可。
		7.2　纳税人办理外籍个人符合规定的生活费用免征个人所得税优惠事项时,需提供居民身份证或其他证明身份的合法证明。	不再提交。直接在申报表中填报纳税人的基本信息和税收减免信息即可。
		7.3　纳税人办理外籍个人按合理标准取得的境内、外出差补贴免征个人所得税优惠事项时,需提供居民身份证或其他证明身份的合法证明。	不再提交。直接在申报表中填报纳税人的基本信息和税收减免信息即可。
		7.4　纳税人办理个人转让著作权免征增值税优惠事项时,需提供身份证件。	不再提交。
		7.5　个人销售住房办理免征土地增值税优惠备案时,需提供身份证件。	不再提交。改为纳税人自行留存备查。
8	残疾人证明	安置残疾人就业单位办理减免城镇土地使用税备案时,需提供就业人员的残疾人证或残疾军人证。	不再提交。改为纳税人自行留存备查。
9	核销事业编制、注销事业单位法人的证明	9.1　转制科研机构办理科研开发自用房产免征房产税备案时,需提供核销事业编制、注销事业单位法人的证明。	不再提交。改为纳税人自行留存备查。
		9.2　转制科研机构办理科研开发自用土地免征城镇土地使用税备案时,需提供核销事业编制、注销事业单位法人的证明。	不再提交。改为纳税人自行留存备查。
10	决定撤销金融机构的证明	10.1　纳税人办理被撤销金融机构清算期间自有的或从债务方接收的房地产免征房产税备案时,需提供中国人民银行决定撤销该机构的证明材料。	不再提交。改为纳税人自行留存备查。
		10.2　纳税人办理被撤销金融机构清算期间自有的或从债务方接收的房地产免征城镇土地使用税备案时,需提供中国人民银行决定撤销该机构的证明材料。	不再提交。改为纳税人自行留存备查。

续表

序号	证明名称	证明用途	取消后的办理方式
11	单位性质证明	11.1 转制科研机构办理科研开发自用房产免征房产税备案时，需提供转制方案批复函。	不再提交。改为纳税人自行留存备查。
		11.2 血站办理自用房产免征房产税备案时，需提供事业单位证明材料。	不再提交。改为纳税人自行留存备查。
		11.3 纳税人办理学校、托儿所、幼儿园自用房产免征房产税备案时，需提供教育行业资质证明。	不再提交。改为纳税人自行留存备查。
		11.4 纳税人办理国家机关、人民团体、军队以及由国家财政部门拨付事业经费的单位自用房产免征房产税备案时，需提供单位性质证明材料。	不再提交。改为纳税人自行留存备查。
		11.5 企业办的各类医院办理自用房产免征房产税备案时，需提供单位性质证明材料。	不再提交。改为纳税人自行留存备查。
		11.6 纳税人办理高校学生公寓免征房产税备案时，需提供高校资质证明。	不再提交。改为纳税人自行留存备查。
		11.7 供热企业办理为居民供热所使用的厂房免征房产税备案时，需提供主管部门出具的供热企业的认定材料。	不再提交。改为纳税人自行留存备查。
		11.8 纳税人办理股改铁路运输企业及合资铁路运输公司自用房产免征房产税备案时，需提供符合政策规定的股改铁路运输企业及合资铁路运输公司单位性质证明。	不再提交。改为纳税人自行留存备查。
		11.9 纳税人办理监狱免征房产税备案时，需提供单位性质证明材料。	不再提交。改为纳税人自行留存备查。
		11.10 农村饮水工程运营管理单位办理自用的生产、办公用房产免征房产税备案时，需提供农村饮水安全工程企业和单位的认定资料。	不再提交。改为纳税人自行留存备查。
		11.11 纳税人办理集贸市场用房免征房产税备案时，需提供集贸市场经营主体的相关证明材料。	不再提交。改为纳税人自行留存备查。
		11.12 纳税人办理农产品批发市场、农贸市场减免房产税备案时，需提供农产品批发市场和农贸市场经营主体的相关证明材料。	不再提交。改为纳税人自行留存备查。
		11.13 福利性非营利性老年服务机构办理自用房产免征房产税备案时，需提供非营利性服务机构资质证明。	不再提交。改为纳税人自行留存备查。
		11.14 非营利性科研机构办理自用房产免征房产税备案时，需提供非营利性科研机构执业登记证明。	不再提交。改为纳税人自行留存备查。
		11.15 中国人民银行总行所属分支机构办理自用房产免征房产税备案时，需提供单位性质证明材料。	不再提交。改为纳税人自行留存备查。
		11.16 纳税人办理天然林二期工程专用房产免征房产税备案时，需提供属于天然林二期工程实施企业和单位的认定资料。	不再提交。改为纳税人自行留存备查。
		11.17 转制科研机构办理科研开发自用土地免征城镇土地使用税备案时，需提供转制方案批复函。	不再提交。改为纳税人自行留存备查。
		11.18 中国人民银行总行所属分支机构办理自用土地免征城镇土地使用税备案时，需提供单位性质证明材料。	不再提交。改为纳税人自行留存备查。
		11.19 纳税人办理铁路运输企业自用土地免征城镇土地使用税备案时，需提供单位性质证明材料。	不再提交。改为纳税人自行留存备查。

续表

序号	证明名称	证明用途	取消后的办理方式
11	单位性质证明	11.20 纳税人办理地方铁路运输企业自用土地免征城镇土地使用税备案时,需提供符合政策规定的地方铁路运输企业单位性质证明。	不再提交。改为纳税人自行留存备查。
		11.21 纳税人办理股改铁路运输企业及合资铁路运输公司自用土地免征城镇土地使用税备案时,需提供符合政策规定的股改铁路运输企业及合资铁路运输公司单位性质证明。	不再提交。改为纳税人自行留存备查。
		11.22 纳税人办理天然林二期工程专用土地免征城镇土地使用税备案时,需提供属于天然林二期工程实施企业和单位的认定资料。	不再提交。改为纳税人自行留存备查。
		11.23 石油天然气生产企业办理符合条件的用地免征城镇土地使用税备案时,需提供单位性质证明材料。	不再提交。改为纳税人自行留存备查。
		11.24 纳税人办理国家石油储备基地项目用地免征城镇土地使用税备案时,需提供用地单位属于国家石油储备基地项目企业的资料。	不再提交。改为纳税人自行留存备查。
		11.25 企业搬迁后,原有场地不使用的,办理免征城镇土地使用税备案时,需提供有关部门对企业搬迁的批准文件或认定书。	不再提交。改为纳税人自行留存备查。
		11.26 纳税人办理林业系统相关用地免征城镇土地使用税备案时,需提供单位性质证明材料。	不再提交。改为纳税人自行留存备查。
		11.27 农村饮水工程运营管理单位办理自用土地免征城镇土地使用税备案时,需提供农村饮水安全工程企业和单位的认定资料。	不再提交。改为纳税人自行留存备查。
		11.28 纳税人办理集贸市场用地免征城镇土地使用税备案时,需提供集贸市场经营主体的相关证明。	不再提交。改为纳税人自行留存备查。
		11.29 纳税人办理农产品批发市场、农贸市场减免城镇土地使用税备案时,需提供农产品批发市场和农贸市场经营主体的相关证明。	不再提交。改为纳税人自行留存备查。
		11.30 矿山企业办理生产专用地免征城镇土地使用税备案时,需提供单位性质证明材料。	不再提交。改为纳税人自行留存备查。
		11.31 建材企业办理采石场、排土场等用地免征城镇土地使用税备案时,需提供单位性质证明材料。	不再提交。改为纳税人自行留存备查。
		11.32 纳税人办理盐场的盐滩盐矿的矿井用地免征城镇土地使用税备案时,需提供单位性质证明材料。	不再提交。改为纳税人自行留存备查。
		11.33 纳税人办理学校、托儿所、幼儿园自用土地免征城镇土地使用税备案时,需提供教育行业资质证明。	不再提交。改为纳税人自行留存备查。
		11.34 非营利性老年服务机构办理自用土地免征城镇土地使用税备案时,需提供非营利性服务机构资质证明。	不再提交。改为纳税人自行留存备查。
		11.35 福利性非营利性科研机构办理自用土地免征城镇土地使用税备案时,需提供非营利性科研机构执业登记证明。	不再提交。改为纳税人自行留存备查。

续表

序号	证明名称	证明用途	取消后的办理方式
12	医疗机构执业许可证	12.1 医疗卫生机构在办理免征增值税优惠备案时，需提供医疗机构执业许可证件。	不再提交。
		12.2 非营利性医疗机构、疾病控制机构和妇幼保健机构等卫生机构办理自用房产免征房产税备案时，需提供医疗机构执业许可证。	不再提交。改为纳税人自行留存备查。
		12.3 营利性医疗机构办理自用房产3年内免征房产税备案时，需提供医疗机构执业许可证。	不再提交。改为纳税人自行留存备查。
		12.4 血站办理自用房产免征房产税备案时，需提供医疗机构执业许可证。	不再提交。改为纳税人自行留存备查。
		12.5 营利性医疗机构办理自用土地3年内免征城镇土地使用税备案时，需提供医疗机构执业许可证。	不再提交。改为纳税人自行留存备查。
		12.6 血站办理自用土地免征城镇土地使用税备案时，需提供医疗机构执业许可证。	不再提交。改为纳税人自行留存备查。
		12.7 非营利性医疗、疾病控制、妇幼保健机构等卫生机构办理自用土地免征城镇土地使用税备案时，需提供医疗机构执业许可证。	不再提交。改为纳税人自行留存备查。
13	海域使用权证明	纳税人办理开山填海整治土地免征城镇土地使用税备案时，需提供纳税人的海域使用权证明。	不再提交。改为纳税人自行留存备查。
14	引入非公有资本和境外资本、变更资本结构的批准文件	转制科研机构引入非公有资本和境外资本、变更资本结构的，办理科研开发用房免征房产税备案时，需提供相关部门的批准文件。	不再提交。改为纳税人自行留存备查。
15	房屋、土地权属证明	15.1 非营利性医疗机构、疾病控制机构和妇幼保健机构等卫生机构办理自用房产免征房产税备案时，需提供房屋产权证明。	不再提交。改为纳税人自行留存备查。
		15.2 营利性医疗机构办理自用房产3年内免征房产税备案时，需提供房屋产权证明。	不再提交。改为纳税人自行留存备查。
		15.3 血站办理自用房产免征房产税备案时，需提供房屋产权证明。	不再提交。改为纳税人自行留存备查。
		15.4 纳税人办理学校、托儿所、幼儿园自用房产免征房产税备案时，需提供房屋产权证明。	不再提交。改为纳税人自行留存备查。
		15.5 纳税人办理国家机关、人民团体、军队以及由国家财政部门拨付事业经费的单位自用房产免征房产税备案时，需提供房屋产权证明。	不再提交。改为纳税人自行留存备查。
		15.6 企业办的各类医院办理自用房产免征房产税备案时，需提供房屋产权证明。	不再提交。改为纳税人自行留存备查。
		15.7 纳税人办理高校学生公寓免征房产税备案时，需提供房屋产权证明。	不再提交。改为纳税人自行留存备查。
		15.8 供热企业办理为居民供热所使用的厂房免征房产税备案时，需提供房屋产权证明。	不再提交。改为纳税人自行留存备查。
		15.9 商品储备管理公司及其直属库办理商品储备业务自用房产免征房产税备案时，需提供房屋产权证明。	不再提交。改为纳税人自行留存备查。
		15.10 纳税人办理铁路运输企业自用房产免征房产税备案时，需提供房屋产权证明。	不再提交。改为纳税人自行留存备查。

续表

序号	证明名称	证明用途	取消后的办理方式
15	房屋、土地权属证明	15.11 纳税人办理股改铁路运输企业及合资铁路运输公司自用房产免征房产税备案时，需提供房屋产权证明。	不再提交。改为纳税人自行留存备查。
		15.12 青藏铁路公司及所属单位办理自用房产免征房产税备案时，需提供房屋产权证明。	不再提交。改为纳税人自行留存备查。
		15.13 大秦公司办理自用房产免征房产税备案时，需提供房屋产权证明。	不再提交。改为纳税人自行留存备查。
		15.14 纳税人办理监狱用房免征房产税备案时，需提供房屋产权证明。	不再提交。改为纳税人自行留存备查。
		15.15 农村饮水工程运营管理单位办理自用的生产、办公用房产免征房产税备案时，需提供房屋产权证明。	不再提交。改为纳税人自行留存备查。
		15.16 纳税人办理集贸市场用房免征房产税备案时，需提供房屋产权证明。	不再提交。改为纳税人自行留存备查。
		15.17 纳税人办理农产品批发市场、农贸市场减免房产税备案时，需提供房屋产权证明。	不再提交。改为纳税人自行留存备查。
		15.18 纳税人办理科技企业孵化器、国家大学科技园自用及提供给在孵对象使用的房产免征房产税备案时，需提供房屋产权证明。	不再提交。改为纳税人自行留存备查。
		15.19 企事业单位办理向个人出租住房减按4%税率征收房产税时，需提供房屋产权证明。	不再提交。改为纳税人自行留存备查。
		15.20 房管部门办理经租的居民用房免征房产税备案时，需提供房屋产权证明。	不再提交。改为纳税人自行留存备查。
		15.21 纳税人办理公共租赁住房免征房产税备案时，需提供房屋产权证明。	不再提交。改为纳税人自行留存备查。
		15.22 福利性非营利性老年服务机构办理自用房产免征房产税备案时，需提供房屋产权证明。	不再提交。改为纳税人自行留存备查。
		15.23 非营利性科研机构办理自用房产免征房产税备案时，需提供房屋产权证明。	不再提交。改为纳税人自行留存备查。
		15.24 纳税人将职工住宅全部产权出售给本单位职工，办理免征房产税备案时，需提供房屋产权证明。	不再提交。改为纳税人自行留存备查。
		15.25 中国人民银行总行所属分支机构办理自用房产免征房产税备案时，需提供房屋产权证明。	不再提交。改为纳税人自行留存备查。
		15.26 纳税人办理中国信达等4家金融资产管理公司处置不良资产免征房产税备案时，需提供房屋产权证明。	不再提交。改为纳税人自行留存备查。
		15.27 纳税人办理被撤销金融机构清算期间自有的或从债务方接收的房地产免征房产税备案时，需提供房屋产权证明。	不再提交。改为纳税人自行留存备查。
		15.28 纳税人办理处置港澳国际（集团）有限公司的有关资产免征房产税备案时，需提供房屋产权证明。	不再提交。改为纳税人自行留存备查。
		15.29 纳税人办理毁损房屋和危险房屋免征房产税备案时，需提供房屋产权证明。	不再提交。改为纳税人自行留存备查。
		15.30 纳税人办理地下建筑减征房产税备案时，需提供房屋产权证明。	不再提交。改为纳税人自行留存备查。
		15.31 纳税人办理大修停用的房产免征房产税备案时，需提供房屋产权证明。	不再提交。改为纳税人自行留存备查。

续表

序号	证明名称	证明用途	取消后的办理方式
15	房屋、土地权属证明	15.32 纳税人办理天然林二期工程森工企业闲置房产免征房产税备案时,需提供房屋产权证明。	不再提交。改为纳税人自行留存备查。
		15.33 纳税人办理天然林二期工程的专用房产免征房产税备案时,需提供房屋产权证明。	不再提交。改为纳税人自行留存备查。
		15.34 纳税人办理宗教寺庙、公园、名胜古迹自用房产免征房产税时,需提供房屋产权证明。	不再提交。改为纳税人自行留存备查。
		15.35 转制科研机构办理科研开发自用土地免征城镇土地使用税备案时,需提供土地权属证明。	不再提交。改为纳税人自行留存备查。
		15.36 中国人民银行总行所属分支机构办理自用土地免征城镇土地使用税备案时,需提供土地权属证明。	不再提交。改为纳税人自行留存备查。
		15.37 纳税人办理铁路运输企业自用土地免征城镇土地使用税备案时,需提供土地权属证明。	不再提交。改为纳税人自行留存备查。
		15.38 纳税人办理地方铁路运输企业自用土地免征城镇土地使用税备案时,需提供土地权属证明。	不再提交。改为纳税人自行留存备查。
		15.39 纳税人办理股改铁路运输企业及合资铁路运输公司自用房产免征城镇土地使用税备案时,需提供土地权属证明。	不再提交。改为纳税人自行留存备查。
		15.40 大秦公司办理自用土地免征城镇土地使用税备案时,需提供土地权属证明。	不再提交。改为纳税人自行留存备查。
		15.41 青藏铁路公司及其所属单位办理自用土地免征城镇土地使用税备案时,需提供土地权属证明。	不再提交。改为纳税人自行留存备查。
		15.42 广深公司承租广铁集团铁路运输用地办理免征城镇土地使用税备案时,需提供土地权属证明。	不再提交。改为纳税人自行留存备查。
		15.43 纳税人办理天然林二期工程专用土地免征城镇土地使用税备案时,需提供土地权属证明。	不再提交。改为纳税人自行留存备查。
		15.44 纳税人办理天然林二期工程森工企业闲置土地免征城镇土地使用税备案时,需提供土地权属证明。	不再提交。改为纳税人自行留存备查。
		15.45 石油天然气生产企业办理符合条件的用地免征城镇土地使用税备案时,需提供土地权属证明。	不再提交。改为纳税人自行留存备查。
		15.46 纳税人办理国家石油储备基地项目用地免征城镇土地使用税备案时,需提供土地权属证明。	不再提交。改为纳税人自行留存备查。
		15.47 商品储备管理公司及其直属库办理商品储备业务自用土地免征城镇土地使用税备案时,需提供土地权属证明。	不再提交。改为纳税人自行留存备查。
		15.48 物流企业办理大宗商品仓储设施用地减征城镇土地使用税备案时,需提供土地权属证明。	不再提交。改为纳税人自行留存备查。
		15.49 纳税人办理城市公交站场、道路客运站场的运营用地免征城镇土地使用税备案时,需提供土地权属证明。	不再提交。改为纳税人自行留存备查。
		15.50 纳税人办理民航机场规定用地免征城镇土地使用税备案时,需提供土地权属证明。	不再提交。改为纳税人自行留存备查。
		15.51 纳税人办理港口的码头用地免征城镇土地使用税备案时,需提供土地权属证明。	不再提交。改为纳税人自行留存备查。
		15.52 纳税人办理企业已售房改房占地免征城镇土地使用税备案时,需提供土地权属证明。	不再提交。改为纳税人自行留存备查。

续表

序号	证明名称	证明用途	取消后的办理方式
15	房屋、土地权属证明	15.53　纳税人办理企业厂区以外的公共绿化用地免征城镇土地使用税备案时,需提供土地权属证明。	不再提交。改为纳税人自行留存备查。
		15.54　纳税人办理厂区外未加隔离的企业铁路专用线用地免征城镇土地使用税备案时,需提供土地权属证明。	不再提交。改为纳税人自行留存备查。
		15.55　企业搬迁后,原有场地不使用的,办理免征城镇土地使用税备案时,需提供土地权属证明。	不再提交。改为纳税人自行留存备查。
		15.56　纳税人办理林业系统相关用地免征城镇土地使用税备案时,需提供土地权属证明。	不再提交。改为纳税人自行留存备查。
		15.57　纳税人办理采摘观光的种植养殖土地免征城镇土地使用税备案时,需提供土地权属证明。	不再提交。改为纳税人自行留存备查。
		15.58　农村饮水工程运营管理单位办理自用土地免征城镇土地使用税备案时,需提供土地权属证明。	不再提交。改为纳税人自行留存备查。
		15.59　纳税人办理农产品批发市场、农贸市场减免城镇土地使用税备案时,需提供土地权属证明。	不再提交。改为纳税人自行留存备查。
		15.60　免税单位无偿使用土地办理免征城镇土地使用税备案时,需提供土地权属证明。	不再提交。改为纳税人自行留存备查。
		15.61　纳税人办理落实私房政策后的出租房屋用地减免城镇土地使用税备案时,需提供土地权属证明。	不再提交。改为纳税人自行留存备查。
		15.62　纳税人办理煤炭企业免征规定用途用地的城镇土地使用税备案时,需提供土地权属证明。	不再提交。改为纳税人自行留存备查。
		15.63　矿山企业办理生产专用地免征城镇土地使用税备案时,需提供土地权属证明。	不再提交。改为纳税人自行留存备查。
		15.64　建材企业办理采石场、排土场等用地免征城镇土地使用税备案时,需提供土地权属证明。	不再提交。改为纳税人自行留存备查。
		15.65　纳税人办理盐场的盐滩盐矿的矿井用地免征城镇土地使用税备案时,需提供土地权属证明。	不再提交。改为纳税人自行留存备查。
		15.66　纳税人办理经济适用住房建设用地及占地免征城镇土地使用税备案时,需提供土地权属证明。	不再提交。改为纳税人自行留存备查。
		15.67　纳税人办理公共租赁住房用地免征城镇土地使用税备案时,需提供土地权属证明。	不再提交。改为纳税人自行留存备查。
		15.68　纳税人办理棚户区改造安置住房建设用地免征城镇土地使用税备案时,需提供土地权属证明。	不再提交。改为纳税人自行留存备查。
		15.69　纳税人办理科技企业孵化器、国家大学科技园自用及提供给在孵对象使用的土地免征城镇土地使用税备案时,需提供土地权属证明。	不再提交。改为纳税人自行留存备查。
		15.70　纳税人办理水利设施及其管护用地免征城镇土地使用税备案时,需提供土地权属证明。	不再提交。改为纳税人自行留存备查。
		15.71　供热企业办理为居民供热所使用的土地免征城镇土地使用税备案时,需提供土地权属证明。	不再提交。改为纳税人自行留存备查。
		15.72　纳税人办理核工业企业部分用地免征城镇土地使用税备案时,需提供土地权属证明。	不再提交。改为纳税人自行留存备查。
		15.73　纳税人办理核电站部分用地减免城镇土地使用税备案时,需提供土地权属证明。	不再提交。改为纳税人自行留存备查。
		15.74　纳税人办理电力行业部分用地免征城镇土地使用税备案时,需提供土地权属证明。	不再提交。改为纳税人自行留存备查。

续表

序号	证明名称	证明用途	取消后的办理方式
15	房屋、土地权属证明	15.75 纳税人办理学校、托儿所、幼儿园自用土地免征城镇土地使用税备案时,需提供土地权属证明。	不再提交。改为纳税人自行留存备查。
		15.76 福利性非营利性老年服务机构办理自用土地免征城镇土地使用税备案时,需提供土地权属证明。	不再提交。改为纳税人自行留存备查。
		15.77 非营利性医疗、疾病控制、妇幼保健机构等卫生机构办理自用土地免征城镇土地使用税备案时,需提供土地权属证明。	不再提交。改为纳税人自行留存备查。
		15.78 营利性医疗机构办理自用土地3年内免征城镇土地使用税备案时,需提供土地权属证明。	不再提交。改为纳税人自行留存备查。
		15.79 非营利性科研机构办理自用土地免征城镇土地使用税备案时,需提供土地权属证明。	不再提交。改为纳税人自行留存备查。
		15.80 血站办理自用土地免征城镇土地使用税备案时,需提供土地权属证明。	不再提交。改为纳税人自行留存备查。
		15.81 纳税人办理防火防爆防毒等安全防范用地免征城镇土地使用税备案时,需提供土地权属证明。	不再提交。改为纳税人自行留存备查。
		15.82 纳税人办理地下建筑用地暂按50%征收城镇土地使用税备案时,需提供土地权属证明。	不再提交。改为纳税人自行留存备查。
		15.83 纳税人办理被撤销金融机构清算期间自有的或从债务方接收的房地产免征城镇土地使用税备案时,需提供土地权属证明。	不再提交。改为纳税人自行留存备查。
		15.84 纳税人办理中国信达等4家金融资产管理公司处置不良资产免征城镇土地使用税备案时,需提供土地权属证明。	不再提交。改为纳税人自行留存备查。
		15.85 纳税人办理处置港澳国际(集团)有限公司的有关资产免征城镇土地使用税备案时,需提供土地权属证明。	不再提交。改为纳税人自行留存备查。
		15.86 安置残疾人就业单位办理减免城镇土地使用税备案时,需提供土地权属证明。	不再提交。改为纳税人自行留存备查。
		15.87 纳税人办理符合条件的体育场馆减免城镇土地使用税备案时,需提供土地权属证明。	不再提交。改为纳税人自行留存备查。
		15.88 纳税人办理开山填海整治土地免征城镇土地使用税备案时,需提供土地权属证明。	不再提交。改为纳税人自行留存备查。
		15.89 纳税人办理集贸市场用地免征城镇土地使用税备案时,需提供土地权属证明。	不再提交。改为纳税人自行留存备查。
		15.90 纳税人办理直接用于农、林、牧、渔业的生产用地免征城镇土地使用税备案时,需提供土地权属证明。	不再提交。改为纳税人自行留存备查。
		15.91 纳税人办理宗教寺庙、公园、名胜古迹自用土地免征城镇土地使用税备案时,需提供土地权属证明。	不再提交。改为纳税人自行留存备查。
16	土地用途证明	16.1 物流企业办理大宗商品仓储设施用地减征城镇土地使用税备案时,需提供符合文件规定的大宗商品仓储设施用地的相关证明材料。	不再提交。改为纳税人自行留存备查。
		16.2 纳税人办理民航机场规定用地免征城镇土地使用税备案时,需提供符合减免税政策规定的民航机场用地相关证明材料。	不再提交。改为纳税人自行留存备查。

续表

序号	证明名称	证明用途	取消后的办理方式
16	土地用途证明	16.3　纳税人办理港口的码头用地免征城镇土地使用税备案时,需提供符合减免税政策规定的港口的码头用地证明材料。	不再提交。改为纳税人自行留存备查。
		16.4　纳税人办理企业厂区以外的公共绿化用地免征城镇土地使用税备案时,需提供符合减免税政策规定的企业公共绿化用地证明材料。	不再提交。改为纳税人自行留存备查。
		16.5　纳税人办理厂区外未加隔离的企业铁路专用线用地免征城镇土地使用税备案时,需提供符合减免税政策规定的厂区外未加隔离的企业铁路专用线用地证明材料。	不再提交。改为纳税人自行留存备查。
		16.6　纳税人办理采摘观光的种植养殖土地免征城镇土地使用税备案时,需提供采摘观光农业用地证明材料。	不再提交。改为纳税人自行留存备查。
		16.7　纳税人办理棚户区改造安置住房建设用地免征城镇土地使用税备案时,需提供棚户区改造安置住房建设用地证明材料。	不再提交。改为纳税人自行留存备查。
		16.8　纳税人办理煤炭企业规定用途用地免征城镇土地使用税备案时,需提供用地性质证明材料。	不再提交。改为纳税人自行留存备查。
		16.9　纳税人办理防火防爆防毒等安全防范用地免征城镇土地使用税备案时,需提供安全防范用地证明材料。	不再提交。改为纳税人自行留存备查。
17	出租住房相关证明材料	17.1　房管部门办理经租的居民用房免征房产税备案时,需提供经租居民用房相关证明材料。	不再提交。改为纳税人自行留存备查。
		17.2　纳税人办理公共租赁住房免征房产税备案时,需提供出租公共租赁住房相关证明材料。	不再提交。改为纳税人自行留存备查。
18	政府主办或确认为经济适用房、公共租赁住房的相关证明材料	18.1　纳税人办理经济适用住房建设用地及占地免征城镇土地使用税备案时,需提供确认为经济适用房的证明材料。	不再提交。改为纳税人自行留存备查。
		18.2　纳税人办理公共租赁住房用地免征城镇土地使用税备案时,需提供确认为公共租赁住房的证明材料。	不再提交。改为纳税人自行留存备查。
19	落实私房政策证明	纳税人办理落实私房政策后的出租房屋用地减免城镇土地使用税备案时,需提供落实私房政策证明材料。	不再提交。改为纳税人自行留存备查。
20	取得财政储备经费或补贴的文件或凭证	20.1　商品储备管理公司及其直属库办理商品储备业务自用房产免征房产税备案时,需提供取得财政储备经费或补贴的批复文件或相关凭证。	不再提交。改为纳税人自行留存备查。
		20.2　商品储备管理公司及其直属库办理商品储备业务自用土地免征城镇土地使用税备案时,需提供取得财政储备经费或补贴的批复文件或相关凭证。	不再提交。改为纳税人自行留存备查。

6-7-95

税务部门规章制定实施办法

2002年2月1日国家税务总局令第1号公布
2019年1月23日国家税务总局令第45号修正

第一条 为了规范税务部门规章(以下简称"税务规章")制定工作,根据《中华人民共和国立法法》和《规章制定程序条例》,制定本办法。

第二条 国家税务总局根据法律和国务院的行政法规、决定、命令,在权限范围内制定对税务机关和税务行政相对人具有普遍约束力的税务规章。

税务规章以国家税务总局令公布。

第三条 税务规章的立项、起草、审查、决定、公布、解释、修改和废止,适用本办法。

第四条 制定税务规章,应当贯彻落实党的路线方针政策和决策部署,体现全面深化改革、全面依法治国精神,符合社会主义核心价值观的要求。

制定政治方面法律的配套税务规章和制定对经济社会有重大影响的税务规章,在提交局务会议审议前应当向国家税务总局党委报告。

按照规定应当向党中央、国务院报告的重要税务规章,依照有关程序办理。

第五条 制定税务规章,应当符合上位法的规定,体现职权与责任相统一的原则,切实保障税务行政相对人的合法权益。

没有法律或者国务院的行政法规、决定、命令的依据,税务规章不得设定减损税务行政相对人权利或者增加其义务的规范,不得增加本部门的权力或者减少本部门的法定职责。

税务规章不得溯及既往,但是为了更好地保护税务行政相对人权益而作出的特别规定除外。

第六条 税务规章的名称一般称"办法""规定""规程""规则""决定"或者"实施细则",不得称"条例"。

第七条 税务规章应当根据需要,明确制定目的、依据、适用范围、主体、权利义务、具体规范、操作程序、法律责任、施行日期等。

税务规章用语应当准确、简洁,避免产生歧义;内容应当明确、具体,具有可操作性。

第八条 税务规章应当采用条文式。

税务规章内容复杂的,可以根据需要分章、节、条、款、项、目。章、节、条的序号用中文数字依次表述,款不编序号,项的序号用中文数字加括号依次表述,目的序号用阿拉伯数字依次表述。

第九条 国家税务总局各司局及其他机构(以下统称"司局")认为需要制定税务规章的,应当于每年第一季度报请立项。

立项申请应当对制定税务规章的目的、依据、必要性、所要解决的主要问题、拟确立的主要制度等作出说明。

第十条 国家税务总局可以向社会公开征集税务规章制定项目建议。

国家税务总局各省、自治区、直辖市和计划单列市税务局以及国家税务总局驻各地特派员办事处，可以向国家税务总局提出税务规章制定项目建议，项目建议应当包括制定税务规章的依据、必要性、所要解决的主要问题等说明。

第十一条 国家税务总局政策法规司（以下称“政策法规司”）会同相关司局对立项申请和税务规章制定项目建议进行评估论证，拟订年度税务规章制定计划，报局务会议批准后向社会公布。

年度税务规章制定计划需要调整的，应当经局务会议批准。

第十二条 税务规章由主管司局负责起草。

税务规章内容涉及两个以上司局的，由局长指定的司局负责起草。

第十三条 起草税务规章，应当深入调查研究，广泛听取相关司局、基层税务机关和社会公众的意见；相关内容与其他部门关系紧密的，应当征求其他部门的意见。

除依法需要保密的外，起草司局应当将税务规章征求意见稿及其说明向社会公开征求意见，期限一般不少于30日。依法需要听证的，起草司局应当举行听证会。

起草专业性较强的税务规章，可以吸收相关领域的专家参与，或者委托有关专家、教学科研单位、社会组织起草。

第十四条 起草司局形成税务规章送审稿后，应当连同下列材料，一并送政策法规司审查：

（一）起草说明，包括制定税务规章的必要性、规定的主要措施、有关方面的意见及协调处理情况等；

（二）作为制定依据的法律，国务院的行政法规、决定、命令；

（三）其他相关材料，如听证会笔录、调研报告等。

按照规定应当对送审稿进行公平竞争审查的，起草司局应当提供相关审查材料。

第十五条 政策法规司应当从以下方面对税务规章送审稿进行审查：

（一）是否符合本办法第四条至第八条、第十三条的规定；

（二）是否与其他税务规章协调、衔接；

（三）是否正确处理各方面对税务规章送审稿主要问题的意见；

（四）是否符合立法技术要求；

（五）其他需要审查的内容。

第十六条 政策法规司按照世界贸易组织规则，对送审稿进行合规性评估。

第十七条 税务规章送审稿有下列情形之一的，政策法规司应当退回起草司局：

（一）制定税务规章的基本条件尚不成熟或者发生重大变化的；

（二）有关司局或者其他部门对税务规章送审稿规定的主要制度存在较大争议，起草司局未进行充分协商达成一致的；

（三）未按照本办法有关规定公开征求意见的；

（四）未按照本办法第十四条规定报送相关审查材料的。

第十八条 政策法规司应当按照规定，对税务规章送审稿涉及的主要问题深入调查研究、广泛听取意见；涉及重大利益调整的，应当开展论证咨询。

出现较大争议的，政策法规司应当进行协调，力求达成一致。不能达成一致的，政策法规司应当将主要问题、各方意见及时报局领导决定。

第十九条 政策法规司应当认真研究各方面意见，会同起草司局对税务规章送审稿进行修改，形成税务规章草案和草案说明，报局务会议审议。

第二十条 税务规章草案经局务会议审议通过后，政策法规司应当根据局务会议审议意见进行修改，形成草案修改稿，报请局长签署国家税务总局令公布。

第二十一条 由国家税务总局主办与国务院其他部门联合制定税务规章的，依照本办法的规定执行。

依照前款规定联合制定的税务规章，由局长和其他部门首长共同署名，并以国家税务总局令公布。

第二十二条 税务规章签署公布后，应当及时在《国家税务总局公报》、国家税务总局网站以及《中国税务报》上刊载。

在《国家税务总局公报》上刊登的税务规章文本为标准文本。

《国家税务总局公报》的编纂和有关税务规章公告事宜，由办公厅和政策法规司负责实施。

第二十三条 税务规章应当自公布之日起30日后施行；但是，公布后不立即施行将有碍施行的，可以自公布之日起施行。

第二十四条 税务规章由国家税务总局解释。

税务规章有下列情形之一的，国家税务总局应当及时作出解释：

（一）税务规章的规定需要进一步明确具体含义的；

（二）税务规章制定后出现新的情况，需要明确适用规章依据的。

第二十五条 税务规章解释文本由主管司局负责起草，政策法规司参照规章送审稿审查程序提出意见，报局长批准后以公告形式公布。

税务规章的解释与税务规章具有同等效力。

第二十六条 税务规章应当自公布之日起30日内报国务院备案，具体工作由政策法规司实施。

第二十七条 国家税务总局应当根据全面深化改革、经济社会发展需要以及上位法规定，及时组织开展税务规章清理工作。对不适应全面深化改革和经济社会发展要求、不符合上位法规定的税务规章，应当及时修改或者废止。

第二十八条 国家税务总局可以根据需要，开展税务规章立法后评估，并把评估结果作为修改、废止税务规章的重要参考，具体工作由主管司局实施。

第二十九条 编辑出版有关税务规章汇编，由政策法规司依照国务院《法规汇编编辑出版管理规定》的有关规定执行。

第三十条 国家税务总局负责草拟法律、行政法规代拟稿的，参照本办法办理。

第三十一条 本办法自2002年3月1日起施行。

6－7－96

国家税务总局关于公布已取消税务行政许可事项的公告

2019年3月1日　国家税务总局公告2019年第11号

2018年12月29日,第十三届全国人民代表大会常务委员会第七次会议通过《全国人民代表大会常务委员会关于修改〈中华人民共和国电力法〉等四部法律的决定》,对《中华人民共和国企业所得税法》作出修改,将第五十一条第一款中的"非居民企业在中国境内设立两个或者两个以上机构、场所的,经税务机关审核批准"修改为"非居民企业在中国境内设立两个或者两个以上机构、场所,符合国务院税务主管部门规定条件的"。

根据修改后的《中华人民共和国企业所得税法》第五十一条第一款规定和《国务院关于取消一批行政许可事项的决定》(国发〔2017〕46号),现将已取消的"非居民企业选择由其主要机构场所汇总缴纳企业所得税的审批"事项予以公布,并将《国家税务总局关于简化税务行政许可事项办理程序的公告》(国家税务总局公告2017年第21号发布,国家税务总局公告2018年第31号、第67号修改)所附税务行政许可文书样式和税务行政许可项目分项表予以更新。

各级税务机关应当全面落实取消"非居民企业选择由其主要机构场所汇总缴纳企业所得税的审批"行政许可事项有关工作,不得以任何形式保留或者变相审批;要及时修改涉及取消事项的相关规定、表证单书、征管流程和信息系统,在信息系统升级前,要辅以手工操作方式确保申报纳税事项办理顺畅,不得以信息系统不支持为由延缓取消事项落地;要进一步深化行政审批制度改革,深入推进简政放权、放管结合、优化服务,切实加强对取消税务行政许可事项的事中事后监管,不断提高税收管理科学化规范化水平。

特此公告。

附件:1. 税务行政许可文书样式(编者略)

2. 税务行政许可项目分项表(编者略)

注释:

条款失效。本文所附税务行政许可文书样式和税务行政许可项目分项表,根据国家税务总局公告2019年第34号规定予以更新,随该公告重新发布。参见:《国家税务总局关于进一步简化税务行政许可事项办理程序的公告》(国家税务总局公告2019年第34号)。

6-7-97

国家税务总局关于取消一批税务证明事项的决定

2019 年 3 月 8 日　国家税务总局令第 46 号

《国家税务总局关于取消一批税务证明事项的决定》,已经 2019 年 3 月 8 日国家税务总局 2019 年第 1 次局务会议审议通过,现予公布。

附件:取消的税务证明事项目录

国家税务总局局长:王　军

2019 年 3 月 8 日

国家税务总局关于取消一批税务证明事项的决定

为贯彻落实党中央、国务院关于减税降费和减证便民决策部署,税务总局决定再取消 12 项(附件所列 1—12 项)税务证明事项,自公布之日起施行。所涉及的规章、规范性文件,按程序修改后另行公布。

根据《财政部　税务总局　科技部　教育部关于科技企业孵化器　大学科技园和众创空间税收政策的通知》(财税〔2018〕120 号)、《财政部　税务总局　中央宣传部关于继续实施文化体制改革中经营性文化事业单位转制为企业若干税收政策的通知》(财税〔2019〕16 号)、《财政部　税务总局　退役军人部关于进一步扶持自主就业退役士兵创业就业有关税收政策的通知》(财税〔2019〕21 号)有关规定,另有 3 项税务证明事项(附件所列 13—15 项)已自 2019 年 1 月 1 日起停止执行,现一并予以公布。

各级税务机关应当认真落实 2018 年底公布取消 20 项和本次公布取消 15 项税务证明事项的有关要求,不得保留或变相保留,并积极回应企业和人民群众关切,进一步减少涉税资料报送,确保纳税人有实实在在的获得感。

附件

取消的税务证明事项目录

（共计 15 项）

序号	证明名称	证明用途	取消后的办理方式
1	纳税困难证明	受严重自然灾害影响纳税困难的纳税人办理减免车船税时，需提供纳税人遭受自然灾害影响纳税困难的相关证明材料。	不再提交。税务机关根据实际需要可以采取告知承诺、主动核查、部门间信息共享等替代方式办理。
2	退税商店符合有关条件的证明	符合条件且有意向备案的企业向省税务局办理退税商店备案时，需提供主管税务机关出具的其具有增值税一般纳税人资格、纳税信用等级在 B 级以上、已经安装并使用增值税发票系统升级版的书面证明。	不再提交。改为部门内部核查。
3	资源税管理证明	开采销售规定范围内应税矿产品的单位和个人，在销售其矿产品时，应当向当地主管税务机关申请开具“资源税管理证明”，作为销售矿产品已申报纳税免予扣缴税款的依据。购货方（扣缴义务人）在收购矿产品时，应主动向销售方（纳税人）索要“资源税管理证明”，扣缴义务人据此不代扣资源税。	税务机关不再开具或索要资源税管理证明，并通过以下措施强化监管： （1）进一步加强开采地源泉控管，对已纳入开采地正常税务管理或者在销售矿产品时开具增值税发票的纳税人，实行纳税人自主申报，不采用代扣代缴的征管方式。 （2）对于部分零散税源，确有必要的，可采用委托代征等替代管理方式。 （3）加强与矿产资源管理等部门的信息共享，加强资源税源头控管和风险防控。
4	有权继承或接受遗赠的公证证明	纳税人办理个人无偿受赠不动产免征个人所得税手续时，属于继承或接受遗赠的，需提供经公证的有权继承或接受遗赠的证明资料。	取消公证要求。有关材料报送比照《国家税务总局关于土地价款扣除时间等增值税征管问题的公告》（国家税务总局公告 2016 年第 86 号）第六条执行。
5	购车单位或人员身份证明	纳税人办理节约能源、使用新能源的车船减免车船税备案时，需提供购车单位或人员身份证明。	不再提交。
6	残疾人证明	残疾人个人提供加工、修理修配劳务，以及为社会提供服务，办理免征增值税备案时，需提供残疾人证明。	不再提交。改为纳税人自行留存备查。
7	外交机构、人员身份证明	外国驻华使领馆、国际组织驻华代表机构及其有关人员办理其所有的车船免征车船税备案时，需提供单位及人员身份证明。	不再提交。
8	批准经营融资租赁业务证明	经人民银行等部门批准从事融资租赁业务的试点纳税人中的一般纳税人，办理其提供有形动产融资租赁服务和有形动产融资性售后回租服务，对其增值税实际税负超过 3% 的部分实行增值税即征即退备案时，需提供人民银行等部门批准经营融资租赁业务证明。	不再提交。改为纳税人自行留存备查。

续表

序号	证明名称	证明用途	取消后的办理方式
9	从事电影制片、发行、放映批文	从事电影制片、发行、放映的电影集团公司（含成员企业）、电影制片厂及其他电影企业，办理取得的销售电影拷贝（含数字拷贝）收入、转让电影版权（包括转让和许可使用）收入、电影发行收入以及在农村取得的电影放映收入免征增值税优惠备案时，需提供广播电影电视行政主管部门（包括中央、省、地市及县级）批准其从事电影制片、发行、放映的批文。	不再提交。改为纳税人自行留存备查。
10	捕捞、养殖船证明	纳税人办理捕捞、养殖渔船免征车船税备案时，需提供由渔业船舶管理部门出具的捕捞、养殖船证明。	不再提交。
11	车船产权证	11.1　纳税人办理捕捞、养殖渔船免征车船税备案时，需提供渔船产权证明。	不再提交。
		11.2　纳税人办理军队、武警专用车船免征车船税备案时，需提供车船产权证。	不再提交。
		11.3　纳税人办理警用车船免征车船税备案时，需提供车船产权证。	不再提交。
12	总分机构证明	纳税人办理增值税、消费税汇总纳税时，需提供批准设立分支机构的文件，以及分支机构或集团子公司所在地市场监管部门出具的总分机构关系证明。	不再提交。改为纳税人自行留存备查批准设立分支机构的文件，无需由市场监管部门另外出具证明。
13	科技企业孵化器、大学科技园证明	纳税人办理科技企业孵化器、国家大学科技园按规定免征房产税、城镇土地使用税、增值税备案时，需提供国务院科技、教育行政主管部门出具的证明材料。	不再提交。通过政府部门间信息共享替代。
14	转制证明	经认定的转制文化企业，办理免征增值税、房产税备案时，需提供转制方案批复函；企业营业执照；核销事业编制、注销事业单位法人的证明；按企业办法参加社会保险制度的有关材料；相关部门对引入非公有资本和境外资本、变更资本结构的批准文件。	不再提交。改为纳税人自行留存备查。
15	退出现役证	自主就业退役士兵从事个体经营，以及企业招用自主就业退役士兵的，办理减免增值税、城市维护建设税、教育费附加、个人所得税备案时，需提供退役士兵的《中国人民解放军义务兵退出现役证》或《中国人民解放军士官退出现役证》。	不再提交。改为纳税人自行留存备查。

6 –7 –98

国家税务总局　国家发展改革委　财政部 国务院国有资产监督管理委员会 国家市场监督管理总局　国家档案局 关于坚决查处第三方涉税服务借减税降费巧立名目乱收费行为的通知

2019 年 4 月 4 日　税总发〔2019〕49 号

国家税务总局各省、自治区、直辖市和计划单列市税务局，国家税务总局驻各地特派员办事处，各省、自治区、直辖市和计划单列市、新疆生产建设兵团发展改革委、物价局、财政厅（局）、国资委、市场监管局（厅、委）、档案局：

为认真贯彻落实党中央、国务院作出的减税降费重大决策部署，切实加强对电子发票第三方平台等涉税服务收费的监督管理，坚决防止借减税降费巧立名目乱收费、抵消减税降费效果，保障纳税人和缴费人应享尽享减税降费红利，现将有关事项通知如下：

一、开展第三方借减税降费巧立名目乱收费行为专项整治

进一步加强电子发票第三方平台等涉税服务收费监管，对降低企业经营成本，维护纳税人和缴费人合法权益，确保减税降费的真金白银真正落到企业，具有十分重要的意义。国家税务总局、国家发展改革委、财政部、国务院国有资产监督管理委员会、国家市场监督管理总局、国家档案局决定，从即日起至 5 月 31 日，开展第三方借减税降费巧立名目乱收费行为专项整治。

二、畅通投诉举报渠道

畅通服务收费投诉举报渠道，建立快速反应机制，对纳税人和各方面反映的电子发票第三方平台等涉税服务乱收费问题，要迅速调查核实和处理反馈。在专项整治期间，国家税务总局及各省税务局在 12366 纳税服务热线设立电子发票第三方平台等涉税服务乱收费问题举报投诉专席。税务部门要对使用电子发票第三方平台等涉税服务的纳税人开展走访和调研，开展第三方服务满意度调查，及时解决存在问题。

三、组织开展自查自纠

税务部门要立即组织电子发票第三方平台开展自查自纠，对发现存在乱收费问题的，要责令其限期整改。国有资产监管部门要加强对所属国有企业的监督管理，对自查及专项整治中发现存在乱收费问题的，要会同有关部门依法采取措施，整改落实到位。

四、坚决整治第三方涉税服务乱收费问题

税务部门对违规收取电子发票版式文件的生成、打印、查询和交付等基础服务费用的，要迅速采取约谈、责令限期改正、降低信用等级、取消服务资格等方式依法依规严肃查处，坚决予以整治。市场监管部门要指导电子发票第三方平台等涉税服务规范明码标价，对投

诉举报的不正当价格行为及时查处。

五、严格执行备案制度

税务机关要加强对电子发票第三方平台的备案管理，要求平台运营商向省税务机关备案运营商名称、技术方案、管理方案。对未按规定备案或者未如实报送备案信息的，责令其限期改正，逾期未改正的不得从事电子发票第三方平台服务，并由相关部门依法依规实施联合惩戒。

六、做好信息公开宣传辅导工作

在省税务局门户网站、电子税务局和办税服务场所公告备案的电子发票第三方平台名称、运营商名称等信息，并明确免费项目和收费项目，方便纳税人自愿选择电子发票第三方平台。各地要加强对电子发票政策的宣传，特别是将小微企业作为辅导重点，告知纳税人可自愿选择使用电子发票或纸质发票，对电子发票第三方平台提供的服务项目，纳税人可根据需要自愿选择，任何单位和个人不得违规参与、干预、诱导纳税人选择第三方平台。

七、做好电子发票电子化报销入账归档试点工作

按照《国家档案局办公室　财政部办公厅　国家税务总局办公厅关于开展电子发票电子化报销入账归档试点工作的通知》（档办发〔2019〕1 号）要求，协同推进开展电子发票电子化报销、入账、归档试点工作，加强对试点工作的领导，共同研究确定扩大试点企业范围，为电子发票的推广应用、进一步降低纳税人经营成本奠定坚实的基础。试点工作中，任何单位和个人不得以任何名义收取纳税人费用。

八、严肃查处违纪违法行为

坚持把纪律规矩挺在前面，严格执行有关法律法规和廉政规定，对违规参与、干预、诱导纳税人选择第三方涉税服务的行为，发现一起查处一起，绝不姑息。一旦发现任何部门或个人与第三方有利益关联，要坚决查处；涉嫌违法犯罪的，依法移送司法机关处理。

各部门要从贯彻以习近平同志为核心的党中央作出的减税降费重大决策部署的高度，深入落实李克强总理重要指示精神，牢固树立落实好减税降费政策措施是硬任务的理念，高度重视、迅速部署，严明工作要求，扛牢压实责任，加强协调配合，强化监督检查，决不允许任何第三方以任何名目揩减税的油，保护纳税人合法权益，保障纳税人“开好票”，确保减税降费政策措施不折不扣地落实到位。

6－7－99

国家税务总局关于进一步做好减税降费政策落实工作的通知

2019 年 4 月 12 日　税总发〔2019〕54 号

国家税务总局各省、自治区、直辖市和计划单列市税务局，国家税务总局驻各地特派员办事处，局内各单位：

今年以来，各级税务机关坚决贯彻党中央、国务院关于减税降费的决策部署，真抓实

干，采取一系列过硬措施，确保个人所得税第二步改革顺利推进、小微企业普惠性减税政策及时落地、深化增值税改革平稳实施、社保费及非税收入降费准备工作有序推进，实现了2019年减税降费工作的良好开局。为进一步深入贯彻党中央、国务院决策部署，统筹做好2019年新出台和以前年度已实施的减税降费政策落实工作，更好服务经济社会发展大局，现就有关工作通知如下：

一、进一步深刻认识全面落实减税降费政策的重要性

各级税务机关要深刻认识到，无论是今年新出台的减税降费政策还是往年已实施的减税政策，都是深化供给侧结构性改革、增强市场主体活力、服务经济高质量发展的重要举措，任何一项政策落实不力都会直接影响纳税人和缴费人的获得感，都会直接影响整个减税降费工作的成效。因此，落实好新老减税降费政策都是税务部门必须抓实抓细抓好的重大政治任务、硬任务。各级税务机关要在具体落实过程中，合理安排、统筹调度资源和力量，确保新政策和老政策不折不扣落实到位，确保打好新政策加力和老政策固力的"组合拳"，既不能让新出台政策"打白条"，也不能让已有老政策打折扣，确保所有减税降费政策措施全面落实到位。

二、进一步细致做好减税降费政策的梳理工作

各级税务机关既要对新政策"了然于胸"，也要对老政策"心中有数"，确保政策落实工作无缺失、无漏项、无死角。税务总局正在抓紧编辑修订《税收优惠政策汇编》，对国家统一规定的所有现行有效的税收优惠政策进行系统地归类梳理，完成后将尽快下发给各地税务机关参考。各地税务机关也要细致梳理地方政府依据国家授权制定的本地区适用的税收优惠政策，形成税收优惠政策清册，逐项对照抓好落实。

三、进一步精准抓好减税降费政策的宣传辅导

各级税务机关在对2019年出台的新政策开展全覆盖、多轮次宣传辅导的同时，也要重视对以前年度出台的老政策的宣传辅导工作，针对落实中暴露出来的弱项、短板，采取更具针对性的方法开展宣传辅导，务求高质量、好效果。4月底前，各地税务机关要组织好第三轮减税降费宣传辅导工作，对新老政策统筹开展深入细致的答疑解惑。对适用范围广、普惠性强的政策，继续通过门户网站、手机APP、微信、短信等渠道，进一步扩大宣传覆盖面，加深纳税人和缴费人对政策的知晓度和掌握度；对优惠对象界定明确、适用范围指向具体，特别是采取"名单式"管理的减免税政策，要通过加强沟通协作、推进信息共享等方式，主动向有关部门全面了解掌握适用政策的纳税人名单，进一步将政策"点对点""面对面"地精准推送到户、精细辅导到位；对在执行中反映问题较多、落实难度较大的政策，要通过专门走访、专题座谈、专项辅导等方式，与纳税人和缴费人进行互动式沟通交流，加深对政策的理解，并积极查找政策执行中的症结，有针对性地加以改进，推进政策更好地落实落地。

四、进一步提高享受减税降费政策的便利性

近年来，税务系统"放管服"改革不断深入，陆续取消了若干涉及减税降费的税务证明事项，大幅精简了减免税办理流程，多次扩展了"最多跑一次"范围，大量压缩了需要纳税人提交的资料，大部分事前备案事项改为留存备查，税收优惠政策管理方式向简便易行方向明显转变。以前年度出台实施的税收优惠政策虽然内容没有变化，但操作更为简便，纳税人享受更加便利。各级税务机关要牢固树立以纳税人和缴费人为中心的服务理念，进一步

贯彻落实简政放权要求，严格按照新的管理方式、征管流程，落实好各项减税降费政策。特别是对老政策也要按新要求来抓落实，绝不能固守老习惯、照搬老办法，坚决杜绝变相增设管理要求、增加享受难度、增添办理负担的情况发生，确保纳税人和缴费人及时、便利、充分享受政策红利。

五、进一步扎实全面做好减税降费政策核算分析

各级税务机关在做好2019年新增减税降费政策统计核算工作的同时，对以前年度出台的优惠政策要继续按照相关工作规范做好统计核算工作。要进一步完善数据质量保障机制，不断提高前端源头数据的准确性，理顺数据核查、会审、差错数据更正等后端纠错业务流程，切实提高减税降费数据统计质量。同时，要进一步加强减免税分析，力求全面、及时、准确、深入，确保新政策和老政策的运行情况都能得到完整反映，实施成效都能得到充分展现。

六、进一步加强减税降费政策执行情况反馈

各级税务机关既要密切跟踪新政策实施情况，也要持续关注老政策执行效果，持续完善税收政策执行情况反馈机制，及时反映政策实施中存在的问题和意见建议。要重点选取执行中操作性不强、受益面有限、纳税人获得感不明显，以及减免税数据反映落实情况异常的政策，开展深入调研、深度剖析，分门别类查找原因，认真研究“对症施策”的有效办法，积极提出意见建议。对偶发性、局部性的问题，要立足本地实际，及时研究采取有针对性的解决措施；对多发性、普遍性的问题，要及时向上级税务机关反映报告，并提出解决问题的意见建议。税务总局相关业务部门对各渠道反映的减税降费政策执行问题，要抓紧研究、及时应对。对能够通过文件明确的，要及时制发文件；对适宜通过问答方式回应的，要及时发布问答口径；对征管操作问题，要及时提出处理意见；对政策调整问题，要积极会同有关部门认真研究，有力有效推动各项减税降费政策在落实中不断完善，在完善中更好落实。

6－7－100

国家税务总局关于优化房地产交易办税方式的公告

2019年4月24日　国家税务总局公告2019年第19号

为深化“放管服”改革，贯彻落实《国务院办公厅关于压缩不动产登记办理时间的通知》（国办发〔2019〕8号）要求，打造一流营商环境，进一步增强纳税人改革获得感，现就优化房地产交易办税方式有关事项公告如下：

一、拓宽办税渠道，推行网上预核

税务部门要充分发挥互联网优势，按照税务总局统一规范，基于电子税务局各类办税渠道，推行房地产交易税收网上预核，实现纳税人线上提交资料，税务部门预核并反馈信息，减少现场办税时间，缓解窗口压力。有条件的地区，可通过共享各部门信息，依托电子税务局实现网上计算税款、核实优惠、缴纳税款、开具凭证等功能，为纳税人提供全流程网

上办税服务。

二、推动部门合作,实行一窗受理

税务部门要积极会同自然资源、住房城乡建设等部门推行设立房地产交易、办税、登记综合窗口,一次性收取各部门业务事项所需全部资料。不具备设置综合窗口条件的地区,税务部门要主动配合相关部门整合各业务事项所需资料,推动由一个部门的窗口统一受理,通过内部流转,传递给其他部门,避免资料重复提交和纳税人多跑路。

三、优化服务流程,推行业务联办

税务部门要联合自然资源、住房城乡建设等部门积极稳妥推行业务联办。可依托政府政务信息平台,推进信息共享,在此基础上,通过优化服务流程,联通业务办理系统,减少环节和手续,提升办事效率。有条件的地区,可与相关部门共同探索实施"网上业务联办"。

本公告自发布之日起施行,《国家税务总局关于征收机关直接征收契税的通知》(国税发〔2004〕137 号)同时废止。

特此公告。

6-7-101

国家税务总局办公厅关于印发《税收管理领域基层政务公开标准指引》的通知

2019 年 7 月 18 日　税总办发〔2019〕65 号

国家税务总局各省、自治区、直辖市和计划单列市税务局,国家税务总局驻各地特派员办事处,局内各单位:

根据《国务院办公厅关于印发开展基层政务公开标准化规范化试点工作方案的通知》(国办发〔2017〕42 号)和国务院办公厅政府信息与政务公开办公室有关要求,国家税务总局制定了《税收管理领域基层政务公开标准指引》,现印发给你们,请结合实际认真贯彻落实。

附件:税收管理领域基层政务公开标准目录

税收管理领域基层政务公开标准指引

按照党中央、国务院关于全面推进政务公开工作部署,为深入贯彻落实《中华人民共和国政府信息公开条例》和《国务院办公厅关于印发开展基层政务公开标准化规范化试点工作方案的通知》(国办发〔2017〕42 号),根据《关于做好各试点领域基层政务公开标准指引制定等有关工作的通知》(国办公开办函〔2019〕1 号)要求,结合税务系统基层政务公开标准化规范化试点成果,制定本指引。

一、总体要求

(一)指导思想

以习近平新时代中国特色社会主义思想为指导,全面贯彻党的十九大和十九届二中、三中全会精神,深入落实党中央、国务院关于做好基层政务公开标准化规范化工作的系列部署,围绕决策、执行、管理、服务、结果公开,紧扣新时代新税务新职责新要求,积极推进基层政务公开标准化规范化,全面提升税务部门政务公开和政务服务水平。

(二)基本原则

坚持需求导向。紧紧围绕经济社会发展和人民群众关注关切,以与纳税人、缴费人关系最密切的事项为重点,梳理公开事项,细化公开内容,进一步提高基层政务公开的针对性、实效性。

强化标准引领。按照政务公开的基本要求,建立税收管理领域基层政务公开标准指引,并根据实际情况定期调整和更新,推进基层政务公开标准化规范化建设。

适应基层特点。立足基层税务机关实际,及时、准确公开影响纳税人、缴费人权利义务的行政权力事项和公共服务事项,让人民群众看得到、听得懂、易获取、能监督、好参与。

(三)工作目标

2019 年 12 月底前,各省税务局负责在其网站"市局频道"上,设立基层政务公开栏目,展现标准目录内容,同时做好指导、协调、推进工作。相关税务机关负责本单位信息的动态更新、维护,稳步拓宽政务公开内容范围,推进政务公开制度化、标准化、规范化水平显著提升,以公开透明赢得社会公众更多理解、信任和支持。

二、适用范围

本指引适用主体为各省、自治区税务局所辖县(区、市)税务局和各直辖市、计划单列市税务局所辖区(县)税务局[以下统称县(区、市)税务局]。

三、公开标准目录及事项

税收管理领域基层政务公开标准目录分为政策法规、纳税服务、行政执法 3 类一级公开事项,税收法律法规、税收规范性文件、纳税人权利、纳税人义务、A 级纳税人名单、涉税专业服务相关信息、办税地图、办税日历、办税指南、权责清单、准予行政许可决定公示、行政处罚决定和结果公示、非正常户公告、欠税公告、个体工商户定额公示(公布)公告、委托代征公告 16 个二级公开事项。对每一公开事项,要逐一描述事项名称、公开内容、公开依据、公开时限、公开主体、公开渠道和载体、公开对象、公开方式、公开层级。

四、政务公开工作流程规范

(一)公开属性源头管理

拟制公文时,要明确主动公开、依申请公开、不予公开等属性。拟不公开的公文,要依法依规说明理由,并在报批前送本单位政务公开工作机构审查。文件起草部门要把好公开属性选择的"第一关",核稿人、部门负责人、分管局领导要认真做好公文公开属性的审核工作。办公室在发文审核时,加强对公文公开属性的复核。

(二)信息发布

对涉及公众利益调整、需要公众广泛知晓或者需要公众参与决策的政府信息,县(区、市)税务局应当主动公开。建立健全信息发布机制,及时准确发布本单位主动公开的政府信息。对已发布的信息,要及时进行更新和调整,确保准确权威,便于公众使用。

（三）解读回应

县（区、市）税务局要加强对税收政策的宣传,把政策解读清楚。密切关注和及时研判涉税涉费舆情,按照属地管理、谁主管谁负责的原则,扎实做好舆情回应工作。对于重大突发性事件,要在上级主管部门的指导下,按程序及时发布由相关责任主体提供的回应信息,并根据事件发展和工作进展发布动态信息。

（四）公众参与

县（区、市）税务局应围绕税收中心工作,重点结合税收优惠政策落地和优化纳税缴费服务,着力提高纳税人和缴费人的参与度。通过在办税服务厅设置意见建议箱等方式,做好信息的收集处理和反馈;通过满意度调查、召开座谈会、入户走访等方式,加强纳税人、缴费人需求征集工作;对税务网站上收集到的涉及本单位的意见和建议、公众留言、局长信箱来信等互动信息;能够回应的,应及时予以回应;需要报经上级部门研究确定的,定期收集并分类梳理后上报。

附件

税收管理领域基层政务公开标准目录

序号	公开事项		公开内容(要素)	公开依据	公开时限	公开主体	公开渠道和载体	公开对象		公开方式		公开层级	
	一级事项	二级事项						全社会	特定群体	主动	依申请	县级	乡级
1	政策法规	税收法律法规	税务机关履职相关的法律、法规、规章	1.《中华人民共和国政府信息公开条例》(中华人民共和国国务院令第711号) 2.《国家税务总局关于印发〈全面推进政务公开工作实施办法〉的通知》(税总发〔2017〕44号)	自该政府信息形成或者变更之日起20个工作日内及时公开	税务主管部门	■政府网站 □政府公报 □两微一端 □发布会\听证会 □广播电视 □纸质媒体 □公开查阅点 □政务服务中心 □便民服务站 □入户/现场 □社区/企事业单位/村公示栏(电子屏) □精准推送 ■其他:办税服务厅	√		√		√	
2		税收规范性文件	税务机关履职相关的规范性文件	1.《中华人民共和国政府信息公开条例》(中华人民共和国国务院令第711号) 2.《国家税务总局关于印发〈全面推进政务公开工作实施办法〉的通知》(税总发〔2017〕44号)	自该政府信息形成或者变更之日起20个工作日内及时公开	税务主管部门	■政府网站 □政府公报 □两微一端 □发布会\听证会 □广播电视 □纸质媒体 □公开查阅点 □政务服务中心 □便民服务站 □入户/现场 □社区/企事业单位/村公示栏(电子屏) □精准推送 ■其他:办税服务厅	√		√		√	
3	纳税服务	纳税人权利	税收法律法规规定的纳税人权利	1.《中华人民共和国税收征收管理法》 2.《国家税务总局关于纳税人权利与义务的公告》(公告2009年第1号)	自该政府信息形成或者变更之日起20个工作日内及时公开	税务主管部门	■政府网站 □政府公报 □两微一端 □发布会\听证会 □广播电视 □纸质媒体 □公开查阅点 □政务服务中心 □便民服务站 □入户/现场 □社区/企事业单位/村公示栏(电子屏) □精准推送 ■其他:办税服务厅	√		√		√	
4		纳税人义务	税收法律法规规定的纳税人义务	1.《中华人民共和国税收征收管理法》 2.《国家税务总局关于纳税人权利与义务的公告》(公告2009年第1号)	自该政府信息形成或者变更之日起20个工作日内及时公开	税务主管部门	■政府网站 □政府公报 □两微一端 □发布会\听证会 □广播电视 □纸质媒体 □公开查阅点 □政务服务中心 □便民服务站 □入户/现场 □社区/企事业单位/村公示栏(电子屏) □精准推送 ■其他:办税服务厅	√		√		√	

续表

序号	公开事项		公开内容(要素)	公开依据	公开时限	公开主体	公开渠道和载体	公开对象		公开方式		公开层级	
	一级事项	二级事项						全社会	特定群体	主动	依申请	县级	乡级
5	纳税服务	A级纳税人名单	1. 纳税人识别号 2. 纳税人名称 3. 评价年度	1.《国家税务总局关于明确纳税信用管理若干业务口径的公告》(国家税务总局公告2015年第85号) 2.《国家税务总局关于印发〈全面推进政务公开工作实施办法〉的通知》(税总发〔2017〕44号)	自该政府信息形成或者变更之日起20个工作日内及时公开	税务主管部门	■政府网站 □政府公报 □两微一端 □发布会\听证会 □广播电视 □纸质媒体 □公开查阅点 □政务服务中心 □便民服务站 □入户/现场 □社区/企事业单位/村公示栏(电子屏) □精准推送 ■其他:办税服务厅	√		√		√	
6		涉税专业服务相关信息	1. 纳入监管的涉税专业服务机构名单及其信用情况 2. 未经行政登记的税务师事务所名单 3. 涉税服务失信名录	1.《涉税专业服务监管办法(试行)》(国家税务总局公告2017年第13号) 2.《涉税专业服务信用评价管理办法(试行)》(国家税务总局公告2017年第48号) 3.《国家税务总局关于印发〈全国税务系统深化"放管服"改革五年工作方案(2018—2022年)全面推进政务公开工作实施办法〉的通知》(税总发〔2018〕199号)	自该政府信息形成或者变更之日起20个工作日内及时公开	税务主管部门	■政府网站 □政府公报 □两微一端 □发布会\听证会 □广播电视 □纸质媒体 □公开查阅点 □政务服务中心 □便民服务站 □入户/现场 □社区/企事业单位/村公示栏(电子屏) □精准推送 ■其他:办税服务厅	√		√		√	
7		办税地图	1. 办税服务厅名称 2. 地址 3. 电话 4. 办公时间 5. 主要职责	《国家税务总局关于印发〈全面推进政务公开工作实施办法〉的通知》(税总发〔2017〕44号)	自该政府信息形成或者变更之日起20个工作日内及时公开	税务主管部门	■政府网站 □政府公报 □两微一端 □发布会\听证会 □广播电视 □纸质媒体 □公开查阅点 □政务服务中心 □便民服务站 □入户/现场 □社区/企事业单位/村公示栏(电子屏) □精准推送 ■其他:办税服务厅	√		√		√	
8		办税日历	1. 申报征收期 2. 申报征收项目 3. 备注	《国家税务总局关于印发〈全面推进政务公开工作实施办法〉的通知》(税总发〔2017〕44号)	自该政府信息形成或者变更之日起20个工作日内及时公开	税务主管部门	■政府网站 □政府公报 □两微一端 □发布会\听证会 □广播电视 □纸质媒体 □公开查阅点 □政务服务中心 □便民服务站 □入户/现场 □社区/企事业单位/村公示栏(电子屏) □精准推送 ■其他:办税服务厅	√		√		√	

续表

序号	公开事项		公开内容(要素)	公开依据	公开时限	公开主体	公开渠道和载体	公开对象		公开方式		公开层级	
	一级事项	二级事项						全社会	特定群体	主动	依申请	县级	乡级
9	纳税服务	办税指南	1. 事项名称 2. 设定依据 3. 申请条件 4. 办理材料 5. 办理地点 6. 办理机构 7. 收费标准 8. 办理时间 9. 联系电话 10. 办理流程 11. 纳税人注意事项 12. 政策依据	《国家税务总局关于印发〈全面推进政务公开工作实施办法〉的通知》(税总发〔2017〕44 号)	自该政府信息形成或者变更之日起 20 个工作日内及时公开	税务主管部门	■政府网站 □政府公报 □两微一端 □发布会\听证会 □广播电视 □纸质媒体 □公开查阅点 □政务服务中心 □便民服务站 □入户/现场 □社区/企事业单位/村公示栏(电子屏) □精准推送 ■其他:办税服务厅	√		√		√	
10	行政执法	权责清单	1. 职权名称 2. 设定依据 3. 履责方式 4. 追责情形 5. 权责事项信息表(包括基本信息、办理信息、监管措施、咨询查询、行政相对人责任、监督责任、法律救济、行政职权运行流程图等)	《国家税务总局关于印发〈全面推进政务公开工作实施办法〉的通知》(税总发〔2017〕44 号)	自该政府信息形成或者变更之日起 20 个工作日内及时公开	税务主管部门	■政府网站 □政府公报 □两微一端 □发布会\听证会 □广播电视 □纸质媒体 □公开查阅点 □政务服务中心 □便民服务站 □入户/现场 □社区/企事业单位/村公示栏(电子屏) □精准推送 ■其他:办税服务厅	√		√		√	
11		准予行政许可决定公示	1. 行政许可决定书及其文号 2. 设定依据 3. 项目名称 4. 行政相对人统一社会信用代码 5. 审批部门	《国家税务总局办公厅关于做好行政许可和行政处罚等信用信息公示工作的通知》(税总办发〔2016〕19 号)	在做出行政许可决定之日起 7 个工作日内完成公示	税务主管部门	■政府网站 □政府公报 □两微一端 □发布会\听证会 □广播电视 □纸质媒体 □公开查阅点 □政务服务中心 □便民服务站 □入户/现场 □社区/企事业单位/村公示栏(电子屏) □精准推送 ■其他:办税服务厅	√		√		√	

续表

序号	公开事项		公开内容(要素)	公开依据	公开时限	公开主体	公开渠道和载体	公开对象		公开方式		公开层级	
	一级事项	二级事项						全社会	特定群体	主动	依申请	县级	乡级
12	行政执法	行政处罚决定和结果公示	1. 行政处罚决定书文号 2. 执法依据 3. 案件名称 4. 行政相对人统一社会信用代码 5. 处罚事由 6. 作出处罚决定的部门 7. 处罚结果	1.《国家税务总局关于印发〈全面推进政务公开工作实施办法〉的通知》(税总发〔2017〕44 号) 2.《国家税务总局办公厅关于做好行政许可和行政处罚等信用信息公示工作的通知》(税总办发〔2016〕19 号)	在做出行政处罚决定之日起 7 个工作日内完成公示	税务主管部门	■政府网站 □政府公报 □两微一端 □发布会\听证会 □广播电视 □纸质媒体 □公开查阅点 □政务服务中心 □便民服务站 □入户/现场 □社区/企事业单位/村公示栏(电子屏) □精准推送 ■其他:办税服务厅	√		√		√	
13		非正常户公告	纳税人为企业或单位的,公告企业或单位的名称、纳税人识别号、法定代表人或负责人姓名、居民身份证或其他有效身份证件号码(隐去出生年、月、日 6 位数)、经营地点;纳税人为个体工商户的,公告业户名称、业主姓名、纳税人识别号、居民身份证或其他有效身份证件号码(隐去出生年、月、日 6 位数)、经营地点	1.《中华人民共和国税收征收管理法》 2.《中华人民共和国税收征收管理法实施细则》(国务院令第 362 号公布,国务院令第 666 号《国务院关于修改部分行政法规的决定》第三次修订) 3.《国家税务总局关于进一步完善税务登记管理有关问题的公告》(国家税务总局公告 2011 年第 21 号)	在非正常户认定的次月公告非正常户	税务主管部门	■政府网站 □政府公报 □两微一端 □发布会\听证会 □广播电视 □纸质媒体 □公开查阅点 □政务服务中心 □便民服务站 □入户/现场 □社区/企事业单位/村公示栏(电子屏) □精准推送 ■其他:办税服务厅	√		√		√	
14		欠税公告	1. 企业或单位欠税的: 公告企业或单位的名称、纳税人识别号、法定代表人或负责人姓名、居民身份证或其他有效身份证件号码(隐去出生年、月、日 6 位数)、经营地点、欠税税种、欠税余额和当期新发生的欠税金额; 2. 个体工商户欠税的: 公告业户名称、业主姓名、纳税人识别号、居民身份证或其他有效身份证件号码(隐去出生年、月、日 6 位数)、经营地点、欠税税种、欠税余额和当期新发生的欠税金额;	1.《中华人民共和国税收征收管理法》 2.《中华人民共和国税收征收管理法实施细则》(国务院令第 362 号公布,国务院令第 666 号《国务院关于修改部分行政法规的决定》第三次修订) 3.《欠税公告办法(试行)》(国家税务总局令第 9 号)	企业或单位欠税的,每季公告一次;个体工商户和其他个人欠税的,每半年公告一次;走逃、失踪的纳税户以及其他经税务机关查无下落的非正常户欠税的,随时公告	税务主管部门	■政府网站 □政府公报 □两微一端 □发布会\听证会 □广播电视 □纸质媒体 □公开查阅点 □政务服务中心 □便民服务站 □入户/现场 □社区/企事业单位/村公示栏(电子屏) □精准推送 ■其他:办税服务厅	√		√		√	

续表

序号	公开事项		公开内容(要素)	公开依据	公开时限	公开主体	公开渠道和载体	公开对象		公开方式		公开层级	
	一级事项	二级事项						全社会	特定群体	主动	依申请	县级	乡级
14	行政执法	欠税公告	3. 个人(不含个体工商户)欠税的: 公告其姓名、居民身份证或其他有效身份证件号码(隐去出生年、月、日6位数)、欠税税种、欠税余额和当期新发生的欠税金额; 4. 对走逃、失踪的纳税户以及其他经税务机关查无下落的纳税人欠税的,由各省、自治区、直辖市和计划单列市税务局公告	1.《中华人民共和国税收征收管理法》 2.《中华人民共和国税收征收管理法实施细则》(国务院令第362号公布,国务院令第666号《国务院关于修改部分行政法规的决定》第三次修订) 3.《欠税公告办法(试行)》(国家税务总局令第9号)	企业或单位欠税的,每季公告一次;个体工商户和其他个人欠税的,每半年公告一次;走逃、失踪的纳税户以及其他经税务机关查无下落的非正常户欠税的,随时公告	税务主管部门	■政府网站 □政府公报 □两微一端 □发布会\听证会 □广播电视 □纸质媒体 □公开查阅点 □政务服务中心 □便民服务站 □入户/现场 □社区/企事业单位/村公示栏(电子屏) □精准推送 ■其他:办税服务厅	√		√		√	
15		个体工商户定额公示(公布)公告	1. 纳税人名称 2. 统一社会信息代码(纳税人识别号) 3. 生产经营地址 4. 定额项目 5. 行业类别 6. 核定定额 7. 应纳税额 8. 定额执行起止日期 9. 主管税务机关	1.《中华人民共和国税收征收管理法》 2.《中华人民共和国税收征收管理法实施细则》(国务院令第362号公布,国务院令第666号《国务院关于修改部分行政法规的决定》第三次修订) 3.《国家税务总局关于印发个体工商户税收定期定额征收管理文书的通知》(国税函〔2006〕1199号) 4.《国家税务总局关于个体工商户定期定额征收管理有关问题的通知》(国税发〔2006〕183号)	自该政府信息形成或者变更之日起20个工作日内及时公开	税务主管部门	■政府网站 □政府公报 □两微一端 □发布会\听证会 □广播电视 □纸质媒体 □公开查阅点 □政务服务中心 □便民服务站 □入户/现场 □社区/企事业单位/村公示栏(电子屏) □精准推送 ■其他:办税服务厅	√		√		√	
16		委托代征公告	1. 税务机关和代征人的名称、联系电话,代征人为行政、事业、企业单位及其他社会组织的,应包括法定代表人或负责人姓名和地址;代征人为自然人的,应包括姓名、户口所在地、现居住地址 2. 委托代征的范围和期限 3. 委托代征的税种及附加、计税依据及税率 4. 税务机关确定的其他需要公告的事项	1.《中华人民共和国税收征收管理法》 2.《中华人民共和国税收征收管理法实施细则》(国务院令第362号公布,国务院令第666号《国务院关于修改部分行政法规的决定》第三次修订) 3.《国家税务总局关于发布〈委托代征管理办法〉的公告》(国家税务总局公告2013年第24号)	自该政府信息形成或者变更之日起20个工作日内及时公开	税务主管部门	■政府网站 □政府公报 □两微一端 □发布会\听证会 □广播电视 □纸质媒体 □公开查阅点 □政务服务中心 □便民服务站 □入户/现场 □社区/企事业单位/村公示栏(电子屏) □精准推送 ■其他:办税服务厅	√		√		√	

6－7－102

国家税务总局办公厅关于坚持组织收入原则确保减税降费政策进一步落地见效的通知

2019年9月30日　税总办发〔2019〕76号

国家税务总局各省、自治区、直辖市和计划单列市税务局，国家税务总局驻各地特派员办事处：

今年以来，党中央、国务院部署实施的更大规模减税降费效应不断释放，有力激发市场活力，促进经济社会高质量发展。为确保减税降费政策措施进一步落地见效，增强企业和人民群众的获得感，现就坚持组织收入原则、严肃组织收入工作纪律有关要求通知如下：

一、严格依法依规征税收费

各地税务机关要牢固树立落实减税降费是政治任务、硬任务的理念，强化依法行政意识，严格依法依规征税收费，严肃组织收入工作纪律，严守依法征税底线。坚持做到“三个务必、三个坚决”：务必把该减的税减到位、务必把该降的费降到位、务必把该征的税费依法依规征收好，坚决打击虚开骗税、坚决不收“过头税费”、坚决做好留抵退税工作。

二、严禁以各种形式提前征税收费

各地税务机关要严格规范组织收入和税收征管行为，严禁以各种形式提前征税收费，不折不扣落实各项税费减免政策。不得违规向企业预征税款，不得在年度内随意变更征收方式，不得在法定申报期前征收税款，不得采取大规模集中清欠、行业性大面积检查等与减税降费大势不符的做法。对违反组织收入工作纪律、违法违规增加税收收入的，要严肃问责相关单位和责任人。

三、努力营造良好组织收入环境

各地税务机关要主动向地方党委政府汇报工作，积极争取理解支持。各地税务机关遇到有关方面不当干预组织收入工作的情况，要及时向上级税务机关报告，上级税务机关要积极开展沟通协调工作，合力营造良好的组织收入环境。

四、配合地方政府合理调整预算

各地税务机关要加强分析测算，及时摸清本地税源发展的真实情况，客观反映组织收入状况，会同财政部门配合地方政府按程序合理调整年初预算，使税收收入预算目标与当前经济发展和减税降费形势相一致。

严格依法征税收费是税务部门依法行政的基本要求，是优化税收营商环境、提升减税降费获得感的重要保障。各地税务机关要从增强“四个意识”、坚定“四个自信”、做到“两个维护”的高度，深刻认识落实减税降费政策的现实意义和战略意义，严肃组织收入工作纪律，全力以赴确保减税降费政策措施进一步落地见效。

6－7－103

国家税务总局关于修改《税收规范性文件制定管理办法》的决定

2019年11月26日　国家税务总局令第50号

《国家税务总局关于修改〈税收规范性文件制定管理办法〉的决定》，已经2019年11月21日国家税务总局2019年度第4次局务会议审议通过，现予公布，自2020年1月1日起施行。

国家税务总局局长：王　军

2019年11月26日

国家税务总局关于修改《税收规范性文件制定管理办法》的决定

国家税务总局决定对《税收规范性文件制定管理办法》作如下修改：

一、将规章名称修改为："税务规范性文件制定管理办法"。

二、将文中"税收规范性文件"修改为"税务规范性文件"，但第五十条中的"《税收规范性文件制定管理办法》"除外。

三、将第一条修改为："为了规范税务规范性文件制定和管理工作，落实税收法定原则，建设规范统一的税收法律制度体系，优化税务执法方式，促进税务机关依法行政，保障税务行政相对人的合法权益，根据《中华人民共和国立法法》《规章制定程序条例》等法律法规和有关规定，结合税务机关工作实际，制定本办法。"

四、将第二条第一款修改为："本办法所称税务规范性文件，是指县以上税务机关依照法定职权和规定程序制定并发布的，影响纳税人、缴费人、扣缴义务人等税务行政相对人权利、义务，在本辖区内具有普遍约束力并在一定期限内反复适用的文件。"

五、删去第五条中"经国务院批准的设定减税、免税等事项除外。"

六、将第六条第二款修改为："各级税务机关的内设机构、派出机构和临时性机构，不得以自己的名义制定税务规范性文件。"

七、将第十七条修改为："起草税务规范性文件，起草部门应当深入调查研究，总结实践经验，听取基层税务机关意见。起草与税务行政相对人生产经营密切相关的税务规范性文件，起草部门应当听取税务行政相对人代表和行业协会商会的意见。起草部门可以邀请政策法规部门共同听取意见。

"听取意见可以采取书面、网络征求意见，或者召开座谈会、论证会等多种形式。

“除依法需要保密的外,对涉及税务行政相对人切身利益或者对其权利义务可能产生重大影响的税务规范性文件,起草部门应当向社会公开征求意见。

“法律、行政法规对规范性文件公开征求意见期限有明确规定的,从其规定。”

八、将第二十六条修改为:“送审稿涉及重大公共利益或者对税务行政相对人合法权益、税务管理产生重大影响的,经政策法规部门审查通过后,起草部门应当提请集体审议。政策法规部门在审查时,认为税务规范性文件涉及重大公共利益或者对税务行政相对人合法权益、税务管理产生重大影响的,可以建议起草部门提请集体审议。”

九、将第二十七条修改为:“税务机关牵头与其他机关联合制定规范性文件,省以下税务机关代地方人大及其常务委员会、政府起草涉及税务行政相对人权利义务的文件,业务主管部门应当将文件送审稿或者会签文本送交政策法规部门审查。

“经其他机关会签后,文件内容有实质性变动的,起草部门应当重新送交政策法规部门审查。

“其他机关牵头与税务机关联合制定的规范性文件,参照本条第一款规定执行。”

十、第四十八条增加一款,作为第一款:“各级税务机关在税务规范性文件制定管理过程中,应当充分发挥公职律师的作用。”第一款相应地改为第二款。

此外,对个别文字作相应调整和修改。

本决定自2020年1月1日起施行。

《税收规范性文件制定管理办法》根据本决定作相应修改,重新公布。

税务规范性文件制定管理办法

(2017年5月16日国家税务总局令第41号公布,
根据2019年11月26日国家税务总局令第50号修正)

第一章　总　　则

第一条　为了规范税务规范性文件制定和管理工作,落实税收法定原则,建设规范统一的税收法律制度体系,优化税务执法方式,促进税务机关依法行政,保障税务行政相对人的合法权益,根据《中华人民共和国立法法》《规章制定程序条例》等法律法规和有关规定,结合税务机关工作实际,制定本办法。

第二条　本办法所称税务规范性文件,是指县以上税务机关依照法定职权和规定程序制定并发布的,影响纳税人、缴费人、扣缴义务人等税务行政相对人权利、义务,在本辖区内具有普遍约束力并在一定期限内反复适用的文件。

国家税务总局制定的税务部门规章,不属于本办法所称的税务规范性文件。

第三条　税务规范性文件的起草、审查、决定、发布、备案、清理等工作,适用本办法。

第四条　制定税务规范性文件,应当坚持科学、民主、公开、统一的原则,符合法律、法规、规章以及上级税务规范性文件的规定,遵循本办法规定的制定规则和制定程序。

第五条 税务规范性文件不得设定税收开征、停征、减税、免税、退税、补税事项，不得设定行政许可、行政处罚、行政强制、行政事业性收费以及其他不得由税务规范性文件设定的事项。

第六条 县税务机关制定税务规范性文件，应当依据法律、法规、规章或者省以上税务机关税务规范性文件的明确授权；没有授权又确需制定税务规范性文件的，应当提请上一级税务机关制定。

各级税务机关的内设机构、派出机构和临时性机构，不得以自己的名义制定税务规范性文件。

第二章 制定规则

第七条 税务规范性文件可以使用“办法”“规定”“规程”“规则”等名称，但是不得称“条例”“实施细则”“通知”“批复”等。

上级税务机关对下级税务机关有关特定税务行政相对人的特定事项如何适用法律、法规、规章或者税务规范性文件的请示所作的批复，需要普遍适用的，应当按照本办法规定的制定规则和制定程序另行制定税务规范性文件。

第八条 税务规范性文件应当根据需要，明确制定目的和依据、适用范围和主体、权利义务、具体规范、操作程序、施行日期或者有效期限等事项。

第九条 制定税务规范性文件，应当做到内容具体、明确，内在逻辑严密，语言规范、简洁、准确，避免产生歧义，具有可操作性。

第十条 税务规范性文件可以采用条文式或者段落式表述。

采用条文式表述的税务规范性文件，需要分章、节、条、款、项、目的，章、节应当有标题，章、节、条的序号用中文数字依次表述；款不编序号；项的序号用中文数字加括号依次表述；目的序号用阿拉伯数字依次表述。

第十一条 上级税务机关需要下级税务机关对规章和税务规范性文件细化具体操作规定的，可以授权下级税务机关制定具体的实施办法。

被授权税务机关不得将被授予的权力转授给其他机关。

第十二条 税务规范性文件由制定机关负责解释。制定机关不得将税务规范性文件的解释权授予本级机关的内设机构或者下级税务机关。

税务规范性文件有下列情形之一的，制定机关应当及时作出解释：

（一）税务规范性文件的规定需要进一步明确具体含义的；

（二）税务规范性文件制定后出现新的情况，需要明确适用依据的。

下级税务机关在适用上级税务机关制定的税务规范性文件时认为存在本条第二款规定情形之一的，应当提请制定机关解释。

第十三条 税务规范性文件不得溯及既往，但是为了更好地保护税务行政相对人权利和利益而作出的特别规定除外。

第十四条 税务规范性文件应当自发布之日起30日后施行。

税务规范性文件发布后不立即施行将有碍执行的，可以自发布之日起施行。

与法律、法规、规章或者上级机关决定配套实施的税务规范性文件，其施行日期需要与前述文件保持一致的，不受本条第一款、第二款时限规定的限制。

第三章　制定程序

第十五条　税务规范性文件由制定机关业务主管部门负责起草。内容涉及两个或者两个以上部门的，由制定机关负责人指定牵头起草部门。

第十六条　各级税务机关从事政策法规工作的部门或者人员（以下统称“政策法规部门”）负责对税务规范性文件进行审查，包括合法性审核和世界贸易组织规则合规性评估。

未经政策法规部门审查的税务规范性文件，办公厅（室）不予核稿，制定机关负责人不予签发。

第十七条　起草税务规范性文件，起草部门应当深入调查研究，总结实践经验，听取基层税务机关意见。起草与税务行政相对人生产经营密切相关的税务规范性文件，起草部门应当听取税务行政相对人代表和行业协会商会的意见。起草部门可以邀请政策法规部门共同听取意见。

听取意见可以采取书面、网络征求意见，或者召开座谈会、论证会等多种形式。

除依法需要保密的外，对涉及税务行政相对人切身利益或者对其权利义务可能产生重大影响的税务规范性文件，起草部门应当向社会公开征求意见。

法律、行政法规对规范性文件公开征求意见期限有明确规定的，从其规定。

第十八条　起草税务规范性文件，应当明确列举拟被该文件废止的文件的名称、文号以及条款，避免与本机关已发布的税务规范性文件相矛盾。

同一事项已由多个税务规范性文件作出规定的，起草部门在起草同类文件时，应当对有关文件进行归并、整合。

第十九条　税务规范性文件送审稿应当由起草部门负责人签署后，送交政策法规部门审查。

送审稿内容涉及征管业务及其工作流程的，应当于送交审查前会签征管科技部门；涉及其他业务主管部门工作的，应当于送交审查前会签相关业务主管部门；未按规定会签的，政策法规部门不予审查。

起草部门认定送审稿属于重要文件的，应当注明“请主要负责人会签”。

第二十条　起草部门将送审稿送交审查时，应当一并提供下列材料：

（一）起草说明，包括制定目的、制定依据、必要性与可行性、起草过程、征求意见以及采纳情况、对税务行政相对人权利和利益可能产生影响的评估情况、施行日期的说明、相关文件衔接处理情况以及其他需要说明的事项；

（二）税务规范性文件解读稿，包括文件出台的背景、意义，文件内容的重点、理解的难点、必要的举例说明和落实的措施要求等；

（三）作为制定依据的法律、法规、规章以及税务规范性文件纸质或者电子文本；

（四）会签单位意见以及采纳情况；

（五）其他相关材料。

按照规定应当对送审稿进行公平竞争审查的，起草部门应当提供相关审查材料。

第二十一条　制定内容简单的税务规范性文件，起草部门在征求意见、提供材料等方面可以从简适用本办法第十七条、第二十条的规定。

从简适用第二十条的，不得缺少起草说明和税务规范性文件解读稿。

第二十二条 政策法规部门应当就下列事项进行合法性审核：

（一）是否超越法定权限；

（二）是否具有法定依据；

（三）是否违反法律、法规、规章以及上级税务机关税务规范性文件的规定；

（四）是否设定行政许可、行政处罚、行政强制、行政事业性收费以及其他不得由税务规范性文件设定的事项；

（五）是否违法、违规减损税务行政相对人的合法权利和利益，或者违法、违规增加其义务；

（六）是否违反本办法规定的制定规则或者程序；

（七）是否与本机关制定的其他税务规范性文件进行衔接。

对审核中发现的明显不适当的规定，政策法规部门可以提出删除或者修改的建议。

政策法规部门审核过程中认为有必要的，可以通过召开座谈会、论证会等形式听取相关各方意见。

第二十三条 政策法规部门进行合法性审核，根据不同情况提出审核意见：

（一）认为送审稿没有问题或者经过协商达成一致意见的，提出审核通过意见；

（二）认为起草部门应当补充征求意见，或者对重大分歧意见没有合理说明的，退回起草部门补充征求意见或者作出进一步说明；

（三）认为送审稿存在问题，经协商不能达成一致意见的，提出书面审核意见后，退回起草部门。

第二十四条 政策法规部门应当根据世界贸易组织规则对送审稿进行合规性评估，并提出评估意见。

第二十五条 送审稿经政策法规部门审查通过的，按公文处理程序报制定机关负责人签发。

第二十六条 送审稿涉及重大公共利益或者对税务行政相对人合法权益、税务管理产生重大影响的，经政策法规部门审查通过后，起草部门应当提请集体审议。政策法规部门在审查时，认为税务规范性文件涉及重大公共利益或者对税务行政相对人合法权益、税务管理产生重大影响的，可以建议起草部门提请集体审议。

第二十七条 税务机关牵头与其他机关联合制定规范性文件，省以下税务机关代地方人大及其常务委员会、政府起草涉及税务行政相对人权利义务的文件，业务主管部门应当将文件送审稿或者会签文本送交政策法规部门审查。

经其他机关会签后，文件内容有实质性变动的，起草部门应当重新送交政策法规部门审查。

其他机关牵头与税务机关联合制定的规范性文件，参照本条第一款规定执行。

第二十八条 税务规范性文件应当以公告形式发布；未以公告形式发布的，不得作为税务机关执法依据。

第二十九条 制定机关应当及时在本级政府公报、税务部门公报、本辖区范围内公开发行的报纸或者在政府网站、税务机关网站上刊登税务规范性文件。

不具备本条第一款所述发布条件的税务机关,应当通过公告栏或者宣传材料等形式,在办税服务厅等公共场所及时发布税务规范性文件。

第三十条 制定机关的起草部门和政策法规部门应当及时跟踪了解税务规范性文件的施行情况。

对实施机关或者税务行政相对人反映存在问题的税务规范性文件,制定机关应当进行认真分析评估,并及时研究提出处理意见。

第四章 备案审查

第三十一条 税务规范性文件应当备案审查,实行有件必备、有备必审、有错必纠。

第三十二条 省以下税务机关的税务规范性文件应当自发布之日起30日内向上一级税务机关报送备案。

省税务机关应当于每年3月1日前向国家税务总局报送上一年度本辖区内税务机关发布的税务规范性文件目录。

第三十三条 报送税务规范性文件备案,应当提交备案报告和以下材料的电子文本:

(一)税务规范性文件备案报告表;

(二)税务规范性文件;

(三)起草说明;

(四)税务规范性文件解读稿。

第三十四条 上一级税务机关的政策法规部门具体负责税务规范性文件备案登记、审查、督促整改和考核等工作。

业务主管部门承担其职能范围内的税务规范性文件审查工作,并按照规定时限向政策法规部门送交审查意见。

第三十五条 报送备案的税务规范性文件资料齐全的,上一级税务机关政策法规部门予以备案登记;资料不齐全的,通知制定机关限期补充报送。

第三十六条 上一级税务机关对报送备案的税务规范性文件进行审查时,可以征求相关部门意见;需要了解相关情况的,可以要求制定机关提交情况说明或者补充材料。

第三十七条 上一级税务机关对报送备案的税务规范性文件,应当就本办法第二十二条所列事项以及是否符合世界贸易组织规则进行审查。

第三十八条 上一级税务机关审查发现报送备案的税务规范性文件存在问题需要纠正或者补正的,应当通知制定机关在规定的时限内纠正或者补正。

制定机关应当按期纠正或者补正,并于规定时限届满之日起30日内,将处理情况报告上一级税务机关。

第三十九条 对未报送备案或者不按时报送备案的,上一级税务机关应当要求制定机关限期报送;逾期仍不报送的,予以通报,并责令限期改正。

第四十条 税务行政相对人认为税务规范性文件违反法律、法规、规章或者上级税务规范性文件规定的,可以向制定机关或者其上一级税务机关书面提出审查的建议,制定机关或者其上一级税务机关应当依法及时研究处理。

有税务规范性文件制定权的税务机关应当建立书面审查建议的处理制度和工作机制。

第五章 文件清理

第四十一条 制定机关应当及时对税务规范性文件进行清理，形成文件清理长效机制。

清理采取日常清理和集中清理相结合的方法。

第四十二条 日常清理由业务主管部门负责。

业务主管部门应当根据立法变化以及税务工作发展需要，对税务规范性文件进行及时清理。

第四十三条 有下列情形之一的，制定机关应当进行集中清理：

（一）上级机关部署的；

（二）新的法律、法规颁布或者法律、法规进行重大修改，对税务执法产生普遍影响的。

第四十四条 集中清理由政策法规部门负责牵头组织，业务主管部门分工负责。

业务主管部门应当在规定期限内列出需要清理的税务规范性文件目录，并提出清理意见；政策法规部门应当对业务主管部门提出的文件目录以及清理意见进行汇总、审查后，提请集体讨论决定。

清理过程中，业务主管部门和政策法规部门应当听取有关各方意见。

第四十五条 对清理中发现存在问题的税务规范性文件，制定机关应当分类处理：

（一）有下列情形之一的，宣布失效：

1. 调整对象灭失；

2. 不需要继续执行的。

（二）有下列情形之一的，宣布废止：

1. 违反上位法规定的；

2. 已被新的规定替代的；

3. 明显不适应现实需要的。

（三）有下列情形之一的，予以修改：

1. 与本机关税务规范性文件相矛盾的；

2. 与本机关税务规范性文件相重复的；

3. 存在漏洞或者难以执行的。

税务规范性文件部分内容被修改的，应当全文发布修改后的税务规范性文件。

第四十六条 制定机关应当及时发布日常清理结果；在集中清理结束后，应当统一发布失效、废止的税务规范性文件目录。

上级税务机关发布清理结果后，下级税务机关应当及时对本机关制定的税务规范性文件相应进行清理。

第六章 附 则

第四十七条 税务规范性文件的解释、修改或者废止，参照本办法的有关规定执行。

第四十八条 各级税务机关在税务规范性文件制定管理过程中，应当充分发挥公职律师的作用。

各级税务机关负有督察内审职责的部门应当加强对税务规范性文件制定管理工作的监督。

第四十九条 税务规范性文件合规性评估的具体实施办法由国家税务总局另行制定。

第五十条 本办法自2017年7月1日起施行。《税收规范性文件制定管理办法》(国家税务总局令第20号公布)同时废止。

6－7－104

国家税务总局关于支持和服务长江三角洲区域一体化发展措施的通知

2019年11月27日　税总函〔2019〕356号

国家税务总局上海、江苏、浙江、宁波、安徽省(市)税务局,局内各单位:

为深入贯彻党的十九届四中全会精神,认真落实党中央、国务院关于推动长江三角洲(以下简称“长三角”)区域一体化发展的决策部署和《长江三角洲区域一体化发展规划纲要》,按照税收工作“融入一体化、服务一体化、推进一体化”的要求,更大力度推进征管一体化,更高水平推进办税便利化,更好发挥税收助力长三角一体化高质量发展的作用,国家税务总局决定推出以下征管服务措施:

一、便利企业跨省迁移业务办理。长三角区域纳税信用级别为A级、B级的企业,因住所、经营地点在区域内跨省(市)迁移涉及变更主管税务机关的,税务机关可为符合相应条件的企业办理跨省(市)迁移手续,迁出地税务机关即时将企业相关信息推送至迁入地税务机关,迁入地税务机关自动办理接入手续,企业原有纳税信用级别等资质信息、增值税期末留抵税额等权益信息可予承继。

二、便利跨省涉税事项报验业务办理。长三角区域纳税人在区域内跨省(市)临时从事生产经营活动的,可在机构所在地完成跨区域涉税事项报告后,登录经营地电子税务局进行报验、反馈,办理纳税申报和缴款事宜。

三、便利跨省房产土地税源管理业务办理。长三角区域纳税人在区域内发生跨省(市)房产税、城镇土地使用税纳税义务时,可登录房产、土地所在地电子税务局进行税源信息报告,办理房产税、城镇土地使用税申报和税款缴纳事宜。

四、制定长三角区域“首违不罚”清单。对纳税人首次发生的情节轻微,能够及时纠正,未造成危害后果的部分违法行为,依法免予处罚。实施“首违不罚”事项快速办理,探索推进简易处罚网上办理。

五、制定长三角区域“最多跑一次”清单。借鉴先进做法,结合区域实际,制定长三角区域“最多跑一次”清单,对清单所列事项统一报送资料、办理条件、办理时限、办理方式及流程,并对清单实行动态调整。

六、制定长三角区域通办清单。编制长三角区域跨省(市)办理信息报告、涉税信息查询、税收证明开具等事项清单，对清单所列事项实行异地受理、内部流转、属地办理、限时反馈，纳税人可就近申请办理相关业务。

七、共用动态信用积分。在统一纳税人信用账户、统一业务规则、统一评价标准的基础上，在长三角区域探索共用纳税人信用动态监控评价信息，共用评价结果，并按评价结果实施相应的差异化管理和服务措施。对信用积分高的纳税人，可给予简化报送资料、缩短办理时限、减少实地核查等激励措施。

八、共认纳税信用评价结果。推进纳税信用评价信息共享，实施纳税信用评价结果互认和跨省（市）纳税信用激励。实行长三角区域纳税信用评价信息跨省（市）查询，及时向纳税人推送信用评价信息。

九、共推风险预警提醒。运用税收大数据资源，建立长三角区域统一的风险监控指标、模型，完善风险预警信息的跨省（市）查询与推送机制，对低风险纳税人及时进行提示提醒，提升区域内整体税收遵从度，营造公平公正的市场环境。

十、推动实现智慧办税。鼓励和支持长三角区域税务机关探索运用5G、区块链、人工智能等技术，进一步优化税务执法方式，提供智能化、个性化的线上线下纳税服务。推进智能办税服务厅建设，实现智能引导、智能填单、智能审核等智能办税服务。

十一、推行统一纳税咨询。共享12366知识库地方知识内容，统一长三角区域通用税收政策咨询答复口径，组织长三角区域12366人员定期交流，实现区域内咨询联动，共同促进长三角区域纳税咨询服务整体提升。

十二、推进大企业纳税服务。提升大企业复杂涉税事项服务层级，依托大企业重组涉税事项纳税服务工作机制，协调重组中的政策适用。依申请协调处理跨区域涉税事项。开展大企业涉税风险提示，提高大企业涉税风险自我防控能力。

十三、统一税务行政处罚裁量权行使标准。优化长三角区域行政处罚裁量基准，对纳税申报、发票使用等环节的轻微违法行为，统一税务处罚裁量基准。积极推进集体审议、文书说理、案例指导等制度，规范税务行政处罚裁量权。

十四、扩大税收优惠备案改备查范围。在已经取消部分税收优惠事项备案的基础上，长三角区域税务机关根据实际情况进一步扩大税收优惠备案改为留存备查的事项范围，让纳税人享受税收优惠更便利。

十五、对标提升税收营商环境。以上海优化税收营商环境举措为基础，形成长三角区域税收营商环境升级版清单。对标国际一流营商环境标准，试点关联性税种合并申报，推进财务报表与纳税申报表的自动转换。

十六、联合开展税收经济分析。建立长三角区域税收分析合作机制，共享分析团队资源、共享税收经济数据、共享税收经济分析成果，联合开展重点行业、重点领域税收经济分析，服务支持长三角经济社会一体化高质量发展。

以上措施，由国家税务总局上海市税务局牵头，江苏、浙江、宁波、安徽省（市）税务局共同抓好落实。

6-7-105

国家税务总局关于税收征管若干事项的公告

2019年12月12日 国家税务总局公告2019年第48号

为深入贯彻党的十九届四中全会和中央经济工作会议精神，进一步优化税务执法方式，改善税收营商环境，支持企业发展壮大，现就税收征管若干事项公告如下：

一、关于欠税滞纳金加收问题

（一）对纳税人、扣缴义务人、纳税担保人应缴纳的欠税及滞纳金不再要求同时缴纳，可以先行缴纳欠税，再依法缴纳滞纳金。

（二）本条所称欠税，是指依照《欠税公告办法（试行）》（国家税务总局令第9号公布，第44号修改）第三条、第十三条规定认定的，纳税人、扣缴义务人、纳税担保人超过税收法律、行政法规规定的期限或者超过税务机关依照税收法律、行政法规规定确定的纳税期限未缴纳的税款。

二、关于临时税务登记问题

从事生产、经营的个人应办而未办营业执照，但发生纳税义务的，可以按规定申请办理临时税务登记。

三、关于非正常户的认定与解除

（一）已办理税务登记的纳税人未按照规定的期限进行纳税申报，税务机关依法责令其限期改正。纳税人逾期不改正的，税务机关可以按照《中华人民共和国税收征收管理法》（以下简称税收征管法）第七十二条规定处理。

纳税人负有纳税申报义务，但连续三个月所有税种均未进行纳税申报的，税收征管系统自动将其认定为非正常户，并停止其发票领用簿和发票的使用。

（二）对欠税的非正常户，税务机关依照税收征管法及其实施细则的规定追征税款及滞纳金。

（三）已认定为非正常户的纳税人，就其逾期未申报行为接受处罚、缴纳罚款，并补办纳税申报的，税收征管系统自动解除非正常状态，无需纳税人专门申请解除。

四、关于企业破产清算程序中的税收征管问题

（一）税务机关在人民法院公告的债权申报期限内，向管理人申报企业所欠税款（含教育费附加、地方教育附加，下同）、滞纳金及罚款。因特别纳税调整产生的利息，也应一并申报。

企业所欠税款、滞纳金、罚款，以及因特别纳税调整产生的利息，以人民法院裁定受理破产申请之日为截止日计算确定。

（二）在人民法院裁定受理破产申请之日至企业注销之日期间，企业应当接受税务机关的税务管理，履行税法规定的相关义务。破产程序中如发生应税情形，应按规定申报纳税。

从人民法院指定管理人之日起，管理人可以按照《中华人民共和国企业破产法》（以下简称企业破产法）第二十五条规定，以企业名义办理纳税申报等涉税事宜。

企业因继续履行合同、生产经营或处置财产需要开具发票的，管理人可以以企业名义按规定申领开具发票或者代开发票。

（三）企业所欠税款、滞纳金、因特别纳税调整产生的利息，税务机关按照企业破产法相关规定进行申报，其中，企业所欠的滞纳金、因特别纳税调整产生的利息按照普通破产债权申报。

五、本公告自2020年3月1日起施行。《欠缴税金核算管理暂行办法》（国税发〔2000〕193号印发）第十六条、《国家税务总局关于进一步加强欠税管理工作的通知》（国税发〔2004〕66号）第三条第（三）项、《国家税务总局关于进一步完善税务登记管理有关问题的公告》（国家税务总局公告2011年第21号）第二条第一款同时废止。

特此公告。

6－7－106

国家税务总局关于充分发挥税收职能作用　助力打赢疫情防控阻击战若干措施的通知

2020年2月10日　税总发〔2020〕14号

国家税务总局各省、自治区、直辖市和计划单列市税务局，局内各单位：

为深入贯彻习近平总书记关于新冠肺炎疫情防控工作的一系列重要指示批示精神，全面落实党中央、国务院决策部署，充分发挥税收职能作用，助力打赢疫情防控阻击战，促进经济社会平稳健康发展，现提出如下措施：

一、认真落实税收优惠政策，助力疫情防控和企业复产扩能

（一）不折不扣落实支持疫情防控的税收优惠政策。坚决扛牢落实支持疫情防控税收政策的政治责任，对2020年2月1日和2月6日新出台涉及“六税”“两费”的十二项政策以及地方在法定权限范围内出台的政策，及时优化调整信息系统，加大内部培训力度，简化办理操作程序，尽量采取网上线上方式向纳税人、缴费人开展政策宣传辅导，积极加强与发改、工信等部门沟通，确保政策简明易行好操作，让纳税人、缴费人及时全面懂政策、会申报，实现应享尽享、应享快享。对其他税收优惠政策特别是国家实施的更大规模减税降费政策措施也要进一步落实落细，巩固和拓展政策实施成效。

（二）编制支持疫情防控的税收优惠政策指引。税务总局编制发布《新冠肺炎疫情防控税收优惠政策指引》，便利纳税人、缴费人更好地了解掌握相关政策和征管规定。各级税务机关要对照政策指引逐项加大落实力度，确保全面精准落地。

（三）切实加强税收政策执行情况的监督评估。通过绩效考评和专项督查等方式，加强对支持疫情防控税收优惠政策执行情况的督促检查，严明纪律要求，确保政策执行不打折

扣。加强政策运行情况的统计核算和跟踪分析，积极研究提出改进完善的意见建议。

二、深入拓展“非接触式”办税缴费，切实降低疫情传播风险

（四）明确网上办税缴费事项。税务总局梳理和发布涉税事项网上办理清单。各地税务机关要积极告知纳税人、缴费人凡是清单之内的事项均可足不出户、网上办理，不得自行要求纳税人、缴费人到办税服务厅或政务服务大厅办理清单列明的相关业务。

（五）拓展网上办税缴费范围。各地税务机关要按照“尽可能网上办”的原则，在税务总局发布清单的基础上，结合本地实际，积极拓展丰富网上办税缴费事项，实现更多业务从办税服务厅向网上转移，进一步提高网上办理率。

（六）优化网上办税缴费平台。加强电子税务局、手机 APP 等办税缴费平台的运行维护和应用管理，确保系统安全稳定。优化电子税务局与增值税发票综合服务平台对接的相关应用功能，进一步方便纳税人网上办理发票业务。拓展通过电子税务局移动端利用第三方支付渠道缴纳税费业务，为纳税人、缴费人提供更多的“掌上办税”便利。

（七）强化线上税费咨询服务。增强 12366 纳税服务热线咨询力量配备，确保接线通畅、解答准确、服务优质。制作疫情防控税收热点问题答疑，及时向纳税人、缴费人推送。积极借助 12366 纳税服务平台、主流直播平台等，通过视频、语音、文字等形式与纳税人、缴费人进行实时互动交流，及时回应社会关切。

（八）丰富多元化非接触办理方式。各地税务机关在拓展网上线上办税缴费服务的同时，要积极为纳税人、缴费人提供其他非接触式办税缴费渠道。不断拓宽“网上申领、邮寄配送”发票、无纸化方式申报出口退（免）税以及通过传真、邮寄、电子方式送达资料等业务范围，扩大非接触办税缴费覆盖面。

三、大力优化现场办税缴费服务，营造安全高效便捷的办理环境

（九）确保安全办理。严格做好办税缴费服务场所（包括自助办税终端区域）的体温检测、室内通风、卫生防疫、清洁消毒等工作，在做好一线工作人员安全防护的同时，主动为纳税人、缴费人提供纸巾、洗手液等基本防护用品。科学规划办税服务厅进出路线和功能区域设置，保持人员之间安全距离。积极争取当地卫生防疫部门的支持，出现紧急情况及时妥善处理。对办税缴费服务场所的安全防护措施，以适当方式明确告知纳税人、缴费人，确保安心放心办税缴费。

（十）加强引导办理。增强办税服务厅导税和咨询力量配置，严格落实首问责任制，进一步做好对纳税人、缴费人办税缴费的引导服务，最大限度提高办理效率、压缩办理时间，确保“放心进大厅、事情快捷办”。

（十一）开辟直通办理。对生产、销售和运输疫情防控重点保障物资的纳税人、缴费人，提供办税缴费绿色通道服务，第一时间为其办理税费事宜，全力支持疫情防控重点物资稳产保供。

（十二）拓展预约办理。全面梳理分析辖区内纳税人、缴费人办税缴费情况，主动问需，主动对接。对确需到办税服务厅办理业务的，主动提供预约服务，合理安排办理时间。办税服务厅每天要根据人员流量情况和业务紧急程度，及时加强与纳税人、缴费人的电话、微信联系沟通，提示其错峰办理，千方百计减少人员集聚。

（十三）推行容缺办理。对纳税人、缴费人到办税服务厅办理涉税事宜，提供的相关资

料不齐全但不影响实质性审核的，经纳税人、缴费人作出书面补正承诺后，可暂缓提交纸质资料，按正常程序为其办理。

四、积极调整税收管理措施，帮助受疫情影响的企业纾困解难

（十四）依法延长申报纳税期限。在延长2月份申报纳税期限的基础上，对受疫情影响办理申报仍有困难的纳税人，可依法申请进一步延期。疫情严重地区，对缴纳车辆购置税等按次申报纳税的纳税人、扣缴义务人，因疫情原因不能按规定期限办理纳税申报的，可以延期办理。

（十五）依法办理延期缴纳税款。对受疫情影响生产经营发生严重困难的企业特别是小微企业，税务机关要依法及时核准其延期缴纳税款申请，积极帮助企业缓解资金压力。

（十六）切实保障发票供应。对生产和销售医疗救治设备、检测仪器、防护用品、消杀制剂、药品等疫情防控重点保障物资以及对此类物资提供运输服务的纳税人，申请增值税发票"增版""增量"的，可暂按需调整其发票领用数量和最高开票限额，不需事前实地查验。除发生税收违法行为等情形外，不得因疫情期间纳税人生产经营情况发生变化而降低其增值税发票领用数量和最高开票限额。

（十七）优化税务执法方式。进一步落实"无风险不检查、无批准不进户、无违法不停票"的要求，坚持以案头分析为主，充分发挥大数据优势，深入推进"互联网＋监管"。在疫情防控期间，减少或推迟直接入户检查，对需要到纳税人生产经营所在地进行现场调查核实的事项，可经本级税务机关负责人确认，延至疫情得到控制或结束后办理；对确需在办税服务厅实名办税的人员，通过核验登记证件、身份证件等方式进行验证，暂不要求进行"刷脸"验证；对借疫情防控之机骗取税收优惠或虚开骗税等涉税违法行为，要坚决依法查处。

（十八）依法加强权益保障。对受疫情影响逾期申报或逾期报送相关资料的纳税人，免予行政处罚，相关记录不纳入纳税信用评价；对逾期未申报的纳税人，暂不按现行规定认定非正常户。对行政复议申请人因受疫情影响耽误法定申请期限的，申请期限自影响消除之日起继续计算；对不能参加行政复议听证等情形，税务机关依法中止审理，待疫情影响消除后及时恢复。

各级税务机关要以高度的思想自觉、政治自觉和行动自觉，深入学习贯彻习近平总书记关于疫情防控工作的一系列重要指示批示精神，坚决落实党中央、国务院的决策部署，按照税务总局的要求和地方党委、政府的安排，在切实加强自身防控的同时，充分发挥税务部门职能作用，不折不扣落实各项税收优惠政策，积极主动优化办税缴费服务，为坚决打赢疫情防控阻击战贡献税务力量。上述一些临时性调整的措施实施期限视疫情情况另行通知。在此期间，要加强对各项措施执行情况的监督检查，对落实不力造成不良影响的，严肃追究有关单位和人员的责任。各地工作中的经验做法和意见建议，要及时向税务总局报告。

6－7－107

国家税务总局关于进一步支持和服务长江三角洲区域一体化发展若干措施的通知

2020年7月31日　税总函〔2020〕138号

国家税务总局上海、江苏、浙江、宁波、安徽省（市）税务局，驻上海特派员办事处：

为深入贯彻落实党中央、国务院关于推动长江三角洲（以下简称“长三角”）区域一体化发展的决策部署，更好发挥税收服务国家重大发展战略的作用，税务总局决定进一步推出以下10项助力长三角一体化高质量发展的税收征管服务措施：

一、提升税收大数据服务能力。推动长三角区域税收数据共享共用，积极打造税收“服务共同体”“征管共同体”和“信息共同体”。利用税收大数据，加大长三角区域税收经济联合分析力度。根据区域产业布局，拓展产业链、供应链分析，为长三角区域企业实现产供销上下游精准对接提供支持。

二、深化增值税电子发票应用。将长三角区域部分城市列入首批增值税专用发票电子化试点范围。进一步提升电子发票公共服务平台支撑能力，加大增值税电子普通发票推广力度。

三、推行“五税合一”综合申报。进一步简并征期，将城镇土地使用税、房产税、印花税（按次申报的除外）、土地增值税等四个税种统一按季申报。纳税人在申报上述四个税种和企业所得税时，可选择通过电子税务局进行税种综合申报，实现“一张报表、一次申报、一次缴款、一张凭证”。

四、探索推进纳税申报预填服务。增值税小规模纳税人通过电子税务局申报时，系统自动归集纳税人发票开具、房产及土地税源等数据，自动判断应申报税种，自动推送预填数据，由纳税人确认后一次完成各税种申报。

五、简化增值税即征即退事项办理流程。对除纳税信用级别为C级、D级以外的纳税人，在软件产品、动漫企业、安置残疾人就业、新型墙体材料、资源综合利用产品及劳务、风力发电、管道运输服务、飞机维修劳务、铂金交易、黄金交易、有形动产融资租赁服务等11项增值税即征即退事项办理中，简并报送资料，减少环节，提高效率。

六、加快土地增值税免税优惠办理。对除纳税信用级别为C级、D级以外的纳税人，推进土地增值税免税事项办理环节的简并，进一步优化办理方式，减少资料报送，促进纳税人更快享受免税优惠。

七、推进服务贸易对外付汇便利化。进一步优化服务贸易对外支付流程，在服务贸易等项目对外支付税务备案电子化的基础上，推进税务备案信息与银行间同步共享，更好满足纳税人异地付汇业务需要。

八、统筹开展税收风险管理。依托税务总局云平台大数据等数据资源，实现长三角区域涉税风险信息和风险模型共享。统筹跨区域风险管理任务，避免对区域内跨省经营企业的重复检查。

九、推进税收政策执行标准规范统一。对税收法律、法规、规章、规范性文件及税务总局其他文件明确规定由各省(市)税务机关自行确定执行标准的税收政策，根据实际情况研究协调在长三角区域统一执行标准。

十、构建统一的税收执法清单体系。将长三角区域统一的税务行政处罚裁量基准与长三角区域通办涉税事项清单、"一网通办"任务清单相衔接，构建长三角区域统一的税收执法清单体系。

以上措施，由国家税务总局上海市税务局牵头，江苏、浙江、宁波、安徽省(市)税务局共同抓好落实。

6－7－108

国家税务总局关于印发《全面推行税务证明事项告知承诺制实施方案》的通知

2020年12月31日　税总发〔2020〕74号

国家税务总局各省、自治区、直辖市和计划单列市税务局，国家税务总局驻各地特派员办事处，局内各单位：

现将《全面推行税务证明事项告知承诺制实施方案》印发给你们，请认真贯彻执行，实施过程中遇到的重大问题请及时报告国家税务总局(政策法规司)。

全面推行税务证明事项告知承诺制实施方案

为深入贯彻党中央、国务院关于持续开展"减证便民"行动重大决策部署，深化"放管服"改革，优化税收营商环境，根据《国务院办公厅关于全面推行证明事项和涉企经营许可事项告知承诺制的指导意见》(国办发〔2020〕42号)，结合前期试点情况和税务工作实际，制定本实施方案。

一、总体要求

(一)指导思想。以习近平新时代中国特色社会主义思想为指导，深入贯彻党的十九大和十九届二中、三中、四中、五中全会精神，全面贯彻习近平法治思想，坚持以纳税人为中心，深入推进"放管服"改革，加快转变政府职能，针对直接面向纳税人的依申请税务事项，全面推行证明事项告知承诺制，切实减少证明材料报送，加强事中事后公正监管，创新服务管理理念和方式，推进税收治理体系和治理能力现代化，努力建设人民满意的服务型税务机关。

(二)基本原则。

坚持问题导向。以方便纳税人办事为导向，有针对性地解决办理部分税务事项仍需提交繁琐证明等问题，切实提升办税特别是享受税收优惠政策便利度。

坚持高效便民。聚焦纳税人重点关注的领域和事项，优化办事流程，完善服务措施，确保推行工作落地见效。国家税务总局统一明确告知承诺制制度规范，修改信息系统，减轻基层负担。

坚持统筹推进。强化系统观念，注重工作集成，做到制度化、规范化、信息化一体建设，风险防控、分类监管、信息共享协同推进，切实形成工作合力。

坚持风险可控。从税务工作实际出发，对保留的税务证明事项风险程度、核查难度以及纠错成本等进行综合研判，稳妥确定推行告知承诺制的税务证明事项范围，成熟一批、推行一批，确保过程可控、风险可控、监管有效。

（三）工作目标。在税务机关办理税务登记、行政确认、税收减免等依申请的税务事项要求提供证明材料时实行证明事项告知承诺制，以税务机关清楚告知、纳税人诚信守诺为重点，推动形成标准公开、规则公平、预期明确、各负其责、信用监管的税收治理模式，从制度层面进一步解决纳税人办事繁、办税难等问题，持续优化税收营商环境。

二、主要任务及实施步骤

（一）梳理确认保留的税务证明事项（2021 年 1 月 15 日前）

在前期开展的税务证明事项清理工作基础上，根据法律、行政法规、税务部门规章和规范性文件，对照《税收征管操作规范》《全国税务机关纳税服务规范（3.0 版）》，梳理确认保留的税务证明事项，摸清底数，为全面推行税务证明事项告知承诺制打好基础。（政策法规司牵头，相关业务司局配合）

（二）研究明确实行告知承诺制的税务证明事项（2021 年 1 月底前）

本实施方案所称税务证明，是指公民、法人和其他组织在依法向税务机关申请办理税务事项时，提供的需要由行政机关或者其他机构出具、用以描述客观事实或者表明符合特定条件的材料。税务证明事项告知承诺制，是指公民、法人和其他组织在向税务机关申请办理税务事项时，税务机关以书面形式（含电子文本，下同）将证明义务、证明内容以及不实承诺的法律责任一次性告知申请人，申请人书面承诺已经符合告知的相关要求并愿意承担不实承诺的法律责任，税务机关不再索要有关证明并依据书面承诺办理相关税务事项的工作机制。

按照最大限度便民利企原则，在保留的税务证明事项中研究明确实行告知承诺制的税务证明事项。要有针对性地选取与纳税人生产经营或生活密切相关的、使用频次较高或者获取难度较大的税务证明事项实行告知承诺制。对可以通过信息共享、部门协查取得，通过事后核查可以有效防范风险，或者税务机关开具的证明，要积极实行告知承诺制。有关证明事项直接涉及重大国家税收安全、国家秘密或属于重要涉外事项，风险较大、纠错成本较高、损害难以挽回的，不适用告知承诺制。（政策法规司牵头，相关业务司局配合）

（三）确定告知承诺制的适用对象（2021 年 2 月 10 日前）

对于实行告知承诺制的税务证明事项，申请人可自主选择是否采用告知承诺制方式办理。申请人不愿承诺或者无法承诺的，应当提交税务部门依据法律法规或者国务院决定要求提供的证明。

申请人有较严重的不良信用记录或者存在曾作出虚假承诺等情形的，在信用修复前不

适用告知承诺制。不适用告知承诺制的具体情形由国家税务总局明确。（政策法规司牵头，相关业务司局配合）

（四）规范告知承诺制工作程序（2021 年 3 月底前）

按照全面准确、权责清晰、通俗易懂的要求，逐项科学编制告知承诺制工作规程、制作告知承诺书格式文本。书面告知的内容应当包括事项名称，设定依据，证明内容，承诺方式，不实承诺可能承担的民事、行政、刑事责任，税务机关核查权力，承诺书是否公开、公开范围及时限等；要坚持实事求是，相关要求要可量化、易操作，不含模糊表述或兜底条款。书面承诺的内容应当包括申请人已知晓告知事项、已符合相关条件、愿意承担不实承诺的法律责任以及承诺的意思表示真实等。（相关业务司局按照职责分工负责）

（五）修改信息系统、办税指南（2021 年 6 月底前）

配套修改信息系统中办事流程和表证单书，将告知承诺程序环节、告知承诺书文本和虚假承诺的认定处理文书嵌入信息系统，同时在信息系统中实现相关信息记录、归集和推送。修改相关办税指南。（政策法规司、纳税服务司、征管和科技发展司牵头，相关业务司局配合）

（六）发布目录、文本和指南（2021 年 6 月底前）

以公告形式发布实行告知承诺制的税务证明事项目录，通过税务机关网站、办税服务场所等向社会公开，同步发布告知承诺书格式文本和办税指南，方便申请人查阅、索取或者下载。（政策法规司、纳税服务司按照职责分工负责）

（七）正式实行及持续改进（2021 年 7 月 1 日开始）

按照公布的推行告知承诺制的税务证明事项范围、办税指南等正式实行告知承诺制，并加强跟踪分析和评估。国家税务总局根据部门信息共享和行政协助机制完善程度以及事中事后监管能力水平，适时扩大税务证明事项告知承诺制适用范围，并进一步推动彻底取消有关税务证明事项。各省、自治区、直辖市和计划单列市税务局（以下简称“各省税务局”）对已经通过信息共享取得并可即时查验的税务证明，可自主公告决定不再索要有关证明材料和承诺书，并报国家税务总局备案，以查验结果替代证明材料。（政策法规部门牵头，相关业务部门配合）

三、监管要求

（一）加强事中事后核查。针对税务证明事项特点等分类确定事中事后核查办法，将承诺人的信用和风险状况作为确定核查办法的重要因素，明确核查时间、标准、方式以及是否免予核查。对免予核查的事项，要综合运用“双随机、一公开”监管、重点监管、“互联网 + 监管”、智慧监管等方式实施日常监管，不得对通过告知承诺制方式办理的申请人采取歧视性监管措施。对在核查或者日常监管中发现承诺不实的，依法终止办理、责令限期整改、撤销行政决定或者予以行政处罚，并根据虚假承诺的认定处理文书确定为失信信息。涉嫌犯罪的，依法移送司法机关。要认真贯彻落实《国务院关于在线政务服务的若干规定》，着力解决税务部门与地方政府间政务信息资源共享不畅问题。要利用政务信息共享平台、政务服务移动客户端、区块链技术等收集、比对相关数据，实施在线核查，也可以通过检查等方式开展现场核查。确需进行现场核查的，要依托“互联网 + 监管”平台和应用程序等，将承诺情况及时准确推送给有关税务人员，为一线监管执法提供信息支撑，同时要优化工作程序、加强业务协同,避免烦企扰民。相关数据尚未实现网络共享、难以通过上述方式核查的,要积极通过协税护税机制,请求其他行政机关协助核查。(相关业务部门按照职责分工负责)

(二)加强信用监管。认定告知承诺失信行为必须以具有法律效力的文书为依据,通过核查或者日常监管等方式发现虚假承诺的,根据虚假承诺认定处理文书确定为失信信息。相关信息将在税务管理系统中进行记录、归集,并纳入纳税信用评价。对虚假承诺失信扣分情况有异议的,可向税务机关申请纳税信用复评或复核。依托各级信用信息共享平台和税务信用信息系统,加强纳税信用评价结果的互联互通和共享。运用纳税信用评价结果,实施差异化服务和管理措施。依法依规做好纳税人有关信息和商业秘密保护。(纳税服务部门、征管科技部门、相关业务部门按照职责分工负责)

(三)强化税收风险防控。梳理工作环节风险点,采取措施切实提高风险防范能力。加强行政指导,强化告知和指导义务。建立承诺退出机制,在税务事项办结前,申请人有合理理由的,可以撤回承诺申请,撤回后应当按原程序办理税务事项。对涉及社会公共利益、第三方利益或者核查难度较大的税务证明事项,向社会公开告知承诺书,接受社会监督。当事人拒绝公开的,应当提交办理税务事项所需证明。(相关业务部门按照职责分工负责)

四、保障措施

(一)加强组织领导。各级税务机关要切实加强对全面推行告知承诺制工作的领导,抓好组织实施。总局政策法规司要牵头做好税务证明事项告知承诺制推行工作,统筹确定推行事项、报送信息系统修改业务需求。各主管业务司局要对实行告知承诺制的税务证明事项逐项研究制定工作规程,明确告知承诺书格式文本、风险控制措施、核查办法和不实承诺认定文书。纳税服务司要更新办税指南、落实虚假承诺纳入纳税信用评价的规定。征管和科技发展司、电子税务管理中心要做好信息系统修改调整工作。各省税务局要认真部署、抓好落实、压紧责任,积极参加地方政府建立的工作协调机制,加强部门间信息共享和行政协助,及时上报告知承诺制推行成效、数据和典型经验做法。

(二)开展培训宣传。要组织开展学习培训,加强业务交流,提升一线人员执行落实能力。要强化宣传引导,通过报刊、广播、电视、互联网等渠道,深入宣传全面推行税务证明事项告知承诺制的重要意义、主要做法、典型经验和实施效果等,发挥示范带动作用,合理引导社会预期,及时回应社会关切,营造良好舆论氛围。(政策法规部门、税收宣传部门按照职责分工负责)

(三)加强督促检查。各级税务机关加强推行、落实税务证明事项告知承诺制的督促检查,对纳税人反映的制度执行不到位等突出问题,开展重点检查,对落实不力、问题突出的严格依法依规追究责任。(政策法规部门、督察内审部门按照职责分工负责)

各级税务机关要以全面推行税务证明事项告知承诺制为重要抓手,加快推进"放管服"改革,降低制度性交易成本,减轻纳税人负担,激发市场主体发展活力。各省税务局在全面推行税务证明事项告知承诺制过程中发现的问题和有关意见建议,要及时报国家税务总局(政策法规司)。

6－7－109

国家税务总局关于深入学习贯彻落实《关于进一步深化税收征管改革的意见》的通知

2021年3月26日 税总发〔2021〕21号

国家税务总局各省、自治区、直辖市和计划单列市税务局，国家税务总局驻各地特派员办事处，局内各单位：

为贯彻落实好中共中央办公厅、国务院办公厅印发的《关于进一步深化税收征管改革的意见》(以下简称《意见》)，深入推进税务领域“放管服”改革，打造市场化、法治化、国际化营商环境，更好服务市场主体发展，现将有关要求通知如下。

一、充分认识《意见》的重大意义

党的十八大以来，在以习近平同志为核心的党中央坚强领导下，我国税收制度改革不断深化，税收征管体制持续优化，纳税服务和税务执法的规范性、便捷性、精准性不断提升，但与推进国家治理体系和治理能力现代化的要求相比、与纳税人缴费人的期待相比仍有一定差距。《意见》立足于解决当前税收征管中存在的突出问题和深层次矛盾，围绕把握新发展阶段、贯彻新发展理念、构建新发展格局，对进一步深化税收征管改革作出全面部署，具有多方面重大意义。

(一)这是党中央、国务院关于“十四五”时期税收改革发展的重要制度安排。党中央、国务院高度重视深化税收征管改革。2020年12月30日，习近平总书记主持召开中央全面深化改革委员会第十七次会议，对进一步优化税务执法方式、深化税收征管改革进行研究。党的十九届五中全会对深化税收征管制度改革提出了明确要求。李克强总理在今年的《政府工作报告》中强调，要深化财税金融体制改革，纵深推进“放管服”改革，加快营造市场化、法治化、国际化营商环境，激发各类市场主体活力。《意见》充分体现党的十九届五中全会、全国“两会”和《中华人民共和国国民经济和社会发展第十四个五年规划和2035年远景目标纲要》(以下简称“十四五”规划纲要)精神，坚持问题导向和目标导向，提出了进一步深化税收征管改革的指导思想、工作原则、主要目标和重点任务，集成推出一系列针对性强、含金量高的服务征管举措，不仅将有力推动税收征管改革不断走向深入，而且为“十四五”时期税收工作确立了总体规划和蓝图框架。

(二)这是体现党中央、国务院关心关怀、顺应纳税人缴费人期盼的重大民心工程。今年是建党100周年，中央部署在全党开展党史学习教育和“我为群众办实事”实践活动，强调要落实以人民为中心的发展思想，践行全心全意为人民服务的宗旨。《意见》体现“十四五”规划纲要关于坚持共同富裕方向、不断满足人民对美好生活向往的要求，顺应人民群众期待，坚持为民便民，聚焦解决纳税人缴费人的堵点、难点、痛点问题，推出一系列优质高效智能、利企便民惠民的措施，以更好满足纳税人缴费人合理需求，必将指导税务部门在提升纳税人缴费人办税缴费体验中不断提高社会满意度,进一步增强人民群众获得感。

(三)这是指导税务部门当前及今后一个时期"带好队伍、干好税务"、更好服务国家治理现代化的纲领性文件。党的十八大以来,税务部门深入学习贯彻习近平新时代中国特色社会主义思想以及习近平总书记关于税收工作的重要论述,确立了以"带好队伍、干好税务"为主要内容的新时代税收现代化建设总目标,有力服务了经济社会发展大局。《意见》提出深入推进精确执法、精细服务、精准监管、精诚共治,为税务部门持续深入"干好税务"指明了方向;《意见》就坚持党对税收工作的全面领导、建设高素质税务执法队伍、人才培养、绩效考评等作出系列部署,对税务部门持续深入"带好队伍"提出了明确要求,必将有力促进构建税务部门全面从严治党新格局,引领保障高质量推进新发展阶段税收现代化不断取得新成绩、开创新局面,更好发挥税收在国家治理中的基础性、支柱性、保障性作用,为推动高质量发展、服务国家治理现代化提供有力支撑。

各级税务机关和广大税务干部要充分认识《意见》的重大意义,切实把思想和行动统一到党中央、国务院重大部署上来,结合深入开展党史学习教育、"我为群众办实事"实践活动以及落实"十四五"规划纲要,认真抓好《意见》的学习贯彻,确保落地见效。

二、准确把握《意见》的主要内容

《意见》提出了进一步深化税收征管改革的 6 个方面 24 类重点任务,涉及税收工作的各个方面。各级税务机关要准确把握,积极推动《意见》各项部署安排落实落地。

(一)数据赋能更有效。运用现代信息技术建设智慧税务,实现从信息化到数字化再到智慧化是税收征管发展趋势。要深刻领会《意见》聚焦发挥数据生产要素的创新引擎作用,把"以数治税"理念贯穿税收征管全过程的部署安排,稳步实施发票电子化改革,深化税收大数据共享应用,着力建设具有高集成功能、高安全性能、高应用效能的智慧税务,全面推进税收征管数字化升级和智能化改造。

(二)税务执法更精确。坚持严格规范公正文明执法,是全面推进依法治国的基本要求,是维护社会公平正义的重要举措。要深刻理解《意见》健全执法制度机制、把握税务执法时度效的核心要义,运用法治思维,创新行政执法方式,严格规范税务执法行为,强化税务执法内部控制和监督,坚决防止粗放式、选择性、"一刀切"执法,推动从经验式执法向科学精确执法转变。

(三)税费服务更精细。不断满足纳税人缴费人的服务需求,是税务部门践行以人民为中心的发展思想的直接体现,是构建一流税收营商环境的具体行动。要深刻认识《意见》大力推行优质高效智能税费服务的重要意义,切实做到税费优惠政策直达快享,有效减轻办税缴费负担,全面改进办税缴费方式,实现从无差别服务向精细化、智能化、个性化服务转变,持续提升纳税人缴费人获得感。

(四)税务监管更精准。实施科学精准的税务监管,维护经济税收秩序,是税务部门的重要职责。要深刻把握《意见》对管出公平、管出质量的部署要求,建立健全以"信用 + 风险"为基础的新型监管机制,推动从"以票管税"向"以数治税"分类精准监管转变,既以最严格的标准防范逃避税,又避免影响企业正常生产经营,实现对市场主体干扰最小化,监管效能最大化。

(五)税收共治更精诚。税收工作深度融入国家治理,与政治、经济、社会、文化和民生等各领域息息相关，深化税收征管改革需要各方面的支持、配合和保障。要深刻认识《意见》进一步拓展税收共治格局的重要作用，聚焦重点领域和薄弱环节，突出制度化、机制化、信息化，进一步做实做精部门协作、社会协同、税收司法保障和国际税收合作，凝聚更大合力为税收工作提供强大支撑。

（六）组织保障更有力。加强组织体系建设，是税收治理体系和治理能力现代化的重要组成部分。要深刻理解《意见》进一步激发税务干部活力动力的精神实质，着眼新使命新职责，优化征管职责和力量，加强征管能力建设，改进提升绩效考评，提高干部队伍法治素养和依法履职能力，为进一步深化税收征管改革提供强有力的组织保障。

三、坚决抓好《意见》的贯彻实施

（一）加强组织领导，突出党建引领。各级税务机关要坚持和加强党对贯彻落实《意见》工作的领导，增强“四个意识”，坚定“四个自信”，做到“两个维护”。税务总局成立《意见》落实领导小组及其办公室，各省税务局要加强统一领导，成立本级领导小组及其办公室，扎实推进各项改革任务落地。

（二）细化任务分工，分步有序实施。税务总局制定贯彻落实工作方案，明确阶段工作安排，分步推进《意见》实施；细化路线图时间表责任人，分类推进任务落地。各相关司局要按照任务分工，主动担当作为，积极加强与有关部门的沟通协调和对各地税务机关的工作指导。各省税务局既要按照税务总局统一部署抓好贯彻落实，确保全国“一盘棋”；又要积极向当地党委政府汇报，推动制定本地实施方案，将深化税收征管改革纳入当地“十四五”改革发展规划之中统筹安排，凝聚条块协同推进的合力。

（三）强化统筹集成，持续优化提升。《意见》涉及征管服务理念、业务制度、岗责体系和信息系统的优化调整，必须坚持系统观念，不仅要把正在开展的发票电子化改革、金税四期建设、便民办税春风行动等重点工作作为落实《意见》的重要举措，而且要把今后一段时期“带好队伍、干好税务”的系列改革，都纳入《意见》的贯彻落实中统筹谋划、集成贯通、一体推进，务求取得系统性、开创性成效。

（四）做好宣传解读，严格督查考评。各级税务机关要认真组织集中学习和培训，引导税务干部统一思想认识，自觉融入改革大局。要突出让纳税人缴费人更有获得感，加强贯彻落实《意见》的宣传工作，深入解读《意见》促进税务执法监管公平公正公开、办税缴费服务便民利民惠民的举措，积极宣传改革经验做法和成效。要积极回应社会关切，引导社会各界理解和支持税收工作。要注重工作实效，力戒形式主义、官僚主义。要将《意见》贯彻实施工作纳入督查督办和绩效考评，定期开展评估总结、跟踪问效。要健全激励和问责机制，对工作不力、进度迟缓的要依规严肃问责。

6-7-110

国家税务总局关于进一步深化税务领域“放管服”改革 培育和激发市场主体活力若干措施的通知

2021年10月12日 税总征科发〔2021〕69号

国家税务总局各省、自治区、直辖市和计划单列市税务局，国家税务总局驻各地特派员办事处，局内各单位：

为深入贯彻全国深化“放管服”改革着力培育和激发市场主体活力电视电话会议精神，认真落实中办、国办印发的《关于进一步深化税收征管改革的意见》要求，税务总局决定推出15条新举措，进一步深化税务领域“放管服”改革，助力打造市场化法治化国际化营商环境。

一、降低制度性交易成本，进一步激发市场主体活力

牢固树立促进提升纳税人遵从意愿和遵从能力的现代税收征管理念，厘清征纳双方权责边界，继续推进减事项、减流程、减资料，进一步为市场主体松绑减负、增强动力。

（一）依法明晰纳税人权利义务。修改完善关于纳税人权利与义务的公告，明确纳税人办税缴费过程中所享有的权利和应尽的义务，帮助纳税人及时、准确地完成办税缴费事宜，税务机关依法合理为纳税人自主履行纳税义务提供便捷服务，提升税法遵从便利度。

（二）简化税费优惠享受程序。简化土地增值税免税事项办理，由事前备案改为纳税人自行判别、自主申报享受、相关资料留存备查。落实好简化企业享受研发费用加计扣除政策辅助账的措施，便利符合条件的企业享受相关优惠政策。

（三）扩大企业跨省迁移办理程序试点。对于纳税信用级别为A级、B级的企业，因住所、经营地点在京津冀、成渝地区双城经济圈区域内跨省（市）迁移涉及变更主管税务机关的，对于符合条件的企业，迁出地税务机关即时将企业相关信息，推送至迁入地税务机关，迁入地税务机关自动办理接入手续，企业原有纳税信用级别等资质信息、增值税期末留抵税额等权益信息可予承继。

（四）持续推进减证便企利民。通过信息共享、部门协查等方式，推动2021年底前再取消一批税务证明事项。编制发布税务证明事项清单，逐项列明设定依据、开具单位、办理指南等，清单之外不得向纳税人索要证明。

（五）推行税收事项容缺办理。编制发布税收事项容缺办理清单，在风险可控的前提下，对清单内事项主要资料齐全、次要资料欠缺时，纳税人承诺“先办后补”后可以容缺办理，并在规定时限内补齐欠缺资料。税务部门采取随机抽查、动态监控等方式，强化容缺办理税收事项的事后监管。

二、优化税务执法和监管，维护公平公正税收环境

运用法治思维和法治方式深化改革，严格规范公正文明执法，深入转变税收征管方式，

促进依法纳税和公平竞争。

（六）持续优化税务执法方式。研究制定税务“首违不罚”规则，严格执行“首违不罚”清单。积极推进集体审议、文书说理等制度，切实规范行使税务行政处罚裁量权。

（七）严格规范税务执法行为。深入推进行政执法信息网上录入、执法程序网上流转、执法活动网上监督、执法结果网上查询，进一步提升税务执法透明、规范、合法、公正水平，全面提高税务执法效能。

（八）加强税务执法区域协同。推进区域间税务执法标准统一，2021 年底前推动实现京津冀、长三角、成渝地区双城经济圈区域内执法信息互通、执法结果互认，更好服务国家区域协调发展战略。推进长三角地区涉税风险信息共享，统筹开展对长三角区域的跨省经营企业税收风险应对。

（九）严格执行关联申报要求。认真落实《国家税务总局关于完善关联申报和同期资料有关事项的公告》（2016 年第 42 号），企业与其他企业、组织或者个人之间，一方通过合同或其他形式能够控制另一方的相关活动并因此享有回报的，双方构成关联关系，应当就其与关联方之间的业务往来进行关联申报。

（十）加强股权激励个人所得税管理。严格执行个人所得税有关政策，实施股权（股票，下同）激励的企业应当在决定实施股权激励的次月 15 日内，向主管税务机关报送《股权激励情况报告表》（见附件），并按照《财政部　国家税务总局关于个人股票期权所得征收个人所得税问题的通知》（财税〔2005〕35 号）、《财政部　国家税务总局关于完善股权激励和技术入股有关所得税政策的通知》（财税〔2016〕101 号）等现行规定向主管税务机关报送相关资料。股权激励计划已实施但尚未执行完毕的，于 2021 年底前向主管税务机关补充报送《股权激励情况报告表》和相关资料。境内企业以境外企业股权为标的对员工进行股权激励的，应当按照工资、薪金所得扣缴个人所得税，并执行上述规定。

三、持续提升办税缴费便利度，优化税收营商环境

坚持以纳税人缴费人为中心，充分应用互联网、大数据等现代信息技术创新服务方式，进一步完善便企利民服务措施，更好满足纳税人缴费人合理需求。

（十一）优化税费优惠政策直达快享机制。完善税费优惠政策与征管操作办法同步发布、同步解读机制，各税费种优惠政策出台的同时，发布征管操作办法，优化征管信息系统，增强政策落实的及时性、确定性、一致性。

（十二）优化税收政策确定性服务。优化 12366 热点问题快速响应机制，对于复杂涉税咨询问题快速答复，提升税收政策确定性服务水平。聚焦重大复杂涉税事项，逐步提供智能高效、高端精准的大企业纳税服务。

（十三）提升电子税务局服务水平。推动电子税务局实现政策速递精准推送。加强纳税人端办税软件整合，建设全国规范统一的电子税务局移动端。

（十四）持续提升退税电子化水平。依托电子税务局，探索部分退税业务由税务机关自动推送退税提示提醒，纳税人一键确认、在线申请、在线退税。

（十五）推进常规信息“最多报一次”。大力推动涉税涉费数据“一次采集、共享共用”，对于税务部门已采集过或通过其他部门共享获取的数据，不再要求纳税人缴费人重复报送。

各级税务机关要进一步完善深化“放管服”改革、优化税收营商环境工作机制，结合实际细化责任分工和步骤安排，确保各项措施及时落地见效。要不断总结经验做法，围绕纳税人缴费人合理需求，持续创新便企利民的服务管理新措施，进一步培育和激发市场主体活力，更好服务高质量发展。

附件：股权激励情况报告表（编者略）

6－7－111

国家税务总局关于修改《税务规范性文件制定管理办法》的决定

2021年12月31日　国家税务总局令第53号

《国家税务总局关于修改〈税务规范性文件制定管理办法〉的决定》，已经2021年12月27日国家税务总局2021年度第3次局务会议审议通过，现予公布，自2022年2月1日起施行。

国家税务总局局长：王　军

2021年12月31日

国家税务总局关于修改《税务规范性文件制定管理办法》的决定

为进一步贯彻落实中共中央办公厅、国务院办公厅印发的《关于进一步深化税收征管改革的意见》，更好保护纳税人缴费人合法权益，国家税务总局决定对《税务规范性文件制定管理办法》作如下修改：

一、将第四条修改为：“制定税务规范性文件，应当充分体现社会主义核心价值观的内容和要求，坚持科学、民主、公开、统一的原则，符合法律、法规、规章以及上级税务规范性文件的规定，遵循本办法规定的制定规则和制定程序。”

二、将第十六条修改为：“各级税务机关从事纳税服务和政策法规工作的部门或者人员（以下统称纳税服务部门、政策法规部门）负责对税务规范性文件进行审查，包括权益性审核、合法性审核、世界贸易组织规则合规性评估。其中纳税服务部门负责权益性审核；政策法规部门负责合法性审核和世界贸易组织规则合规性评估。

“未经纳税服务部门和政策法规部门审查的税务规范性文件，办公厅（室）不予核稿，制定机关负责人不予签发。”

三、将第十七条第一款修改为：“起草税务规范性文件，起草部门应当深入调查研究，总结实践经验，听取基层税务机关意见。起草与税务行政相对人生产经营密切相关的税务规范性文件，起草部门应当听取税务行政相对人代表和行业协会商会的意见。起草部门可以邀请纳税服务部门和政策法规部门共同听取意见。”

四、将第十九条第一款修改为:“税务规范性文件送审稿应当由起草部门负责人签署后,依次送交纳税服务部门和政策法规部门审查。”

将第二款修改为:“送审稿内容涉及征管业务及其工作流程的,应当于送交审查前会签征管科技部门;涉及其他业务主管部门工作的,应当于送交审查前会签相关业务主管部门;未按规定会签的,纳税服务部门和政策法规部门不予审查。”

五、增加一条,作为第二十二条:“纳税服务部门应当就下列事项进行权益性审核:

“(一)是否无法律法规依据减损税务行政相对人的合法权利和利益,或者增加其义务,主要涉及业务办理环节、报送资料、管理事项等方面;

“(二)是否存在泄露税务行政相对人税费保密信息风险。

“对审核中发现的明显不适当的规定,纳税服务部门可以提出删除或者修改的建议。

“纳税服务部门审核过程中认为有必要的,可以通过召开座谈会、论证会等形式听取相关各方意见。”

六、增加一条,作为第二十三条:“纳税服务部门进行权益性审核,根据不同情况提出审核意见:

“(一)认为送审稿不存在无法律法规依据减损税务行政相对人权益或者增加其负担的情形的,提出审核通过意见;

“(二)认为送审稿减损税务行政相对人权益或者增加其负担的理由不充分,经协商不能达成一致意见的,提出书面审核意见并退回起草部门。”

七、将第二十五条改为第二十七条,修改为:“送审稿经纳税服务部门和政策法规部门审查通过的,按公文处理程序报制定机关负责人签发。”

八、将第二十六条改为第二十八条,修改为:“送审稿涉及重大公共利益或者对税务行政相对人合法权益、税务管理产生重大影响的,经纳税服务部门和政策法规部门审查通过后,起草部门应当提请集体审议。纳税服务部门或者政策法规部门在审查时,认为税务规范性文件涉及重大公共利益或者对税务行政相对人合法权益、税务管理产生重大影响的,可以建议起草部门提请集体审议。”

九、将第二十七条改为第二十九条,修改为:“税务机关牵头与其他机关联合制定规范性文件,省以下税务机关代地方人大及其常委会、政府起草涉及税务行政相对人权利义务的文件,业务主管部门应当将文件送审稿或者会签文本送交纳税服务部门和政策法规部门审查。

“经其他机关会签后,文件内容有实质性变动的,起草部门应当重新送交纳税服务部门和政策法规部门审查。

“其他机关牵头与税务机关联合制定的规范性文件,参照本条第一款规定执行。”

十、将第三十条改为第三十二条,第一款修改为:“制定机关的起草部门、纳税服务部门和政策法规部门应当及时跟踪了解税务规范性文件的施行情况。”

十一、将第三十四条改为第三十六条,修改为:“上一级税务机关的政策法规部门具体负责税务规范性文件备案登记、合法性审核和世界贸易组织规则合规性评估,会同纳税服务部门负责督促整改和考核工作;纳税服务部门负责税务规范性文件权益性审核工作;业务主管部门承担其职能范围内的税务规范性文件审查工作，并按照规定时限向政策法规部门送交审查意见。”

十二、将第三十七条改为第三十九条，修改为：“上一级税务机关对报送备案的税务规范性文件，应当就本办法第二十二条、第二十四条所列事项以及是否符合世界贸易组织规则进行审查。”

此外，对条文顺序和个别文字作相应调整和修改。

本决定自2022年2月1日起施行。

《税务规范性文件制定管理办法》根据本决定作相应修改，重新公布。

税务规范性文件制定管理办法

（2017年5月16日国家税务总局令第41号公布，
根据2019年11月26日国家税务总局令第50号第一次修正，
根据2021年12月31日国家税务总局令第53号第二次修正）

第一章　总　　则

第一条　为了规范税务规范性文件制定和管理工作，落实税收法定原则，建设规范统一的税收法律制度体系，优化税务执法方式，促进税务机关依法行政，保障税务行政相对人的合法权益，根据《中华人民共和国立法法》《规章制定程序条例》等法律法规和有关规定，结合税务机关工作实际，制定本办法。

第二条　本办法所称税务规范性文件，是指县以上税务机关依照法定职权和规定程序制定并发布的，影响纳税人、缴费人、扣缴义务人等税务行政相对人权利、义务，在本辖区内具有普遍约束力并在一定期限内反复适用的文件。

国家税务总局制定的税务部门规章，不属于本办法所称的税务规范性文件。

第三条　税务规范性文件的起草、审查、决定、发布、备案、清理等工作，适用本办法。

第四条　制定税务规范性文件，应当充分体现社会主义核心价值观的内容和要求，坚持科学、民主、公开、统一的原则，符合法律、法规、规章以及上级税务规范性文件的规定，遵循本办法规定的制定规则和制定程序。

第五条　税务规范性文件不得设定税收开征、停征、减税、免税、退税、补税事项，不得设定行政许可、行政处罚、行政强制、行政事业性收费以及其他不得由税务规范性文件设定的事项。

第六条　县税务机关制定税务规范性文件，应当依据法律、法规、规章或者省以上税务机关税务规范性文件的明确授权；没有授权又确需制定税务规范性文件的，应当提请上一级税务机关制定。

各级税务机关的内设机构、派出机构和临时性机构，不得以自己的名义制定税务规范性文件。

第二章 制定规则

第七条 税务规范性文件可以使用“办法”“规定”“规程”“规则”等名称，但是不得称“条例”“实施细则”“通知”“批复”等。

上级税务机关对下级税务机关有关特定税务行政相对人的特定事项如何适用法律、法规、规章或者税务规范性文件的请示所作的批复，需要普遍适用的，应当按照本办法规定的制定规则和制定程序另行制定税务规范性文件。

第八条 税务规范性文件应当根据需要，明确制定目的和依据、适用范围和主体、权利义务、具体规范、操作程序、施行日期或者有效期限等事项。

第九条 制定税务规范性文件，应当做到内容具体、明确，内在逻辑严密，语言规范、简洁、准确，避免产生歧义，具有可操作性。

第十条 税务规范性文件可以采用条文式或者段落式表述。

采用条文式表述的税务规范性文件，需要分章、节、条、款、项、目的，章、节应当有标题，章、节、条的序号用中文数字依次表述；款不编序号；项的序号用中文数字加括号依次表述；目的序号用阿拉伯数字依次表述。

第十一条 上级税务机关需要下级税务机关对规章和税务规范性文件细化具体操作规定的，可以授权下级税务机关制定具体的实施办法。

被授权税务机关不得将被授予的权力转授给其他机关。

第十二条 税务规范性文件由制定机关负责解释。制定机关不得将税务规范性文件的解释权授予本级机关的内设机构或者下级税务机关。

税务规范性文件有下列情形之一的，制定机关应当及时作出解释：

(一)税务规范性文件的规定需要进一步明确具体含义的；

(二)税务规范性文件制定后出现新的情况，需要明确适用依据的。

下级税务机关在适用上级税务机关制定的税务规范性文件时认为存在本条第二款规定情形之一的，应当提请制定机关解释。

第十三条 税务规范性文件不得溯及既往，但是为了更好地保护税务行政相对人权利和利益而作出的特别规定除外。

第十四条 税务规范性文件应当自发布之日起30日后施行。

税务规范性文件发布后不立即施行将有碍执行的，可以自发布之日起施行。

与法律、法规、规章或者上级机关决定配套实施的税务规范性文件，其施行日期需要与前述文件保持一致的，不受本条第一款、第二款时限规定的限制。

第三章 制定程序

第十五条 税务规范性文件由制定机关业务主管部门负责起草。内容涉及两个或者两个以上部门的，由制定机关负责人指定牵头起草部门。

第十六条 各级税务机关从事纳税服务和政策法规工作的部门或者人员(以下统称纳税服务部门、政策法规部门)负责对税务规范性文件进行审查，包括权益性审核、合法性审核、世界贸易组织规则合规性评估。其中纳税服务部门负责权益性审核；政策法规部门负责合法性审核和世界贸易组织规则合规性评估。

未经纳税服务部门和政策法规部门审查的税务规范性文件，办公厅（室）不予核稿，制定机关负责人不予签发。

第十七条 起草税务规范性文件，起草部门应当深入调查研究，总结实践经验，听取基层税务机关意见。起草与税务行政相对人生产经营密切相关的税务规范性文件，起草部门应当听取税务行政相对人代表和行业协会商会的意见。起草部门可以邀请纳税服务部门和政策法规部门共同听取意见。

听取意见可以采取书面、网络征求意见，或者召开座谈会、论证会等多种形式。

除依法需要保密的外，对涉及税务行政相对人切身利益或者对其权利义务可能产生重大影响的税务规范性文件，起草部门应当向社会公开征求意见。

法律、行政法规对规范性文件公开征求意见期限有明确规定的，从其规定。

第十八条 起草税务规范性文件，应当明确列举拟清理文件的名称、文号以及条款，避免与本机关已发布的税务规范性文件相矛盾。

同一事项已由多个税务规范性文件作出规定的，起草部门在起草同类文件时，应当对有关文件进行归并、整合。

第十九条 税务规范性文件送审稿应当由起草部门负责人签署后，依次送交纳税服务部门和政策法规部门审查。

送审稿内容涉及征管业务及其工作流程的，应当于送交审查前会签征管科技部门；涉及其他业务主管部门工作的，应当于送交审查前会签相关业务主管部门；未按规定会签的，纳税服务部门和政策法规部门不予审查。

起草部门认定送审稿属于重要文件的，应当注明“请主要负责人会签”。

第二十条 起草部门将送审稿送交审查时，应当一并提供下列材料：

（一）起草说明，包括制定目的、制定依据、必要性与可行性、起草过程、征求意见以及采纳情况、对税务行政相对人权利和利益可能产生影响的评估情况、施行日期的说明、相关文件衔接处理情况以及其他需要说明的事项；

（二）税务规范性文件解读稿，包括文件出台的背景、意义，文件内容的重点、理解的难点、必要的举例说明和落实的措施要求等；

（三）作为制定依据的法律、法规、规章以及税务规范性文件纸质或者电子文本；

（四）会签单位意见以及采纳情况；

（五）其他相关材料。

按照规定应当对送审稿进行公平竞争审查的，起草部门应当提供相关审查材料。

第二十一条 制定内容简单的税务规范性文件，起草部门在征求意见、提供材料等方面可以从简适用本办法第十七条、第二十条的规定。

从简适用第二十条的，不得缺少起草说明和税务规范性文件解读稿。

第二十二条 纳税服务部门应当就下列事项进行权益性审核：

（一）是否无法律法规依据减损税务行政相对人的合法权利和利益，或者增加其义务，主要涉及业务办理环节、报送资料、管理事项等方面；

（二）是否存在泄露税务行政相对人税费保密信息风险。

对审核中发现的明显不适当的规定,纳税服务部门可以提出删除或者修改的建议。

纳税服务部门审核过程中认为有必要的,可以通过召开座谈会、论证会等形式听取相关各方意见。

第二十三条 纳税服务部门进行权益性审核,根据不同情况提出审核意见:

(一)认为送审稿不存在无法律法规依据减损税务行政相对人权益或者增加其负担的情形的,提出审核通过意见;

(二)认为送审稿减损税务行政相对人权益或者增加其负担的理由不充分,经协商不能达成一致意见的,提出书面审核意见并退回起草部门。

第二十四条 政策法规部门应当就下列事项进行合法性审核:

(一)是否超越法定权限;

(二)是否具有法定依据;

(三)是否违反法律、法规、规章以及上级税务机关税务规范性文件的规定;

(四)是否设定行政许可、行政处罚、行政强制、行政事业性收费以及其他不得由税务规范性文件设定的事项;

(五)是否违法、违规减损税务行政相对人的合法权利和利益,或者违法、违规增加其义务;

(六)是否违反本办法规定的制定规则或者程序;

(七)是否与本机关制定的其他税务规范性文件进行衔接。

对审核中发现的明显不适当的规定,政策法规部门可以提出删除或者修改的建议。

政策法规部门审核过程中认为有必要的,可以通过召开座谈会、论证会等形式听取相关各方意见。

第二十五条 政策法规部门进行合法性审核,根据不同情况提出审核意见:

(一)认为送审稿没有问题或者经过协商达成一致意见的,提出审核通过意见;

(二)认为起草部门应当补充征求意见,或者对重大分歧意见没有合理说明的,退回起草部门补充征求意见或者作出进一步说明;

(三)认为送审稿存在问题,经协商不能达成一致意见的,提出书面审核意见后,退回起草部门。

第二十六条 政策法规部门应当根据世界贸易组织规则对送审稿进行合规性评估,并提出评估意见。

第二十七条 送审稿经纳税服务部门和政策法规部门审查通过的,按公文处理程序报制定机关负责人签发。

第二十八条 送审稿涉及重大公共利益或者对税务行政相对人合法权益、税务管理产生重大影响的,经纳税服务部门和政策法规部门审查通过后,起草部门应当提请集体审议。纳税服务部门或者政策法规部门在审查时,认为税务规范性文件涉及重大公共利益或者对税务行政相对人合法权益、税务管理产生重大影响的,可以建议起草部门提请集体审议。

第二十九条 税务机关牵头与其他机关联合制定规范性文件,省以下税务机关代地方人大及其常委会、政府起草涉及税务行政相对人权利义务的文件,业务主管部门应当将文件送审稿或者会签文本送交纳税服务部门和政策法规部门审查。

经其他机关会签后，文件内容有实质性变动的，起草部门应当重新送交纳税服务部门和政策法规部门审查。

其他机关牵头与税务机关联合制定的规范性文件，参照本条第一款规定执行。

第三十条 税务规范性文件应当以公告形式发布；未以公告形式发布的，不得作为税务机关执法依据。

第三十一条 制定机关应当及时在本级政府公报、税务部门公报、本辖区范围内公开发行的报纸或者在政府网站、税务机关网站上刊登税务规范性文件。

不具备本条第一款所述发布条件的税务机关，应当通过公告栏或者宣传材料等形式，在办税服务厅等公共场所及时发布税务规范性文件。

第三十二条 制定机关的起草部门、纳税服务部门和政策法规部门应当及时跟踪了解税务规范性文件的施行情况。

对实施机关或者税务行政相对人反映存在问题的税务规范性文件，制定机关应当进行认真分析评估，并及时研究提出处理意见。

第四章 备案审查

第三十三条 税务规范性文件应当备案审查，实行有件必备、有备必审、有错必纠。

第三十四条 省以下税务机关的税务规范性文件应当自发布之日起 30 日内向上一级税务机关报送备案。

省税务机关应当于每年 3 月 1 日前向国家税务总局报送上一年度本辖区内税务机关发布的税务规范性文件目录。

第三十五条 报送税务规范性文件备案，应当提交备案报告和以下材料的电子文本：

（一）税务规范性文件备案报告表；

（二）税务规范性文件；

（三）起草说明；

（四）税务规范性文件解读稿。

第三十六条 上一级税务机关的政策法规部门具体负责税务规范性文件备案登记、合法性审核和世界贸易组织规则合规性评估，会同纳税服务部门负责督促整改和考核工作；纳税服务部门负责税务规范性文件权益性审核工作；业务主管部门承担其职能范围内的税务规范性文件审查工作，并按照规定时限向政策法规部门送交审查意见。

第三十七条 报送备案的税务规范性文件资料齐全的，上一级税务机关政策法规部门予以备案登记；资料不齐全的，通知制定机关限期补充报送。

第三十八条 上一级税务机关对报送备案的税务规范性文件进行审查时，可以征求相关部门意见；需要了解相关情况的，可以要求制定机关提交情况说明或者补充材料。

第三十九条 上一级税务机关对报送备案的税务规范性文件，应当就本办法第二十二条、第二十四条所列事项以及是否符合世界贸易组织规则进行审查。

第四十条 上一级税务机关审查发现报送备案的税务规范性文件存在问题需要纠正或者补正的，应当通知制定机关在规定的时限内纠正或者补正。

制定机关应当按期纠正或者补正，并于规定时限届满之日起 30 日内，将处理情况报告上一级税务机关。

第四十一条 对未报送备案或者不按时报送备案的，上一级税务机关应当要求制定机关限期报送；逾期仍不报送的，予以通报，并责令限期改正。

第四十二条 税务行政相对人认为税务规范性文件违反法律、法规、规章或者上级税务规范性文件规定的，可以向制定机关或者其上一级税务机关书面提出审查的建议，制定机关或者其上一级税务机关应当依法及时研究处理。

有税务规范性文件制定权的税务机关应当建立书面审查建议的处理制度和工作机制。

第五章 文件清理

第四十三条 制定机关应当及时对税务规范性文件进行清理，形成文件清理长效机制。

清理采取日常清理和集中清理相结合的方法。

第四十四条 日常清理由业务主管部门负责。

业务主管部门应当根据立法变化以及税务工作发展需要，对税务规范性文件进行及时清理。

第四十五条 有下列情形之一的，制定机关应当进行集中清理：

（一）上级机关部署的；

（二）新的法律、法规颁布或者法律、法规进行重大修改，对税务执法产生普遍影响的。

第四十六条 集中清理由政策法规部门负责牵头组织，业务主管部门分工负责。

业务主管部门应当在规定期限内列出需要清理的税务规范性文件目录，并提出清理意见；政策法规部门应当对业务主管部门提出的文件目录以及清理意见进行汇总、审查后，提请集体讨论决定。

清理过程中，业务主管部门和政策法规部门应当听取有关各方意见。

第四十七条 对清理中发现存在问题的税务规范性文件，制定机关应当分类处理：

（一）有下列情形之一的，宣布失效：

1. 调整对象灭失；

2. 不需要继续执行的。

（二）有下列情形之一的，宣布废止：

1. 违反上位法规定的；

2. 已被新的规定替代的；

3. 明显不适应现实需要的。

（三）有下列情形之一的，予以修改：

1. 与本机关税务规范性文件相矛盾的；

2. 与本机关税务规范性文件相重复的；

3. 存在漏洞或者难以执行的。

税务规范性文件部分内容被修改的，应当全文发布修改后的税务规范性文件。

第四十八条 制定机关应当及时发布日常清理结果；在集中清理结束后，应当统一发布失效、废止的税务规范性文件目录。

上级税务机关发布清理结果后，下级税务机关应当及时对本机关制定的税务规范性文件相应进行清理。

第六章　附　　则

第四十九条　税务规范性文件的解释、修改或者废止，参照本办法的有关规定执行。

第五十条　各级税务机关在税务规范性文件制定管理过程中，应当充分发挥公职律师的作用。

各级税务机关负有督察内审职责的部门应当加强对税务规范性文件制定管理工作的监督。

第五十一条　税务规范性文件合规性评估的具体实施办法由国家税务总局另行制定。

第五十二条　本办法自2017年7月1日起施行。《税收规范性文件制定管理办法》（国家税务总局令第20号公布）同时废止。

6－7－112

国家税务总局关于全面实行税务行政许可事项清单管理的公告

2022年9月28日　国家税务总局公告2022年第19号

为进一步落实党中央、国务院关于优化营商环境的决策部署，深入开展"我为纳税人缴费人办实事暨便民办税春风行动"，根据《国务院办公厅关于全面实行行政许可事项清单管理的通知》（国办发〔2022〕2号，以下简称《通知》）精神和要求，现就全面实行税务行政许可事项清单管理有关工作公告如下：

一、依法编制行政许可事项清单

（一）统一编制清单。税务总局根据国务院审定的行政许可事项清单，发布全国统一实施的税务行政许可事项清单（以下简称清单），纳入全国行政许可管理系统管理。省及省以下税务机关一律不得在清单外实施税务行政许可。

2022年，税务总局根据《通知》附件《法律、行政法规、国务院决定设定的行政许可事项清单（2022年版）》，发布《税务行政许可事项清单（2022年版）》，编列"增值税防伪税控系统最高开票限额审批"1项税务行政许可事项。《国家税务总局关于进一步简化税务行政许可事项办理程序的公告》（2019年第34号）发布的"对纳税人延期缴纳税款的核准""对纳税人延期申报的核准""对纳税人变更纳税定额的核准""对采取实际利润额预缴以外的其他企业所得税预缴方式的核定""企业印制发票审批"等5个事项不再作为行政许可事项管理，依照有关法律、行政法规规定实施，具体办理程序另行公告。

（二）及时动态调整清单。税务总局起草的法律、行政法规拟新设或者调整税务行政许可的，承办司局应当充分研究论证并在起草说明中专门作出说明，按规定报送审查。税务行政许可正式实施前，税务总局向国务院审改办提出调整清单的申请，并部署税务行政许可实施机关做好实施前准备。因深化行政审批制度改革需要动态调整清单的，参照上述程序办理。

（三）做好有关清单衔接。市场准入负面清单、政务服务事项基本目录、“互联网＋监管”事项清单等涉及的税务行政许可事项，要严格与清单保持一致并做好衔接。清单调整的，要适时调整有关清单或者及时向有关清单编制牵头部门提出调整意见。

二、严格依照清单实施税务行政许可

（一）科学制定行政许可实施规范。税务总局对税务行政许可事项制定全国统一的实施规范，明确许可条件、申请材料、审批程序、审批时限等内容，并向社会公布。同时按照税务行政许可标准化、规范化、便利化要求，持续推动减环节、减材料、减时限，适时优化调整实施规范。

（二）依法依规实施税务行政许可。税务总局根据清单和实施规范编写统一格式的办事指南。各省、自治区、直辖市和计划单列市税务局（以下简称各省税务局）根据审批工作的需要，可以在统一格式办事指南基础上细化编制符合本省实际的办事指南，但须在本省范围内保持统一和规范。办事指南通过办税服务厅、税务网站等向社会公布，一经公布必须严格遵照执行，不得增加许可条件、申请材料、中介服务、审批环节、收费、数量限制等。各省税务局可以在实施规范基础上进一步压缩税务行政许可事项承诺办结时限，并确保税务行政许可事项办结“零超时”。

（三）严肃清查整治变相许可。各级税务机关要严格落实清单之外一律不得违法实施行政许可的要求，大力清理整治变相许可。在清单之外，以备案、证明、目录、计划、规划、指定、认证、年检等名义，要求税务行政相对人经申请获批后方可从事特定活动的，应当认定为变相许可，要通过停止实施、调整实施方式、完善设定依据等予以纠正。

三、加强事前事中事后全链条监管

（一）明确监管主体和监管重点。税务行政许可实施机关是税务行政许可事项监管主体，要充分评估税务行政许可事项实际情况和风险隐患，科学划分风险等级，明确监管重点环节，实施有针对性、差异化的监管政策，提升监管的精准性和有效性。与税务行政许可事项对应的监管事项，要纳入“互联网＋监管”平台监管事项动态管理系统。

（二）结合清单完善监管规则标准。税务总局制定并公布全国统一、简明易行、科学合理的税务行政许可事项监管规则和标准，各省税务局可以结合本地实际，进一步细化监管规则和标准。对取消下放的税务行政许可事项，要进一步明确监管层级、监管部门、监管规则和标准，对履职不到位的要问责，坚决杜绝一放了之、只批不管等问题。

四、做好清单实施保障

（一）加强组织领导。各级税务机关要高度重视行政许可事项清单管理工作，加强统筹协调，及时研究解决清单管理和行政许可实施中的重大问题，推动工作落地落实。

（二）主动接受监督。加强对清单实施情况的动态评估和全面监督，畅通投诉举报渠道，依托“12366 纳税缴费服务热线”、“12345 政务服务便民热线”、政务服务“好差评”系统、税务网站等接受社会监督。

（三）探索清单多元化应用。依托全国行政许可管理系统，公布税务行政许可事项的线上线下办理渠道，逐步完善清单事项检索、办事指南查询、网上办理导流、疑难问题咨询、投诉举报留言等服务功能,方便企业群众办理行政许可和开展监督。鼓励各地税务机关创新清单应用场景,提升纳税人缴费人获得感和满意度。

本公告自2022年11月1日起施行,《国家税务总局关于公开行政审批事项等相关工作的公告》(2014年第10号)、《国家税务总局关于公布税务行政许可事项目录的公告》(2015年第87号)、《国家税务总局关于规范行政审批行为改进行政审批有关工作的意见》(税总发〔2015〕142号)、《国家税务总局关于更新税务行政许可事项目录的公告》(2016年第10号发布,2018年第31号修改)、《国家税务总局关于税务行政许可若干问题的公告》(2016年第11号)、《国家税务总局关于简化税务行政许可事项办理程序的公告》(2017年第21号发布,2018年第31号、第67号修改)、《国家税务总局关于进一步简化税务行政许可事项办理程序的公告》(2019年第34号)同时废止。

特此公告。

附件:1. 税务行政许可事项清单(2022年版)

2. 税务行政许可文书样式

3. 增值税防伪税控系统最高开票限额审批实施规定

附件1

税务行政许可事项清单(2022年版)

序号	中央主管部门	许可事项名称	子项	实施机关	审批层级	设定依据	许可条件	申请材料	监管主体
1	税务总局	增值税防伪税控系统最高开票限额审批	无	县级税务部门	县级	《国务院对确需保留的行政审批项目设定行政许可的决定》附件第236项:增值税防伪税控系统最高开票限额审批;实施机关:县以上税务机关	已纳入增值税防伪税控系统管理的增值税纳税人,申请的增值税专用发票最高开票限额与其实际生产经营和销售所需开具专票的情况相符	1. 税务行政许可申请表; 2. 增值税专用发票最高开票限额申请单; 3. 经办人身份证件; 4. 代理委托书; 5. 代理人身份证件	县级税务部门

附件 2

税务行政许可文书样式

许可文书之一：

税务行政许可申请表

申请日期：　　年　月　日

<table>
<tr><td rowspan="4">申请人</td><td colspan="2">申请人名称</td><td colspan="4"></td></tr>
<tr><td colspan="2">统一社会信用代码
（纳税人识别号）</td><td colspan="4"></td></tr>
<tr><td colspan="2">地址及邮政编码</td><td colspan="4"></td></tr>
<tr><td>经办人</td><td></td><td>身份证件号码</td><td></td><td>联系电话</td><td></td></tr>
<tr><td rowspan="2">代理人</td><td>代理机构名称</td><td></td><td>统一社会信用代码
（纳税人识别号）</td><td colspan="3"></td></tr>
<tr><td>代理人员姓名</td><td></td><td>身份证件号码</td><td></td><td>联系电话</td><td></td></tr>
<tr><td>申请事项</td><td colspan="6">增值税防伪税控系统最高开票限额审批</td></tr>
<tr><td>申请材料</td><td colspan="6">除提供经办人身份证件(□)外，应提供□增值税专用发票最高开票限额申请单委托代理人提出申请的，还应当提供代理委托书(□)、代理人身份证件(□)。</td></tr>
</table>

收件人：　　　　　　　　　　　　　　　　　　　　收件日期：　　年　月　日

编　号：

许可文书之二：

税务行政许可受理通知书

（　　）税许受字〔　〕第（　）号

____________（申请人）：

你（单位）于______年____月____日提出的增值税防伪税控系统最高开票限额审批税务行政许可申请收悉。

经审查，根据《中华人民共和国行政许可法》第三十二条第一款第五项的规定，决定自______年____月____日起受理。

（　　　）税务局
（加盖税务机关印章或者许可专用章）
年　月　日

注：1. 税务行政许可事项，不收取任何费用。

2. 以上受理事项法定办结时限为20个工作日，承诺办结时限为____个工作日，依法需要听证的，所需时间不计算在上述期限内。

3. 行政许可决定文书将通过□受理窗口　□邮寄方式　□电子送达方式发放，如有提前，将电话通知。

4. 申请人可通过__________途径查询办理进程。

签收栏
受送达人： 年　月　日

许可文书之三：

税务行政许可不予受理通知书

(　　)税许不予受字〔　〕第(　)号

______(申请人)：

你(单位)于______年____月____日提出的增值税防伪税控系统最高开票限额审批税务行政许可申请收悉。

经审查，该事项不属于本机关职权范围，根据《中华人民共和国行政许可法》第三十二条第一款第二项的规定，决定不予受理。请你(单位)向____(有关行政机关)____申请。

(　　)税务局

(加盖税务机关印章或者许可专用章)

年　月　日

签收栏
受送达人： 年　月　日

许可文书之四：

补正税务行政许可材料告知书

(　　)税许补字〔　〕第(　)号

____________(申请人)：

你(单位)于______年____月____日提出的增值税防伪税控系统最高开票限额审批税务行政许可申请收悉。经审查，根据《中华人民共和国行政许可法》第三十二条第一款第四项的规定，需要补正下列材料：

1. ____；
2. ____；
3. ____。

请你(单位)补正后再向本机关提出申请。

(　　　)税务局

(加盖税务机关印章或者许可专用章)

年　月　日

签收栏
受送达人： 年　月　日

许可文书之五：

准予税务行政许可决定书

（　　）税许准字〔　〕第（　）号

__________（申请人）：

你（单位）于______年____月____日提出的增值税防伪税控系统最高开票限额审批税务行政许可申请，本机关于______年____月____日受理。

经审查，根据《中华人民共和国行政许可法》第三十八条第一款的规定，决定准予你（单位）取得该项税务行政许可。

（　　）税务局

（加盖税务机关印章或者许可专用章）

年　月　日

签收栏
受送达人： 年　月　日

许可文书之六：

不予税务行政许可决定书

(　　)税许不准字〔　〕第(　)号

＿＿＿＿＿(申请人)：

你(单位)于＿＿年＿＿月＿＿日提出的增值税防伪税控系统最高开票限额审批税务行政许可申请，本机关于＿＿年＿＿月＿＿日受理。

经审查，你(单位)提出的税务行政许可申请＿(不予许可的依据和理由)＿，决定不予该项税务行政许可。

如你(单位)不服，请于收到本决定之日起六十日内向＿＿(行政复议机关名称)＿＿申请行政复议，或者在六个月内向＿＿＿＿＿人民法院提起诉讼。

(　　)税务局

(加盖税务机关印章或者许可专用章)

年　月　日

签收栏
受送达人： 年　月　日

许可文书之七：

税务行政许可决定延期告知书

(　　)税许延告字〔　〕第(　)号

＿＿＿＿＿(申请人)：

你(单位)于＿＿＿年＿＿月＿＿日提出的增值税防伪税控系统最高开票限额审批税务行政许可申请，本机关已经于＿＿＿年＿＿月＿＿日受理。

由于＿(延长决定期限的理由)＿，根据《中华人民共和国行政许可法》第四十二条第一款的规定，现将作出税务行政许可决定的日期延长＿＿个工作日，于＿＿＿年＿＿月＿＿日前作出税务行政许可决定。

(　　　)税务局

(加盖税务机关印章或者许可专用章)

年　月　日

签收栏
受送达人： 年　月　日

许可文书之八：

准予变更税务行政许可决定书

（　　）税许变准字〔　〕第（　）号

＿＿＿＿＿（申请人）：

你（单位）于＿＿＿年＿＿月＿＿日提出的增值税防伪税控系统最高开票限额审批变更税务行政许可申请，本机关已经于＿＿＿年＿＿月＿＿日受理。

经审查，根据《中华人民共和国行政许可法》第四十九条的规定，决定准予你（单位）变更该项税务行政许可。

（　　　）税务局

（加盖税务机关印章或者许可专用章）

年　月　日

签收栏
受送达人： 年　月　日

许可文书之九：

不予变更税务行政许可决定书

(　　)税许变不准字〔　〕第(　)号

_____（申请人）：

你（单位）于______年____月____日提出的增值税防伪税控系统最高开票限额审批变更税务行政许可申请，本机关已经于______年____月____日受理。

经审查，你（单位）提出的变更税务行政许可申请（不予变更许可的理由），决定不予变更该项税务行政许可。

如你（单位）不服，请于收到本决定之日起六十日内向（行政复议机关名称）申请行政复议，或者在六个月内向____________人民法院提起诉讼。

(　　　)税务局

（加盖税务机关印章或者许可专用章）

年　月　日

签收栏
受送达人： 年　月　日

许可文书之十：

撤销税务行政许可决定书

(　　)税许撤销字〔　〕第(　)号

________(申请人)：

你(单位)于______年____月____日取得的增值税防伪税控系统最高开票限额审批税务行政许可，经核实，系__(违法取得行政许可的原因)__。

根据《中华人民共和国行政许可法》第六十九条第____款第____项的规定，决定予以撤销。

如你(单位)不服，请于收到本决定之日起六十日内向__(行政复议机关名称)__申请行政复议，或者在六个月内向__________人民法院提起诉讼。

(　　　)税务局
(加盖税务机关印章或者许可专用章)
年　月　日

签收栏
受送达人： 年　月　日

许可文书之十一：

撤回(变更)税务行政许可决定书

(　　)税许撤回(变更)字〔　〕第(　)号

＿＿＿＿＿(申请人)：

你(单位)于＿＿年＿＿月＿＿日取得增值税防伪税控系统最高开票限额审批税务行政许可。由于＿＿(依法撤回或者变更行政许可的原因)＿＿。根据《中华人民共和国行政许可法》第八条第二款的规定，决定予以撤回(变更为：＿＿＿＿＿)。

如你(单位)不服，请于收到本决定之日起六十日内向＿＿(行政复议机关名称)＿＿申请行政复议，或者在六个月内向＿＿＿＿＿人民法院提起诉讼。

(　　　)税务局

(加盖税务机关印章或者许可专用章)

年　月　日

签收栏
受送达人： 年　月　日

许可文书之十二:

税务文书送达回证

送达文书名称	
受送达人	
送达地点	
受送达人签名或者盖章	年 月 日 时 分
代收人代收理由并签名或者盖章	年 月 日 时 分
受送达人拒收理由	年 月 日 时 分
见证人签名或者盖章	年 月 日 时 分
送达人签名或者盖章	年 月 日 时 分
填发税务机关	(签章) 年 月 日 时 分

附件3

增值税防伪税控系统最高开票限额审批实施规定

一、事项名称

增值税防伪税控系统最高开票限额审批

二、主管部门

税务总局

三、设定依据

《国务院对确需保留的行政审批项目设定行政许可的决定》附件第236项:增值税防伪税控系统最高开票限额审批;实施机关:县以上税务机关

四、实施机关

县级税务部门

五、审批层级

县级

六、许可条件

已纳入增值税防伪税控系统管理的增值税纳税人，申请的增值税专用发票最高开票限额与其实际生产经营和销售所需开具增值税专用发票的情况相符。

七、申请材料

（一）税务行政许可申请表；

（二）增值税专用发票最高开票限额申请单；

（三）经办人身份证件；

（四）代理委托书；

（五）代理人身份证件。

（申请人通过办税窗口申请的，提供申请材料原件，其中经办人、代理人身份证件原件，由税务机关查验后退回；通过电子税务局等网上办税途径申请的，提供申请材料电子件，对其中经办人身份证件、代理委托书和代理人身份证件，提供原件的电子照片或者扫描件。对已实名办税纳税人的经办人、代理人，免于提供个人身份证件。）

八、审批程序

（一）申请和受理

申请人通过办税窗口、电子税务局等途径向税务机关提出申请，提交申请材料。申请人可以委托代理人提出申请，税务机关不得拒绝受理。

税务机关收到申请后，在《税务行政许可申请表》中的收件人处签名并注明收件日期。对收到的申请，税务机关应当根据不同情形分别作出以下处理：

1. 不受理。申请事项属于税务机关管辖范围，但不需要取得税务行政许可的，应当即时告知申请人不受理，同时告知其解决的途径。

2. 不予受理。申请事项依法不属于本税务机关职权范围的，应当即时作出不予受理的决定，制作并送达《税务行政许可不予受理通知书》，并告知申请人向有关行政机关申请。

3. 告知补正材料。申请事项属于本税务机关职权范围，申请人申请材料存在可以当场更正的错误的，应当告知并允许申请人当场更正。申请材料不齐全或者不符合法定形式的，应当当场或者在5个工作日内一次告知申请人需要补正的全部内容，制作并送达《补正税务行政许可材料告知书》；逾期不告知的，自收到申请材料之日起即为受理。

4. 受理。申请事项属于本税务机关职权范围，申请材料齐全、符合法定形式，或者申请人按照本税务机关的要求提交全部补正申请材料的，应当受理税务行政许可申请，制作并送达《税务行政许可受理通知书》。《税务行政许可受理通知书》应当明确注明不长于法律法规规定的办结时限，并对依法不纳入办理时限的工作步骤和工作事项作出具体说明。

税务机关制作《税务行政许可不予受理通知书》《税务行政许可受理通知书》《补正税务行政许可材料告知书》，应当加盖本税务机关印章（或者许可专用章）并注明日期。

税务机关对能够当即办理的税务行政许可事项，直接出具和送达《准予税务行政许可决定书》，不再出具《税务行政许可受理通知书》。各省税务局确定本省税务行政许可事项即办范围。网上受理税务行政许可申请的，通过电子回执单等方式予以确认。

（二）审查

税务机关对申请进行书面审查，审查申请材料内容的完整性、合法性，同时参考税收大数据审查申请的合理性。按规定需要实地查验的,应当由两名以上税务人员进行,按照执法全过程记录规定,对查验情况通过录像或者照相予以记录,并在查验结束后填写调查表,提出调查意见。审查人员根据审查情况提出是否准予许可的建议,按程序报送下一环节审核。

申请最高开票限额不超过十万元的,税务机关不需事前进行实地查验。各省税务局可在此基础上适当扩大不需事前实地查验的范围,实地查验的范围和方法由各省税务局确定。

(三)决定

经审查,申请人提交的申请材料齐全、符合法定形式,税务机关能够当场作出决定的,应当当场作出税务行政许可决定。对不能当场作出决定的,应当在规定的办结时限内作出税务行政许可决定。存在争议的或者重大的许可事项,应当进行合法性审查,并经集体讨论决定。

1. 申请人符合许可条件的,应当作出准予税务行政许可的决定,制作并送达加盖本税务机关印章(或者许可专用章)的《准予税务行政许可决定书》。

税务机关应当在作出准予税务行政许可决定之日起 7 个工作日内,通过行政执法信息公示平台、税务网站等公开准予税务行政许可的结果,公开内容包括税务行政许可决定书文号、设定依据、项目名称、许可内容、行政相对人代码、法定代表人或者业主姓名、许可生效期、许可机关等。公示时长为长期。

2. 申请人不符合许可条件的,应当作出不予税务行政许可的决定,制作并送达加盖本税务机关印章(或者许可专用章)的《不予税务行政许可决定书》,并应当说明理由,告知申请人享有申请行政复议或者提起行政诉讼的权利。

(四)变更

被许可人申请变更增值税防伪税控系统最高开票限额的,税务机关按照上述程序实施审批,作出准予或者不予变更税务行政许可决定,制作并送达《准予变更税务行政许可决定书》或者《不予变更税务行政许可决定书》。

九、受理、审批和送达时限

(一)承诺受理时限

能够当场受理的,当场受理,最长不得超过 5 个工作日。申请材料不齐全或者不符合法定形式的,应当当场或者在 5 个工作日内一次告知申请人需要补正的全部内容,逾期不告知的,自收到申请材料之日起即为受理。

(二)法定审批时限

20 个工作日。20 个工作日内不能作出决定的,经税务行政许可实施机关负责人批准,可以延长 10 个工作日。

(三)承诺审批时限

1. 一般规定

10 个工作日。税务机关自受理申请之日起 10 个工作日内作出行政许可决定,在 10 个工作日内不能办结的,经税务机关负责人批准,可以延长 5 个工作日,并应当将延长期限的理由告申请人。

2. 特别规定

(1)已由税务机关现场采集法定代表人(业主、负责人)实名信息的纳税人,申请增值税专用发票最高开票限额不超过十万元的,税务机关应当自受理申请之日起2个工作日内办结,有条件的税务机关即时办结。

(2)同时满足下列条件的新办纳税人首次申领增值税发票,主管税务机关应当自受理申请之日起2个工作日内办结,有条件的主管税务机关当日办结:

①纳税人的办税人员、法定代表人已经进行实名信息采集和验证(需要采集、验证法定代表人实名信息的纳税人范围由各省税务局确定);

②纳税人有开具增值税发票需求,主动申领发票;

③纳税人按照规定办理税控设备发行等事项。

3. 各省税务局可以进一步压缩税务行政许可事项承诺办结时限。

(四)承诺送达时限

自作出税务行政许可决定之日起2个工作日内,向纳税人送达税务行政许可决定文书。

十、准予行政许可决定文书

(一)文书名称:《准予税务行政许可决定书》

(二)有效期限:无限期

(三)有效地域范围:全国

十一、服务规范

(一)税务机关应当按照"窗口受理、内部流转、限时办结、窗口出件"的要求,由办税服务厅或者在政府服务大厅设立的窗口集中受理行政许可申请、送达行政许可决定。严格落实行政执法公示制度、首问责任制、一次性告知等服务制度,持续优化办税服务。

税务机关依托电子税务局实现行政许可申请、受理、审查、反馈、决定、送达和查询告知等全过程、全环节网上办理。申请人可根据需要选择通过电子税务局网上办理。

(二)税务机关应当合理分配实施审批每个环节、每个部门的办理时间,确保整体审批时间不超过法定和承诺办结时限。加强各环节、各部门之间的工作衔接,完善审批资料交接手续,避免资料滞留、积压,坚决杜绝资料传递不及时造成的工作延误。严格落实AB岗制度,坚决防止由于经办人员出差、休假等原因导致审批事项无人办理,确保审批办结"零超时"。

(三)税务行政许可文书原则上直接送达或者以电子送达方式送达申请人。以上述方式送达税务行政许可文书有困难的,税务机关可以根据申请人书面要求,按照申请人在《税务行政许可申请表》上填写的地址,在税务行政许可文书出具之日起2个工作日内向申请人邮寄送达。邮寄送达的,以挂号函件回执上注明的收件日期为送达日期,并视为已送达。税务机关应当保留邮寄单据并做好台账登记。邮寄送达不得收取任何费用。

税务机关通过办税服务窗口向申请人直接送达税务行政许可文书,且申请人无异议的,由受送达人或者其他法定签收人在税务行政许可文书末尾的签收栏签名或者盖章,注明收到日期。申请人提出异议或者拒收的,应当另行填写《税务文书送达回证》。

(四)税务行政许可事项办理纳入政务服务"好差评"范畴。申请人办理事项后自愿进行评价。对于实名差评和投诉问题,税务机关要第一时间启动调查核实程序,安排专人回访核实,根据核实情况依法依规及时处理反馈。

(五)税务机关对老弱病残孕等有特殊困难的申请人,实行优先办理、特事特办、主动服务、专人负责,并进一步压缩审批时限。

(六)税务机关通过 12366 纳税缴费服务热线、税务网站、移动办税平台等提供咨询服务。

税务机关对税务行政许可事项相关问题咨询提供 24 小时预约渠道。税务机关受理预约事项后,与纳税人协商约定在适当的工作时间提供咨询服务。

(七)税务总局对税务行政许可事项制定全国统一的实施规范,并根据清单和实施规范编写统一格式的办事指南。各省税务局根据审批工作的需要,可以在统一格式办事指南基础上细化编制符合本省实际的办事指南,但须在本省范围内保持统一和规范。办事指南通过办税服务厅、税务网站等向社会公布,一经公布必须严格遵照执行,不得增加许可条件、申请材料、中介服务、审批环节、许可收费、数量限制等。

办事指南应当摆放在办税服务厅或者受理窗口的醒目位置,或者将获取途径以二维码等形式张贴,方便申请人获取,并在税务网站显著位置公布,提供电子文档下载服务。

十二、监管主体

县级税务部门

十三、监管规则

(一)税务机关充分运用大数据理念、技术和资源,实行增值税发票风险管理,利用国家统一的信用信息共享交换平台,建立健全失信联合惩戒机制,加强事前事中事后全链条监管。

(二)税务机关根据纳税人实际经营需要,按照纳税信用管理、增值税发票管理、黑名单管理的相关规定,严格审批、合理确定最高开票限额,保障纳税人正常生产经营发票供应的同时有效防范增值税发票涉税风险。

(三)税务机关实行增值税发票领用分类分级管理。对于税收风险程度较低的纳税人,按需供应发票;对于税收风险程度中等的纳税人,正常供应发票,加强事中事后监管;对于税收风险程度较高的纳税人,严格控制其发票领用数量和最高开票限额,并加强事中事后监管。各省税务局应积极探索依托信息技术手段,通过科学设置预警监控指标,有效识别纳税人税收风险程度,并且据此开展发票领用分类分级管理工作。

对于纳税信用 A 级的纳税人,按需供应增值税发票,可以一次领取不超过 3 个月的增值税发票用量。纳税信用 B 级的纳税人可以一次领取不超过 2 个月的增值税发票用量。以上两类纳税人生产经营情况发生变化需要调整增值税发票用量的,按照规定及时办理。

税务机关为符合规定的首次申领增值税发票的新办纳税人办理发票票种核定,增值税专用发票最高开票限额不超过十万元,每月最高领用数量不超过 25 份。各省税务局可以在此范围内结合纳税人税收风险程度,自行确定新办纳税人首次申领增值税发票票种核定标准。“符合规定”是指:

1. 纳税人的办税人员、法定代表人已经进行实名信息采集和验证(需要采集、验证法定代表人实名信息的纳税人范围由各省税务局确定);

2. 纳税人有开具增值税发票需求,主动申领发票;

3. 纳税人按照规定办理税控设备发行等事项。

(四)税务机关依法对被许可人发票领用情况进行监督检查,可以依法查阅或者要求被许可人报送有关材料,被许可人应当如实提供有关情况和材料。

(五)税务机关建立并完善高效联动的风险防控机制,科学设立风险防控指标,加强日常评估及后续监控管理,提升后续监控的及时性和针对性。利用税收大数据跟踪分析被许可人发票使用及纳税申报等情况,筛查和识别风险疑点,形成风险任务并实施风险应对。发现纳税人有虚开增值税发票、骗取出口退税、逃避缴纳税款或者其他税收违法行为的,依法处理处罚。

(六)被许可人取得的行政许可受法律保护,税务机关不得擅自改变已经生效的行政许可。行政许可所依据的法律、法规、规章修改或者废止,或者准予行政许可所依据的客观情况发生重大变化的,为了公共利益的需要,税务机关可以依法变更或者撤回已经生效的行政许可,由此给公民、法人或者其他组织造成财产损失的,应当依法给予补偿。

(七)有下列情形之一的,作出行政许可决定的税务机关或者其上级税务机关,根据利害关系人的请求或者依据职权,可以撤销行政许可:

1. 税务机关工作人员滥用职权、玩忽职守作出准予行政许可决定的;

2. 超越法定职权作出准予行政许可决定的;

3. 违反法定程序作出准予行政许可决定的;

4. 对不具备申请资格或者不符合法定条件的申请人准予行政许可的;

5. 依法可以撤销行政许可的其他情形。

(八)被许可人有《中华人民共和国行政许可法》第六十九条第二款规定情形,即被许可人以欺骗、贿赂等不正当手段取得行政许可的,税务机关应当依法撤销税务行政许可,进行处理处罚。

(九)被许可人有《中华人民共和国行政许可法》第七十条规定情形的,税务机关应当依法办理税务行政许可注销手续。

十四、其他

本事项无子项,不涉及中介服务事项,不收取费用,无数量限制,无年检年报要求。

6 -7 -113

国家税务总局关于进一步实施部分税务证明事项告知承诺制的公告

2023 年 1 月 5 日　国家税务总局公告 2023 年第 2 号

为贯彻落实中办、国办印发的《关于进一步深化税收征管改革的意见》和国办印发的《关于全面推行证明事项和涉企经营许可事项告知承诺制的指导意见》有关要求,持续深化税务系统"放管服"改革,优化税收营商环境,深入开展"便民办税春风行动",国家税务总局决定对部分税务证明事项实行告知承诺制。现公告如下:

一、自 2023 年 3 月 1 日起，在全国范围内对列入目录内的国家综合性消防救援车辆证明等 6 项税务证明事项（附件 1）实行告知承诺制。

二、实行告知承诺制税务证明事项的承诺方式、法律责任、不适用情形，按照《国家税务总局关于部分税务证明事项实行告知承诺制　进一步优化纳税服务的公告》（2021 年第 21 号）有关规定执行。

三、税务机关通过办税服务场所和官方网站等渠道公布实行告知承诺制的税务证明事项目录及告知承诺书格式文本（附件 2），方便纳税人查阅、索取或下载。

四、本公告自 2023 年 3 月 1 日起施行。

特此公告。

附件：1. 实行告知承诺制的税务证明事项目录

2. 告知承诺书格式文本

附件 1

实行告知承诺制的税务证明事项目录

序号	证明名称	证明用途
1	国家综合性消防救援车辆证明	纳税人取得悬挂应急救援专用号牌的国家综合性消防救援车辆，申报享受免征车辆购置税政策。
2	公共汽电车辆认定表	城市公交企业取得公共汽电车辆，申报享受免征车辆购置税政策。
3	专用车证	1. 防汛部门取得用于指挥、检查、调度、报汛（警）、联络的由指定厂家生产的设有固定装置的指定型号的车辆，申报享受免征车辆购置税政策（提供“防汛专用车证”）。 2. 森林消防部门取得用于指挥、检查、调度、报汛（警）、联络的由指定厂家生产的设有固定装置的指定型号的车辆，申报享受免征车辆购置税政策（提供“森林消防专用车证”）。
4	家庭成员信息证明	个人转让自用 5 年以上，并且是家庭唯一生活用房，申报享受免征个人所得税政策。
5	家庭唯一生活用房证明	个人转让自用 5 年以上，并且是家庭唯一生活用房，申报享受免征个人所得税政策。
6	个体工商户的经营者身份证明、合伙企业合伙人的合伙身份证明	1. 个体工商户的经营者将其个人名下的房屋、土地权属转移至个体工商户名下，或者个体工商户将其名下的房屋、土地权属转回原经营者个人名下，申报享受免征契税政策。 2. 合伙企业的合伙人将其名下的房屋、土地权属转移至合伙企业名下，或者合伙企业将其名下的房屋、土地权属转回原合伙人名下，申报享受免征契税政策。

附件2

告知承诺书格式文本

税务证明事项告知承诺书

（适用于对申报享受免征车辆购置税政策需提供的
“国家综合性消防救援车辆证明”实行告知承诺制）

一、税务机关告知事项

（一）证明义务及证明内容：纳税人取得悬挂应急救援专用号牌的国家综合性消防救援车辆，申报享受免征车辆购置税政策时，根据《中华人民共和国车辆购置税法》《中华人民共和国税收征收管理法》及其实施细则有关规定，需提供国家综合性消防救援车辆证明（中华人民共和国应急管理部批准的相关文件），证明纳税人符合享受免征车辆购置税政策的条件。

（二）承诺方式：纳税人签署《税务证明事项告知承诺书》，税务机关不再要求提供国家综合性消防救援车辆证明（中华人民共和国应急管理部批准的相关文件）。

（三）法律责任

纳税人实际情况与承诺内容不符的，将根据具体情形承担下列法律责任：

1. 造成少缴税款的，税务机关依法追征税款、加收滞纳金；

2. 涉嫌偷逃税款等违法行为的，税务机关依法查处；

3. 对承诺不实的，税务机关依法处理处罚的同时，在处理处罚决定书等具有法律效力的税务文书中记载虚假承诺事实，以上述文书为依据，认定虚假承诺行为；

4. 涉嫌犯罪的，税务机关依法移送司法机关追究刑事责任。

二、纳税人承诺

本单位就办理申报享受免征车辆购置税政策事项，作出以下承诺：

（一）本单位________________________（统一社会信用代码：________________）申报免征厂牌型号为________________、车辆识别代号/车架号为________________、申报计税价格为________元（人民币）的车辆的车辆购置税。以上信息真实、准确。有关国家综合性消防救援车辆证明（中华人民共和国应急管理部批准的相关文件）自行留存，以备税务机关后续核查。

（二）已知晓本告知承诺书税务机关告知事项。

（三）愿意承担不实承诺的法律责任。

（四）上述承诺是本单位真实意思表示。

纳税人：
（盖章）
年　月　日

说明:“厂牌型号”“车辆识别代号/车架号”“申报计税价格”请按照该车辆《车辆购置税纳税申报表》上的信息填写。

(本承诺书一式两份,税务机关与纳税人各留存一份)

税务证明事项告知承诺书

(适用于对申报享受免征车辆购置税政策需提供的
“公共汽电车辆认定表”实行告知承诺制)

一、税务机关告知事项

(一)证明义务及证明内容:城市公交企业取得公共汽电车辆,申报享受免征车辆购置税政策时,根据《中华人民共和国车辆购置税法》《中华人民共和国税收征收管理法》及其实施细则有关规定,需提供所在地县级以上(含县级)交通运输主管部门出具的公共汽电车辆认定表,证明纳税人符合享受免征车辆购置税政策的条件。

(二)承诺方式:纳税人签署《税务证明事项告知承诺书》,税务机关不再要求提供所在地县级以上(含县级)交通运输主管部门出具的公共汽电车辆认定表。

(三)法律责任

纳税人实际情况与承诺内容不符的,将根据具体情形承担下列法律责任:

1. 造成少缴税款的,税务机关依法追征税款、加收滞纳金;

2. 涉嫌偷逃税款等违法行为的,税务机关依法查处;

3. 对承诺不实的,税务机关依法处理处罚的同时,在处理处罚决定书等具有法律效力的税务文书中记载虚假承诺事实,以上述文书为依据,认定虚假承诺行为;

4. 涉嫌犯罪的,税务机关依法移送司法机关追究刑事责任。

二、纳税人承诺

本单位就办理申报享受免征车辆购置税政策事项,作出以下承诺:

(一)本单位____________________(统一社会信用代码:______________)申报免征厂牌型号为______________、车辆识别代号/车架号为______________、申报计税价格为________元(人民币)的车辆的车辆购置税。以上信息真实、准确。有关所在地县级以上(含县级)交通运输主管部门出具的公共汽电车辆认定表自行留存,以备税务机关后续核查。

(二)已知晓本告知承诺书税务机关告知事项。

(三)愿意承担不实承诺的法律责任。

(四)上述承诺是本单位真实意思表示。

纳税人:

(盖章)

年　月　日

说明:“厂牌型号”“车辆识别代号/车架号”“申报计税价格”请按照该车辆《车辆购置税纳税申报表》上的信息填写。

(本承诺书一式两份,税务机关与纳税人各留存一份)

税务证明事项告知承诺书

(适用于对申报享受免征车辆购置税政策需提供的
“专用车证”实行告知承诺制)

一、税务机关告知事项

(一)证明义务及证明内容:防汛部门和森林消防部门取得用于指挥、检查、调度、报汛(警)、联络的由指定厂家生产的设有固定装置的指定型号的车辆,申报享受免征车辆购置税政策时,根据《中华人民共和国车辆购置税法》《中华人民共和国税收征收管理法》及其实施细则有关规定,需提供防汛专用车证、森林消防专用车证,证明纳税人符合享受免征车辆购置税政策的条件。

(二)承诺方式:纳税人签署《税务证明事项告知承诺书》,税务机关不再要求提供防汛专用车证、森林消防专用车证。

(三)法律责任

纳税人实际情况与承诺内容不符的,将根据具体情形承担下列法律责任:

1. 造成少缴税款的,税务机关依法追征税款、加收滞纳金;

2. 涉嫌偷逃税款等违法行为的,税务机关依法查处;

3. 对承诺不实的,税务机关依法处理处罚的同时,在处理处罚决定书等具有法律效力的税务文书中记载虚假承诺事实,以上述文书为依据,认定虚假承诺行为;

4. 涉嫌犯罪的,税务机关依法移送司法机关追究刑事责任。

二、纳税人承诺

本单位就办理申报享受免征车辆购置税政策事项,作出以下承诺:

(一)本单位____________________(统一社会信用代码:________________)申报免征厂牌型号为______________、车辆识别代号/车架号为______________、申报计税价格为_______元(人民币)的车辆的车辆购置税。以上信息真实、准确。有关防汛专用车证、森林消防专用车证自行留存,以备税务机关后续核查。

(二)已知晓本告知承诺书税务机关告知事项。

(三)愿意承担不实承诺的法律责任。

(四)上述承诺是本单位真实意思表示。

纳税人:
(盖章)
年　月　日

说明:“厂牌型号”“车辆识别代号/车架号”“申报计税价格”请按照该车辆《车辆购置税纳税申报表》上的信息填写。

(本承诺书一式两份,税务机关与纳税人各留存一份)

税务证明事项告知承诺书

(适用于对申报享受免征个人所得税政策需提供的
“家庭成员信息证明”“家庭唯一生活用房证明”实行告知承诺制)

一、税务机关告知事项

(一)证明义务及证明内容:个人转让自用5年以上,并且是家庭唯一生活用房,申报享受免征个人所得税政策时,根据《中华人民共和国个人所得税法》《中华人民共和国税收征收管理法》及其实施细则有关规定,需提供家庭成员信息证明,证明家庭成员情况。根据纳税人申请或授权,由房地产主管部门出具家庭唯一生活用房证明,证明纳税人家庭住房情况符合享受免征个人所得税政策的条件。

(二)承诺方式:纳税人申报享受免征个人所得税政策时,应申请或授权相关部门查询家庭成员信息和家庭住房情况,具备查询条件的,税务机关取得相关部门传递的信息;暂不具备查询条件的,纳税人签署《税务证明事项告知承诺书》,税务机关不再要求提供家庭成员信息证明、家庭唯一生活用房证明。

(三)法律责任

纳税人实际情况与承诺内容不符的,将根据具体情形承担下列法律责任:

1. 造成少缴税款的,税务机关依法追征税款、加收滞纳金;

2. 涉嫌偷逃税款等违法行为的,由税务机关依法查处;

3. 对承诺不实的,税务机关依法处理处罚的同时,在处理处罚决定书等具有法律效力的税务文书中记载虚假承诺事实,以上述文书为依据,认定虚假承诺行为;

4. 涉嫌犯罪的,税务机关依法移送司法机关追究刑事责任。

二、纳税人承诺

本人________(身份证件类型:________,证件号码:________________________)就办理申报享受免征个人所得税政策事项,作出以下承诺:

(一)(□对家庭成员情况进行承诺填写该项)本人家庭成员信息如下:

姓名(关系):____

身份证件号码:____

上述信息真实、准确。

(二)(□对家庭住房情况进行承诺填写该项)本人现转让位于________________的房产,符合如下条件:

个人转让自用5年以上,并且是家庭唯一住房。

上述信息真实、准确。

（三）已知晓本告知承诺书税务机关告知事项。

（四）愿意承担不实承诺的法律责任。

（五）上述承诺是本人真实意思表示。

纳税人：
（签字）
年　月　日

（本承诺书一式两份，税务机关与纳税人各留存一份）

税务证明事项告知承诺书

（适用于对申报享受免征契税政策需提供的
“个体工商户的经营者身份证明、合伙企业合伙人的合伙身份证明”实行告知承诺制）

一、税务机关告知事项

（一）证明义务及证明内容：个体工商户的经营者将其个人名下的房屋、土地权属转移至个体工商户名下，或者个体工商户将其名下的房屋、土地权属转回原经营者个人名下；合伙企业的合伙人将其名下的房屋、土地权属转移至合伙企业名下，或者合伙企业将其名下的房屋、土地权属转回原合伙人名下，申报享受免征契税政策时，根据《中华人民共和国契税法》《中华人民共和国税收征收管理法》及其实施细则有关规定，需提供个体工商户的经营者身份证明或者合伙企业合伙人的合伙身份证明，证明属于个体工商户经营者或者属于合伙企业合伙人。

（二）承诺方式：纳税人签署《税务证明事项告知承诺书》，税务机关不再要求提供个体工商户的经营者身份证明或者合伙企业合伙人的合伙身份证明。

（三）法律责任

纳税人实际情况与承诺内容不符的，将根据具体情形承担下列法律责任：

1. 造成少缴税款的，税务机关依法追征税款、加收滞纳金；

2. 涉嫌偷逃税款等违法行为的，税务机关依法查处；

3. 对承诺不实的，税务机关依法处理处罚的同时，在处理处罚决定书等具有法律效力的税务文书中记载虚假承诺事实，以上述文书为依据，认定虚假承诺行为；

4. 涉嫌犯罪的，税务机关依法移送司法机关追究刑事责任。

二、纳税人承诺

本单位（个人）________（统一社会信用代码：__________________/身份证件类型：________，证件号码：________________________），就办理申报享受免征契税政策事项作出以下承诺：

（一）单位（个人）________（统一社会信用代码：__________________/身份证件类型：

________,证件号码:________________________),是个体工商户/合伙企业(统一社会信用代码:________________)依法登记的经营者/合伙人。

上述信息真实、准确。

(二)已知晓本告知承诺书税务机关告知事项。

(三)愿意承担不实承诺的法律责任。

(四)上述承诺是本单位(个人)真实意思表示。

纳税人:

(签字或盖章)

年　月　日

(本承诺书一式两份,税务机关与纳税人各留存一份)